國家古籍整理出版專項經費資助項目

四鎮三關誌校注

〔明〕劉效祖 撰

彭勇 崔繼來 校注

中州古籍出版社
·鄭州·

圖書在版編目（CIP）數據

四鎮三關誌校注 /〔明〕劉效祖撰；彭勇，崔繼來校注. — 鄭州：中州古籍出版社，2018.6
ISBN 978-7-5348-7213-6

Ⅰ.①四… Ⅱ.①劉…②彭…③崔… Ⅲ.①華北地區—地方志—注釋—明代 Ⅳ.①K292

中國版本圖書館CIP數據核字（2017）第170120號

四鎮三關誌校注

出 版 人　張存威
策劃編輯　馬　達
責任編輯　賈保倩
責任校對　岳秀霞
裝幀設計　曾晶晶

出　版　中州古籍出版社
　　　　　地址：鄭州市經五路66號
　　　　　郵編：450002
　　　　　電話：0371-65788693
經　銷　新華書店
印　刷　河南瑞之光印刷股份有限公司
版　次　2018年6月第1版
印　次　2018年6月第1次印刷
開　本　787毫米×1092毫米　1/16
印　張　54.25印張
字　數　1104千字
定　價　296.00圓

本書如有印裝質量問題，由出版社負責調換。

校注人員名單

彭　勇　崔繼來　李宜潔　李夢琴
肖　晴　馬明亮　段晉媛　李永超
任　陽　彭朝陽　李鳳霞

總目錄

《四鎮三關誌》及其價值
校注說明
序　一
序　二
纂修邊誌檄文
修誌姓氏
凡　例

四鎮三關誌目錄
　　　　四鎮三關誌卷之一　　建置考
　　　　四鎮三關誌卷之二　　形勝考
　　　　四鎮三關誌卷之三　　軍旅考
　　　　四鎮三關誌卷之四　　糧餉考
　　　　四鎮三關誌卷之五　　騎乘考
　　　　四鎮三關誌卷之六　　經畧考
　　　　四鎮三關誌卷之七　　制疏考
　　　　四鎮三關誌卷之八　　職官考
　　　　四鎮三關誌卷之九　　才賢考
　　　　四鎮三關誌卷之十　　夷部考

校注徵引文獻
後　記

《四鎮三關誌》及其價值

《四鎮三關誌》，十卷，明人劉效祖撰，劉應節、楊兆、王之弼等修。本書完成於萬曆二年（1574），於萬曆四年刊刻、萬曆六年增修。"四鎮"指薊州鎮、昌平鎮、真保鎮和遼東鎮，"三關"指居庸關、紫荊關和山海關，這裏在嘉靖"庚戌之變"之後，明朝北邊防禦最緊要的地區，集中了明朝數量最大、最精銳的武裝力量。本書屬地方志類中的專志，是明朝人編修並流傳至今的最爲重要的邊關志書之一，被研究明代制度、軍事、政治和民族等史事者廣爲徵引，可惜目前尚無專文對此進行專門研究。故擬對本書作者、編纂過程、內容及其價值予以簡要介紹，以利於瞭解這部珍稀文獻。

一、志書的編纂

《四鎮三關誌》署明人劉效祖撰。它的編修共同發起者，是時任總督薊、遼、保定的劉應節和巡撫順天的楊兆，由密雲兵備道王之弼負責落實修撰具體事宜，故此書流傳本又署有劉應節、楊兆、王之弼等人修、撰、纂。由於此志屬邊關專志，事涉軍政、錢糧、兵馬、職官以及詔令、奏議等內容，又非當時普通文人所能全面掌握；所以，先由劉應節和楊兆憑藉其職掌收集、整理了相關資料，"摭譜牒、收遺事"，並聘請熟悉四鎮三關形勢，且曾擔任過兵備副使的劉效祖主持編撰。從萬曆二年（1574）到萬曆四年（1576），劉效祖在披覽舊志、當時所存檔案文書以及親赴實地調研的基礎之上，且以官方的服務團隊爲保障，"畧溯殷周，迄於勝國，存其大者。詳自庚戌以來，諸談兵家，撮其要，刪著於篇"，最終完成了全書。①

1. 撰者生平及其著作。

劉效祖，字仲修，別號念庵，祖籍山東濱州。永樂中，"徙其始祖自濱州，實都

---

① 見本書《序一》，第2頁。

下",占籍武驤左衛①,徙居京師順天府。故文獻中劉效祖有京衛、順天或宛平(或大興)等不同的籍貫。

據王一鶚(1535~1591)所撰《陝西按察司副使劉公效祖墓誌銘》,劉效祖生於嘉靖壬午年(元年,1522)七月,卒於萬曆己丑年(十七年,1589)二月,年六十有八。他於嘉靖庚戌年(二十九年,1550)科舉考試中三甲第九十二名,出任河南衛輝府推官,戊午年(三十七年,1558)陞户部廣西分司員外郎,旋陞雲南司郎中。後陞陝西按察司副使,出任固原兵備道副使,這是他的最高任職。此後官場、文壇多徑稱其爲"劉副使"或"劉憲使"。嘉靖四十二年(1563)大計時被免官,回到北京。他"辟日涉園,日日陶情觴詠間,少醺,作樂府數闋,擊節歌之……"②有突出的文學造詣。③除《四鎮三關誌》之外,據《千頃堂書目》及萬斯同《明史·藝文志》等書記載,其主要著作有數種。《千頃堂書目》卷二十三記劉效祖作品及其人如下:"劉效祖,《劉仲修先生詩稿》,又《文稿》,又《塞上言》一卷,又《盛世宣威》一卷,又《清時行樂》一卷,又《鐙市謠》一卷,又《長門詞》一卷,又《雲林和詩》一卷。字仲修,濱州人,居順天,官固原兵備副使。以賦詩自豪,篇什流傳中禁,皆知其名,穆宗嘗遣中官索其詩,都人盛傳其事。"④劉效祖的詞曲小令在當時頗有名,曾流傳宮中,散曲有《空中語》一卷、《閑中一笑》一卷、《裁冰剪雪》一卷、《都邑繁華》一卷、《蓮步新聲》一卷、《雲林稿》六卷、《混俗陶情》、《良辰樂事》等八種。另有《短柱效顰》一卷、《春秋窗稿》二卷等。⑤其中,不同典籍所載書名又有很多不同之處。由於這些

---

① 據孫承澤《天府廣記》卷三十四《人物二》,北京古籍出版社 1984 年,第 470 頁及朱保炯、謝沛霖《明清進士碑刻題名索引》,上海古籍出版社 1980 年,第 1963 頁記載,劉效祖係武驤左衛(即明山東濱州)人。黃虞稷《千頃堂書目》卷八《地理類下》等文獻稱其爲武功左衛人,誤。參黃虞稷撰,瞿鳳起、潘景鄭整理《千頃堂書目》,上海古籍出版社 1990 年,第 205 頁。

② 焦竑《國朝獻徵錄》卷九十四《陝西·陝西按察司副使劉公效祖墓誌銘》,《四庫全書存目叢書》史部第 105 冊,齊魯書社 1996 年,第 327~328 頁。

③ 目前學界對劉效祖的研究成果主要集中在其文學成就方面,如鄭振鐸《插圖本中國文學史》下卷《近代文學》第六十三章《嘉隆後的散曲作家們》,人民文學出版社 1957 年,第 965 頁;劉大杰《中國文學發展史》下卷第二十八章《明代的散曲與民歌》,古典文學出版社 1958 年,第 244~245 頁;趙義山《明清散曲史》第九章《曲壇絕藝:時尚小曲與馮夢龍等人的擬作》,中國社會科學出版社 2007 年,第 297~299 頁。

④ 《千頃堂書目》卷二十三《別集類》,第 594 頁。

⑤ 《千頃堂書目》卷六《地理類上》,第 787~788 頁;萬斯同《明史》卷一百三十七《藝文五·集部下》,上海古籍出版社 2008 年,第 3 冊,第 573 頁;陳田《明詩紀事》己籤卷十,周駿富輯《明代傳記叢刊·學林類⑪》,明文書局 1991 年,第 604 頁;《國朝獻徵錄》卷九十四《陝西·陝西按察司副使劉公效祖墓誌銘》,《四庫全書存目叢書》史部第 105 冊,第 328 頁。其中《混俗陶情》一書見影印北京圖書館藏康熙二十九年劉芳永刻本;《良辰樂事》不分卷,收入《續修四庫全書》第 1739 冊,上海古籍出版社 2002 年,第 65~86 頁。

文學作品部頭有限，不易保存，可惜當時就多已散佚。後由其從孫劉芳躅等在諸家選本中搜集殘存編爲《詞臠》一卷，收錄他的小令一百一十二首，套數一套。①

然《千頃堂書目》卷六《地理上》記：萬曆《密雲縣志》係劉效祖在萬曆年間修②，但王一鶚所撰墓志銘中並未提及。其詳情當是民國《河北通志稿》做出的解釋："萬曆《密雲縣志》二册，明張世則修、祝文冕纂，見《康熙縣志》。張世則，山東諸城進士，萬曆三年知縣事。祝文冕，邑人，萬曆丙戌進士，官刑部主事。萬曆六年成書，有張世則自序。案：是志，當時督修志爲督理密雲糧餉事務戶部清吏司郎中戴耀，整飭密雲提刑按察司副使、兵備道劉效祖。故《遼史拾遺》十四引《內閣書目》、《千頃堂書目》，均作劉效祖修。"③

近年，隨着《四庫禁燬書叢刊》印行《四鎮三關誌》，學術界對它的瞭解越來越多，但對劉效祖的生平及其論著的研究却極其有限。僅有吳豐培先生整理此書時有過數百字簡短的介紹，這成爲我們瞭解此人此書的主要依據："纂者劉效祖，見附《明史》卷三百其子文炳傳，爲明崇禎帝生母孝純皇后之弟，文炳之父，後封新樂伯，改新樂侯。《國朝獻徵錄》記云……"在該文的最後，整理者云："故友王庸先生撰有《中國地理圖籍叢考》，其中《明代北方邊防圖籍錄》著錄此書，並記成書始末，今部分引用，並對故友沈致緬懷之忱！"④可惜，這裏把兩個劉效祖視爲同一人了。很不幸，這段介紹恰恰是錯誤的。⑤實際上，新樂侯劉效祖生活的年代要比作爲兵備副使的劉效祖稍晚一些，"新樂侯劉效祖，莊烈帝母孝純太后弟，莊烈帝即位封。崇禎八年卒，九年贈侯，予三代誥。十三年九月，父應元追封瀛國公"⑥。作爲崇禎朝外戚的劉氏，其祖籍在海州（今屬江蘇連雲港），他們也並不是同一地方的人。⑦只不過，兩個劉效祖，

---

① 《詞臠》一書現藏國家圖書館。通過圖書館"館藏目錄檢索"，有金陵盧前《飲虹簃所刻曲》本（普通古籍，有民國二十五年刻本和廣陵古籍刻印社 1979 年影印本）、康熙三十五年胡介祉谷園刻本（善本）、謝伯陽《全明散曲》點校本（引廣陵古籍刻印社 1979 年影印本《飲虹簃所刻曲》和康熙三十五年胡介祉谷園刻本《詞臠》，齊魯書社 1994 年）。《續修四庫全書》第 1739 册所收《良辰樂事》即爲《詞臠》，不分卷，與謝伯陽《全明散曲》所收劉效祖小令篇、目相同，只是有幾處文字署不同。
② 《千頃堂書目》卷六《地理類上》，第 154 頁。
③ 王樹枏等纂修民國《河北通志稿》之《舊志源流》卷一，國家圖書館藏民國二十四年鉛印本，葉 15a。
④ 馬大正、吳錫祺、葉于敏整理《吳豐培邊事題跋集》，新疆人民出版社 1998 年，第 11~12 頁。
⑤ 王庸編《中國地理圖籍叢考》甲編《明代北方邊防圖籍錄》二《邊鎮合志》，商務印書館 1947 年，第 39~41 頁。
⑥ 張廷玉《明史》卷一百八《表第九·外戚恩澤侯表》，中華書局 1974 年，第 3302 頁。
⑦ 唐仲冕修、汪梅鼎等纂嘉慶《海州直隸州志》卷七《選舉十五·封贈》，國家圖書館藏嘉慶十六年刻本，頁 15 下，下署；卷九《旌獎九·烈婦》，頁 29 上；卷二十六《列女二》，頁 13 下至頁 14 上。張廷玉《明史》卷一百十四《后妃二》，第 3540 頁載，"孝純劉太后，莊烈帝生母也，海州人，後籍宛平"。

到北京之後,一個是世襲的武官,一個是世襲的外戚。

2.《四鎮三關誌》的成書背景。

關於《四鎮三關誌》的修纂背景,《纂修邊誌檄文》交代得頗爲清楚:

> 國家定鼎幽燕,切鄰虜穴,而薊、昌、遼、保四鎮,實惟心腹肘腋重地。自嘉靖庚戌而後,虜患益熾,議論彌繁。每遇軍國大計,如聚訟於庭,築舍於道,意見各殊,紛然莫定,以案牘不存,文獻無徵故爾。夫畿輔邊關,延袤萬里,錢穀甲兵不啻百萬。而事體紛然,卒莫有定,并去其籍而莫之考焉,非缺典與?今幸廟謨日宣,先後承事諸臣,經畧亦密,華夷漸至乂安,戰守頗收實效,一代章程,蓋浸浸備矣。茲欲纂集邊事,輯而成書,以便檢閱,似不可缺。①

從中可知,促成是志的修纂,主要有四方面原因:一是薊、昌、遼、保等四鎮三關地理位置重要;二是"庚戌之變"時,當地的防禦形勢頗爲嚴峻;三是所需史志的缺乏;四是具備修志的主觀條件。

修志的客觀要求是,四鎮三關地處明朝與敵對的蒙古部毗鄰之地,處於京城拱衛的核心地位。"庚戌之變"後,北邊防禦形勢發生巨大變化②,對此,楊兆的序言同樣開宗明義:"國家定鼎幽燕,北控大漠,蓋枕夷夏之交,示彈壓之勢,居重馭輕,爲遠猷矣!""庚戌往無論,其後烽火日棘,以廑天子徵兵集餉,增陴繕垣,賢人深謀於廊廟,經畧使者數出,日夜談干旄之事,畫制胡之策,焦神極慮,人言言殊,麗如繁星,爛乎牘中。"③

修志的主觀條件此時也已具備。從《纂修邊誌檄文》之欽差整飭密雲等處兵備、山東布政司右參政兼按察司僉事王(之弼)《爲纂修邊誌以垂永久事》中可知,王之弼等人爲保障劉效祖主持撰修《四鎮三關誌》一事的順利進行,把相關具體事宜一一落實。比如在密雲縣、石匣營給劉效祖提供住所各一處,既配有各類服侍的差役人等,也有禮聘生員作爲助手;既將其個人生活用品和物資配備齊全,也準備了編修志書所需相應經費等。王之弼等官員要求"總計用費實數,分派各鎮道攤處解補","各鎮分校者俱集,則供應必得專官",可謂考慮周詳。今天,我們已無從知曉差役群體的構成,但參與的官員和士紳的名單出現在《修誌姓氏》上,他們分別負責提調、經理、編校、監刻和供給等,共計十九人。

這是一部典型的動用官府的力量做保障,聘請名家主持修纂的優秀史志;這也是它

---

① 本書《纂修邊誌檄文》,第1頁。
② 彭勇《明代北邊防禦體制研究——以邊操班軍的演變爲綫索》,中央民族大學出版社2009年。
③ 保利拍賣行拍賣品《四鎮三關誌》公開書影《序》,http://auction.artxun.com/paimai-67266-336326731.shtml,"博寶拍賣網",2016年4月28日訪問;另見本書《序一》,第1頁。

的品質要高於一般單純由官府或私人主持修纂志書的重要原因。

3. 本書的志書性質。

《四鎮三關誌》的撰寫性質定位很清楚，本書《凡例》開宗明義稱它是一部志書，"茲志總題曰志，其條目猶謂之考。若曰一方之書，搜括未精，遺軼不免，即有所述，亦備他日詔下，采以爲故實耳"。地方史志的編寫在我國有着悠久的歷史，到了明代，編纂數量大幅度增加。地方史志書以一定區域爲中心，記述某一地區自然、歷史、建置、沿革、政治、制度、地理、軍事、經濟、風土、人物、文獻、古迹等內容，故清代方志學大家章學誠説"方志乃一方全史"①，是説方志是一部地方史。地方志因其内容極豐富，編寫有較强的連續性與繼承性，是研究史事中時間、空間特徵的重要參考文獻。

《凡例》亦稱它又是一部邊關鎮志："茲志專爲邊政，固地理事也。"明代的地方志種類繁多，根據方志記載的範圍不同，又分爲全國性、省、府、州、縣、鄉、鎮，以及特殊的區劃，如都司衛所、邊關要隘、山水湖泊、寺廟道觀、名勝古迹等專志。《四鎮三關誌》的編修內容限定在"四鎮"和"三關"所轄區域内，既書寫它們在歷史時期的建置沿革和相關史事，更注重當時邊關政務最緊要的事情。

"九邊"是明代北部以長城爲依託的軍鎮的統稱，主要包括遼東、薊州、宣府、大同、山西（三關）、延綏（榆林）、寧夏、固原、甘肅等軍鎮。爲防禦蒙古部的南下襲擾，明朝在二百餘年裏，在廣大的九邊地區駐扎軍隊，形成了以衛所爲基礎、以長城爲依託，行政與軍事體系相結合的軍鎮防禦體系，軍鎮具有相對獨立的地理屬性，因此也出現一批"九邊"志書。舉其大要者有：魏焕《皇明九邊考》（又名《九邊圖考》）、許論《九邊圖論》、吴時來《江防考》、張雨《邊政考》、廖希顔《三關志》、王士翹《西關志》、盧承業《偏關志》、馮瑗《開原圖説》、嘉靖《兩鎮三關通志》、正德和嘉靖本《宣府鎮志》、萬曆和康熙本《延綏鎮志》、楊時寧《宣大山西三鎮圖説》等。在明代數十種邊鎮專志之中，劉效祖《四鎮三關誌》毫無疑問是較爲完善、詳盡的一部。

二、主要内容及其價值

1. 主要内容。

基於上述編纂目的和志書的性質，《四鎮三關誌》既體現專志的編輯體例特點，又依據本書編撰的目的來安排内容。對全書内容構成及各部分的重要性，劉效祖在其序中

---

① 章學誠《章氏遺書》卷二十八《外集一·丁巳歲暮書懷投贈賓谷轉運因以志别》，文物出版社1985年影印本，第317頁。

以自問自答的形式做了簡單交代：

> 爲綱者十，爲目者三十，目無論也。綱首建置、形勝者，何也？堪輿位定也，封壤區分也，内外華夷，莫有辯於此者，不得不先之也。次軍旅、糧餉、騎乘者，何也？訓武在兵也，足兵在食也，騎乘所需以馳載，亦不可緩也。次經畧、制疏者，何也？頻年諸部使征繕，是急日討求而申飭之也。至以播之綸綍，騰之疏告者，皆爲關鎮計也。次職官、才賢者，何也？朝廷設官分職，莫重於邊吏也，乃騁績勒名者，毋論文武，不可謂無人也。終之以夷部者，何也？凡爲關鎮，計以禦虜也，虜入則關鎮不寧，不入則關鎮寧。其桴革所從，不可不預知也。①

所言"爲綱者十，爲目者三十"，即每一"綱"包括三十"目"（實際另附有五小目），全書綱、目主要包括：建置考分圖畫、分野、沿革三目；形勝考分疆域、山川、乘障三目；軍旅考分版籍、營伍、器械三目；糧餉考分民運、京帑、屯糧（附鹽法）三目；騎乘考分額設、兑給（附胡馬、互市）和賠補三目；經畧考分前紀、今制、雜防三目；制疏考分詔敕、題奏、集議三目；職官考分部署、文秩、武階三目；才賢考分勳勞、謀勇、節義三目；夷部考分屬夷（附入貢）、外夷（附入貢）、入犯三目。共計三十五小目。

對此書的内容特點和價值，吴豐培先生在主持整理和影印時，做過簡短的評述：

> 内容豐富，類次明晰，於軍事布置，練兵辦法，均詳述及，可目爲軍事之書。糧餉數量，實物折色，折合當時銀兩，均爲準確計算。馬市交易，亦載規定，均可供研究明代經濟之用。且於遼鎮制疏中，涉及建州初期史料，亦可取材。鎮堡瞭臺修建辦法及經過，是研究長城沿革有用材料。職官人物，可補明代傳記所未備。卷首附繪輿圖多幅，可知明代該地之概貌。甚至派遣夜不收的服裝和行動，軍中上下級的稱謂，都有述及。可謂纖細必載。②

這段簡短的文字，指出了此書在軍事、經濟、民族關係、地理等方面的價值。作爲專門的北部邊關志書，它的内容突出體現了三個特點：一是邊地的自然地理環境，是書論述了四鎮三關的建置和形勝。二是明代北邊防禦體制的構成，包括軍旅、錢糧、兵馬、戰畧戰術和策畧，以及防禦體系之中的諸色人等（官員、才賢）。三是北方民族關係狀況，即邊關防禦的對象。明朝四鎮三關的特殊性恰在於"腹心亦是邊地"，民族關係顯得尤其重要，是明後期北方防禦的重中之重。全書正是依據當時的現實需要來安排内容的。

2. 史料價值。

全書在内容的安排上，既照顧到一般志書的特點，如分野、形勝、建置、沿革、職

---

① 本書《序二》，第3頁。
② 《吴豐培邊事題跋集》，第11頁。

官和人物等，又有專志的側重，如軍旅、錢糧、騎乘、經畧、制疏和夷部等。其中，卷七《制疏考》的篇幅最巨，以全書近五十四萬字的分量計算，制疏部分就有二十七萬多字，超過了50%，它匯録隆慶和萬曆年間相關的詔令敕書、題奏、集議等數百通，具有極高的史料價值。之所以注重編輯《制疏考》，劉效祖認爲是"上情下達，政令通達，乃內治外安"的需要：

  故君謂臣則有詔、有諭、有誥、有敕，臣謂君則有題、有奏、有策、有議。凡此皆所以宣上德、達下情，而敷治宣猷之不可廢者也。其在內治靡不爲然，而障徼飛輓又蒸蒸篤焉。今詳括而類收之，以見一德交承之盛。①

詔令奏議類文獻在政治史、制度史、軍事史和文書文獻學等方面價值很高，《四鎮三關誌》儘可能匯集軍政類詔令、奏議，成爲研究明代北邊最重要軍鎮薊、昌、保、遼最爲專門而集中的文獻。四鎮三關的總督、巡撫、御史、給事中等官員都是權兼行政、軍事、司法和監察等，他們的奏議還涉及國家政務運行的諸層面，是研究明代制度運作和實效最直接的材料。

詔令是指皇帝或以皇帝的名義頒行給臣民的政務類文書的統稱，即"王言"。按清修《明史》的分類，詔令包括詔、誥、制、册文、諭、書、符、令、檄等九種。② 作爲處理國家政務的手段，詔令不僅是皇帝個人的意志體現，也代表了國家的意志，其具有政務性的同時也具有法規或制度的特點。所以，詔令屬於行政性公文，是法律性政書，是第一手原始文獻資料。《四鎮三關誌》所收制疏主要爲嘉靖、隆慶兩朝的，也有少量正德、萬曆年間的，敕書均爲"坐名"敕書。《薊鎮制疏·詔敕》中給楊兆的敕書有任命敕書、嘉獎敕書等，如《敕總督兵部右侍郎兼都察院右僉都御史楊兆》、《敕獎總督兵部左侍郎兼都察院右僉都御史楊兆》、《敕獎總督薊遼、保定等處軍務兼理糧餉兵部左侍郎兼都察院右僉都御史楊兆》、《敕整飭薊州等處邊備兼巡撫順天等府地方都察院右僉都御史楊兆》等。給戚繼光的敕書主要有《敕諭署都督同知戚繼光總理練兵》、《敕諭署都督同知戚繼光總理兼鎮守薊鎮》、《制諭署都督同知戚繼光》、《敕總理練兵事務兼鎮守薊州、永平、山海等處地方總兵官右都督戚繼光節制客兵》、《敕總理練兵總兵官左都督戚繼光整飭邊務》等。自洪武、永樂以降，由皇帝和中央直接指揮和控馭文臣武將，敕書在軍國大事決策與運行中發揮了重要作用。③ 但敕書在明朝前、後時期的使用有很大的不同，敕書"坐名"與否就能反映明代軍制是否有變化。以明代衛所京

---

① 本書卷七《制疏考·四鎮制疏總論》。
② 張廷玉《明史》卷七十二《職官一》，第1732頁。
③ 如明初征雲南時，太祖多用敕諭給衆將下達指令；對天下都司衛所官，亦以敕書形式訓誡勸勉。參王世貞《弇山堂別集》卷八十五至卷八十八《詔令雜考》，中華書局1985年，第1615~1701頁。

操班軍的領班官員的敕書爲例，他們在前期受領敕書要麼是群敕，要麼是不具名的，較少使用坐名敕書。但《四鎮三關誌》中所輯錄的均爲"坐名"敕書，如《敕山東領薊鎮春班都司僉書張允嘉》、《敕河南領薊鎮秋班都司僉書劉碻論》、《敕統領薊鎮德州秋班遊擊尹湘》、《敕統領薊鎮通津春班遊擊徐槐》、《敕統領薊鎮天津春秋班遊擊劉龍、祝琦》、《敕統領薊鎮德州春班遊擊安廷燦》、《敕河南領薊鎮春班都司僉書王惟藩》、《敕河南領薊鎮春班都司遊體仁》、《敕山東領薊鎮春班都司僉書王秩》等。自永樂末年，河南、山東、中都、大寧和北直隸地區的都司衛所就有班軍到北京或京畿地區，分春、秋二班輪番防守，武官所領的敕書並不具名。只是到嘉靖之後，他們所受的敕書才由不坐名敕書變成坐名敕書，即每份敕書都是直接頒發給領班官員的，而不再是給一個機構或一種職位，這一變化揭示的是明代軍政管理制度的設置與演化，在演化的背後則是更爲複雜的政治、軍事和民族等問題。①

在本書中，奏議的數量最大。它收錄有一朝、一代、一類、一人或群體等不同範圍或性質的奏議文書。以奏議爲主要素材進行的"經世文類"文獻的編輯整理的大量出現，既是明代完善、齊備的行政公文的集中反映，也爲明代知識群體經世濟民政治理想的實現創造了條件，致使大量涉及國計民生的政務公文流傳。這些由臣下向上奏請的行政性文書，都帶有明顯的公務色彩，"治亂得失，於是可稽。此政事之樞機，非僅文章類也"②。

明代志書也大多附有地圖，以山川形勝、城市布局、邊關防禦等內容爲常見。圖考、圖論、圖説之類的軍事地圖與邊鎮海防等專志，共同構成了明代後期軍事地理類史志的主要內容。20世紀三四十年代，在北京國書館工作的王庸先生有感於祖國的內憂外患，完成了著名的《中國地理圖籍叢考》一書。該書包括《明代總輿圖匯考》、《明代北方邊防圖籍錄》和《明代海防圖籍錄》等內容，並附有他的《明代倭寇史籍志目》（計七十二種）。其中，《明代北方邊防圖籍錄》著錄"九邊總圖説"三十種，"邊鎮合志"三十二種，"各邊鎮別志"六十四種，"各路關衛區分記"九十一種；"邊鎮合志"的第一部，即是介紹劉效祖的《四鎮三關誌》。③《四鎮三關誌》收錄有圖若干，總圖所載資訊涉及八府、十六州和一百十五縣，以及遼東都司、北直隸衛所、大寧都司、山西行都司、山西都司等軍政單位，還有遼東鎮、薊州鎮、昌平鎮、真保鎮所轄軍事防區的相關資訊。此外，書中還有戰車、冷兵器、火器、火藥、空心敵臺等示意圖，生動、形

---

① 彭勇《明代領班武官敕書"坐名"試析》，載於《明史研究論叢》第八輯《明代詔令文書研究專輯》，紫禁城出版社2010年。
② 永瑢、紀昀等撰《四庫全書總目》卷五十五《史部十一·詔令奏議類·序》，《景印文淵閣四庫全書》第2冊，臺灣商務印書館1986年，第217頁。
③ 《中國地理圖籍叢考》甲編《明代北方邊防圖籍錄》二《邊鎮合志》，第39~41頁。

象而具體地展示了明代中期軍鎮的軍事裝備水準和防禦能力。

《四鎮三關誌》也是研究北方民族關係的重要史料。北邊之防在"北虜"，對蒙古部的資訊收集同樣重要，在卷十《夷部考・四鎮夷部總論》中作者有言"中國之必有夷狄，與夷狄之必不忘窺中國……今以北虜諸部落詳其世系，而屬夷附之，再紀其頻年入犯之自，俾司邊者爲鏡觀焉"①。該卷字數僅兩萬餘，篇幅不大，主要記載有四鎮三關的防禦對象、防禦形勢和歷年衝突的大事等。由於全書都是在講四鎮三關整體防禦體系的問題，所以，全書的內容無不是在圍繞民族關係展開，故此書的民族史料價值又絕不僅僅體現在卷十上。實際上，此書對整個明代北邊防禦戰署都有直接或間接的體現，即便是對許多細節的記述同樣值得人們關注。試舉二例。

其一，關於明代"忠順軍"或"忠順營"的記載。忠順營的前身是明朝建立後、由入仕中原的少數民族組成的"達官軍"，其民族成分包括蒙古、女真和回回等。嘉靖至隆慶年間，北邊防禦形勢發生新變化，在保定、大同、河間等達官軍相對集中的地區，達官軍遂改組爲忠順營。忠順營將士在明代中後期的京畿地區征戰和戍守過程中發揮了重要的作用。明朝滅亡後，忠順營的建置被取消，被并入當地行政組織。然而，就是這樣一支在歷史舞臺上曾經扮演重要角色的少數民族武裝力量，被學術界長期忽視，其主要原因是史料的缺乏。在《明會典》和《明實錄》中，對忠順營僅有簡單的沿革交代。但《四鎮三關誌》中提供的詔敕奏議以及邊關防禦的糧餉、馬匹和官兵等配備記載，忠順營共計出現有四十三處，給我們提供了較爲詳細的資料。其中兩份敕書《敕保定忠順營都司盧徹》、《敕定州忠順營都司楊國卿》更是珍貴，它們直接提供了忠順營官員的職掌情況，對我們瞭解忠順營建立的背景，忠順營的組織管理、職掌及其演變等基本史實，具有無可替代的價值。②

其二，"夜不收"是活躍在明朝北邊防禦一線的重要軍兵種，既擔任情報的刺探，也負責前沿陣地的防衛和各墩臺的駐守。③ 然而，長期以來，學界僅知道這一軍兵種的存在，却對這項軍制的創制與發展詳情理不清楚。可喜的是，在《四鎮三關誌》的《軍旅考》、《經畧考》、《制疏考》之中，"夜不守"一詞出現高達八十四次之多，這不僅爲我們提供了北邊防禦體制中"夜不守"的最詳細數量，還提供了這一群體的組織、建制、功能、生活、存在的問題及其對明王朝軍事、政治制度運行的影響等諸方面的史料，同樣是其他史籍所無法替代的。

此書價值之高，白壽彝先生總主編的《中國通史》一書評價說："明代邊務志書有

---

① 本書卷十《夷部考・四鎮夷部總論》。
② 彭勇《論明代忠順營官軍的命運變遷》，載《中州學刊》2009年第6期。
③ 柏樺《明代的夜不收軍》，載《古代文明》2013年第1期。

數十種,以此志最詳。"①

三、版本流傳

《四鎮三關誌》雖然於萬曆四年順利刊行,但似乎發行和流通並不是很順暢,不然,何以其版本、內容和卷次在明末就已經含混不清?就是明代最著名的目録文獻學著作《千頃堂書目》也誤記爲十二卷。到清代,它更是遭到禁燬。據《纂修四庫全書檔案》第一三四〇號檔案《浙江巡撫琅玕奏呈查繳禁書清單》(軍機處録副奏摺)載,"乾隆五十四年十月,浙江巡撫臣覺羅琅玕跪奏,謹將乾隆五十四年十月奏繳應禁各書名目繕具清單,恭呈御覽。計開……《四鎮三關誌》一本,明劉效祖撰……以上共書一百四十六種,共計一千五百三十五本,俱係軍機處暨四庫館行知全燬、抽燬並外省、浙省繳過各書"②。抽燬的主要原因,《清代禁燬書目四種》稱是"其第十卷夷部語多誣謬,應請抽燬"③,所謂的"誣謬"主要是因爲此書大量記載遼東史實,直接涉及清入關之前女真人的歷史,其中的"華夷之辯"觀點更是與入主中原之後的清王朝"自古得天下之正莫如我朝"的意識形態相違背。

近幾年,此書流傳和使用最爲廣泛的版本爲《四庫禁燬書叢刊》本。該本署"明劉效祖撰,《中國文獻珍本叢書》影印明萬曆四年刻本"。《中國文獻珍本叢書》係全國圖書館文獻縮微複印中心編印,《四鎮三關誌》在1991年影印綫裝發行。據該書的版權頁資訊和書前整理者吳豐培所撰《四鎮三關誌序》,僅談及"以明原版影印",未談及底本的詳情。整理的技術處理方式,是"除加斷句外,凡版面不清處,均加修整,缺字可補者描補,無法讀識者概存原貌。缺頁因無他書可補,只得注明"④。通過對比分析"禁燬本"鈐印和藏書章可知,它以浙江圖書館藏萬曆刻本和南京圖書館藏善本爲底本合并而成,以刻本爲主,也有數量不少的抄配內容。

該書版本、收藏和流傳情況,《中國古籍善本書目》記有兩個版本:一是署王之弼、劉效祖纂修,萬曆四年刻本(編號11146);二是署名相同的清抄本(編號

---

① 白壽彝總主編《中國通史》第九卷《明時期下》,上海人民出版社2000年,第2167頁。
② 中國第一歷史檔案館編《纂修四庫全書檔案》,上海古籍出版社1997年,第2162~2168頁。
③ 姚覲光輯《清代禁燬書目四種》,王雲五主編《萬有文庫》第二集七百種,商務印書館中華民國二十六年,第34頁。
④ 吳豐培《古籍題記選録(三)》,《吳豐培邊事題跋集》,第12頁,另載《上海高校圖書情報學刊》1994年第3期。

11147）。萬曆刻本，僅南京圖書館、浙江圖書館藏各一部。① 實際傳世的還不僅如此，當然，數量極其有限。孫迎春經過考訂認爲，南京圖書館藏萬曆刻本，《明史·藝文志》及《千頃堂書目》均作十二卷，與此萬曆志卷數不合，估計實爲一書。② 陳光貽《稀見地方志提要》、《中國地方志聯合目錄》等書作"明萬曆四年（1576）刻本"③。但就南京圖書館所藏來看，該書半頁十行二十字，小字雙行字數同，四周雙邊，版心下分別題以天干，有圖七十一幅，"然志中記事止萬曆六年，見卷八《職官考》第 25 頁，且字體、墨色顯有差異，故版本作明萬曆四年（1576）刻六年（1578）增修本。又卷一至七、卷十配抄"④。實際也是抄配、增修本。

經查，萬曆四年原刊本《四鎮三關誌》還典藏於臺北故宮博物院，在臺灣亦屬於珍稀的孤本。現臺北故宮博物院藏有萬曆丙子年（四年）原刊本，其"古籍善本資料庫"列入"史部—地理類—邊防之屬"，登記資訊爲"抄本"、綫裝四函、二十冊、附圖，係臺灣"國防部"1983 年捐贈。有學者研究認爲，臺北故宮博物院藏的地方志，一是原清宮舊藏，二是日本侵占華北時期搶劫而來的，故以河北、山西、河南、陝西、山東、察哈爾、內蒙古、熱河等地方志爲多⑤，《四鎮三關誌》應屬於第二種情況。臺北故宮博物院另藏有一套北平圖書館移交的萬曆原刊本十冊，詳情不明。

到了晚清和民國時期，文網鬆弛，邊關時局緊張，邊關志書再度引起愛國學者的強烈關注。現北京大學圖書館藏有光緒十五年（1889）李文田抄本兩函十冊（存卷一至卷九），另有民國間抄本四函二十二冊，均署名劉應節修，仍爲十卷本。鈐有"璜川吳氏收藏圖書"藏書印。璜川吳氏藏書始自吳銓。吳銓，字容齋，人稱容齋先生，休寧人，隨父遷居上海，老而復遷居長洲。雍正中爲吉安知府，歸田後居潢川遂初園，讀書其中，藏秘笈萬卷，多宋元善本。室名"璜川書屋"、"遂初園"。藏印有"璜川吳氏探梅山房印"、"璜川吳氏收藏圖書"。吳氏藏書歷經四代，至清後期散逸。⑥ 另外，天津圖書館藏有萬曆《四鎮三關誌》十卷，署劉應節、楊兆修，劉效祖纂，二十冊，十行二十一字，小字雙行十九字，藍格白口，四周雙邊。據其描述，與北京大學圖書館藏吳氏收藏當爲同一抄本。

---

① 《中國古籍善本書目》編纂委員會編《中國古籍善本書目》史部卷十一《地理類二·雜志》，上海古籍出版社 1993 年，第 992 頁。據《中國古籍善本書目》藏書單位代號表、藏書單位檢索表，萬曆四年刻本藏書單位代碼爲 1601 和 1701，即爲南京圖書館和浙江圖書館。
② 孫迎春《南圖館藏四種稀見明代方志考述》，載《圖書館雜志》2004 年第 10 期。
③ 陳光貽《稀見地方志提要》卷二《河北》，齊魯書社 1987 年，第 126 頁；中國科學院天文臺主編《中國地方志聯合目錄·河北省》，中華書局 1985 年，第 28 頁。
④ 孫迎春《南圖館藏四種稀見明代方志考述》，載《圖書館雜志》2004 年第 10 期。
⑤ 盧雪燕《臺北故宮博物院收藏方志論述》，載《故宮博物院院刊》2012 年第 5 期。
⑥ 葉昌熾著、王欣夫補正、徐鵬輯《藏書紀事詩》卷四，上海古籍出版社 1989 年，第 451 頁；張翔《清乾嘉時期蘇州的徽籍藏書家》，載《圖書館雜志》2000 年第 8 期。

本次校注採用的對校本爲國家圖書館藏民國間抄本《四鎮三關誌》，十卷，二十一冊，有圖。除紙質藏本外，目前可在中國國家數字圖書館·數字方志庫全文閱讀原書電子照片。其版式爲：朱絲欄，四周雙邊，白口，單魚尾，半葉十行，行十九字、二十字不等，小字雙行十九字。該抄本首頁爲《纂修邊誌檄文》。卷一《分野星宿圖》鈐印"北京圖書館藏"。首頁、卷一《分野星宿圖》及以後各卷卷首鈐有"子樵珍藏"藏書印。從"子樵珍藏"藏書印可知，該書曾爲方覺慧先生收藏。按方定一《方覺慧先生小傳——紀念先父逝世五十周年》（載《近代史學刊》，2012年00期），方覺慧，湖北蘄春人，1886年（光緒十二年）生於南京穆陵關，卒於1958年。原名方士楷，后改名方學慧，民國元年改名方覺慧，號子樵。少年時畢業於黄州府中學，二次革命后赴日本早稻田大學留學。據倫明著、雷夢水校補《辛亥以來藏書紀事詩》（上海古籍出版社1990，第115~116頁），方覺慧先生精心明史研究，擬改造《明史》，所收明代史料盈數屋。其著有《明太祖革命武功記》、《老子道德經註解》、《孔子編年考》等。

2011年6月3日，在北京保利國際拍賣有限公司的春季拍賣會中的"古籍文獻及名家墨跡"專場上，一套《四鎮三關誌》拍出356500元人民幣的高昂價格。據商品描述，該書係明萬曆四年（1576）刻本，一函五冊，白棉紙本，31.1cm×19.3cm，"初裝五厚册，白棉紙初刊精印，品相保存完好，足爲藏家所寶。此書甚少，民間尚無現世"①。可見，受清廷的禁燬，《四鎮三關誌》的流傳受到極大影響。雖有傳世，但數量極少。這也從一個側面反映了這部古籍的珍貴之處。

---

① 保利拍賣本介紹，http：//www.polypm.com.cn/index.php？s＝Auction/view/ppcd/art5002791966#，"北京保利國際拍賣有限公司官網"，2016年4月28日訪問。

校注説明

1. 本書校注以《四庫禁燬書叢刊》史部第一〇册所收《四鎮三關誌》（據《中國文獻珍本叢書》影印明萬曆四年刻本，北京出版社 1997 年）爲底本（此版本爲萬曆四年刻、六年增補本，以及少量的抄本配補，本書校注時稱其爲"底本"），並參照以下版本：

（1）中國國家圖書館藏民國間抄本，十卷，簡稱民國間抄本，此爲本書主要的對校本。凡本書出現"據民國間抄本補"者，均係該版本。

（2）南京圖書館藏萬曆刻本，十卷，有影印本收入《南京圖書館藏稀見方志叢刊》第 3~5 册，國家圖書館出版社 2012 年，簡稱南圖本。

（3）北京大學圖書館藏清李文田抄本，存卷一至卷九，有影印本收入《北京大學圖書館藏稀見方志叢刊》第 9~11 册，國家圖書館出版社 2013 年，簡稱北大清抄本。

2. 本書校注嚴格遵循底本，底本缺漏、不清之處，主要依據民國間抄本補出，間有參考其他史籍補出者。鑒於民國間抄本晚出，且流傳不廣，其中抄錯者頗多，故出校僅針對與底本相異且無法判斷之處，或兩説可並存者，其餘訛誤錯漏均不一一出注。

3. 校記。

（1）爲方便讀者對照閱讀，校與注的内容均以脚注形式出現、連續編號，校的内容係原書有誤或存疑者，以"［校］……"形式行文，如：［校］通，底本不清，據民國間抄本補。

（2）注釋條目，以首次出現標注，後文重複出現，除有必要者，一般不再標注。

（3）注釋中所徵引文獻，僅在首次出現時標明版本。

（4）對較難理解的字詞、典故，加以解釋，並舉出史籍中使用該字詞、典故的例子。如："借箸而籌"，指從旁爲人出主意。語見《史記》卷五十五《留侯世家》，第 2040 頁，張良語："臣請借前箸爲大王籌之。"裴駰集解引張晏語："求借所食之箸用指畫也。或曰前世湯武箸明之事，以籌度今時之不若也。"

4. 繁體字的使用。對於校注過程中出現的各種用詞不統一及異體、繁簡混用和俗字字體，如底本中"佛郎機"與"佛朗機"混用、"蓋州"與"盖州"混用，本書儘可能統一用詞並按通行的繁體字予以統一，有的則一如其舊。現挑選部分字羅列於下，以供辨識：

于（于、於、扵）、游（遊、浟、逰）、插（挿）、并（幷、併、並、竝）、铁（鉄、鐵、鐡）、勋（勛、勲、勳）、德（徳、德）、虚（虛、虗）、段（叚、叚）、商（商、啇）、荆（荊）、巡（廵、巡）、解（解、觧）、面（靣、囬）、处（處、處）、据（據、攄）、征（佂、徵）、逃（逃、迯）、凡（凡、九）、采（採、寀）、须（鬚、須）、溳）、疏（踈、疏）、庶（庻、庻）、修（修、脩）、睹（睹、覩）、峰（峰、峯）、顾（顧、顧）、递（遞、遞）、逾（喩、逾、踰）、匹（匹、疋）、拿（拿、拏）、台（台、臺）、效（効、劾）、答（荅）、扎（扎、劄）、枪（槍、鎗）、镇（鎮、鎭）、真（真、眞）、个（箇、個）、误（悞、誤）、净（凈、淨）、厘（釐、厘）、铺（鋪、舖）、备（備、俻）、总（總、総）、略（畧、畧）、博（博、博）、骄（驕、𩥑）、盐（鹽、塩）、雁（鴈）、核（覈）、拔（扳）、款（欵）、久（乆）、密（宻）、皋（皐）、奈（柰）、双（雙、雙）、私（私）、视（視）、概（槩）、膘（臕）、颜（顔、顏）。

5. 底本原不標點，不分段，我們在校注過程中，將根據文意進行標點斷句、分段。底本存在對其他史籍原文不完整截取或拼湊的問題，導致難斷句或斷句不當，除個別影響原義者外，一律遵循底本，不添改文字。

6. 底本中出現的雙行說明小字，今遵照底本以小五號字錄入。特別說明：卷之七《制疏考》正文均以雙行小字形式出現，考慮閱讀的方便，仍以五號字排出。

7. 對於正文中出現的干支紀年，重要者將其換成年號加公元紀年，以注釋條目出現。其他如年號紀年，爲了讀者查閱方便，一般不標注公元年份。

8. 有以陵名指代帝王、以職官名等形式指代人物時，明其指代，以注釋條目出現。如：長陵，明成祖陵。楊督府，指總督薊遼都御史楊選。嘉靖四十二年十月，辛愛與把都兒入寇牆子嶺等地，給事中李瑜彈劾楊選、巡撫都御史徐紳、副使盧鎰、參將胡詔等，俱逮下詔獄。楊選被戮於市，梟首示邊，妻子流二千里。參張廷玉《明史》卷二百四《楊選傳》，第 5400~5401 頁。

9. 職官部分。

卷之八《職官考》，原書主要開列職官姓氏、籍貫，記載的信息簡單，錯誤較多。考慮到這些職官對瞭解明代職官制度多有幫助，故校注者利用便利的數據庫和文獻資料予以校注。

（1）文官。主要依據底本給出的籍、貫信息，參考地方志，過庭訓《國朝分省人物考》（周駿富輯《明代傳記叢刊》作《明分省人物考》，本校注使用該書時，用《明分省人物考》之名）、何出光、陳登雲《蘭臺法鑒錄》等資料，簡單列明其功名、歷官等信息。當然，本書校注參引文獻所載，并非傳主的全部生平事迹。但仍有部分人，因爲材料有限等，没有作傳。

（2）武官。武官材料較爲分散，一般不再作小傳。對總兵一級，主要依據《明實録》的記載，參考《中國明朝檔案總匯》，明確其任總兵的時間。

10. 籍、貫的問題。明代的籍和貫是不同的概念。籍是世代承襲的對國家應負的不同義務，如軍、民、匠、灶等役。[①] 貫則指鄉貫，相當於現在人們説的籍貫。底本和地方志等其他史籍記載人物籍、貫，或記其籍而不載其貫，或記其貫有省、府、州、縣不同級別。本書中有籍、貫標注不一，但係一人者，如"殷尚質，天津衛人"、"殷尚質，天津人"，不出注。

11. 參引文獻。

（1）地方志。因涉及不同年代刻本，隨文標注刻本年代，完整信息見徵引文獻。頁碼標注採用"葉1a"形式，影印本有新編頁碼者，頁碼標注採用"第1頁"形式。

（2）收入《景印文淵閣四庫全書》、《四庫全書存目叢書》、《續修四庫全書》、《四庫禁燬書叢刊》等書中的文獻及萬斯同《明史》、畢自嚴《度支奏議》，涉及册書或每一分册重新編排頁碼問題，出版信息首次參引出現，其後省署，册書信息前後出現不省署。

（3）引用古籍文獻卷數的條目作注，使用漢字。

（4）引用論文或著作，標注論文/著作作者、發表期刊/出版社、論文集、發表日期/出版日期。

12. 保留底本目録，另設總目録，保留其他未列情况，或與上述情况相似的，一律按上述標準處理。確實超出以上標準的，可酌情處理。

13. 校注古籍是一項需要深厚學術功底、複雜而細緻的學術活動，限於校注者的學識和能力，未盡、錯漏之處在所難免，敬請讀者批評、指正。

[①] 顧誠著《隱匿的疆土——衛所制度與明帝國》，光明日報出版社2012年，第72頁。

序 一①

　　國家定鼎幽燕，北控大漠，蓋枕夷夏之交，示彈壓之勢，居重馭輕，爲遠猷②矣！是故薊、昌建在畿輔，實爲腹心，東西遼、保則左右臂也。要之，論國勢重輕則薊、昌爲最，保鎮次之，遼鎮又次之。論夷情緩急則薊、遼爲甚，昌鎮次之，保鎮又次之，此其大較也。③

　　昌擁九陵而護神京，薊在左腋之間，綿亙二千里，帶甲十萬，文武將吏畫地而守。垣而外，三衛④牧其中，向背靡測，逆則要結酋虜⑤，而用爲鄉。虜如闖關而入，蹂躪郊圻，震驚達於内，故要害視諸鎮稱至劇。遼懸山海之外，三面當虜，將士擁盾而食，奄忽突至，躍馬橫戈，虜去復如故。蓋必戰之國，物力鈍利亦畧相當。保據紫荆之險，外扼雲中，與遼爲左右輔，利害差緩。然嚙肘及腹，聯絡捍衛，固東、西兩馮翊⑥云。庚戌⑦往無論，其後烽火日棘，以厪天子徵兵集餉，增陴繕垣，賢人深謀於廊廟，經畧使者數出，日夜談干旄之事，畫制胡之策，焦神極慮，人言言殊，麗如繁星，爛乎牘中。於是合車騎之陣，通轉輸之利，創崇臺之險，高下相望，棊布岳峙，經制以騃騃備矣。余勵勤之暇，搜往事，半放缺不收，長老宿將往往猶口之，奈何當吾世而失載事，

---

① 原序無編號，校注者添加之。序二亦然。
② 遠猷，指遠大的謀畧。語見孔安國傳，孔穎達疏，廖名春、陳明整理，呂紹綱審定《尚書正義》卷十四《康誥第十一》，《十三經注疏》本，北京大學出版社1999年，第371頁，"顧乃德，遠乃猷"。
③ 此段文字據網上搜得保利拍賣行拍賣品《四鎮三關誌》公開書影補，《中國文獻珍本叢書》影印本無。詳見《〈四鎮三關誌〉及其價值》。
④ 三衛，指朵顏、泰寧、福餘。
⑤ 酋虜，泛指與明廷敵對的蒙古部勢力。本書凡涉及時人對邊地民族的稱謂，悉從原文。
⑥ 馮翊，古地名，郡治在今陝西關中東，畿輔之地，有"三秦通衢"、"三輔重鎮"之稱，又代指兵家必争之地，或憑借、依靠。
⑦ 庚戌，指嘉靖二十九年庚戌之變。

闕鴻謨①遠猷弗述，墮勞臣烈士弗載，忽經制、疆圉、乘障②缺而不錄，於是與大司馬白川劉公③稍稍摭譜牒、收遺事，以付北平劉君效祖。劉君受事，夙夜罙溯殷周，迄於勝國，存其大者。詳自庚戌以來，諸談兵家，撮其要，刪著於篇，凡建置、形勝、旅騎、芻糗、夷落、才賢、部署，合數十百萬言，爲綱十，目三十，疆場萬里二百年，注措④若聚米⑤觀火，瞭瞭股掌矣！乃總其凡，曰《四鎮三關誌》，誌全鎮也。關中楊兆⑥曰："善哉乎，人之言曰：'前事不忘，後事之師也。'不觀《四鎮三關誌》，與耳食何異？夫狶膏棘軸，不運方穿，弓膠昔幹，不傳疏罅，而要之惟在任人，然鏡往所以制變也。故畧載經制今昔之會，著疏論之要，犁然決筴之林也。遂錄帙觀來者，俾得考焉。"

萬曆丙子四月吉，賜進士出身、通議大夫、資治尹，奉敕總督薊遼、保定等處軍務兼理糧餉，兵部左侍郎兼都察院右僉都御史，關中楊兆撰。

---

① 鴻謨，指大的謀畧。語見張居正《新刻張太岳先生文集》卷二十四《答王鑒川》，《續修四庫全書》第1346冊，上海古籍出版社2002年，第134頁，"誠高見淵識，石畫鴻謨，非公愛我之深，曷得聞此"。
② 乘障，又作乘鄣，登城戍守之意。語見司馬遷《史記》卷一百二十二《酷吏列傳》，中華書局1959年，第3141頁，"於是上遣山乘鄣"。
③ 白川劉公，指劉應節。劉應節，字子和，濰縣人。嘉靖二十六年進士。授户部主事。歷井陘兵備副使、山西右參政。嘉靖四十三年，擢右僉都御史，巡撫遼東、河南等地。隆慶四年，擢右副都御史，旋進兵部右侍郎兼右僉都御史，總督薊、遼、保定軍務。累官至南京工部尚書、兵部尚書、刑部尚書。卒，贈太子少保。參張廷玉《明史》卷二百二十《劉應節傳》，第5787~5789頁。
④ 注措，同注錯，安排處置。語見王先謙撰，沈嘯寰、王星賢點校《荀子集解》卷二《榮辱篇第四》，中華書局1988年，第61~62頁，"則君子注錯之當，而小人注錯之過也"。
⑤ 聚米，運籌決策之意。語見范曄《後漢書》卷二十四《馬援傳》，中華書局1965年，第834頁，"又於帝前聚米爲山谷，指畫形埶，開示衆軍所從道徑往來"。
⑥ 楊兆，嘉慶《延安府志》卷五十五《傳錄二·名人·膚施縣》，嘉慶七年刻本，葉8b~9a，"楊兆，字夢鏡，御史本深之子，弱冠舉於鄉。登嘉靖丙辰進士，授行人，轉户部曹，廉介自矢。出爲青州知府，再調紹興，案無留牘。以卓異遷密雲參政，著邊功。晉都御史，巡撫順天，貪墨望風解綬。尤留意邊防，嚴烽燧，時訓練，軍無虛伍，餉無虛靡。陞薊遼總督，尋晉南京兵部尚書，轉北工部尚書，督修宮殿陵寢，省金錢以千萬計。歷陞兵部尚書。兆素知禁衛兵皆虛名支餉，按籍簡稽，不避權貴，軍政肅然。遴選將才，尤當其用。加太子太保。乞骸骨歸，未至家，卒。兆爲人風度凝鈞，明達國體，才兼文武，朝廷倚重者數十年。訃聞，遣官賜祭，贈少保"。

序　二

　　國家大一統，其定鼎燕畿者，何也？燕接胡塞，成祖嘗三犁其庭者也，所謂萬世之業也。其謂四鎮、三關者，何也？四鎮，曰薊也，曰昌也，曰保也，曰遼也。三關，曰居庸也，曰紫荆也，曰山海也。皆京兆左右輔地也。左右輔，內地也，非邊也。非邊，非鎮也，其謂鎮者，何也？自嘉靖庚戌①始也。何始庚戌也？庚戌，虜闌古北口，直薄都門，薊始謂鎮也，始設督府總三鎮，攝之也。其誌者，何也？北海劉公②、關西楊公③相次督四鎮事者也，欲藉此以討軍實也。其屬余不佞者，何也？二公以余不佞爲都人士，習四鎮事，故以屬之也。余不佞既受役，則何以誌也？間取三關及郡邑舊乘爲條刺之也，不足，則取諸諸司，所籍記補綴者，稱倍也。爲綱者十，爲目者三十，目無論也。綱首建置、形勝者，何也？堪輿位定也，封壤區分也，內外華夷，莫有辯於此者，不得不先之也。次軍旅、糧餉、騎乘者，何也？訓武在兵也，足兵在食也，騎乘所需以馳載，亦不可緩也。次經畧、制疏者，何也？頻年諸部使征繕，是急日討求而申飭之也。至以播之綸綍④，騰之疏告者，皆爲關鎮計也。次職官、才賢者，何也？朝廷設官分職，莫重於邊吏也，乃騁績勒名者，毋⑤論文武，不可謂無人也。終之以夷部者，何也？凡爲關鎮，計以禦虜也，虜入則關鎮不寧，不入則關鎮寧。其桴革所從，不可不預

---

① ［校］庚戌，原作"庚戍"，改。餘皆如此，不再出注，徑改。
② 北海劉公，即劉應節，其傳見前。
③ 關西楊公，即楊兆，其傳見前。
④ 綸綍，即"王言"，皇帝的詔令，又稱"綸音"。參鄭玄注、孔穎達疏、龔抗雲整理、王文錦審定《禮記正義》卷五十五《緇衣》，《十三經注疏》本，北京大學出版社1999年，第1504~1505頁，"王言如絲，其出如綸；王言如綸，其出如綍"。鄭玄注曰："言，言出彌大也；綸，今有秩嗇夫所佩也。"孔穎達疏曰："'王言如綸，其出如綍'者，亦言漸大，出如綍也。綍，又大於綸。"
⑤ ［校］毋，原作"母"，改。

知也。起草者何時也，萬曆甲戌①冬也。殺青者何時也，萬曆丙子②夏也。余不佞自謂誌雖成，其疏畧抵捂，固所不免也，何也？余不佞才識黯淺，撰述非其任也，且部署辟易也，譜牒湮沕也，即鏡考無從屬目也。雖智者莫如之，何也？或又謂余不佞曰："子誌關鎮，今關鎮可特書者，何也？"余不佞曰："薊鎮之亭障③、車隊也；昌鎮之林薄④、鄜衍⑤也，皆金湯之利也。保鎮擬二鎮而漸舉之者也，亦將有成效也。獨遼鎮不能具險，其士卒則驍健也。數得當虜，而露布歲有聞也。"或又曰："三瓦弗陳，物理則然也，今四鎮有軼事不也？"余不佞曰："何謂無之也？薊之募軍未集也，衛卒不減也，歲費如臨敵時也；昌之陵衛雖嚴也，東山口或可議也；眞、保外爲平原，内徑則多疏也，其備不獨在紫荆也。遼之寧前，虜時伺人於道傍也。輪挽告艱，海運即莫之與復也。此皆其崖畧，不能縷縷數也。余不佞，杞人也，知憂天者也。款言無藉於時，非所知也。"然則奈何曰："集衆思，廣忠益⑥，則關鎮諸部使者事也。"

萬曆丙子夏四月吉，賜同進士出身⑦、中憲大夫⑧、前陝西固原兵備按察司副使⑨、都門劉效祖序。

---

① 甲戌，干支紀年，萬曆甲戌爲萬曆二年，即公元1574年。
② 丙子，萬曆四年，即公元1576年。
③ 亭障，邊塞所設堡壘。語見《史記》卷六《秦始皇本紀》，第253頁，"又使蒙恬渡河取高闕、（陶）[陽]山、北假中，築亭障以逐戎人"。
④ 林薄，交錯叢生的草木，借指隱居之所。
⑤ 鄜衍，山坡。語見《史記》卷二十八《封禪書》，第1358頁，"文公夢黃蛇自天下屬地，其口止於鄜衍"。
⑥ 集衆思，廣忠益，集思廣益之意。語見陳壽《三國志》卷三十九《蜀書九·董和傳》，中華書局1959年，第979頁，"夫參署者，集衆思，廣忠益也"。係諸葛亮教育屬下之辭。
⑦ 明代科舉考試，進士分三甲：一甲三名，賜進士及第；二甲若干名，賜進士出身；三甲若干名，賜同進士出身。劉效祖科舉考中三甲第九十二名，故有是稱。
⑧ 官員散官名。明代散階分九等十八級，中憲大夫爲正四品官加陞散官名。參萬曆《大明會典》卷六《吏部五·驗封清吏司·散官》，《續修四庫全書》第789册，第123~124頁。劉效祖曾任陝西按察司副使，爲正四品官。
⑨ 兵備道是創立於明代的地方軍政制度。明代各省提刑按察司或其他部門的佐貳官分地區專門或兼理整飭兵備的道，稱"整飭兵備道"，簡稱"兵備道"或"兵道"。各省按察司副使、僉事本有分道巡察之責，既巡查民政、財政、學政，也巡察軍政。參謝忠志《明代兵備道制度：以文馭武的國策與文人知兵的實踐》，宜蘭明史研究小組2002年印行。劉效祖曾在陝西固原鎮任此職。

纂修邊誌檄文

一①

钦差整飭密雲等處兵備、山東布政司右參政兼按察司僉事王②《爲纂修邊誌以垂永久事》。蒙欽差總督薊、遼、保定等處軍務兼理糧餉，都察院右都御史兼兵部右侍郎劉③會同欽差整飭薊州等處邊備兼巡撫順天等府地方，都察院右副都御史楊④案驗前事。照得國家定鼎幽燕，切鄰虜穴，而薊、昌、遼、保四鎮，實惟心腹肘腋重地。自嘉靖庚戌而後，虜患益熾，議論彌繁。每遇軍國大計，如聚訟於庭，築舍於道，意見各殊，紛然莫定，以案牘不存，文獻無徵故爾。夫畿輔邊關，延袤萬里，錢穀甲兵，不啻百萬。而事體紛然，卒莫有定，并去其籍而莫之考焉，非缺典與？今幸廟謨日宣，先後承事諸臣，經畧亦密，華夷漸至乂安，戰守頗收實效，一代章程，蓋浸浸備矣。茲欲纂集邊事，輯而成書，以便檢閱，似不可缺。除已咨行保定巡撫都御史孫⑤、遼東巡撫都御史張⑥及行各兵備道知會外。爲此案仰該道，即便會同四鎮各該兵備，將薊、昌、遼、保自設鎮以來一切官吏、城堡、兵馬、錢糧、章奏、條約、地險、夷情等項，各該設立、

---

① 原無序號，因檄文有兩篇，故編號一、二。
② 王，即王之弼，傳見康熙《涇陽縣志》卷七《人物志》，康熙九年刻本，葉25ab，"王之弼，字右軒，嘉靖壬子舉人。初授盩縣教諭，陞文安縣知縣。執法除奸，盜賊衰息。時有僧密藏婦女，廉知，置之法，并毀其寺，一邑風化肅清。陞涿州知州，邑民請以州衛留原任。擢永平道兵備僉事，歷陞薊州道兵備副使，二品服俸。以艱歸，卒年七旬有八。子曰俞，萬曆間貢士。孫服辱，順治間貢士"。
③ 劉，即劉應節，其傳見前。
④ 楊，即楊兆，其傳見前。
⑤ 孫，即孫丕揚，參張廷玉《明史》卷二百二十四《孫丕揚傳》，第5900~5905頁。
⑥ 張，即張學顏，參張廷玉《明史》卷二百二十二《張學顏傳》，第5853~5857頁。

處置、贏縮、沿革緣由，并一應未盡事宜，務要細加查議，分門析類，開列明白，大率以大臣閱視之後爲止。應修誌書作何纂集，應委官員、應聘生儒應於何處調取，應用錢糧應於何項銀內動支，通議明確，開呈前來，以憑定奪施行，等因。蒙此。除遵照外，爲照纂修邊誌，乃文獻大典，安攘永圖，應合請詳，候示石畫，以便遵守。爲此，今將前項緣由理合具呈，伏乞照詳施行。須至呈者，巡按直隸監察御史王批："腹內郡邑，猶各有誌，況邊關重鎮詎可缺此？該道速將應動錢糧，并各項事宜詳議停妥，仍候軍門詳示報。"繳。欽差巡按直隸等處監察御史余批："纂邊誌，誠美舉也。候通詳施行。"繳。欽差提督學校巡按直隸監察御史傅批："邊關無誌，誠爲缺典，該道查議編集，務裨文獻足徵，安攘永賴。"繳。欽差督理印馬屯田巡按直隸監察御史梁批："邊誌，誠文獻安攘攸係也，即宜銳然舉行。本院將樂觀厥成矣。"此繳。欽差巡按直隸等處監察御史解批："一時纂輯之典，可以裨萬年安攘之大計矣，宜亟行之。仍候通詳行。"繳。欽差提督京通等倉兼理通惠河事務巡按直隸監察御史鮑批："候撫按衙門詳示施行。"繳。

二

欽差整飭密雲等處兵備、山東布政司右參政兼按察司僉事王①《爲纂修邊誌以垂永久事》。行據密雲縣申蒙本道憲牌，仰縣即便議處，原任副使劉寓所本城并石匣營二處，一應供帳、使令人役之類，即計處停當，仍轉行守備并密雲中衛一一預備施行。先將議處過緣由作速開報。依蒙查得，本城武學②一所，原設家活俱備，堪充寓所。本縣仍處門厨、夫皂，其牢伴人等，已經移文守備撥用。查得供應之類，卑縣欲行獨備，但錢糧無處，恐難支持。除本縣先借支銀兩備辦，待誌書纂有次第通行，各處均攤補解，等因，具申到道案照。先蒙欽差總督軍務、都察院右都御史劉③憲牌前事，仰該道即將官生高懿厚等坐名聘取，以充分校之任。及照原任副使劉已經禮請，期在冬初可到。其本官寓所，并一應供帳、使令人役之類，即計處停當，速行守備衛縣等衙門一一預備施行。蒙此，已經備行該縣查議去後。今據前因，爲照修誌重務，一切供需，宜當早備。今據密雲縣議報前來，照得纂輯開局，必求靜所，似以武學爲便，合用器皿之類，及日用供應下程，總修者每日約計足用紙張筆墨，預買備用，置簿登記，候用過者作數。以

---

① 王，即王之弼，其傳見前。
② 武學，明代自正統之後，在京衛和外地衛所設置的、主要用來教授武官子弟的學校。"其在邊徼，亦莫不建學設官。"除教授儒學課業外，還有健身、武學的內容。武學相關規定參萬曆《大明會典》卷一百五十六《兵部三十九·武學》，《續修四庫全書》第791冊，第629~633頁。劉效祖主持修誌時，曾借用武學校舍作爲住所。
③ 劉，即劉應節，其傳見前。

上諸項，伏候本院部裁定，詳示備行。該縣遵照查動無碍銀兩，先行借支，候書成之後，總計用費實數，分派各鎮道攤處解補。再照事方創始，供應尚易。若各鎮分校者俱集，則供應必得專官，庶事有責成，掌記亦便。合無候本院部先行選能幹官一員，專司供應，於密雲縣支給銀兩，本道給發印簿，隨所供辦，逐一登報。事完之日，通將各項支用物件細數，一併造冊類報，以便查考。惟復別有定奪，本道未敢擅便擬合呈請。爲此，今將前項緣由，同原蒙憲牌理合具呈，伏乞照詳施行，須至呈者。欽差總督軍務都察院右都御史劉①批："供應事宜，悉依擬行，候完日通行各鎮道攤補。司供應者，即以經歷②傅尚智充之。"繳。

---

① 劉，即劉應節，其傳見前。
② 明代中央和地方府、衛以上衙門，大多設有經歷司機構，以負責日常事務的協調和處理。設經歷一員、知事一員，其品級依據衙門級別的高低有從六品至九品不等。

修誌姓氏

提調

前任密雲兵備副使王之弼。貢士，陝西涇陽人。

見任密雲兵備參政錢藻①。進士，直隸如皋②人。

纂裁

原任陝西按察副使劉效祖。進士，武驤左衛人。

經理

密雲管餉通判衛重鑑。山西陽城人。

前任密雲知縣邢玠③。進士，山東益都人。

見任密雲知縣張世則④。進士，山東諸城人。

---

① 錢藻，傳見光緒《順天府志》卷七十三《官師志二》，光緒十至十二年刻本，葉31a，"錢藻，如皋人，進士。萬曆元年霸州兵備副使，才暑精練。念民窮，百計區劃。築東南大堤一百二十里，水不爲害。又建邑津書院，群儁肄業，手爲評校，先後脱穎去。去官日，萬姓遮留。肖像栲栳圈，與蘭州陸坤并祀"。
② 如皋，今屬江蘇南通，故此處"直隸"係南直隸。明代直隸分南、北，本書統稱"直隸"。
③ 邢玠，傳見萬斯同《明史》卷三百三十二《邢玠傳》，第7册，第23~25頁。
④ 張世則，郯城人。萬曆二年進士，授寶坻知縣，調密雲，歷五年，多異績。十七年，陞四川安綿兵備僉事。二十一年，轉平涼苑馬寺卿。二十二年，陞江西湖東道參政。後歸田，卒。參乾隆《諸城縣志》卷三十《列傳第二》，乾隆二十九年刻本，葉8b~9a。

編校

密雲儒學教諭高懿厚。監生，順天府人。
大城儒學訓導徐士毅。監生，直隸繁昌人。
遵化武學教授汪應鳳。生員，直隸歙縣人。
密雲武學提調劉遠圖。大寧都司都指揮，直隸唐縣人。
密雲武學科正吳道行。鄉試武舉，直隸江都人。
軍門聽用鎮撫蔡時宜。浙江鄞縣人。
軍門聽用生員黃敬銘。江西宜黃縣人。
軍門聽用生員劉九思。山東寧海州人。

監刻

原任參將楊秉中。薊州衛人。
密雲縣縣丞王希武。監生，山東益都人。
密雲武學科正郝鷟。鄉試武舉，京衛人。

供給

興州後屯衛經歷傅尚智。河南項城人。
密雲中衛經歷朱朝卿。浙江嘉興人。
密雲縣典史侯尚德。河南洛陽人。

效祖曰："是舉也，撫院曲周王公①曩以觀察在檀，始受事，即矩矱型範，於余多指南焉。今秩益崇，責益專，視誌務益急不淺，功德當與二督府公并稱。兹不敢具列之也。"

---

① 曲周王公，指王一鶚，曲周人。按乾隆《曲周縣志》卷十五《人物》，乾隆二十九年刻本，葉5b~6a，"王一鶚，號雲衢，嘉靖間，垂髫成進士，才識敏練，尤長於兵。始爲職方主事，值兵變，單騎諭之，亂遂定。守建寧，有倭警，循城置守，甘苦同士卒，城賴以全。歷巡撫宣大，總督薊遼，出入兵間，籌劃無疑算，迅機決策，鑿鑿當要領，邊賴以帖。晉兵部尚書，加宮保，扈神宗幸山陵，帝親解玉環賜之。卒，賜祭葬"。

凡 例

一、兹志以《一統志》爲章程。蓋皇明制書，經館閣裁定，文簡事核，詞嚴義正，即《周書》、《夏訓》之典埸也。乃今諸家結撰，不盡率由，或以沿革爲表，或以賢才爲傳，或職官爲表又有志，或選舉有志又爲表。雖其文采蔚然可觀，於志體安所裨益乎？生今之世，反古之道，余不敢有成心焉。

一、兹志總題曰志，其條目猶謂之考。若曰一方之書，搜括未精，遺軼不免，即有所述，亦備他日詔下，采以爲故實耳。矧關鎮之務，係國家大計，戈舂指測，其誰敢遽以爲然乎？

一、兹志專爲邊政，固地理事也。其以分野屬建置中者，《易》曰："在天成象，在地成形。"① 伏羲氏仰觀俯察，未嘗不對舉爲言，固知分野雖涉天文，則地理中占候事耳。自《周禮·保章氏》以星宿分九州之野，蓋亦合天地而擬議之，豈以爲二事乎？

一、關鎮志與郡邑殊致，郡邑所載風俗、物產、户口、田糧之類，形似如雲。乃關鎮所當急者，獨疆場、城塞、兵馬、芻糧耳，勢不得嶢嶢曼其他。

一、兵馬芻糧，原無定額，故每歲衰益不同。今斷自萬曆元年，以閲視②汪司馬③入告之數爲準，即後有因時增損，要之於正額不相縣④也，稽程案籍出納者，庶免乾

---

① 見王弼注，孔穎達疏，盧光明、李申整理，吕紹綱審定《周易正義》卷七《繫辭上》，《十三經注疏》本，北京大學出版社1999年，第303頁。
② 閲視，見張廷玉《明史》卷七十六《職官五》，第1859頁，"隆慶初，仍以總督爲提督，改協理爲閲視，尋併改閲視爲提督"。
③ 汪司馬，指汪道昆。參張廷玉《明史》卷二百八十七《汪道昆傳》，第7382頁及本書卷七《制疏考》之《閲視侍郎汪道昆定議昌薊兵馬錢糧額疏》。
④ 縣，通"懸"。

没①之嫌。

一、四鎮邊關多以山川爲馮翊，稍涉平陸者，始有走集以補綴之。然人力不如地利，設險不如據險。故於名山大川，凡去邊陲咫步皆載之，其靡所資籍者不概入。

一、歷代統紀，以正統書上方，其他竊據，如魏、遼、金，皆次書之，尊中國而外夷狄，在邊鎮不得不嚴也。至宋盡元，亦大書，以天命有歸，如皇祖所謂沙漠真人，亦安可廢之？然名家諸志，發藻逞才者，皆敷袵焉，非自余始。

一、總督臣袞然四鎮師表，《上谷志》不列之部署，而以經畧見謂。其駐節有時，無定員也，然今常駐節矣，亦有定員矣。故仍以總督爲首，而百寮以次列焉，庶可以昭統攝千里之意。

一、舊制，五載或九載，朝廷簡重臣經畧九邊，即暫命總督之意。今既設總督，而經畧大臣顧又不廢，蓋國家加意外防，不嫌於推轂之頻仍耳。今以總督列之部署，經畧重臣於今制下隨事見之，如戊己②，不爲特書云。

一、四鎮獨昌、薊鎮事爲詳，真保、遼鎮俱以名山竹素③，更置無多。昌、薊自庚戌歲增兵益餉，案牘填委，且十倍二鎮矣，多者不能衷，少者不能益，非有掎摭於其間也。

一、所據各鎮舊志，入者十七，而間采邇年新增事十三。中有有其事而顛末未之詳，或詳其事而年月不可知者，皆缺之，以俟補綴云。

一、郡邑志析名宦、鄉賢爲二，官不論崇卑，績不問微顯，有善必書，有能必錄，以廣搜羅，備文獻也。邊鎮志則以經畧爲重，武功次之，馳譽炳靈，皆不出閫域之內，故總謂之才賢。其有宅桑梓，而附煜雪④者，亦不妨胡虜入焉。

一、才賢，惟以蓋棺論定爲據，舊志雖載而論未定者損之，輿論既定而志未載者增之。要以譽論古人，寧刻毋恕，寧深毋淺，斯撰事之體乎？至若碩輔鉅公，其人存，其政舉者，不輒入，防導諛也。

一、武臣以勒（功）燕然、封狼居胥爲上功，不得已而馬革裹尸者，抑其次也。然亦詢其果以孤軍拒虜，血戰捐生者，始憐其不幸而收之，以示不泯。若輕敵寡謀，知

---

① 乾没，顧炎武著，黃汝成集釋，欒保群、呂宗力校點《日知錄集釋》卷三十二《乾没》，上海古籍出版社2006年，第1817~1818頁，對其源流及含義有考，大畧爲"取僥幸之利"之意。
② ［校］戊己，原作"戊巳"，實漢戊己校尉，改。班固《漢書》卷十九上《百官公卿表上》，中華書局1962年，第738頁"戊己校尉，元帝初元元年置，有丞、司馬各一人，侯五人，秩比六百石"。顏師古注曰："甲乙丙丁庚辛壬癸，皆有正位，唯戊己寄治耳。"此處之意，在於言總督、經畧事權重疊，猶疊床架屋。
③ 竹素，史册之意。參《三國志》卷六十一《陸凱傳》，第1402頁，"明王聖主取士以賢，不拘卑賤，故其功德洋溢，名流竹素，非求顏色而取好服、捷口、容悦者也"。
④ ［校］煜雪，刻本和抄本均不清，疑似"煜雪"或"煜霄"。據文意，雪有"光耀閃爍、雷雨交加"之義，霄爲"霜"之義，故斷定爲"煜雪"。

不免於坐法，而俾刃腹中者，即千萬其人，若鴻毛矣，何可與死事者并列？

一、諸目所載，原非判然二物。今於分類之中，兵馬芻餉，疆埸山川，不免有始卒相根株者。如欲分類，《程氏遺書》言仁處或説義，言性處或説命，有不免耳。要之，各以其大義爲主，不妨於互見云。

一、諸目所載，原蒙鄙之見，考索未詳，故不無闕畧舛訛之失。然邊鎮專言一事，其言腹裏事而稍及邊鎮者，不敢摘入，即言邊鎮事非四鎮所應有者，亦不敢泛入。沿革及前紀中載魏、遼、金、元事，多以此地爲虓闞之區，經理蕃而封植密，勢不得芟刈之也。

一、志爲邊鎮作。總督在薊，切近宸居，諸凡征繕所由始，故以薊鎮爲首，次昌鎮，次真保，又次遼東，以内外爲重輕，非以遠邇爲先後也。且真保鎮之外，順德①一郡亦有關隘，何可緩頰，其河間、廣平、大名三郡封疆雖少，逼介而邦畿千里，并稱三輔，雄圖固非風馬牛之不相及也。故於建制中崖畧及之。

一、才賢之紀，當括古今而并著之。但逖陬、僞統即有表樹者，亦鮮赫赫聲，且前紀中隨事已有季緒之之評矣。今斷自我朝爲始，不敢尚論古人焉。

一、題奏之外，復有集議者，以其塵譚疊疊，有關於措注而未經設施，即有設施而未獻之丹宸②者，不可以其紛紜，陸落不誰，何之也？要在封疆之臣博采而慎用之，於廟勝不無少裨云。

一、中國之書，不當附載夷部，第爲邊防紀事，其所言者皆爲攘夷狄也，設不紀其種落之衆寡，道里之險夷，則何以得其縈要，而腦沙幕、髓余吾③哉？且我朝王會有圖，異域有志，亦以昭柔遠之盛治，未嘗以其蒸報有所畧焉。

一、四鎮輿圖，總括諸郡邑，盡必路莊馗④之概，計府八、州十六、縣一百一十五，兹不盡載者，以非郡邑專志，有難於鐫勒者。以是於近邊諸郡邑，亦不得剖析而標入。

一、志爲四鎮簿書至蠶蝟。今撮其綱爲十，目爲三十，懷軸椎輪袯飾，自難坌涌也。即諸部使先後經畧，緗帙縹囊，何論充棟，其所得存者千百之什一耳。若以遺逸見訾呵，余請投管負荊所不辭焉。

---

① 順德，即保定府。
② 丹宸，指君王。
③ ［校］腦沙幕、髓余吾，原作"腦幕沙、髓余吾"。據《漢書》卷八十七下《揚雄傳》，第3561頁改。其文謂，"研頓顇，破穹廬，腦沙幕，髓余吾"。顔師古注曰："腦塗沙幕地，髓入余吾水，言其大破死亡。"
④ 馗，同"逵"，四通八達的道路。周祖謨撰《爾雅校箋》卷中《釋宫第五》，江蘇教育出版社1984年，第64頁，"六達謂之莊……九達謂之逵"。

目　録

建置考
- 圖畫 …………………………………………………………… 2
- 分野 …………………………………………………………… 24
- 沿革 …………………………………………………………… 27

形勝考
- 疆域 …………………………………………………………… 40
- 山川 …………………………………………………………… 45
- 乘障 …………………………………………………………… 65

軍旅考
- 版籍 …………………………………………………………… 104
- 營伍 …………………………………………………………… 107
- 器械 …………………………………………………………… 116

糧餉考
- 民運 …………………………………………………………… 127
- 京帑 …………………………………………………………… 132
- 屯糧附鹽法 …………………………………………………… 134

騎乘考
- 額設 …………………………………………………………… 147
- 兌給附胡馬、互市 …………………………………………… 153
- 賠補 …………………………………………………………… 158

經畧考
　　前紀 …… 161
　　今制 …… 187
　　雜防 …… 238

制疏考
　　詔敕 …… 245
　　題奏 …… 294
　　集議 …… 504

職官考
　　部署 …… 529
　　文秩 …… 544
　　武階 …… 659

才賢考
　　勳勞 …… 734
　　謀勇 …… 749
　　節義 …… 755

夷部考
　　屬夷附入貢 …… 765
　　外夷附入貢 …… 777
　　入犯 …… 784

四鎮三關誌卷之一

建置考

四鎮建置總論

效祖曰："國家定鼎燕畿，景亳幅隕，岐、豐式廓①，誠握居重之要樞。至成祖文皇帝三犁虜庭，於邊塞之險夷，尤屬意焉。其語金幼孜等曰：'今滅此殘虜，惟守開平、興和、寧夏、甘肅、大寧、遼東，則邊境可無事。'其後以大寧畀兀良哈，遂令遼東與宣、大聲援闃絶，至貽今日之衅，日增月益者，豈守在四夷？成祖推赤心以置三衛之夷，即二百年來久爲儲胥，亦藉其效用力耶。假使當時不畀三衛，而我自爲防，凌夷②以至今日，能保三衛之夷終不詆諆回邪，犯我疆場耶？是未可知也。今自四鎮郊圻封守，叙列爲圖，稽之分野，具其沿革，作《建置考》。"

---

① 景亳幅隕，岐、豐式廓，《史記》卷四十《楚世家》，第1704頁，"昔夏啓有鈞臺之饗，商湯有景亳之命，周武王有盟津之誓，成王有岐陽之蒐，康王有豐宮之朝，穆王有塗山之會，齊桓有召陵之師，晉文有踐土之盟，君其何用？"景亳，商都。岐、豐，秦地。《史記》卷五《秦本紀》，第179頁，周平王語"戎無道，侵奪我岐、豐之地，秦能攻逐戎，即有其地"。

② 凌夷，衰敗之意。袁宏撰、周天游校注《後漢紀校注》卷十七《安帝紀》，天津古籍出版社1987年，第471頁，"尚書之任，重於三公，凌夷已來，其漸久矣"。

分野星宿圖

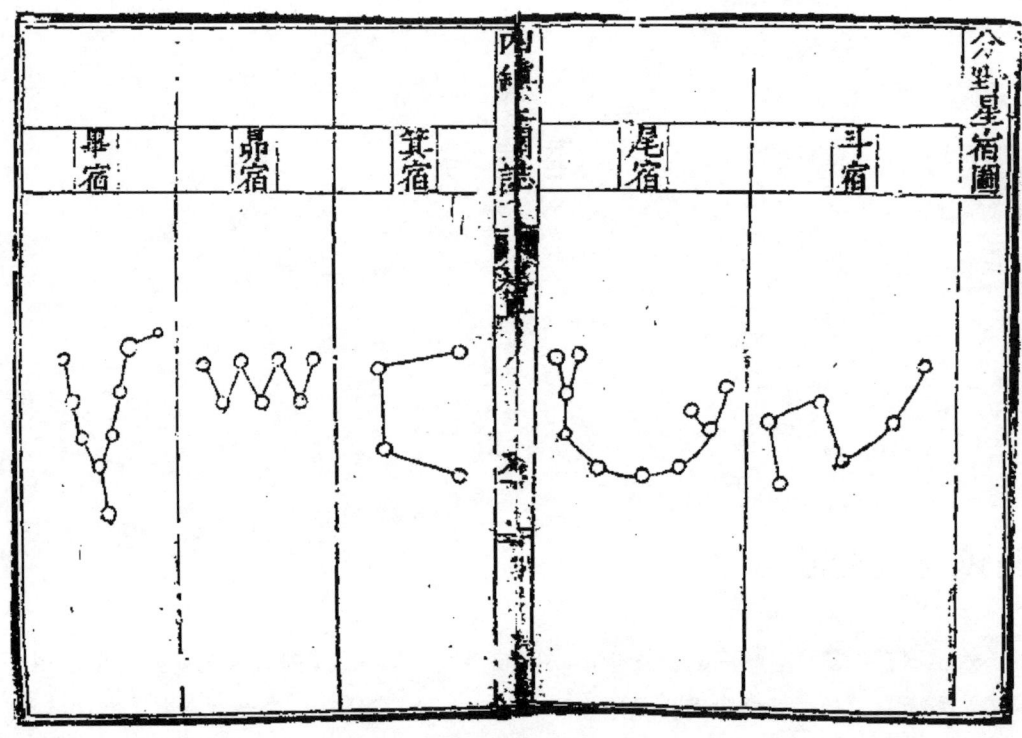

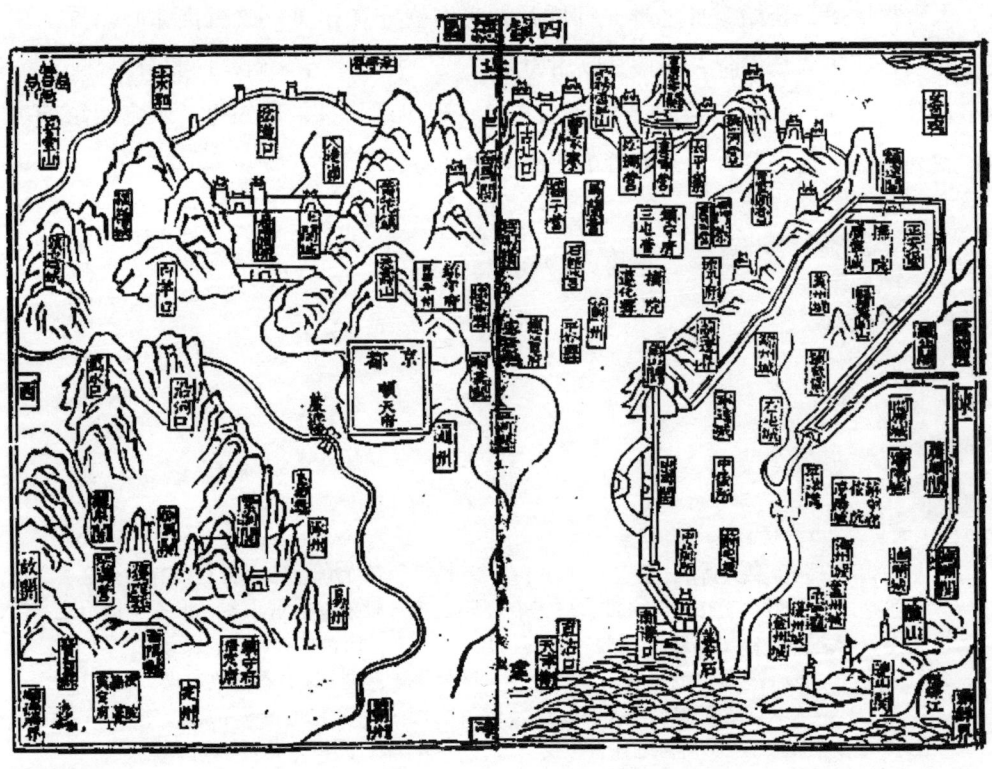

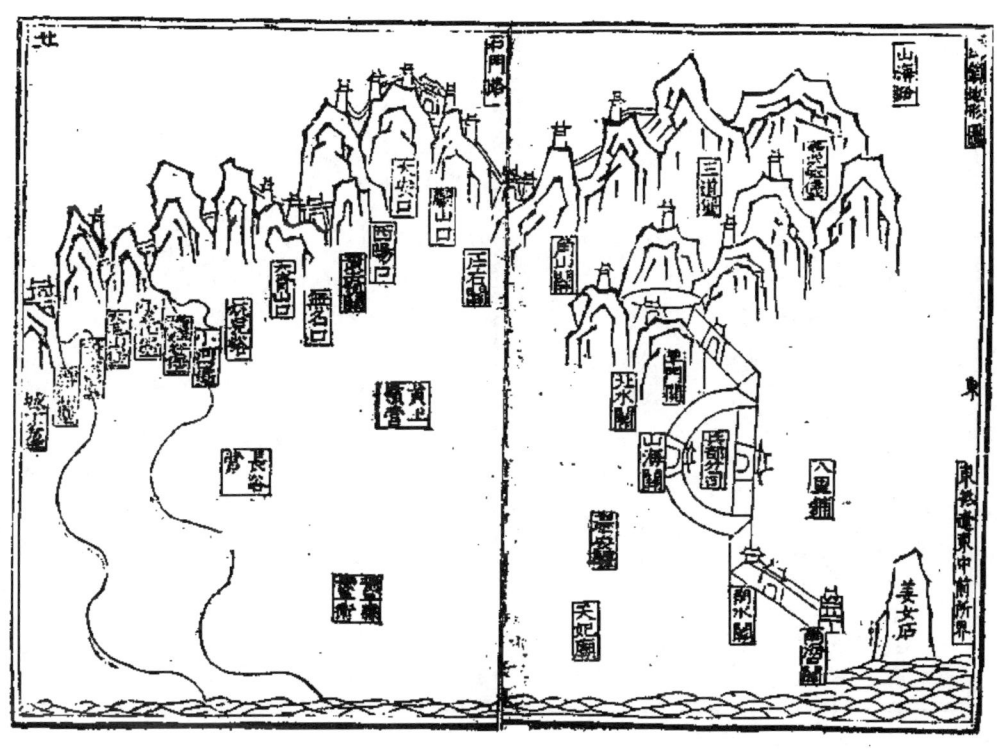

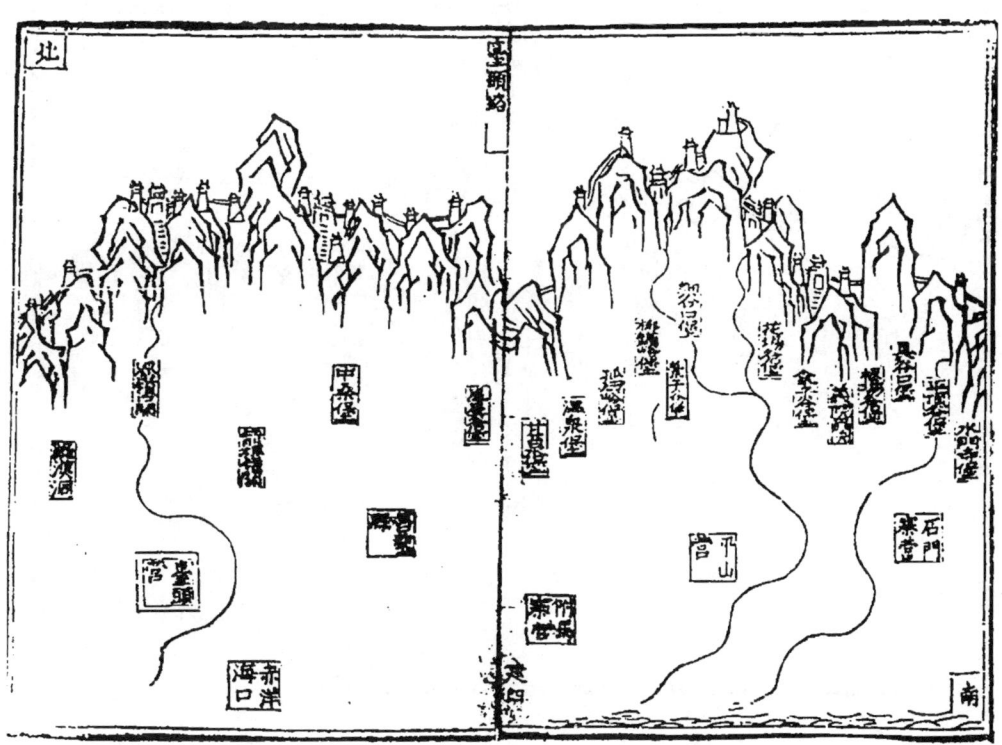

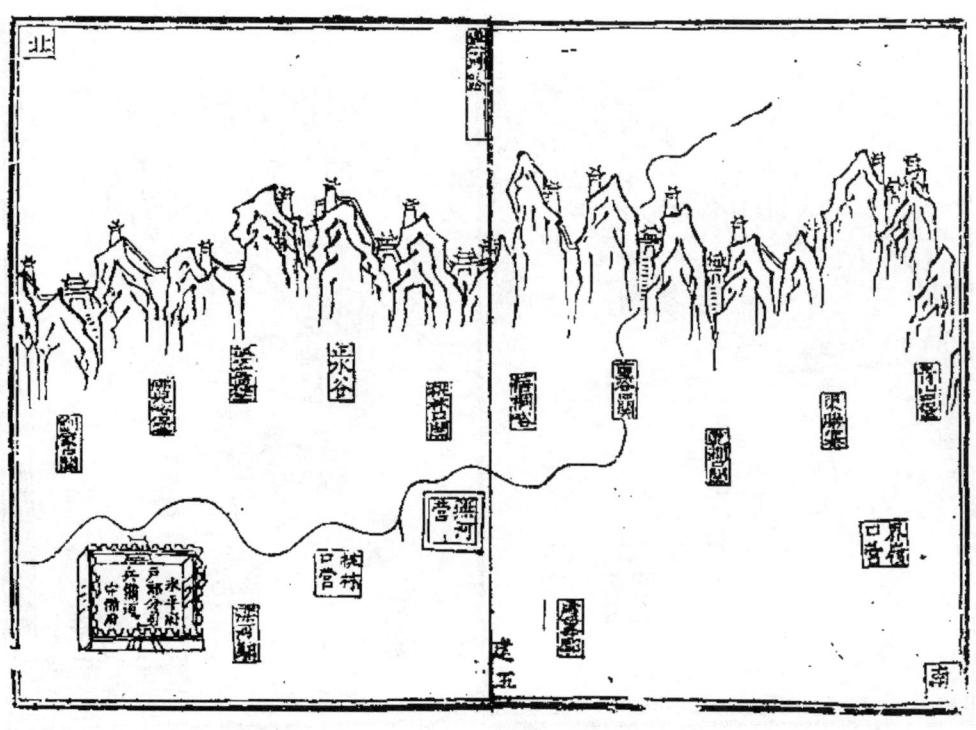
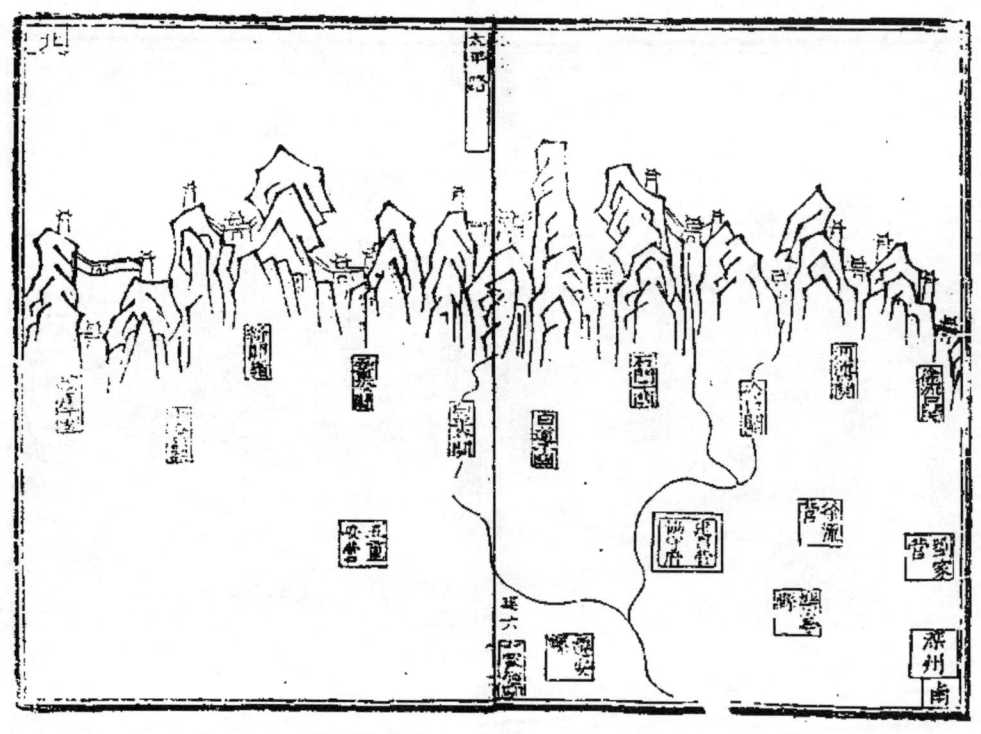

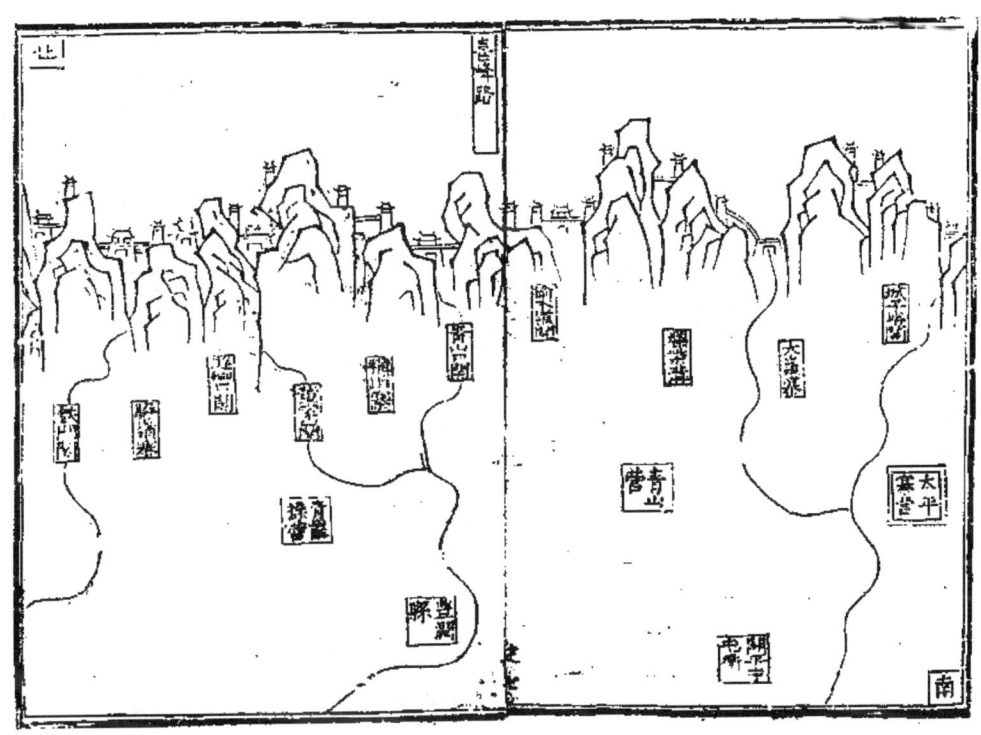

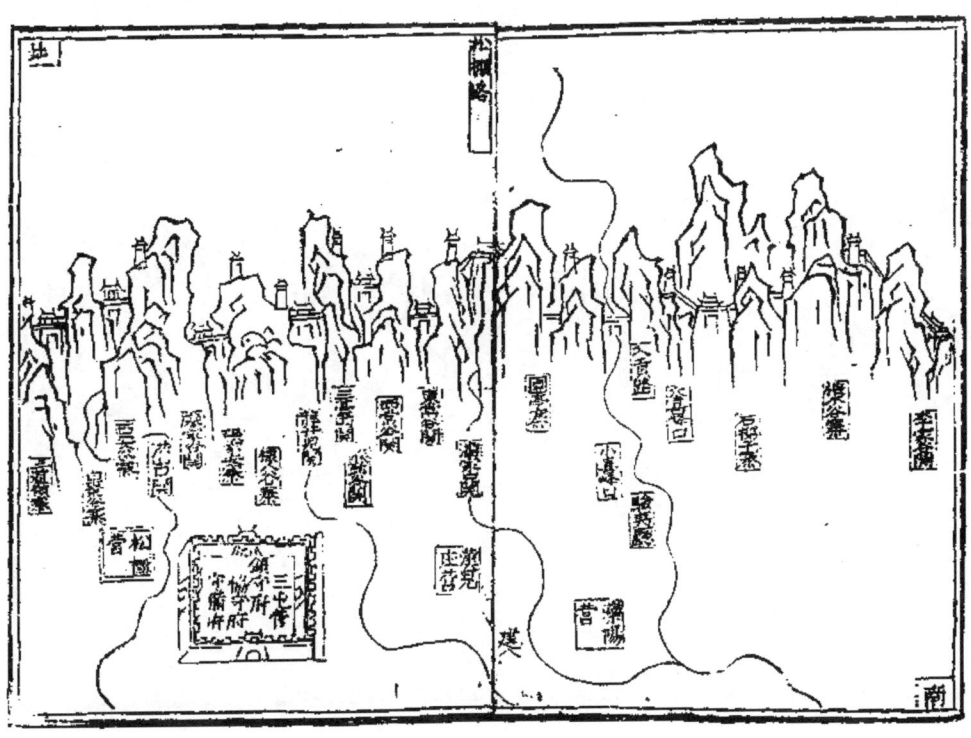

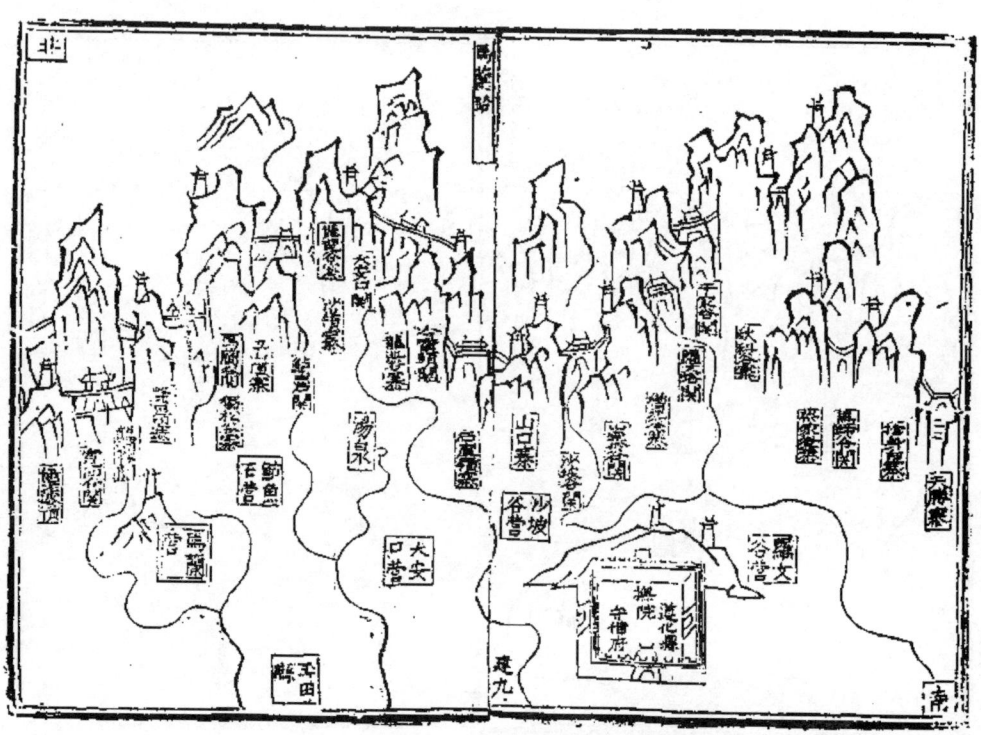
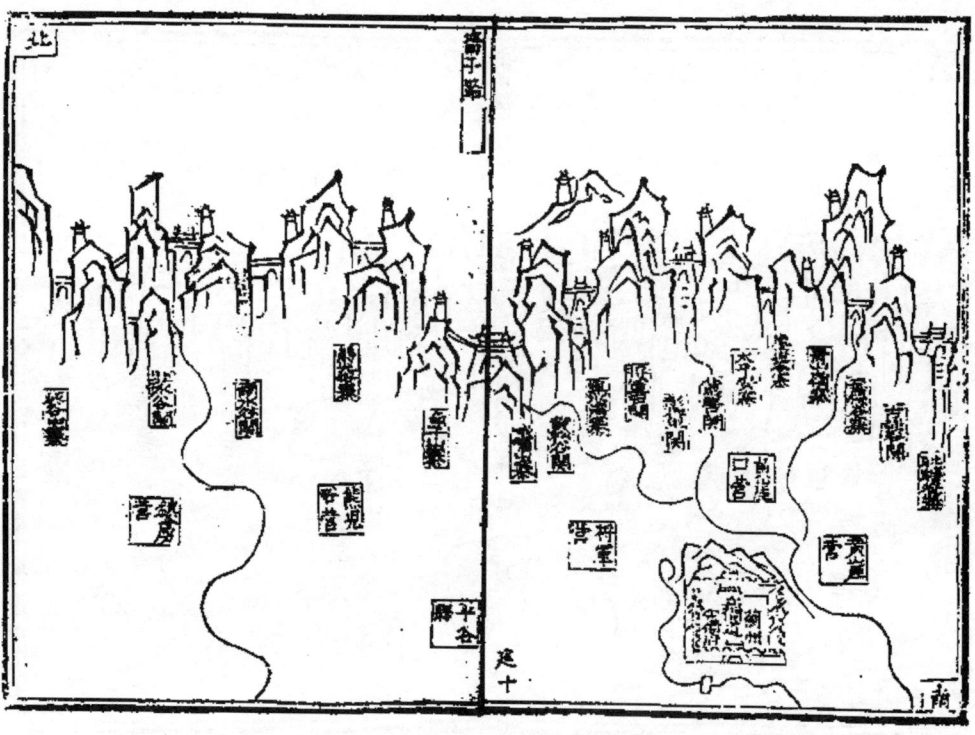

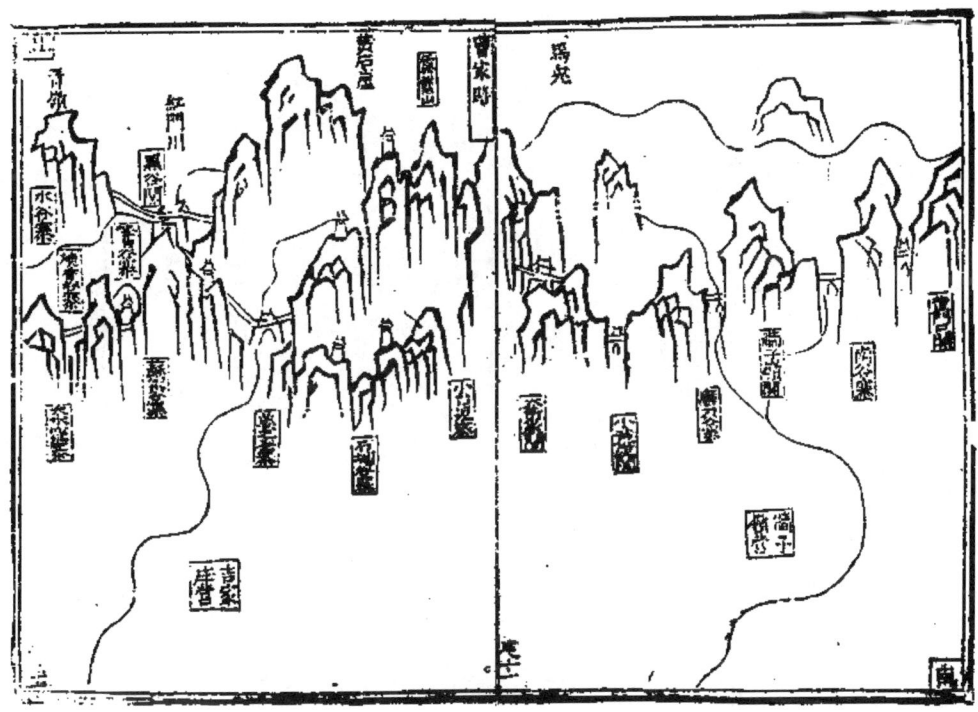

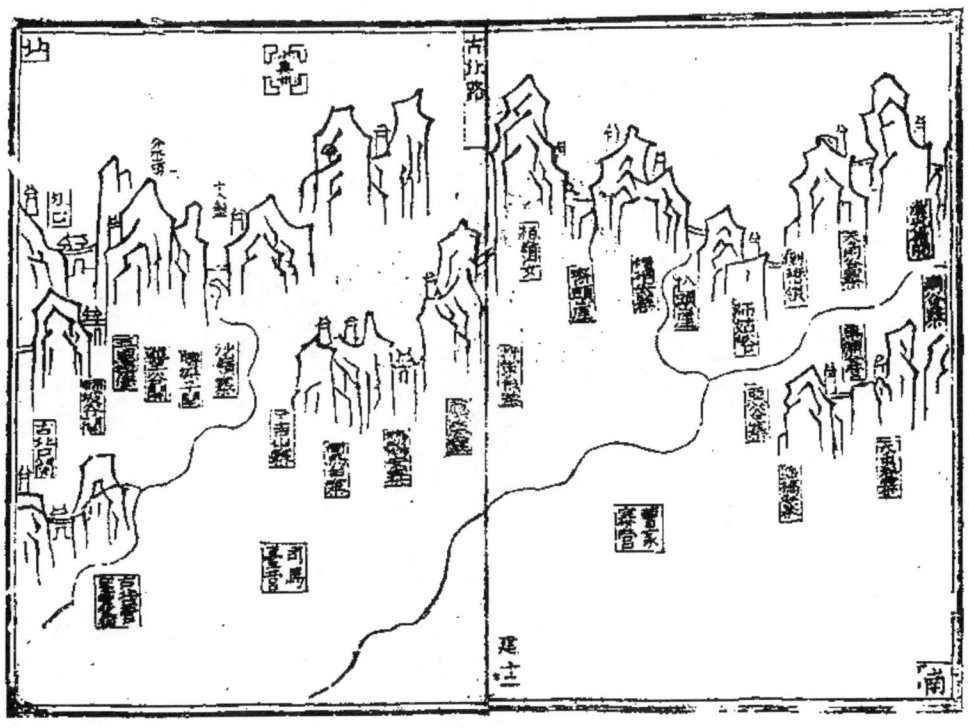

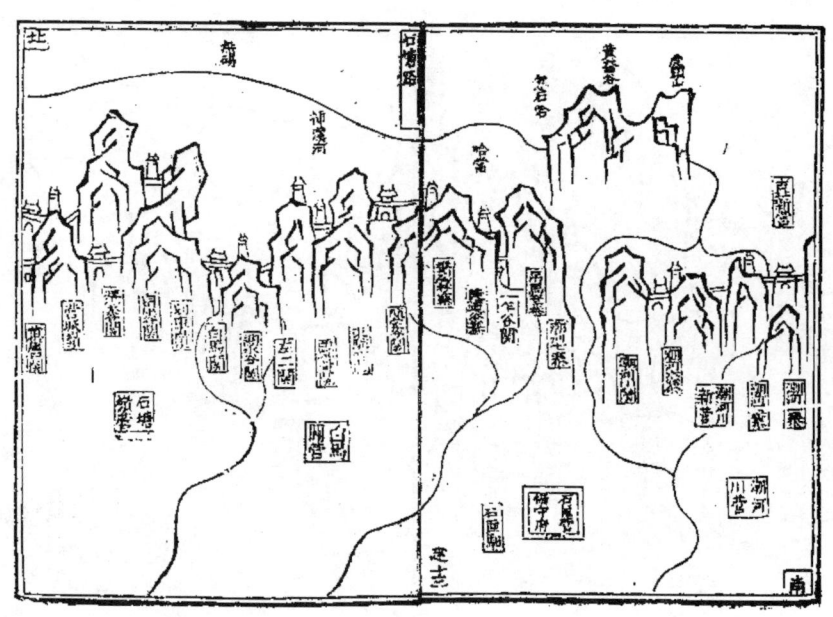

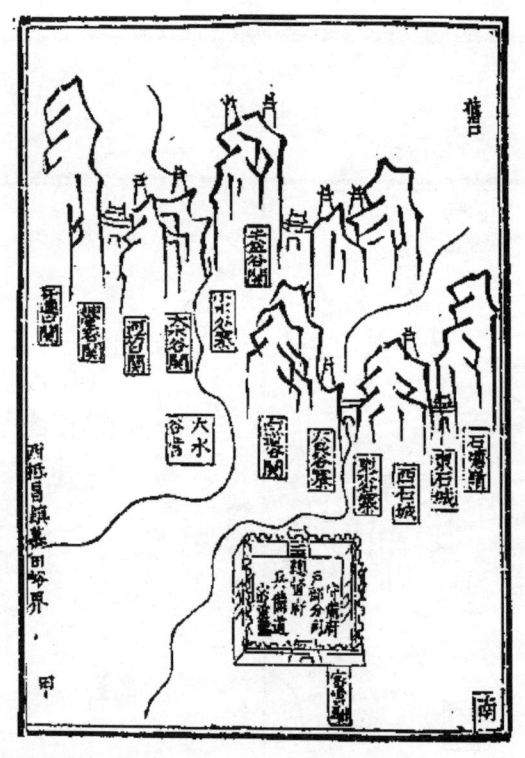

　　效祖曰："邈哉斯圖，蓋延袤且二千餘里矣！即展卷一一披之，猶瞬睫不暇應，甚者不得其要，亦時欠伸焉。矧經畫之臣，一一爲乘障，一一列戍守，而兵寡財詘，即萬一有可虞，豈盡出其參畫之弗逮哉？以是知大寧之外，愈遠愈曠，在國初經理，不知與今誰雁行也？邊事固難言哉。"

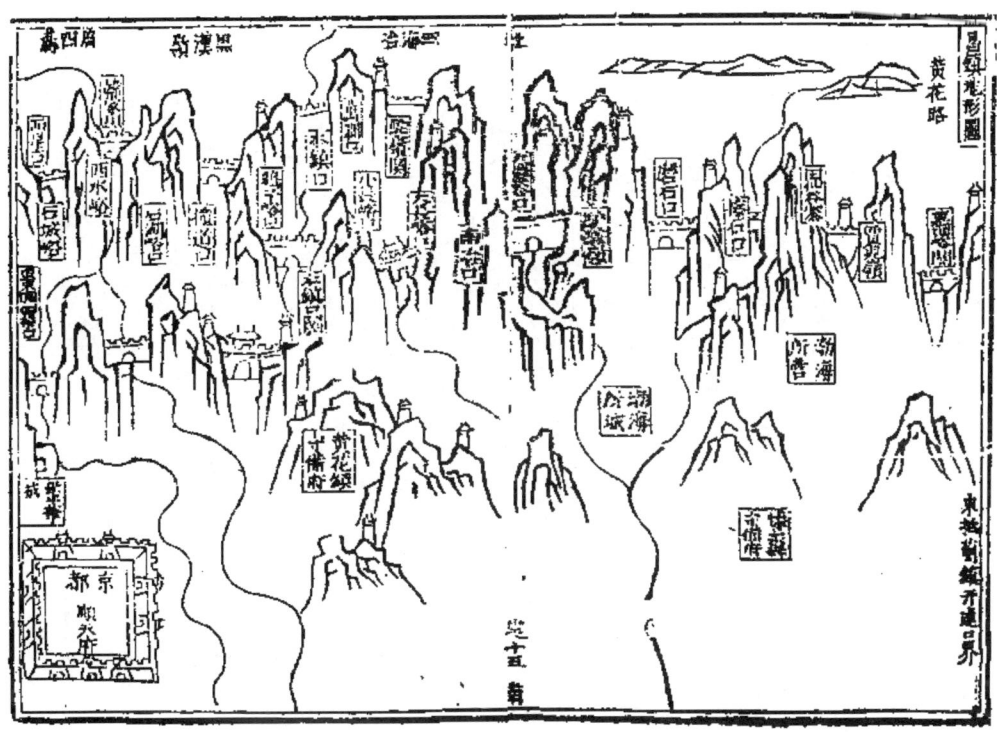

效祖曰:"披昌鎮之圖,層疊縈迴,視諸鎮獨櫛比①,蓋天意妥我列聖之靈,非人謀所能及也。顧左有古北,右有紫荊,皆虜酋窺伺之區,而花當部夷尤近在肘腋下。《易》曰"震不於其躬,於其鄰"②,有識者宜辯此矣。

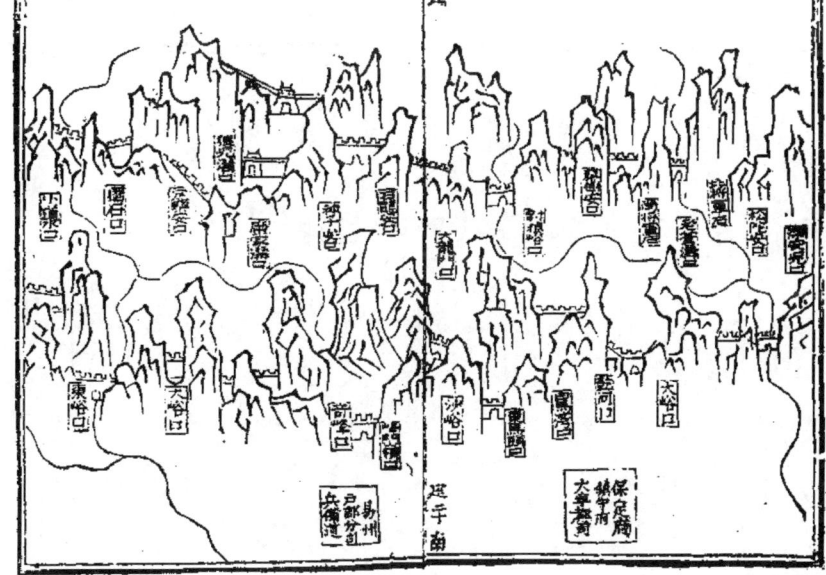

---

① [校] 諸鎮獨櫛,底本原無,據民國間抄本補。
② 語見《周易正義》卷五《震》,《十三經注疏》本,第249頁,"震不於其躬,於其鄰,無咎"。

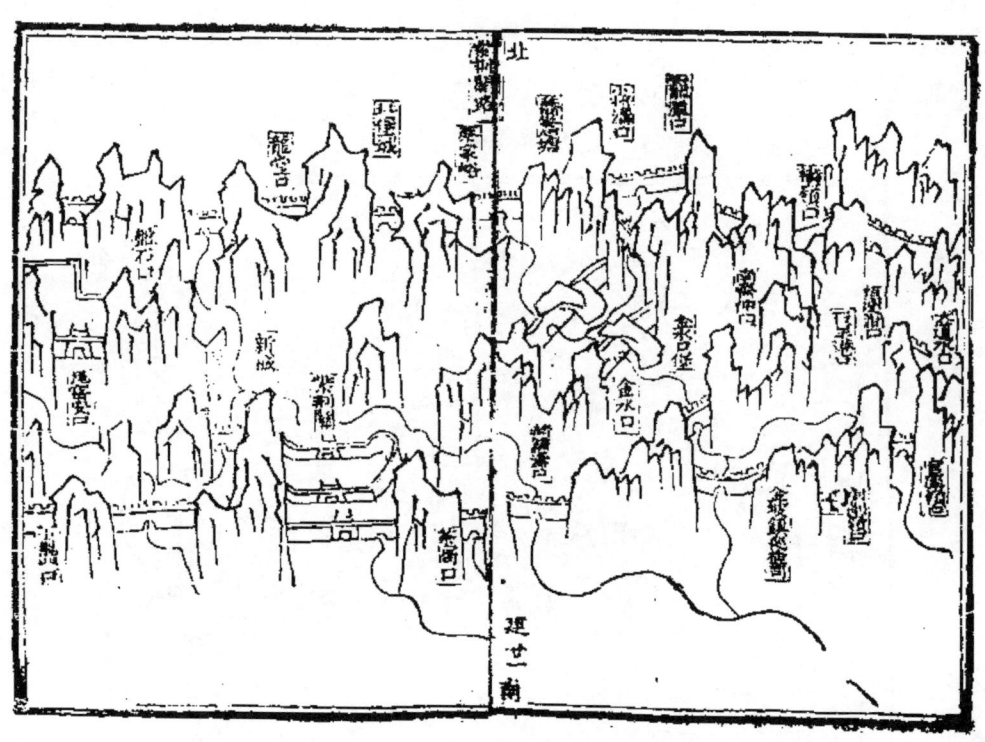

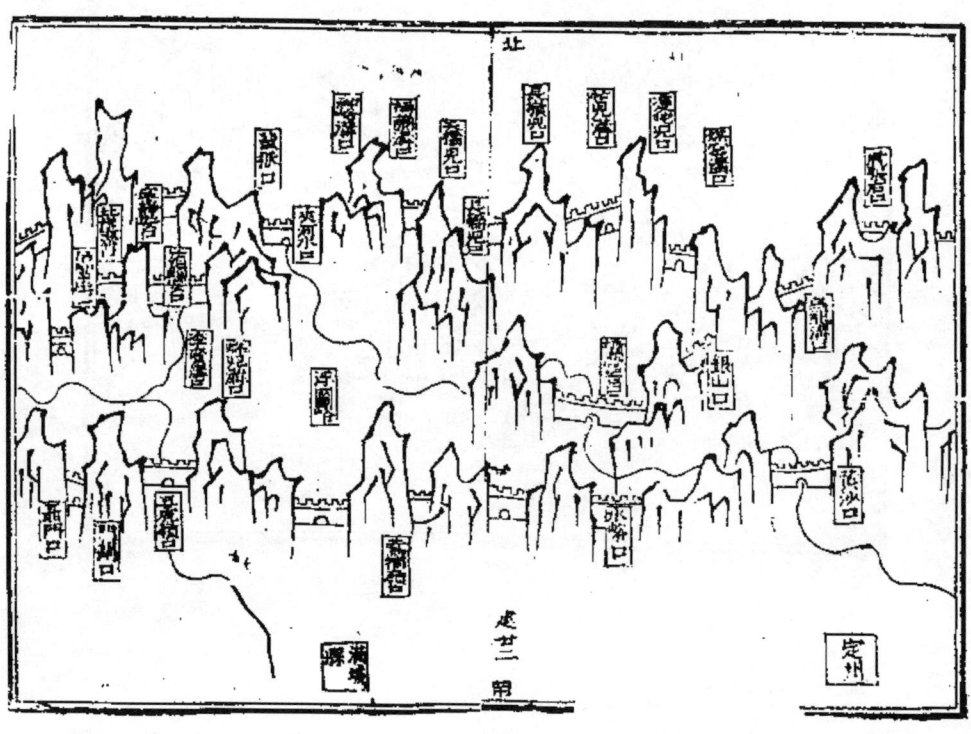

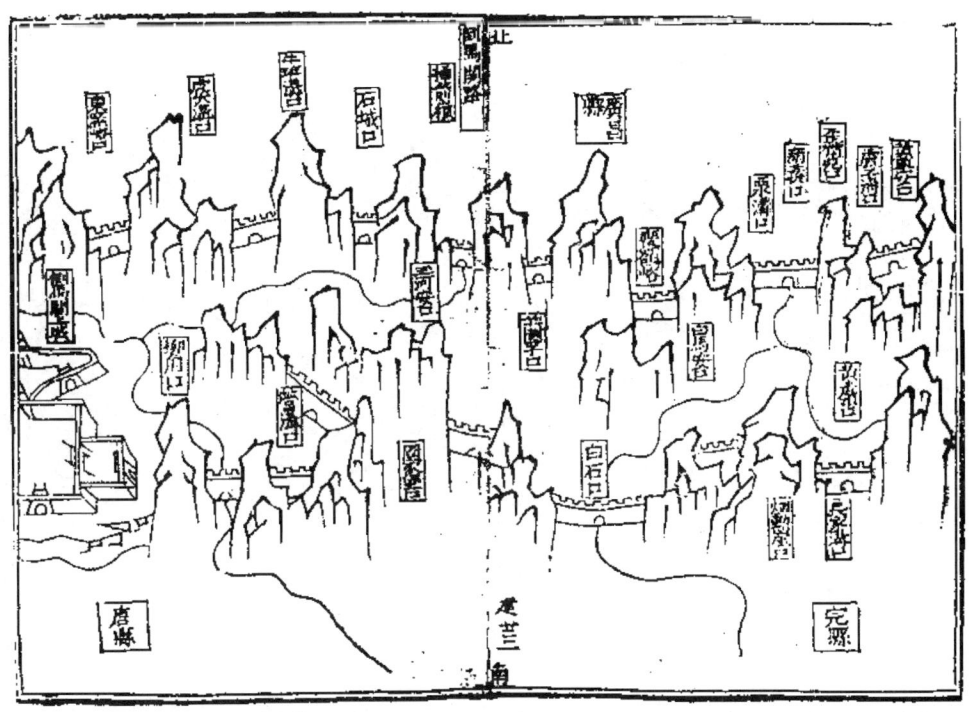

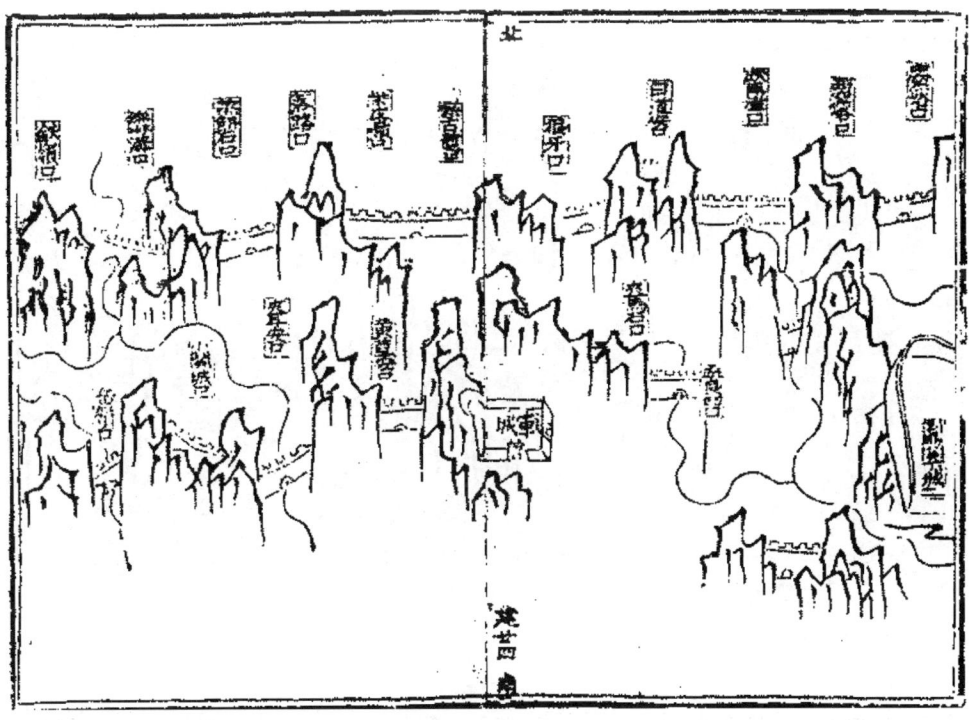

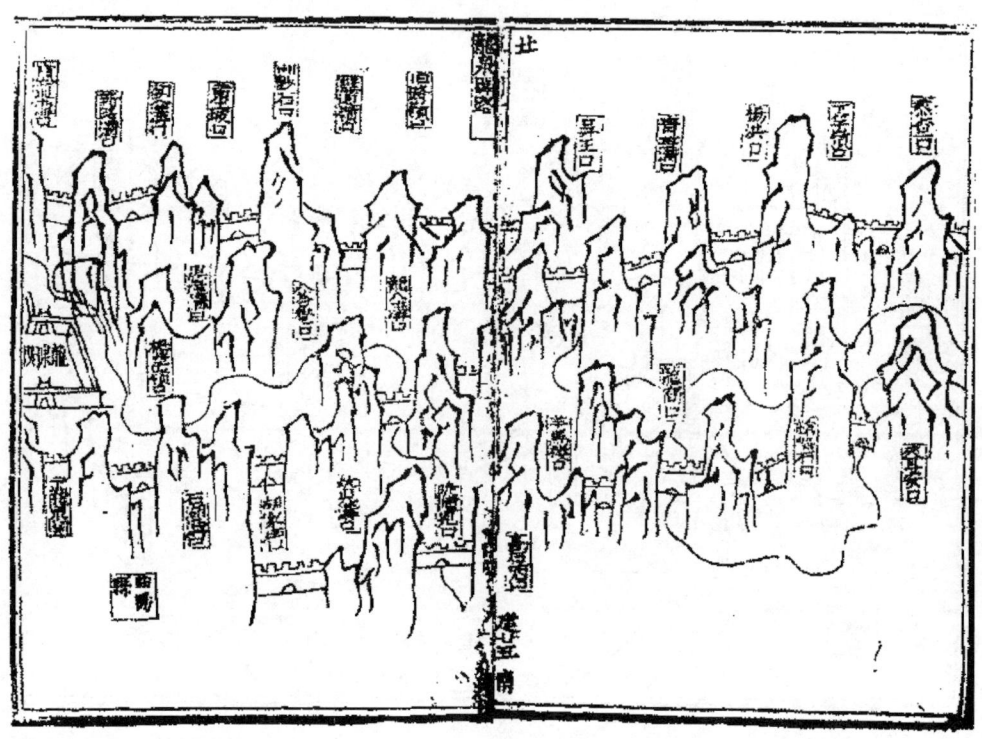
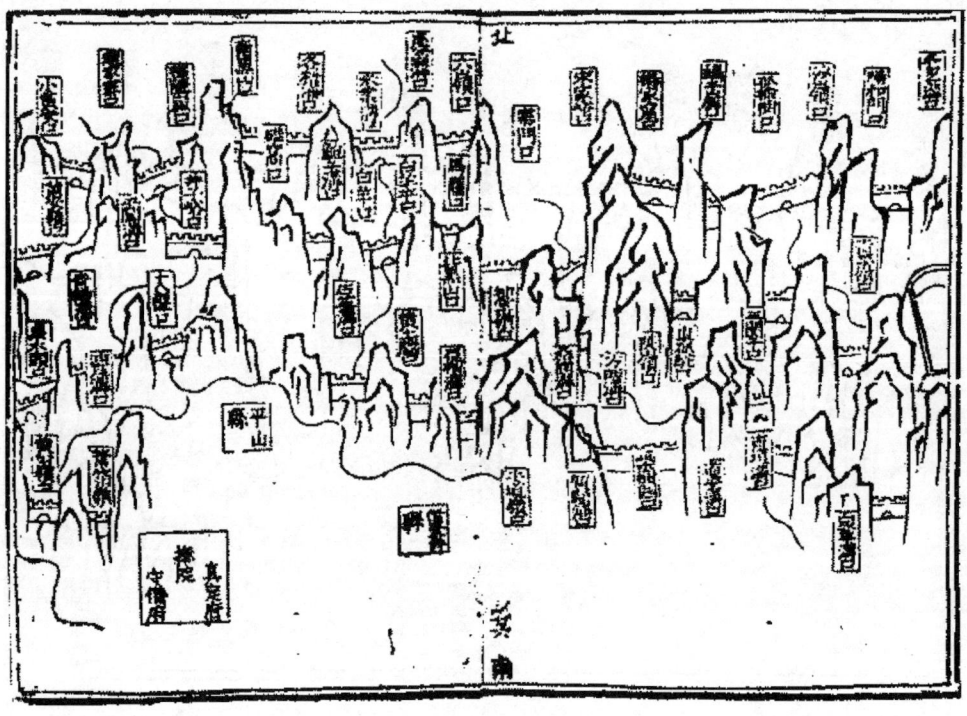

效祖曰："真保鎮之圖,南自馬陵諸山,迤邐至紫荊,復東折而抵居庸,其險隘有疏密,因之防守有衝緩,要以紫荊爲之要害焉。比年增乘置障,靡所不周,譬之不能禦盜於野,猶幸内户之嚴有足恃焉。釋此不圖,將使斬關之盜入我室,掘我藏,而後已乎!吁,己巳之變可畏也已!"

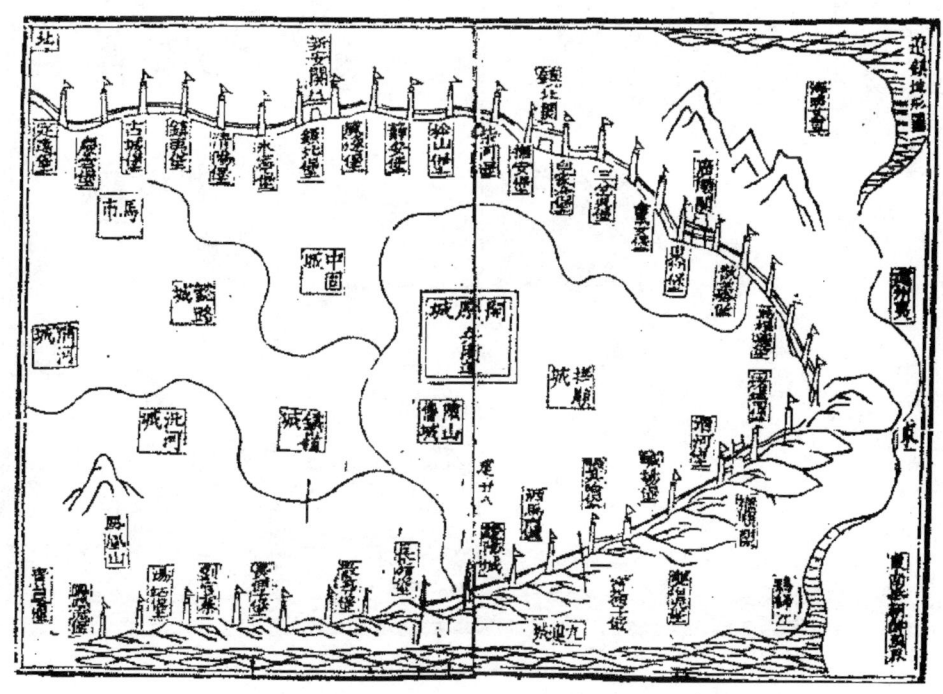

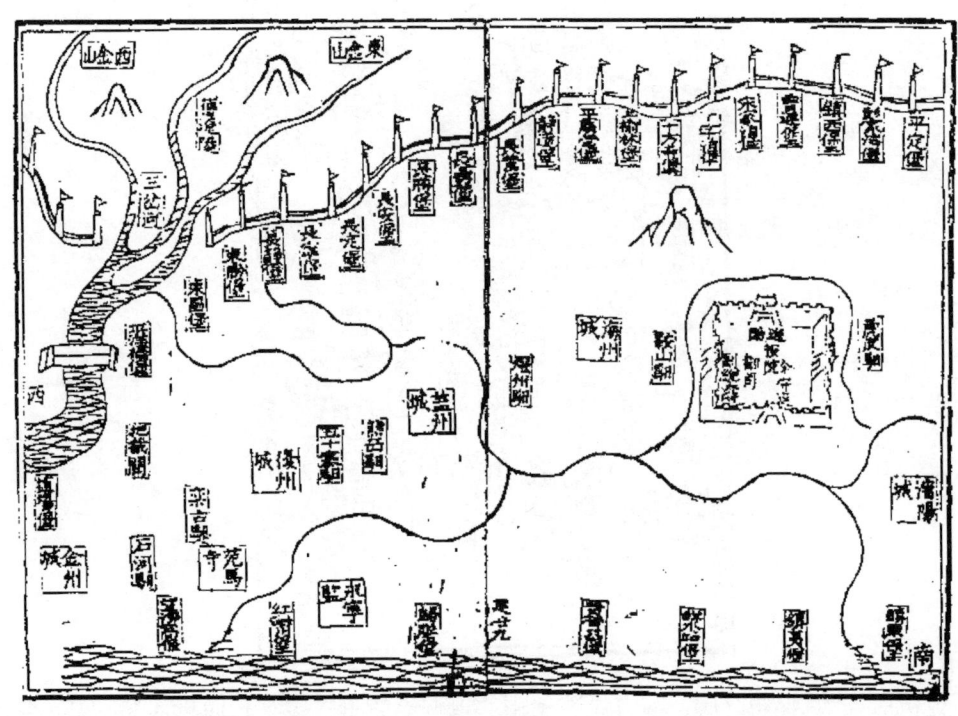
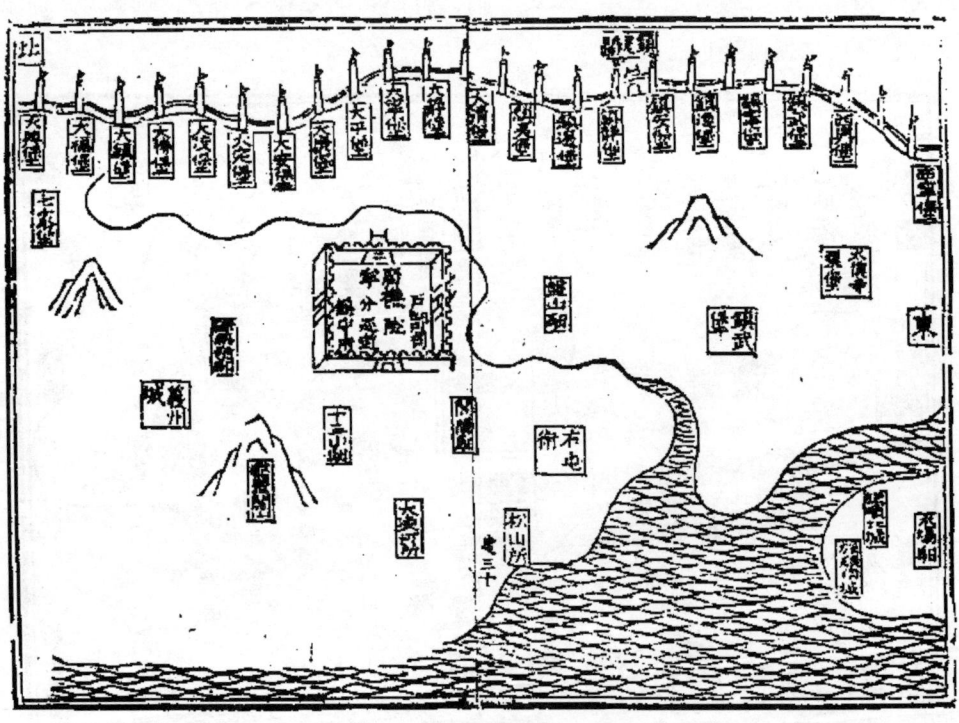

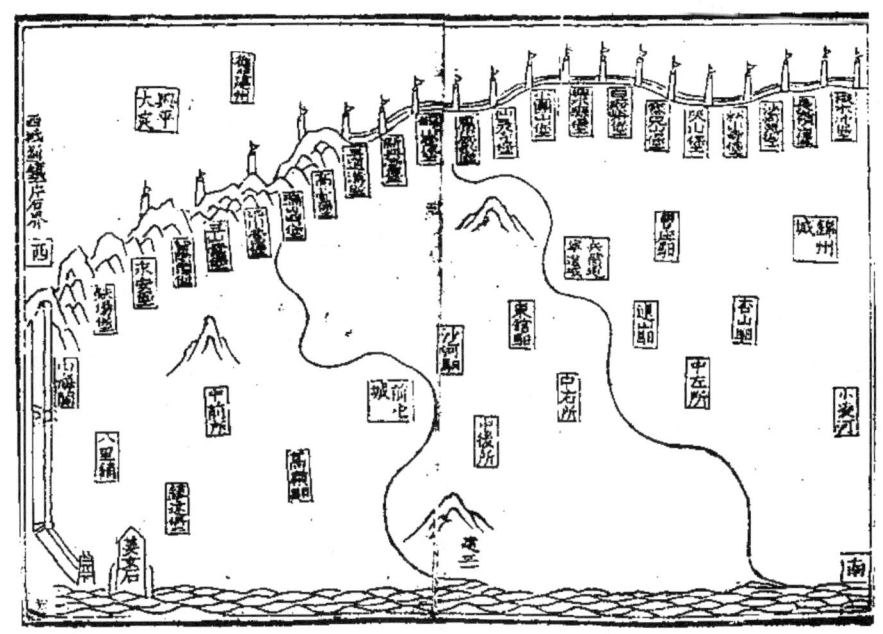

效祖曰："《舊志》圖論謂，岡阜原衍相屬者，惟遼陽以南數衛，然其餘衡約無過百里，縱三四倍之。塞垣疏逖①，道里紆迴，故守則力寡而備多，戰則獨支而應緩。又謂開原抵廣寧才三百里，故道隱然可指。余初不謂其言是，乃今披斯圖，則歷歷有足徵焉。然則辯土壤，審形便，揆文奮武，敷典詰姦，求故物之當，復其誰曰不然？"

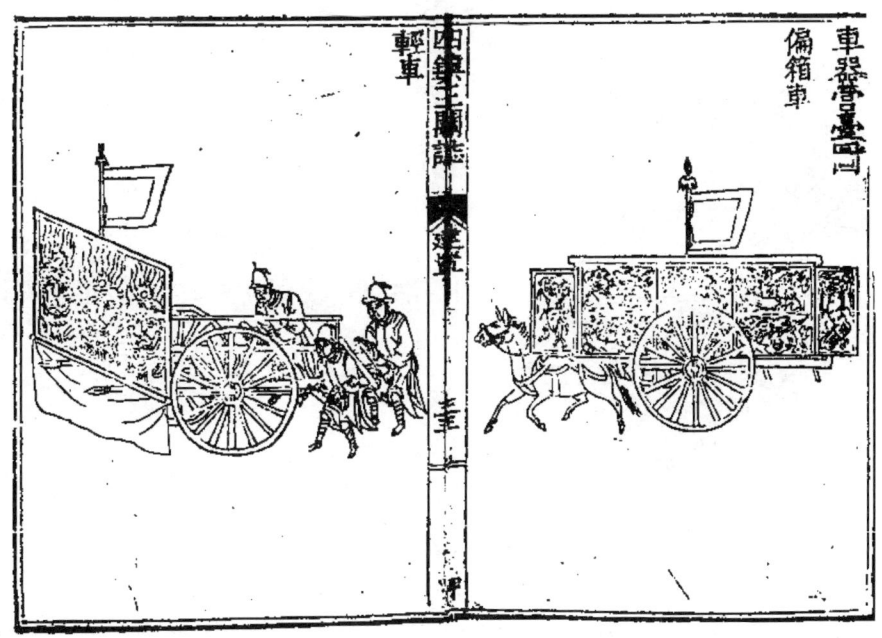

---

① 疏逖，荒遠之地。《史記》卷一百一十七《司馬相如列傳》，第3051頁，"遠撫長駕，使疏逖不閉"。

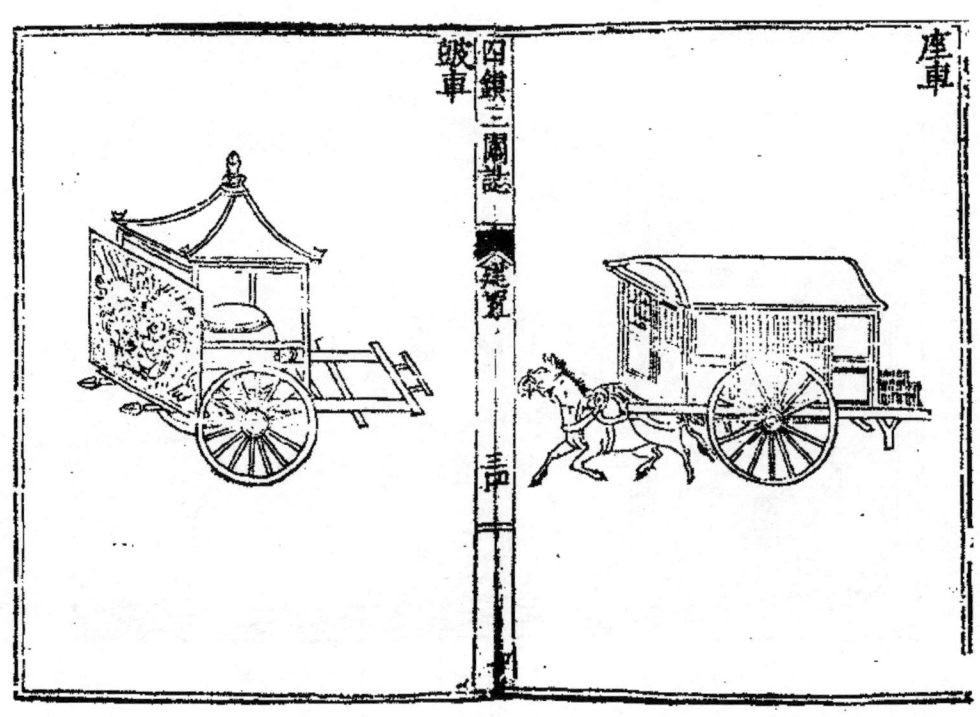

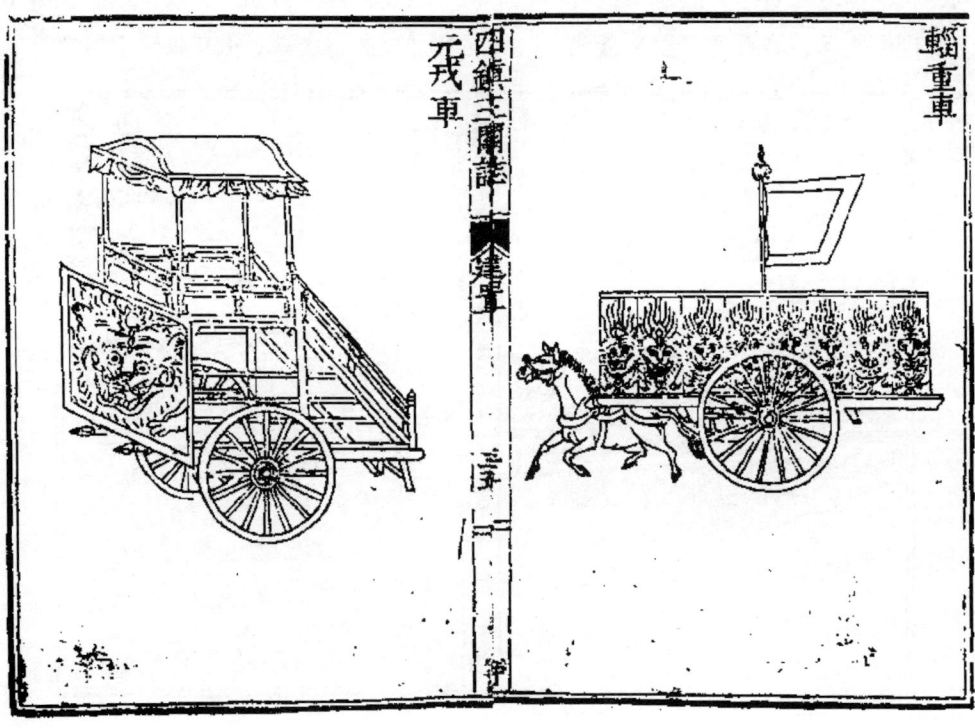

望杆車　無敵大將軍車

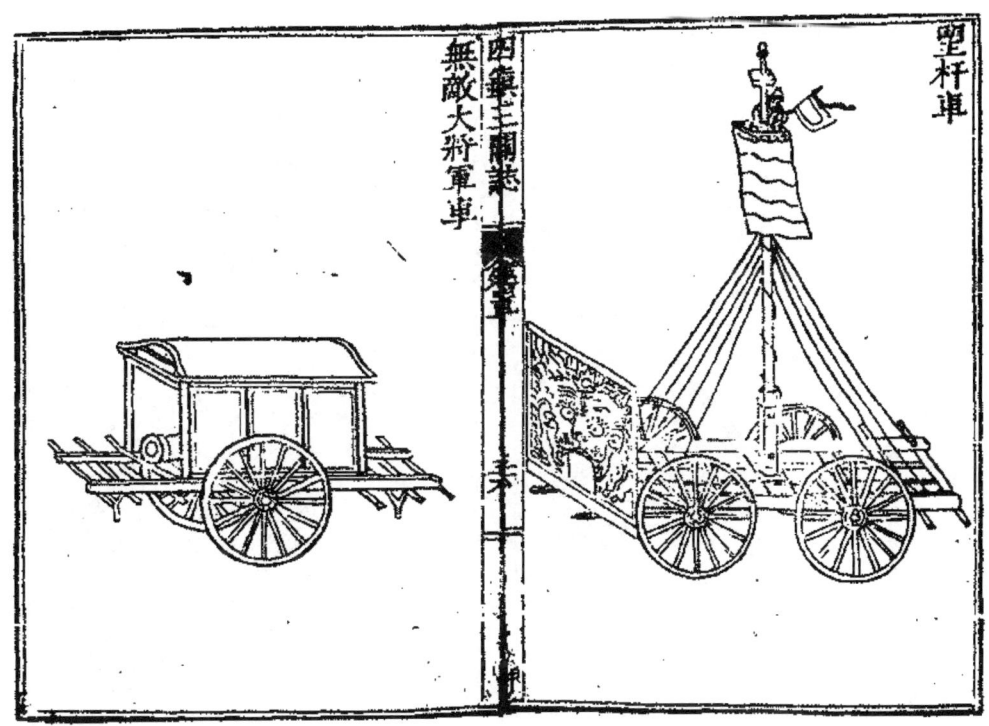

火藥車　火箭車

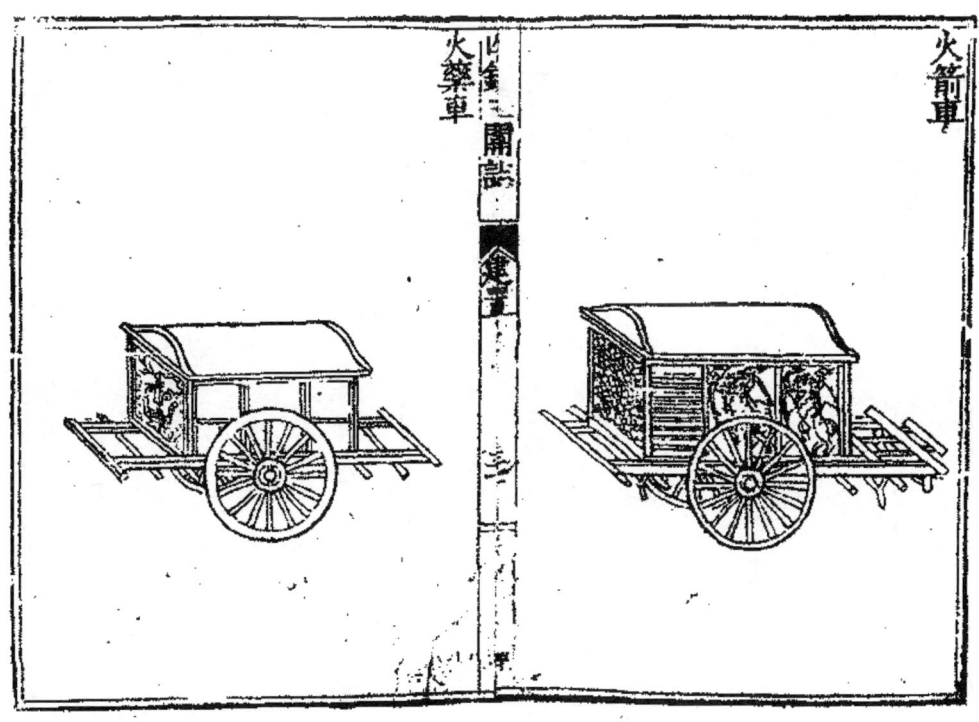

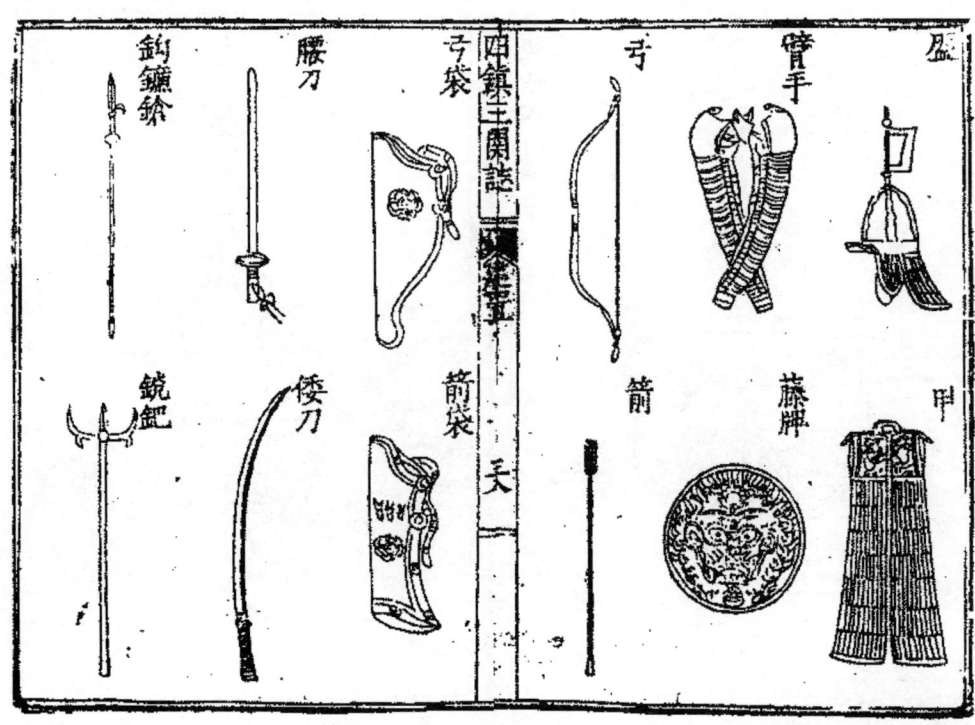

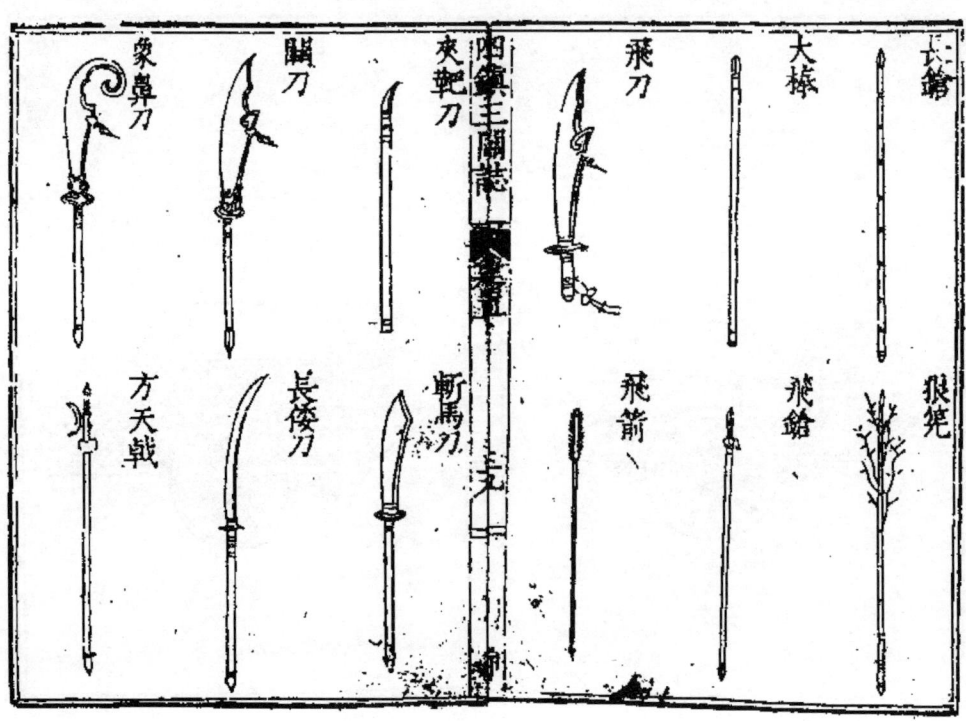

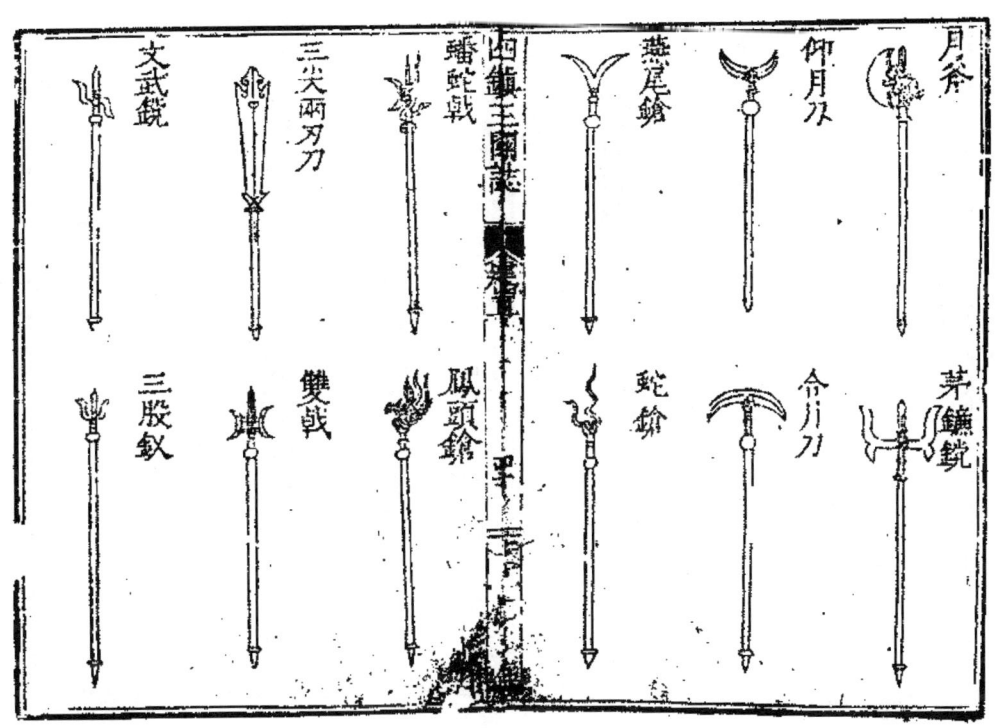

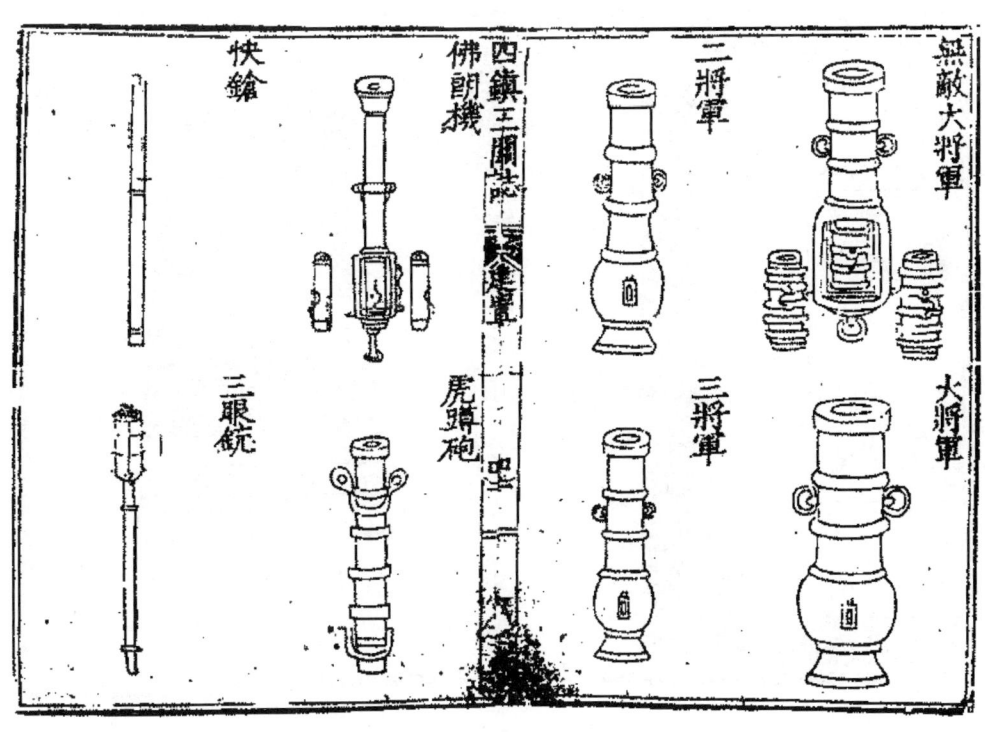

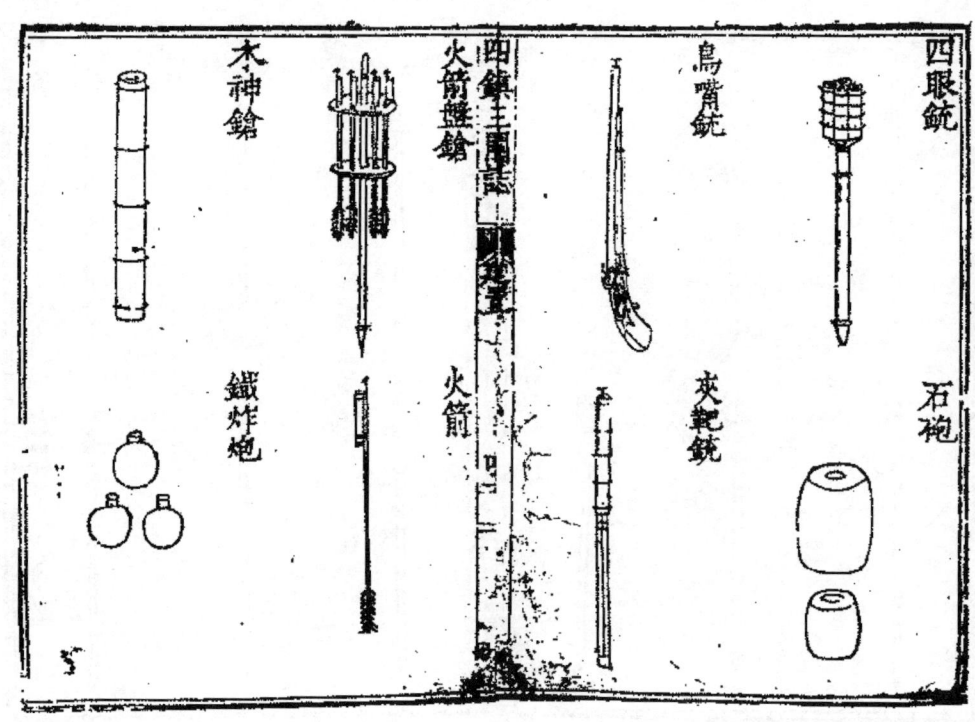

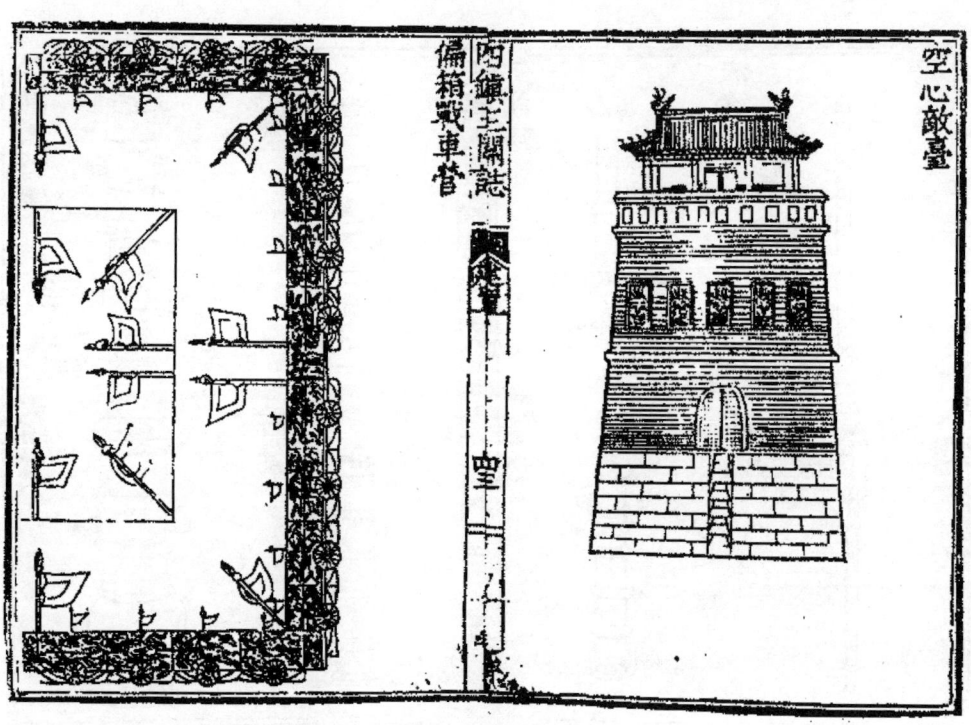

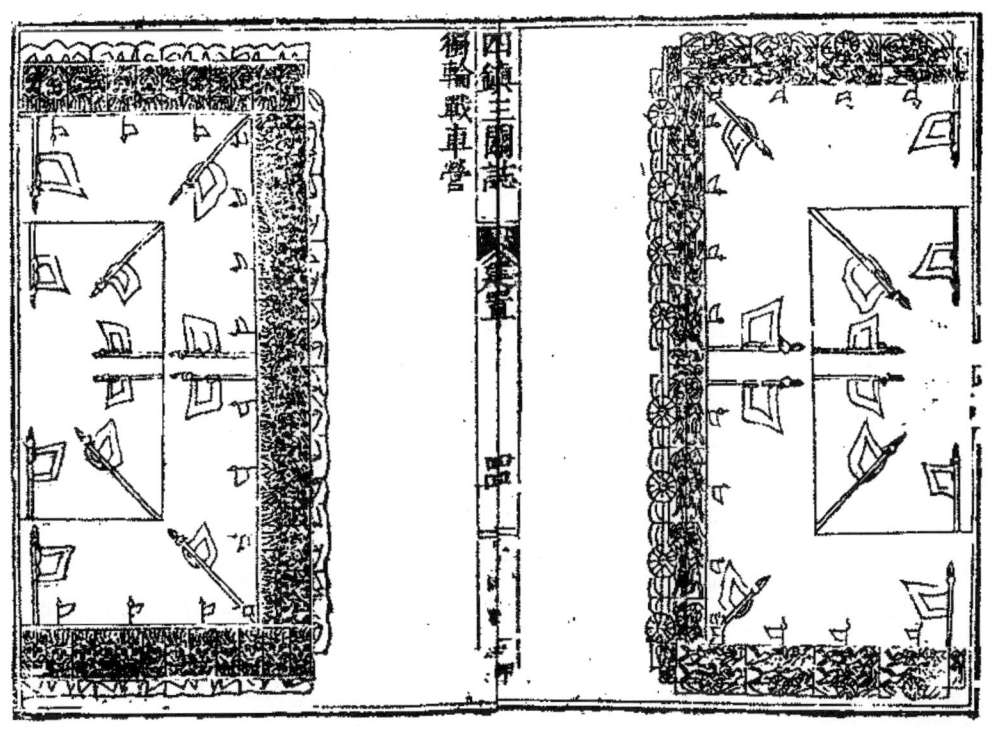

獨輪戰車營

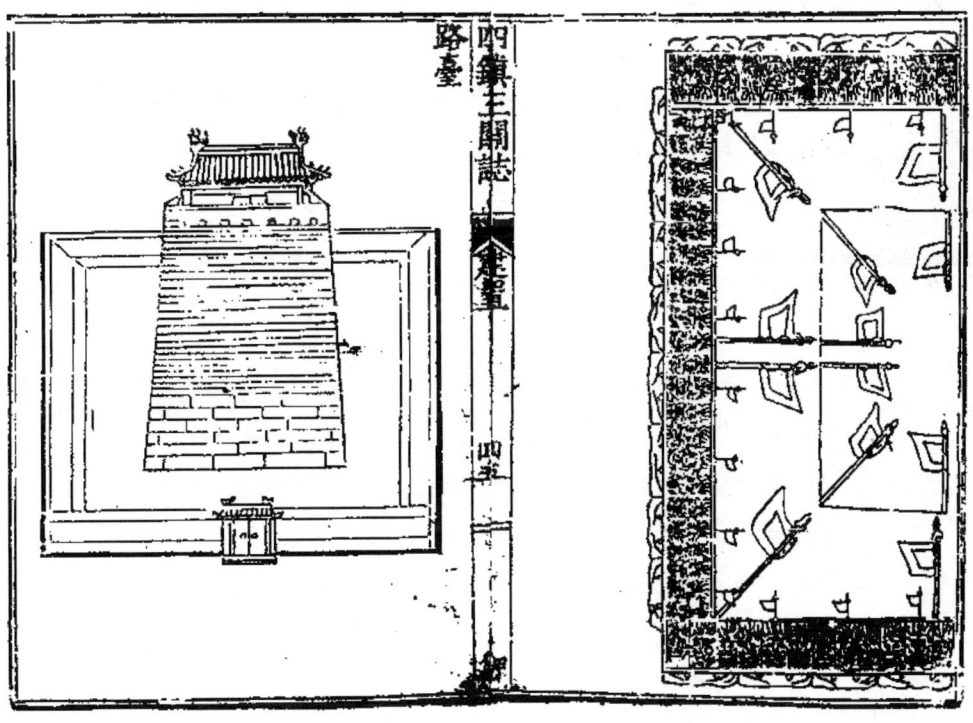

路臺

效祖曰："古之禦戎者，圜陳外嚮，以砰轒輼①，非一矣。然戰必以堅甲利兵爲用，守必以高臺深池爲體。甲兵不利，雖戰不克也；臺池不險，雖守不固也，是分而言之也。然戰者未嘗不可以爲守，守者未嘗不可以爲戰，體用相須，戰守互用，又非可岐而二之者。今薊門所爲備者，其殆有令繕乎？"

薊鎮建置

分野

薊，古燕地，尾、箕分野，自危四度至斗六度，謂之析木之次。劉向。

尾爲燕分，漁陽是也。蘇竟。

析木爲之津，釋者謂天漢之津梁，此析木爲燕之分星。《爾雅》。

如燕在北，而配以東方之析木。《冷鳩州》。

箕、尾，幽、燕也，自尾十度至南斗一度，辰在寅。漁陽，尾三度，陳卓。起尾九度，費直。起尾四度，蔡邕。右北平，入尾七度。《文獻通考》。

尾、箕，星曰析木，宮曰人馬，時曰寅，州曰幽。《山堂考索》。

中台下星主冀，平谷、玉田、遵化、豐潤分野。《宋史》。

順天府，《禹貢》冀州之域，尾、箕分野；永平府，《禹貢》冀州之域，尾分野。《一統志》。

效祖按："箕、尾，爲燕分野，而永平專屬尾，《一統志》載爲是。第起入度數，諸家言人人殊，未知孰是。豈地形千古不易，而天之運行彴約，微有變遷邪？是不可知者。"

昌鎮建置

分野

昌，古幽州，應箕、尾。西漢《天文志》。

尾、箕，星曰析木，宮曰人馬，時曰寅，州曰幽。《山堂考索》。

上谷，入尾九度。《文獻通考》昌鎮，舊屬宣府，爲上谷郡地。

二十八舍主十二州，冀，屬樞星。《天官書》。

析木之次，其州曰燕。

鎮辰星之主燕。《山堂考索》。

---

① 轒輼，古戰車。《漢書》卷八十七下《揚雄傳》，第3561頁，"砰轒輼，破穹廬，腦沙幕，髓余吾"。

尾、箕，幽州。《天官書》。

玉衡者，謂斗九星也，第八主燕。《後漢書①·天文志》。

自尾十度至南斗十一度爲析木，燕之分野，屬幽州。《唐書》。

右北平，入尾七度。《文獻通考》。

《禹貢》冀州之域，尾、箕分野。《一統志》。

效祖按："古上谷郡自保定抵萬全，而昌鎮介其中。《一統志》謂萬全尾分野，保定尾、箕兼畢、昴分野，則昌平分野，當在箕、尾間無疑。張守節《正義》曰：'尾、箕爲析木之津，燕分野。'今考之，順天、河間占尾、箕，宣府占尾，其説與《一統志》不齟齬焉？"

真保鎮建置

分野

真定，古冀州，分爲趙地，應昴、畢。保定，古幽州，分爲燕地，應箕、尾，堪輿十二次之分，大梁，趙也，析木，燕也。鄭玄《注》。

尾、箕，幽州，昴、畢，冀州。《史記》。

箕星，散爲幽州，分爲燕國。昴星，散爲冀州，分爲趙國。畢爲天階。《元命苞》。

燕地，尾、箕分野，自尾四度至斗六度，謂之析木之次，燕之分野。趙地，昴、畢之分野。趙分晉，得趙國。北有真定、常山、中山、涿郡。《前漢志》。

自尾十度至斗十度，百三十五分而終，曰析木之次，於辰在寅，謂之攝提格，於律爲應鍾，斗建在亥，今燕分野。自胃七度至畢十一度，曰大梁之次，於辰在酉，謂之作噩，於律爲姑洗，斗建在辰，今趙之分野。《後漢志》。

自胃七度至畢十一度爲大梁，於辰在酉，趙之分野，屬冀州。陳卓。

自胃七度至畢十一度爲大梁，屬冀州。自尾十度至南斗十一度爲析木，屬幽州。自危十六度至奎四度爲娵訾，屬并州。《隋志》。

尾、箕，析木津也。初尾七度，餘二千七百五十秒二十一少，中箕五度，終南斗八度。胃、昴、畢，大梁也，初胃四度，餘二千五百四十九秒，入大中昴六度，終畢九度。《唐志》。

真定入畢十三度。常山入昴五度。鉅鹿入昴三度。中山入昴一度。《文獻通考》。

五車在畢宿北，東北一星，曰天獄，主燕、趙分。《宋史》。

天市垣二十二星在氐、房、心、尾、箕、斗内宫之内，東蕃十一星，南三曰燕，八

---

① ［校］書，底本、民國間抄本均無，據《後漢書》志第十《天文上》補。

曰中山，九曰九河，十曰趙。《宋志》。

真定，昴、畢分野；保定，尾、箕兼昴、畢分野；河間，箕、尾分野；順德、廣平，俱昴分野；大名，室、壁分野。《一統志》。

效祖按："《舊志》冀州，趙分，分在大梁、胃、昴間。先儒又謂衛水南爲趙分，北爲燕分，尾、箕之次，是南境屬趙，北境屬燕。則真定分野當在昴、畢，保定當在尾、箕、昴、畢間，《一統志》爲是。"

遼鎭建置

分野

遼，古燕地，星分箕、尾，在析木之次，尾九星去極一百二十七度半，箕四星去極一百二十一度半。《文獻通考》。

箕、尾，燕分。鄭玄《注》。

箕星，散爲幽州，分爲燕國。《春秋元命苞》。

燕地，尾、箕分野。《漢地理志》。

尾、箕，幽州。《漢天文志》。

自尾十度至斗七度，曰析木之次，今燕分野。《帝王世紀》。

遼西、東，入尾十度，至南斗十一度，爲析木，於辰在寅，燕之分野，屬幽州。《晉志》。

自尾十度百三十五分而終，曰析木之次，於辰在寅，謂之攝提格。《後漢志》。

尾、箕，燕、幽州，西河、上郡、北地、遼西、東，入尾十度，渤海入箕一度，樂浪入箕三度，玄菟入箕六度，廣陽入箕九度。陳卓。

箕、尾，星曰析木，宮曰人馬，時曰寅，州曰幽。《山堂考索》。

尾、箕，析木津也，初尾七度餘二千七百五十秒三十一少，中箕五度，終南斗八度。自渤海九河之北，得遼西、遼東、樂浪、玄菟、九夷之國，尾星，得雲漢之末，派海物龜魚麗焉。當九河之下流，濱於渤、碣，皆北紀之所窮也。箕與南斗相近，故其分自遼水之陽，盡朝鮮三韓之地，在吳越之東，與高麗皆燕分也。《文獻通考》。

箕、尾，析木之次。初尾九度外，末斗十一度内，於分爲燕，於辰在寅，於野爲幽。《宋天文志》。

天文，箕、尾分野。《大明一統志》。

效祖按："《遼志分野》載，女宿下十二國有名無星者，其妖祥與遼東亦有占。此説本浹祭鄭氏①之誤，馬端臨氏嘗辯之。且遼爲古冀、青二州域，今青州分野，屬危，於遼判不相涉，則女宿之占，益疏逖甚矣。"

薊鎮建置

沿革

　　黄帝爲畿封。今薊、密地。闢葷粥。今永平府。黄帝逐葷粥，始爲華有。

　　顓頊爲幽陵地。都帝丘，以北爲幽陵。

　　帝嚳屬冀域。肇建九州，冀其一。

　　唐屬幽都。堯命和叔宅朔方，曰幽都。

　　虞屬幽州。今薊、密地。營州。今永平府地。

　　夏省幽入冀。

　　商封墨台氏爲孤竹國。今永平府。

　　周爲燕地。封召公。

　　春秋爲肥子國。今永平府。晉滅肥，肥子奔燕，燕以地封之。

　　無終子國。今玉田縣。按《永平府志》：山戎、肥子，二國。《一統志》、杜氏《通典》、《遼史》亦云山戎即葷粥，曰淳維，曰鬼方，曰獫狁，曰匈奴，曰突厥，皆其種也。葷粥自軒轅斥逐，地爲華有，何得復爲山戎？《春秋傳》曰：山戎寇燕，齊桓公救燕，伐山戎，次孤竹而還。胡安國曰："桓不務德，勞中國而事外夷。"杜元凱曰："山戎，北狄也。由是知之，非山戎明矣。"故不書山戎而書肥子云。

　　燕昭王置右北平郡。今永平府。遼西郡。今永府東鄙。漁陽郡。今薊州。昭王破東胡，却地數千里，置右北平等五郡，自造陽至襄平，築塞拒之。

　　秦始皇帝二十五年②，併燕，仍爲右北平郡、遼西郡、漁陽郡。

　　二世皇帝元年，屬韓廣，都無終。廣，上谷卒史，陳涉遣畧燕地，自立。

　　楚義帝元年，屬臧荼。荼，廣將，從項籍入關，籍徙廣遼東，以荼代，都薊。

　　漢高帝五年，屬盧綰。滅荼，以綰代。十三年，滅綰定燕，置漁陽縣。屬漁陽郡。平谷縣。屬漁陽郡。白檀縣。今密雲地，屬漁陽郡。無終縣。今玉田縣，屬右北平郡。肥如縣。今盧龍縣，屬遼西郡。令支縣。今遷安縣，屬遼西郡。驪城縣。今撫寧縣，屬右北平郡。石城縣。今灤州西鄙，屬右北平郡。海陽縣。今灤州東鄙，屬遼西郡。柳城縣。今永平府西鄙，屬遼西郡。

---

① 浹祭鄭氏，即鄭樵，因居家鄉（今福建莆田之浹祭山）著述，世稱浹祭先生。參脱脱等撰《宋史》卷四百三十六《鄭樵傳》，中華書局1977年，第12944頁。

② [校] 二十五年，原作"二十二年"，考《史記》卷十五《六國年表》、卷三十四《燕召公世家》，秦始皇滅燕是在秦始皇二十五年，即燕王喜三十三年。

武帝元封三年，徙烏桓於漁陽。霍去病擊匈奴左地，徙烏桓於此，以偵匈奴。

明帝永平中，改令支縣爲安喜縣。令支久廢，乃遷安喜民居之。革驪城縣爲新安鎮。

靈帝中平四年，漁陽没於張純。純，故中山相，與泰山①太守張舉以漁陽反。公孫瓚擊張純，復漁陽地。

獻帝初平四年，没於公孫瓚。瓚投幽州大司馬劉虞，據其地。按《永平志》没於公孫度；《一統志》、《遼史》亦云；《綱目》書以公孫度爲遼東太守，又書大司馬劉虞討公孫瓚不克，見殺；《史譜》曰，公孫度自立爲遼東侯，曹操表度爲永寧侯，度曰：我王遼東，何永寧爲？是度在遼東，據幽者，瓚也。

建安四年，没於袁紹。十年，没於曹操，置盧龍郡。晉武帝中，烏桓校尉唐彬開復舊境，築秦故塞，自溫城至碣石。碣石在山海關。

愍帝建興二年，屬段匹磾。石勒殺幽州都督王浚，以故尚書劉翰行幽州刺史事。師還，翰歸匹磾。

元帝大興②四年，没於石勒。破匹磾，據其地。

成帝咸康三年，没於慕容燕。皝以遼東公稱燕王。七年，燕都柳城縣，改柳城爲龍城，建和龍宫。帝奕太和五年，没於苻秦。堅滅慕容氏，有其地。

孝武帝太元九年，復没於慕容燕，置平州、樂浪郡。垂稱燕王，復其地。

安帝隆安三年，没於拓跋魏。

魏太延二年，拔龍城，改屬遼西郡，改樂浪郡爲北平郡，省無終縣入漁陽郡，置密雲郡領縣三，置安州。密雲地。

東魏武定八年，没於高齊。

齊天保七年，省海陽縣入肥如縣，析置新昌縣，革密雲郡，省白檀縣、要陽縣，入密雲縣。

承光元年，没於宇文周。

周保定中，改安州爲玄州。太定元年，没於隋。

隋開皇元年，置營州。柳城地，昌黎縣。省肥如縣入新昌縣，省北平郡入平州。六年，徙玄州治漁陽郡，改密雲縣爲檀州。十八年改新昌縣爲盧龍郡，平州爲北平郡，省營州入遼西郡，改檀州爲安樂郡③，省玄州入漁陽郡。義寧二年屬唐。

---

① ［校］底本不清，無法辨認，據民國間抄本補。泰山郡，據《後漢書》志第二十一《郡國三》，第3453頁，"泰山郡，高帝置。雒陽東千四百里。十二城，户八千九百二十九，口四十三萬七千三百一十七"。又作"太山郡"。

② 大興，房玄齡等撰《晉書》卷六《元帝紀》，中華書局1974年，第149頁作"太興"。

③ 魏徵、令狐德棻撰《隋書》卷三十《地理中》，中華書局1973年，第859頁，隋煬帝大業初年置安樂郡。

唐高祖武德元年，省漁陽郡入幽州，徙平州治盧龍郡，改盧龍縣①，改遼西郡爲營州，置臨榆縣。灤州西鄙。七年，省臨榆縣入石城縣。

太宗貞觀十五年，析置臨榆縣，改安樂郡爲檀州，革平谷縣爲大王鎮，析置無終縣。

武后萬歲通天元年②，省臨榆入石城縣，改無終縣爲玉田縣。

玄宗開元五年③，徙營州，治柳城故地。十八年，析漁陽郡地置薊州，改永濟務爲薊川縣。二十八年，置馬城縣。灤州東鄙。天寶元年，改薊州爲漁陽郡，置遵化縣，改營州爲柳城縣。十四年，没於安禄山。

肅宗寶應元年，改漁陽郡爲薊州，改北平郡爲平州，改柳城縣爲營州。

昭宗乾寧四年，没於劉仁恭。是年，以仁恭爲盧龍節度使，遂據其地。

梁乾化三年，李晉拔薊、平、營三州。執劉仁恭及子守光以歸。

後唐同光中，平、營二州没於契丹。

潞王清泰三年，没於石晉。

石晉天福元年，全地没於契丹。石敬瑭受命於契丹，割山前後十六州賂之，自此幽、燕淪於夷狄，至我國朝歸，四百三十七年。

契丹天贊二年，改平州爲遼興軍，改薊州爲尚武軍。三年，改檀州爲武威軍，置灤州永興軍，領縣三；改遵化縣爲景州清安軍④。

宋徽宗宣和五年，改尚武軍爲廣川郡，改遼興軍爲泰寧軍、武威軍爲橫山郡、玉田縣爲經州、景州清安軍爲灤川郡。六年，没於金。

金天會二年，改泰寧軍爲興平軍，尋陞爲南京橫山郡，檀州廣川郡爲薊州，安喜縣爲遷安縣⑤，新安鎮爲撫寧縣⑥。七年，置樂亭縣，改大王鎮爲平谷縣⑦，經州爲玉田縣，灤州郡爲遵化縣。皇統初，改營州爲廣寧縣。大定間，改薊川縣爲永濟縣。大安中，改永濟縣爲豐潤縣，廣寧縣爲昌黎縣。天興二年，没於元。

---

① 劉昫等撰《舊唐書》卷三十九《地理二》，中華書局1975年，第1520頁，武德二年，改盧龍郡爲盧龍縣。
② 歐陽修、宋祁撰《新唐書》卷三十九《地理二》，中華書局1975年，第1022頁同；《舊唐書》卷三十九《地理二》，第1022頁，記此事於萬歲通天二年。
③ 《新唐書》卷三十九《地理二》，第1023頁，記開元五年還治柳城縣；《舊唐書》卷三十九《地理二》，第1521頁，記開元四年復移還柳城。
④ 脱脱等撰《遼史》卷四十《地理四》，中華書局1974年，第499頁，景州清安軍本薊州遵化縣，重熙中置。
⑤ 脱脱等撰《金史》卷二十四《地理上》，中華書局1975年，第576頁，世宗大定七年更安喜縣爲遷安縣。
⑥ 《金史》卷二十四《地理上》，第576頁，世宗大定二十九年以新安鎮地置撫寧縣。
⑦ 平谷縣，或爲平峪縣，按《金史》卷二十四《地理上》，第575頁，世宗大定二十七年陞漁陽縣大王鎮爲平峪縣。

元世祖中統四年，改興平軍爲興平府。至元三年，改興平府爲平灤路，豐潤縣爲潤州。

成宗大德七年，改平灤路爲永平路，潤州爲豐潤縣。

順帝至元元年，改樂亭縣爲溟州。二年，省義豐縣入灤州。三年，析置義豐縣。五年①，省石城縣入義豐縣，省馬城縣入溟州，改爲樂亭縣。

皇明洪武元年，改永平路爲永平府，領州一灤，縣五盧龍、遷安、撫寧、昌黎、樂亭，俱近邊。薊州領縣四玉田、豐潤、遵化、平谷，内遵化、平谷近邊。省義豐縣入永平府，與薊州俱隸北平布政司。改檀州爲密雲縣，屬北平府。四年，建密雲中衛，領五千户所；永平衛，領八千户所。八年，建薊州衛，領五千户所。十年，建遵化衛，領五千户所。十一年，建密雲守禦千户所。十四年，建山海關大將軍徐達建，建山海衛，領八千户所。二十年，建大寧城，置北平行都司。二十二年，置屬夷朵顔、福餘、泰寧②三衛。屏翰中國，東接遼東，西北連開平、興和，西抵宣府。三十年，改密雲守禦千户所爲密雲後衛，領五千户所。三十三年，建神武中衛領五千户所於通州；調興州左屯衛領五千户所於玉田縣；建寬河守禦千户所於遵化縣，梁城守禦千户所於寶坻。三十五年，建通州衛領五千户所、定邊衛領五千户所於通州。③

永樂元年，革北平布政司爲順天府，以永平府直隸京師，詔以大寧城與屬夷兀良哈三衛住牧，調東勝左衛領五千户所於永平府原屬山西行都司，調營州前屯衛領五千户所於香河縣原在大寧地。建忠義中衛領五千户所、東勝右衛領五千户所，俱於遵化縣。

二年，設總兵駐寺子谷，鎮守邊關，遂爲薊鎮云。調營州後屯衛領五千户所、興州後屯衛領五千户所，俱於三河縣；營州右屯衛領五千户所於薊州；營州中屯衛領五千户所於平谷縣；開平中屯衛領五千户所於灤州。已上五衛，俱原在大寧地。建通州左衛領三千户所、通州右衛領五千户所④、鎮朔衛領五千户所於薊州。

三年，調興州前屯衛領五千户所於豐潤縣，興州右屯衛領五千户所於遷安縣。已上二衛原在大寧。建撫寧衛領五千户所於撫寧縣，武清衛領五千户所於永平府。

天順四年，建三屯營城，移駐總兵府於内。

萬曆元年，調忠義中衛領五千户所於三屯營。原在遵化，都督戚繼光請。

效祖曰："薊鎮以大寧爲輔車，自成祖畀之三衛，而雜置衛所於近圻，神謀睿算，非蠹食者所能窺。要之，我朝沿革之大都，莫有要於此者，毋論往代云。"

---

① 宋濂撰《元史》卷五十八《地理一》，中華書局1976年，第1353頁，至元三年以石城縣省入樂亭縣，再改入義豐。四年，省馬城縣入灤州。

② [校]泰寧，原作"大寧"，當爲"太寧"之誤，實爲"泰寧"。

③ 顧祖禹《讀史方輿紀要》卷十一《北直二》，中華書局2005年，第463頁，神武中衛、通州衛、梁城守禦千户所實爲建文二年燕王朱棣置。

④ [校]千户所，底本原無，據民國間抄本補。

昌鎮建置

沿革

軒轅爲畿封。都涿鹿，今宣府保安州，一說涿州。

顓頊爲幽陵地。

帝嚳屬冀域。

唐屬幽都。

虞屬幽州。舜分冀爲十二州，置牧分理，幽其一。

夏省幽入冀。

商因之。

周爲燕國。封召公。

燕昭王置上谷郡。昌地俱屬。

秦始皇二十五年①，併燕，仍屬上谷郡。二世皇帝元年，屬韓廣。楚義帝元年，屬臧荼。

漢高帝五年，屬盧綰。滅荼，以綰代。十三年，滅綰定燕，仍置上谷郡。武帝元封元年，置居庸、昌平、軍都三縣。俱昌平地。新莽，改昌平縣爲長昌縣。光武建武二十六年，改長昌縣爲昌平縣，與居庸縣屬廣陽郡。今順天。

獻帝初平四年，沒於公孫瓚。建安四年，沒於袁紹。十年，沒於曹操。晉愍帝建興二年，屬段匹磾。元帝大興②四年，沒於石勒。成帝咸康三年，沒於慕容燕。帝奕太和五年，沒於苻秦。孝武帝太元九年，復沒於慕容燕。安帝隆安三年，沒於拓跋魏。魏太和元年，置昌平郡，領昌平縣。十八年，革昌平郡，以昌平縣屬幽州。東魏武定八年，沒於高齊。齊承光元年，沒於宇文周。周建德四年，復置昌平郡。隋開皇二年，省昌平郡入涿郡。

唐太宗貞觀六年③，置懷柔縣。天寶元年，改懷柔縣爲歸化縣，十四年，沒於安禄山。肅宗寶應元年，改歸化縣爲懷柔縣。代宗大曆十年，改昌平縣爲望縣。後唐莊宗同光二年，改望縣爲燕平縣，徙治曹村，再徙白浮圖城。潞王清泰三年，改燕平縣爲昌平縣，尋沒於石晉。石晉天福元年，沒於契丹，契丹以懷柔縣屬順州。

宋徽宗宣和五年，地歸。六年，沒於金。金改懷柔縣爲溫陽縣。

---

① ［校］二十五年，原作"二十二年"，其証見前。
② 大興，《晉書》卷六《元帝紀》，第149頁作"太興"。
③ ［校］貞觀六年，原作"貞觀五年"，據《遼史》卷四十《地理四》，第497頁及《讀史方輿紀要》卷十一《北直二》，第482頁改。

元順帝至元二十年，省溫陽入順州。

皇明洪武元年，以昌平縣隸北平府，建居庸關大將軍徐達建。五年，建居庸守禦千户所。十四年，置懷柔縣割昌平、順義、密雲地，隸北平府。三十二年，改居庸守禦千户所爲隆慶衛，領五千户所。

永樂元年，改北平府爲順天府，屬州五昌平、通、涿、霸、薊，内昌、薊近邊，縣二十二大興、宛平、順義、良鄉、密雲、懷柔、固安、永清、東安、香河、三河、武清、漷縣、寶坻、房山、文安、大城、保定、玉田、豐潤、遵化、平谷，内密雲、懷柔、房山、遵化、平谷近邊。二年，調營州左屯衛領五千户所於順義縣原在大寧地。四年，調興州中屯衛，領五千户所於良鄉縣原在大寧地。七年，卜壽陵命山曰天壽，建涿鹿衛，領五千户所。八年，建涿鹿左衛，領五千户所。十一年，建涿鹿中衛，領五千户所。以上三涿鹿衛俱於涿州。二十二年，建壽陵，命曰長陵，建長陵衛，領五千户所。

洪熙元年，建獻陵，建獻陵衛，領五千户所。

宣德十年，建景陵，建景陵衛，領五千户所。

景泰二年，調涿鹿中衛後千户所守禦白羊口。三年，徙昌平縣治永安城。四年，建黃花鎮城。

天順八年，建裕陵，建裕陵衛，領五千户所。

成化二十三年，建茂陵，建茂陵衛，領五千户所。

弘治十六年，建渤海城。十八年，建八達嶺城、橫嶺城。本年，建泰陵，建泰陵衛，領五千户所。

正德九年，改昌平縣爲昌平州，領縣三懷柔、順義、密雲。十六年，建康陵，建康陵衛，領五千户所，鎮邊城守禦千户所。

嘉靖三十年，分薊、昌爲二鎮，設提督都督一員，護視陵寢，防守邊關，遂爲昌鎮云。三十九年，改提督爲鎮守總兵。四十五年建永陵，建永陵衛，領五千户所。

隆慶元年，改隆慶衛爲延慶衛。六年，建昭陵，建昭陵衛，領五千户所。

效祖曰："昌平爲古上谷地，北際龍荒，不遠百武，自黃帝逐獯鬻北遁，始入中國之幅隕。其後世代沿革，倏忽靡常，至石晉甘予塊之羞，而金元之季乃盡界之犬羊，嗟乎難言矣！我國家起而汛掃之。成祖御極，又毅然三犁其庭，以消剥膚之患，於是内地鼎新，翼翼稱天府云。"

真保鎮建置

沿革

黃帝爲畿封。

顓頊爲幽陵。

帝嚳爲唐國。封堯爲唐侯，治定州。

唐爲幽都。

虞爲并州。

夏爲冀州。

商因之。

周初爲并、冀二州，後爲燕國封召公、晉國封叔虞。

春秋仍燕，桓侯徙都，易爲鮮虞國治唐縣，爲趙國敬侯①與韓、魏共分晉地，國號趙，爲中山國。魏滅中山，以封子摯用，仍號中山，趙併其地。

戰國，燕昭王置上谷郡。易、淶、涿地。昭王破東胡，却地千里，置上谷等五郡，自造陽至襄平築塞拒之。造陽，上谷地。

秦始皇帝十九年，併趙。二十五年②，併燕。二十六年，燕仍爲上谷郡，領易、淶、涿，趙置鉅鹿郡、邯鄲郡。二十三年，命蒙恬築塞，起臨洮，止遼東，上谷在中。二世皇帝元年，趙屬武臣，燕屬韓廣。二年，趙屬趙歇。

楚義帝元年，趙屬張耳。項籍徙歇於代，立耳爲常山王。燕屬臧荼。

項羽以鉅鹿郡信都地置襄國。

漢高帝五年，燕屬盧綰。滅荼，以綰代。十二年，析上谷郡地置涿郡，領縣二十九。趙仍鉅鹿郡，領縣二十。置恒山郡，領縣十八。以邯鄲郡置廣平國，置魏郡，置河間國，省襄國入鉅鹿、常山二郡。

惠帝七年，改恒山郡爲恒山國。封哀王不疑。

呂后八年，革恒山國爲郡。

文帝元年，改恒山郡爲常山避文帝諱，尋入趙國。

景帝三年③，建中山國封靖王勝，屬縣十四。

元鼎三年④，置常山郡，析地建真定國封未詳，屬縣四。

新莽改涿爲垣翰⑤，屬幽州。

光武建武十二年，治蜚狐塞今浮圖峪地。建常山關今倒馬、龍故等關，省河間國入信都。

---

① [校] 敬侯，底本不清，據《史記》卷九《晉世家》，第 1687 頁及卷十三《趙世家》，第 1799 頁補。
② [校] 二十五年，原作"二十二年"，其証見前。
③ [校] 三年，原作"四年"，《漢書》卷二十八下《地理下》，第 1632 頁，景帝三年建中山國。又《漢書》卷五《景帝紀》，第 143 頁，景帝三年六月，立劉勝爲中山王。
④ 《漢書》卷二十八下《地理下》，第 1631 頁，元鼎四年置真定國。
⑤ [校] 垣翰，原作"恒翰"，據《漢書》卷二十八上《地理上》，第 1577 頁改。

明帝永平五年，省真定國置常山國封王昞。① 和帝永元三年②，復置河間國，改垣翰③爲涿郡，以易州屬河間國。

獻帝初平四年，没於公孫瓚，瓚居易州，改曰易京。瓚殺幽州大司馬劉虞，據幽、并。建安四年，没於袁紹。十年，没於曹操。

魏革常山國爲常山郡治元氏，以易州建范陽國封關王矩，屬縣八，改魏郡爲陽平郡。

晉武帝泰始初，仍范陽國封康王綏，移常山郡治真定。

懷帝永嘉三年，没於劉淵。

元帝大興④四年，没於石勒，復置襄國郡。成帝咸康三年，没於慕容燕。帝奕大和五年，没於苻秦。孝武太元九年，復没於慕容燕。安帝隆安三年，没於拓跋魏。魏泰常八年，移常山郡，改河間國爲郡，襄國郡爲縣。

東魏武定八年，没於高齊。齊改上曲陽縣爲曲陽縣，屬鮮虞郡，省元氏縣，析唐縣地置安喜縣。承光元年，没於宇文周。

周革范陽國爲范陽郡，改廣平國爲洺州陽平郡，復爲魏州易縣，爲燕郡，移常山郡，復治真定縣。析靈壽縣地置蒲吾郡。大定元年，没於隋。

隋開皇二年，析井陘縣地置并州，改魏州爲武陽郡，革常山郡，置常山縣，屬恒州。六年，復置元氏縣。七年，改曲陽爲恒陽縣，屬博陵，改范陽郡爲涿郡，置䖍狐縣⑤今浮圖峪，省安喜縣入唐縣。十六年，置贊皇縣，屬趙郡。大業三年，改河間郡爲瀛州，常山縣爲恒山郡，革井州蒲吾郡，省䖍狐縣。義寧二年，屬唐。

唐高祖武德初，置井州，尋省入析恒山郡地；置恒山縣，尋改中山縣；改襄國縣爲邢州；改武陽郡復爲魏州。

玄宗天寶初，改魏州爲魏郡，魏博節度治之；洺州爲廣平郡；恒山郡爲平山郡，尋復改恒山；改瀛州爲河間郡。十四年，没於安禄山。肅宗乾元二年，改魏郡爲魏州，號天雄軍；省恒山郡爲恒州；改廣平郡復爲洺州。

憲宗元和十五年，改恒州爲鎮州；改恒陽爲曲陽縣，屬定州。

梁乾化二年，置保塞軍，改邢州爲保義軍節度。

後唐同光元年，改鎮州爲真定府，建北都，尋革都，置成德軍。長興四年，革真定

---

① 《後漢書》卷五十《孝明八王傳》，第1678頁，"淮陽頃王昞，永平［十］五年封常山王，建初四年，徙封淮陽王，以汝南之新安、西華益淮陽國"。此句中加方括號字，爲《後漢書》中有改動的地方，遵從原本校記。後有此标记者同此。

② 《後漢書》卷五十五《章帝八王傳》，第1808頁，"河間孝王開，以永元二年封，分樂成、渤海、涿郡爲國。延平元年就國"。

③ ［校］垣翰，原作"恒翰"，其証見前。

④ 大興，《晉書》卷六《元帝紀》，第149頁作"太興"。

⑤ 䖍狐縣，《隋書》卷三十《地理中》，第858頁作"飛狐縣"，下同。

府爲眞州，改魏州爲東京興唐府，尋改鄴都。①

石晉天福元年，涿、易、淶没於契丹。石敬瑭割賂契丹。

契丹改易州爲高陽軍，屬南京大都路；改成德軍爲順德軍。

石晉改眞州爲恒州，開運三年没於契丹。

漢天福十二年，復其地，改順德軍爲成德軍，改恒州爲眞定府，改鄴都爲大名府。②

周革眞定府爲鎮州，改大名府復爲天雄軍。

宋仁宗慶曆八年，改保義軍爲信德府，改天雄軍爲北京大名府，鎮州爲眞定府，改中山縣爲中山府，屬縣八，保塞軍爲保州，改河間郡爲府，瀛海軍節度。

神宗熙寧二年，省井陘、靈壽縣入行唐縣。八年，復置井陘縣，兼置天威軍屬眞定府，革贊皇縣爲鎮。

哲宗元祐元年，復置靈壽、贊皇二縣。

徽宗宣和五年，復涿、瀛、易地。七年，涿、易、淶没於金，金改高陽軍爲易州，信德府爲邢州，置安國軍。

欽宗靖康二年，眞保全地没於金。

金天輔初，改井陘縣爲威州，改北京大名府爲大名路。大定末，置萬寧縣。明昌二年，置阜平縣，改萬寧縣爲奉先縣，以涿、易、保三州屬中都路，天興二年没於元。

元世祖中統初，改眞定路，移威州治洺水，改洺州爲邢洺路。置井陘縣，屬廣平路。省贊皇入高邑縣，尋析置。改邢州安國軍爲順德路；曲陽縣爲恒州，尋復置，屬保定路。改保州爲保定路。至元二十七年，改邢洺路爲廣平路，奉先縣爲房山縣。涿州爲涿州路。改河間府爲路。③

皇明洪武元年，改眞定路爲眞定府，領州五定、冀、晉、趙、深，縣二十七眞定、井陘、獲鹿、元氏、靈壽、藁城、欒城、無極、平山、阜平、新樂、曲陽、行唐、南宮、新河、棗強、

---

① 司馬光編著、胡三省音注《資治通鑑》卷二百七十二《後唐紀一》，中華書局 1956 年，第 8883 頁，後唐莊宗同光元年四月，"以魏州爲興唐府，建東京；又於太原府建西京，又以鎮州爲眞定府，建北都"。又《舊五代史》卷二十九《莊宗紀三》，中華書局 1976 年，第 404 頁，後唐莊宗同光元年四月，"詔陞魏州爲東京興唐府，改元城縣爲興唐縣，貴鄉縣爲廣晉縣，以太原爲西京，以鎮州爲北都"。並未有明宗長興四年改魏州爲東京興唐府之記載，《四鎮三關誌》的記載應誤。
② 《舊五代史》卷一百《高祖紀下》，第 1336 頁，後漢高祖天福十二年，改順國軍爲成德軍，改恒州爲鎮州。
③ 此一段叙眞保鎮在元代的建置沿革，因多不紀年，致混雜不清。以《元史》卷五十八《地理一》，第 1356 頁所載考之，元太宗八年置邢洺路總管府；威州本治井陘縣，憲宗二年徙治洺水，以井陘縣屬縣；世祖至元二年以順德府爲順德路總管府，置河間路總管府，十二年改順天路爲保定路；又據《讀史方輿紀要》卷十一《北直二》，第 469 頁，元初陞涿州爲路。

武邑、安平、饒陽、武强、柏鄉、隆平、高邑、臨城、贊皇、寧晉、衡水、内井陘、元氏、靈壽、阜平、曲陽、贊皇近邊。改保定路爲保定府，領州三祈、安、易，内易近邊，縣十七清苑、滿城、安肅、定興、新城、唐縣、博野、慶都、容城、完縣、蠡縣、雄縣、深澤、束鹿、高陽、新安、涞水、内唐、完二縣近邊。改河間路爲河間府，領州二景、滄，縣十六河間、獻縣、阜城、肅寧、任丘、交河、青縣、興濟、静海、寧津、吴橋、東光、故城、南皮、鹽山、慶雲。改順德路爲順德府，領縣九邢臺、沙河、南和、平鄉、廣宗、鉅鹿、唐山、内丘、任縣。改廣平路爲廣平府，領縣九永年、曲周、肥鄉、雞澤、廣平、邯鄲、成安、威縣、清河。改大名路爲大名府，領州一開，縣十元城、大名、南樂、魏縣、内黄、濬縣、長垣、清豐、滑縣、東明。俱隸北平布政司。三年，建真定衛，領四千户所。守禦順德千户所。

永樂元年，革北平布政司，真定、保定、河間、廣平、順德、大名六府直隸京師；建定州衛，領六千户所於定州。建河間衛，領五千户所；瀋陽中屯衛，領五千户所；大同中屯衛，領五千户所於河間府；建忠義右衛，領五千户所於廣平府。二年①，改北平行都司於保定，改名大寧，領保定等六衛、守禦紫荆關千户所。洪武二十年，建北平行都司於山後大寧地，隸後軍都督府。是年，以全地界屬夷，乃遷都司於此。建茂山衛，領五千户所於保定府；建天津衛，領五千户所；天津左衛，領五千户所；天津右衛，領五千户所於直沽口。

永樂中，建保定左衛，領五千户所；保定右衛，領四千户所；保定中衛，領五千户所；保定前衛，領五千户所；保定後衛，領五千户所。

宣德五年，建神武右衛，領五千户所。

景泰元年，調茂山衛於易州舊在府城。二年，增建真定衛中千户所，守禦倒馬關。

嘉靖二十九年，設總兵鎮守三關，爲真保鎮云。

效祖曰："古稱燕、趙之地，博大爽塏，爲一大都會。今保定屬燕，真定屬趙，我成祖永卜萬年之曆，則燕、趙皆爲右扶風矣。然真定之南有順德、廣平、大名三郡，東有河間一郡，皆入畿輔中間，畫土分圻，星羅棋布，蓋儼然千里之雄圖。視往代之割據竊攘，旋得復失者，惡可同日語，地固有幸不幸哉。"

遼鎮建置

沿革

虞爲幽州、營州地。舜肇十有二州，以冀東北醫巫閭地爲幽州，今廣寧以西地。以青州東北爲營州，今遼陽地。

---

① 《讀史方輿紀要》卷十二《北直三》，第530頁，"明洪武二十年建北平行都司於大寧，建文三年燕王遷置於此"，遷置時間應在建文三年。

夏併營入青。

商爲肅慎氏地開原地，西屬孤竹國地廣寧前屯衛地。

周爲箕子國地武王封箕子於朝鮮，東鄙屬之，燕地西鄙屬之。

春秋没於赤狄。

戰國復爲燕地。

秦始皇二十五年①，滅燕，置遼東郡。始皇虜燕王喜，以其地置郡。

漢武帝元封三年，克朝鮮，置樂浪、玄菟、真番②、臨屯四郡俱遼東襖外。置帶方郡③、廣陽郡④並在遼水東。

昭帝元鳳四年⑤，革真番，築遼東玄菟城併四郡爲一。

明帝末，烏桓、鮮卑侵據。

獻帝初平三年，没於公孫度。度滅烏桓、鮮卑，取其地，據之。分遼東爲⑥遼西、中遼郡。初平末，没於曹操。

晉武帝咸寧二年，改遼東郡爲國，領縣八；玄菟郡領縣三；樂浪郡領縣六；帶方郡領縣七。

後魏仍改遼東郡。

隋煬帝大業二年，没於高句麗。

唐太宗貞觀十九年，平高句麗，有其地，革郡，置盖州、遼州。

高宗總章元年，平高麗，以其地置安東大都護府。李勣、薛仁貴平遼，得城一百七十六，分其地爲都督府九，州四十二，縣一百。置都護府於平壤城以統之。二年，徙都護府治遼州。

玄宗開元初，屬大祚榮，爲渤海郡。以高麗別種大祚榮爲渤海郡王，遼東地在渤海郡内。祚榮十二世孫彝震僭號改元，有五京、十五府、六十二州，爲遼東勝國，時上京龍泉府、中京顯德府，係遼東地；餘府州乃東夷故地，不在遼東之内。而遼西之地，仍屬契丹。

五代神册四年⑦，契丹主阿保機併渤海，盡有遼東。置東平郡，修復故城鑄鐵鳳鎮

---

① ［校］二十五年，原作"二十二年"，其証見前。
② ［校］真番，原作"真蕃"，據《史記》卷一百一十五《朝鮮傳》，第2989頁及《漢書》卷六《武帝紀》，第194頁改。
③ 此處不應有帶方郡。據《漢》卷二十八下《地理志八下》，第1627頁，樂浪郡下轄二十五縣，其中有帶方縣。又按《三國志》卷三十《烏丸鮮卑東夷傳》，第851頁，"建安中，公孫康分屯有縣以南荒地爲帶方郡"，可知帶方郡置於東漢獻帝建安中。
④ 《漢書》卷二十八下《地理志八下》，第1634頁，"廣陽國，高帝燕國，昭帝元鳳元年爲廣陽郡，宣帝本始元年更爲國"，廣陽郡不應出現在漢武帝紀年之下。
⑤ 《漢書》卷七《昭帝紀》，第232頁，是在元鳳六年。
⑥ ［校］爲，底本原無，易誤解。《三國志》卷八《公孫度傳》，第252頁，"分遼東郡爲遼西中遼郡，置太守"，據補。
⑦ 神册爲遼太祖耶律阿保機年號，前面係以五代，疑誤置。

之，因號鐵鳳城。天顯三年①，陞爲南京。復立中臺省②，號大遼。又改爲東京遼陽府轄府、州、軍、城八十七。又析遼西置中京大定府轄府、州、軍、城六十七③、上京臨潢府轄府、州、軍、城二十五。

宋神宗熙寧七年，廢州，省平城、和順二縣爲鎮，入遼山縣，隸平定郡。省揄社縣爲鎮，入威勝軍武鄉縣。元豐④八年，復置州縣。

金爲遼陽郡，後置遼陽府，以會寧爲上京，改遼上京爲北京。

元太宗克高麗，置遼陽、廣寧、開元⑤、東寧、東京⑥、大寧、瀋陽七路<small>領州縣七十二</small>。⑦

順帝至正四年，改遼陽。建中書省。⑧

皇明洪武四年平遼，置定遼都衛；建金州衛，領六千户所⑨；遼東衛⑩在得利嬴城，後改移遼陽，左、右、前三千户所⑪。五年，復置州縣。七年，設總兵，駐劄廣寧城，鎮守遼東，遂爲遼鎮云。八年，改定遼都衛爲遼東都指揮使司，駐遼陽城，領二十五衛，一百二十八所⑫，二州，一監。九年，建海州衛，領五千户所；盖州衛，領四千户所。十年，盡革所屬州縣，并置衛。改遼東衛爲定遼後衛，領四千户所；陞前千户所爲定遼前衛，領四千户所；陞左千户所爲定遼左衛，領三千户所；陞右千户所爲定遼右衛，領

---

① 天顯三年，此處是遼太宗天顯三年。按《遼史》卷二《太祖下》、卷三《太宗上》，太祖天顯年號用一年，太宗即位未改元。
② 《遼史》卷三《太宗上》，第32頁，遼太宗天顯六年四月，置中臺省於南京。
③ 《遼史》卷三十九《地理志三》，第482頁，中京大定府統州十、縣九。
④ ［校］元豐，原作"元封"，元封爲漢武帝年號，改。
⑤ ［校］開元，原作"開原"，據《元史》卷五十九《地理二》，第1399頁改。
⑥ 此處或爲合蘭府水達達等路，按《元史》卷五十九《地理二》，第1395頁，至元二十五年，改東京爲遼陽路。
⑦ 此記載不確，所列七路非征高麗後所設，領州縣七十二亦誤。按《元史》卷二百八《高麗傳》，第4608頁，元太宗三年八月，命撒禮塔征朝鮮，朝鮮請和，"置京、府、縣達魯花赤七十二人監之，遂班師"。按《元史》卷五十九《地理二》，第1395頁，遼陽等處行中書省轄路七、府一，即遼陽路、廣寧府路、大寧路、東寧路、瀋陽路、開元路、合蘭府水達達等路、咸平府，設置沿革不一。
⑧ 此處記載疑有誤，頗費解。按《元史》卷四《世祖一》，第63頁，中統元年四月戊戌朔，立中書省。
⑨ 嘉靖《遼東志》卷二《建置》，金州衛領左、右、中、前、中左五千户所。見《續修四庫全書》第646册，上海古籍出版社2002年，第512頁。
⑩ 《讀史方輿紀要》卷三十七《山東八》，第1715頁，洪武四年置遼東衛，後改名爲定遼後衛。查嘉靖《遼東志》卷二《建置》，《續修四庫全書》第646册，第508頁，遼東衛領左、右、中、前四千户所。
⑪ 嘉靖《遼東志》卷二《建置》，《續修四庫全書》第646册，第508頁，遼東衛領左、右、中、前四千户所。
⑫ 嘉靖《遼東志》卷二《建置》，《續修四庫全書》第646册，統計千户所計一百一十五個，遼東都司所轄千户所有損益。

二千户所。十一年,建遼海衛,領九千户所。① 十三年,建東寧、女直、南京、海洋、草河五千户所。十四年,建復州衛,領四千户所。十七年建定遼中衛,領四千户所。十九年,改東寧所爲東寧衛,領六千户所改女直等所屬衛。二十年,建瀋陽中衛,領七千户所。二十一年,建義州衛,領四千户所②;鐵嶺衛,領七千户所。二十二年,改軍民萬户府,建三萬衛,領八千户所。二十四年,建廣寧中屯衛,領六千户所。二十五年,建廣寧後屯衛,領五千户所。封遼王,設廣寧護衛。二十六年,改廣寧護衛爲廣寧衛,領七千户所;廣寧前屯衛,領七千户所;廣寧左屯衛,領六千户所;廣寧右屯衛,領五千户所。二十七年,設廣寧中護衛置治大凌河。二十八年,設廣寧左護衛、廣寧右護衛俱大凌河。

永樂元年,建寧遠衛,領七千户所。③ 永樂中,徙封遼王於湖廣,改中護衛爲廣寧中衛,領四千户所;改左護衛爲廣寧左衛,領四千户所;改右護衛爲廣寧右衛,領三千户所。七年,建自在州遼陽城、安樂州開原城、永寧監。

嘉靖四十四年,移定遼右衛治於鳳凰堡,領三千户所。

效祖曰:"遼鎮孤懸左輔之外,隧塵駢垔,息饗無贏,蓋自昔稱樂土。故歷代以來,或置郡、或置國、或置州,命之守,命之牧,命之公,不以彈丸睥睨之。自女真之興,則益章章稱雄鎮矣,天何嘗無意於向隅者哉!"

四鎮三關誌卷之一,終

---

① 嘉靖《遼東志》卷二《建置》,《續修四庫全書》第 646 册,第 510 頁,謂遼海衛洪武二十六年置;《讀史方輿紀要》卷三十七《山東八》,第 1743 頁,謂洪武二十一年置,洪武二十六年遷至三萬衛治東北。
② 《讀史方輿紀要》卷三十七《山東八》,第 1726 頁,謂洪武二十二年置;嘉靖《遼東志》卷二《建置》,《續修四庫全書》第 646 册,第 509 頁,謂洪武二十五年指揮何浩綱建。
③ 《讀史方輿紀要》卷三十七《山東八》,第 1734 頁及嘉靖《遼東志》卷二《建置》,《續修四庫全書》第 646 册,第 510 頁,謂宣德三年建。

四鎮三關誌卷之二

形勝考

四鎮形勝總論

效祖曰："形勝之説，所從來遠矣。古之謀臣策士，多以爲載贄①之譚，咸纚纚有章程，然非始於謀臣策士。《易》有之'地險，山川丘陵也'。王公設險以守其國，周職方氏掌天下地圖，既辯邦國、都鄙、戎夷、蠻貉矣。乃於司險，又令籍九州名勝，以稽山林川澤之阻，此其經畫之詳，豈皆謀臣策士所能窺測者耶？要之，形勝者，自然之險；設制者，當然之防。有險而不設是弃險也，設之弗周猶無險也。我國家建都幽朔，即毋論山川峙灌甲區寰，而紫荆扼蜚狐之吭，居庸拊上谷之背，山海掣玄菟之時，其因地利而盡人謀者，可謂得千古之石畫矣。今以四鎮之疆域、山川、乘障各衮列延袤，區別要害，爲後之經畧者具指南焉，作《形勝考》。"

薊鎮形勝

疆域

東自山海關，連遼東界，西抵石塘路幷連口，接慕田峪昌鎮界，延袤一千七百六十五里。

---

① 載贄，帶着晉見的禮物，謂急於出仕。見趙岐注，孫奭疏，廖名春、劉佑平整理，錢遜審定《孟子注疏》卷六上《滕文公上》，《十三經注疏》本，北京大學出版社1999年，第164頁，"孔子三月無君，則皇皇如也，出門必載贄"。

山海關

東至遼東廣寧前屯衛中前所三十里，西至撫寧縣九十里，南至海十里，北至義院口外①。

石門路

東自一片石，西至甘泉堡，延袤一百六十里。南至撫寧縣義院口屬下各隘口七十里。大毛山屬下各隘口七十五里。一片石屬下各隘口九十里。北即口外。

臺頭路

東自星星谷，西至梧桐谷，延袤一百一十六里。南至撫寧青山口屬下各隘口七十里。界嶺口屬下各隘口七十五里。② 北即口外。

燕河路

東自桃林口，西至白道口，延袤一百三十里。南至永平府冷口屬下各隘口十里。桃林口屬下各隘口七十五里。北即口外。

太平路

東自白羊谷，西至榆木嶺關，延袤七十三里。南至遷安縣榆木嶺屬下各隘口七十里。擦崖子屬下各隘口五十五里。北即口外。

喜峯口路

東自鐵門關，西至團亭寨，延袤九十四里。南至遵化縣大喜峯口屬下各隘口一百二十里，遷安縣董家口屬各隘口八十里。北即口外。

松棚路

東自潘家口，西至山口寨，延袤一百五十五里。南至遵化縣羅文峪③屬下各隘口二十五里。洪山口屬下各隘口五十里。龍井兒屬下各隘口八十里。北即口外。

馬蘭峪

東自石崖嶺寨，西至峨嵋寨，延袤二百三十六里。南至薊州將軍營屬下各隘口五十里。黃崖口屬下隘口六十里，遵化縣寬佃各屬下隘口六十里。大安口屬下各隘口三十五里。北即口外。

墻子路

東自魚子山，西至大黃崖口，延袤二百三十一里。南至密雲縣墻子嶺屬下各隘口九十

---

① 嘉靖《山海關志》卷一《地理一》，《續修四庫全書》第718冊，上海古籍出版社2002年，第21頁，山海關北八十里至義院口關。

② ［校］"青山口屬下……七十五里"一句底本原無，見顧炎武《天下郡國利病書》原編第一冊《北直隸備錄上》，查此書四庫存目本和續四庫本據《四部叢刊》三編影印手稿本影印，即上海涵芬樓景印崑山圖書館藏稿本。上海古籍出版社2012年點校本正是以《四部叢刊》三編本爲底本，據此補。

③ ［校］羅文峪，底本不清，據本書卷六《經畧考》及《天下郡國利病書》原編第一冊《北直隸備錄上》改。

里。鎮虜營屬下各隘口七十里。北即口外。

曹家路

東自小台兒寨，西至將軍台寨，延袤一百三十五里。西南至密雲縣曹家寨屬下隘口一百八十里。北即口外。

古北路

東自盧家安寨，西抵蠶房谷寨，延袤九十五里。南至密雲縣潮河川屬下各隘口一百里。古北口屬下各隘口一百里。北即口外。

石塘嶺路

東自陳家峪口，西抵开連口，延袤二百五十里。南至懷柔縣、密雲縣石塘嶺屬下各隘口，至懷柔縣約三十五里。白馬關屬下各隘口，至密雲縣八十里。北即口外。

效祖曰："薊鎮疆宇，視昌平增廣袤之三，至其隘寨要衝且十倍焉。東出山海關跬步即遼左矣，漁陽肘腋，去天尺五，何云馮翊爲左輔乎？"

昌鎮形勝

疆域

東自慕田峪，連石塘路薊鎮界，西抵居庸關鎮邊城，接紫荊關真保鎮界，延袤四百六十里。

居庸關

東自西水峪口黃花鎮界九十里，西至鎮邊城堅子峪口紫荊關界一百二十里，南至榆河驛宛平縣界六十里，北至土木驛宣府界一百二十里。

居庸路

東自門家峪口，西至糜子峪口，延袤一百五十里。南至關石峽峪屬下各隘口約五十里。八達嶺屬下各隘口約四十里。灰嶺屬下各隘口約遠六十里，近二十里。北至永寧城宣府地各屬下隘口約一百里。

黃花路

東自慕田峪，西至棗園寨，延袤一百八十里。南至昌平州黃花鎮屬下各隘口約八十里。渤海所屬下各隘口約一百里。北至四海冶宣府地各屬下隘口約五十里。

横嶺路

東自軟棗頂，西至掛枝庵，延袤一百三十里。南至居庸關鎮邊城屬下隘口約一百三十里。横嶺屬下隘口約一百里。長峪屬下隘口約一百里。白羊口屬下隘口約一百五十里。北至懷來城宣府地各屬下隘口一百里。

效祖曰："昌鎮疆宇，幅隕不踰五百里，而居庸關突據其中，蓋未有郡邑之先，已先設險於外户矣。然八達嶺去關北三十里，墉垠漸崇，驅馬而南，勢若建瓴。故先年經署大臣創城置守於此，誠得扼險之要樞，非淺尠哉。"

真保鎮形勝

疆域

東自紫荆關沿河口，連昌鎮鎮邊城界，西抵故關鹿路口，接山西平定州界，延袤七百八十里。

紫荆關

東至易州九十里，西至山西廣昌縣九十里，南至蒲城縣一百二十里，北至馬水口一百八十里，東北至沿河口昌鎮界三百里，西南至插箭嶺一百二十里，東南至保定府一百八十里金水口七隘口，南至關約一百里。磐石口七隘口，東至關約六十里。黃土嶺十隘口，東至關約九十里。奇峰口至東岭五隘口，至關約二十五里。峰門嶺口至乾河口，西至關約一百八十里。烏龍潭口五隘口，西至關約三百里。馬水口九隘口，南至關約一百三十里。大龍門十一隘口，西南至關約二百里。沿河口十一隘口，西南至關約三百里。浮圖峪四隘口，東至關約一百里。烏龍溝九隘口，東至關六十里。白石口十三隘口，東至關約一百三十里。

倒馬關

東至完縣界一百八十里，西至山西大同府界五百里，南至曲陽縣一百五十里，北至廣昌縣九十里。上關三隘口，東南至關約一十五里。柳角庵四隘口，南至關約四十里。插箭嶺十三隘口，南至關約六十里。軍城八隘口，西北至關約六十里。落路口十三隘口，東北至關約一百四十①里。吳王口十九隘口，東北至關約三百五十里。

龍泉關

東至阜平縣七十里，西至湧泉寺二十五里，南至白草駝三十里，北至銀河村四十里北路龍泉關至旛杆嶺十八隘口，至關約四十里。青杆嶺至三關子口三隘口，至關一百里。中路鷂子崖至沙嶺八隘口，至關一百六十里。孤榆樹至紅沙崖十八隘口，至關約三百里。南路十八盤至油溝二十二隘口，至關約三百七十里。

故關 近改"故"爲"固"

東至井陘縣四十里，西至平定州八十里，南至泉木頭口六十里，北至娘子關二十里。北路十二隘口，至關約六十里。南路二十三隘口，至關約一百三十里。

效祖曰："真保隩封首鼠，寔燕、趙接壤之都。在今日受虜患，必宣、大失守，而紫荆之雲火始明，山西有警，而倒馬之烽鼓始亟。獨爲鎮鑰計者，往往皆責之外户，而

---

① [校] 一百四十，底本原無，據《天下郡國利病書》原編第一册《北直隸備録上》補。

處堂奧者顧漫藏焉。萬一有斬關之盜，行其庭不見其人，則假虞之道，問周之鼎①，其勢將何所底止哉！甲寅之事②，艾中丞③幾不免於虜圍，是爲殷鑒。"

遼鎮形勝

疆域

東起自鴨緑江，連朝鮮國界，西抵瑞昌堡、山海關，連薊鎮邊界，延袤一千五百七十五里。南起旅順海口，北抵開原境外舊歸仁縣邊界，延袤④九百八十里。

遼陽鎮

東至鴨緑江五百三十里⑤，東北至東夷建州營七百九十里，南至海岸六百五十里，東南至東海萬灘島岸七百里，西至三岔河一百五十里，西北至曲吕金山⑥四百五十里，北至境外舊歸仁縣四百五十里，西南至平洋橋二百五十里遼陽城東至清河堡邊外二百五十里，西至長安堡邊界五十里，南至海州界一百二十里，北至開原界二百四十里⑦，屬下撫順所等各邊隘口延袤二百五十五里。險山堡城東即邊外，西抵遼陽甜水站界，南自江沿臺邊界起，北抵孤山堡界止，邊長三十八里。開原城東至分水嶺邊界二百里，西至遼河八十里，南至沙河撫順驛界五十里，北至舊歸仁縣邊外二百一十里⑧，屬下中固、汎河、懿路城所轄各隘口延袤四百三十八里。鐵嶺城東至老虎口七十里，西至雙城六十里，南至瀋陽蒲河界八十里，北至開原沙河界四十里，屬下撫安堡等各隘口延袤四十六里。瀋陽城東至撫順關邊界一百里，西至靜遠堡邊界七十里，南至沙河遼界一百一十里⑨，北至蒲河所界四十里，屬下靜遠堡等各隘口延袤八十四里。海州城東至鳳凰城界一百五十里，

---

① 假虞之道，問周之鼎，典出左丘明傳、杜預注、孔穎達正義、浦衛忠等整理、楊向奎等審定《春秋左傳正義》卷十二《僖公二年》，《十三經注疏》本，北京大學出版社 2000 年，第 370 頁，"晉荀息請以屈産之乘，與垂棘之璧，假道於虞以滅虢"。公元前 658 年、前 655 年，晉國兩次"假道於虞，以伐虢"，最後將兩國均消滅。
② 甲寅之事，即嘉靖三十三年（1554）六月初，蒙古部俺答汗率兵萬餘入寇大同，守軍敗退，總兵岳懋遇伏戰死。宣大總督兵部尚書蘇祐、大同巡撫都御史侯鉞被革職問罪。艾希淳時任保定巡撫。事見《明世宗實錄》卷四百十一嘉靖三十三年六月癸酉條，第 7158~7159 頁。
③ 艾中丞，即艾希淳。本書卷八《職官考·真保鎮職官》有傳。
④ ［校］延袤，底本原無，據上下文意補。
⑤ 嘉靖《遼東志》卷一《地理志·疆域》，《續修四庫全書》第 646 册，第 472 頁同；嘉靖《全遼志》卷一《圖考志》，《遼海叢書》第 1 册，遼瀋書社 1985 年，謂"東南至鴨緑江五百四十里"。
⑥ 曲吕金山，即"金山"。《讀史方輿紀要》卷三十七《山東八》，第 1744 頁，"金山，在（開原）衛西北三百五十里，遼河北岸，一名曲吕金山"。本誌，金山與曲吕金山並用。
⑦ 嘉靖《全遼志》卷一《圖考志》，《遼海叢書》第 1 册，謂"北到開原三百三十里"。
⑧ 嘉靖《全遼志》卷一《圖考志》，《遼海叢書》第 1 册，謂"北到歸仁縣一百一十里"。
⑨ 嘉靖《全遼志》卷一《圖考志》，《遼海叢書》第 1 册，謂"南至沙河四十里，南到遼陽一百二十里"。

西至廣寧界一百二十里，南至盖州界七十里，北至遼陽界六十里，屬下西寧堡等各隘口延袤四十里。盖州城東至岫巖二百五十里，西至海一十里，南至復州界一百七十里①，北至字羅鋪三十里。復州城東至東海岸二百四十里，西至西海岸四十五里，南至古城鋪金州衛界八十五里，北至八家鋪盖州衛界一十二里。金州城東至東海岸一百里，西至西海灘三里，南至旅順口一百二十里，北至字蘭鋪復州衛界九十五里。永寧監東至高烟衝二十里，西至海十里，南至孟家川十里，北至五十寨十五里。以上盖、復、金三衛并本監俱近海，無隘口。

廣寧鎮

東至三岔河三百里，東北至屬夷福餘衛界三百五十里，南至海岸二百三十里，東南至平洋橋一百五十里，西至一片石四百五十里，西北至大寧故城四百八十里，北至屬夷泰寧衛界三百二十里，西南至山海關五百五十里廣寧城東至平洋鋪抵海州界二百里，西至牽馬嶺義州界六十里，南至大凌河義州界一百二十里，北至中平山九十里，屬下鎮遠堡等各隘口延袤二百二十七里。鎮武城自西寧堡東抵海州界至鎮武本堡，西抵廣寧界，各隘口邊長一百五里。義州城東至廣寧醫巫閭山五十里，西至牛心山邊界六十里，南至廣寧中屯蛤蜊河界七十里，北至駱駝嶺廣寧界六十里，屬下大定堡等各隘口延袤一百五十四里。錦州城東至大凌河四十里，西至寧遠衛一百二十里，東至海岸五十里，北至義州解山界五十里，西北至舊建州邊界一百五里，屬下大興堡等各隘口延袤一百三十里。寧遠城東至廣寧中屯杏山驛界八十里，西至前屯中後所界八十里，南至海岸二十里②，北至松山堡抵錦州界四十里，屬下椴木衝等各隘口延袤一百六十三里。廣寧右屯城東至海岸三十里，西至大凌河二十五里，南至海岸三十里，北至十三山三十五里。前屯城東至寧遠衛界六十里③，西至山海關界七十里，南至海岸二十里，北至十八盤山邊界九十里，屬下錦州堡等各隘口延袤一百三十九里。

效祖曰："遼東東接朝鮮，北抵龍沙，南阻滄海，西連碣石，蓋儼然一巨鎮也。然舊遼陽在漢、唐時尚入版圖，至我朝淪胥於夷，睨之若脫躧無恡心焉，疆場畸分之謂何嗟嗟。其議圖修復以拓林坰之利者，汪圻父④知言哉！"

薊鎮形勝

山川

太行山即恒山，北抵幽、燕，達居庸、古北、喜峯，亘千里，諸峯蜿蜒，止於山海。

燕山薊州東南，自太行迢邐而東，千里到海。《括地志》云："華夷之限也。"

---

① 嘉靖《全遼志》卷一《圖考志》，《遼海叢書》第1冊，謂"南到復州界一百八十里"。
② 嘉靖《全遼志》卷一《圖考志》，《遼海叢書》第1冊，謂"南至海岸二十五里"。
③ 嘉靖《全遼志》卷一《圖考志》，《遼海叢書》第1冊，謂"六十五里"。
④ 圻父，古官名，掌畿內軍事。參《尚書正義》卷十四《酒誥第十二》，《十三經注疏》本，第381頁，"矧惟若疇圻父，薄惟農父？"注曰："圻父，司馬。農父，司徒。"此處汪圻父代指汪道昆，萬曆元年任兵部左侍郎。參張廷玉《明史》卷二百八十七《王世貞傳附汪道昆傳》，第7382頁。

角山山海關北，自居庸、古北、喜峯，亘千餘里，距海一視地，太行至此盡矣。

後角山關北，在角山後。

平山關西。

洞山關北。

圍春山關西，四面輻輳若環堵。

孤山關南，下臨潮河。

寺兒山關西。

雲蒙山關西。

箭笴山關北，一名盤山。

聯峯山關西。

偏山灤州西北。①

止馬山州西。

橫山州北，山首入灤河中。②

道者山昌黎縣西北。

水巖山縣北。

鋸齒山縣北。

雲峯山撫寧縣東北。

紫荊山縣東一里③，下臨洋河。

團雲山縣東北。

覺山縣東北，又一名後覺山。

黃崖山縣東北。

茶芽山縣東④。

臨渝山縣北，下臨渝河。

兔耳山縣北⑤。

裂頭山縣東北迤東，又一峯名後裂頭。

---

① 李賢等撰《大明一統志》卷六《永平府·山川》，三秦出版社 1990 年影印本，第 95 頁，偏山在灤州西北八十里。弘治《永平府志》卷一《山川》，《天一閣藏明代方志選刊續編》，上海書店出版社 1990 年影印本則謂偏山在灤州西北七十里。

② 《大明一統志》卷六《永平府·山川》，第 95 頁，橫山在灤州西四里。弘治《永平府志》卷一《山川》則謂橫山在灤州北五里。

③ 弘治《永平府志》卷一《山川》謂紫荊山在撫寧縣東南二里。

④ 弘治《永平府志》卷一《山川》謂在縣東北二十里。《大明一統志》卷六《永平府·山川》，第 95 頁謂在撫寧縣二十里，缺方位。

⑤ 《大明一統志》卷六《永平府·山川》，第 95 頁謂在撫寧縣北十里。弘治《永平府志》卷一《山川》謂在縣西七里。

佛面山遷安縣北。

嶅山①縣東北。

都山縣北。

龍山永平府西②，慕容皝都於此③。

桃林山④府北。

北安山府東北。

團子山府西北，有孤竹次君墓。

馬鞭山府西北，有孤竹少君墓⑤。

雙子山府西北，有孤竹長君墓。

松山遵化縣東北。

盧嶺山縣東。

三臺山縣東北。

鐵山縣東。

五峯山縣東北，五峯東曰快目，南曰瑞雲，西曰經翠⑥，北曰虎踞⑦，中曰紫盖。

沙嶺薊州西。

魚鼻山州東北。

栲栳山州西，一名窠羅。

漁山州西北，周五里。昔名漁陽郡者，即此山之陽。

盤山州西北，周百餘里，最高者曰上盤，稍下者曰中盤。

崆峒山州北⑧，廣成子⑨隱處。

栢山平谷縣東。

靈泉山。峨嵋山。碣山縣東。

漁子山縣東北，乃軒轅陵。

---

① 《大明一統志》卷六《永平府·山川》，第95頁及弘治《永平府志》卷一《山川》皆作"蟒山"。
② 《大明一統志》卷六《永平府·山川》，第95頁及《讀史方輿紀要》卷十七《北直八》，第753頁謂在府西四十里。弘治《永平府志》卷一《山川》謂在府西南四十里。
③ 《晉書》卷一百九《慕容皝載記》，第2822頁載咸康七年，慕容皝遷都龍城。
④ 弘治《永平府志》卷一《山川》作"桃林口山"。
⑤ [校] 有孤竹少君墓，原作"有孤竹君墓"，據《大明一統志》卷六《永平府·山川》，第95頁改。
⑥ 《大明一統志》卷一《順天府·山川》，第6頁作"紅翠"。
⑦ 《大明一統志》卷一《順天府·山川》，第6頁作"虎岩"。
⑧ 《大明一統志》卷一《順天府·山川》，第6頁作"在州城東北五里"。
⑨ 廣成子，《封神演義》中"十二金仙"之一。參許仲琳編、鍾惺評、曹曼民點校《封神演義》第四十六回《廣成子破金光陣》，上海古籍出版社1973年，第430~439頁。

水峪山密雲縣西北。

龍門山縣東。

四稜山縣東北一百里，出銀鑛。

窟龍山縣北。

青洞山縣東北。

陳宮山縣東北。

駝骨山縣北。

五峯山縣東北。

清都山縣東北。

觀鷄山縣東北。

霧靈山縣東北，一名孟廣岫，今在口外。

香徑山縣東北。

冶山縣東北。

海山海關南十里，自角山起，長城直抵其澨。國初，山東民運由此，今廢。惟鋪舍及泊舟遺址存焉。

北關河源出山海關北山谷，南下石河。

南關河源出山海關北山谷，入長城爲南水關。

石河源出塞外，入義院口入海。

鴨子河源出塞外，入石渠河。

渝河源出古瑞州，南經撫寧縣入海。

陽河源出塞外，經撫寧東入海。

白羊河源出塞外，入穴河。

青龍河源出塞外，入桃林口。

漆河源出塞外，入桃林口，經永平西城合灤河入海。

灤河源出口北開平，至盧龍與漆河合流。

湯泉遵化西北，泉出石鏏，沸如湯。

平虜渠薊州北，神龍二年①，姜師度爲滄州刺史，循武帝故迹，傍海鑿平虜渠，以限奚、契丹，通餉道，罷省海運。

湯河源出鮎魚石口，經遵化西南會沽河入白龍江。

唐水源出玉田無終山。

還鄉河源出豐潤崖兒口。

---

① 神龍二年，即公元706年，唐中宗李顯年號。

周村河源出塞外，經平谷西入沟河。

沟河源出塞外，自黄崖口入廣漢川，經平谷，東北下三河、寶坻，合白龍江。

五里河源出鵝毛臺，經薊州西入沽河①。

金泉河源出榆山東麓，經薊州東爲馬神河②。

沽河源出塞外丹花嶺，合九泉水經安樂故城，遶薊州南至泉州入海。

龍池河一名漁水，源出盧兒嶺口，遶薊州東會窑河，并入沽河。

黄崖川一名廣漢川，源出黄崖口，一支西南遶盤山陰入平谷爲沟河，一支東南遶盤山陽薊州三岔口入白龍江。

汝河源出石峨山，經密雲縣，南入平谷故城，合沟水。

鮑丘河源出禦虜北塞，南經密雲縣，合道人溪。

道人溪源出龍門，經密雲入潮河。

廣峒水源出霧靈山，經縣西南入潮河。

墨城川源出塞外，自平頂山後，經密雲北入潮河。

要水源出塞外，合三川，經縣東北入潮河。

巨梁水源出觀鷄山。

潮河源出塞外，自古北口關入，經縣東南白河入潞。

白河源出塞外，自石塘嶺關入，經密雲西，會潮河入潞。

效祖曰："薊鎮以北諸山，雖宫霍靡齊，皆因緣以作隔閡之險。獨謂層巒疊嶂，顧在關城之外，自古北口至大寧，路多崎嶇，間有不通騎乘者，然皆非我之所得恃矣！安所繆戾③而陵夷？若是杞人之憂，於三衛有遐心焉？"

昌鎮形勝

山川

天壽山昌平州東北一十八里，舊名東柞子山，成祖卜陵於此，封曰天壽。

玉帶山州東北。

軍都山州西北，太行山第八陘。

積粟山州西北。

---

① 《大明一統志》卷一《順天府·山川》，第8頁作"枯河"。
② 《大明一統志》卷一《順天府·山川》，第8頁作"馬申河"。
③ 繆戾，又作繆盭，錯亂、違背之意。何寧《淮南子集釋》卷八《本經訓》，中華書局1998年，第559頁，"積壤而邱處，糞田而種穀，掘地而井飲，疏川而爲利，築城而爲固，拘獸以爲畜，則陰陽繆戾，四時失叙"。

神嶺山州東。

幽都山州西北。

白石山州東。

綿山州東，一名宜山。

牛山州西。

狼山州西北。

銀山州東北，中峯特出，上有庵寺①。

黑平山州北，據黃花鎮之要。

史山州東。

大駝寨山州東，桃林、麻峪北，多石洞。

翠屏山居庸關東。

金櫃山關西。

栢齡山關東。

五龜山關北。

馬山關北。

永安山關西北。

轉輪山關北。

紅門山關北。

棒槌峪山關北。

青龍山關北。

羊頭山關北。

石佛山關北。

馬安山關西。

羊兒駝山關西②白羊口。

鶴頂山關西③白羊口。

牛心山關西④上常峪口。

尖山關西⑤白羊口。

---

① 康熙《昌平州志》卷四《山川志》，康熙十二年刻本，葉 3a，寺"乃唐時創建，領七十二菴，相傳爲唐僧鄧□峯藏修之"。
② 萬曆《重修居庸關志》卷二《山川》，成文出版社 1968 年影印明萬曆四十年抄本，第 34 頁謂山在居庸關西南。
③ 萬曆《重修居庸關志》卷二《山川》，第 34 頁謂山在居庸關西南。
④ 萬曆《重修居庸關志》卷二《山川》，第 34 頁謂山在居庸關西南。
⑤ 萬曆《重修居庸關志》卷二《山川》，第 34 頁謂山在居庸關西南。

筆架山鎮邊城西北街口。

金城山鎮邊東白瀑口。

陰陽山鎮邊東。

馬家山懷柔東北。

紅石山縣西北。

金燈山縣東。

檀子山縣東。

栲栳山縣東。

丫髻山縣東。

黍谷山縣東。劉向曰："燕地寒，不生五穀，鄒衍吹律以溫其氣，五穀生焉。"① 即此。

桃峪居庸關西，接白羊口，爲二處阨塞。

八達嶺關北要害。

南小嶺關西南。

橫嶺關西南。

摸天嶺關西南。

摩苑嶺關西南。

長城嶺。大梯嶺。小梯嶺鎮邊外路口西。

清河昌平南，源自一畝泉，經燕丹村合榆河。

黃花鎮川河源出塞外，自黃花鎮口入，經昌平，東北至懷柔合白河，其流九曲，俗呼九度河。

高梁河來自并州，乃黃河別源，經昌平東南高梁店入都城海子。

濕榆河②源出軍都山，經昌平東南入潞河。

三道河居庸西北，即湯峪川源。

青龍河居庸北，即永安河上流。

龍灣河關北，源自山下，入隆慶州，出③河合口。

河合川關西北，桑④乾、燕尾、媯川、西山四河合流。

湯峪河關西南，源出棒槌峪。

榆河關南。

燕溪河懷柔東。

---

① 劉向此語亦見於他書，但文字畧有不同。高步瀛著，曹道衡、沈玉成點校《文選李注義疏》卷六《京都下·左太冲魏都賦一首》，中華書局1985年，第1480頁，李善蘭注引劉向《別錄》"鄒衍在燕，有谷，地美而寒，不生五穀。鄒子居之，吹律而溫置黍生，今名黍谷"。
② 《大明一統志》卷一《順天府·山川》，第8頁作"濕餘河"。
③ 萬曆《重修居庸關志》卷二《山川》，第35頁作"入"。
④ [校] 桑，底本不清，據萬曆《重修居庸關志》卷二《山川》，第35頁補。另據民國間抄本補。

效祖曰："昌平諸山皆龍嵸巖嶵①，蔽日干雲，而天壽山風氣結幕，襟帶潮河，斯不獨天限華夷，有自然之屏障？而列聖遺弓，永妥萬年之兆，豈非靈秀之氣有所待而然乎？故仰瞻陵寢之盛者，未嘗不三致嘆云！"

真保鎮形勝

山川

恒山自潭源州由蜚狐口達曲陽，山脉不斷。《地志》云："恒山，出常山郡曲陽縣。"②《禹貢》："太行、恒山，至於碣石入海，延袤三千里，爲華夷之限。"

孤松山紫荊關城內。

雙龕山關城外東北。

孤秀山關城外。

茶山即茶窩口，關舊城外西南。

萬仞山即盤道，關南石門外。

回峯山關城外③。

鴨嘴山關城西南。

芙蓉山關城西北。

屏山關城北。

栢山關北沿河④。

對敵山關東北。

東靈山關東北天門關口。

大金華山關東北南將軍石口。

鐵山關西烏龍溝口⑤。

---

① 龍嵸，山勢高峻。嶵，即"崒"字。
② 底本所謂《地志》不知指何書。顧野王著，顧恒一、顧德明等輯注，《輿地志輯注》卷一《司州·平陽郡》，上海古籍出版社 2011 年，第 6 頁，"太行山"條無此語。李泰等著，賀次君輯校《括地志輯校》卷二，中華書局 1980 年，第 100 頁謂"恒山在定州恒陽縣西北百四十里"。
③ 萬曆《保定府志》卷三《山川志》，《日本藏中國罕見地方志叢刊》第 16 冊，書目文獻出版社 1992 年，第 98 頁謂在城關西。
④ [校] 栢山關北沿河，原作"沿栢河山關北"。萬曆《保定府志》卷三《山川志》，第 98 頁作"百山，在關北沿河口"。弘治《保定郡志》卷十二《山川·山》，《天一閣藏明代方志選刊》第 4 冊，上海書店出版社 1981 年，作"栢山"，據改。
⑤ [校] 烏龍溝口，原作"烏龍關口"。本書"鳳凰山"條作"烏龍溝口"；萬曆《保定府志》卷三《山川志》，第 98 頁作"鐵山、鳳凰山、百花山，在關西烏龍溝"，據改。

千峯百華山關北南將軍石口。

鳳凰山關西烏龍溝口。

狼兒山關北馬水口。

五峯山關西小龍門口。

神子菴山關北馬水口。

雲夢山關南茶窩口。

搭天橋山關北大峪口。

花崖山關東北黃土嶺①口。

井兒溝關北金水口。

鐵貫山關北大峪口。②

麻池溝山③關北金水口。

天盆山關西小龍門口。

九泉山關東白馬灣口。

風涼戰山關東白馬灣口。

栢梯嶺山關東白馬灣口。

百花山關東烏龍潭口④。

鳳凰山關東大峪口。⑤

茶羅頂山關東黃山店口。

銀山關西銀山口。

木積山關西浮圖峪。⑥

石嘴山關西寧靜安口。

糖塊山關西浮圖峪。

安頭山關北金水口。

白石山關西白石口。

梨園山關東北梨園口嶺。

狼山一名郎山，關東南。

洪崖山關東北。

馬頭山一名窮獨山，關東北。

---

① ［校］黃土嶺，原作"黃上嶺"，據萬曆《保定府志》卷三《山川志》，第98頁改。
② 萬曆《保定府志》卷三《山川志》，第98頁作"在關西門關口"。
③ 萬曆《保定府志》卷三《山川志》，第98頁作"麻地溝"。
④ 萬曆《保定府志》卷三《山川志》，第98頁作"鐵山、鳳凰山、百花山，在關西烏龍溝"。
⑤ 萬曆《保定府志》卷三《山川志》，第98頁作"關西烏龍溝"。
⑥ 萬曆《保定府志》卷三《山川志》，第98頁作"木積山、石嘴山，在關西寧靜安口"。

接天嶺關南石門外。

五虎嶺一名五回嶺。

城子嶺關北馬水口轄大峪口。

退魚嶺關東烏龍潭口轄大峪口。

黃土嶺關南。

連泉嶺關東烏龍潭口。

栢梯嶺關東白馬灣口。

佛兒嶺關東大峪口。

拒虜嶺關北大龍門口。

大寒嶺關東王平口。

耽遲嶺關北大龍門口。

黃安嶺關北赭羅溝口。

鞍頭嶺關北金水口。

康胡嶺關東黃山店口。

箔兒嶺關北金水口。

八寨嶺關東聖水峪口。

駱駝嶺關北金水口。

簿兒嶺關西。

白石山倒馬關城北。

石門山關南。

馬耳山關東南。

狼牙山關西南。

錦屏山關東門外。

雞冠山插箭嶺南。

大茂山關東北石東村。

葛洪山關南，晉葛洪修煉處。

嘉山關東南，曲陽縣北。

少容山即黃山，曲陽縣南。

香岩閣山關東南，曲陽縣北。

孤山關東北。

唐岩山關東。

堯山關東。

夾耳山。曹鎚山黍查口。

鵝毛嶺黍查口。

艾葉嶺即艾葉嶺口。

狼牙大嶺即狼牙口。

南綿山娘子關南。

廣陽山。赫山。湯山。里山。磬石山。豹溝山鷂子崖口。

蓬鵲山。龍勝山與蓬鵲山相近。

十八盤山。白銀山。天臺山。上凌霄山。望軍樓山與鵲山[1]相近。

仙翁山關東北。

雷公山。馬鞍山。風門山。百花山。玉泉山。百巖山。三尖五平山。紫荊山。夷儀山。石梯山。石門山。天紅山。老翁山。子母山。八盤山。鹿駝山龍泉關東。

錦屏山關北。

石屏山關東北。

富家寨山關東。

無奈寨山關西。

楸山關東南。

鳳凰石山楸山東。

文山關東南。

朱山關東。

陘山故關東北。

蒼巖山關東南。

西屏山關東。

百華山關西北。

封龍山。磨盤山。光禄山龍泉關南。

龍山關南。

毘山關東北。

箕山關東北。

五馬山贊皇東。

壇山贊皇東。

黃山隘口東。

長山與黃山相連。

九女山隘口東南。

---

① 鵲山，疑爲"蓬鵲山"，據上文。

無極山隘口東。

割鬚嶺。鶴度嶺。漫天嶺。馬嶺。清風嶺。界牌嶺鷂子崖口。

渾河紫荆關東北，源出蔚州，過沿河口通石港口，直抵盧溝。

漿水河關北天門關口。

拒馬河關北門外，源出山西代州、廣昌，歷浮圖、紫荆、淶水，皆爲拒馬。

易水河關東安州，源自安肅縣之漕河、徐河，清苑之五橋河、一畒泉河，蠡縣之滋河、沙雅兒河，唐縣之唐河、九河之水合而爲一，至雄縣瓦濟河抵直沽入於海。

白溝河關東。

唐河源出大同靈丘縣刱風嶺下，入龍門，經倒馬關環繞上下二城。

狄水河倒馬關東南曲陽縣三里①，源出於恒山谷，順流至定州，與滱水合。

湯河關上城迤西。

綿蔓河故關北，源出平定州，流入娘子關。

滹沱河關東南。

白脂河內丘縣。

洞湧河內丘地方洞中湧出。

故關河新城中。

孔子河磨石崖口。

黄沙河本嶺。

鷂子崖口河本口。

白草溝河本溝。

車孤駝口河本口。

孤榆樹口河本口。

陡嶺口河本口。

方西溝河本溝。

弃園溝口河本口。

牛圈口河本口。

賀驢溝口河本口。

北黑山口河本口。

黄土磴口河本口。

白羊平口河本口。

石盆溝口河本口。

---

① ［校］三里，原作"三縣"，據康熙《曲陽縣新志》卷三《方輿志·山川》，康熙間刻本，葉12b 改。

白羊口河本口。

碻窩口河本口。

效祖曰："真保以西爲太行諸山，四會三條，無基扃之可恃，而易水九河又歲爲内境沮洳①，要之，於邊鄙罔攸藉也。西自白石諸口，北抵大龍門，沿河皆爲漫藏之區，即塞蚩狐，惡能必虜之不入乎？兵法有正、有奇、有伏。守紫荆者，正也；備諸口爲應援者，奇與伏也，不可以偏廢云。"

遼鎮形勝

山川

首山遼陽城西南，山頂有泉，晉司馬懿圍公孫淵於襄平，有星從首山墜城東南，即此。唐太宗伐高麗，嘗勒石紀功，一名駐驆山。

千山城南，世傳唐征高麗駐此，中有大安、龍泉、祖越、中會、香岩諸寺。

安平鑛山②城東南，一名天城山，有鐵場。

龍鳳山城東南，大蟲江出焉。

鳳凰山城東南，上有壘石古城，可容十萬衆，唐太宗征高麗駐此，即古開州。

華表山城東，因丁令威化鶴③得名，俗呼爲横山。

平頂山城東，山周三十里，頂平敞④可耕，有泉湧出。

通明山城南，下有洞。

老鴉山城東，元平章高家奴聚兵處。

石城山城東，上有石壘古城。

連山城東南，有關。

斡羅山城東北，大梁水出。

羅陀洞城東，昔高羅陀修行處。

遼河城西北，源出靺鞨北建州城東。經塗山至洪州牛家庄，出梁房口入海。

深河城東，源出連山合大梁。

---

① 沮洳，低濕之處。語見朱熹集注《詩經集注》卷二《魏風·汾沮洳》，世界書局1937年，第51頁，"彼汾沮洳，言采其莫"。孔穎達疏："沮洳，潤澤之處。"

② 嘉靖《遼東志》卷一《山川》，《續修四庫全書》第646册，第477頁同；《大明一統志》卷二十五《遼東都指揮使司》，第426頁作"安平山"。

③ 陶潛《搜神後記》卷一《丁令威》，中華書局1985年，第13頁，"丁令威，本遼東人，學道於靈虛山。後化鶴歸遼，集城門華表柱"。此道教神仙故事，也比喻世事的變遷。

④ 敞，同"敞"，參《大明一統志》卷二十五《遼東都指揮使司》，第426頁。

太子河一名東梁河，又名大梁水①，源出斡羅山，西至遼陽，東北入渾河，合爲小口，會遼河入海。

月湖城西北一百里。

湯河城東，出窟窿山②，東至頭館站平頂山，通太子河。

渤海城南。《齊都賦》③云："海之傍爲渤。"遼東延袤二千里，南臨渤海。

大蟲江城東南，源出龍鳳山，南流入鴨綠江。

薩水在鴨綠江東，平壤城④西，隋將辛世雄戰此。

帶河定遼右衛城北。

鴨綠江⑤遼陽城東，又名馬訾水⑥，源出靺鞨長白山，水如鴨頭色，故名。由夾州西南與禿僧江合，至艾州與諸婆江入海。

丘祥嶺河定遼右衛城東。

長白山開原城東北，橫亘千里，巔有潭，周八十里。南流爲鴨綠江，北流爲混同江，黑水發源處。舊名栗河。

松山開原城東。

曲呂金山城西，近遼河北崖，在東金山南，西金山東。

阿兒干山城東北，在信州東南⑦。

馬鞍山城東北，在建州東。

牛心山城東北，在艾河北，土河東。

濛溪山城東，松花江東。

---

① ［校］水，底本原無，據《大明一統志》卷二十五《遼東都指揮使司》，第427頁及嘉靖《遼東志》卷一《山川》，《續修四庫全書》第646冊，第478頁補。
② 嘉靖《遼東志》卷一《山川》，《續修四庫全書》第646冊，第478頁作"窟窟山"。
③ ［校］齊都賦，原作"濟都賦"，據《史記》卷八《高祖本紀》，第384頁，司馬貞索隱引《齊都賦》"海旁出爲渤，名曰渤海郡"改。《大明一統志》卷二十五《遼東都指揮使司》，第427頁；嘉靖《遼東志》卷一《山川》《續修四庫全書》第646冊，第474、478頁皆作"濟都賦"及他書誤作濟都賦者並改。左思和《齊都賦》的問題，可參徐傳武《左思〈齊都賦〉探微》，載《文獻》1998年第1期。
④ ［校］平壤城，原作"平襄城"，據《大明一統志》卷二十五《遼東都指揮使司》，第427頁及嘉靖《遼東志》卷一《山川》，《續修四庫全書》第646冊，第478頁改。
⑤ 《大明一統志》卷二十五《遼東都指揮使司》，第427頁作"鴨淥江"。
⑥ ［校］水，底本原無，據嘉靖《遼東志》卷一《山川》，《續修四庫全書》第646冊，第478頁補。
⑦ 嘉靖《遼東志》卷一《山川》，《續修四庫全書》第646冊，第483頁同。《大明一統志》卷二十五《遼東都指揮使司》，第427頁作"在古信州東"。

分水嶺開原，東嶺城東在密河西，北嶺城北艾河南。①

哈剌河城東，源出長白山，北入灰扒江。

塗河城西，源出昌王營，至金山南流入海。

兀良河城北，源出沙漠，南流河州，與洮兒河、腦溫江②合流入混同江。

大創忽兒河城西北，源出分水嶺，西流入海。

塗河城西，源出昌王營，東流至金山里嘴，南流入海。③

金水河城東北，出黃龍府東山，北入松花江。

大清河城東南，源出分水嶺，名扣河。西流至石嘴，名大清。

金線河東北隅，泉西流，出水關，入清河。

那木川城東，源出分水嶺，西南流入小沙河。已上俱境內。

遼海城西④，源出接艾河，西流入梁房海口。

花江城東南，源出長白山湖中，北流與灰扒江合流混同江，東入海。

灰扒江城東，源出歸德南東北山，東流入松屯。

混同江城北，流入北山，南流合松花江入海。

黑龍江城北，源出北山，南入松花江。

龍首山鐵嶺城東。

汎河東山城南，上有古塔，下有仙洞。

小清河城南，源出歸德州，西南流入遼海。

紫河城北，源出城東松山，西由城北入海。

鴛鴦湖城西。

宋家泊城西。

東牟山瀋陽城東。

三角山城東南。

大尖山城東。

蘇木嶺城東，古名栗木嶺。

---

① 《讀史方輿紀要》卷三十七《山東八》，第1744頁謂"分水嶺，有二：東嶺在遼海衛東二百五十里密河西岸，西嶺在衛北二百里遼河西北"。嘉靖《遼東志》卷一《山川》，《續修四庫全書》第646冊，第483頁則謂"東嶺城東二百五十里在密河西岸，北嶺城北二百里在艾河南岸"。

② 嘉靖《遼東志》卷一《山川》，《續修四庫全書》第646冊，第484頁及《讀史方輿紀要》卷十八《北直九》，第856頁記載同。《大明一統志》卷二十五《遼東都指揮使司》，第427頁作"腦濕江"。

③ 此前已有"塗河"，兩條內容高度一致，當係同一河之重出。

④ 嘉靖《遼東志》卷一《山川》，《續修四庫全書》第646冊，第484頁作"城北二百五十里"。

輝山城東北。

渾河城南，又名小遼水，源出城東分水嶺，西涇流義德、撫順、瀋陽、海州，合遼河入海。

沙河城東，南入渾河。

蒲河城北。

蓮花泊城西南。

醫巫閭山廣寧城西，舜封作鎮幽州，至今歲祀。

鞍山城北。

白雲山城北，珠子河發源處。

黑山城東北。

虎頭山城西北。

牛角山閭山①西。

響山廣寧城西北。

鳳頭山城北。

三尖山城北。

望海山閭山南。

韓口山廣寧城西北。

仙人岩北鎮廟東北。②

萬歲山廣寧城西北隅，舊遼王③府。

鎮北山城北。

冠帽山在鎮北關西。

飛瀑岩閭山有水，懸崖下寫，舊稱聖水盆。

牽馬嶺廣寧城西南。

翠雲屏鎮北廟內，石高丈餘，下有南北孔如磐。

甘泉二，俱廣寧城北。都御史滕昭名東長春、西太惠。

古老無名泉泉湧出，自北流入廣寧城東南隅，達於濠，四時不竭。

板橋河、馬市河俱出閭山。

洪井廣寧城西。

石子河城北。

---

① 閭山，即醫巫閭山。下文"望海山"、"飛瀑岩"、"板橋河、馬市河"條同。
② 嘉靖《遼東志》卷一《山川》，《續修四庫全書》第646冊，第480頁作"仙人岩，城西五里北鎮廟內，東北有呂洞賓石像"。《四鎮三關誌》的文字是對嘉靖《遼東志》的不完整抄錄。
③ 第一代遼王朱植，朱元璋第十五子，洪武十一年封衛王，二十五年改封遼王，次年就藩廣寧，靖難中改封荊州。參張廷玉《明史》卷一百一十七《諸王二》，第3586~3587頁。

珠子河、羊腸河俱出雲山。

滿井廣寧城西北，味甘，雖旱亦滿。

八角井城北。

蓮子湖城東。

莽獐湖城東。

陡砍湖城東。

路河城東平洋橋，入三岔河。

杵頭山義州城東，爲義城障勝。

駱駝山城東北。

牛心山城西南。

丫角山城西南。

擦牙山城西北。

石門山城北。

嘉福山城北，有龍潭。

隘口河城東北，源出川州①雙峯山，流入清河。

大凌河城西北，源出大寧，環義州境，抱城，東流入河。

清河城東北，源出川州，南流入大凌河。

小山泉城西北境外。永樂間，遣將征虜酋脫古思，在捕魚兒海，由大寧、慶州軍士渴無水，忽四泉湧出。②

紫荆山錦州城東，多產紫荆。

虹螺山城西。

孤山城西南。

梯子山城北。

乳峯山城西南，中峯如蓋，東③西十二麓拱北向，懸崖有竇，深丈許。

聖水山、團山城東南。

---

① ［校］川州，原作"東川州"。下文"清河"條亦作"東川州"，誤。據《讀史方輿紀要》卷三十七《山東八》，第1727頁改。川州，《遼史》卷三十九《地理九》，第488頁，"川州，長寧軍，中，節度。本唐青山州地。太祖弟明王安端置。會同三年，詔爲白川州。安端子察割以大逆誅，沒入，省曰川州"。

② 此處將嘉靖《遼東志》中的文字改動太多，已影響對文意的理解。嘉靖《遼東志》卷一《山川》，《續修四庫全書》第646冊，第481頁，"小山泉，義州城西北境外。永樂間，遣將征虜，聞虜酋脫古思脫木兒在捕魚兒海，遂由大寧、慶州兼道而進。師次遊南道，無水，軍士渴甚，其地忽聞有聲如砲。使人視之，則四泉湧出。衆歡呼曰：'此朝廷之福，天之助也。'"

③ ［校］東，底本原無，據嘉靖《遼東志》卷一《山川》，《續修四庫全書》第646冊，第481頁補。

木葉山城東，上建契丹始祖廟，奇首①可汗②在南，可敦在北，塑二像，并八子像。

錦川城西許，源自大寧界，匯川入海。

女兒河城西南。

蛤蜊河城東。

小凌河城東南。

三首山寧遠城東，有泉形如人三首。

八塔山城西南，上有塔八。

大虹螺山③城東北。

小虹螺山城東北。

寨兒山城東北。

白塔峪城西北。

石狹口城西。

寧遠河源出寧遠西山谷，流城西，分爲二派，環抱城廓，復合南流入海。

桃花島在海岸城東，登、萊二府運船泊此。

溫泉寧遠城東南，其泉如沸，傍爲堂，引流於中以爲澡。垣外有星隕石。

覺華島城東南海中。

萬松山廣寧前屯衛城西北，東西四百餘里，連山海、永平界。

三山城西北④，高數千仞，三峯并秀。

龍山城西北。

十八盤山城北，縈迴曲折十八盤。

大寨兒山城東北。

鎮遼將軍石城西⑤，高數百丈。

龍門山城西北。

錐子山城西北。

鷹窩山城東北。

---

① ［校］奇首，底本原無，據《大明一統志》卷二十五《遼東都指揮使司》，第 426 頁及嘉靖《遼東志》卷一《山川》，《續修四庫全書》第 646 册，第 481 頁補。

② ［校］可汗，原作"可漢"，據《大明一統志》卷二十五《遼東都指揮使司》，第 426 頁及嘉靖《遼東志》卷一《山川》，《續修四庫全書》第 646 册，第 481 頁改。

③ 嘉靖《遼東志》卷一《山川》，《續修四庫全書》第 646 册，第 481 頁同；《大明一統志》卷二十五《遼東都指揮使司》，第 426 頁作"弘螺山"。

④ 嘉靖《遼東志》卷一《山川》，《續修四庫全書》第 646 册，第 482 頁同；《大明一統志》卷二十五《遼東都指揮使司》，第 426 頁作"廣寧前屯衛北"。

⑤ 嘉靖《遼東志》卷一《山川》，《續修四庫全書》第 646 册，第 482 頁作"城西北"。

窟窿山城西北，有孔。

鐵塌山城西①。

歡喜嶺城西。

望夫臺城西南，秦姜女望夫處。

寺兒峪城西南②。

背陰嶂城西北。

椵木衝城西北。

虎洞城西北，大石方數丈，斜柱山傍若洞，後通山頂，古避兵處。

急水河源出萬松山，經城西五十③里入海。

漫水河源出歡喜嶺，經城西入海。

蓮花池城東北。

六州河大寧、建州等六州水合流城東北，南流入海。

聖井二，一在境北城外龍山下，一在城西三山頂，禱雨皆應。

瑞潭城北，有三泉，相去丈餘，水色白異常。

溫泉二，一在城東北，一在城西北。

仙鶴塘城東南。

北山大泉城北，將雨褥，魚出游。

十三山廣寧右屯衛城北，頂有池，下有洞。

塔山城北。

枯凌河城東，源出大凌河，或涸或盈，東流入海。

鳳凰山金州城東。

虎山城北。

豹山城東。

鐵山城西南。

大黑山城東。

王家島城南。

大長山島城南。

海洋島城南。

鴻臚島旅順口黃山麓。

---

① 嘉靖《遼東志》卷一《山川》，《續修四庫全書》第 646 册，第 482 頁作"城北二十里"。
② 嘉靖《遼東志》卷一《山川》，《續修四庫全書》第 646 册，第 482 頁作"城東北"。
③ ［校］經城西五十，底本留空白一格，參嘉靖《遼東志》卷一《山川》，《續修四庫全書》第 646 册，第 483 頁，知急水河經廣寧前屯衛城西五十里入海，據補。

紅山島金州東北。

蓮花島城東。

黃井島城南。

芧蘭鋪島城東。

鹽塲島城西北。

海中島曰乾島、布袋、南雙、北雙、野雞、韭菜、過島、馬連、魚湖、羅兒、小陳家、大陳家、蕎麥、兔兒、青魚、大松、小松、金綫共十八①處，俱流民居。

鴻臚井二，在旅順口黃山麓，井上石刻"靺鞨使鴻臚卿崔忻鑿，開元二年記"。

明山復州城東。

鍋鐵山城南。

香山城南。

黑山城東。

墳門島山城西南。

龍泉山城南。

萬灘島城東。

長山島城西南。

畢星河城東北。

窰河城北，源出駱駝山，東流通沙河，合入海。

石城山盖州城北。

竈突山城東南。

五十寨山城南。

王牛兒山、巨羅山俱城南。

大王寨山城東。

布霧山城西南②。

得利山③城東南。

五重河城東北。

温泉城南。

畢利河城東南。

泥河城東。

---

① ［校］十八，原作"八十"，據嘉靖《遼東志》卷一《山川》，《續修四庫全書》第646冊，第487頁改。《遼東志》所列十八處島嶼有死魚島，無金綫島。
② 《大明一統志》卷二十五《遼東都指揮使司》，第426頁作"在盖州衛東南一十五里"。
③ 嘉靖《遼東志》卷一《山川》，《續修四庫全書》第646冊，第485頁作"得利山城"。

駐驛山海州城東南。

白山城東南。

迷真山城西①。

大片嶺城東。

散水河城西。

三岔河城西。

南、北通江城西，遼水通新河之南②，別派西流，曲折旋繞，南曰南通江，北曰北通江。

效祖曰："遼東負山阻海，勢若懸胧，寧前之路不絕，僅如綫耳。雖魚米饒裕，足以自給其中，而絲枲諸供，何可獨廢？萬一點虜久扼寧前之吭，則全鎮罷夫羸老，襜褕不被體，不知衮衣者，胡以相恤乎？先年旅順海運之通，不無事矣，而湮廢日久，築舍呶呶。比至臨渴掘井，嗟何及哉！"

薊鎮形勝

乘障

山海路關堡八

山海關城堡一座，周九里，高三丈五尺，建置年代見《沿革》。③

南海口關城堡一座，洪武年建，直臨海澨。

南水關洪武年建，即城南水道。

北水關即邊城水道，洪武年建，二關④，高廠，平漫，衝。

旱門關洪武年建，平漫，衝。

角山關洪武年建，在角山巔，險隘，通步，緩。

寺兒谷洪武年建，唐帽山并尖山、松山三墩，平漫，通單騎，衝，餘山險，緩。

三道關洪武年建，正關并東南山墩、桃園、西山墩俱平漫，通單騎，衝，餘山險，通步，緩。

邊城二十里洪武年建，嘉靖三十年修。

附墻臺一十二座洪武年建，嘉靖三十年修。

空心敵臺十二座隆慶二年至萬曆元年節次建。

海口敵臺一座嘉靖四十四年建，在南海口關盡處，入海中數丈，高三丈五尺，上設鋪舍一間，

---

① 嘉靖《遼東志》卷一《山川》，《續修四庫全書》第646冊，第485頁作"城西南七十里"。
② ［校］遼水通新河之南，原作"遼水通新水通新河之南"，語意不通，"通新水"三字疑衍文。嘉靖《遼東志》卷一《山川》，《續修四庫全書》第646冊，第485頁作"遼水通新河之南"。
③ 洪武十四年，大將軍徐達建。
④ 關，疑誤，民國間抄本同。《山海關志》卷二《關隘二・關二之一》，第34頁，"北水關，城北二里，關設一門，因地勢引北關河自遼入"。

内貯火器，宿兵常守。

北山敵臺一座嘉靖四十三年建，在旱門關外北山，高二丈七尺，設鋪舍，内貯火器，宿兵常守。

石門路寨二十八

一片石下

大青山口與無名口共堡一座，洪武年建。大炕兒墩空，通單騎，衝，餘山通步，緩。

無名口弘治十三年建，正關一，空，通單騎，衝，餘山通步，緩。

炕兒谷洪武年建，通步，緩。

黃土嶺關洪武年建，通遼東大川關，南黑谷墩關，北石山墩、小山墩、大鷄冠關墩，通單騎，衝，餘墩空，通步，緩。

西陽口與大安口共住堡一座，洪武年建，正關邊外，平漫，通單騎，極衝，餘山通步，緩。

大安口正關外，平漫，通騎，極衝，餘山通步，緩。

廟山口弘治十三年建，通小河一道，正關并西墩、大安口墩、三墩空，通衆騎，極衝，餘山通步，緩。

一片石關洪武年建，通遼東大川，正關迤西，南至南山崖，通衆騎，極衝，餘山緩。

邊城二十三里嘉靖三十年創修，三十六年、三十八年、隆慶元年節次增修。

附墻臺七座嘉靖三十年、四十三年節次建。

空心敵臺三十六座隆慶三年至萬曆元年節次建。

大毛山下

平頂谷堡洪武年建，通步，緩。

水門寺堡洪武年建，通川一道，正關迤東至東沙嶺，通單騎，衝，餘山通步，緩。

城子峪堡弘治十三年建，通川一道，西城頭迤東至東山墩東崖，俱平漫，通衆騎，極衝，餘山通步，緩。

柳河衝堡洪武年建，斷虜墩山梁通衆騎，極衝，餘山通步，緩。

董家口堡洪武年建，正關迤西至柳河衝界，平漫，通衆騎，極衝，餘山通步，緩。

大毛山堡洪武年建，正關西山墩東空，通單騎，衝，餘山通步，緩。

小毛山堡洪武年建，正關并東、西二墩空，通單騎，衝，餘墩空，通步，緩。

娃娃谷堡洪武年建，婁子山墩空，臨大川，衝，餘山通步，緩。

小河口堡洪武年建，小河一道臨邊，通步，緩。

邊城二十四里嘉靖三十年創修，三十六年、三十八年、隆慶元年增修。

附墻臺二十二座嘉靖三十年、四十三年建。

空心敵臺三十四座隆慶三年、萬曆元年節次建。

義院口下

甘泉堡洪武年建，通步，緩。

温泉堡洪武年建，山險，緩。

孤石峪堡洪武年建，山險，緩。

柳罐峪堡洪武年建，山險，緩。

葦子谷堡洪武年建，山險，通步，緩。

細谷口堡洪武年建，山險，緩。

花塲谷堡洪武年建，通①川一道，由牛心山、白耗子衝、石婆婆嶺徑犯本關，通單騎，衝，止關河口西稍城，平漫，衝，餘通步，緩。

拿子谷堡弘治十三年建，通大川，平漫，各墩空，通衆騎，衝。正關迤東，外對齊沙嶺，受敵。廟兒嶺迤西，山險，緩。

義院口關洪武年建，通大川，松山墩、窪子臺、分界嶺墩、東大山墩，正關西稍城、大安口，俱平漫，通衆騎，極衝，餘山通步，緩。

板塲谷堡洪武年建，通大川，平漫，通衆騎，極衝。

長谷口堡洪武年建，窟窿鎮北墩，西至硯瓦口，通大川，極衝，餘山緩。

邊城一十八里嘉靖三十年創修，三十六年、三十八年、隆慶元年增修，二年創修長谷板塲，衝，邊五百餘丈。

附墻臺六座嘉靖三十年、四十三年建。

空心敵臺四十八座隆慶三年、萬曆元年節次建。

臺頭路關寨十

界嶺口下

罗漢洞弘治十三年建，平漫，通衆騎，極衝。

界嶺口關洪武年建，通大川，平漫，通衆騎，極衝。

箭桿嶺關弘治十三年建，通單騎，衝。

中乘堡洪武年建②，原爲乘岔、中菴二堡，共一處，總名中乘，通步，緩。

星星谷堡洪武年建，馬恩嶺通山墩，通單騎，衝，餘山通步，緩。

邊城四十二里嘉靖三十年創修，三十六年、三十八年、隆慶元年增修。

附墻臺一十九座嘉靖三十年創建，四十三年增修。

空心敵臺六十四座隆慶三年至萬曆元年節次建。

青山口下

梧桐峪洪武年建，正關山險，天津峪、黃崖頂通單騎，衝。

重峪口關弘治十三年建，山險，緩。

乾澗兒口關洪武年建，路窄，內寬漫，正關接杏樹臺，迤西六墩空，俱通衆騎，極衝。

---

① ［校］通，底本不清，據民國間抄本補。
② ［校］建，底本原無，據文意補。

東勝寨洪武年建，迤東大青峪一帶山險，緩。東安口墩空，通單騎，迤西杏樹臺，東西平漫，極衝。境外來路八達嶺，路窄，通單騎，衝。

青山口關洪武年建，正關東墩迤東平漫，黑谷頭俱通衆騎，極衝，餘通單騎，衝。

邊城四十四座嘉靖三十年創修，三十六年、三十八年、隆慶元年增修，二年創修青山口東勝衝，邊二千一百餘丈。

附墻臺五座嘉靖三十年、四十三年建。

空心敵臺四十座隆慶三年至萬曆元年節次建。

燕河路關寨十

桃林口下

劉家口關永樂年建，通大川，平漫，各墩空，俱衝。

佛兒峪寨永樂年建，通大川，平漫，通衆騎，極衝。

孤窑兒寨弘治十三年建，邊外山險，緩。

正水谷寨洪武年建，正關東西空，通單騎，衝。

桃林口關洪武年建，通大川，平漫，河凍，極衝，稍城、燕子窩俱衝，白臘谷、安子山墩空，通步，緩。

邊城二十七里嘉靖三十年創修，三十六年、三十八年、隆慶元年、二年創修桃林口，衝邊二百餘丈。

附墻臺一十五座嘉靖三十年建，四十三年修。

空心敵臺四十一座隆慶三年至萬曆元年節次建。

冷口下

白道子關洪武年建，通大川，白草窪、正關谷墩空，通單騎，衝。

石門子關洪武年建，各墩空，通單騎，衝，閆王鼻山險，緩。

冷口關洪武年建，通大川，平漫，各墩通單騎，衝。

河流口關洪武年建，平漫，各墩空，俱衝。

徐流口關洪武年建，通大川，平漫，各墩空，俱衝。

邊城三十八里嘉靖三十年創修，三十六年、三十八年、隆慶元年增修，二年創修冷口，衝邊千餘丈。

附墻臺一十九座嘉靖三十年建，四十三年修。

空心敵臺六十座隆慶三年至萬曆元年節次建。

太平路關寨九

擦崖子下

城子峪關弘治十三年建，通大川，平漫，通單騎，衝。迤東三墩空，山險，緩。

擦崖子關洪武年建，通大川，各墩空，通騎，衝。達摩谷、白草窪通衆騎，極衝。

洪谷口關洪武年建，平漫，通芝蔴平，通單騎，衝。餘山險，通步，緩。

新開嶺洪武年建，平漫，鶯窩崖、橫山，通單騎，衝，餘山險，緩。

五重安關洪武年建，路窄，正關平漫，次衝，餘通步，緩。

白羊谷關洪武年建，通川路，關東大老溝腰墩，關西黃土坡各墩空，通單騎，衝，餘山險，緩。

邊城四十七里嘉靖三十年創修，三十六年、三十八年、隆慶元年增修。

附墻臺五座。

空心敵臺四十五座隆慶三年至萬曆元年節次建。

榆木嶺下

榆木嶺關洪武年建，通大川，平漫，正關并迤西祚子嶺、曹溝、西尖山俱極衝。迤東九墩空，通單騎，衝，餘通步，緩。

爛柴溝弘治十三年建，通步，緩。

大嶺寨洪武年建，正關迤東黎家、安灰、窰谷、東西尖山墩、荊條鋪北，俱通衆騎，衝。水胡同迤北莊窠通單騎，衝。

邊城二十三里嘉靖三十年創修，三十六年、三十八年、隆慶元年增修。

附墻臺四座。

空心敵臺二十四座隆慶三年至萬曆元年節次建。

喜峯口路關寨一十二

董家口下

勝嶺寨洪武年建，山險，通步，緩。

董家口關洪武年建，通大川，正關河口躲水谷，衝，餘緩。

遊鄉口關洪武年建，通大川，正關極衝，餘通步，緩。

橫山寨洪武十三年建，通步，緩。

青山口關洪武年建，通大川，平漫，正關迤西，石口兒至沙嶺西稍城五墩空，通單騎，衝。

邊城二十八里嘉靖三十年創修，三十六年、三十八年增修。

空心敵臺二十五座隆慶三年至萬曆元年節次建。

大喜峯口下

團亭寨洪武年建，通大川，河口平漫，通單騎，衝，餘通步，緩。

小喜峯口關洪武年建，正關東西稍城，通單騎，衝。

大喜峯口關洪武年建，通大川，正關口極衝，南稍邐邐嶺通單騎，衝，餘通步，緩，爲屬夷三衛貢路。

石梯子谷寨洪武年建，通大川，關口窄，通步，緩。

椴木谷寨洪武年建，通大川一道，正關、大嶺墩、椴木墩，三空，通單騎，衝，餘通步，緩。

李家谷關洪武年建，通大川，正關、西尖山墩、乞里砲，三空，通單騎，餘通步，緩。

鐵門關洪武年建，通大川，正關極衝，餘山險，緩。

邊城三十四里嘉靖三十年修，三十六年、三十八年、隆慶元年增修。

空心敵臺一十五座隆慶三年至萬曆元年節次建。

松棚路關寨二十四

龍井兒下

　　椽八谷寨洪武年建，通大川，平漫、正關口、椽八谷、柞子嶺、白草坡四墩，空，通騎，極衝，餘通步，緩。

　　張家安寨洪武年建，正關東山梁通單騎，衝。

　　龍井兒關洪武年建，通大川，正關口、河口、東西稍城、真武廟墩、椴木墩，俱通騎，衝，餘緩。

　　蘇郎谷關嘉靖十六年建，通步，緩。

　　三臺山關洪武年建，正關口、水口、東西稍城通單騎，次衝，餘通步，緩。

　　西常谷關洪武年建，正關口、東稍城、橫嶺墩各空，通單騎，衝，餘通步，緩。

　　東常谷關洪武年建，通大川，正關、東稍城通單騎，衝，餘通步，緩。

　　潘家口新關嘉靖四十一年建，通騎，衝。舊關不守。

　　邊城五十里嘉靖三十年建，三十六年、三十八年、隆慶三年增修。

　　附墻臺四座。

　　空心敵臺四十四座隆慶三年至萬曆元年節次建。

洪山口下

　　三道嶺寨洪武年建，通大川，本口通步，緩。

　　白棗谷寨洪武年建，通大川，平漫，通單騎，衝。

　　西安谷寨洪武年建，通大川，平漫，通單騎，衝。

　　洪山口關洪武年建，通大川，平漫，俱通騎，極衝。

　　廖家谷關正德三年建，正關、白草安通騎，衝。

　　邊城二十里嘉靖三十年修，三十六年、三十八年、隆慶三年增修。

　　附墻臺三座。

　　空心敵臺四十四座隆慶三年至萬曆元年節次建。

羅文峪下

　　山口寨洪武年建，正關并東西角樓墩空，俱通單騎，衝。

　　沙坡峪關洪武年建，正關、乘樹安、迤西東山墩三空，通單騎，衝，餘通步，緩。

　　山寨峪關洪武年建，正關、東西稍城、黃草安、尖山墩、鶯窩崖、白嶺兒、石板溝各墩空，通衆騎，極衝，餘通步，緩。

　　猫兒峪寨洪武年建，通大川，平漫，通衆騎，極衝。

　　羅文谷關洪武年建，通大川，倒溝峪墩各空，通騎，極衝。

　　于家峪關洪武年建，正關、桃樹安墩、西界倒溝嶺墩各空，通單騎，衝。

秋科谷寨洪武年建，正關、秋科峪、東空山墩、猪尿墩通騎，衝，餘通步，緩。

　　蔡家谷寨永樂年建，正關、稍城通衆騎，極衝。

　　馬蹄谷關洪武年建，正關、稍城俱通騎，極衝，餘通步，緩。

　　捨身臺寨永樂年建，正關、若梨谷墩空，通單騎，衝，餘通步，緩。

　　天勝寨永樂年建，正關通單騎，衝，餘墩空，通步，緩。

　　邊城六十三里嘉靖三十年建，三十六年、三十八年、隆慶元年修。

　　附墻臺一十一座。

　　空心敵臺六十四座隆慶三年至萬曆元年節次建。

馬蘭路關寨二十五

大安口下

　　平山頂寨永樂年建，平漫，通單騎，衝。

　　鮎魚石關永樂年建，通大川，平漫，通單騎，衝。

　　大安口關永樂年建，通大川，平漫，通衆騎，極衝。

　　沙嶺兒寨永樂年建，通單騎，衝。

　　龍池寨永樂年建，通單騎，衝。

　　冷嘴頭關永樂年建，通大川，平漫，通衆騎，極衝。

　　石崖嶺寨洪武年建，西三墩空，平漫，通單騎，餘通步，緩。

　　邊城二十八里嘉靖三十年建，三十六年、三十八年、隆慶元年增修。

　　空心敵臺八十五座隆慶三年至萬曆元年節次建。

寬佃谷下

　　餓老婆頂寨正德十年建，通步，緩。

　　寬佃谷關永樂年建，通大川，正關水口、轉嘴子俱平漫，通衆騎，極衝。

　　龍洞谷關永樂年建，路窄，正關、瓦子谷俱通單騎，衝。

　　烽臺嶺寨弘治十三年建，通單騎，衝。

　　獨松谷寨弘治十三年建，安口墩、駱駝安墩通騎，衝，餘通步，緩。

　　馬蘭谷寨洪武年建，通大川，平漫，通單騎，衝。

　　邊城二十七里嘉靖三十年建，三十六年、三十八年、隆慶元年修。

　　空心敵臺三十九座隆慶三年至萬曆元年節次建。

黃崖口下

　　黃崖口關永樂年建，通大川，正關水口、東西稍城、斷頭崖、安口墩、中山兒、龍扒谷磚墩，東西二空俱通騎，衝，餘緩。

　　太平安寨成化二年建，通大川，正口衝、西山頂、東稍墩通單騎，衝，餘緩。

　　車道谷寨嘉靖十六年建，通步，緩。

青山嶺寨成化二年建，正關通單騎，衝。

蠶椽谷寨成化二年建，通步，緩。

古強谷關永樂年建，通步，緩。

恥瞎谷寨成化二年建，通步，緩。

邊城六十里嘉靖三十年建，三十六年、三十八年、隆慶元年修。

空心敵臺一十二座隆慶三年至萬曆元年節次建。

將軍營下

峨嵋山寨永樂年建，緩。

黃松谷關永樂年建，正城河口平漫，通衆騎，極衝，餘通步，緩。

黑水灣寨永樂年建，通步，緩。

將軍關永樂年建，正關、水口、東西墩空、大叚頭山墩空，通衆騎，極衝。迤西通步，緩。

彰作里關永樂年建，正關、水紅石谷墩空，通衆騎，極衝。

邊城六十九里嘉靖三十年建，三十六年、三十八年、隆慶元年修。

空心敵臺一十八座隆慶三年至萬曆元年節次建。

墙子路關寨二十一

鎮虜營下

灰谷口寨洪武年建，腰子石墩空，通單騎，餘緩。

北水谷關洪武年建，正關河口并掛弓頂、臥狗嶺三空，通單騎，衝。餘通步，緩。

南水谷關洪武年建，正關河口平漫，通衆騎，衝，餘通步，緩。

熊兒谷寨洪武年建，正關河口通單騎，衝，餘緩。

魚子山寨洪武年建，通步，緩。

邊城一百四十五里嘉靖三十年建，三十六年、三十八年、四十四年修。

空心敵臺十座隆慶三年至萬曆元年節次建。

墙子嶺下

大黃崖關永樂年建，正關通單騎，衝，餘山通步，緩。

小黃崖關永樂年建，正關通單騎，衝，餘通步，緩。

磨刀谷寨洪武年建，通大川，寬漫，通衆騎，極衝。

墙子嶺關洪武年建，通大川，平漫，南高墩、窩鋪頂、正關、月城、河口俱通衆騎，極衝。餘山險，緩。

黃門口關洪武年建，通川路，正關河口平漫，松嶺墩空，俱通騎，衝，餘通步，緩。

南谷寨洪武年建，通川路，正關河口平漫，通衆騎，極衝。防秋墩空，通騎，衝，餘緩。

邊城八十六里嘉靖三十年建，三十六年、三十八年、隆慶元年修。

空心敵臺六十九座隆慶三年至萬曆元年節次建。

曹家路關二十二

曹家寨下

> 將軍臺洪武年建，通步，緩。

> 栢嶺安寨洪武年建，狗皮嶺路通單騎，衝，迤西墩空，俱緩。

> 齊頭崖寨洪武年建，緩。

> 梧桐安寨[①]洪武年建，緩。

> 扒頭崖寨洪武年建，通步，緩。

> 師姑谷寨洪武年建，通大川，極衝。

> 倒班嶺寨洪武年建，通大川，水口迤西口土墻一帶，通單騎，衝。

> 大角谷寨洪武年建，通步，緩。

> 漢兒嶺關洪武年建，通川谷一道，隘口窄，正關并西山墩空，通騎，衝，餘緩。

> 水谷寨洪武年建，平漫通衆騎；隘口通單騎，衝。

> 黑谷寨洪武年建，通大川，正關河口迤南俱通騎，衝。

> 烽臺谷寨洪武年建，山險，通步。平頂山墩一，空，接黑谷南稍，通單騎，衝。

> 燒香谷寨洪武年建，通步，緩。

> 惡谷寨洪武年建，通步，緩。

> 南峪寨洪武年建，通單騎，衝。

> 遥橋谷寨洪武年建，通步，緩。

> 大虫谷寨洪武年建，通步，緩。

> 大水窪寨洪武年建，通步，緩。

> 蘇家谷寨洪武年建，緩。

> 姜毛谷寨洪武年建，通步，緩。

> 石塘谷寨洪武年建，通步，緩。

> 小臺兒寨洪武年建，通步，緩。

> 邊城一百六十四里嘉靖三十年建，隆慶元年修。

> 空心敵臺五十八座隆慶三年至萬曆元年節次建。

古北口路關寨一十八

古北口下

> 古北口關洪武年建，通大川，平漫，通衆騎，衝。

---

① 梧桐安寨，民國間抄本作"梧桐寨"。他書亦有作"梧桐寨"者，如《秘閣元龜政要》卷十五，《四庫全書存目叢書》史部第13册，齊魯書社1996年，第800頁。于敏中等纂《欽定日下舊聞考》卷一百五十二《邊障》，北京古籍出版社1985年，第2440頁引《四鎮三關誌》作"梧桐安砦"。

師坡谷關洪武年建，通大川，正關、各關、各墩空，通眾騎，衝。

龍王谷關洪武年建，通大川，正關、各墩空，俱通眾騎，極衝。

磚垛子關洪武年建，通大川，正關并各墩空，俱通眾騎，極衝。

沙嶺兒寨洪武年建，通大川，各墩空，俱通眾騎，極衝。

丫髻山寨洪武年建，通大川，各墩空，通單騎，衝。

司馬臺寨洪武年建，本隘口窄，通單騎，衝。

鴉鶻安寨洪武年建，通步，緩。

盧家安寨洪武年建，通步，緩。

邊城五十五里嘉靖三十年建，隆慶元年修。

附墻臺一座。

空心敵臺八十四座隆慶三年至萬曆元年節次建。

潮河川下

鹽房谷寨洪武年建，通步，緩。

陡道峪寨洪武年建，通步，緩。

吊馬谷寨洪武年建，通步，緩。

潮河第七寨，潮河川關洪武年建，通大川，平漫，通眾騎，極衝。

潮河第六寨、潮河第五寨、潮河第一寨俱永樂年建。

邊城九十二里嘉靖三十年建，隆慶元年修。

空心敵臺二十七座隆慶三年至萬曆元年節次建。

石塘路關寨二十三

白馬關下

黃崖口關永樂年建，通川谷一道，正關通單騎，衝；鮎魚石墩空，通單騎。餘通步，緩。

營城嶺關永樂年建，通步，緩。

馮家峪關永樂年建，通川谷一道，正關并迤西六墩空，俱通單騎，衝。

白崖峪關永樂年建，通步，緩。

划車嶺寨永樂年建，正關平漫，通單騎，衝。

白馬關永樂年建，通大川，正關、河口通眾騎，極衝。紅土峪并莊窠峪通單騎。餘通步，緩。

嚮水峪關永樂年建，通步，緩。

左二關永樂年建，正關通眾騎，極衝。餘通步，緩。

西駝骨關永樂年建，正關并迤東墩空，通騎，衝。

東駝骨關永樂年建，通步，緩。

陳家峪關永樂年建，通步，緩。

邊城一百五十五里嘉靖三十年建，隆慶元年修。

空心敵臺三十六座隆慶三年至萬曆元年節次建。

石塘嶺下

开連口關永樂年建，通大川，正關、水口寬漫，通衆騎，極衝。黃草窪、南山墩、東敵臺三空，通單騎，衝。迤西各墩空，通步，緩。

神堂峪關永樂年建，串條子墩空，通衆騎，極衝。餘通步，緩。

河坊口關永樂年建，通大川，寬漫，通衆騎，極衝。

大水峪關永樂年建，通川谷，正關口并東山崖通單騎，衝。餘通步，緩。

小水峪關永樂年建，通步，緩。

牛盆峪關永樂年建，通步，緩。

白道峪關永樂年建，通步，緩。

大良峪寨永樂年建，通步，緩。

東水峪關永樂年建，通川谷，正關通單騎，衝。餘墩空，通步，緩。

西石城關永樂年建，正關通單騎。餘通步，緩。

東石城關永樂年建，正關通單騎。餘通步，緩。

石塘嶺關永樂年建，正關。河口寬漫，通衆騎，極衝。迤東石門墩、大河口，夏秋雨水。阻馬、打虎、安老鴨嶺三墩空，通單騎，餘通步，緩。

邊城九十二里嘉靖三十年建，隆慶元年修。

附墻臺三座。

空心敵臺五十九座隆慶三年至萬曆元年節次建。

各路營城堡

黃土嶺營城堡一座弘治十三年建。

長谷駐操營城堡一座成化二年建。

石門寨營城堡一座洪武年建。

平山營城堡一座洪武年建。

附馬寨營城堡一座洪武年建。

臺頭營城堡一座洪武年建。

界嶺口營城堡一座洪武年建。

燕河營城堡一座洪武年建。

桃林營城堡一座洪武年建。

劉家營城堡一座洪武年建。

徐流營城堡一座洪武年建。

建昌營城堡一座永樂年建。

五重安營城堡一座洪武年建。

太平寨營城堡一座正德十年建。

青山駐操營城堡一座成化二年建。

灤陽營城堡一座洪武年建。

漢兒莊營城堡一座洪武年建。

三屯營城堡一座天順四年建，萬曆二年戚都督①展創。

松棚谷營城堡一座洪武年建。

羅文谷營城堡一座洪武年建。

大安口營城堡一座永樂年建。

鮎魚石營城堡一座永樂年建。

馬蘭谷營城堡一座永樂年建。

黃崖口營城堡一座天順四年建。

黃崖口駐操營城堡一座洪武年建。

將軍石營城堡一座永樂年建。

峨嵋山營城堡一座永樂年建。

熊兒谷營城堡一座洪武年建。

馬廉谷營城堡一座洪武年建。

墻子嶺營城堡一座洪武年建。

曹家寨營城堡一座洪武年建。

吉家莊營城堡一座洪武年建。

司馬臺營城堡一座洪武年建。

古北口營城堡一座洪武年建。

潮河川舊營城堡一座洪武年建。

潮河川新營城堡一座弘治十八年建。

白馬關營城堡一座洪武年建。

石塘嶺營城堡一座、大水峪舊營城堡一座、大水峪新營城堡一座、鎮虜營城堡一座原爲猪圈頭營，永樂年建。

石匣營城堡一座弘治十三年建。

新橋海口營城堡一座，近海洪武年建。

赤洋海口營城堡一座，近海洪武年建。

牛頭海口營城堡一座，近海洪武年建。以上三堡近海，俱永平府南百里外，設以備倭。

效祖曰："薊鎮以古北口爲要衝，蓋二十九年虜入路也，然三十八年自潘家口、四

---

① 戚都督，指戚繼光。重修三屯營城一事，戚繼光有《重建三屯營鎮府記》、《重建辟三屯營城記》二文收入戚繼光著、王熹校釋《止止堂集》，中華書局 2001 年，第 161~168 頁。

十二年自墻子嶺，乃使斥堠望烽燧不得臥，將吏被介胄而睡者比比然也。楊恪愍公①作《大寧考》②，諄諄以此地爲念，乃庚戌之變，公顧不免焉。假使其言早試於未然，而險其走集，則虜惡至輒犯輒入，莫敢誰何哉？嗟乎！屬鏤③之賜，余於恪愍公有深慟矣！"

昌鎮形勝

乘障

居庸路隘口一十八

居庸關城一座，跨兩山，周十三里，高四丈二尺。建置年代見《沿革》。④

灰嶺下

養馬峪嘉靖十五年建，緩。

虎峪口嘉靖十五年建，緩。

德勝口嘉靖十五年建，通大、小紅并柳溝來騎，三十里外馬蹄石，緩。

雁門口嘉靖十五年建，本口窄險，緩。

錐石口嘉靖十五年建，寬漫，三十里外闌⑤石稍險。迤南十里，西通郭家莊路，通單騎，衝。

賢莊口嘉靖十五年建，通永寧、南山、塔兒來騎，東北通白龍潭，險。本口路窄，緩。

灰嶺口嘉靖十五年建，緩。

門家峪口嘉靖十五年建，通白龍潭路來騎，極衝。以上二路隘口尚多，內口不守者不載。

邊城二十六里嘉靖三十年建。

附墻臺七座。

八達嶺下

于家衝永樂年建，水口正城迤東一空，通單騎，次衝。正關水口通大川，平漫，西山墩迤西至青石頂墩，通于家溝，俱通衆騎，極衝。餘通步，緩。

化木梁永樂年建，平漫，中三墩空，通衆騎，極衝。餘緩。

黑豆峪永樂年建，威靖墩至衝峪墩，通衆騎，極衝。餘通單騎，衝。

---

① 楊恪愍公，即楊守謙，字允中，徐州人。參張廷玉《明史》卷二百四《楊守謙傳》，第5393~5395頁。
② 該書一卷，見項德楨編《名臣寧攘要編》，《北京圖書館古籍珍本叢刊》第11冊，書目文獻出版社1989年，第543~548頁。另有點校本收入薄音湖、王雄編輯點校《明代蒙古漢籍史料彙編》第二輯，內蒙古大學出版社2006年，第1~15頁。
③ 屬鏤，古代名劍。語見《春秋左傳正義》卷五十八《哀公十一年》，《十三經注疏》本，第1911頁，"反役，王聞之，使賜之屬鏤以死"。
④ 洪武十四年，大將軍徐達建。
⑤ [校] 闌，底本不清，據《天下郡國利病書》原編第一冊《北直隸備錄上》補。

八達嶺口弘治年建，自熊窩頂至門西敵樓，平漫。臨大川，通眾騎，極衝。餘通步，緩。

王瓜谷永樂年建，趙家駝墩三空，俱平漫，通眾騎，極衝，水口寬敞。南北石門地高，衝。

青龍橋東口永樂年建，東西順青龍墩迤東、北山墩迤西俱平。通眾騎，極衝。

石佛寺口永樂年建，草花頂迤南，通步，緩。

邊城二十四里半嘉靖三十年建。

附墻臺四座嘉靖三十年建。

空心敵臺四十三座隆慶三年至萬曆元年節次建。

石峽峪下

糜子峪口永樂年建，正關水口并鎮西墩至南山墩通陳家墳，俱平漫，通眾騎，極衝。餘通步，緩。

石峽峪口永樂年建，城東頭至石崖子口，通單騎，次衝。西山墩至鎮虜墩，平漫，通單騎，衝。

花家窰永樂年建，龍芽菜溝通單騎，衝。城東頭至西頭水口，平漫，通眾騎，極衝。

邊城一十六里嘉靖三十年建。

附墻臺十座嘉靖三十年建。

空心敵臺二十五座隆慶三年至萬曆元年節次建。

黃花路隘口一十有七

渤海所下

大榛峪口永樂年建，通四海冶。本口通步，緩。

驢鞍嶺口永樂二年建，通步，緩。

磨石口永樂二年建，二道關并東山墩、空水口通眾騎，極衝。

擦石口嘉靖二十三年建，通步，緩。

田仙峪寨永樂二年建，緩。

賈兒嶺口嘉靖十五年建，界碑石迤西，安寧臺、大管仲渠兩口安至德勝堂，通步，緩。

慕田峪關永樂二年建，正關迤西王家駝至界碑石各墩空，俱平漫，臨大川，通眾騎，極衝。餘通步，緩。

邊城八十一里半嘉靖三十年建。

附墻臺四座嘉靖三十年建。

空心敵臺四十四座隆慶三年至萬曆元年節次建。

黃花鎮下

棗園寨口永樂年建，通步，緩。

石城峪口永樂年建，通步，緩。

西水峪口永樂年建，通永寧南山謊砲兒并韓家川，通眾騎，極衝。

石湖峪口正德八年建，緩。

撞道口永樂二年建，內窪外阜，受敵，極衝。桃園東、西墩空，通步，緩。

鷂子峪口嘉靖二十三年建，寬漫，通眾騎，極衝。

本鎮口嘉靖十七年建，二道關通四海冶，來騎由三道關往西南，道路寬漫，通眾騎，極衝。

小長峪口永樂年建，通步，緩。

大長峪口永樂年建，山險，通步，緩。

南冶口永樂二年建，通步，緩。

邊城五十五里半嘉靖三十年建。

附牆臺二座嘉靖三十年建。

空心敵臺二十九座隆慶三年至萬曆元年節次建。

戰臺四座查係陵寢重地，有警，屯駐戰兵，故持設此四臺云。

橫嶺路隘口三十九

白羊口下

西黃鹿院正城，嘉靖四十四年建，正安并西安俱平漫，通眾騎，極衝。

秋樹窪嘉靖四十四年建，平漫，通眾騎，極衝。

東黃鹿院嘉靖四十四年建，平漫，通眾騎，極衝。

桑木頂嘉靖二十三年建，緩。

西山安永樂年建，通步，緩。

牛臘溝嘉靖二十三年建，通大川，平漫，通眾騎，極衝。

石板衝嘉靖二十三年建，緩。

軟棗頂永樂年建，緩。

邊城一十一里嘉靖三十年建，四十四年增修。

附牆臺三座。

空心敵臺一十九座隆慶三年至萬曆元年節次建。

長谷城下

轎子頂嘉靖二十五年建，平漫。東自銀洞梁西墩至轎子頂墩，再迤西至黃石磋，通眾騎，衝。

銀洞梁永樂年建，東墩至西墩山頂一道，通單騎，衝。

分水嶺永樂年建，東墩至西墩警門，平漫，通眾騎，極衝。餘通步，緩。

鏡兒谷永樂年建，通步，緩。

窟窿山永樂年建，水口平漫，通騎，衝。餘通步，緩。

沙嶺兒永樂年建，自茶芽駝墩至沙嶺兒戰臺，東、西安俱平漫，通眾騎，極衝。餘緩。

茶芽駝永樂年建，平漫，俱通眾騎，極衝。

邊城一十五里嘉靖三十四年建，四十四年修。

附牆臺一座。

空心敵臺二十三座隆慶三年至萬曆元年節次建。

橫嶺下

　廟兒梁永樂年建，平漫，通衆騎，極衝。

　倒翻衝永樂年建，通川谷，平漫，通衆騎，極衝。

　姜家梁永樂年建，平漫，通衆騎，極衝。

　小山口永樂年建，溝谷通單騎，衝。

　鶯窩駝永樂年建，緩。

　陡嶺口永樂年建，通步，緩。

　大石溝永樂年建，平漫，通衆騎，極衝。

　西核桃衝永樂年建，平漫，通衆騎，極衝。

　東核桃衝永樂年建，平漫，通衆騎，極衝。

　寺兒梁永樂年建，平漫，通衆騎，極衝。

　火石嶺永樂年建，平漫，通衆騎，極衝。

　西凉水泉永樂年建，平漫，通衆騎，極衝。

　東凉水泉永樂年建，水口迤西，平漫，通衆騎，極衝。餘通步，緩。

　黃石崖永樂年建，通單騎，衝。

　邊城三十一里嘉靖三十四年建，四十四年修。

　附墻臺三座。

　空心敵臺一①十八座隆慶三年至萬曆元年節次建。

鎮邊城下

　掛枝菴嘉靖三十八年建，通步，緩。

　秋樹窟嘉靖三十年建，通步，緩。

　松樹頂嘉靖三十年建，通步，緩。

　水門嘉靖三十年建，平漫，通衆騎，極衝。

　南唐兒菴嘉靖三十年建，邊外平漫，水口空闊，通衆騎，極衝。

　北唐兒菴嘉靖三十年建，平漫，通衆騎，極衝。

　尖山頂嘉靖三十年建，通步，緩。

　車頭溝嘉靖三十年建，山險，通步，緩。

　黑衝峪嘉靖三十年建，平漫，通衆騎，極衝。北梁通步，緩。

　柳樹窟永樂年建，平漫，通衆騎，極衝。

　邊城二十一里嘉靖三十四年建，四十四年修。

---

　① ［校］一，底本不清，據民國間抄本補。

附墙臺五座。

空心敵臺三十二座隆慶三年至萬曆元年節次建。

各路城堡

鞏華城一座内有行宫，景泰元年建。

鎮邊城一座。

橫嶺城一座弘治十八年建。

長峪城一座正德十五年建。

白羊口堡一座景泰元年建。

居庸上關城一座永樂二年建。

八達嶺城一座弘治十八年建。

黃花鎮城一座景泰四年建。

渤海新、舊營城二座嘉靖二十七年建。

南口門堡城一座永樂二年建。

岔道堡城一座八達下，極衝，爲居庸要害，隆慶五年建。

效祖曰："昌鎮之險，誠天造地設者乎？元之破金，以居庸不能入，顧自紫荊内攻之。然在金時不設險尚不能攻，矧今日之乘障、陴倪日密日固，將不爲萬載之金湯哉？或曰：居庸西有白羊諸口，庚戌，大虜入犯，半自此歸。《語》曰：'千障之堤，以蟻穴而潰。'豈謂是哉？"

真保鎮形勝

乘障

紫荊關正統元年建，舊連環城、夾城、稍城、圈城二十七丈。河北迤西，堡城、正城、夾城、稍城、稍墻一帶，共九百三十丈

烏龍潭下隘口七

烏龍潭口正城一道，成化二十一年建，内口稍緩。

大峪口正城五十四丈，緩。

聖水峪口正城一道，緩。

黃山店口正城一道，緩。

王平口正城一道，緩。上四口俱弘治年間建。

黑石崖口正城一道，緩。

泉水澗口正城一道，緩。上二口俱嘉靖四十三年建。

邊城一百七十二丈。

奇峯口下隘口十

奇峯口正城一道，衝。

茶窩口正城一道，緩。

東峪口正城一道，緩。

峯門嶺口正城二道，緩。

沙峪口正城一道，緩。

東馬頭口正城一道，緩。

白馬灣口正城一道，緩。

乾河口正城一道，緩。上八口俱景泰二年建。

官座嶺口正城一道，緩。景泰二年建，嘉靖二十九年修。

鏟削峯口正城一道，緩。嘉靖四十五年建。

邊城一千二百七十八丈。

盤石口下隘口九

盤石口堡城一座，景泰元年建。

龍唐口正城一道，緩。

蔡家峪口正城三道，緩。

周二溝口正城一道，緩。

瓦窰菴口正城一道，衝。

小龍門口正城一道，緩。

黃沙口正城一道，緩。

銀山口正城一道，衝。

墳營臺①口正城一道，衝。上八口俱景泰二年建。

邊城七百四十八丈。

烏龍溝下隘口五

烏龍溝口堡城一座，正城一道，極衝，嘉靖二十四年建。

張虎石口正城一道，緩。

煤窰溝口正城一道，衝。

雙陀兒口正城一道，衝。

忙兒溝口邊城一道，衝。上四口俱正德二年建。

邊城共六千五百六十五丈。

附墻敵臺八十五座。

---

① ［校］臺，底本不清，據民國間抄本補。

空心敵臺七十一座隆慶五年至萬曆二年節次建。

浮圖峪下隘口八

浮圖峪堡城一座，景泰二年建。正城一道，嘉靖二十四年建。東門外圈城一座，附臺七座，北水口騎河石墩三座，西門夾城一道，俱隆慶二年建。爲宣、大二鎮通衢，極衝。

蜚狐口邊城一道，極衝，宣德二年建。

添橋兒口正城一道，衝。

長橋兒口正城一道，衝。

長嶺兒口正城一道，衝。上三口俱正德二年建。

夾河水口正城一道，衝。

袖峪溝正城一道，衝。

羊欄溝口正城一道，衝。上三口俱嘉靖二十四年建。

邊城共三千七百四十四丈有奇。

附墙敵臺四十九座。

騎河石墩臺三座。

空心敵臺五十三座隆慶五年至萬曆二年節次建。

寧静安下隘口十二

寧静安口正城一道，極衝。

薄頭安口正城一道，極衝。

李賢溝口正城一道，極衝。

蜂兒溝口正城一道，極衝。

北岸溝口正城一道，衝。

吊驢崖口正城一道，衝。

黄草安口正城一道，極衝。上七口俱弘治十七年建。

聶門口正城一道，欄馬墻一道，衝。

門關口正城一道，緩。

五虎嶺口正城一道，緩。

鷹捕嶺口正城一道，緩。

水峪口正城一道，緩。上五口俱正統十四年建。

邊城共三千三百一十丈。

附墙敵臺四十二座。

空心敵臺二十五座隆慶五年至萬曆二年節次建。

白石口下隘口十一

白石口正城二道，東、西稍城二道，衝。景泰二年建。

盧子溝口正城一道，衝。

歪嘴兒口正城一道，緩。

葫荄口正城三道，衝。

西水溝口正城一道，與葫荄口相連，衝。上四口俱正統十四年建。

烟薰崖口正城一道，緩。

黄土嶺口正城一道，緩。

常家溝口正城一道，緩。上三口俱景泰二年建。

鷹鴿嶺口正城一道，極衝。

羊圈子口正城一道，極衝。上二口俱弘治十八年建。

白馬安口正城三道，極衝。正德六年建。

邊城共五千六百七丈。

附墻敵臺七十九座。

空心敵臺六十一座隆慶五年至萬曆二年節次建。

沿河口下隘口十七

沿河口正城一道，緩。

石港口正城二道，緩。

東小龍門口正城一道，緩。

天津關口正城一道，緩。

東龍門口正城一道，緩。

天橋關口正城一道，緩。

梨園嶺口正城一道，緩。

天門關口正城三道，緩。

洪水口正城一道，緩。

西小龍門口正城三道，緩。

夾耳安口正城一道，緩。上十一口俱景泰二年建。

乾澗口正城一道，緩。

爨里口正城一道，緩。

支鍋石口正城一道，緩。上三口俱正德十年建。

滑車安口正城一道，緩。嘉靖二十四年建。

毛葫蘆安口正城一道，緩。嘉靖二十八年建。

惡峪澗口正城一道，緩。隆慶二年建。

邊城共五百八十丈。

附墻敵臺五座。

空心敵臺一十五座隆慶五年至萬曆二年節次建。

大龍門下隘口十三

　　大龍門口堡城一座，正城一道，衝。永樂八年建。

　　圮口正城一道，衝。

　　馬頭崖口正城二道，緩。

　　庄窠澗口正城一道，緩。上三口俱正統年間建。

　　歌樂湖口正城一道，緩。景泰二年建。

　　南將軍石口正城二道，衝。弘治十五年建。

　　北將軍石口正城一道，衝。正德二年建。

　　火燒崖口正城一道，緩。

　　深安兒口正城一道，衝。

　　松陀安口正城一道，極衝。

　　蔡樹安口正城一道，極衝。

　　豺狼峪口正城一道，緩。

　　老蒼溝口正城一道，衝。上六口俱嘉靖二十四年建。

　　邊城共六百二十五丈。

　　附墻敵臺二十三座。

　　空心敵臺一十四座隆慶五年至萬曆二年節次建。

馬水口下隘口十二

　　馬水口堡城一座，正城三道，極衝。景泰元年建。

　　定樂安口正城二道，衝。

　　獨石口正城一道，緩。

　　大峪口正城一道，衝。

　　小道水口正城二道，緩。

　　栢連澗口正城三道，衝。

　　石羊港口正城一道，緩。

　　大道水口正城二道，緩。上七口俱景泰二年建。

　　神子安口正城一道，衝。

　　石龍安口正城一道，衝。上二口俱嘉靖三十三年建。

　　康家溝口正城一道，極衝。

　　狼兒溝口正城一道，衝。上二口俱嘉靖十五年建。

　　邊城共三千三百四十九丈。

　　附墻敵臺三十一座。

空心敵臺二十五座隆慶五年至萬曆二年節次建。

金水口下隘口九

　　金水口堡城一座，正城一道。永樂八年建，緩。

　　北齊仲口正城一道，緩。

　　石塘口正城一道，緩。上二口俱景泰二年建。

　　南齊仲口正城一道，緩。正德二年建。

　　橫嶺口正城一道，衝。嘉靖十一年建。

　　新龍潭口正城一道，衝。嘉靖二十一年建。

　　小將溝口正城一道，緩。

　　蕎麥石塘口正城一道，緩。

　　赭羅溝口正城一道，緩。上三口俱嘉靖二十三年建。

　　邊城一百三十丈。

　　附墻敵臺五座。

　　空心敵臺一座隆慶五年建。

倒馬關下所轄十四隘口。本關城堡一座，景泰三年建

　　上城口堡城一座，洪武初年建，衝。

　　營溝口正城一道，緩。

　　周家堡口正城二道，緩。

　　玉河安口正城一道，緩。上三口俱正統四年建。

　　軍城口堡城一座，景泰三年建，緩。

　　夾馬石口堡城一座，緩。

　　孟良臼口堡城一座，緩。上二口俱景泰六年建。

　　柳角菴口正城一道，弘治十五年建，緩。

　　蒿地菴口正城一道，緩。

　　吊驢崖口正城一道，緩。

　　夾耳菴口正城一道，緩。

　　小關城口正城一道，緩。上四口俱弘治年建。

　　大嶺口正城一道，嘉靖二十年建，衝。

　　安子嶺正城一道，嘉靖二十四年建，衝。

　　邊城一千六百七十一丈。

　　附墻敵臺八座。

　　空心敵臺二座隆慶五年至萬曆二年節次建。

插箭嶺下隘口十四

　　揷箭嶺口堡城一座，弘治三年建，緩。

　　虎伏溝口正城二道，弘治十三年建，衝。

　　東峯峪正城一道，緩。

　　牛班溝口正城一道，緩。上二口俱弘治年建。

　　東窑峪口正城一道，衝。

　　跌馬崖口正城一道，衝。上二口俱正德十二年建。

　　西峯峪正城一道，嘉靖十三年建，緩。

　　中窑峪口正城一道，嘉靖二十二年建，衝。

　　黑石溝口正城二道，衝。

　　石城菴正城一道，衝。

　　西窑峪口正城一道，衝。

　　下塲峪正城一道，衝。上四口俱嘉靖二十四年建。

　　白道菴口正城一道，嘉靖三十二年建，衝。

　　馬蓮溝正城一道，嘉靖三十九年建，衝。

　　邊城一千三百六十三丈。

　　附墻敵臺一十六座。

　　空心敵臺五十一座隆慶五年至萬曆二年節次建。

狼牙口下隘口十二

　　狼牙大嶺口正城一道，嘉靖二十年建，衝。

　　落路口正城九道，衝。

　　柴皮嶺口正城一道，緩。

　　六嶺兒口正城一道，緩。

　　黑鷹陀正城一道，緩。上三口俱正統四年建。

　　蒸餅石口正城一道，衝。

　　漆林溝口正城一道，衝。上二口俱弘治十七年建。①

　　銅録崖口正城一道，成化二十一年建，衝。

　　鐵嶺口正城一道，正德九年建，衝。

　　新古道口正城一道，嘉靖二十年建，緩。

　　羊欄城口正城一道，嘉靖二十三年建，衝。

---

　　① ［校］正城一道……弘治十七年建，原語序爲"正城一道，上二口俱弘治十七年建，衝"，據文意及行文改。

夾折腰口正城一道，嘉靖二十四年建，緩。

邊城一百一十五丈。

附墻敵臺一十座。

空心敵臺八座隆慶五年至萬曆二年節次建。

茨溝下隘口二十二

吳王口正城一道，緩。

魚兒剏口正城一道，緩。

黍查口正城一道，緩。上三口俱正統四年建。

陡嶺兒口正城一道，弘治二年建，緩。

上竿嶺口正城一道，稍緩。

下竿嶺口正城一道，緩。

青羊溝口正城一道，緩。上三口俱弘治十七年建。

門罕嶺口正城一道，成化二十年建，緩。

香爐石口正城一道，成化二十二年建，緩。

龍窩溝口正城一道，緩。

高堂石口正城一道，緩。

黄石堂口正城一道，緩。

養馬樓口正城一道，緩。上四口俱正德十二年建。

夾兒菴口正城一道，正德十三年建，緩。

艾葉嶺口正城一道，緩。

楊洪口正城一道，緩。上二口俱正德十四年建。

過道溝口正城一道，緩。

火炭溝口正城一道，緩。上二口俱嘉靖二十一年建。

鎗峯嶺口正城一道，緩。

古道溝口正城一道，緩。上二口俱嘉靖二十二年建。

牛邦口正城一道，極衝。

竹帛口正城一道，極衝。上二口俱嘉靖三十三年建。

邊城三百三十丈。

龍泉關下隘口二十一

龍泉關堡城一座，永樂中建，衝。

下龍泉關堡城一座，正統二年建，緩。

黑崖溝口正城一道，緩。

旛杆嶺口正城一道，緩。

舊路溝口正城一道，極衝。

盤道嶺口正城一道，緩。

印鈔石口正城一道，今革。

黃土坡口正城一道，今革。

胡八溝口正城一道，緩。

新路溝口正城一道，緩。

青竿嶺口正城一道，緩。上九口俱弘治十五年建。

各畧溝口正城一道，弘治十六年建，緩。

陡撞溝口正城一道，緩。

炕兒溝口正城一道，緩。

胡家庄口正城一道，緩。

龍八溝口正城一道，緩。

石胡溝口正城一道，緩。

八苔菴口正城一道，緩。

鼠道溝口正城一道，緩。

陽和門口正城一道，緩。

三關子口正城一道，緩。上九口俱嘉靖二十一年建。

邊城一百四十丈。

鷂子崖下隘口二十三

白草溝正城一道，正統七年建，緩。

北黑山口正城一道，正統二年建，衝。

孤榆樹口正城二道，緩。

神堂嶺口正城一道，緩。

白羊平口正城一道，緩。

白羊口正城一道，緩。上四口俱弘治二年建。

沙門嶺口正城一道，緩。

桑園溝口正城一道，緩。上二口俱弘治十六年建。

牛圈溝口正城一道，弘治十二年建，緩。

陡嶺口正城一道，成化二年建，緩。

車孤駝口正城一道，正德二年建，外口衝。

石盆溝口正城一道，正德十四年建，緩。

古道溝口正城一道，緩。

方西溝口正城二道，緩。

柴樹園口正城一道，緩。

賀驢溝口正城一①道，緩。

石槽溝口正城一道，緩。

津水崖正城一道，緩。

碓窩口正城一道，緩。上七口俱嘉靖二十一年建。

道菴嶺口正城一道，緩。

鮑子溝口正城一道，緩。

紅紗口正城一道，緩。上三口俱嘉靖二十二年建。

黄土磵石正城一道，嘉靖二十四年建，緩。

十八盤下隘口二十一

南黑山口正城一道，正統四年建，衝。

米業溝口正城一道，正統六年建，緩。

井子峪口正城一道，景泰元年建，緩。

惡石口正城一道，景泰二年建，極衝。

馬圈口正城一道，弘治元年建，緩。

洶洶水口正城一道，正德五年建，緩。

清風嶺口正城一道，正德十年建，緩。

宋家峪口正城一道，緩。

寨門口正城一道，緩。

六嶺口正城一道，緩。上三口俱正德十三年建。

瓦盆溝口正城一道，嘉靖元年建，緩。

各料溝口正城一道，緩。

菩崖口正城一道，緩。

趙家寨口正城一道，緩。

小黄菴口正城一道，緩。

青陽溝口正城一道，緩。

平闆溝口正城一道，緩。

油瓮溝口正城一道，緩。

滴水口正城一道，緩。

十八盤口正城一道，緩。上九口俱嘉靖二十一年建。

黄菴嶺口正城一道，緩。嘉靖三十二年建。

---

① ［校］一，底本不清，據民國間抄本補。

故關下隘口三十六

故關新城口舊堡正統二年建，裏口緩。新堡去舊堡十里。東稍墻長一千一百五十七丈，西稍墻長一百二十八丈五尺。石梯子溝口西稍墻長五百餘丈，護城墩六座。

達滴崖口正城一道，緩。

牛道嶺口正城一道，緩。

橫河漕口正城一道，緩。

娘子關口堡城一座，極衝。

龍門關口正城一道，緩。

驢橋溝口正城一道，緩。

醉漢峪口正城一道，緩。

白城口正城一道，緩。

青草峪口正城一道，緩。

黃沙嶺口正城一道。上十口俱景泰二年建，緩。

小十八盤口正城一道，正統二年建，緩。

韋箔嶺口正城一道，弘治十五年建，緩。

朱會溝口正城一道，正德五年建，緩。

大石板口正城一道，緩。

孤撮嶺口正城一道，緩。

蒼巖道口正城一道，緩。

短嶺兒口正城一道，緩。上四口俱嘉靖十九年建。

後溝口正城一道，嘉靖八年建，緩。

武功口正城一道，緩。

險巖崖口正城一道，緩。

嘉峪溝口正城一道，緩。

獼猻窰口正城一道，緩。

泉木頭口正城一道，緩。

殺羊磵石口正城一道，緩。

磨石崖口夾河稍墻二道，緩。

叚里口正城一道，緩。

廟兒崖口正城一道，緩。

老婆窰口正城一道，緩。

泥凳子口正城一道，衝。

虎寨溝口正城一道，緩。

松樹磝口_{正城一道}，緩。

不禿嶺口_{正城一道}，緩。

石榴嘴口_{正城一道}，緩。

鴿子嶺口_{正城一道}，緩。

谷家崖口_{正城一道}，緩。上十七口俱嘉靖二十一年建。

邊城五百丈有奇。

附牆敵臺二座。

馬陵口下_{隘口二十四}

清風嶺口_{正城一道}，正德十年建，緩。

錦綉堂口_{正城一道}，緩。

鶴度嶺口_{正城一道}，緩。

黃榆嶺口_{正城一道}，衝。

庄兒角口_{正城一道}，緩。上四口俱嘉靖二十年建。

馬陵口_{堡城一座}，緩。

龍講溝口_{正城一道}，緩。

青紗崖口_{正城一道}，緩。

邢家峪口_{正城一道}，緩。

七里會口_{正城一道}，緩。

愛子崖口_{正城一道}，緩。

明難溝口_{正城一道}，緩。

風門嶺口_{正城一道}，緩。

際道兒口_{正城一道}，緩。

豬道闖口_{正城一道}，緩。

支鍋石口_{正城一道}，緩。

路羅嶺口_{正城一道}，緩。

青陽溝口_{正城一道}，緩。

王三鋪口_{正城一道}，緩。

鹿路嶺口_{正城一道}，緩。

夫子巖口_{正城一道}，緩。

貨郎神口_{正城一道}，緩。

黃背巖口_{正城一道}，緩。

數道巖口_{正城一道}，緩。上十九口俱嘉靖二十一年建。

效祖曰："真保鎮紫荊、倒馬諸關，其要爲紫荊，次倒馬，楊恪愍公考之備矣。然封疆之臣，往往視爲內防，間於乘障置不問，不知其玩愒自何時也？比年督撫加意桑土凜凜焉。請以眞保沿邊築臺繕垣，具藺石，布渠荅①，畧倣薊門之制。虜縱一日不忘窺中國，然豈能度越重險，如入無人之境哉？"

遼鎭形勝

乘障

遼陽下城一，堡二十四

  中路遼陽城洪武壬子②年建。

  鞍山驛堡緩。

  長店鋪堡緩。

  虎皮驛堡緩。

  沙河鋪堡緩。

  甘泉鋪堡緩。

  八里鋪堡緩。

  爛泥鋪堡緩。

  首山鋪堡緩。

  板橋鋪堡緩。

  山拗鋪堡緩。

  接官廳鋪堡緩。

  路臺二十四座嘉靖二十八年建，隆慶六年、萬曆元年節次增建。

  東路馬根單堡緩。

  散羊峪堡嘉靖二十五年建，緩。

  一堵墻堡嘉靖二十五年建，緩。

  鹻場堡衝。

  清河堡嘉靖二十九年修，衝。

  張其哈喇佃子堡萬曆元年建，緩。

  敵臺四十九座。

  邊墻九十四里洪武年設，嘉靖四十四年修。

  西路長勇堡衝。

---

① 渠荅，指鐵蒺藜。《漢書》卷四十九《晁錯傳》，第 2286 頁載晁錯疏言守邊備塞事，有"高城深壍，具藺石，布渠荅"之論。

② 壬子年，干支紀年，即洪武五年，公元 1372 年。

長勝堡衝。

武靖營堡緩。

長定堡衝。

長寧堡衝。

長靜堡衝。上六堡洪武年建，隆慶五年至萬曆二年節次建。

長安堡嘉靖四十年修，衝。

敵臺八十二座。

邊牆一百七十里洪武年建，嘉靖四十四年修。

險山下堡十四

寬奠子堡萬曆元年建，緩。

長嶺堡萬曆元年建，衝。

洒馬吉堡緩。

散等堡萬曆元年建，緩。

靉陽堡衝。

雙堆兒堡萬曆元年建，緩。

湯站堡緩。

鳳凰城堡嘉靖四十四年改爲定遼右衛城。

長佃子堡萬曆元年建，緩。

鎮東堡緩。

草河堡緩。

鎮東堡①緩。

青臺峪堡②緩。

甜水站堡緩。

敵臺七十四座。

邊牆七十四里。

開原下城一，堡十

開原城洪武二十二年建，緩。

清陽堡衝。

古城堡衝。

---

① 《天下郡國利病書》原編第一册《北直隸備錄上》作"鎮夷堡"。下文"開原下"又有"鎮夷堡"。

② 嘉靖《遼東志》卷三《兵食志·武備》，《續修四庫全書》第 646 册，第 551 頁作"青苔峪堡"。《天下郡國利病書》原編第一册《北直隸備錄上》作"青臺峪堡"。

慶雲堡衝。

永寧堡緩。

鎮夷堡衝。

鎮北堡衝。

靖安堡衝。

威遠堡衝。

松山堡衝。已上九堡俱洪武年建，隆慶五年至萬曆二年節次建。

馬市堡隆慶五年修，緩。

路臺七座。

敵臺一百一十八座。

邊墻二百七十一里。

中固下城一，堡二

中固城永樂五年建，緩。

東路柴河堡衝。

西路定遠堡衝。上二堡隆慶五年至萬曆二年節次修。

路臺四座。

敵臺二十九座。

邊墻六十里。

鐵嶺下城一，堡五

鐵嶺城遼、金時銀州舊址，洪武二十年修。

東路撫安堡衝。

西路鎮西堡緩。

曾遲堡衝。

平定堡緩。

彭家灣堡緩。已上五堡俱隆慶五年至萬曆二年節次修。

路臺七座。

敵臺三十五座。

邊墻五十二里。

汎河下城一，堡二

汎河所城正統四年建。

東路白家衝堡緩。

西路宋家泊堡衝。上二堡俱隆慶五年至萬曆二年節次修。

路臺八座。

敵臺一十六座。

邊墻三十一里。

懿路下城一，堡二

懿路所城永樂五年建。

東路三岔兒堡衝。

西路丁字泊堡緩。上二堡俱隆慶五年至萬曆二年節次建。

路臺十座。

敵臺二十一座。

邊墻六十六里。

瀋陽下城三，堡九

中路瀋陽城洪武二十三年建，隆慶三年修。

奉集堡緩。

威寧營堡緩。

東路撫順所城洪武十七年建。

會安堡衝。

東州堡衝。

路臺七座。

敵臺三十九座。

邊墻三十六里。

西路靜遠堡緩。

長營堡衝。

平虜堡衝。

上榆林堡衝。

十方寺堡衝。上五堡洪武年建，隆慶五年修。

蒲河所城正統二年建，緩。

路臺五座。

敵臺六十一座。

邊墻八十四里隆慶五年至萬曆二年節次建。

鎮武下西寧、西平、西興，係行太僕寺所屬地方三堡，分管於此，共堡五

鎮武堡衝，洪武年建，嘉靖四十二年修。

西平堡衝，嘉靖三十八年修。

西寧堡衝。

西興堡衝。

平洋堡衝，隆慶五年建。

路臺二十七座。

敵臺五十九座。

邊墻一百七里萬曆元年、二年用磚石包修。

廣寧下城三，堡一

廣寧城洪武初建，永樂中修，嘉靖四十二年重修。

閭陽驛城緩。

盤山驛城緩。

高平堡新增。

正安下堡八

正安堡衝。

團山堡衝。上二堡隆慶五年建。

鎮寧堡衝。

鎮遠堡衝。

鎮安堡衝。

鎮靜堡衝，嘉靖四十年修。

鎮邊堡衝。

鎮夷堡衝。上六堡洪武年間建，隆慶五年至萬曆二年節次修。

敵臺七十九座。

邊墻一百七十二里萬曆元年、二年用磚石包修。

義州下城二，堡十

義州城洪武二十二年建，正德初年修。

牽馬嶺驛城緩。

大清堡衝。

大靖堡衝。

大寧堡衝。

大平堡衝。

大康堡衝。

大安堡衝。

大定堡。以上城堡俱洪武年建，隆慶五年至萬曆二年節次建。

戚家堡衝，隆慶五年建。

狗河寨堡衝。

大順堡。上二堡俱萬曆元年建。

路臺八座。

敵臺一百二十座。

邊墻一百五十六里萬曆元年、二年用磚石包修。

錦州下城五，堡六

錦州城洪武二十四年建，成化十二年、弘治十七年節次修。

松山所城宣德年建，嘉靖四十二年修，衝。

大凌河所城宣德年間建，嘉靖四十二年修，衝。

小凌河城緩。

杏山驛城緩。

大茂堡衝。

大勝堡衝。

大鎮堡衝。

大福堡衝。

錦昌堡衝，隆慶五年建。

大興堡衝。以上各堡俱隆慶五年至萬曆二年節次修。

路臺一十七座。

敵臺九十七座。

邊墻一百四里萬曆元年、二年用磚石包修。

寧遠下城五，堡十六

寧遠城衝，宣德年間建，嘉靖四十三年修。

中左所城衝。

中右所城衝。上二城宣德五年建，嘉靖四十二年重修。

連山驛城衝。

曹庄驛城緩。

椵木衝堡衝。

長嶺山堡衝。

沙河兒堡衝。

松山寺堡衝。

灰山堡衝。

寨兒山堡衝。

白塔峪堡衝。

興水縣堡衝。

小團山堡衝。

仙靈寺堡衝。

曲尺河鋪堡緩。

雙樹鋪堡緩。

團山屯堡緩。

高橋鋪堡緩。

王刀堡緩。

五里橋屯堡緩。上十六堡俱隆慶五年至萬曆二年節次修。

路臺三十二座。

敵臺一百五十五座。

邊墻二百二里萬曆元年、二年用磚石包修。

前屯下城六，堡二十四

前屯城洪武二十五年建，宣德、正統節次修。

中後所城衝。

中前所城衝。上二城俱宣德三年建。

高嶺驛城緩。

沙河驛城緩。

東關驛城緩。

新興營堡衝。

三道溝堡衝。

黑庄窠堡衝。

錦川營堡衝。

高臺堡衝。

瑞昌堡衝。

平川營堡衝。

三山營堡衝。

永安堡衝。

背陰障堡衝，嘉靖二十五年建。

鐵場堡衝。

八里鋪堡緩。

下馬驛屯堡緩。

石河鋪堡緩。

永豐大寨堡緩。

雙墩鋪堡緩。

长安大寨堡缓。

徐官屯堡缓。

古城寨堡缓。

王二庄堡缓。

永安寨堡缓。

王堡屯堡缓。

蒋千户屯堡缓。

铁岭堡缓。

路台三十六座。

敌台一百一十六座。

边墙二百六十八里万历元年、二年用砖石包修。

广宁右屯下城三，堡一

右屯城洪武二十六年建，永乐年修。

十三山驿城、铁场所城天顺年间修。

孙忠堡缓。

路台二十四座。

敌台十一座。

金州下城十七，堡八，以后四处系沿海防倭地方，无边墙

金州城洪武四年建，十四年修，嘉靖四十二年重修。

南关厢城、北关厢城、木场驿堡缓。

旅顺口堡洪武四年建，缓，永乐十年修。

望海坞堡缓。

黄骨岛堡缓。

石河驿堡缓。

盐场堡缓。

牛心山城缓。

赛歌山城缓。

金鹿山城缓。

虎洞山城缓。

小黑山城缓。

中顶山城缓。

大白东嘴山城缓。

岛山城缓。

成兒山城緩。

可羅山城緩。

縮利把山城緩。

鏃城山城緩。

望高山城緩。

麠子山城緩。

歸服堡緩。

紅嘴堡緩。上二堡嘉靖三十二年建。

敵臺九十五座。

復州下城四，堡二

復州城洪武十五年建，嘉靖四十二年重修。

大黃山城緩。

呂紅山城緩。

駱駝山城緩。

欒古驛堡緩。

羊官堡緩。

敵臺二十九座。

蓋州下城二十三，堡四

蓋州城洪武五年建，嘉靖四十三年修，緩。

熊岳堡緩。

五十寨堡緩。

伏兵堡緩。

岫巖堡緩。

關山堡緩。

曹家柞子山城緩。

鐵礦山城緩。

永寧監城永樂七年建，嘉靖十四年修，緩。

赤山城緩。

貓兒嶺山城緩。

霹靂山城緩。

西家山城緩。

甕石巖山城緩。

水谷山城緩。

黄字羅背山城緩。

一面山城緩。

匾山城緩。

石丘山城緩。

小觀嘴山城緩。

得力山城緩。

掛剌河山城緩。

夾河山城緩。

馬牙山城緩。

松山城緩。

龍潭山城緩。

七家嘴山城緩。

敵臺八座。

海州下城一，堡三

海州城洪武九年建。

東勝堡緩。

東昌堡緩。

耀州堡緩。

路臺一十二座。

敵臺四十四座。

邊墻四十四里。

效祖按："遼之乘障，東西幾二千里，臺堡又以千百數。先所刱建者，歲月湮没，無考。乃近自隆慶間版築漸興，睥睨相望於道，若使久之不廢，經營得寸則寸，得尺則尺，地里固不加多也。長城之役，蒙恬可盡非哉？"

各路關城

連山關遼陽城東南一百八十里，朝鮮入貢由此。

鎮朔關靉陽城北三里。

撫順關瀋陽城東北，撫順城東二十里，建州朝貢互市由此。

廣順關開原城東六十里，靖安堡地方。

鎮北關開原城東北七十里，夷人朝貢、互市由此。

新安關開原城西六十里，慶雲堡地方。

鎮遠關廣寧城東北七十里，夷人互市由此。

分水嶺關廣寧城北八里，建鎮北樓三間。

旅順口關金州城南一百二十里，海運舟至此登岸。

梁房口關海州城西南七十里，海運船由此入遼河。

效祖曰："遼東乘障至疏，即有之，多築土爲墉，外即壕，所恃以避虜者，獨近邊之臺堡耳。然往年亦隔越難依，近始稍稍密，虜猶然未免於恣睢。然乘有暇之時，興以漸之役，如薊鎮鱗次櫛比，不可爲保障之恒圖哉？"

四鎮三關誌卷之二，終

四鎮三關誌卷之三

軍旅考

四鎮軍旅總論

效祖曰："孔子對衛靈公曰：'軍旅之事，未之學也。'① 夫國之大事，在祀與戎，豈以孔子而弗學軍旅事？其以爲春秋時，列國日尋喧豗，所不足者，非軍旅也。故有難於答靈公耳，非教天下後世之言也。然古之軍旅皆寓於農，自兵民分，於是尺籍伍符雜出迭興，其迨於今，蓋燦然備矣。我朝建都，切膚邊徼，酋虜虎視眈眈，日不忘窺中國，則一方之病痱，惡可以置不講乎？今稽四鎮之版籍，次及營伍，而以戎器附焉，作《軍旅考》。"

薊鎮軍旅

版籍

主兵七萬三千五百六十二名。除軍門標下客兵并雜兵外，國初以畿內衛所兵發戍邊關，額設四萬五千五百名，至嘉靖二十九年，止存三萬九千名。是年，虜薄郊關，額兵不足戍守，遂於各原衛所照籍抽補②，復廣召募③。三十年始增至五萬六千九百名，三

---

① 語見程樹德撰，程俊英、蔣見元點校《論語集釋》卷三十一《衛靈公上》，中華書局 1990 年，第 1049 頁。
② 抽補，明代衛所實行世襲制度，按規定凡在伍官軍缺額，若在衛所無子男可替役，當從原籍地方抽調。但實際上，由於衛所駐地往往與原籍相去甚遠，從原籍抽調相當艱難，故衛所世襲官軍定額日漸減少。
③ 召募，由政府出資，按一定的標準募人當兵，以補衛所軍人之不足。在明代中後期，募兵數量大增，成爲地方防禦的重要力量。但因經費及募兵自身存在諸多問題而終。

十一年增七萬六百名，三十七年止存四萬六千三十名。四十二年復廣召募，增至六萬七千一百名。隆慶五年，總督侍郎劉應節、巡撫都御史楊兆請清江北六省逋軍，俱改發本鎮。萬曆元年，侍郎汪道昆經畧定爲額數。有謂效祖者曰："北方以衽金革爲強，奚薊門之卒僝若是也？"效祖曰："環宇承平久，人不習戰，關事僝，奚獨薊門也？要之，空桐多武，自其天性，稍稍就習，當十倍於丹①穴，不則天地之位易而風氣爲桑海矣。"

客兵五萬七千五百七十三名，原無額籍。嘉靖二十九年，始徵各邊省軍民兵，共七萬名入衛。隆慶三年，總督侍郎譚綸、總理都督戚繼光請募浙兵三千名。六年，總督侍郎劉應節、巡撫都御史楊兆、總理都督戚繼光復請募浙兵六千名。自嘉靖四十二年，主兵漸增，各邊省兵遞撤。萬曆元年，侍郎汪道昆經畧定爲額數。效祖曰："薊自庚戌後，徵調之令日煩矣。河以北、山以東皆有良家子三千人，以憲臣督之戍邊。其後以犉悍，與越卒不相能，遂盡革罷，徵其銀以養越卒，是或一道也。余以爲北方之強多在燕、趙間，倘爲國家計深遠者，宜稍稍收集之，以需緩急。即不令北奉胡，以之彈壓内訌不可乎？"

效祖曰："薊鎮自庚戌後，緹衣韎韐者林林摠摠，且十倍其舊貫矣。然以十爲率，二、三爲舊貫也。其一取之清勾②，一二取之召募，二三取之徵調。夫勾不足，不得不召。召不足，不得不調，勢使然也。第所謂徵調者，皆南北數千里人，守塞一歲而更，不知胡人之能亡具甚矣。京師密邇封圻，獨不可請營卒更番以代遠人乎？或謂京兵僝不可用，或又謂根本衛士不宜出就外防。此皆肉食者謀，余不敢刺刺辯。"

昌鎮軍旅

版籍

主兵一萬七千七百四十四名。除雜兵外。

國初，額設居庸兵一萬四千二百四十六名，并歷朝添設長、獻、景、裕、茂、泰、康七陵衛兵八千餘名。至嘉靖二十九年，居庸除逋絕、雜役外，止存操守兵七千名。是年，虜薄郊關，額兵不足戍守，遂於各原衛所照籍抽補，復廣召募。三十年始增至一萬四百一十六名，三十一年增至二萬三千二百二十名，三十七年除逋絕外止存一萬三千二十五名。四十五年、隆慶六年添設永、昭二陵衛。萬曆元年，侍郎汪道昆經畧定爲額數。

客兵一萬三千一百七十九名。原無額籍，嘉靖二十九年始徵各邊省軍民等兵二萬二千九百名入衛。至嘉靖四十二年，主兵漸增，各邊省兵遞撤。萬曆元年，侍郎汪道昆經畧定爲額數。

---

① ［校］丹，底本似爲"册"，據民國間抄本改。
② 清勾，指在世襲制度下，衛所軍人缺額，由清軍御史負責到其原籍勾補軍士。

效祖曰："昌鎮爲陵寢①重地，且當納駟之扉，其列戍置兵，不專爲庚戌之衅故也，乃庚戌後日益增嚴。《舊志》稱隆慶衛額軍萬四千有奇，比年逃絶十已七八。又稱居庸抱關之卒數不逾二千，則頻年何以稱防守哉？所幸今當事者長顧却慮，使虎賁之士跿跔、貫頤者漸復故額，非復循故轍，而長此安窮矣！何患焉？何患焉？"

真保鎮軍旅

版籍

主兵三萬四千四百六十名。舊額，本鎮戍守兵五千九百五十六名，内固關一千九百名，龍泉關一千八十八名，龍泉關下城九百二十七名，倒馬關上城四十六名，紫荆關一千九百九十五名。嘉靖十五年間起，陸續增至六千六十九名，内倒馬關增一百三名。二十一年增至六千九百二十一名，内紫荆關增八百五十二名。二十五年增至八千九百一名，内倒馬關增至一千一百八十名，插箭嶺增八百名。三十六年增至九千五百四十名，内紫荆關增六百三十九名。以後逐年陸續增至一萬三千五十八名，内固關增十名，倒馬關增五十一名，紫荆關三千四百五十七名。萬曆元年，兵部侍郎汪道昆經畧前數定爲今額。

客兵一萬九千八百四十三名。萬曆元年侍郎汪道昆經畧定爲今額。

效祖曰："真保自設紫荆諸關，魚甲②、犀渠③咸有定額。即清勾以實逃伍，召募以充選鋒，稍稍有之。然徵調之兵未之聞也，或春、秋有防，量移内備之稍緩者併守，更踐事已謝去之，奚至僕僕勞遠人，令其以并州爲故鄉乎？"

遼鎮軍旅

版籍

額兵九萬四千四十五名。我國初改州、縣爲衛所，每衛額籍、寄籍并新户共七萬九千一百九十三户，共得一十九萬七百四十八丁。内除額派各役，制同有司，又編鹽鐵、屯等軍，分投辦、納銀糧及擺守瞭望。選年力精壯及户則殷實者，額定爲馬軍五萬八千

---

① 明代皇家陵寢，即今天的昌平十三陵。
② 魚甲，用鯊魚皮做成的鎧甲。語見蕭統編，李善、吕延濟等注《六臣注文選》卷四十六《序下·三月三日曲水詩序一首（王元長）》，《景印文淵閣四庫全書》第1331册，臺灣商務印書館1986年，第240頁，"魚甲烟聚，貝胄星羅。"此處代指軍士。
③ 犀渠，用犀牛皮做成的盾牌。語見徐元誥撰，王樹民、沈長雲點校《國語集解·吴語第十九》，中華書局2002年，第548頁，"建肥胡，奉文犀之渠"，韋昭注："肥胡，幡也。文犀之渠，謂楯也。文犀，犀之有文理者。"此處代指軍士。

九百七十四名，其次定步軍二萬四千七百七十三名。永樂間設招集法，復得一萬七千二百一十二户，於内選爲馬軍一萬六千三百八十一名。至正德初年，詔大户自募土人。一千以上授世指揮職，五百人以上授世千户職，三百人授世百户，一百人總旗。各争相召募，得兵九萬七千七名，分發各部，定注尺籍，與額軍一體調操，然皆二十五衛之軍餘①也。三項共兵一十九萬二百五名，自嘉靖三十七年起至隆慶三年，逃亡過半。隆慶四年惟存主客官兵八萬五千四百二十七名，五年、六年勾補召募八千六百八十三名，歷年逋絶額兵七千四百七十七名。萬曆元年存操兵八萬六千六百三十三名。外入衛薊鎮兵二千五百，又赴薊鎮標下兵一千名。本年巡撫張學顔、總兵李成梁請②補三千九百一十二名，侍郎汪道昆經畧定爲額數。

效祖曰："遼鎮額兵稱二十萬矣，今止及其半者何？或曰頻年死於鋒鏑也，或曰往日疫於水荒也，是不爲無據。然聞海南巨島中，武陵人不可以數計矣，其耗兵虛伍，何減於鋒鏑水荒乎？招徠勾攝，處之有方，愛養撫綏，安之有法，則昆明習戰，安可謂秦無人？彼清勾充發，亦餼朔之羊，不可廢爾，詎終賴之曰，是可以足兵哉！"

薊鎮軍旅

營伍

主兵

督府標下

左營嘉靖三十七年設遊擊一員，領中軍一員，主兵千把總七員，客兵千把總七員。額主兵一千五百一十四名。遼東客兵九百九十一名。大同客兵五百九十四名。

右營嘉靖四十二年設遊擊一員，領中軍一員，主兵千把總五員，客兵千把總八員。額主兵一千二百三十五名。延綏客兵八百九十一名。保定客兵九百九十一名。以上二營客兵俱作主兵。

振武營嘉靖四十二年改設遊擊一員，領中軍一員，千把總十一員。額兵三千一十七名。

永勝奇兵營隆慶四年設都司③一員，領中軍一員，千把總五員。額兵一千八十五名。

輜重營隆慶六年設遊擊一員，領中軍一員，千把總六員。額兵二千一百八十八名。已上五

---

① 軍餘，衛所軍户每户有一人在衛所中當軍稱"正軍"，其餘爲軍餘，以備替役充軍。或有可能以軍餘身份抽調入軍服役。軍餘應募到衛所，與額軍（正軍）一起操練，實際上改變了一户一軍在軍中服役的規定，這對衛所制度是一種衝擊。

② ［校］請，原作"清"，據民國間抄本改。

③ 都司，原爲"都指揮使司"的簡稱，明中期以後都司在營兵制下，演化爲中級武官的職銜。參彭勇《從"都司"含義的演變看明代衛所制與營兵制的並行與交錯——以從"都司領班"到"領班都司"的轉變爲綫索》，載《明史研究論叢》第十三輯，中國廣播電視出版社 2014 年。

營俱密雲駐劄。

　　鎮虜奇兵營遊擊一員，領中軍一員，千把總十一員，墻子嶺駐劄。額兵二千四百八十六名。

撫院標下

　　左營嘉靖四十二年設遊擊一員，領中軍一員，千把總十一員。額兵二千五百名內一千五百名係三屯營數內。尖兒手①五百名係馬蘭路數內。

　　右營嘉靖三十八年設遊擊一員，領中軍一員，千把總十一員。額兵二千九百五十三名。

　　輜重營隆慶六年設遊擊一員，領中軍一員，千把總六員。額兵二千三百四十七名。已上三營俱遵化駐劄。

總兵標下

　　中軍營嘉靖三十四年設都司一員，領把總二員。額兵哨戰軍夜四百四十三名，家丁②三百五十二名，開路車兵一百九十名，投鄉通事③四十八名。

　　左營嘉靖四十三年設遊擊一員，領中軍一員，千把總九員。額兵二千六百七十九名內山、燕、臺、石四路勇壯一千二百二十二名，係本路數內。

　　右營隆慶三年設遊擊一員，領中軍一員，千把總十員。額兵二千八百三十三名內燕、太、松、馬四路勇壯一千三百二十一名，係本路數內。

　　輜重營隆慶六年設都司或遊擊一員，領中軍一員，千把總六員。額兵二千六名。

　　奇兵營原設鎮守標下，係各路調操，千總一員，領把總一員。額兵五百一名。已上俱三屯營駐劄。

　　東路協守建昌營隆慶三年改設副總兵一員，領中軍一員，千把總二十員。額兵五千四百三十二名。駐燕河路地方。

　　西路協守石匣營隆慶三年設副總兵一員，領中軍一員，千把總十二員。額兵三千二百九十一名。駐石塘路地方。

各路分守

　　山海關營隆慶三年設參將一員，領中軍一員，千把總五員。額兵一千四百一名。尖哨三十名，夜不收④三十名。

　　石門寨營嘉靖三十五年設參將一員，領中軍一員，千把總十三員。額兵五千六百三十四名。尖哨一百名。夜不收四百名。

---

① 尖兒手，明朝軍隊中負責偵察和刺探情報的特種兵，與夜不收並稱"尖夜"。
② 家丁，衛所武官的私人武裝，最初是武官占用衛所旗軍，也有召募的家丁，家丁在明代經歷了由私自占用到逐步合法化的過程。
③ 通事，負責與邊地民族和外國貢使打交道的語言、文字人員。據張廷玉《明史》卷七十四《職官三》，第1797頁，"提督四夷館……置譯字生、通事，通事初隸通政使司，通譯語言文字"。
④ 夜不收，明代北邊防禦中負責情報收集的特種兵。參柏樺《明代的夜不收軍》，載《古代文明》2013年第1期。

臺頭營隆慶二年設遊擊一員，領中軍一員，千把總九員。額兵三千三百九十一名。尖哨一百名。夜不收三白名。

　　燕河營正統年設參將一員，領中軍一員，千把總九員。額兵三千一百二十八名。尖哨一百名。夜不收三百名。

　　太平寨營正德十年設參將一員，領中軍一員，千把總六員。額兵三千八百七十一名。尖哨五十二名。夜不收一百八十四名。

　　喜峯口營萬曆二年設參將一員，領中軍一員，千把總五員。額兵二千四百三十三名。尖哨九十八名。夜不收二百一十六名。

　　松棚峪營隆慶二年設遊擊一員，領中軍一員，千把總四員。額兵三千三百一十二名。尖哨一百名。夜不收三百名。

　　馬蘭峪營①正統十四年設參將一員，領中軍一員，千把總九員。額兵五千七百三十五名。尖哨一百五十名。夜不收四百名。

　　墻子嶺營嘉靖三十年設參將一員，領中軍一員，千把總六員。額兵一千五百六名。尖哨一百名。夜不收三百名。

　　曹家寨營嘉靖三十年設遊擊一員，領中軍一員，千把總五員。額兵一千七百四十二名。尖哨一百名。夜不收四百名。

　　古北口營嘉靖三十年設參將一員，領中軍一員，千把總十一員。額兵二千七百七十四名。尖哨一百五十名。夜不收四百名。

　　石塘嶺營嘉靖三十年設參將一員，領中軍一員，千把總十一員。額兵二千九百六十五名。尖哨一百名。夜不收三百名。

客兵

　　河大班軍營萬曆元年設遊擊一員，領中軍一員，千把總八員，分春秋兩防，每防官軍一千五百餘名，駐劄大水峪地方防守。額兵三千五十四名內河間衛軍士一千六百八十六名，大同衛軍士八百九十三名，平定所軍士四百七十五名。

　　大同邊軍營原設西路入衛遊擊一員，領中軍一員，千把總八員。額兵二千二百名。春秋兩防，俱駐劄石塘路防守。

　　山東班軍營隆慶元年設都司一員，領中軍一員，千把總十員。額兵二千九百九十八名。春秋兩防，輪班駐劄古北路防守。

　　延綏邊軍營嘉靖二十九年設遊擊一員，領中軍一員，千把總八員。額兵二千一百九十一名。春秋兩防，一年一更，駐劄古北路防守。

　　神樞車兵營萬曆三年題發京營參將一員，領中軍一員，千把總一十四員。額兵三千名。每秋防駐劄古北口防守。

---

① ［校］馬蘭峪營，底本字迹模糊，據民國間抄本補。

河間班軍營原設都司一員，萬曆元年改遊擊一員，領中軍一員，千把總九員。額兵三千名。每秋防駐劄曹家路防守。

保定班軍營都司一員，領中軍一員，千把總五員。額兵一千五百名。春防駐曹家路，秋防駐燕河路防守。

大同邊軍營原設東路入衛遊擊一員，領中軍一員，千把總十二員。額兵二千一百八十七名。春秋兩防，俱駐劄墻子嶺路防守。

河南班軍營隆慶三年改撥，京操都司一員，領中軍一員，千把總六員。額兵二千九百八十九名。每秋防駐劄馬蘭路防守。

宣府邊軍營遊擊一員，領中軍一員，千把總八員。額兵二千五百名。春秋兩防，俱駐劄臺頭路防守。

保河民兵營嘉靖二十九年，召募保定、河間二府民兵，設遊擊一員，領中軍一員，千把總十四員。額兵三千名。春秋兩防，俱赴三屯營駐劄操練，專候應援，春派喜峯、秋派馬蘭路防守。

天津班軍營原設都司，萬曆三年改遊擊一員，領中軍一員，千把總九員。額兵三千名。春秋兩防，輪班駐劄松棚路防守。

大寧班軍營都司一員，領中軍一員，千把總九員。額兵三千名。每春防駐劄曹家砦①路防守。

河南班軍營隆慶三年，改撥京操都司一員，領中軍一員，千把總一十一員。額兵三千名。每秋赴三屯標下車營操練，額派松棚路防守。

定州遊兵營萬曆元年設遊擊一員，領中軍一員，千把總九員。額兵三千名。每秋防駐劄喜峯路防守。

定州忠順營②都司一員，領中軍一員，千把總四員。額兵一千五百名。春秋兩防，分派馬蘭、太平二路防守。

德州班軍營原設都司，萬曆三年改遊擊一員，領中軍一員，千把總九員。額兵三千名。每秋防駐劄石門路防守。

通津班軍營都司一員，領中軍一員，千把總八員。額兵二千五百九十九名。每春防駐劄喜峯路防守。

延綏邊軍營嘉靖二十九年設遊擊一員，領中軍一員，千把總八員。額兵二千二百名。原派古北路，萬曆元年改撥臺頭路防守，一年一更。

遼東邊軍營嘉靖三十年設遊擊一員，領中軍一員，千把總十員。額兵二千四百六十三名。春秋兩防，俱駐劄石門路防守。

瀋陽遊兵營原設都司，萬曆三年改遊擊一員，領中軍一員，千把總九員。額兵二千七百八十

---

① 曹家砦，底本、民國間抄本均爲此，然本書前後文多處亦記有"曹家寨"。

② 忠順營，由明初入仕中原的北方少數民族如蒙古、回回和女真等組成，隆慶二年時由達官軍改編爲忠順軍。他們單獨編組，輪流到京城和京畿地區防禦。忠順營主要分布在定州、河間、保定等地。參彭勇《論明代忠順營官軍的命運變遷》，載《中州學刊》2009年第6期。

七名。每秋防原派石門路、今改駐太平路防守。①

東路南兵②營隆慶六年設參將一員，領中軍一員，領兵并管臺千把總一百六員。額兵二千四百六十九名。分派防守山海、石門、燕河、臺頭四路隘口。

中路南兵營隆慶六年設副總兵一員，領中軍一員，領兵并管臺千把總九十五員。額兵四千一百七名，分派防守太平、喜峯、馬蘭、松棚四路隘口。

西路南兵營隆慶六年設，或副總兵、或參將一員，領中軍一員，領兵并管臺千把總一百員。額兵三千二百一十名。分派防守曹家、墻子、石塘、古北四路隘口。

雜兵

密雲守備下隨征軍二百名，捕盜軍五十名，城操軍九十五名，軍門隨征軍五十名。密雲後衛城操守門軍一百六名，潮河所城操軍九名，梁城所城操軍七十名。薊州守備下城操軍三百五十名。遵化守備下城操軍三百五十名。三屯營守備下城操軍五百三十名。永平守備下城操軍六百九十七名。撫寧衛城操軍四十一名。

效祖曰："薊鎮向以三衛爲藩籬，儼若堂奧，故簡師庀賦不及諸鎮之什一。自庚戌後，始增主客兵至二十萬，五尺以上不輕得息。曾幾何時，而罷去者幾半矣！乃議者復欲減徵調之兵，乃不知薊鎮密邇宸京，延亘二千餘里，視宣、大二鎮幾兩倍之！顧兵馬不及一鎮之額，危疑要害，杞人猶有隱憂，彼爲玆議者，其謂周廬之計何？"

昌鎮軍旅

營伍

主兵

總兵標下

標兵營嘉靖四十二年設遊擊一員，領中軍一員，哨總四員，把總四員。額兵一千九百五十名。

永安營嘉靖四十三年設坐營一員，領中軍一員，千把總八員。額兵二千九百六十六名。

昌平營嘉靖三十七年設遊擊一員，領中軍一員，哨把總六員。額兵一千六百五十名。以上三營俱昌平駐劄。

---

① 此注以下內容，《中國文獻珍本叢書》影印、整理時，第 92~93 頁將原書拼葉錯誤，《四庫禁燬書叢刊》仍舊。現根據上下文內容並結合文意，將影印本自 92 下 a 至 93 下 b 計六葉的順序調整爲：92 下 b~93 下 a~93 上 b~92 下 a~93 下 b~93 上 a。

② 南兵，指來自南方的軍兵。隆慶初年，戚繼光調江浙一帶軍兵到薊鎮戍守、防禦，以發揮他們的特長。這批南方的軍兵長期戍北，甚至長期定居、生活於此。參辛德勇《述明代戍衛長城之南兵》，載《中國史研究》2004 年第 4 期。

各路營

鞏華營嘉靖三十九年設遊擊一員，領中軍一員，哨把總五員。額兵一千七百八十九名。

黃花路營嘉靖三十年設參將一員，領中軍二員，千把總四員。額兵一千七百三十八名。夜不收三百四十五名。

居庸路營洪武三十二年設參將一員，領中軍一員，把總六員。額兵三千五百一十二名。夜不收二百四十名。

橫嶺路營嘉靖三十二年設參將一員，領中軍一員，千把總九員。額兵三千三百五名。夜不收三百六十五名。

客兵

白羊遊兵營嘉靖三十九年設良、涿上下二營班軍遊擊一員，領中軍一員，千把總十八員。額兵六千名。春防三千，秋防三千，輪番駐劄橫嶺防守。

保定忠順營都司一員，領中軍一員，千把總四員。額兵一千四百九十四名。每春防駐劄橫嶺路防守。

京軍營隆慶四年設佐擊。萬曆三年題改神機車兵練勇參將一員，領中軍一員，千把總十四員。額兵三千名。每秋防駐劄黃花路防守。

寧夏邊軍營遊擊一員，領中軍一員，千把總七員。額兵二千五百九名。春秋兩防，俱派渤海所防守。

山東班軍營隆慶二年請調京操都司一員，領中軍一員，千把總九員。額兵二千九百八十七名。春秋兩防，輪班駐劄黃花路防守。

雜兵

延慶衛城操軍二百一十二名。渤海所城操軍九十九名。白羊口城操軍五十八名。鎮邊城操軍五十八名。懷柔縣捕盜軍一百四十一名。

效祖曰："昌平營額，自庚戌後增益數多，鎮固不加於薊，然譚者并重焉！則以有諸陵在，所繫非眇小也，然白羊諸口固亦要衝，歲額良、涿兵六千名，離次逾半。比聞遊擊何勳、周冕相繼抽補，不避勞怨，今漸於舊額無虧矣。使募兵者皆若而人，營伍何患不充？此不可獨責之二子，又豈獨可施之白羊口已乎？"

真保鎮軍旅

營伍

主兵

撫院標下

真定奇兵營萬曆元年設坐管參將一員，中軍遊擊一員，千把總三十八員。額兵二千二百三十三名。

　　真定民兵營嘉靖四十五年設遊擊一員，領中軍一員，千把總八員。額兵二千二百四十四名。

　　真定車營萬曆二年設遊擊一員，領中軍一員，千把總八員。額兵二千五百三十二名。

鎮守標下

　　標兵營嘉靖三十二年設遊擊一員，領中軍一員，督陣旗牌把總官四十員。額兵三千二百二十名。

　　保定左營正德元年設都司一員，領中軍一員，千把總七員。額兵一千五百名。

　　保定車營萬曆二年設遊擊一員，領中軍一員，千把總六員。額兵二千五百三十二名。

　　定州遊兵營嘉靖三十二年設遊擊一員，領中軍一員，千把總九員。額兵三千名。

　　保定忠順營嘉靖八年設都司一員，領中軍一員，千把總五員。額兵一千五百名。

　　定州忠順營嘉靖八年設都司一員，領中軍一員，千把總四員。額兵一千五百名。

各路營

　　茂山衛班軍營千總一員，領把總二員。額兵一千三百六十名。

　　茨溝營嘉靖三十三年設守備一員，領中軍一員。左右哨、管總官二員，今屬龍固關參將轄。額兵一千名。

　　紫荊關路嘉靖二十一年設參將一員，領中軍一員，千把總六員，守城千戶一員。額兵一千四十一名。

　　馬水口路嘉靖二十三年①設參將一員，領中軍一員，千把總二員，地方官一員。額兵二千二百七十名。

　　倒馬關路嘉靖二十四年設參將一員，領中軍一員，左右哨官二員，坐司官二員。額兵三千三百九十六名。守口墩軍在內。

　　龍固關路嘉靖二十年設參將一員，領中軍一員，左右哨官二員，坐司官一員。額兵三千三百三十一名。

　　沿河口營嘉靖三十三年設守備一員，領中軍一員，把總一員，巡捕官一員。額兵一千二百一名。

　　大龍門口營嘉靖三十二年設把總一員，領地方官一員。額兵五百九十五名。

　　金水口營嘉靖三十三年設把總一員，領地方官一員，守口官二員。額兵三百七十八名。

　　浮圖峪營成化二十三年設守備一員，領中軍一員，左右哨官二員。額兵六百九十二名。

　　白石口營嘉靖三十三年設守備一員，領中軍一員，管總官一員，巡捕官一員。額兵一千三百二名。

---

① 萬曆《大明會典》卷一百二十六《兵部九·鎮戍一·將領上》，《續修四庫全書》第791冊，第277頁，"馬水口參將，舊係守備，嘉靖三十三年改設"。

烏龍溝營嘉靖二十三年設把總官一員，領管總官一員。額兵四百五十一名。

寧靜安營嘉靖二十九年設把總官一員領。額兵三百三十六名。

插箭嶺營嘉靖二十四年設守備一員，領中軍一員，守口官十一員，巡捕官一員。額兵一千三百八十五名。

狼牙口營嘉靖三十二年設把總指揮一員，領守口官十員。額兵七百七十五名。

龍泉關營嘉靖二十一年設把總官一員，領巡捕官一員。額兵五百五十六名。

固關營嘉靖二十一年設把總官一員，領巡捕官一員。額兵四百九十七名。

客兵

馬水口下淶水鄉夫官三員，鄉夫五百一十五名，河間領操餘官一員，操餘一百五十名。額兵六百七十五名。

浮圖峪下保定左營官四員，軍八百九十二名，與右營輪班，備禦班官三員，班軍六百四十四名。紫荊關備冬官舍餘①二百八十名。保定衛官二員，操餘七百七十八名。易州鄉夫官一員，鄉夫二百八十名。茂山衛班軍四百名。額兵三千三百七十四名。

白石口下真、神二衛官二員，軍六百三十名。紫荊營官八員，軍一千四百三十九名。易州鄉夫官一員，鄉夫八十六名。額兵二千二百五十五名。

烏龍口下茂山衛官一員，軍九百名。保定領民壯官一員，民壯六百五十名。易、淶鄉夫官一員，鄉夫一百八十八名。備禦班軍一百七十名。額兵一千九百八名。

沿河口下忠順營官三員，軍八百七名，備禦班軍五十八名。額兵八百六十五名。

大龍門口下定州官四員，軍六百八十二名。保定左營官一員，軍一百九十九名。河間操餘二百名，備禦班軍二百一十七名。額兵一千二百九十八名。

寧靜安下保定左營軍四百五名。真定衛操餘一百八十八名。保定領操餘官一員，操餘八百七十名。易州鄉夫二百七十三名。紫荊關備冬舍餘二百二十名。騰驤衛操餘一百名。真、神二衛備禦班軍一百八十六名。額兵二千二百五十二名。

龍泉關下真定衛操餘官一員，操餘三百六十九名。神武右衛操餘官一員，操餘二百四十二名。額兵六百一十一名。

固關下真定衛操餘官一員，操餘三百九十九名。神武右衛操餘二百一十三名。武功右衛操餘三十五名。額兵六百四十七名。

插箭嶺下真定衛官一員，班軍一千六百八十一名。定州衛操餘官一員，操餘五百四十名。額兵二千二百二十一名。

茨溝營下騰驤右衛操餘二百五十名，備禦官一員，忠順軍二百五名。定州衛操餘一百五十五名。額兵六百一十名。

---

① ［校］餘，底本原無，據文意補。

狼牙口下忠順官一員，軍七十三名。定州衛操餘官一員，操餘二百九十名。額兵三百六十三名。

效祖按："《關誌》：弘治中始設守備，正德間改參將，尋改副總兵。至嘉靖間始添設三關參將，以副總兵充鎮守。或曰：弘治以前何如？曰：楊恪愍公《紫荊考》曰景泰初諜報，也先入犯，于肅愍公奏遣都督顧興祖率禁衛兵守備紫荊、倒馬關，又遣都指揮王虹守保定，都指揮陳旺、沈興守涿州，都指揮張智守真定，又遣都督同知劉安、僉都御史曹泰鎮守易州，以節制之。其經署大較若此。然視今日之環城索耦，則今固便矣。"

遼鎮軍旅

營伍

總兵標下

廣寧正兵營嘉靖六年設坐營官一員，領千把總三十員。主兵五千三百一十二名。客兵、降夷家丁二千九百七十八名。

左營萬曆元年設遊擊一員，領中軍一員，千把總九員。主兵二千六百四十五名。客兵、家丁五十二名。

右營萬曆元年設遊擊一員，領中軍一員，千把總一員。主兵一千五百名。

各路營

遼陽營天順六年設副總兵一員，領中軍一員，千把總十八員。主兵九千九百八十八名。客兵、家丁一百六十四名。

開原營永樂年設參將一員，領中軍一員，千把總一十四員。主兵一萬五百二十名。

海州營嘉靖二十八年設參將一員，領中軍一員，千把總九員。主兵四千五百八十三名。

寧遠營嘉靖二十六年設參將一員，領中軍一員，千把總九員。主兵三千八百八十八名。客兵、家丁二十三名。

險山營嘉靖四十二年設參將一員，領中軍一員，千把總九員。主兵五千二百五十八名。客兵、家丁一十九名。

瀋陽營嘉靖二十年設遊擊一員，領中軍一員，千把總九員。主兵七千九百八十七名。客兵、家丁四十八名。

鎮武營嘉靖四十一年設遊擊一員，領中軍一員，千把總九員。主兵四千一百二十八名。

正安車營隆慶五年設遊擊一員，領中軍一員，千把總九員。主兵四千五百一十一名。

前屯營嘉靖四十一年設遊擊一員，領中軍一員，把總二員。主兵四千九百五十四名。客兵家丁九十八名。

錦州營嘉靖二十八年設守備一員，領千把總六員。主兵四千九百七十三名。

金州營嘉靖三十年設守備一員，領把總二員。主兵一千七百七十五名。

義州營守備一員，領千把總九員。主兵五千二百九十四名。

中固營弘治年間設備禦一員，領把總二員。主兵一千六百九十六名。

鐵嶺營弘治年間設備禦一員，領把總二員。主兵二千三百八十一名。

汎河營嘉靖八年設備禦一員，領把總二員。主兵一千三百七名。

懿路營正統年間設備禦一員，領把總二員。主兵一千六百四十九名。

廣寧右屯營嘉靖四十四年設備禦一員，領把總二員。主兵四百九十九名。

入衛薊鎮兵二千五百名嘉靖三十年設遊擊一員，領中軍一員，千把總十員。

薊鎮軍門標兵一千名千把總三員。

效祖曰："遼鎮營伍計二十餘所，然兵有至五千人者，有不踰二千者，豈設置之時，以其地有緩亟，兵遂因之以多寡邪？然夷虜入犯，縱橫汗漫，奔突若雷霆，迅疾若風雨，無定時亦無定處也，安知其緩者不亟，亟者顧又緩邪？衷多益寡通變，宜時監督，方部者毋逡巡耳。"

薊鎮軍旅

器械

兵器

盔、甲、腰刀、鐵鎗、團牌、弓、箭。已上俱舊置。

钂鈀、倭刀、長鎗、狼筅、藤牌、木棍、木神箭。已上俱舊置。

火器

大將軍、二將軍、三將軍。已上俱欽頒。

無敵大將軍倣佛郎機，制新置，甚便。

快鎗、大佛郎機、三眼銃、四眼銃。已上俱舊置。

虎蹲砲、火箭盤鎗、碗口砲、石砲、炸砲、鳥嘴銃、夾鈀銃、火箭、飛鎗、飛刀、飛箭。已上俱新置。

車

偏箱車騾駕。輕車人運。元戎車騾駕。輜重車騾駕。

無敵大將軍車、火箭車、望車、鼓車。

督府標下

左營

盔甲六千二百二十副。兵器三萬二千一十二件。火器四十八萬八千一百四件。

右營

盔甲三千八百八十副。兵器三萬四千三百四十六件。火器二十萬一千一百八十三件。

輜重營

盔甲一千六百九十六副。兵器一千六百四十件。火器八百二十四件。

振武營

盔甲二千五百五十四副。兵器一萬五千五百八十件。火器六十九萬三千四十五件。

永勝奇兵營

盔甲七百七十三副。兵器一萬一千五百二十九件。火器四萬四千八百九十五件。

鎮虜奇兵營

盔甲一千四百一十一副。兵器一萬五千七百三十二件。火器七千二百四十一件。

撫院標下

左營

盔甲三千副。兵器九千五百五十四件。火器四十三萬六千七百三件。

右營

盔甲六百一十六副。兵器三千二百一十七件。火器二十三萬二千三百六十四件。

輜重營

盔甲二百四十副。兵器八千一百五十件。火器四萬八千一百六十件。

總兵標下

中軍營

盔甲七百四十五副。兵器五千二百九十八件。火器。

左營

盔甲二千六百一十三副。兵器三萬三千三百二十三件。火器四十三萬六千九百五十六件。

右營

盔甲二千三百八十二副。兵器三萬五百一十八件。火器四十六萬二千六十四件。

輜重營

盔甲八十副。兵器八百件。

保河營

盔甲三百三十八副。兵器八百五十件。火器三千五十七件。

奇兵營

盔甲三百五十二副。兵器三百四十六件。

各路營

　　建昌營

　　盔甲三千一百九十九副。兵器六萬七千六百七十八件。火器四十四萬八千九百七十六件。

　　石匣營

　　盔甲二千一百一十六副。兵器一萬三千四十件。火器一十八萬五千七百二十七件。

　　山海關營

　　盔甲一千六百六十副。兵器四千七百七十二件。火器一十①三萬九千四百八十四件。

　　石門寨營

　　盔甲一千五百四副。兵器二萬二千六百六十六件。火器一十八萬六千四百一十二件。

　　臺頭營

　　盔甲一千一百二十八副。兵器二萬三百八十一件。火器二十八萬五千八百三十件。

　　燕河營

　　盔甲一千八百八十八副。兵器一萬九千九百五十四件。火器二十一萬四千九百四十八件。

　　喜峯口營

　　盔甲三千四百三十三副。兵器一萬二千七百九件。火器四十一萬二千三百九十七件。

　　太平寨營

　　盔甲四千三百九十九副。兵器六萬一百六十六件。火器一百七萬六千九百七十八件。

　　松棚谷營

　　盔甲五千二百七十四副。兵器三萬四千五百四十八件。火器一百一十萬五千六百四十件。

　　馬蘭谷營

　　盔甲六千六百四十八副。兵器一萬四千七百五十件。火器一百一十四萬六千三百七十件。

　　墻子嶺營

　　盔甲一千八百八十五副。兵器一萬八千二百九十八件。火器五十七萬八千七百九十

---

① ［校］十，原作"千"，據民國間抄本改。

八件。

曹家寨營

盔甲三千四百四十五副。兵器二萬一千七百三十六件。火器五十萬三千九百五十八件。

古北口營

盔甲三千一百一副。兵器四萬六千八百五十二件。火器五十七萬六千六百七十九件。

石塘嶺營

盔甲三千三百一十二副。兵器一萬七千一百一十三件。火器一百四萬一千六百七十六件。

督府標下

輜重車八十輛。元戎車一輛。鼓車二輛。

撫院標下

輜重車八十輛。元戎車一輛。鼓車二輛。

鎮府標下

輜重車八十輛。元戎車一輛。鼓車二輛。

振武營

偏箱戰車一百二十八輛。座車三輛。將軍車六輛。火箭車五輛。鼓車二輛。

建昌營

偏箱戰車一百四十四輛。輕車一百二十八輛。元戎車三輛。鼓車二輛。大將軍車六輛。火箭車五輛。

石匣營

偏箱戰車一百二十八輛。座車三輛。將軍車六輛。火箭車五輛。鼓車二輛。

石門寨營

輕戰車六十四輛。

臺頭營

輕戰車六十四輛。

燕河營

輕戰車三十六輛。

太平寨營

輕車八十一輛。

喜峯口營

輕車二十七輛。

保河營

戰車一百二十八輛。座車三輛。大將軍車三輛。火箭車三輛。運藥物車三輛。鼓車二輛。

效祖曰："薊鎮主兵皆北方之强，其所長者，弓矢機銃，不二三器耳。自增南兵戍守，遂增置倭刀、狼筅、党鈀、藤牌。聞在閩、越，種種稱戎剛，惜虜不來，不得一試其技耳。然寧使吾技不售，毋寧使虜來。虜不來乃邊人受其福，吾技不售，豈亦虜之幸乎？"

昌鎮軍旅

器械

兵器

盔甲、腰刀、鈎鎗、鐵鎗、挨牌、圓牌、弓箭。以上俱舊置。

党鈀、倭刀、長鎗、狼筅、藤牌、木神箭、木棍。以上俱新置。

火器

大將軍、二將軍、三將軍。以上俱欽頒。

快鎗、神鎗、大神砲、小神砲、大佛郎機、小佛郎機、三眼銃、四眼銃、十眼銃、百出先鋒砲、奪門銃。以上俱舊置。

虎蹲砲、鳥嘴銃、碗口銃、百子銃、連珠砲、石砲、炸砲、夾刀、九龍盤鎗、鐵鞭鎗、火箭盤鎗、子母砲、火箭。以上俱新置。

車

偏廂車騾駕。望車。元戎車騾駕。鼓車。

總兵標下

標兵營

盔甲一千三百五十七副。兵器三千一十件。火器一十三萬七千七百九十件。

昌平營

盔甲二千四百一十一副。兵器三千五百一十六件。火器一十七萬九千三百三十四件。

永安營

盔甲二千九百七十六副。兵器八千九百四十六件。火器三十一萬三千三百三十五件。

各路營

鞏華營

盔甲一千八百六十二副。兵器三千七百二件。火器一十二萬九千四百五十六件。

居庸營

盔甲三千四百四十三副。兵器六千四百二十六件。火器五十六萬四千八百五十一件。

黃花營

盔甲三千五百三十五副。兵器一萬七千九百九十八件。火器三十萬四千八百六十一件。

橫嶺營

盔甲三千八百九十六副。兵器五千四百七十四件。火器三十三萬五千四百三十八件。

車議造未完。

效祖曰："庚戌歲，北虜入犯，韋鞴毳幕，縱橫昌平道中。大司馬奏遣營將陳燦率甲士三千人，駐東山口擁護陵寢。虜薄其營，燦遂奉首竄，其甲士亦爭弃鎧仗走。嗟乎！使臨敵者皆若燦而人，則武庫之儲祇爲敵人資耳。彼揭竿斬木者之謂何？燦雖詣廷尉聞，今得不死。"

真保鎮軍旅

器械

兵器

盔甲、腰刀、弓、箭、邊箭、弩弓、提砲、虎尾稍棍、挨牌、斧、飛雲鑹、悶棍、三股义、鎗、撓鈎、標鎗、連頭棍。

火器

大將軍、二將軍、三將軍、大小神砲、快鎗、神鎗、大小佛郎機、銃、木神箭、火箭。

車

雙輪戰車、火箭車、門車、望車、元戎車、鼓車、將軍車。

撫院標下

奇兵營

盔甲二千四百五十副。兵器三千二百五十件。火器二千六百三十件。

總兵標下

標兵營

盔甲三千二百七十五副。兵器十三萬七千六百八十四件。火器一千八百四十六件。

保定左營

盔甲一千四百三十二副。兵器四千九百一十八件。火器九百七十二件。

保定車營

盔甲一千五百五十七副。兵器二萬五千五百八十八件。火器一千一百六十八件。

保定忠順營

盔甲一千五百副。兵器四萬七千二百二十八件。火器四萬一百四十二件。

各路營

紫荊關路

盔甲六千九百二十三副。兵器六萬九千八百三十五件。火器七萬八千六百一十三件。

馬水口路

盔甲七千副。兵器三萬六千一百六十七件。火器四萬六千八百五十四件。

倒馬關路

盔甲七千九百三十六副。兵器八萬三千二百三十四件。火器一萬九千七百七十二件。

龍固關路

盔甲六千六十三副。兵器八萬三百六十三件。火器。

茨溝營

盔甲三千三十副。兵器二萬二千九百五十三件。火器四千七百五十一件。

茂山衛班軍營

盔甲一千二百九十副。兵器二萬五千七百七十件。火器六百七十八件。

沿河口營

盔甲一千二百二十一副。兵器七千八百七十件。火器五千四百一十五件。

大龍門口營

盔甲八百六十一副。兵器五千六百五十六件。火器九千三百二十二件。

金水口營

盔甲三百七十八副。兵器三千三百二十四件。火器一千五百二件。

浮圖峪營

盔甲二千一百五十八副。兵器二萬六百八十六件。火器二萬三千五百三十件。

白石口營

盔甲一千三百二副。兵器九千四十六件。火器一萬三千六百一十件。

烏龍溝營

盔甲四十一副。兵器三千一百二十九件。火器四千一百九十七件。

寧靜安營

盔甲三百三十一副。兵器二千六百六十七件。火器五千三百九件。

插箭嶺營

盔甲二千六百三十六副。兵器一萬八千八百三十二件。火器三千四百六十八件。

狼牙口營

盔甲三百四十二副。兵器二千四十五件。火器一千七百八十七件。

龍泉關營

盔甲五百五十九副。兵器一萬一千四百三十八件。火器二千四百八件。

固關營

盔甲五百一十一副。兵器九千九百九十二件。火器四千件。

保定車營

雙輪戰車一百二十輛。門車八輛①。火箭車五輛②。望車一輛。元戎車三輛。將軍車六輛。鼓車二輛。

真定車營

雙輪戰車一百二十輛。門車八輛。火箭車五輛。望車一輛。元戎車三輛。將軍車六輛。鼓車二輛。

效祖曰："真保爲畿輔近地，自嘉靖中，北虜蹢浮圖，我兵環視，卒無敢張機向一虜者，則雄芒勁鍛，安能爲有無？雖然除戎器以戒不虞，古昔重之，惡可因咽以廢食乎？"

遼鎮軍旅

器械

兵器

盔甲、腰刀、弓箭、撒袋、圓牌。以上俱舊置。

明盔、明甲、倭刀、臂手、拐子鎗、長鎗、馬耳鎗、斧、木棍、虎鎗。以上俱新置。

火器

大將軍、二將軍、三將軍、銅馬砲、銅十眼銃。以上俱欽頒。

大把銃、碗口銃、牛角砲、神鎗、大鐵砲、大佛郎機、小佛郎機、快鎗、一把蓮砲。以上俱舊置。

九龍砲、連珠砲、神砲、石砲、千里銃、噴鎗、火箭、鳥嘴銃、鉛子、鐵子。以上俱新置。

---

① ［校］輛，原作"輪"，據民國間抄本改。
② ［校］輛，原作"輪"，據民國間抄本改。

車

　　雙輪戰車騾駕。單輪戰車人運。元戎車騾駕。鼓車人運。火箭車。望車。以上俱新置。

總兵標下

　　正兵營

　　盔甲七千八百五十六副。兵器二萬四千六百七十九件。火器二千七百六十七件。

　　左營

　　盔甲二千七十副。兵器五千五百五十七件。火器一千一百三十七件。

　　右營

　　盔甲一千六百副。兵器四千六百二十件。火器五百件。

各路營

　　遼陽營

　　盔甲一萬二千五百四十七副。兵器四萬五千七百五十九件。火器八千一百五十三件。

　　開原營

　　盔甲五千六百三十副。兵器二萬五千七百六十一件。火器四千二百五十八件。

　　海州營

　　盔甲二千三百五十二副。兵器一萬五千六百二十五件。火器五千八百二十五件。

　　寧遠營

　　盔甲四千八十三副。兵器九千一百六十六件。火器八千一十五件。

　　險山營

　　盔甲五千八百二十副。兵器二萬八十一件。火器八百四十五件。

　　瀋陽營

　　盔甲六千七百五十副。兵器二萬五千九百四十八件。火器二千一百三十一件。

　　鎮武營

　　盔甲二千二百八十七副。兵器九千五百九十六件。火器一千七百九十五件。

　　正安車營

　　盔甲四千四百七十三副。兵器一萬四千一百二十七件。火器九千四百一十件。

　　前屯營

　　盔甲四千八十三副。兵器一萬二千四百七件。火器六千三百八十九件。

　　錦州營

　　盔甲四千一百二十七副。兵器一萬五千六百九十六件。火器三千七件。

　　金州營

　　盔甲一千五百五十四副。兵器一萬一千九百四十件。火器一萬一千三百四十四件。

義州營

盔甲三千五百六十九副。兵器一萬二千七百八十九件。火器二千四百六十三件。

中固營

盔甲八百九十九副。兵器三千八百七十四件。火器一千六百五十三件。

鐵嶺營

盔甲一千六百一十四副。兵器一萬一千一件。火器三千六百五十八件。

汎河營

盔甲一千六百四十五副。兵器六千二百一件。火器一千八十三件。

懿路營

盔甲一千五百九十二副。兵器七千九百七十三件。火器一千三百二件。

右屯營

盔甲五百二十三副。兵器一千七百三十九件。火器一千二百一十三件。

標下正兵營

獨輪戰車二百輛。雙輪小車四百輛。元戎車一輛。鼓車二輛。

遼兵營

獨輪戰車二百輛。元戎車一輛。鼓車二輛。

開原營

獨輪戰車二百輛。元戎車一輛。鼓車二輛。

海州營

獨輪戰車二百輛。元戎車一輛。鼓車二輛。

寧遠營

獨輪戰車一百輛①。

險山營

獨輪戰車二百輛②。元戎車一輛。鼓車二輛。

瀋陽營

獨輪戰車二百輛③。元戎車一輛。鼓車二輛。

鎮武營

獨輪戰車二百輛。元戎車一輛。鼓車二輛。

正安車營

雙輪戰車二百二十輛。獨輪戰車三百輛分發鎮靜堡一百輛，鎮寧、鎮遠、鎮安、鎮邊、鎮

---

① ［校］輛，原作"輪"，據民國間抄本改。
② ［校］輛，原作"輪"，據民國間抄本改。
③ ［校］輛，原作"輪"，據民國間抄本改。

夷等堡，每堡二十輛。元戎車一輛。鼓車二輛。

前屯營

獨輪戰車一百輛。

錦州營

獨輪戰車三百八十輛內分發大凌河、松山二所，每所四十輛。大茂、大勝、大鎮、大福、大興等堡，每堡二十輛。元戎車一輛。鼓車二輛。

金州營

獨輪戰車二百輛。元戎車一輛。鼓車二輛。

義州營

獨輪戰車三百四十輛內分發大靜、大清、大無、大平、大庸、大安、大定等堡，每堡二十輛。元戎車一輛。鼓車二輛。

中固營

獨輪戰車一百輛。

鐵嶺營

獨輪戰車一百輛。

汎河營

獨輪戰車一百輛。

懿路營

獨輪戰車一百輛。以上車輛俱萬曆二年北撫張學顏題造。

效祖曰：“遼鎮器械大較①諸邊同，而弧矢之利獨稱精絕，乃其人鋒捍亦有力，推挽之往往應弦，有決拾之功夫。中國之長技，莫先於火器、弧矢，次之其卒。然以短兵相接，而二者莫施，則勝敗非余所能進賭矣。”

四鎮三關誌卷之三，終

---

① ［校］器械大較，原作"器大械較"，據民國間抄本改。

四鎮三關誌卷之四

糧餉考

四鎮糧餉總論

效祖曰："我朝邊費至煩，皆仰給於近省田賦，大司農①又時時出帑金，以佐其亟。計四鎮所需流衍者，已二百萬餘矣。然籯輂日增，陵阺日不足。邊臣一有逾額之請，大司農或靳不與，即與之，亦稽覈者多端，豈保穀金城。大司農與邊臣之心若是殊耶？蓋師行糧從，邊臣惟恐用之不足，量入爲出。司農惟恐用之有餘，其勢則然無足異。今以四鎮之餉，稽其舊額，續以新增，而屯田、漕粟、鹽法、市徵諸費附焉，作《糧餉考》。"

薊鎮糧餉

民運②

全鎮歲額銀二十六萬一千五百六十九兩一錢，本色③米豆七萬一百四十五石，本色

---

① 大司農，代指户部。
② 民運，據張廷玉《明史》卷八十三《食貨志六》，第 2005 頁，"凡各鎮兵餉，有屯糧，有民運，有鹽引，有京運，有主兵年例，有客兵年例。屯糧者，明初，各鎮皆有屯田，一軍之田，足贍一軍之用，衛所官吏俸糧皆取給焉。民運者，屯糧不足，加以民糧。麥、米、豆、草、布、鈔、花絨運給戍卒，故謂之民運，後多議折銀"。
③ 本色，據張廷玉《明史》卷七十八《食貨志二》，第 1894~1895 頁，"洪武九年，天下稅糧，令民以銀、鈔、錢、絹代輸。銀一兩、錢千文鈔一貫，皆折輸米一石，小麥則減直十之二。棉苧一匹，折米六斗，麥七斗。麻布一匹，折米四斗，麥五斗。綵、絹等各以輕重爲損益，願入粟者聽。十七年，雲南以金、銀、貝、布、漆、丹砂、水銀代秋租。於是謂米麥爲本色，而諸折納稅糧者謂之折色"。後又衍生，交納實物即爲本色，改折銀或他物則爲折徵。

草七十二萬九百三十八束。

密雲道

歲額銀一十四萬六百八十七兩六錢專給主兵。河南布政司歲運銀六萬三千八百五十兩，山東布政司歲運銀六萬一千五十五兩六錢。上二項，萬曆元年經畧侍郎汪道昆改解太倉轉發。順天府歲運銀一萬一千一百四十二兩，大名府歲運銀四千兩，廣平府歲運銀三百二十兩，河間府歲運銀三百二十兩。

本色黑豆四萬六千一百石。通州歲運豆一萬四千五百石，三河縣歲運豆九千三百四十七石，寶坻縣歲運豆八千一百三石。已上三處俱龍慶倉收貯。密雲縣歲運豆一萬一千五百二十四石石匣倉收貯。平谷縣歲運豆二千六百二十六石猪圈頭、熊兒谷二倉收貯。隆慶五年，將已上五州縣原坐派永平、昌平、易州、宣府四處，并京庫及本鎮起運、存留稅糧、草料，各折色共一萬八千四百四十兩，俱改本色穀、米、豆，解發本道收貯。萬曆元年，將穀、米俱改徵黑豆，專給客兵。

薊州道

歲額銀九千七百三十一兩專給主兵。河間府歲運銀一千八百五十八兩，廣平府歲運銀三千二百一兩，大名府歲運銀八百五十一兩，保定府歲運銀四百八十五兩，順天府歲運銀三千三百三十六兩。

本色米豆二萬四千四十五石。薊州歲運米七千一百四十三石將軍、黃崖、馬蘭三倉收貯。遵化縣歲運米三千四百八十八石羅文、洪山、漢兒三倉收貯。豐潤縣歲運米八千九百九十六石喜峯、青山、太平三屯四倉收貯。豆二千二百三十四石三屯營、漢兒莊二倉收貯。玉田縣歲運米二千一百八十四石大安口倉收貯。

本色草三十四萬三千五百三十八束。薊州歲運草八萬六千五十八束馬蘭谷場收貯。遵化縣歲運草八萬四千三百四十一束永盈、羅文谷二場收貯。豐潤縣歲運草一十二萬九千二百八十三束三屯場收貯。玉田縣歲運草四萬三千八百五十六束大安口場收貯。

永平道

歲額銀一十一萬一千一百五十兩五錢專給主兵。山東布政司歲運銀三萬六千五百六十兩。河南布政司歲運銀三萬五千二百兩。上二項，萬曆元年經畧侍郎汪道昆改解太倉轉發本鎮。

順天府歲運銀三萬二千一十五兩七錢內隆慶五年改發京東九州縣一萬一千二百九十九兩與密、薊二道，仍將二道京帑內扣補。河間府歲運銀一千一百四十八兩，大名府歲運銀六百三十八兩九錢，廣平府歲運銀九百三十兩，真定府歲運銀四百八十兩，順德府歲運銀一千八百五十六兩，永平府歲運銀二千三百二十一兩九錢原額九千八百六十九兩四錢，隆慶五年內將七千五百四十八兩改徵本色馬草。

本色草三十七萬七千四百束。永平府歲運草三十七萬七千四百束今折銀七千五百四十八兩。

效祖曰："薊鎮始非邊也，其所設兵馬差倍於昌平，而歲運之餉稱是。自庚戌後結壘日分，裹糧仍舊，即歲無逋負，猶然不免於罄懸，況用日詘而逋日甚乎？即使塞下之民德上而赴胡，其卒何所利而久居危難之地乎？神農之教曰：有石城十仞，湯池百步，帶甲百萬，而亡粟弗能守也。豈謂是乎？豈謂是乎！"

昌鎮糧餉

民運

歲額銀一十三萬五千八百三兩三錢專給主兵。山東布政司歲運銀五萬六千九百一十二兩萬曆元年經署侍郎汪道昆改解太倉轉發。河南布政司歲運銀五萬六千八百三十四兩萬曆元年經署侍郎汪道昆改解太倉轉發，二年戶部仍改徑解本鎮。順天府歲運銀三千八百四十七兩，保定府歲運銀五千三百四十兩，河間府歲運銀二千二百六十七兩，大名府歲運銀四千六十五兩三錢，順德府歲運銀二千四百七十八兩，廣平府歲運銀八百兩，真定府歲運銀三千二百六十兩。

效祖曰："昌平在四鎮獨眇小，其主客餉數不宜取盈，然所用歲運已至數十萬矣。庚戌後，清勾抽掇有加無已，而頻年地方芻藁田租不以淫溢免，則以銷鑠停。夫以有加之兵而待日逋之賦，嗷口枵腹，其能執干戈以畢戎事乎？陵寢關鎮，密邇京師，今且如此，他何說焉？"

真保鎮糧餉

民運

歲額銀四十七萬一千七百九十二兩七錢三分五厘專給主兵。本鎮不通漕艘，故無本色。易州、井陘二道，分貯順天、真定、保定、河間、順德、廣平、大名六府及山東、河南二省派撥錢糧，各項折價不等，每年徵解。

易州道

歲額折色銀三十萬四百六兩八錢四分五厘分貯保定、易州二庫軍餉支用。以下開載本色數目，俱各處歲解本鎮額數。

本色小麥三萬四千九百七十八石八斗。山東布政司歲運小麥八千八百石，河南布政司歲運小麥八千二百石，真定府歲運小麥一萬五百三十八石八斗，保定府歲運小麥三千四百四十石，河間府歲運小麥五百石，大名府歲運小麥二千五百石，順德府歲運小麥五百石，順天府歲運小麥五百石。

本色米三十一萬九百六十一石五斗一升九合。山東布政司歲運米一十二萬三千一百八十一石五斗七升九合，河南布政司歲運米十三萬六千二百四十六石，真定府歲運米二萬八千五百九十八石四斗六升，保定府歲運米一萬二千一百六十石，河間府歲運米一千九百七十三石一升，大名府歲運米三千九百一石九斗三升，廣平府歲運米一千一百三石八斗七升，順德府歲運米三千七百九十六石六斗七升。

本色豆二千三百四十二石七斗。山東布政司歲運豆九百石，河南布政司歲運豆一千一百四十五石七斗，順天府歲運豆二百九十七石。

人丁絲絹三千四百九十七匹八尺。真定府歲運絹五百匹，保定府歲運絹九百四十七匹八尺，河間府歲運絹一千九百匹，順天府歲運絹一百五十匹。

綿布五萬二百五十六匹。山東布政司歲運布一萬六百四十八匹，河南布政司歲運布三萬七千九百七十九匹內布二萬九千九百八十二匹，原解德州常盈庫，後改撥解本鎮。廣平府歲運布一千六百二十九匹。

綿花絨三萬六千二百五十五斤。山東布政司歲運花絨三千斤，河南布政司歲運花絨三萬二百五十六斤內花絨二萬二千五百七十斤。原解德州常盈倉，後改撥解本鎮。大名府歲運花絨一千四百九十九斤，順天府歲運花絨一千五百斤。

戶口鹽鈔。

大名府歲運鹽鈔五十一萬五千二百二十五貫。

草一十五萬八千七百一十七束。真定府歲運草三萬七千七百二十束，保定府歲運草一十一萬一千九百九十七束，順天府歲運草九千束。

井陘道

歲額折色銀一十七萬一千三百八十五兩八錢九分分貯保定、定州二庫，軍餉支用。以下開載本色數目，俱各處歲解本鎮額數。

本色小麥二萬八千一百二十石大名府折色銀在外。山東布政司歲運小麥四千七百石，河南布政司歲運小麥四千七百石，真定府歲運小麥一萬八千七百二十石，大名府歲運小麥折價銀四百一十二兩八錢。

本色米七萬四千五百九十八石四斗六升折色在外。河南布政司歲運米三萬石，真定府歲運米四萬四千五百九十八石四斗六升。大名府歲運米折價銀五千五百四十四兩五錢二分。

人丁絲絹。

真定府歲解絹五百匹。

綿布。

河南布政司歲運布二萬五百八十一匹，大名府歲運濶布折價銀七百五十兩，順德府歲運濶布折價銀五百四十兩。

綿花絨。

河南布政司歲運花絨一萬四千四百六十四斤。

草。

真定府歲運草一百二十九萬三千五百六十二束。

效祖曰："古者分疆，制賦一方，終畝自足，以備一方之需。固未嘗裒彼益此，而輸輓①日僕僕於道也。自紫荆諸關之費，尚亦有仰給於他方者，而大司農復遣曹郎以經紀之。至與邊鎮相頡頏，然則守雲中而便宜饗士卒者，彼稱足安所出哉？"

遼鎮糧餉

民運

歲額銀一十五萬七百一十兩九分，山東布政司歲解銀一十三萬三千三百九十兩四錢。洪武初，坐派本色鈔一百八十七萬三千五百錠，布三十三萬三千八百九匹，花絨一十三萬九千五百八十斤，由海運②自登州府新河海口，舟運至金州衛旅順口交卸，自旅順再由遼河直抵開原城西老米灣。正德初，以登州守臣奏改徵折色，陸運至今，海運未復。效祖曰："海運之說，年來當事者什結，非一人矣。顧委篋無報可之音，徒令乘槎者翹首而觖望，余不知其故矣。或曰：山東人不願為之。嗟嗟，非然也。余檢往牒，即墨人苦布花之折色矣，登州人苦禁海之蕭條矣，何言山東人不願也？山東人願，遼人願，則不願者誰乎？余不知其故矣。"山東鹽運司歲解銀一萬六千三百八十四兩三錢二分係鹽布折銀。永平府歲解銀九百三十五兩三錢七分係戶口鹽糧折銀。《原志》載：額銀一千一十三兩一錢，今少七十七兩七錢三分，不合額數。

本色地畝綿花絨三百四十六斤。永平府歲解花三百四十六斤。逓年完解。前項本折惟永平府節年完解，其山東布政［司］③每隔年解，且不及十分之五，運司則年年拖欠，不及十分之三。

效祖曰："遼左軍餉至薄，糧價所抵幾何？而山東民運往往逋負過半，治粟者藉口稽延，每軍逾時，止得月糧什七，行糧什五，此謂歲稔猶可言耳。設有珪璧之請，衆口嗷嗷，不知恤隱者，何以爲之計也？嗟乎！殷鑒不遠，其在癸丑、戊午間乎？"

---

① 輸輓，指運送物資。據張廷玉《明史》卷八十六《河渠志四》，第2104頁，"洪武二十六年嘗命崇山侯李新開溧水胭脂河，以通浙漕，免丹陽輸輓及大江風濤之險。而三吳之粟，必由常、鎮。三十一年浚奔牛、呂城二壩河道"。
② 明初遼東用海運，據張廷玉《明史》卷八十六《河渠志四》，第2113~2114頁，"海運，始於元至元中。伯顏用朱清、張瑄運糧赴京師，僅四萬餘石。其後日增，至三百萬餘石。初，海道萬三千餘里，最險惡，既而開生道，稍徑直。後殷明畧又開新道，尤便。然皆出大洋，風利，自浙西抵京不逾旬日，而漂失甚多"。可參樊鏵《政治決策與明代海運》，社會科學文獻出版社2009年。
③ ［校］司，底本原無，據民國間抄本補。

薊鎮糧餉

京帑

年例銀①九十一萬五千六百二十九兩五錢。年例本色米二十五萬四千八百一十石。

密雲道

年例銀三十四萬一千二百四十八兩五錢內三萬三千九百二十四兩專給主兵，其三十萬七千三百二十四兩五錢專給客兵。

本色米一十五萬四千八百一十石原米通運京倉上納，至嘉靖三十九年，始派發米十萬四千八百一十石，每年自通州漕運至牛欄山，陸運至密雲龍慶倉收貯，專給主兵。萬曆元年，總督劉應節、巡撫楊兆請浚漕河，增發米五萬石，專給客兵，共米十五萬四千八百一十石。仍本船運至牛欄山，繼以剝船運至城下，貯龍慶倉，是爲京帑云。剝船二百隻，水手四百名，挽夫六百名，每船運米四十石，腳價一石五斗，每石上倉腳價五合。舊牛欄山陸運腳價一萬五百兩，今并增發漕運腳價共五千六百八十兩。

薊州道

年例銀四十萬二千四百三十兩三錢主客兼支。

本色米一十萬石原運貯京倉，後派山東、河南二省米十萬石，即本船運至薊州倉收貯，專給主兵。隆慶六年，總督劉應節、巡撫楊兆議浚薊東河一道，通遵化縣平安城，繼以舟運至平安倉收貯，給馬、太、喜、松四路軍士月糧用。

永平道

年例銀一十七萬一千九百五十兩七錢主客兼支。密、薊俱撥給本色，惟永平獨無。效祖按：永平舊通海運，國初，浚新橘海口達濼河以給遼餉。至永樂十三年，始疏會通河，海運遂罷。天順間，復議薊州東南有奪水、新開二沽，近海可通漕運，給盧龍諸軍，尋以勞民罷。成化辛酉，司農疏議豐潤還鄉河通海，於新河建倉，繼以陸運抵盧龍，復以勞費萬計亦罷。嘉靖三十八年，余視天津儲，同主事魏濟民用海船運天津粟賑遼左，才一行之。隆慶二年，巡撫劉應節議造海船，自天津由海運至濼河海口達永平城下，尋又以御史劉翾言，竟罷。嗟嗟！盧龍諸塞本色終無可復至矣。

效祖曰："薊鎮額餉有各省之民運，有衛所之屯田，縱使軍無缺伍者，亦足以供之。乃至庚戌後始議增兵，而京帑如建瓴矣。夫發京帑者，爲所增兵，非爲原額兵也。今民運之逋逃者日多，屯田之抛荒者日甚，併以額兵不足之餉請給於大司農，大司農安得不計度而爭較之？愚以爲，內外當事之臣，倘念封疆重寄各有所事，果使民運無負，屯種

---

① 年例銀，係中央預算固定撥付給各邊關的軍費銀。據張廷玉《明史》卷八十三《食貨志六》，第 2005 頁，"凡各鎮兵餉，有屯糧，有民運，有鹽引，有京運，有主兵年例，有客兵年例"。固定的實物稱本色米。相關研究可參范傳南《明代九邊京運年例銀及其經管研究》，東北師範大學 2011 年博士學位論文及王尊旺《明代九邊軍費考論》，天津古籍出版社 2010 年。

日蕃，而額外新增之餉即責之大司農，大司農何詞以爲解乎？"

昌鎮糧餉

京帑

　　年例銀量緩急請發，少則六七萬兩，多則十一二萬兩主客兼支，原無定額，大約客兵給多，主兵給少。

　　本色漕運米一十八萬九千二百七十二石原米通運京倉上納。嘉靖三十三年，請派撥三萬九千二百七十二石有奇，陸運至鎮給軍。萬曆元年，總督劉應節因本鎮衛軍赴京支糧不便，增發一十五萬石，抵鞏華城奠靖倉收貯，是爲京帑云，專給主兵。官運船二百隻，水手四百名，挽夫六百名，每船運米四十五石，每石脚價五分。民船二百隻，每運米同，每石脚價六分。原發陸運脚價六千二百八十三兩有奇，今并增發漕運脚價共一千五百七十兩。

　　效祖曰："京帑者，以外府之財而供京用，非爲以內府而復輓之於外也。蓋國初因則壤之上下以治賦，酌邊鎮之大小以定供，間以民運偶逋，或邊事告棘，爲之借助云耳。今歲既有常例，復有加增，即昌平一小鎮所費京帑已若此，竭澤之漁，不於根本有肌憂乎？"

真保鎮糧餉

京帑

　　年例銀五萬九千兩專給客兵。每年約用銀三萬四千五百兩，召商糴買米豆草束，并折色銀間支外，其餘銀兩，存貯本鎮候用。查得京運年例銀兩，嘉靖十二年以前原無，至十三年因本鎮多事，部發太倉銀二萬兩支費。至庚戌之變，歲發銀六萬四千餘兩。四十五年，户部議准發銀五萬九千兩，每年照數給發，不待逐年計。會節年本鎮因有剩省之數，至萬曆元年部議止發三萬五千兩。本年因調兵防秋築臺，本部仍照舊發銀五萬九千兩。

　　效祖曰："真保固近畿洛食①也，歲入諸邑田租，綿綿穰穰，自足以饗本鎮之士，奚至煩京帑乎？乃既煩京帑矣，而本鎮復裝橐以入京師。抑間有輓供宣、大者，毋乃滋勞費乎？經理之臣，後必有變通者，余不敢竟其説。"

---

① 洛食，原意爲周公營東都，先卜地，洛得吉兆。後引申爲定都，此處爲地近北京之意。語見《尚書正義》卷十五《洛誥》，《十三經注疏》本，第405頁，"我卜河朔黎水，我乃卜澗水東、瀍水西，惟洛食。吾又卜瀍水東，亦惟洛食"。

遼鎮糧餉

京帑

年例銀一十六萬三千九百九十八兩五錢三分。《舊志》：原額一十九萬八千八十八兩五錢三分，今少三萬七千九十兩，不知何年減革。

效祖曰："遼東僻在東隅，其所用之京庚，僅一十六萬耳，若何以獨少於他鎮？蓋遼雖瀕海，稼穡芒參歲多秭，即斗粟值不過數緒，故軍士廩餼不及內鎮之半。假使其產不豐，勢必倍其值以給之，則所需京庚又不知何所抵極也。然國家所以待遼人者至淺尠矣。"

薊鎮糧餉

屯糧附鹽法

屯田并徵糧地共三萬六千九百五十頃七畝七分五厘每畝徵糧不等。

徵本色米豆八萬六千五百八十石六斗原額米豆一十一萬四千四百九石，內除種樹地畝減徵米豆二萬七千八百二十八石四斗。今止徵前數。

徵草二十三萬二千九百二十二束。

折色銀一萬六千四百四十二兩五錢原額銀一萬七千二百七十六兩，今少八百三十三兩四錢，不合原額。

密雲中衛

田四百七十一頃一畝內新墾二百一頃一十四畝，糧三千二百三十八石米豆俱龍慶倉收貯，折色銀三百三十九兩解薊州道。

密雲後衛

田一百四頃五畝內新墾二十頃一十六畝，糧一千六石米豆俱古北口倉收貯，折色銀三十九兩內三十三兩解薊州道，六兩解太倉。

鎮虜營

地二十五頃二十一畝，糧二百八十七石米豆俱豬圈頭管倉收貯。

梁城所

地六十一頃八十九畝內新墾三十三頃八十九畝，折色銀二百九十兩密雲縣庫收貯。

薊州衛

田二萬五千一頃一十畝七分五厘，糧二千八百九十二石本色黑豆馬蘭峪倉收貯，折色銀一百一十三兩。

鎮朔衛

田五百八十二頃五十五畝八分，糧八千四百二石本色豆馬蘭峪倉收貯，草四千七百七十七束馬蘭峪場收貯，折色銀九十八兩。

營州右屯衛

田二百二十一頃，糧二千三百五十石本色豆馬蘭峪倉收貯，草二千五百一十一束馬蘭峪場收貯，折色銀八十八兩。

興州左屯衛

田七百五十四頃七十九畝，糧七千二百九十二石本色豆大安口倉收貯，草九千三百六十五束大安口場收貯，折色銀三百二十八兩。

遵化衛

田三百二十七頃六十三畝一分，糧二千四百五十石本色豆羅文峪倉收貯，草九千三十八束三屯營場收貯。

忠義中衛

田四百九十五頃六十二畝九分，糧四千一十一石本色豆洪山口倉收貯，草一萬五千四百九十七束三屯營場收貯，折色銀三百五十一兩。

東勝右衛

田一千一百五十八頃六畝九分，糧五千一百六十三石本色豆洪山口倉收貯，草一萬五千六百八十四束三屯營場收貯，折色銀七百一十九兩。

寬河所

田一百八頃四十四畝三分，糧一千二十四石本色豆羅文峪倉收貯，草一千四百一十一束三屯營場收貯，折色銀八十五兩。

興州前屯衛

田五百五十八頃九十六畝，糧六千七百四石本色豆三屯營倉收貯，草一萬二千四百一十三束三屯營場收貯，折色銀七百一兩。

開平中屯衛

田三百九十三頃二十七畝五分，糧二千四百七十六石本色豆太平倉收貯，草九百三十一束三屯營場收貯，折色銀二百九十一兩。

營州中屯衛

田四十二頃五十畝，糧五百一十石米、豆俱將軍營倉收貯，折色銀九十八兩。

大安口等關

地四十四頃四十五畝五分六厘，糧六百三十三石本色豆大安口倉收貯，折色銀三兩。

將軍石等關

地三十二頃，糧五百七十一石本色豆將軍營倉收貯。

黃崖口等關

地四十頃二十畝八分六厘，糧六百九十石本色豆黃崖營倉收貯。

寬佃峪等關

地四頃五十三畝，糧六十五石本色豆馬蘭峪倉收貯。

馬蘭峪營

地一十一頃七畝，糧二百五十五石本色豆馬蘭峪倉收貯。

羅文峪等關

地四十三頃三十八畝二分，糧六百二十三石本色豆羅文峪倉收貯。

洪山口等關

地二十四頃七十三畝三分，糧三百六十八石本色豆洪山口倉收貯。

龍井兒等關

地一十九頃二十七畝五分，糧二百七十七石本色豆漢兒莊倉收貯。

三屯營

地五十四頃四十一畝二分，糧五百七十九石本色豆本倉收貯。

喜峯口等關

地三十頃二十七畝五分，糧四百五十三石本色豆本倉收貯。

董家口等關

地一十四頃五十四畝，糧二百四十石本色豆青山營倉收貯。

榆木嶺等關

地一十一頃二十八畝，糧一百五十石本色豆五重安倉收貯。

太平寨

地二十頃二十五畝，糧三百三十一石本色本倉收貯。

擦崖子等關

地四十七頃五十二畝五分，糧一千八十六石本色豆五重安倉收貯。

撥來各外衛所折色銀一萬二千三百兩五錢興州後屯衛六百九十六兩二錢。營州前屯衛一千八百二十二兩錢。營州左屯衛四百六十兩四錢。興州中屯衛一千二百七兩五錢。梁城所二百九十兩二錢。密雲中衛五百七兩三錢。密雲後衛三十三兩三錢。通州左衛六百三十四兩一錢。通州右衛八百九兩四錢。神武衛七百六十一兩。定邊衛一千七百四十三兩八錢。武清衛四百六十兩四錢。涿鹿衛八百四十二兩五錢。涿鹿左衛一千六百八十七兩八錢。涿鹿中衛九百四十三兩六錢。

永平衛

田六百四十四頃二十八畝一分八厘，糧二千一百一十九石米、豆俱本倉收貯，草二萬六千二百三十束內俱除種樹地畝不徵。

盧龍衛

出六百八十一頃五十一畝三分，糧三千九百五十六石六斗米、豆俱本倉收貯，草二萬四千八百八十束內俱除種樹地畝不徵。

東勝左衛

田八百三十頃一十九畝五分，糧四千六百九十一石米、豆俱本倉收貯，草三萬二千七百一十四束內俱除種樹地畝不徵。

興州右屯衛

田九百八十二頃五十一畝，糧五千六百八十九石六斗米、豆俱本倉收貯，草二萬三千五百九十七束內俱除種樹地畝不徵。

撫寧衛

田八百四十九頃六十六畝五分，糧三千六百三十三石米、豆俱本倉收貯，草一萬八千八百三十一束內俱除種樹地畝不徵。

山海衛

田一千七百一十九頃一十五畝四分，糧五千五百八十一石六斗米、豆俱本倉收貯，草三萬五千五十三束內俱除種樹地畝不徵。

燕河營

地三十四頃二十一畝，糧三百四十八石米、豆俱本倉收貯，戶部子粒豆一百三十二石五斗。

建昌營

地二十四頃二十五畝，糧二百九十一石米、豆俱本倉收貯，戶部子粒一百三十五石。

冷口等關

地八十五頃二十五畝，糧八百五十二石米、豆俱本倉收貯，戶部子粒豆一百二十二石五斗。

桃林口等關

地六十五頃五十五畝，糧六百四十七石八斗米、豆俱原倉收貯，戶部子粒豆一百三十五石三斗。

青山口等關

地七十二頃四十一畝，糧八百六十九石。

界嶺口等關

地三十七頃三十二畝，糧四百二十八石。

臺頭營

地四十九頃四十畝，糧五百九十三石。

石門寨

地一十七頃二十九畝，糧一百五十三石五斗，户部子粒豆一百八石。

大毛山等關

地四十六頃二十二畝，糧五百五十三石八斗。

一片石等關

地四十九頃二十五畝，糧五百四十二石二斗，户部子粒豆九十七石六斗。

義院口等關

地三十二頃五畝，糧三百八十四石六斗除種樹地畝不徵。

南海口關

地二十三頃五十畝，糧二百八十二石。

赤羊海口

地四頃五十畝，糧五十四石。

牛頭崖營

地四頃五十畝，糧五十四石。

鹽法嘉靖三十七年，督撫會請募商實粟塞上，得支淮、蘆鹽券，芻糧自是稍濟。逮今法雖未弛，報中者僅什二而已。

中納則例

淮鹽每引定價五錢，納粟五斗隨鹵豐量爲增損。

蘆鹽每引定價二錢，納粟二斗三升八合鹵豐無增損。浙鹽每引定價三錢五分鹵豐無增損。

薊州道

長蘆存積鹽六萬七千九百六引一百五十斤，每引報中納粟二斗一升，納豆二斗七升米、豆俱給客兵。

永平道隆慶六年，户部劄付開中①，所報者俱淮鹽。萬曆元年五月内停止。

淮鹽四萬二千五百引，浙鹽二萬五千引。

附考。景泰元年，減中鹽芻粟。先是，召商於密雲龍慶倉，中淮鹽者，每引米七斗、豆五斗、草四十束；古北口每引米七斗、豆三斗、草三十五束。至是，減密雲龍慶倉米、豆各一斗，草十束，古北口米五升、豆一斗、草十束。《吾學編》。

① 開中，即開中法，參張廷玉《明史》卷八十《食貨四》，第1935頁，"召商輸糧而與之鹽，謂之開中"。即官府利用鹽的官營，招募鹽商運送糧米及其他軍用物資到邊疆官倉，再根據中鹽則例，以糧食換取鹽引獲利。此法實行初期，有利於社會穩定、經濟發展、邊防鞏固。但到成化、弘治年間，開中法日趨破壞，難以推行。弘治五年，時任户部尚書葉淇實行新鹽法，以適應新形勢，開中法廢除。商屯，是商人借開中之制，招人到邊地屯種，將糧食就近交納後換取鹽引。商屯，不等於開中法。

效祖曰："薊鎮屯田，經畧、督撫諸臣講之久矣，然竟成書餅者何？或曰：邊外雖有沃野，一事耰鋤，夷酋即興朵頤之念，即穡人未告成功，而狎者先遭撲聲矣。邊外既不可，則宜講內地。或又曰：內地多山，磽确，殊甚，主兵以荷戈爲重勢，不得跋歷荷耒耜。乃客兵之信宿靡常者，其又何及焉？樓畝之利，余不敢謂薊可行也。"

昌鎮糧餉

屯糧

屯田二千四百八十三頃三十六畝八分七厘，本色豆三千九石五斗六升二合，折色銀四千九百八十六兩九錢四分九厘。

效祖按：昌平原額屯田俱徵本色，至近年墾闢者則折銀，然皆以供自食也。獨景陵一衛種豆得豆，而折色銀則轉輸易州。至涿鹿、營州中屯等衛，復以折色撥解薊州，不知其戀遷者何故。然則衰益通融，誠不宜執拘攣之故云。

延慶衛

田八百八十三頃二十二畝四分三厘內屯田二十七頃五十畝，各徵米、豆不等，共米、豆三百三十石，各折銀不等，共銀一百八十一兩五錢。屯地五百七十頃二十二畝六分，徵糧二千八百二十九石二斗六升，每石折銀六錢五分，共銀一千八百四十五兩五錢二分。新墾地二百八十八頃三十三畝七分，每畝徵銀一分五厘，共銀四百三十二兩五錢五厘。折色銀二千四百五十九兩五錢二分五厘。

營州左屯衛

屯地六十三頃七十二畝二分原額徵本色米七百六十四石六斗六升四合，今改徵折色。折色銀四百五十四兩六錢五分四厘。

長陵衛

屯地二十四頃三十六畝六分係陸續新墾，折色銀三十六兩五錢六分。

獻陵衛

屯地一百二頃八畝內續墾地六十七頃五十一畝五分。本色豆三百二十一石二斗八升六合，折色銀一百一兩二錢七分。

景陵衛

屯地四百五十一頃五畝內續墾地二百八十八頃四十三畝。本色豆九百八十二石五斗，折色銀四百七十四兩七錢一厘。解納易州庫，備官軍月糧用。

裕陵衛

屯地一百一十七頃四十四畝六分四厘內續墾地四十九頃七十七畝四分。又牧馬地四十三頃二十三畝六分四厘，本色豆二百八十二石八升，折色銀一百七十兩二錢一分六厘。

茂陵衛

屯地二百三十五頃四十六畝九分內續墾地一百八十九頃七十二畝五分。又牧馬地四頃三十八畝九分，本色豆三百五十五石一升。折色銀二百八十八兩四錢五分。

泰陵衛

屯地一百八頃一十七畝內續墾地七十四頃一十四畝五分六厘。又牧馬地二十四頃八十四畝九分。本色豆一百五石六斗一升，折色銀二百一兩三錢六分。

康陵衛

屯地一百二十一頃七十一畝五分六厘內續墾地八十九頃四十一畝三分六厘。又牧馬地一十三頃七十六畝六分。本色豆二百二十石五斗五升，折色銀一百七十五兩四錢。

永陵衛

屯地一百六十八頃五十六畝五分四厘內續墾地九十八頃六畝九分。又牧馬地二十三頃二畝六分四厘。本色豆四百六十石二斗四升六合，折色銀二百四兩二錢二分九厘。

昭陵衛

屯地二百七頃五十六畝內續墾地三十五頃七十一畝六分。又牧馬地一百四十七頃三十八畝七分。本色豆二百八十二石二斗八升，折色銀四百二十兩五錢九分四厘。

效祖曰："昌平有民運，有京帑，又有屯田矣，而復輓漕粟者，以京北田畝磽瘠，米價常至騰踴，而關北上谷諸地，又時取給舊制。諸陵衛赴京支糧，往返頗稱僕僕，乃者督撫請移漕粟以食之，惠至渥也。然聞先朝屢開罰穀輸邊，以非經久之規，尋復罷止，而權宜通變間一行之，倘於法無虧而於事少濟，不猶愈於損海陵之正額乎？"

真保鎮糧餉

屯糧

屯田一萬四千三百一十六頃五十畝二分內田與地徵稅各殊，原額屯田俱徵本色，而歷年墾地則徵折色，有全衛止徵本色豆，用給馬軍之需，而興州中屯及景陵諸衛屯稅又係撥給充用者。徵本色糧三萬九千九百六十九石二斗，折色銀一萬六千六百九十九兩六錢三分。

真定衛

田五千一百五十二頃八十六畝七分，糧七千七百二十三石四斗六升三合，折色銀四千八十九兩六錢四分五厘。

神武右衛

田一千五百二十三頃六十九畝，糧五千四十四石六斗二升七合，折色銀一千三十二兩九錢四分。

定州衛

田一千八百四十五頃五十七畝八分，糧三千八百一十六石二斗九升，折色銀一千三百八十九兩五錢二分四厘。

武功右衛

田一百一頃四十六畝一分，糧二百七十石一斗五合內豆貯豐盈倉。折色銀四十六兩一錢八分。

保定左衛

田五百七十三畝四分內新墾地四百八十一頃四十七畝。糧一千七十一石一斗四升，折色銀七百二十二兩二錢。

保定右衛

田七百五頃五十六畝七分內新墾地五百七十頃六十四畝。糧一千六百三十八石二斗四升，折色銀八百五十五兩九錢七分。

保定中衛

田一千一百二十九頃七十九畝七分內新墾地七百七十頃八十畝六分。糧四千二百五十四石二斗三升，折色銀一千二百五十六兩二錢一分。

保定前衛

田七百七十六頃四十四畝三分內新墾地四百七十二頃二十六畝。糧三千六百五十石一斗四升，折色銀七百八兩四錢。

保定後衛

田六百九十九頃一十九畝內新墾地五百六十頃一十六畝。糧一千六百六十八石二斗四升，折色銀八百四十兩二錢五分。

茂山衛

田一千二百九十五頃一十一畝內新墾地一千九十五頃。糧二千四百二十一石六斗，折色銀一千六百四十二兩六錢六分。

紫荊關守禦中千戶所

田二百三十一頃九十八畝八分內新墾地一百三十七頃三十四畝。糧一千六十七石八斗八升，折色銀一百九十兩七錢五分。

騰驤右衛

田二十三頃九十七畝八分，糧二百八十七石七斗三升。

涿鹿衛

田五十六頃三十畝，糧六百七十一石二斗，折色銀七百六十九兩九錢四分內草銀九十四兩二分。

涿鹿左衛

田一百一十五頃六十五畝二分，糧一千三百七十二石三斗二升，折色銀六百九十九兩三錢內草銀一百六十七兩四錢二分。

涿鹿中衛

田八十八頃一十五畝，糧九百七十六石二斗六升，折色銀九百四十三兩六錢六分內草銀一百二十九兩七錢八分。

景陵衛原本折稅銀在昌鎮，與諸陵衛同制，不知何年奉例撥給涿州、易州倉庫貯候支用

糧九百八十二石五斗，折色銀三百四兩四錢。

濟州衛

糧一千三百一十六石三斗五升。

興州中屯衛

糧一千七百三十六石八斗八升，折色銀一千二百七兩六錢內草銀一百四十四兩四錢四分。

效祖曰："古者屯田塞下，即寓兵於農之意也。今畿輔諸衛多有之，然發稠垂穎，不足以供鐵馬之需，奈何不仰給於大司農也。且各衛之屯亦有涉澤披榛，修正多艱者，不知當時設置之謂何？倘各以其咫步所便者，稍稍互易之，且課農有官，毋事鹵莽；責租有約，毋令愆期，將不有菑畬①畇畇之利乎？"

遼鎮糧餉

屯糧附鹽鐵

額編屯軍一萬八千六百三名，分耕辦納徵收本色，每畝上地徵糧五升，下地徵糧二升半，每豆二斗准折穀米一斗。又每畝青草四束，如草折銀，每百束折銀六分。荒閑空地許官軍戶丁耕種，報官量地肥斥爲稅糧多寡。清河等堡開墾荒田，舊志止開銀數，未載地畝名，爲屯糧折色，近海、金、復四衛②論地額徵折色，名爲草豆價銀，列新舊本折總數及各衛所新分數於左③。後附永寧監田，不在徵糧數內。

屯田三萬七百五頃七十三畝四分原志載額田三萬三千五十頃八十六畝，今少二千三百四十五頃一十二畝六分。

徵本色二十四萬一千三百二十石七斗三升五合原糧三十八萬四千七百一十七石七斗九升，今少一十四萬三千三百九十七石五升五合。

---

① 菑畬，耕耘。語見《周易正義》卷三《無妄》，《十三經注疏》本，第137頁，"不耕穫，不菑畬，則利有攸往"。

② 遼南四衛爲盖、海、金、復等四衛，此處少盖州衛。

③ 左，底本內容從右至左豎排，故以左爲下。本書橫排，左爲下之意。

折色一萬一千五百一十一兩九錢九分原清河等堡徵墾荒田折色四百二十 兩九錢四分，金、復、蓋、海草豆價銀一萬一千八十兩一分。

徵草一百三十九萬九千三百六十九束原額草三百五十三萬二千五百六十一束，今少二百一十三萬三千九百二十一束。

定遼中衛

田一千三百三頃二畝原田一千一百五十九頃三畝。糧一萬三百二十三石三斗原糧一萬五千二百七十二石。草一十萬五千一百三束原草一十二萬五千一百三十九束。

定遼左衛內有併入右衛田糧

田一千八百五十三頃七十畝原田一千七百一十六頃五十三畝。糧一萬七百九十九石四斗原糧二萬六千二百九十六石。草一十二萬九千九百一十束原草二十二萬九千九百束。

定遼前衛

田九百八十七頃八十七畝原田八百九十三頃六十畝。糧八千五百九十九石原糧一萬二千五百九十三石五斗。草七萬一千七百九十束原草九萬一千七百九十束。

定遼後衛

田一千四十頃八十八畝原田一千二百三十九頃四十七畝。糧九千八百八十一石六斗原糧一萬五千九百九十六石。草八萬四千六百一十束原草一十一萬四千六百一十一束。

東寧衛

田一千一百二十四頃四十畝原田七百六十三頃四十畝。糧五千二百一十六石五斗原糧七千七百七十九石四斗。草四萬五千六百二十束原草同。

定遼右衛嘉靖四十四年，移治鳳凰堡田，係新墾。

田四十四頃四十六畝五分，糧一百四十三石三斗四升。

三萬衛

田一百八十五頃原田三百四十八頃八十四畝。糧四千七十石原糧五千五百五十石。草七萬一千四百一十六束原草二十一萬四千九百二十五束。

遼海衛

田一百三十八頃原田二百七十四頃四十畝。糧三千三十六石原糧四千一百四十石。草六萬七千一百束原草二十五萬二千四百四十束。

鐵嶺衛

田二百六十九頃五十畝原田三百六十六頃九十三畝。糧五千九百二十九石原糧五千九百八十一石。草九萬八千六十五束原草四十三萬六千七百七十束。

瀋陽中衛

田一千五十三頃四十三畝原田一千二百九頃四十四畝。糧五千六百八十七石九斗原糧一萬七千七百六十六石。草五萬七千九百九十束原草一十七萬九千一百束。

廣寧衛

田五百六十七頃二畝原田七百一十六頃四十一畝。糧三千九百三十九石九斗原糧七千六百六十八石六斗。草九千七十六束原草二萬八千四百一十八束。

廣寧左衛

田八百五頃六十六畝原田一千六百二頃一十二畝。糧六千五百七十八石八斗原糧二萬五百九十石九斗。草二萬五千一十四束原草一十六萬九千四十四束。

廣寧右衛

田六百五十八頃七十三畝原田一千四百三十頃六十九畝。糧四千四百七十四石原糧一萬七千五百三十七石。草二萬四千六百一十四束原草一十四萬四千一百二十束。

廣寧中衛

田六百八十四頃九十四畝原田一千二百七十七頃八十二畝。糧四千八百七十三石三斗原糧一萬二百五十八石。草二萬五千五百二十四束原草一十萬三千三十一束。

義州衛

田七百三十八頃三十六畝原田六百六十一頃五十四畝。糧一萬七百六十四石七斗原糧九千五百五十三石二斗。草一十七萬八千六百五十束原草二十萬三千四十束。

廣寧後屯衛

田二百一十六頃四十八畝原田三百二十二頃八十五畝。糧三千四百三十五石五斗原糧一萬五百五十七石八斗。草五萬八千束原草六萬七千六百束。

廣寧左屯衛

田三百八十六頃三十八畝原田九百五十一頃九十二畝。糧五千六百九十八石八斗原糧一萬二千九百七十一石。草二萬九千三百九十束原草七萬四千一百六束。

廣寧中屯衛

田八百七十二頃九十八畝原田一千一百九十三頃四十畝。糧一萬三千三百八十二石八斗原糧一萬七千三百六石。草六萬六千九百八十六束原草八萬七千九百六十束。

廣寧右屯衛

田五百五十九頃八十五畝原田八百六十二頃六十四畝。糧四千三百一十七石原糧一萬七千三百四石一斗。草三萬三千六百束原草一十三萬三千一百八十束。

廣寧前屯衛

田五百三十八頃四十畝原田六百七十頃四十八畝。糧七千七百九十三石原糧一萬八千四石一斗。草原草一十四萬束，嘉靖四十二年因乏人採辦，呈撫按衙門准停徵。

寧遠衛

田六百三十頃四十九畝原田一千二十頃二十畝。糧七千二百三十六石原糧一萬七千九十九石三斗。草原草四十六萬六千九百六十束。嘉靖四十二年因乏人採辦，呈撫按衙門准停徵。

金州衛

田六千四百四十三頃九十畝原田五千九百九十六頃。糧三萬四千七百七十一石原糧三萬六千二百三十五石。草三萬五千六百六十四束原草同。

復州衛

田三千五百二十六頃七十畝原田三千一百十頃三十四畝。糧一萬九千三百三十八石原糧二萬二千五百三石二斗。草一萬一千束原草同。

盖州衛

田二千七百九頃三十五畝原田二千八百三十二頃三十畝。糧二萬三千二百六十二石原糧三萬一千七百六十四石。草一萬四千五百二十束原草同。

海州衛

田二千四百五十頃七十畝原田二千四百二十九頃八十三畝。糧二萬一千八十七石八斗原糧三萬六百五十二石。草一十五萬五千七百束原草一十六萬二千七百束。

蒲河中左所新墾

田三百一十七頃一十九畝五分，糧二千八百八十六石五斗。

撫順所新墾

田三百五十頃六十四畝五分，糧二千六百二十五石二斗五升。

湯站堡新墾

田一百七十五頃一十二畝，糧八百七十石二斗二升。

鳳凰堡新墾

田四十九頃二十六畝，糧一百四十六石四升。

馬根單堡新墾

田一十四頃三十三畝五分，糧七十一石六斗七升五合。

東州堡新墾

田九頃七畝四分，糧四十五石三斗二升。

永寧監本監田原給恩軍戶耕種，爲牧馬用，不徵糧草，不在前田內。

原田五千二百六十一頃一十七畝。

鹽法附

額鹽三百七十二萬七千一百七十七斤本鎮額編煎鹽軍一千一百七十四名，煎鹽交納各衛收貯，每季支給官軍食用。各官支鹽有差，而額戶軍一人每季支給三十斤，寄籍軍一人每季支給十二斤，招集軍一人每季支給六斤。按季支領，申報立制，顧善冊籍，仍而實惠少，有經數歲不得升鹽者，誠告朔之餼羊也。

兩淮歲額開中鹽九萬四千九十引三十斤。山東長蘆開中鹽六萬二千五百斤。二項共鹽一十五萬六千五百九十引三十斤，年久廢弛，每歲開中恒不及半。隆慶四年復議開中，共十二萬四千三百一十二引。各道召商完納米豆，少裕邊用，巡撫張學顏隆慶五年請以此爲今額。

鹽課本鎮鹽場在海州、義州、廣寧地方，近海斥鹵煮鹽，商人興販論車徵稅。大車每載課銀一兩二錢，小車每載課銀六錢，歲無定額，盈縮論時。海州銀每年春夏二季，都司差人取銀四百兩，解送薊鎮軍門，餘貯廣寧庫。廣寧銀辦於城南杜家屯、葉家園，委官輪收解本庫。義州銀廣寧委官在場收稅貯庫，俱候軍餉支用。

中納則例

兩淮鹽每引定價納銀五錢。

長蘆鹽每引定價納銀二錢隆慶四年停革。

山東鹽每引定價納銀一錢五分。

鐵附

額鐵四十二萬一百五十斤額編炒鐵軍一千五百四十八名，辦納各衛貯庫，以備軍需。間遇各軍盔甲器械損落，不經官費。該管督令本鐵軍備工造成，補給損失者。然近年以來，鐵軍逃故數多，鐵課完不及數，措處關市稅銀委官收買，成造軍裝火器，視昔有加。

效祖曰："遼自海運革罷，而輸輓之路惟自山海關往耳。然各衛有屯田、有糧田以充正額，間亦有開中之鹽、關市之稅，皆所以濟富粟之不及也。而要之供億百出，其能取之無窮用之不竭乎？萬一有如戊午饑疫，斗米至千緡，則屯鹽所出東菑西墅，又奚賴焉？嗟乎！古昔地狹於漢唐，民寡於秦隋，然外奉強胡，內治健倅，未嘗告乏者，彼何術以致然哉？"

四鎮三關誌卷之四，終

四鎮三關誌卷之五

騎乘考

四鎮騎乘總論

效祖曰："冀之北，土馬之所生。國家適修馬政，內有大司馬、太僕以總之，外有行太僕稽登耗、苑馬寺資畜養，以至署有正，圉有長，牧有卒，法至備矣。然其缺也兌給，其死也賠補，而諸邊亦間買市於外夷，則宜若媲息不訾，以收沫楮之效可也。乃兌給未久而馬玄黃，賠補未完而卒逃匿，是兵不得馬之利，而馬反爲兵之害矣，可勝慨哉！今以四鎮馬數，總其大凡，而兌給、賠補之法有可相因者不厭詳載，作《騎乘考》。"

薊鎮騎乘

額設

主兵額馬騾三萬九千五百八匹頭

督府標下

左營，額馬三千匹。

右營，額馬二千一百匹。

振武營，額馬一百五十七匹，騾二百二十八頭。

永勝奇兵營，額馬九百三十九匹。

輜重營，額馬六十一匹，騾六百四十六頭。

鎮虜奇兵營，額馬一百五十匹。中軍并旗牌聽用差委等官及出巡各項馬五百七匹。

撫院標下

左營，額馬三千匹。

右營，額馬三百五十四匹，騾二百八十八頭。

輜重營，額馬二十七匹，騾六百四十六頭。中軍并旗牌聽用差委等官及出巡各項馬二百六匹。

總兵標下

左營，額馬二千八百匹。

右營，額馬二千八百匹。

輜重營，額馬二十七匹，騾六百四十六頭。

奇兵營，額馬四百一十一匹。

中軍營并旗牌聽用差委等官及出巡各項馬騾八百六十一匹頭。

各路營

建昌營，額馬二千七百一十四匹，騾二百八十八頭。

石匣營，額馬四百四十匹，騾二百八十八頭。

山海路營，額馬騾二百匹頭。

石門路營，額馬二千五百匹。

臺頭路營，額馬一千三百匹。

燕河路營，額馬一千六百匹。

太平路營，額馬騾一千三百四十七匹頭。

喜峯路營，額馬一千一十六匹，騾二十三頭。

松棚路營，額馬一千五百匹。

馬蘭路營，額馬二千六百匹。

墙子路營，額馬八百匹。

曹家路營，額馬七百匹。

古北路營，額馬一千匹。

石塘路營，額馬一千匹。

統領東路南兵將官，額馬七十六匹。

統領中路南兵將官，額馬一百五十二匹。

統領西路南兵將官，額馬一百一十匹。

客兵額馬騾一萬六千四百三十九匹頭

河大班軍營，額馬一百匹。

大同邊軍營，馬二千二百四十七匹。

山東班軍營，馬二十五匹。

延綏邊軍營，馬二千二百二十五匹。

河間班軍營，馬一百七十三匹。

保定班軍營，馬五百一十六匹。

大同邊軍營，馬二千二百四十七匹。

河南班軍營，馬二十五匹。

宣府邊軍營，馬二千六百一十八匹。

保河民兵營，馬二百一十匹，騾七百九十頭額定三屯車營騾頭，係薊鎮官價置買。

天津班軍營，馬二十三匹。

大寧班軍營，馬二十五匹。

河南班軍營，馬二十二匹，騾二百八十八頭。

定州忠順營，馬一百匹。

延綏班軍營，馬二千二百二十五匹。

遼東邊軍營，馬二千五百五十五匹。

瀋陽班軍營，馬二十五匹。

外雜馬四百六匹

密雲捕盜馬六十八匹。

薊州城操馬九十七匹。

遵化城操馬一百二十六匹。

三屯城操馬一百匹。

新橋海口馬一十五匹。

效祖曰："薊鎮之馬，嘗苦於兌給不敷，即歲有之，或取諸封疆百里之外，即以密雲例之民養馬，歲費五千餘金，然不以給軍，何也？且其地什伍充斥荷鉏之夫，半入鼓鼙之列，即不令司皂棧①，豈盡空冀北②乎？"

---

① 皂棧，馬廄。語見郭慶藩撰、王孝魚點校《莊子集釋》卷四中《外篇·馬蹄第九》，中華書局1961年，第330頁，"連之以羈縶，編之以皂棧，馬之死者十二三矣"。
② 空冀北，即馬空冀北，伯樂將冀北良馬搜選一空。語見韓愈著、馬其昶校注、馬茂元整理《韓昌黎文集校注》卷四《序·送溫處士赴河陽軍序》，上海古籍出版社2014年，第281頁，"伯樂一過冀北之野，而馬群遂空"，此處代指薊鎮馬政對北直隸地區造成的負擔。

昌鎮騎乘

額設

主兵額馬騾四千二百二十五匹頭

總兵標下

　　標兵營，額馬六百三十五匹。

　　昌平營，額馬四百二十一匹。

　　永安營，額馬一千六百五十六匹，騾二百頭。

各路營

　　鞏華營，額馬六百一十匹。

　　居庸路營，額馬二百七十一匹。

　　黃花路營，額馬二百八十五匹。

　　橫嶺路營，額馬一百四十七匹。

客兵額馬三千三百三十六匹

　　白羊遊兵營，額馬二百匹。

　　保定忠順營，額馬一百五十匹。

　　神機車兵營，額馬一百匹。

　　寧夏邊兵營，額馬二千八百五十七匹。

　　山東班軍營，額馬二十九匹。

外雜馬驢七百五十四匹頭

　　各陵監馬二百五十六匹，驢一百七十三頭。

　　昌平守備城操馬一百二十二匹。

　　昌平巡邏馬一百匹。

　　奠靖所巡捕馬七十五匹。

　　懷柔捕盜馬二十八匹。

　　效祖曰："昌鎮主客兵馬，視薊門雖稱末減，然且近八千矣。玄盧重地，職在典守，非馳逐遊徼者可同語也。稍稍更爲斂削，即所省芻秣之費，不可以充餼廩乎？人嘗謂'養騎卒一不如養步卒二'，知言哉！"

真保鎮騎乘

額設

主兵額馬騾一萬一千二百二十八匹頭

撫院標下

　　真定奇兵營，馬騾二千二百八十八匹頭。
　　真定民兵營，馬騾一千一百六匹頭。

總兵標下

　　標兵營，馬三千二十七匹。
　　保定左營，馬騾五百匹頭。
　　保定車營，馬一百三十二匹。
　　保定忠順營，馬騾四百六十二匹頭。
　　定州忠順營，馬五百九十五匹。
　　定州遊兵營，馬一千五百匹。

各路營

　　茨溝營，馬四十匹。
　　紫荊關路，馬騾二百九十五匹頭。
　　馬水口路，馬一百五十三匹。
　　倒馬關營，馬騾四百匹頭。
　　龍固關路，馬騾五百匹頭。
　　沿河口，馬五十匹。
　　大龍門，馬二十匹。
　　金水口，馬二十匹。
　　浮圖峪，馬二十二匹。
　　白石口，馬十八匹。
　　插箭嶺，馬騾七十匹頭。
　　龍泉關，馬二十匹。
　　故關，馬十匹。

　　效祖曰：「真保鎮去邊尚有重關，雖兵有主無客，顧蓄馬者已萬人矣，而歲費飲齕至敵帷不棄者，何限也？嗟嗟！吐珠曳練，盡異北之群，將安所藉哉？」

遼鎮騎乘

額設

全鎮操馬騾五萬一千七百七十六匹頭《會典》載：洪武四年額馬四十萬匹，設行太僕寺以稽登耗。永樂四年設苑馬寺以司牧養，歲久藉湮，不知何年，止令苑馬寺專理孳牧，行太僕寺專掌關鎮操馬。查得弘治元年起至嘉靖十六年止，存馬五萬五千一百九十八匹。二十年增至六萬七千五百二十四匹。嘉靖四十年至四十四年增至七萬三百一十八匹。隆慶四年止存四萬二千六百三十五匹。隆慶五年至萬曆元年嚴追買補，并收買胡馬，增八千四百四十一匹。見實在各營操馬五萬一千七十六匹，騾七百頭，係經畧汪侍郎閱過的數。

總兵標下

　　正兵營，額馬四千七百五十六匹，騾一百頭。

　　客兵，額馬二千九百一十七匹。

　　左營，額馬一千九百一十五匹，騾十五頭。

　　右營，額馬五百匹，騾十五頭。

各路營

　　遼陽營，額馬六千六百四十八匹，騾一百頭。

　　開原營，額馬二千八百二十五匹，騾五十頭。

　　海州營，額馬二千六百九十六匹，騾五十頭。

　　寧遠營，額馬三千三百六十八匹，騾五十頭。

　　寬奠營，額馬三千五百八十匹，騾五十頭。

　　瀋陽營，額馬五千三百八十八匹，騾五十頭。

　　鎮武營，額馬一千六百七十四匹，騾五十頭。

　　正安車營，額馬一千八百六十五匹，騾五十頭。

　　前屯營，額馬二千七百三十二匹，騾五十頭。

　　錦州營，額馬二千一百四十三匹，騾五十頭。

　　金州營，額馬五百七十一匹。

　　義州營，額馬一千五百七十六匹，騾五十頭。

　　中固營，額馬三百六十三匹。

　　鐵嶺營，額馬五百五十八匹。

　　汎河營，額馬五百六十五匹。

　　懿路營，額馬五百九十四匹。

　　右屯營，額馬三百四十六匹。

入衛薊鎮，額馬二千五百匹。

薊鎮標下，額馬一千匹。

效祖曰："四鎮之馬，惟遼左數多，而薊、昌、真保皆遞減。蓋遼爲胡騎之衝，而追亡逐北，非馬安所籍焉？且虜能馬，我不能馬，則虜能驅，我不能驅矣。嗟乎！聞國初金羈玉瓔且至四十萬矣，今止存其一二。雖謂無馬可也，古人稱國之富，數馬以對，豈今日之謂乎？"

薊鎮騎乘

兌給附胡馬

本鎮舊存馬六千六百四十八匹，自嘉靖二十九年始，或增設營伍，或倒死不敷，遞請兌給，歲無常數。或發太僕寺本色馬匹，或發太僕寺折色價銀，原無常例。二十九年，巡撫副都御史王汝孝請給三屯營、燕河營、太平寨、馬蘭峪、密雲等營馬本折共三千三百七十五。三十年，總督侍郎何棟請兌給各營路馬本折共一萬三千五百匹。三十三年，總督侍郎楊博請兌給曹家寨、大水峪二營本色馬一千匹。三十七年，總督侍郎王忬請兌給通州、密雲、遵化、永平四營本色馬四千匹。三十九年，巡撫僉都御史張祉請兌給標兵本色馬二百匹。四十二年，總督侍郎劉燾請兌給各標兵營馬本折一萬三千一百四十匹。隆慶二年，總督侍郎曹邦輔請兌給各主客兵缺馬本色一千二百五十匹，又請兌給松棚路本色馬五百匹，又請給駕車馬八百八十匹。六年，總督侍郎劉應節、巡撫僉都御史楊兆請給折色價銀三萬兩，每匹作價銀一十二兩，昌、薊二鎮自行收買，以補各缺馬營路，又請給督撫標下二輻重車騾一千二百八十頭。萬曆元年，經署侍郎汪道昆請兌給昌、薊二鎮各標路并各車營本色馬一千六百一十四匹，又請給薊鎮各戰車騾價一萬五千五百五十兩，每頭作價十兩。

胡馬本鎮無互市①。隆慶五年，總督劉應節、巡撫楊兆始議以價，就遼東、宣大等鎮收買胡馬，給各營路。

督府標下

左營，胡馬一百八十九匹。

右營，胡馬三百一十二匹。

永勝營，胡馬三百二十四匹。

---

① 互市，指往來貿易。萬曆《大明會典》卷一百二十九《兵部十二·鎮戍四·各鎮分例四》，《續修四庫全書》第 791 冊，第 307 頁，"國初設大寧都司、營州等衛，與遼東、宣府東西并建爲外邊。又起古北口至山海關，增修關隘爲內邊。永樂間移大寧都司於保定，散置營州等衛於順天之境。以其地處兀良哈，降夷分置朵顏、泰寧、福餘三衛，每年朝貢互市，永爲藩篱"。

振武營，胡馬四十八匹。

撫院標下

左營，胡馬一百四十六匹。

各路營

石塘路營，胡馬一十二匹。

古北路營，胡馬一百九十四匹。

石門路營，胡馬七十三匹。

臺頭路營，胡馬九十匹。

燕河路營，胡馬三十五匹。

石匣營，胡馬二十七匹。以上胡馬俱係各營額馬內數。

效祖曰："薊鎮延袤二千里，一有軍書，即毋論徵調之兵，必資於馬，而諜者交馳，亦非徒跣可有濟者。然往往馬稱不足，而兌給之令不聞。數數下夫馬寄之民，不費官芻，在兵或致倒損是一說也。然寄者未必不倒損，而䇲豆之費，何足以抵一馬之值哉？予司計時，查民養馬頻年倒死，約價銀五十餘萬，今數年又不知所增何如也。然不聞司禦者為之振剔，是何歟？"

昌鎮騎乘

兌給附胡馬

本鎮舊存馬六百五十四匹。自嘉靖二十九年始，或增設營伍，或倒死不敷，遞請兌給，歲無常數。或發太僕寺本色馬匹，或發太僕寺折色價銀，無常例。二十九年，巡撫副都御史王汝孝請兌給黃花鎮、渤海所二營馬本折共六百匹。三十年，總督侍郎何棟請兌給白羊口、永安營、鞏華營本色馬四千匹。三十二年，經畧侍郎楊博請兌給永安營、鞏華營本色馬二千二百五十三匹。三十七年，總督侍郎王忬請兌給昌平營本色馬一千匹。四十二年，總督侍郎劉燾請兌給標兵營本色馬四千四百八十八匹。隆慶二年，總督侍郎曹邦輔請兌給鞏華營本色馬二百五十四。六年，總督劉應節、巡撫僉都御史楊兆請給折色價銀三萬兩，每匹作價銀一十二兩，昌、薊二鎮自行收買，以補各缺馬營路。萬曆元年，經畧侍郎汪道昆請給昌、薊二鎮各標路并各車營馬騾本色一千六百一十四匹頭。

胡馬本鎮無互市。隆慶五年，總督劉應節、巡撫楊兆始議，以價就遼東、宣府、大同各鎮收買胡馬給各營路。

標兵營，胡馬三十三匹。

鞏華營，胡馬七十六匹。

昌平營，胡馬三十八匹。

永安營，胡馬三匹。以上胡馬俱係各營額馬內數。

效祖曰："昌鎮之防，視真保又差緩。獨以陵寢所在，不得不有衿襘之憂，然祇宜分卒據險，固不在多置騎也。然兌給之馬，亦時時有之，不過資傳瑞耳。今宜限以數，每營若干，止爲羽檄之需，萬一蒸報有警，即請之掌厩信宿可如雲矣。夫馬所以便於兵也，今兵不願有馬者，豈可不求其故乎？"

真保鎮騎乘

兌給

本鎮馬匹逐年增損不常，原無額數。各營若有缺乏，撫按題請，或發太僕寺本色馬匹，或發京帑折色價銀隨便買補，無常例。嘉靖二十三年，巡按御史李秀春題准馬水口給馬一百匹，插箭嶺給馬三十匹，紫荆關補給馬五十匹，龍泉關補給馬二十匹。嘉靖二十四年，巡撫都御史韓題准添設插箭嶺馬七十匹。嘉靖二十四年，巡按御史黄洪毗題准，給倒馬關參將馬五百匹，遊擊每員各給馬一千五百匹，馬水口守備給馬一百匹，白石口、插箭嶺守備各給馬一百匹。嘉靖二十五年，都御史蘇祐題准，將太僕寺發容城、新安、雄縣寄養馬四百六十匹，給倒馬關二百匹，神武右衛一百九十匹，插箭嶺七十匹。嘉靖三十年，經理都御史於敖題准，給發本色馬七千九百餘匹。嘉靖三十四年，總督侍郎楊博題准，馬水口參將營兌太僕寺馬三百匹，給沿河口馬一百匹。嘉靖四十二年，總督侍郎劉燾題准，給忠順營騎征馬五百匹。嘉靖四十三年，巡撫都御史魏尚純題准，給保定營買補馬二千七百二十六匹，保定右營添設馬一百匹。嘉靖四十四年，總督侍郎劉燾題准，保定忠順營兌領太僕寺馬五百匹。隆慶二年，總督侍郎曹邦輔題准，添設忠順營騎征馬三百匹。隆慶五年，巡撫都御史宋纁查保定左、右二營前少馬騾，移文太僕寺，如數取發。

效祖曰："真保內地，所以防西北之虜，患者惟紫荆、倒馬二關耳。若乘城步卒鱗次櫛比，常毋曠戍守之期，則騎兵不宜多備。即稍稍備，亦不宜無事任馳驅也。萬一有梟謀之諜，即取諸近邑之民養者，臨時借給，亦未爲晚。何取於日中，出入以滋騶僕①之紛紛乎？"

---

① 騶僕，騎馬駕車的侍從。

遼鎮騎乘

兌給 附互市

本鎮舊額操馬四十萬匹，分給營伍。又設苑馬寺，歲爲孳牧馬種四千匹。設永寧等監、清河等苑爲牧馬所，各省調發人户及本鎮軍丁飼養。定制：每騍馬四匹，用搭配兒馬一匹，騍馬每匹間歲追徵一駒，每駒二歲另發他户養牧，待四歲，齒力强壯，用補各營缺數。本鎮多藉孳牧接濟，自後倒失愈多，孳牧不及。嘉靖九年，義州告急，一時缺馬，遂將兒、騍馬種一概兌給，後雖買補，終未足原數，以故孳牧不蕃。嘉靖三十八、九、四十三、四等年，止存操馬七萬有奇，馬種二千餘匹，兼設營伍缺馬數多，又夷人歲貢馬一千五百匹，俱兌給於軍内，多瘦小不堪，或水土不便，率皆倒死，累軍賠補。巡撫王之誥請不堪者每歲撥賣，以五百爲率，每匹估價二兩，共得銀一千兩。市買膘壯馬，每匹七兩、八兩爲度，可得好馬一百三十餘匹，歲爲常例。巡撫魏學曾用參議張邦土議，將原給新軍剩馬價銀①買馬一千匹，又請給太僕折色一萬兩。苑馬卿馮時雍請將馬種選足額數外，其老羸騍馬、短縮馬駒估價賣銀納官，并徵缺駒銀兩貯庫，俱候買馬兌給。巡撫張學顔將先年部發剩銀及關稅營田柴價銀兩，歷年買補本色馬一千五百匹。經署侍郎汪道昆請給折色馬價一萬兩，分貯各庫以備買馬，又給馱載本色騾七百頭，每頭價銀十兩，分給副總二營，每營一百頭，參遊十營，每營十頭以充馱載火器。永樂四年，設苑馬寺專理種馬，轄昇平、遼河、新吕、長平、安市、永寧六監，每監屬四苑。曰甘泉、安山、河陰、古城者，昇平所屬。曰夾河、龍臺、耀州、蛇山者，新吕所屬。曰黄山、沙河、馬安、石城者，遼河所屬。曰平川、新安、廣安、平山者，長平所屬。曰南豐、高平、長川、名山者，安市所屬。曰復州、龍潭、清河、深河者，永寧所屬。共二十四苑。後裁五監二十二苑，年月無稽，苑址不存，惟於草場開注地畝，所隸有平川等一十二苑之稱，本寺屬永寧一監，清河、深河二苑，原行省直調，編人户四百六十，曰恩軍②，分給平川等地耕牧。弘治十三年，差主事黄清將草場通行丈量，共得三千七百六十二頃一十七畝，派撥軍餘耕牧。嘉靖間，本寺卿馮時雍視二苑，見牧兒騍種馬并駒騾僅三千九百二十有七，不及陝西下苑馬數。奏照陝西下苑事例，定擬兒騍種馬四千匹，清河苑二千一百匹，深河苑一千九百匹，各派軍養牧，四季照查虧駒者，徵銀一兩五錢，將兒騍毛色填附季報。凡一應比較文册，各注舊管新收，開除實在數目，年終具册送部，并繳精微文簿。嘉靖二十二年，苑軍李得海

---

① 馬價銀，因馬匹折價、倒斃賠補等收入的銀兩，由兵部管理費用。在需要時，用馬價銀購買所需馬匹。隆慶議和後，北方馬市開，明廷一度大規模取消養馬之政，改收馬價銀，但至萬曆中後期，馬價銀被户部等調用，明末官府既無馬匹可用，亦無銀買馬。

② 恩軍，因犯罪遭充軍者。張廷玉《明史》卷八十二《食貨六》，第 2004 頁有"籍没免死充軍者謂之恩軍"；卷八十九《兵一》，第 2187 頁有"恩軍者，得罪免死及諸降卒也"。另參吳艷紅《明代充軍研究》，社會科學文獻出版社 2003 年。

等因本監草場水衝沙壓，不敷種牧，查得東山①磕城一帶荒蕪草甸，告蒙本寺卿張鰲行委武舉李師皋、監正王卿各親請踏，丈得一千四百九十九頃，備由具呈撫按議題准，將草場俱給永寧軍餘牧種。隆慶五年，巡撫張學顏閱種馬僅足二千，牧且不瞻，安望兌給足用。奏請暫免兌發，少培孳牧，隨議暫動別項銀兩置買，并入貢夷馬相兼兌給，待足馬種額數方准兌給。

效祖曰："遼鎮額馬蓋四十萬匹矣，今僅得什之一，而日又不足焉。其謂僕苑何？既無兌給之充盈，又鮮孳牧之蕃息，而關禁或疏，馬首翩翩，日益西矣。嗟乎！十乘啟戎，三駟料敵，彼兜鍪者，將焉賴之？"

互市 永樂三年，制許遼商與夷人貿易，立開元、撫順、廣寧三市，定市價分上、中、下三等，以布帛易之。至十五年，改用粟米、布帛兼易。正統十四年停革。成化十四年，復准各雜貨有無相濟，添設慶雲市，馬價遵照前例。

開原馬市在開原南門外西，女直、夷人交易。

撫順馬市在撫順所，建州諸夷交易。

廣寧馬市在團山堡，朵顏、泰寧三衛諸夷交易。

慶雲馬市在慶雲堡，海西、黑龍江等衛夷人交易。

互市定價

上上馬，絹八匹布一十二匹。上馬，絹四匹布六匹。中馬，絹三匹布五匹。下馬，絹二匹布四匹。小駒，絹一匹布三匹。

重定馬價

上上馬，米五石布絹各五匹。中馬，米三石布絹各三匹。下馬，米二石布絹各二匹。小駒，米一石布二匹。

互市期限

開原每月初一日至初五日一次，廣寧每月初一日至初五日一次、十六日至二十日一次。

附互市禁約

凡各夷馬匹、貨物赴官驗放，入市交易，不許通事人等將各夷侮弄，虧少馬價，及偷盜貨物。亦不許撥置夷人，以失物為由詐騙財物。敢有擅放夷人入城，縱容無貨人入市，有貨者在內過宿，窺取小利，透漏邊情，違者俱問發兩廣烟瘴地面充軍，遇赦不宥。一②應勢豪之家，俱不許私將貨物假充家人伴當，時常在市出名買賣。俾所司畏勢，縱容無法，關防如有，聽彼處巡按御史緝訪拿問，具招發遣罪不輕貸。敢有容情，一體治罪，不許故違。

收買胡馬數

隆慶五年，收買馬三百四匹。六年，收買馬二千一百六匹，分給各營騎操。萬曆元

---

① ［校］東山，原作"山東"，據嘉靖《全遼志》卷二《馬政志》，《遼海叢書》第1冊，第577頁改。

② ［校］一，底本不清，據民國間抄本補。

年,經畧侍郎汪道昆題准額數,以後每年歲加收買。如遇倒失,照數買補。

互市抽分

兒馬一匹銀五錢。騍馬一匹銀四錢。馬駒一匹銀三錢。騸馬一匹銀六錢。小馬一匹銀二錢。大牛一隻銀二錢。小牛一隻銀一錢。中牛一隻銀一錢五分。牛犢一隻銀五分。騾一頭銀三錢。驢一頭銀一錢。綿羊一隻銀二分。山羊一隻銀一分。貂皮一張銀二分。豹皮一張銀一錢。熊皮一張銀三分。鹿皮一張銀二分。麂皮一張銀五厘。狐貉皮一張銀一分。參一斤銀五分。松子一斗銀三分。蜜十斤銀一分。蠟一斤銀一分。木耳十斤銀一分。木枯十五斤銀一分。馬尾一斤銀一分。叚一匹銀一錢。襖子一件銀五分。鏵子一件銀五厘。絹一匹銀一分。水獺皮一張銀二分。鍋一口銀一分。

效祖曰:"遼東之互市,其來遠矣。不獨可以䙡戎行,而居民估客,蚩眩邊鄙①,往往以貿易爲奇貨。然開市有期,防市有禁,定市有價,抽市有則,立法至詳且善矣。獨所謂貢馬者,黠虜率多以敝帷者充之,無益也。且地方既有互市,亦爲拑秣所繫,僕、苑二司畧不與聞者,何以故?"

薊鎮騎乘

賠補

本鎮馬匹,自建營伍兌給後,歲有倒死,俱責本軍②賠補。如十年以上,齒衰膘瘠,對敵陣亡,逐北走傷,出哨倒死,或喂養善膘齒壯,忽生暴疾,醫救不及者,預告查實,止追肉臟并樁銀③一兩五錢。五年已上,原膘齒肥壯,喂養不善以致瘦死者,追肉臟外仍追樁銀二兩五錢。五年以下死者,追肉臟外追樁銀三兩。除追本軍死馬肉臟樁銀,餘價每二月一會計,通融其數,均攤於衆,在各路通計一營,在各提調通計一提,在各標下通計各部。凡係馬軍公朋買補,每匹朋銀十兩。近總督劉應節、巡撫楊兆題議分爲四季,一季發帑銀市夷馬,一季太僕寺兌給,一季樁銀,一季朋銀,計倒死之數補足。

效祖曰:"薊鎮之馬賠補原無定議,或發帑銀市夷馬,或准民養量兌給,而樁朋採辦復兼舉焉?然樁朋雖取之軍,立法甚約,衆不知苦。久之,著爲定規。視採辦者得

---

① 蚩眩,侮辱、迷惑之意,這裏指到邊地經商者詐僞取利。語見《六臣注文選》卷二《京都上·西京賦(張衡)》,《景印文淵閣四庫全書》第1330册,第44頁,"爾乃商賈百族,裨販夫婦,鬻良雜苦,蚩眩邊鄙"。
② [校]軍,原作"官",民國間抄本爲"軍",據文意改。
③ 明代對養馬、用馬官軍的賠償有詳細的規定。按倒失馬匹的官軍職務的大小,依律罰銀稱"樁銀";若罰銀過重,官軍無力賠償,則允許從官軍的俸禄中扣除一部分,湊在一起作爲罰銀補貼,稱"朋銀"。兩者又統稱"樁朋銀兩"。

失，大相懸矣。今聞採辦亦議革。"

昌鎮騎乘

賠補

　　本鎮馬匹，自建營伍兌給後，歲有倒死，俱責本軍賠補。如十年以上，齒衰膘瘠，及對敵陣亡，逐北走傷，出哨倒死。或喂養善膘齒壯，忽生暴疾，醫救不及者，預告查實，止追肉臟幷樁銀一兩五錢。五年以上，原膘齒肥壯，喂養不善以致瘦死者，追肉臟外仍追樁銀二兩五錢。五年以下死者，追肉臟外仍追樁銀三兩。除追本軍死馬肉臟銀外，餘價每二月一次會計，通融其數，均攤於衆，在各路通計一營，在各提調通計一提，在各標下通計各部。凡係馬軍公朋買補，每匹朋銀十兩，其諸朋銀各軍，除坐扣外，不足繼取樵採，每日責價三分。

　　效祖曰："馬自毛齒既具，僅足以供十年之用。即逾十年不死，然玄黃齟齬，已無益於戎伍間矣。故宜稽其年限而逐漸更之，不必待斃而後議賠補矣。然賠補之法必宜責之正軍，間有非其罪者，稍從末減，至以其老而欲更之，則官爲區畫，更於軍施激勸之令，則人之愛馬甚於自愛矣，賠補不漸少哉！"

真保鎮騎乘

賠補

　　本鎮馬匹，如倒死馬一匹，議令本軍出樁銀三兩，合營朋銀九兩，隨倒隨買。後議照九邊事規，每倒死馬匹，應追樁銀都指揮三兩，指揮二兩五錢，千百戶、鎮撫二兩，旗軍一兩五錢，走失被盜各加五錢，騎操馬匹十五年以上、老病倒死者，免追樁銀。如有一、二年內倒死或借貸幷盜失者，俱於各軍下追補其樁朋銀，都指揮、指揮每月各出銀一錢，千百戶、鎮撫各出銀七分，軍士每月出銀四分，其銀按月如數扣發。斷事司貯庫，每半年請委首領官一員，同該營千把總一員，識字旗軍十名，於產馬地方收買，膘壯口齒相當騙馬，解赴本鎮驗烙給發。馬價止於十兩已下、九兩已上，不得多費，致使銀數不敷。亦不得減少，致買老弱馬匹。餘剩銀兩照舊還庫，以待下次買馬支用。

　　效祖曰："馬之倒失，其敝非一，而賠補之法近亦章皇矣。然要之，責在正軍，定以齒算而遞減其値差，可行之久耳。扣糧則軍何以爲食？朋銀則衆何以甘心？而官爲處補，又安得人人及之？即使多方以足其額，而奸宄恣睢，任意尅減薌粒，曰即馬死不盡責之我也，則奈何馬死者不日多哉？"

遼鎮騎乘

賠補

　　舊制，凡有倒失馬匹，俱責本軍賠償。至成化十三年，始行椿朋法。官軍騎操馬匹，酌量朋銀買補，每年實徵六個月。旗軍按月出銀五分，千百户每月出銀七分，都指揮、指揮每月出銀一錢，類徵貯庫。凡死馬，本户各徵有差，都指揮徵銀三兩，指揮徵銀二兩五錢，千百户、鎮撫徵銀二兩，旗軍徵銀一兩五錢。如走失被盜各加五錢爲椿銀。歲收貯庫通候貼買，如對敵陣亡、逐北走傷者不論。如出哨倒死、或喂養善膘齒壯，暴疾不治，不及預告者，查實止量追肉臟椿銀。其賠補過操馬，俱赴行太僕寺印烙。近因荒歉，椿朋不徵。嘉靖三十七年，撫按會題，將三十六年以前拖欠朋銀盡數蠲免，而椿銀係三十五年以前姑暫停徵，以後照舊追徵，貯庫以備買補。其椿朋事，立爲勘合，通行各寺道分管地方，填注本軍姓名、營隊衛分、馬匹毛齒及給領年月。凡遇馬匹倒失，各查勘合内原注事實，照例追補，一以示失養之罰，一以寓儲馬之意，其法至善。但本鎮事體與别鎮迥異，操軍月糧一石止價銀二錢五分，視他鎮相去倍蓰。既追椿朋，又將倒馬本主及户丁幫買，若果力竭，并及有力步軍買補，殊失立法本意。巡撫魏學曾以爲月徵五分，有追椿銀是重其困也，請將椿朋停止，倒馬者責令自買，如果無力，方照例追椿貯庫，朋銀通行罷免。萬曆元年，經畧侍郎汪道昆查本鎮例無椿朋，亦無官價倒失，則令本軍買補爲難，請太僕寺馬價貯庫，候缺買補，臨陣倒失者，許委官赴市買給，不責本軍。如在應賠之例，方責買補。如馬種倒失，責令原撥同槽正養人户貼養。人户共十人，均攤賠補成化十四年，兵部尚書余子俊題准，每歲十月，十月二次，許太僕寺詣各該營衛照視比較，倒失者責令賠補，瘦弱者督令喂養，軍職官員作弊及抗違者，輕則量情發落，重則指實奏治。守備、分守以上官號令不嚴，所部官軍損失馬匹數多者，亦并參奏，鎮守等官不得互相阻撓以致誤事。年終，通將膘壯瘦損倒失已未追補數目，填寫册本，差人賫進，并繳精微文簿備查。

　　效祖曰："椿朋之設，初爲甦軍困也。然遼鎮既有椿朋，又幫買於户丁，又分任於步卒，是一馬之死，併數人不足以償之也。則奈何欲馬之充，欲人之無累哉？薊鎮近有椿朋之例良善，不知遼左亦可因而行之否？"

四鎮三關誌卷之五，終

四鎮三關誌卷之六

經畧考

四鎮經畧總論

效祖曰："古昔帝王遹修内治，而尤篤意外防，然必用文武兼資，如尚父之膺揚①，方叔之壯猷②，以垂經久之業。今載之布，候爲肱篋所推轂者，不章章日益多乎？《詩》曰：'載戢干③戈，載櫜弓矢，我求懿德，肆於時夏，允王保之。'夫不求偏裝部曲，長棘勁鍛，而顧欲得純懿之臣，誠以得其人則訏謀展采，無不翕然并舉，此古今不易之定論也。黄虞毋論，今自成周以後，凡事關幽、冀者，訟其崖畧，而鞭弭櫜鞬，事獨詳焉，作《經畧考》。"

薊鎮經畧

前紀

周惠王十四年，山戎來侵，齊桓公救燕，遂北伐山戎。按：齊桓公伐山戎還，燕莊公送齊桓公出境，桓公因割燕所至地予燕，使燕共貢天子，如周成時職修召法之法。

秦王政二十一年，拔薊，燕王走遼東，斬太子丹以獻於秦。三十二年巡北邊，遣將軍蒙恬伐匈奴。始皇之碣石，使盧生求羡門子高，還，奏得錄圖書，曰："亡秦者，胡也。"始皇乃

---

① 語見《毛詩正義》卷十六《大雅・文王之什・大明》，《十三經注疏》本，北京大學出版社1999年，第976頁，"維師尚父，時維鷹揚"，箋云："尚父，吕望也。"尚父，即姜尚。
② 語見《毛詩正義》卷十《小雅・采芑》，《十三經注疏》本，第646頁，"方叔元老，克壯其猷"。方叔，西周宣王時賢臣。
③ [校] 干，原作"于"，據《毛詩正義》卷十九《時邁》，《十三經注疏》本，第1306頁改。

巡北邊，遣將軍蒙恬發兵三十萬人北伐。

三十三年，蒙恬築長城。蒙恬斥逐匈奴，築長城，起臨洮，至遼東，延袤萬餘里。十餘年，恬常居上郡統治之。

漢孝文帝十一年，募民徙塞下。晁錯言曰："胡人衣食之業不著於地，其勢易以擾亂邊境①。往來轉徙，時至時去，此胡人之生業，而中國之所以離南晦也。今胡人數轉牧行獵於塞下，以候備塞之卒，卒少則入，不久②，則邊民絕望而降敵，救之纔到，則胡人已去，聚而不罷，爲費甚大，罷之，則胡復入。如此連年，中國貧苦而民不安矣。陛下幸憂邊境，發卒治塞，甚大惠也。然令遠方之卒守塞，一歲而更，不知胡人之能，不如選常居者，家室田作，且以備之，以便爲之高城深塹。要害之處，調立城邑，毋下千家。先爲室屋，具田器，乃募民免罪敗③爵，復其家，與冬夏衣廩食，能自給而止。胡人入驅而能久，其所以驅者，以其半予之，縣官爲贖其民。如是，則邑里相救助，赴胡不避死，其與東方之戍卒，不習地勢而心畏胡者，功相萬也。"上從其言。④

更始二年春正月，大司馬秀北狥幽、薊，以耿弇爲長史。上谷太守耿況遣其子弇詣長安，聞大司馬秀在盧奴，乃馳北上謁。秀留署長史，與俱北去至薊。令功曹王霸遣人擊王郎，皆梛榆之，慚愧而反。秀將南歸，弇曰："今兵從南方來，不可南行。漁陽太守彭寵公，邑人，上谷太守，即弇父也。發此兩郡控弦萬騎，邯鄲不足慮也。"秀官屬皆曰："死尚南首，奈何北行入囊中！"秀指弇曰："此北道主人也。"⑤

耿弇以上谷、漁陽兵行定郡縣，會大司馬秀於廣阿。秀以其將寇恂、吳漢等爲將軍。夏四月，進拔邯鄲，斬王郎。薊中之亂，耿弇與大司馬秀相失，北走昌平，說其父況擊邯鄲⑥，時王郎將兵狥漁、谷，北州多欲從之。況遣恂約彭寵，寵吏吳漢、盖延、王梁亦勸從秀。會恂至，乃發步騎三千人，以漢、延、梁將之攻薊，殺王郎將趙閎。恂還，與長史景丹及弇將兵俱南，與漁陽軍合⑦，所過擊斬王郎大將已下三萬級，定涿郡、中山、鉅鹿、清河、河間凡二十二縣。前及廣阿，聞城中車騎甚衆，丹問何兵，曰："大司馬劉公也。"諸將喜，即進城下。秀自登城問之，弇拜於城下。秀乃悉召入，笑，以丹等皆爲偏將，加況、寵大將軍，封列侯。進軍邯鄲，連戰破之。五月，拔邯鄲，郎走，追斬之。收郎文書，得交關謗毁者，秀燒之，曰："令反側子自安！"秀部分吏卒皆言願屬大樹將軍。大樹將軍者，馮異也，爲人謙退不伐，敕吏士非交戰受敵，常行諸營之後。每所止舍，

---

① 境，《漢書》卷四十九《爰盎晁錯傳》，第2285頁作"竟"。
② 不久，《漢書》卷四十九《爰盎晁錯傳》，第2285頁作"不救"。
③ 敗，《漢書》卷四十九《爰盎晁錯傳》，第2286頁作"拜"。
④ 該段文字見《漢書》卷四十九《爰盎晁錯傳》所收晁錯《守邊勸農疏》，第2283~2286頁。《四鎮三關誌》收錄時截取部分，缺損較多。《四鎮三關誌》下文錄自二十四史等書中的文字，亦有此類。在校注時，標出原出處，改本誌錄入錯訛之字，限於篇幅及點校主旨，凡缺失文字一般不補出。
⑤ 此段可參《資治通鑑》卷三十九《漢紀三十一》，第1258~1259頁。
⑥ ［校］說其父況擊邯鄲，原作"說其父曰況擊邯鄲"，"曰"字爲衍文，據《朱熹傳》，清聖祖批《御批資治通鑑綱目》卷八下，《景印文淵閣四庫全書》第489册，臺灣商務印書館1986年，第518頁改。
⑦ ［校］合，底本原無，據《資治通鑑》卷三十九《漢紀三十一》，第1265頁補。

諸將并論功，異常屏樹下，故軍中號曰"大樹將軍"。

光武建武元年，蕭王①擊尤來、大鎗、五幡，敗之。王擊諸部，連破之，乘勝輕進，反爲所敗，歸保范陽。軍中不見王，諸將不知所去。吳漢曰："卿曹努力，王兄子在南，何憂無主！"衆乃定。陳俊曰："賊無輜重，若絕其食，可不戰而殄也！"王遣俊將輕騎馳，出城前，視人堡壁堅完者，敕令固守，放散在野者，因掠取之。賊至，無所得，遂散敗。

二年，遣將軍鄧隆討彭寵，不克。帝遣鄧隆助朱浮②討彭寵。③ 隆軍潞南，浮軍雍奴。遣吏奏狀，帝曰："營相去百里，其勢不相及，比若還北軍必敗矣。"寵果遣輕兵擊隆軍，大破之，浮不能救。

十五年，遣馬成繕治障塞，以張堪爲漁陽太守。驃騎大將軍杜茂坐使軍吏殺人免，揚武將軍④馬成代茂。繕治障塞，十里一堠，以備匈奴。使騎都尉張堪領杜茂營，擊破匈奴於高柳，拜堪漁陽太守。堪視事八年，匈奴不敢犯塞。勸民耕種，以致殷富。

順帝永建三年秋九月，鮮卑寇漁陽。陽嘉二年，鮮卑寇馬城。靈帝熹平四年，鮮卑寇幽州。初，朝議以州郡相黨，人情比周，乃制⑤婚姻之家及兩州人事不得對相監臨。至是復有三互法，禁忌轉密，選用艱難。幽、冀二州，久缺不補。蔡邕上疏曰："伏見幽、冀舊壤，鎧馬所出，比年兵飢，漸至空耗。今者缺職經時，吏民延屬，而三府選舉，云避三互。十一州有禁，當取二州而已。又二州之士，或復限以歲月，狐疑遲滯。兩州縣空萬里，瀟條無所管繫。⑥ 昔韓安國起自徒中，朱買臣出於幽賤，并以才宜，還守本邦，豈復顧循三互，繫以未制乎？臣願蠲除近禁，其諸州刺史器用可換者，無拘日月三互，以差厭中。"不從。

五年，鮮卑寇幽州。六年，鮮卑寇遼西，太守趙苞破之。苞到官迎母，道經柳城，值鮮卑人入塞，質苞母，載以擊郡。苞見母悲號，謂曰："爲子欲以微祿奉養朝夕，不圖爲母作禍。今爲王臣，義不得顧私恩，唯當萬死。"母遙謂曰："人各有命，何得相顧以虧忠義爾？且勉之。"苞即時進戰，賊悉摧破，其母爲賊所害。苞歸葬訖，謂鄉人曰："食祿而避難，非忠也；殺母以全義，非孝也。如是，有何面目立於天下！"遂嘔血而死。

光和二年，鮮卑寇幽州。中平二年，鮮卑寇幽、并。四年，漁陽張舉、張純反。故中山相張純與故泰山太守張舉及烏桓大人丘力居等連盟結約薊中，殺校尉、太守，衆至十餘萬，屯肥如。舉稱天子，純稱彌天將軍，移書州郡，告天子避位，敕公卿奉迎。

五年，遣騎都尉公孫瓚討漁陽，賊走之。六年三月，劉虞討漁陽賊，斬張純，餘降

---

① 蕭王，指漢光武帝劉秀。參《後漢書》卷一《光武帝紀》，第15頁，"更始遣侍御史持節立光武爲蕭王"。
② [校] 朱浮，原作"宋浮"，據《後漢書》卷一《光武帝紀》，第30頁及卷三十三《朱浮傳》，第1137~1146頁改。
③ 參《後漢書》卷一《光武帝紀》，第30頁，"遣遊擊將軍鄧隆救朱浮"之語。
④ [校] 揚武將軍，原作"楊武將軍"，據《後漢書》卷二十二《馬成傳》，第779頁，"數月復拜揚武將軍"改。
⑤ [校] 制，原作"知"，據《後漢書》卷六十《蔡邕傳》，第1990頁改。
⑥ 兩州縣空萬里，瀟條無所管繫，《後漢書》卷六十《蔡邕傳》，第1990~1991頁無此。

散。劉虞到部，遣使至鮮卑中告以利害，責使送張舉、張純首，厚加購賞。丘力居等聞虞至，喜，各遣譯，自歸虞，罷諸屯兵，但留公孫瓚將萬人屯右北平。三月，純客殺純，送首於虞。瓚志欲害烏桓，而虞欲以恩信招降，由是有隙。

獻帝興平二年，劉虞故吏鮮于輔迎虞子和攻公孫瓚，破之。公孫瓚既殺劉虞，盡有幽州。虞從事鮮于輔等以燕國閻柔素有恩信，推爲烏桓司馬，招誘胡漢數萬人。烏桓峭王亦率種人①及鮮卑七千餘騎，隨輔南迎虞子和，與袁紹將麴義②合兵十萬，破瓚於鮑丘，斬首三萬③餘級。先是，有童謠曰："燕南垂，趙北際，中央不合大如礪，唯有此中可避世。"瓚自謂易地當之，遂徙鎮易爲圍，塹十重，築高十丈爲樓，其上以鐵爲門，希復攻戰，或問其故。瓚曰："兵法百樓不攻，今吾諸營樓櫓數十重，種穀三百萬斛，食盡此穀，足以待天下之事矣！"

建安三年，袁紹攻公孫瓚，圍之。袁紹連年攻公孫瓚，不克，欲與釋憾連和，瓚不答，而增修守備，紹於是大興兵以攻瓚。先是，瓚別將有爲敵所圍者，瓚不救，曰："救一人者，使後將恃救不肯力戰。"及紹來攻瓚南界，別營知不見救，或降或潰，紹軍徑至其門，瓚衆日蹙。

十一年，烏桓寇邊。烏桓④乘天下亂，署有漢民十餘萬户，蹋頓尤彊⑤，爲袁紹所厚，故袁尚兄弟歸之，數入塞爲寇欲助尚復故也。曹操將擊之，先鑿平虜、泉州渠以通運。

十二年夏，操擊烏桓。秋八月，破之，斬蹋頓，袁熙、袁尚奔遼東，公孫康斬之。曹操將擊烏桓，行至易，嘉⑥曰："兵貴神速，今千里襲人，輜重多，難以趨利，不如輕兵兼道以出，掩其不意。"初袁紹數遣使召田疇，疇皆拒之。然每念烏桓多殺本郡冠蓋，討之未能。至是，操遣使辟疇，即至。隨軍次無終，時方夏，海濱洿滯，虜亦遮守蹊要，軍不得進。疇曰："舊北平郡治在平岡，道出盧龍，達於柳城，自建武以來，陷壞斷絶，尚有微徑。若迴軍從盧龍口越白檀之險路，近而便。"操令疇將其衆爲鄉導，上徐無山，塹山堙谷五百餘里。操登狼山，卒與虜過，縱兵擊之。虜衆大崩，斬蹋頓，降者二十餘萬⑦，尚、熙奔遼東。

後漢昭烈帝章武元年，魏置護鮮卑、烏桓校尉。初，魏太祖既克蹋頓，烏桓浸衰，鮮卑大人軻比能、素利、彌加等因求通市，太祖皆表以爲王。軻比能本小種，以勇健廉平，爲衆所服，威制餘部。時自雲中、五原東抵遼水，皆爲鮮卑庭，分地統御。軻比能近塞中國，叛人多歸之。素利等在塞外，道遠，故不爲邊患，魏主丕⑧以招牽爲護鮮卑校尉，田豫⑨爲護烏桓校尉，使鎮撫之。

---

① [校]烏桓峭王亦率種人，原作"烏桓峭王亦率數種人"，據《後漢書》卷七十三《公孫瓚傳》，第2363頁改。
② [校]麴義，原作"趍義"，據《後漢書》卷七十三《公孫瓚傳》，第2363頁改。
③ 《後漢書》卷七十三《公孫瓚傳》，第2363頁作"二萬"。
④ 《三國志》卷一《武帝紀》，第28頁作"烏丸"；又《三國志》卷三十《魏書·烏丸傳》，第831~835頁作"烏丸"。
⑤ [校]尤彊，原作"尤疆"，據《三國志》卷一《魏書·武帝紀》，第28頁改。
⑥ 嘉，即郭嘉，據《三國志》卷十四《魏書·郭嘉傳》，第431~436頁。
⑦ [校]二十餘萬，原作"二千餘萬"，據《三國志》卷一《魏書·武帝紀》，第29頁改。
⑧ [校]丕，原作"不"，據《三國志》卷二十六《魏書·田豫傳》，第726頁改。
⑨ [校]豫，原作"疇"，據《三國志》卷二十六《魏書·田豫傳》，第726~729頁改。

晉武帝太康二年冬十月，鮮卑慕容涉歸①寇昌黎。初，鮮卑莫獲跋始自塞外入居遼西棘城之北，號②慕容部，至孫涉歸，遷遼東之北，世附中國。從征討，拜大單于。至是始叛，寇昌黎。自漢魏以來，羌胡、鮮卑降者多處之塞内，數爲患。侍御史郭欽上疏曰："戎狄歷古爲患，魏初，西北諸郡皆爲戎居，若百年後有風塵之警，胡騎自平陽、上黨，不三日而至孟津，北地、西河、太原、馮翊、安定、上黨盡爲狄庭矣。宜及平吴之威，漸徙内郡雜胡於③邊地，此萬世長策也。"不聽。

　　武帝時，監幽州諸軍事、烏桓校尉唐彬開斥舊境，復築秦長城塞，分兵屯守。時築塞自温城至於碣石，綿亘山谷三千餘里。

　　六年冬，慕容廆寇遼西。初，慕容涉歸卒，弟耐④篡立，爲其下所殺，迎涉歸子廆立之。涉歸與宇文部有隙，廆請討之，朝廷弗許，廆怒，入寇遼西，殺畧甚衆。自是每歲犯邊。

　　咸康四年春，趙王虎、燕王皝合兵攻段氏，破之，虎拔令支，悉取其地。趙王虎擊段遼，使桃豹等將舟師出漂渝津，支雄等帥步騎爲前鋒。燕王皝引兵攻掠令支以北，段遼將追之。慕容翰曰："今趙兵在南，更與⑤燕鬥，萬一失利，何以禦南敵乎？"段蘭怒曰："吾前爲卿所誤，今不復墮卿計中矣！"乃悉衆追之。皝設伏邀擊，大破之。虎進屯金臺，支雄長驅入薊，遼所署守相皆降。北平相陽裕登燕山以自固，諸將欲攻之。虎曰："裕耻迎降耳，無能爲也。"遂過徐無。遼不敢復戰，棄令支，奔密雲山，慕容翰奔宇文氏。虎入令支宫，徙二萬餘户於司、雍、兖、豫四州，陽裕詣軍門降。

　　十二月，趙遣兵迎段遼，燕慕容恪擊敗之，以遼歸，殺之。段遼自密雲山遣使求迎於趙，既而中悔，復遣使於燕。趙王虎遣麻秋帥衆迎之，燕王皝亦自將迎遼。遼密與燕謀，皝遣恪伏騎，大敗秋兵，獲其司馬陽裕，盡得遼衆，待遼以上賓之禮，以裕爲郎中令。久之，遼謀反，皝斬之。

　　六年冬，趙大發兵以伐燕，燕人襲之，入趙高陽，趙歸還。趙王虎合兵五十萬，具船萬艘，自河通海，運穀千一百萬斛⑥於樂安城，徙遼西、北平⑦、漁陽萬餘户於兖、豫、雍、洛。自幽州以東至白狼，大興屯田。括取民馬得四萬餘匹，大閱於宛陽，欲以擊燕。燕王皝曰："虎自以樂安城防守重復，薊城南北必不設備，今若詭路出其不意，可盡破也。"遂帥諸軍入自蠮螉塞，直抵薊城，破武遂津，入高陽，所至焚燒積聚，畧三萬餘家而去，趙兵乃還。

　　七年春正月，燕築龍城。燕築城於柳城之北，龍山之西，立宗廟、宫闕，命曰龍城。

　　孝武帝太元十年，燕以慕容農爲幽州牧，守龍城。燕將軍餘巖叛，據令支，而高句麗亦擊取其遼東二郡。燕王垂遣農討巖，斬之。進擊高句麗，復取二郡還。垂以農爲幽州牧，留鎮之，農法置寬簡，清刑獄，省賦役，勸農桑，四方流民至者數萬。

---

① 慕容涉歸，《晉書》卷三《武帝》，第73頁作"慕容廆"。
② [校] 號，原作"據"，據《資治通鑑》卷八十一《晉紀三》，第2576頁改。
③ [校] 於，原作"爲"，據《資治通鑑》卷八十一《晉紀三》，第2576頁改。
④ [校] 耐，原作"刪"，據《晉書》卷一百八《慕容廆載記》，第2804頁改。
⑤ [校] 更與，原作"更共"，據《資治通鑑》卷九十六《晉紀十八》，第3015頁改。
⑥ [校] 千一百萬斛，原作"萬斛"，據《晉書》卷一百六《石季龍載記上》，第2770頁及《資治通鑑》卷九十六《晉紀十八》，第3039頁改。
⑦ [校] 平，底本原無，據《晉書》卷一百六《石季龍載記上》，第2770頁及《資治通鑑》卷九十六《晉紀十八》，第3039頁補。

十四年春正月，燕以慕容隆爲幽州牧，守龍城。遼西王農在龍城五年，庶務修舉，表請代，燕主垂乃召農還，而以高陽王隆代之。農建留臺，隆因舊規修廣之，遼、碣遂安。

二十年夏五月，燕遣其太子寶①擊魏。秋七月，降其別部，進軍臨河。魏王珪叛燕，侵逼附塞諸郡。燕主垂遣太子寶帥衆八萬，自五原伐魏。散騎常侍高湖諫曰："魏與燕世爲婚姻，間以求馬留其弟，曲在我，奈何遽擊之？"垂怒，免湖官。魏張襄言於珪曰："燕狃於屢勝，有輕我心，宜羸形以驕之。"珪從之，悉徙部落畜産，西渡河千餘里。燕軍至五原，降魏別部三萬餘家，收穫田百餘萬斛。進軍臨河，造船爲濟具。

九月，魏王②珪將兵拒燕。冬十月，燕軍夜遁。十一月，追至參合陂，大敗之。珪使畧陽公③遵將七萬騎，塞燕軍之南。十月，燕軍燒船夜遁，時河水未結，寶以魏軍必不能渡。十一月，暴風，水合，珪引兵濟河，晨夜兼行，至參合陂西。燕軍在陂東山南水上，珪夜部分諸將，令士卒銜枚④束馬口潛至。旦日登山，下臨燕營，燕軍大驚擾亂，珪縱兵擊之，死者以萬數。畧陽公遵邀其前，復擒四五萬人，寶等單騎免，燕司徒德言於垂曰："虜以參合之捷，有輕太子心，宜及陛下神畧以服之，不然將爲後患。"垂乃會兵中山，期以明年大舉擊魏。

安帝隆安元年，魏兵追燕王寶，慕容會擊却之。燕王寶出中山，清和王會帥騎卒二萬迎於薊南。會整陳戰，魏兵大敗，追奔百餘里。會既敗魏兵，矜很滋甚⑤，遂謀作亂。夜遣其黨襲殺隆於帳下，農被衆創，寶欲討會。明日，召群⑥臣食，會就坐，寶目慕輿騰斬會，傷首不死。走，勒兵攻寶，至龍城下，城中將士皆憤怒出戰，大破之，侍御郎高雲復夜襲之。會衆潰，奔中山，慕容詳殺之。寶以雲爲將軍，養以爲子。雲，高句麗之支屬也。

二年三月，燕段速骨攻陷龍城，燕主寶出奔。

文帝元嘉九年，魏主攻燕，圍和龍。魏主伐燕，石城太守李崇等十郡降魏。魏主發其民三萬，穿圍塹以守和龍。宿衛之士多在戰陳，行宮人少。雲中鎮將朱修之謀與南人襲殺魏主⑦，事泄，朱修之逃奔燕。魏人數犯燕，燕王遣修之南歸求救。

十二年秋七月，魏伐燕。魏樂平王丕等伐燕，至和龍，密遣陽伊請迎於高麗。

十三年夏，魏伐燕，燕王弘奔高麗。魏伐燕，娥清、古弼攻白狼城，克之。高麗遣將衆數萬迎燕王。燕王帥龍城見户東徙，方軌而進，前後八十餘里。古弼部將高苟子欲追之，弼醉，拔刀止之，得逃去。魏主徵弼及娥清，皆黜爲門卒，遣封撥使高麗，令送燕王。不從。魏主議擊之，將發隴

---

① ［校］太子寶，原作"子太寶"，據《晉書》卷一百二十四《慕容寶載記》，第3093頁及本書下文改。

② 本書中提及拓跋魏及十六國君主時，或用王，或用主。

③ ［校］畧陽公，原作"洛陽公"，名元遵，據魏收撰《魏書》卷二《太祖紀二》，中華書局1974年，第26頁及《資治通鑑》卷一百八《晉紀三十》，第3423頁改，下同。

④ ［校］枚，底本原無，據《資治通鑑》卷一百八《晉紀三十》，第3424頁補。

⑤ ［校］矜很滋甚，原作"務狼狽滋甚"，據《資治通鑑》卷一百九《晉紀三十一》，第3447頁改。

⑥ ［校］群，原作"郡"，據《資治通鑑》卷一百九《晉紀三十一》，第3448頁改。

⑦ ［校］魏主，原作"衛主"，據《資治通鑑》卷一百二十二《宋紀四》，第3840頁改。

右。騎卒劉潔曰："秦隴新民，且當優復，俟其饒實，然後用之。"樂平王丕曰："和龍新定，宜廣修農桑以豐軍實，然後進取，則高麗一舉可滅也。"乃止。

南北朝梁、魏、齊癸酉年冬十月①，齊主伐契丹，大破之。契丹寇齊邊，齊主伐之，至昌黎城，使安德王韓軌斷其走路，遂倍道兼行以掩之。晝夜行千餘里，壯氣彌厲，與契丹遇，奮擊，大破之。

陳、周戊戌年②，高紹義入幽州，周人討之，紹義奔突厥。高紹義聞高祖殂，以爲得天助，幽州人盧昌期，起兵據范陽迎之，紹義引突厥兵赴之。周遣東平公神舉將兵討昌期，擒之，紹義還入突厥，高寶寧救范陽，未至，聞昌期死，還據和龍。

宋少帝景平元年，魏主以柔然犯塞，築長城於長川之南。起赤城，西至五原，延袤二千餘里，備置戍衛。

文帝元嘉二十三年，魏發司、幽、定、冀四州丁男十萬築塞圍。起上谷，西至於河，廣袤皆千里。

齊武帝永明十年，魏柔然犯塞，用中書監高閭表請修築長城。表曰："臣聞北狄悍愚，同於禽獸，所長者野戰，所短者攻城。若以所短奪其所長，則雖衆不能成患，雖來不能內逼矣。夫狄散居野澤，隨逐水草，戰則與家業并至，奔則與畜收俱逃，不齎資糧而飲食自足，是以古人北伐攘其侵掠而已。昔周命南仲城彼朔方，始長城是築，漢之孝武，亦蹤前迹。此四代之君，皆帝王之雄傑，所以皆同。此役者，非智術不長，兵衆不足，防狄③要事，其理宜然也。欲依故事，於六鎮之北修築長城，雖有暫勞，實獲永逸。請於要害開門造城，因地却敵，多置弓弩，狄④來有城可守，有兵可捍，彼既不能攻城，野掠無獲，草盡則走，終必懲艾。宜發近州武勇六萬人，各備戎作之具。秋高，分兵揚威塞外，來拒，則與之決戰，不來，則散分其地，以築長城。計六鎮東西不過千里，一夫一月爲工，三步三，萬則得三百里。若役丁十萬，一月必就，運糧，一月不足爲多計。築長城，其利有五：罷遊防之苦，一也；北部放牧無抄掠之患，二也；登城觀敵，以逸待勞，三也；省境防之虞，息無時之備，四也；歲常遞運永得不匱，五也。"從之。

北齊文宣帝天保六年，發丁男百八十萬，築長城。自幽州北夏口至恒州，九百餘里。北夏口，今順天東。恒州，今大同北。

周宣帝大象二年，司徒于翼巡長城，立亭障，創新改舊，咸得其要。東自碣石，西至雁門。

隋文帝開皇二年，發稽胡修長城，二旬而罷。

六年，發丁男再修長城，二旬而罷。時北齊舊城廢，因修之非更築也。

---

① 此處紀年，以北朝齊爲準，是在北齊文宣帝天保四年，據李百藥撰《北齊書》卷四《文宣帝紀》，中華書局1972年，第57頁。
② 戊戌年，即公元578年，北周武帝宣政元年、南朝陳宣帝太建十年，據《資治通鑑》卷一百七十三《陳紀七》，第5389頁。
③ [校] 狄，原作"秋"，據《魏書》卷五十四《高閭傳》，第1201頁改。
④ [校] 狄，原作"秋"，據《魏書》卷五十四《高閭傳》，第1201頁改。

七年，發丁男十餘萬築長城，二旬而罷。役衆期迫，補隙而已。

煬帝大業三年，發丁男百餘萬築長城，一旬罷役，死者過半。

高開道叛唐，自稱燕王。幽州飢，李藝告糴於高開道，許之。藝發三千人，車數百乘，驢馬千匹，往受粟，開道悉留之，告絶於藝，復稱燕王。北連突厥，南與劉黑撻相結，恒、定、幽、易咸被其患。

唐中宗嗣聖十四年①，契丹軍潰，斬孫萬榮以降。武懿宗軍至趙州，聞契丹將至，懼而南遁，契丹遂屠趙州。孫萬榮於柳城西北依險築城，引精兵寇幽州。突厥默啜襲其新城，三日克之，盡俘以歸。時萬榮方與唐兵相持，軍遂大潰，奴斬其首以降，餘衆降於突厥。

十五年②秋八月，突厥默啜寇媯、檀等州。初，太后命武承嗣之子淮陽王延秀入突厥，納默啜女爲妻。延秀至，突厥默啜謂曰："我欲以女嫁李氏，安用武氏兒耶？我突厥世受李氏恩，聞李氏盡滅，惟兩兒在，我今將兵輔立之。"乃拘延秀，移書數朝廷曰："與我蒸穀種，器行濫，帛疏惡，且我可汗女當嫁天子兒，武氏小姓門户不敵，罔冒爲婚，我爲此起兵，欲取河北耳。"河北諸州聞之，爭發民修城。衛州刺史敬暉曰："吾聞金湯，非粟不守，奈何捨收穫而事城郭乎？"罷使歸田，百姓大悦。

玄宗開元二年，以薛訥③同紫微黄門三品，將兵擊契丹，敗績。訥將兵六萬擊契丹，賓客以爲難以成功。訥曰："盛夏草肥，羔犢孳息，因糧於敵，正得天時。"行至灤水山峽中，契丹伏兵遮其前後擊之，唐兵大敗，訥與數千騎突圍得免。

置幽州節度經畧大使。領幽、易、平、媯、檀、燕六州。

二十年春正月，遣信安王禕④將兵擊奚、契丹，大破之。信安王禕與幽州節度趙含章分道擊奚、契丹，含章與虜遇，虜望風遁去。平盧先鋒將烏承玼⑤曰："二虜劇賊，乃誘我耳，宜按兵以觀其變。"含章不從，與戰大敗，承玼別引兵出其右擊虜，破之。禕等大破奚、契丹，可突干遠遁。奚酋李詩瑣高帥五千餘帳來降，禕乃引兵還。

天寶十四載十一月，安禄山反，遣封常清如東京募兵以禦之。常山太守顔杲卿起兵討賊，河北諸郡皆應。禄山之至藁城也，常山太守顔杲卿與長史袁履謙又遣人詣太原⑥尹王承業，密與相應。會從弟真卿自平原遣甥盧逖潛告杲卿，欲連兵斷禄山歸路，以緩其西入之謀。時禄山遣高邈詣幽州徵兵未還，杲卿乃使人入饒陽城慰勞將士，於是河北諸郡響應兵合二十餘萬，其附禄山

---

① 唐中宗嗣聖十四年，即公元697年，該年九月以前爲武則天萬歲通天二年，九月以後爲神功元年。

② 十五年，即公元698年，武則天聖曆元年。

③ ［校］薛訥，原作"薛納"，據《舊唐書》卷八《玄宗上》，第173頁及《資治通鑑》卷二百一十一《唐紀二十七》，第6702頁改，下同。

④ 信安王禕，指李禕，傳參《舊唐書》卷七十六《太宗諸子》，第2651~2652頁，李禕祖父爲吴王李恪，唐太宗第三子，父李琨。另《舊唐書》卷七十六《太宗諸子》，第2647頁記"孫信安王禕"，禕，誤。

⑤ ［校］烏承玼，原作"馬承玼"，據《資治通鑑》卷二百一十三《唐紀二十九》，第6797頁改。

⑥ ［校］太原，原作"大原"，據《新唐書》卷一百九十二《顔杲卿傳》，第5530頁改。

者，惟范陽、盧龍、密雲、漁陽、汲、鄴六郡而已。杲卿又使人入范陽①招賈循，鄴城人馬燧說循曰："禄山負恩悖逆，終歸夷滅，公若以范陽歸國，傾其根柢②，此不世之功也。"循猶豫不時發。別將牛潤客知之，以告禄山，禄山召循殺之，馬燧入亡西山得免。

肅宗乾元元年，以侯希逸爲平盧節度副使。平盧節度使王玄志卒，上遣中使往撫慰將士，且③就察軍中所欲立者，授以旌節。高麗人李懷玉爲裨將，殺玄志之子，推侯希逸爲軍使，朝廷因以希逸爲節度副使，節度使由軍士廢立自此始。

分河北諸州節度。以幽、莫、嬀、檀、平、薊爲幽州管，恒、定、趙、深、易爲成德軍管，相、具、邢、洺爲相州管，魏、博、德爲魏州管，滄、棣、冀、瀛爲青淄管，懷、衛、河陽爲澤潞管。

武宗會昌元年，盧龍軍亂。冬十月，雄武軍使張仲武討平之，詔以仲武知留後。初，盧龍軍亂，殺節度使史元忠，推牙將陳行泰主留務，表求節鉞。李德裕曰："河朔事勢。比來朝廷遣使太速，故軍情遂固。若置不問，必自生變。"不請④既而軍中果殺行泰，立張絳，復求節鉞，朝廷亦不問。雄武軍使張仲武起兵擊絳。仲武，幽州舊將，性忠義，通書習事，人心向之，乃以仲武知⑤盧龍留後。仲武尋克幽州。

後梁太祖⑥乾化三年夏四月，晉師逼幽州，拔平營州。晉周德威進軍逼幽州，劉守光遣使請和，語甚悲。德威曰："大燕皇帝尚未郊天，何雌伏如是！予受命討有罪者，結盟繼好，非所聞也。"不容⑦其書。別將劉光濬⑧拔平州，營州降。

後唐潞王清泰三年，契丹立石敬瑭爲晉皇帝。敬瑭割幽、薊等十六州以賂之。契丹主謂石敬瑭曰："觀汝器貌識量，真中原之主，吾欲立汝爲天子。"敬瑭辭讓數四，將吏復勸進，乃許之。契丹主作策書，命敬瑭爲大晉皇帝，自解衣冠授之。築壇即位。割幽、冀、瀛、鄭⑨、涿、檀、新、順、嬀、儒、武、雲、應、寰、朔、蔚十六州以與契丹。

宋仁宗時，安撫使夏竦請復幽、朔故地，修亭障守之，報罷。竦上言曰："臣聞匈奴北有陰山，草木茂盛，冒頓依阻，寇虐中州，漢奪其地，匈奴過泣。夫有陰山，猶資虜勢，況衰晉不武，盡割幽、薊、雲、朔良田沃野以畀之，敵得無彊⑩盛，由茲凶醜，轉爲邊患。故國家懷之以文而不庭，

---

① ［校］范陽，原作"漁陽"，據《資治通鑑》卷二百一十七《唐紀三十三》，第6950頁改。
② ［校］柢，原作"抵"，據《資治通鑑》卷二百一十七《唐紀三十三》，第6950頁改。
③ ［校］且，原作"日"，據《資治通鑑》卷二百二十《唐紀三十六》，第7064頁改。
④ 不請，疑衍文，《資治通鑑》卷二百四十六《唐紀六十二》，第7956頁，"若置之數月不問，必自生變。今請留監軍傔，勿遣使以觀之"。《四鎮三關誌》文字摘錄不全，"不請"應爲"今請"之誤。
⑤ ［校］知，原作"和"，據《資治通鑑》卷二百四十六《唐紀六十二》，第7956頁改。
⑥ ［校］太祖，原作"大祖"，據文意改。
⑦ 容，《資治通鑑》卷二百六十八《後梁紀三》，第8771頁作"答"。
⑧ ［校］劉光濬，原作"劉守先濬"，據《資治通鑑》卷二百六十八《後梁紀三》，第8772頁改。
⑨ 鄭，《資治通鑑》卷二百八十《後晉紀一》，第9154頁作"莫"。
⑩ ［校］彊，原作"疆"，據黃淮、楊士奇編《歷代名臣奏議》卷三百二十三《禦邊》，上海古籍出版社1989年，第4196頁改。

加之以武而不至，要之以盟而無信，賂之以貨而無厭。憑陵我邊鄙，虐害我生靈，自邇以來，爲患非一。蓋不復塞垣而勞捍禦，猶張疏網以隔蚊蚋。秦、趙築長城，漢築五原塞，因其山谷，設其險阻，先代之勞，後王之利，不惟經畧有方，兼使華夷有限，應變無壅。夫爲萬世之畫，削黜虜之勢，莫若復漢故地，外錮塞垣。復地之謀，必資良畫。誠當計其寇敵，選其將帥，明其兵政，謹其邊防，制其閫外。皆如所言，而後陽示畏弱，陰整用度，命將領之臣，修李牧之法，訓兵利器，明賞信罰，按行營壘，親視疾病，膏之以恩惠，勞之以言辭，同其苦樂，和其上下，整其騎乘，名其等列，習其擊刺，養其勇銳。於是豐其帛，陰遣五間，訪彼山川紆直之勢，察彼將助好惡之性，相其機而觀其變，因其釁而發其謀。疑其君臣，焚其積聚，優寵降附，撫綏邊境，令幽、朔之民積思漢之心，匈奴之臣有叛主之計。乃選一良將爲之謀，主陰勒士馬出其不意，奇兵據險，正兵攻城，胡人不善嬰守，捄兵無路而至，幽陵朔易①，不降即潰。乃命良臣以葺完，留飛將以捍禦。復修亭障，遵漢舊規，則胡馬之塵罕能南曁矣。

歐陽修《控禦契丹論》。《五代史》曰："幽州西北有居庸關，又西北有石門關，皆中國控禦契丹之險也。"又其上言曰："西山道路三十餘處皆可行兵，其險要折扼在於車城、銀功等路。今輕易委虜，一旦虜以大兵渡易水，而以奇兵自蜚狐出西山諸口，則我腹背受敵矣。"

富弼《中原險要論》。弼曰："漢、唐以前，匈奴入寇，率由上郡、雁門、定襄，蓋當時中國據全燕之地，有險可守，不敢由燕以入。自石晉割弃以來，虜騎直出燕前，不復尋定襄諸路矣。"又曰："河北一路，天下根本，古者未失。燕、薊有松亭關、古北口、居庸關爲中原險要，隔絶匈奴，尚且極意防守，況今割燕、雲，蕩然無阻耶？"

夏竦《請復幽朔疏》。竦疏曰："今之邊界距塞垣裁二三百里，匈奴入中國之路不過四五，及其險隘不潤尋丈。若分奇兵之甲，杜薊門之路，出并、代之師，守蜚狐之口，然後正兵數道，攻城畧地，先平小邑以阻其氣，次克大城以觀其變。胡人不善嬰守，救兵無路而至，幽陵朔易，不降即潰矣。"

宣和五年夏四月，金人來歸燕及涿、易、檀、順、景、薊之地，詔童貫、蔡攸班師。金人既遂所欲，乃使楊璞以誓書及燕京、六州來歸，而營、平、灤三州不預焉。詔童貫、蔡攸入燕交割。時燕之職官、富民、金帛、子女皆爲金人所掠而去②，惟存空城而已。粘没喝猶欲止割涿、易，金主曰："海上之盟，不可忘也，我死，汝則爲之。"貫等奏燕城老幼迎謁，焚香稱壽。帝曲爲之赦兩河，命即日班師。

六月，金張瑴以平州來歸。

金人襲平州，張瑴奔燕山，平州人殺金使以拒守。闍母無功而退，金主復使斡离不督闍母攻平州。會張瑴聞朝廷犒賜將至，喜而遠迎，斡离不乘其無備，襲之，與瑴戰於城東，瑴敗，宵奔燕山。平州都統張忠嗣及張敦固出降金，金遣使與敦固入諭城中，城中人殺其使者，立敦固爲都統，閉門固守。

---

① ［校］幽陵朔易，原作"幽陵易朔"，據《歷代名臣奏議》卷三百二十三《禦邊》，第4196頁改。

② ［校］去，原作"東"，據陳邦瞻《宋史紀事本末》卷五十三《復燕雲》，中華書局1977年，第549頁改。

七年冬十月，金將粘沒喝、斡离不分道入寇。初，斡离不在平州，遣人來索版亡户口，朝議弗遣，且聞童貫、郭藥師治兵燕山，斡离不遂請於金主曰："耶律余睹①、劉彦宗亦言南朝可圖，決意南侵，以諳班勃極烈斜也領都元帥，居京師，粘沒喝爲左副元帥，谷神爲元帥右監軍，耶律余睹爲元帥右都監，自雲中趨太原②。撻懶爲六部落都統，闍母爲南京路都統，劉彦宗爲漢軍都統，斡离不監闍母、彦宗兩軍戰士，自平州入燕山。

　　金斡离不入檀薊州，郭藥師以燕山叛降金，金盡陷燕山州縣。郭藥師專制一路，增募兵至三十萬，而不改契丹服飾，朝論頗以爲疑。進拜太尉，召之入朝，藥師辭不至。帝令童貫行邊，察其去就。貫至，藥師迎拜帳下，貫視至於迴野，畧無人迹。藥師下馬，當貫前掉旗一揮，俄頃，四山鐵騎耀③日，莫測其數。貫歸爲帝言，藥師必能抗虜，蔡攸亦從中力主之，故内地不復他制。詹度言："藥師瞻視非常，趨向懷異，逆節已萌。"始詔遣官究貫，而金④兵已南下矣。斡离不自平州破檀、薊，至三河，藥師遂帥所部兵劫貫及都轉運使吕頤浩⑤以降，斡离不執靖及頤浩⑤至軍中以行，於是燕山府所屬州縣皆爲金有，斡离不既得藥師，益知宋虚實，因以爲鄉導，懸軍深入矣。

　　欽宗靖康二年，金盡陷河北州郡。金闍母陷河間府、雄州，撻懶陷祈、保州，永寧、順安軍⑥，惟慶源府、邢、洺、冀、磁、相州，久之乃陷。

　　寧宗嘉定四年，蒙古攻金，西京留守訖石烈胡沙虎弃城遁，金西北諸州皆降蒙古。金獨吉千家奴、完顔胡沙至鳥沙堡。未及設備，蒙古兵奄至，拔鳥沙堡及烏月營。蒙古主乘勝破白登城，遂攻西京，凡七日。胡沙虎懼，以麾下弃城突圍遁去。蒙古主以精騎三千馳之，金兵再⑦敗，追至翠屏口，遂取西京及桓、撫州。蒙古主復遣其子术赤⑧、察合台、窩闊台⑨三人，帥兵分詣雲内、東勝、武、朔、豐、靖等州，由是金德興、弘州、昌平、懷來、縉山、豐潤、密雲、撫寧、集寧、東過平、灤，南至清、滄，由臨潢過遼河，西南⑩至忻、代，皆降於蒙古。

　　六年冬十月，蒙古大敗金將术虎高琪⑪於懷來，進圍燕，高琪還，殺胡沙虎，金主以高琪爲左副元帥。蒙古兵至懷來，金元帥右監軍术虎高琪拒之，敗績。蒙古乘勝至古北口，金兵保居庸，不能入。蒙古主乃留可忒、薄察⑫等頓兵拒守，而自以衆趨紫荆關，敗金兵於五回嶺，拔涿、

---

① ［校］耶律余睹，原作"耶律余覩"，據《金史》卷一百三十三《耶律余睹傳》，第2846頁改，下通改。
② ［校］太原，原作"太元"，據《金史》卷七十四《宗翰傳》，第1696頁及《宋史紀事本末》卷五十六《金人入寇》，第565頁改。
③ ［校］耀，原作"揮"，據《宋史》卷四百七十二《郭藥師傳》，第13739頁改。
④ ［校］金，原作"全"，據《宋史》卷四百七十二《郭藥師傳》，第13739頁改。
⑤ ［校］浩，底本原無，據上文及《宋史》卷三百六十二《吕頤浩傳》，第11391頁補。
⑥ ［校］順安軍，原作"順安安軍"，據《宋史》卷八十六《地理二》，第2130頁改。
⑦ ［校］再，原作"在"，據文意改。另《宋史紀事本末》卷八十五《蒙古侵金》，第945頁作"大"。
⑧ ［校］术赤，原作"木赤"，據《元史》卷一《太祖紀》，第15頁改。
⑨ ［校］窩闊台，原作"窩潤"，據《元史》卷一《太祖紀》，第15頁改。
⑩ ［校］南，原作"帝"，據《金史》卷十三《衛紹王》，第294頁改。
⑪ ［校］术虎高琪，原作"木虎高琪"，據《金史》卷一百六《术虎高琪傳》，第2339頁改。
⑫ 薄察，《元史》卷一《太祖紀》，第16頁作"薄刹"。

易二州。分命遮別將兵，反自南口攻居庸關，破之，出北口，與可忒、薄察軍兵合。至昇河，欲渡高橋，胡沙虎病足，乘車督戰，蒙古兵大敗。翌日再戰，高琪失期不至，胡沙虎欲斬之，金主諭令免。琪出戰，自夕至曉，北風大作，不能舉目，兵大潰。琪自度必爲胡沙虎所殺，乃入中都，圍胡沙虎之第，胡沙虎登後垣欲走，墜而傷股，軍士就斬之。高琪收其首，詣闕請罪，金主赦之，因詔暴胡沙虎之罪，奪其官爵，以高琪爲左副元帥。

蒙古分兵拔金河北、河東諸州郡。蒙古主兵爲三道，循太行而南，破保州、中山、邢、洺、磁、相、衛、輝、懷、孟諸郡，徑抵黃河，大掠平陽①、太原之間。別將薄察等遵海而東，破灤、薊，大掠於遼西之地。蒙古主自將破雄、莫②、清③、滄、景、獻、河間、濱、棣、濟南等郡，引兵復入大口以逼中都，所至郡邑皆下，凡破金九十餘郡，惟大名、真定、清④、鄆、邳、海、沃、順、通州有兵堅守，未能破。

七年，蒙古將木華黎攻金遼西州郡，下之。木華黎進兵攻金北京⑤，守將錕青嬰城自守，其裨將完顏昔烈、高德玉等殺錕青，推寅答虎爲帥。木華黎趣兵進攻，寅答虎遂舉城降，奏寅答虎權北京留守，以吾也兒⑥權兵馬帥府事以鎮之，於是金順、成、懿、通州相繼降於蒙古。

元順帝至正十八年，宋毛貴破薊州，元徵四方兵入衛。毛貴率衆由河間趨直沽，遂破薊州，畧柳林，逼畿甸。樞密副使⑦達國珍戰死，京師大恐，廷臣或勸帝北巡以避之，或勸遷都關陝，衆議紛然，獨丞相太平力以爲不可遷，遂徵四方兵入衛。同知樞密院事劉哈剌不花以兵拒戰於⑧柳林，貴大潰，退走濟南。

效祖曰："漢、唐都關、洛，視燕地爲遐方。然漁陽、盧龍皆緹衣之重鎮也。自保機、骨打入主中國，其所措置以綿鑲爾之祚者，惡可謂無壯猷乎！若徒以廢興有數，而付之無可奈何，匪惟不知天道之存亡，抑亦不知人事之臧否矣！"

昌鎮經畧

前紀

晉愍帝建興二年三月，漢石勒襲薊，陷之，殺王浚，師還，薊降於叚匹磾。勒襲王

---

① ［校］平陽，原作"平陰"，據《元史》卷一《太祖紀》，第17頁改。
② ［校］莫，原作"鄭"，據《元史》卷一《太祖紀》，第17頁改。《宋史紀事本末》卷八十五《蒙古侵金》，第950頁作"漠"。
③ 《宋史紀事本末》卷八十五《蒙古侵金》，第950頁有"清州"，但《元史》卷一《太祖紀》、《金史》卷十四《宣宗上》皆未記所破州縣中有清州。
④ ［校］清，原作"青"，然金、元二朝皆無青州，《元史》卷一《太祖紀》，第17頁及《金史》卷十四《宣宗上》，第304頁作"清州"。
⑤ ［校］北京，原作"北守"，據《元史》卷一百一十九《木華黎傳》，第2931頁改，下同。
⑥ 《元史》卷一百一十九《木華黎傳》，第2931頁作"吾也而"。
⑦ ［校］樞密副使，原作"樞密使副"，據《元史》卷四十五《順帝八》，第942頁改。
⑧ 於，係衍生字。

浚，遣使奉牋於琨，請討浚，琨喜，移檄州郡，言勒已降。三月①，勒軍達易水，浚督護孫緯馳遣白浚，將佐皆請擊之。浚怒曰："石公來，正欲奉戴我耳，敢言擊者，斬！"勒晨至薊，先驅牛羊數千塞諸街巷，浚始懼。勒陞其聽事，執浚送襄國斬之。以故尚書劉翰行幽州刺史，戍②薊，置守宰而還。勒遣使奉浚首獻捷於漢，漢以勒爲東單于。劉琨請兵於拓跋猗盧以擊漢，會猗盧所部雜胡謀應勒，猗盧悉誅之，不果赴約。琨知勒無降意，大懼。劉翰不欲從勒，乃歸段匹磾，匹磾遂據薊城。

穆帝永和六年二月，燕王儁擊趙，拔薊城，徙都之。薊，今京都。燕王儁與慕容霸、慕輿於三道出塞以伐趙，遂拔薊，欲悉坑其士卒，霸諫，乃釋之。儁入都於薊，中州士女降者相繼。燕兵至，范陽太守李產欲爲石氏拒燕，衆莫爲用，乃帥八城令長出降。儁悉置幽州郡縣守宰，引兵還薊。

孝武帝太元五年春，秦復以符重爲鎮北大將軍守薊。

隋文帝開皇九年春正月，徵天下兵集涿郡，始募民爲驍果。

煬帝大業十二年，虎賁郎將羅藝起兵涿郡。初，帝謀伐高麗，械器資儲皆積於涿郡。又臨朔宮多珍寶，虎賁郎將羅藝宣言以激衆曰："吾輩討賊數有功，城中倉庫山積，莫肯散施，將何以勸將士？"衆將皆憤怨，軍還，郡丞出城候藝，藝因執之，發庫物以賜戰士，開倉庫以賑貧乏，殺渤海太守唐禕數人，柳城、懷遠并歸之。藝自稱幽州總管。

唐睿宗太極元年，幽州大都督孫佺襲奚，敗沒。薛訥③鎮幽州二十餘年，未嘗舉兵出塞，虜亦不敢犯。與燕州刺史李雄有隙，雄訐之於劉幽求，幽求以左羽林將軍孫佺代之。孫佺至州，帥兵一萬騎八千以襲奚，契丹遇奚騎八千，戰於冷陘，大敗，爲虜所擒，獻於突厥默啜，殺之。

玄宗開元④二年，置幽州節度經畧大使。領幽、易、平、媯、檀、燕六州。

昭宗乾寧元年十二月，李克用攻幽州，克之，李匡籌走死。劉仁恭獻策於克用，願得兵萬人取幽州，克用方攻邢州，分兵數千納仁恭，不克，匡籌益驕，數侵河東。克用大舉兵攻匡籌，拔武州，進圍新州，破之。匡籌復發兵出居庸關，克用使精騎夾擊之，大敗，匡籌奔滄州，義昌節度使盧彥威遣兵攻殺之。

後梁龍德元年十二月⑤，契丹寇幽州，拔涿州，進寇義武。契丹主悉衆而南遷，述律后⑥曰："吾有西樓羊馬之富，其樂不可勝窮也，何必勞師遠出，以乘危徼利乎？吾聞晉王用兵，天下莫敵，脫有危敗，悔之何及？"契丹主不聽。十二月，攻幽州，李紹宏嬰城自守，契丹南圍涿州，拔之，擒李嗣弼⑦，進寇定州，王都告急於晉，晉王將親軍五千救之。

宋太宗雍熙三年三月，曹彬取涿州。彬趨涿州，遣先鋒將李繼隆破契丹兵，取固安、新城

---

① [校] 三月，原作"三日"，據《資治通鑑》卷八十九《晉紀十一》，第2812頁改。
② [校] 戍，原作"戌"，據《資治通鑑》卷八十九《晉紀十一》，第2813頁改。
③ [校] 薛訥，原作"薛納"，據《舊唐書》卷八《玄宗上》，第173頁及《資治通鑑》卷二百一十一《唐紀二十七》，第6695頁改。
④ [校] 開元，原作"開原"，改。
⑤ [校] 後梁龍德元年十二月，龍德前原有"望"字，衍字，刪。
⑥ [校] 述律后，原作"律后"，據《資治通鑑》卷二百七十一《後梁紀六》，第8870頁改。
⑦ [校] 李嗣弼，原作"李嗣源弼"，據《資治通鑑》卷二百七十一《後梁紀六》，第8870頁改。

二縣。進攻涿州，克之。虜兵復集，米信獨以麾下三百人接戰，被圍。突出，會彬遣兵至，遂敗契丹兵於新城東北。

端拱元年，契丹復陷涿州。冬十一月，遂入祈州。契丹主隆緒攻涿州，射帛書諭城中降，不聽，縱兵四面攻之，城破乃降。遂進攻長城，士卒潰圍南走，隆緒邀擊之，殺獲殆盡。因攻滿城、祈州及新樂，皆陷之。

徽宗宣和元年夏五月，金侵遼，上京留守耶律撻不野①以城降。金主自將攻遼，以遼使蕭習泥烈、宋使趙良嗣從，遣降者馬乙持詔諭城中，使速降。且謂習泥烈、趙良嗣："汝可觀吾用兵，以卜去就。"遂臨督戰，諸軍鼓譟而進，自旦及巳，闍母以麾下先登，克其城外，留守撻不野以城降。

四年八月，遼將郭藥師以涿、易二州來降。遼常勝軍帥郭藥師爲涿州留守，以蕭后立，蕭幹專國政，謂所部曰："宋天子重兵壓境，此男兒取金印時也。遂奉二州來降。"童貫受之，以聞，詔授恩州觀察使，以兵隸劉延慶。

高宗紹興二十三年春三月，金遷都於燕。金主自上京至燕京，初備法駕，下詔改元，以燕列國之名不當爲京師號，遂改爲中都大興府，汴京爲南京，削上京之名稱，會寧府又改中京，大定府爲北京，而東京遼陽府、西京大同府如舊。

寧宗嘉定四年②閏九月，金兵禦蒙古，敗績於會河，蒙古遂入居庸關，大掠而去。蒙古主既破撫州，將遂南向。金主復命招討，使完顏九斤監軍，完顏萬奴等率兵號四十萬駐野狐嶺以備，胡沙率重兵爲後繼。蒙古主聞之，進兵於獾兒嘴，遂與九斤等戰。金兵大敗，引兵南行，蒙古兵追擊之。至會河堡，金兵又大敗，蒙古兵乘勝薄宣德③，遂克縉山縣④，遊兵至居庸關，守將完顏福壽弃關遁，蒙古兵克之。金中都戒嚴。蒙古遊兵⑤至都城下，金主欲南奔汴。會衛卒誓死迎戰，蒙古兵損折頗多，遂襲金群牧監⑥，驅其馬而去，金主乃止。命秦州刺史朮虎高琪屯通玄門外，尋降胡沙爲咸平路兵馬總管，將士以其罰輕，由是益不用命。

蒙古以史天倪爲萬户，屯霸州。時蒙古木華黎統兵侵金，所向殘破。永清人史秉直聚族謀曰："方今國家喪乱，吾家百口何以自保？"乃率里中人詣降，木華黎以其子天倪爲萬户，領降人家屬，屯霸州。

七年秋七月，蒙古復圍燕。金主以兵弱財乏不能守，乃議遷於汴。五月，命太子守忠留守中

---

① [校] 耶律撻不野，原作"聊律撻不野"，黄以周等輯注、顧吉辰點校《續資治通鑑長編拾補》卷四十一《徽宗》，中華書局2004年，第1274頁引陳桱《通鑑續編》作"耶律撻不野"，據改。

② [校] 寧宗嘉定四年，底本原無，據《宋史紀事本末》卷八十五《蒙古侵金》，第945~946頁補。是年，爲蒙古太祖六年，金衛紹王大安三年。

③ 宣德，或爲"宣平"，《讀史方輿紀要》卷十八《北直九》，第799頁及《宋史紀事本末》卷八十五《蒙古侵金》，第947頁作"宣平"，《元史》卷一《太祖紀》，第16頁作"宣德府"。按《金史》卷二十四《地理上》，第568頁，金宣德州轄宣德、宣平二縣，存疑。

④ [校] 縉山縣，原作"晉安縣"，據《金史》卷十三《衛紹王》，第294頁及《讀史方輿紀要》卷十七《北直八》，第778頁改。

⑤ [校] 遊兵，原作"遊奕"，據《宋史紀事本末》卷八十五《蒙古侵金》，第946頁改。

⑥ [校] 群牧監，原作"郡牧監"，據《宋史紀事本末》卷八十五《蒙古侵金》，第946頁改。

都，遂與六宮啓行。蒙古主聞之，復圖南侵。金主至良鄉，糺軍作亂，殺其主帥素溫，而推斫答、比涉兒①、札刺兒三人爲帥，北還，遣使乞降於蒙古。蒙古主合其兵圍燕京，金主聞之，遣人召太子②，應奉翰林文字完顏素蘭以爲不可，曰："太子在彼，則聲勢俱重。昔唐明皇幸蜀，太子實在靈武，蓋將以繫天下之心也。"不從，竟召太子。太子既行，中都益懼。

元泰定帝致和元年，梁王王禪等兵入居庸關，與燕帖木兒戰，不利。初，王禪等兵次榆林，燕帖木兒將兵拒之。遣撒敦失馳至榆林西，乘其未陣，薄之，王禪兵稍却之。圖帖睦爾復令燕帖木兒禦遼東兵，次薊州，王禪等兵遂破居庸關。燕帖木兒聞之，倍道還軍，迎戰於榆林之北。王禪兵復不利，還至江橋，阻水而陣，相馳而累日。王禪再戰再北，遂率餘衆遁還。

元樞密院臣《嚴守關口疏》。《畧》曰：居庸古道四十有三，軍吏防守者十三，舊置千户，位輕，宜置隆鎮萬户府，俾嚴守備。

效祖曰："經畧者，人事也，險阨者，地形也，勢若相馳而功常相濟。故欲修人事，則地形有必須能擇地形，則人事無不舉。居庸自三胡以來皆恃以爲不拔之險，乃金之攻遼自居庸入，元之攻金不入居庸而趨紫荆，豈經畧者殊耶？趨紫荆者，元爲得策，入居庸者，以崖石之崩，事出天幸，非經畧之罪也。茲其大較，章章明矣。"

真保鎮經畧

前紀

周赧王九年，趙君畧中山及胡地，遣使約秦、韓、楚、魏、齊并致胡兵。

十年，趙伐中山，取數邑，中山復獻四邑以和。

十四年，趙伐中山，中山君奔齊。

二十年，趙主父以燕、齊之師滅中山，歸，大赦，酺五日。

秦王政十八年，王翦③伐趙，下井陘，趙殺其大將軍李牧。王翦伐趙，趙使李牧禦之。秦多與趙嬖臣郭開金，使言牧欲反趙。王使趙蔥、顏聚代之，牧不受命，遂殺之。

秦軍屯中山以臨燕。

趙公子嘉自立爲代王，與燕合兵，軍上谷。今宣府地。

楚遣諸將狥趙。張耳、陳餘復請奇兵畧趙地，勝以所善陳人武臣爲將軍，耳、餘爲校尉，予卒三千人狥趙。武臣等從白馬渡河，收兵得萬數人，號武信君，下趙十餘城，皆城守。乃引兵擊范陽，范陽蒯通④說曰："范陽令徐公畏死，欲降君，毋以爲秦所置吏誅殺而以候印授之，則燕、趙諸城可無

---

① [校] 比涉兒，原作"此涉兒"，據何秋濤校正、王國維校注《校正元聖武親征錄》，《續修四庫全書》第423册，第692頁及《宋史紀事本末》卷八十五《蒙古侵金》，第951頁改。
② [校] 召太子，底本原無，據《宋史紀事本末》卷八十五《蒙古侵金》，第951頁補。
③ [校] 王翦，原作"王剪"，據《史記》卷七十三《王翦列傳》，第2338頁改，下同。
④ [校] 蒯通，原作"蒯徹"，據《史記》卷八十九《張耳列傳》，第2575頁改。

戰而降。"從之，下三十餘城。

楚義帝、西楚霸王、漢王元年，立張耳爲常山王。王趙地，治襄國，以從入關也。

西楚霸王、漢王三年冬十月，韓信大破趙軍，擒王歇，斬代王餘，遣使下燕。韓信、張耳擊趙，趙聚兵井陘口，廣武左車謂陳餘曰："井陘之道，車不得方軌，騎不得成列，糧食必在後，願假臣奇兵絕其輜重，勿與戰，彼前不得鬥，退不得還，野無所掠，不十日而兩將之頭可致麾下。"餘不用，信間視知之。遂下，未至井陘口，止舍，夜半傳飱①，選②輕騎二千人，持一赤幟，從間道而望趙軍，戒曰："趙空壁逐我，即疾入趙壁，拔其幟而易之。"令裨將傳飱③曰："今日破趙會食！"乃使萬人先行，出，背水陣，趙望見皆大笑。信建④大將旗，鼓行出井陘口，趙開壁擊之。信、耳佯走水上軍，趙果空壁逐之，信使遣騎馳入趙壁，拔趙幟，立漢幟。水上軍皆殊死戰，趙軍歸壁，見幟大驚，遂亂遁走。漢兵夾攻。大破之，斬陳餘，擒王歇。諸將因問曰："兵法'右倍山陵，前左水澤'，今背水而勝，何也？"信曰："兵法不曰'陷之死地而後生，置之亡地而後存'？且信非得素附循士大夫也，所謂'驅市人而戰之'，非置死地，使人自爲戰，彼將皆走，尚可得而用之乎？"諸將皆服。信得李左車問曰："攻燕、齊何若而有功？"左車曰："善用兵者，不以短擊長，而以長擊短。爲將軍計，莫若按甲休兵。北首燕路，而遣辯士奉書於燕，暴其所長，燕必不敢不聽從。燕已從而東臨齊，雖有智者，不知爲齊⑤計矣，兵固有先聲而後實者，此之謂也。"信從其策，燕從風而靡，遣使報漢，請以張耳爲趙王。許之。

漢靈帝建寧元年十二月，鮮卑滅貊，寇幽、并。

光和三年夏四月，鮮卑寇幽、并。

獻帝建安五年春正月，操殺車騎將軍董承，遂擊備，破之，備奔冀州。

晉懷帝永嘉六年，石勒引兵據襄國。劉演⑥鎮鄴，石勒諸將欲攻之，張賓曰："攻之未易卒拔，捨之，彼將自潰。方今王彭祖、劉越石，公之大敵也。不若擇便地而據之，廣聚糧儲，西稟平陽以固幽、并，此霸王之業也。"勒遂進據襄國，分命諸將攻冀州郡縣，運穀以輸襄國。漢以勒爲冀州牧。

元帝太興⑦三年春二月，後趙寇冀州，執刺史邵續，詔以其子緝代之。段匹磾、邵續

---

① [校] 夜半傳飱，原作"夜半轉發"，據《史記》卷九十二《淮陰侯列傳》，第 2616 頁及《資治通鑑》卷十《漢紀二》，第 326 頁改。
② [校] 選，底本原無，據《史記》卷九十二《淮陰侯列傳》，第 2616 頁及《資治通鑑》卷十《漢紀二》，第 326 頁補。
③ [校] 飱，底本不清，據《史記》卷九十二《淮陰侯列傳》，第 2616 頁補。另《資治通鑑》卷十《漢紀二》，第 326 頁作"餐"。
④ [校] 建，原作"見"，據《史記》卷九十二《淮陰侯列傳》，第 2616 頁及《資治通鑑》卷十《漢紀二》，第 327 頁改。
⑤ [校] 齊，原作"秦"，據《史記》卷九十二《淮陰侯列傳》，第 2618 頁及《資治通鑑》卷十《漢紀二》，第 329 頁改。
⑥ [校] 劉演，原作"劉混演"，據崔鴻撰、湯球輯補《十六國春秋輯補》卷十一《後趙錄一》，齊魯書社 2000 年，第 84 頁及《資治通鑑》卷八十八《晉紀十》，第 2781 頁改。
⑦ [校] 元帝太興，原作"元年大興"，據《晉書》卷六《元帝紀》，第 149 頁改。

共擊末柸①,後趙王勒知續勢孤,遣虎將兵攻之,執續,使降。續呼兄子②竺等奉匹磾勿有二心。吏部郎劉胤言於帝曰:"北方藩鎮,惟餘邵續,如使爲虎所滅,孤義士之心,宜發兵救之。"帝不能從。聞續已没,乃詔以續位任授緝。

四年,後趙陷幽、冀,并州撫軍將軍、幽州刺史段匹磾死之。後趙使石虎攻匹磾於厭次,文鴦出戰,力盡被執。匹磾欲單騎歸朝,邵續之弟洎勒兵不聽,復欲執臺使送虎。匹磾正色責之曰:"卿不能遵兄之志,逼吾不得歸朝,亦已甚矣。復欲執天子使者,我雖夷狄,所未聞也!"洎與緝、竺等出降,匹磾不爲勒禮,常著朝服,持晉節。久之,與文鴦、邵續皆見殺。

穆帝永和六年秋九月,燕狗冀州,取章武、河間。初,渤海賈堅少,尚氣節,任趙爲殿中督,及趙亡,堅還鄉里,擁部曲數千家。燕慕容評狗渤海,招之,不降,與戰,擒之,以爲樂陵太守。

燕慕容恪取中山。恪入中山,遷其將帥上豪數千家詣薊,餘皆按堵,軍令嚴明,秋毫不犯。

孝武帝太元十年夏四月,劉牢之進兵至鄴,燕王垂逆戰,敗走中山,牢之追擊,大破還。牢之至鄴,燕垂戰,敗北遁,牢之追二百里,至五橋澤,爭燕輜重,垂邀擊,大破之。牢之入屯鄴城,坐軍敗徵還。燕、秦相持經年,幽、冀人相食,邑路蕭條,垂以桑椹爲軍糧,北趣中山。

十二月,燕慕容麟攻秦,博陵守將王兗死之。麟攻博陵,城中糧竭矢盡,功曹張猗踰城出,聚衆以應麟。兗臨城數之曰:"卿是秦民,吾是卿君,卿起兵應賊,母在城,弃而不顧,寧能忘卿不忠不孝之罪乎?"麟拔博陵,執兗殺之。

燕定都中山。燕王垂北入中山,謂諸將曰:"樂浪王招流散,實倉廩,外給軍糧,內修宮室,雖蕭何何以加?"乃定都焉。

二十一年春閏三月,燕主垂襲魏平城,克之。夏四月還,卒於上谷,太子寶立。燕主垂留范陽王德守中山,引兵密發,出魏不意,直指雲中,魏陳留公虔③鎮平城,出戰,敗死,燕軍盡收其部落。垂之過參合陂也,見積骸如山,爲之設祭,軍士慟哭聲震山谷,垂慚憤,由是發疾轉篤,乃築燕昌城而還,卒,寶即位。

安帝隆安元年冬十月,魏王珪及燕慕容麟戰,大破,走之,遂克中山。中山飢甚,魏王珪進攻之,與慕容麟戰於義臺,大破之,得燕璽綬、圖書、府庫、珍寶以萬數,班賞將士,麟奔鄴,復稱趙王。

南北朝齊、魏丙子年④,魏恒州刺史穆泰、定州刺史陸獻謀反,魏主遣任城王澄討擒之。泰,定州刺史,自陳久病土溫,乞爲恒州,魏主爲之徙恒州,陸獻爲定州。泰至,獻未發,遂相與謀作亂,推陽平王頤爲主。頤僞許之,而密以聞。任城王澄有疾,帝召見之,遂授澄節。行至雁

---

① 末柸,《晉書》卷六十三《邵續傳》,第1704頁及《資治通鑑》卷九十一《晉紀十三》,第2876頁作"末杯"。
② [校]兄子,原作"元子",據《資治通鑑》卷九十一《晉紀十三》,第2876頁改。
③ [校]虔,底本不清,據《魏書》卷二《太祖紀》,第27頁,"陳留公元虔先鎮平城"句補。
④ 丙子年,即公元496年,北魏孝文帝太和二十年,《魏書》卷七下《高祖紀七下》,第180頁有"十有二月……恒州刺史穆泰等在州謀反"之記載。

門，遣御史李煥騎入，代曉諭泰黨，示以禍福，泰攻煥不克而走，追擒之。澄至，窮治黨與，收陸獻繫獄，民間帖然。

梁武帝大通二年，周陷魏定州，執行臺楊津遂陷瀛州。魏復以楊津爲北道行臺，守定州，居鮮于脩禮、杜洛周圍。杜洛周圍之，魏不能救，長史李裔引賊入執津，瀛州刺史元寧以城降賊。

隋煬帝大業十三年，涿郡留守薛世雄擊李密，竇建德襲破之，遂圍河間。詔涿郡留守薛世雄將燕地精兵三萬討李密，命王世充等諸將皆受節度。世雄不設備，建德謀還襲之，帥敢死士二百八十人先行，令餘衆續發，約曰："夜至則擊其營，已明則降之。"未至二里所，天欲明，建德惶惑議降。會天大霧，咫尺不辯，遂突入其營擊之，士卒大亂，世雄遁歸涿郡，慚恚發病①，卒，建德遂圍河間。

唐高祖武德三年冬十月夏，王建德圍幽州，高開道遣使降唐。竇建德之圍幽州也，李藝告急於高開道，帥二千騎救之，建德兵引去。開道因藝遣使降唐，以爲蔚州總管，賜姓李氏，封北平郡。建德帥衆二十萬復攻幽州，兵已攀堞，薛萬均、萬徹帥敢死士百人從地道出其背，擊走之。

中宗嗣聖十三年②冬十月，契丹陷冀州，周以狄仁傑爲魏州刺史。契丹李盡忠死，孫萬榮代領其衆，突厥默啜乘間襲沙漠，擄盡忠、萬榮妻子而去，萬榮收合餘衆，攻陷冀州，又攻瀛州，河北震動。制起狄仁傑爲魏州刺史，前刺史畏契丹猝至，悉驅百姓入城繕守備，仁傑至悉遣還農，百姓大悅。

周以狄仁傑爲河北道安撫大使。時河北人爲突厥所驅迫者，虜退，懼誅，往往亡匿。仁傑上疏曰："請爲③突厥、契丹脅從之人，皆是計逼情危，且圖賒死。今且潛竄山澤，伏願曲赦河北諸州。"制從之，仁傑於是撫慰百姓，禁其下不得侵擾，河北遂安。

天寶十五載夏五月，郭子儀、李光弼與史思明戰於嘉山、定州地，大破之，復河北十餘郡。子儀至恆陽，深溝高壘，賊來則守，去則追之，晝則雄兵，夜斫其營，賊不得休息數日。光弼、子儀議曰："賊倦矣，可以出戰。"戰於嘉山，大破之，思明奔博陵，於是河北十餘郡皆殺賊守將而降。

郭子儀、李光弼引兵入井陘，劉正臣襲范陽，不克。郭子儀、李光弼聞潼關不守，引兵入井陘，留王俌守常山，劉正臣將襲范陽，未至，史思明擊敗之。

肅宗寶應元年，諸軍圍史朝義於牧州。史朝義走，至與州，與其大將薛忠義等合，還攻僕固瑒，瑒設伏擊走之，回紇又至，戰於下博，朝義大敗，奔牧州。懷恩兵馬使薛兼訓、郝廷玉及田神功、辛雲京皆會，進，圍朝義於④牧州。

德宗建中二年，詔馬燧、李抱真、李晟討田悅，戰於臨洺，大破之。平盧節度使李正

---

① ［校］病，原作"背"，據《隋書》卷六十五《薛世雄傳》，第1534頁改。
② 中宗嗣聖十三年，即公元696年，該年四月武則天改元萬歲通天，此事及孫萬榮反叛之事見《資治通鑑》卷二百五《唐紀二十一》。《舊唐書》卷九十三《王孝傑傳》、卷一百九十九下《渤海靺鞨傳》祇云萬歲通天年，疑缺"元"字。
③ 請爲，應是衍文。據《資治通鑑》卷二百六《唐紀二十二》，第6536頁，"仁傑上疏，以爲：'朝廷議者皆罪契丹、突厥……'"
④ ［校］於，原作"與"，據上文改。

已卒，子納自領軍務，與李惟岳遺兵救田悅。

三年秋七月，李晟救趙州。晟請以所將兵北解趙州圍，與張孝忠分勢圖范陽，上許之。晟趨趙州，王士真解圍去。晟北畧恒州。

憲宗元和五年春正月，盧龍節度使劉濟將兵討王承宗，拔饒陽、束鹿。譚忠歸幽州，欲擊劉濟討趙，曰："天子伐趙，君坐燕之甲，不濟易水，使潞人得以藉口，是燕貯忠義之心，卒染私趙之謗，不見德於趙人，惡聲徒嘈嘈於天下耳。"濟曰："吾知之矣！"乃下令軍中曰："五日畢出！"時諸軍皆未進，濟自將兵七萬獨前擊趙，拔饒陽、束鹿。

僖宗光啓元年，李可舉、王鎔寇易、定，王處存擊破之。盧龍節度使李可舉、成德節度使王鎔惡李克用之彊①，而義武節②度使王處存與克用親善，慮其害己，約共滅而分之。可舉遣其將李全忠攻易州，鎔亦遣將攻無極，盧龍裨將劉仁恭穴城入，遂陷易州。李克用自將救無極，大敗成德兵，拔新城。處存夜遣兵，蒙羊皮襲盧龍軍，復取易州。

昭宗光化元年③，朱全忠取瀛、景、鄚州。成德判官張澤言於王鎔曰："河東，勍敵也，今雖有朱氏之援，譬如火發於家，安能俟遠水乎！彼幽、滄、易、定猶附河東，不若說朱公④乘勝兼服，則可以制河東矣。"鎔復遣周式往說全忠，全忠喜，遣張存敬擊劉仁恭，拔瀛、景、鄚三州。

朱全忠遣兵攻定州，義武節度使王郜奔晉陽。張存敬攻定州，王郜遣兵馬使王處直將兵數萬拒之⑤，直逆戰，大敗，郜奔晉陽軍中，推處直爲留後。存敬進圍定州，朱全忠至城下，處直登城，全忠曰："何故附河東？"對曰："封疆密邇，且婚姻也，今請改圖。"全忠許之，仍爲處直表求節鉞。劉仁恭遣其子守光將兵救定州，全忠遣張存敬襲之，殺六萬餘人，由是河北諸鎮皆服於全忠。

梁太祖開平四年，遣兵襲鎮州，取深、冀、鎮、定，推晉王爲盟主，晉遣兵救之。梁主疑趙王鎔式於晉，遣供奉官杜廷隱、丁延徽監魏⑥博兵三千分屯深、冀，深、冀民見魏博兵入，奔走驚駭，廷隱等閉戶，盡殺趙戍兵，乘城拒守。鎔攻之不克，乃遣使求援於燕，晉與義武節度使王處直⑦共推晉王爲盟主，合兵攻梁。晉王乃遣周德威將兵出井陘，屯趙州。鎔使者至幽州，守光不爲出兵，自是鎮、定復稱唐天祐⑧年號，梁主命王景仁等將兵擊之。

梁進軍逼鎮州，晉王救之，次於高邑。梁王景仁等進軍柏鄉，趙王鎔復告急於晉，晉王自將東下，王處直遣將兵五千以從。至趙州，與周德威合，進軍，距柏鄉五里，營於野河北，遣騎迫梁營馳射且詬之。梁將韓勍等將步騎追之，鎧冑鮮華，晉人望之奪氣。德威帥精騎千餘擊其兩端，獲

---

① ［校］彊，原作"疆"，據《資治通鑑》卷二百五十六《唐紀七十二》，第8321頁改。
② ［校］武，底本原無，據《舊唐書》卷一百八十二《王處存傳》，第4699頁補。
③ 昭宗光化元年，按《舊五代史》卷二《太祖紀二》，第26頁及《資治通鑑》卷二百六十二《唐紀七十八》，第8530頁，是在光化三年。
④ ［校］朱公，原作"文公"，據《資治通鑑》卷二百六十二《唐紀七十八》，第8535頁改。
⑤ ［校］拒之，底本原無，據《資治通鑑》卷二百六十七《後梁紀二》，第8536頁補。
⑥ ［校］"魏"後原有"監"字，爲衍文，據《資治通鑑》卷二百六十七《後梁紀二》，第8728頁改。
⑦ ［校］王處直，原作"王遣直"，據《資治通鑑》卷二百六十七《後梁紀二》，第8729頁改。
⑧ ［校］天祐，原作"天佑"，據《資治通鑑》卷二百六十七《後梁紀二》，第8729頁改。

百餘人，且戰且却，距野河而止，言於晉王曰："賊勢甚重，宜按兵以待其衰。"王不悅，諸將莫敢言。德威往見張承業曰："大王驟勝而輕敵，不量力而務速戰，今去賊咫尺，所限者一水耳。彼若造橋以薄我，我衆立盡矣，不若退居高邑，誘賊離營，彼出則歸，彼歸則出，別以輕騎掠其饋餉，不過逾月，破之必矣。"承業入曰："德威老將知兵，言不可忽。"王蹶然而興曰："予方思之。"梁兵有降者，詰之，曰："景仁方造浮橋。"王謂德威曰："果如公言。"是日拔營，退保高邑。

乾化元年，劉守光寇易、定，晉遣兵救之。二年春正月，晉師及鎮、定之兵伐幽州。二月，梁主救之，大敗走還。

唐莊宗同光元年四月①，唐建東、西京及北都。以魏州爲興唐府，建東京，又於太原府②建西京，又以鎮州爲真定府，建北都，時唐國所有凡十三節度、五十州。

明宗天成③四年春二月，唐王晏球克定州，王都伏誅，獲禿餒，送大梁斬之。定州守圍固，唐主遣使促王晏球攻城，晏球與使者巡城，謂之曰："城高峻如此，非梯衝所及，不若愛民養兵以俟之，彼必內潰。"定州都指揮使馬讓能開門納官軍，都舉族自焚，擒禿餒，送大梁斬之。晏球在定州城下，日以私財饗士，自始攻至克城，未嘗戮一卒，唐王美其功。

後晉高祖天福六年，以杜重威爲順德節度使。晉改鎮州成德軍④爲恒州順德軍，以杜重威爲節度，重威表王瑜爲副使，瑜爲之重斂於民，恒人不勝其苦。

後晉齊王開運三年⑤六月，契丹寇定州，晉遣兵禦之。定州言契丹勒兵壓境，詔以李守貞爲都部署將兵禦之。有自幽州來者，言趙延壽有意歸國，命杜威致書延壽，啖以厚利，延壽復書乞發大軍應接，朝廷欣然復遣人請延壽，以爲期約。

十一月，晉師至瀛州，與契丹戰，不利而還。杜威、李守貞會兵於廣晉而北行，威屢使請益兵，由是禁軍皆麾下，而宿衛空虛。十一月，至瀛州，門啓若無人，威等不敢進。聞契丹將高謨翰先已引兵潛出，威遣漢璋將二千騎追之，漢璋敗死，威等引兵南還。

後漢隱帝乾祐⑥元年，契丹將五麻答掠定州而遁。初，契丹北歸，至定州，以義武節度使孫方簡爲大同節度使，方簡怨恚不受命，帥其黨三千人保狼山，契丹攻之不克。未幾，遣使降漢，漢主復其舊官，使契丹耶律忠⑦聞鄴都既平，常懼華人爲變，與麻答等焚掠定州，悉驅其人，棄城北去。方簡自狼山帥其衆數百，還據定州。

三年，契丹寇屠內丘，陷饒陽，漢遣郭威將兵擊之。

① ［校］唐莊宗同光元年四月，原作"宋太祖乾德三年"，據《舊五代史》卷二十九《莊宗紀三》，第403頁及《資治通鑑》卷二百七十二《後唐紀一》，第8881~8882頁改。
② ［校］太原府，原作"大原府"，據《舊五代史》卷二十九《莊宗紀三》，第404頁及《資治通鑑》卷二百七十二《後唐紀一》，第8883頁改。
③ ［校］天成，原作"大成"，據《舊五代史》卷四十《明宗紀六》，第547~548頁改。
④ ［校］成德軍，原作"城德軍"，據《資治通鑑》卷二百八十七《後漢紀二》，第9373頁改。
⑤ ［校］後晉齊王開運三年，底本原無，據《資治通鑑》卷二百八十五《後晉紀六》，第9028頁補。
⑥ ［校］乾祐，原作"乾佑"，據《舊五代史》卷一百一《隱帝紀上》，第1434頁改。
⑦ ［校］忠，底本原無，據《資治通鑑》二百八十八《後漢紀三》，第9389頁補。

後周太祖廣順三年，契丹寇定州，周將楊弘裕擊走之。

世宗榮顯德二年，周浚胡盧河①，在真定②寧晉縣。城李晏口，以張藏③英爲沿邊巡檢使。契丹屢寇河北，輕騎深入，民困殺掠。言事者稱冀之有胡④盧河，可浚之以限其奔。詔王彥超、韓通將兵夫浚之，築城於李晏口，留兵戍之。世宗召張藏英，問以備邊之策，藏英且陳地形要害，請列置戍兵，自請隨宜討擊。到官數月，嘗爲契丹所圍，藏英引兵突擊，大破之，自是河內民始得休息。

宋太祖開寶三年十一月，契丹入寇定州，宋將田欽祚戰却之。契丹寇定州，宋主命田欽祚領兵禦之。欽祚與虜戰滿城，虜騎少却，乘勝至遂城。虜圍之數日，欽祚度城中糧少，整兵闢南門，突圍出，不亡一矢，宋主喜。

太宗太平興國四年九月，契丹寇鎮州，都虞轄劉廷翰等合擊，大破之。

雍熙三年，田重進敗契丹兵於蚩狐。

冬十二月，契丹隆緒大舉入寇瀛州，部署劉廷讓與戰，敗績。契丹誘執知雄州賀令圖，遂掠邢、深、德州。

端拱二年春正月，契丹陷易州，遷其民於燕。

仁宗慶曆二年六月，以王德用判定州。契丹兵壓境，詔德用判定州，兼三路都部署。德用時教士卒習戰，皆可用。契丹遣人來覘，或請捕之。德用曰："彼得其實以告，是服人之兵以不戰也。"明日大閱於郊下，令具糗糧、聽吾鼓、視吾旗所向。覘者歸告虜中，謂漢兵將至，大和議決。

高宗建炎二年，知中山府陳遘爲其下所殺，金人遂陷中山。中山受圍三年，城中糧絕。知府陳遘欲盡括城中兵力戰，部將沙振裹刃入府，害遘及其子錫等十七人。振出，爲帳下卒所殺，捽裂之。城陷，金人見遘尸，曰忠臣也，歛而葬之。

寧宗嘉定⑤十年三月，金以武仙同知真定府事。金主徵山東兵接應苗道潤，共復中都，而石海方據真定叛，慮爲所梗⑥，乃集粘割貞、郭文振及威州刺史武仙所部精銳與東平爲掎角之勢，圖之。武仙率兵斬石海及其黨二百餘人，降葛仲⑦、趙林、張立等軍，獲海僭擬物，故有是命。

十二年，蒙古張柔侵金，獲賈瑀，殺之，金武仙與戰於滿城，敗績，河北郡縣多降蒙古。蒙古使柔帥兵南下，遂克雄、易、保、安⑧諸州，誅賈瑀，割心以祭。苗道潤遂引兵次滿城，武仙會鎮、定、深、冀兵數萬攻之，柔從數騎，策馬杖槊，大呼入圍，衆皆披靡大潰。柔追擊之，攻

---

① ［校］河，底本原無，據《資治通鑑》卷二百九十二《後周紀二》，第9523頁補。
② ［校］真定，原作"直定"，據《讀史方輿紀要》卷十四《北直五》，第588、650頁改。
③ ［校］藏，底本不清，據《資治通鑑》卷二百九十二《後周紀二》，第9523頁補，下同。
④ ［校］胡，底本原無，據上文及《資治通鑑》卷二百九十二《後周紀二》，第9523頁補。
⑤ ［校］寧宗嘉定，底本原無，據《宋史紀事本末》卷八十九《金河北山東之役》，第999頁補。按《金史》卷十五《宣宗中》，第328頁及卷一百一十八《武仙傳》，第2575頁，此年爲宣宗興定元年三月。
⑥ ［校］梗，原作"使"，據《金史》卷十五《宣宗中》，第328頁改。
⑦ ［校］葛仲，原作"葛伸"，據《金史》卷十五《宣宗中》，第328頁改。
⑧ ［校］安，原作"定"，據《元史》卷一百四十七《張柔傳》，第3472頁改。

完州，下之，遂南掠金鼓城、深澤、寧晉諸縣，由是深、冀以北，真定①州東三十②餘城望風降附，柔之威名，震於河朔。

理宗寶慶元年，武仙殺史天倪。天倪弟天澤討仙，仙走西山，天澤復入真定。武仙聞彭義斌復山東州縣，乃叛③蒙古，殺都元帥史天倪。弟天澤時護母歸燕府，變起倉卒，遂傾資裝易鎧仗南還。行次滿城，得士馬甚衆，遣監軍詣國主孛魯乞濟師。孛魯即命天澤嗣兄河北西路都元帥，遣銳卒三千援之。合勢進攻，至中山，畧無極，拔趙州，仙敗奔西山，天澤遂復真定。

武仙復襲真定，蒙古史天澤奔藁城。彭義斌④既敗，仙勢益蹙，已而，潛令諜者結死士，匿真定城中大歷寺⑤爲内應，仙夜斬關而入，據之，天澤出奔藁城。

二年，蒙古史天澤以藁城之兵入真定，武仙復走西山。藁城守將董俊以銳卒數百援天澤，天澤夜赴真定攻仙，仙走西山。

三年，蒙古史天澤攻武仙於西山，仙敗走汲。天澤在真定繕城壁，修武備，爲不可犯之計。以高公、抱犢諸砦爲⑥武仙之巢穴，不可不攻，乃帥兵破之。仙走入汲縣，天澤復取相衛蟻尖、馬武等砦。

元泰定帝致和元年，諸王也先帖木兒等兵破通州，遂趣京師，燕帖木兒拒之，引還，諸王忍剌台等兵入紫荆關。守關軍士皆潰散，遂乘勝逼京師，遇敵兵於良鄉南，轉戰至蘆溝橋，聞燕帖木兒援兵益至，乃引去。

效祖曰："晉王李存勗大舉伐燕，劉守光命周德威出蜚狐，蜚狐即今浮圖峪地。而元人《進金史表》復曰，大軍出紫荆口，南搚⑦其吭，然未有言倒馬者。則古之經畧，誠以其機要有在，不必尾瑣於尺寸間也。時代有移，地形不異，今之紫荆獨非古之紫荆乎？"

遼鎮經畧

前紀

漢武帝元封二年，朝鮮襲殺遼東都尉。秦滅燕，属遼東外徼。漢興，復修遼東故塞，至浿水⑧爲界，燕人衛滿亡命，聚黨，東走出塞，渡浿水，居秦故空地，役属真番、朝鮮蠻夷及燕亡命者王之，都王險。孝惠高后時，遼東太守約滿爲外臣，保塞外，以故滿得侵降旁邑方數千里。傳子，至

---

① [校] 真定，原作"鎮定"，據《元史》卷一百四十七《張柔傳》，第3472頁改。
② [校] 三十，原作"三于"，據《元史》卷一百四十七《張柔傳》，第3472頁改。
③ [校] 乃叛，原作"乃判"，據《金史》卷一百一十八《武仙傳》，第2575頁，"是歲，歸順於大元……正大二年，仙賊殺史天倪"一句改。
④ [校] 彭義斌，原作"彭城斌"，據上文及《元史》卷一百五十五《史天澤傳》，第3658頁改。
⑤ [校] 大歷寺，原作"大歷守"，據《元史》卷一百五十五《史天澤傳》，第3658頁改。
⑥ [校] 砦爲，原作"皆以"，據《讀史方輿紀要》卷十四《北直五》，第599頁改。
⑦ [校] 搚，原作"扼"，據《金史》附錄《進金史表》，第2900頁改，兩字義同。
⑧ [校] 浿水，原作"淇水"，據《史記》卷一百一十五《朝鮮傳》，第2985頁改，下同。

孫右渠，所誘漢亡人茲多。漢使涉何譙諭右渠，終不肯奉詔。何去，至浿水，刺殺送者，歸報，拜遼東東部都尉，朝鮮襲殺之。

三年，遣將軍楊僕、荀彘將兵伐朝鮮人，殺王右渠以降，置樂浪、臨屯、玄菟、真番郡。漢兵入朝鮮境，朝鮮王右渠發兵距險，楊僕將齊兵先至，戰敗走，收散卒，復聚。荀彘前至城西北，楊僕亦會居城南，數月未下。上以兩將皆異，兵久不決，使濟南太守公孫遂往征之，共執僕而并其軍。遂還，執，上誅之①，彘擊朝鮮益急。朝鮮相尼谿參等使人殺王右渠以降，以其地爲四郡。

昭帝元鳳三年冬，遼東、烏桓反，遣將軍范明友將兵擊之。

東漢光武建武二十一年，鮮卑寇遼東，太守祭肜擊走之。鮮卑萬餘騎寇遼東，太守祭肜率數千人迎擊之，自披甲陷陣，虜大奔，投水死者過半。遂窮追出塞，虜急，皆棄兵裸身散走。是後，鮮卑震布，畏肜，不敢復寇塞。

二十五年春正月，貊人、鮮卑、烏桓并入朝貢。遼東徼外貊人寇邊，太守祭肜招降之。肜又以財利撫納鮮卑大都護偏何，使招致異種，絡繹款塞。肜曰："審欲立功，當歸擊匈奴，斬送頭，乃信耳。"偏何等即擊斬匈奴，持頭詣郡。其後相攻，輒送首級，受賜。自是匈奴衰弱，邊無寇警，鮮卑、烏桓并入貢。

和帝元興元年春，高句麗寇遼東。

安帝延光元年夏，高句麗、鮮卑寇遼東，太守蔡諷戰歿。

順帝永建二年春二月，鮮卑寇遼東，郡兵擊破之。

靈帝光和四年，鮮卑檀石槐②死。子和連代立，才力不及父而貪淫，出攻北地，人射殺之。子騫曼幼，兄子魁頭立。後騫曼與魁頭爭國，衆遂離散。魁頭死，弟步度根立。

獻帝建安九年，公孫度卒，子康襲郡事。曹操表度爲武威將軍，封永寧鄉侯，度曰："我王遼東，何永寧也！"藏印綬於武庫。是歲，卒，子康嗣。

後帝建興四年，魏伐遼東，不克，還，擊吳使者，斬之。

十四年秋七月，魏擊遼東不利，公孫淵自稱燕王。公孫淵數對國中賓客出惡言，魏主叡③欲討之，以毌丘儉爲幽州刺史，克定遜東。璽書徵淵，淵遂發兵，逆儉於遼隧。儉④與戰不利，引軍還。淵因自立爲燕王，改元紹漢，置百官，誘鮮卑以擾北方。

延熙元年春正月，魏遣太尉司馬懿擊遼東。魏主叡召司馬懿於長安，使將兵四萬討遼東。因謂懿曰："公孫淵將何計以待君？"對曰："棄城豫走，上計也；據遼東拒大軍，其次也；坐守襄平，此成擒耳。"淵聞之，復遣使稱臣，求救於吳，吳人欲戮其使，羊道曰："不可。"吳主權乃大勒兵，謂燕使曰："請俟後問，當從簡書。"

---

① ［校］之，底本原無，據《史記》卷一百一十五《朝鮮傳》，第2988頁，是濟南公孫遂戰不利，"天子誅遂"。補一"之"字，文意更暢。
② ［校］檀石槐，原作"擅石槐"，據《後漢書》卷九十《鮮卑傳》，第2989頁改。
③ ［校］叡，原作"獻"，據《三國志》卷三《魏書三·明帝紀》，第91頁改。
④ ［校］"儉"字前原有"遼"字，在本書中爲衍文，據《資治通鑑》卷七十三《魏紀五》，第2319頁改。

秋七月，魏司馬懿克遼東，斬公孫淵。

九年春，魏擊高句麗，克丸都。幽州刺史毌丘儉以高句麗王位宮①數爲侵叛，督諸軍討之。位宮敗走，儉遂屠丸都。初，句麗之臣得來數諫，位宮不從，退而嘆曰："立見此地，將生蓬蒿。"遂不食而死。

晉武帝太康十年，慕容廆降，以爲鮮卑都督。廆謁見東夷校尉何龕，以士大夫禮巾衣詣門，龕嚴軍以見之，廆乃改服戎衣而入。人問其故，廆曰："主人不以禮待客，何爲哉？"龕聞之甚慚。鮮卑段國單于以女妻廆，生皝、仁、昭。廆以遼東僻遠，徙居徒河之青山②。

懷帝永嘉元年，慕容廆自稱鮮卑大單于。

元帝太興③四年，以慕容廆爲車騎將軍、平州牧、遼東公。詔聽廆承制除官，廆於是備置僚屬，立子皝爲世子，作東橫④，使皝與諸生同受業。廆得暇，亦親臨聽之。皝雄毅多權畧，喜經術，國人稱之。廆徙翰鎮遼東，仁鎮平郭，翰撫安民夷，甚有威惠。

成帝咸和八年，慕容皝兄翰犇段氏，弟仁據遼東。慕容皝初嗣位，用法嚴峻，主簿甫真切諫，不聽。皝庶兄翰、母弟仁皆有戰功，有寵於廆，皝忌之。翰乃與其子出奔段氏，段遼甚愛重之。仁據平郭，皝遣兵討之，大敗。於是仁盡有遼東之地，段遼及鮮卑諸部皆應之。皝追思真言，以爲平州別駕。

九年秋，以慕容皝爲鎮軍大將軍、平州刺史、遼東公。慕容皝攻遼東，克之。皝欲悉阬遼東民，高翊諫曰："今元惡猶存，始剋此城，遽加夷滅，則未下之城無歸善之路矣。"

穆帝升平二年，燕使慕容垂守遼東。燕吳王垂娶段末杯女，生子令、寶。段氏才高性烈，不遵事可足渾后⑤。病御之，中常侍涅皓⑥希旨，告段氏爲巫蠱，欲以連污垂，收下廷尉考驗，終無撓辭。故垂得免禍，而段氏竟死獄中。出垂爲平州刺史，鎮遼東。

孝武帝太元十二年五月，燕使其太原王楷擊翟遼，降之。高平人翟暢執太守，以郡降遼。燕帥諸將南攻遼，以太原王楷爲先鋒。遼衆皆燕趙人，聞楷至，相帥歸之。遼懼，遣使請降。

安帝隆安四年二月，燕主盛襲高句麗，拔二城。

義熙元年，燕伐高句麗，不克而還。燕王熙伐高句麗，攻遼東城，且陷，熙命將士毋得先登，俟剗平其城，乘輦而入，由是城中得嚴備，卒不克而還。

隋文帝⑦開皇七年春二月，高麗寇遼西，遣漢王諒將兵討之。

煬帝大業七年春二月，帝自將擊高麗。夏四月，至臨朔宮，徵天下兵會涿郡。帝下

---

① 高句麗王位宮，《資治通鑑》卷七十五《魏紀七》，第2365頁同。《三國志》卷二十八《魏書二十八·毌丘儉傳》，第762頁作"高句麗王宮"。高句麗王，其名爲宮，或位宮。
② ［校］青山，原作"肯山"，據《晉書》卷一百八《慕容廆載記》，第2804頁改。
③ ［校］太興，原作"大興"，據《晉書》卷六《元帝紀》，第149頁改。
④ 東橫，或作"東庠"，《晉書》卷一百八《慕容廆載記》，第2806頁作"東庠"。
⑤ ［校］后，原作"侯"，據《資治通鑑》卷一百《晉二十二》，第3172頁改。
⑥ ［校］皓，原作"浩"，據《資治通鑑》卷一百《晉紀二十二》，第3172頁改。
⑦ ［校］文帝，原作"文宗"，據文意改。

詔擊高麗，敕幽州總管元弘嗣往東萊海口，造①船三百艘，官吏督役，晝夜立水中，不敢息。又敕河南、淮南、江南造戎車五萬乘送高陽，供載衣甲幔幕，令兵士自挽之，發河南、北民以供軍需，江、淮以南民夫及船運黎陽及洛口諸倉米，舳艫千里，晝夜不絕，天下騷動。

遣諸軍分道擊高麗，四方兵皆集涿郡。詔左十二軍出鏤方、樂浪等道，右十二軍出黏蟬、襄平道，絡繹引途，總集平壤，凡一百一十三萬人，其餽運者倍之。

八年，諸軍度遼水，擊敗高麗兵，遂圍遼東。師進至遼水，高麗兵阻水拒守，隋軍不得濟，將軍自請爲先鋒。帝命造浮橋於西岸既②成，趣東岸，橋短不及岸丈餘。高麗兵大至，麥鐵杖③、錢士雄、孟金義④等皆戰死。橋二日成，諸軍繼進，大戰，高麗兵敗，諸軍乘勝進圍遼東城。車駕度遼，引曷薩那可汗及高昌王伯雅觀戰處以攝憚之，命尚書衛文昇撫其民，給復十年，建置郡縣。

遼東攻城，不克。諸將之東下也，帝親戒之曰："今者弔民伐罪，非爲功名，公等進軍當分爲三道，有所攻擊，必三道相知。凡軍事進止，皆須奏聞。"待報城將陷，請降，諸將不敢赴，先令馳奏，比報至，城中守禦亦備隨出拒戰，城久不下。

夏四月，帝度遼水，追諸將擊高麗。車駕度遼，遣宇文述與楊義臣趣平壤，王仁恭出扶余道，進至新城，高麗兵數萬拒戰，仁恭帥勁騎一千擊破之。高麗嬰城固守，帝命諸將攻遼東，聽以便宜從事。

唐高祖武德六年二月，封高麗王建武爲遼東王。

太宗貞觀十七年，遣使冊高麗王藏爲遼東郡王。上曰："蓋蘇文弒君專國，以兵力取之不難，但不欲勞百姓，吾欲且使契丹、靺鞨擾之，何如？"長孫無忌曰："蓋蘇文自知罪大畏討，必嚴設守備，陛下姑爲之隱忍，必更驕隋，討之未晚也。"上曰："善。"於是遣使持節，冊命高藏爲遼東郡王。

十九年，帝渡遼，拔遼東城。李世勣⑤進至遼東城下，高麗步騎四萬救之，江夏王道宗將四千騎迎擊之。既合戰，唐兵不利，道宗登高望見高麗陣亂，與驍騎數千衝之，世勣引兵助之，高麗大敗。車駕至遼，引精兵會之，圍其城數百重，縱火登城。高麗力戰不能敵，遂克之，所殺萬餘人，得勝兵萬餘人，男女四萬，以其城爲遼州。

玄宗開元二十一年春正月，遣大門藝討渤海，不克。初，渤海靺鞨王武藝遣將寇登州，殺刺史。至是，上遣大門藝發幽州兵討之，無功而還。

宋神宗熙寧八年三月，遼人復來議疆事，遣知制誥沈括報之。

哲宗元符二年春三月，遼人爲夏請和。夏人求援於遼，遼主遣僉書樞密院事蕭德崇來爲夏

---

① ［校］造，底本原無，據《資治通鑑》卷一百八十一《隋紀五》，第5654頁補。
② ［校］既，原作"未"，據《資治通鑑》卷一百八十一《隋紀五》，第5661頁改。
③ ［校］麥鐵杖，原作"鐵挾於"，據《隋書》卷六十四《麥鐵杖傳》，第1511~1513頁及《資治通鑑》卷一百八十一《隋紀五》，第5661頁改。
④ 孟金義，《資治通鑑》卷一百八十一《隋紀五》，第5662頁作"孟叉"；《隋書》卷四《煬帝紀下》，第82頁作"孟金叉"。
⑤ ［校］李世勣，原作"李世績"，據《舊唐書》卷六十七《李世勣傳》，第2483~2490頁改，下同。按第2483頁本傳，李世勣"本姓徐氏，名世勣，永徽中，以犯太宗諱，單名勣焉"。

人議和，仍獻玉帶，詔郭知章報之，復書謂①："若果出至誠，深悔謝罪，當徐度所宜，開以自新之路。"

徽宗崇寧元年，遼將蕭海里叛，女真部節度使盈哥擊斬之。

四年夏四月，遼人來聘，遣翰林學士林攄報之。遼爲夏人求還侵地及退兵也。

政和四年冬十月，女真阿骨打叛遼，取寧江州。十一月，遼遣都統蕭嗣先伐女真阿骨打，逆戰於混同江，遼軍大敗。

五年春正月，女真完顏阿骨打②稱帝，國號金。

金擊遼兵於達魯古城，大敗之。

三月，遼遣使諭金降。遼主使張家奴等六人賫書使金，猶斥阿骨打名，冀其降。金主以爲書辭慢侮，留五人，獨遣張家奴還報，書亦斥遼主名，諭遼主降。

遼伐金。遼主下詔親征女真，率番、漢兵十餘萬出長春路③，命蕭鳳先爲御營都統，耶律章奴副之，以精兵二萬爲先鋒，餘分五部，北出駱駝口，別以漢兵三萬，南出寧江州，發數月糧，期必滅女真。

九月，金取遼黃龍府。金主攻黃龍府，次混同江，無舟以渡，金主使一人導前，乘赭白馬輕涉，曰："視吾鞭所指而行。"諸軍隨之以濟，遂克黃龍府。遣蕭辭剌④還遼曰："若歸我叛人阿疏，即當班師。"

遼軍渡混同江，副都統耶律章奴作亂，伏誅。

冬十二月，金襲遼軍於護步答岡，大敗之。

六年春正月，遼將高永昌據遼陽以叛。

夏四月，金人攻高永昌，殺之，遂取遼東京州縣。

七年，遼耶律淳及金將斡魯古戰蒺藜山，敗走，金遂取遼八州。金遣使求封册於遼。遼東鐵州人楊朴言於金主曰："自古英雄開國，必先求大國封册。"金主從之，使至遼，時遼東諸州盜賊蜂起，掠民以克食，樞密使蕭奉先等勸遼主，許之。

重和元年二月，遣武義大夫馬政浮海使金，約夾攻遼。建隆中，女真嘗自其國之蘇州⑤泛海至登州賣馬，故道猶存。至是，有漢人高藥師⑥者從海來，言女真建國，屢破遼師⑦。登州守臣王

---

① ［校］謂，原作"爲"，據《宋史紀事本末》卷四十《西夏用兵》，第398頁改。
② ［校］完顏阿骨打，原作"顏骨打"，徑改。
③ 長春路，《遼史》卷二十八《天祚皇帝二》，第332頁作"長春州"。
④ ［校］蕭辭剌，原作"蕭辭剩"，據《遼史》卷二十八《天祚皇帝二》，第332頁改。
⑤ 蘇州，按《遼史》卷三十八《地理二》，第475頁，"蘇州，安福軍，節度。本高麗南縣，興宗置州"。
⑥ ［校］高藥師，原作"郭藥師"，據陳均《皇朝編年綱目備要》卷二十八《徽宗皇帝》，中華書局2006年，第720頁改。
⑦ ［校］屢破遼師，原作"屢被藥師"，據《皇朝編年綱目備要》卷二十八《徽宗皇帝》，第720頁及《續資治通鑑長編拾補》卷三十七《徽宗》，第1169頁改。

師中以聞。詔蔡京、童貫共議，命帥中旁人同藥師等齎詔往，不能達。乃復委童貫選人使之，遂使武義大夫馬政同藥師由海道如金。政言於金主曰："主上聞貴朝攻破契丹五十餘城，欲於通好，共行吊伐，若允許，後當遣使來議。"通好金，自此始。

秋八月，金人來議攻遼及歲幣，遣馬政報之。

宣和①三年，遼都統耶律余睹叛，降金。

四年，金克遼中京，遼耶律延禧②殺其子，晉王敖盧幹走雲中。

三月，金襲遼軍，延禧走夾山。

五月，童貫進兵擊遼，敗績，退保雄州，詔班師，貶都統制种師道爲右衛將軍致仕。

八月，金阿骨打襲遼延禧於石輦鐸③，延禧敗走。

冬十月，劉延慶及郭藥師進兵攻遼，藥師襲燕，敗績，延慶兵潰。

金克遼燕京，耶律淳妻蕭氏奔天德。

金以遼平州爲南京，命張瑴留守。

金襲遼延禧於青塚，獲其子女族屬從臣以歸，延禧邀擊，敗績，走雲中。

元順帝至正十八年，宋關先生兵破上都，焚宮闕。尋轉掠遼陽，至高麗。自是上都宮闕盡燼，元主不復時巡矣。

二十二年十二月，元立塔思帖木兒爲高麗王，遣兵送之國，高麗以兵拒之，大敗而還。

效祖曰："遼有東、西之界，在昔稱沃土，故古之雄據窺噬者，其規畫往往浹龍沙。而女真之崛起，巖陣海漘④，爲之易色，是不可以方輿論也。或天命有歸，即匪人無定據，而人謀偶合，抑造物有奇施乎？語云：'天定勝人，人衆勝天。此言雖小，可以喻大。'"

薊鎮經畧

今制

一、總督兵部侍郎或兼副都僉都御史一員，總督薊、遼、昌、保四鎮軍務。原頒令

---

① ［校］宣和，底本原無，按《遼史》卷二十九《天祚皇帝三》，第341~342頁，此事在保大元年，即宋徽宗宣和三年。
② ［校］耶律延禧，原作"耶延禧"，據《金史》卷四《熙宗》，第76頁"改封濱海王耶律延禧爲豫王"一句改。
③ 石輦鐸，或作"石輦驛"。《金史》卷二《太祖紀》，第38頁作"石輦鐸"；《遼史》卷二十九《天祚皇帝三》，第345頁作"石輦驛"。
④ 海漘，海邊。語見《後漢書》卷四十《班彪傳》收班固《東都賦》，第1364頁，"西盪河源，東澹海漘，北動幽崖，南趯朱垠"。

旗十桿、令牌十面，設執捧旗牌官三十員。

一、巡撫順天等處副都御史或僉都御史一員，駐劄遵化，整飭薊、昌邊備。萬曆元年，欽頒令旗八桿、令牌八面，設執捧旗牌官一十二員。

一、總理總兵都督一員，駐劄三屯營，統攝各標營，節制本鎮一十二路，歲時練閱，春、秋二季會議分布防守，仍聽制於總督軍門。舊制：令旗十桿、令牌十面，設執捧旗牌官一十二員。近增總理令旗十桿、令牌十面，旗牌官二十二員。

一、協守副總兵三員，一駐三屯營，一駐建昌營，一駐石匣營，分東、西、中三協守，兼制各營路，每歲春秋遵依總督、撫鎮會計防守。

一、督餉欽差戶部主事或郎中三員，分督本鎮糧餉，三年一代，一駐密雲縣，督理各標兵營及墻子嶺、曹家寨、古北口、石塘嶺四路糧餉，屬下分理通判一員；一駐薊州，督理各標兵營及太平寨、喜峯口、馬蘭峪、松棚峪四路糧餉，屬下分理通判一員；一駐永平府，督理山海關、石門寨、燕①河營、臺頭營四路糧餉，屬下分理通判一員。

一、漕運戶部主事一員，駐劄通州，督運密、昌二鎮本色米豆，一由通州船運，經牛欄山、羅山至密雲鎮城交卸，一由通州船運至孫河店、沙子營，至昌鎮鞏華交卸。

一、監督密雲道兵備副使一員，監督墻子嶺、曹家寨、古北口、石塘嶺四路地方。薊州道兵備副使一員，監督太平寨、喜峯口、松棚峪、馬蘭峪四路地方。永平道兵備副使一員，監督山海關、石門寨、臺頭營、燕河營四路地方，凡兵馬糧餉、關隘要害，俱隨宜處置。效祖曰："薊自庚戌後，建官如奕棋，以一人言興，輒以一人言罷，今始稍稍有石畫②矣。獨自裨帥以下，岐分默出，飛蓋相望，若十羊九牧，然有地者邪？嗣宗職者邪？用銓品而挾除目者邪？"

一、分守山海路參將③一員，分守本關地方。本營主兵一營、南兵一枝，合主、客官兵一千九百五十員名。

石門路參將④一員，分守義院口、大毛山、一片石三提調⑤下關砦。本路主兵一營、遼東邊軍一營、德州班軍一營、南兵一枝，合主、客官兵一萬一千三百五十一員名。

---

① ［校］燕，底本原無，下文有"永平道兵備副使一員，監督山海關、石門寨、臺頭營、燕河營四路地方"，據此補。

② 石畫，意爲長久的計劃。語見《漢書》卷九十四下《匈奴傳》，第3813頁，"時奇譎之士石畫之臣衆"。

③ 山海路參將，本書卷八《職官考》同。萬曆《大明會典》卷一百二十六《兵部九·鎮戍一·將領上》，《續修四庫全書》第791冊，第271頁及張廷玉《明史》卷七十六《職官五》，第1866頁作"山海關參將"。

④ 石門路參將，萬曆《大明會典》卷一百二十六《兵部九·鎮戍一·將領上》，《續修四庫全書》第791冊，第271頁及張廷玉《明史》卷七十六《職官五》，第1866頁作"石門寨參將"。

⑤ 義院口……三提調，萬曆《大明會典》卷一百二十六《兵部九·鎮戍一·將領上》，《續修四庫全書》第791冊，第271頁作"黃土嶺、大毛山、義院口三提調"。

臺頭路遊擊①一員，分守界嶺口、青山口二提調下關砦。本路主兵一營、延綏邊軍一營、宣府邊軍一營、南兵一枝，合主、客官兵九千三百四十四員名。

燕河路參將②一員，分守冷口、桃林二提調下關砦。本路主兵一營、建昌營馬兵一枝、建昌車兵一營、保定班軍一營、南兵一枝，合主、客官兵一萬一千六百六十六員名。

太平路參將③一員，分守榆木嶺、擦崖子二守提下關砦。本路主兵一營、瀋陽班軍一營、定州忠順班軍一營、南兵一枝，合主、客官兵八千三百九十三員名。

喜峯口參將④一員，分守喜峯口、董家口二提調⑤下關砦。本路主兵一營、三屯左營兵一營、定州班軍一營、南兵一枝，合主、客官兵八千八十七員名。

松棚路遊擊⑥一員，分守羅文谷、洪山口、龍井兒三提調下關砦。本路主兵一營、鎮府標下左營或右營兵一營、三屯輜重營兵一營、保河民兵一營、天津班軍一營、河南班軍一營、南兵一枝，合主、客官兵一萬三千一百五十七員名。

馬蘭路參將⑦一員，分守將軍營、黃崖口、寬佃谷、大安口四提調下關砦。本路主兵一營、遵化撫院標下左營或右營兵一營、遵化輜重營兵一營、河南班軍一營、南兵一枝，合主、客官兵一萬八千二百三員名。

---

① 臺頭路遊擊，萬曆《大明會典》卷一百二十六《兵部九·鎮戍一·將領上》，《續修四庫全書》第 791 冊，第 271 頁作"臺頭營參將"。
② [校] 燕河路參將，原作"燕河參將"，據本書卷八《職官考》補。萬曆《大明會典》卷一百二十六《兵部九·鎮戍一·將領上》，《續修四庫全書》第 791 冊，第 271 頁及張廷玉《明史》卷七十六《職官五》，第 1866 頁作"燕河營參將"。
③ [校] 太平路參將，原作"太平參將"，據本書卷八《職官考》補。萬曆《大明會典》卷一百二十六《兵部九·鎮戍一·將領上》，《續修四庫全書》第 791 冊，第 271 頁及張廷玉《明史》卷七十六《職官五》，第 1866 頁作"太平寨參將"。
④ [校] 喜峯口參將，原作"喜峯參將"，據本書卷八《職官考》；萬曆《大明會典》卷一百二十六《兵部九·鎮戍一·將領上》，《續修四庫全書》第 791 冊，第 271 頁及張廷玉《明史》卷七十六《職官五》，第 1866 頁補。
⑤ 喜峯口、董家口二提調，本書卷八《職官考》同。萬曆《大明會典》卷一百二十六《兵部九·鎮戍一·將領上》，《續修四庫全書》第 791 冊，第 271~272 頁作"所屬董家口、李家谷二提調"；本書卷七《制疏考》所收"敕喜峯口參將陳忠"又謂"其董家口一路提調聽爾統轄"。
⑥ [校] 松棚路遊擊，原作"松棚遊擊"，據本書卷八《職官考》補。萬曆《大明會典》卷一百二十六《兵部九·鎮戍一·將領上》，《續修四庫全書》第 791 冊，第 272 頁作"松棚谷"。
⑦ [校] 馬蘭路參將，原作"馬蘭參將"，據本書卷八《職官考》補。張廷玉《明史》卷七十六《職官五》，第 1866 頁作"馬蘭峪參將"；萬曆《大明會典》卷一百二十六《兵部九·鎮戍一·將領上》，《續修四庫全書》第 791 冊，第 271 頁作"馬蘭谷參將"。

墙子路参將①一員，分守墙子嶺、鎮虜營二提調②下關砦。本路主兵一營、督撫標下左營或右營兵一營、振武營兵一營、鎮虜奇兵營兵一營、大同邊軍一營、南兵一枝，合主、客官兵一萬三千三百一員名。

曹家路遊擊③一員，分守曹家砦④一提調下關砦。本路主兵一營、密雲輜重營兵一營、河間班軍一營、南兵一枝，合主、客官兵七千八百一十四員名。

古北路参將⑤一員，分守古北口、潮河川二提調下關砦。本路主兵一營、督撫標下左營或右營兵一營、石匣營兵一營、山東班軍一營、延綏邊軍一營、京營車兵一營、南兵一枝，合主、客官兵一萬七千六百八十五員名。

石塘路参將⑥一員，分守石塘嶺、白馬關二提調下關砦。本路主兵一營、河大班軍一營、大同邊軍一營、南兵一枝，合主、客官兵七千五百六十五員名。

各路分擬信地，主、客兵通融編派。春、秋兩防，每防四個月，春以二月上邊，五月撤放，秋以七月上邊，十月撤放。客兵輪班往來，對面交代。督撫標下永勝營、撫院標下左右二營鎮守、標下奇兵營各設遊擊都司等官統領，俱聽緩急應援。輜重三營，隨徵轉運。舊制，惟燕河、太平、馬蘭、密雲分守参將四營。嘉靖三十年，提督副都御史何棟請分爲石塘、古北、曹家、墙子、馬蘭、太平、徐流、燕河八區。三十一年，咸寧侯仇鸞議省曹家、徐流，爲六區。三十七年，總督侍郎王忬請改置石門，爲七區。隆慶二年，總督侍郎曹邦輔請增設松棚，改置曹家砦，爲九路。三年，總督侍郎譚綸請增設臺頭，改置山海，爲十一路。萬曆三年，總督侍郎楊兆巡撫都御史王一鶚、總理都督戚繼光增設喜峯路，爲一十二路。

一、經畧部臣。景泰二年特敕部臣一員，或尚書，或侍郎，或都御史、列卿及部屬，或三年、五年、九年一敕巡閱四鎮邊務，凡兵馬、糧餉及關隘要害，俱聽便宜處置，事畢復命。正德間，以巡關御史代行。至嘉靖十八年復行，至今如故。

---

① ［校］墙子路参將，原作"墙子参將"，據本書卷八《職官考》補。萬曆《大明會典》卷一百二十六《兵部九·鎮戍一·將領上》，《續修四庫全書》第791冊，第271頁及張廷玉《明史》卷七十六《職官五》，第1866頁作"墙子嶺参將"。

② 墙子嶺、鎮虜營二提調，本書卷八《職官考》作"墙子嶺、吉家莊、鎮虜營三提調"；萬曆《大明會典》卷一百二十六《兵部九·鎮戍一·將領上》，《續修四庫全書》第791冊，第271頁作"墙子嶺、鎮虜關二提調"。

③ ［校］曹家路遊擊，原作"曹家遊擊"，據本書卷八《職官考》補。萬曆《大明會典》卷一百二十六《兵部九·鎮戍一·將領上》，《續修四庫全書》第791冊，第272頁作"曹家寨"。

④ 曹家砦，本書卷八《職官考》作"曹家寨"。

⑤ ［校］古北路参將，原作"古北参將"，據本書卷八《職官考》補。張廷玉《明史》卷七十六《職官五》，第1866頁及萬曆《大明會典》卷一百二十六《兵部九·鎮戍一·將領上》，《續修四庫全書》第791冊，第271頁作"古北口参將"。

⑥ ［校］石塘路参將，原作"石塘参將"，據本書卷八《職官考》補。張廷玉《明史》卷七十六《職官五》，第1866頁及萬曆《大明會典》卷一百二十六《兵部九·鎮戍一·將領上》，《續修四庫全書》第791冊，第271頁作"石塘嶺参將"。

一、乘塞。沿邊區別衝緩，計垛授兵。極衝者一垛四五人，次衝者一垛二三人，稍緩者一垛一人，緩者二三垛一人。衝處創築空心臺，每臺高三丈，縱橫稱是，騎牆曲突，四面制敵，上建層樓，宿兵貯器，緩處仍舊。附牆臺，每臺窩鋪一間，宿兵貯器。空心臺主客官兵共六十人，三十人守臺內，立一臺長；三十人守垛，分爲六伍，每伍內立一垛長。附牆臺主客兵，各隨所編地方，每臺一十四人，居常四人，守臺遇警，外添六人。十人守垛，分爲二伍，每伍一旗。臺空牆垛，計垛中分左右兩臺，各專約束。

空心臺，佛郎機八架，每架子銃九門，神鎗一十二桿，每桿神箭三十枝，火藥三百斤，鐵頂棍八根，藺石大小各足，號旗一面，木梆鑼鼓一具，柴米人給一月。附牆臺，佛郎機三架，每架子銃九門，藺石大小各足，號旗一面，木梆鑼鼓一具，柴米亦人給一月。

牆垛衝處，每垛乾柴一束，重百斤，乾草五把，藺石大小各足，器械各隨所執，火器、火藥於臺取用，五垛共一梆、旗。緩處，每人乾柴一束，重百斤，乾草五把，藺石大小各足，器械亦隨所執，每空二旗，每旗五人，各居鋪舍，有警登牆率守。每臺一百總，五臺一把總，十臺一千總，空心、附牆一體編派。遇報，各照原編臺垛人數，各司所執。如虜近百步，援兵登城，旗幟、器械一齊豎立，約火起力可至處，即放大將軍虎蹲砲；至五十步內，火箭、火銃、矢石齊發；聚擁攻城，兩臺銃、砲、矢石交擊，更番不息。緩處，步賊聚擁，臺垛不支，則傳號以速援兵。各垛兵恃臺爲壯，火瓶、火銃、矢石併力攻打。預製石砲牆外，臨時發走藥綫。每守夜，臺垛各輪一人，敲梆傳籌，遇警，以所備柴薪預積牆外，燃火通明，城上不露虛實。凡起止號令，俱聽千把總約束。總督侍郎譚綸、巡撫都御史劉應節、總理都督戚繼光議立。效祖曰："薊邊之備，臺爲首功焉。余嘗躬視數區，棟宇弘麗，俯俛可盡崇期。即彍弩周施，胡虜安能匹馬？近且燥濕，有趨無離局之患，鞿鞲有恃，無稅介之虞，其視女垣受敵而惴惴無守心者，何趨霄泥之殊絕哉。"

一、間諜。明哨遠入屬夷巢內，用彼伴領；尖哨探訪外夷消息，更番分遣，各偵一夷。暗哨踵接，明哨路頭，遇有結聚聲息，各遣尖哨潛伏要道，鱗次哨瞭，量地分撥。

明哨。

義院口提調下尖哨入屬夷磚難、董狐狸、兀魯思罕、長禿四營，專哨束虜消息。

界嶺、青山口二守提下尖哨入屬夷耳只克、董狐狸、獐兔、兀魯思罕四營，專哨束虜消息。

桃林口提調下尖哨入屬夷兀捏字羅、耳只克二營，專哨束虜消息。

冷口提調下尖哨入屬夷哈咳下通事主杖兒、炒蠻二營，專哨束虜黃達子消息。

喜峯口提調下本關係三衛屬夷貢路，遇到關賞畢，以尖哨跟隨屬夷虎禿罕、李羅歹、討阿脫孫、字來、伯彥字羅、挨只克、炒蠻、帖古主蘭台、小把都兒、幹堆、莽灰、伯忽、撒因頭兒、影克、馬答哈、板卜來、哈喇、長昂、董狐狸、兀魯思罕、長禿、幹抹禿、伯彥主喇、兀可兒、兀捏字羅、伯彥字來、伯牙兒、可可、黑字羅、哈孩、阿只字來、阿牙台等營，專哨束、西二虜消息。

董家口提調下尖哨入屬夷長昂、哈孩、伯彥主喇、斡禿、伯彥孛羅等營，專哨西虜消息。

擦崖子提調下尖哨入屬夷長昂、董狐狸、伯彥主喇、哈孩、伯彥孛羅、炒蠻等營，專哨東、西二虜消息。

龍井兒提調下尖哨入屬夷伯彥主喇、鵝毛兔二營，專哨東、西二虜消息。

洪山口提調下尖哨入屬夷伯彥主喇、鵝毛兔二營，專哨東、西二虜消息。

羅文峪提調下尖哨入屬夷可可一營，專哨東、西二虜消息。

大安口提調下尖哨入屬夷伯彥主喇、兀魯思罕二營，專哨東、西二虜消息。

寬佃峪提調下尖哨入屬夷伯彥主喇、抄大二營，專哨東、西二虜消息。

黃崖口提調下尖哨入屬夷伯彥主喇、頭不賴二營，專哨東、西二虜消息。

將軍營提調下尖哨入屬夷兀納大、伯彥主喇二營，專哨西虜消息。

曹家寨提調下尖哨入屬夷他不能一營，專哨北虜辛愛、把都兒二虜消息。

古北口、潮河川二提調下尖哨入屬夷挨台必、孼只二營，專哨黃達子、辛愛，兼哨安灘、把都四虜消息。

白馬關、石塘嶺二提調下尖哨入屬夷伯彥打來一營，并本夷通事直至北虜巢內，專哨辛愛、把都兒，兼哨安灘三虜消息。

餘非撫賞關下，不行哨探，各尖哨夷服夷語，多方探索，或一二月還報一次，或二三月一還，或四五月一還。

暗哨。

義院口提調下自本口外老臺砲起，黑崖子河一撥，嚮水一撥，小梯子嶺一撥，動山一撥，三岔一撥，于林衝一撥，椵木谷一撥，尾廟衝一撥，土衕衕一撥，毛里海一撥，切河一撥，沙嶺一撥，安子山一撥，龍王廟一撥，常海一撥，偏①良石一撥，反言打掑一撥，長河一撥，三岔口一撥，橫嶺一撥，方石一撥，尖山一撥，兀郎素一撥，紅草溝一撥，黃崖子一撥，挨石搗一撥，石門子一撥，兀郎打把一撥，委蘇太一撥，墩塲一撥，共三十撥，每撥尖夜二人，以墩塲為總路②。

大毛山提調下自黑崖子砲起，張家莊一撥，舊關一撥，大高一撥，龍潭一撥，三岔一撥，正衝一撥，橫嶺一撥，到河一撥，青陽林一撥，羊圈一撥，掃腰兔一撥，十字河一撥，大字羅林一撥，長嶺一撥，惡力一撥，墩塲一撥，共一十六撥，每撥尖夜二人，以墩塲為總路。

一片石提調下自本口外石山砲起，鵓子山一撥，茶條衝一撥，大尖山一撥，小尖山一撥，三岔口一撥，黃土坎一撥，石門一撥，小橫嶺一撥，大橫嶺一撥，太平臺一撥，常海一撥，平漫川一撥，孤山一撥，吳子川一撥，墩塲一撥，共一十五③撥，每撥尖夜二人。孤山一撥，往東南大古路口一撥，仍尖夜二人，哨犯遼東前屯地方，以墩塲為總路。

界嶺口提調下自本口葦子谷砲起，白臺一撥，鶯窩一撥，界嶺兒一撥，梨花山一撥，石門一

---

① ［校］偏，底本不清，據民國間抄本補。
② ［校］總路，原作"總督"，下文皆謂"以墩塲為總路"，據文意改。
③ ［校］五，原作"六"，據文意改。

撥，明朗谷一撥，松林店一撥，土衚衕一撥，亞步庄一撥，韮菜山一撥，茨兒山一撥，白石嘴一撥，起河一撥，紅石嶺一撥，兀攔一撥，共一十五撥，每撥哨夜四人。又兀蘭溝一撥，兀闌嶺一撥，兀蘭谷一撥，大柳樹一撥，兀梁素太一撥，歹顏嶺一撥，寬佃一撥，偏崖兒一撥，紅草溝一撥，挨石島一撥，小谷兒一撥，獨木橋一撥，小墥塲一撥，兀蘭務大一撥，共一十四撥，每撥尖夜二人，以墥塲爲總路。

青山口提調下自本口外砲起，北麻地一撥，鮎魚洞一撥，大葦子一撥，三嶺兒一撥，小谷一撥，灼子谷一撥，廿橫嶺①一撥，亞步庄一撥，共八撥，每撥尖夜二人。

桃林口提調下自本口外大白臘谷砲起，小白臘谷一撥，寬哨頂一撥，梳頭崖一撥，東崖頭一撥，葦子谷一撥，燕尾崖一撥，逓馬崖一撥，廟兒崖一撥，仙兒崖一撥，搖鼓崖一撥，塞拉圪一撥，松崖一撥，土安一撥，胡雨素一撥，溪河一撥，共十五撥，每撥哨夜四人，至逃軍兔爲總路。

冷口提調下自本口外白土子坡砲起，光屹苔一撥，搧角山一撥，豹崖子一撥，擦都嶺一撥，寺兒崖一撥，蕎蓼山一撥，黃要山一撥，大戶店一撥，三岔口一撥，石門一撥，共十撥，每撥尖夜六人，至湯兔爲總路。

喜峯口提調下會州一撥，打雞一撥，駱駝口一撥，冷嶺兒一撥，龍須門一撥，共五撥，每撥尖夜二人，自龍須門分路二股，一股東南至董家口，一股西南至本口。

董家口提調下龍須門一撥，聶門一撥，答背嶺一撥，三岔口一撥，石口兒一撥，共五撥，每撥尖夜二人。自石口兒分路三股，一股西南抵董家口、遊鄉口、勝嶺寨、橫山寨等地，一股正南下抵青山口，一股東南下抵榆木嶺、爛柴溝、大嶺寨等地。

榆木嶺提調下乾河川一撥，熊窩頭一撥，靴兒嶺一撥，共三撥，每撥尖夜二人。自靴兒嶺分路二股，一股正東抵擦崖子，一股抵本口熊窩頭。

擦崖子提調下栲栳山一撥，鵝石谷一撥，共二撥，每撥尖夜二人。

龍井兒提調下自本口外柞子安砲起，謝兒嶺一撥，流河一撥，白河一撥，共三撥，每撥尖夜三人。

洪山口提調下自本口外道溝谷砲起，橋家嶺一撥，車河川一撥，流河一撥，共三撥，每撥尖夜三人。

羅文谷提調下自本口外胡孫谷頂砲起，頭道流河南山一撥，七道流河東山一撥，九道流河一撥，共三撥，每撥尖夜三人。

大安口提調下自本口外陡嶺兒砲起，捨力塔喇一撥，窄道兒一撥，斗里庫一撥，共三撥，窄道兒尖夜三人，餘俱二人。

寬佃谷提調下自本口外灰窑子砲起，牽馬嶺一撥，五兔牛一撥，斗里庫一撥，共三撥，每撥尖夜二人。

黃崖口提調下自本口外界牌砲起，孤山一撥，牽馬嶺②一撥，共二撥，每撥尖夜二人。

---

① 本書上文又有"橫嶺"，民國間抄本作"廿橫嶺"，今仍舊。
② [校]牽馬嶺，原作"摔馬嶺"，據民國間抄本改。

將軍營提調下自本口外車道谷砲起，盤道嶺一撥，孤山一撥，共二撥，每撥尖夜二人。

牆子嶺提調下自本口外砲起，背陰山一撥，蒲家峪一撥，廟兒嶺一撥，石塘嶺一撥，舊墻子嶺一撥，共五撥，每撥尖夜二人。斗子谷一撥，尖夜四人。簽兒嶺一撥，冷洞子一撥，李家庄窠一撥，青陽嶺一撥，三岔口一撥，紅門川一撥，土城子一撥，共七撥，每撥尖夜二人。栢彥塘一撥，窄道兒一撥，鴿子塘一撥，黑谷關一撥，廟兒嶺一撥，共五撥，每撥尖夜四人。小關一撥，尖夜二人。小塘兒一撥，炕兒塘一撥，分水嶺一撥，共三撥，每撥尖夜三人。

曹家寨提調下本口鎮虜臺外砲起，石門兒一撥，高均屯一撥，黃土坎一撥，青沙嶺一撥，三岔口一撥，磨石嶺一撥，共六撥，每撥尖夜二人。又自東小墻兒砲谷起，夾溝子一撥，榆樹林一撥，黃石崖一撥，松樹慶一撥，小石門一撥，楊樹林一撥，大石門一撥，共七撥，每撥尖夜二人。

古北口提調下自本口外砲起，灰朵子一撥，虎頭子一撥，王①官庄窠一撥，葦子谷一撥，三岔口一撥，青松驛一撥，十八盤一撥，分水嶺一撥，共八撥，每撥尖夜二人。

潮河川提調下自本口外砲起，磨石窩一撥，鴿子塘一撥，歪嘴山一撥，兌山一撥，石片兒一撥，擦都兒一撥，黃天西谷一撥，夾馬石一撥，共八撥，每撥尖夜二人。

白馬關守備下自本口外乾河衝砲起，石老虎一撥，包子店一撥，湯河一撥，可可打罷兒一撥，打罷溝一撥，恩克一撥，鷹子店一撥，虎石哈一撥，共八撥，每撥尖夜三人。

石塘嶺提調下自大水峪口外阿只八哈砲起，廟兒嶺一撥，天各力南山一撥，又自石塘嶺口外清江嶺砲起，磕磕代一撥，黃石崖一撥，湯河南山一撥，共五撥，每撥尖夜三人。

餘非撫賞關下，不行哨探。每尖夜身帶西瓜紙砲二個，敲火鐮石一副，乾糧、烘炒計日取足，夷服夷語，各守信地，輪班哨瞭，晝夜不輟。隆慶三年，總督侍郎譚綸、巡撫都御史劉應節、總理都督戚繼光定議。

一、烽燧架砲，出口墩堠守邊，口外傳砲，沿邊舉號挨傳，一時徧報鎮城營。

架砲。

山海關自寺兒谷堡口外起，松山一砲，李家堡二砲，鐵廠堡三砲，掛牌山四砲，暗馬堡五砲，永安堡六砲，背陰障堡七砲，每砲夜不收二人，至前屯衛迤北大古路口總括路頭止。如大虜犯前屯衛中所前止，海關相近，以上七砲爲要。

義院口自本口起，青水關一砲，連刀灣二砲，老臺三砲，小高兒四砲，狗洞五砲，每砲夜不收二人。如虜由墻場至三岔南下，必犯義院口地方，老臺砲、小高兒砲接東、西大山二墩傳報。如虜由牛心山西南行石潑潑嶺，必犯花場谷關東西地方，青水關砲接河口戰臺傳報。

大毛山自城子谷關起，黑崖子一砲，舊老臺二砲，黃崖子三砲，每砲夜不收二人。如虜由掃腰兔南下，必犯城子谷地方，黑崖子砲接西北墩②傳報。

一片石自大青山口起，石山砲一砲，青石口二砲，老城溝三砲，新城頭四砲，白石山五砲。如虜由太平臺南下，必犯大青山、無名口等地方，石山砲、青石口砲接石門子墩、瞭馬墩傳報。如虜由

---

① ［校］王，底本不清，據民國間抄本補。
② ［校］墩，底本不清，據民國間抄本補。

人孤山西南行五路口，必犯黃土嶺、一片石等地方，石山砲接石門子墩傳報。

界嶺口自箭桿嶺起，跌死牛一砲，大嶺山二砲，猴兒崖三砲，末兒谷四砲，東安口五砲，葦子谷六砲，西大谷七砲，燧泉谷八砲，椴栳嶺九砲，西長嶺十砲，每砲夜不收二人。如虜過牛心山，向東南走跌死牛、大嶺山徑路，必犯箭桿嶺，猴兒崖砲、末兒谷砲接牌谷墩、東磨合墩傳報。如虜過金剛谷，向西南走十八盤嶺、獨石、大川徑路，必犯界嶺口，東安口砲接東安墩、葦子谷砲接葦子墩傳報。如虜過且河向梨花山走界嶺兒徑路，必犯羅漢洞、界嶺口，椴栳嶺砲、長嶺砲接椴栳嶺墩、半過山墩傳報。

青山口自梧桐谷堡起，到扒松一砲，野猪口二砲，長嶺溝三砲，扒答嶺四砲，猴兒崖五砲，設臺六砲，古道七砲，每砲夜不收二人。如虜至野猪口，向東南走必犯梧桐谷、重谷口，到扒松砲、長嶺溝砲接黃崖頂墩、吉了谷墩傳報。如虜至西步庄，向南走灼子谷、十八盤徑路，必犯東勝寨、乾澗兒，扒答嶺砲、猴兒崖砲接東松崖墩、杏樹臺傳報。如虜至灼子谷，向東南走，必犯青山口，設臺砲、古道砲接正關墩、黑谷嶺墩傳報。

桃林口自本口起，野猪口一砲，大白臘谷二砲，土墻嶺三砲，牛心山四砲，石碑兒五砲，團山六砲，桃樹嶺七砲，每砲夜不收二人。如虜由搖鼓崖南下，必犯桃林口關西地方，野猪口砲、白臘谷砲接東稍墩、白臘谷墩傳報。如虜由搖鼓崖西南走猫兒崖，必犯劉家口關地方，牛心山砲、石碑兒砲接油香谷墩、琵琶稍墩傳報。

冷口自徐流口起，老鴨嶺一砲，通嶺兒二砲，羊圈三砲，黑谷南山四砲，要管崖五砲，白兔子坡六砲，大樹坡七砲，小鶯窩崖八砲，閻王鼻子九砲，琵琶稍十砲，每砲夜不收二人。如虜由橫河川、撾角山南行，必犯劉家口、徐流口、通嶺兒等正關地方，要管崖砲、羊圈兒砲接寺兒崖墩、寬佃谷墩傳報。如虜由石碑兒南行，必犯冷口、瓦窰坡、燕子窩等地方，白土子坡砲、閻王鼻子砲接正谷口墩、北蕎麥山墩傳報。

喜峯口自本關起，東石梯子一砲，李羅臺二砲，農積嶺三砲，天津谷四砲，九枯嶺五砲，黃崖六砲，寬河七砲，每砲夜不收二人，以龍鬚門為總路。如虜犯董家口、榆木嶺、擦崖子等地方，董家口、聶門各砲傳報，犯喜峯口地方，寬河各砲傳報。

董家口黑石一砲，長哨峪二砲，廟兒安三砲，每砲夜不收二名，以石口兒為總路。如虜犯董家口、遊鄉口、勝嶺寨、橫山寨、青山口等地方，長哨谷砲傳報。如虜犯青山口，廟兒安砲傳報。如虜犯榆木嶺迤東地方，榆木嶺、熊窩頭二處尖哨傳報。

榆木嶺陡嶺兒一砲，古城嶺二砲，松嶺兒三砲，每砲夜不收二人，以熊窩頭為總路。如虜犯榆木嶺、大嶺寨、爛柴溝地方，松嶺兒砲傳報。如虜犯擦崖子迤東地方，鵝石谷尖哨傳報。

擦崖子東西二路。東路大石頭一砲，廟兒嶺二砲，砲嶺兒三砲，五止崖四砲，白頭嶺五砲；西路陡嶺兒一砲，晃墩二砲，樹莫枝三砲，牌撅嶺四砲，老長城五砲，每砲夜不收二人。東路以椴栳山為總路，如虜犯白羊谷、五重安、新開嶺、洪谷口、擦崖子、城子嶺等地方，白頭嶺砲傳報；如虜犯冷口地方，必由境外土塘子、亦通，犯擦崖子地方，白道子關各當路砲傳報。西路以鵝石谷為總路，如虜犯城子嶺、擦崖子迤東地方，老長城砲傳報；如虜犯榆木嶺地方，松嶺兒砲傳報。

龍井兒自臺山關口外起，柞子安一砲，雞冠山二砲，回回木三砲，房兒嶺四砲，黃嶸子五砲，橫嶺六砲，每砲夜不收二人，以謝兒嶺爲總路。如虜南下，必犯潘家口幷東、西長谷、三臺山關等地方，西南行必犯洪山口地方，俱用前砲傳報。

洪山口自本關口外起，道溝谷一砲，馬連谷二砲，巡檢司三砲，叚木林四砲，偏塘五砲，青羊林六砲，黃嶸子七砲，分水嶺八砲，打狗巷九砲，以喬家嶺爲總路。如虜由南下，必犯洪山口。東南下，必犯龍井兒等地方，俱用前砲傳報。

羅文峪自本口外起，胡山谷頂一砲，一立嶺二砲，一立馬口三砲，秋木嶺四砲，廟兒五砲，南松林六砲，窟窿山七砲，神仙嶺八砲，白馬川九砲，直梨木臺十砲，石夾口十一砲，打狗巷十二砲，分水嶺十三砲，受堂墳十四砲，乾心河十五砲，每砲夜不收二人，以頭道流河爲總路。如虜由南下，至撒河川入一立馬、寧車口，必犯羅文谷、猫兒谷、山寨谷。如虜至石夾口、大羊攔，必犯馬蹄谷、秋科谷。如虜至大綠洞，必犯沙坡谷、山口寨。如虜由東南伯彥塘，必犯洪山口、龍井兒。如虜西下，必犯大安口、馬蘭迤西地方，俱用前砲傳報。

大安口自杏園起，杏園一砲，大安二砲，葦坡三砲，岔山四砲，天棚五砲，廟兒嶺六砲，新開嶺七砲，楊木林八砲，雙陸軸九砲，密嶺十砲，橫河十一砲，斗嶺兒十二砲，每砲夜不收二人，以捨力他喇地方爲總路。如虜由此南下，必犯墻子嶺、馬蘭谷二路、羅文谷一堤①地方，俱用前砲傳砲。

鮎魚口自本口外起，洪門子一砲，將軍樹二砲，石夾口三砲，分水嶺四砲，每砲夜不收二人。洪門子砲西通寬佃谷地方，馬蘭谷口外白草凹岔道，幷流通麻地谷岔道，俱北接將軍樹、石夾口、分水嶺三砲，如虜入犯，俱用前砲傳報。

寬佃谷自本口外起，架砲嘴一砲，大嶺二砲，石窑兒三砲，岔道南山四砲，白草凹五砲，分水嶺六砲，王八石七砲，小嶺兒八砲，麻地谷九砲，桃木嶺十砲，灰窑子十一砲，每砲夜不收二人，以牽馬嶺爲總路。如虜由此，必犯墻子、馬蘭二路，俱用前砲傳報。

黃崖口自本口外起，黃崖子一砲，鏵嘴二砲，平嶺三砲，雁門四砲，佛兒崖五砲，尋思嶺六砲，大嶺七砲，花崖子八砲，界牌九砲，每砲夜不收二人，以孤山爲總路。如虜由此必犯墻子、馬蘭二路，俱用前砲傳報。

將軍營冰零河一砲，行郎谷二砲，私鹽嶺三砲，三岔口四砲，朱曹溝五砲，斗子谷六砲，字羅林七砲，撒河川八砲，黃米寨九砲，楊樹溝十砲，石底河十一砲，青楊林十二砲，連道谷十三砲，每砲夜不收二人。如虜至盤道嶺，必犯墻子嶺、將軍營、黃崖口等地方，俱用前砲傳報。

墻子嶺花兒谷一砲，趕羊道二砲，絕尸谷三砲，鶯窩頂四砲，干河口五砲，盤道谷六砲，橫嶺兒七砲，泉水河八砲，伍廂營九砲，三岔口十砲，擦土嶺十一砲，麻地谷十二砲，廟兒嶺十三砲，廟兒川十四砲，饅頭山十五砲，黃石崖十六砲，每砲夜不收二人。橫嶺兒砲接紅門大川爲總路，如虜由此，必犯大、小黃崖。三岔口砲接墻子嶺關外大川爲總路，如虜由磨刀谷，必犯本關。麻地谷砲接背陰山爲總路，如虜由此，必犯墻子嶺。廟兒嶺砲接背陰山爲總路，黃②石崖砲接墻子嶺關外大川、廟兒嶺爲總路，如虜由此，必犯黃門口、南谷寨二地方。以上虜犯各口地方，俱用前砲傳報。

---

① ［校］堤，底本不清，據民國間抄本補。
② ［校］黃，底本不清，據上文及民國間抄本補。

鎮①虜營青羊嶺一砲，卧狗嶺一砲，熊洞山三砲，鶯窩頂四砲，狗坡嶺五砲，沙嶺兒六砲，洪石崖七砲，梨樹溝八砲，臭水口九砲，每砲夜不收三人。鶯窩頂、沙嶺兒二砲接墻子嶺關外大川、蒲家谷爲總路，如虜由此，必犯北水谷、灰谷口二關。臭水口砲接將軍關外夾馬石爲總路，如虜由此，必犯魚子山、熊兒谷二寨。以上虜犯各口地方，俱用前砲傳報。

曹家寨舊爲架砲，今改建敵臺，倒班嶺正關臺一臺，黄石虎二臺，大垛子三臺，字羅四臺，化樹嶺五臺，白草垛六臺，洪沙嶺七臺，榛子頂八臺，黑溝頂九臺，鎮虜頂十臺，每臺常守軍士十二人，接石門兒爲總路。如虜犯土墻等地方，俱以上各臺傳報。一股向東黑谷關外黑谷頂架砲，夜不收五人，接夾溝子爲總路，如虜犯黑谷關地方，俱聽傳報。

古北口權洞一砲，石梯兒二砲，古道嶺三砲，灰垛兒四砲，柳樹坡五砲，鶯窩頂六砲，煖泉溝七砲，煖泉嶺八砲，鎮虜頂九砲，每砲夜不收五人，俱接小興州、字合車地方。如虜犯古北口，俱用前砲傳報。

潮河川麻石窩一砲，色樹垛二砲，牛錦子三砲，古道東四砲，响子谷五砲，小西山六砲，每砲夜不收五人，接鴿子塘通無礙。如虜犯潮河川，俱用前砲傳報。

白馬關太平臺一砲，野馬川二砲，巡檢營三砲，羊圖頂四砲，蠶房谷五砲，舊口六砲，東股道兒七砲，橫嶺八砲，廟兒嶺九砲，乾河衝十砲，每砲夜不收三人，各分二股。一股②向西湯河，如虜犯石塘嶺、大水谷二處，俱聽傳報，一股向北虎石哈，如虜犯白馬關，俱聽傳報。

石塘嶺二路。一路，架砲頂一砲，叚伏嶺二砲，蒼兒臺三砲，成兒谷四砲，分水嶺五砲，猪頭嶺六砲，栢查子七砲，硫璃廟八砲，橫河嶺九砲，阿只八哈十砲，每砲夜不收三人，以阿只八哈爲總路，北接天各力等處。一路，本關外猪頭嶺一砲，栢查山二砲，杏花安三砲，賈家谷四砲，兔谷五砲，廟兒嶺六砲，大谷七砲，小谷八砲，下小橋九砲，清紅嶺十砲，每砲夜不收三人，向北接磕磕代地方。如虜犯本關地方，俱用前砲傳報。

各路俱擬接暗哨地頭，每人帶西瓜紙砲四個，敲火鐮石一副，乾糧、煁炒計日取足。凡瞭見虜衆真切，即舉二砲，俟近，再舉二砲，砲嚮，方離本地，各砲照數接應，挨次傳至墩堠，更番分遣，絡繹不斷，各專其地，用濟二哨。

墩堠。

山海路下墩一十六座，每座軍五名，共軍第八十名。

石門路下墩七十三座，每座軍五名，共軍三百六十五名。

臺頭路下墩五十座，每座軍五名，共軍二百五十名。

燕河路下墩三十座，每座軍五名，共軍一百五十名。

太平路下墩四十五座，每座軍五名，共軍二百二十五名。

喜峯路下墩三十二座，每座軍五名，共軍一百六十名。

---

① ［校］鎮，底本不清，據民國間抄本補。
② ［校］一股，底本原無，按上文"各分二股"及下文"一股向北虎石哈"，補"一股"二字更當。

松棚路下墩四十七座，每座軍五名，共軍二百三十五名。

馬蘭路下墩一百一十一座，每座軍五名，共軍五百五十五名。

墻子路下墩六十座，每座軍五名，共軍三百名。

曹家路下墩一十八座，每座軍五名，共軍九十名。

古北路下墩三十八座，每座軍五名，共軍一百九十名。

石塘路下墩四十九座，每座軍五名，共軍二百四十五名。

本鎮一十二路，以山海腹裏附入石門，惟作十路，分擬傳號，東西各分五路。如舊墩不足，惟以空心臺代補，別爲標記。約一里一墩，每墩五人，内立一長，五墩爲一聯，設一百總，二聯爲一舍，設一把總，二舍爲一總，設一千總，每一提調下爲一區，設二千總，俱屬提調節制。

石門爲東一路，臺頭爲東二路，燕河爲東三路，太平爲東四路，松棚爲東五路。石塘爲西一路，古北爲西二路，曹家爲西三路，墻子爲西四路，馬蘭爲西五路。各路墩、堠俱畫旗帶，夜燈火爲號。東路白旗縱橫七尺，西路白號帶寬二幅，長一丈二尺，每墩旗杆五桿，各長一丈八尺，每桿麻繩一條，三月一換。東一路畫旗一面，夜火一把。東二路畫旗二面，夜火二把。東三路畫旗三面，夜火三把。東四路畫旗四面，夜火四把。東五路畫旗五面，夜火五把。西一路畫號帶一條，夜火一把，燈一盞。西二路畫號帶二條，夜火二把，燈二盞。西三路畫號帶三條，夜火三把，燈三盞。西四路畫號帶四條，夜火四把，燈四盞。西五路畫號帶五條，夜火五把，燈五盞。

各墩聞架傳聲，即按本路東、西次第信號，照數舉行，先發三砲，後升旗明火，挨墩接應，周流十路。每一路聞報，即以兩人走報左右鄰墩，説與虜情向往，左右墩仍走報鄰墩并近地主營各營，分報督、撫、鎮、道。如虜至百里外傳號一次，三十里又傳一次，近墻連傳二次。若烟霧暝晦，旗火不辨，即以大砲準之，除三信砲外，各按路數代旗火傳行，如畫砲無旗，夜火無砲，爲他砲火，不得妄應。總督侍郎譚綸、巡撫都御史劉應節、總理左都督戚繼光議立。

一、足兵。山東、河南、山西、陝西、北直隸、南直隸江北六省通軍不拘原配衛所，悉清勾改，發昌、薊二鎮。每軍一户，清選殷實壯丁二人，一解着伍，一留聽繼，俱入尺籍。凡應解人數，府自爲府，州自爲州，縣自爲縣，編成隊伍，三人立一伍長，十人立一隊總，三十人立一旗總，百人立一百總。本户幫貼軍裝，官給衣甲、器械、路費，以官一員押解，俱赴總督軍門，分發昌、薊各營路操守，注籍附近衛所。

一、存恤。總督軍門建立存恤一營，凡各省解到新軍，俱發本營收管，安插房舍，到日收糧，三月以上者全支冬衣布花，軍妻每月加糧三斗，二年住支。存恤三月分，總督軍門方行查發昌、薊缺伍營路，補足原額，到營，授以營房，給與屯種，聽其墾荒，不賦，求免力作。總督軍門劉應節、巡撫都御史楊兆題建。

一、召募。市井遊猾及年逾五十者，花鎗花刀之藝不用，惟取其膂力強健、貌樸身健、勇敢畏法，年三十上下者，於藝則可學，而能不必拘論。以三人編爲一伍，三伍用一火兵，共爲十人。以十人中選勇者二人爲左、右伍長，猶勇者爲隊總，左、右伍長各管二人，隊總統領九人，兼長中伍爲一隊，三隊中選一人爲旗總領之爲一宗，三宗內選一人爲百總領之爲一局，三局以一把總領之爲一司，三司以一千總領之爲一部，三部以一參、遊領之爲一哨。選編畢，自參、遊以至千、把、百、隊總，遞取其有無不堪及冒替，重甘結狀。總督侍郎譚綸議題。

一、練兵。其法有八，曰練伍法，曰練膽氣，曰練耳目，曰練手足，曰練場操，曰練行營，曰練野營，曰練戰約。八法之內，各有條目。①

練伍法下

選騎兵。先將部下官生夙守軍令者，各分執事，填於白牌或紙上。其填營伍次第者爲一號牌，填年貌、籍貫者爲二號牌，填疤記、武藝者爲三號牌，總填隊伍姓名者爲四號牌，抄隊伍清册者即隨之爲五號。一號即守主將之傍，餘號各地分設，挨號而下，將軍士以次喚進。如一千，先定千總一員，令千總選部下把總幾員，又令各百總選旗總三名。先以一百總下一旗總，令選隊總三名，先以一隊總自行練②兵九名③，主者辯驗堪否，以壯健能射者一名爲一伍長，能射者二名爲一伍。第一名在左，第二名在右，俱充鏜鈀手。以精健者爲二伍長，即第四名也。第五名在右，第六名在左，俱充夾刀棍手。以力大貌黑者爲三伍長，爲第七名，第八名在右，第九名在左，俱充大棒手。以善炊爨者一名爲火兵，給大棒一件。先填隊總爲第一名，連牌送一號，填隊伍訖，連人傳④與第二號牌，填籍貫、年貌畢，連人又傳與第三號牌，填疤記、武藝畢，又連人傳與第四⑤號牌，填隊伍姓名於腰牌紙上。如是，又以一名與腰牌紙一張，連人挨次挨填如式。又喚一隊，如此三隊畢，即喚一旗總領着，即將方色認旗一面付執，以辯行伍。三旗總俱完，即命一百總。四百總俱完，即命本把總領着，申明約束。如此，每一營⑥將官⑦下既完，照腰牌造册五本出示於第二日點名，隨即均給馬匹。凡戰兵，俱與上等馬，每營⑧三部，雖同一體，而驍健須多歸中部，專爲架梁等用。每一旗內，火器一隊居中，左右二隊俱殺手，其左右二部每一旗內火器二隊居左右，殺手一隊居中。束伍事竟，又約日於教場，公同再三訂諭，即取各官甘結。

合神器。凡神器，雖分在各營，仍屬一專官，曰神器把總，專點察備辦什物。

---

① 練兵八法內容取自戚繼光《練兵實紀》卷一，但文字截取、拼湊、添改時，導致文意有不通之處。可參戚繼光著、邱心田校釋《練兵實紀》卷一《練伍法第一》，中華書局2001年，第11~153頁。《練兵實紀》版本，可參校釋本前言，第22~23頁。
② 練，戚繼光《練兵實紀》卷一《練伍法第一·騎兵》作"揀"。
③ 九名，戚繼光《練兵實紀》卷一《練伍法第一·騎兵》作"十一名"。
④ [校]傳，原作"填"，據《練兵實紀》卷一《練伍法第一·騎兵》改。
⑤ [校]四，原作"五"，據《練兵實紀》卷一《練伍法第一·騎兵》改。
⑥ [校]營，原作"哨"，據《練兵實紀》卷一《練伍法第一·騎兵》改。
⑦ [校]官，原作"管"，據《練兵實紀》卷一《練伍法第一·騎兵》改。
⑧ [校]營，原作"哨"，據《練兵實紀》卷一《練伍法第一·騎兵》改。

選車兵。先擬千、把、百總，車正、隊長，亦同騎兵例。但點車正，必須知事有膽者一名，側立，聽車正將衆軍中取三十二名，中年上下有力者六人爲車兵，專管推車，有力者一人爲舵工，各給腰牌紙，照騎例送塡。又擇年力小者二人爲火箭手，爲一次塡牌如前。又選有力者四人爲鳥銃手，爲一次照前塡牌。又選謹慎者六人爲佛郎機手，爲一次塡牌。此車上之兵也。如以馬兵爲殺手，則不用選殺手，如仍備殺手一枝，則再選有膽一名爲隊長，聽隊長選有殺氣二人爲圓牌手，力健有神氣二人爲長刀手，又如此二人爲大棒手，身長、肱長二人爲鈀手，又以堪役使者一人爲火兵，逐名選過，即給牌挨送查塡。一車完，即給方色認旗一面，車兵擺列圖一張，令車正領着，照圖擺成行伍坐定。一把總者俱完，放出各車正，將圖粘懸車上備查，以憑管束。一將官下完足，示日於敎場領車給器，聽演習，派宗城司哨明白。至期，各照所派車上去處，各爲信地，尺寸難移，另有軍法條約。

　　計車乘。每哨用望竿車一輛，將臺車一輛，鼓車二輛，哨將車一輛，千、把總坐車共四輛，糧車十六輛，戰車一百二十八輛。凡陰陽車二乘，或用鹿角一架，或用綿傘一頂，或用輕車一乘，各制不同，以備間接。凡車有三等：縱橫車，車之大者，行可戰，駐可戰，兵由車頭下出；有偏厢成耦，偏厢車壁在傍下，嚴由各車門出；輕車同縱橫車制，而小搭厢用同。

　　車分數。每車舵工專管車兵，車正亦得兼攝。其佛郎機手、箭手、鳥銃手俱隸車正，其殺手一隊隸隊長，車正通得兼攝。除隊兵，計共二十四人①爲一車，每一車爲一宗。每四宗②用百總一員，是爲一局。每四局用把總一員，是爲一司。每四司用千總一員，是爲一部。每二部用將官一員，是爲一哨。每正車外加糧車十六輛，每車車正一名，舵工一名，兵十二名，騾十頭。

練膽氣下

　　公賞罰。如該賞者，即與將領不共戴天，亦要録賞，患難亦須扶持。如犯軍令，即親子侄，亦要依法，不許報施恩讐③。

　　信口耳。發號施令，預先決定，不可臨時反覆。凡應行軍務，係有文字。事緩者，除通行揭示外，若值緊急軍機，主將門上掌號笛，各哨將傳帶頭目，自百總以上赴聽面諭。哨將門上掌號，百、旗總以上俱赴哨將聽諭。若主將一人，車步騎數萬，主將號令傳之哨將，哨將傳之千、把總，千、把總傳之百總，百總傳之旗總，旗總傳之隊總，隊總口授軍兵，須要傳說明白。若一時聽記不真，還挨次再問。

　　明號令。軍中非大將領、副將下輒出號令，及改易旌旗軍號者重治。若號令未便須合改易者，先申大將。如事當機速不及，先申其改易實便者不坐。

　　戒漏泄。承受到軍期密約號令，及關報賊情，祇傳到將領自知，常作隄備。如漏泄，軍法不貸。

　　禁乖異。凡將領、官、哨、隊長，不相和協，傾陷妒忌，因而誤事者，軍法處之。商議兵機，務在平允，即時決定，違與執拗者處治。

　　禁妖妄。訛言誑惑，妄說陰陽卜筮、道釋鬼神、災祥禍福，搖動衆心者重治，誤事者軍法從事。

　　稽士情。主將常察士卒饑飽勞逸、强弱勇怯、材技動靜之情，使之依如父母。

---

① ［校］二十四人，原作"三十人"，據《練兵實紀》卷一《練伍法第一·騎兵》改。
② ［校］四宗，原作"三宗"，據《練兵實紀》卷一《練伍法第一·騎兵》改。
③ ［校］讐，底本不清，據民國間抄本及《練兵實紀》卷二《練膽氣第二》補。

禁勞役。凡軍中除教閱外，將領不得以事勞擾軍士，務令休息。

整騎什①。哨將、千把總各有坐馬，有家丁馬。百、旗、隊總各有騎馱馬，必須自己先照條約，逐一點檢，然後方可責軍以不如式之罪。營②將每一月一驗，輕則自行責治，扣廩糧處辦，重則解送主將重治，營③將之馬，聽主將驗治。

禁蕘越。隊總、旗總文移祇至千、把總，千、把總文移祇至營④將，將各區者祇至督撫鎮道轉達，不許擅往都會。標下者祇至各標主將轉達，如有蕘越各上司徑行者，查究參呈。

明責成。凡責成之例，不拘平時臨陣，小而一切號令有違，作奸犯科，大而退縮，致誤軍機。每二名必連及隊總，二隊必連及旗總，二旗必連及百總，二局必連及把總，二司必連及千總，二部必議及哨將。若先呈舉者免坐，至於賞亦如之。但自二伍以上以至二部，非謂盡伍司之人皆犯也。

稽騎什。馬上鞍轡⑤什伍，每雙月哨將點驗二次，單月千總點驗一次，每月把總點驗一次。⑥ 每三操過，旗、隊總督查一次。

禁差濫。凡軍，稱曰軍士、戰士、力⑦士、勇士、義士、士卒。夫必⑧稱曰士者，所以貴之也。貴士如此，所以望之出力疆場，衛國保民，其責非輕。今却使之為轎夫、廝役⑨，以廝⑩役待士，而欲其出死力，捐命禦寇，有是理哉？緣往日貴實未至，習弊成痼。今既定有雜流，以供差用，敢將編定戰兵，擅遣差使迎送者，各以責成款內分數治罪，坐區副、參、遊、守、把總等官，除正額應用人役外，凡守垛、守墩、遠哨、守口之人，一名不許擅行差遣。凡各處公差人到，亦不許擅作威福，強取跟用。今置循環差簿一扇⑪，凡差一軍，明注為某事，見差某人。每半年查比外，仍聽不時調查。

稽功過。各營⑫將立功過總簿一扇⑬，每千總各⑭與一扇，凡遇百、旗、隊總及兵夫尋常勤勞，紀在功條一次。兵之功過，隊旗開送，百總轉送，把總紀之。凡百、把、千總與中軍、家丁、夜不收雜流功過，俱哨將紀之，附於總簿，每積一月聽弔查一次，類行賞罰。

視病期。凡兵初病者，視之。以後，在隊總則時時看視，旗總則一日一看，百總則三日一看，把總則五日一看，千總則十日一看，營⑮將每半月一看，主將一當存恤。

---

① ［校］整騎什，原作"重身率"，據《練兵實紀》卷二《練膽氣第二》改。
② ［校］營，原作"哨"，據《練兵實紀》卷二《練膽氣第二》改。
③ ［校］營，原作"哨"，據《練兵實紀》卷二《練膽氣第二》改。
④ ［校］營，原作"哨"，據《練兵實紀》卷二《練膽氣第二》改。
⑤ ［校］鞍轡，底本不清，據民國間抄本及《練兵實紀》卷二《練膽氣第二》補。
⑥ 每雙月哨將……點驗一次，《練兵實紀》卷二《練膽氣第二》作"每一月營將點驗一次，千總點驗一次，把總點驗一次"。
⑦ ［校］力，底本不清，據民國間抄本及《練兵實紀》卷二《練膽氣第二》補。
⑧ ［校］必，底本不清，據民國間抄本及《練兵實紀》卷二《練膽氣第二》補。
⑨ ［校］役，底本不清，據民國間抄本及《練兵實紀》卷二《練膽氣第二》補。
⑩ ［校］廝，原作"斯"，據《練兵實紀》卷二《練膽氣第二》改。
⑪ ［校］一扇，原作"二扇"，據《練兵實紀》卷二《練膽氣第二》改。
⑫ ［校］營，原作"哨"，據《練兵實紀》卷二《練膽氣第二》改。
⑬ ［校］一扇，原作"二扇"，據《練兵實紀》卷二《練膽氣第二》改。
⑭ ［校］各，原作"分"，據《練兵實紀》卷二《練膽氣第二》改。
⑮ ［校］營，原作"哨"，據《練兵實紀》卷二《練膽氣第二》改。

稽逃故。遇有逃故，本伍即刻報隊總，隊總即於本日開呈哨將，一面行令該管隊伍，將故者一切衣裝財物點查，并身間有無銀兩，聽詳給付本主家屬。有敢克留者，以軍法論，仍加倍追給。

分軍餉。軍士月糧賞賜出，先將數報知，即委官，并請主將，監鑒包封。先刊印板一方，上書某月糧額該若干。每一人以一分爲耗，委官某人鑒，限二日內完足。請主將唱名給與，先取一封秤兌，如一封不足，則所包諸封盡行算數，倍償治罪。

定捕掬①。各營官軍，有犯事同一起者，不許擅自拘捕問理，須呈本營哨將轉取，仍令各中軍官會問，通詳主將定奪。

明勾攝。軍衛有司提取官軍，一面呈諸主將，酌量事體輕重，摘發收問。如不請詳，擅聽拘去者，同隊、同夥該管官員，把總以下通治。

辯真操。夫陳師鞠旅，列衆於場，謂之操練。殊不知教場操練，不過明金鼓號令，習射、打、擊、刺手藝之能。平時在家，亦一心以殺賊爲計，講明法令，何常不是操練也。

正名法。行伍既定，軍士與旗、隊總同宿歇一房者，立則傍立，坐則傍坐。凡有當行事體，軍士須聽旗、隊總言語，不許抗違。

恤病傷。凡軍士有疾，同夥即報隊總，隊總即報旗總，驗過即報百總，徑赴本哨將并主將處報知，遣醫診視輕重。

達士情。軍士若有公私緊急，欲訴本管者，先與旗、隊總言之，徑赴應該千、把、百總處。把、百總以下不拘暮夜食寢之時，即領赴某衙門，或應自往者，諭其自往，如或作難者，記過論。

嚴禁戢。平時恃強凌弱，酗酒忿爭，蹂取人果稼，作踐人廬器，分別輕重治之，貫耳遊營。奸淫人婦女，偷盜財物，軍法示衆。如同夥，同隊有一舉首，餘皆免罪，首者行賞，若互相容隱，俱軍法連坐。

禁爭毆。自己軍士、頭目兩相鬥毆，不論曲直，各捆打，然後查其所由加治。若軍士與非本隊總，百、把總與非本旗總，車正，百、把總，千總爭毆者，先治其卑者以不守分之罪，然後另剖曲直。若與本管爭毆者，定行軍法從事。

定逃禁。凡募兵，必取保結。若遇逃走，同隊之人各連坐捆打，保拿三月不獲，原保人抵罪，本伍一月月糧扣官募軍。

禁尅減。本管官尅減錢糧者，許本屬軍士及屬官告治，此不坐犯上之罪。若係懷恨刁誣者，以軍法從事。

禁冒頂。凡冒兵頂替入操者，正、替身俱以軍法捆打，所雇之人即充兵收操，工食即將原雇之人分支一半。

禁喧譁。凡軍中不許喧譁，凡動止進退自有旗幟金鼓，若違令喧嘩者重處，夜間尤切。

治戰騎。各哨將置立等第循環文簿二扇，將該營見在馬匹通行查出，逐一躬親驗選。如果膘壯者定爲頭等，膘次者定爲二等，再次者定爲三等。通將各軍花名等第開入循環册首，其頭等、二等馬匹，省令各軍自行取便，用心喂養。三等者，責委勤慎官一員，專管攢槽喂飼，逐日查驗草料，仍查

---

① ［校］掬，原作"鞠"，據《練兵實紀》卷二《練膽氣第二》改。

夜草，如缺少草料者徑自責治。該管將官每三①個月一次點驗，如一等喂至頭等，三等喂至一等，俱免比責，即於循環内明開某人原係二等，今入頭等，某人原係三等，今入二等，各令自行喂養。如三等喂至頭等，原係三等今入頭等，免其攢槽，仍犒賞免工免差。如三等不加，各捆打二十，如有頭等反爲二等，二等反爲三等者，三等反致瘦弱者，捆打四十，各照舊攢槽喂養。每兩個月一次將填注循環，責令經管書手賫送赴鎮，倒換查考。

練耳目下

明旗鼓。各官兵，耳聽金鼓，目看旗幟，自主將以下，如口傳，決不許聽。其令旗、令箭、令票放行者，三者有一方放，如無不准。

明笛號。吹嗩吶，謂之掌號笛，要聚各官旗頭目，發放軍務。

明喇叭。凡吹第一次，要收拾行李，做飯食。吹第二次，要人喫飯，收拾出門。吹第三次，要起身。主將自本衙門出，到各兵劄營地方，另擬向往。凡喇叭吹長聲一聲，謂之天鵝聲，各兵齊吶喊。凡喇叭吹擺隊伍聲，車、步、騎三兵就於脚下挨營擺隊伍。凡吹長聲喇叭，放銃一個，磨旗，各兵俱看旗所指處，俱向某處轉身、轉車。凡擺隊已完，喇叭稍歇，復又吹擺伍者，車、步、騎三兵一字列開，成陣備戰。

明哱囉。凡吹哱囉，各兵起身。再吹一次，馬兵上馬，車兵附車，步兵執器械立起②。

明銅鑼。凡打鑼，各馬兵下馬，車正下車。再打三項，兵俱坐地休息，旗幟俱偃卧。

明羯鼓。凡點鼓，是行營。點鼓一聲，約行二十步，點緊鼓一聲，行一步。搖鼓交鋒，向前厮殺。

明黃旗。下營定，放銃一個，豎黃旗，搖鼓，放各兵出營，汲水、取柴、飲馬。

明摔鈸。凡摔鈸鳴，各兵收隊③，再鳴，成大隊，旗幟通回中軍。

明砲號。每更一號令，必放砲一個，然後方用旗幟、號頭等項示行。其各人但聞銃響後，其已前行過號令進止俱歇，專一看有何旗幟更變。

明釭號。每欲止，必鳴金一聲，其舉作者，聞金即止，聽更令後，即如所更之令行之。打金三聲，退兵，打金二聲，是鳴金鼓吹打。

明旗次。各營隊總看本旗總所執旗，旗總看本百總，百總看本把總，把總看本千總，千總看本哨將，哨將看主將號旗。若主將五方旗招，俱起立點動，則五方之營俱應。如止於一旗立點，則該方應之。若主將五方旗招俱偃，則五方之營俱如之。某旗磨動，則該方應之。

明旗應。凡主將旗舉時，哨將應之。哨將旗舉，千總應之。千總旗舉，把總應之。把總旗舉，百總應之。百總旗舉，旗總應之。旗總以下口傳身率，不用旗鼓號令。

明旗色。黃旗爲中軍，在一哨則爲一哨之中，在一營則爲一營之中，在一千則爲一千之中，在

---

① ［校］三，原作"二"，據《練兵實紀》卷二《練膽氣第二》改。
② 起，《練兵實紀》卷三《練耳目第三》作"齊"。
③ ［校］各兵收隊，原作"各兵收拾隊"，"拾"字係衍文，據《練兵實紀》卷三《練耳目第三》改。

五人則爲五人之中。凡人向者爲前，紅旗屬前。凡左手爲左，藍旗屬左。凡右手爲右，白旗屬右。凡背爲後，黑旗屬後。

明望旗。凡常操及發兵，於主將未到場之時，先將望竿、繩索等項收找停當，候主將升帳。稟升旗，即放砲擂鼓升旗。旗正着甲，執白旗一面，上斗聽中軍號令。凡掌哱囉，兵立，則旗立。凡打鑼，兵坐，則旗收。旗向前點，官軍俱向前行；向左點，俱向左行；向右點，俱向右行；向後點，俱向後行，車、步、騎俱視此旗向往。如遠行，俟掌號頭畢，稟放砲擂鼓，將望竿眠行。遇報有警，擂鼓，再立望竿。賊從左來則左磨，從右來則右磨，從前來則前磨，從後來則後磨，從兩面來，先磨賊近一面，三磨三立，又向一面磨，從四面來，將旗繞竿頭轉遞①。賊遠，則向上磨，近則平低磨，賊近百步，則低垂向下磨，賊退則立。

定發放。凡操期前一日，懸操牌，但聽主將門前掌號，各將官門前皆掌號。各兵做飯，以飯熟食畢爲期，乃掌二號，各備馬收拾軍裝，往教場列成行伍。掌三號，主將出至教場，中軍官稟放升帳砲，開轅門，稟升旗，幕屬等官先行參見畢，中軍官稟掌號笛，聚官旗，聽發放，望旗向左、右、前、後磨轉一次。官旗用手旗引於教場前，轉身向上。挨次先騎兵，次車兵，次步兵，各頭目自隊長以上皆赴。事急，祇同旗總以上隊長守伍，至臺下聽發放。

稽傳令。凡發放過話，候大小將領都發放畢，主將抽隊下一軍向前，問今日所發放何事。若能知其大暑則已，如全不知，則取隊總問之，隊總能言之，則治不聽受之罪；隊總不能言，則取本旗總問之。旗總能言之，則治以罪，軍則免究，是隊總傳不明，上至哨將，一體皆然。

練手足下

鳥銃。每門合口鉛子一百個，火藥二斤，火繩三條，鉛子袋一個，藥筒五十個，綫藥鱉一個，銃套一個。每旗火石火鐮一副。

快鎗。每門火藥一百出，每出五錢，共藥三斤，合口鉛子一百個，藥管五十個，鉛子袋一個，藥綫三百根，每根長一寸五分，用硫黃醮兩頭，火繩三根，送子一根，剪一把，鎚一把，綫袋一個。

虎蹲砲。木郞頭每位一個，剪每位一把，鎚每位一把，藥升每位一個，木送每位二根，火藥每位三十出，每出八兩，共一十五斤，用布袋爲三十袋，火綫每位一百根，每出鉛鐵子，小則四五十個，大則二三十個，計三十出，共鉛鐵子九百有餘，用布袋盛之，每出一袋。木馬每位三十個，石子每位三十個，大鐵錘每二位一把。每二銃一馱，馱架一副，每二銃藥子馱架一副，皮簍二個，每二銃木石子馬錘送等馱架一副，皮簍二個，以上各營完備，付管神器官派兌各旗明白，仍總管於神器官，惟馬兵則有之。佛郎機每架子銃九門，鐵門三根，鐵錘一把，剪一把，藥匙一把，鎚一把，凹心送子一根，鉛子一百五十個，要一半合在口上，一半合在口內，火藥共三百出，每出二兩，共藥三十六斤，火綫三百條，每條長二寸，硫黃醮兩頭紙，用輕礬濕過晒乾，綫筒一個，惟車兵用之。

火箭。每一隊內給三十枝，五隊備火繩三根，臨時分用，每隊箭匣一個。

馬匹。每匹轡頭一副，繮繩一條，絆馬繩一條，夾板一副，鞍一面，凳二件，鞦一副，滾肚二條，料兜一個，小鏟每隊一件，釘馬橛每馬二個。

---

① ［校］遞，原作"遠"，據《練兵實紀》卷三《練耳目第三》改。

殺器。如長鎗、勾鎗、人刀、悶棍、滾牌之類，每殺手官軍給一件，務要時常打磨精利。

弓矢。每射手備好弓一張，上書弓力、姓名，弓絃二條，箭粗如指者三十枝，亦書姓名於上箭頭，務要三稜如蕎麥，或鑿頭重足五錢爲式，書"勝"字於桿上，以備臨陣之用，腰刀一把，殺器一件。

較武藝。凡哨將，通將各兵花名分，照見定武藝造武藝册一本，送印發收。把總每月初六①日一比，比過一人，即打一"把"字小印於中式等第格內。千總每月十二日比之，即打一"千"字小印於格內。哨將每月二十二日比之，即打一"將"字小印於格內。督、撫、鎮、道比驗無時。遇該比之日，亦祇取此舊册，查其印之高下，再加覆試，以爲賞罰。

射藝。凡比較武藝，聽主將立藍旗一面，是調射手旗號。各箭手官軍攢隊，把以八十②步爲止，步弓以五尺爲準，唱名以射。凡中軍立把之時，各哨將、各千把總俱立把分投習學，將官先自射起，以尊而卑，不必唱名，不必設鼓，乃私習也。凡射箭，立身大架，搭箭要快，眼專視賊，前手主定，後手加力。前手把弓如月，出箭穩疾者爲上等，其有灣腰、騎馬等射已精熟者不必改。

火器。凡鳥銃、邊銃、大銃、佛郎機俱打一百步把，各營分投習學。大銃每人以三發爲止，鳥銃、邊銃每人以六發爲止。鳥銃手須眼看兩照星，銃去，不動手，不轉頭，又中多者爲上，打放如式而中少者次之，轉頭搖手，雖中亦下等，三人一班。邊銃，今當俱令一手拿在銃前，銃身夾在腋窩之內，不轉頭、不搖前手者爲上等，轉頭、搖手，雖中不取。凡大銃打準爲上，以六次爲一班。凡佛郎機，每座提銃九個，三人中以一人定銃管放，以二人裝提銃一架，連放六次，提銃裝運速而如式者爲上等。

圓牌。須圓大遮身輕巧爲上，今北方無藤，以柳木加革代之，每人長刀一把。北方胡馬疾速，又有盔甲，不必用標鎗。聽放砲一個，中軍豎起黑旗，是集牌手旗。各牌手三人一排，以遮身爲上，先於界河設插樹枝，粗一寸高可二尺者三層，約與二人③瀾狹相等，聽各人使牌上前，專砍樹枝，砍空者以下等行罰，此即馬脚也。臨陣時，以牌向頭上檠架，遮當虜箭，祇是低頭下砍馬脚，原有退步使法，今不必學。

刀矢。夫虜專用刀，我兵亦用刀，手力不殊，刀之長短相似，而又頑鈍不敵。夫短不接長，自是定論，況我軍力不壯於虜，必比他④長了一寸，乃有一寸便益，便砍不着他身上，必先砍着他馬頭。今除箭手另給腰刀，步兵特給長刀，豎立白旗，是集刀手，各馬軍刀射手聚集。每馬兵一旗，預備長短棍二根，一根長七尺，一根長三尺五寸，短棍在前，長棍在後，相去二尺，馬軍各馳馬向棍來用，分鬃箭射長棍三矢馳上，先砍短棍一刀如馬頭，次砍長棍頂頭一刀如虜人。中式者賞，違式者、登簿三次不中者比較，落馬及生疏者通行責治。

刀棍。俱用大棍教師之法，一打一戳乃爲正，餘皆花法也。祇專刺馬腹、人喉、馬眼、人面，聽豎紅高招，夾刀手通集聽候，亦用前二項棍子。聽擂鼓，騎馬飛馳，向短棍戳一下，即戳馬眼、馬

---

① ［校］初六，原作"初二"，據《練兵實紀》卷四《練手足第四》改。
② ［校］八十，原作"六十"，據《練兵實紀》卷四《練手足第四》改。
③ ［校］二人，原作"三人"，據《練兵實紀》卷四《練手足第四》改。
④ ［校］必比他，原作"不必比他"，"不"字係衍文，據《練兵實紀》卷四《練手足第四》改。

腹也。次將長棍戳一下，即戳賊喉面也。先將刀口染黑，或以灰刷白，中者爲上。

大棒。聽立藍高招，各棒手聽候，每隊備短枝一根長一尺，長枝一根長四尺。兵以六人①爲列，聽搖鼓飛砲，向前一齊打去，先打短棍一下，如打馬脚同，又高打長棍一下，如打馬頭同。

長刀。聽豎白高招，各刀手集候，皆着甲，聽搖鼓，飛身照倭刀使法，低頭下砍馬腿，起身上砍馬頭，二刀而已。

大鈀。聽中軍豎起黑高招，各鈀手集候，蓋北虜無長鈀，我今器械件件長過他的，鈀法一打一戳，祇戳馬眼、人眼、人喉，即以棍手所用高棍，照舊立在彼，聽搖鼓，飛身向前一戳，棍頭中者爲上，其平日學使依教師鈀法，有進無退。

心力。凡人之血氣用則堅，怠則脆，勞其勛骨，餓其體膚，大人且然，況兵乎？但不宜過於太甚，是謂練兵之力。

手力。凡平時各兵所用器械，輕重分兩，當重於交鋒時所用之器，蓋重者既熟，則臨陣用輕者，自然手捷，不爲器所欺矣，是謂練手之力。

足力。凡平時各兵須學趨跑，一氣跑得一里不氣喘纔好，如古人足囊以沙，漸漸加之，臨敵去沙，自然輕便，是謂練足之力。

身力。凡平時習戰，人必重甲，荷以重物，勉強加之，庶臨陣身輕，進退自速，是謂練身之力。

練場操下

操馬兵。以一哨爲例，一哨三千，凡掌號一遍，官軍收拾，聽掌哱囉一通，各起身，又吹哱囉，各披執上馬②。點鼓，本哨看中軍旗向何方，所向亦如之，本哨下兵馬依哨旗所向，先作遇狹處狀發架梁馬。左部當先爲前路，中軍中部爲中路，右部爲後路。每旗三隊六馬，平行作一路，圍遶教場行過一遍，中軍豎旗三桿，放砲一個，大衆即豎旗三面，即爲三路行。

謹驚馬。遇放砲等項，若各官軍馬匹不行拴拿，有亂跑走者，治本軍并看馬人役之罪。

操車兵。先自一車起，逐車各自操，聽掌長聲哱囉一遍，裝車，再吹哱囉，車正上車，各兵俱依車，聽放砲一個。點鼓，望旗向何方，點直，正旗亦如之。

聯車隊。凡戰，照圖，其後一名緊在車頭之下，不許遠離，前一名務要押住隊頭，不可離車五步之外。一面廝打，一面顧隊伍，不可亂。不拘馬、步、銃手，但有車內，其由車門出戰者例同。

分車責。哨將祇在車內固守車城③，管放火器，不領兵出戰。千總有殺手則領兵出戰，車城之事不相干預，把總、百總既管車城，又領兵出戰。車正祇管車號進上，并管火器，隊長專管戰兵車事，不預聽車正調度。

合車騎。每陰厢、陽厢車各一乘爲一耦，或鹿角，或綿傘，或輕車，內用一件補空。車正二人，一左一右，務要相依，任是如何轉動，車厢俱要在外。除四門車不配騎兵外，每車一對，配盔甲騎兵一旗，內殺手一隊，火器手二隊，共三十一人。其騎兵旗總與二車正三人務要彼此認識，相守不離。

---

① ［校］六人，原作"三人"，據《練兵實紀》卷四《練手足第四》改。
② ［校］上馬，原作"軍馬"，據《練兵實紀》卷四《練手足第四》改。
③ ［校］此句首原有"兵"，係衍文，據《練兵實紀》卷五《練營陣第五》改。

練行伍。凡騎兵，雖不離所配之車①，但又常將馬路分明，毋雜串上諸手，以便②勢急射打。其應下馬步戰者，又要依令出速，無滯③爲妙。

稱地形。凡遇地勢狹窄，各隨地制宜，如地可容若干車，即以若干車爲一城，大大小小，多多寡寡，并不相拘。

練行營下

練啓行。將領自己并家丁與各兵行李、什物、軍火、器具，時時備辨，如將行狀。聽主將示以出行之期，至期，主將轅④門掌頭號喇叭，各將門首俱掌頭號，各官軍做飯喫。應遣騎將預夜先將塘馬、探馬、架梁馬派定，於未掌號之先，先行喫飯，俱於騎將門前，依令探報架梁。掌二號喇叭，各官將出劄營。將完掌三號，主將出至營。復掌一號畢，分投委官數兵，攔後馬於總路，專拿後期者。拿有後期之人，送發落，無故而違者，捆打一百，割耳。

謹擡營。凡行營之時，將官不許先行，亦不許在後，軍馬不許錯亂。行伍遇警之時，應進止、應下營，俱聽主將號令，各將務在湊合主將，方纔下營。如開報千把總、軍士自在尾後，及將官輒帶家下離營，假稱哨探者，一體俱以軍法從事。

清行伍。途間行營演操隊，行伍哨，務要明白清肅。但有紊亂隊伍，攪前越後、斷絕不湊者，隊旗總重治，連坐。

行遇警。凡正行之間，或失探報，或遇埋伏倏起，或在營前後，或在營腰股。放砲三個，點鼓，吹擺隊伍喇叭，即於脚下兩路車頭相合，大約十乘餘，隨地相聯，則轅成長營，若轅不及，便每部合爲一頭一尾，馬兵除左右二部隨車外，其中部三把總便以一百總者三頭并列，前後俱收短以留車營合頭之路。賊至，一照常操號令，賊敗，戰畢，鳴金休息，候賊敗去，再發塘馬、梁馬，再照令行。如賊雖倏起，尚在五里外者，雖不下方營，各車頭還各向外，照常對敵，此惟相敵緩急，難以定方教授。如平地土闊，預知賊到，仍列方營擺營而戰，東西南北，隨賊所向，餘號令俱同。

請火器。凡缺欠軍火器、繩、藥、鉛子之類，須於出征頭一日請給定足，不許臨敵假稱放盡，通以畏避論。

防途奸。前哨差清道官役，給與清道藍旗、令旗，遇大小事務，俱要差人傳報中軍。遇有應該迎候禀事人員，及各處差來齎送緊急公文之人，審實。差人祇送號旗下聽令，自有人承報，不許面於主將，如有可疑之人，送中軍研審。各百總以上，亦許將自已號旗立在信地，以一人守定。凡本官向往，說與守旗人知，屬下一應人等禀白事情，祇與號旗下尋守旗之人，守旗之人即代爲尋白本將，其所屬官軍不許離營，違者通治。

習傳令。正行之間，如有應傳報事情，務爲簡約一二句。俱隊長傳聲，一隊挨一隊，不許越過。或自前傳後，或自後傳前，傳到之處，仍傳回云"知道了"，挨⑤傳到原發處止。如有失接傳報者，挨

---

① ［校］雖、離、所，底本不清，據民國間抄本及《練兵實紀》卷五《練營陣第五》補。
② ［校］便，底本不清，據民國間抄本及《練兵實紀》卷五《練營陣第五》補。
③ ［校］滯，底本不清，據民國間抄本及《練兵實紀》卷五《練營陣第五》補。
④ ［校］轅，底本不清，據民國間抄本及《練兵實紀》卷六《練營陣第六》補。
⑤ ［校］挨，原作"俟"，據《練兵實紀》卷六《練營陣第六》改。

查到絕處，上一隊長説傳過某語，下隊長説不知，則傳過之後，不知之前一隊長不知者，即係他誤了。若因而誤事，臨時軍法示衆。

病軍馬。遇有乏馬、病兵不能前行，登時稟者，主將給與信票，聽差人押送近地城廓、府、衛、州、縣、營、寨、所、堡調理病者，親識隊夥，仍許留一人看侍湯藥。病痊，即遺赴本營該地方，先具痊疴結狀申查，如病痊而不赴軍行所在者，以後期論。若有死於行軍所者，本隊伍掘墓瘞之，仍立標記，哨將率頭目以隨帶飲食奠之，違者，以故弃論。

渡水阻。凡渡水處，先遣哨馬百十，各執小旗，於四遠高處架梁不動，先以一哨劄營於河岸據水，然後依次以一哨照法渡之。渡過者即劄成陣，軍火器械整列完備，火繩火器安置如法，即如賊在面①前，就要厮殺一般，然後鳴鑼坐地休息等候。如塘馬倏然報警，即不必渡，各於兩岸候戰，臨渡而喧，爭渡而縱橫，平時捆打，臨敵軍法從事，連坐所營。

辨②分兵。分兵數道，臨發時，務要會定記號，晝辨旗幟，夜辨音號。

過山林。臨賊遇沮澤、深林、大山，不可暗過，須據形勢，一面搜索，一面稟覆中軍，聽令再行。

定哨法。凡行營，夜不收不親見賊，爪探不的，風聞欺詐，架梁、塘報軍馬瞭報失真，漏下伏賊，因而誤事者即斬，傳調官軍遲延後期者，罪減一等。

定駐宿。所至地方，如係安野營，另見《野營》款下。如當入人家安插，各兵前行至城外空所，前局第一旗總傳報云：“已到某處某城外了。”個個旗總挨傳回來，中軍傳云如何劄營，仍挨傳到前局第一旗總，仍傳回云：“知道了。”各官兵每一哨爲一路，一字劄定，每一哨兵到齊，放砲一個，打鑼，坐定休息。俟到完，吹單哱囉，各隊總起身，執旗進城，尋討歇家。

嚴巡視。軍馬行止，宿食去處，定委巡視官生、旗手。但有干犯軍令，即便指實呈報，不許隱匿，及因而需索詐騙者，各依法究治。

蘇車卒。步士運車，已有操習成法，但恐追逐緊急，或長途日暮，應當速行之際，而人力難於督促，亦應預爲識處。每隊一對之内，騎兵三隊，除隊長火兵外，餘分爲六班，每班派馬四匹，每日輪一班，拖車馬兵，盔甲仍付馬上，即用原軍牽引，仍用車兵二人，輪流扶運，近賊三十里内，仍用人推。

練野營下

安野營。凡軍行至午，炊過，各遣中軍一員，同鄉導馳高熟視，擇其地形，或守平野，或據險塞，進退俱利，水草方便處。

嚴營門。凡營門，每日夜該營内馬、步、哨將輪發兩百總把門，親隨家丁執哨將藍旗、器械，每門十名。除暮吹打開門外，以後閉門時，必有令旗、令箭，方許開門。

明啓放。各營放出放入，各由本營門内，其纓頭、衣服、腰牌，件件可辨③。若別營之軍誤出營

---

① ［校］面，原作"向"，據《練兵實紀》卷六《練營陣第六》改。
② ［校］辨，本段三處原作"辯"，據文意改。
③ ［校］件件可辨，底本不清，據民國間抄本及《練兵實紀》卷七《練營陣第七》補。

門外,故縱把門官軍俱①以軍法連坐,如能拿來犯者軍法施行,把門官②軍紀功一次。

禁擾害。劄營之處,軍士擅發塚墓,焚廬舍,殺老幼及婦女,踐禾稼,伐樹木,奸犯人婦及將婦女入營者,軍法從事。

禁交通。賊使入軍,非主司輒與語者,及擒獲敵人與來降者,并領見主帥,不得詢問彼中事宜。若違令,因而漏泄者,軍法重治。

治夜軍。約黄昏以後,將發鼓時,鳴金,吹角,擂鼓,舉號燈,車騎俱舉燈畢,發擂三通,各營斷滅烟火,巡邏人赴臺下跪聽發放。發放云:"官兵聽着(齊應)。夜巡謹慎(齊應)。毋得懈惰,誤了事,軍法不饒(齊應)。起去。"放定更砲一個,吹喇叭一聲,打鼓一下,起更每鼓一下。各車以車梁代刁斗,各馬兵以甲胄代刁斗,各敲九下,再鼓再敲。車營每車輪一人,火繩點明在手,馬兵每隊輪一人,各醒坐一更,交換敲刁斗者即此人也,其餘俱聽休息。

嚴夜號。每日暮時,主將先發夜號於各哨,各哨傳知各兵,祇是一字,隨時定擬。凡兵是夜相遇。先問曰"何來",答曰"某來",便是同營人。夜間俱不許言名,即主將、哨將也須請令旗到,方准送回。次早,軍士赴所犯本官處叩頭謝罪。

慎更箭。吹打畢,發放夜巡,即爲明更,每車懸燈一盞,馬兵每旗懸燈一盞,務要高下合式。

定傳箭。主將發箭,傳時,不拘何處起,箭過,於車上敲三下,彼車守更之人接得即傳,失誤者軍法重治,絕更者斬。馬兵守夜者不傳箭,無賊時,止於捆打。

嚴夜巡。合營内兵足三哨,即輪將一員總巡,各營中軍、千總各輪一員,各巡本哨,各司把總各輪一員巡本部,一司内各局百總輪一員巡本司,各局下旗總各輪一人巡本局,車正每總之車輪一人巡八車,巡法嚴於三更、四更、五更。

擬夜燈。凡夜營,俱照定過燈炬爲號,各看燈龍遵依。各哨視中軍之燈,各千、把總視本哨之燈,各隊視本旗總之燈,各兵視本隊總之燈。如視晝旗一般,違者③,俱比白晝軍法加一等,如燈難認,各加記號在上,不許重。

設營火。遇下明營,每去本營五④十小步燃火一堆,庶我可望見賊來,賊不得測我也。燃火人,每一旗總撥一名,各請暗號。

下暗營。凡下暗營,看閉門時不吹打,便知。各營燈龍點起,用衣服蓋藏於車内。中軍先用令箭傳知哨將,用兩根欖杆棍縛在一處傳起,各隊長挨傳一遍,復轉前哨第一隊長,解去一根,交一司把總收查,仍傳一根回令,下暗營衆人俱知。候傳⑤長令箭一枝,各人收拾立起聽令。再傳小短箭一枝,即挨哨密行。前有預差官軍在彼,問他暗號對着,即聽他調度,密密下營。即使下營差錯,祇許一人暗地教正,不許大叫,違者斬首。

---

① [校]俱,底本不清,據民國間抄本及《練兵實紀》卷七《練營陣第七》補。
② [校]官,底本不清,據民國間抄本及《練兵實紀》卷七《練營陣第七》補。
③ [校]者,底本不清,據《練兵實紀》卷七《練營陣第七》補。民國間抄本作"錯"。
④ 五,《練兵實紀》卷七《練營陣第七》作"三"。
⑤ [校]傳,原作"轉",據《練兵實紀》卷七《練營陣第七》改。

變明暗。如正下①明營，倏改暗營，仍留明營者，看中軍雙燈搖點，各營燈火通點明亮。俟②照前傳暗箭，各將燈火蓋藏，以便移營，照前下暗營。俟移營既畢，留的當好漢，每一哨一百名，將燈火各開，仍行傳擊梆鼓以示之。

嚴夜罰。與賊對壘之時，更鋪失候，夜巡失號，止宿失③火者，斬。

禁夜妄。無故叫呼，妄言賊至，及夜驚者，對壘時并斬。即賊乘暗攻營，將士輒呼動者，亦斬。

備夜奇。夜中有賊犯大營，其遠設奇伏等兵，各瞭賊與大營交戰，即從後鳴鼓大叫以擊賊後，乘得機便，必當克捷。而所屯處，預先於樹林山石之底，縛大火把，臨時燒起，庶使大營可辨兵賊，以奪賊氣，以見伏兵之衆也。

練戰約下

練戰實。金鼓號令，行伍營陣，皆戰事，必曰實戰，謂何？緣往時場操習成虛套，號令金鼓，走陣下營，別是一樣家數。及至臨戰，却又全然不同，平日所習器技舞打之術，都圖好看花法之類，及至臨陣，全用不對。今凡教場內，行一令，舉一號，排一陣，操一技，都要如臨陣時實事，毋許仍習常套。

諭用命。往年將官有虛套，冒功避禍，軍士無節制，任其退走。騎馬者望風而奔，步行者躲奔山林，挑壕而營者爲上等。今番誓用車營，車不能上山，車過不得溝險，必是平原曠野，明明白白，列爲營壘，馬兵在內，四面車圍，車城稍疏，如失城事同。

申連坐。今定爲節制，取有甘結，如一伍同退，殺伍長；一隊同退，殺隊總；一旗同退，殺旗總；一局同退，殺百總；一司同退，殺把總；一部同退，殺千總。以上皆然。

齊士心。殺賊祇是萬人一心，强者不得先進，弱者不得退後。如臨陣敢有一人非令先進，即斬賊首得賊馬而還，亦以違令，軍法從事。

禁貪利。法云"射人先射馬"，馬仆賊自敗。往時祇因愛他馬，要得活獲，故難取勝。若臨陣不先砍賊馬，與牽取賊馬者，俱斬首，千、把總以下故縱，同罪。砍傷馬匹，戰畢，即於營前燒熟代飯。生存好馬，俱與衝鋒之人，以十匹爲率，祇抽一馬與收馬者，餘皆均散。

禁貪級。自來北軍殺虜，專好爭功，殺倒一賊，三五十人互相爭奪，却將敗賊忘了追殺，每每致賊以數人爲餌，誘取上前，都去爭功，他却大衆一擁殺來。須殺倒首級、馬匹都不必取，殺手祇管向前，另有割首、收馬之人，但以殺賊爲主。即將給銀，先賞衝鋒，首級以十顆爲率，衝鋒者六顆，銃手二顆，割首級與剳營者二顆，俱係陣前面營均分。仍有臨陣爭首級者，首級入官，所爭之人理虧者斬首，各官旗、隊、百總一體連坐，把總各以分數坐罪。

處水陷。凡軍前有水陷，我則據高以待之，候賊至陷中，即擊。若賊不來，則設伏退軍誘之。

處山谷。凡有山谷處，戰必然設伏，佯兵誘之，入伏攻之。

失旗鼓。凡失旗鼓旌節者，全隊斬，或爲賊所取者，亦全隊斬，有功准贖。

---

① [校]下，原作"不"，據《練兵實紀》卷七《練營陣第七》改。
② [校]俟，原作"挨"，據《練兵實紀》卷七《練營陣第七》改。
③ [校]失，原作"他"，據《練兵實紀》卷七《練營陣第七》改。

整追兵。凡戰勝追賊，約一里遠，則聽摔鈸響，收軍整隊，恐賊窮返鬥，軍亂難整。此令俱出於同戰將領爲主，不必禀中軍，以去遠不相聞。俟稍整，又擂鼓追逐，一面分遣騎兵，各處山頭林木都要留人搜瞭，恐賊埋伏佯敗，從來虜套如此。果係大敗，亦即長驅，不許乘此縱賊得脫，雖有功不叙。

給戰獲。凡軍中掠獲，按條賞士，將領不得輒取，聽主將從宜分之。

分零功。凡雕剿、零剿，俱不開世襲紀錄，祇作賞，聽各下手之人自報，不必均論，亦無衝鋒之賞。若報功已完，又復報有斬獲者，不准驗，雖係真正，亦祇報賞，假僞者斬。

處陣降。凡當陣之時，賊方迎鋒而來，若是被擄驅之前向者，令給每哨降旗二面，遠呼各釋鎗刀。若釋鎗刀者，令徑往白旗下聽他投附。若妄殺一級，定斬下手之人償命，各相近隊伍頭目不行舉首者同罪。若聞呼徑持鎗刀前來者，聽於陣上擒殺，仍以虜功併論，報功之日，即與開說明白。效祖按："前數款，自練伍法以下皆載《練兵實紀》，爲都督戚公創製，其於中堅碩畫可謂無掛漏矣。凡在行間，將卒皆當卒業，久之，魚麗箕張，所向無不如意，第不能悉紀其條目之詳，姑撮其一二以識崖畧云。"

一、操演。第一日左哨，第二日右哨，第三日中哨，五日合營大操。其小操先演陣法，較武藝，大操專演陣法。凡歇操日，千、把、百總各分練士卒，所執之藝，必求精熟，方可應敵。行陣縱橫，須留迳巷，馬可馳驟。每一卒占地五尺，前視心，後視背，左右視肩，卒不離伍，伍不離隊，隊不離宗，宗不離局，局不離司，司不離部，部不離哨，哨不離營。總督侍郎譚綸議立。

一、法令。凡操閱臨場，俱以軍法從事。參、遊之令行於千總，千總之令行於把總，把總之令行於百總，百總之令行於旗總，旗總之令行於隊總，隊總之令行於軍士，如是則太阿之柄在上。凡一軍犯令，連坐隊總；一隊犯令，連坐旗總；一宗犯令，連坐百總；一局犯令，連坐把總；一司犯令，連坐千總；一部犯令，連坐參、遊；若預首，不坐。各標、營、路兵馬。春秋兩防，預期大閱一日，即如對壘攻擊，如違令者俱以近題軍法從事。軍士聽百總割耳，把總斬首；把總聽中軍、千總割耳，參、遊、提調斬首。參、遊、提調、軍門、撫鎮徑遵敕制，按如軍法。臨陣退縮者，一伍斬伍長，一隊斬隊總，一旗斬旗總，一局斬百總，一司斬把總，一部斬千總。如陣亡一千總，即斬部下把總；亡一把總，即斬部下百總；亡一百總，即斬部下旗總；亡一旗總，即斬部下隊總；亡一隊總，即斬部下軍士。

尖哨，日以遠避，夜以熟睡，失哨露機者，斬。若分撥出哨，潛由別路逃回，并領錢糧不行者，俱斬。

凡架砲、尖夜不精探的確，賊未至而先舉砲，瞭不真而誤舉砲，并聽傳言而爲實報者，斬。

墩軍失警，致誤未傳號，賊犯本墩而鄰墩先傳者，斬。本墩傳號而鄰墩失應者，斬。傳號遲誤，走報不速，因而誤事者，斬。值防，月無警私回家者，捆打一百，割耳。有警私回家者，斬，管墩官捆打、貫耳。墩臺器械缺一者，本管軍士捆打一百，割耳,責令置辦,墩官連坐。器械備不如法者,捆打四十,責令改置。墩臺軍士臨敵犯令,即聽本千、把、百總處斬,千、把、百總犯令,即聽副總、參、遊處斬,副總、參、遊犯令,即聽主將處治。

守垛軍士聞警違令者,夜睡失梆者,更籌失傳者,賊至畏避鄰垛不行救應者,援兵不盡登墻并登墻遲者,各軍柴薪不足致滅光燎者,俱斬。賊至百里外,分輕重捆打。

一、陞賞。凡大虜侵犯,各將士奮力堵回者,照嘉靖三十三年古北口例,一體論功陞官,世襲。

軍民人等斬虜首一顆者,照嘉靖四十二年題准事例,陞官一級,不願者賞銀五十兩。鄉村壯夫及官兵途遇零賊,斬首一顆,照例賞銀五十兩。

臨陣血戰,擒斬賊首一顆者,陞官二級,不願者賞銀一百兩,所獲馬、牛、輜重盡行給與。

尖夜出哨被害者,照嘉靖四十三年題准例,陞世襲官二級,賞銀十兩、布一匹。報虜大寇本鎮地方得實,因而成功者,以近題准例,賞銀一百兩,陞官一級。報大寇得實,非犯本鎮地方者,分別賞犒。屢報得實者,從重擬賞。架砲尖夜傳報得實者,照例陞賞。專哨東虜而得西虜真情,專哨西虜而得東虜真情者,破格陞賞。已上俱總督侍郎譚綸、巡撫都御史劉應節、總理左都督戚繼光議立。

一、養馬匹。各營路馬匹,選驗膘壯者為一等,膘次者為二等,再次者為三等,置立格眼册,各注馬軍姓名。第一等省令自養,二等、三等委官一員監督,本軍攢槽群養,日夜查驗草料。每季,兵備道同本營將領稽覈功罪,二等上至一等、三等上至二等者俱免責,如三等上至一等者免其攢槽,仍給犒賞,免其工役。二等無加者捆打二十。若一等下至二等,二等下至三等,三等至於羸瘦者,俱捆打四十,仍令攢槽喂養,中間老病不堪者,捆打四十,責令發賣,另行買補。其監養官并原中軍、千、把總等官各照等第,以十分為率進等,三分以上者賞,六分以上者獎,八分以上者獎賞另行敘用。如膘分不加者捆打二十,如下等二分以上者捆打四十,罰馬一匹,革任。下等四分以上者捆打八十,罰馬二匹,革任。總督侍郎劉應節、巡撫都御史楊兆、總理左都督戚繼光議立。

一、支糧則。各將官廩糧,內除總兵官一員,及員下掾史一名,例應驛支,其餘俱改支客餉。主客各營副總、參、遊、都司、坐營、各城路守備,每員日支粳米五升,俱折色,每升折銀二分。各路提調每員日支粟米五升,俱折色,每升折銀七厘。內提調加守備銜者,即於扣餘銀內照守備支給。各營路坐營中軍、千、把總及塘官,每員日支粟米三升,守關砦官每員日支粟米一升五合,俱支折色。在密雲每升折銀七厘,在薊州、永平俱六厘二毫一絲。入衛中軍、千、把總各日支廩糧三升,管隊官二升,粳粟間支,粳米折色,每升折銀二分,粟支本色。軍門、撫院、鎮府等標下聽用將官、旗牌、雜委、答應等官生,每員月支粟米九斗,俱折色,折價與上同。官軍月糧,武舉及名色把總、標下、教師、各營路尖夜、奇兵俱正糧一石，幫糧一石，每名月支粟米二石。夜不收每名月支粟米一石，幫糧三斗。傳烽、守墩軍每名月支粟米一石，兩防共四個月，每月支幫糧三斗，撤防住支。家丁、塘撥、調操尖勇、奇兵、操守等軍每名月支粟米一石，幼軍五斗。上半年，薊州、遵化、三屯各標營，松棚、太平二路各支本色一個月，折色五個月。馬蘭路本色四個月，折色二個月，密雲俱本色四個月，折色二個月，永平俱本色二個月，折色四個月，每石各折銀七錢。下半年俱折色，每石折銀四錢五分。

冬衣布花。各營路尖夜、家丁、操守軍士各支布花不等，薊、密、永每名布三匹、花一斤八兩，共折銀八錢四分，內密雲各營每名布二匹、花一斤八兩，共折銀五錢九分，各路幼軍同。

行糧。各標、營、路主兵例得兼食者，每名四斗五升，各營路家丁每名支十二個月，各營調操勇壯每名兩防支八個月，赴邊軍兩防支四個月。各路塘撥軍每名兩防支八個月，家兵、新、奇兵減半支給，在營支折色，遇調遣，照百里內外全半本折間支。客兵每名月支四斗五升，俱本折間支。延綏十個月，大同、宣府、遼東、河南、山東俱八個月。南兵將官每員日支粳米五升，折銀一錢，中軍、千總日支工食銀一錢，把總銀七分，百總、旗總、隊總、兵士銀五分，內管臺百總兩防八個月，每日加銀一分，撤防住支。

一、支料草則。料草每馬一匹，春、冬各三個月，每月支料九斗，草三十束。料每石折銀，在密雲四錢，薊、昌三錢五分，草每束折銀一分七厘，夏、秋不支。內塘撥調操各馬，兩防八個月，每月兼支行料草，撤防回營，仍照月支例。正月料草并支，十二月止支料，餘月牧青，每草俱本折間支。

行料草。總兵官戰馬，標、營、路將官正馱馬，各營路中軍、千、把總坐馬，軍門、撫院、鎮府、中軍正馱馬，各聽用將官、旗牌、雜委、答應等官生正馱馬，客兵將官正馱馬，中軍、千、把總正馱馬，領南兵將官正馱馬，中軍、千、把總正馱馬，各標營并入衛邊兵戰馬及車騾，每一匹頭月支料九斗，草三十束。每料一石，在密雲折銀四錢，薊州、昌平折銀三錢五分，本折間支。草每五、六、七三個月各支小乾，每束折銀一分三厘，俱折色，餘月支大乾，每束折銀一分七厘，本折間支。已上糧、料、草則，俱經畧侍郎汪道昆題議。

一、稽實功。凡戰畢收兵劄營，各哨將督同千、把總即將陣傷者開報，箭傷致命處者，被三箭以上不致命者爲一等傷，手足及被二箭者爲二等，傷輕者爲三等。刀傷當面者超等，傷手足重者一等，輕者二等，再輕者三等。如傷在後者，不准；若潰圍而出者不在此論。驗傷開載，必取具哨將并臨陣各官押字。

陣亡者，開某人傷某處，傷在前者即血戰之功，傷在後者不叙。

衝鋒殺手向前迎敵，別有取首級之人，分功以十顆爲率，衝鋒者六顆，銃手二顆，取首級與劄營者二顆。如臨陣争取者，首級不論。

　　報首級。總開本哨共斬首級若干顆，衝鋒者某人，取首級者某人，俱聽主將照例均分。願紀錄者，約自己該銀若干，衆人該銀若干，除自己外，仍出銀與各應賞之人，其首級俱與原紀錄之人，衝鋒者除分首級外，另行特賞。

　　一、燒荒。每歲冬十一月奉敕，總督、巡撫、鎮守總兵會計，移檄各副總、參、遊、守、提，預遣尖哨遠出哨探。無警，各遵照會行日期，統領所部兵馬出塞，或二三百里，或四五百里外，分路行營，各按奇伏，四遣哨探，攎要架梁，各隨離邊稍遠地方，縱火焚燒野草林木盡絶，使虜不得駐牧，易於哨瞭。燒畢，仍留尖哨守哨原分信地。各官軍振旅入關，宴畢，散兵撤防。

　　一、塘撥。總督、撫鎮衙門，并各路俱置塘撥軍馬，每二十里或十里一撥，每撥馬或三四匹不等，軍或五六名不等，各分擬地方，走報緊急軍情。各路撥至總督、撫鎮衙門前止，總督、撫鎮撥至兵部前止。東大路三屯營起至山海止，計二十一撥，各設不等，共馬軍一百三十二名。東邊路自喜峯口起至一片石止，計二十二撥，各設不等，共馬軍七十九名。西大路自王家店起至深溝止，計十八撥，各設不等，共馬軍一百一十六名。西邊路自龍井起至白崖村止，計五十三撥，各設不等，共馬軍一百五十名。中大路自王家村起至東直門止，計二十一撥，共馬軍八十名。山海路步軍四名，石門路步軍三十四名，臺頭路步軍二十四名，燕河路步軍二十名，太平路步軍三十三名，喜峯路步軍二十三名，松棚路步軍五十四名，馬蘭路步軍七十四名，墻子路步軍五十八名，曹家路步軍一十六名，古北路步軍一十一名，石塘路步軍四十五名，永平府步軍一十二名，三屯營步軍六名，通州步軍三十四名，各委官專管兩防在撥，撤防，軍馬回營。

　　一、撫賞。昔兀良哈效順，屏翰中國有功，自永樂初年，歲給賞賚，歷今不廢，亦藉以出哨送哨。然種類益蕃，資費視昔倍蓰，内帑歲發二萬七千六百兩。舊額一萬二千六百兩，總督劉應節、巡撫楊兆會請增銀一萬五千兩。歲用三萬八千兩，除内帑歲發外，不足，取盈於軍士樵採、買辦、金衣、叚布、猪、牛、羊、酒、米、鹽、鐵鍋、鐵鏵、卓席等物，各數不一，各關每歲大賞二度，小賞并扣關乞討無定，喜峯口兩度入貢撫賞外，仍行歲賞一度。義院口額賞夷人董狐狸、長禿、兀魯思罕①、阿折不來、伯先忽、長昂等部落。界嶺口額賞夷人俱義院口夷人部落。青山口額賞夷人俱義院口夷人部落。桃林口額賞夷人哈哈妻挨只克、男董灰部落，并義院口夷人部落。冷口額賞夷人伯革、莽灰、伯忽、幹登、虎禿罕、伯彦哈當、字羅歹、討哈等部落。擦崖子額賞夷人兀可兒兄弟字羅、可可、兀捏字羅等部落。董家口額賞夷人猛古歹、幹抹禿、長昂等部

---

① ［校］兀魯思罕，原作"魯思罕"，據瞿九思《萬曆武功錄》卷十三《東三邊·兀魯思罕》，《四庫禁燬書叢刊》史部第36册，北京出版社1997年，第262頁改。

落。大喜峯口額賞俱三衛入貢夷人。龍井兒額賞夷人猛占歹、斡抹禿、伯牙、兒哈不戶、打不奈部落。洪山口額賞夷人哈哈赤、虎頭罕、猛古歹等部落并龍井兒夷人部落。寬佃谷額賞夷人阿不戶、超大并龍井兒夷人部落。大安口額賞夷人俱龍井兒夷人部落。黃崖口額賞夷人俱龍井兒夷人部落。將軍營額賞夷人俱龍井兒夷人部落。曹家砦額賞夷人小把都兒、湯不賴等部落。古北口額賞夷人小炒蠻、不羅漢、只兒挨、伯彥帖忽思妻、把禿孛羅等部落。潮河川額賞夷人俱古北口夷人部落。白馬關額賞夷人伯彥打來部落。石塘嶺額賞夷人伯彥打來部落，并西夷紅花、滿川、燒餅頭目、銀頭目等部落。墻子嶺撫賞，四十二年①北虜入犯，革罷，至今未復。額賞關口一十九處，額賞夷人共一百六十七起，通計二萬八千七百六十四名。蓋撫賞之錢糧有限，犬羊之請乞無窮，於是帑銀不足則扣其月糧，月糧不足則繼以採樵。甚至正軍不足連及餘丁，餘丁不足編及妻室，計日收柴，計丁納銀，軍不勝苦，而逃且斃者有矣。今後該鎮總兵嚴督各路將官極力擔當，破格處置，先查某關舊額應賞若干，應准增若干，量裁若干，每年定議若干，額發錢糧若干，商稅等項若干。如不足，應用採辦易價若干，計處停當，呈詳定議施行，候放貢之日，本管將領親詣地方，除應賞之外，不許濫用一錢一物，該道置立循環，呈請督撫印鈐，轉發各路。每季終，將用過錢糧數目查明，填注倒換。

一、軍禮。總兵見總督，副總、參、遊見撫、按，一遵題准防邊集議。自稱則曰某，稱總督則曰軍門，撫按則稱本院，兵備、府正與副總、參、遊平處，府佐、州縣正官遇鎮守，各執鎮屬禮，帖用官銜，行由角門隅坐，總鎮亦須破格優待。副總、參、遊平處，州縣佐貳以下見總鎮，俱庭參，見副總所屬地方者庭參，餘俱手本，由角門。府佐遇參、遊平處，州縣佐貳亦由角門待茶。守備、提調係欽依都指揮體統行事者，府佐、州縣正官俱平處，州縣佐貳見守提，姑以賓禮，大門外下馬。衛所首領見參、遊及本管守備，俱行屬禮。別方提調由角門隅坐，聽節制。參、遊見本協守副總兵用官銜帖，大門外下馬，從中道入至堂上，初見行兩拜禮，常見止一揖，後堂坐待茶，出至堂上，仍一揖，送至大門，看上馬。在教場公座，協守坐上，參、遊在傍。

提調見本參、遊，先披執見，庭參，兩跪一揖，出更冠服，進見禮如前。初見延坐，至後，仍一跪，傍坐待茶，出至簷下別。道迎，披執立，候稟報，下馬，兩跪一揖。加守備銜者，道迎，無披執立，候稟報下馬，相見禮同。初見，披執庭參，其撫夷之時，係外夷觀瞻之地，參、遊在關，守、提侍坐。

關砦官見本管守提，披執庭參，出更衣，見如前禮，道上跪迎。係指揮者，初見留坐待茶，千、百戶者逕出。

管操官見本提調，不拘官職崇卑，道迎，提調下馬，兩跪入見，庭參議事，間留

---

① 四十二年，指嘉靖四十二年，1563 年。參本書卷十《夷部考·薊鎮夷部·入犯》。

一坐。

各營中軍、千總見守備,中軍由中門,千總由角門,賓主并處,送出,看上馬。

中軍、千總見本主將,兩跪一揖,各營主將如之。路迎同。見別營,主將用手本,由角門庭參,後堂坐待茶,送簷下。

把總見千總,平時兩揖一跪,入營奉臺上發放則跪聽,私諭則傍立,途遇下馬拱立,遇別營千總讓道。總督、撫鎮、中軍,俱有境內之責,各守、提待以本管禮,中軍亦量加優待。副總、參、遊俱以賓主,各道中軍見參、遊,待如腹裏守備禮。各路中軍、守、提俱平處。本路標下把總見本路守、提,由角門庭參,兩揖一跪,後堂傍坐。

腹裏守備見邊將,俱照邊上守備見禮。見鄰封將官,由角門,傍坐,送出二門,仍回拜。提調見鄰封將官,冠帶道迎,將官下馬,提調一跪。至公署,由角門,一跪兩揖,傍坐待茶。送二門,候將官至堂,一揖,退。入衛將官如專駐該路、有地方戰守之責者,與主守參、遊同。其守、提迎見,俱照本管主將禮。中軍、千總不拘主客,係在本路相見,俱照本管禮,非本營者稍加優待。腹裏守備不在參、遊屬下者,照鄰封守備禮,經過將官如之。已上軍禮皆總督侍郎劉應節議立。

邊關條約

一、重旗牌。照得令旗、令牌乃朝廷欽頒督軍名器,即古推轂授鉞之意,必係掌握三軍、獨當一面之寄者,方蒙頒給,其制甚重。但督軍應用數多,一時差遣難繼,且恐致損失原降,不得不照式另製,奈何其流之弊,率皆擅自製造,用之擺道。而參、遊等官又且用之迎送上司,或幹辦私事,背理亂常,褻瀆滋甚。自今以後,除軍門、撫鎮衙門督軍隨用外,其參、遊等官原額欽給旗牌,止許軍前臨陣應用,不許差遣迎送使客,執打導從。其餘文武衙門,凡無督軍之責者,不許私製額外件副。凡旗牌經過,不分大小文武官員,俱要欽遵,儼如對越。如係上司所在,而旗牌係所屬衙門恭捧者,聽其從便,預爲別捧,不許相遇。萬一不得已而相遇,自本部院始,亦行敬式。如有慢視衝突者,許執捧旗牌官指名參呈,以憑處治。

一、稽將選。各鎮將領、守備、提調及指揮、千、百户等官且數百員,各官年力、技藝、操守、才幹多不周知,每遇領兵,管事率稱乏人。各總兵、兵備道將本鎮副、參、遊、守、提調等官分別信地衝緩,才力操守有無足恃,訪明類册。仍將所屬衛所各官分別年力、弓馬、才守等項堪用不堪用,亦類爲一册,併將各標下聽用及各城閑住將官查明原犯事由,分別堪否敍用,類爲一册,差人賫送,以憑施行。

一、飭將領。今邊鎮諸將固傑然一時之選,第舊套擺脱未盡,如事未施行,先行完報,軍已逃去,顧倩相欺,器械徒取充數,試之悉無實用,修邊徒飭目前,稍遠則多疏虞,無非虛應故事。自今以後,諸將自行懲創,庶無負明時,無負知己,即謀勇不足,猶不失爲良將,如仍蹈故轍,法自諸將始。

一、議提調。守邊官員,惟提調責任最重。一應修邊、置器、預備、戰守等項,中間偷惰因循者固多,亦有限於人力不敷者,有錢糧難以措辦者,有迫於期限料理不及者,有一事而上司所行各異致難遵守者，有事可以已、可以緩而督責太嚴者，有差委人員恣行科索，少不遂意，輒行詆謗，種種掣肘，難以縷陳。今後各該提調、守備俱以實心幹實事，凡上司有行修築墻臺、邊堡、置造軍火、器械、調撥軍馬、設備戰守等項一應事務，除事不容己力量可為者，速行幹辦外，其餘或應請錢糧，應添人力，應寬期限，應該停緩，事情具呈該道或該路將領，酌處停妥，應徑行者徑自施行，應呈詳者作速轉達原行衙門，以憑定奪。

一、選營司。各營、路中軍坐營、千把總等官，近見賢者固多，中間才力綿薄、弓馬生疏，亦比比而是。合行鎮守衙門會同各道，將前項官員細加考閱，務要分別等第，一等者千總陞為中軍，坐營把總陞為千總，二等者照舊，三等者中軍坐營降為千總，千總降把總，把總降百總，四等者斥而勿用。其各路、關、寨等官，亦照此例分為五等，一等者准送督撫、鎮守衙門充旗牌官用，遇有守備、提調等缺，保薦推補，二等者准送各營、路將官標下充中軍、千把總應用，三等者照舊，四等者分別關寨大小遞降，五等者革退不用。每秋防畢日舉行一次，永為定規。

一、覈督臺。近該督撫衙門節次題奉明旨，部科詳議沿邊築建空心敵臺，安設軍火器械，以嚴防守。目今臺工將完，又經酌量衝緩，限定名數，分臺操演，仍定委千、把、百總量地監督，已於隆慶四年終甄別勤惰獎戒外，今後各該督臺千、把、百總，兩防之時，務要身親在臺，躬自督率，撫恤臺軍，演習武藝。如遇有警，協力拒堵，尋常無事，亦要遵照節制之法，自上而下，互相統攝，不得抗拒阻①撓，致誤大計，擅用臺上官物，役占臺軍，需索騷擾。每於年終，聽鎮守衙門將勤惰才能定擬等第，造冊呈詳，分別獎戒。其過惡顯著，克剝害人等項，仍不時訪拿，治以軍法。不係防秋之時，止留千、把總在臺，統束軍士，其餘官生并每臺百總人役俱各回原衛所、各營路休息，不許復於臺上占住。該防之期，聽明文調發赴臺，違者定行查究。

一、定臺軍。新修戰臺貯有火器在上，風火可慮。近見守臺之軍，兩月時分，每臺雖定擬六十人，然實少虛多。撤防之後，每臺雖留原擬主兵十人，將官添撥家丁二人，亦皆名有實無。今後着落各路將領嚴督提調等官，將尖夜選擇精壯者，每臺定注十名，各置腰牌懸帶點查，并用木牌一面，總造年貌，懸掛臺上，就中擇一人專管臺門扃鑰。仍於臺下空便處所，除前蓋完房三間外，每臺再添蓋房數間，即令各軍占住，有家口者，通連家口移之。再查勘附近內外荒熟堪種地土，每軍儘力開墾，永不起科。候兩防之日，再於主客兵內添撥，務足六十名之數，兼管臺之兩空，如此二三年間，軍士將以臺為家，守無不固矣。

一、定軍伍。各營、路遊食棍徒變易名姓，虛捏貫址，朝投此營，暮歸彼路，騙賞在外，遺名在伍，管軍官不能捕獲，因而害及無辜，冒頂軍役，邊方大奸積蠹，莫此為甚。除以往免其更動，以隆慶伍年夏季為始，各營、各路如有召募或投充軍人，就便移文原籍，查對明白，方許收伍食糧。若係隔鎮不便行查者，須令同處人認②識管保，但有本年夏季以後，此營之軍混投彼營者，許原管將官查訪明白，徑呈督撫衙門拿來捆打一百，割去兩耳，枷號遊示，永不許入營容留，及查出占恡不發者，一體究治。

一、重補練。胡虜之來，動數十萬，我鎮邊長二千餘里，乘障而守，非眾何濟？近來將官祇收

---

① ［校］阻，原作"担"，據文意改。
② ［校］認，原作"忍"，據民國間抄本改。

拾家丁三、二百名，遂將營伍之衆絶不問理，逃者不補，補者不練，無怪乎軍容之日弱也。今後各該將領如有軍逃，即便設法緝捕，捕獲者，每名賞銀一兩，係各項軍民徑自拿來者，每名賞銀三兩，止係出首而未獲者，差人押同，捕獲之日，賞銀均給軍士，逃而自首者免罪，仍加存恤，係捕獲者，初犯捆打一百，再犯捆打相同，仍箭穿兩耳，枷示各邊，三犯定以軍法，斬首。凡逃軍發伍，務要安插得所，仍選擇教師，分投訓練，每一人使教十人，明其節制，作其忠勇，庶幾可用。該道另行各營、路將逃亡軍士速行多方緝捕，仍每營置簿一扇，着落該營千、把、百總分司輪流小操，每日使某教師練某人等、係何武藝、曾否精熟填注簿内。該營主將每半月合營大操一次，量行賞罰。該道每一季校閱一次，大行賞罰。其犒賞，就於軍門發去操賞銀内動支，如不敷用，准與加給，該道與主將每次將校閱賞罰過名數開報督撫衙門，歲終繳軍門備查。

一、捕逃軍。沿邊軍士向緣虜患頻仍，工役繁作，兼買馬撫夷之費，將領科削之害，以致紛紛在逃。今後各兵備道置立牌票，用印鈐蓋，分發各營路，或另爲票式，行各營自行刊刻，但赴道掛號，方許差人捕捉逃軍，仍預行軍衛有司知會。如有差去積年巡捕棍徒，本差一人而數人相隨，本捕趙甲而連及錢乙，或賣放正犯，而妄拿户丁及佃地人户者，許所在司問明，具呈本部院，候詳發落。若有司偏私，占悋不發，及頑民率衆打奪①者，事發，一體拿問重治。

一、議修守。昌、薊二鎮節年極力修守。今沿山有城，跨城有臺，臺中貯有火器，城下鏟有壕坡，又督臺有官，守臺有軍，練臺有約，援臺有兵，庶無遺策矣。但邊長二千餘里，列守十萬餘兵，若一人償事，一處失守，則數千里可恃之險皆長物矣。春防臺工既畢，固守可期，然尚有可議者三事：一曰臺工宜補，蓋衝緩之間可通單馬者，宜視空心臺稍儉其制，上蓋房數間，深闊如臺，不必空心，不用垜口，但傍開小門，以便擊打；一曰偏坡宜深，今宜定以深下三丈或二丈五尺爲率，遇有疏土溜沙，及連山硬石難以爲坡者，則從中截斷，使各自爲政。另議以安設柞木，挑浚品坑，或多設火器，或增置垣牆；一曰險僻宜備，僻遠無臺無城，如燕河之梧桐谷、界嶺之箭捍嶺等處，雖深巖峭壁，險處居多，中間豈無一二可通虜馬之處？合行鎮守各道，將沿邊一帶逐步閱視，某處應補敵臺若干座，某處舊有偏坡若干丈，今應接浚若干丈，某處舊坡不可恃，應鏟削偏坡若干丈，某處難以削坡，應該別議若干處，某口的係險絶，不必設備，某處尚通虜馬，應該設備若干處，一一踏看明實，造册呈報，以憑節次興工施行。

一、稽哨報。本鎮各路及標下設有尖夜、家丁等役，專爲出口走哨虜情，但各役中間有拚命捨生，用計用財探得真情者；有捕風説謊，警動内地，勞斃兵馬者；及有需虜之財，却將内地消息透漏，而復不得夷情者，每失查究，以致奸頑者慣習得計，勤勞者無以激勸。合行立法稽考，以後凡報大勢虜賊聚入犯，得實者賞銀一百兩，保奏陞級；若報大虜舉動的實，而非犯本鎮地方者，分别賞犒；屢報得真并無一虛者，從重擬賞；報賊幾事得實，幾事成虛者，酌量事體輕重，重事報實，輕事報虛，悉行免究，仍量議以賞，重事報虛，輕事報實，仍以虛報究治，事相等者，以二實抵一虛曠罪；凡探報前後皆虛，屢次不真者，分别輕重處治，係本鎮入犯之虜者，軍法從事，係本鎮地方者減治。隆慶三年，哨採尖夜已該總理衙門調集考較，分别哨報不實者爲五等，有功者亦擬五等，其該管夜不收官亦以哨夜功罪，分行賞罰。故隆慶四年以來，春秋兩防哨報頗的，以後每年終，聽總兵調集，分别造

---

① ［校］奪，底本不清，據民國間抄本補。

册呈詳，批示獎戒，永爲定規。

一、練家丁。各路惟尖夜所養爲最厚，各標下家丁所養亦爲最厚，以尖夜烽火耳目所關，且有出口冒險之危，而家丁多係召選精銳，足以備有事前驅之用也。除各路尖夜已經編伍操練外，其家丁一節，今後各該路將領凡操練之日，即將家丁編入行伍，與軍同操，使武藝閑熟，方許收用。兩防畢日，東、西、中各四路俱聽協守副將考較，仍聽總理衙門總較。其昌鎮三路，聽該鎮總兵衙門將各路家丁調集一處，逐名考較，仍將驗過武藝分別等第造册，呈詳軍門，公行賞罰。果不堪者即行革退，若不堪數多、濫費糧餉者，即將本管將官一體究治。

一、栽培林木。薊鎮先年恃屬夷爲藩籬，林木爲險阻。近經題請栽種樹木，承委大小官員已蒙欽賞。但報種者未必實數，而生活者旋復焦枯。不得已，姑容補種，聽候查覆。而各路大小將領及原委人員仍復泄泄，怠緩坐視。每歲，各兵備道即分投委官，嚴查某路原栽樹若干，生死若干，續又領銀買到椊栳子種種過若干，原係何人管理，嚴限補種，仍省令不許一人擅入樵採。及每歲終燒荒之日，不許縱火燒毀，違者，拿來照例問發烟瘴地面充軍。每春初派種一次，每歲終查覆具奏。

一、稽錢糧。邊方錢糧，弊穴甚多，由於積年吏識、牢伴等役撥置爲害。有軍逃馬死，不行開除者；有將寫遠軍人盡行役占賣放，包納月錢，雇覓別丁替應查點者；有一軍數名通行食糧者；有各衙門調取，而兩處影射食糧者；有以雜流爲不係行伍，任情折納，另於所部取用者；有家丁而無實丁，戰馬而無實馬，名曰空丁馬者，種種奸弊，難以枚舉。該道嚴行各營、路將領備細查覆，有能舉出冒濫軍馬五十名匹以上者定行獎勵，百名以上者另行薦叙，有該千、把、百總自首者，准與免罪，仍量行獎賞。即軍馬逃故數目至於犯例，亦免參罰。不論軍民，有能舉發該營冒濫實迹者亦賞銀十兩。今後各營、路但遇軍逃馬死，即呈報主將，截日開除，仍嚴督捕緝買補。仍前冒造，定以盜支沿邊錢糧事例，從重問遣。仍將收除緣由，每一防備間花名揭帖類送該道轉報，并將原清册開注明白，以憑不時調取，與開報數目考對。

一、備軍餉。爲照薊門一切修守防禦之具草草署備，獨軍中輜重一節久缺而不講。近總理衙門議造輜重車各八十輛，駕車馬騾各五百匹，其合用輜重，臨期另議。至於各營路應用烘炒，合行酌爲定規。各兵備道查照督撫原行，會同管糧衙門，每遇兩防，先期動支客兵銀糧，分發各該州縣，委官如法製造，運付各邊倉口收貯，專備有警支用。如秋防無事不支，即聽來年春防支用，如春防仍不動支，即於五月內不拘主、客官兵行糧內通融給放，至六月初，仍前發銀各州縣造辦，責限七月內運赴各倉收貯，隨年支銷。仍行各營路官軍每防預支行月糧兩個月，自行備辦烘炒，以候有警應用。

一、預設過支。往時薊鎮地方每遇虜入，其追賊兵馬經過城堡率皆閉門，莫肯放入，以致士馬枵腹，疲病不支，即有收貯本色草料支放，得一二日乃完，勢何能待？今除設有輜重以便隨營預支糧料外，以後各兵備道查邊腹城堡，凡設有倉場應支行糧去處，即於兩防之前，先行各城有軍衛者以軍舍餘丁無軍衛者挨撥門夫。或遇虜入，軍馬經過，即起門夫，將倉場照數每一夫領支一軍一馬行糧草料，用長繩繫下，聽將官圍城，各就近取用，餘剩之數，即以原人吊上，計數報官。如過期誤事，管糧有司一體遵奉敕諭，經行拿問。

一、優遠戍①。各省、各鎮調到客兵遠離鄉井，戍我邊陲。近訪得各路有遇客兵到邊，輒責備

①［校］戍，原作"戌"，據文意改。

謁見之禮，索收見面之儀。分布則以衝緊者諉之客兵，而自擇以緩僻之地。修工則以垣近者歸之主兵，而貽人以遠險之山。除本部院先已有行省諭外，今後各路主將每遇客兵至日，即安其啓居，問其疾苦。修工則從公派撥，勿自擇便利，其有器具匠役不足者，仍與幫助。出口採辦者，仍與防護。守邊則從公分布，務要衝緩適均。軍中有欠缺衣械、火藥者仍代爲請討。有遺失物件馬匹者嚴爲查理。將士有病則撥給醫藥，或至病故則親行吊查。事有難處及不便者，則協心計議，或一體申鳴，切忌勿索其物儀，勿責其禮節。無事則爲同心，有警則爲同仇。如違，許客將、客兵呈稟查究。

一、禁科歛。照得邊關軍士貧苦萬狀，所得糧餉不足以充衣食，所得芻豆不足以供飼秣，又且均攤椿朋、供辦樵採、置備衣械、修理邊工，百費所需，已無餘力。今訪得各營、路大小將領往往指稱公用，打點名色，多方科歛軍錢，圖潤私囊。又有一等守、提等官不敢自犯科歛之禁，將所轄關寨等官取赴地方，輪流答應，使客買辦下程，整備酒席等項，名爲當月，假手科軍，爲害尤甚。各該大小將領痛改前非，凡有不得已公需，各許明白呈請區處，決不可克扣軍糧及別項科派。凡管關管寨等官，悉發回供職，決不許提取。當月其支放糧銀之日，原委監放官即依期親臨，分鏨包封，唱各給散，不許托故遷延，或折受禮物，將放糧事付之中軍、千、把總等官，聽其克減作弊。凡我督撫、鎮道與有監督之責者須同心查訪，嚴拿究治，若被害軍士能舉發該營科歛弊端者，定行重用，仍賞。

一、慎警報。凡東西虜酋聚兵地方及起營日期、向犯關口的確消息，多藉屬夷傳報各該守、提等官，輒據各夷名目通行轉達，或被賊夷走透信息，或被虜酋探知來歷，前報信夷人反遭禍害，不惟有辜忠順之心，抑且阻絶傳報之路。今後各處哨報虜情禀帖内上開通夜姓名，在於某地名，哨探得某處聚兵情由，禀帖後另開一行，原係某夷說信字樣，以便知會。仍省諭尖夜，不許輕言漏泄，違者，軍法處治。

一、稽軍器。邊鎮自設備以來，歷年分發軍火器械，不啻數萬餘，相沿歲久，官代吏更，或以陣失，或以侵欺，乃將甲乙之器另爲丙丁之名，彼此影射，徒存虛器，甚至掩埋塵土，蝕損日深，一器之内而什物不全，一物之中而演放不識。已經總理衙門呈會督撫詳允，前項器具逐實揀驗，分別堪否，通行注明，應發臺者發臺，應給軍者給軍，以本路路名取一字爲號，本路原無此器者，仍存其號，以備他日補發。編定之後，查造文册，專委各該中軍官司其出入。以後凡遇查盤，即照此册送查，不得那移影射，每年終，本官照數查點一次，如係因公損失，聽其明記日時，從實開除，或官爲補給。凡係新造新添者，不拘何衙門，發到與將官守提自置，亦不拘何項軍器，但係營寨守戰所用之物，通要逐件登入册内。又查總理衙門原止編定軍火、器具、火藥、鉛子、盔甲、鎗刀、弓矢，不拘已領未領，在官在軍，通未併記，今後一體編入，接號增加，不許寸物遺漏。每路置造亦①曆二扇，將前軍火、器械登填明白，送督撫印鈐，發回收貯，仍多備空葉以便支銷。如遇新官交代，及委官調查，不行用心收管，致有損失者，問罪賠償，其中軍官陞遷事故，俱要親賫文册赴總理衙門，查驗無弊，方許離任。

一、審權量。爲照邊軍一身，全靠月糧贍家，至於入衛客兵，止日給行糧一升五合，而本折間支，度日尤難。近訪得各該州縣又邊關城堡有等勢②要豪徒把持行市，專用加二、加三等秤抑勒貧軍，

---

① 亦，疑爲"日"。
② [校] 勢，底本、民國間抄本皆不清，據文意補。

每銀一錢輒虧折二分三分。又該倉場米色粗惡，多不堪用，而積年斗庫串通官攢百方作弊，有每石止得八斗，每升止得六合者，致使貧軍茹苦，嗷嗷不獲一飽，殊可痛心。今後該道會同管糧衙門責差管餉通判及附近賢能有司，將倉場斛斗、市廛等秤遂一從新較勘，不如式者追治，在官另行印給。以後各營、路主客將領每遇軍人領到糧銀，即查本色出倉有無短少，折色到市曾否虧折，從實開報，以憑施行。

一、慎腰牌。凡操練，須責成正身，嚴其代替，但稠人廣眾，稽查不便。令各該標路將領通將關營軍士如法置立腰牌一面，開寫營伍部司及本管千、把、百、總旗、隊、行、列，本人身形年貌，記驗疤痕，并習何武藝，住居處所，備填於內。標下者呈請軍門、撫、鎮，在營路者，即用本將私記關防印鈐，行令各軍常川懸帶。如遇操練，或散糧給賞，不拘何處，委官每唱名查對，方行給賞。如身形、年貌與腰牌所填不同者係雇替，本身、替身俱照律例處治。

一、嚴軍令。有各營路家丁勇壯及調到客兵，往往三五成群，打劫鄉村，邀截道路者；或強入人家，恣行踐踏，霸占房屋，殺食雞犬，混賴財物，奸淫婦女者；又或亂入倉場，凌虐商攢，混搶糧者。今後嚴行各主、客將領督中軍、千、把、百總，務將所部軍士時加稽查約束，但有出入，即追究所由。如有縱容強盜事發者，正犯拿獲，即時以軍法梟示，千、把、百總各捆打一百。竊盜事發者，正犯捆打一百，割去兩耳，枷號示眾，千、把、百總各捆打四十。擾害居民事發，情輕者捆打八十，情重者捆打一百，各問罪枷號，千、把、百總各減半捆打。前項軍犯，千、把、百總能自舉首，或捕獲者，免其連坐，本管將官另行參治。已上條約，俱總督侍郎劉應節、巡撫都御史楊兆議立。效祖曰："邊關條約，督撫公狃伏邊，利至懇款矣，獨其下未盡修舉，使石畫多為彌文。今以其鑿鑿可行者，間載什五，若申飭而遞傳之，則有初帙在。"

效祖曰："薊鎮故未嘗有經畧，經畧自庚戌軍興始，然石畫之臣有先憂者，則楊恪愍公其人乎？讀其考①，反覆諄切言不一足，以今事證之，如持左券焉。然恪愍能知未然之防，而比者督撫諸臣能修已然之備，曲突徙薪，焦頭爛額，其皆主人之上客乎？"

昌鎮經畧

今制

一、總督駐劄密雲，見薊鎮。

一、巡撫駐劄遵化，見薊鎮。

一、鎮守總兵都督一員，駐劄昌平州，統攝各營，節制本鎮一路，歲時會同巡撫計議防守，仍聽制於總督軍門。

一、督餉。欽差戶部主事或郎中一員，駐劄昌平州，督理本鎮標兵及居庸、黃花、橫嶺三營路糧餉，屬下分理通判一員。

一、漕運駐劄通州，見薊鎮。

---

① 考，指楊守謙《紫荊考》、《大寧考》二書，收入《名臣寧攘要編》，見《北京圖書館古籍珍本叢刊》第11冊。

一、監督昌平道兵備僉事，或副使一員，監督居庸、黃花、橫嶺三路地方。凡兵馬、糧餉、關隘要害，隨宜處置。

一、分守黃花路參將一員，分守黃花鎮、渤海所二守、提下隘口。本路主兵一營，永安遊兵一營，寧夏邊軍一營，山東班軍一營，京營戰兵一枝，合主、客官兵一萬二千六員名。居庸參將一員，分守八達嶺、石峽峪、灰嶺口三守備下隘口，本路主兵一營，鞏華遊兵一營，昌平標下奇兵一營，合主、客官兵八千二百員名。橫嶺參將一員，分守鎮邊城、白羊城、長峪城三守、提下隘口，本路主兵一營，昌平標下車兵一營，白羊遊兵一營，井、良、涿下班軍一營，合主、客官兵七千二百七十四員名。各路分擬信地，主、客兵通融編派。春秋兩防，每防四個月，春以二月上邊，五月撤放，秋以七月上邊，十月撤放。客兵輪班往來，對面交代。舊制，惟居庸關分守參將一營。嘉靖三十年，提督副都御史何棟請分爲居庸、黃花二區。三十二年，經畧侍郎楊博請增橫嶺爲三區。隆慶二年，總督侍郎曹邦輔改區爲路。

一、乘塞。沿邊區別衝緩，計垛授兵。極衝者一垛四五人，次衝者一垛二三人，稍衝者一垛一人。衝處創築空心敵臺，每臺高三丈，縱橫稱是，騎墻曲突，四面制敵，上建層樓，宿兵貯器，緩處仍舊。附墻臺，每臺鋪舍一間，宿兵貯器。空心臺主、客兵共六十人，三十人守臺，内立一臺長，三十人守垛，分爲六伍，每伍内立一垛長。附墻臺主、客兵各隨所編地方，每臺一十四人，居常四人守臺，遇警外添六人，十人守垛，分爲二伍，每伍一旗，臺、空、墻垛，計垛中分左、右兩臺，各專約束。空心臺佛郎機八架，每架子銃九門，神鎗一十二根，每根神箭三十枝，火藥三百斤，鐵頂棍八根，蘭石大小各足，號旗一面，木梆、鑼鼓一具，柴、米人給一月。附墻臺佛郎機三架，每架子銃九門，蘭石大小各足，號旗一面，木梆、鑼鼓一具，柴、米亦人給一月。墻垛衝處每垛乾柴一束，重百斤，乾草五把，蘭石大小各足，器械各隨所執，火藥於臺取用，五垛共一梆旗。緩處每垛乾柴一束，重百斤，乾草五把，蘭石大小各足，器械亦隨所執。每空二旗，每旗五人，各居鋪舍，有警登墻率守。每臺一百總，五臺一把總，十臺一千總，空心、附墻一體編派。遇報，各照原編臺垛人數，各司所報。如虜近百步，援兵登城，旗幟、器械一齊竪立，約火器力可至處，即放大將軍虎蹲砲。至五十步内，火箭、火銃、矢石齊發。聚擁攻城，兩臺矢石交擊，更番不息。緩處步賊聚擁，臺垛不支，則傳號以速援兵。各垛兵恃臺爲壯，火瓶、火銃、矢石併力攻打。預實石砲墻外，臨時發走藥綫。每守夜，臺垛各輪一人，敲梆傳籌，遇警，以所備柴薪預積墻外，燃火通明，城上不露虛實。凡起止號令，俱聽千、把、百總約束。總督侍郎譚綸、巡撫副都御史劉應節議立。

一、間諜。本鎮俱内邊，各路分遣尖夜往宣鎮地方哨探聲息，擬撥信地，各有專責。

渤海所尖夜，專往永寧、陽和一路哨探。天橋空一撥，盤道嶺一撥，板房墩一撥，四海冶一撥，秋遷鋪一撥，木口峪一撥，三角城一撥，秋樹駝一撥，裘廠一撥，三岔口一撥，湯和一撥，共一十一撥，每撥尖夜三名。

黃花鎮尖夜，專往永寧、四海冶一路哨探。晃砲一撥，韓家川一撥，老長城一撥，石塘嶺一撥，西盤道一撥，杏樹臺一撥，共六撥，每撥尖夜二名。

居庸路尖夜，專往獨石、陽和城一路哨探。居庸關一撥，石佛寺一撥，岔道一撥，榆林一撥，懷來一撥，土木一撥，東八里一撥，雞鳴山一撥，響水鋪一撥，宣府一撥，水泉一撥，深井一撥，紅寺一撥，東城一撥，東馬房一撥，西城一撥，三十里鋪一撥，陽和城一撥，三家店一撥，龍虎臺一撥，花峪一撥，灰嶺一撥，紅門一撥，昌平一撥，沙河一撥，清河一撥，德勝門一撥，兵部門首一撥，共二十八撥，每撥尖夜二名。

橫嶺路尖夜，專往懷來一路哨探。火石嶺一撥，乾莊子一撥，懷來城一撥，共三撥，每撥尖夜二名。各帶乾糧、烘炒，計日取足，每十日或五日一次傳報西虜消息。

一、烽燧。各邊外總括要路，創立墩臺，設兵專守，遇警，聽宣鎮緩急聲息傳報。渤海所下墩十二座，每座軍二名。黃花鎮下墩六座，每座軍二名。白羊城下墩十座，每座軍二名。長峪城下墩二十五座，每座軍二名。橫嶺城下墩一十五座，每座軍二名。鎮邊城下墩二十座，每座軍二名。

一、足兵與薊鎮同。

一、存恤與薊鎮同。

一、召募與薊鎮同。

一、操練與薊鎮同。

一、法令與薊鎮同。

一、陞賞。軍民人等斬獲虜首一顆者，照嘉靖四十二年題准事例，陞官一級，不願者賞銀五十兩。鄉村壯夫及官軍途遇零賊，斬首一顆者，照例賞銀五十兩。臨陣血戰擒斬賊首一顆者，陞官二級，不願者賞銀一百兩，所獲牛馬、輜重，盡行給與。

一、養馬匹。各營、路馬匹選驗，膘壯者爲一等，膘次者爲二等，再次者爲三等。置立格眼冊，各注馬軍姓名。第一等省令自養，二等、三等委官一員監督，本軍攢槽群養，日夜查驗草料。每季，兵備道同本營將領稽覈功罪，二等上至一等，三等至二等者，俱免責。如三等上至一等者，免其攢槽，仍給犒賞，兌其工役。二等無加者，捆打二十。如一等下至二等，二等下至三等，三等至於羸瘦者，俱捆打四十，仍着攢槽喂養。中間老病不堪者，捆打四十，責令發賣，即行買補。其監養官并原中軍、千、把總等官，各照等第論賞。以十分爲率進等，三分以上者賞，六分以上者獎，八分以上者獎賞，另行敘用。如膘分不加者，捆打二十。下等二分以上者，捆打四十，罰馬一匹，革任。下等四分以上者，捆打八十，罰馬二匹，革任。總督侍郎劉應節、巡撫副都御史楊兆議立。

一、支糧則。各營將官廩糧內，除總兵一員及員下椽史一名，日支廩給居庸關稅，其餘俱支客餉。主客兵各營參將、遊擊、都司坐營、各城路守備每員日支粳米五升，俱折色，每升折銀二分。各路提調每員日支粟米五升，俱折色，每升折銀七厘。內加守備銜者，即於該鎮扣餘銀內照守備例加給。各營、路坐營中軍、千、把總及塘撥官每員日支粟米三升。守關塞官每員支粟米一升五合，每升折銀七厘，俱折色。入衛中軍、千、把總日支廩糧三升。管隊官二升，粳米間支，粳支折色，每升折銀二分，粟支本色。

官軍月糧。武舉及各色把總、各營路尖夜、奇兵，俱正糧一石，幫糧一石，每名月支粟米二石。夜不收每名月支粟米一石，幫糧三斗。傳烽、守墩軍每名月支粟米一石。兩防共四個月，每月幫支三斗，撤防住支。家丁、塘撥、調操、尖勇、奇兵、操守等軍，每名月支粟米一石，幼軍五斗。除京倉關領本色外，其隨邊常支者，上半年橫嶺、居庸二路，照舊俱支本色，願折者聽。其餘各營路，照戶部議，各支本色三個月，折色三個月，下半年每石各折不等。橫嶺路內鎮邊城折銀六錢，長峪城五錢，白羊城四錢五分，居庸路四錢五分，黃花路五錢。黃花鎮有京班新舊二小枝，除京倉支月糧外，每月支口糧三斗。

冬衣布花，各營路尖夜、家丁、操守軍士每名布二匹，花一斤八兩，共折銀五錢七分五厘。

行糧。各營路主兵例得兼食者，各營路家丁每名十二個月，月支四斗五升。各營赴邊軍每名兩防四個月，月支二斗二升五合。塘撥軍每名七個月，月支四斗五升。客兵每名月支四斗五升，俱本折間支。京營每年四個月，京班十二個月，寧夏十個月，保定忠順、白羊、山東等兵俱八個月。

一、支草料則。月料草每馬一匹，春三個月，每月支料九斗，草三十束，每料一石折銀四錢，每草一束，各路折銀一分七厘，各營折銀一分二厘。冬三個月，每月支料九斗，夏秋不支。內塘撥馬兩防七個月，每月兼支行料草。撤防回營，仍照月支例。正月料草並支，十二月止支料，餘月牧青。每料本折間支，草俱折色。

行糧草。總兵官正馱馬，各營、路將官正馱馬，中軍、千、把總坐馬，客兵將官正馱馬，中軍、千、把總正馱馬，各營并入衛邊兵戰馬，每匹月支料九斗，草三十束，每料一石，折銀四錢，每草一束，折銀一分二厘。每年二月、十月、十二月，共三個月，料支本色。餘月料草俱支折色。已上糧料草則，俱經署部侍郎汪道昆題議。

一、塘撥。鎮守衙門并各路俱置塘撥軍馬，每十里或二十里一撥，各軍馬不等，分擬地方，走報緊急軍情。

黃花路自本路黑山寨起，至兵部前止，共一十七撥，各撥不等。共軍八十四名，馬八十四匹。內有黃花路、渤海二守提軍馬各二十名匹。

居庸路自本路石佛寺起，西至宣大軍門陽和城止，共一十八撥，各撥不等，共軍五十名，馬四十五匹。自居庸關至兵部止，共十撥，每撥馬、步軍三名，馬二匹，共軍三十名，馬二十匹。

橫嶺路自本路土樓村起，至鎮邊城止，共八撥，各撥不等。共軍三十八名，馬二十二匹。各路撥報，鎮守衙門轉報兵部并總督軍門前止。各委官專管兩防在撥，撤防，軍馬回營。

一、撫賞。昔兀良哈效順，屏翰中國有功，自永樂初許歲給賞賚，歷今不廢。然種類益蕃，賫費視昔倍蓰，內帑歲發三百五十兩舊額一百五十兩，總督劉應節、巡撫楊兆請增二百兩。如不敷，取足於居庸關稅，并軍士樵採、買辦、叚布、驢牛羊豬肉、酒、米餅、鹽、鐵鍋、卓席等物，歲賞一次。慕田關額賞夷人阿羅豆兒、色振兒等部落一百五十八名。

一、軍禮與薊鎮同。

效祖曰：" 昌平為京後嚴城，先朝經畧諸臣獨置之不講。于肅愍①防也先之寇，止以紫荆、倒馬為急，於居庸不置一旅，卒無虞，此其沉機制變，信非帷幄者不能也。或曰：'今何以惓惓備②乎？'曰：'黠虜日盛，逆謀日深，一隙之漏，百里皆江河矣，何必自居庸入哉？此一時也，備之是！'"

真保鎮經畧

今制

一、總督駐劄密雲，見薊鎮。

一、巡撫保定等處副都御史或僉都一員，駐劄真定，提督紫荆等關軍務。萬曆元年，欽頒令旗八桿，令牌八面，設執捧旗、牌官一十二員。

一、鎮守總兵都督僉事一員，駐劄保定，春秋兩防移駐紫荆關，統攝各營，節制本鎮各路兵馬，常川訓練，以備戰守。歲時會同撫院計議分布防禦，仍聽總督軍門節制。原頒令旗、令牌，自總兵以至副總、參、遊，各遵舊制。

一、督餉欽差戶部主事一員，駐劄易州，督理本鎮各標兵及營、路糧餉，兼理屯政，每三年一代。分理通判二員，一駐易州，分理保定及紫荆、馬水口③各營路糧餉關

---

① ［校］于，原作"於"。于肅愍，指于謙，據改。參張廷玉《明史》卷一百七十《于謙傳》，第 4543～4553 頁。
② ［校］惓惓備，底本不清，據民國間抄本補。
③ ［校］馬水口，原作"馬水"，在保定府定興縣，據下文"監督易州道兵備副使一員"條、"分守馬水口參將一員"條改。

隘；一駐曲陽縣，分理真定及倒馬、龍固各營路糧餉關隘。

一、監督易州道兵備副使一員，監督馬水口、紫荆關二路地方。

井陘道兵備副使一員，監督倒馬關、龍固關二路地方。凡兵馬糧餉、關隘要害，俱隨宜處置。

一、分守馬水口參將一員，分守沿河等三守總地方。北自沿河口起，至西南赭羅溝口止，歷四十五隘口。本主兵一營，沿河口官兵一營，大龍門口官兵一營，金水口官兵一營，保定左營官兵一枝，河間操餘一枝，保定忠順官兵一枝，定州官兵一枝，淶水鄉夫一枝，合主、客官兵七千二百七十二名。

紫荆參將一員，分守浮圖峪等四守總地方。北自黑石崖口起，至西南羊圈子口止，歷五十隘口，本主兵一營，浮圖峪官兵一營，白石口官兵一營，烏龍溝官兵一營，寧静安官兵一營，保定左營官軍一枝，保定操餘一枝，易州鄉夫一枝，茂山衛班軍一枝，真、神二衛班軍一枝，保定民壯一枝，淶水鄉夫一枝，合主、客官兵八千六百四十四名。

倒馬參將一員，分守插箭嶺等二守總地方。東北自王河安口起，至西南黃石堂口止，歷五十二隘口。本主兵一營，插箭嶺官兵一營，狼牙大嶺口官兵一營，真定班軍一枝，定州衛操餘一枝，合主、客官兵四千七百四十四名。

龍固參將一員，分守龍泉關等二把總地方，北自龍泉關起，南至石榴嘴口止，歷七十九隘口。本主兵一營，龍泉關官兵一營，固關新城口官兵一營，真定衛操餘一枝，神武右衛操餘一枝，武功右衛操餘一枝，定州忠順官軍一枝，定州衛操餘一枝，合主、客官兵二千三百一十名。各路分擬信地，主客通融編派，春秋兩防，每防四個月。春以二月初旬赴邊，五月終撤放。秋以七月初旬赴邊，十月終撤放。客兵往來輪番，對面交代。撫院標下奇兵營，鎮總標下標兵營，俱聽緩急應援。真保、定二處車營，俱隨征轉運。

一、乘塞。沿邊區別緩急，計垛受兵。衝者一垛二三人，緩者一垛一二人。衝者創築空心敵臺，每臺高三丈，縱橫如之，騎墻曲突，四面制敵。上建層樓，宿兵貯器。空心臺每臺共五十人，主軍十二名，四名管放佛郎機，四名專管裝運，二名管放神鎗等火器，二名在上層專管梆旗。客兵三十八名，教放火器，學打銃石。其附墻臺，主軍四名，三名管軍器，一名管梆旗并佛郎機，客兵各隨時編撥。每防，添兵戍守空心臺，以上臨下，用火器佛郎機子母更番擊打。每臺佛郎機八架，約每面二架，隨勢轉用，每架子銃四門，每門鉛子三十枚，鐵門、剪、錘等項俱備。又神鎗十二桿，每桿神箭三十枝，鉛子六十枚，小木馬六十個，剪、匙同。此器用盡，以快鎗代之，火藥三百斤，每二十斤用一鐔盛，共十五鐔。鐵頂棍八根，光大石子每重五十斤，上下計四百塊，小團石可手拋者四千塊，號旗一面，木梆、鑼、鼓各一，用白牌一面，將兵火器械等項書懸俟查。每軍食米、鹽、菜預給一月，水瓮、水櫃注水滿足。附牆臺每佛郎機三架，俱照空心臺處置備用，亦人給柴、米，務足月用，用盡仍給。凡牆垛衝處，每垛乾柴一束，重百斤，乾草五把，藺石大小各足，器械各隨所執，火器、火藥於臺取用，隨人數多寡，各居鋪舍，有警登牆率守。每二臺一百總，十臺一把總，二十臺一千總，空心、附牆，一體編派。遇報各照原編臺垛人數，各司所報。如近百步，援兵登城，旗幟、器械一齊竪立。約火器力可至處，即放大將軍虎蹲砲。至五十步內，火箭、火銃、弩矢齊發。聚擁攻城，兩臺砲銃、矢石交擊，更番不息。緩處步賊聚攻，臺垛不支，則傳號以速援兵。各垛兵恃臺為壯，火瓶、火銃、矢石併力攻打。預眞石砲牆外，臨時發走藥綫。每守夜，臺、垛各輪一人，敲梆傳籌。遇警，以所備柴薪預積牆外，燃火通明，城上不露虛實，凡起止號令俱聽千、把、百總約束。內龍固關以南、錦綉堂口等處無班軍、客兵，多係各縣民壯守戍，與北邊額例少異。

一、間諜。本鎮外鄰宣、大，內係腹裏，不鄰屬夷巢穴。每春秋兩防，紫荊、馬水口①、倒馬、龍固各專差尖夜在宣、大及昌鎮、居庸等路邊外哨探，以便防禦。

一、烽燧。本鎮係腹裏地，去宣、大尚遠，紫荊等關俱設有墩臺，遇警舉火傳號，因各墩緩急，設人數多寡。衝者三四名或六七名，緩者一二名。山勢峙立，視他鎮隘口數倍，而各口下亦設軍戍守，接連傳號。紫荊關下墩四座，軍八名。盤石口下墩一十二座，軍二十四名。奇峯口下墩一十七座，軍三十八名。浮圖峪下墩三座，軍九名，隘口二處，軍一十三名。寧靜安下墩六座，軍一十三名。烏龍溝下墩五座，軍一十三名，隘口四處，軍一十五名。白石口下墩三座，軍九名，隘口七處，軍二十四名。馬水口下墩三座，軍九名，隘口二十九處，軍一百二十四名。倒馬關、插箭嶺下墩三十八座，軍七十六名。狼牙口下墩一十五座，軍三十五名。周家口墩四座，軍十名。本關上城墩一十五座，軍三十三名。軍城下墩一十九座，軍四十名。本關下城墩一十二座，軍二十四名。龍固關下自真定迤北秦家莊起，直抵龍泉關一帶，東北接倒馬關地方，共墩四十九座，官軍一百餘名。一遇有警舉，砲火為號，遞相傳報。制與薊鎮同。

一、足兵與薊鎮同。

一、召募與薊鎮同。

一、操練與薊鎮同。

一、法令與薊鎮同。

一、陞賞與薊鎮同。

一、養馬與薊鎮同。

一、軍禮與薊鎮同。

---

① ［校］馬水口，原作"馬水"，在保定府定興縣，據上文"監督易州道兵備副使一員"條、"分守馬水口參將一員"條改。

一、支糧例。各將官廩糧，除總兵官一員及員下掾史一名，日支廩給，在鎮保定府庫支給，撫院標兵在鎮真定府庫支給，其餘俱支客餉。主客各營路參將、遊擊、都司、坐營、守備每員日支粳米五升，俱折色，每升折銀二分。各營路中軍、坐營、千、把總及塘撥官每員日支粟米三升，赴邊在防，日支銀五分。守關口寨官每員日支粟米一升五合，每升折銀七厘，俱折色。紫荆、馬水口①、倒馬三路，俱在易州户部衙門支領，龍、固二關在真定府并屬下鄰近州縣支領。

本色俸糧。月給漢官都指揮同知四石，都指揮僉事及指揮、千百户、鎮撫并總、小旗俱月支一石，半俸者月支五斗，武舉、鎮撫、千百户月支三石。營操軍八斗，存恤軍六斗，老幼紀録軍三斗。忠順指揮使月支十石五斗，指揮同知七石八斗，指揮僉事七石二斗，正千户四石八斗，副千户四石二斗，實授百户四石，試百户三石二斗，總旗一石五斗，小旗一石二斗，達官及操軍俱一石，存恤軍六斗，老幼軍五斗，如閏月，各照支給。而漢官本色俸不及忠順官之什一，制爲獨厚。各路關隘官軍，除各原配食正糧外，赴邊仍給行糧。

折色俸鈔。舊制，自都指揮以至千百户、鎮撫，俱月支糧數折鈔布絹有差，隨品級爲多寡。近緣折支不便，議將各項扣算，每月折銀支給，亦以春秋各三個月爲大月，每石折銀六錢五分，夏冬各三個月爲小月，每石折銀四錢五分，量職分增減，隨倉庫給領。

撫鎮標兵、奇兵、民兵、遊兵等營，有馬者月支工食草料銀一兩六錢六分七厘，無馬者月支工食銀九錢，赴邊防秋有行糧。通事六十六名，有馬與無馬者工食、草料俱與上同。内有二十一名，除正糧外又月支米一石，十名支五斗，三十名支三斗，五名不支。各因勞逸以食工多寡。赴邊防秋，仍支行糧。

各營路總口常守軍月支糧一石，隨營操軍月支八斗，老幼軍每月五斗，紀録幼軍每月三斗。營操總口春秋二季爲大月，每月支銀八錢五分，夏冬二季爲小月，每月支銀四錢五分。防秋備冬真、保定等衛軍舍餘，在邊每班防禦四個月，每月支糧四斗五升，二個月爲大月，每月支折銀六錢五分，二個月爲小月，每月折銀四錢五分。傳烽、守墩餘丁每月支糧四斗五升，在防每月加米三斗五升。架砲軍餘在防六個月，每月支糧七斗，撤放六個月，止支四斗五升。各營、路官軍防秋在邊，隨各食正糧豐歉，仍量加幫糧，撤放住支。

官軍行糧。副總、參、遊、都司、守備日支廩銀一錢，不支本色。千、把總、中軍等官日支米三升。旗軍、民兵、鄉夫、操舍餘，每名日支米一升五合，俱每斗折銀六分二厘一毫。各在防鄉夫鹽菜常例，官每員日支銀一分，百、隊長每名日支銀七厘，鄉夫

---

① ［校］馬水口，原作"馬水"，在保定府定興縣，據上文"監督易州道兵備副使一員"條、"分守馬水口參將一員"條改。

每名日支銀五厘。

冬衣布花。保定五衛、茂山衛、紫荆關、馬水口所屬，全賞，軍每名布二匹，花一斤八兩；減賞，軍每名布一匹，花一斤八兩。倒馬關、插箭嶺、龍固等關，全賞，軍每名布三匹，花一斤八兩；減賞，軍每名布一匹，花一斤八兩。已上布每匹折銀三錢，花每斤折銀七分。涿鹿左衛并興州中屯衛全賞，軍每名布二匹，花一斤八兩；減賞，軍每名布二匹，花十二兩。已上布每匹折銀二錢五分，花每斤折銀五分。

一、支草料則。各營路騎操馬，每匹春冬二季大月支料九斗，草三十束，小月各減料三升，草一束，每料一石折銀四錢，每草一束，折銀一分七厘。遇出征，每束加銀一厘，各營折銀一分二厘或一分五厘。倒馬關路，料每石止折銀三錢，各折不等。保定標下三營、忠順營、定州遊兵營、馬水口等處馬匹，除夏秋牧青外，春冬各三個月，每匹照例支領。內係嘉靖四十三年以後新兌馬匹，照宣、大事例，每月支草十束，以舊額爲止，支料不支草。或遇歲歉，每石加銀五分或至二錢，不爲常例。

行料草。總兵官戰馬，標、營、路將官正馱馬，各營路中軍、千、把總等官并入衛官軍戰馬，每匹月支料九斗，草三十束。

一、塘撥。撫鎮衙門并各路俱置塘撥軍馬，每二十里或三十里一撥，每撥軍馬名匹不等，各分擬地方，傳報軍情。各路撥至撫鎮衙門前止，撫鎮撥至總督衙門及兵部前止。紫荆關路自浮圖峪起至兵部門前，又至密雲總督軍門前止，擺撥官一員，馬、步軍八十七名。浮圖峪自陽和城起至本峪止，擺撥馬、步軍一十九名。白石口自陽和城起至本口止，擺撥馬、步軍一十九名。馬水口營自宣府起至易州止，擺撥官一員，馬、步軍八十七名。沿河口自宣府起至馬水口止，擺撥馬、步軍一十九名。大龍門口自馬水口起至易州止，擺撥馬、步軍一十九名。內擺撥至兵部、總督、軍門及撫院、鎮守衙門，各有額派。外擺撥自紫荆關邊外起西北至大同鎮總兵衙門一十五撥，官一員，夜不收三十二名，每馬一匹。東北至宣府總兵衙門一十一撥，官一員，夜不收二十三名，每馬一匹。北至陽和城總督軍門一十七撥，官一員，夜不收三十四名，每馬一匹。俱係有馬尖夜在各處哨探。倒馬關至宣府一路，每五十里一撥，共一十四撥，官一員，軍二十八名，官軍各馬一匹。本關又至陽和城一路，每五十里一撥，接大同共二撥，官一員，軍五名，各馬一匹。龍泉關迤東至真定府止，共二十三撥，每撥二名，共四十六名，各馬一匹，迤西至代州止，一十七撥，每撥步軍三名，共五十一名，管撥吏一名。故關東自真定府都察院前起，至山西太原府止一十五撥，共軍二十六名，各馬一匹，管撥吏一名。各委官吏專管兩防在撥、撤放軍馬回營。

效祖曰："國家建萬年景緯之居，以真、保爲右輔，然西接三晉，北邇諸胡，故當關置築者，首以紫荆斥堠爲急，楊恪愍公考之詳矣。先朝于肅愍公當土木之變，蓍蔡①

---

① 蓍蔡，卜筮之意。語見崔富章、李大明主編《楚辭集注集釋·九懷第十五》，湖北教育出版社2003年，第2476頁，"蓍蔡兮踊躍，孔鶴兮回翔"，這裏指運籌帷幄。

不遺餘力，然卒不能制其長驅之勢，豈當凌遲，尚三瓦之未陳①乎！抑亦蟻壤之偶然，非烱戒所能爲也，殷鑒不遠，言之憮然！"

遼鎮經畧

今制

一、總督駐劄密雲，見薊鎮。

一、巡撫遼東副都御史或僉都御史一員，駐劄廣寧，贊理軍務。萬曆元年，欽頒令旗八桿，令牌八面，執捧旗牌官一十二員。

一、鎮守總兵都督一員，駐劄廣寧，統攝各營，節制六路將領標下正兵一營，左、右遊兵二營，常川訓練兵馬，以備戰守，有警分布應援征剿。歲時會同巡撫計議防守，仍聽總督衙門節制。原頒令旗、令牌，自總兵以至參、遊各遵舊制。

一、督餉欽差户部主事或郎中一員，督理本鎮軍餉兼理屯政鹽法，每三年一代。遼陽通判一員，分理遼陽、開原、寬奠等處糧餉。廣寧通判一員，分理廣寧、寧前、錦義、高平等處糧餉。海盖通判一員，分理金、復、海、盖四處糧餉。

一、監督遼海東寧道邊備參議一員，監督遼陽、險山、瀋陽三處地方。遼海東寧道兵備僉事一員，監督廣寧、正安、右屯、鎮武、錦義五處地方。寧前道兵備僉事一員，監督寧遠、前屯二處地方。開原道兵備僉事一員，監督開原、中固、鐵嶺、汎河、懿路五處地方。行太僕寺少卿兼兵備僉事一員，監督海州等處地方。苑馬寺卿兼兵備僉事一員，監督金、復、盖三處地方。凡兵馬糧餉，各隨時處置。

一、分守遼陽副總兵一員，分守清河等二十五城堡隘口。本兵一營，清河守備一營，長勇備禦一營，長安備禦一營，合主、客兵一萬一百五十二名。險山參將一員，分守鳳凰等一十五堡隘口。本兵一營，靉陽守備一營，江沿臺備禦一營，合主、客兵五千二百七十七名。瀋陽遊擊一員，分守奉集等一十二城堡隘口。本兵一營，撫順備禦一營，蒲河備禦一營，瀋陽備禦一營，合主、客兵八千三十五名。以上將領并開原、海州二參將兵馬並聽副總兵調度。

廣寧總鎮標兵及備禦一營，合主、客兵一萬二千四百八十七名。

正安遊擊或參將一員分守正安等八堡隘口。本車兵一營，鎮静守備一營，共主兵四千五百一十一名。

右屯備禦一員，專守本處城堡，主兵四百九十九名。

---

① 三瓦之未陳，比喻有缺陷而不完全的東西。可參孔子語，"天尚不全，故世爲屋，不成三瓦而陳之，以應之天。天下有階，物不全乃生也"。參《史記》卷一百二十八《龜策列傳》，第3237頁。

鎮武遊擊一員，分守鎮武等四城堡隘口。本兵一營，西平備禦一營，共主兵四千一百二十八名。

錦義參將一員，分守錦義等一十八城堡、隘口。本兵一營，錦州守備一營，義州備禦一營，共主兵一萬三百六十七名。

寧遠參將一員，分守寧遠、小團山等二十一城堡隘口。本兵一營，寧遠備禦一營，合主、客兵三千九百一十一名。

前屯遊擊一員，分守前屯、鐵場等三十三城堡隘口。本兵一營，前屯備禦一營，合主、客兵五千五十二名。

開原參將一員，分守開原、慶雲等一十城堡隘口。本兵一營，開原備禦一營，共主兵一萬五百二十名。

中固備禦一員，分守中固、柴河、定遠城堡隘口，主兵一千六百九十六名。

鐵嶺備禦一員，分守鎮安等五城堡隘口，主兵二千三百八十一名。

汎河備禦一員，分守汎河、宋家泊、白家衝城堡隘口，主兵一千三百七名。

懿路備禦一員，分守懿路、三岔兒、丁家泊城堡隘口，主兵一千六百四十九名。

海州參將一員，分守海州、東勝等八城堡隘口。本兵一營，海州備禦一營，共兵四千五百八十三名。

金州守備一員，分守金州、永寧等六十城堡海口，專俟備倭，本兵一千七百七十五名。

各路分擬信地，編兵戍守。本鎮夷虜時常竊掠，各隨路堵截。若遇大寇，則一面隨宜調發征剿，一面申報撫、總知會。

一、防守。本鎮延袤二千餘里，新舊共設敵臺一千三百三十七座，每臺瞭守軍五名，緩者四名，再緩者三名，監臺夜不收一名，晝夜瞭守。各臺弓矢、兵器、信旗、號砲俱全，該路不時差官點查。

一、間諜。本鎮三面受敵，視他鎮尤甚，標下及六寺道分守營路，各隨地方，分遣夜不收、通事、家丁專爲出境走哨。或三四十里，或七八十里，或探入虜巢至一二百里，必得真情。入口傳報，或二三名爲一撥，或三四名爲一撥，量各夷地里遠近，分撥名數不等。各擬信地，次第傳報，更番分撥，歲時不絕。

一、勾補。本鎮逋絕軍户，俱行各省清軍御史，照原籍州縣清勾。本户壯丁并妻差官類解，每軍擇選户里殷實爲解户，追驗軍裝，長解路費，解發本鎮。昔皆不令着伍，旋即逃亡，近遇解到，即照例優恤，發車營操備，無復逃者。有本鎮原係招集户，今乃逋絕者，仍照招集各爲首名下清補。係原衛所伍軍在逃者，將壯丁選補，歷年逃移寄籍軍丁，潛居海嶼甚衆，設法招撫，歸籍着伍，俱發各營操守。萬曆二年，巡撫張學顏差都司蘇承勛過海招撫歸籍者四千七十名口，内精壯可用男子二千餘名。

一、存恤。宣德元年，奉例將新勾到衛軍士限半月收幫月糧，兩月葺理居室，俟其安定，方許差操。正統五年，令新到軍人係曾勾赴衛，存恤一次，至復在逃者，即發着役，不在存恤之例，迄今遵行。近例，新軍除月給銀糧外，三月以上者全支冬衣布花，及三月應差操者，發各路臺瞭守更換。久戍壯丁，赴邊操備，或發屯種。

一、烽燧。各邊外總括要路，列置敵臺，設兵專守。每臺人役緩者三名，衝者五名，遇警傳報。前屯屬下臺二十七座，官軍一百二十四名，傳鐵場等一十一堡聲息。寧遠屬下臺二十六座，軍七十五名，傳椵木衝等十堡聲息。錦州屬下臺三十九座，軍一百五十三名，傳大勝等六堡聲息。義州屬下臺三十八座，軍一百八十二名，傳大安等一十一堡聲息。廣寧屬下臺三十七座，軍一百一十五名，傳正安等八堡聲息。海州屬下臺一十七座，軍五十名，傳平洋等四堡聲息。遼陽屬下臺二十二座，軍一百五名，傳長安、清河等二十四堡聲息。瀋陽屬下臺一十三座，軍五十名，傳靜安、十方寺等四堡聲息。懿路屬下臺五座，軍二十名，傳三岔兒、丁字泊二堡聲息。鐵嶺屬下臺二十二座，軍六十九名，傳撫安、鎮西等五堡聲息。中固屬下臺二十一座，軍六十名，傳柴河、定遠二堡聲息。開原屬下臺七十座，軍二百一十二名，傳慶雲等九堡聲息。寬奠屬下臺四十九座，軍一百四十五名，傳靉陽等一十四堡聲息。此係傳報邊警，海防另注備倭下，隨路各臺置有狼烟、火砲、號帶、信旗、木梆等項，旗帶分東、西、北三方，所屬顏色即知某方為某路警急，晝用旗帶，夜用火砲，百里外傳號一次，三十里又傳一次。寇若入口，連傳三次。聞警，一面傳號，一面走報。如傳號聞砲無旗帶，或無梆聲，夜見火無砲，為他火他砲，不得誤傳。其接應失時者，捆打割耳，誤舉及詐偽者，從軍法重處。

一、號令。凡操練之日，預懸操牌，五更聽頭聲喇叭響，官軍造飯，背馬披戴兵器。二聲喇叭響，赴劄隊地方，每二十步一隊站立。三聲喇叭響，千、把總、官旗領兵，由南門挨次出至教場，各照風障，馬拴列為五層。中軍官待隊伍放畢，鳴金鼓，執五方門角等旗赴教場，將臺前擺列停當，俟總兵出城。號頭響，擂鼓三次，張大旗，鳴金擊鼓，旗臺、喇叭、號頭齊響，下馬入廳。鳴金止。中軍稟放砲，掌號笛，中軍兩哨各出紅旗，面北放起火箭三枝，砲三個，磨①旗三次，吶喊三聲。號笛響，千、把總、管隊官旗俟司、隊赴將臺東西擺列，聽發放。事畢，鳴鼓，各回原地聽令。望旗臺舉紅旗，聽單哱囉響，擡把點鼓，行百步，唎咧響，磨旗吶喊，安把按旗，聽四聲喇叭響，攢隊旋轉，面北打得勝鼓，回，至八十步、六十步、四十步，各聽唎咧，磨旗三次，吶喊三聲，各至風障前鳴金，旋轉而南站立射箭。將臺舉紅旗，徹把回至風障前，候中軍官稟，放砲，磨旗吶喊，發擂畢，始落大旗。望將臺招黃旗，各牽馬，聽雙哱囉響，上馬至旗堆前，面南五層站立，聽中軍點鼓，往南徐行至教場中心，兩哨面向東西劄隊，

---

① ［校］磨，底本不清，據民國間抄本補。

俱至四十步馬路站立，待中軍五方旗過，挨隊散歸入城。以上號令，違者以軍法從事。舊法久廢，以犒賞不給，隆慶五年，巡撫張學顏請將本鎮還官月糧銀兩，聽各寺道分給爲操練之費，復行如舊。

一、營陣。官軍看旗臺舉雙紅旗，牽馬，中軍舉單黑號帶，俱至旗堆前，一層站立，舉單黃號帶分爲二層，舉單紅號帶分爲三層，破空擺列。聽哱囉響，上馬點鼓，行至看軍臺南，鳴金止，喇叭響，旋隊面北。聽中軍唎唎響，下馬，哱囉響，上馬，放火砲，磨旗三，吶喊三。長聲喇叭響，點鼓，前後三層，各離二十步，俱北行攢隊。喇叭響，三隊照舊破空擺列。敵從北來，放砲一發，擂戰聲喇叭響，第一層馬隊單擺開吶喊，各執弓箭、鎗、銃、刀、牌迎敵，三衝賊退，鳴金止鈸響，收隊。長聲喇叭響，點鼓，第二層馳出二十步。敵復來，放砲一發，擂戰聲喇叭響，單擺開吶喊如前迎敵。賊退，鳴金止鈸響，收隊。長聲喇叭響，點鼓，第三層又馳出二十步。敵再來，放砲一發，擂戰聲，喇叭響，單擺開吶喊迎敵如初，賊退，鳴金止鈸響，收隊。聽九聲喇叭響，旋隊面南篩金①，打得勝鼓，喇叭、號頭齊響，到教場，看軍臺中鳴金止。看中軍放雙起火。中層隊伍分爲二層，定立南北不動，放砲一，吹海螺，鳴金，打得勝鼓，哱囉、喇叭、笛兒齊響，下營，鳴金止。篩鑼出，夜不收架砲。唎唎響，下馬拴絆，擺列二層，每人牽馬二匹，其餘官軍離營二十步，單擺開。如架砲夜不收報北面有賊，北門放砲一，中軍接砲一發，擂步衝三次，磨旗吶喊，三舉皁旗，中軍發牌三面，開東、西、北三門，擂鼓不絕，遊兵由北離營二十步，單擺開東西面，遊兵由東西出，接北面遊兵，兩哨單擺開。敵復從北來，北門放砲一，中軍接砲一發，擂戰聲喇叭響，交鋒三次，每次磨旗吶喊一聲，各用弓箭、鎗、銃、刀、牌射打，敵退，鳴金止。中軍磨旗三，吶喊三，鈸響收隊，打得勝鼓，仍從三門進入原地，鳴金止，東、西、南三面攻戰俱同。如四門有賊，四門各放砲一，中軍接砲一，發擂步衝三次。磨旗吶喊三，五方號帶齊舉，四門各舉旗，中軍發牌四面，開四門，外營遊兵出營二十步，兩哨單擺開，二營、子營遊兵繼出，居中單擺開。敵復從四面來，四門各放砲一，中軍接砲一發，擂吹戰聲喇叭響。交鋒三次，吶喊三。官軍擒賊，敵聚衆來救，復各用神鎗、銃、砲、刀、牌射打，賊退，鳴金止，聽中軍磨旗三，吶喊三，鈸響收隊。塘馬俱掣南牆，分左右對外營剳隊，鳴金，打得勝鼓，各從四門進入，隨即押赴中軍審驗畢，各還原地，鳴金止，聽中軍哱囉響，上馬清隊，喇叭響，攢隊，放砲一長聲，喇叭響，各入風障。

一、操練。官軍到教場，馬、步隊俱演武廳兩邊站立。看將臺招紅旗，官軍俱拿馬。看中軍舉起黃紅皁號帶起，官軍入前站立。聽哱囉響，俱上馬點鼓往南。行間，中軍掌單吉子響，磨黃號帶三次，吶净喊三聲。望軍臺上放砲一個，敵馬來，中軍發擂吹

---

① 篩金，敲鐘。篩，敲打之意。

戰聲喇叭響，迎敵南墻下，金響止，單吉子響，旋回面北，喇叭響，清隊。看中軍放雙起火起，選鋒官軍分爲七路，大營官軍亦分五路，點鼓往北。行間，將臺上放砲一個，中軍望軍臺上接砲一個，敵馬來，中軍放起火，一枝選鋒一字陣單擺開，點鼓。又行間，雙起火起，中軍發擂，海螺大小號頭齊響，中軍下營，隨即下馬，一人拿馬五匹，其餘破縫隨擺長圍，各用弓箭、鎗、砲射打，交鋒迎敵，賊退，金響止。

一、掣選鋒。官軍入營，聽中軍掌收兵單喇叭響，選鋒官軍入營，拿馬。單哱囉響，上馬。單喇叭響，清隊。聽中軍篩金，打得勝鼓，進入原擬地方，金響止，下馬。北面有哨馬、夜不收探賊復來報到，北面放砲一個，中軍舉起皂號帶起了，中軍再接砲一個，吹單哱囉響，選鋒上馬，營門放起火一枝，中軍發牌一面，開門，戰聲喇叭響，放選鋒官軍即出迎敵，賊退，金響止。中軍再吹單喇叭響，清隊，聽中軍篩金，打得勝鼓，進入原擬地方，金響止，下馬。其東、西、南三面有賊來衝，俱照北面衝戰相同，惟號帶隨方色舉用。

一、四面有哨馬、夜不收探賊復來報到，四面放砲四個，中軍接砲一個，四門舉起四色號帶起，聽中軍吹單哱囉響，選鋒上馬，四門放起火四枝，中軍發牌四面，聽發擂戰聲喇叭響，選鋒官軍即出，各面單擺開，策應迎敵。賊退，金響止，中軍再吹單喇叭響，剼隊。中軍篩金，打得勝鼓，挨次進入原擬地方，金響止，下馬。

一、開營。聽中軍單吉子響，磨黃號帶三次，呐净喊三聲，收兵，喇叭響，合營官軍入營，拿馬，雙哱囉響，俱上馬，喇叭響，剼隊。單起火起，過隊各歸風障站立，各照隊伍拴絆馬匹，即赴旗鎗堆五層擺列，聽號頭響，安把射箭，如違，重治。

一、較閱馬步箭。總兵府舊有箭場，規制促狹，難以容衆，且馳射不便，故驗軍驗馬及閱視家丁多在堂階。今廣其制，給官價易買，周以繚垣，建以射廳，名曰"安邊報國"。計長五十二丈，闊十丈，弘廠寬廣，視前增倍。軍士、家丁日省月試，則可分行隊及各營解驗，馬匹則馳騁較閱，操演頗宜。萬曆二年，巡撫張學顏增修。

一、法令。主將之令行於各部哨千總，千總之令行於該管把總，把總之令行於管隊，管隊之令行於軍士。凡一卒犯令，罪及管隊，一隊犯令，罪及把總，等而上之，以次連坐，若一部犯令，罪及參、遊。如能先首者，不坐。六路營伍兵馬春秋操閱，如違令者，俱遵近題軍法行事，士卒聽管隊插箭、割耳，千總、把總斬首，把總聽中軍、千總割耳，參將、遊擊斬首。參、遊犯令，聽軍門、撫鎮徑遵法制。其夜役不守信地，或妄傳不實，輕則捆打割耳，重則解赴撫鎮衙門以軍法從事。如將內地消息透露，復不得夷真情者，即斬。

一、陞賞。凡軍民人等斬獲酋首一顆者，照嘉靖四十二年題准事例，陞官一級，不願陞者給銀五十兩。鄉村、壯夫及官兵途遇零賊，斬首一顆者，照例給銀五十兩，如斬酋首一顆者，陞三級。臨陣血戰，斬賊首一顆者，陞官二級，亦有陞三級者，不願者賞銀一百兩，所獲馬牛、輜重盡行給與。丁夜等役依撥報事，在百里內報實者，賞銀五兩或十兩。在二百里內報實者，賞銀十兩或二十兩。深入虜巢探聽約確，虜欲大舉，說以利害，侵其響往，或虜謀已成，勢難必遏，或用計用財誘入伏內，兼得奇功，應超賞者給銀一百兩，仍具題超陞。

一、乘塞。廣寧鎮自三岔河西岸起，歷西寧、鎮武、正安、錦義、寧前沿邊一千一十二里，除山險外，凡平地處俱磚砌邊城。每十丈，上砌垛口一個，每城二十五丈，下甃券甕圈一所爲窩鋪。鎮武屬下西寧等三堡，共券修窩鋪五百三十八所。鎮武本堡券修窩鋪二百三十五所。正安屬下鎮寧至鎮夷六堡，共券修窩鋪二百二所。義州屬下大清至大定七堡，共券修窩鋪七百七十所。錦州屬下大茂至大興五堡，共券修窩鋪七百二所。寧前屬下椵木衝至仙靈寺十堡，共券修窩鋪八百二十二所。前屯屬下黑莊窩至鐵場一十一堡，共券修窩鋪七百七十六所。每所高八尺，闊六尺，深一丈四尺，外面各留空眼十孔，備放箭銃，居兵戍守，各給食鍋一口及應用家火。遇警，各照分布垛口，執兵器者登城拒守，司火器者於中聽緩急攻打。萬曆元年，總督侍郎劉應節、巡撫都御史張學顏創設。

一、路臺。自山海關至開原城，延袤一千四百餘里，行旅居民，時罹虜害，乃創置路臺，設兵瞭守，量地衝緩建置。緩者五里一臺，衝者二里或三里一臺。每臺高三丈五尺，周闊十丈，上置鋪樓、垛口，外用磚砌城，周四十丈，券門鐵裏。又重築土牆，斸品字濠塹，栽植柳林。瞭守軍五名，共一千一百五名，各置號旗、銃砲、火器、弓矢，專守傳報，行旅居民遇急，趨避於內。巡撫蔣應奎、吉澄、王之誥、魏學魯、張學顏歷年增置。

一、車制。以戰車四百輛爲一營，其車用雙輪，左、右、前三面爲廂。中安快鎗，或佛郎機，少五六桿，多七八桿，口出前板之外，柄安置於中，緊頂於後，將火綫、火藥、鉛子盛置停當，上覆以木板。遇賊欲放，將覆板懸於前板之上，比前廂板高出二尺，勢如垛牆。緩則先放火器一二桿，急則齊放。放盡，取出裝藥，遞相安置輪放。前板居中，大約寬約三尺，兩傍二扇各二尺，制爲門扇，以鐵爲鈎，行則折回，下營則相聯別車，俱畫獸面。路闊，數輛並行，狹則單行，順推逆挽，前後俱便。

一、支糧例。指揮以上每官一員月支米三石，歲支米三十六石。千戶以下每官一員，支米二石，歲支米二十四石。旗軍每名月支米一石，歲支米一十二石。閏月，各照支給。歲以上六月支米，下六月折銀，每米一石折銀二錢五分。如以地方荒歉，加折或倍，不爲常例。官員月支外，各照品級石數折鈔。每米一石，鈔銀四分五厘，俸糧歲以二季關支。旗軍月支外。有年例賞賜綿布四匹，綿花一斤八兩，折銀九錢，歲冬支給鹽鐵。屯軍同哨守墩軍、出哨夜不收歲冬頒給衣鞋。公差廩米、客兵糧料，因其職務大小，戍守遠近增減。

一、草料例。各營、堡征操官軍下馬并各將官戰馱馬，除夏秋外，春冬六個月支料，每匹大月支九斗，小月支八斗七升。正、二、三、十二月支草，每匹大月支秋青草三十束，小月支二十九束。後因年荒，屯軍消乏，徵納不前，其海州等城營馬各近草場，自行採牧。惟廣寧左等十哨馬去草場頗遠，照常折支。其三萬、遼海、鐵嶺三衛軍下馬，春季支屯餘采積本色秋青草，大月三十束，小月二十九束。調操官軍并安樂州達官頭目各馬，草俱戶下餘丁自備，其各營自備鞍馬隨操頭目、土軍下馬，不支料草。各驛走遞馬、驢，除夏秋外，春冬六個月支料，馬每匹大月支九斗，小月支八斗七升。驢每頭大月支四斗五升，小月四斗三升五合，俱折色，不支草。金、復、盖三衛驛馬原無料草。

一、行糧例。廣寧調到各城團練、換班、選鋒、軍壯，每名日支折色粟米一升五合，正駄馬每匹日支折色料三升、草一束。各城副、參、遊、備各營隨操軍馬，各在本處及百里之內無行糧，如遇征調出，百里之外，千、把總每員日支折色粟米三升，管隊官旗并隨伍軍士每員名日支折色粟米一升五合。千、把總每員正駄馬二匹，官旗軍士各馬一匹，每匹日支折色料三升、草一束。如駐劄久近，日期多寡，隨戶部總理衙門斟酌准給。其入衛薊鎮遊兵并軍門標兵中軍、千、把總官，每員日支折色粟米三升。管隊官旗并頭目、軍舍日支折色粟米一升五合。各官軍下正駄馬，每匹日支折色料三升、草一束。除在關西照例日支外，往迴關東至寧遠城止准一日，錦州城准二日，義州城准三日，廣寧城准四日，遼陽等城准六日，其餘日期不准支給。

一、養馬。行太僕寺專督驗各營馬匹，春秋二季查選，分爲等第。膘壯者爲上等，膘次者爲中等，再次者爲下等，填注冊籍。上等省令自養，中等、下等委官監督，本軍攢槽喂養，查驗料草，瘦弱不堪者許變賣賠補。每季，各兵備道同本營將領稽查，論等賞罰例同。

種馬。苑馬寺專理種馬，每馬一匹，用正養軍一名，貼養軍一名，每正軍五名，共攢一槽，令騍馬四匹，搭配兒馬一匹，各照本伍，夥蓋廠房。自十月至三月，共攢槽喂養，四月以後，日出牧放，日入收回。遇有倒失虧駒，與同原撥貼丁五名共十人均派賠補。如種馬齒老、殘疾、瘦損、飄沙及駒子短縮，俱各估計時值，准其賣銀納官，騍馬寬以間歲追徵一駒兒。騍馬毛色亦爲上、中、下三等，填附季報。馬駒二歲以上，另撥他戶喂養。虧駒者，徵銀一兩五錢貯庫，候買四尺大馬備操騎用。四季點查，季終，稽覈牧馬官軍功罪，如中等陞至上等，下等陞至中等，俱免責。如下等陞至上等者，除犒賞外，仍免本軍攢槽及工役。如照舊等未加膘者重責，不及原膘瘦弱者捆打，仍着攢槽喂養。監養官員論分賞罰，以十爲率進等，三分以上者賞，六分以上者獎，由八分以至十分者獎賞並行，仍另叙用，如膘不加者重責罰俸，下等二分以上，除責罰馬一匹，革任，下等四分以上及倒失數多，捆打，罰馬二匹，黜革。國初，原設行太僕、苑馬二寺，專督孳牧。至成化十四年，奉例令行太僕寺少卿專督驗操馬，苑馬寺少卿專理兒騍、種馬，迄今遵制。

一、塘撥。撫、鎮衙門并六道分屬各營、路俱置塘撥軍馬，每十里一撥，馬五匹、軍五名，各分擬地方，走報緊急軍情。該營地方一面傳至本路將領，一面傳至各道、巡撫、總兵衙門止。每半月更替操撥，歲爲常規，巡撫、總兵衙門仍轉報兵部、總督軍門。

一、安降夷。凡降夷及被虜華人投歸，各計口館養，願回原籍者聽，無家者，分發各營操備。於總兵衙門東北隅易房地一處，建房三十七間以處降夷。充家丁者，於寺前官地建受降所營房一百一十七間，以居北虜投降者①。城外關廂内易買園地一處，營房二百餘間，以處建州投降者。俱築堅墻，仍建大廳及防守官房。又選立隊長，編成次序，責頭目一員監其出入，計月給糧，官廳名曰"歸正"。俱隆慶六年題建。

一、撫賞。國初，兀良哈等效順，内護有功，歲許賞賚，累朝不廢。迄今種類益繁，賞賚錢糧視昔爲倍。撫賞海西朝京都督每名牛一隻，大果卓一張；都指揮每名羊一隻，大果卓一張。給賞海西買賣都督每名羊一隻，每日卓面三張，酒三壺；都指揮每名羊一隻，每日卓面一張，酒一壺。各部落，每四名猪肉一斤，酒一壺。賞賜傳報夷情夷人，白中布二匹，卓面二張，酒二壺。撫賞三衛買賣達子大頭兒每名襖子一件，鍋一口，靴、襪各一雙，青紅布三匹，米三斗，大果卓面半張。零賞三衛達子每名布一匹，米一斗，兀堵酥一雙，靴一雙，鍋一口，每四名大果卓一張。近邊住牧換鹽米、討酒食等夷人，守堡官量處撫待。

一、燒荒。歲冬，鎮守總兵官會同贊理軍務都御史，奉敕移文各路副總、參、遊、守備、備禦、提調、守堡等官，遵照會行日期，各統所部兵馬出境，量地廣狹，或分三路、五路，首尾相應而行，預定夜不收分投哨探，放火沿燒野草盡絕，聽令安營，吹號笛、擊鼓。聚官發放畢，乞討夷人至營外求見，發牌開門，鼓吹齊舉，通事引入拜見，量給酒肉令出。開營回兵入境，兵馬各令附近屯堡休息存留，夜不收并標下官軍站立一營，圍夷人多寡，携婦女老幼入關門投見，令通事譯傳，宣布朝廷恩威、地方利害，量給卓面、酒肉、鹽、布、胭粉、靴襪之類。或有號稱大頭領，及預有報事等項勤勞者，亦賞牛羊、叚襖、銀牌。賞畢，夷人出境，兵馬俱在邊宿歇，次日歸城。廣順關賞海西夷人，鎮北關賞福餘衛夷人，撫順關賞建州夷人，鎮遠關賞朵顔、泰寧夷人。近年兵馬出邊燒荒，俱至二百里之外，順風舉火，草莽焚燒盡絕，賊聞兵馬出境皆遠遁，絕無踪迹，前項賞賚皆省。

效祖曰："遼鎮之防，頻年出車秉羽者②，可謂具智兩矣！然間有滯澀未舉，及舉

---

① ［校］者，底本原無，據下文"以處建州投降者"補，文意更暢。
② 出車秉羽者，用指鎮守遼東之臣。出車，語見《毛詩正義》卷九《小雅・出車》，《十三經注疏》本，第600頁，"出車彭彭，旂旐央央。天子命我，城彼朔方"。秉羽，語見《莊子集釋》卷八中《徐無鬼第二十四》，第850頁，"孫叔敖甘寢秉羽而郢人投兵"。

之如畫餅者，則以興輦之未充，雖挈瓶①有不能施者。如舊遼陽之當復，海運之當開，寧前乘障之當設，皆非薄物細故也，可以爰爰顧之乎？"

薊鎮經畧

雜防

一、鏟偏坡。邊外山坡平漫，勢可馳驟，難爲守者，隨其高下，剷成濠塹，以限虜馬。

山海路。南海口起，至寺兒谷止，土石偏坡八百一十一丈。

石門路。一片石起，至甘泉堡止，土石偏坡六千四百二十八丈。

臺頭路。箭杆嶺口起，至大青峪臺止，土石偏坡五千五百一十一丈。

燕河路。劉家關起，至西尖山傳烽墩止，土石偏坡三百二十八丈。石門子口西界起，至劉家營西界止，土石偏坡三千六百六十丈。

喜峯路。大喜峯口起，至小喜峯口止，土石偏坡一千四十丈。

太平寨路。白道子關起，至爛柴溝止，土石偏坡六千三百丈。榆木嶺關起，至石梯子止，土石偏坡八千三百一十四丈。

松棚路。潘家口關起，至椽八峪寨止，土石偏坡四千二百丈。廖家谷寨起，至三道嶺寨止，土石偏坡七千三百六丈。千家谷關起，至山口寨止，土石偏坡八千一百三十八丈。

馬蘭路。石崖嶺起，至冷嘴頭關止，土石偏坡五千五百七十九丈。鮎魚石關起，至平山頂寨止，土石偏坡七千七百一十八丈。太平安寨起，至黃崖口關止，土石偏坡一千九百五十五丈。彰作里關起，至峨眉山寨止，石崖偏坡四千二百八十二丈。

墙子路。大黃崖關起，至黃門口關止，土石偏坡二千六百九十七丈。灰峪寨起，至無嘴墩止，土石偏坡三百五十四丈。

曹家路。西琵琶稍起，至狗皮嶺止，土石偏坡三百七十六丈。青石虎臺起，至峯窩頂臺止，土石偏坡二百五丈。

古北路。鹽房塞起，至潮河一寨止，土石偏坡九千八十一丈有奇。古北口關起，至盧家寨止，土石偏坡二萬一千九百五十七丈。

石塘路。开連口起，至石塘嶺關止，土石偏坡四千九百九十七丈五尺。馮家峪關起，至東駝骨關止，土石偏坡一千二十九丈。

---

① 挈瓶，汲水用的小瓶，比喻才智淺小。語見《春秋左傳正義》卷四十四《昭公七年》，《十三經注疏》本，第1431頁，"虽有挈瓶之知，守不假器，禮也"。

一、鑿品坑。山坡平漫，高下不一，坡處鑿成品字坑，以限虜馬。古北口關，品字坑二萬處。山海關，品字坑一千二十八處。

一、種樹木。沿邊墻內外，虜馬可通處，俱發本路主、客軍兵種植榆、柳、桃、杏，以固邊險。

密雲道墻子、曹家、古北、石塘四路，共栽過榆、柳一百六十八萬四千一百五十三株，種過桃、杏等種子五十九石九斗。

薊州道太平、喜峯、松棚、馬蘭四路，共栽過榆、柳、雜樹四百四十七萬一千一百四十七株，種過桃、杏等種子一百石。

永平道石門、臺頭、燕河、山海四路，共栽過榆、柳、雜樹三百一十二萬五千一百八十七株，種過桃、杏等種子三百九十石六斗。總督侍郎劉應節請題建。

一、招降叛。華人被擄投歸，夷人效順同化者，各關守、提審實，送本路主將，轉解總督、撫、鎮衙門收發各營，免其差役，厚加存恤。華人願歸籍者，聽有司仍加優恤。各將領、守、提以招降人數為績殿最。每臨敵陣，前立降旗二面，望風歸投者，引至旗下，俟收兵安營畢，主將審實收養。居常，各關散布信令，如華人為虜作奸細，潛入邊境，有悔悟自首者，仍免罪收養。如能虜中相率百名以上來歸者量授官職，三百名以上來歸者，授世襲指揮僉事，五百名以上來歸者，授世襲指揮同知。如能計斬小酋首級來獻者，授世襲指揮使，仍賞田宅銀二千兩。如能計斬大酋首級來獻者，授伯爵，仍賞田宅銀五千兩。

效祖曰："今薊之言邊務者不過戰與守，然中堅下壁，非眠優①所具悉也。故有戰者，有不戰者，有守者，有不守者，有不戰而戰者，有不守而守者，有戰而不戰者，有守而不守者。要在隨其機宜，而威謀靡亢②，不可以其曼衍，故薄而不爲也。不則，古之出奇制勝而所向無不如意者，戰豈在多，守豈在固哉？"

昌鎮經畧

雜防

一、鏟偏坡。邊外山坡平漫，勢可馳驟，難於守者，隨其高下，剷成濠塹以限虜馬。

---

① 眠優，此處指身居廟堂，坐而論道之臣。眠，觀看；優，安逸，悠閒。語見《六臣注文選》卷五十五《連演珠五十首（陸士衡）》，《景印文淵閣四庫全書》第1331冊，第438頁，"臣聞傾耳求音，眠優聽苦，澄心徇物，形逸神勞"。
② 靡亢，不可抗衡。語見《漢書》卷六十九《趙充國傳》，第2995頁，"營平守節，屢奏封章，料敵制勝，威謀靡亢"。顏師古注曰："料，量也。亢，拒也。合韻音康。"

黄花路，西星口起，至开連口止，土石偏坡一萬六千三百九十八丈。

居庸路，灰嶺口起，至軟棗頂止，土石偏坡一萬三千三百六丈。

橫嶺路，松湖口起，至高堂口止，土石偏坡一萬八千六百八十一丈。

一、種樹木。沿邊墙內外虜馬可通處，俱發本路主客兵種榆、柳、雜樹以固邊險。黄花、居庸、橫嶺三路栽過柳木等樹六萬三千六百六十二株。

一、塞隘口。沙嶺口外設鹿角榨木三層。灰嶺口外設鹿角榨木五層，猱頭榨木南北一丈五尺，拗馬品字浮石南北一百丈，水口順河荆囤十層。門家峪一片石水口外鹿角榨木三層。賢莊口外鹿角榨木五層，猱頭榨木南北一十四丈，荆囤五層，拗馬品字浮石南北一十四丈。錐石口外鹿角榨木五層，水口外鹿角榨木四層，猱頭榨木南北二十丈，荆囤五層，拗馬品字浮石南北二十丈。德勝口外鹿角榨木十層，猱頭榨木南北一十二丈，荆囤五層，拗馬品字浮石南北一十二丈。嘉靖四十五年侍郎劉燾、巡撫副都御史耿隨卿題建。

一、招降叛。見薊鎮。

效祖曰："庚戌之變，虜騎稍稍薄甘泉①，顧所駐皆曠野平川，即有櫺槮杙樺者，掉頭去不顧，蓋恐我爲伏匿而逡逡有懼心也。昌鎮陵寢重地，兵衛如林，而諸凡製具亦備。矧祖宗在天有靈，自當震懾腥氈之狂狡，其何敢仗棰策②而窺金狄③哉！"

真保鎮經畧

雜防

一、鏟偏坡。邊外山坡平漫，易於馳驟，難爲守者，隨其高下以致陡峻，鏟成壕塹，以拒虜馬。

紫荆關下，虎爪石口起，至忙兒溝口止，土石偏坡五千五百二十五丈二尺。長嶺兒口起，至水峪口止，土石偏坡二千五百丈。蘆子溝口起，至五枝口止，土石偏坡三千二百二十九丈五尺。馬水口起，至柏連澗止，土石偏坡四千一百七十一丈。沿河口起，至鍋口止，土石偏坡四百六丈。火燒嶺起，至莊窠澗止，土石偏坡六百二十一丈。倚馬關下五枝山起，至黑石溝口止，土石偏坡一千四百九十丈。虎伏溝起，至本口止，土石

---

① 甘泉，指甘泉宮。按《史記》卷六《秦始皇本紀》，第241頁，秦始皇二十七年，"自廟極道通驪山，作甘泉前殿"。漢代甘泉宮則是在秦林光宮基礎上擴建的，此處代指帝都京城。

② 棰策，馬鞭。語見王先慎撰、鍾哲點校《韓非子集解》卷四《奸劫弑臣》，中華書局1998年，第105頁，"無棰策之威，銜橛之備，雖造父不能以服馬"，這裏代指蒙古騎兵。

③ 金狄，秦始皇銷天下兵器所鑄十二金人。按《三輔黄圖》卷一《宮馳道閣》，《四部叢刊》本，"銷鋒鏑以爲金人十二，以弱天下之人，立於宮門。《三輔舊事》云：'鑄金狄人，立阿房殿前。'"此處代指京城。

偏坡二百四十三丈。下竿嶺口起，至魚兒創口止，土石偏坡二百三十八丈。火炭溝口起，至夾耳安口止，土石偏坡五百五十二丈。

龍泉關下。本關起，至鷂子崖止，土石偏坡六百七十三丈。車孤駝起，至紅沙崖止，土石偏坡一十二丈。娘子關口起，至新城口止，土石偏坡五百四十一丈五尺。滴水口起，至本口止，土石偏坡二丈。

一、鑿品字坑。山坡平漫，高下不一，難爲偏坡處鑿成品字坑，以限虜馬。

倒馬關、插箭嶺城外大墩迤西挑品字坑三層，東窰峪下挑品字坑三層，跌馬崖城外挑品字坑三層。

效祖曰："古人於殪戎①之策，釋結靡遺②，其可恃者，最急營部之强，乘障之固也。真、保在内地，即有虜警，非猝爾可至。以逸待勞，以靜制動，或設伏以邀之，或據險以阻之，或以疑兵誘其前，或以勁兵遮其後。至如路可壍者，河可浚者，岡巒可鏟削者何？莫非衣袽③之所有事乎？"

遼鎮經畧

雜防

一、鏟偏坡。邊外山坡平漫，夷馬易於馳驟，各隨高下鏟如陡崖，高二丈五尺，隨高下不等，鏟成品字濠塹，以限虜馬。

廣寧屬下。鎮邊堡偏坡八百一十丈。

義州屬下。大寧堡偏坡一千五百七十四丈。太平堡偏坡五百四十八丈。大安堡偏坡二十九丈。大定堡偏坡四十丈。

寧遠屬下。椵木衝堡偏坡四百五十丈。松山寺堡偏坡一千四百一十丈。灰山堡偏坡五百七十七丈。寨兒山堡偏坡五百九十丈。白塔峪堡偏坡八百八十丈。興水堡偏坡二百五十三丈。

前屯屬下。瑞昌堡偏坡一千三百九十六丈。鐵場堡偏坡二百七十九丈。

海州屬下。東勝堡偏坡三百三十五丈。

遠陽屬下。長寧堡偏坡一百八千五丈。長勝堡偏坡二百四十丈。長勇堡偏坡三百二

---

① 殪戎，指出兵征討。參《晉書》卷六十二《劉琨傳》，第1683頁，"頃以時宜，權假位號，竟無殪戎之績，而有負乘之累，當肆刑書，以明黜陟"。又作"一戎"，參《晉書》卷二十二《樂上》，第676頁，"魏武挾天子而令諸侯，思一戎而匡九服"。

② 釋結靡遺，這裏指解決問題的辦法很多。釋結，解決疑難；靡遺，沒有遺漏。劉邵《人物志》卷二《體別第二》，中州古籍出版社2007年，第52頁，"能在釋結，失在流宕"。

③ 衣袽，謂對潛伏着的危機應有所戒備。參《周易正義》卷六《既濟》，《十三經注疏》本，第295頁，"六四，繻有衣袽，終日戒"。王弼注："繻，宜曰濡，衣袽，所以塞舟漏也。"

十丈。

　　瀋陽屬下。長營堡偏坡四百九十七丈。上榆林堡偏坡三百八十三丈。十方寺堡偏坡二百八十二丈。

　　開原屬下。清陽堡偏坡五百四十丈。永寧堡偏坡二百七十九丈。慶雲堡偏坡三百九十二丈。定遠堡偏坡一百八十丈。鎮西堡偏坡三百六十八丈。曾遲堡偏坡二百五十九丈。宋家泊堡偏坡二百七十九丈。丁守泊堡偏坡三百九十七丈。

　　以上偏坡絕頂處俱用磚砌，垛口接城墻者磚石補砌，使坡形墻形相聯如一。

　　一、修水口。廣寧鎮水口共七十八處，河東水口共六十二處，各處寬闊不等，勢皆平漫，虜馬易涉。於水勢平淺、口面窄狹者下安木石大椿，上鋪木板數層，以磚石砌如城樣，復置垛口，或以木爲柞，便於流水。如水流衝激，口面深闊者，中置船筏，上安水垛，水緩則聯繫中流，水漲則分繫兩岸。仍於水口兩邊，或藉山勢，或就地形，各順砌石根，墻臺接連邊城，以防衝潰，以使瞭望，設軍時常巡守。

　　一、懸樓。虜逼城下，守城軍不得出首窺望，俱造懸樓，照宣、大式安置城垛，上挺出女墻外，三面用板椿，俱留箭銃眼以備擊打，虜不敢近城，掘土仰視如式。置造共二千八百八十三架，分給各處城堡，每衛城給一十六架，每所城給一十二架，每驛城給八架，每大堡城給五架，小堡城給四架，遇警，軍士登樓拒守。隆慶五年，巡撫副都御史張學顏建。

　　一、裏濠。開原地方邊城內挑挖裏濠，開原等五城堡經長二百二里，深一丈五尺。將濠內土即補築城墻高厚，每歲春秋修浚。隆慶五年，參將郭應秋、都指揮姚天與修設。

　　一、備倭。本鎮東、西、北三面控虜，南臨渤海，時被倭患。我國初立金、復、蓋三衛防護。自劉江望海堝之捷，倭奴至今懷畏，不敢窺邊境。雖承平日久，思慮患預防。原設守備一員，領城堡六十座，墩架九十五座，兵一千七百七十五名，馬五百七十一匹，兼防海內島嶼草寇。

　　一、安島民。本鎮軍民逃避差役，竄伏海島，逼近山東登州，地方官司不能勾攝。居海島水洲，時常爲寇，逋逃愈歸爲黨。題准將遼東管局都司移駐登州，永爲定制，專管島民，以事譏察。先行撫馭招徠人籍三千九百名口，於首者給以賞賜，榮以冠帶，寬本身力役之徵，復免三年差徭。逃移既歸，官在登州無所事事，今已撤回，仍管原務，兼①撫歸民。經畧侍郎汪道昆、巡撫副都御史張學顏議設。

　　一、外禁。遼邊境外多物產，如貂皮、人參、材木、魚鮮之類。邊人圖利往取，多被虜害，又恐與虜交通。我太祖高皇帝詔定《大明律令》，有私出境外及違禁下海，軍民違犯或守邊官故縱者，皆從重治，今永遵守。

---

　　① ［校］兼，底本不清，據民國間抄本補。

效祖曰:"遼鎮之邊,視薊爲疏,故虜得數數入,即哨瞭得人,烽燧及期,要無濟於奔突之去來也。故衿褵之戒①,視薊又宜多其具,不獨在兵馬已也。然則塹宜多,濠宜深,路宜迂迴,堡宜環峙,行者宜結隊,居者宜守望,在全鎮皆然,而寧前尤急。"

四鎮三關誌卷之六,終

---

① 衿褵之戒,本指父母對出嫁女子的教訓,這裏指朝廷對遼東鎮官員要勤力防守的訓示。語見《後漢書》卷二十四《馬援傳》,第844頁,"汝曹知吾惡之甚矣,所以復言者,施衿結褵,申父母之戒,欲使汝曹不忘之耳"。

四鎮三關誌卷之七

制疏考

四鎮制疏總論

效祖曰："君臣之分，高卑懸絶，蓋自天地設位已然矣。然其情之疏通而罔聞①者，非文詞安所藉焉。故君謂臣則有詔、有諭、有誥、有敕②，臣謂君則有題、有奏、有策、有議③。凡此皆所以宣上德、達下情，而敷治宣猷④之不可廢者也。其在内治靡不爲然，而障徼⑤飛轡⑥又蒸蒸篤焉。今詳括而類收之，以見一德交承之盛，作《制疏考》。"

---

① ［校］聞，原作"間"，據民國間抄本改。
② 詔、諭、誥、敕，都是指皇帝或以皇帝的名義頒行給臣民的政務類文書的統稱，即"王言"。詔是皇帝因重大事件向臣民發布的最正式、常用、公開的文書；諭即皇帝手寫或口述的旨意；誥既有告誡之意，又有誥命之意，即授職、封贈的文書；敕多用來委任官員執行專務，也用來對官員予以嘉獎或指示。參萬曆《大明會典》卷七十六《禮部三十四·奏啓題本格式》，《續修四庫全書》第790册，第381頁。
③ 題、奏、策、議，臣民向皇帝陳言所用的政務類文書。萬曆《大明會典》卷七十六《禮部三十四·奏啓題本格式》，《續修四庫全書》第790册，第381頁，"國初定制，臣民具疏，上於朝廷者爲奏本，東宮者爲啓本，皆細字。後以在京諸司奏本不便，凡公事用題本。其制比奏啓本畧小而字稍大，皆有格式列後"。策和議爲表達臣民政治主張、提出意見和建議的文書。
④ 敷治宣猷，指宣揚治國之道。敷，鋪陳；猷，道、法則。
⑤ 障徼，邊塞。障，邊境險要處戍守的堡寨；徼，邊界。
⑥ 飛轡，指奔馳的駿馬。轡，馬繮。

薊鎮制疏

詔敕

敕兵部左侍郎兼都察院右僉都御史孫檜①

　　近因虜寇越關深入，殘害畿輔地方，今雖退遁，而沿邊一帶誠不可不爲之備。該大學士嚴嵩②等題稱，薊州一鎮密邇京師，關係尤重，但兵馬單弱，宜選風力大臣提督該鎮軍務，庶幾緩急有濟。敕下該部，議覆前來，相應依擬。今特命爾前去提督薊州軍務，爾宜查照該部題覆事理，嚴督所屬，整搠軍馬，鋒利器械，謹愼烽堠，以備不虞。其有關隘牆堡應該修築增補者，即便相度，具奏興工。其撫鎮、參遊等官，俱聽節制。一遇有警，即行調集遼東、真保、河間等處兵馬相機應援。各該將領等官臨陣之際有不用命者，自指揮以下許以軍法從事，有司官員有犯，即便拿問。凡軍中事宜，敕內該載未盡者，悉聽便宜區處。爾爲大臣，受茲簡命，宜殫忠竭慮，多方經畧，計出萬全，必使戰勝守固，以紓朕北顧之憂，斯稱任使。毋或因循息忽，致誤事機，責有所歸。爾其欽承之。故諭。

敕總督薊遼、保定等處軍務兼理糧餉兵部左侍郎兼都察院右僉都御史譚綸③

　　薊鎮切近京師，實係藩籬重地，茲特命爾總督薊、遼、保定軍務，兼理本處主客④軍餉。爾宜查照該部節題事理，嚴督所屬，整搠軍馬，鋒利器械，謹烽堠，以備不虞。如各處兵數不足，設法召募，務使充實。關隘牆堡應該修築增補者，即便相度具奏興工。其薊、遼、保定鎮巡并各鎮參遊所屬地方、各道兵備添設修築墩堡等項官員，俱聽爾節制。各領兵等官敢有臨陣不用命者，自都指揮以下許以軍法從事。爾仍督同各該巡撫及管糧郎中等官，凡遇糴買主客兵糧料草，督令守巡、兵備官估計召商，比較完納。各倉庫支放，巡撫并郎中、主事，各照分定地方掌管，先事儲積，臨時供億，俱聽爾調

---

① 孫檜，其傳見本書卷九。
② 嚴嵩，字惟中，分宜人。弘治十八年進士，改庶吉士，授翰林院編修。歷禮部右侍郎、吏部左侍郎、南京禮部尚書等。嘉靖二十一年拜武英殿大學士，入直文淵閣。累官至吏部尚書、謹身殿大學士、少傅兼太子太師。參張廷玉《明史》卷三百八《嚴嵩傳》，第7914~7919頁。
③ 譚綸，字子理，宜黃人。嘉靖二十三年進士，除南京禮部主事。歷兵部職方司郎中、台州知府等。嘉靖四十二年擢右僉都御史，巡撫福建。隆慶元年進兵部左侍郎兼右僉都御史，總督薊、遼、保定軍務。神宗即位，起兵部尚書。五年卒於官，贈太子太保，諡襄敏。參張廷玉《明史》卷二百二十二《譚綸傳》，第5833~5836頁。
④ 主客，即主兵和客兵。

度，如有不敷，爾即具奏請給。每年防秋①畢日，督行各官分別主客，各開有無支剩，并計算下年應該添買之數題請。其在鎮糧草支用不及者，或改撥搬運，聽爾從宜處置。凡官商埋沒、將領尅削及一切浪費冒支等弊，應拿問者就便拿問，應參奏者指實參奏。各分定地方官員如違誤糧餉，守巡、兵備等官假以邊務規避召買，致誤軍機者，爾即奏來處治。其餘軍衛有司官員有犯，輕則徑自提問，重則參奏究治，庸懦不職者一體糾劾。凡軍中一應事宜，并敕內該載未盡者，悉聽爾便宜區處，仍不妨練兵原務。爾爲大臣，受兹簡命，宜殫忠竭誠，多方經畧，計出萬全，必使戰勝守固，士飽馬騰，以紓朕北顧之憂。如或因循怠忽，責有所歸。爾其欽承之。故諭。

敕總督軍務都察院右都御史兼兵部右侍郎劉應節

朕受天明命，君主萬方，內夷外夏，無不欲其得所。昨歲北虜款關乞貢，議者紛紛，可否互異。朕方欲廣并包之仁，故不責既往，納其獻獻，授以官職，許爲外臣。然夷狄之性，叛服不常，制禦之方，自治爲要。況薊鎮地方逼鄰東虜，今俺酋雖稱款順，土蠻尚爾陸梁②，桑土之防③，倍宜加慎。近該輔臣建議，請降敕諭，申飭各鎮文武諸臣，及時整理邊務，誠爲安攘至計。兹特諭爾，除職掌所係照常修舉外，乘今邊患稍寧，嚴督鎮巡、兵備等官將一應戰守事宜着實整理，撙節費用務有贏餘，訓練兵馬務皆精壯，召種屯田務廣儲蓄，清理鹽法務使疏通，哨探虜情務得端的，調遣應接務中機宜。援兵雖不可驟罷，亦要設法練集土著，以圖戰守。墩臺雖已行修築，尤須多備守臺器具，以資捍禦。若事有不便，應合改弦易轍者，亦須明白具奏，請旨定奪，毋得拘泥陳說，因循自誤。以後每年聽行大臣查覈紀驗，果能事事整飭，著有實績，比照擒斬事例重加陞賞；如踵襲故套，推諉誤事，即照失機從重擬罪。爾爲督臣，受兹委任，宜殫竭忠謀，悉心區畫，務俾邊政修舉，日勝一日，禦虜之算，萬全無遺，斯副朕付托之重。如或怠玩廢弛，以致僨事，責有所歸。爾其慎之，慎之。故諭。

---

① 防秋，指中原王朝針對北邊及其西北邊少數民族頻繁入侵而進行的戰畧性防禦，由於入侵和防禦的季節主要是秋季而得名，也作"秋防"。防秋最早出現於唐中後期，至明代針對蒙古、女真的頻繁入侵發展成一種國家戰畧。秋關將近，朝廷安排防秋事宜，包括防秋糧餉的供應、信地分守、燒荒、定期巡邊、防秋之後的獎罰懲治等。參劉景純《明代九邊史地研究》，中華書局2014年，第26~45頁。
② 陸梁，囂張、猖獗。參《後漢書》卷八十七《西羌傳》，第2900頁，"轂馬揚埃，陸梁於三輔"。
③ 桑土之防，比喻勤於經營，防患於未然。參《毛詩正義》卷八《豳風·鴟鴞》，《十三經注疏》本，第515頁，"迨天之未陰雨，徹彼桑土，綢繆牖戶"，箋云："綢繆猶纏綿也。此鴟鴞自說作巢至苦如是，比喻諸臣之先臣，亦及文、武未定天下，積日累功，以此固定官位與土地。"

敕總督兵部右侍郎兼都察院右僉都御史楊兆

　　薊鎮切近京師，實係藩籬重地，茲特命爾總督薊、遼、保定等處軍務兼理薊、昌二鎮主客軍餉。爾宜查照該部節題事理，嚴督所屬文武將吏，整搠軍馬，鋒利器械，謹明烽堠，以備不虞。如各營路軍伍不足，設法募補，務使充實。各處清勾①改編到軍士，督令安插得所，如法訓練。關隘墻臺應該增修者，即便相度具奏興工。各路營城距邊有在十里五里之外者，酌議移置近邊，以便戰守。近年所造戰車，遇有損壞缺少，務即以時修補；入衛②兵馬有以老弱充數，宜嚴加查覈；各處班軍③，全無盔甲器械，與不習戰守，宜即議處練習，俾得實用。宣府岔東一帶土墻、樓櫓④，係陵寢後蔽，爾每歲會同該鎮鎮巡等官查閱一次，應修理者具奏修理。天壽山東西山口空缺，宜議增車營⑤以資防禦。其薊、遼、昌平、保定鎮巡、協守、分守⑥、副、參、兵備及統領入衛領班等項官員，俱聽爾節制。如遇虜賊入犯，即嚴督各官相機剿殺，各領兵將官有臨陣退縮、承遣逗遛、抗違軍令及沿習舊套、割取死首、冒功脫罪者，參將以下許以軍法從事，副

---

① 清勾，清理軍伍，勾補逃軍，以保證軍伍充實。相關研究可參于志嘉《明代軍户制度研究》，臺灣學生書局1987年，第67~139頁及馮志華《明代衛所軍制下的清勾制度》，廈門大學2007年碩士學位論文等。
② 入衛，本指地方武裝力量爲權力中樞提供的保護。明代調用在外衛所旗軍赴京師提供必要的武裝保護，稱爲入衛軍。自嘉靖二十九年始，一些邊鎮旗軍開始周期性地輪流到薊鎮操練戍守，也稱爲入衛。入戍薊鎮的這些軍人，以衛所旗軍爲主，到後期則由旗軍、舍餘、募兵、土著民壯等組成。
③ 班軍，是指以衛所軍户爲主體的旗軍離開自己所隸屬（駐劄）的衛所，周期性地到指定的、相對固定的地點或地區，從事以軍事戍守爲主的活動。明朝班軍的類型繁多，有入衛京師的北京京操班軍（主要來自南北直隸、中都留守司、河南、山東、大寧等都司），有南京京操班軍，有諸邊入衛薊鎮的入衛軍，有北方諸都司衛所有番戍防守重鎮的邊操軍（如河南、山東等入衛薊鎮、大同、宣府、榆林等），也有北部邊境都司衛所相互番戍的防秋、防冬軍兵，還有幾個都司或一都司内部對軍事要塞的番戍（如廣西梧州、桂林等），以及各都司内對都司或省城所在地的番戍。參彭勇《明代班軍制度研究——以京操班軍爲中心》，中央民族大學出版社2006年；《明代北邊防禦體制研究——以邊操班軍的演變爲綫索》，中央民族大學出版社2009年。
④ 樓櫓，古時軍中用以瞭望敵軍的無頂蓋高臺。
⑤ 車營，明代的一種軍隊編制。相關研究成果可參陳剛俊《論明代的戰車與車營》，江西師範大學2007年碩士學位論文及周維强《明代戰車研究》，臺灣清華大學歷史研究所2008年博士學位論文等。
⑥ 協守、分守，另有鎮守、守備等，爲鎮戍武官名稱。按萬曆《大明會典》卷一百二十六《兵部九·鎮戍一·將領上》，《續修四庫全書》第791冊，第270頁，"凡天下要害地方，皆設官統兵鎮戍。其總鎮一方者曰鎮守，守一路者曰分守，獨守一堡一城者曰守備，與主將同守一城者曰協守。又有提督、提調、巡視、備禦、領班、備倭等名，各因事異職焉。其總鎮或掛將軍印，或不掛印，皆曰總兵，次曰副總兵，又次曰參將，又次曰遊擊將軍，舊於公、侯、伯、都督、指揮等官内推舉充任"。

總兵以上先取死罪招由，奏聞處治。爾仍督同各該巡撫及管糧郎中等官，凡遇糴買主客兵糧料草，查照定額，督令守巡、兵備官估計召商，比較上納。各倉庫以時支放，歲終，仍督行各官分別主、客各項有無支剩，并會計下年應該添買之數，先期題請。其各路所派糧草支放不便，或宜改撥搬運，聽爾從宜處置。凡官商埋沒、將領尅削、一切浪費冒支等弊，及管糧官違誤糧餉，兵備官規避召買，應拿問者就便拿問，應參奏者指實參奏。其餘軍衛有司官員有犯，輕則逕自提問，重則參奏究治。每防秋畢日，將各軍職兵備官員分別舉劾，有司不職者一體糾奏。凡軍中一應事宜，并敕內該載未盡者，悉聽爾便宜區處。爾受茲簡命，宜殫忠竭誠，多方經畧，計出萬全，必使戰勝守固，士飽馬騰，以紓朕北顧之憂。如或因循怠忽，責有所歸。爾其欽承之。故諭。

敕獎總督兵部左侍郎兼都察院右僉都御史楊兆①

朕仰承烈祖神宗之耿光丕庥，四方萬國，靡不懷服。蠢惟醜虜，恃其控弦之衆，憑陵邊鄙，無歲無之。朕以爾蔚有遠猷，心在王室，授之專閫，冀紓東顧之憂，而爾能殫竭忠勤，督勵將士，調度方畧，悉中機宜。頃虜乘我解嚴，飄忽東犯，而各該兵將聞警雲集，是張掎角之形，以遏跳梁之勢。斬首二百，奪獲馬駝兵械無算，餘虜狼顧惕息，褫魄奔遯，大伸中國之威靈。時惟爾功，捷書馳聞，朕心嘉悅，特用授爾勳階，給與應得誥命，賞銀六十兩、紵絲四表裏，蔭一子入監讀書，仍賜敕獎勵。於戲！威武奮揚，既著發縱之效，邊疆底定，尚紓善後之圖。宜益勵其初心，用對揚於休命。爾其欽哉！故諭。

敕獎總督薊遼、保定等處軍務兼理糧餉兵部左侍郎兼都察院右僉都御史楊兆

朕纘承皇祖烈宗之丕緒，撫有方夏，三垂②晏若，方內以寧。念保治之大猷，在戎兵之克詰，爰遣重臣，時巡邊鎮，簡稽軍實，覈課功能。茲者邊報，稱爾作鎮北門，和洽東土，畢收群策而張弛協宜，坐制諸夷而威信兼著，繕塞垣則既崇且固，練卒乘則有勇知方。至於遼左之開疆，實本師中之授，算惟茂績，備徵於八，事肆休聲，獨冠於一時。朕念爾勞，良用嘉悅，茲特賜敕獎勵，仍賞銀五十兩、紵絲四表裏，以示眷酬。爾尚益茂忠猷，弘攄遠畧。萬全取勝，愈嚴弃土之防，先事制人，永壯干城③之績，則予一人以懌，且薦有顯陟焉。欽哉！故諭。

---

① 敕獎楊兆事宜爲萬曆三年遼東大捷，詳見本書卷七《制疏考·總督侍郎楊兆爲北虜大舉入犯仰仗天威恭報主將奮剿大捷疏畧》及《明神宗實錄》卷四十五萬曆三年十二月壬午條，第1015頁。
② 三垂，泛指邊疆。參《漢書》卷十四《諸侯王表第二》，第394~395頁，"諸侯比境，周[匝]三垂，外接胡越"。顏師古注曰："三垂，謂北東南也。"
③ 干城，指捍衛。語見《毛詩正義》卷一《周南·兔罝》，《十三經注疏》本，第48頁，"赳赳武夫，公侯干城"。

效祖曰："典邊之責，至嚴且棘矣。往世廟時，督過封疆，臣日惴惴焉，求伏匿不暇，安從覬寵靈乎？乃公以閎才際，泰運年來，關鎮底寧，至厪璽書，下被甄藻，輝煌不一足。古語云：聖人有金城者，比物比志也①，其公之謂歟！"

敕整飭薊州等處邊備兼巡撫順天等府地方都察院右僉都御史楊兆

目今北虜款順，邊患稍寧，正宜及時修舉邊務，以圖久安長治。況薊、昌密邇京師，逼鄰東虜，今俺酋雖稱賓服，土蠻尚爾陸梁，桑土之防，倍宜加慎。近該輔臣建議，請敕申飭各鎮文武諸臣，誠為安攘至計。茲特諭爾除職掌所關照常修舉外，乘今警報稍息，督率兵備將領等官，將一應戰守事宜著實整理，撙節費用務使贏餘，訓練兵馬務皆精壯，召種屯田務廣儲畜，清理鹽法務使疏通，哨探虜情務得端的，調遣應接務中機宜。援兵雖不可驟罷，亦要設法練習土著以圖戰守；墩臺雖已行修築，尤須多備守臺器具以資捍禦。如事有不便，應合改弦易轍者，亦要與總督鎮守協心計議，具奏定奪，毋得拘泥陳說，因循自誤。以後每年聽行邊大臣查覈紀驗，果能事事整飭，著有實績，比照擒斬事例重加陞賞，如蹈襲故套推諉誤事，即照失機從重擬罪。爾為撫臣，受茲重任，宜殫竭忠謀，悉心區畫，務俾邊政修舉日勝一日，禦虜之算，萬全無遺，斯副委托。如或怠玩廢弛，以致僨事，責有所歸。爾其慎之，慎之。故諭。

敕都察院右僉都御史王一鶚②

今特命爾整飭薊州、永平、山海、密雲、居庸關、白羊口等處邊備，兼巡撫順天、永平二府地方，居常操練軍馬，修理城池關隘，撫安軍民，督理糧儲，禁革奸弊，聽理詞訟。凡屯糧、民運、鹽糧、召買等項，爾宜查照該部節題事理，稽督查催。近年題准築建空心墩臺③有未完者，俱要乘時修補，務令高厚，足堪捍禦。各路營城，距邊有在十里五里之外者，酌議移置近邊以便戰守。節年所造戰車，遇有損壞缺少，務即著實修補備用。邊內荒蕪田土并官豪勢要侵占者，逐一查明，分給屯丁盡力開種，俟三年後，如果成熟，准令各軍自食其力，免給月糧，年終，通將墾過田畝數目造冊奏繳，青冊送部查考。如權

---

① 聖人有金城者，比物比志也，指用事物行為來寄托、表達自己的心意。語見《漢書》卷四十八《賈誼傳》，第2257頁，顏師古注曰："此言聖人厲此節行以御群下，則人皆懷德，戮力同心，國家安固不可毀，狀若金城也。"
② 王一鶚，號雲衢，曲周人，嘉靖三十二年進士，授兵部職方司主事。後以都御史巡撫宣大，總督薊遼。累官至兵部尚書，加太子太保。參乾隆《曲周縣志》卷十三《選舉》、卷十五《人物》，乾隆十二年刻本，葉1b、5b~6a及雍正《畿輔通志》卷七十五《人物·政事》，雍正十三年刻本，葉8b。
③ 空心墩臺，每臺高三丈，騎牆曲突，四面制敵。上建層樓，宿兵貯器。無事則皆宿於臺，更番瞭望，有警則守牆附牆。詳見本書卷六《經署考·薊鎮經署》、卷七《制疏考·總督侍郎譚綸請建空心臺疏署》。

豪勢要及將領官商人等，有侵欺、盜賣糧草及埋沒尅剝等弊，應拿問者就便拿問，應參奏者指實參奏。凡口外屬夷應撫賞者，爾宜悉心計處，仔細隄備，務使夷夏懷服，邊境輯寧。若有虜犯，的實警報，爾即移駐昌平，調度各路軍馬，隨宜堵截應援，護衛陵寢，保固地方。凡一應軍情邊務，悉與鎮守官從長計議而行，分守、守備等官俱聽爾節制，爾仍聽總督官節制。其敕內開載未盡，凡有裨於邊備及便於軍民者，亦許爾從宜處置。爾爲憲臣，受兹簡任，須持廉秉公，正己率下，使官吏畏威，軍民懷惠，庶副委托。若背公營私，行事乖方，因循怠玩，以致誤事，責有所歸。爾其慎之，慎之。故諭。

敕巡按直隸監察御史賀一桂①

先該都察院題稱，東西二關既經奉旨，分屬各該巡按御史帶管，則所管地方必須分屬明白，庶可經久，議將居庸、紫荆以至山海等關事務分屬順天等府巡按御史管理。今特命爾不妨原務，兼巡視前項地方，公同各該分守、守備等官查照節年事例，巡視關口，點閘軍士，整飭器械，操演武藝，守關官旗人等一應詞訟，聽爾問理發落。無警則按行內郡，照常處理巡按職務，有警即星馳赴邊，巡視督察。所在大小關隘及新築墩臺，務令官軍加謹把守防護，少有損壞，即時修理堅完，足堪保障。其沿邊樹木，尤宜嚴行禁約，不許居民盜伐，遇有稀疏處所，責令各該地方官及時補植完密。如有視爲末務，不行用心栽種者，指名參來處治。仍兼理清軍，通將所轄邊鎮各區分守并標、遊等兵，各造清册三本。內係編發抽垛②者，將應繼弟男不拘隨伍原衛，俱開報的名，各附造本軍名下，以後遇缺，據籍頂補，不必再用清勾。係召募者，該管官員按季開報，止給與募軍銀二兩，不必過於糜費。仍將邊軍逃故并解補多寡，各責成該管將領及衛所等官，俱候復命之日，分別具奏，以定功罪。敕內該載未盡事宜，聽爾查照舉行。爾爲憲臣，受兹兼任，務使邊關鞏固，武備修舉，清理詳明，軍伍充足，斯爲爾能。如或因循苟且，虛應故事，有負委用，責有所歸。爾其欽承之。故敕。

敕密雲糧儲戶部郎中申嘉瑞③

近該巡按御史題稱，要將密雲管糧官仍理該鎮錢糧，其昌平三路照舊設官管理，該

---

① 賀一桂，廬陵人，嘉靖四十四年進士，授溧水知縣。改監察御史，巡按山西、順天等處。累官至大理寺丞。參同治《廬陵縣志》卷二十九《庶官·賀沂附賀一桂傳》，同治十二年刻本，葉25b~26a。
② 抽垛，抽充和垛集是明代衛所旗軍的來源方式，是兩種徵兵方式。相關研究成果可參王毓銓《明代的軍户》，《歷史研究》1958年第9期；于志嘉《明代軍户制度研究》，臺灣學生書局1987年，第10~26頁；梁志勝《明代衛所武官世襲制度研究》，中國社會科學出版社2012年，第67~75頁等。
③ 申嘉瑞，葉縣人，嘉靖二十五年解元，歷儀徵知縣、户部主事、户部郎中，因督餉有功，陞馬湖知府。參同治《葉縣志》卷八《人物志上》，同治十一年刻本，葉29a。

部議覆相應。今特命爾總理密雲主客兵馬糧餉，爾宜查照該部題准事理，聽督餉官分投坐委。凡係主客駐守城堡，及用兵處所并調到客兵經過地方，俱要預先堆積糧料草束，以備應用。其主兵照例按月給散，客兵一到，即與支放，毋致留滯等候，合用裝載車輛、人夫、驢騾等項，俱要計處停當備用。所轄官吏人等，如有違慢誤事及通同作弊者，爾即拿送所在官司問理。爾受茲委任，宜殫竭心力，措置有方，務使糧餉充盈，邊方有賴，斯稱任使，毋或因循怠忽，自取罪愆，三年滿日更代。爾其欽承之。故敕。

敕薊州糧儲戶部郎中高世雨①

今命爾總理薊州等處糧儲兼管屯種，分屬馬、太二區②，督同該道隨宜召買糧草，修置倉場收貯，督徵附近州縣、衛所民屯錢糧，稽察奸弊。凡一應興革事宜，爾會同巡撫官計議修舉。官吏人等但有侵欺盜賣及私役買閑③等項通同作弊者，爾即拿送所在官司問理，應奏請者照例施行。爾受茲委任，須持廉秉公，殫心竭力，毋暴毋刻，務裨邊儲充足，事妥民安。如或不加勤慎，以致擾人廢事，必罪不宥。爾其慎之。故敕。

敕永平糧儲戶部郎中傅寵④

先該言官題稱，薊鎮燕、石二區⑤軍士關支月糧不便，欲要議增部屬以便督理。事下該部，議覆相應。今命爾總理永平等處糧儲兼管屯種，分屬燕、石二區，督同該道隨宜召買糧草，修置倉場收貯，督徵附近州縣、衛所民屯錢糧，稽察奸弊。凡一應興革事宜，爾會同巡撫官計議修舉，官吏人等但有侵欺盜賣及私役買閑等項通同作弊者，爾即拿送所在官司問理，應奏請者照例施行。爾受茲委任，須持⑥廉秉公，殫心竭力，毋暴毋刻，務裨邊儲充足，事妥民安，斯稱厥職。如或怠肆，以致擾人壞事，必罪不宥。故敕。

敕密雲兵備山東布政司參政錢藻⑦

今特命爾整飭密雲等處兵備，管理石塘嶺、古北口、墻子嶺三路，駐劄密雲縣，分管密雲縣、通州、三河、寶坻、香河、平谷各州縣，密雲、中、後、通州、左、右、神

---

① 高世雨，字元化，原武人，隆慶二年進士，歷太僕寺卿。參乾隆《原武縣志》卷六《選舉》，乾隆二十年刻本，葉17b。
② 馬、太二區，即馬蘭谷、太平寨。
③ 買閑，私下花錢免去兵役。
④ 傅寵，巴縣人，嘉靖四十四年進士，累官至雲南按察使。參乾隆《巴縣志》卷九《人物志·勳業》，嘉慶二十五年刻本，葉11ab。
⑤ 燕、石二區，即燕河營、石門寨。
⑥ ［校］持，底本、民國間抄本、南圖本皆作"特"，據前文《敕薊州糧儲戶部郎中高世雨》改。
⑦ 錢藻，其傳見前。《明神宗實錄》卷四十五萬曆三年十二月辛卯條，第1020頁，"以山東副使錢藻以原銜整飭密雲兵備"。

武中、定邊、興州後屯九衛，梁城守禦千户所。專一撫處夷情，聽理詞訟，修葺城池，操練人馬，查處主客錢糧，督修關營墩墙，整理神器甲仗，修蓋營房倉庫。每年正月半、七月初上邊，三月盡、九月盡下邊。守邊之日，稽查奸弊，監督戰守。下邊之日，如遺有邊工未就之緒，及簡閲兵馬諸務，仍選委州縣才能正官一員前去代理。及將所管區分主兵通行搜選，設法教練，一年之内，練有成效，不次擢用，因循不振，從重黜罰，仍聽總督巡撫官節制。其屯田事務屬爾兼管。仍查照兵部近題事理，帶管驛傳，稽覈各項錢糧，嚴查應付勘合。有不奉公差及假托詐偽，并驛遞官吏人等尅削包占、作弊害人者，俱要恪遵明旨，盡法禁治。每年將徵給過站銀、禁革過冒濫牌票①及行過事宜，開送巡撫衙門轉咨該部查考。如不用心着實舉行，取具文移了事，致滋奸弊，聽各撫按官及該部科即據事參奏，以不職論黜。爾爲憲臣，須持廉秉公，實心幹理，圖副委任，毋得因循怠玩，自貽罪愆。爾其欽承之。故敕。

敕薊州兵備山西布政司右參議兼僉事王之弼②協理糧餉

　　先該户部題稱，薊州等鎮錢糧，原擬敕差郎中一員，駐劄適中地方，會同撫按衙門督理收放，禁革奸弊。但該鎮主客兵馬虚實之數，非管糧郎中所得盡一稽查，每遇關支，虚冒尤多，向雖題覆兵備官嚴督查理，未見着實舉行。又該各項糧料草束收放浩繁，積弊多端，欲要責成兵備協同經理，庶國計有裨。今特命爾不妨原務，協同管糧郎中、主事，將前項宿弊務要盡法查理，將本鎮主客兵馬數目覈實，要見某處主兵若干，客兵若干，舊數有無增減，總撒有無相同，細開應支錢糧實數。仍查客兵何時調到，何時撤回，毋得聽憑捏報虚增，違者，即將各將領員役查照律例，從重參究。每年終，郎中將放收過各兵馬數目備細造册送部，毋得仍前不開起止，及官軍各支不等混數，致難查考；亦無得已放本色而捏作折色，已放折色而捏作本色，并擅將商價折放遊兵内貪猾問革將官及各色假借棍徒，以致大損邊儲。爾仍將主客實數并客兵上邊撤回日期造册送部，以備互相稽查。所有解到漕糧并援例米石，俱要乾圓潔净，編立字號、倉厫積貯，以備日後支放。如豪右棍徒敢有仍前包攬，積書奸商交通作弊者，即便嚴拿問遣。其各邊倉攅，除行應撥衙門嚴查籍貫，保勘明白，方行撥充。如再仍前捏籍冒充者，聽爾一體問革。各項事宜，務在協心料理，如應放本色而爛惡不堪，應放折色而銀數短少，查照年月，將各經管員役據實參奏罷斥。爾受兹委任，須持廉秉公，正己率下，悉心經理，使上下知警，弊竇以塞，糧無虚耗，軍有實惠。如或怠慢誤事，責有所歸。爾其欽

---

① 牌票，火票，又稱火牌，爲兵部和各省總督巡撫和各邊鎮總兵使用，專備飛報聲息、爪探賊情。

② 王之弼，其傳見前。《明神宗實録》卷十四萬曆元年六月乙卯條，第439頁，"調王之弼爲山西右參議，整飭薊州"。

承之。故敕。

敕薊州兵備山西按察司副使辛應乾①

　　今特命爾整飭薊州等處兵備，爾宜查照該部題准事理，管理馬蘭谷、太平寨二路，監督副參等官，分管薊州、遵化、豐潤縣、薊州、營州右屯、鎮朔、遵化、東勝右、忠義中、興州左屯、前屯、開平中屯衛、寬河守禦千戶所。專一撫處夷情，聽理詞訟，修葺城池，操練人馬，查處主客錢糧，督修關營墩臺，管理神器甲仗，修蓋營房倉庫。每年正月半、七月初上邊，三月盡、九月盡下邊。下邊之日，如遺有邊工未就之緒，及簡閱兵馬諸務，仍選委州縣才能官一員前去代理。及將所管該路主兵通行搜選，設法教練，一年之內，練有成效，不次擢用，因循不振，從重黜罰。爾仍聽督撫官節制。近該戶部覆議，將邊內荒蕪田土及官豪勢要侵占逐一查明，分給屯丁，量給牛種，嚴禁濫徵，以妨②農業。俟三年後，如果成熟，准令各軍自食其力，免給月糧。若有多餘田土，亦要設法招種，照前免科，俟三年之後，或令當軍，或令出租，臨時聽從民願。年終，通將開墾過地畝數目造冊奏繳，青冊送部查考。爾受茲委任，須持廉秉公，正己率下，悉心經理，以靖地方。如或怠慢誤事，責有所歸。爾其欽承之。故敕。

敕永平兵備山東按察司副使宋守約③協理糧餉

　　先該戶部題稱，永平等鎮錢糧，原擬敕差郎中一員，駐劄適中地方，會同撫按衙門督理收放，禁革奸弊。但該鎮主客兵馬虛實之數，非管糧④郎中所得盡一稽察，每遇關支，虛冒尤多，向雖題覆兵備官嚴督查理，未見着實舉行。又該各項糧料草束收放浩繁，積弊多端，欲要責成兵備協同經理，庶國計有裨。今特命爾不妨原務，協同管糧郎中、主事，將前項宿弊務要盡法查理，將本鎮主客兵馬數目覈實，要見某處主兵若干，客兵若干，舊數有無增減，總撒有無相同，細開應支錢糧實數。仍查客兵何時調到，何時撤回，毋得聽憑捏報虛增，違者，即將各將領員役查照律例，從重參究。每年終，郎中將放收過各兵馬

---

① 辛應乾，字伯符，安丘人，嘉靖四十一年進士，授長治知縣，累官至都御史，巡撫山西。參康熙《續安丘縣志》卷十八《事功傳第三》，康熙十五年刻本，葉9a。
② [校]妨，底本、民國間抄本、南圖本皆作"防"，據文意及下文《敕永平兵備山東按察司副使陳萬言》改。
③ 宋守約，長治人，嘉靖四十一年進士，歷成都府推官、彰德府同知等。隆慶元年任昌平兵備副使。累官至僉都御史，巡撫延綏。參乾隆《長治縣志》卷十三《選舉》、卷十四《人物》，乾隆二十八年刻本，葉9a、12b~13a及康熙《昌平州志》卷九《官師》，康熙十二年刻本，葉8b。《明神宗實錄》卷十二萬曆元年四月己未條，第393頁，"調山東副使宋守約整飭永平"。
④ [校]糧，原作"理"，據文意及上文《敕薊州兵備山西布政司右參議兼僉事王之弼協理糧餉》改。

數目備細造册送部，毋得仍前不開起止，及官軍各支不等混數，致難查考；亦毋得已放本色而捏作折色，已放折色而捏作本色，并擅將商價折放遊兵內貪猾問革將官及各色假借棍徒，以致大損邊儲。爾仍將主客實數并客兵上邊撤回日期造册送部，以備互相稽查。所有解到漕糧并援例米石，俱要乾圓潔凈，編立字號、倉廒積貯，以備日後支放。如豪右棍徒敢有仍前包攬、積書奸商交通作弊者，即便嚴拿問遣。其各邊倉攢，除行應撥衙門嚴查籍貫，保勘明白，方行撥充。如再仍前捏籍冒充者，聽爾一體問革。各項事宜，務在協心料理，如應放本色而爛惡不堪，應放折色而銀數短少，查照年月，將各經管員役據實參究罷斥。爾受兹委任，須持廉秉公，正己率下，悉心經理，使上下知警，弊竇以塞，糧無虛耗，軍有實惠。如或怠慢誤事，責有所歸。爾其欽承之。故敕。

敕永平兵備山東按察司副使陳萬言①

先該總督薊遼軍務官題稱，永平等處一帶地方切鄰邊境，當專設兵備官分路經理，庶幾事有責成，該部議覆相應。今命爾前去整飭永平等處兵備，爾宜查照該部題准事理，管理燕河營、石門寨二路，監督副、參等官駐劄永平府，分管該府所屬盧龍、遷安、撫寧、昌黎縣、灤州、樂亭縣、永平、盧龍、撫寧、東勝左、山海、興州右屯衛，專一撫處夷情，聽理詞訟，修葺城池，操練人馬，查處主客錢糧，督修關營墩墻，管理神器甲仗，修蓋營房倉庫。每年正月半、七月初上邊，三月盡、九月盡下邊。其守邊之日，稽查奸弊，監督戰守。主客大小將領，如有臨陣退縮及不公不法等項，爾即指實參究，中間謀勇勤勞者，具呈督撫衙門甄別奏請。下邊之日，如遺有邊工未就之緒，及簡閱兵馬諸務，仍選委州縣才能官一員前去代理。及將所管該路主兵通行搜選，設法教練，一年之內，練有成效，不次擢用，因循不振，從重黜罰。爾仍聽督撫官節制。近該戶部覆議，將邊內荒蕪田土及官豪勢要侵占逐一查明，分給屯丁，量給牛種，嚴禁濫徵，以妨農業。俟三年後，如果成熟，准令各軍自食其力，免給月糧。若有多餘田土，亦要設法招種，照前免科，俟三年之後，或令當軍，或令出租，臨時聽從民願。年終，通將開墾過田畝數目造册奏繳，青册送部查考。爾受兹委任，須持廉秉公，正己率下，悉心經理，以靖地方。如或怠慢誤事，責有所歸。爾其欽承之。故敕。

敕天津兵備山東按察司副使安嘉善②

今特命爾整飭天津等處兵備，兼理馬政、河道，專在天津、滄州二處往來駐劄，自

---

① 陳萬言，南海人，嘉靖三十五年進士，累官至參政。參康熙《南海縣志》卷五《選舉志》，康熙三十年刻本，葉8b及《明神宗實錄》卷四十三萬曆三年十月癸酉條，第970頁，"以……河南副使陳萬言爲山東副使，整飭永平兵備"。

② 安嘉善，代州人，嘉靖四十四年進士，累官至布政使。參乾隆《直隸代州志》卷三《科目志》，乾隆四十九年刻本，葉4a。

天津以南至德州止，并河間、滄州軍衛有司衙門，悉聽管轄。務要不時巡歷，操練軍馬，修理城池，禁革奸弊，督捕盜賊，問理刑名。其德州、河間軍衛已有守備專一管理操練，爾不必遠地干涉。遇有盜賊生發，即督調應捕官軍民快①人等相機剿捕，毋令滋蔓。河道淤淺②，仍與巡河御史、管河郎中等官從宜處置疏浚，以便糧運，及官軍人等船隻，毋致疏虞阻滯。一應軍民詞訟，應受理者即與問理，所屬官員有怠惰貪虐不職者，輕則量情懲治，重則聽爾拿問及奏聞區。處捕盜事情，有應與霸州兵備官、通州分守官議處者，協和計議停當而行。仍聽經該巡撫提調并總理河道都御史節制，其河間等衛原有安插土達亦須嚴加鈐束撫恤，關防有警，隨即調用。爾爲憲臣，受茲委任，尤須持廉秉公，正己率下，振揚風紀，預防寇盜，務使軍民安妥，地方寧靖，斯爲稱職。如違，責有所歸。爾其勉之，慎之。故諭。

敕諭署都督同知戚繼光總理練兵

朕聞制虜之道，莫先於強兵，欲兵之強，必由於訓練。矧惟薊鎮切近京師，擇將練兵，允乃要務。昨該總督譚綸具奏，已經議允，茲特命爾前去總理其事。該鎮將官，自總兵以下俱聽爾節制，爾聽總督節制，凡事俱呈總督計議停當而行。其餘文武大小官員，俱不許干預撓阻，如違，呈總督參奏處治。各兵於練習之時，有怠肆違犯者，輕則量行責戒，重則具呈總督處以軍法。朕以爾嘗策勳於南，故茲簡用，爾宜益勵素志，大展才猷，必使所練之兵克堪戰守，斯副朕意。如或驕怠因循，訓練無效，朕必爾責。爾其勉之，慎之。故諭。

敕諭署都督同知戚繼光總理兼鎮守薊鎮

近因爾具奏請，該兵部覆，稱該鎮既有鎮守總兵，又設練兵都督，一鎮兩帥，事難責成，要將訓練事理即專責之總兵，庶事體不分，可期實效。已下督撫等官會議，眾謀僉同。茲特命爾不妨總理練兵原務，兼鎮守薊州、永平、山海等處地方，將該鎮見在官軍不分入衛及區班等項，俱任爾挑選分營，督率各該將領，着實訓練，操演車騎，教習火器。無事修葺城堡，申嚴號令，內防奸宄，外禦虜寇，有警不分信地，調度官兵，相機截殺，副、參、遊、守悉聽節制。但有尅剝軍士，沿襲虛套，教練不實，及臨陣退縮觀望不前者，俱許爾以軍法處治。有司府佐、州縣等官，有抗拒阻撓以致失誤軍機者，亦聽爾開呈總督衙門參奏處治。其一應地方事宜，敕內該載不盡者，俱查照防邊集議及

---

① 快，州縣地方擔任緝捕的役卒。
② ［校］淺，底本、民國間抄本、南圖本皆作"濺"，據文意及下文《敕霸州兵備山東按察司副使錢藻》改。

該題准事理，與巡撫都御史同心協力，計議停當而行，毋得各持己見，偏執誤事，爾仍①聽總督節制。朝廷以爾素有威名，特茲委任，爾須殫竭忠誠，兼施謀勇，務俾醜虜遠遁，疆圉永寧，斯稱厥職。爾其勉之，慎之。故諭。

制諭署都督同知戚繼光

今特命爾充總兵官，總理練兵事務，兼鎮守薊州、永平、山海等處地方，修理城池關隘，操練軍馬，遇有賊寇，相機剿殺，其副將、參、遊、分守、守備等官悉聽節制，如制奉行。

敕總理練兵事務兼鎮守薊州、永平、山海等處地方總兵官右都督戚繼光節制客兵

近該兵部題稱，薊鎮主將權輕，兼各處客兵不遵約束，每當虜警，必須呈請軍門②，多致延誤，乞要將調到各路兵馬聽總兵官節制，已允所請。爾宜遵照敕旨，除本鎮副、參以下自有體統外，其延綏、寧夏、固原、大同、宣府、遼東、保定等處官軍，不拘入衛應援，自副、參、遊、守等官悉聽爾節制。遇有警急，或該分布擺守，或該隨營出戰，徑自調遣，不必呈請待報。各官如有抗拒阻撓者，具奏拿問，臨陣退縮者，許以軍法處治，平時仍照舊規而行。爾受朝廷重委，務要相度機宜，以爲調度。臨事固不許推托觀望，無事亦不許任情妄動，如違，各罪不宥。爾其慎之，戒之。故敕。

敕總理練兵總兵官左都督戚繼光整飭邊務

目今北虜款順，邊患稍寧，正宜及時修舉邊務，以圖久安長治。薊、昌密邇京師，逼鄰東虜，今俺酋雖稱賓服，土蠻尚爾陸梁，桑土之防，倍宜加慎。近該輔臣建議，請敕申飭文武諸臣，誠爲安攘至計。茲特諭爾乘今警報稍息，督率大小將領等官將，一應戰守事宜着實整飭，撙節費用務要贏餘，訓練兵馬務皆精壯，分布車營務令便利，習教火器務使精通，哨探虜情務得端的，調遣堵截務中機宜。援兵雖不可驟罷，亦要設法練集土著，以圖戰守。墩臺雖已修築，尤須多備守臺器具，以資捍禦。如事有不便應合改弦易轍者，亦要呈白總督，會同巡撫協議，具奏定奪，毋得拘泥陳説，因循自誤。以後每年聽行邊大臣查覈紀驗，果能事事整飭，著有實績，比照擒斬事例，重加陞賞；如踵襲故套，搪塞誤事，即照失機，從重擬罪。爾爲武臣，整兵待戰，乃其本職，宜殫竭忠誠，悉心區畫，務俾邊政修舉，日勝一日，緩急有備，戰守咸宜，斯稱委任。如或怠緩廢弛，以致僨事，責有所歸。爾其慎之，慎之。故敕。

---

① ［校］仍，底本、民國間抄本皆作"乃"，據南圖本改。
② 軍門，明代稱總督、巡撫爲"軍門"。

敕東路協守副總兵史宸①

　　今命爾充副總兵，協守薊州東路地方，駐劄建昌營，分理燕河、臺頭營、石門寨、山海關四路練兵事務，巡撫標兵②并屬爾兼理。居常務要往來巡歷，訓練軍兵，修理城堡，督瞭墩臺，防禦賊③寇。其哨探傳報，遇警截殺，撫處夷情，軍中一應事宜，悉與永平道計議而行。前項四路參、遊、守、提等官及客兵分布所屬地方，悉聽約束調度。爾仍聽總督、鎮巡官節制，尤須持廉奉法，用心訓練防禦，以副委任。如或貪黷債事，國典俱存，法不輕貸。爾其勉之，慎之。故諭。

敕西路協守副總兵署都督僉事張臣④

　　今命爾充副總兵，協守薊州西路地方，駐劄石匣、密雲，分理墻子嶺、曹家寨、古北口、石塘嶺四路練兵事務，兼管總督下標兵及新兌左營馬兵一枝。居常務要往來巡歷，訓練軍兵，修理城堡，督瞭墩臺，防禦賊寇，撫處夷情。遇有警報即領兵截殺，凡事須與密雲道計議而行。其石匣車營一枝，照議兌與密雲左營統領。前項四路參、遊、守、提等官及密雲分布所屬地方，俱聽爾節制調度。爾仍聽總督鎮巡官節制，尤須持廉奉法，用心訓練防禦，以副委任。如或貪黷債事，國典具存，法不輕貸。爾其勉之，慎之。故諭。

敕密雲左營遊擊陶世臣⑤

　　先該總督薊、遼、保定等處軍務官題稱，軍門標下每遇防秋，選有各鎮官軍及保、河民兵，俱聽調用，雖有中軍官管領，緣各不相轄，令難齊一，必須專官統領，事方有濟，該部議覆相應。今特命爾以參將管遊擊將軍事，專管總督薊、遼、保定軍門標下軍務。三鎮選兵合爲一營，兼統密雲新募遊兵三千名，在於總督地方駐劄團練，聽總督官

---

① 史宸，永平衛人，萬曆九年任薊鎮協守東路副總兵。參《明神宗實錄》卷一百十萬曆九年三月辛巳條，第2111頁，"命原任薊鎮副總兵史宸充副總兵，協守薊鎮東路"。
② 標兵，總督、巡撫、總兵的親統之兵，有樣板軍的含義，是明中後期鎮戍軍隊的精銳主力，參肖立軍《明代的標兵》，載《軍事歷史研究》1994年第2期。
③ ［校］賊，底本、民國間抄本均作"城"，據文意及下文《敕西路協守副總兵署都督僉事張臣》改。
④ 張臣，榆林衛人。起行伍，歷千總、宣府膳房堡守備、延綏遊擊將軍、薊鎮西協副總兵等。累官至陝西總兵官，鎮守固原。萬曆二十二年謝病去職。參張廷玉《明史》卷二百三十九《張臣傳》，第6205~6207頁。
⑤ 陶世臣，永平衛試百户。萬曆二年任密雲左營參將，累官至薊鎮總兵。參《明神宗實錄》卷三十萬曆二年十月乙丑條，第733頁及康熙《永平府志》卷十七《武秩》，康熙五十四年刻本，葉4b。

調遣殺賊。前項兵馬務嚴加揀選，時常訓練以作其氣，禁止剝削，善爲撫恤以得其心。遇有警報調遣，即便統領，相機截殺，不許輕率寡謀，逗遛誤事。尤須持廉奉法，正己率下，仍聽總督官及巡按御史糾察。如或貪黷債事，法不輕貸。爾其愼之。故諭。

敕密雲右營遊擊李如梗

今特命爾充右營遊擊將軍，統領總督薊、遼、保定軍門標下親兵。務要嚴加訓練以作其氣，善爲撫恤以得其心，一切應行事宜，聽爾以次經理。如遇警報，聽薊鎮總兵官將五枝兵馬合爲一營，相機剿殺，不許輕率寡謀，致墮賊計，及逗遛觀望，有誤軍機。爾仍聽總督、巡撫官節制，尤須持廉奉法，正己率下，毋得貪黷債事，法不輕貸。爾其愼之。故諭。

敕密雲振武營遊擊徐從義

先該總督薊、遼等處軍務官題稱，薊州重鎮，藩屛京師，各處要害地方，合當添設將官一員，往來策應。事下該部議，謂宜如所請。今特命爾充遊擊將軍，統領振武營遊兵，專援石塘嶺、大水峪地方。務將本營兵馬嚴加訓練以作其氣，善爲撫恤以得其心。如遇該鎮報有賊情，即便統領，相機截殺，不許輕率寡謀，逗遛誤事。仍聽總督鎮巡官節制，尤須持廉奉法，正己率下，如或貪黷債事，法不輕貸。其防秋之時，拒遏賊退論功，及失事治罪。三年保塞無事，量加優賞等項，悉照該部近題事例施行。爾其欽承之。故諭。

敕密雲輜重營遊擊陳伯惇

今命爾專管密雲輜重車營，統率該營官軍。凡遇大營出征，裝載糧草，附以火器，隨營出入，以供軍需。進止機宜，須聽主將節制。糧盡就近運取，毋得違誤。無事則操練軍馬，使可戰守，以保輜重，毋得怠忽，致誤軍機。爾尤須持廉奉法，正己律下，如或貪婪債事，責有所歸。爾其愼之。故敕。

敕遵化左營遊擊吳惟忠①

今命爾充遊擊將軍，統領薊州巡撫下標兵三千名。務要嚴加訓練以作其氣，善爲撫恤以得其心。遇有警報調遣，即便統領相機剿殺，不許輕率寡謀，致墮賊計，逗遛觀望，致誤軍機。仍聽總督鎮巡官節制。如有應行事宜，聽爾以次經理。爾須持廉奉法，

---

① 《明神宗實錄》卷十四萬曆元年六月丙寅條，第443~444頁，"革遵化標兵營遊擊王經聽候別用，以三屯營遊擊吳惟忠調補"。

正己率下，如或貪黷債事，法不輕貸。爾其慎之。故諭。

敕遵化右營遊擊張玠

　　近該總督薊、遼、保定等處軍務官題稱，遵化等處地方藩屏京師，實爲要害，合當添設遊擊將軍一員，往來策應。事下該部議，謂宜如所請。今特命爾充遵化等處遊擊將軍，統領新募軍士三千名在本營操守，務要嚴加訓練以作其氣，善爲撫恤以得其心，聽候調遣截殺，不許輕率寡謀，逗遛誤事。仍聽總督鎮巡官節制。爾尤須廉以律己，慎以奉法，如違，罪不輕貸。爾其欽承之。故諭。

敕遵化輜重營遊擊謝惟能

　　今命爾專管遵化輜重車營，統率該營官軍。凡遇大營出征，裝載糧草，附以火器，隨營出入，以供軍需。進止機宜，須聽主將節制。糧盡就近運取，毋得違誤。無事則操練軍馬，使可戰守，以保輜重，毋得怠忽，致誤軍機。爾尤須持廉奉法，正己律下，如或貪婪債事，責有所歸。爾其慎之。故敕。

敕三屯左營遊擊李信

　　今命爾充遊擊將軍，統領薊鎮總兵下左營標兵三千名。務要嚴加訓練以作其氣，善爲撫恤以得其心。遇有警報調遣，即便統領，相機剿殺，不許輕率寡謀，致墮賊計，逗遛觀望，致誤軍機。仍聽總督鎮巡官節制。如有應行事宜，聽爾以次經理。爾須持廉奉法，正己率下，如或貪黷債事，法不輕貸。爾其慎之。故諭。

敕三屯右營遊擊羅端

　　今特命爾充參將，管遊擊將軍事務，統領薊鎮總兵標下右營兵馬三千名。務要嚴加訓練以作其氣，善爲撫恤以得其心。但有軍士逃故，具呈鎮守查補。軍中合行事宜，大則申請總督鎮巡，小則徑自經理。如遇警報，聽薊鎮總兵調遣，合營相機剿殺，不許輕率寡謀，致墮賊計，逗遛觀望，致誤軍機。仍聽總督鎮巡官節制。爾須持廉奉法，正己率下，如或貪黷債事，法不輕貸。爾其慎之，慎之。故諭。

敕三屯輜重營遊擊李逢時①

　　今命爾專管三屯輜重車營，統率該營官軍。凡遇大營出征，裝載糧草，附以火器，

---

① 李逢時，永平衛指揮，武進士，任階文參將，參康熙《永平府志》卷十七《武秩》，康熙五十四年刻本，葉4b。

隨營出入，以供軍需。進止機宜，須聽主將節制。糧盡就近運取，毋得違誤。無事則操練軍馬，使可戰守，以保輜重，毋得怠忽，致誤軍機。爾尤須持廉奉法，正己律下，如或貪婪僨事，責有所歸。爾其慎之。故敕。

敕通州參將金璋①

今命爾分守通州地方，提調通州并武清等衛所官軍，操練軍馬，固守城池，遇有盜賊生發，即便相機剿捕。仍把總提督馬快船②并南京運到官物，及各處所進方物，修理橋梁、河堰等項合用軍夫，俱聽爾於通州等衛從公差撥。不許貪酷放肆，科斂財物，交結勢要，以致軍民受害。若有勢要之人到彼多要船隻、軍夫等項，并威逼科斂財物營幹私事者，爾即指實具奏處治。其天津衛地方相離通州不遠，其城池官軍仍命爾與同巡按御史時常往來提督，修理操練，禁革奸細。如彼處衛所官員及刁潑旗軍人等有互相交構，縱肆爲非，苦害良善，亦聽爾與巡按御史具奏拿問。每年按季將已未捉獲盜賊從實奏報，以憑稽考。爾須持廉秉公，正己率下，務使事妥民安，斯爲爾能，不許生事擾害百姓，濫受詞訟，沮抑客商，偏向行事，致人嗟怨。如或因循廢弛職務，有負委托，罪不輕恕。爾其欽承朕命。故諭。

敕通州參將陳文治③

今命爾充遊擊將軍管參將事，駐劄通州自本州至天津迤北一帶地方，務在修理城池，操練軍士，關防奸宄，禁捕盜賊，撫安人民，兼管上下半年馬快船隻。防秋之日，預備精利器械，整搠人馬，以備張家灣、河西務截殺，并爲順義諸處聲援。崔黃口守備聽爾節制。其山東、河南、北直隸春秋兩防班軍到薊之日，每防聽總督軍門及總兵官挑選一萬名前去如法訓練，務成節制。俟有成效，與各路標兵一體分布，或戍④守信地，或策應各營。果能建立奇功，破格優叙。如逗遛觀望，國典具存，必罪不貸。凡遇調遣，各領班都司悉聽節制。至於應行事務，須與霸州兵備道計議而行。仍按季將已未獲盜賊從實奏報，以憑查考。爾須持廉秉公，正己率下，毋得貪黷貨利，尅害軍民，自取罪譴。爾其慎之，慎之。故諭。

---

① 《明神宗實錄》卷二隆慶六年六月戊辰條，第82頁，"調神機三營練勇參將金璋分守通州"。
② 馬快船，俱属南京兵部掌管，最初以運輸戰馬爲馬船運輸輜重爲快船而得名，後營建北京，專以運送郊廟香帛、上供品物、軍需器仗及聽候差遣等。
③ 《明神宗實錄》卷三十萬曆二年十月己酉條，第724頁，"陞……興都留守僉書陳文治爲遊擊、署通州參將事"。
④ ［校］戍，原作"戌"，據文意改。

敕山海關參將沈思學

　　先該薊鎮督撫官題稱，山海關守備合當改設參將一員，分守地方，該部議覆相應。今特命爾充參將，分守山海關，南自南海口關海邊起，西北至寺兒峪堡接一片石關南山墩南山崖止，計地五十里，所轄把總官一員，關堡七處。操練軍馬，修理城池，斷絕隘口，防禦賊寇，訪察奸細。每遇深冬，督率軍士打鑿海口冰塊，以防不虞。北山敵臺，時加修葺。兩防之日，照舊修築墩牆，削鏟偏坡，多挖品窖，加謹隄備，不許怠忽。若本路有事，止守本關，或前屯中、前所有警，爾即統兵出關應援。若燕、石等處有警，聽督撫等官隨宜調用，方許離關。其盤詰事務，驗放客商，與守關主事公同計議而行，不得偏執違拗。指揮等官敢有玩法怠事者，聽爾懲治，爾仍聽總督鎮巡官節制。尤須持廉守法，以副委任。如或貪黷僨事，法不輕貸。爾其慎之。故諭。

敕石門寨參將張拱立

　　先該總督薊、遼等處軍務官題稱，薊州重鎮，藩屏京師，各處要害地方合當添官，分路久任，庶幾事有責成。事下該部，議覆相應。今特命爾以副總兵管參將事，分守薊州石門寨等處地方。爾宜查照先今題准事理，東自一片石南山崖起，西至甘泉堡，西界接星星峪堡交界止，計地一百六十里，其一片石、大毛山、義院口三提調官，及關營寨堡共三十三處，俱屬爾管轄。爾嚴督前項地方官操練軍馬，修理城池，督瞭墩臺，防禦賊寇。一片石以西，專聽爾將所管官軍通融撥守，爾仍聽總督鎮巡官節制。爾須廉以持己，公以處事，仁以恤下，不許貪黷僨事，貽害地方，如違，必罪不宥。爾其慎之。故諭。

敕臺頭路參將姚天與①

　　先該總督薊、遼等處軍務官題稱，薊州重鎮，藩屏京師，各該要害地方合當添官，分區久任，庶得事有責成，該部議覆相應。今特命爾充遊擊將軍管參將事，分守薊州臺頭營等處地方。爾宜查照該部先今題准事理，東自界嶺口、星星峪、義院口、甘泉堡、扒達嶺起，西至青山口、梧桐峪、天青峪墩西空接連桃林口止，計地一百一十六里。其永平守備，界嶺、青山二提調官，并駙馬等三營、箭桿等五關、星星峪等四堡、東勝一寨共十三處，俱聽爾統轄。爾仍督前項地方官操練軍馬，修理城堡，督瞭墩臺，防禦賊寇。凡軍中一應合行事宜，仍聽總督鎮巡官節制。爾須廉以持己，公以處事，仁以恤

---

① 《明神宗實錄》卷四十一萬曆三年八月壬申條，第931頁，"山東都司姚天與以遊擊管理臺頭營參將事"。

下，不許貪黷債事，貽害地方，如違，必罪不宥。爾其慎之。故諭。

敕燕河路參將聶大經

先該總督薊、遼等處軍務官題稱，薊州重鎮，藩屏京師，各該要害地方合當添官，分區久任，庶幾事有責成，該部議覆相應。今特命爾充參將，分守薊州燕河營等處地方。爾宜查照先今題准事理，西自冷口、石門子口關、西琵琶稍墩起，東至桃林口關、河東崖止，計地八十七里。其永平守備，冷口、桃林口二提調官，并燕河等四營、冷口等六關、佛兒峪等三寨共十三處，俱屬爾管轄。爾嚴督前項地方官操練軍馬，修理城堡，督瞭墩臺，防禦賊寇。凡軍中一應合行事宜，仍聽總督鎮巡官節制。爾須廉以持己，公以處事，仁以恤下，不許貪黷債事，貽害地方，如違，必罪不宥。爾其慎之。故諭。

敕太平路參將盧述①

先該總督薊、遼、保定等處軍務官題稱，薊、昌等處地方要害，必置將分路，庶幾事有責成，該部議覆相應。今特命爾充參將，分守薊州太平寨等處地方。爾宜查照先今題准事理，東至擦崖子守備下白道子關東尖山墩起，東接燕河營，西至喜峯口守備下樂東團亭寨敵臺止，邊長一百七十二里，該管守備三員、提調官一員、關營寨堡二十七處，俱屬爾管轄。嚴督前項地方官操練軍馬，修理城堡，督瞭墩臺，防禦賊寇。凡軍中一應事宜，悉聽總督鎮巡官節制。其防秋之期，醜虜攻墻，爾能分布兵馬拒堵賊退，保塞無虞，聽總督官具實奏聞，比照近題斬級事例，叙論陞賞。如或守禦欠嚴，致賊潰墻深入，查照宣大邊城事例拿治重罪。爾須持廉奉法，正己率下，毋得貪黷債事，致人嗟怨，貽害地方，如違，取罪非輕。爾其慎之。故諭。

敕松棚路遊擊李尚賢

先該總督薊、遼等處軍務官題稱，薊州重鎮，藩屏京師，各該要害地方合當添官，分路久任，庶幾事有責成。該部議覆，宜如所請。今特命爾充遊擊將軍，專管薊州松棚谷地方，在於龍井兒關駐劄，統領天津等處班軍六千名，照舊分爲兩班，見面更替。爾宜查照該部題准事理，東至龍井兒下灤西潘家口關敵臺起，西至羅文谷下山口寨小谷兒墩止，計一百三十九里，所轄三提調，共關寨營堡二十八處，俱屬爾管轄。爾嚴督前項地方官操練軍馬，修理城堡，督瞭墩臺，防禦賊寇。凡軍中一應合行事宜，悉聽總督鎮

---

① 《明神宗實錄》卷五十一萬曆四年六月丁丑條，第1188頁，"以昌平車營遊擊盧述管太平參將事"。

巡官節制。如遇防秋之時，爾能分布兵馬，拒遏有功，聽總督官據實聞奏，比照近題斬級事例，敘論陞賞。爾須持廉奉法，撫恤軍士，毋得貪黷僨事，貽害地方，如違，必罪不宥。爾其慎之，慎之。故敕。

敕馬蘭路參將曰福

　　先該總督薊、遼等處軍務官題稱，薊州重鎮，藩屏京師，各該要害地方，宜分路置將久任，庶幾事有責成，該部議覆相應。今特命爾以副總兵管參將事，分守薊州馬蘭谷等處地方。爾宜查照先今題准事理，東自大安口提調下石崖嶺寨褚度谷臺起，西至將軍營提調下峨嵋山寨西山頭墩止，相接墻子嶺路地方，計邊長二百三十六里，該管提調官四員，關寨營堡三十二處，俱屬爾管轄。爾嚴督前項地方官操練軍馬，修理城堡，督瞭墩臺。凡軍中一應合行事宜，悉聽總督鎮巡官節制。爾須持廉奉法，撫恤軍士，不許偏執貪刻，致誤邊防，如違，罪不輕宥。爾其慎之，慎之。故諭。

敕墻子路參將董一元①

　　先該總督薊、遼等處軍務官題稱，薊州重鎮，藩屏京師，各該要害地方合當添官，分區久任，庶幾事有責成，該部議覆相應。今特命爾充參將，分守薊州墻子嶺等處地方。爾宜查照先今題准事理，自魚子山寨起至大黃崖關止，計二百九里，所轄二提調，關營寨一十四處，俱屬爾管轄。嚴督前項地方官操練軍馬，修理城堡，督瞭墩臺，軍中一應合行事宜，悉聽總督鎮巡官節制。如遇防秋之時，爾能分布兵馬，拒遏有功，聽總督官據實聞奏，比照近題斬級例，敘論陞賞。爾須持廉奉法，撫恤軍士，不許偏執貪刻，致誤邊防，如違，必罪不宥。爾其慎之，慎之。故諭。

敕曹家路遊擊劉栐②

　　今命爾充遊擊將軍，統領曹家營遊兵，該寨提調改屬爾管轄，一切邊務、夷情、修守、哨探、屯田等項，悉聽爾督率分理。原撥春秋班軍免其閱視，聽爾分發防禦，新舊各軍，爾與提調照舊分管，該操之日，合營團練。如遇古北口、潮河川地方有警，爾領新軍與石匣營遊擊應援，其提調舊軍留本地方防守。爾仍聽總督鎮巡官及本路副總兵節制。防秋事畢，與三年之後保塞無事，及拒遏賊退，俱照該部題准事例陞賞。爾受茲委

---

① 董一元，宣府前衛人，隆慶初至副總兵，駐防古北口，移守宣府。萬曆十一年以都督僉事爲昌平總兵，尋徙宣府。十五年徙薊州。累官至左都督，加太子太保，蔭子本衛指揮使。參張廷玉《明史》卷二百三十九《董一元傳》，第 6212~6214 頁。
② 《明神宗實錄》卷四十一萬曆三年八月壬申條，第 931 頁，"陞宣府入衛遊擊苑宗儒爲古北口參將，原任參將劉栐管理曹家寨遊擊事"。

任，平時須持廉奉法，撫恤軍士，遇警須相機戰守，毋得輕率逗遛，如違，取罪不貸。爾其慎之，慎之。故諭。

敕古北路參將谷承功①

近該總督巡撫等官題稱，練兵重務，責之主將總理，又改設東、西二路副將分理，要將古北口地方將領見在軍兵嚴行訓練防禦，等因。該部議覆相應。今命爾充參將，分守薊州前項等處地方，聽總理官督率，着實訓練車騎，教習火器，修理城堡，督瞭墩臺，防禦賊寇。凡軍中一應合行事宜，悉聽總督鎮巡官節制，曹家寨三提調官，俱聽爾節制。一應修守、哨探、訓練、屯田等項事宜，提調官專責管理。及管轄大小關隘，自鼉房谷寨起至小臺兒寨止，計二百五十二里，所轄三提調，關寨四十七處并一切邊務，不許推諉誤事。所轄地方有警，即宜領兵策應截殺。爾須持廉奉公，正己率下，務裨練兵有備，邊塞無虞，斯稱任使。如或貪黷債事，國典具存，法不輕貸。爾其勉之，慎之。故諭。

敕石塘嶺參將徐枝②

今特命爾充參將，分守薊州石塘嶺等處地方。爾宜查照先今題准事理，東自白馬關起，西至开連口止，計二百四十八里。所轄二提調，關寨二十三處、營堡三處，俱屬爾管轄。爾須督前項地方官軍操練軍馬，修理城堡，督瞭墩臺，防禦賊寇。凡軍中一應事宜，悉聽總督鎮巡官節制。其防秋之時，醜虜攻墻，爾能分布兵馬，拒遏賊退，保塞無虞，聽總督官具實聞奏，比照近題斬級例叙論陞賞。如或守禦欠嚴，致賊潰墻深入，查照宣大邊城事例拿解來京，問擬重罪。爾須廉以持己，公以處事，仁以恤下，毋得貪黷債事，致人嗟怨，貽害地方，如違，取罪非輕。爾其慎之，慎之。故諭。

敕喜峯口參將陳忠③

近該巡按御史題稱，要將薊鎮喜峯口守備改設參將，該部議覆相應。今特命爾以遊擊將軍管參將事，分守喜峯口地方，專一撫處夷情，操練軍馬，修理城堡，督瞭墩臺，防禦虜寇，保障地方。其董家口一提調聽爾統轄。凡一應軍機事務，須與薊州兵備道計

---

① 谷承功，永平衛人，歷山海路參將等職。萬曆四年，由太平寨參將調任古北口參將。參康熙《永平府志》卷十七《武秩》，康熙五十四年刻本，葉4b及《明神宗實錄》卷五十一萬曆四年六月丁丑條，第1188頁。
② 徐枝，山海衛人，任京營都督僉事，參康熙《永平府志》卷十七《武秩》，康熙五十四年刻本，葉4b。
③ 《明神宗實錄》卷三十八萬曆三年五月庚戌條，第891頁，"陞義院口提調陳忠爲遊擊，管分守喜峯口參將事"。

議停當而行。如遇屬夷進貢之口，必須整捌人馬，鋒利器械，鮮明甲冑，擺列關門以示軍威。爾即公同序班驗審明白，照例放進。其夷人傳報討賞到關，務要作速處置，撫賞得宜，不得偏執遲延，致失夷心。仍聽總督撫鎮官節制。爾須持廉秉公，正己率下，圖副任使，不許貪婪害人，自取①罪譴。爾其勉之，慎之。故諭。

敕東路南兵②參將楊文

近該薊鎮總督官題稱，番休南兵，以便戍守。該部覆如其議。今特命爾充參將，分守浙江台、金、嚴地方，仍管薊鎮東路南兵事務。在浙駐劄松海，往來台、金、嚴地方，操練官軍，防禦倭寇，固守城池，三府所屬衛所兵馬悉聽管轄。在薊駐劄馬、松地方，專督南兵，分布各臺，晝夜防守，無事操練演習校藝，有警併力相機堵剿。仍照該部題准事理，會同吳良知將彼中赴邊各兵更兌明白，務足二千之數。爾於萬曆三年五月初旬督兵於北新關上船，趲程徑至張家灣，應給行糧，至於德州地方即行補給，不得短少。限七月終到薊，赴密雲過堂，毋至愆期取究，仍舊東路戍守，不許有誤秋防。各兵往來，俱已給有行糧，務要嚴加鈐束，不許縱令登岸，交易買賣，騷擾地方，亦不許與運糧船隻爭競生事。如違，即以軍法處治。兵數不足，就於回南兵內選補，不得浪傳召募，以致農民競趨失業。浙、薊南兵通共六枝，總之則三年一換，周而復始，以次踐更。仍聽薊、浙總督撫鎮官節制。爾尤須持廉奉法，正己率下，以副委任，毋得貪殘僨事，自取罪譴。爾其慎之。故諭。

敕中路南兵遊擊楊瑄

近該薊鎮總督官題稱，番休南兵，以便戍守。該部覆如其議。今特命爾充浙江軍門左營遊擊將軍，仍管薊鎮中路南兵事務。在浙操練標下遊兵，防禦倭寇；在薊駐劄建昌地方，督兵登臺，晝夜瞭望。遇虜極力堵剿，無事照常教演。仍於萬曆四年正月中旬自薊鎮部押浙兵至張家灣分搭上船，由水路徑至杭州。到浙之日，聽浙江巡撫衙門查明，休息數日即赴地方，以防春汛，會同暴以平將彼中赴邊各兵更兌明白，務足二千之數。於萬曆四年五月初旬督兵於北新關上船，趲程徑至張家灣，應給行糧，至於德州地方即行補給，不得短少。限七月終到薊，赴密雲過堂，毋得愆期取究，仍舊中路戍守，不許有誤。秋防各兵往來，俱已給有行糧，務要嚴加鈐束，不許縱令登岸，交易買賣，騷擾地方，亦不許與運糧船隻爭競生事。如違，即以軍法處治。兵數不足，就於回南兵內選補，不得浪傳召募，以致農民競趨失業。浙、薊南兵通共六枝，總之則三年一換，周而

---

① ［校］取，底本、民國間抄本均作"速"，據文意及下文《敕東路南兵參將楊文》改。
② 南兵，隆慶初戚繼光任薊鎮總兵後，調集浙江士兵北上薊鎮戍守長城，這些士兵稱之南兵。參辛德勇《述明代戍衛長城之南兵》，載《中國史研究》2004年第4期。

復始，以次踐更。仍聽薊、浙總督撫鎮官節制。爾須持廉奉法，正己率下，以副委任，毋得貪殘僨事，自取罪譴。爾其慎之。故諭。

敕西路南兵參將丁茂

近該薊鎮總督官題稱，番休南兵，以便戍守，該部覆如其議。今特命爾充浙江參將，管軍門右營遊擊將軍事，兼理中軍，仍管薊鎮西路南兵事務。在浙管理軍門中軍戎務，操練官軍，傳宣號令，凡事干軍務，不拘大小，俱要呈請軍門，然後施行。其把總以下悉聽管轄。在薊駐劄石匣地方，督兵登臺，晝夜瞭望，遇虜極力堵剿，無事照常教演。仍於萬曆五年正月中旬自薊鎮部押浙兵至張家灣分搭上船，徑至杭州。到浙之日，聽浙江巡撫衙門查明，休息數日即赴地方，以防春汛。會同陳典將彼中赴邊各兵更兌明白，務足二千之數。於萬曆五年五月初旬督兵於北新關上船，趲程徑至張家灣，應給行糧，至於德州地方即行補給，不得短少。限七月終到鎮，赴密雲過堂，毋得愆期取究，仍舊西路戍守，不許有誤秋防。各兵往來，俱已給有行糧，務要嚴加鈐束，不許縱令登岸，交易買賣，騷擾地方，亦不許與運糧船隻爭競生事。如違，即以軍法處治。兵數不足，就於回南兵內選補，不得浪傳召募，以致農民競趨失業。浙、薊南兵通共六枝，總之則三年一換，周而復始，以次踐更。仍聽薊、浙總督撫鎮官節制。爾須持廉奉法，正己率下，以副委任，毋得貪殘僨事，自取罪譴。爾其慎之。故諭。

敕京營車兵參將劉葵

近該總協京營戎政官題，要將京營調發薊鎮防守戰車二兵將官照各邊入衛事例請給專敕，以便遵奉行事，該部議覆相應。今命爾統領車營官軍，遇秋依期赴薊鎮，聽總督軍門酌量緩急，分布信地防守，務要操練軍馬，鋒利器械，鮮明甲冑，申嚴號令。遇有虜警，一同邊兵併力截殺。其中官軍敢有逗遛觀望，不遵約束者，聽以軍法從事。凡調援分布等項，悉聽該鎮軍門節制，不許自恃出之京營。又奉有專敕，違拗乖方，及別有騷擾，如違，憲典具存，決不輕貸。爾其慎之，慎之。故敕。

敕河大入衛遊擊李寶

近該薊遼督撫官題稱，春秋兩防班軍，衛所隔別，官軍異處，班次參差，分隸不便，乞要更正統領，等因。事下該部，議覆相應。今命爾充大水峪遊擊將軍，統領河間衛軍士一千六百八十六名、大同衛軍士八百九十三名、平定所軍士四百七十五名，春秋兩防，每班一千五百餘名，到邊分布大水峪地方防守，軍換而官不換。務要將本營官軍嚴加訓練以作其氣，善為撫恤以得其心。仍聽督撫鎮巡官節制。尤須持廉奉法，正己率下，毋得貪黷僨事，法不輕貸。爾其慎之。故諭。

敕河間領兵遊擊鄭勳①

近該薊遼督撫官題稱，春秋兩防班軍，衛所隔別，官軍異處，班次參差，分隸不便，乞要更正統領，等因。事下該部，議覆相應。今特命爾充遊擊將軍，統領河間衛秋班共軍三千名，到邊分布曹家路地方防守，與新改都司賈永清更番對代，專在河間、淶水駐劄，將選定遊兵精加訓練以作其氣，善爲撫恤以安其心。如遇本鎮并鄰境報有賊情，聽總督鎮巡等官節制調遣，依期統領，相機截殺，不許逗遛失誤，輕率寡謀。其河間等三衛掌印等官，悉聽管轄。爾受玆重任，尤須持廉秉公，正己率下，如或貪殘償事，法不輕貸。爾其慎之。故諭。

敕山東領薊鎮春班都司僉書張允嘉

近該總督薊遼軍務官題稱，各該班軍因循怠玩，赴戍後期，舉動掣肘，不能展布。要將河南、山東各領班赴薊鎮都司照京營事例，俱去以職，量陞署都指揮僉事，與見任僉書二員，輪番京、邊二班，領兵操守，中軍、千把總，照運糧官例，與掌印指揮、千百戶一體更番，等因。事下該部，議覆相應。今命爾駐劄本都司，統領官軍三千員名，在司之日，雙月操練官軍，整搠衣甲器械，緝捕盜賊。凡一應軍務事宜，與該道計議停當而行，悉聽巡撫衙門節制。每遇春防，於正月初旬依期親自督率赴邊，聽薊鎮總督軍門分布防禦。各軍應得預支月糧，會行該道速行支給。如有逃亡事故，即行撥補。爾尤須持廉奉法，撫恤軍士，沿途往回亦要嚴加鈐束，不許作踐田苗，騷擾地方。仍聽總練班軍將官分別勤惰，通行殿最②。其兵備官仍相接以禮，不得互相抗違。凡事務要計議而行，不得偏拗，致誤防邊大計。如或入衛愆期，貪殘償事，國典具存，法不輕貸。爾其欽承之。故敕。

敕河南領薊鎮秋班都司僉書劉確論

近該總督薊遼軍務官題稱，各該班軍因循怠玩，赴戍後期，舉動掣肘，不能展布。要將河南、山東各領班赴薊鎮都司照京營事例，俱去以職，量陞署都指揮僉事，與見任僉書二員，輪番京、邊二班，領兵操守，中軍、千把總，照運糧官例，與掌印指揮、千百戶一體更番，等因。事下該部，議覆相應。今命爾駐劄本都司，統領官軍三千員名，在司之日，雙月操練官軍，整搠衣甲器械，緝捕盜賊。凡一應軍務事宜，與該道計議停當而行，悉聽巡撫衙門節制。每遇秋防，於七月初旬依期親自督率赴邊，聽薊鎮總督軍

---

① 《明神宗實錄》卷三十三萬曆二年閏十二月庚辰條，第773頁，"改神樞三營遊擊鄭勳爲河間遊擊"。
② 殿最，古代考覈軍功或政績時，以上等爲最，以下等爲殿。

門分布防禦。各軍應得預支月糧，會行該道速行支給。如有逃亡事故，即行撥補。爾尤須持廉奉法，撫恤軍士，沿途往回亦要嚴加鈴束，不許作踐田苗，騷擾地方。仍聽總練班軍將官分別勤惰，通行殿最。其兵備官仍相接以禮，不得互相抗違。凡事務要計議而行，不得偏拗，致誤防邊大計。如或入衛愆期，貪殘債事，國典具存，法不輕貸。爾其欽承之。故敕。

敕遼東入衛遊擊李惟一

今命爾充遼東領兵參將，仍管遊擊將軍事，統領原選兵馬。在鎮之日，與本鎮將官一體聽總督鎮巡官并副總兵節制，調遣截殺，與寧前遊擊兵馬輪流入衛。防春之日，聽總督軍門分布并薊鎮總兵官節制。如或故違及入衛後期，聽軍門從重參治。春、秋兩防畢日回鎮，於本鎮總兵官標下操練。爾須持廉奉法，恤軍練武，以副委任。如或貪殘債事，法不輕貸。爾其慎之，慎之。故敕。

敕延綏入衛遊擊李棟①

今命爾充延綏遊擊將軍，如遇更番入衛，先期整捌人馬，鋒利器械。起程之日，肅隊而行，毋得遷延過期，沿途不許騷擾地方。至薊鎮，悉聽總督鎮巡官節制。放回之日，仍要常川操練，有警聽本鎮照常調遣分布。爾尤須持廉奉法，撫恤士卒，蓄養軍威。如或貪殘不職，觀望退縮，國典具存，決不輕貸。爾其勉之，慎之。故敕。

敕宣府入衛遊擊張剛

宣府原設遊兵四營，近因督撫等官奏稱，欲將添設入衛一營裁革，止以新舊二營輪流入衛，該部議覆相應。今特命爾充遊擊將軍，統領舊遊兵并革過入衛遊兵，共足三千之數，輪流入關，防守薊鎮，一年一換，周而復始。二營俱充入衛遊擊兵馬。應該入關者，聽薊遼總督酌量緩急調遣，文書至日，徑自起行，應該留守者，聽宣大總督分布擺守，一體應援。其各官兵馬在本鎮之日，俱聽宣府鎮巡等官節制，務要操練軍馬，鋒利器械，不拘入關防守，務求實效，以副委任。如或平時貪婪，縱肆有警，逗遛觀望，國典具存，法不輕貸。爾其慎之。故敕。

敕統領薊鎮德州秋班遊擊尹湘

近該總督薊遼軍務官題稱，各該班軍因循怠玩，赴戍後期，舉動掣肘，不能展布，

---

① 《明神宗實錄》卷十萬曆元年二月戊寅條，第361頁，"陞大同破虜堡守備李棟爲延綏遊擊，統領官軍輪番入衛"。

要將山東、河南領班赴薊鎮都司照京營例，俱去以職，與見任僉書二員輪番京、邊二班，領兵操守，中軍、千把總，照運糧官例，與掌印指揮、千百户一體更番。天津等處領班都司，照河間、定州班操例，俱改爲遊擊職銜，等因。事下該部，議覆相應。今命爾統領德州二衛秋班軍士三千名，到邊分布石門路地方防守，與德州春班營更番對代，回日駐劄德州。每年於六月初旬上班，十一月終旬下班。其官軍往回經行去處，嚴加鈐束，關支本等糧草外，不許作踐田禾，砍伐樹株，占宿店舍，強買貨物，拐帶人口，奸淫婦女，奪用車船，搶擄財物。在途許守巡①兵備官嚴加訪察，在邊聽總督鎮巡官節制。爾亦要善加撫恤，不許分毫科擾。衛所都司掌印官照數唱名，交付管領起程，其有不到者，即係領班將官、劄付官通同賣放，悉聽督撫官查照少軍事例從重參治。下班之日，地方無事，將軍士雙月調取一操，遇有盜賊竊發，聽本處巡撫官調度剿殺。凡比較事故官軍、馬匹，同軍政官協和議處，其所屬衛所，聽爾管轄。仍聽總練班軍將官分別勤惰，通行殿最。其該地方兵備官仍相接以禮，不得互相抗違，致誤邊計。凡事務要查照該部題覆事理，并與兵備官計議而行，不許偏執己見。如果能恪恭職事，仍聽本部別項推用。爾須持廉奉法，正己率下，毋得貪殘債事，法不輕貸。爾其慎之。故敕。

敕統領薊鎮通津春班遊擊徐槐

近該總督薊遼軍務官題稱，各該班軍因循怠玩，赴戍後期，舉動掣肘，不能展布。要將河南、山東領班薊鎮都司照京營例，俱去以職，與見任僉書二員，輪番京、邊二班，領兵操守，中軍、千把總，照運糧官例，與掌印指揮、千百户一體更番。天津等處領班都司照河間、定州班操例，俱改爲遊擊職銜，等因。事下該部，議覆相應。今命爾統領天津等三衛并定邊、通州、左、右、神武中衛共春班軍士三千四百三十四名，到邊分布太平路地方防守。每年於正月初旬上班，六月初旬下班。其官軍往回經行去處，嚴加鈐束。關支本等糧草外，不許作踐田禾，砍伐樹株，占宿店房，強買貨物，拐帶人口，奸淫婦女，奪用車船，搶擄財物。在途許守巡兵備官嚴加訪察，在邊聽總督鎮巡官節制。爾亦要善加撫恤，不許分毫科擾，衛所都司掌印官照數唱名，交付管領起程，其有不到者，即係領班將官、劄付官通同賣放，悉聽督撫官查照少軍事例從重參治。下班之日，地方無事，將軍士雙月調取一操，遇有盜賊竊發，聽本處巡撫官調度剿殺。凡比較事故官軍、馬匹，同軍政官協和議處，其所屬衛所，聽爾管轄。仍聽總練班軍將官分別勤惰，通行殿最。其該地方兵備官仍相接以禮，不得互相抗違，致誤邊計。凡事務要查照該部題覆事理，并與兵備官計議而行，不許偏執己見。如果能恪恭職事，仍聽本部別項推用。爾須持廉奉法，正己率下，毋得貪殘憤事，法不輕貸。爾其慎之。故敕。

---

① ［校］巡，底本、民國間抄本作"分"，據下文《敕統領薊鎮通津春班遊擊徐槐》等改。

敕統領薊鎮天津春秋班遊擊劉龍、祝琦

　　近該總督薊遼軍務官題稱，各該班軍因循怠玩，赴戍後期，舉動掣肘，不能展布。要將河南、山東領班赴薊鎮都司照京營例，俱去以職，與見任僉書二員輪番京、邊二班，領兵操守，中軍、千把總，照運糧官例，與掌印指揮、千百戶一體更番。天津等處領班都司，照河間、定州班操例，俱改爲遊擊職銜。等因。事下該部，議覆相應。今命爾統領天津等三衛春班軍士三千名到邊，分布松棚路地方防守，與天津營秋班更番對代，回日駐劄本衛城內。每年於正月初旬上班，六月初旬下班。其官軍往回經行去處，嚴加鈐束。關支本等糧草外，不許作踐田禾，砍伐樹株，占宿店舍，強買貨物，拐帶人口，奸淫婦女，奪用車船，搶擄財物。在途許守巡兵備官嚴加訪察，在邊聽總督鎮巡官節制。爾亦要善加撫恤，不許分毫科擾。衛所都司掌印官照數唱名，交付管領起程，其有不到者，即係領班將官、劄付官通同賣放，悉聽督撫官查照少軍事例從重參治。下班之日，地方無事，將軍士雙月調取一操，遇有盜賊竊發，聽本處巡撫官調度剿殺。凡比較事故官軍、馬匹，同軍政官協和議處。其所屬衛所，聽爾管轄。仍聽總練班軍將官分別勤惰，通行殿最。其該地方兵備官，仍相接以禮，不得互相抗違，致誤邊計。凡事務要查照該部題覆事理，并與兵備官計議而行，不許偏執己見，如果能恪恭職事，仍聽本部別項推用。爾須持廉奉法，正己率下，毋得貪殘償事，法不輕貸。爾其慎之。故敕。

敕統領薊鎮德州春班遊擊安廷燦

　　近該總督薊遼軍務官題稱，各該班軍因循怠玩，赴戍後期，舉動掣肘，不能展布。要將河南、山東領班赴薊鎮都司照京營例，俱去以職，與見任僉書二員輪番京、邊二班，領兵操守，中軍、千把總，照運糧官例，與掌印指揮、千百戶一體更番。天津等處領班都司，照河間、定州班操例，俱改爲遊擊職銜。等因。事下該部，議覆相應。今命爾統領德州等衛所、武定所、滄州所春班軍士三千三百六十六名到邊，分布石門路地方防守，與德州秋班營更番兌代，回日駐劄德州。每年於正月初旬上班，六月初旬下班。其官軍往回經行去處，嚴加鈐束。關支本等糧草外，不許作踐田禾，砍伐樹株，占宿店舍，強買貨物，拐帶人口，奸淫婦女，奪用車船，搶擄財物。在途許守巡兵備官嚴加訪察，在邊聽總督鎮巡官節制。爾亦要善加撫恤，不許分毫①科擾。衛所都司掌印官照數唱名，交付管領起程，其有不到者，即係領班將官、劄付官通同賣放，悉聽督撫官查照少軍事例從重參治。下班之日，地方無事，將軍士雙月調取一操，遇有盜賊竊發，聽本處巡撫官調度剿殺。凡比較事故官軍、馬匹，同軍政官協和議處。其所屬衛所，聽爾管

---

① ［校］毫，原作"亳"，據民國間抄本改。

轄。仍聽總練班軍將官分別勤惰，通行殿最。其該地方兵備官仍相接以禮，不得互相抗違，致誤邊計。凡事務要查照該部題覆事理，并與兵備官計議而行，不許偏執己見。如果能恪恭職事，仍聽本部別項推用。爾須持廉奉法，正己率下，毋得貪殘債事，法不輕貸。爾其慎之。故敕。

敕河南領薊鎮春班都司僉書王惟藩

近該總督薊遼軍務官題稱，各該班軍因循怠玩，赴戍後期，舉動掣肘，不能展布。要將河南、山東各領班赴薊鎮都司照京營事例，俱去以職，量陞署都指揮僉事，與見任僉書二員輪番京、邊二班，領兵操守，中軍、千把總，照運糧官例，與掌印指揮、千百戶一體更番，等因。事下該部，議覆相應。今命爾駐剳本都司，統領官軍三千員名，在司之日，雙月操練官軍，整捌衣甲器械，緝捕盜賊。凡一應軍務事宜，與該道計議停當而行，悉聽巡撫衙門節制。每遇春防，於正月初旬依期親自督率赴邊，聽薊鎮總督軍門分布防禦，各軍應得預支月糧，會行該道速行支給，如①有逃亡事故，即行撥補。爾尤須持廉奉法，撫恤軍士，沿途往回，亦要嚴加鈐束，不許作踐田苗，騷擾地方。仍聽總練班軍將官分別勤惰，通行殿最。其兵備官仍相接以禮，不得互相抗違。凡事務要計議而行，不得偏拗，致誤防邊大計。如或入衛愆期，貪殘債事，國典具存，法不輕貸。爾其欽承之。故敕。

敕河南領薊鎮春班都司游體仁

近該薊遼督撫官題稱，各領班都司所領班軍渙散不齊，乞要將分定該衛所軍數額定班次，更番戍守。事下該部，議覆相應。今特命爾統率駐剳河南嵩縣地方，統領春班官軍三千員名。在本處雙月操練官軍，整捌衣甲器械，緝捕盜賊。凡一應軍務事宜，與該道計議停當而行，悉聽巡撫衙門節制。每②遇春防，於正月初旬依期親自督率赴邊，聽薊鎮總督軍門分布防禦。各軍應得預支月糧，會行該道查照舊規，行令軍衛有司速行支給。如有逃亡事故，即行撥補。爾尤須持廉正己，撫恤軍士，沿途往回，嚴加鈐束，不許作踐田苗，騷擾地方。如或入衛愆期，貪殘債事，法不輕貸。爾其慎之。故敕。

敕宣府春班入衛遊擊高蘭

今特命爾充遊擊將軍，統領宣府新遊兵并革過入衛營遊兵共足三千員名，每年防春、防秋督發二千五百名，與舊遊兵輪流入關防守薊鎮，一年一換，周而復始，二營俱

---

① ［校］有，底本原無，據文意及上文《敕河南領薊鎮秋班都司僉書劉確論》補。
② ［校］每，底本原無，據文意及上文《敕河南領薊鎮春班都司僉書王惟藩》補。

充入衛遊擊兵馬，以後應該入關者，聽薊遼總督酌量緩急調遣。文書至日，徑自起行，應該留守者，聽宣大總督分布擺守，一體聽援。其各官兵馬在本鎮之日，聽宣府鎮巡等官節制，務要操練軍馬，鋒利器械，不拘入關防守，務求實效，以副委任。如或平時貪婪縱肆，有警逗遛觀望，國典具存，法不輕貸。爾其慎之。故敕。

效祖曰："薊鎮自庚戌以來，主上日厪剝膚之憂，其被命分閫，無間於文武諸臣，提撕警飭之意，蓋靡所不周矣。當若事者能以綸綍書諸紳而常目在之，則惕然罔違越，而職業無不舉矣，不則天語叮嚀，豈其令賫執以爲誇詡之資哉！"

昌鎮制疏

詔敕

敕昌平糧儲戶部主事貫實

近該巡按御史題稱，要將密雲管糧官仍理該鎮錢糧，其昌平三路照舊設官管理，該部議覆相應。今特命爾總理昌平三路主客兵馬糧餉，爾宜查照該部題准事理，聽督餉官分投坐委。凡係主客駐守城堡及用兵處所，并調到客兵經過地方，俱要預先堆積糧料草束，以備應用。其主兵照例按月給散，客兵一到即與支放，各毋致留滯等候。合用裝載車輛、人夫、騾驢等項，俱要計處停當。所轄官吏人等如有違慢誤事作弊者，爾即拿送所在官司問①理。爾受茲委任，宜殫竭心力，措置有方，務使糧餉充盈，邊方有賴，斯稱任使，毋因循怠忽，自取罪愆。三年滿日更代。爾其欽承之。故敕。

敕昌平兵備山東按察司僉事任彬②

今特命爾前去整飭昌平等處兵備，爾宜查照該部題准事理，管理黃花鎮、居庸關、鎮邊城三路，監督副、參等官，分管昌平州、懷柔、順義縣并長陵等九衛及營州左屯等衛，奠靖、鎮邊、渤海、白羊各所，駐劄昌平。專一撫處夷情，聽理詞訟，修葺城池，操練人馬，查處主客錢糧，督修關營墩墻，管理神器甲仗，修蓋營房倉庫。每年正月半、七月初上邊，三月盡、九月盡下邊。其守邊之日，稽查奸弊，監督戰守，下邊之日，如遺有邊工未就之緒，及簡閱兵馬諸務，仍選委州縣才能官一員前去代理。及將所管該路主兵通行搜選，設法教練，一年之內練有成效，不次擢用，因循不振，從重黜罰。爾仍聽總督巡撫官節制。近該戶部覆議，將邊內荒蕪田土及官豪勢要侵占，逐一查明，分給屯丁，量給牛種，嚴禁濫徵。俟三年後，如果成熟，准令各軍自食其力，免給

---

① ［校］問，底本、民國間抄本、南圖本作"間"，據文意改。
② 任彬，山西蒲州人，嘉靖三十一年舉人，累官至陝西副使。參乾隆《蒲州府志》卷八《選舉上》，乾隆十九年刻本，葉 30b。

月糧。若有多餘田土，亦要設法招種，照前免科，俟三年之後，或令當軍，或令出租，臨時聽從民願。年終，通將開墾過田畝數目造冊奏繳，青冊送部查考。爾受茲委任，須持廉秉公，正己率下，悉心經理，以靖地方。如或因循怠事，罪將爾歸。爾其欽哉。故敕。

敕霸州兵備山東按察司副使錢藻①

今特命爾整飭霸州等處兵備，專在霸州駐劄，自天津以至瀝縣止，霸州、文安、大城、保定、固安、永清、東安、武清縣、武清衛、瀝縣、香河縣、營州前屯衛軍衛有司衙門，悉聽爾管轄，不時往來巡歷，操練官軍民壯，修浚城池，問理詞訟，禁革奸弊。遇有盜賊生發，即便督率軍民壯快人等相機剿捕，務期盡絕，毋令滋蔓。仍禁約下人，不許因而生事擾民。各該軍衛有司官員貪殘不職，害民致盜者，照例參奏拿問，仍聽總督、巡撫都御史節制。其通州參將應行事務，俱與計議而行，并涿州、良鄉、房山二縣，如有盜賊生發，爾即調度官兵相兼軍衛有司，協力會合剿捕。其蒙村等處堤岸缺損并河西務上下淤淺、相應修浚者，悉照該部題准事理。如有重大事情，仍與分守、守備官計議而行。其西山渾河一帶及河道事宜，俱聽爾兼管。仍查照兵部近題事理，帶管驛傳，稽覈各項錢糧，嚴查應付勘合。有不奉公差及假托詐偽，并驛遞官吏人等尅削包占、作弊害人者，俱要恪遵明旨，盡法禁治。每年將徵給過站銀、禁革過冒濫牌票及行過事宜，開送巡撫衙門，轉咨該部查考。如不用心著實舉行，取具文移了事，致滋奸弊，聽各撫按官及該部科即據實參奏，以不職論黜。爾為憲臣，受茲委任，須持廉秉公，正己率下，振揚風紀，修舉武備，務俾奸宄屏迹，軍民安堵，斯稱任使。如或怠忽寬縱，貽患地方，責有所歸。爾其勉之，慎之。故諭。

敕鎮守居庸、昌平等處地方總兵官後府署都督僉事楊四畏②

今特命爾充總兵官，鎮守居庸、昌平等處地方，總領黃花、居庸鎮邊等路兵馬，駐劄昌平地方。無事則從宜修守，有警則隨方策應，其主客副、參、遊、守及軍衛有司等官俱聽節制。應該收保等項有違調度者，許爾參究。其中軍、千總等官係標下者，聽爾公同該管參、遊取取，係各區者會同巡撫選用，巡按、巡關、兵備俱不許干預。爾仍聽總督軍門節制，凡事與巡撫都御史會同計議而行。爾為武臣，受茲重寄，宜竭忠殫力，

---

① 《明神宗實錄》卷十二萬曆元年四月辛酉條，第395頁，"陞江西廣信府知府錢藻為山東副使，整飭霸州"。

② 楊四畏，字敬甫，其先安慶桐城人，一世祖興武以從征官千户，子楊忠襲職，因功陞指揮僉事。楊四畏襲指揮僉事世職，隆、萬之際歷任昌平、薊州、保定三鎮總兵，屢建功勛。萬曆三十一年八月二十一日卒。參《皇明誥封特進榮禄大夫右都督知庵楊公（四畏）墓志銘》，王晶辰主編《遼寧碑志》，遼寧人民出版社2000年，第418~421頁。

選練兵馬，務期保護陵寢，奠安邊鎮，地方無虞，斯稱委任。如或調度乖方，急緩誤事，及虐害下人，致生嗟怨，憲典具存，決不輕貸。爾其慎之，慎之。故諭。

敕鎮守總兵楊四畏整飭邊務

目今北虜款順，邊患稍寧，正宜及時修舉邊務，以圖久安長治。況昌鎮密邇京師，逼鄰東虜，今俺酋雖稱賓服，土蠻尚爾陸梁，桑土之防，倍宜加慎。近該輔臣建議，請敕申飭文武諸臣，誠爲安攘至計。茲特諭爾乘今警報稍息，督率大小將領等官，將一應戰守事宜，着實整理，撙①節費用務要贏餘，訓練兵馬務皆精壯，分布車營務令便利，教習火器務使精通，哨探虜情務得端的，調遣應接務中機宜。援兵雖不可驟罷，亦要設法練集土著，以圖戰守。墩臺雖已行修築，尤須多備守臺器具，以資捍禦。如事有不便，應合改弦易轍者，亦要呈白總督，會同巡撫協心計議，具奏定奪，毋得拘泥陳説，因循自誤。以後每年聽行邊大臣查覈紀驗，果能事事整飭，著有實績，比照擒斬事例重加陞賞；如踵襲故套，搪塞誤事，即照失機，從重擬罪。爾爲武臣，整兵待戰，乃其本職，宜殫竭忠誠，悉心區畫，務裨邊政修舉，日勝一日，緩急有備，戰守咸宜，斯稱委任。如或怠玩廢弛，以致僨事，責有所歸。爾其慎之，慎之。故諭。

敕居庸關參將賈斌

居庸關係京都北門緊要之地，今特命爾分守參將并提調白羊等口，遇有②賊寇，相機剿殺。凡有往來之人，須要仔細關防，若非奉明文擅自出關入關者，盤詰得出，當拿解者就便拿解赴京，其不當拿解及不服盤詰者，隨即差人具奏處治。如齎捧敕旨者，亦須審驗明白放行。其沿邊樹木，尤宜嚴加禁約，不許官軍人等採柴燒炭，圖利肥己，致成空曠，引惹賊寇。或已經砍伐者，督令趁時補種，務要林木稠密，使賊寇不得通行，遇警易於守備。毋得偏私執拗，有誤事機，仍聽整飭邊備都御史節制。尤須持廉秉公，守法盡職，以副委任，如或貪圖財利，科尅害人，役占軍士，致妨操守，罪不輕貸。爾其慎之。故諭。

敕黃花鎮參將蔡勛

今命爾充參將，分守城堡，督瞭墩臺，防禦賊寇。其附近天壽山處所，爾宜設法禁養樹木，杜絕賊路，分定各邊墻交界所屬隘口，并開連口一帶緊要地方，俱要嚴加堤防，一應事務，悉聽總督鎮巡官節制。仍須與守備官計議而行。近因該部題准，薊鎮分

---

① ［校］撙，底本、南圖本作"樽"，據民國間抄本改。
② ［校］遇有，底本、民國間抄本、南圖本皆無，據上文《制諭署都督同知戚繼光》補。

路設將，久任責成，較之他路，尤爲專責。防秋事畢，與三年之後保塞無事，叙論勤勞，量爲優賞，拒遏賊退，比例陞級。爾尤廉以持己，仁以恤下，不得貪黷債事貽害地方，如違，取罪非輕。爾其欽承之。故諭。

敕橫嶺城參將李時①

今命爾充參將，駐劄橫嶺口城，管轄鎮邊、長峪、白羊各守備、提調等官，務要操練軍馬，控扼關隘，修茸墩臺，防禦賊寇。如宣大報緊急聲息，就會同懷來參守於火石嶺、橫山兒一帶彼此嚴備，表裏夾攻。仍於山頭隘口多積石塊，安設銃炮，廣張旗幟，務期截殺成功。凡事俱聽薊遼總督、昌平鎮巡等官節制，不得貪黷誤事，責有攸歸。爾其欽承之。故諭。

敕昌平標兵遊擊王有臣②

今特命爾充遊擊將軍，統領昌平總兵下標兵三千名，務要訓練有方以作其氣，撫恤有恩以得其心。遇有警報調遣，即便統領相機剿殺，不許輕率寡謀，致墮賊計，逗遛觀望，有誤軍機。仍聽總督鎮巡官節制。如有應行事宜，爾以次經理。爾須持廉秉公，正己率下，毋得貪黷債事，法不輕貸。爾其慎之。故諭。

敕昌平遊兵遊擊史臣③

今命爾充遊擊將軍，統領昌平等處遊兵，必須嚴加訓練以作其氣，善爲撫恤以得其心。如遇該鎮報有賊情，聽薊遼總督軍門調遣，相機截殺，不許輕率寡謀，逗遛誤事。仍聽總督鎮巡官節制。爾尤須持廉奉法，圖副委任，如或貪黷債事，法不輕貸。爾其慎之。故諭。

敕鞏華城遊擊陳天福④

今特命爾充遊擊將軍，在鞏華城駐劄，操練軍馬，修理城垣，防禦賊寇，拱護皇

---

① 《明神宗實錄》卷九萬曆元年正月己酉條，第339頁，"神機三營練勇參將李時爲橫嶺路參將"。
② 《明神宗實錄》卷六隆慶六年十月戊寅條，第239頁，"陞遼東靉陽城守備王有臣充昌平標兵營遊擊"。
③ 《明神宗實錄》卷五十一萬曆四年六月壬午條，第1192頁，"福建都司僉書史臣充昌平永安車營遊擊"。
④ 《明穆宗實錄》卷六十九隆慶六年四月丙寅條，第1663頁，"以寧夏參將署都指揮僉事陳天福充薊遼總督標下左遊參將，管遊擊將事"。又《明神宗實錄》卷二十一萬曆二年正月辛丑條，第572頁，"原任標下遊擊陳天福爲鞏華營遊擊"。

陵。遇警前赴居庸關，會同該區將領查照分定地方戰守。凡一應合行事宜，俱聽撫鎮、分守等官節制。爾尤須持廉奉法，恤軍振武，以副委用，如或貪黷僨事，貽患地方，國典具存，決不輕貸。爾其慎之。故諭。

敕山東領薊鎮春班都司僉書王秩

近該總督薊遼軍務官題稱，各該班軍因循怠玩，赴戍後期，舉動掣肘，不能展布。要將河南、山東各領班赴薊鎮都司照京營事例，俱去以職，量陞署都指揮僉事，與見任僉書二員輪番京、邊二班，領兵操守，中軍、千把總照運糧官例，與掌印指揮、千百戶一體更番，等因。事下該部，議覆相應。今命爾駐劄本都司，統領官軍三千員名，在司之日，雙月操練官軍，整擻衣甲器械，緝捕盜賊。凡一應軍務事宜，與該道計議停當而行，悉聽巡撫衙門節制。每遇春防，於正月初旬依期親自督率赴邊，聽薊鎮總督軍門分布防禦。各軍應得預支月糧，會行該道，速行支給。如有逃亡事故，即行撥補。爾尤須持廉奉法，撫恤軍士，沿途往回亦要嚴加鈐束，不許作踐田苗，騷擾地方。仍聽總練班軍將官分別勤惰，通行殿最。其兵備官仍相接以禮，不得互相抗違。凡事務要計議而行，不得偏拗，致誤防邊大計。如或入衛愆期，貪殘僨事，國典具存，法不輕貸。爾其欽承之。故敕。

敕山東領薊鎮秋班都司李茂英

近該總督薊遼軍務官題稱，各該班軍因循怠玩，赴戍後期，舉動掣肘，不能展布。要將河南、山東各領班赴薊鎮①都司照京營事例，俱去以職，量陞署都指揮僉事，與見任僉書二員輪番京、邊二班領兵，操守，中軍、千把總照運糧官例，與掌印指揮、千百戶一體更番，等因。事下該部，議覆相應。今命爾駐劄本都司，統領官軍三千員名，在司之日，雙月操練官軍，整擻衣甲器械，緝捕盜賊。凡一應軍務事宜，與該道計議停當而行，悉聽巡撫衙門節制。每遇秋防，於七月初旬依期親自督率赴邊，聽薊鎮總督軍門分布防禦，各軍應得預支月糧，會行該道速行支給。如有逃亡事故，即行撥補。爾尤須持廉奉法，撫恤軍士，沿途往回，亦要嚴加鈐束，不許作踐田苗，騷擾地方。仍聽總練班軍將官分別勤惰，通行殿最。其兵備官仍相接以禮，不得互相抗違。凡事務要計議而行，不得偏拗，致誤防邊大計。如或入衛愆期，貪殘僨事，國典具存，法不輕貸。爾其欽承之。故敕。

敕京營戰兵參將管遠幹

近該京營戎政官題，要將京營調發薊鎮防守，戰車二兵將官照各邊入衛事例，請給

---

① ［校］鎮，底本、民國間抄本、南圖本皆無，據上文《敕山東領薊鎮春班都司僉書王秩》補。

專敕，以便遵奉行事。該部議覆相應。今命爾統領馬步官軍，遇秋依期赴薊鎮，聽總督軍門酌量緩急，分布信地防守。務要操練軍馬，鋒利器械，鮮明甲胄，申嚴號令。遇有虜警，一同邊兵併力截殺。其中官軍敢有逗遛觀望，不遵約束者，聽以軍法從事。凡調援分布等項，悉聽該鎮軍門節制，不許自恃出之京營，又奉有專敕，違拗乖方，及別有騷擾，如違，憲典具存，決不輕貸。爾其慎之，慎之。故敕。

敕昌平守備葛紹忠

天壽山係祖宗陵寢所在，今命爾以都指揮體統行事，與內官監太監王爵管領各衛軍馬在於本山守備。各將所在官軍如法操練，衛護陵寢，固守關隘，修理城池，保障地方。務在器械鋒利，盔甲鮮明，遇有賊寇，相機剿捕。山林樹木，仍照榜例禁約，毋得縱人砍伐。合行事宜，與王爵計議停當而行。爾尤須持廉奉法，撫恤軍士，不許假公營私，科擾尅害及役占軍士，妨廢兵備，如違，罪不輕恕。爾其慎之。故敕。

敕黃花鎮守備劉勳

今命爾以都指揮體統行事，駐劄黃花鎮，守備地方，自南冶口起至棗園寨，分屬爾管轄。操練軍馬，撫恤士卒，固守城池，慎防關隘。遇有賊寇侵犯，相機截殺，保障地方，設法修理關口墩臺，鏟削山坡，禁養樹木，杜絕賊路，不許纖毫怠忽，致誤事機。爾尤須持廉奉法，毋或科擾尅扣及役占軍士，妨廢兵備，自取罪愆。仍聽總督鎮巡官節制。爾其欽承之。故諭。

敕鎮邊城守備李世隆①

先該經畧邊務官題稱，橫嶺口地方衝要，相應添設守備一員在彼防守。近該總督官題稱，鎮邊城水缺路僻，不便屯禦，要將參將移駐橫嶺口，守備移駐鎮邊城。事下該部，議覆相應。今命爾以都指揮體統行事，守備鎮邊城，照舊管領操練軍馬，修理城垣，多鑿井泉，補葺關隘，督瞭墩臺，禦防賊虜，遇有賊寇，相機截殺。凡事俱聽薊遼總督、昌平鎮巡、橫嶺參將節制。爾尤須持廉奉法，撫恤士卒，不許偏執違拗②，致壞邊務，如違，罪有所歸。爾其慎之。故諭。

敕涿州守備李泰初

涿州密邇京城，地當衝要，雖有四衛官員管操，然彼此相持，事體不一。今特命爾

---

① 《明神宗實錄》卷五隆慶六年九月癸巳條，第194頁，"原任宣府西陽和堡守備李世隆守備橫口嶺"。實錄中"橫口嶺"當爲"橫嶺口"。
② ［校］拗，底本、南圖本作"拘"，據民國間抄本改。

以都指揮體統行事，守備涿州地方，提督涿鹿并興州中屯等四衛官員，操練軍馬，修理城池，撫恤軍士，關防奸宄。凡巡歷所屬地方，敢有輕視怠事者，聽爾量情處治。其捕盜一事尤爲重務，近來蘆溝橋以南、定興以北，往往有強盜截路，遠近商民人等經此地者，累被劫害。爾宜設法緝捕，挑選精熟武藝官軍常川巡歷挨查。涿州并良鄉、房山二縣所在軍民，編定火甲，嚴督坐鋪，一有強盜打劫，即便黏踪追襲，務要擒拿得獲，毋貽地方患害。仍按季將已獲未獲賊人花名具報，以憑稽考。其一應民事，不許干預。爾受兹委任，尤須持廉秉公，盡心職務，毋得貪黷剋削及私役隱占，致生嗟怨，如違，罪不輕宥。爾其勉之。故敕。

效祖曰：“昌鎮爲鮒魚重地，屢朝制書下及，必以護守爲言，蓋以寒候桴革①，既重邊防，而於斯尤當十倍視之。故內外守備皆有專敕，其在監司撫鎮者亦莫不然，至採山之禁又惓惓焉。則朝廷所以嚴事列聖於既往者，其孝思豈有窮哉！”

真保鎮制疏

詔敕

敕巡撫都察院右僉都御史孫丕揚②

今命爾巡撫保定等六府地方，兼提督紫荊等關，操練軍馬，修理城池，撫安軍民，禁革奸弊。其各衛府軍餘民壯，仍照原委責任提調操練。東西二路選委能幹官員，遇有強盜設法擒捕，務令盡絕。一應稅糧及屯種預備等倉，須加意積蓄。一帶關隘墩臺，各該通賊道路，嚴督守備等官鏟削修築，俱要完固。禁約管軍官，不許私役軍士及砍伐山木。達官舍餘尤宜責令本管官員安輯撫諭，毋容糾合爲非。所屬官員廉能幹濟者，量加旌獎，貪酷不才者，從公黜罰。軍民人等詞訟即與受理，軍職及文職五品以上有犯，奏聞區處，其餘就便拿問，或發巡按御史究治。權豪勢要之人侵占民田，兜攬糧草，阻撓軍務者，依法處治。事有應與巡按及巡撫順天等府官計議者，公同計議而行。

又該户部議奏防邊事宜，東起易州、西抵真定、井陘口一帶地方，隨軍糧餉命爾兼理。爾仍會同各處管糧郎中主事，督率兵備并府衛州縣等官，親歷各該屯堡州縣，逐一籌筭，備辦糧料草束，處設烘炒，僉派車輛，以及護餉官軍，俱要整理齊備，隨宜應用，毋致臨時有誤。凡敕內未盡事宜，聽爾便宜處置。爾受兹簡命，須殫心力，措置有方，必使關隘嚴固，威武振揚，糧餉充足，居常政舉民安，有警戰勝守固，斯副委任。

---

① 桴革，鼓槌與戰甲。
② 孫丕揚，字叔孝，富平人。嘉靖三十五年進士，授行人，擢御史，萬曆元年爲僉都御史，巡撫保定。歷户部左右侍郎、南京右都御史、刑部尚書等，累官至吏部尚書。參張廷玉《明史》卷二百二十四《孫丕揚傳》，第5900~5905頁。

如或苟簡疏畧，致誤事機，責有所歸。爾其欽承之。故諭。

敕易州糧儲戶部主事孫佩①

　　近該巡撫保定、提督紫荊等關都御史艾希淳題稱，所轄地方廣遠，倉場數多，兼有六府三關防禦之責，欲要委官久任協理事務，庶可責成。已經部覆准議。今特命爾分理其事，爾宜查照該部題准事理，凡紫荊、倒馬、龍、故等關并保定、真、順等府近邊一帶，其主兵駐守及用兵處所并調到客兵經過地方，俱要預先置辦糧料草束，處置烘炒，以備應用。其主兵照例按月給散，客兵一到即與支放，各毋致留滯等候，合用裝載車輛，并護餉官軍，俱要計處停當備用。凡事悉聽提督都御史分頭督調，防秋有警，任其隨宜委用。所轄官吏人等，如有違慢誤事及通同作弊者，爾即拿送所在官司問理。其紫荊、倒馬等關通判悉聽委用，如有失誤職掌及貪墨不職者，爾即參究治罪，每年終，仍將各通判賢否開注送部，以憑轉送考覈施行。爾受兹委任，宜殫竭心力，措處有方，務使糧餉充盈，邊方有賴，斯稱任使，毋或因循怠忽，自取罪愆，候三年滿日更代。爾其欽承之。故敕。

敕易州兵備山東按察司副使高文薦

　　紫荊關迤西浮圖峪之外，地勢平曠，胡寇每乘間窺伺，兼各關軍民私出口外樵採耕種，守把人員通同容縱，其弊多端。又各處時有礦賊白晝行劫，一切防範備禦必須專官以任其責。今特命爾在易州住劄，往來提督紫荊、龍泉、倒馬、浮圖等處，其紫荊一關并所轄隘口，東起沿河口總，西至白石口總止，及保定一府十二州縣、保定五衛、茂山衛并山西廣昌、靈丘等縣各該軍衛有司，俱聽管理。爾仍於前項鄰近州縣、衛所內揀選精壯軍餘、民快，處給官馬器械，責令巡捕軍民職官管領，就在本處如法操練，遇有盜賊生發，量數調取，選委巡捕官或謀勇指揮等官統領剿捕。其閱視邊關，查點人馬，問理刑名，禁革奸弊，俱照原擬，仍聽巡撫保定等府都御史節制。事有干涉巡撫順天、山西都御史，一體呈請施行。軍衛有司官員，如有貪殘不職、玩寇殃民，應提問者徑自提問，應參奏者具奏處治。每歲六月中旬，偵探虜警緩急，悉心調度，仍會各該將官相機戰守。若邊關非時警報，馳赴料理。帶管北直隸操演軍士，兼理馬政。爾爲憲臣，受兹委任，尤須持廉秉公，正己率下，務使軍民安妥，盜賊屏息，地方寧靖，斯稱任使，毋得因循怠惰，自取罪戾。爾其勉之，慎之。故敕。

---

① 孫佩，《隆慶二年進士登科錄》、康熙《益都縣志》作"孫珮"。登科錄語見《明代進士登科錄彙編》十七，屈萬里主編《明代史籍彙刊》第十種，臺灣學生書局1969年，第9025頁，"孫珮，貫山東青州左衛軍籍，籍青州府諸城縣人，益都縣學附學生"；康熙《益都縣志》卷六《選舉·進士》，康熙十一年刻本，葉26a記有"孫珮，字伯玉，陝西右參政"。

敕井陘兵備協理邊務山西按察司副使游季勳

　　井陘、故關等處地方廣闊，隘口平漫，先事防虜，不可不嚴。今特命爾整飭故關等處兵備，常在獲鹿縣住劄，倒馬、龍、故三關并所轄各隘口，東起插箭嶺總，西南至故關所轄石榴嘴等口，及真定一府所屬三十二州縣，真、神、定三衛，平定守禦千戶所，并山西平定州、樂平、伍臺、繁峙、孟縣等縣俱聽管理，仍兼理馬政。真、神二衛秋班官軍存留各一千名，常川分布故關一帶隘口防守，俱聽爾提調教閱，操練軍民兵馬，巡捕盜賊。每歲六月中①旬暫住曲陽，偵探虜警緩急，悉心調度，仍會行各該將官相機戰守。掣兵之日，方許回於原處住劄。若邊關有非時警報，地方有別項重務，不拘時馳赴料理。及照兵部近題事理，監同參將等官經畧協守各項軍機事務，仍兼理山西、直隸詞訟。軍衛有司官員，有貪殘不職、玩寇殃民，應提問者徑自提問，應參奏者奏來處治。爾受茲委任，須持廉秉公，修舉武備，綏輯人民，不許虐人生事，貽害地方，亦毋得違誤軍機重務。爾其慎之。故敕。

敕大名兵備河南按察司副使姜繼曾②

　　大名府地方曠闊，兼以山東、河南、直隸衛所營屯錯雜，軍餘豪橫，有司不能鈐制。今特命爾專一整飭前項地方兵備，照依先年兵部題奏事理，在於大名府住劄，兼制山東、河南、直隸鄰近州縣，約束該管衛所官員及各屯軍舍餘丁，專一往來提督操練官軍民快人等，防捕盜賊，保障地方，兼理馬政。該用馬匹、器械、賞勞等項，并一應合行事宜，悉聽爾區畫整理，小則從便施行，大則奏請定奪。各該軍衛有司官員，如有貪殘不職、玩寇殃民，應提問者徑自提問，應參奏者參奏處治。其順德府所屬關隘，北起馬嶺口、錦綉堂等口，南至寅背岩、數道岩等口止，并順、廣二府各九縣、大名府所屬十一州縣、順德守禦百戶所俱聽管理。每歲六月中旬暫住順德，偵探虜警，緩急悉心調度，會行各該將官相機戰守。掣兵之日，方許回原處住劄。若邊關非時警報，馳赴料理。山東、河南各道盜賊人命重情，爾仍協力緝捕，從公會問，不許自分彼此，長奸縱惡，以安地方。仍聽總理河道節制。爾爲憲臣，受茲委用，須秉公持正，禁約下人，修舉武備，消彌盜賊，亦不許因而邀功生事，害及良善，自貽罪愆。爾其勉之，慎之。故敕。

---

①　［校］中，底本、南圖本作"終"，據民國間抄本及上下文意改。

②　姜繼曾，膠州人，嘉靖三十二年進士，歷江西道監察御史、河南布政司參政。參道光《膠州志》卷十《表九·明選舉表上》，道光二十五年刻本，葉10a。又《明神宗實錄》卷四十三萬曆三年十月丙子條，第971頁，"以陝西右參議姜繼曾爲河南副使，駐劄大名"。

敕鎮守真保定總兵都督僉事傅津①

直隸、保定地方，西鄰各關，北拱京師，實爲要害重地。先年存留本處伍衛京操官軍在彼操守，又大寧都司并定州衛所管達官、達舍數多，況見今北虜節有警報，沿邊紫荆、倒馬等關，俱係緊要去處，統率防禦，皆須得人。今特命爾充總兵官鎮守前項地方，在於適中地方駐劄。爾須查照兵部奏准事理，將各衛春秋二班原額并原有軍士嚴加約束，常川操練，合用器械整治鮮明，該給馬匹喂養膘壯，城池損壞修理完固。或京師有召，即時趨赴，各關有警，即時調發應援，毋得稽遲。其各路參將、分守、守備及大寧都司并附近各該衛所官軍，悉聽爾節制。府州縣官各執鎮屬之禮，應該守保等項，有違調度者，許爾參究。中軍、千總等官，聽爾同巡撫從公選用，巡按、巡關、兵備不許干預，事關地方軍務盜情，俱與巡撫都御史協和計議而行。爾受兹委任，務使武備修舉，兵威振揚，上以拱衛都城，外以緝寧邊境，毋或因循怠忽，自取罪愆。爾其欽承之。故諭。

敕紫荆關參將王撫民②

今特命爾充紫荆關參將，專管本關并沿河、馬水、盤石、奇峯、烏龍潭等口，及烏龍溝起至白石口總止，各地方操練軍馬，修固城垣，整飭器械，申嚴號令，晝夜用心守把，防禦賊寇，盤詰奸宄，遇有警急，相機戰守。其倒馬關、浮圖峪守備官，改隸新添參將統領。爾查照密雲事體，凡事與易州兵備官協同計議而行，一應軍中事宜，悉聽總督鎮巡節制。爾須持廉奉法，撫恤軍士，不許役占尅剝，致生嗟怨，如違，依法重治。爾其慎之，慎之。故諭。

敕馬水口參將滿朝相③

今特命爾充參將，分守馬水口地方，駐劄馬水口，葺補墻垣，斬修隘口，操練兵馬，撫恤軍士，東起沿河口總，西抵金水口總一帶邊隘，俱屬爾管轄。本口原有軍七百四十一名，再募一千二百五十九名，共足二千名，給馬三百匹。爾俱統領常川在彼防禦調度，往來截殺。其沿河口守備、金水口把總，俱聽爾節制。一應防禦事宜，與易州兵備副使協和計議而行。仍聽總督鎮巡官節制。爾尤須持廉奉法，正己率下，以副委任，

---

① 《明神宗實錄》卷四隆慶六年八月癸未條，第182頁，"以神樞營右副將傅津充總兵官，鎮守保定等處地方"。
② 王撫民，其傳見本書卷九。參《明神宗實錄》卷三隆慶六年七月甲辰條，第105頁，"以統領保河民兵遊擊爲事官王撫民分守紫荆關地方"。
③ 《明神宗實錄》卷六隆慶六年十月甲戌條，第233頁，"以昌平總兵標下遊擊滿朝相充分守馬水口參將"。

如或貪殘償事，憲典具存，決不輕貸。爾其慎之。故諭。

敕倒馬關參將劉世恩①

今特命爾充參將，分守倒馬關地方，操練軍馬，修理關堡，提督插箭嶺守備，并所轄本關沿河、胡王、葫荄等口地方，遇有警報，相機戰守。凡軍中一應合行事宜，仍聽總督鎮巡官節制。爾受兹委任，尤須持廉奉法，撫恤軍士，如或貪黷害人，廢弛武備，責有所歸。爾其慎之。故諭。

敕龍固關參將何勳

近該閱視邊務官題稱，要將龍固關參將移駐茨溝，彈壓礦徒。該部議覆相應。今特命爾充參將，分守北直隸龍固二關等處，駐劄茨溝村地方，管領龍泉迤南并順、廣二府，兼管茨溝村、狼牙口、撞兒溝、胡家莊、寨溝兒通虜奸細之處，銀河、扤背石、大小柳溝、黃土梁、黃石堂、天橋兒、蓮子崖礦洞巢穴地方。先次奏留真、神二衛官軍二千員名，并茨溝募軍馬匹，聽巡撫衙門酌議裁定，令其統領，并撥馬二百八十七匹，聽於真定府備用馬內存留買馬二百一十三匹給軍騎征，無事之時，專意操練，以爲二關之重寄。往來督率官軍盤詰奸細，緝捕礦徒，凡事悉與井陘兵備計議而行，務要操縱合宜。有警之際，則聽調遣，以應援紫荆、倒馬、居庸，仍聽總督鎮巡官節制。爾須持廉奉法，撫恤士卒，用副委任，如或怠肆貪虐，致誤邊防，憲典具存，決不輕貸。爾其慎之。故諭。

敕標兵營參將胡懋功②

今特命爾以參將管遊擊將軍事，統領保定巡撫標營官軍，務要用心操練，加意撫恤。凡軍士一應事宜，悉聽督撫官節制調遣。如遇本鎮及薊鎮有警，爾即領兵星馳應援截殺，不許逗遛觀望，有誤軍機。爾尤須持廉秉公，正己率下，如或貪黷償事，法不輕貸。爾其慎之。故諭。

敕民兵營遊擊李彦勳③

今特命爾充遊擊將軍，統井、大民兵三千名，無事之時，駐劄府城，多方訓練以作其氣，善加撫恤以安其心。防秋之日，照依信地，屯駐塔崖，有警聽候援調，領兵千、

---

① 《明神宗實錄》卷九萬曆元年正月己酉條，第339頁，"以山西都司掌印劉世恩爲倒馬關參將"。
② 《明穆宗實錄》卷十四隆慶元年十一月乙亥條，第400頁，"陞插箭嶺守備指揮僉事胡懋功爲署都指揮僉事，充定州領軍遊擊將軍"。
③ 《明神宗實錄》卷四隆慶六年八月己卯條，第179頁，"陞宣府保安舊城守備李彦勳爲真定遊擊，統領井、大二道民兵"。

把總等官俱聽約束。爾仍聽總督鎮巡官節制。如遇調遣，依期統領，相機截殺，不許逗遛誤事，輕率寡謀。尤須持廉秉公，正己率下，如或貪黷僨事，法不輕貸。爾其勉之，慎之。故敕。

敕真定車營遊擊李沛

今特命爾充遊擊將軍，管理真定車營事務，如法訓練，行則爲陣，止則爲營，務期精熟，專備應援截殺。凡軍中一應事宜，悉聽總督鎮巡節制調遣，相機剿殺，不許逗遛觀望，有誤軍機。爾須持廉奉公，正己律下，如或貪黷僨事，法不輕貸。爾其慎之。故諭。

敕標兵營遊擊李桐

今特命爾充遊擊將軍，統領保定總兵標下兵馬，務要時常訓練，但有軍士逃故，具呈鎮巡官查補。如有警報，聽該鎮總兵調遣，合營相機剿殺，不許逗遛觀望，有誤軍機。仍聽總督鎮巡官節制。爾須持廉奉法，正己率下，如或貪黷僨事，法不輕貸。爾其慎之。故諭。

敕保定車營遊擊李迎恩

今特命爾充保定遊擊將軍，管理車營事務。爾宜時常訓練，修飭車政，專備入衛應援。仍聽總督鎮巡官節制。爾須持廉秉公，正己率下，如或貪黷僨事，法不輕貸。爾其慎之。故諭。

敕定州秋班遊擊張秉忠

今命爾充遊擊將軍，統領秋班軍士三千名，到邊分布太平路地方防守，與新添都司更替對代，回日專在定州城內駐劄，將選定遊兵精加訓練以作其氣，善爲撫恤以安其心。如遇本鎮并鄰境報有賊情，聽總督鎮巡官節制調遣，依期統領，相機截殺，不許逗遛失誤，輕率寡謀。尤須持廉奉法，正己率下，如或貪殘僨事，法不輕貸。爾其慎之。故諭。

敕保定忠順營都司盧徹

今命爾專一管束所部保定左等衛原日安插及近時放回達官、旗軍、舍餘人等，操練聽調，務在用心鈐束，善加撫恤，使人遵守法度，各安生理。敢有不服鈐束及聽小人教誘，起滅詞訟或出境外劫掠爲非擾害良善者，輕則聽爾量情懲治，重則奏聞區處。彼處軍衛有司之事，不得分毫干預，自起爭端，如違，罪不輕貸。爾受茲委托，尤須攄忠效勞，公廉勤慎，毋得貪圖財利，剝削尅害，及縱容下人生事，擾害地方，責有所歸。爾其勉之，慎之。故敕。

敕定州忠順營都司楊國卿

今命爾以都指揮體統行事，在定州專一管領達官、達軍、舍餘，如法操練，俾各熟閑武藝，聽候有警調用。時常鈐束，毋令非爲。如有爲盜橫暴害人者，即便擒拿送官，痛加懲治。爾爲武臣，受玆委任，須持廉秉公，撫恤其衆，俾各安生業。凡軍衛有司之事，不許干預。爾其勉之，慎之。故敕。

敕真定守備陳汝德

真定、定州二處，北近倒馬、龍泉邊關，西鄰井陘、獲鹿隘口，誠爲緊要之處。雖有神武、定州、真定三衛官軍及武功、騰驤二衛下屯軍餘，凡修理操練等項，事不歸一。今特命爾以都指揮體統行事，守備地方，提督各衛所官員幷下屯軍餘，操練軍馬，修理城池，緝捕盜賊，關防奸宄。遇有截路及鄉村打劫强盜，爾即督率官軍黏踪緝捕，務在得獲，不許怠玩坐視。凡軍中重大事情，須與巡撫、巡按官計議而行，仍聽撫巡官節制。有司民事，不許一毫干預。爾須廉以律己，仁以撫下，用期武備振修，斯副委任。毋得貪黷貨利，剝削下人，及私役隱占，致生嗟怨，如違，罪不輕宥。爾其勉之，慎之。故敕。

敕浮圖峪守備高尚志

浮圖峪口外通宣府、大同、偏頭、雁門等關要路，內連紫荆關一帶地方，係緊要隘口。玆特命爾以都指揮體統行事，前去守備，專在本峪駐劄，仍往來提調原管關口，務要用心操練軍馬，整點器械，修理城堡，挑掘壕塹，設置墩臺，嚴謹瞭望，以防賊寇，以障民居。如有邊報聲息及地方盜賊，即便飛報紫荆關等口，互爲隄備撲滅。凡事悉聽巡撫幷紫荆關總兵官節制，不許偏執違拗。爾廉以持身，仁以撫下，不許有所科擾，私役害人債事，如違，罪不輕恕。爾其勉之，慎之。故敕。

敕白石口守備倪思立

近該總督薊遼等處軍務題稱，白石口地方最爲要害，添設守備防禦。該部議覆前來，已允所請。今命爾以都指揮體統行事，守備白石口地方，操練軍馬，修理城垣，遇有虜警，嚴督葫荄等口，管總守口等官，併力防禦，保障地方。其黃土嶺、烟薰崖、常家溝等處，俱聽爾管轄。凡事悉聽總督鎮巡官節制。爾尤須持廉奉法，恤軍振武，如或貪黷債事，憲典具存，朕不輕貸。爾其慎之。故敕。

效祖曰："國家重邊圉之防，太祖時首頒平定幽朔之詔，賜文皇備虜璽書。其後文武督撫監司並有敕諭，凡以□□□①伏邊利也，真保鎮以紫荆關爲要，故封疆之臣得奉命祗役者，乃綸音渙號，不以官之崇卑有遺，不以時之治安有間。大哉王言，其鼓舞邊臣者至矣乎！"

遼鎮制疏

詔敕

諭遼東官民詔　洪武三年

皇帝詔曰：朕承大統即皇帝位，其年八月，元君②大去其國，已而山之東西，河之南北，以及關陝内外文武軍民不戰來歸，中原境土一時皆定，此實天意，非人力也。今年六月，左副將軍李文忠、副將軍趙庸遣使來奏，五月十六日率兵至應昌府，獲元君之孫買的里八剌及其后妃寶册，始知元君已於四月二十八日因疾而殂，其子愛猷失里達臘數騎北奔，天運之去昭然。獨念遼東一隅尚多故臣遺老，不能見幾遣使一來，而乃團結孤兵，盤桓鄉土，因循歲月，甚非善後之謀。邇者高麗、安南、占城、爪圭、西洋、瑣里海外諸國，猶能知天時，審人事，專使稱臣入貢，豈汝等之智所不及耶？抑我師之未至耶？兹專遣人以往，果能審識天命，傾心來歸，有官者量才擢用，有業者各安生理，朕不食言，爾宜圖之。

敕遼東互市　成化十四年

皇帝敕諭遼東互市：遼東開設馬市，許令海西、朵顔三衛達子買賣，俾得有無相濟，各安生理，此係懷柔遠來之道。永樂、宣德年間已嘗行之，兩有利益。但恐中間奸詐求賄之徒妄生事端，阻壞邊務，横惹邊釁，貽患將來，殊非細故。恁部裏便出榜曉諭，禁約馬市。開原每月初一日至初五日開一次，廣寧每月初一日至初五日、十六日至二十日開二次，聽巡撫官定委布、按二司管糧官分投親臨監督。仍差撥官軍用心防護，省諭各夷，不許身帶弓箭器械，止將馬匹并土産物貨赴彼處委官驗放，入境開市。本處亦不許將有違禁物貨之人與彼交易，市畢即日打發出境。不許通事并交易人等專一與夷欺侮出入、貪多馬價及偷盜貨物。亦不許撥置夷人以指貨物爲由，符同詐騙財物分用。敢有擅放夷人入境，及縱容官軍人等無貨者任意入市，有貨者在内過宿，窺取小利、透漏邊情者，許審問明白，俱發兩廣烟瘴地面充軍，遇赦並不原宥。或本處通事，俱不許

---

① ［校］底本、民國間抄本、南圖本皆缺三字。
② 元君，即元順帝妥懽帖睦爾。

有所求索，或因而受害，就彼查處。其鎮守總兵等官，尤專心體察。并一應勢豪之家，俱不許私將貨物，假充家人伴當，時常在市出名買賣，俾所司畏勢縱容，無法關防。如有，聽彼處巡按御史緝訪拿問，具招發遣，罪不輕貸，敢有容情，一體治罪，不許故違。

敕巡撫遼東都察院右僉都御史張學顏①

今特命爾巡撫遼東地方，贊理軍務，訓練軍馬，整飭邊防，提督糧儲，禁革一切奸弊，務使軍威振舉，糧餉充足，衣甲鮮明，器械鋒利，城堡、墩臺、邊牆無不完固，以防禦寇賊，撫安兵民。有警則公同鎮守總兵等官調度官軍，相機殺賊，禁約管軍頭目不許科擾尅害及隱占私役，有誤戰守。違者，輕則量情懲治，重則毋畏勢豪，徑自參奏拿問。其餘一應邊務，聽爾便宜從事，與鎮守等官從長計議而行。況今遼東地方疲憊，軍士艱難守邊，官員行事乖方，以致地方不靖。爾為憲臣，受茲委任，宜持廉秉公，安靜慎重。凡軍民利病可興可革者，悉心訪究，從宜審處，具實奏聞，務使地方寧謐，內外讋服，毋或視常怠忽，及乖方誤事，自取罪責。爾其勉之，勉之。故諭。

敕巡撫僉都御史張學顏嚴飭邊防

目今北虜款順，邊患稍寧，正宜及時修舉邊務，以圖久安長治。況遼東地方逼鄰東虜，今俺酋雖稱賓服，土蠻尚爾陸梁，桑土之防，倍宜加慎。近該輔臣建議，請敕申飭各鎮文武諸臣，誠為安攘至計。茲特諭爾除職掌所關，照常修舉外，乘今警報稍息，督率兵備將領等官，將一應戰守事宜著實整理，撙節費用務有贏餘，訓練兵馬務皆精壯，召種屯田務廣儲蓄，清理鹽法務使疏通，哨探虜情務得端的，調遣應援務中機宜。如事有不便，應合改弦易轍者，亦要與總督鎮守協心計議，具奏定奪，毋得拘泥陳說，因循自誤。以後每年聽行邊大臣查覈紀驗，果能事事整飭，著有實績，比照擒斬事例重加陞賞，如踵襲故套，搪塞誤事，即照失機，從重擬罪。爾為撫臣，受茲重任，宜殫竭忠謀，悉心區畫，務俾邊政修舉，日勝一日，禦虜之筭，萬全無遺，斯副委托。如或怠玩廢弛，以致債事，責有所歸。爾其慎之，慎之。故諭。

敕獎巡撫兵部右侍郎張學顏

茲者建州逆酋王杲②背逆天道，戕我命吏，擾我邊疆。爾能輯和將士，聲罪致討，

---

① 《明穆宗實錄》卷五十四隆慶五年二月丙申條，第1330頁，"陞山西按察司副使張學顏為都察院右僉都御史，巡撫遼東"。

② 王杲，嘉靖間為建州右衛都指揮使，屢盜邊。萬曆三年七月王台率子虎兒罕赤縛王杲以獻，磔於市。參趙爾巽《清史稿》卷二百二十二《王杲傳》，中華書局1977年，第9124~9127頁。

夷其巢穴，殱其醜類，斬獲千又百級，全師整旅而還。捷書來聞，深用嘉悅。茲特陞爾兵部右侍郎兼都察院右僉都御史，賞銀八十兩，大紅紵絲飛魚衣一襲，蔭一子錦衣衛世襲百戶。仍賜敕獎勵，以旌爾功。爾其益懋忠獻，弘敷遠畧，伸中國常勝之氣，杜外夷侵侮之萌，俾烽燧不驚，疆圉永靖，尚於爾有崇陟焉！欽哉！故諭。

敕遼東糧儲戶部郎中張崇功

遼東地方該用錢糧數多，止靠屯田子粒及在京送去銀兩，并開中引鹽以備支用。奈近年以來奸弊百端，糧料濫收，粗浥糠粃，不堪食用，屯田被人侵占，子粒無從上納。若不嚴加清理禁革，不無邊儲虧折，有誤供給。今特命爾前往彼處總理，督同都、布、按三司管屯管糧官員，及督併分理錢糧知州通判，凡一應屯田，務要照例逐一清出，撥軍屯種；各倉場糧草收支之際，務要關防嚴密，除奸革弊。禁約官吏軍民人等，不許包攬侵盜及侵占屯田，不納子粒。違者，六品以下官，爾即拿送按察司分巡官并所在官司問理，應奏請者照例奏請施行。其三司官若有因循怠忽，亦聽爾指實劾奏。每歲開中引鹽并納銀糴買糧料，須斟酌價值貴賤、歲用多寡，及地方緩急。極邊城堡缺糧倉分，從公坐派，不許只於附近有糧去處派撥，圖作人情。其糧料務圖乾圓潔淨，敢有插和糠粃沙土者，就便拿問退出。仍取勘各衛倉厫數目，各樣糧料坐定厫口，隨收隨盤，以革奸弊。及令各衛定委老成指揮一員，量撥餘丁燒造磚瓦、石灰，採打木植，專以預備，遇有各厫損壞，隨即修理，亦就總督查考，勿令各官私役賣放。凡彼處一應合行事宜，務要遵照該部近日題准事理，悉與巡撫官協同面議停當而行，毋得偏執自專，乖方誤事。爾受茲委托，須持廉秉公，正己律人，毋暴毋刻，務俾事妥人安，斯稱任使。如或持身不謹，以致擾人壞事，及畏勢聽屬，容情作弊，虧損錢糧，事發，必重罪不宥。爾其勉之，慎之。故敕。

敕分守遼海東寧道山東布政司參議翟繡裳

近該遼東巡撫官題稱，東寧道地方密邇邊陲，虜情叵測，宜設分守官專理事務，庶幾事有責成。事下該部，議覆相應。今特命爾前去分守遼海東寧道，查照該部題准事理，帶管海州、遼陽、瀋陽、撫順、靉陽各城堡邊備。平時則操練兵馬，清理軍伍，修築墩牆，稽查錢糧，分理詞訟，禁革奸弊。有警則堅壁清野，收斂人畜，督率境內衛所官軍往來策應。仍聽巡撫衙門節制。爾受茲委任，須持廉秉公，正己率下，務俾邊方寧謐，寇盜屏息，斯稱任使。如或因循怠忽，致誤邊事，責有所歸。爾其欽承之。故敕。

敕分巡遼海東寧道兵備山東按察司僉事蔡可教

近該督視遼東軍情官題稱，遼東鎮巡等官與所屬地方相去隔遠，顧理不周，勢甚孤危，要將原管該道官員改擬責任，畫地綜理，以防虜患。事下該部，議覆相應。今特命爾前去分巡遼海東寧道，帶管廣寧、錦、義、河西等處兵備，春夏駐劄錦州，秋冬駐劄義州。無事則修整邊隘，補練兵馬，糾察奸弊；有警則督率兵將收斂人畜，相機戰守。東至廣寧鎮武，西至錦州杏山驛，所轄廣寧等九衛、城堡驛所三十一處，其守備、備禦、掌印指揮等官，悉聽統攝。凡用兵事務，須與參將計議停當而行，仍聽督撫官節制。爾受兹委任，宜持廉秉公，正己率下，務俾邊方寧謐，寇盜屏息，斯稱任使，毋得因循驕怠，致誤邊事，自貽罪譴。爾其勉之，慎之。故敕。

敕開原兵備山東按察司副使賀溱①

先該給事中林廷㻞奏稱，開原地方二衛孤懸，三面接虜，邊情叵測，人民頑野，弊端易積，詐偽橫生，宜設兵備，以懲夙蠧，等因。下該部議擬，已行鎮巡等官會題，相應改設。今特命爾住劄開原地方，整飭遼東等處兵備，修理墩牆，操練軍馬，撫恤士卒，問理詞訟，禁革奸弊，一應合行事宜，悉照該部題准事理施行。仍聽巡撫官節制。爾受兹委任，尤須持廉秉公，正己率下，務俾奸宄屏迹，軍民安堵，邊境無虞，斯副任使，如或怠忽誤事，責有所歸。爾其慎之。故敕。

敕寧前兵備山東按察司副使李松

近該督視遼東侍郎葛縉②題稱，遼東鎮巡等官遠在廣寧，其寧前地方勢甚孤危，欲添設兵備官一員，畫地綜理。事下該部，議覆相應。今特命爾前去整飭寧前地方兵備，春夏駐劄寧遠，秋冬駐劄前屯。無事則修整邊隘，補練兵馬，糾察奸弊，有警則督率兵將，收斂人畜，相機戰守。東至寧遠塔山所，西至前屯中前所抵關，所轄寧前二衛城堡、驛所共三十二處，其備禦、掌印指揮等官悉聽爾統攝。凡用兵事務，與參將計議停當而行，仍聽督撫官節制。爾受兹委任，須持廉秉公，正己率下，庶副任使，如或因循驕怠，自貽罪譴。爾其慎之。

敕苑馬寺卿劉世昌

近該遼東鎮巡官題稱，遼東金、復、盖三衛地方南瀕大海，向稱簡僻，乃今醜虜垂涎，倭奴窺伺，均當爲備。議得苑馬卿事簡權輕，乞要量加憲職，兼理兵備。事下該部，議覆相應。今命爾不妨原務，駐劄盖州，照舊管理馬政，兼整飭前項地方兵備，往

---

① 《明神宗實錄》卷七十三萬曆六年三月辛酉條，第1585頁，"陞開原兵備副使賀溱爲山東右參政管理前項地方事務，以溱先有戰功也"。戰功即與李成梁、張學顏等攻王杲功。

② 葛縉，昌邑人，嘉靖十四年進士，初授山西襄垣知縣，歷任山西巡撫、宣大總督，晉兵部侍郎，特命督視遼東軍務。參乾隆《昌邑縣志》卷五《選舉》，乾隆七年刻本，葉133b。

來巡歷，糾察奸弊。平時修葺城堡，操練兵馬，備禦海防；有警督率官兵，收斂人畜，相機戰守，保固城池。其所屬境內衛所守備、備禦、掌印指揮等官，悉聽統轄。凡用兵事務，與參將計議停當而行，仍聽督撫節制。爾受茲委任，尤須持廉秉公，正己率下，務在盜息民安，斯稱任使。如或因循怠忽，責有所歸。爾其慎之。故敕。

敕遼東行太僕寺少卿楊愈茂

國初設行太僕寺，提調比較都司衛所官軍馬匹，查究奸弊，職掌最重。後該兵部奏准，照太僕寺點閘京營馬匹事例而行，奈地遠權分，軍職官員往往抗違欺慢，以致官擁虛名，馬政盡弛。近該督理馬政都御史楊一清奏稱，陝西都司衛所及延綏、寧夏各邊營堡官軍騎操馬匹倒失數多，皆由管軍官員不能嚴督喂養，或扣除草料，侵尅馬價，濫撥私用，以致損傷。及至追補之際，又將不堪馬匹高價勒買，靠累軍人，奸弊百出，乞敕該寺官員查究，等因。慮恐各處皆有此弊，今特命爾照京營事例，每年二次前去遍歷該管衛所營堡，將一應騎操馬匹用心點閘，嚴加比較，瘦弱者督令加意喂養，倒失者責令依限賠①償。各邊官軍下班回衛，一體點閘比較，年終具奏造冊，以憑稽考。其罰俸、罰馬、降級、黜革等項，悉依該部奏准事例，仍先備行曉諭遵照施行。軍職官員敢有仍前作弊及抗拒阻撓者，輕則量情發落，重則指實參奏。若守備、分守以上官員號令不嚴，以致所部官軍損失馬匹數多者，一併參奏。鎮守等官不得故相阻撓，以致誤事。爾受茲委任，必須持廉秉公，殫心竭慮，務使馬匹肥壯可備戰守，尚有旌擢以酬爾勞。如或因循怠玩，互為容隱，虛應故事，無益地方，罪不輕貸。爾其慎之。故敕。

敕鎮守遼東總兵官都督僉事李成梁②

今命爾掛印充總兵官，鎮守遼東地方，整飭兵備，修築城堡，操練士卒，申嚴號令，振作軍威，遇有賊寇，相機戰守。凡一應軍機之事，須與巡撫等官從長計議停當而行，不許偏執己見，乖方誤事。況遼東近來兵備廢弛，軍士艱難，而守邊官軍又或貪功生事，啟釁召怨，以致虜寇讎報不已。邊人荼毒，地方疲憊，與先年不同。爾為朝廷武臣，受茲委托，務須與巡撫等官用心逐一整飭，不可視常怠忽。尤須持廉秉公，正己率下，毋得徇私貪利，擾害下人，及輕舉妄動，致貽邊患，如違，罪不爾宥。其慎之，慎之。故諭。

---

① ［校］賠，底本、南圖本作"陪"，民國間抄本作"倍"，當作"賠"，改。
② 李成梁，參張廷玉《明史》卷二百三十八《李成梁傳》，第6183～6199頁。隆慶四年充鎮守遼東總兵官。

制諭總兵李成梁

今命爾掛征虜前將軍印，充總兵官，鎮守遼東地方，固守城池，操練軍馬，遇有賊寇，相機剿殺。其副總兵、參將各照地方分守所統官軍，悉聽節制，如制奉行。

敕獎總兵官左都督李成梁

茲者建州逆酋王杲背逆天道，戕我命吏，擾我邊疆。爾能肅將明威，聲罪致討，直搗其巢穴，盡殲其醜類，斬馘千又百級，全師整旅而旋。第其戰功，爾實為最。茲特陞爾左都督，賞銀一百兩，大紅紵絲蟒衣一襲，蔭一子世襲都指揮同知。仍賜敕獎勵，以旌爾功。爾其益竭忠猷，弘敷遠畧，作士卒敵愾之氣，伸中國常①勝之威，翦彼蠻夷，固我封守，尚有顯爵以答殊勳。爾其懋哉，懋哉。故諭。

敕遼東副總兵楊騰②

今特命爾充副總兵官，駐劄遼陽地方，管理清河、鹻場、馬根單、孤山、一堵墻、散羊峪、撫順、會安、東州、瀋陽、靜遠、平虜、上榆林、清河、十方寺、長安、長靜、長寧、長定、長勇、長勝、武靖營、奉集、威寧營二十五處營堡。平時操練軍馬，修理城池，撫恤士卒，防禦虜寇；有警哨備收斂，相機堵剿。如遇報有大警，開原、海蓋二參將，瀋陽、高平二遊擊所管兵馬悉聽調度，分布截殺，無事各令照常防守信地。如開原、海蓋、瀋陽、高平、險山等處有警，爾不必聽候鎮巡明文，徑自提兵策應。若會兵剿賊，仍聽總兵官節制調遣。爾尤須持廉秉公，圖稱委任，如或黷貨虐下，致誤邊事，法不輕貸。爾其勉之，慎之。故敕。

敕開原參將郭夢徵

今特命爾充右參將，分守開原地方，操練軍馬，防禦賊寇，修理城池，督瞭墩臺，補葺關堡。凡一應軍機事務，悉聽鎮巡等官節制，不許偏私執拗，乖方誤事。爾受茲委任，務要輸忠竭力，除寇安邊，毋得貪利害人，致生嗟怨，如違，罪不輕宥。故敕。

敕海州參將王永祐③

今特命爾充左參將，分守遼東海、蓋地方，操練軍馬，修理城池，撫恤軍士，防禦

---

① ［校］常，底本、民國間抄本作"掌"，據前文《敕獎巡撫兵部右侍郎張學顏》改。
② 《明神宗實錄》卷十萬曆元年二月壬戌條，第346頁，"寧遠左參將楊騰充副總兵，協守遼陽地方"。
③ 《明穆宗實錄》卷六十七隆慶六年閏二月癸亥條，第1611頁，"命神樞營佐擊將軍署都指揮僉事王永祐充左參將，分守遼東海、蓋等處"。

虜寇，遇有警急，相機戰守。凡事須與兵備計議停當而行，其軍情重事，悉聽鎮巡幷副總兵等官節制。爾須持廉奉公，毋或科斂役占，致生嗟怨，如違，罪不輕貸。爾其慎之，慎之。故諭。

敕險山參將傅廷勳①

近該遼東撫按官題稱，遼陽東南險山等處虜常侵犯，欲要添設參將官一員嚴加防守。事下該部，議覆相應。今特命爾充參將，駐劄險山堡內，管理鎮東、鎮夷、鳳凰、湯站、江沿、新安、靉陽、洒馬吉、草河、甜水站、青台谷、寧東一十三處城堡。平時操練軍馬，修理城池，撫恤士卒，防禦虜寇；有警哨備收斂，相機戰守。甜水貢道加意關防，如遇清河等處報有大警，即時提兵援剿，毋相觀望。其境內衛所掌印、巡捕、指揮、靉陽守備、守堡等官，俱聽統轄。一應軍務事宜，須要呈請撫按而行，不許偏執違拗。仍聽總督鎮巡官節制調遣。爾尤須持廉秉公，正己率下，以副委任。如或黷貨虐下，稽違邊務，責有所歸。爾其勉之，慎之。故敕。

敕錦義參將唐朴

遼東錦、義二城，切近朵顏三衛賊巢，今特命爾充右參將，分守前項地方，操練軍馬，修築城堡邊牆，隄防賊盜。凡遇有警，即便領軍首先殺賊，務圖成功，用副委任。凡軍中合行事宜，悉聽鎮巡等官節制，不許偏執違拗，有誤事機。其錦州守備官，屬爾管轄。爾須持廉秉公，撫恤士卒，作養銳氣，振揚兵威，毋得貪黷貨利，科擾害人，如違，必罪不宥。故敕。

敕寧遠參將黑雲龍

今特命爾充左參將，分守遼東寧遠等處地方，駐劄寧遠，自仙靈寺堡起，小團山、興水縣、白塔谷、寨兒山、灰山、松山寺、沙河兒、長嶺山、椴木衝十營堡，寧遠衛并中左、中右二所，連山連莊一驛共一十五處，及塔山備禦中右所提調，俱屬爾管轄。務要操練軍馬，修理城池，撫恤軍士，防禦虜寇。凡事須與兵備官計議停當而行，如遇地方有警，與寧前遊擊互相應援，併力截剿。仍聽總督鎮巡官節制。爾尤須持廉奉法，正己率下，如或擅役官軍，營私黷利，以負委任，罪不輕貸。爾其慎之，慎之。故敕。

---

① 《明神宗實錄》卷十三萬曆元年五月丁未條，第436頁，"以遼東廣寧遊擊傅廷勳充分守險山等處參將"。

敕遼陽車營遊擊蘇國賦①

　　近該薊、遼督撫官題稱，遼陽新集車營止委千總官管理，事權輕微，乞要重其官職以便統領。該部議覆相應。今特命爾不妨局捕都司事務，充遊擊將軍，專管車營。平時整理戰車，操練官軍，教演營陣，備辦火藥、火器；遇警合營隨賊向往，奮勇堵剿。凡事須與該道會議②停當而行，專聽副總兵調遣。仍聽總督鎮巡官節制。爾須持廉奉法，正己率下，以副委任。如或貪殘僨事，法不輕貸。爾其慎之。故諭。

敕左營遊擊趙應昌

　　今命爾充遼東遊擊將軍，統領廣寧挑選精銳官軍三千員名，時常用心操練，衣甲、器械、什物等項俱要齊備。遇賊侵犯，聽總督鎮巡官調度節制遏殺。爾須身先士卒，毋得畏縮推避，尤須持廉奉法，撫恤士卒，養其銳氣，振揚威武，不許貪黷苛刻及縱容頭目人等擾害，致生嗟怨，妨誤邊計，如違，罪不輕貸。爾其慎之，慎之。故諭。

敕右營遊擊楊五典③

　　近該遼東撫鎮督理軍務官題稱，要將寧前兵馬添設將領，分爲右營，以便統馭。等因。該部議覆相應。今特命爾充遊擊將軍，統領官軍一千五百員名，平時駐劄廣寧城，操練兵馬，教演火器，修理戰車，及盔甲、器械各色齊備。如寧前、瀋東探有虜聚消息，即統兵馬前去，與彼參、遊等官併力防禦，相機截殺，不許分貼城堡。如寧前無警，別處警急，亦聽該鎮撫官隨宜調遣。悉聽總督、巡撫等官節制。爾尤須持廉秉公，正己率下，以副委任，毋得畏縮貪殘，自貽罪譴。爾其勉之，慎之。故敕。

敕瀋陽遊擊曹簠

　　今命爾充遼東遊擊將軍，統領選定精銳官軍三千員名，專在瀋陽住劄。時常用心操練，衣甲、器械、什物等項俱要齊備，遇賊侵犯，聽鎮巡官節制調度截殺。爾須身先士卒，毋或畏縮推避。尤宜持廉奉法，善加撫恤，振揚威武，不許貪黷苛刻及縱容部領生事害人，以致軍士嗟怨，有妨邊計，如違，罪不輕貸。爾其慎之，慎之。故諭。

---

① 《明神宗實錄》卷二十八萬曆二年八月甲寅條，第686～687頁，"兵部覆薊遼督撫劉應節等條陳防禦四事：一專練車營。遼陽新集車營向委千總，更換不一，合將都司蘇國賦量加遊擊職銜，令其專管……詔如議行"。
② ［校］議，底本、民國間抄本、南圖本皆無，據文意補。
③ 《明神宗實錄》卷十七萬曆元年九月辛丑條，第510頁，"添設遼東廣寧右營遊擊一員，以坐營中軍楊五典充之"。

敕鎮武堡遊擊姚大節

今命爾充遊擊將軍，統領遊兵二千五百名，專一駐劄鎮武堡。時常用心操練，整飭軍馬，有警分布三岔河、牛莊、西寧、沙嶺、鎮武、盤山一帶防禦，截剿零賊。如遇東西報有大警，亦要星馳應援。凡事與兵備計議而行，仍聽總督、鎮巡等官節制。爾尤須持廉奉法，圖稱任使，如或貪殘償事，法不輕貸。爾其慎之，慎之。故敕。

敕正安堡車營遊擊馬文龍①

近該遼東巡撫官題稱，鎮靜六堡逼近關市，雖設有守備一員，每遇虜入，防護本堡，拒守關門，勢雖遠出，欲將鎮靜車營遊擊駐劄適中，節制鎮靜等堡，兼防馬市。該部議覆相應。今特命爾充參將，仍管遊擊事，統領本營二千員名移駐正安堡，節制鎮靜六堡，管轄正安等堡屯及馬市夷人。其守備、守堡官軍，悉聽調度。爾仍聽總督、撫鎮官節制。有警則收斂人畜，分兵貼守，相機堵截；無事則操練兵馬，演習車營，修理堡寨，開墾屯田。如遇夷人入市，嚴加防撫，別處有警，仍聽總兵官應援。凡事須與兵備計議停當而行。爾須持廉奉法，正己率下，以副委任，毋得貪黷償事，自遺罪愆。爾其慎之。故敕。

敕寧前遊擊劉濚②

今命爾充遼東遊擊將軍，駐劄寧前適中處所，召募精壯遊兵。在鎮之日，時常操練兵馬，整飭軍容，修理墩臺。有警分布寧前一帶截殺零寇，西通山海，東援寧遠，俱聽爾統轄。凡事與兵備、參將協和計議而行，仍聽總督鎮巡官節制調遣截殺，與遼陽遊擊兵馬輪流入衛。防秋之日，聽總督軍門分布，并薊鎮總兵官節制。如或故違及入衛後期者，聽軍門從重參治。防秋畢日，回鎮照常防守。爾須持廉秉公，正己率下，以副委任，如或貪殘償事，憲典具存，法不輕貸。爾其慎之，慎之。故敕。

敕聽征遊擊李惟一③

遼東地方已選有兵馬三千入衛，原有領兵將官，今革去京營職銜，命爾充本處遊擊

---

① 《明穆宗實錄》卷六十四隆慶五年十二月辛丑條，第1537頁，"兵部覆遼東巡撫張學顏應詔條陳可行者四事……四、請以鎮城車營遊擊馬文龍移駐正安堡，節制鎮靜諸堡兼防馬市。得旨，'如議行'"。

② 《明穆宗實錄》卷二十三隆慶二年八月辛丑條，第622頁，"陞原任長安堡備禦署都指揮劉濚為署都指揮僉事，充遼東領兵遊擊將軍"。

③ 《明穆宗實錄》卷五十隆慶四年十月己未條，第1263~1264頁，"陞遼東瀋陽城備禦指揮僉事李惟一為都指揮僉事，充遼東領兵遊擊將軍"。

將軍，統領前項軍馬。在鎮之日，與本鎮將官一體聽鎮巡官節制，調遣截殺，每年於七月初旬，爾即領軍先期入關，聽提督邊兵武臣分布防秋，畢日回鎮，於本鎮總兵官標下操練。若有故違及入衛後期者，俱從重參治。爾其慎之。故敕。

效祖曰："余觀洪武初首詔遼東①等處官民，天語數行，不煩兵革，而地方翕然底定，此與古之舞干因壘②者相去不逕庭乎？及敕守將潘敬不納龍州之降③，狃習邊利又深遠云。《書》曰：'聖有謨訓，明徵定保。'④ 其是之謂乎？"

薊鎮制疏

題奏

巡撫都御史郭宗皋預處防虜事宜疏畧　嘉靖二十四年

據密雲兵備副使沈師賢、副總兵九聚等會同將預防虜患，合用兵馬、錢糧、器械等項一應事宜議呈到，臣會同總兵官戴廉⑤、巡按御史胡植、張雨議照，密雲、馬蘭谷、太平寨、燕河營等四路限操華夷，環衛畿輔，關係之重，兼諸鎮而有之。近來北虜跳梁，譎謀叵測，朵顔等三衛雖稱藩籬，心亦難保。其四路險阻，中間空闕亦多，密雲尤甚，潮河川坦然大路，可容萬馬，緣巨流所經，人力難施，即此一處，已可寒心矣。此臣等日夜憂惶，不敢自寧。謹將各官所議斟酌損益，條例上請，伏望敕下該部速議施行，地方幸甚。

一、遠設探報。訪得山後朵顔三衛之地與北虜止隔二日之程，虜若東向，近則由獨石、永寧之後侵犯密雲，遠則由三衛西北直下喜峯等口地方。乞敕兵部行令獨石、永寧及宣府中、西二路各參將，自四月以後常川差夜不收遠出哨探，但聞虜有東行消息，不

---

① 指洪武初年，明太祖審時度勢，認爲遼東可不煩兵而定，見《明太祖實錄》卷七十六洪武五年九月丁巳條，第1396頁，"昔元都既平，有勸朕即取遼陽者，朕謂力不施於所緩，威不加於所畏。遼地雖遠，不必用兵，天下平定，彼當自歸"，向盤踞遼東的元朝殘餘勢力納哈出等多次發出勸降詔書，最終平定遼東。

② 舞干，指文德感化。語見《尚書正義》卷四《大禹謨》，《十三經注疏》本，第99、101頁，"帝乃誕敷文德，舞干羽於兩階"。正義曰：……經云"舞干羽"，即亦舞武也。傳惟言舞文者，以據器言之，則有武有文，俱用以爲武，而不用於敵，故教爲文也。因壘，文意指遼東降明。語見《春秋左傳正義》卷十四《僖公十九年》，《十三經注疏》本，第453頁，"退修教而復之，因壘而降"。

③ 此指洪武十二年，高麗屬夷龍州土官率男婦請內附，守將潘敬、葉旺請奏於朝廷，太祖詔"斯必示弱於我，如墮其計，則不過一二年間，至者接迹，其害豈小小哉！符至之日，開諭來者，令還，以破彼奸"，參《明太祖實錄》卷一百二十五洪武十二年閏五月甲戌條，第2000~2001頁，男婦遂不納於明。

④ 聖有謨訓，明徵定保，語見《尚書正義》卷七《胤征第四》，《十三經注疏》本，第181頁。

⑤ 廉，民國間抄本作"濂"，"選調兵馬"一節亦作"廉"。

必經由撫鎮，徑自一面具奏，一面差人飛報居庸關，臣等預設撥馬，分投接報。若失誤不報，坐各參將以重罪。但不許無故妄報，致生驚擾。

一、選調兵馬。查得本鎮四路，惟密雲尤爲衝要，又且地方廣遠，當首先以重兵備之。但本鎮止有建昌營遊擊下兵一枝、三屯營總兵下兵一枝，遇警應援，顧此失彼。合無敕下兵部，預定京營兵馬一枝，專備密雲。本鎮兵馬，容臣等將馬蘭谷、太平寨、燕河營三路有馬官軍内，各挑選精健一千員名或八九百員名，至五月以後，遊擊吳㴸統領本營兵馬先赴密雲縣及石匣營等處往來駐劄，一聞有警，總兵官戴廉親領三屯營兵馬亦俱赴彼處，不分主客，悉聽分布防禦。却將前挑選兵馬，專委謀勇官一員統領，以爲三路聲緩，有功有罪照例賞罰，參將張世武等俱令各分守信地，免致推託。

一、增益戍卒。照得各路舊設關寨軍士，專一守邊，又數處共設一營專備截殺，法亦善矣。但今關寨與營軍俱不多，平日隄防鼠竊之寇可矣，若有大警，豈可以前法待之？臣等擬將各營軍士除挑選應援兵馬外，其餘之數，步軍候聞警，馬軍候事急，通發上邊，與關寨官軍併力防守。再將薊州、永平、遵化三守備下操練步軍，各州縣民壯、衛所軍士、舍餘、餘丁各量行調取，俱預先編立行伍，定委管領官員，姑在本處聽候，有警一齊上邊，事寧放回，無警不必動擾。其管領官員各隨分定地方，與原守官有功一例陞賞，誤事均任其罪。

一、預蓄糧草。臣等前擬戰守兵馬，除馬蘭谷等三路糧草計算足用外，密雲一路大暑該預備客兵米一萬四五千石，料二萬五六千石，草七千餘萬束，順義、懷柔二縣亦須各預備米五百石，料一千石，草三萬束。查得龍慶等四倉粟米俱頗足用，料豆四倉止一萬餘石，草惟黃花鎮有六萬餘束，他處全無，順義、懷柔米豆草束俱無。又查得馬蘭谷等三路，每營一倉甚便，惟密雲一路止有龍慶、古北口、黃花鎮、石匣營四倉，本營支領糧草，中間有六七十里者，有八九十里者。合無敕下戶部，於密雲一路添買草料，務各足前擬之數，草若一時收買不及，將各馬房草暫且借動，仍與米俱量運各營。每處米各五六百石，料七八百石，草一萬餘束，以備緩急支用。事寧不用，各坐放本處主兵亦未爲不可。順義、懷柔各買米五百石，料一千石，草三萬束。其守邊軍壯人等事緩，照例百里之外者支糧，若虜近事急，但係離家而來者，俱從權宜准支。

一、請給火器。切照神槍、佛郎機、手把銃等器，乃我中國之長技，虜所甚畏，尤利於守險。密雲一路，雖給萬餘件不爲多，其餘三路合用亦各不下數千件，但恐一時不能多得。查得密雲止有神槍一千二把，銅鐵佛郎機三百九十四架，銅銃八百六十三把；馬蘭谷神槍一千四百九十七把，佛郎機一百七十二架，手把銅銃二百八十六把；太平寨神槍一千五十九把，佛郎機一百三十九架，手把銅銃二百七十九把；燕河營神槍一千二百九十六把，佛郎機一百九十一架，銅銃九百四十二把，俱不足分用。乞敕工部，每路再查發大小銅鐵佛郎機一千架，神槍七八百把，銅鐵手銃千餘把，以爲守險之用。

巡撫都御史郭宗皋嚴邊備疏畧　嘉靖二十四年

臣惟薊州一鎮邊牆止有一層，山復淺薄，過此即履平地，無復阻遏。即今北虜跳梁，譎謀叵測，萬一有東犯之意，守邊之外更無他策，必如古人劃地爲界，至死不退而後可。但本鎮防禦之法，每遇報有達賊，關營官軍止各守其城堡。營中馬軍，俟其入邊始出而要擊之，其沿邊要害城墻坡塹之類一切弃而不守。緣本鎮邊外達賊入寇，不如北虜之多，不能深入，亦不能久住，所以人心玩易，事從苟且，上下因循，不止一年。舊時邊牆多是平頭薄牆，臣近因修邊，將衝要去處通改爲城，有垛口，可以行走立站，復於墩空通賊道路搭蓋窩鋪，多積礌石滾木，及將神火等器一一裝設停當，遇有達賊犯邊，就於邊上拒敵，再不許放過。各該官員無事之時，但見其奉行，及聞賊到，仍復退而守城，近日黄崖口等處失事，皆由於此。夫軍以備邊，城以栖軍，弃邊守城是自保耳，與無軍何異？況守邊有兼濟之益，弃邊有胥失之理，使非嚴立之法，則人心終不可悟。倘臨時參差不齊，誤事匪輕，及照守邊較之守城爲勞，若使終歲常守，人情不堪。如蒙乞敕該部查議，合無每年五六月間北虜聲息將動之時，撫鎮衙門會同移文各路，通行提調、管關、管操等官協力守邊，文書到後，若有不守或守有疏虞者，比附主將不固守律條問罪，奏請定奪。候至十月以後，北虜聲息寧帖，即復會行停止守邊，照常防禦。後有失事，亦照常參問。如此，庶法無偏廢而人知警畏，邊防嚴密而虜患不足慮矣。

效祖曰："二疏，郭中丞自千里緘至，且云當時邊境寧謐，朝薦紳有見此疏者，輒撫掌胡盧曰：何乃是侜張①爲也！嗟嗟，曾幾何時，而庚戌之事如持左券，人始服公有先見云。"

兵部飭兩關疏畧　嘉靖二十九年

照得故關抵山海各該關隘去處，如沿河、馬水、紫荆、倒馬等處，虜自大同南下可以突入；居庸、白羊、橫嶺、長峪等處，虜自宣府南下可以突入；古北口、潮河川、白馬關、黄花鎮、大水峪、石塘嶺，虜自開平、獨石循邊南下可以突入。查得嘉靖十一二年，犯大水谷、石塘嶺直至漁陽，二十三四年犯膳房堡、鐵裹門直至浮圖峪，二十七八年犯雲州堡、滴水崖、西陽河直至隆懷岔道，其喜峯口外即朵顏部落，先年曾爲也先嚮道。先該都御史洪鍾、給事中鄭廷鵠、張秉壺條陳，又該侍郎范瑤、都御史翁萬達規畫前項諸務，多未報完。邇來北虜垂涎内地，或自獨石外邊東下，或自宣、大兩路南下，陵寢京師不免震驚。呈乞議處，案呈到部，爲照今日之邊鎮固當修築邊墻，布列軍馬，

---

① 侜張，欺騙。語見仲長統《昌言》，參魏徵等撰《群書治要》卷四十五《仲長子〈昌言〉》，《叢書集成新編》第 8 册，臺灣新文豐出版社 1985 年，第 202 頁，"於是淫厲亂神之禮興焉，侜張變怪之言起焉"。

而兩關諸口門戶所關尤當謹備。合無乘今無事，備舉前項諸務，墩堡壕塹事事先圖，器械車輛件件預處，務及防秋之時，內焉京營人馬整搠操練，外焉宣、大列守戮力堵截，中焉兩關分布畫一。各該將領擺守策應，若或仍前怠緩者，聽巡按、巡關御史糾舉。庶幾綱紀肅然，將士用命，區區醜虜，自不足慮，而內地方可保無虞矣。

巡撫副都御史王汝孝飭兩關疏畧　嘉靖二十九年

一、關領馬匹以便騎征。卷查先該經理侍郎范瓊原題，內開三屯營、燕河營、太平寨、馬蘭谷、振武營見在馬不敷騎征，該兵部覆於附近州縣寄養數內查照補給。等因，在卷。臣查得前勘各路見在馬匹不踰一千，本鎮每年雖有徵收椿朋銀兩支給買補，尚不敷用。今照山海關、三屯營、燕河營、太平寨、馬蘭谷、居庸關召募新軍，并舊軍俱各已足三千名，密雲一路已召完一千三百五十餘名，黃花鎮一帶召完七百三十名，合無量給每營連原舊馬輳足一千五百匹，三屯營應給馬二百匹，燕河營應給馬八百三十六匹，馬蘭谷應給馬六百匹，居庸關應給馬一十一百匹，黃花鎮并渤海所應給馬五百匹，通共應給馬七千九百五十六匹。部議量發三千匹。

一、查給器械以禦虜患事。行據各路副、參等官呈，先奉提督都御史孫襘明文發式打造戰車，密雲七十八輛，馬蘭谷五十一輛，太平寨五十二輛，燕河營五十九輛。居庸關開稱，節年給發神火器具分發隘口，中間缺少不敷，密雲、燕河缺火藥，石匣營新召遊兵缺神槍、佛郎機、挨牌、子母飛砲、碗口砲、九龍火箭，居庸關東路并橫嶺口①各缺神槍、佛郎機。又各路新軍俱各未給盔甲器械。先該臣題請工部給發，至日，聽臣分發領用，其打造盔甲完日，亦查照分發。臣又查得本鎮各衛歲造軍器，庫貯見在者盡數查發外，其餘各營尚少軍器，俱應請給山海關遊兵、燕河新軍、太平寨新軍、馬蘭谷新軍、密雲居庸關新軍、黃花鎮新軍，本鎮防禦河間等衛兩營官軍，山海關守備下選垛守城舍餘，并舊軍新選舍餘，石匣營、居庸關東路橫嶺口通共該給盔三千一百五十九頂，甲三千一百五十九副，腰刀三千九百九把，弓箭三千一百一十四副，挨牌三百二十面，碗口盞口砲一百三十個，子母飛砲三十個，九龍火箭一千枝，神槍七百五十桿，佛郎機四百七十桿，并隨用石子、鉛彈、火藥等，件件物俱全外，又火藥三萬三千五百斤。

巡撫副都御史王汝孝飭兩關疏畧　嘉靖二十九年

一、增糧餉以恤貧卒。照得各邊原設墩軍、夜不收，專為據高瞭望、出境哨探，必須厚加優恤。先年巡撫余子俊及近歲楊博各題准，兩項軍士守墩出哨被虜殺死，照依陣亡事例陞級給賞，乃今墩軍月糧顧與各軍相等，夜不收又與密雲少異。臣訪得宣、大、

---

① ［校］口，底本不清，據民國間抄本補。

延、寧墩軍有月支米二石者，有月支一石五斗者，今照薊鎮四路墩軍正糧之外不加毫末，其夜不收除正糧一石外，仍支行糧，密雲一路三斗，馬蘭谷三路俱二斗，差役固同而糧賞不一。守墩者帶米不過數升，出哨者裹食不及數日，食盡回家借辦，以致胡虜乘間突入。臣查得四路墩軍共五千五百一十餘名，若欲一概加添行糧三斗，計費頗多難繼，合無於每年七、八、九、十四個月內，每軍月添米二斗；其三路夜不收共三千五百三十餘名，行糧除原有二斗外，每名每月再添米一斗，連前共三斗，俱與密雲事體相同。況二項添米，約一年止用八千六百四十餘石。臣查得薊州管糧衙門每年額解漕運錢糧累年積餘，足行糧之用；又查薊州一鎮年例銀兩每歲三萬，因本處積蓄有餘，通未請給。如前漕運錢糧不足，就於年例銀兩照數每年查發積貯，糴買聽用。馬蘭等三路墩軍、夜不收，俱於薊州前項餘積數內支給，或查照年例議發。密雲一路墩軍一千六百一十餘名，該糧一千二百八十餘石，亦乞發銀備用。庶防邊禦虜之機有賴矣。

提督侍郎孫禬請給錢糧疏畧　嘉靖二十九年

臣奉命差往薊州提督軍務，候敕即行，切念此官一時創設，事務未有定規，除到地方查處次第舉行外，至於錢糧，乃今日所當大破常格以濟急用者。且薊州兵馬素稱單弱，一鎮諸路將領數員，所統兵馬總不出五萬，而近日逃亡事故者過半，且隘口通賊處所極多，不止潮河川、古北口而已。賊之來也，動經數萬，雲奔風迅，倏忽而到，即今殘破之後，須充其糧賞以蓄養操練，廣為召募以填實行伍。臣又聞，薊州一帶邊墻隘口、堡砦墩臺又多殘缺，雖及時修築，尚難畢集。凡此，若非多給錢糧有不能辦者。伏望皇上敕下戶、兵二部速為議處，或將太倉糧銀，或將太僕寺馬價，或別為查處，先發十餘萬兩，運送密雲管糧郎中交收，以為補給糧賞、募軍、修邊之費。候臣到地方，逐一相度，估計足用與否，再行題請。庶可以修舉廢墜，以守則固，以戰則勝矣。

提督副都御史何棟修舉邊防疏畧　嘉靖二十九年

一、古北口地方，山勢有山高坡漫者，有山卑近下者，有本山雖高蹊徑可以旁通者，有兩山雖高水口可以涉入者。大約以山勢卑薄、川平坡漫、胡馬易於奔突者，為極衝；山勢雖薄，道路稍隘，數馬可並，難於馳驟者，為次衝；狹川曲嶺能步而不能馬者，為稍緩。極衝者三萬一千五百五十丈，次衝者六千四百餘丈，少緩者四千一百二十丈，通計四萬二千一百三十丈。

一、邊墻規格，高一丈五尺，共高二丈，根脚一丈，收頂九尺。若山勢漸高稍低，若山勢斜起，墻難①橫築，斬斜取平，勢如堦梯，截長補短。大約每日築墻一丈，共墻

---

① ［校］難，底本不清，據民國間抄本補。

四萬一千一百三十丈，通共該工食銀三十四萬九千六百七十九兩。

一、本鎮地方，如密雲、懷柔、順義、昌平、香河、通州、三河等州縣，俱遭殘破，夫匠難以動調，其餘豐潤、玉田等州縣及永平府并境內衛所約調六千名，保定、真定、河間、大名、廣平、順德等六府州縣共調四萬四千名。又稱前項地方一時恐不齊集，欲山東、河南及南直隸、江北府州縣量派二萬名，均分工程，庶得早完。

一、鄰近州縣收成頗薄，今年客兵數萬，糴買盡絕，夫匠工食必須銀米兼半方能有濟。又調集官軍應①備糧米，必須多方議處，或增價召買，或京倉乞運，或開中引鹽，皆於年終運發前來，庶來春不致誤事。又三衛獷夷，率領男婦沿邊聯絡，危言挾賞，來年興工，彼必假稱防工，前來求賞，尤當處給，權事羈縻，亦合於修邊銀內動支，委官買辦，造册查考。

一、督工委官，必須撫按官揀選精力才幹府州縣佐二官為小委，每一員領夫匠一千名或六七百名，定限來年正月中旬通到工所。山東、河南於藩臬左二官，南、北直隸於本府佐二②官各一員為總委，提督撫鎮兵備等官躬親督視，巡按、巡關御史不時糾察，玩愒稽遲、修築不加③法者，參奏重治。

兵部防邊集議疏畧　嘉靖二十九年

一、重督撫。該都御史王忬題稱，薊州兵馬單弱，巡撫止轄順、永二府，今提督亦止轄二府，調度不便，宜將保定巡撫及山東、河南、遼東通屬薊州提督管轄。給事中張勉學題稱，密雲、三屯營相距甚遠，密雲副總兵宜改為鎮守；又古北口、大水峪宜添設守備一員，古北口守備宜改置潮河川，石塘嶺提調宜革；又稱，薊州、密雲宜分為二鎮，各設巡撫一員。歐陽震題稱，居庸以東守備單弱，宜於密雲、順義間建一大城，中屯數衛，設兵置帥，盡仿三邊。御史張英題稱，密雲一路，原有副總兵官，宜擇要地建立大堡，就令駐劄。

臣等議得，都御史王忬題稱，薊州巡撫止轄二府，調度不便，合無將保定、遼東二鎮通屬薊州提督，地方相近，軍馬易齊，且九邊三督各轄三鎮，亦邊防之盛美也。給事中張勉學題稱，薊州、密雲宜分為二鎮，各設巡撫一員。緣密雲以西陵寢所在，關係尤重，其與宣府接境，如黑山頭之鎮南墩之缺，一向無人經理，而近來冷口警急，外接東撫鎮一人，誠不相及，分置二鎮，委與宣、大事體相同，合無將密雲以西另作一鎮，增置巡撫一員，密雲舊駐副總兵應屬密雲巡撫，薊州當添副總兵一員，分屬薊州。合候命下，將保定、遼東撫鎮悉聽薊州提督節制，其提督亦應改為總督薊、保、遼，其薊州、

---

① ［校］應，底本不清，據民國間抄本補。
② 佐二，底本、民國間抄本、南圖本、北大清抄本作"佐二"，當為"佐貳"。
③ ［校］加，底本不清，據民國間抄本補。

密雲分爲二鎮，新添密雲巡撫，吏部另行推補，并添設薊州副總兵。合行事宜，本部通行題請遵行。

一、廣將領之選。吏部尚書夏①題稱，各項人員有素閑韜畧，自願立功者許赴軍門獻策，量材受任。都給事中張秉壺題稱，北直隷、河南、山東、山西多有豪杰義士，願挺身自效者，宜令官司禮送前來。若自帶家丁，招集壯士至數十百人同來者，所司給路費赴京。御史歐陽震題稱，今世禄、勳蔭、武舉外，另爲一途，不論軍民及生員、吏胥、商賈人等，但有謀畧出衆、藝勇過人者，俱得起送試用。都御史趙錦題稱，總兵、撫臣一鎮司命，不可輕易，即副、參、遊、守備等官，皆須久任。知府王崇奏稱，兵部用將多由資格，又將官取之指揮，不及下位，宜令撫按官不分官職崇卑，但取各將畧異常者指名薦舉。

臣等議得，都給事中張秉壺所言資送義士，御史歐陽震所言薦舉異途，知府王崇所言超拔下位，都御史趙錦所言久任邊臣，俱切事體。但本部用人專憑薦舉，而各官薦舉之疏，多未分別異材常品，以故超陞大用難於處行。又此時人少缺多，著有聲名，率次第顯擢，即以所處地方衝要稍遲留之，而在後者反出其上。又恐人心不服，相應酌處。合候命下，本部行咨各處撫按官通行告諭，但有豪杰義士奮力殉國、及廢弃將官謀勇可用、薦取未及者，俱許自投，或量帶家丁，或召集同志，一同起送赴薊州，提督各收錄任使，果有謀畧驍勇者，奏聞擢用。仍行總督、撫按諸臣，以後論薦將官必分異材常品，常品者以次推陞，異材者破格超用。又邊方將領，若有聲名卓越而身處要地難以輕易者，具實奏聞，或加陞俸級，或賜敕獎勵，庶乎異材可得而久任可行矣。

一、開招降之路。該吏部尚書夏題稱，中國之人從犬羊者，安知無桑梓之思？宜多設方畧，廣行秘計以招徠之，使爲我用。仍示以信約，凡在虜中有能自相盟結，斬其酋帥馳歸者封爵，其餘首級陞賞。給事中何光裕題稱，中國之人投陷賊營，今能設計斬賊或率誘徒黨來降者，合比照官軍陞賞。户科給事中王德題稱，邊人陷入虜中，若能來降持虜人首級幾顆者，論功行賞。南京户科給事中李萬實等題稱，虜酋之待吾人極其優恤，而在我各邊則軍苦於將領之誅求，民困於有司之尅削，宜定賞格，通行各邊，廣加招徠。

臣等議得，招降事例，節該本部定議，區別邊内邊外，招引多寡，及安插伴送給賞事宜，俱經題奉欽依，通行遵守，無容别議。但近來虜賊時遣被虜之人紛入内地，以爲奸細，此輩既入我境而觸目故鄉，欲留者亦多。然身在危疑，無由自白，一遇緝拿，必

---

① 嘉靖二十九年時吏部尚書爲夏邦謨。二十八年九月改户部尚書夏邦謨爲吏部尚書，三十年罷。參《明世宗實錄》卷三百五十二嘉靖二十八年九月癸巳條，第6363頁；《明世宗實錄》卷三百七十一嘉靖三十年三月庚戌條，第6638頁。夏邦謨，字舜俞，涪州人，正德三年進士，歷吏、户、禮三部尚書等，崇祀鄉賢。參乾隆《涪州志》卷十《人物志·賢達》，乾隆五十年刻本，葉3b。

實重典，以此得便，輒復潛歸爲彼之用。查得召降事例，節年申明大備，惟獨無召令奸細投首之條，合候命下，本部行移各總督撫鎮，多方出給告示，省令被虜人等，若有彼中脫身不便，假以奸細進境，或實係虜使，悔過願降者，即便於官司自行投首，俱照來降事例一體優恤給賞，有能首出同夥，捕獲者每一名賞銀三十兩，多至三四名者，亦照首級事例加陞，庶奸細之徒得爲我用，而彼中情狀亦可先知矣。

兵部議徵客兵疏畧　嘉靖二十九年

方今國家之急在北虜，而拱護宜先者惟京師，然護京師之說有四，屯兵之說有三。何謂護京師四說？侍郎孫檜曰：「今歲虜由古北口入，而薊州之兵單弱特甚，來年非客兵七枝薊邊恐不能守，是欲專力薊州也。」侍郎蘇祐曰：「虜寇薊州，必自宣大塞外，以往備宣大可以應援薊州，是欲專力宣大也。」都御史艾希淳曰：「往年虜自廣昌寇紫荊，非保定爲重兵，則虜已入畿內，是欲專力保定也。」都御史劉璽曰：「居庸東西板搭峪，核桃衝諸處皆須重兵守之，是欲分力內口也。」合是四說，蘇祐之言爲審，而孫檜所言不可忽，艾希淳、劉璽所言爲差緩矣。何者？吉囊諸子素駐套中，俺答把都兒部落皆在宣大之外，由套而東，必經獨石境外明沙灘諸處以及薊州，虜行境外，山險而路遙，我行境內山平而路近，故祐之說審矣。然小王子一部獨處東偏，蓋在遼東西北，薊州東北，倘此虜爲患，則徑下遼薊，不經宣大，此檜說所以不可忽也。至於紫荊虜入宣府之蔚州、廣昌，而後寇浮圖峪、插箭嶺，入大同之平虜、井坪而後窺朔、應、廣靈，又蔚州、廣昌山險難行，其由平虜、井坪亦多宜犯山西，鮮復東顧也。但馬水諸口之外，便爲懷來地方，虜入宣，順洋河而下，倘東不利於居庸，則西將窺乎馬水，故曰差緩焉。

何謂屯兵三說？咸寧侯仇鸞曰：「京軍爲守，邊兵爲戰，挑選鎮邊兵，二月以後赴京，聽候分布截殺，是以邊兵爲利器也。」都御史商大節曰：「真、保、定漢達兵宜合爲一營，駐昌平鞏華或順義聽調，是以京師爲腹心，畿兵爲嚴備也。」侍郎孫檜、蘇祐、都御史艾希淳、劉璽所言，則以邊境隘口緊要，或請徵調客兵，或請存留主兵，是以守在封疆，必門戶固而後堂宇安也。合是三說，仇鸞之言爲審，而孫檜所言亦不可忽，商大節所言亦在其中矣。何者？虜可以通京師之路，在外，爲宣府，西、中路與薊州諸邊；在內，即前所言板搭、馬水等口，紫荊等關耳。重其外則築邊，集兵極力爲守不忽；其內則堵口置戍，不弛其防，而各邊所選精銳，統以慣戰之將，各合之以居重或分之以肆擊，故鸞之言審矣。而檜等之說亦不可忽，夫既有挑選之兵居重，則選餘諸軍自應爲各鎮之用，今保定之邊自合河口南至龍泉不爲近矣。漢達軍既已挑選六千赴戍，所餘不多，若復布之昌平、順義，誠恐諸鎮防守全疏。且商大節既係經署京城內外，若有調度，順義諸處屯兵亦頗不便，原其本意重慮京師，令京師外築羅城，八營聯絡，而又有邊兵分布，蓋不待此奠安之效可觀也，故曰大節之言即在其中矣。

合候命下本部，行移宣大、薊遼總督，查照先今具題，來年防秋，薊州徵調延綏、固原、寧夏遊兵五枝，宣府徵調延綏、寧夏奇兵二枝。其河間漢達兵一枝，及真、保定選剩之兵准留本鎮。及行保定、宣府都御史修整邊墻，申明烽堠，其隘口緊要多方防守，并行經畧易州侍郎及駐劄昌平都御史，將馬水、板搭諸口加意規畫，係薊州者責成昌平都御史，係保定者責成經畧侍郎邊應修理。兵應添設，務使人有定守，不相推托，有緊急互相策應。其各總督、經畧、撫鎮等官，仍召募軍士，優養通事人等，責令深入虜地預先遠探，必得真實虜情，飛騎奏聞，以便調到邊兵隨向應援。大抵虜犯宣府，所急者居庸兩旁之內口；虜過宣府，所急者古北一帶之東偏；虜犯大同，所急者亦不過紫荊以下之南隘，道理相去四五日之程，三鎮相連五六百里之地，不憂於策應不及也。再照①薊鎮奏調客兵一十七枝，本部止擬五枝，宣、大舊調客兵四枝，本部止擬二枝，數甚相懸。保定今准免其調赴宣大、薊州，然已挑選六千，所留亦寡。又諸邊宣、大、遼東、陝西四鎮，皆有選兵，而留鎮之數較之往歲俱爲減少，誠恐將來各鎮藉口兵力不敷，致興事端。查得先該本部議得，各鎮選兵地方，即須抽丁補數，不可缺伍，已經題奉欽依，亦應行文各鎮撫鎮等官催督舉行，毋致誤事，庶內外之勢相繼，而戰守可期矣。

提督副都御史何棟修舉邊防疏畧　嘉靖三十年

臣查得接管卷內節該侍郎史道、御史胡宗憲、給事中李萬實等，并近該郎中尹耕各建議修邊築墩、畫區設將、分兵防守事宜，俱經題奉欽依，移咨前來，該臣咨行巡撫吳嘉會勘估去後，續據兵備副使劉燾、王輪呈稱，會同總兵官李鳳鳴等沿邊復勘得薊州關隘數多，山勢迂折，水口疏空，節經整飭，隨復弛廢，修築艱難，亦且兵馬單弱，防禦尤爲不敷緣由，開呈到臣。續准吏部咨題，差刑部等部員外郎趙忻等聽臣督同，相度本鎮險要分畫區數，定擬修築事宜，隨該趙忻等覆勘前向工程等項事宜無異，及會同巡撫吳嘉會議照，薊鎮東至山海、西至居庸，沿邊曲折二千三百餘里，關口三百餘處，較之宣、大、山西三鎮邊防止一千九百里，是薊州一鎮實爲三鎮之難，而三鎮軍馬、錢糧比之薊州一鎮八九②。且虜犯宣大，外有三鎮，內有三關，去京尚遠，非可猝至。若薊州險在於外，虜犯京城一日可至。臣因兵部議覆修邊守邊事宜，量地分工，因工估費，計區給軍設將，猶恐邊遠而聲勢不接，兵分而防守不固，各設遊兵列營，應援籌畫，雖有次序，經費須計量，圖欲久安重地，須大破常格，多發錢糧，廣添兵將，使薊鎮可守，

---

① ［校］照，底本不清，據民國間抄本補。
② ［校］八九，底本不清，據民國間抄本補。

則京師無虞矣。

一①、別區分以估工費。查得自山海關起，至居庸關沿河口共二千三百七十餘里，中間應修邊牆并鏟崖，極衝、次衝、稍衝邊牆、附牆、敵臺、垛口、墩臺、墩房②，通計應修邊牆、墩臺共四萬二千一百三十丈，敵臺二百座，通共該銀三十二萬四千八百八十兩。再照前項計修工夫匠五萬名，及後架梁官軍六千員名，每名日給食米一升五合，通共該用食米三十一萬六千七百二十石。乞敕該部議處，將通州倉新收好米先發十萬石運至工所支用，工完，各造冊奏繳。

一、添兵將以重責成。今將薊鎮沿邊分爲十區，每區設參將一員，該軍五千名，馬二百匹。又地方廣遠，防③守不足，合添遊兵營，該遊擊一員，馬軍三千，計一區，共該參將十員，軍士五萬名，馬三千匹，該遊擊十員，馬軍三萬名。今查本鎮見在參將三員，尚少七員，遊擊見在三員，議以總兵、副總兵那堡二員，尚少五員。合議推補馬步官軍八萬名。查本鎮見有馬軍一萬餘名，步軍四萬二千名，尚少馬軍二萬名，步軍八千名，馬三千匹。再照大同一鎮不及三百里，尚設參將三員。今查薊鎮邊防極遠，乞敕該部議擬，查照前項該添參遊，軍馬并糧料、草束作急區處，撥發前來，庶戰守有備，緩急無失矣。

一、議拒守以便應援。本鎮沿邊築牆，倚山爲險，峻嶺重岡，瞭望不及，巨流斷澗走報不通。今已每區設將分軍，必須立法拒守，若復沿牆擺守，十步一人，拙同膠柱，敗擬推枯。且賊欲踰牆不過十步，萬人進攻，一人拒守，金城可踰，鐵壁亦穿，況一處失守，千里潰防。今議每區分兵五千，先盡區內關隘若干④，盡以其兵酌量分派巡視，有警傳籌分報，小則本管，大則參將，隨帶軍器率衆拒守，若復勢衆難支，傳報遊擊策應，步軍拒之於牆，遊兵列營於內，隨賊向往。但恐虜衆大集勢難輕散，以我曲折二千餘里之牆，豈無一處傾圮之失？此臣又懼牆之難恃也。況今屬夷蓄疑，逆虜伺隙，近調客兵俱已放回，明年牆未修完，尤須防守。合無量調延綏、宣大客兵十枝，併力防守。再查山東巡撫衙門節年鑄有鐵佛郎機，收貯數多，合無轉發大樣一千位至德州近河地方，容臣差人取用。乞敕該部議擬上請，早發各枝客兵，轉給前項軍器，地方有幸矣。

兵部防邊集議疏畧　嘉靖三十年

一、給事中等官何雲雁等奏稱，酌裁憲臣以省供役，所據添設經畧都御史等官，委實官多民擾。但居庸、黃花鎮、白羊口俱係緊要，原設都御史難以裁革，但稱欲將駐守

---

① ［校］一，底本、民國間抄本均無，據文意補。
② ［校］房，底本不清，據民國間抄本補。
③ ［校］防，底本、民國間抄本、南圖本作"方"，據北大清抄本及文意改。
④ ［校］干，底本、民國間抄本、南圖本作"千"，據北大清抄本及文意改。

改爲巡撫，薊州以西、昌平以東聽其管領，其薊州以東則順天巡撫領之，居庸以西則保定巡撫領之。查得薊州一帶一千八百里，沿邊郡縣疲敝已極，若將薊州以東屬之順天巡撫管理，則地狹民少，愈見供應不敷，而薊州以西、居庸以東十數州縣，又設巡撫一員，亦爲官多民擾。保定巡撫已有六府三關聽其管轄，若又以居庸益之，不無偏重。合候命下，移咨吏部，將易州、通州各都御史取回別用，通州事務該薊州巡撫管理，易州事務該保定巡撫管理，其駐守昌平都御史照舊駐守。事寧之日，另行具奏裁革。

一、都給事中等官何雲雁等奏稱，議處民兵以便戍守。爲照各枝民兵風土既殊，人情亦異，必須各巡撫衙門再行審處，合行各巡撫都御史除廬、揚二府民兵先行放回，其鳳陽、淮、泗、徐、邳之間，揀選一千餘名，其山東、山西、河南民兵，委官逐一查審，原縣民壯、快手照舊存留。如召募之兵情願報效者，就與頂補壯快名額，若各州縣原無民額，即便增編，一體支給工食。其怯懦不堪者汰免，不願存留者放歸，原編有工食者徵解本部，轉發薊鎮募兵。北直隸民兵分發各府團操，其有丁壯情願報效者不拘名數，聽各府掌印官募選，合用銀兩、馬匹，行巡撫衙門議處。平時俱在本省鄰近兵備道操練，四月初旬各於本省境上，山東於德州、河南於磁州、山西於平定州、南直隸於徐州、北直隸於①保定，原統參將、副使、僉事加意團操，聽本部酌量聲息緩急調遣策應。

一、監察御史李一瀚等奏稱，酌援兵。卷查，先該咸寧侯仇鸞原題，不分正、奇、遊兵，公同差去將官逐一挑選。甘肅、寧夏、延綏、宣府各三千員名，大同九千員名，延綏家丁通事一千名、遊兵六千名。其延綏、甘肅道里既遠，俱令二月以後起身，五月到京；宣、大路近，仍令聽調。等因。覆奉欽依，挑選軍士，著專差御史四員領敕前去，其餘依擬。欽此。又該仇鸞題同事內稱，欲於遼東、固原二鎮各選兵三千，保定漢達官軍六千員名。等因。又查得調取邊兵，近該本部會官議擬，合無仍照原定數目，甘肅於三月內中旬起程，延綏於五月初旬起程，宣、大、遼、保各就本鎮操練，以後有警調取，防秋畢日，先將甘肅官軍放回，次及諸鎮。

總督侍郎楊博②覆議改駐總督疏畧③　嘉靖三十一年

節准兵部咨，該御史蔡揚金題，卷查先爲追往責來效，以預定安攘至計事，該都給事中王國禎等題，合行彼處總督鎮巡官會同巡按、巡關御史、守巡各官詳議。等因。

---

① ［校］於，底本、民國間抄本、南圖本、北大清抄本皆無，據文意補。
② 楊博，字惟約，蒲州人。嘉靖八年進士，除盩厔知縣，歷長安知縣、兵部武庫主事、職方郎中、山東提學副使。嘉靖二十五年拜右僉都御史，巡撫甘肅。後以右副都御史總督薊、遼、保定軍務。累官至兵部尚書、吏部尚書，加少師兼太子太師。參張廷玉《明史》卷二百十四《楊博傳》，第5655~5659頁。
③ 該疏與楊博《楊襄毅公本兵疏議》卷一《覆薊遼總督侍郎王忬條陳防秋事宜疏》，《續修四庫全書》第477冊，上海古籍出版社2002年，第131~132頁中"一、據險要"部分內容相同。

備咨到臣，臣會同巡撫都御史吳嘉會再三籌度，密雲咫尺陵寢京師，接連黃花、渤海，且相去石塘嶺、古北口、墻子嶺各不滿百里，總督軍門決該駐劄密雲無疑。至於巡撫向駐遵化，原爲驗放三衛夷人，既今改駐薊州，似亦相應。乞敕兵部再加計議，將臣博改駐密雲，臣嘉會改駐薊州，防秋之日，臣嘉會遵奉明旨，仍移駐昌平防守，以後著爲定規，不宜輕易更張。未盡事宜，可以自處者容臣等徑自處置，今巡撫仍駐遵化。

總督侍郎楊博議處鎮城坐營官員疏畧　嘉靖三十一年

據鎮守薊州總兵官周益昌呈，本營兵馬三千，分爲三哨，原設掌千三員，貼千三員，掌千固不可無，貼千實爲冗設，相應裁革，且各哨千總一遇警報，未免隨職出征，遺下城守一應諸務，合無查照各鎮事例，添①設坐營都指揮一員綜理。等因。具呈到臣，會同巡撫吳嘉會議，薊鎮總兵官雖駐劄三屯營，一年數月在外防禦，遺下鎮城無人守視，即如大同、寧夏、甘肅鎮城各有中軍坐營官，宣府、遼東鎮城各有都司備禦官，該周益昌具呈前因，委與諸鎮事體相同。乞敕兵部計議，於三屯營添設坐營官一員，照例以都指揮體統行事，總兵在營，則操練人馬，承行軍中一應戎政；總兵出征，則愼固封守，經管城中大小事情。

總督侍郎楊博易置將領疏畧　嘉靖三十一年

據鎮守薊州總兵官周益昌呈，近因密雲所屬邊營分添古北口、石塘嶺、墻子嶺三參將，議將分守副總兵改爲協守職銜。但薊鎮地方東西延袤千有餘里，應援難周，加以冷口、喜峯口等處關隘甚多，俱通大舉。每當秋月，鎮守總兵官前去古北口一帶防禦，迤東未免虛空。合無將②密雲副總兵改爲分守，策應迤西區分。建昌營適當冷口之衝，雖設遊擊，亦應改設分守副總兵一員，專一策應迤東區分，等因。到臣。會同巡撫吳嘉會議得，各邊副總兵與總兵同處一城者，謂之協守，無地方之專責，大要與遊擊相類。不與總兵同處一城者，謂之分守，有地方之專責，大要與參將相類。密雲雖設副總兵一員，以協守爲名，所統之兵不滿數百。建昌雖設遊擊一員，在燕河參將境內，相聚坐食，參將不得而制，殊爲不通。所據周益昌議呈前因，委屬穩便，乞敕兵部再加議，擬將密雲副總兵革去協守名色，止將分守專管墻子嶺以西地方，至开連口、黃花鎮接界而止，石塘嶺、古北口、墻子嶺、石匣營等處參、遊等官悉聽節制。建昌營遊擊改爲分守，建昌副總兵會推謀勇將官前來任事，專管墻子嶺以東地方，至山海關、遼東接界而止，燕河、太平、馬蘭谷、石門寨等處參、遊等官悉聽節制，副總兵仍聽總督鎮巡

---

① ［校］添，底本、南圖本作"忝"，據民國間抄本、北大清抄本改。
② ［校］將，底本不清，據民國間抄本補。

節制。

總督侍郎楊博兵備分地畫守疏畧　嘉靖三十一年

　　照得薊鎮防秋，止是密雲、薊州、昌平兵備三道往來督理，地方廣遠，顧理不周。臣看得霸州兵備副使溫景葵、天津兵備副使雷夢麟并臣議取山西分巡冀北道僉事董邦政，俱係邊材，相應預爲定擬，以便責成，合無將天津雷夢麟駐劄石塘嶺，提調本區。密雲李尚智駐劄古北口，提調本區。山西董邦政駐劄墙子嶺，提調本區。薊州伊介夫駐劄太平寨，提調太平、馬蘭谷二區。霸州溫景葵駐劄燕河營，提調燕河、石門二區。昌平栗永禄仍駐昌平，往來提調鎮邊、黃花鎮二區。各令前去分定地方，親詣查勘，要見墙垣關營堅完可守若干，損壞應修若干。一面督同參將等官計功修理，一面呈報。其餘教練軍士，整點火器，嚴明哨探，區處芻糧，收斂人畜，俱係軍中事宜，逐一整理停妥。防秋之日，就同各將晝夜拒守，果能處置有方，使賊匹馬不能入邊，容臣具奏甄錄，如或因循誤事，一體參治。

總督侍郎楊博議處入衛兵馬疏畧　嘉靖三十一年

　　查得宣、大兩鎮原選遊兵二營，大同後又增選邊兵一營，俱係入衛之數。向因徵調頻仍，以致軍丁、馬匹逃亡倒死居半。臣惟薊鎮防秋與各鎮事體不同，宣、大遊兵與陝西遊兵亦異，蓋薊鎮以守爲主，多該用步，少該用馬。宣、大地方與薊鎮相去不遠，若將前項遊兵減馬用步，在彼既省補馬之煩①，在此又省芻糧之費，如蒙再加議擬，轉行宣大督撫，今歲將入衛遊兵每營止用馬軍五百員名，其餘二千五百名盡用步兵，每營務足三千，盔甲、器械逐一完備，開造花名文册，先送臣處。總兵官仍要嚴督遊擊如法操練，遇臣徵調，即便星馳入關，聽候分布。如有多餘馬匹，暫收別營，候班師之日，仍歸原伍。

巡撫都御史吳嘉會請撫夷錢糧疏畧　嘉靖三十一年

　　節據古北、燕河、太平、馬蘭、墙子、石塘嶺等區參將韓承慶等，并喜峯口等關守提等官呈，朵顔三衛夷人近因北虜逼脅，般移鄰邊躱住，日逐乞賞不絕，乞議發銀兩濟用，等因，各到臣。案查先據灤陽營署參將陸禎呈稱，喜峯口每年二次驗放夷人，大賞用銀三千八百銀兩，陸續撫賞用銀二千二百四十餘兩，洪山口、龍井兒、董家口、榆木嶺每年大賞一次、餘月小賞，約用餘三千四百餘兩；參將韓承慶呈稱，古北口約用銀三千九百餘兩；參將李朝棟呈稱，白馬關、石塘嶺約用銀一千三百餘兩；參將祁勛呈稱，

---

①　［校］煩，底本不清，據民國間抄本補。

曹家寨所屬黑峪等關約用銀一千五百餘兩；参將周益昌呈稱①，墻子嶺、猪圈頭、將軍石約用銀一千五百二十兩；参將龔業呈稱，鮎魚石、黃崖口、寬佃谷、大安口、羅文谷約用銀三千九百五十餘兩；参將叚堂呈稱，擦崖子、冷口、桃林口、青山口約用銀二千六百七兩；参將葉昂呈稱，平山營、界嶺口、義院口、大毛山約用銀四千九百餘兩。以上八區，每年總計用銀二萬九千一百一十七兩。又查得，山海關抽取商稅，自嘉靖二十九年十一月內開通至今，收銀二千八百餘兩，景忠山一年所收不及二百餘兩，其餘撫賞每年仍該銀二萬五千三百一十七兩，乞要每年動支太倉銀兩照數解與支用，已經會議題②請，未發。今據呈前因，臣惟三衛撫賞之費例不能無，窮邊委難支持，藏庫十分匱竭，相應再爲題請，如蒙乞敕兵部會同户部参酌臣等會題事理，早爲議處，每年給發銀二萬五千三百一十七兩，解薊州管糧郎中收貯，專備撫夷之用，庶軍困少蘇，夷情不拂。

經畧侍郎楊博請繕潮河要害疏畧③　嘉靖三十二年

行據密雲兵備副使李蓁呈，踏勘得潮河川關對峙猪嘴寨後山崖河口，勢委極衝，順水城迆南川身居中，應築墩堡六座，東邊護關舊墻一百三十二丈，低薄不堪，應該拆修；中間添築敵臺三座，接應六堡。及勘得川西山野猪嶺墩起，至猪嘴寨後山崖止，計長四百一十五丈，中間岡勢坦漫，谿峴五處，俱係賊馬往來馳騁舊路，該修橫城一道；適中高阜去處，仍築墩臺三座，上接邊城，下抵陡崖，開呈到臣。臣會同總督何棟、巡撫吳嘉會議得，古北口潮河川外通興州，內連密雲，嘉靖二十九年虜自黃榆溝擁入，雖嘗分兵道出高崖，大勢營帳仍由黃榆北歸，則知潮河川者，實醜虜入寇之第一門户也。往都御史洪鍾欲於川內建營屯兵，功未及成，今臣親至開山口，再三相度，原來地高水低，又至近日新修黃榆溝一帶，邊墻外尚有平漫去處，逐漸挑乞，是在邊臣隨宜處置，無庸別議。又踰河至潮河川顧視，黃榆溝邊墻包乎川之外，即今何棟、吳嘉會所修新墻，是以開山口節年邊墻反在川之內，即洪鍾鑿山故處是已。二墻夾峙，勢如雙屏，萬一賊衆潰墻，勢必落川，再無別道，是誠我兵之戰地也。過此則爲石匣，爲密雲，平原曠野，萬馬可馳，我兵欲戰不能，欲守不得矣。臣今議於川內創築小石城六座，每城內各築一墩，自北而南三城儼如棋布，自南而北三城宛如星羅。臨期酌量賊勢，分屯勁兵，令其隱見避擊。又議於川西山野猪嶺墩起至猪嘴寨河口墩迆北石崖止，創修橫城一道，伐其占據山梁之謀。又議將東邊護城關不堪舊墻通行拆修，添築敵臺三座，以爲六

---

① ［校］稱，底本原無，據上下文意補。
② ［校］題，底本不清，據民國間抄本補。
③ 該疏與陳子龍等輯《明經世文編》卷二百七十三《楊博·楊襄毅公奏疏一·經畧潮河川地方疏》，中華書局1962年，第2879~2880頁內容大體一致，《四鎮三關誌》所收有節畧。

城聲援之計，似當修舉無疑。

總督侍郎楊博條陳時弊疏畧①　嘉靖三十三年

　　准巡撫順天吳嘉會、巡撫保定艾希淳、巡撫遼東江東咨，據薊州總兵周益昌、遼東總兵趙國忠、保定總兵歐陽安呈各將會議秋防事宜，開報到臣。卷查先准兵部咨前事，該都給事中王國禎題，該本部覆議，將總兵、鎮巡等官不必拘以文法，使得隨宜展布，各官每歲預將防秋事宜條例具奏，等因。題奉欽依，備咨前來，已經移咨開報。去後，今該前因，臣惟薊鎮自二十九年虜患以來，修邊積餉，選將增兵，靡思不到。較而論之，在武弁則動稱血戰，及其見虜，退縮於前，觀望於後，以保全部曲爲得計；在文職則動言收保，及虜既入，無壁可堅，無野可清，以掩蔽搶虜爲長策。至於防守，兵馬多係紙上詭名度支，錢糧半入將官私橐。即今狂虜叵測，邊圖貴早，一應秋防事宜，參之輿情，附之淺見，條例上陳，如蒙敕下兵部再加參酌，早爲覆請，行臣遵守。至於時陳下原調遼兵一枝，臣下原調遼兵二枝，除冷口分一枝，見在止一枝。伏望皇上俯念古北爲重，將時陳所調遼兵亦聽臣徑自徵調，庶幾強弱相兼，戰守允便，門庭既安，堂室自固。

　　一、守要害。臣惟比年以來率以兵馬預分邊境②，晝夜食宿俱在墻上，不惟人力疲勞，誠爲守株待兔。今歲防秋，合無將冷口作一處，自山海關起至太平寨止，以副總兵李賢主之，駐劄建昌，領本營兵一枝，石門寨遊兵一枝，太平寨、燕河營參兵二枝，再加三屯營遺下正兵，併遼兵一枝，山東民兵一枝。古北口作一處，自馬蘭谷起至石塘嶺止，以總兵官周益昌主之，駐劄密雲，領本營兵一枝，臣標下兵一枝，振武營奇兵一枝，馬蘭谷、古北口、墻子嶺、石塘嶺參兵四枝，石匣營、曹家寨、大水谷遊兵三枝，再發遼兵二枝，河間遊兵一枝，保鎮民兵一枝。昌平作一處，自渤海所起至鎮邊城止，以副總兵張琮主之，駐劄昌平，領本營兵一枝，黃花鎮、鎮邊城參兵二枝，居庸關、鞏華城守兵二枝，白羊口遊兵一枝，再加時陳下陝西邊兵四枝，河南民兵一枝，定州遊兵一枝。紫荊、倒馬關爲一處，自沿河口起至故關止，以總兵官歐陽安主之，駐劄易州，領本營兵一枝，馬水、紫荊、倒馬、龍故參兵四枝，并保定、定州、河間調剩達兵，及各處土兵、民壯、快手，再加保定正、奇兵二枝，本鎮民兵一枝，巡撫下武勇兵一枝，無事各聽隨營操練，有警③分布戰守。臣往來督視，共圖保障，萬一賊虜止犯一處，臨

---

① 該疏與《明經世文編》卷二百七十五《楊博·楊襄毅公奏疏三·陳時弊度虜情以保萬世治安疏》，第2897~2901頁內容大體一致。另，該疏又與下文嘉靖三十三年《兵部兌給馬匹疏畧》內容一致。

② ［校］境，底本不清，據民國間抄本補。

③ ［校］警，底本不清，據民國間抄本補。

期酌量急緩，發兵策應，不許自分彼此。其曹家寨、大水谷遊兵二枝宜守不宜戰，宜少不宜馬，原兌民馬二千，徒爲勞費，合無革去一千，每營各止用五百匹。

一、覘虜情。臣惟遼東與京師相去隔遠，且秋深泥淖，虜馬難馳，保定耳目寄於宣、大，俱無容別議。惟薊州一山之外即爲屬夷，東則朵顏部落，西則李家莊巢穴，是雖陽順陰逆。況每歲北虜大舉，或東或西，此輩大畧先知，若撫育有法，必能預得其情。合無容臣嚴行鎮巡官，將三衛并李家莊夷人從宜撫賞，選差素有膽氣、慣知道路夜不收人役分番入營探虜向往，各夷果知效順，哨報的實，防秋畢日，從重賞勞。況辛愛近日將阿羅豆兒色鎮兒妻女淫騙，離心離德，結之以恩，自是以夷攻夷之法。

一、選兵馬。臣惟薊兵削弱，不惟前失操練，至於簡閱之法，向來通未舉行。臣近日畧加簡選，大約合鎮可得壯健者萬五千人，顧惟教練之初，不可全恃爲用。至於薊、保兩鎮，參守之兵一枝，僅數百人，或千餘人，馬不過三五百匹，或六七百匹，有名無實，多屬文具。其調到客兵雖稱精健，中間亦有不可用者，且來路既遠，疲弱爲多。合無聽臣等不分遼、陝、保定、山東、河南之兵，逐一揀選，分爲上、中、下三等。上等者用爲衝鋒破敵，中等者隨營截殺，下等者守墻、守城，及分布軍民堡寨，遇其零寇分掠，兼土兵相機剿殺。兵不貴多，而貴於精。

一、明戰地。臣惟薊鎮東自冷口起西至倒馬關止，其中多有阨塞，不惟客兵初至，雖本鎮之人俱茫然不知。即以古北言之，虜若由黃榆溝來，必由潮河川；自磚垛子來，必由王家寨；自黑谷關來，必由三個嶺。此三處兩山夾峙，真我兵之戰地也。已各設置木柵，橫以方板，於中多留箭眼，可使火器。柵外開明壕二道，暗壕二道，又用竹竿布於地上，多設地雷、火炮。如或用火攻，或水攻，臨期逕自酌處。所據冷口、鎮邊、馬水、吳王、茨溝諸口，俱當做此舉行。合無容臣等不分主客，嚴督各該參、遊等官，先期令其分定地方，上山下坂，躬親踏勘，畫圖貼說，回報臣等，訂其可否。即如去歲浮圖峪之戰，陳鳳偶據山坡而大勝，朱玉不知據而稍衂，是其明驗。

一、張疑兵。臣惟冷口一帶雖以屯兵，誠恐虜情重大，總兵官周益昌相去隔遠，倉卒勢不能及。查得每當秋月，遼東寧前一帶頗有警報，事在彼中，亦當防範。合無行令總兵官趙國忠帶令本營兵馬，七月以後專在寧前駐劄，以爲薊鎮聲援。一面多差人役於冷口探聽，但有入犯消息，不必等候明文，即便星馳入關，會同副總兵李賢相機剿殺。仍於撫賞屬夷之時，先以此意傳播其營，使其知我處處有備，似得伐謀致勝之端。

一、急收保。臣惟禦虜之要，固守爲上。臣去歲經畧時，已嘗題准修築簡便墩城，但時值荒歉，小民救死不贍，何暇及此？臣近至薊鎮，見近山人家亦有因山爲寨者，據高設險，大畧如城垣之制，不甚費工，亦可收效。合無備行各該兵備并沿邊有司預，將民村勘定，要見何處平衍可以築墩，何處近山可以設寨，稍候麥熟時次第舉行。萬一時日迫近，難以遽完，且將見在城堡作何歸併，人畜作何收歛，務要計處周詳，共保萬全。若能悉心幹理,卓有成蹟,薦揚擢用,坐視民患,致有疏失者參究。

一、調兵食。臣惟兵馬錢糧當作一家計筭,往年不分虜情緩急,故將兵馬聚於全無積貯之地,即如古北口兵嘗不下萬人,馬不下一二萬匹。彼處糧既寡少,度支艱於輸運,地又窄狹,兵馬苦其欝蒸。豪橫客兵又往往肆其殘暴,以致居人怨詈,無所控訴。合無今歲將各處客兵如遼、保之兵,則分於薊州一帶,由平谷漸入密雲;陝西、河南之兵,則分於通州、三河一帶,由順義、懷柔漸入昌平,哨有虜警,一日一夜可以馳至。各該主將如欲簡閱,或暫行調集,或就彼巡視,無所不可。

一、使罪過。臣惟選兵不如選將,使過優於使功,各鎮廢弃將官,節經兵部題奉明旨,不分充軍、為民、閒住、降級等項,俱許隨軍立功,除非臣所屬者不議外,合無容臣將薊、遼、保定三鎮廢將不拘總兵、參、遊、守備通行查出,取赴軍門,令其各帶家丁、自備戰馬,官給廩糧、料草,儘其見在之數合為一營,仍以素有威望者一人主之,隨臣往來截殺,果有奇功,具奏陞賞,無功者照舊發還原衛,署其文史之虛名,責以韜鈐之實效,似為有益。

兵部兌給馬匹疏畧① 嘉靖三十三年

本部送准總督侍郎楊博咨,卷查三十二年六月內該總督侍郎何棟咨稱,曹家營、大水谷上年兌給寄養馬各一千匹,秋畢交還,即今防秋要行照例兌給,該本部題准,兌給寄養馬每營一千匹。本年五月內,該總督侍郎楊博條陳,內開曹家營、大水谷遊兵二枝,宜守不宜戰,宜步不宜馬,原兌民馬二千匹,合無革去一半,每營各止用五百匹。查呈到部,為照曹家寨、大水谷遊兵二枝,既該總督侍郎楊博題稱馬匹不必兌給,今每營復討馬五百匹為馱載、傳報之用。相應酌處,合候命下本部,劄付太僕寺委官前去永平府州縣,將種馬揀選一千匹兌給曹家寨、大水谷兩營官軍應用,每營給馬五百匹。及咨戶部,照例支給草料,防秋畢日,仍委兌馬官亟督令官軍,將原領馬匹照舊交還各該馬戶領養。

兵部郎中唐順之經畧薊鎮條陳疏畧② 嘉靖三十七年

一、專責任。照得薊鎮逃軍往往不補者,蓋是營衛互相推調,無官以兼制之之故也。該鎮得兼制營衛者,惟督撫其下有兵備道,合無請敕一道,責之兵備,營官以逃軍多少而輕重其罪,衛官以補軍多少而輕重其罪,併論衛官補軍之多少、與營官逃軍之多

---

① 該疏與王鳴鶴《登壇必究》卷三十七《奏疏一·論守要害》,《四庫禁燬書叢刊》子部第34冊,北京出版社1997年,第497~498頁內容大體一致。
② 該疏與《明經世文編》卷二百五十九《唐順之·唐荊川家藏集·條陳薊鎮補兵足食事宜疏》,第2735~2740頁內容大體一致。

少，又以爲兵備功罪。其補軍之法，逃軍先盡本身，故軍先儘子孫，不足則均之同族，同族①不足則均之同伍同隊，以至通一衛之餘丁而補之，又不足則取之城操正軍，於勾補之中寓垛充之法，量其缺軍分數，一年可補完幾分，年終如其分數而責之，亦可也。

一、定班戍。照得古北、石塘一帶，曩緣旁近州衛被虜殘破，因而垛募遠軍。當時垛者迫於令而不敢不行，募者貪於利而不顧其後，身寄窮邊，家懸千里，始於潛返，馴致久逃。近有督撫題開移遠就近之例，臣亦有首逃區處之文，酌中二者頗得一說。但係六百里之外，或分爲兩班，一班備春，一班備秋；或併爲一班，半年城操，半年秋戍。其在官則向之終身逃竄，孰與得半軍之用？其在軍則向之終歲浮寄，孰與半年之閑？既可稍近人情義，不改移原戍，且戍軍在其鄉則食減支六斗，在邊則食行糧四斗五升，則是一軍止食半軍之米，在邊扣其餘米，亦足雇募半軍，待本處募軍足穀原數，然後將遠軍更議改編，其百里之內及舊額之軍不係，以後垛募者自補原戍處所，不得爲例。

一、處民兵。臣查得永平府原無民壯，正統末僉設民壯二千五百名，原爲備虜設也，計永、順二府可得民兵六千人。又查得山東有馬兵三千名，原爲薊鎮設，今暫用之南征，事已則須仍還薊鎮。若使不用其人，而徵其工食以爲本鎮雇募之用，則山東民兵每名歲該工食銀三十餘兩，三千名月該徵銀九萬餘兩，就近可雇募步兵七八千人。又查得薊鎮事例，歲該腹裏減存民壯工食，但得銀三萬兩，足雇募三千人。又查得薊鎮缺馬多從兵部兌給，今永平一府歲該解用備馬九百餘匹，若停兩年不解，又貼以遵化等縣寄養馬一千餘匹以給民兵，足成馬兵三千人，兩年後照例解京，此所謂民不困而事易成者也。

一、處募兵。訪得召募之法，莫善於遼東，先立招首，或招軍一二百、三五百，量其多寡輕重其賞，或逃亡，則於招首名下責補。又前年兵部募餘丁於延綏，原議四千五百名，因事急止募千五百人，薊鎮兩年多賴其用。合無照原議，再募千五百名，分布薊鎮。又遼東飢殍之餘，若募得三千人，可抵遼東正兵三千之調，及延綏召募餘丁三千人，可抵延綏正兵三千之調，此召募之利一也。又召募並塞上土著，凡住居田屋離關營十里內者，或給以塞下閑田，或給以逃軍月糧，立爲保伍以相聯屬，無事則聽其自耕，有事則率之戰守，此召募之利二也。又各邊將官入衛，全賴家丁與之同生死，今許將官自募家丁以充逃缺而食其食，此召募之利三也。

一、處班兵。竊聞薊鎮主兵，若是原額，將及十萬，即使月糧一半折銀，亦須本色米六十萬石，是舊額不足，正苦少兵；舊額若足，又苦少米矣。今補主兵以免客兵也，免客兵以省費也。臣嘗計之，客兵每歲防秋四月，該支行糧一石八斗，主兵一人每歲該支月糧十一石，出戍百里，行糧在外，主兵一人之費足抵客兵七人而有餘，主兵之馬費

---

① ［校］同族，底本、民國間抄本均無，據文意補。

亦如之。然則調客兵，計各處則爲增費，在薊鎮則爲省費也；補主兵代客兵，計各處則爲省費，在薊鎮則爲增費也。今欲米不增於薊鎮，兵不煩於遠調，惟是班軍可以經久。查得薊鎮、天津、河間等衛春秋兩班官軍已有二萬二千八百八十二員名，或於京班中再撥一枝、兩枝，或於班軍原衛抽補餘下一枝、兩枝，足成三萬人，以充該鎮主兵之數，而以遊擊十人分統之。閑時則於原衛駐操，防秋則於該鎮上班，駐操則於本處兵備監督，上班則該鎮兵備監督，其原衛官聽該管遊擊節制，班軍如有老弱逃亡，原衛即與僉補，此則糧不增而兵亦足矣。

一、清弊源。臣閲軍薊鎮，究所以多逃亡之故，皆曰邊牆之工卒歲不休，加之各關夷人乞討無時，悉出窮軍，將官侵尅，毫釐剥削，文吏盤點，番增漁擾，月糧得人軍腹者幾何矣！至如召募之軍，多非土著，衣糧不足，工作又苦，兼以石塘、古北土尤磽确，是以募軍之逃又甚於他處。且歲出築邊銀數十萬兩，歲給撫夷銀三萬兩，而又以累窮軍。今欲抽軍操練，則一身不能兩役，牆工自須别議。至於撫夷之費，合行督撫計算，别爲區處。臣查得京邊折銀給軍皆是六錢五分，薊鎮獨是四錢五分，蓋因本鎮米賤截減，原非經制，且夫糴之貴賤，因地腴瘠，假如腹裏糴價值五錢六分，則窮邊斷是八錢九錢，奈何使苦寒與逸肥同折？合行户部量地均算，自薊鎮苦寒米貴之處，照例給與折色銀六錢五分，其米賤去處自不得援此爲例。若謂銀不可增，則如前時總督楊博所題鎮邊、橫嶺事例，每年十二個月悉與本色亦可。

一、復本色。照得薊州倉糧遮洋總二十四萬石，原運本色，並無升斗折色，至正德末年始議折十萬石，嘉靖十二年又議折四萬石，彼時建議之臣偶見本鎮米賤，曾不慮及歲有常豐、糴無常賤。且薊鎮今聚兵至十餘萬，歲費主客銀兩七八十萬，而米石不及十四五萬，一旦窘急，無處糴買，不得已則乞運京師，脚價騷擾尤甚，非得計也，故臣以復本色爲便。又諸邊皆是陸運，故致米爲難，薊州一路水運，故致米則易。至於造船①漕卒諸費，但取昔年未變折色以前之舊法，即是今日欲復本色以後之規，縱不能盡復本色，亦可先復一半七萬石，使該鎮每年給軍之外，餘糧常有二十萬石在倉，然後更議減本加折。

一、處轉運。照得灤東一帶軍士，原在永平、山海等倉支糧，後海運既罷，始移薊州，去灤東遠者五百餘里。前年虜酋入犯，馬蘭谷止因牆軍遠出支糧，瞭援不及，竟至深入。合無置一户部分司於永平，歲增脚價銀六千兩，其本色米三萬石，折色銀數萬兩，悉運至彼處支給，軍無遠支，邊不缺戍，甚便。又臣所謂脚價者，非必歲歲而用之也。訪得灤東等處，大率十歲九收，收則不必運米，但取銀糴米，則脚價亦是不用，即

---

① ［校］船，底本、民國間抄本均無，據《明經世文編》卷二百五十九《唐順之·唐荆川家藏集·條陳薊鎮補兵足食事宜疏》，第2739頁補。

以減存脚價亦作糴米本銀，六千兩銀可得米萬四五千石。若十歲豐收，則米當至十四五萬石，即以此脚價所積之米，賤則糴，貴則糶，收其羨利，還充脚價，而本米嘗在，則十年後所謂歲增脚價出於戶部者亦不必用矣。此亦富邊之一策也。

總督侍郎王忬計處補練疏畧①　嘉靖三十七年

一、議添募遊兵。據昌平兵備楊胤賢等呈稱，薊鎮先年召募土著壯丁相繼逃亡，近該兵部題覆巡關王御史條陳，內開備咨總督選募軍民舍餘共一萬五千名，查得往年募兵一名給銀五兩，臣看得新軍一萬五千名，歲該給帑銀七萬五千兩，勢不可繼。查得河南入衛民兵三千名，歲徵工食銀七萬二千兩，止防一秋撤回，而冬春夏防守不與焉。況節據河南領兵副使稱，該省情願出銀募兵。合無通免民兵入衛，歲徵銀解昌平、密雲、薊州管糧官收貯，逐年散給。是撤腹裏三千之民兵，募土著一萬五千之勁兵，減防秋一季之三千，添四時皆防之一萬五千，計無便於此者。但須戶部借發銀六萬兩，以備目前急用，待後解到扣補。其河南參將相應裁革，永平、遵化既設遊擊，即令帶管地方事務，各守備亦應裁革，去留相當，非增冗官靡費。

一、議近地垜勾。臣看得薊鎮額軍久缺，其來不止一途，今日計處收補，其法亦不必拘執一端。合無將沿邊一帶土著之民量爲抽垜，免其民差，及將流寓之人原無差徭者一體垜充，但處置有方，自免騷擾之患。其本鎮所轄衛所舍餘人等盡數清查填補，如有窩藏改戶者，或被告，或訪出，將的親兒男垜軍一名，其庶人懷警懼，法令易行而軍伍以②次充實矣。

一、議原籍清勾。臣看得薊鎮衛所缺伍，戶丁盡絕者固有，而奸徒逃回者亦多，若不專③官查理，終無解發之期。合無請敕一道，降給山東、河南、山西巡按御史，督併都、布、按三司及府州縣掌印清軍官，照依薊鎮發去冊籍嚴法清勾，每季倒換循環，已解若干，每年終昌平、薊州、密雲三道查收過各省解到若干，造冊類報。容臣比照戶部催徵事例，完解七分者免參，未完者分別等第降級罷職，果有依期報完者，保奏旌獎施行。

一、議調取邊官。臣查得新議添設遊兵五枝，該中軍、千、把總八十員，薊鎮各衛所指揮、千、百戶類不習戰鬥。合無特敕兵部，通查陝西、宣大、遼東廢弃官，不拘指揮、千百戶，調取一百員，每員許帶家丁多十名，少六名，資遣至薊，分撥五營。其家丁歲給月糧并安家銀五兩，分編各隊，相兼練習，如有成效，容臣查舉陞職，能立奇功

---

① 該疏與徐日久《五邊典則》卷三"（嘉靖）三十七年十一月兵部覆總督薊遼保定都御史王忬條陳"條，《四庫禁燬書叢刊》史部第25冊，第571頁內容大體一致。
② ［校］以，底本不清，據民國間抄本補。
③ ［校］專，底本不清，據民國間抄本補。

者不次拔用。

一、議安恤軍情。臣查得先年奏討班軍營房銀一十一萬五千七百八十兩，除工部該發銀二萬七千七百八十兩未解，後開霸州、靜海等縣拖欠葦課抵補，行巡撫衙門催徵未完外，戶、兵二部解過銀八萬八千七百八十兩，貯薊州管糧衙門，後暫借軍餉、撫夷等項，并發保定修邊支用訖，合無行戶、工二部并保定、順天巡撫應補還者照數補還，應追解者刻限追解。臣一面行各道通查原議，趁時蓋造，其有山場荒地，各軍情願開墾者，聽其盡力開墾，永不起科。待造完營房若干，住定新軍若干，各道俱於年終開報類奏，行巡關御史覈實。

一、議軍器犒賞。臣看得即今補練新軍計有三萬餘名，前項盔甲、器械、弓矢俱應預備，相應於工部庫貯，查照各道議呈數目，先期給發。其旗鼓為中軍節度，火器為禦虜長技，各營所用不少。相應行巡撫衙門，減去標下民兵，查追工食銀兩，專備各項支用。及照各該區營練兵犒賞，各道議留四道一府歲進贓罰銀一千兩，似應俯從停留，聽臣通行各道酌發，所轄區營將領從宜給賞，按季開報查考。

一、議預備戰馬。臣看得薊鎮官軍據守之時常多，策應之時常少，若濫討馬匹，縻費芻料。所據新募遊兵五枝，容臣於募足之後，先請每營給馬一千匹，俟技藝精閑，秋防有警，查照各道所議，兌給民間寄養馬匹，聽征畢日，照數交還總兵標下。原該馬三千匹，摘調各區有馬夫兒手合營隨征，尚可支持。今既將尖兒手發還各區，則缺馬自當查補。建昌營該補足馬二千匹，振武營該補足馬一千五百匹，石匣營與振武營該補足馬一千匹，昌平兩營共該補足馬一千匹，合無待明春照數兌給，其餘各區缺少，行令兵備道嚴查拖欠椿銀，追徵買補，不許援各營事例。

一、議更選壯丁。臣看得近京地方人習奸巧，軍多避勞就逸，官多放富差貧，如通州四衛情弊，委如密雲道所呈，其餘衛所戍兵、班軍亦各仿效有此。合無嚴行密雲、霸州、天津、井陘、大名、德州各兵備道，通將曹家寨、大水谷、白羊口、河間、定州各遊擊所統官軍并春秋兩班官軍，親詣各地方，會同將領督率守備衛所等官，逐一揀汰老弱，盡查精壯殷實之人頂補，務足原數，責成訓練。如有前項影脫容隱情弊，干礙職官，盡法參拿處治，各道刻限明年正月完報。其昌平兵備副使驗軍一節，委於事體便益，相應改撥查驗。

一、議撫夷支費。臣看得薊鎮扣糧撫夷，原係百年舊弊，自庚戌之變，各夷驕橫日甚，脅索無厭，少不遂意即阻絕哨探，殺害夜不收。查得巡撫衙門撫夷，止議備冬舍餘銀三千兩，內官房地草場租銀一千兩，節因地方災傷拖欠難徵，山海關租銀千餘，亦因遼東凶荒，商稅幾絕。合無查照唐順之題內事理，節年歲給銀三萬兩，聽巡撫官分發各區撫賞諸夷，年終徑自具奏，行巡關御史覈實。仍嚴禁各該將領科扣軍士月糧，并逼令打柴易賣入己。

一、議憲臣責成。惟薊鎮軍務，雖由總督鎮巡官統理，其密雲、昌平、薊州二道副使，俱係風紀之司。近該兵部題奉專敕，誠得分任責成之意，密雲道缺伍軍一萬二千餘名，昌平道缺伍軍九千八百餘名，薊州道缺伍軍一萬一千餘名，宜聽其從宜清補。但各官年深，循序陞遷，未免事難就緒。合無敕下該部，再留各官在任一年，責令着實幹理。待明年秋防事畢，臣會同巡撫、巡關逐一查閱所補之人，精強可用并數完八分以上者，奏請超陞二級，如總①雜不堪，奏請降罰職俸。其巡撫權寄隆重，務要竭心計處，嚴法督責，凡遇各道呈白，隨到隨行，不許疑執延誤，違者容臣一體參究。

兵部郎中徐善慶經畧疏畧　嘉靖三十八年

臣會同巡撫張玭②公同兵備李尚智等，東起石門寨，西至鎮邊城，照依區分，躬親點視，為區者十，為營者六，為親募遊兵營者五。總一鎮主兵之數，原額九萬六千七百九十三名，見在九萬一千五百五十四名，通計先今補二萬八千一百一十八名，缺額未補五千二百三十九名，備將花名細數造冊奏繳外，臣惟薊鎮之兵，不難於補而患於補之不精，固難於練而尤患於練之無法。以補兵言之，民厭差役，樂於從軍，一聞召募，肩磨而至，不論壯弱，一概兼收，此補之易也。以練兵言之，先是帥臣不勤，諸將玩愒，既有付之不練者，其練者又不過蹈襲故常，衝演畢事而已，練之無法，職此之由。查得上年降罰止拘到任之久近，未足示懲。臣謹本諸見聞之真，參諸督撫之議，分別差等，定擬降罰等因。

總督尚書許論③分擬各區遊兵疏畧　嘉靖四十年

臣看得薊鎮邊分十區，各該參將一員，率領主兵，除外鎮入衛遊兵外，又節添本鎮遊兵九枝。但各遊兵未經定擬策應地方，又有駐劄窵遠者，故春秋撤防之後，參將即告單弱。臣擬將本鎮遊兵九枝，隨地方附近，分隸各區，令每區各有參、遊二員。內查得

---

① ［校］總，底本及民國間抄本字迹均不清，疑為"僑"字，中國基本古籍庫錄為"僑"，今據文意、字形改為"總"。總雜，有雜亂之意，鍾嶸《詩品》卷上有言："其外'去者日以疏'四十五首，雖多哀怨，頗為總雜。"
② ［校］玭，底本不清，民國間抄本為"批"，據《明實錄》相關記載改。張玭，嘉靖十四年進士，歷任清豐知縣、兵部主事、河南按察使等。嘉靖三十八年以右僉都御史巡撫順天。參《國朝獻徵錄》卷五十一《工部二·工部右侍郎張玭傳》，《四庫全書存目叢書》史部第102册，第655頁及吳廷燮《明督撫年表》，中華書局1982年，第35頁。
③ 許論，字廷議，靈寶人，吏部尚書許進少子。嘉靖五年進士，奉使餉榆林邊士。歷兵部職方司主事、南京光祿寺少卿、南京大理寺丞等。擢都察院右僉都御史，巡撫薊州，再擢右都御史，巡撫山西。累官至兵部尚書。卒，諡襄公。著有《九邊圖論》等。參過庭訓纂集《明分省人物考十》卷九十《河南河南府》，周駿富輯《明代傳記叢刊·綜錄類㊱》，明文書局1991年，第212~219頁及光緒《重修靈寶縣志》卷七《藝文志中·傳·太保許恭襄公傳（汪道昆）》，光緒二年刻本，葉26b~31b。

白羊口舊遊兵擬分鎮邊城，昌平新募遊兵擬分黃花鎮、石匣營，舊遊兵擬分墻子嶺，遵化新募遊兵擬分馬蘭谷，永平新募遊兵擬分燕河營地方。其石塘嶺、大水谷遊兵，古北口、曹家寨遊兵，俱係河間、通州遠軍，且皆脆弱難用，似當易換土著。其通州新募遊兵去各區皆遠，且不堪分隸，似宜別處。至於居庸、太平寨、石門寨，則尚少遊兵三枝，宜當添設。

一、鎮邊城設遊兵一枝，仍將白羊口遊兵策應鎮邊一區，敕書、地方俱不必更換。

一、居庸關該添遊兵一枝，就將鞏華城分守原統軍三千名即爲居庸遊兵，敕書、地方俱不必更換。

一、黃花鎮該設遊兵一枝，就將昌平①遊兵策應黃花鎮一區，敕書、地方俱不必更換。

一、石塘嶺、大水谷該設遊兵一枝，就將密雲副總兵兵馬改設遊擊統領，專援石塘、大水、密雲。另設守備一員，就將曹家寨應革守備丁添福充補，所領兵馬，於見在城操及振武營多餘兵馬內摘撥。

一、曹家寨該設遊兵一枝，於近地民餘內召募三千名，就於曹家寨搭蓋營房住劄。原設曹家寨守備改爲提調，通共新舊遊兵二枝，通行改入京營，聽戎政衙門操練聽征。

一、墻子嶺該設遊兵一枝，就將石匣營遊兵策應墻子嶺一區，敕書、地方俱不必更換。

一、馬蘭谷該設遊兵一枝，就將遵化遊兵策應馬蘭谷一區，敕書、地方俱不必更換。

一、太平寨該設遊兵一枝，就將建昌副總兵兵馬改設遊擊，統領專援太平寨一區。

一、燕河營該設遊兵一枝，就將永平遊兵策應燕河營一區，敕書、地方俱不必更換。

一、石門寨該設遊兵一枝，就將山海見在軍五百名，再召募抽垜軍一千名，令本城守備統領，駐山海關，以爲石門遊兵，兼守山海。

一、馬蘭、燕河二區既稱難守，合無照依涼州副總兵分守事例，改爲馬蘭谷分守副總兵，燕河營分守副總兵。

一、河間大水谷遊兵仍令春秋分爲兩班，薊鎮防守，以後各區遊兵只以本軍姓名食糧，不許頂冒關營逃故名伍，其邊關缺伍，責令各該兵備副使召補清解。

---

① ［校］平，底本不清，據民國間抄本補。

總督都御史楊選①議標兵疏畧　嘉靖四十年

臣前陳邊兵、家丁久戍疲勞之弊，該兵部覆議，陝西三處客兵，合無將延綏一千五百名免其徵調，其延、寧、固原各一枝照舊調發，候主兵練成，每年遞減一枝，其山西、山東、保定、遼東、宣大不得援以爲例。等因。已經題奉欽依行外。臣伏思邊兵所以勝於土兵者，爲其膽量勝於土兵也，假令土兵有此膽量，則膂力、武藝未必不及邊兵。臣近於岔道之戰，見奮勇當先者俱係家丁，臣愚欲將延綏入衛遊兵三營、大同遊兵二營，每營選最健者各三百人，是爲一千五百人，用將原募標兵三千名內選一千五百人，再募家丁五百人，并見在遼、保兵二千人，家丁五百人，是爲四千五百人，共合爲六千人，通給馬匹，總名曰標兵，岐爲二枝，每枝統領以坐營官一員，是爲二坐營，總領以見任參將胡鎮，令其常常操練。如西區有警則以一枝應之，仍留一枝備東區；東區有警以一枝應之，仍留一枝備西區；若或重大警報，則二枝通往應援。此兵既整，則邊兵斯可遞減，此之謂練土兵以代邊兵之法也。延綏與大同兵照遼兵一例更番，亦宜照近例督發。其遼東、保定、延綏、大同兵，彼處月糧及原募標兵本處月糧，各俱照舊，惟見在家丁并新募家丁共一千名，每名月糧一石，一歲通給本色，合營六千人，行糧每日關支，亦通給本色。延綏、大同兵并家丁共二千五百名，仍每五人給馱馬一匹，共馱馬五百匹。查得山、陝、遼、保兵并見在家丁俱有馬有盔甲，止有馬七百餘匹，并新募家丁無馬無盔甲。通前所議馱馬兵，應添馬一千八百匹，盔甲五百頂副，各邊營既各挑出三百名。原領遊擊放還口，只可再加選練，照二千七百人領之，不必更足三千之數。如蒙敕下兵部覆議，一面行臣挑選，一面給馬，一面行戶部查議糧餉草豆，一面行工部給盔甲，一面行陝西、大同、遼東知會。

巡撫都御史徐紳請撫賞錢糧疏　嘉靖四十一年

准兵部咨，據懷柔兵備張邦彥呈稱，查得本區屬夷，春冬移住臨近地方求賞，約用銀四百餘兩，夏秋移住山後牧種，求討約用銀二百餘兩，等因，到臣。爲照薊鎮備邊，大約以補練主兵爲本，以撫賞屬夷爲用，然撫賞行於朵顏等三衛其來已久。惟黃花鎮、渤海所關外討賞屬夷即李家莊阿羅豆兒、色鎮兒等種類，向雖該區撫待不缺，其實皆斂軍月錢，不免妨廢補練，此兵備張邦彥所以有請給官銀之議也。三衛撫賞，係節年題奉欽依，李家莊屬夷雖有兵部近年題覆隨宜撫待之明文，然以前夷住黃花鎮邊外，去陵寢不遠，恐撫賞一開，日後夷心不厭，別起事端，則議者又歸咎於撫賞之失，以故督撫諸

---

① 楊選，字以公，章丘人，嘉靖二十三年進士。授行人，擢御史，歷巡撫大同右僉都御史、總督薊遼副都御史。嘉靖四十年以守備不設戮於市，梟首示邊。參張廷玉《明史》卷二百四《楊選傳》，第5400~5401頁。

臣寧隱忍於斂軍之私費。然以臣觀之，三衛屬夷自結婚辛愛把都兒以來，勾引嚮導，節次不無①，但以傳報效力，亦有可用若阿羅豆兒、色鎮兒者。明與北虜爲讐，日夜盜其馬匹，去年又殺其酋長，但以力寡勢輕，自難存住，嘗外依四海冶以托其妻奴，內依渤海以濟其貧乏。今也陃窮無賴，尚不忘其憤忿報虜之心，此而投之以恩，激之以義，將效順中國無疑，其撫賞相應俯從，每年給銀六百兩，與東區撫賞一體施行，再不許尅削貧軍，致妨操練。部議，每年動支馬價銀六百兩專備撫賞。

總督侍郎楊選議革入衛民兵疏畧　嘉靖四十一年

臣查得山西入衛民兵三千名，人多孱弱，擺守無益，若每歲量徵工食銀兩，免其入衛，以濟修造軍器。乞敕兵部查議，移文巡撫山西都御史，將入衛民兵通行免赴，自嘉靖四十一年爲始，每歲每名量徵工食五兩，共一萬五千兩，限以秋前解至薊鎮軍門，轉發密雲兵備道收貯，聽臣督辦盔甲、器械，給發各營應用。如以後年分軍器充足，銀有盈餘，轉作練兵犒賞，仍聽查盤科道一體清查，庶積廢可振，而戰守有資矣。

巡撫都御史徐紳請增標兵革選調疏畧　嘉靖四十一年

臣近爲教演團練②之法，首行於遵化，遊兵與臣標兵一時人心思奮，因而投募頗多。節據宣大等處家丁聶銳等各陸續赴臣告稱，願充壯丁出力報效，各審具籍址原由，試各弓馬力量，內一百名委堪戰守之用。及查宣大等處家丁，乃先年跟隨將官入衛，流落竟不能歸。除臣行令該區一面查將聶銳、單虎等俱收補缺額，暫隨臣標兵團操外，但據各告稱，若遽充邊軍名色，恐日後貽累身家不便各一節，委應從長酌處。合無於臣原有標兵五百名外，再許召募壯丁二百名，與見投一百名，共三百名，抵出節年抽調尖兒手之數，合前標兵共八百名，俱聽臣委官時常教演，盔甲、器械俱臣隨便處給。其各區舊調尖兒手，再免挑選以實各邊之備。如此，則兵可補於正額，糧不增於歲例，通補練之法，濟整飭之用矣。

總督侍郎楊選條陳疏　嘉靖四十一年

一、原議照舊應援，臣等看得建昌營遊兵宜備冷口，石匣營遊兵宜備古北口。但查先總督許論之議，欲設常駐遊兵，使十區守援俱備，擬將新募山海之兵爲石門寨策應，新募永平之兵爲燕河營策應，其太平寨無兵可撥，不得不取建昌之兵爲該區策應，今欲撤回守援冷口，則太平寨所少援兵，宜另添募。方今財用詘乏，添募更難，相應酌處，

---

① ［校］無，底本不清，據民國間抄本補。
② ［校］練，底本不清，據民國間抄本補。

合無將步兵近守冷口，馬兵應援太平寨，仍以軍政專隸薊州兵備道經理，似爲兩全。若石匣營之兵照舊守援古北口①，以爲定規。

一、原議輪戍班軍，臣看得黃花鎮京衛軍共一千名，原分春秋兩班，更番赴邊防禦，尚稱勞苦，今欲比照老家營軍常川備禦。查得老家營之軍，起自弘治初年，食糧雖寄京倉，家口原在邊鎮，而班軍自隸京師，居址隨便。若一旦驅逼赴邊，既無輪歇之期，又捨生理之舊，且各處班軍原與戍守異例，不定之於驗補之初，而欲強之於係籍之後，恐受廛之費先去，操守之效無聞，合行照舊。

一、原議掣遠衛之卒，看得牆子嶺原抽垛山海衛軍士二百餘名，今欲掣回本衛以充新募之數，人情固已稱便。但查前項軍士，概於二十九衛抽垛，每名給過募軍銀五兩。然歸還故土，人所共願，若准山海之兵掣回，則古北等區之兵必以爲例。薊鎮一邊，惟古北口、牆子嶺、石塘嶺最爲要害，若舊募者聽去，新募者難充，區兵不免漸空，相應照舊存留。

一、原議改設遊擊，臣等看得直隸等處各衛所春秋兩班軍士，本非勁卒，共設有領班都司四員，依期管領赴邊，然盔甲器械全無，不過責令擺牆備數而已。今欲改設遊擊，意或重以事權，轉弱爲強，但恐反滋勞擾，相應照舊。及查遵化等衛所京差之軍，當謂先年曾以在京神木、黑窯二廠之軍，奉例通發各邊補伍，向後漸多逃去。然邊區逃軍，本鎮得以查之，若更易姓名，隱入京廠，此非本鎮之所得而查者，即本兵一一清查乃可。

總督侍郎楊選條陳疏畧②　嘉靖四十一年

一、免定居以待策應。查得總督侍郎楊博題准，秋防巡撫移駐昌平，防護陵寢。但臣近日巡歷邊隘，見得西區之衝莫如古北，東區之衝莫如冷口，古北口去總督軍門爲近，冷口去巡撫爲近，若必以巡撫移駐昌平，未免灤東一帶控制太疏。合無不必拘泥，惟隨儆報③所在，因而東西，則冷口一帶就近常有照管，而古北口一帶臣就近，自能不誤策應。

一、議遼兵以資應援。照得遼東多事，該督視侍郎郭乾將遼東原入衛馬步兵二枝共七千題准留之彼處，臣等本不宜再生希覬，但今歲薊鎮減去兵馬一萬有餘，雖云土兵稍稍補練，亦不宜驟減至多。況遼東馬兵一枝，原係分布石門寨一區之數，別無可以填補者。合無除遼東步兵四千不敢再調外，其馬兵三千見住寧遠，仍容臣遇石門寨有急調入

---

① ［校］口，原作"古"，據民國間抄本改。
② 該疏與《楊襄毅公本兵疏議》卷九《覆薊遼總督侍郎楊選等條陳薊鎮防秋事宜疏》，《續修四庫全書》第477冊，第316~318頁內容大體一致。
③ 儆報，即警報，告急的通知或信號。

應援，若無急及非石門寨之急，臣亦不敢往調。

一、定功次以便防守。照得禦虜以保全疆土爲上，而斬首生擒次之。近年將士只緣保全之績多不深録，而擒斬之數賞賚頗多，至有貪割一二首級，貪奪一二馬匹、器械而誤大事者。合無今後遇虜侵犯之地，將士果能奮力堵回，致無攻毀之虞者，雖無擒斬，即照擒斬重録。

總督侍郎楊選撥補曹家寨遊兵疏畧　嘉靖四十一年

案查先該總督許論題，該兵部覆題，内開曹家寨添募遊兵一枝，古北口應援，備咨前來，除節行密雲兵備道及本營遊擊各設法召募，止得七百五十餘名。節催遊擊揭稱，本處地方窮僻，軍民稀少，近年曾募發永平等衛軍八百名，旋即逃散，等因。到臣，臣會同巡撫徐紳議照，曹家寨地方三面皆有邊牆，牆外即係雜虜住牧，惟一路西通古北口，南通牆子嶺，相去各七八十里。況春秋兩防，該營又以爲古北口東援之用，則三千之兵，其不可議減甚明矣。但求之於召募，既不能充，取之於抽垛，又復無處。爲今之計，惟有定爲限制，行令更募二百五十名以足土兵一千之數。此外，每歲坐班軍四千名，春班撥二千名，秋班撥二千名，俱要見面換班，如有違誤，責在都司。其撥定之軍，不得更易。但班軍行糧每名每月例支本色四斗，今定撥地方甚爲窮僻，合無比照客兵事例，每名日支一升五合，計每月加米五升，亦照本折間支。

總督侍郎楊選議處清軍疏畧　嘉靖四十二年

臣惟薊鎮一邊自二十九年以後增設官軍，逐年逃亡不少。臣會同巡撫徐紳議照本鎮練兵之法，若錢糧犒賞歲可常給，自然精強可待，惟補兵一事，若處之無法，終成紛擾。夫本鎮之兵數踰九萬，籍有三等，一爲編發之軍，一爲抽垛之軍，一爲召募之軍，三等之中惟編發之軍號稱土著，中間卒有故絕則原衛責以清勾，若衛所故絕則又清勾各省之原籍，此清補正軍之法也。其抽垛之軍亦由原衛所清勾，其原户充垛餘丁，若充垛之丁併絕，則於編發正繼一枝，互相牽補，此清補抽垛之法也。惟召募之軍卒有物故，勾補無施，此則仍另立召募一格。伏乞敕下兵部酌議，趁今閱實之後，特增敕兩關御史兼理清軍事務，通將本鎮三項清册其係編發、抽垛者逐一查審，應繼弟男開報的名，各附造本軍下遇缺頂補，不必再勾；其召募一項，舊規年例給安家銀五兩，無容再議，但今營伍已定，人情相安，中間旋缺旋補，數若不多，且近地軍民亦不無頂糧就食之願。合無今後遇有逃故應補者，除逃軍仍責該管官徑自募補，不許動支官錢外，其故軍召補，每名止許給安家銀二兩，許於募軍銀兩動支。臣愚，仍乞於清軍敕内明開，年終復命，必分別邊軍逃故之多少，以爲該管關營各官之功罪，而總隸於副總、參、遊之下，又必分別邊軍解補之多少，以爲衛所各官之功罪，而總隸於各守備之下，其召募一項，則專責於關營將領，不得別有推調。臣等督撫官亦得以其職而歲稽考之，庶乎清補有條，事無煩擾。今日閱視之額，即千百年常充之實數矣。

總督侍郎楊選議革山東民兵疏畧　嘉靖四十二年

卷查，山東入衛民兵一營，內馬兵一千、步兵二千，先年與山西、河南民兵均以秋時調戍，除河南、山西民兵節年俱已裁革，止借其工食以助軍務，然山東去薊鎮一千餘里，其不便徵調，與河南、山西均也。馬兵歲徵工食三十六兩，步兵二十兩，比之養軍之費奚啻兩倍，與河南、山西均也。近該臣題准通州參將營兵一枝聽臣調遣，其數畧亦相抵。合無將前項民兵自本年裁革免調，行山東將見在盔甲盡數解送薊鎮查修，以給通州參將營兵披戴。仍將民兵工食有馬者每名歲徵銀十二兩，無馬者歲徵銀七兩，每歲共二萬六千兩，以秋前解送薊鎮，以為打造軍器及犒賞軍士之費，不惟山東之費省，而薊鎮之軍務亦有助矣。

總督都御史劉燾經畧薊鎮善後事宜疏畧①　嘉靖四十二年

該兵部題，內開條陳十事，奉聖旨："是。這所議，便行與薊鎮并宣、大三邊各總督、鎮巡等官著實舉行，應計處的及未盡的，作速具奏，不許怠玩誤事！"欽此。欽遵，備咨到臣，即督同鎮巡等官將該部條陳事宜逐一備加詳議。務除鄰鎮添調援兵一節，係各鎮舉行，其議處各鎮入衛邊兵、薊鎮總兵駐劄地方、墻內險隘設伏、州縣軍民屯堡、薊鎮獲功賞格五事，該部經畫已詳，無容別議，中間有未盡者，該臣斟酌事體，開立條件上陳。

一、議處總督標下親兵。前件照得，薊鎮今議添設標兵五枝，查得臣標下原有官兵二枝：一枝係本鎮挑選，實在官軍二千三百六十六員名，馬一千五百五十五匹；一枝係挑選各鎮入衛之兵，實在官軍三千三百三員名，馬二千四百四十三匹。其本鎮一枝尚少軍六百四十九名，馬一千四百四十五匹，其外鎮挑選一枝，欲發還各營，恐一時召募不前，仍行參將作速選募三千，完日仍發各營，則臣標下應該募軍三千六百四十九名，共該補給新舊馬五千二匹，則臣之標兵足矣。原議總兵添設標兵一枝，今據該營查得實在官軍二千七百九十名，馬一千一百匹，若再添一枝，尚少軍三千二百一十名，馬四千九百匹。查得先年總兵原取各區有馬夫兒手三千名，後議歸還各區。合無將前兵撤回仍歸一營，各區另行召募三千，計補營補區應該募軍三千二百一十名，添馬四千九百匹，則

---

① 該疏與《楊襄毅公本兵疏議》卷十一《條上經畧薊鎮善後十事疏》，《續修四庫全書》第477冊，第377~381頁內容大體一致。《四鎮三關誌》所收奏疏省去"議處各鎮入衛邊兵"、"議處鄰鎮添調援兵"、"議處薊鎮總兵駐劄地"、"議處墻內險隘設伏"、"議處州縣軍民屯堡"、"議處薊鎮獲功賞格"等六條。

總兵胡鎮之標兵足矣。原議總兵何淮添設標兵一枝，隨據該營查得，實在官軍四千五百九十二名，馬一千一百一十二匹，今再添一枝，尚欠軍一千四百八名，馬四千八百八十八匹，備行新任總兵劉漢就將宣、大帶來家丁填補前數，如有不敷，再行召募，務足三千之數，給馬四千四百八十八匹，則總兵劉漢之標兵足矣。原議巡撫溫景葵添設標兵一枝，隨據咨稱，先年題奉欽依，召募護敕官兵三百名，止召募二百七十名，見在馬一百六十二匹。合無於近年減調兵馬數內量調一枝，一面多方召募，候選練完足，前兵以漸而減。等因。今據所議俱爲有見，況各營一齊召募，難以驟完，合無於遼東遊兵暫借一枝，以充目前之用，其添設三千，仍行本官作速募選立限完報，召完之日，前兵照舊發回，則巡撫標下應該募軍二千七百三十名，補馬二千八百三十八匹，則巡撫之標兵足矣。通計各營共該募軍一萬九百九十七名，補給馬一萬七千六百二十八匹。

一、議處入衛邊兵糧賞。前件該兵部議得，各邊入衛之兵遠離鄉井，辛苦萬狀，必須優其糧賞。合無備行督撫、鎮巡等官從長計議，糧料應否加增，或通給本色，賞賜應否復舊，或量爲從厚，作速回奏。查得入衛官軍，三十七年以前陝兵入衛防秋，每官賞銀一兩五錢，每軍一兩，若留防春，照秋給賞，以後裁減，每官止賞銀一兩，每軍五錢。宣大、遼東官軍原議每官賞銀一兩，每軍五錢，後亦裁減，每官止賞銀七錢，每軍四錢。至於糧料草束，或者未必精潔，以致入衛之軍有賣甲馬而回者，是以來者多非原選之士。兵部預先移文各處鎮巡官員，將三十年挑選舊兵仍要原選正軍，備造年貌文册，督發前來，俟其到鎮，兵部差官閱視，分別等第，以憑賞罰。其犒賞銀兩，仍照先年陝西者，每官賞銀一兩五錢，每軍一兩，若留防春，一體照秋給賞。宣大、遼東官軍，每官賞銀一兩，每軍五錢。至於糧料草束，嚴行各該管糧官員，務要召賣乾潔，足堪食用。若通給本色出征，則携帶不前，若盡給折色，況時值高下不一，臨時羅買不便。今後無事之時，仍照舊規本折間支，有警則本折聽其軍便，而折色俱照時估折給，雖市價貴賤不一，而三軍之日用可以無飢矣。

一、議①處宣、遼境外哨探。前件該兵部議得，西虜之巢在宣、大邊外，東虜之巢在遼東邊外，一則山川隔遠難以豫得其形，一則屬夷勾煽多致反覆其説。除遼東原係軍門節制外，合無將獨石參將兼聽薊遼總督節制，如遇白草川、三間房等處哨見虜形，即便飛報薊遼總督軍門，薊鎮有功與之同賞，誤事一體治罪，仍增入參將敕內。照得宣大、薊遼雖地里遠近不同，而攻守之勢實爲相資，若各鎮無聚結之虜，則畿輔無大舉之寇，虜賊入犯，在各鎮無不預知者。臣等查得先年總兵梁震、王效往往出塞搗巢，自廢而不講，所以賊志日驕，摽掠愈遠。今後通行各邊，不分春夏秋冬，勢有可乘，即相

---

① ［校］議，底本、民國間抄本、南圖本、北大清抄本皆無，據前後文及《楊襄毅公本兵疏議》卷十一《條上經畧薊鎮善後十事疏》，《續修四庫全書》第477冊，第380頁補。

機行之，其沿邊居民有能趕獲馬匹，斬獲首級，照例賞陞，所得牛馬即以與之。不惟該鎮之軍氣可作，而薊鎮之借庇者實多矣。

一、議處朵顏三衛夷種。前件該兵部議得，朵顏三衛夷人邇來陽順陰逆，專一爲虜嚮導，雖即掃蕩巢穴，不爲過舉，但中間情狀不一，有畏虜勢而屈從者，有得虜情而傳報者，玉石不分，又非國家懷柔之義。合無聽總督、鎮巡等官榜諭三衛都督等官，"今後汝等各宜照汝父祖效忠守法，如遇俺答、黃台吉等到於營內，果能設計擒斬，函首來獻，定行奏聞朝廷，給與萬金。如仍前悖逆，定行剿除，毋貽後悔"。一面將應撫應剿事宜奏覆，看得薊鎮地方以屬夷爲藩籬，以撫賞爲常例，近年以來，撫賞之恩愈厚而變詐之態愈多。今年北虜由牆子嶺地方出入，多被勾引，雖不興問罪之師，亦當明悖逆之罪，將該區撫賞徑行查革。該區地方不許住牧，預行榜示，但有經犯此區者，即發兵剿之。而該區撫賞銀兩按季存貯，或養兵以填實堡寨，或設險以固邊關，容臣督同鎮巡等官相機施行。如該區之夷果能擒獲勾引之人來獻，不惟開彼原賞，仍奏請厚給犒①賚，以夷攻夷，不費己力而坐受全功。

巡撫都御史溫景葵請增兵疏畧　嘉靖四十二年

臣待罪地方，比承新命，隨赴古北口等區踏看地形，稽查軍實，始知西區兵馬反比東區疏陋尤甚。各區開稱逃亡不等，總計八千九百八十八名；稱調去密雲標兵不等，總計三千八十六名；稱撥去三屯營名缺不等，總計二千名。以上逃亡并撥去三屯營名缺，共計一萬九百八十八名，盡皆虛無之數，兵馬凋殘，比之東區爲獨甚也。及查得近奉欽依，議處督總標下親兵并臣名下共添新舊標兵五枝。等因。除遵依查議挑募及增調遼兵暫抵臣下標兵等項緣由，已具題候旨間。查看得總兵爲一鎮之大將，本領正兵外，再加標兵三千，誠不爲過，軍門總諸鎮之軍務，原有標兵六千，亦不可少。至如臣者以巡撫爲官，以邊備爲職，不過往來稽查整飭而已，乃若前項標兵有之不爲多，無之不爲少。合無將臣下應增之標兵姑移而爲四參將之區兵，將臣下募兵之銀兩，以古北口之孤懸，以牆子嶺之殘壞，各當分給銀五千兩，各令募軍一千名，若石塘、若黃花各當分給銀二千五百兩，各令募軍五百名，如尚不足，待今年募完此數，明年再量發之，如猶不足，待明年募完此數，後年又量發之，務俾各區原額充足，亦如東區提調兵之外，仍各有區兵三千而後可。苟謂目前召募不及，合將原議增調遼兵一枝亦且分散於四區，猶有不敷，再聽軍門將原調各區之兵臨時就發各區適中之地，隨宜守援。再照臣之標兵，固可以暫緩，而護敕之兵亦豈可以終無？臣查得灤州等州、遵化等縣共約有民壯二千五百餘名，每名原各有民屯地一分，每年納子粒黑豆六石。合無容臣督行各該兵備道，通行查

---

① ［校］犒，底本不清，據民國間抄本補。

出，其有地肥而丁壯者精選二千名，分爲兩班，每年頭班一千名，二班一千名，俱要見面交替。又查得先年原選順、永二府民兵五百名，嗣後遵化設有遊兵一枝，於内摘發五百名抵充前役，遂因而裁革。近議遊兵俱已歸還該營，則前項民兵相應仍復調取，合行量選四百名亦分爲兩班，工食減半編派，二項每班共得一千二百名，悉聽參將李康民統領。其民壯各該歲額子粒黑豆六石，免其納官，就充各該六個月月糧之數，其民兵既有工食，月糧並免支。准應用馬一千二百匹，合寄養馬内兌給，其上班之日應用行糧料草，亦照軍門標兵事例支給，其應用盔甲、腰刀、火器，行工部照例關給。前用馬匹器械，即令兩班互相交兌應用，不必通給。如此，則募銀可以不動，地方可以不擾，而臣之員下亦可以得一旅之師矣。

總督都御史劉燾條陳疏畧①　嘉靖四十三年

准兵部咨，該本部議覆，先該巡按御史董堯封條陳六事，該兵部議覆，備行臣督同鎮巡等官嚴禁，等因。奉聖旨，"准議行，内撫軍士事宜，還着劉燾等條具奏請"。欽此。欽遵備咨到臣，該臣督同鎮巡等官胡鎮、溫景葵等具前件，上瀆宸覽。

一、看得御史董堯封所議，精壯者盡充爲牢伴，老懦者備數於墩墻，以打木擔柴爲公差，以邊墻窖壅爲外物，以鍬②銀挑綉爲精選，以放鎗射箭爲餘事。臣等委應設法禁革，但中間造報錢糧、看守門禁、傳遞公文、答應公事，勢所不免，若一切禁革則法不緣情，行之必窒。今後通將各營食糧軍士照册查出，嚴加搜選，精壯者盡發營操，將老弱者選補牢伴。查照嘉靖二十九年題准事例，鎮守總兵每員二十四名、副總兵每員二十名、分守參遊每員十八名、守備十二名、提調與守備責任相同十名、坐營中軍四名、管操領哨等官二名，一應打木擔柴等項之人，通行查革，敢有分外多占者，坐贓參問。至於邊墻墩壅，該臣防春屬内行令各官，照所管地方，墻外設險掘坑，墻裏積石設鋪，俱定限修整，每月將修過工程開呈查閱。又將放鎗射箭之法定議把式，查照各軍所中鎗箭多者以憑賞罰。仍照兵部題准事例，每一將領，先發操練銀二百兩，每月終將行過操法、用過銀兩載入循環簿内，庶公務既多而私役自少，稽查既嚴而痼弊可除也。

一、題議照撫恤軍士，固將領之急務，而召徠材勇，又非撫恤之所能盡者。自今日召募言之，若貫址不明，人非土著，逃走難於清勾，騙賞别應新募，此召募之難也。召募既難，其勢必至於抽選，在軍衛則每一百户選取一二名，在有司則每一里甲選取一二名，人丁雖去而差役尤存，户口雖減而均徭尚在，邊方不見增軍之效，小民不勝選軍之

---

① 該疏與《楊襄毅公本兵疏議》卷十三《覆薊鎮督撫官劉濤等條議撫恤軍情事宜疏》，《續修四庫全書》第 477 册，第 406~408 頁内容大體一致。本書有省署。

② ［校］鍬，底本、民國間抄本均不清，據《楊襄毅公本兵疏議》卷十三《覆薊鎮督撫官劉濤等條議撫恤軍情事宜疏》，《續修四庫全書》第 477 册，第 407 頁補。

擾，此抽選之難也。然召募必須差官出關選募，量給與安家銀二兩五錢，仍行兵部移咨各鎮，不分彼此，共濟時艱，此一策也。抽選則必須於沿邊軍衛①有司，因其大小，定以人數，所遺均徭，改撥富庶地方，而後抽選可行，此又一策也。然召募抽選之後，尤當厚加撫恤，必須通行各該將領置立點軍循環文簿，將所管軍士自四十三年為始，分別舊管、新收、開除、實在，按月登記循環簿內，輪流倒換，查其軍數之盈縮，以定將領之賢否，而巡按、巡關出巡之日調取前簿，查照收除之多寡，以為將領之舉劾，庶軍士之逃亡與將領之利害相關，此又一策也。

一、撫賞公費之需。為照夷人討賞，近年繁滋絡繹，雖每年發有官銀一萬三千餘兩，內除喜峯口秋冬兩貢應發五千兩外，止剩八千餘兩分派各路，其實不足三分之一，別無措處，只得取辦閭關軍士。又各營有等不得已之公費，若進表盡圖、倒換循環、置造金鼓旗號、閱視查盤、造冊工食、出備遠差盤纏、若管顧使客飯食、遇上司巡邊、買紙糊飭公廨、雇賃家活毡毯，諸如此類，原無設有官錢，只得坐派各司隊輪流答應。御史董堯封不過署陳其概實，有言之未盡者。臣先亦嘗與各該將領多方計處，行准石門寨參將白文智議開煤窰，抽取課銀，燕河營副總兵傅津議採柴草易賣價值，且將公廨內應用家活等項通置齊備，不復雇賃。及又訪得先任太平寨參將郭琥所至，將米糧放於酒房，或將銀兩放於屠戶，又或放於鋪戶，量取利息，以資撫賞費用。然斯三者，開窰得其策之上，採柴得其中，放債得其下。顧地方有不同，故處置有不一，要皆可以為撫恤軍士之助，容臣等通行各路，各將興利事宜詳酌施行。

一、禁革占富累貧之弊。為照營中宿弊，每將殷實得過之軍一網打盡，曰軍伴、曰護敕、曰匠作、曰家丁，以致當月、出差、做工受苦者皆貧難之軍，無惑乎累損行伍也。御史董堯封言委皆有據，臣先督修劉家營城，見得建昌營原派軍夫一千五百名，在工尚不及五百名，追究其故，則曰跟官占役，例不做工。又節據燕河、永平等營軍人夏友才等具告隊長于伸、常伯干等指稱當月，科要每軍或二三錢、或四五錢不等，追究其故，則又曰跟官占役，例不出錢。隨與諸將勤懇曉諭，間亦有洗心而應者。如石門寨參將佟登修築營城，每月單騎赴工，親自監督，就將本衙門答應人等盡數查出，一例發工，不三四月遂起石城一座，此其明效一也。又有永平遊擊張懋勛，緣該營駐劄，府城一切公費，議將每月合用銀兩，本身先出一分，大約倍於中軍、千把總，中軍、千把總各出一分，又倍於衙門內寫字、旗牌、牢伴，寫字、旗牌、牢伴各出一分，又倍於常行軍士，總得銀若干，置簿委官支銷，用盡再攤，此其明效二也。合無容臣等備將前項通行各路，一體知悉。今後各官軍伴，止許於三等軍內照例取用，其餘匠作、護敕等項名色盡數革除，各該家丁既有行月二糧，又有關領馬匹，再不許以兌馬為名占軍幫貼。凡

---

① ［校］衛，底本不清，據民國間抄本補。

有應修之工程及有不得已之攤派，俱要一例均平，不得徇私偏累，違者聽臣等從重參究。

巡撫都御史溫景葵修邊政疏畧　嘉靖四十三年

一、據密雲兵備僉事張守中呈稱，行准通州參將宋蘭手本開稱，查得本營原額通州左等四衛軍人三千名，節年逃故缺伍數多，嘉靖四十二年奉例召募新軍一百十名，比時恐誤防秋，隨於雜差軍內抽補足數，於本年八月內奉調墻子嶺路防守，陸續逃故，并十月二十一日遇虜陣亡，通共八百四十六名。蒙行各衛見今節次拘補并自首軍人三百六名，尚欠五百四十名，等因。到道，備呈到臣。除催行該道會同參將宋蘭速將缺伍軍士五百四十名着落各衛上緊勾補，務足三千，時加教練，止在本城并張家灣一帶防守，不許再調防邊。仍行各該衙門，一切雜差通行除免外，理合奏報。

一、據密雲兵備僉事張守中呈稱，查得山西民兵工食銀兩，嘉靖四十一年六月，據太原府解到銀一萬五千兩，嘉靖四十二年六月，解到銀一萬五千兩，二年俱發密雲縣收貯，節奉總督軍門明文陸續給發，打造盔甲、火器、噴桶、火箭，昌平修墻支用，餘剩見在銀二萬四百八十九兩在庫收貯。等因。備呈到臣。除覆行該道兵備將前項各營并各委官支領銀兩備查，各造過盔甲、火器件數，并各項修合火藥、修理工程各支銷數目另行回報外，今將查過緣由理合奏報。

一、據密雲兵備僉事張守中呈，准曹家營遊擊茂經手本，查得嘉靖四十年三月內奉到召募遊兵三千名，陸續止募完軍士九百三十四名，當年每名給安家銀各不等，共領過銀五千一百四十五兩。及查領過當年安家銀軍士一百九十九名，每名五兩，共該九百九十五兩。原領密雲縣庫募軍修邊營房，及查支過遵化縣庫貯河南民兵銀兩給散支用外，營房已修過五百三十二間，原領密雲縣庫貯修房銀五百兩，已給散銀一百二十八兩八錢零，見在收貯銀三百七十一兩零。又據帶管永平道右參政紀公巡呈稱，行據山海關守備趙雲龍查得，原議石門寨募軍一千名，陸續抽募五百九十一名，收貯河南民兵工食銀五千兩，每名給過安家銀五兩，共支過銀二千九百十五兩，其餘銀二千四十五兩見貯府庫。及查各軍第二年每名銀二兩，第三年每名銀一兩，俱未請發。等因。到道，備呈到臣。爲照曹家寨原議募兵三千名，已召完九百三十四名，未完二千六十六名，已該前任督撫官會題准，撥河間等衛班軍四千名，春秋兩班輪流更換，以充前數，其石門寨原議募軍一千名，未完三百六十四名，行令永平道嚴行山海衛上緊召募，務足一千名，其安家銀兩聽該道查明呈報，查發河南民兵工食銀兩給散，理合奏報。

一、據薊州兵備副使紀公巡呈，督修完潘家口工程、邊城附墻敵臺，支用過銀二千九百五十五兩六錢零，具題訖。其各路應該設險去處，見今遵奉欽依，分投督令擺邊，主客官軍隨守隨修，次第鏟刳。所有前項城墻墩臺工程十分浩大，本鎮庫藏空虛，一切雇夫工價并犒賞軍夫食米、鹽菜之需，通無所出，遽難輕議。等因。該巡撫温景葵咨報到臣，另行計處外，理合奏報。

一、宣鎮東路境界至鎮南墩止，薊鎮渤海所北界至火熖墩止，二墩相去中間空地三十里，未有管束，議於適中之地兩鎮分修牆垣，共爲一邊。前件行據黃花鎮參將申惟岳呈稱，依蒙督同提調等官親詣地方，會同懷隆兵備道永寧方參將會勘得二墩適中，先於嘉靖二十七年奉宣大翁總督已有照山造刻"迤南屬渤海，迤北屬四海"字樣界石，明白其在界石南該渤海所六十丈。案照先爲勘議，南山嚴衝隘以防關鋪，衛陵京以保永安事，已經遵照修完訖，界石北四十八丈，該四海冶地方遺下未修。等因。臣查，先據申惟岳呈報前因，該臣看得薊、宣兩鎮照界分修前項①牆墩，今薊鎮之工已完，惟宣鎮尚遺未修。臣一面會行該鎮督撫查照修理，一面回奏去後，續准兵部咨，該總督宣大尚書江東題稱，除分界迤北未完工程，督責該路參守官刻期修完，用圖保障，惟居中分界石尚無統屬，應於此處添墩一座，兩鎮撥軍戍守，庶不推諉。等因。題奉欽依，備咨前來，臣已遵照會行兩鎮修墩撥軍戍守外，理合奏報。

一、據薊州兵備右參政紀公巡呈稱，查得總兵胡鎮下新添標兵一枝，已於各路挑選尖兒手足三千數，其召募馬、太、燕、石四路逃故絕缺二千名，行准胡總兵手本開稱，止召完四百六名，係多餘之數已送巡撫衙門，完補新召標兵外。等因。到臣，據此卷查，先准兵部咨開，鎮守衙門題請召兵二千頂補燕、石、馬、太四路逃故名缺，目今燕、石、馬、太四路計算已足原額，若重復召補，不無勞擾，原撥名數相應發回。等因。該本部覆議，即以募兵二千頂補石塘、古北等處路兵名缺，題奉欽依，咨行前來，已經行仰薊、永二道轉行密、懷二道，查取石塘、古北名缺額一千名，各造冊二本，一本付道，一本付鎮守衙門，聽其查照節議募軍事理，隨募隨補，以便收冊收糧。去後，今據該道查報前因，臣看得原議三屯營總兵官下召募軍士二千名，止召完四百六名，近該總兵官胡鎮開係多餘之數，撥送收完巡撫下標兵之數，合營團操。其各軍月糧布花，向在薊州管糧衙門關支，並未頂補西路軍缺食糧，所據原開取古北口、石塘嶺二路逃故名缺二千名，應行總兵官查出原冊，內開各該名數，仍發回各路，令各照缺召補，填實邊關，免使兩相耽閣，以致該路缺伍。

一、據薊州兵備右參政紀公巡等呈稱，查得古北口、太平寨委的極衝要害，而喜峯口又係貢賞之地，添設副總兵職銜彈壓夷奴，有裨地方。今古北口該兵部題奉欽依，加以副總兵職銜，無容再議。爲今之計，合無將馬蘭谷副總兵職銜革去，止設參將，而太平寨參將革去，加以副總兵職銜。等因。到臣。臣看得先年設總兵於鎮武者，爲控西三路也，設副總於建昌者，爲控東三路也。後有常駐遊兵之議，不得已以振武、建昌二營

---

① ［校］項，底本不清，據民國間鈔本補。

充之，不思兼制之事權，既削原設之軍馬，無增其實，與參將等爾，故復有改易古北、太平之議。爲今之計，莫若照三十三年題准事體，將密雲仍設副總兵，管領振武營兵馬，兼管策應墻子嶺迤西地方，參遊等官悉聽節制，將振武營參將裁革。建昌營仍設副總兵，管領本營兵馬，兼管策應墻子嶺迤東地方，參遊等官悉聽節制，將建昌營參將裁革。再照常駐遊兵正爲撤防之後而言之，繼自今若至冬夏解嚴之時，就令振武營副總兵帶領馬兵前赴石塘嶺，建昌營副總兵帶領馬兵前赴太平寨各附近去處，操練彈壓，比之連年設空名而無裨於實事者爲便。

一、薊鎮補兵練兵事宜，先該本部題，巡按、巡關御史閱視兵馬，即今虜警方寧，且總督鎮巡官俱咨都察院轉行巡按御史董堯封、巡關御史黃泮查照先今事理，春三月以後，逐一閱視明白，徑自回奏。前件依奉，除已通行各該兵備道并各路將領等官遵候，巡按、巡關御史閱視施行外，無容別議。

一、薊鎮之兵數踰九萬，籍有三等。先該本部題准，請敕兩關御史兼理清軍事務，通將各區并標、遊等兵三項，其係編發抽垜者，將應繼弟男開報的名，各另造本軍下遇缺頂補，不必再用清勾；其係召募者，該管官按季開報，止給募軍銀二兩，仍將邊軍逃故并解補多寡，各責成於該管將領并衛所等官，年終分別功罪，以後續差御史查照接管，各另回奏。除已通行各該兵備道轉行各路將領并衛所等官遵候，東西巡關御史查理分別施行外，無容別議。

一、古北、石塘二區軍士逃故八千名，清勾一時不完，先該題准出榜，通許告首免罪解補。行據密雲兵備僉事張守中呈稱，查得本路原該逃故軍士五千七百八名，內除密雲召募標兵、家丁并城操軍士，又除三屯營召募軍士、曹家寨遊兵三項頂補，本路逃缺三千七百一十九名，止有逃故軍士一千三百五十九名，本職召補逃軍七百一十五名，未補逃故軍士六百四十四名。又據石塘嶺參將董麒呈稱，查得本路逃故軍士二千九百四十八名，除密雲標下家丁、三屯營召募標兵、掣回黑窰、神木廠軍改編終身、病故告准納過絕嗣安家銀五兩、問發充軍陞授百戶回衛各不等，實未補軍士九百五十八名。蒙巡關黃御史牌行造冊清勾，至今未補。等因。據此，臣查得，古北口、石塘嶺二路共逃故軍士八千名，數內原有遠年逃絕未補之缺，及庚戌之後，或抽募山海、永平、遵化等衛之餘丁，或分撥神木、黑窰二廠之京軍，或改編真、保等處充發之軍犯，中間有原未解到者，亦有已到隨逃者，又有告准掣回者，雖嚴行清勾，不過徒費文移而已。見奉有兵部前項題准明文，迄今亦鮮實效。蓋緣抽垜之軍俱在數百里外，遠離鄉井，又無安插，理勢不得不然。及查該道所開頂缺食糧名數，除密雲標兵家丁、曹家寨遊兵外，其三屯營三千名原未召補，仍係虛數。近該兵部題奉欽依，於古北口、墻子嶺二路各分發銀五千兩，各募軍一千名，石塘嶺、黃花鎮二路各分發銀二千五百兩，各募軍五百名。見今行令設法募補，一面仍行東路巡關御史各照所管路分，嚴行清勾解補，亦可以並行而不悖矣。

巡撫都御史溫景葵經畧薊鎮善後事宜疏畧　嘉靖四十三年

據標兵參將李康民呈稱前因，臣看得本官所呈，要將各州縣解到多餘民壯六百名連前原定二千四百名，共合三千，通分兩班，每班一千五百名，多添民壯①應支行糧，就於會計標兵月糧內通融支給一節，及稱三屯營送到新召軍士四百六名，并本院原召壯士二百六十九名，止給賞過銀十二兩不等，其取到兩班民壯、民兵三千名，俱各遠來，栖身無所，不日領馬，鞍仗無出，欲於省下募軍銀內量爲處給，以資費用等情，俱屬相應。臣查得原發募軍銀九千兩，內除發過馬蘭谷副總兵五百名，銀二千五百兩；遵化遊擊三百八十七名，銀一千四百三十五兩；各募補前項尖兒手、遊兵之數及本標下召募新軍三十八名，給過安家銀一百九十兩。又該補發古北口等四路召軍二百二十九名，銀一千三百四十五兩外，其餘剩銀三千五百三十兩，係是省下募軍扣存之數。合無俯從將本院舊召壯士一百六十九名，每名給銀二兩；將三屯營新軍四百六名，每名給銀一兩五錢，以補安家之數。將春班民壯、民兵一千五百名，每名給銀一兩，以爲置辦鞍仗并號衣賃房之資；將秋班民壯、民兵一千五百名，俟上班之日，每名量給銀五錢，亦有少示安插之意，仍剩銀一百三十三兩給發該營，置買騾頭，以爲隨征駄載火器、火藥應用。

總督侍郎劉燾請設坐營中軍疏畧　嘉靖四十三年

據昌平鎮守總兵劉漢呈稱前因，臣看得鎮守營中軍事務，總兵提其綱領，坐營理其節目，上下相承，而坐營中軍之設似不宜少。既該總兵劉漢具呈前因，委與各鎮事體相應。合無於永安營添設坐營中軍一員，查於曾經保薦指揮等官內推選，照例以都指揮體統行事，定擬責任，給與劄付，行令前來任事，以後遇有陞遷去任，徑自推補。

總督侍郎劉燾爲開墾邊地疏畧　嘉靖四十四年

案查，先該臣見得薊鎮沿邊一帶多有可耕之地，行各該兵備道開墾。去後，近據密雲道報稱，牆子、古北、石塘三路開墾有效。隨行薊州、永平、昌平各道開墾，每道先支領民兵工食銀五十兩，備辦牛具種種。去後，今據密雲兵備僉事張守中呈稱，查得古北口副總兵郭琥下開種過荒地二十六頃，收過子粒五千一十八石；牆子嶺參將程九思下開種過荒地一十七頃，收過子粒九百二十七石；石塘嶺參將孫桓下開種過荒地一十九頃，收過子粒八百一十五石，就將前項子粒分散原用力軍士訖。今又查得牆子嶺邊內，自魚子山西至大黃崖止南谷寨口外，內外有地共千頃，古北東自黑谷關延至大水窪有地

---

① ［校］壯，底本、民國間抄本、南圖本皆不清，據北大清抄本及文意補。

百餘頃；潮河口外北有一山，北至窨子谷、常嶺墩，南至潮河止，西北有一山，西自鴿子洞、柏查山墩，北至潮河止，有地百頃；石塘嶺自陳家谷至白崖谷止，有地數百頃；營城嶺口外，東自馮家谷、平頂山起，西自黃崖口、石塘墩止，北有一山，延亘二十餘里，有地四五百頃，自河坊口起至开連止，有地百餘頃。來歲以三路主兵每隊分爲二班，如修工之法，上一班開墾地土，則共力合作，收則計畝均分。牛具子種，以本道紙贖銀兩買辦①，而農器即以修邊器具不堪用者改作爲之。此二項如有不足，呈請本部院，量給民兵工食資助。又據昌平兵備僉事張問仁呈稱，查得所管黃花鎮等三路，黃花等處可耕之地雖多，或逼近山陵，或相連果廠，遽難徑行；居庸一帶平地原少，惟有鎮邊路可耕之地一十五頃，相應開墾。等因，各到臣。該臣會同巡撫溫景葵看得，修守、教養皆邊方急務，開荒之法，今歲小試，已有成效，若及時舉行，深爲邊方有益，相應依擬開墾，禁約縣衛軍民人等不許指稱捏報錢糧，亦不許收榛者索要課銀，庶軍士自食其力，而用心益專。再照前項開墾地土，俱係極臨邊地，若不預先設險防護，則秋成之後，恐啓屬夷覬望之心，仍行該道鏟削山崖，足堪保障。乞敕該部擬議，上請定奪，行臣等遵照施行，邊方幸甚。

巡按直隸御史梅惟和條陳邊務疏畧　嘉靖四十四年

一、議處營軍。臣巡燕、石之間，見二邊延袤曠遠，七口②羸卒，素稱寡弱，且東虜肆志於山海，西虜垂涎於灤河，今欲調兵以益之則勞費不貲，俟補兵以禦之恐緩急無濟。臣查得嘉靖三十七年創立永平營，召募遊兵三千，原爲邊防添設者，今乃不使屯駐於隘口，而使深居郡城，況該府有守備爲之總攝，有五衛爲之防護，而永平營復居其中，將何謂耶？臣愚以爲燕河營之界嶺口亦適中要地也，與其屯駐於府地，不若移居於界嶺，與燕河、石門、建昌相爲犄角③，則轅門成鼎立之勢，而醜虜絶狼望④之謀矣。

一、議處撫賞。臣嘗巡歷邊關，見各口之撫賞，官銀不足則扣除月糧，月糧不足則以採薪繼之，軍士由此困窮日甚。其各夷之挾賞未饜，則遍遊各口以取盈勢，殺哨夜以洩憤懟，未得善處之術也，蓋守備提調官卑，無彈壓之威。臣愚以爲，各兵備道職司糾督，於各夷討賞，專委協同參、遊等官親詣隘口，先儘在官銀兩分給，如有不敷，量行處補。其各夷有未遂貪求者，即面諭朝廷威德，季造賞冊二本，一送兵部，一送臣處，

---

① ［校］買辦，底本不清，據民國間抄本補。
② ［校］口，底本不清，民國間抄本、南圖本、北大清抄本作"口"，據補。
③ 犄角，同"掎角"，作戰時分布兵力於不同處所，以便牽制、夾擊敵人或互相支援。
④ 狼望，語見王先謙《漢書補注》卷九十四下《匈奴傳下》，《續修四庫全書》第270冊，上海古籍出版社2002年，第312頁，"夫前世豈樂傾無量之費，役無罪之人，快心於狼望之北哉？"狼望，顏師古注曰："匈奴中地名也。"王先謙補注曰："胡注，邊人謂舉燧爲狼烟，狼望，謂狼烟候望之地。"此處借指明代北邊地區。

以稽物數，以驗夷情。

一、議查客兵。臣嘗閱入衛之兵，每見疲卒羸馬，鈍戈朽甲，望其耀武揚威，不可得遠。夫山東之兵每歲入衛一防，費銀數萬兩，山陝、遼陽之兵，照年入衛，每營費銀三萬兩，虛耗邊儲，無益邊防。臣愚以爲，客兵隸於彼之各衛，屬於彼之各道，每遣入衛，須躬親戎伍，逐名查驗，必士馬強壯，器械精好，然後戒行。及至薊鎮之時，各道亦必詳閱，有頂名冒伍者，先行彼處解發正身補役，然後究擬如律。仍照清軍事例，年終冊送臣處，以憑分別功罪。

一、議處貢夷。臣歷山海等關，訪得各夷往來，年久恣肆日甚，雖驛遞有應付之單，而索折車馬，捆打官吏，所過爲之一空。雖鎮店有止宿之備，而打毀民居，截奪行旅，有司皆不能禁，甚至買回中國之器械以藉寇兵，陰挾強虜之奸細以窺内地。臣愚以爲，夷情漸不可長，國體尤所當尊，合於每年入貢之期，先將奸慣通事盡行查革，務選謹恪官舍護送，嚴諭各遵明例，不許教唆生事，擾害地方，有仍踵前弊者拿究如律。

巡撫都御史耿隨卿浚運疏畧　嘉靖四十五年

准户部咨，該本部等部會題，議覆巡撫温景葵、巡按孫丕揚、梅惟和各題，據永平府知府楊逢節勘覆漕河運道緣由，備咨到臣。准此，先將挑浚青河緣由備行永平兵備副使沈應乾會勘問，續該巡按御史鮑承蔭巡歷永平，將灤河徑通海道一併行勘。去後，今據永平兵備道備稱到臣，臣會同巡按鮑承蔭、巡關吳逢春議照，燕河營、石門寨二路主客官軍及各將領、標兵、家丁總計三萬有餘，每歲除半年折色、半年本色，該淨米幾二十萬，除民運二分，其餘俱係永平府所屬州縣召商買納，該府地方邊山邊海，多係磽薄荒沙，若遇凶荒，赤地千里，則通漕運以爲未然之防者，不可不爲之所。

一、原議挑㓰青河，臣等行據該道挑㓰青河，自王家閘起至新橋海口止，共一百四十里，乃漕運故道，糧船可以直達府城，但工程浩大，所費不貲。續蒙巡按鮑御史行道轉行本府，委通判蕭以成將灤河徑通海道一併踏勘。隨據本官回稱，於六月十四日坐船，由府城西門起，計灤河海口至天津衛四百二十六里，紀各莊通海潮處所至本府西門一百五十四里、沙淺一十八里半。合無將該府原編修河夫免赴新河，每遇運糧船到海口，聽本道委官帶領前夫輪班跟隨剝船扒浚，若一年通運之後，夫數有餘，量爲減省，蓋不費錢糧，不役①軍夫而事在可濟也。

一、原議再委州縣正官駕舟試驗海道果否往來②無阻，臣等行據該道轉行該府，帖委樂亭縣知縣宋國祚督同官吏駕船查勘。去後，隨據本府回稱，查勘往來無阻。又據通

---

① ［校］役，底本、民國間抄本均不清，據文意補。另，中國基本古籍庫録入爲"般"，誤。
② ［校］往來，底本不清，據民國間抄本補。

判蕭以成踏勘灤河至海口紀各莊，遇樂亭縣民劉繼朋報，稱常川駕船裝載至天津貨賣。隨取具各役，並無阻礙，結狀在卷。看得海道自天津衛至樂亭縣新橋海口俱四百二十六里，不但鹽船往來，而民船裝載亦通行無滯。況海洋一百二十里，中流遇風，又有建河、糧河、新挑、小沽、大沽等河可以躲避，糧運往來必無虞也。

一、原議挑㓪新河地里高下去處，應否增設閘壩倉廠，并添置官吏及船隻夫役亞等。行據該道勘得，原議運河故道地勢低窪，宜用閘壩，今改由灤河直抵海口，一應閘壩官吏不必增添，但糧船至海口就要倒換輕便船隻，仍於灤河口紀各莊建倉房二十間暫卸糧石，該府永豐倉應添修倉廠二十間，其永豐倉原有額設官攢斗級，無容別議。惟紀各莊暫貯倉房，行令該縣委官看守，海運船約造十五隻，河口撥船約造六十隻，倉船通共該物料工食銀四千四百五十兩。合無准於巡按衙門應解四十六年戶、工二部贓罰銀四千兩扣留，以備前項工料，如原數不敷，將巡關衙門應解贓罰補輳。再照大小船隻撐駕，必須慣習海道之人，查得灤州、樂亭、昌黎等縣邊海居民皆捕魚裝載，慣習海道，合無酌量人丁身家，大船坐派八名、小船坐派三名，各領官船糧，令其撐駕裝運糧，完則聽其捕魚覓利，如年久損壞，聽該道動支無礙官銀酌量修補。

一、未盡事宜，俱各備細勘明，計議停當。臣等行據該道勘得，原議挑㓪新河，添設閘壩，勞費財力，相應備細計處，今改灤河省便無容別議。但中間倒載處所未免間隔，如海口卸至紀各莊約有二里，灤河卸至永豐倉亦有二里，船運腳價，在所不免，臨期聽管糧郎中處給。其該鎮歲用本色軍糧數多，運道既通，則前項糧石應該戶部酌派漕運。再照山海關離灤河口僅二百里，海運既通，則海防亦謹。合無令該府清軍同知兼管海防，仍聽永平兵備道督率巡視，及行兵部劄付山海主事，督令巡捕員役把截，遇有違禁之人，拿問如律。

巡按御史王友賢條陳疏畧　隆慶元年

一、重將領以專責成。爲照今日之將，弊大要在選擇不精①，遷轉太驟，事權太輕，功罪不明。臣愚以爲，選之貴精，多方咨訪，務得謀勇兼資者，驗之事功，而張虛名以邀爵賞者必罰，責之實效，而結投主以圖倖免者必黜，則武弁思奮而真才可漸得也。任之貴久，使之將識軍情，軍知將意，熟諳地方之險要，深達應援之緩急，臨敵可望其克勝之功也。重之以權，凡練兵布軍，許其從宜設施，備禦衝敵，聽其隨便應用，不可拘泥文法之末而責備小失，不必限以膠柱之格而率制太過。又必申明紀律，照依軍門分定，該將領偏裨以下各有專分之地，如遇虜到墻下，各照原分信地戮力堵截，仍聽

---

① ［校］精，底本、民國間抄本作"情"，據文意及下文"選之貴精"改。

鎮守便宜調遣，誤軍機者聽臣等奏請治之不宥，庶責成既專，而將領奮勇，凡冒功飾①罪之徒可因以潛除矣。

一、嚴清勾以實行伍。爲照薊鎮之兵，西自石塘嶺起東至山海關止一帶，邊關衛所原額官軍幾至十萬，近來役占私門，頂替不明，將領利其亡而侵扣月糧，軍士畏其苦而逃避他方。故爲召募之計者，所得多遊食之徒，及騙銀在手而易姓狂奔，使頂替者蒙無辜之害。爲勾補之計者，州縣多隱漏之私，及妄補在官，而恣意嚇詐，使無干者被縲絏之辱，一軍未獲而民間十數家已受其害矣。爲今之計，合無着落各該兵備道吊取各區原發軍册，備查舊管、新收、逃亡、實在，其始發祖軍原係某名，係某戶下某一枝派，并查各衛所餘丁，某係某軍下餘丁，見今有無正軍在邊，或某精壯，或某老弱，又或有私家役占②、豪強窩隱、改易戶籍、互相影射者，則寬出首之令，開詰告之門。如此，則衛所餘丁不得肆其隱匿之奸，而老弱逃亡可因之而行補替之法矣。

一、練土著以省入衛。臣聞入衛之兵，時懷故土之思，兼以水土不宜，軍馬之死十之四五，且初遣之時，賣放頂代，規避偷安，此客兵之不足恃者也。今欲爲變通之方，莫如優恤邊民，以練土著之兵而已③。照得沿邊州縣之民地土沙薄，生理窮盡，即有重加優恤，減免糧差，即以裁革之費，或以減去山東、河、保民兵工食銀兩以填補減免糧數，仍半給弓④矢器械之備。又必專責各該兵備道，將部民照册編籍，保甲諳曉兵法者，以五教十，以十教百，由是村疃山落比伍成營，萬一虜入，則必效死拒敵以自愛生，誠不可不早爲之計也。

一、革贊畫以除科擾。訪得京衛各鄉、會中式武生妄意貪緣，冒名贊畫，囑求部劄，分發沿邊路營，役占正軍，按月包銀，恬然以爲應得。及查問刑條例，內開指揮跟隨軍伴四名，千百戶、鎮撫二名，不管事者一名，但有額外多占正軍，至五名降一級，六名以上降二級，甚至十名以上止於降三級。其賣放軍人，包納月錢，亦照前名數，分定降級，甚至二十名以上者罷職，發邊遠充軍。乃今武生人等坐食一方，違法包占，擬之律例，其罪殊甚。合無敕下該部咨行督撫衙門即便通行，查出前項人等，相應究治裁革，原役占軍士名數，各查發着伍，則咨送不行，而營路免科求之害，禁革有方，而軍士無包納之苦矣。

一、清撫賞以宣德威。爲照國家抗制朵顏三衛，歲行撫賞，蓋欲以內蔽中國，外禦強虜也。夫何承委撫賞者？肆意侵欺，借名科索，遂使買求歡心，而彼欲猶未盈焉，甚者執哨夜以爲撫賞之資。合無凡遇應賞之期，令各該兵備道協同參、遊等官親詣給散，

---

① ［校］飾，原作"飭"，據民國間抄本及文意改。
② ［校］占，原作"古"，據民國間抄本改。
③ ［校］而已，底本不清，據民國間抄本補。
④ ［校］弓，底本不清，據民國間抄本補。

若虜騎窺犯，經由部落隱匿不報者，革其賞例，以示警戒，仍嚴諭提調等官不許假借侵欺。如官銀不敷，別行量補，違者聽臣參究。此則撫賞有法，不但潛消狡虜無厭之欲，而且可救我軍無已之苦矣。

一、開荒田以資兵餉。查得今沿邊一帶多有隙地而不知開墾者，臣近因巡歷馬蘭峪至蛾岷山一帶，土脉膏腴，多可墾之地。及至墻子嶺、古北口等處，該兵備副使張守中開墾荒地已過數千頃，即往歲所得子粒約十二萬有零。爲今之議，合無行督撫行令各該兵備道倡率各將領等官，備查各路某處田地可屯，某處沙石難墾，躬親踏勘，着實舉行，不許虛應故事，捏文搪塞，則家給人足，兵即農，農即兵矣。

兵部左侍郎遲鳳翔條陳重鎮應勘事宜疏畧　隆慶元年

一、審形勢以定策援。臣看得歐陽一敬等所陳，薊鎮十區，惟石塘、古北口、墻子、馬蘭四區爲虜犯衝地，欲要嚴守速援以伐虜謀一節，該臣行准督撫劉應節等咨稱，查得嘉靖四十五年分布防春兵馬事內稱，鎮邊、居庸、黃花三路，此衝而稍急者也，以總兵劉漢統領標兵二枝駐劄昌平以備策應；石塘、古北、墻子三路，此衝而極急者也，以總督統領標兵二枝駐劄密雲以備策應；馬蘭、太平二路，其勢稍緩於古北，其守獨衝於薊東，以總兵胡鎮統領標兵駐劄喜峯等口以備策應；燕河、石門二路，乃東虜垂涎之地，以巡撫統領標兵駐劄建昌營等處以備策應，此分布之大勢。如此，倘或哨有虜報，如犯鎮邊等三路，則以劉漢之兵爲首，調保定總兵爲左翼，以總督爲右翼，以胡鎮與巡撫之兵爲尾；如犯古北等三路，則以總督之兵爲首，以劉漢爲左翼，以胡鎮爲右翼，以巡撫之兵爲尾；如犯馬、太二路，則以胡鎮之兵爲首，以總督爲左翼，以巡撫爲右翼，以劉漢之兵爲尾；如犯燕、石二路，則以巡撫之兵爲首，調遼東總兵爲右翼，以胡鎮爲左翼，總督與劉漢之兵爲尾，此策應之大機如此。等因。各咨到臣，臣議得薊鎮之防，在十路均爲要地，而石塘、古北、墻子、馬蘭此又十路中之最要者也，故該鎮分布兵馬，雖與各路相將，而坐鎮策應，獨以總督領之。臣等初驗工程必先於此者，其意正有在也。合令該鎮嚴爲申諭，各路將領務宜整飭戎行，訓練士馬，無事則修備邊防，有警則相機策應。再照西之黃花等路，東之太平等區，點虜之垂涎已久，而宣、遼之捍禦難憑，仍宜申飭嚴謹隄防。

一、均責任以嚴信守。臣看得歐陽一敬等所陳，薊鎮十路主兵之設，責任惟均客兵之布，畸零附帖，往往推奸避事，欲要申飭軍令，罪坐所由，凡有失事者，俱要連坐治罪。該臣行准督撫劉應節等咨稱，查得嘉靖四十二年內爲申軍令以圖戰守事內稱，有警禦虜，如損失一將領，則不救之罪坐於該營之哨官；損折一哨官，則罪坐該哨之隊長；損折一隊長，則罪坐該隊之衆軍。該兵部題奉欽依，通行欽遵外，等因。各咨到臣。臣議得用兵之法，必功罪明而後賞罰信、衆志齊。合無申①飭該鎮督撫諸臣，以後分布兵馬，毋以畸零之兵帶領兩區之守，以致猾將頑軍得以避事推卸，如士卒失事，各得連坐於哨隊，哨隊失事，亦得連坐於參遊，若主將怯懦，悉行查舉，務置於法，若士卒干犯，主將各得專誅，不許姑息，庶責任均而信守之益嚴矣。

一、設援兵以重守禦。臣看得歐陽一敬等所陳，沿邊列戍，守多力分，虜突聚攻，不易回合，欲要更聚精騎一二枝，遇警赴援，或將緩區客兵量留備遣一節，該臣行准督撫劉應節等咨稱，查得嘉靖四十三年爲預處畿輔兩腋兵馬以慎秋防事內稱，合營列戰分爲三等，如一將所守地方，遠者六七十里，近亦四五十里，合令挑選慣戰軍士，多者千名，少者五百名，一遇有警，疾馳應援，此一營之策應也；一路有主客三四將者，各率挑選之兵，遇警互相應援，此一路之策應也；總督鎮巡官分路駐劄，一聞警報，各要統兵隨賊截殺，此一鎮之策應也。該兵部題奉欽依，通行欽遵外，等因。各咨到臣。臣議得薊鎮主客之兵雖十有五六萬之衆，以守則邊長力分，以戰則勢難回合，合無備行該鎮總督、鎮巡等官申飭將領，各將預選驍勇慣戰之多者千名，少者四五百名，各具兵火器械，常川團練，一遇有警，一營者應援一營，一路者應援一路，一鎮者應援一鎮，如有逗遛觀望及臨陣退縮者，許以軍法從事。其督撫衙門預取各枝挑選過軍士姓名，及備辦過兵火器具數目文册收貯，如遇禦虜有功或失事有罪，照册稽查，庶功罪可明而賞罰有攸當矣。

一、明順逆以制夷情。臣看得歐陽一敬等所陳，薊之防虜，必假屬夷以爲哨探，虜之侵犯，亦假屬夷以爲嚮導。合行宣諭屬夷，但有導虜爲寇者必加剿捕，其忠順不失者貢賞仍舊一節。該臣行准督撫劉應節等咨稱，查得嘉靖四十二年內，爲經畧薊鎮善後事宜以弭虜患事內稱，今年墻子嶺地方虜賊由此出沒，至於勾引北虜者固其隱情，而經過營帳者乃其實迹，雖不興問罪之師，將該路撫賞先行查革，該路地方不許住牧，該兵部覆奉欽依，已經遵行外。等因。各咨到臣，臣議得屬夷之住牧近邊，雖日仰口腹於中華，乃敢時爲耳目於外虜，忘恩背義，罪不容誅。合行該鎮大小將領等官，即便宣諭朝廷威德，務要恪守紀法，作我藩籬，如有虜酋結聚消息，速行從實傳報，依例陞賞，如或妄報希賞或勾虜爲患，定將首惡之夷大加剿除，仍照依墻子嶺事例絕其撫賞，不容在彼住牧。該鎮督撫等官必須體察夷情，相度時勢，應撫應賞，應剿應除，務中機宜，以服衆心。

賞軍給事中鄭大經請行邊大臣經畧薊昌關隘疏畧　隆慶元年

臣奉命犒賞薊鎮，看得本鎮山勢聯絡，東西延亘二千餘里，年來修葺險要亦云密

---

① ［校］申，民國間抄本缺，底本、南圖本作"甲"，據北大清抄本及文意改。

矣，但岡巒岑蔚雖有疊障之勢，而水口斷絶，如潮河川、古北口、墙子嶺、馬蘭谷等處，長川廣谷，最稱要害。至於黃花鎮一路逼近陵寢，鏟削之功概不敢施，則夫知慮所不能及，人力所不能爲者，何限也？闔鎮聽調官軍僅足二萬，而各路防守悉資策應焉。倘一處透漏，則二千里修守盡爲虛設。爲今之計，惟有阻遏於外爲禦戎上計，而禦之之要，在於察關隘之衝緩，預爲之備而已。臣謹將十路險夷緩急逐一款列，少資採擇。

薊昌一鎮十路，東起石門寨，西抵鎮邊城，總計二千三百餘里。石門寨一路，一片石提調大青山、無名口二處，山勢險隘，僅容單騎，難以馳突，若三道關起至坑兒谷俱稱衝要，虜犯遼東中前所，相隔一望，此當戒嚴者也。大毛山提調平頂谷至小河口，道路險阻，步騎不能成列，苦水門寺至柳河堡一帶，路雖險狹隘，馬步通行，亦當戒嚴者也。義院口提調細谷口至甘泉堡山，路僅容步履，馬不能馳，似爲可緩。若長谷口至花長谷、溫泉堡等處雖寬狹不同，馬步可行，一墻之外爲屬夷營帳，百里之內即大寧通衢，較之各路，尤當慎密。

燕河營一路。界嶺口提調星星谷至箭桿嶺，四處路隘，馬步不前，似爲可緩，如賊由塢場侵界嶺兒、羅漢洞一帶，路有廣狹，然俱可通人馬，宜嚴加隄備。青山口提調如厢谷至梧桐谷，路隘，人馬難行，差可少緩，如賊由杓子谷犯青山口一帶，人馬堪以馳突，不可不備。桃林口提調正水谷等寨三處，路窄，人馬不通，似無足慮。劉家口直至徐流營兩山夾峙，中通一路，虜可以入，我可以伏，如百灘兒分路入劉家營，道路平坦，尤宜防預。冷口提調羊圈兒至黑山，有山可恃，白道子至白羊谷道路窄狹，皆稱差緩，如河流口至石門一帶，道路寬敞，賊每垂涎，此當嚴爲之備者也。

太平寨一路。擦崖子提調五重安至新開嶺一帶，山勢陡峻，無足爲慮，若賊由惡毋林入犯白羊谷等處，地頗寬平，名爲極衝，所當加意隄防。榆木嶺提調如賊由東南入犯龍鬚門，道狹難行，若由課兒溝入，必犯冷口，迤東一帶所當預備。董家口提調橫山寨至勝水路，路狹，人馬不通，無足爲慮。若三路岔口直犯青山口，路可通行，所宜防預。大喜峯口守備如石梯子至團亭寨，俱山路水道，人馬難行，頗爲可緩，如虜至會州聚兵，必由寬河入犯，灤陽溝一帶路境平衍，難以設伏，惟濃積嶺離關三十里有西南二山可伏兵砲，堪以截殺。龍井兒提調謝兒嶺至境外桑樹，山勢逼窄難行，頗稱要害，若由興州，必犯龍井等處，如由灤河水，必犯潘家口一帶，道路頗寬，人馬通行，所當隄備。洪山口提調，如賊由窄道兒入犯洪山口，山勢險峻，人馬難行，頗稱要害，若由澈川徑犯羅文谷一帶，路平可通人馬，所當隄備。

馬蘭谷一路。羅文谷提調東南二山小口七處，如石夾口至龍池口，兩嶺相夾，中通一路，可以設伏，虜不敢犯。惟猫兒谷及境外伯彥塘一帶，路平可行，無險爲據，所宜隄備。大安口提調，如麻地谷一帶，石山狹隘，頗稱險要，如賊由窄道兒往東南，則①犯鮎魚石、平山寨一帶，往東則犯大安口一帶，路俱坦夷，所宜防備。寬佃谷提調黃石谷岔道等處，道狹難行，頗爲險要，如賊由三岔口東南，則犯白羊窪一帶，正南則犯馬蘭谷一帶，後雖狹隘，前實通廣，所宜提備。黃崖口提調天平安山青嶺一路，窄狹，人馬不通，如花崖子至小平安，道平可行，所宜防預，山外鶯窩河，兩山高峻，可以伏兵堵截。將軍營提調自青羊嶺、塔兒嶺直至熊兒谷，道路險塞，人馬不能馳驟。

　　墙子嶺一路。鎮虜營提調，如虜由窄道必犯南水谷，由蒲家谷必犯黃門關口，路險難行，且離邊頗遠，伏兵伏砲皆易爲力，無足爲慮者。墻子嶺提調，如虜由窄道犯小黃崖關及紅門川，路狹難馳，若西犯南谷寨、磨刀谷等處，路頗平衍，所宜防預。此二路舊稱極險之區，詢之土人，皆云賊犯馬蘭、墻子必由窄道出入，我兵宜出曹家寨防守，挑選强健，多備火器，由黑谷關取道至窄道崖內埋伏，賊過滾石擂木，縱放火器，更無別途可以出入，非但可以防禦，且可望以成功。

　　古北口一路。曹家寨提調，如賊由兀魯班斗裏庫西行，必犯黑谷關，如由大興州亦犯黑谷關，二路俱平衍，宜加防備，其餘皆後寬前窄，馬不能馳。古北口提調，如賊由木虎嶺、三岔路，必犯古北、潮河二處，所當隄備，若由爛泥塘入犯司馬臺等處，皆路險難馳，若吊馬谷四關皆後寬前窄，人馬不通，無足爲慮。潮河川下提調，衝緩與古北口相同。大抵薊鎮一路，如古北口、潮河川外險雖密，而水道長衍，萬馬可容，人力難施。臣歷其地，見有山崖去處，悉加鏟削，陡崖懸絕者數層。但恐水口廣濶，堅水可度，賊勢重大，一擁突入，火器不及施，或施不能久，數十人透漏衆心，即爲瓦解，此當悉心經署以爲長計可也。

　　石塘嶺一路。白馬關提調，如賊由木虎嶺犯大水谷，由窄林兒犯恩克溝、西駝骨等處，離邊雖遠，路濶可行，所當防禦。如犯白馬關及白崖谷等五關，馬不能馳，無足爲慮。如由大松林犯擦漢口、河防口及神堂谷，路皆平衍，虜可馳入。然大口谷一帶綿亘二十里，兩山陡絕，可以伏砲堵截，若縱賊過此，內地之患不可勝言，所當預防嚴密者也。

　　黃花鎮一路。渤海所提調，如賊由椒園兒西來，至三角城入犯箭嶺口，馬不能行。若西犯慕田谷及磨石口等處，人馬可容，所當防禦，伏兵堵截，宜在桃樹安爲可守焉。黃花鎮守備，如賊西犯鷂子谷及撞道口二處，山高有墻，可駐以守，若賊由四海冶及西南二橫嶺南下，則三道關係賊犯要路，宜加兵堵截。此一路係逼近陵寢，雖外有宣府爲之藩屏，守邊者因園陵密邇，鏟削不敢擅加，此地所宜悉心經署以保萬全者。

　　居庸關一路。口隘甚多，防守宜預，如虜自永寧以南來，由韓家川抵西水谷，路小

---

① ［校］則，原作"貯"，據民國間抄本改。

而險，止須步兵百餘，據老長城伏砲堵截，使賊不敢東下。若由白龍潭南犯南灰嶺，量選步兵於境外甄廟兒張疑伏砲，使賊不敢南下。使賊由大紅門犯蓮花石得勝口，路頗平衍，駐兵陡嶺兒伏砲張疑，拒其深入。惟西犯青龍橋、南犯石佛寺，各山平漫，難以設伏，只宜倚牆拒堵，爲力頗艱，須於羊頭山伏疑兵一枝，庶賊有顧忌，不敢深入。其黑谷頭、石峽谷等六口俱有溝谷，難以馳驟，惟化木梁、糜子谷二處衝而且平，加兵戍守，既可防其竊入，又可剿其奇零，倘不能堵，由此過湯谷，必犯昌平大川口矣。此口若預設軍百餘，據險守要賊，亦不能踰。

鎮邊城一路。白羊口守備，如松胡片、泥窩兒等處，路窄難行，拒守境外，可以無虞。若犯桑木、牛臘二溝及黃鹿院，雖離頗遠，地勢平漫，難以拒敵，據險守要，須擇地增兵。橫嶺守備邊外，陡嶺路狹，馬不能馳，如賊由火石嶺必東犯西涼水泉等處，由板搭谷口必南犯核桃衝等處，二路俱有邊境，可以設伏張弩，使賊不得近牆，乃爲上策。若小山口、姜家梁一帶路窄，馬不能行，無足爲慮，如大山口入犯廟兒梁、翻魚嶺等七處，地勢頗平，可以馳馬，宜防深入，但邊牆連亙，若防守不懈，亦可無虞，惟在先事預備之耳。

賞軍給事中鄭大經條陳薊鎮事宜疏畧　隆慶元年

一曰重險要以防衝突。竊照薊鎮東起山海，西抵紫荊，關塞疏密不通，戍卒多寡互異，每遭虜患，既不能禦其入，又不能遏其出，非地險誠不足據也。兵士單弱，亭障傾圮，蹉跎疏漏故也。近年文武邊臣懲前慮後，築埤斬槷，諸所綜畫，頗稱周密矣。但邊界綿長，水口通廣，十區之內，在在有險。黃花一鎮切鄰都城，密邇陵寢，跬步之間已入重地，鏟削修治，概不敢施。外藩宣府，削弱轉劇，南山之守，議論紛紜，萬一乘間突入，緣崖直上震驚之患，關係匪輕。爲今之計，察要害，度衝緩，增兵戍守，分屯據險，日防竊竊，乃爲切要。至於各路有險可憑，則縱橫坑塹以爲地網，水泉通流，則隨處停蓄以爲水櫃，多植榆柳以刺奔逸，埋伏地雷以資暗擊，密設釘版以防潰襲，層壘木椿以遏衝突。此則關隘有守，防禦有法，多方備禦，或可無虞。

一曰預戰備以防潰決。薊鎮自庚戌虜犯古北口，繼而有寬佃谷之入，界嶺口之攻，潘家口之進，牆子嶺之寇，空騎而入，盈載而歸，虜心何嘗一日不在薊也？合無通計十路擺邊軍士，按地分布，循牆拒守，十人立一小甲，百人立一大甲，統於一總管，時常稽查，試驗弓矢，演放火器，無事則採薪汲水，分番迭休以養其銳氣。有警則併力拒守，合謀攻打，以作其勇敢，此以步兵擺守者而言也。仍將薊鎮各營標兵及調到邊兵總督、鎮巡通行揀選精兵二萬，統之以總副，分之以參遊，駐劄近邊預令，遼東總兵聞警不待調遣，提兵直入應援。將昌平坐營標兵及分駐客兵通行揀選精銳一萬，統之以總兵，分之以參遊，駐劄居庸，預令宣府總兵聞警不待調遣，將兵應援。再於真保、河間等處整捌精兵萬餘，統之以總兵，分之以參遊，聞警不待調遣入衛。又將團營挑選二萬發出，隨賊向往，以爲遥應，有備如此，固可以聞風遠遁，且將叩關而納款矣。

一曰正撫賞以壯國威。我成祖靖難興師，嘉兀良哈助順，畀以大寧全地，世爲藩蔽，撫賞有加。庚戌之入，大肆猖獗，犯潘家、寬佃而影克乃其前鋒，犯墙子、冷口而抹合赤爲之内應，陽爲藩籬，陰爲奸細，假北虜而索惠多端，逞狙詐而訌亂無已。一遇討賞動費數百，少不如意持弓矢以射傷左右，則青山夜不收可證也；挾利刃以刺傷傳遞，則董家口通事可證也；賞賚不均拉去送酒米之軍，則界嶺夜不收可證也。至於因住聽而羈留通夜，爲爪探而截殺哨軍，乘無備而放火燒。聽中國虛實，咸出屬夷教誘，若虜虛實，則我漫無憑據。且撫夷錢糧多扣月糧抵買，剗假撫夷肆侵漁之計害，猶有不忍言者。當事者兹欲申中國之威，每遇貢期，聽其自至，將官毋得勾引其來，果能循例納款者，照常加賞，如或仍前挾討者，重立法戒。如界嶺口被夷人挾賞，即傳報建昌、燕河一帶邀擊於西，石門一帶邀擊於東，兩兵相向，勢如掎角，各路應援，悉照分布，將生事夷人拿赴軍門，審其渠魁，責以大義梟示，其餘悉以軍法捆打放回。傳諭各夷，若慮開生事之端，不少加創，彼慊我無足忌，將來何憚而不自爲逆哉？再照撫賞錢糧不足，查得各路州縣抽分貨例，有稱撫夷，有稱供應者。合無嚴行各道通查，每遇抽分幾處，大約十分爲率，四分留充供應，六分幫貼夷賞，按月查發申報。督撫如近邊堡寨者，通作撫賞之用，年終各邊收過總數類報督撫以憑稽考，則邊戍寬一分，受朝廷一分之賜矣。

一曰練土著以省冗兵。聞之薊鎮邊鄙之民，兵戈頻接於目，其膽氣粗壯，少加驅策，必可效用。節年虜入，剿殺邊民居多，而且資官軍轉買報功，則沿邊之民隱然一邊軍也。顧賦役繁重，負累逃竄，以致藩籬日薄，邊鄙空虛。合無通查臨邊州縣，居民三丁抽一，免其糧差，若沿邊居民盡招爲兵，酌量地理，分別防禦，如撫寧、豐潤、玉田、遵化一帶，則補古北口以東；如平谷、懷柔、順義、昌平一帶，則補古北以西。各路挑選精壯團爲操兵，給與月糧，常年支給，有警聽調，無事歸農。次則充補守垛，兩防之月，方給行糧，遇撤則止，其減去抽丁糧差，悉從除豁。如州縣供應不足，則以減去客兵糧銀抵補，所需不過三分之一。查得山東每年秋防，一衛費銀十餘萬，他可知矣。夫入衛之兵關係至重，誠未易議減，合無從長酌處，如臣所陳揀練土兵之法，練土兵一千則減客兵一千，土兵漸加，客兵漸減，亦無不可者。保障既有所資，兵食得免生困，各邊削弱之患亦無以藉口矣。

一曰重君命以作勇敢。臣竊見今之爲將者，朝袚爵於西陲，暮拜官於東鄙，贓私狼籍者或不失爲富翁，辱國干紀者旋已列爲債帥，節年科道條陳禁例非不詳悉，各衙門不過抄發文移而已。合無嚴行查勘，有罪人員原問處斬、充軍、立功等項情罪，悉照原案歸結，應追贓仗刻期完報。凡在軍門鎮巡衙門聽用者，一併查明發遣，果有異謀武畧一時誤陷者，候有事之日出奇取勝，斬獲成功者方准立功自贖，其有從前立有功次應該叙用者，許開呈巡按查明，方准復職及各衙門聽用。通行九邊一體申飭，敢有仍前逃匿及聽從容隱者，許巡按御史一併參究。以後凡失機將官，巡按刻限各道勘明，至所犯贓私採、尅減營私者，罪在不原，或設處以濟公用而未入於私囊，或據迹以狥人言而未諧於公論者，聽問官覈實定擬，不得迎合，概以文法繩之。庶事不淆實，法能當罪，持法者固不至於已甚，而抵罪者亦不陷於誣罔矣。

總督侍郎劉燾議處將領事權疏畧　隆慶元年

　　臣據密雲兵備張守中呈稱，查得古北口額設參將一員，後改爲副總兵，管領三提調地方。自將軍臺迤西爲古北口、潮河川一百二十里，關營城寨二十處，係潮河川兩提調所轄；迤東爲曹家寨一百二十里，營關城寨二十五處，爲曹家寨一提調所轄。合無將曹家寨提調改屬本寨遊擊管轄，一應哨報、修守事宜，悉聽遊擊管理，仍聽該路副總兵節制。再照班軍止可以備修守之用，合無今後免其閱視，等因。到臣。臣會同巡撫耿隨卿看得，曹家寨提調所轄黑谷關土牆、古道門、漢兒嶺等處一帶邊隘最爲衝要，但山路崎嶇，相去古北口窵遠，一遇有警，傳報策應，勢難遽及，以故先年議要募土兵三千名，添設遊擊統之，常川守援，未爲無見。後因該寨地方窮僻寒苦，應募無人，止召有新軍七百餘名，從宜於通州、寧山、河間等衛所春秋兩班軍內春班撥軍二千名，秋班撥軍二千名。其一應撫處夷情墩砲等事，照舊責之提調管理，而遊擊無統束之權，有警不免互相推諉。今據兵備張守中要將曹家寨提調，就近改屬本寨遊擊管轄，一切邊務夷情聽遊擊督率分理。凡遇上司文移，徑行遊擊，不必轉行古北口，其遊擊、提調仍聽本路副總兵節制。原撥春秋班軍照例聽遊擊分發防禦，免其閱視，每年止閱該寨新舊軍伍，其各軍仍照舊分管，惟該操之日合營團練。倘或該路有警，遊擊統領新軍應援，其提調舊軍仍留本地防守，不必添兵易將，而事有責成，其於將令軍情而守援俱爲兩便矣。

總督曹邦輔、巡撫劉應節條陳疏畧　隆慶二年

　　一、侍郎曹邦輔陳戰守兼資。照得薊鎮西起鎮邊城東至山海關，延長二千餘里，山險高低不一，雖隨勢砌牆，高三四尺，賊有一處逾越，則餘皆瓦解矣，守可專能乎？蓋守須戰，戰斯守，戰敢必能乎？幸守恃險而有據，戰亦恃守而可爲，此正守封疆之臣必爭之地也。今以後臣等行令諸將率衆守城，賊明攻，當與矢石銃砲交戰以抵之。本朝先臣王瓊守邊，沿邊牆下，東西連營，相去不遠，急則馳往救之。即賊攀緣上城，城下面用銃砲長利器打擊之，即使再過，我連營相去不遠，猶可聚衆擊之。臣效彼大意，擇戰兵數十營於近邊緊要處所，常預先屯劄隄備，倘賊有向往重處，亦可倏忽往援，料賊不

能過墻，即過墻上，無不可擊。如過墻下，聚①集部落，亦未必就定，即率各營兵乘之。即兵法所謂"未定可擊"之意，決不使賊長驅。

一、侍郎曹邦輔陳用車資戰。大抵古之車制，如周之元戎，秦之小戎，雖有倰駎，不利衝擊。又如偏廂鹿角僅足自衛，而推挽不便。先臣李賢上禦戎事，議爲車戰，其制四面用板以蔽人馬，板上開窗以便射打，其法頗善，但人馬如在櫃中運動周旋，亦屬欠便。臣愚以爲當參考古今之制，期適於用而已。臣應節隨軍督餉，又領軍入援，竊見薊鎮地形平衍，私計不用車戰，終無當虜之日。臣退還井陘，聊取遞運所車試一爲之，習不旬月，則縱橫閫闥，進止遲速，無不如意。其制一爲民間任載之車，但於車廂一面畧倣秦戎之義，立挨牌數面，如城垛口然，仍於兩轅之外置長木二桿，從旁順出馬前，中以橫括之，安置搶劍以利衝擊，就於竿上懸氊以蔽矢石，又於兩廂之外置牌槍外向以拒登緣。每車十五人，六人在上專事射打，九人在下以備更番，每車百輛共用軍千五百人，尚餘軍一千五百布列營內，分爲各哨。其中軍仍用車十輛，專載火藥、器械、輜重、糧料之屬。臣等查勳無礙官銀，各造二百二十輛，其駕車共用馬八百八十匹，就於薊州、遵化等處寄養馬內選用，遇警駕車，無事則給付遊兵營無馬軍人喂養騎操，全給料草。

一、侍郎曹邦輔陳櫃水資險。夫鑿山塹谷謂之地綱，停蓄流水謂之水櫃，臣應節今閱視沿邊一帶水口，狹者四五丈，濶者數十丈，中建石城一座，柞木數層，荊囤數層，亦屹屹然稱險固矣。而秋霖一至，則流水漂蕩，尺寸無餘，名曰捨城。北虜馬乘虛沿川而下，則聽其縱橫，莫知爲計。夫以不貲之費竟委無用，殊可痛惜。臣愚以爲，除牛欄山河以資運道，灤河以資險塹照舊外，其餘水口，宜於山中委折之處，勿與水爭，量勳修邊銀多爲捲埽，以當水口，後實土堤，務高至數十丈，以反山之腰厚至數百丈，以盡山之麓，所費不過以二、三年捨城之力也。夫古有決水灌軍、壅水病鄰者矣，一山之外即吾仇敵，何不移水之害而資水之利乎？或曰山水泛漲恐勢未可當，臣請試於水口之小者先爲之，果無礙則漸及大口。要之，一年之內水勢未定，難保全無倒決之患，三年之內漸加高厚，則可恃永久矣。

一、侍郎曹邦輔陳拔用豪杰。臣惟今之用人，概以官之大小爲序，臣愚意不拘行伍衆軍及四方各處諸色人等，但有才能出衆，敢自誓當領兵殺賊者，即暫假以頭目，任選練人馬，雜與衆將之中，臨時決戰，量無不勝，一勝則陞遷，不吝爵祿。

一、巡撫都御史劉應節陳益兵以資戰。夫薊鎮主客兵十萬之衆，分守二千餘里之邊，外無重鎮藩籬之固，內有夷屬肘腋之奸，哨探不實，烽火欠明，城垣卑薄，兵力單弱，誠所謂無所不備則無所不寡，守不足恃，則當以戰待之。乃今總兵標下各不滿二

---

① ［校］聚，底本不清，據民國間抄本補。

枝，臣標下僅有兵一枝，每賊入境，擺邊之兵勢難猝集，而各標之兵又寡弱難支，以故虜馬猖狂，如蹈無人之境。臣愚以爲，不戰是虜患無寧日，兵不加精是無戰之日也。合無容令臣巡撫標下除見在遊兵一枝，再留本城遊兵一枝，免其擺邊，仍與總督、總兵各選留入衛邊兵一枝，每標下各足九千，除邊兵及總督標兵二枝已給錢糧無容別議外，臣巡撫衙門所留遊兵一枝，并標兵王甫等八百名及總兵標兵二枝，相應一體支給行糧、料草。

一、巡撫都御史劉應節陳樹木以資險。國朝建置，自山海抵居庸，率籍三衛作藩，據林木爲固，故令甲所載有私伐邊木之例。臣等奉到敕諭，亦有嚴禁砍伐之文。臣愚以爲，欲固守邊圍，則莫如復山林之險。但薊鎮地方屢經虜馬蹂躪，人烟稀曠，種樹之事取辦一方，其力實難，似當議令北直隸等處協力爲之。除廣、大二府不計外，如順、真、保、河、順、永六郡，合無敕令保定巡撫衙門，督令所屬取辦易生之樹，柳木者以高五尺、徑圍三四寸爲度，每府出辦萬株，每州出辦七八千株，每縣出辦五六千株，量動官銀雇車運送至鎮，容臣等分投栽種，若栽植不活，仍令陪補。沿邊軍人亦令各提調官督責，每名種樹百株，量爲犒賞。其種樹法，必縱橫曲直，參錯蔽翳，務使虜馬不得馳驟，但有砍伐則治以重罪。

一、巡撫都御史劉應節陳議除邊防之宿蠹。夫兵不患不精而患無養，如關糧一節，山陵之軍往返京師，動經旬日，當改移於昌平或居庸倉關支，三屯營、太平寨等軍往返薊州亦數百里，似當於各關營倉場隨便關支。其本折間支，經費已定，擅難別議，但當於米貴時暫給本色，米賤時暫給折色。其倒死馬匹，俱照成化十三年奏准事例，都指揮三兩，指揮二兩五錢，千百戶、鎮撫二兩，旗軍一兩五錢，走失被盜各加五錢。其朋合銀每年六個月，都指揮、指揮出銀六錢，千百戶、鎮撫四錢二分，旗軍三錢，給各軍買馬樁朋之外，包賠另攤等項名色嚴行革除。如樁朋不足，容臣等查明，另爲請給馬匹。其擺堡、走遞、燒荒、架梁、與賊對敵陣失及騎操已越十五年之外，老病倒死者亦照例免追樁銀。至於撫賞之費，除舊額戶部發銀一萬兩，兵部五千六百兩外，當量增官銀，仍議令應賞有數，額賞有時，不得過爲濫費。一切科斂迎送之煩，容臣督撫嚴爲禁約，庶幾邊鄙疲軍可獲更生之幸。

總督侍郎曹邦輔議增松棚路并處班軍疏畧　隆慶二年

臣會同巡撫劉應節議照薊鎮十路，每參將所轄不過二三提調地方，而馬、太二路乃管轄十一提調地方，況太平一路中有灤河間隔，聞警趨援尤屬不便，各官所陳前因，俱爲有見。但募兵三千恐難卒完，且糧餉無措，既議設添參將，又改添遊擊，事體欠安，相應酌處。合無於松棚谷地方添設參將或遊擊一員，專管龍井兒、洪山口、羅文谷三提調地方，不必分外召兵，就將天津等衛班軍六千名照舊分爲兩班，比照曹家寨事例，兩班見面更替，專聽本路參將或遊擊統領策應，仍行工部關給盔甲，兵部關①給馬匹。其太平寨參將止管喜峯口、董家、榆木、擦崖四口，馬蘭谷參將止管大安、寬佃、黃崖、將軍營四口。夫以入衛之軍充防邊之役，既可以省召募之煩，各軍在家原有月糧，在邊原有行糧，又無額外增糧之費，誠薊鎮邊情之急務也。

總督侍郎譚綸定廟謨以圖安攘疏畧②　　隆慶二年

　　臣惟今之禦虜莫重於攞邊，尤莫重於設險。臣嘗即薊昌十區而熟計之，東西二千餘里，關營三百餘處，見在主客官軍不滿十萬，而老弱半之，又分苞於多官之手，大率畫地三五七丈而守一軍。虜動以十餘萬衆攻我一面，即有預定策應之兵，大率又以一兵而當數十百虜，是衆寡弗敵也。況虜故精悍，又多選鋒，而我軍以飢寒孱弱當之，是強弱甚遠也，故不得不借之遊兵。臣嘗思遊兵破虜其利有六，其難有四。即今在虜驕盈已極，塞卒怯懦戍家，誠如給事中吳時來議，慎擇忠智之臣，假以便宜之任，訓練遊兵一枝，益以薊鎮主兵，乘虜之驕，或當其內侵，或出其不意，決一戰必可得志，利之一也。今日司計苦於軍餉不足，邊軍苦於餉給不時，其故以屯鹽之法壞耳，耕守之説可以漸講，鹽商得上本色，鹽政可復，內帑之發可以漸減，利之二也。內邊之兵既強，入衛之衆可免，所省行糧即可以支募兵，利之三也。邊民之陷沒虜中因而爲用，我武既奮，則其思歸之念自切，招徠之計可施，利之四也。藩籬既固，堂陛尊嚴，潛消乘間竊發之念，利之五也。冗兵可革，冗費可裁，利之六也。

　　而臣復以爲難者，蓋虜之大舉動以一二十萬，而即用車戰之法以三五萬當之，已屬太寡，若復欲從減省，勢必不能，且此遊兵三萬之衆，勢不得不從召募，自非酌擬尺籍人馬之養而稍優之，誰肯樂爲？即以三萬人計之，每月人給銀一兩五錢，歲該費銀五十四萬，司農告匱，是一難也。吳越萬二千人，自臣與戚繼光視之，召之可以立至，用之可以立效，功成之後留之實邊，從者且半，散之歸農，亦可立遣，必無後患，而時方疑其兵之不可以北與，慮有他虞，是二難也。燕趙之人素未經練，京師最近流言易生，是三難也。我兵當虜，一戰勝之，彼必報仇再舉，忌嫉易生，更造爲飛語，中以奇禍，是四難也。臣因是又熟思之，不如姑就薊鎮見在之兵，講求一鎮戰守之策。謂宜將臣標下標兵二枝、振武營遊兵一枝、巡撫標下標兵一枝、遵化遊兵一枝、總兵官標下標兵二枝，又聽臣於大名、井陘二兵備道挑選民兵一枝，又調取真定遊擊下民兵一枝，又聽臣

---

① ［校］關，底本、南圖本、北大清抄本作"半"，民國間抄本該疏文字有漏抄，據前句"仍行工部關給盔甲"改。
② 該疏又見於《明經世文編》卷三百二十二《譚綸・譚襄敏公奏疏・事疏》，第3432~3434頁。譚綸《譚襄敏奏議》卷五《早定廟謨以圖安攘疏隆慶二年四月二十四日題》，《景印文淵閣四庫全書》第429冊，臺灣商務印書館1986年，第671~676頁表述更爲詳細。

於眞、保、定達官舍內及民兵內挑選一枝，共爲十枝。每枝務足三千人，合之可得兵三萬人，列爲三營，每營各分爲三軍，一營駐之密雲，一營駐之遵化，各用參將二員，遊擊一員，統領一營駐之三屯營。中軍屬之總兵，左右二軍仍用參將、遊擊各一員統領訓練。但兵既分屯，易生彼此，而權不歸一，動有窒礙。合應請乞敕下內閣、部院、科道諸臣，再加博議，以神機營副將戚繼光比照先年劉顯事理，加以總理練兵職銜前來，每遇春秋兩防，三營之兵各移至近邊要地屯劄，在密雲營則以密雲兵備，在遵化營則以永平兵備，在三屯營則以薊州兵備，各隨營監督，而臣與撫臣總兵則往來督屬，小警即分投截殺，大警則合力併攻，其總兵官仍乞給以敕印旗牌，使得便宜行事。今火器之利，又莫有過於鳥嘴銃者，今欲練戰兵三萬，必得鳥銃手三千人。此去防秋期迫，必欲取邊人勒習，非遲之一年不可，而北方所製鳥銃，亦又不如南方之精。伏望差官一員前去，會同浙江巡撫係先年善放鳥銃者召募三千人，各給見成鳥銃及安家、路費銀五兩。仍聽戚繼光呈舉舊日偏裨六人，責令分投統領前來，務以三年爲期，俟邊軍訓練已成，然後遣發歸農，間有願留者聽。

總督侍郎譚綸早定廟謨以圖安攘疏畧① 隆慶二年

　　臣查得先兵部尚書楊博因總理尚書許論議於十路各設遊兵一枝，蓋取戰守相資，今遊兵亦入擺守，遂使初意漸失。爲今之計，莫若原設遊兵十枝，除振武、遵化二枝已經議取外，合再取石匣、建昌、永平遊兵三枝，內以遵化、永平營二枝合巡撫標兵一枝，定爲遵化一營；以建昌營一枝合鎮守總兵標兵二枝，定爲三屯一營；以振武、石匣二營合臣標兵二枝，定爲密雲一營。在遵化者聽巡撫就近提督，永平兵備監督，遊擊各統領訓練。在三屯者聽鎮守提督，薊州兵備監督，遊擊坐營官各統領訓練。在密雲者聽練兵都督總理，密雲兵備監督，參將各統領訓練。其遵化三屯二營，仍聽都督戚繼光往來總理，戚繼光既出，則密雲一營，臣自任之。其訓練節制之法，三營皆總出臣手，當春秋兩防，移至近邊要地屯劄，如遇永平一區有警，則遵化一營首先迎敵，三屯一營出二哨應之，密雲一營出一哨應之；薊州一區有警，則三屯一營首先迎敵，遵化一營出二哨應之，密雲一營出一哨應之；密雲一區有警，則密雲一營首先迎敵，三屯一營出二哨應之，遵化一營出一哨應之。內有觀望後至及臨陣不用命者，都指揮以下聽臣遵照敕諭，即以軍法從事。

　　臣復查得，先年通州有新舊遊兵二枝，每枝計三千人，在於本鎮防守，後因改入京營操備，今聞舊遊兵在京營者尚存一千三百五十九人，新遊兵在京營者尚存一千六百七

---

① 該疏是對《譚襄敏奏議》卷五《早定廟謨以圖安攘疏隆慶二年六月初六日題》（《景印文淵閣四庫全書》第 429 册，第 676~679 頁）及《懇乞聖明早定廟謨以圖安攘疏隆慶二年十二月初二日題》（《景印文淵閣四庫全書》第 429 册，第 700~701 頁）兩疏的刪節調整。

十四人，合之可得三千三十三人，更於京營請發京軍二千名，往居庸關防守，代出大水谷遊擊高遷所部官軍一千五百員名回守信地。更聞真、保等處達軍、達舍空役頗多，搜選可得二千人。又山東沂州把總戚繼美統有民兵一千二百名，每年於滕縣屯住，聽淮陽巡撫調發防倭，今海波已靜，計可調之以來。合之得兵八千二百人，分發各路擺守，以補前取遊兵五枝之半。如真、保達軍二千難以取盈，或沂州民兵不可必得，合於通州參將胡進營內接取一千補足其數，其近議保鎮見在之兵，皆擺①弗調，此則既於東鎮有裨，亦於西陲無患。

總督侍郎譚綸改擬坐營添設守備疏畧②　隆慶二年

題據薊州兵備參政羅瑤呈該臣批，據總兵官郭琥呈開，標下原有坐營官一員，專住三屯營，操練兵馬，關防門禁，至於有警出征，中軍官職任微末，難以行事。若今坐營官隨征，則遺下城池乏人管理，必得欽依坐營都司。合無比照宣大、山陝各鎮事例，將中軍官就以見任坐營官充之，其護守城池等事另設守備一員專管。等因。臣會同巡撫劉應節議照總兵之官握一面專征之權，必立之坐營，分任佐理，非徒然也。乃今總兵官郭琥標下以坐營之官兼城守之任，隨軍則城池為虛，居守則軍事莫寄所據，欲要比照宣、大各鎮事例，專設坐營官員以見任充之，專理中軍之事，而於三屯營另設守備官一員，雖曰官事不攝，實於軍計有裨。

巡撫右僉都御史劉應節議修邊險疏畧　隆慶二年

據永平兵備僉事王之弼呈，會同參將史綱等勘議得，青山口關內外平漫難守，今議自正關東西兩琵琶稍墩，順梁而下修城一道。杏樹臺一帶內險外平，極稱衝要，今議自東安口墩順山而南至石嶺轉折而西，由黑谷頂直接西松崖墩一帶，兩山夾峙，馬步難通。徐流、劉家口一帶，係桃林、冷口第一衝要，先年曾經虜犯，口外平衍，萬馬直下，又有山梁數道，欺牆難守。今議自雞冠墩由駱駝山梁而南，西接尖堆兒墩止，山勢外險，防守為便。冷口、燕子窩口外山梁數道，直衝邊牆，亦稱難守，今議自西山尖墩順梁修牆一道，接至南蕎菱山阻遏北面一帶衝口，勢甚直接。義院口、長谷嶺東西牆一道，設在窪坡平漫難守，面前山勢逼起，中外險絕。今議自柞子嶺墩北接大山至板塲谷墩止，山頭峻削，難以建城，中間量為短牆，間設墩鋪，應修五處，總計三千七百餘丈。等因。到臣，似應俯從。乞敕該部再加計議，容令臣等督令兵備道并各路主客將領等官，候來春查照原議工程，摘撥官軍協力修築，期以明年秋防之前完報。

---

① ［校］擺，底本不清，據民國間抄本補。
② 該疏又見於《譚襄敏奏議》卷五《比例改擬坐營添設守備以便戰守疏隆慶二年六月十一日題》，《景印文淵閣四庫全書》第 429 冊，第 680~681 頁。本書有刪節。

總督侍郎譚綸移置兵將疏畧① 隆慶二年

據永平兵備僉事王之弼呈，蒙巡撫劉都御史案驗，內開燕、石二路一提調防守不敷，相應亟處，以圖萬全。奉此，除石門一路照舊外，合無將燕河一路分爲二路，冷口、桃林二提調爲一路，即以燕河參將分領青山、界嶺二提調爲一路，即以永平營遊兵移置臺頭營，改爲分守參將管轄。至於三路客兵，除石門寨原有遼東一枝三千，燕河營路原有延綏一枝三千，惟臺頭營路止有保定奇兵一千五百名，合將撤去原舊河、保二營內量撥一千五百，共合三千，三路各有客兵三千，每年春秋兩防通融分布。等因。到臣，會同巡撫劉應節看得，燕河營參將所轄四提調地方，綿亙二百餘里，衝要隘口二十餘處，往來策應，勢何能周？所據該道議一節相應題請，乞敕該部再加詳議。將永平遊擊改爲分守參將，移駐臺頭營，專管青山、界嶺口二提調，其燕河參將史綱但管冷口、桃林口二提調地方，其臺頭營一路尚欠客兵一千五百，候兩防之日，查於撤去舊額數內撥給一千五百，共足三千之數。臺頭營參將一應供應，容臣等仍行該道查議，處給永平軍士，就動支庫貯營房銀起蓋安插。再查有荒閑地土撥給耕種，兩防之日，照舊全支行糧料草，候居處既定，屯牧相安，照依百里以內間支行糧事例施行，則兵不另募，餉不加增，一轉移之間可收萬全之績矣。

總理練兵都督戚繼光請兵以備戰守疏畧② 隆慶三年

該總督侍郎譚綸上言邊事，乞以臣爲總理，輒蒙聖恩俞允，責以訓練，置之邊陲。聞命不勝祇懼，於是單騎赴任，黽勉視事，不敢自諉。僭以軍務之狀別數端，雖多亦少之原有七，不練之失有六，雖練無益之弊有四，而繼以邊事可憂之勢，因形戰守之宜，然後殫一得之愚。

何謂雖多亦少？夫今之憂薊事者，不過曰兵不足也，食不足也。以臣計之，見今薊鎮主客官軍將及十五萬，健卒役於私門，惟老弱赴邊，其冒名脧糧者又不知幾何，所謂雖多亦少者一也。緣邊既鮮驛遞，視營堡關寨爲傳舍，軍士驛夫差委不絕，所謂雖多亦少者二也。遇賊入寇，上可調遣，不約程限，將領畏恐督責，卷甲而趨喘息之下豈能禦

---

① 該疏又見於《譚襄敏奏議》卷六《移置兵將覆疏隆慶二年十二月初七日題》，《景印文淵閣四庫全書》第 429 册，第 719~720 頁。
② 該疏與《明經世文編》卷三百四十七《戚繼光·戚少保文集二·練兵條議疏》，第 3746~3748 頁；戚祚國等撰《戚少保年譜耆編》卷七"（隆慶二年）冬十月上練兵條奏七原六失四弊疏"條，《續修四庫全書》第 553 册，上海古籍出版社 2002 年，第 228~230 頁；《國朝典彙》卷一百五十一《兵部十五·調兵操練》，《四庫全書存目叢書》史部第 266 册，第 303~304 頁；《五邊典則》卷四"隆慶三年正月總理薊昌保定練兵都督戚繼光疏論薊鎮兵雖多亦少之"條，《四庫禁燬書叢刊》史部第 25 册，第 604~605 頁内容大致相同。但各書所記時間稍有差異。

虜？所謂雖多亦少者三也。各省班軍四萬有奇，有一遊擊領三千、千五百者，有一都司統六千者，到邊則分守於數區，回籍則散漫不一，陸續入邊，將兵僅一識面，約束不能，所謂雖多亦少者四也。步兵不能趨急，馬兵臨陣舍馬，藏諸林藪，即以一人控三馬，則已占軍一千，不得向敵，所謂雖多亦少者五也。厚養家丁而薄眾士，則三軍解體，所謂雖多亦少者六也。薊鎮十區，延袤二千四百餘里，無所不備，無所不寡，所謂雖多亦少者七也。

何謂不練之失？薊鎮十區，賊至牆下必肆攻打，須我兵乘牆角力而後能守，苟非平日號令嚴明，孰肯用命？不惟練後可戰，亦必練後可守，此不練之失一也。臣行邊每查庫貯火器，一區多者十餘萬，少亦不下數萬，掩臥塵土，問其故，則云俟報警方給，問其用，皆曰不能，此不練之失二也。十區軍士皆土著之兵也，倘取而練之，又毋於守哨，無敢任者，棄土著而不講，乃遠求諸省力竭入衛之兵，此不練之失四也。凡順天八府，班軍、民兵之於薊鎮皆土著之選者，夫何四萬之眾諉之以不足教？此不練之失五也。練兵者將也，今之用將以驍勇爲上，殊不知勇將一人敵耳，未可與言練兵也，此不練之失六也。

何謂雖練無益？夫今之打火器者，一銃數子，腳踏銃而發，惟求分數，不念臨陣之宜否，甚將一營軍士以十分之七爲銃手，殊不知當以長衛短①，以短求長，所謂雖練無益之弊一也。三軍之事，鎗②刀鉤棒皆有用法，他如司金鼓者，亦有起止緩急之節，今皆置之不問，所謂雖練無益之弊二也。今所以攝虜者，僅有火器之中，惟邊銃快鎗，然皆製作不精，放打無法，弓矢之力不強於虜，且虜堅甲兜鍪，非矢能貫，所謂雖練無益之弊三也。教練之法，自有正門，教失其正，即日事操習，亦爲徒勞，今受事者或用私智以取予，或任喜怒以高下，虛應故事，所謂雖練無益之弊四也。

何謂邊勢之可憂？夫薊鎮所貴在守，而守有不能者，區軍不練，班軍多逃，入衛客軍牽制於馬，在彼窺間無時，在我乘牆有限。即如總督侍郎譚綸所云，北虜惟不來與來而不深入，入而不久住則已，若來而深入，深入而久住，孰能禦之？此皆在我積弱，故彼成積威，及今不大爲之計，臣恐不惟薊鎮坐受其患此也。

何謂因形戰守之宜？臣聞《兵法》云："兵形象水，水因地而制流，兵因敵而制勝。"今薊鎮之地有三等：平易交衢，腹裏百里以南之形也；半險半易，近邊內地之形也；山谷仄隘，林莽蓊蘙邊外迤北之形也。邊腹內外之形既分，而因形措勝之法亦必三等。況虜馬之入內地，聲勢聯絡，志氣精專，角力平原，固未可逆覩。然兵法不云未定可擊，又云出其不意，每胡馬初臨我邊，山谷崎嶇，騎不成列，首尾不相顧，非未定可

---

① ［校］短，底本不清，據民國間抄本補。
② ［校］鎗，原作"搶"，據民國間抄本改。

擊之時乎？及入犯內地搶掠，已厭其欲，滿載而歸，無復部伍，此非出其不意之時乎？

當此之際，果有練成步兵萬乘之蒐有不勝。虜入平原莫過於車戰，虜在近邊莫過於騎戰，在邊外莫過於步戰，三者俱備，迭相爲用，然三者之中，又惟未定與不意爲可勝。而西北邊兵素習惟馬，未閑山戰、谷戰、林戰之道，惟有浙兵能之。臣比於南方剿捕山賊流倭，俱在重山疊障密林深谷間，所將兵皆浙江金、台之人，仰攻俯鬥，無有不勝，此蓋臣躬試之，非臆鑿之説也。即使以守爲策，乘牆而禦，臣亦謂惟浙兵而後守可固，何則？南省邑城高不逾丈，厚不逾數尺，城外平漫，未有偏坡，賊動數萬圍城，鳥銃發無不中，呂公車高逾於城，可以直入，而城守以浙兵千人，雖數月亦不下。今邊牆既據高臨下，復有偏坡，雜以品坑，雖數萬聚犯，使以浙兵乘之，未有守而不固者也。至於鳥銃，見已調到三千，分發十區防秋，不待臣言之矣。伏望敕下廷臣博議區處，再於浙兵内議取殺手三千，鳥銃手三千，或於西北召募新兵，或就薊鎮摘取見兵，須足馬軍五枝、步軍十枝，專聽臣統領合練。凡遇春秋兩防，以二萬隨臣向往，以三萬分區列守，萬一或有疏虞致被突入，臣即通行聚合截殺。其應用犒賞并修整兵車火器，每兵一名歲約銀五錢。以上應議於何項措處，專聽臣練兵修械，呈請軍門取用，庶使臣練兵之寄不爲虛文。仍乞敕督撫關巡將臣前項所舉七原、六失、四弊逐款作何改圖，嚴督文武邊吏分任責成，守戰並舉。

臣又竊惟薊鎮邊事本有可爲之勢，但其機不在邊鄙而在朝廷，不在文武疆吏而在議論掣肘，何也？薊鎮切近京師，法令久弛，弊痼既深，更張未易，流言混淆，朝議紛拿，以致逡巡顧忌，實難展布。如蒙皇上允賜行臣之策，除受戒鼓舞在於總督軍門，乞請監軍科道一員常川監督，容臣展布教練，及期而用之不效，即齏粉臣身以爲誤事欺罔之戒，臣復何辭！如以臣言，絀繆潤於事情，且力詘舉羸，竟從沮格，乃徒使臣沿襲故事，乾沒時流，虜至則浪蹌而避死，歸則捕拾以爲功，臣直戇無知，誠不能也。

總督侍郎譚綸請建空心臺疏畧① 隆慶三年

議照禦戎之策，惟在戰守二端，故必以戰則必勝，以守則必固，除戰勝之事別有成議外，臣等謹以薊、昌之守言之。東起山海關，西止鎮邊城，地方綿亘，擺守單薄，故臣等以謂必設二面受敵之險，將塞垣稍爲加厚，二面皆設垛口，計七八十垛之間，下穿小門，曲突而上。而又於緩者則計百步，衝者五十步或三十步即築一墩，如民間看家樓，高可一倍，高三尺四方，共廣一十二丈，上可容五十人，無事則皆宿於臺，更番瞭望，有警則守牆附牆，守臺者固臺。而臺之位置又視其山之形勢，參錯委曲，務處臺於

---

① 該疏又見於《譚襄敏奏議》卷六《再議增設重險以保萬世治安疏隆慶四年四月十六日》，《景印文淵閣四庫全書》第 429 册，第 731~735 頁。四庫本更詳盡。

墻之突，收墻於臺之曲，突者受敵而戰，曲者退步而守，所謂以守則無不固也。以臺數計之，率每路該增墩臺三百座。薊、昌二鎮，今分為十二路，共增築墩三千座，每一臺必給官銀五十兩，通計費銀一十五萬。合無乞敕戶、兵二部，每歲動支銀五萬兩，解送臣應節處分發興工。大約每歲務完築墩臺一千座，三年限以通完。其加厚邊墻，添設內垜，則聽臣等便宜而行。每歲仍聽臣等與巡關御史將完過工程，備查有無堅固堪備守禦，及各文武大小當事諸臣勤惰之狀，分別奏請，加賞罰以示勸懲。如此，則邊關有磐石之固，陛下無北虜之憂矣。

總理九邊屯田都御史龐尚鵬清理薊鎮屯田疏畧①　隆慶三年

竊照薊、昌肘腋近地，視各邊為特重，臣行役東來，查每年供應之費不下百餘萬，而屯糧亦在數中。今舉其糧額，計本折猶不及十萬，而屯田之荒蕪者，凡一千一百頃有奇，設法開墾以漸圖之，數本不多，為力似易。臣督同各該兵備及府衛等官反覆詢謀，復會同督撫、巡按、巡屯諸臣參酌條陳，似亦屯政之一助也。

一、立號紙以清隱蔽。照得衛所屯田不許典賣，禁例甚嚴，但軍丁私相典賣者無地無之，若必清查給主，則召佃乏人，拋荒勢所必至。今議設立號紙，界為三方，督令衛所掌印、管屯官查明填造，上一方書本軍姓名及原祖何人，或見存或故絕，中一方書屯田坐落土民界至，及原額畝數，或新增若干，下一方書本軍自種，或某人承佃，或見今拋荒，或係侵占埋沒，各令照常辦納屯糧，幫貼軍裝，不必抽軍騷擾，而拋荒之當開墾，隱占之當查勘，亦據此可行矣。其號紙填完，攢成文冊二本，一留該衛，一送兵備道存照。

一、撥軍士以廣開墾。查得拋荒屯田無慮千頃，惟有分撥軍丁就便給之，兵備道委官清查堪種若干，明白開報。仍計量工力難易，畝數多寡，從宜區處。通呈督撫衙門詳奪，就委所部將領等官監督。待三年方許徵收子粒，即支作各軍月糧，其田給為永業。巡撫都御史劉應節與臣計議，謂邊軍邇者修邊頗閑，若撥給荒田耕種以自利，此優恤之政也。但各軍煢然一身，子種皆稱貸於人，今查見存犒賞之牛不下數百頭，即令給散各軍，及查處牛種與之。三年之內牛種還官，所得田租聽其自贍，定給過田畝、撥過軍士、支過牛種、開墾過數目，各類造一冊，按季覈實。

一、寬差役以廣召種。查得各邊屯田堪種者多而往往拋荒，其故何也？或憚包賠之苦，或慮抽軍之害，或本管官旗科尅，或沿邊將領誅求，此召種之所以難也。除撥軍就近耕種外，其或地里避遠，軍士力不能及者，當明立召種之令，凡開墾荒田，通免抽軍

---

① 該疏又見於《明經世文編》卷三百五十八《龐尚鵬·龐中丞摘稿二·清理薊鎮屯田疏》，第3855~3859頁及龐尚鵬《百可亭摘稿》卷三《奏議·清理薊鎮屯田疏》，《四庫全書存目叢書》集部第129冊，第181~186頁。

併雜泛差役，給與執照，應徵錢糧，各考其用工難易，或量免三年，或全免五年，酌量分別寬假，不必拘定原額，若有原主告爭，另查空閑田土給還。其各衛所掌印管屯官通查拋荒屯田，以十分爲率，能召種至七分以上者，通行優獎，其不及四分或因而需索開墾人户者，定行戒飭參提。庶幾人無疑畏之心，官有招徠之法，而荒田不至汙萊①矣。

一、嚴督責以清欺隱。查得各衛所屯田，或本軍在逃，地歸衛官，因而隱占典賣，或勢豪逼勒抵換，或官舍鄰近兼併，或承佃攘爲世業，或指稱投獻權門，爲害滋甚。合無通行示諭，凡有侵占埋没等情弊，自首免罪。歷年所得花利，姑免追徵，其田退出給軍領種，他人指實首告者，即將原田給爲已業。其衛所掌印、管屯官通查侵占埋没屯田，亦以十分爲率，能清出七分以上者定行獎勸，其不及四分以上者嚴行戒飭，或參提住俸降級。

一、免包賠以便徵解。查得沿邊屯田，有原係膏腴之地，遇水漂没成河者，或有沙鹻不堪者，或有虜騎出没不得收穫者，或爲兵馬通衢踩踐者，地雖荒蕪，其糧仍在，連年督責包賠，逼促流移，皆坐於此。合無通令填入號紙内，按其土名，委官丈勘，果無欺弊，即與豁除，或查有别處新增，量行給補。其應納糧草，通填定實徵冊，及以由帖給屯户，明開本年或全徵，或減免幾分，或本色，或折色，以便收解。

一、明區别以墾荒田。查得沿邊曠地何下百萬頃，原不在屯田、民田額數。昔密雲兵備副使張守中分撥軍士，開墾成業，連年爲利，但地之肥瘠難例，人之勤惰各殊，至於每歲收成，皆一概取必而無所區别，是導之以爭也。合無行兵備道督同將領，酌議名數，派以丘叚，仍攢造田畝冊，各令相均其勞，亦均其利。所部將官有漁奪於其間者，許指實具告，以憑究治。其餘荒地不能盡墾者，所在有之，凡諸色人等有能盡力耕種，悉免起科。

一、寬鹽例以廣開中。查得薊鎮自嘉靖三十七、八年始開鹽引中納邊糧，兩淮水鄉鹽九千一百四十九引，每引定價銀五錢，長蘆折布鹽四萬五千三十三引，每引定銀二錢，開額數年，報中甚少。先年淮鹽一引納糧二斗五升，蘆鹽一斗，後覆議淮鹽三斗，蘆鹽一斗三升，陸續議增淮鹽五斗，長蘆鹽二斗一升七合。尋以各商具各户部轉行查估，淮鹽酌減三升，蘆鹽減一升三合二勺，在官司取盈錙銖，在商人較量升斗，彼此牽制。合無自今淮鹽五錢，蘆鹽二錢，原有定價不容增損。惟於時估之外量從寬假，如薊州糧一石時估若干，運至某處近倉該增若干，某處遠倉該增若干，其他州縣、各邊堡倉口莫不皆然，務要酌量市斗、倉斗各無異議，聽商人認納，刻期完報。查得時估一節，先從州縣起，而後達於兵備道管糧衙門，至户部，而後定原有遞減之例。故州縣與該道

---

① 汙萊，指田地荒廢。語見《毛詩正義》卷十二《小雅・十月之交》，《十三經注疏》本，第726頁，"徹我房屋，田卒汙萊"。

不得不少寬其數以備再減。合無今後州縣各照的確時估，聽兵備道與管糧郎中會同釘議，免關白於户部，庶不致低昂互異。及訪得本鎮有賣窩奸徒，抑勒各商，阻壞鹽法，自今承認之後，若兩月以上糧不到倉，即係光棍冒攬，許別商另投甘限認狀，依期完納。仍查原報姓名訪拿重治。及照鹽商之糧專備客兵支用，往往稱難，若改給主兵月糧，及米豆兼納，或四分主兵，六分客兵，則諸商皆欣然就之矣。

總督侍郎譚綸議覆總理都督戚繼光條陳疏畧① 隆慶三年

准兵部咨，該總理戚繼光題，該本部覆議，通將戚繼光奏內事理移咨到臣，與巡撫劉應節會同巡按巡關御史逐一從長議處。要見調取浙兵及就近召募精壯與選摘該鎮見軍，事體孰為長便？車騎合練是否堪用？鼓舞犒賞、兵車火器之費作何措處？七原、六失、四弊作何改圖？巡關監軍果否便益？較閱射打應否停止？務令可為經久，會議具奏。等因。臣會同巡撫都御史劉應節、巡按御史劉翾、周以敬、饒仁侃詳議，內除南兵已奉有明旨，不敢議調外，謹以戚繼光所陳與兵部所議事理有關軍計者列為綱領凡七，綱領之下，仍為條目，開坐具請。

一、兵部議稱，就近召募精壯與選擇該鎮見軍，事體孰為長便。臣等看得選摘該鎮見軍訓練，誠為經久之圖，但薊鎮各路缺額以數萬計，而邊疆延亘，即擺守修工，尚稱乏人，不能不仰資於入衛之軍與更戍班軍，若摘而練之則守邊益寡，就而練之則勢難遍歷。至於召募土著尤屬難行，蓋沿邊郡衛土廣人稀，應募者寡，是一難也。先年募兵一名，給安家銀五兩，比至逃故，輒又勾其親族補伍，至今土人謂以五兩之銀，博一永遠之軍，是二難也。塞上軍士月食糧一石，又有尅剝之苦，撫賞之累，修邊之勞，人不樂於應募，是三難也。臣等反覆思處，自練兵言之，其說有二：一曰選區將。區將者，各路之主將也，使盡能知兵而練之，蔑有不濟。臣等謂，宜將各路參遊俱聽總督、鎮巡授以練兵之法，各將區兵如法訓練，務求其精，弗精者，容臣等不時論罷，是區將得人，兵可使精矣。二曰設副將。夫薊鎮九路，山川險阻，即使戚繼光往來遍歷，必三月而始一周。臣等謂，宜以建昌營遊擊改設協守薊州東路副總兵，住劄建昌營練兵，而臣應節標兵即以屬之，以石匣營遊擊改設協守薊州西路副總兵，駐劄石匣、密雲練兵，而臣綸標兵即以屬之。

又自召募言之，其說有五。一曰議班軍。夫見在班軍皆分布十二路修守，無暇於練，惟有稍增其數，自擺守之外，恒餘有六千人，付之戚繼光合營訓練，待此既精，又

---

① 該疏與《明經世文編》卷三百二十二《譚綸·譚襄敏公奏疏·條議戚繼光言兵事疏》，第3434~3438頁及《譚襄敏奏議》卷九《感激非常恩遇披誠請兵備戰守以圖補報疏隆慶三年二月二日題》，《景印文淵閣四庫全書》第429冊，第782~794頁内容多有相同之處。二書較《四鎮三關誌》更詳細。

取六千人練之，此兵別難取盈。合無於河南、山東京操軍內各發三千人，照例改定春秋班次，各用領班都司官一員，責之挑選統領，每年依期赴臣，綸處轉發戚繼光，是一策也。但查得河南京操春班官軍見在止有一千有奇，必須於秋班七千數內改撥二千作爲春班，乃可足春秋兩班之數。二曰清查衛軍。照得舊規，每年鎭巡官將屬衛軍伍各輪流比較二次，但所比者，重在本戶正軍，而餘丁則在所畧。合無以後聽臣嚴督兵備道，查取各衛所兜底文册，逐一清查，但有逃故，盡行清補。每季終，將清出軍丁及取軍妻造册，徑解臣應節處轉送收操，如果正軍故絶，照依近例僉取補戶。其總兵官每歲比較，仍照舊規而行，但解到軍丁，仍要加意存恤，軍徭悉與復免。如此，則清出一軍即得一軍之用，愈於召募民兵多矣。三曰勾補逃軍。薊、昌二鎭額軍逃故數多，在本鎭所屬衛所。今議責之鎭巡、兵備等官清補，至屬之他府與在外者，例用單清勾。合無通行各該衛所，除南直隸各府①照舊造送兵部外，先將北直隸八府各造一册，送臣綸處通行清查，分發該兵備道，照册清勾。每名仍要盡報本戶下弟男名數，登注造册三本管解臣綸驗發，管伍取各印信收管，付原解回。照各該營路將官，務將各軍安插得所，仍查其原籍相近者，每五人編爲一伍，立一伍長，五伍編爲一隊，立一隊長，令其自相保結，但有逃回，勾解問罪，隊、伍長連坐，若係千把總尅剥逼逃者，一體參問不貸。每年終，各兵道將所屬清軍掌印官備查一年之內清解過軍士，及解到有無逃回，再勾各名數，順造文册，呈送臣綸覈實，比照徵糧事例，分別等第，通行舉劾，即拔十得三，亦備邊之一策也。四曰廣召募之法。合無容臣應節會同各鎭守官，查支先年募兵銀兩，每路將官各發三百兩，二鎭守總兵各發六百兩，聽令廣行召募精兵，審取真正名籍，每名給與銀一兩二錢，解送二鎭，收補各路額軍食糧，逃者一體拿治，如前銀用盡再行支發。但各路見在食糧軍餘多有改易名姓，弃軍、收軍，良非事體，務須嚴禁而重治之，庶無實此空彼之患。五曰議行糧。土著之民所以不樂應募者，固懲前受募之害，亦以糧餉之薄故耳。爲今之計，謂宜將各新募土著之兵與新補衛軍之精壯俱屬之總兵戚繼光、楊四畏，充作標兵訓練。在戚繼光務以萬人爲率，在楊四畏以三千爲率。各一體支給行糧，如出一萬三千之外，推之以補督撫標下之兵，即各將原取各路標兵，歸之各路防守。如下班事體，止食本等月糧，仍計發回各路軍數若干，即減調入衛客兵若干，若減得入衛官軍一枝，所省行糧料草即可充標兵二枝行糧之用。若用此法，盡罷入衛之軍，所省奚啻巨萬。凡此七事，皆補兵練兵之要務也。

　　一、兵部議云，車騎合練是否堪用。臣等謂，今日車騎合練之法，即太公復起不易。且所謂險地、易地，皆薊、昌有之。今計二鎭之間可練爲兵車七營，每營用重車一百五十六輛，輕車二百五十六輛，步兵四千，騎兵三千，駕輕車馬二百五十六匹。以東

---

① ［校］府，底本、民國間抄本作"省"，據下文"北直隸八府"及文意改。

路副總兵一營，今巡撫標下一營駐之建昌、遵化，以西路副總兵一營，合總督標下一營駐之石匣、密雲，以薊鎮總兵二營駐之三屯、昌平，總兵一營駐之昌平。有車以爲之營衛，我得以展其所長，此車騎合練堪用者一也。行則爲陣，止則爲營，以車爲奇，進可以戰，退可以守，此車騎合練堪用者二也。車不費芻，車兵用馬，步以車爲蔽，兵不用甲，省費不貲，此車騎合練堪用者三也。前北虜入內地如蹈無人之境，四散摽掠，莫之誰何？今有兵車與戰虜，既不敢分掠，又不敢久住，此車騎合練堪用者四也。薊、昌地方險阻，車利扼塞邀截，使虜失利，當有終身之創，此車騎合練堪用者五也。今都督戚繼光議以車騎，令練臣等援古証今，實以爲得制虜之長策。

一、兵部議云，鼓舞犒賞、兵車火器之費作何措處。夫兵車火器之相須爲用，臣論已明。至於鼓舞犒賞，臣等查得先年該兵部議行，每參遊支發各二百兩，昌平總兵或二百兩、三百兩，薊鎮總兵或五六百兩，各聽隨營練兵犒賞，每季各將賞過數目登記文簿查考，用盡復行呈請。但今戚繼光總練七路與標下之兵，及改設副總兵，亦應議及。合無將副總兵止照各參遊官支發，其戚繼光每季三百兩爲率，支發不足，則明白具軍門議發，大率每年不得過一千五百。自兵車言之，先該臣綸疏請工部發銀打造戰車七百輛，見今已完一半。但今以七營計之，尚少戰車三百輛，通候工完造冊奏繳，是則議處兵車之大畧也。以火器言之，在各路主兵官軍如快槍、如將軍銃、如佛郎機，見在亦多足用，所欲增者惟火藥、火箭、噴筒、鳥嘴銃。在各標兵營，如佛郎機、鳥嘴銃、快槍、火箭、噴筒、團牌、刁挺之類，復該臣綸疏請工部發銀製造。但初練兵車，所費火藥數多，合無與各路未備之數，俱於犒賞銀內支發製用。又以折徵民兵犒賞言之，見今布貯尚有數萬，似可足用。今山西業已免解一年，若支用無窮，理日何所措手？相應請乞敕下兵部，將山西隆慶三年應解銀兩移文催解，十二路每年犒賞火器及年例硝磺，七營修理兵車，皆所取給。此外，惟有原請留各衛所軍器銀一半，數既不多，及查解部數亦甚少，相應一併議留在於本鎮，以備各路軍火器械之費，是亦少有所補。

一、兵部議云，七原、六失、四弊作何改圖。夫所謂七原者，原其雖多亦少之弊耳。一曰役占之弊，二曰應付之弊，三曰調遣無法之弊，四曰班軍無制之弊，五曰臨陣無紀之弊，六曰家丁偏重之弊，七曰守險無要之弊。內除役占違例，夫馬繹騷、家丁偏重，臣等得以徑行議處，班軍無制，事緒煩瑣，必須督臣專疏以議。守險無要，已該督撫議築墩臺，臨陣無紀，即今訓練兵車無容更議外，惟是遇警調發，委當預定程限，先以督撫鎮協標兵言之，在督撫鎮守已奉欽依，不分信地，但各標下之兩防各有就近駐劄之處，如協守薊東副總兵駐劄建昌，巡撫標兵既議屬之，則當兩防之際，俱赴建昌合練。後當以一營駐劄建昌，一營駐燕河，以備燕石東西之警。就近首先迎敵，次則薊鎮，次則西路協守，次則昌鎮，各標兵以次而至。薊鎮總兵標兵駐練三屯兩防之時，則當仍舊不動，以備馬、太、松棚三路之警。先期馳赴截殺，在東則東路協守，在西則西路協守,次則昌鎮各標兵,以次而至。協守薊西副總兵駐石匣,總督標兵既議屬之,則當兩防之際,俱赴密雲合練。後當以一營駐密雲,一營駐石匣,以備墻、古、石塘嶺三路之警。就近首先迎敵,次則本鎮,次則昌鎮,與東路協守各標兵以次而至。昌鎮標兵駐練昌平,亦當仍舊不動,以備居庸、黃花鎮、邊城三路之警。先期馳赴截禦,次則薊西協守,次則薊鎮,次則薊東協守,各標兵相繼並至。凡遇調遣,每營路各遣騎將,各將騎兵二千先馳赴邊,拒敵兵車,隨進至本路各要口,扼截以待接戰。其各路策應於各鎮入衛之軍次第前進,皆以調兵文到爲始,違期者以逗遛論。將到而兵不至者,將官參遊而下以軍法捆打,因而誤事者斬。副將而上,先取死罪招由,奏聞處治。然又當先嚴探哨,戒妄報,仍有因習不改者,仍容臣等參奏處治,此又在於七原之外,不可以不講也。

　　所謂六失,一曰不明節制之失,二曰不練火器之失,三曰不練土著之失,四曰不練入衛客兵之失,五曰不練班軍之失,六曰不務練將之失。其目雖有六,其綱一言以蔽之,在不務練將耳。今既以戚繼光爲之總鎮,而臣等又議設副將,又議選區將,則明節制,精技藝,練土著,練班軍,皆舉之矣。至於練士卒以備十夫長,練十夫長以備百夫長,練百夫長以備把總、千總,練把總、千總以備提調守備,練提調守備以備參遊、副將、大將,皆不外此而得之。所謂四弊,一曰射打彌縫之弊,二曰較藝無實用之弊,三曰偏重射打之弊,四曰閱視多文之弊。夫弊雖有四,一言以蔽之,將不得其人耳。如將得其人,則所存皆實心,所幹皆實事。臣等所謂選將實今日第一議也,又何有七原、六失、四弊云乎哉?

　　一、兵部議云,巡關監軍果否便益。臣等議得,都督戚繼光奏請科道一員監軍,本部覆議,就以巡關御史爲之,正恐設官太多,事機紛擾,故議行巡關衙門常川督理,委於事體爲便。但戚繼光原請科道監督之意,是欲調取南兵并募西北等軍,另選五萬以備截殺。誠恐更張之始,流言易起,首尾顧忌,難以展布,故請設監軍,免生別議。近奉成命,南兵不必調取,又以本官領鎮守之,任有地方之責,則①其所轄邊關與應練兵馬,原與巡關御史職守相關,事得稽察,似不必復以監軍爲名。

　　一、兵部議云,較閱射打應否停止。臣等查得薊鎮官軍,先年該兵部題奉欽依,行巡按、巡關御史會同閱視,行之數年,竟無成效。且諸將畏罪,曲事彌縫,甚至因而虛冒糧餉,莫可究詰。如部議,所謂頓足發聲,交通詐僞者,誠不無也。況較群衆於一日之間,程功能於一技之細委不足盡。邇來巡按、巡關御史亦洞悉此弊,先該御史孫代疏言之詳矣。合無將補練一事,就責成都督戚繼光嚴督各關營諸將領痛洗夙弊,從實經理,巡按、巡關御史仍照出巡事理,逐路閱視。合無稍寬時日,既不併一日,亦不集在

―――――――――

① [校] 則,底本不清,據民國間抄本補。

一處，務將軍中一切金鼓旌麾之節、行伍營壁之制、車馬介胄之容、五兵長短之用，悉心校勘，有無實用，以定優劣賞罰。不但專較射打一藝，參遊而上有仍徒事虛文不幹實事者，許令各御史不時參奏。中軍、千把總而下，應賞應罰，各御史即於教場舉行，分別補練分數，依擬暫行停止。如此則事有責成，人鮮畏避，去虛文而臻實效，在此①舉矣。

　　一、議樁朋。臣等照得兵之馳逐，惟馬是先，馬之芻秣所費無算，顧諸軍所領之料銀不以餉馬，將官侵②漁其間，焉得而不耗哉？乃議追樁銀，以領馬久，近定追銀多寡，議追朋銀，軍官出銀有差。又因將官稽察無法，乃題爲參罰之例，然將官懼參罰之及，已死者不以開報，草料不行開除，逼令本軍賠補而鬻妻子者有之；索其賄賂，乃爲開追樁銀者有之，是樁銀未必盡追，故軍困馬弊。又有巧避參罰，立爲均攤之議，即如昌平總兵劉漢比照保定事例，已經題允。此例一開，任其科派，徒爲諸將開騙局耳。除議爲條約，不許將官以追賠爲名科害諸軍，附營處所添樹馬廄，令其攅槽喂養，專以各中軍董之，日稽其草料，月驗其臕分，每季終委官查照。合無將收貯樁銀隨便支買，歲終類奏，其私攤盡行革免。庶將官之騙局可破，而諸軍之積蠹亦掃矣。

巡撫都御史劉應節請增薊州管糧通判疏畧　隆慶三年

　　據帶管兵備副使孟重呈稱，看得薊鎮所管馬蘭、太平、松棚三路沿邊一十四倉，主客兵馬本折錢糧每年不下四五十萬，主糧催徵，客糧召買，道里延長，公文煩瑣，雖有部郎督理，耳目有限，奸弊無窮。該州申要覆設通判一員，駐劄遵化適中，以便贊理軍餉，誠爲有裨邊務。及查得本州舊有馬政判官一員，裁革舊編柴薪、馬夫、門皂，每年共該銀四十八兩，應將前項役銀移復，仍量爲加派，通共該銀二百零六兩。及查平谷縣雖屬薊州，先年分撥密雲道，即爲密鎮地方，似難概派。其遷安縣雖屬永平府所轄，太平寨、五重安等倉屬於薊鎮，相應一體酌量，遵化縣派銀六十兩，遷安縣派銀三十兩，豐潤、玉田二縣各派銀二十四兩，本州復編裁革判官員下役銀，并今加添共銀六十八兩，行各州縣依期斂派應用，其有未盡事宜，候有官到任之日，另行酌處。

總督侍郎譚綸請增山海關參將疏畧　隆慶三年

　　據永平兵備僉事王之弼呈奉，臣案驗備仰，會同總兵官并該路參將從長計處，要見山海關應否革去守備，添設參將，合用軍士應該作何處補，具由通呈以憑議題。等因。依蒙會同鎮守總兵官戚繼光等議得，山海一關先年建設一衛十所，官軍一萬員名，後因

---

① ［校］此，原作"比"，據民國間抄本改。
② ［校］侵，底本不清，據民國間抄本補。

無事，將七千五百餘名調撥一片石一帶守邊。又將二千調撥遼東大凌河等處住守，見在止有官軍二百八十員名，及城操軍二百名。嘉靖二十七年，該經理侍郎范瑊題准，添設遊擊一員，召募遊兵三千，後改設參將，移石門寨駐守。三十九年，又該總督侍郎王忬題准，仍該添設遊兵一枝，將在衛餘丁抽垛，僅足一千。四十三年，大虜攻城，頗賴堵截之力，至四十四年防秋，又調五百名赴一片石，即今本關南海關起至北角山關止，邊長二十餘里，止有操守官軍九百，守備官事權既輕，展布寔難。爲今之計，合將守備裁革，比照居庸、紫荊兩關事例，改設參將一員，其所管官軍見在與調赴一片石擺守，遊兵共有一千四百三十六名。候設有新官，容令召募家丁五百六十四名，具足二千之數，內以五百赴一片石擺守，存留一千五百專在本關操備，其新募家丁，比照各路墩砲手事例，月支糧一石三斗五升。本官事體既定，仍責令悉聽抽垛并廣行召募，務足三千之數。其本官衙門，并一應官舍供應等項，就將守備衙門及各該官舍供應等項，量爲增添。等因。具呈到臣。臣會同巡撫都御史劉應節議照山海關地方委係遼海咽喉，薊鎮股肱重地，所據該道會同總兵官戚繼光議將原設守備革去，改設參將一員，及增設兵馬并酌處一應糧餉供應等項事宜已爲明悉，相應依擬。乞敕兵部再加酌議，題請及推舉參將官一員前來任事，庶三關並重而控制可萬全矣。

巡按御史房楠申飭種樹疏畧　隆慶三年

查得先該巡撫順天劉應節，又該巡撫保定溫如璋題前事，復將樹栽奏准補價，將銀二千餘兩解貯遵化縣庫，祇緣他務相妨，遂致遷延未舉。臣今至邊，即相其地形，詢諸輿論，大都有七利。何爲七利？三載成林，虜入犯不能齊驅，一利也。俟其半入，或以短兵相接，以火器交攻，二利也。遇敵不逃，撼之不動，即添數萬甲兵，三利也。內有敵臺，外有多樹，虜踰①重險，必延日時，而我策應之兵至矣，四利也。葉落可以供爨，果實足以充飢，五利也。且一旦窮塞變而樂土，孰肯逃去，六利也。邊樹、邊墻交相爲守，而主兵若復練焉，其勢似可支持，入衛之兵料可議減，七利也。巡撫劉都御史方在舉行，而臣復冒昧塵瀆，期於必行，邊方幸甚。

總督侍郎譚綸議處入衛兵馬疏畧②　隆慶三年

准兵部咨，寧夏總兵官雷龍題稱，寧夏遊兵入衛薊鎮，乞要每年每營量減一千或五百一節，又該給事中光懋條陳減客兵一節。等因。今該臣會同巡撫劉應節議照數年以來，言官建白，大率皆謂主兵當練，客兵當減。兵部復，因光懋、雷龍所議，欲罷去延

---

① ［校］踰，底本不清，據民國間抄本補。
② 該疏與《譚襄敏奏議》卷八《懇乞天恩議處入衛兵馬土兵宜練邊兵易減兩全重鎮疏隆慶三年十月二十二日》，《景印文淵閣四庫全書》第 429 冊，第 771~778 頁內容大體一致。

綏客兵一枝，併以量調民壯以備應援，埰抽民丁以實軍伍，酌罷臺工以節兵力，以省多費，請下臣等熟計行之。臣自抵鎮之初，即以練兵爲己任，當事二年，講求區畫，乃始得其梗概，非謂有兵而不練，蓋欲練而無兵也。薊在當時蓋爲內邊，額設兵馬、錢糧不及諸鎮之什一，至嘉靖庚戌而後，薊遂多事，防禦之計居然與宣大諸鎮相埒，而利害所關尤爲迫切。於是議調列鎮、列省之兵以入衛焉，而又召募各營之兵以爲應援。今查各路額設、增設之軍不滿六萬，而老弱逃亡亦在其數，各營召募應援之兵在當時已不能及原議之數。今七營見在不滿一萬四千，且總督鎮巡標兵又強半取給於此，外惟有先後請發京操班軍二萬，與調取真、保等衛遊兵六枝，民兵一枝，共有一萬實在之數，內如民兵一枝尚可練之，以戰遊兵之中，挑取三千尚可資之以守，餘則十不當一，僅可以供修邊臺。既成之後，教之相兼守臺而已。夫以額設召募之兵，數僅止於七萬，而內地徵發之兵又無足恃，如此而又不資於十枝入衛之兵與召募南兵，將何所恃以爲固乎？且以入衛之兵言之，其初蓋十四枝，遞減至今始十枝耳。中如大同二枝，延綏、寧夏三枝，每枝又遞減三百。合十枝論之，其逃亡事故又不下千五百人。計實在入衛之兵，祇二萬七千人耳，視舊直三之二，且舊皆精銳，今僝弱相半矣。臣等於此尚欲復大寧，聯絡宣、遼以爲外藩，而薊鎮仍深處於內，使國家有重關之恃，仍爲上策。即不能，然亦當俾薊鎮錢糧兵馬，俱有畫一長久之算，使之或戰或守，皆不必仰給鄰封，亦不失爲中策。乃今以兵馬則或聚或散，有如奕棋①，以錢糧則或與或不與，殆類乞求。而又議論紛然，欲盡罷入衛之衆，不幾於漫藏而誨盜乎？兵部議，自隆慶四年爲始，減去延綏入衛官軍一枝，臣等亦竊以爲不可。蓋薊、昌之地，其始分爲十區，每區派有客兵一枝，今若全減客兵一枝，則薊鎮既缺一區截殺之兵，合鎮且不免相援爲例無已。合無將延綏、寧夏、固原入衛兵馬五枝內各減去五百名匹，聽臣等以近日各標下新募土著之兵，各就近補足其數，照舊分區備禦，以後年分，如果本鎮應募有人，亦照此例，以此遞減。再照入衛兵馬，原係分番，故有一班在薊，即又整搠一班候代，必後班已到乃放前班。今在薊鎮既減去兵馬二千五百，在該鎮即省調兵馬五千，亦非小補，若更如近年以弱卒羸馬僅求充數，則薊鎮爲有名無實，在該鎮爲徒勞無益。伏乞該部併議，不務多而務精，乃不失徵調初意也。

臣等又以錢糧言之，邇來以入衛之兵日減於前，而錢糧日增於後，若有求其說而不得者，何也？蓋前此入衛軍民二兵，其月糧工食皆取給於該省該鎮，薊鎮不過支給行糧料草而已，且每當兩防撤兵，率有數月之間②，故客兵雖多而所費却少。至嘉靖四十二年以後，因客兵漸減，覆議於總督鎮巡標下各增設標兵一枝。隆慶元年，又議將督撫標

---

① ［校］棋，底本不清，據民國間抄本補。
② ［校］間，底本不清，據民國間抄本補。

兵全給行糧，錢糧歲增。職此之故，臣等不得不詳言之以解群疑也。但先今既減去入衛兵馬一萬四千五百人，則每歲連更番共減去二萬九千，所省沿途數千里，兩次往迴，行糧料草蓋亦係度支之數，而歲免在途倒死馬匹亦不止二三千計，又孰非府庫之財乎？

以練兵修工言之，入衛之兵誠強矣，而弱不能戰者恒半之，土著之兵誠弱矣，而強可教者亦三之一。臣等取其強者練以待戰，即其弱者俾修敵臺以待守，此關外之事不宜從中制也。自敵臺南兵言之，敵臺所以據地利、遏掠敵、制虜馬、處弱兵、易擺邊、爲併守之策，南兵之調，非專爲教鳥銃也。謂邊兵爲虜之積威所劫，而南兵善戰又善守，可以爲北士之倡，此皆臣等焦心覃思之所爲，而顧欲盡變其初設，臣等蓋不容不腐齒折舌而力爲之諍矣。至謂欲將山東、河南、山西、北直隸近鎮所在州縣僉派民壯，聽各兵備官督至境上，以備應援，是或一道。但嘉靖辛亥年間，嘗募兵於此數處，百姓爲之騷然，至今談及，猶疾首蹙額。且虜之來去疾如風雨，難於定執，預調其兵至薊，則繁費尤甚於入衛之師，聽其駐師本境，又恐無濟於放緩急之①事，是以臣等未敢輕議，仰惟聖明裁察。

總督侍郎譚綸防秋事竣敵臺工完疏畧② 隆慶三年

臣等竊謂邊境百年之利，與一戰之捷、一守之固者，萬不相侔。謹以臺制言之，廣計一十二丈至十四、十五六丈而止，高連望樓四丈有奇，間有高五丈者，下用方石實砌，上用甎壘，周遭牆厚各計四尺五寸，黃花以西秋工有厚至九尺者。其工料之費，原議止給官銀五十兩，後經臣等量增至八十、九十、百兩有差，其實有民間五七百金，一二千金不能成者。當其鳩工之初，頗以慮始爲難，然幸文武諸臣敝精殫力，百計圖成，以故春秋兩防且修且守，亦完臺至四百七十二座之多。且規制宏偉，造作精堅，在各邊人僉謂素未嘗有，即此見完之數，真可抵雄兵十萬矣。

巡撫順天都御史楊兆燒荒疏畧 隆慶五年

節該欽奉敕諭，即目秋深，草木枯槁，正當燒荒以便瞭望。敕至，"爾等公同計議，通行所屬，選委乖覺夜不收遠出邊境哨探，果無緊關賊情，行令副參、守備等官統領精壯慣戰官軍，各照地方分投布列營陣，且哨且行，出於境外或二三百里，或四五百里，務將野草林木焚燒盡絶，使賊馬不得住牧，邊方易於瞭守，斯稱委任。若出境之時或計慮不周，或紀律不嚴，或圍獵貪利，或逗遛失期，以致卒遇賊徒不能應援，或因尋殺零

---

① 之之，底本、民國間抄本作"之"，疑衍文。
② 該疏與《戚少保年譜耆編》卷九"（隆慶四年二月）總督譚公爲秋防事竣敵臺功大數多上疏"條，第268~270頁及《譚襄敏奏議》卷八《防秋事竣諒功舉刺疏隆慶三年十二月望日題》，《景印文淵閣四庫全書》第429冊，第764~771頁內容大體一致。《四鎮三關誌》多有節畧。

賊別惹釁隙，致誤事機，甚者畏避艱險，止令巡哨官軍、夜不收人等於附近去處急遽縱火，不問燃否就便回還，虛應故事，有一於此，在法俱不輕貸。事畢，仍將撥過官軍姓名并燒過地方里數，造冊奏繳"。欽此。

欽遵，臣會同總兵官戚繼光計議，通行各路副參、遊守、提調等官選委千百戶劉東等，各帶乖覺夜不收軍民先行出口擺撥哨探，及令關營挑選軍馬聽候。又照今冬虜賊在邊住牧，宜當分兵防禦，行委提調指揮陶於儒管領黃土嶺、長峪駐操二營官軍一百員名，在大毛山口關；提調指揮黃孝敢管領石門寨營、平山營官軍二百員名，在義院口關；管操指揮陳忠管領五重安營官軍一百員名，在白羊谷；管操千戶蘇爵管領漢兒莊營官軍一百員名，在龍井兒關；管操百戶曾祿管領松棚谷營官軍一百員名，在洪山口關；管操百戶寧宗保管領羅文各營官軍一百員名，在沙坡谷關；管操千戶周勳管領大安口營官軍一百員名，在大安口關；管操百戶薛應元管領鮎魚石營官軍一百員名，在鮎魚石關哨；總千戶月有明管領馬蘭谷營官軍二百員名，在馬蘭谷關；管操百戶岳世忠管領黃崖口營官軍一百員名，在黃崖口關；管操百戶劉光遠管領將軍營官軍一百員名，在於將軍關；管操百戶胡相管領峨嵋山營官軍一百員名，在黃松谷關；管操百戶王欽管領熊兒谷營官軍一百員名，在灰峪口寨；管操百戶齊承宗管領墻子嶺營官軍一百員名，在墻子嶺關；管操指揮周禧管領吉家莊營官軍一百員名，在大蟲谷關；管操千戶囤茂管領馬蘭谷營官軍一百員名，在漢兒嶺關；管操百戶蕭養浩管領曹家寨營官軍一百員名，在黑谷關；管操冠帶總旗周添祿管領司馬臺營官軍一百員名，在龍王谷關；管操揮張楚管領潮河川新營官軍二百員名，在古道門；管操百戶王忠管領古北口營官軍二百員名，在河口墩；管操千戶田彪管領潮河川營官軍二百員名，在潮河川口、白馬關；管操指揮宗鎧管領一百員名，在陳家谷關守關；千戶郭珎管領一百員名，在白馬關；千總指揮黃陛管領石塘嶺營官軍二百員名，在石塘嶺關；管操百戶王世爵管領大水谷營官軍二百員名，在河防口關各駐劄。其餘各營官軍俱各分撥衝要關口，與同在關軍士相兼貼守，各於虜寇經行出沒要路布置設伏，彼此聲勢聯絡。

續據各關夜不收回報，哨無緊關賊情。至十月二十六日，臣會同總兵官戚繼光統領三屯等營官軍在大喜峯口關出口，至地名惡谷口下營，前到黃崖等處；參將李珎管領石門寨等營官軍，在義院口關出口，至地名三岔口下營，前到石碑兒等處；遊擊谷承功管領臺頭等營官軍，在界嶺口關出口，至地名大蟲谷下營，前到韭菜山等處；協守薊州東路副總兵胡守仁、參將史綱管領建昌等營官軍，在冷口關出口，至地名橫河兒下營，前到大戶店等處；參將羅端管領太平寨等營官軍，在董家口出口①，至地名石河川下營，前到偏道子等處；遊擊張拱立、孫朝梁管領松棚谷等營官軍，在羅文谷關出口，至地名

---

① ［校］出口，底本、民國間抄本、南圖本、北大清抄本皆無，據文意補。

一立馬下營，前到窟窿山等處；遊擊張士義管領遵化等營官軍，在鮎魚石關出口，至地名東水谷下營，前到石夾口等處；參將楊鯉管領馬蘭谷等營官軍，在黃崖口關出口，至地名平嶺下營，前到尋思谷等處；副總兵張臣管領墻子嶺等營官軍，在墻子嶺出口，至地名陡子谷下營，前到簽兒嶺等處；遊擊王旌管領曹家寨等營官軍，在黑谷關出口，至地名黃石崖下營，前到石門兒等處；協守西路副總兵李超、董一元管領石匣等營官軍，在古北口關出口，至地名三岔口下營，前到十八盤等處；參將陳勛遊擊張涇管領石塘嶺等營官軍，在石塘嶺關出口，至地名橫嶺下營，前到湯河等處，各策應燒荒。督遣守備等官楊秉忠等分領原選關營精壯官軍，兼同兩班夜不收，且哨且行，各照地方舉火，已將野草焚燒盡絕。至本月二十八日，存留該班夜不收照舊哨深，其各路出境官軍俱已入口散回。各該關營操守，但係溝澗阻截火道，及背陰山谷積雪低窪濕潤處所，一時不能燃燒，又經會議，行令各官帶領官軍并該班夜不收密切補燒。除行總兵官戚繼光將撥①過燒荒官軍姓名并燒過地方里數造册進繳外，爲此具本題知。

巡撫都御史楊兆議處重鎮邊備疏畧　隆慶五年

　　照得春防正殷，醜虜狡計叵測，在我隄備宜嚴。臣於本年正月十九日會同總督劉應節陟降邊垣，不憚險邃，東自石塘嶺、渤海所、黃花鎮起，西出居庸、橫嶺、鎮邊城等處止，馳逐千里，遲回二旬，山巔水滸，靡不周歷，關營利弊，靡不咨訪，其於安攘之猷，宜時之畧，頗得梗概。伏望早爲議處，亟時舉行，疆圉幸甚。

　　一、請給旗牌以便調度。查得内地浙江、保定巡撫都御史俱奉有欽降旗牌，便宜行事。惟順天巡撫既握兵戎之寄，復有監督之責，獨無欽降旗牌。且軍門遠在密雲，總兵駐劄中路，惟臣遥控各區於灤水之東，獨可無旗牌乎？伏乞查照浙江、保定事例，特假令旗令牌，以後凡各邊官軍及應援客兵，如有觀望逗遛、臨陣退縮者，得捧旗牌行事。臣之所以報陛下者有此地矣。

　　一、議勘外險以據要害。看得墻子、馬蘭、松棚諸路，先年俱經大虜入犯，其諸提調地方，衝口可通大舉者不止數十餘處。近幸俱有敵臺可恃無恐，但邊長兵寡，守禦實難。臣查得，先該巡撫劉應節踏勘，得馬、松二路西自黃崖口鑽天鋒起，東至洪山口廖家谷止，邊外如分水嶺、大小石門等一十三處，設墻不過二百丈，建臺不過五七座，斬關不過三十處，即馬、松二路俱包羅在内。又如窄道兒地方，曾令古北口指揮李鼎等潛往踏看，畫有圖説，即塞窄道兒二條道流河不消諸口，彼皆險多易少，相勢修築，即墻子嶺、馬蘭谷俱有外險足恃，所守之地甚約，所省之兵無筭。若盡將前隘口修築堅厚，隨立關寨，有山可樵，有地可屯，濟軍費於不匱，奠疆圉於久安，此上策也。但事干動

---

① ［校］撥，底本不清，據民國間抄本補。

兵出塞，乞行總督並臣撫鎮督行該道兵備將領，先選委熟知境外地方官，帶領鄉導、夜不收并畫工親詣前項隘口地方，逐一細加踏看，要見某處爲從入之路，某處爲必通之途，某處可以堵截，某處可以設伏。臣仍會同總鎮親履其地，逐一詳勘，其不可爲即不敢強爲。

效祖曰："余讀楊中丞修外險之疏，不得其要領。後至曹家砦登霧靈關，李遊戎逢時爲余刺刺①言之，余灑然悟，乃後復問之張副帥臣，臣亦曰然。"

一、酌量分布以守衝緩。照得薊邊延袤二千餘里，入衛之兵有強弱，而分守信地有衝緩。以衛兵言之，首稱延綏、寧、固、宣、大、遼東，而班軍次之。以信地言之，首稱古北、墻子、馬蘭、松棚、太平、燕河、臺頭，次石門，而山海又次之。節年以來，軍門分布，酌量衝緩，固各做當，然不過各區之大路也。至於分派一區之信地，則屬之主兵之將領。近訪得各該主兵將領率皆推奸誤事，每遇客兵到邊防守，不論強弱，先將極衝難守之地俱付之客兵，而便利安閑之地皆留爲自守。如先年以都司吳光裕班軍擺守界嶺，衝關失事，率皆主將爲謀之不忠也。臣查得薊鎮總協衙門原係統馭諸將，各有分閫之責。合無自今爲始，每遇春秋兩防，軍門酌量分布，仍聽總理衙門通將全鎮各路守備提調並各客兵官軍再加備細酌量，某區某地某梁某處爲上衝，當用何枝人馬防守，某爲次衝某爲最緩，除應留緩②兵，仍聽另行團練以備策應外，其餘主客官軍，俱要預期搭配停妥，使主兵不得以衝地規避，客兵不得以緩地怠弛，有功與主兵同賞，有罪與客兵同罰，責成既嚴，自難規避。每遇春秋兩防，以兵馬上邊之日，即爲備細接區分布之舉，通造文册，開送軍門，並臣巡撫衙門考覈施行。

一、議修偏坡以固墻垣。照得墻垣乃疆圉之藩籬，而偏坡又墻垣之障蔽，有偏坡則虜雖衆不敢仰觀於上，馬雖強不敢馳驟於下，鈎竿不可到，雲梯不可安。先年緣人力不足，雖嘗議修，俱無足恃。爲今之計，合無容臣會同總督鎮守各官，通行各該兵備及各路主客將領等官分投踏勘，逐區修整，尤必相度地利，分別難易，酌定工力，削爲懸崖，至如內外平漫之處必難鏟削者，他亦有限，或設柞木火技，或挑壕塹品坑，或添置高臺，或倍增雉堞，務使與偏坡一體可恃。

一、議蘇軍力以資修築。照得薊鎮邊墻水口，每年俱屬主客官兵分守修繕，顧軍士之工力有限，而邊垣之廢弛無時，年廢年修，殊不暇給。臣查得軍民犯該徒罪者，在東南則煎鹽炒鐵，在西北則擺站哨瞭，原無定役。訪得前項徒犯到驛，畧無應幹事務，乞將直隸撫按各道府州縣，有犯該徒罪人犯免，發驛遞墩臺充爲修邊徒夫，解發兵備道。

---

① 刺刺，底本、民國間抄本、南圖本、北大清抄本"刺"、"剌"難辨，當是"刺刺"。刺刺不休，形容說話嘮嘮叨叨，沒完沒了。語見《韓昌黎文集校注》卷四《序·送殷員外序》，第306頁，"出門惘惘有離別可憐之色；持被入直三省，丁寧顧婢子語，刺刺不能休"。

② ［校］緩，底本不清，據民國間抄本補。

查發傾壞邊墻水口羈絆修築，照徒年限，每日止修墩臺或濠塹，約幾許爲一工，定發以百里爲率，二百里者減去一工，三百里者減去二工，以次遞減。如有能併工完報者，止以工限爲準，不以年限爲期，即與釋放。

一、議處馬匹以備騎征。查得薊鎭主兵馬匹消耗強半，椿朋辦納月無虛日，邊營坐此疲累愈極。近該總督軍門量議題，請給發太僕寺備用馬匹，但各營之倒死數多，軍士之賠補難繼。除立法嚴比攢槽喂養外，臣偶閱舊卷，查有嘉靖三十一年兵部爲預處馬以資兌用事，題奉欽依開納事例，內一款：軍職犯該邊方立功者，許納銀納馬贖罪，免發立功，千百戶、鎭撫納銀一百兩，該納馬四匹；指揮納銀一百四十兩，該納馬六匹；都指揮以上納銀二百兩，該納馬九匹。若已發配，曾經立功一年至四年者，各照年限，官職員級遞減納銀納馬，係邊鎭者就於巡撫衙門告納，完日咨部查考。馬匹給軍騎操，銀兩收貯，聽候買馬。兩京并各省有犯立功未經發配者，具告原問衙門，或各該巡撫、巡按，查照招由，一體上納還職，仍候立功年限滿日方許支俸。又一款：在外衛所軍餘舍餘，有願納銀納馬參充承差知印吏役者，布政司知印納銀一百兩，該馬四匹，外貼銀八兩；都司知印并布、按二司承差納銀八十兩，該納馬三匹，外貼銀十兩，該納馬三匹；布、按二司吏典該納銀六十兩，該納馬二匹外，貼銀十兩；都司并各府苑馬寺、行太僕寺、鹽運司吏典納銀四十兩，該納馬一匹，貼銀一十四兩；各司府首領并州縣吏典納銀二十兩，衛所吏典納銀十五兩。俱於各該衛所查告無礙起送，赴各該布政司直隸府州縣上納，免其考選，各准候缺，照依納銀納馬日期挨次參補，欽此。又查得此例至四十年終止。今照公私匱乏，相應題請，將前項事例二款改行薊鎭，容臣出示，召納本色，以補各營節年倒死馬匹，待補數完足，容臣題請停止，庶馳逐有資，戰守無恐。

總督侍郎劉應節倉庚寫遠乞賜議處以蘇邊軍疏畧　隆慶五年

據密雲等兵備道副使王惟寧等呈，蒙臣等案驗，依蒙會同戶部管糧郎中侯國治等各會議，三鎭軍糧改折數目到臣。案照先准戶部咨，據總理戚繼光揭帖前事，該本部咨開案，查隆慶三年該巡按御史房楠題稱，邊鎭糴買本色，軍士關支不便，要將月糧本色三分、折色七分給軍，其間程途寫遠，本色二分、折色八分，該本部議行，每歲十二個月，下半年照舊折色支放，其上半年准給本色三個月，折色三個月，已經題奉欽依欽遵訖。臣會同巡撫都御史楊兆議照薊門領糧軍士近者七八十里，遠者動至數百里，道塗綿遠，運負艱難，故巡按御史房楠、總兵戚繼光俱有此議。但折支事宜，倘歲時豐稔，願領折色者多，則原議折色之外再爲改折一個月亦可，如遇荒歉，願本色者多，則原議本色之外再爲加給一個月亦可，要在臣等因時通融，多方預備，如荒年用過本色若干，豐年即多放折色以補之，若仍不足，亦不必召商，惟選委官員依時價兩平糴買，及數而止。如年歲屢豐，積米已足，其餘者通行移給客兵。是故在常時則與折色以便軍，而積米在倉；荒年則與本色以濟急，而積銀在庫，一調停之間，而國家兵食之計定矣。

巡撫都御史楊兆軍政廢弛懇乞議處以重守禦疏畧　隆慶五年

　　據密雲兵備王惟寧呈稱，行據通州申查議過參將聶大經條陳五事。等因，備開到臣。據此，除查給布花一事行該道徑行外，該臣會同總督劉應節，看得聶大經議處糧差以蘇軍困等四事，委於軍政有裨，但係增補糧餉、議動差銀、酌處衛官、重務相應議擬，照款開列，俱乞敕下該部再加詳酌覆議，上請定奪施行。

　　一、議處差糧以蘇軍困。該本道議呈，通州原額軍士三千，後因調發不常，止存二千餘名，月食八斗或六斗，又因抽補軍伍，戶無餘丁，將原額均徭、局料柴炭銀兩乃於正軍出辦，差繁役重，而月糧不及一石。查得邊腹軍士俱月食糧米一石，合無於通州營操軍士月糧補足一石。等因。臣等看得，通州營軍士原為防護漕運守禦城池而設，是故立為營伍，統以參將。自邊方多事，漸有徵調之勞，又因軍無餘丁，兼出額辦之賦，於是月糧所入尚不足以供差。既經該道查議前因，似應依擬。合無敕下該部將該營軍士，比照張家灣備禦事例，應支月糧補足一石，三項差徭照舊辦納，庶軍力少獲蘇息，而行伍不致空虛。

　　一、乞討草料以資馬政。該本道議呈，本營討馬得給一百五十匹，原無議有草料，不但損馬，抑將損軍。合無比照張家灣備禦營，有馬官軍草料全支，等因。臣等看得該營馬匹草料若責備各軍自辦，勢必不能，若盡行仰給於官，恐涉糜費。合無姑照邊方中兵馬匹事例，無事之時，每年春冬支給料草，夏秋自行牧放，果奉有調遣，本折照例全支，庶為得其養不致倒損，而軍力少蘇，可免逃亡。

　　一、議處公費以杜科斂。該本道議呈，通州營將官、中軍、千把總日行公文、筆墨紙劄、造冊等項公費頗多，原無議處。合無酌處，中軍官月給銀九錢，把總官給銀叁錢，買辦紙張，參將下寫字人二名，每名月給銀六錢作為工食，俱於四衛均徭內動支，再不許取派軍士。等因。臣等看得，該道所議通州營各官紙劄公費，欲與各衛均徭銀兩動支一節，為照前項銀兩原備辦，一應公費，既經該道查議前來，相應依擬。乞敕該部備行臣等，轉行通州左等四衛，於每年徵收均徭銀內照依前派數目支給。如此，庶官無科斂之私，而軍免剝削之苦矣。

　　一、議處衛官以肅軍政。該本道議呈，通州五衛自處一城，其通州左等四衛因衛所疲累連年，官經降調，動稱缺人廢事，獨通州衛名為京屬，官多空閑，合無營中缺官，於通州衛擇選賢能者一體委用。等因。臣等看得，通州左等四衛疲累凋殘，每每缺官任事，欲於通州衛一體委用一節。合無敕下該部備行臣等，每遇通州左等四衛掌印、屯田、巡捕等項，及通州營缺官管理事務，通融於通州衛選擇委用。自後每遇考選軍政之年，聽巡撫衙門與同各衛一例考覈，庶四衛不致有乏人之嘆，而通州衛亦免有冗員之議矣。

總督侍郎劉應節請設三武學疏畧① 隆慶五年

　　自嘉靖庚戌而後，羯胡匪茹屢侵畿甸，一時仗鉞，登壇之人卒未有堂堂一戰，摧輪而笞其背者，則以將帥之非人故耳。夫兩京設有武學，每三歲亦開科取士矣，然因循故事，竟乏眞材。於是不得已而求之世胄，則紈絝之子無復鷙闥之氣；又不得已而收諸奴虜行伍之間，然而韜鈐不諳，終非統馭之才；又不得已而舉之廢弃搜之隱，逸然非粗捍而難用，則大言而寡實，竟無可以稱塞明詔。仰紓聖天子拊髀之思者，則以儲將之無素故也。臣未暇遠，及姑即臣所督屬地方言之，如遵化、密雲、永平三處，舊各有武廟武學，而分隸衛所甚多。合無將附近衛所官舍選其年力資性，量置號房，群而養之。仍分析門類，令各專一業：一曰韜畧，如《武經七書》、《春秋左傳》、諸史百將等書；一曰武藝，強弓勁弩，腰刀長槊，矛盾戈鋋，軍火神機之類；一曰膽力，宜仿古翹關負重之科，力能引弓若干，鈞弩若干，石杠鼎若干斤以上，方許入選；一曰雜技，如陰陽、星曆、遊說、間諜、火攻、水戰、陣圖、戰法、秘術、奇技可裨軍機者，此養將之大畧也。

　　必欲舉行而科條有五。一曰防收養之濫。凡所養士，先儘將門子弟、衛所幼官及應襲舍人精壯肄業，每學止以百人爲率，其在民間，須有絕人技力、超群資質，間一入選，然分數不過十三，庶免濫觴之患。二曰裕養士之資。夫武士占籍，遠近不一，若供贍不給，則士習不安，相應比照生儒例，分爲三等，稍優厚之。一等月給米一石，二等月給米六斗，三等但月給行糧四斗五升，中間若係職官支俸者，但給行糧，不重支廩米。三曰選合格之師。夫章句之儒，頗多迂腐，而介冑之夫，亦鮮知兵，合無多方咨訪精通韜畧者數名，奏聞破格用之，令置武學教授，三年作士，有績一體陞授。四曰專提督之秩。密雲等鎮，各有本管兵備，就令監攝提督武學事，立之章程，考其功課，仍每歲一試，以行賞罰，定黜陟。五曰重錄用之典。如遇開科之歲，該道即以其所養士考選應舉，即不係開科之歲，中間才有可用者，亦許該道呈名，督撫因能任事。其在督撫鎮巡，亦間一調考，果有奇才異等堪任將領者，許指名特薦，以備將選，且教而且試之。要不出三年之外，真才輩出，所謂轉弱爲強，以紓我聖天子拊髀之思者，或者其在茲乎。伏乞敕下該部再加查議，如臣言可採，亟賜施行。

---

①　該疏與《戚少保年譜耆編》卷九"請設三武學疏"條，《續修四庫全書》第553冊，第287~288頁內容大體一致。

總督侍郎劉應節報空心臺功疏畧① 隆慶五年

據密雲等道兵備王惟寧等呈，蒙臣案驗前事依蒙，查得隆慶三年春防起，至五年春防止，各路造完敵臺數目。及據總理戚繼光、鎮守昌平總兵官楊四畏各呈報相同，臣會同巡撫都御史楊兆議照昌、薊二鎮自有虜患以來，議者獨重在守，守之，誠是也。該前任總督譚綸偕臣等視師塞上，乃創建敵臺之議，其制：周圍以十二丈爲率，高連垛以三丈爲率，下用方面大石，高五七尺至一丈五尺而止，用磚砌厚四五尺至六七尺而止。原議每臺止給官銀五十兩，繼量增至八十、九十、百兩有差。原議二鎮共建臺三千座，既而分別衝緩。又議以一千五百座爲止，衝臺三五十步一座，遠者不過百步，次衝百餘步一座，遠者不過百五十步。興工於隆慶三年春，迄今凡歷五防，共建臺一千一十七座，制作久而彌精，心思熟而愈巧，高堅閎麗，迥出原議，真有民間千金所不能辦者。除稍緩去處可通單馬步賊者，尚欠臺六十餘座，容臣等稍儉其臺制，寬其人力，取修臺餘剩銀兩，量行犒賞。但派班軍路兵爲之客兵，標兵悉與停工外，其各路邊山，但係要害之衝可通大舉者，今悉控扼無餘矣。是役也，眾謂其益於防守有十利焉。軍以臺爲家，內有薪水芻糧之備，外無風雨霜雪之苦，一也；多貯火器，給用不絕，二也；賊弓矢不能及，构杆不能施，我之砲銃、矢石皆可遠擊，三也；軍依於臺，身既無恐，膽氣自壯，即弱兵可兼而用，四也；偏陂壕塹，恃臺爲固，五也；因臺得勢，因勢制令，節制可施，六也；即有狡賊乘高踰險出吾不意，而臺制高堅八面如一，彼既不能仰攻，而步賊又不敢深入，七也；相持可久，則援兵可待，八也；賊謀其入，必謀其出，來可拒阻，歸亦可要擊，九也；即賊攻一臺潰一墻，虜馬不能擁入，臺兵亦得肆力無恐，十也。除隆慶三年修工已經具題外，臣等謹查得昌、薊二鎮共完臺一千一十七座，薊鎮西自石塘嶺東至山海關，通共完臺八百一十八座，昌鎮東自黃花鎮西至鎮邊城，共完臺一百九十九座。

兵部爲申飭薊、昌防秋事宜疏畧② 隆慶五年

該本部題看得，薊、昌二鎮密邇陵京，爲根本腹心重地，以臣等耳目之所覩，記西虜侵軼者十之二三，東虜侵軼者十之八九，春防稍緩，尚當戒嚴，秋防孔亟，豈容怠誤？謹將應行事宜開立條目。

---

① 該疏與《楊襄毅公本兵疏議》卷二十一《覆薊遼總督侍郎劉應節等敵臺完工陞賞疏》，《續修四庫全書》第477冊，第610~616頁內容大體一致。本書有省畧。

② 該疏又見於《明經世文編》卷二百七十七《楊博·楊襄毅公奏疏五·責成薊昌遼保諸鎮邊臣及時修飭邊備疏》，第2932~2935頁及《楊襄毅公本兵疏議》卷二十一《責成薊昌遼保諸鎮邊臣及時修飭邊備疏》，《續修四庫全書》第477冊，第600~604頁。

一、定戰守。臣等議得，薊、昌二鎮已行總督劉應節等將各該兵馬分布停妥，無容別議。但向來口語紛紛，咸以守墻爲怯，蓋因墻拒守。兵法所爲，"先處戰地而待敵者逸"①，名雖善守，實爲善戰。臣博嘉靖三十二年總督，嘗與東虜十萬之衆相持旬日，匹馬竟未入邊，損傷虜衆，不可勝計，於時，虜酋打來孫即上蠻之父抱恨而歸。後臣復任總督，益復習明薊事，以爲必當守墻無疑。合無備行總督、巡撫、總兵，今次虜若臨墻，不拘薊東、薊西，決意拒守墻、臺，以保萬全。賊攻去處，果能保無他虞，不分文武官軍，照依斬首事例題請陞級，一體世襲。敢有訛言惑衆，破壞守墻之説者，總督官先以軍法究治，仍行解京，治以重典。

一、明應援。臣等議得，薊鎮官兵既以分布守墻，同心同力，自然可保，而意外之防不可不慮。所據鄰鎮兵馬必須預擬停當，臨期方免誤事。合無備行遼東官、保定官、宣府撫鎮官，各將所部精鋭人馬一面時加選練，一面差人於薊、遼軍門探聽，但有侵軼消息，總兵李成梁由山海關自東而西，李勇由保定自南而北，趙岢由居庸關自西而東，宣大總督尚書王崇古亦照原奉欽依事理，入關應援。内遼、保二鎮之兵，原係薊、遼軍門節制，雖徑可調遣，非得仰仗天語人心，未免急緩，少誤事機，關係不輕。

一、申駐守。臣等議得昌平陵寢、通州積貯，雖事體輕重不同，均當早爲嚴備。先該大學士高拱等題，注本部侍郎四員，一員協理部事，一員防守九門，一員駐守昌平，一員駐守通州，各有專責，事體已定。但去歲事出倉卒，所統之兵尚未定議，趁今閒暇之時，相應預爲酌處。合無備行總督、巡撫、總兵官會同查議，要見二侍郎駐守之日，應以何項兵馬聽其調度，一面咨部知會，一面徑咨二侍郎知會，二侍郎亦要先期各赴所分地方，自行料理，完日回京，直候有警，方行前去調度。

一、處京營。臣等議得，京營兵馬，祖宗設立之意，原爲強幹弱枝，居重馭輕。向來薊鎮但有警報，即將兵馬列營城外，或一二里，或三四里，徒爲文具，遂致城守乏人，萬一突有庚戌之變，城守内虛，兵馬遠隔，一舉而兩失之。合無容臣等備行總督鎮遠侯顧寰等，即將本營將兵於教場内，畧照内城外城規則，逐一分派，居常設法操演，令其曉然，各知信地，既不許張皇以致人心驚疑，亦不許疏畧以致事體乖剌。此外，每門仍量留精兵，以備臨期相機調遣，至於郊圻之外，正係督撫、總兵信地，戰守機宜，自當聽其徑自計處。

一、諭屬夷。臣等議得，朶顔三衛屬夷，陽順陰逆，弱者爲東、西二虜之耳目，強者爲東、西二虜之羽翼。自嘉靖庚戌以來，勾引騷擾無歲無之，誠可痛恨。即今西虜俺答既已臣服，諸夷大失所倚，乘其氣怯之時，相應陰折其心。合無備行總督撫鎮官，責

---

① 語見《孫子》，參孫武撰、曹操等注、楊丙安校《十一家注孫子校理》卷中《虛實第六》，中華書局1999年，第105頁。

令撫夷官通於喜峯等口明白曉諭，其廣寧、開元馬市夷人交易之時，遼東撫鎮官亦要一體曉諭。

一、修內治。臣等議得，前款所陳不過防秋一時權宜之計，至於修內之策，薊、遼、保定三鎮與宣、大等七鎮事體相同，必須一體整飭，方成畫一之政。合無容臣等將大學士高拱等所議積錢糧、修險隘、練兵馬、整器械、開屯田、理鹽法、收胡馬、散逆黨等八事，通行總督撫鎮官各隨宜修舉，候隆慶六年十月以後，分差大臣通行閱視，具由回奏。果能着實修舉，著有勞績，比照擒斬事例重加陞賞，如仍蹈襲故套，搪塞誤事，即照失機律例從重擬罪。仍乞各賜敕諭一道，應便宜舉行者便宜舉行，應奏請者具奏定奪。大率薊、遼二鎮虜警未息，比之宣、大等七鎮，保定一鎮邊情稍寧者不同，閱視大臣至日，亦當稍從寬假。

巡按御史余希周條陳薊鎮事宜疏畧　隆慶五年

臣奉命查理薊、遼等處兵馬錢糧，除各項有行事件通候查理，完日造冊奏繳外，臣惟薊邊之事，尤莫急於客兵、兩防、敵臺三者而已。該臣恭捧敕諭，內開令臣逐一查理，"其各鎮城堡隘口，見今主兵有無足用，召募土兵及清勾充發寔有，若於徵調客兵，應否減免？各鎮舊防秋，今添春防，甚至夏冬方撤，應否照舊？牆堡墩臺，終歲修築，未見保障，即令有無高厚，應否停工？"欽此。臣仰誦綸音，俯循職掌，自到廣詢博訪，稍得其說。謹隨事條陳，上塵睿覽。伏乞敕下該部，再加查議，如果臣言有裨，盍爲議覆。

一、議客兵。查得薊鎮自庚戌虜犯之後，當事者議調邊兵入衛，此時計有十四枝，頻年以來屢經奏減，所存僅八枝半耳。而每枝之內又有減去五六百者或七八百者，然各鎮猶汲汲焉，以爲當撤者。伏乞敕下兵部，集合在廷諸臣，併咨各鎮督撫，公同會議。如有別項奇謀異畧，可以罷免衛兵，則不必拘臣成說。如或審時度勢，必如臣言，則以今爲始定爲額數。或於各兵戶族子姪衆多者選取其人，或有自願來薊者聽從其便，許令携帶室家，沿途應付口糧。到薊之日，量給安家銀兩，撥與空閑田地，蓋與營房栖身，每月仍給行、月二糧各一分，冬衣布花照例支給。戶部行原衛，將本軍應得月糧、布花、馬匹、料草扣解薊鎮，改入該鎮會計數內。各軍常川在薊防守，不必輪班更換。其千把總等官亦照調衛事例，量爲優處，隨軍同住。將領聽部銓補，日後如軍有逃亡，行原鎮勾補，馬匹倒死，衣械損壞，即從薊處給，不必年年入衛。

一、議兩防。查得薊鎮自嘉靖初年時止有秋防，自庚戌後秋防加密，癸丑之歲更添春防，己未潘家口之潰，春防亦又加密。嗣後四十年，虜犯河防口則在五月間，係春防已盡之時。四十二年，虜犯牆子嶺則在十月間，係防秋已盡之時。所以，頻年以來，春防每於二月初旬上邊，五月盡方撤，甚至六月終旬亦有之。秋防每於七月初旬上邊，十月盡方撤，甚至十一月終旬亦有之。舉一鎮而四時皆防，每一防而半年不撤，其勢誠有不得已也。然薊鎮兩防兵馬，惟客兵來自外鎮，非依期上邊，恐緩不及事，若本地標遊等兵各去邊甚近，遇警方調未遲，一概分布上邊，支食行糧，爲費約用銀十二萬兩有奇。臣切以爲謬請，自今以往，遇該兩防之時，止以客兵間雜區兵相兼擺守，不得指以團練爲名預行調遣，坐糜行糧，然此猶自分布沿邊者言之耳。其有一等不在兩防，例閑常調動，如調操、調差、巡邏等項，與夫非時，往來參謁經過，隨帶人馬支給行糧料草，是不失之太濫乎？伏乞敕下該部查，果臣言可取，即於年終開進御覽揭帖，内將主兵行糧另立項款，以便稽考。併乞敕下該部，將臣新製行糧長單再加酌定，上請刊布。其不奉督撫明文非時行動，違例濫支者，經該領兵管餉官員，容臣指名參奏處治，則少調一營即省一營之費，少調一日即省一日之費，其於行糧所省爲不貲矣。

一、議敵臺。查得薊鎮自隆慶二年，該總督譚綸題，議於本鎮十四路沿邊去處建立空心敵臺三千座，後因群議洶洶，復題減一千五百座。今數年以來，建完者一千餘座，未建者近五百座。臣閱得，各臺緣墻刱建，突兀參差，鼎峙星羅，儘稱偉制，其利蓋不暇盡舉。比來物議紛紜，以爲當罷者無他，祇緣原價苦於太窄，與夫奉行者之或未善耳。若於每臺再加犒賞或四五十兩，或二三十兩，爲日用鹽菜之資，仍嚴戒各該將領務要體息貧軍，量力程工，寬以時日，不得過爲催督，以致人情不堪。

兵部右侍郎石茂華申飭薊昌防秋事宜條陳咨署　隆慶五年

一、議處軍糧。據參將聶大經呈稱，該營軍士自庚戌年後，係將京邊選退各衛老弱、空閑、餘丁補數，月支糧八斗，再無空丁幫貼，每名辦均徭銀四分，票銀二分，每名每年又辦後府柴炭、工部局料銀共一兩三四錢，計其所支，月糧十去三四。至於差役，又有巡路、擺撥、下夜等項差使，往返奔馳，月無虛日。爲今之計，合無免其補足，再選去老弱，止准二千四百名，每名月給糧一石。等因。到臣。爲照京營軍人每名月支糧一石，何獨通州營止支八斗？但今錢糧匱乏，相應酌處，合無照依參將聶大經所擬，移咨户部及督撫衙門，將該營軍士汰去老弱，務選精壯者，止存二千四百名，每名月加糧二斗，共一石。所加之數，共該四百八十石。其六百名且不必補，每名以八斗計之，亦該省糧四百八十石，數適相當。俟錢糧充裕之日，再行召補，庶糧不踰數，而軍困稍蘇矣。

一、議處馬匹。查得通州營見在騎操馬二百一十二匹，除擺撥、傳報併夜不收馬二十八匹外，見在止一百八十四匹。據參將聶大經呈稱，通州原設分守官一員，嘉靖庚戌後改設副總兵，及兌給官馬五百匹，每匹日支銀四分。於三十四年間又改參將，將前料草減革二季，累軍逃走，馬亦相繼倒死，止有瘡瘦馬四十匹，分班在道巡邏。等因。到臣。爲照軍中禦敵全資馬力，該營見在馬止二百餘匹，何以責其防禦？且減革其草料，馬匹安得不瘦損？即如先年減革二季料卓，致馬數百匹陸續倒死，其得失利害孰多孰少？合無本部題請行太僕寺，將寄養馬再給與數百匹，其草料必須照依京營馬匹例給領，勿負累貧軍。責令參將督率領馬，軍人用心喂養，操練以備不虞，雖草料之給不無少溢於舊，然主兵既强，將來可以減調客兵，其所省者當更多矣。

巡撫都御史楊兆欽遵敕諭陳列邊鎮未盡事宜疏畧　　隆慶五年

　　據永平道兵備副使孫應元呈稱，本年三月內，欽奉敕諭該戶部，議題將薊、昌二鎮錢糧責成各兵備道協同管糧郎中悉心經理，除將應行事宜徑自協同經理外，所有添設庫官、議處乞運、鑄給法馬①三事，具呈到臣。據此，臣會同總督劉應節看得，條議數事皆關係庫藏軍儲，與臣等聞見相同。但係②添設官員、議處積貯重務，又該臣等覆加議擬頗③合時，宜相應照款開列題請。

　　一、議設庫官以司出納。據兵備副使孫應元呈稱，照得永平一鎮主客錢糧不下三十餘萬，止行盧龍縣收貯。該縣係裁減縣分，縣令自有簿書，安能一一稽察？查得該府永豐倉見有大使一員，副使一員，相應將副使裁革，添設庫大使一員，專司出納，即以所裁倉副使之俸以充其費。等因。臣等看得，邇年以來，各該有司庫藏多被庫役通同侵盜，若非專設庫官看管，終難免漫藏之弊。今據所議，似亦相應，但所議庫藏不必建於別署，照舊在盧龍縣舊庫內方爲嚴密，一應扃鑰關防，責成庫官晝夜看管，其本官栖止之處。查得盧龍縣庫東有隙地一塊，可作小屋三楹，當另開一門，令其常川在彼。至於庫門封鎖啓閉，仍在於戶部分司執掌，其巡視看守人役，俱責令盧龍縣加意管束，庶責成既專，出納無弊矣。

　　一、議處乞運以便收支。據兵備副使孫應元呈稱，查得永平一鎮不通漕運，雖有給發鹽糧開中之始，尚無商人告納。主客錢糧除常賦外，所恃者乞運耳。及查乞運則例，凡省祭、監生、生員、吏承人等加納職級，每米一石准銀九錢，俱本鎮主兵改支折色。一年歲賦之內，所餘粟米頗多，惟有料草最少。今將乞運之人盡令上米，則米愈多，而豆草愈少。合無今後遇有上納人員願告某鎮者，戶部止是坐發該鎮，不必注定米豆草束，先盡少者坐令買納。等因。臣等看得，各鎮今歲民運已改本色，軍糧又改折色，所積糧米漸足供邊。惟是料草雖改本色，而原額民屯有限，各區支放甚多。今據該道所議，是亦調停通變之術也。臣等尤慮上納人員難，必輻輳而來。又查得各鎮衛所尚有屯地，內應納新增銀兩，亦係供邊正額，合無併照時估，改爲草束，以濟上納之不及，庶儲積有備，而芻豆無缺乏之患矣。

---

① ［校］馬，底本因鈐印，字迹不清，據民國間抄本及本篇下文補。
② ［校］但係，底本因鈐印，字迹不清，據民國間抄本補。
③ ［校］擬頗，底本因鈐印，字迹不清，據民國間抄本補。

一、議鑄法馬以便秤兌。據兵備副使孫應元呈稱，照得京運銀兩、太倉銀庫原無不足，及發各鎮，每一鞘中少至一二十餘兩者。近蒙戶部行令各鎮，另作木匣，鐵裹防範，似亦曲盡。後因一解官經歷呂子進領解遼鎮銀兩，出庫之時搜出挾帶銀五十兩。又易州鎮差官赴庫領銀，搜出身邊小錠抵換大錠，乃知領解之人亦自有弊，難盡責之庫藏中也。然又有不盡於此者。蓋庫中發邊，每一千兩爲一秤，外鎮甚至一百兩爲一秤者，大抵銀兩合自見其少，矧法馬有重輕，秤手有高下，又安能使之符合哉！今雖備查九邊邊郎處所，照依太倉法馬，每處鑄給一副，務令較如畫一，以後解到京運銀兩，俱以一千兩一秤。等因。臣等看得，部發銀兩往往秤兌短少，雖係解運人員抵盜侵漁，亦因內外法馬重輕不一。今據該道所議，乞要鑄給法馬，置造秤架，使太倉銀庫與各邊分司較量平準，庶出納平允，而庫弊益清矣。

清軍御史馬三樂條陳薊鎮事宜疏畧　隆慶五年

一、重職任以責成效。夫清軍之官，布、按二司既設有專職，府州縣又有佐貳一員以分理之，其責任可謂重且專也。但司道轄屬廣遠，勢難周遍，佐貳職分卑微，人易玩褻，其掌印正官分最親民事，爲易舉又多推諉漫不經心，此清勾之令徒下，而營伍之空如故也。合行令布、按二司各分地方，按時編歷，嚴加稽查。各該掌印官督同清軍佐貳官着實舉行，如有仍前怠緩，清解未及分數者，容臣等指實參奏，比照錢糧不完事例，遞加罰治，雖經行取陞遷，不許離任。庶責任既專，則各官有所激勸，而軍易集矣。

一、清册籍以釐奸弊。夫軍民以籍爲定，必用籍明實，而後奸弊可查。邇來奸猾巧爲躲避之計，買求積書，洗改册籍，或跳甲順里以軍爲民，或更姓易名以錢爲趙，弊端不可枚舉。兹欲清查，非底册無從可考也。合無敕下該部，將歷年勾單清册查發，臣等備取司府兜底册，逐一研對，如有前項等弊，以有作無者，里書人等照例問遣。若果丁盡户絕，挨無名籍，曾經三次保勘是實，方准移文兵部除豁，庶稽查有據，而奸弊可以少清矣。

一、厚貼裝以恤軍解。夫勾軍起解苦不可言，若不厚其軍裝，不惟路費不給，亦無以結其心而安其身矣。合無凡遇起解軍人，就令本戶各照丁糧，幫貼軍裝、盤費，務期足用。如有戶貧丁少者，責令本里或於本里酌議均幫，其長解工食，一體幫貼。如路經一千五百里外者，所過官司，照例日給路米一升，庶在途可免飢餓之苦矣。

一、練精壯以裨實用。夫清軍勾解，所以充行伍、備戰守也。夫何稱挨無者，既無名籍之可查充補解者，又多老幼之不堪，縱使逐名清出，久成不逃，又何裨於實用也？合無着落各當該官吏，凡遇清解軍人，俱於本戶內揀選年力精壯者充補，其餘戶丁止許幫貼盤費。如有隱下壯丁，故將老弱搪塞者，里老、族長人等從重問罪，官吏縱容，一體參治，庶可以濟邊防之實用矣。

一、立程限以嚴稽考。夫起解逃軍戶丁，須量地立限，若長解縱容，違限半年以上者，依律問罪；一年以上發附近，犯人發邊遠，各充軍。法例備在，今之應解者，多係無籍之徒，蔑視法紀，或受財賣放而捏稱脫逃，或賄買假印而朦朧充銷，似此奸弊沿襲爲常。合無以後長解，責令本里順甲挨僉殷實人戶，應當起文之日，先赴該道掛號，酌量地里遠近，立限回還，執批告銷。如有違限賣放，假捏情弊，照例重究，則稽查既嚴，而人亦不敢任意遲違矣。

一、嚴法例以杜私逃。夫逃軍有禁，窩藏有罰，載在令典，人非不知也。但近日官司奉行未至，軍民玩法不悛，隨解隨逃，徒增紛擾，若不嚴申往例，何以懲戒將來。除以往者照常勾解，姑免追究外，如有已經起解復行逃回者，許鄰里親族舉首，即將本犯調發極邊瞭哨，鄰里人等敢有窩藏容隱者，照例問發附近充軍，庶法禁既嚴，則人莫敢容隱，而軍亦不逃矣。

一、預修儲以厚存恤。夫軍戍逃亡者，固貴於清勾之得法，其勾解補伍者，尤貴於安置之得宜。苟清勾徒勤而安置之不得其所，既解復逃，奚取於清勾也。況今江北六處，俱解薊鎮矣，一時聚集衆多，尤不可不預爲之處。合無敕下兵部，移咨薊鎮總督，行令各該衛所，預先修理營房，清查屯地，如遇解到軍人，就便安置，其餘應得月糧、衣裝等項，依時給領。至於工作一節，尤爲邊軍極苦，悉令暫免。如有該衛不加存恤以致復逃者，容臣等查參。如此則已解者咸安以爲家，未解者亦不難於起發矣。

一、禁妄勾以免騷擾。凡正軍在營有丁，不許於原籍勾取，如已行文，有司覈實回報。本衛以在營之丁收役，此猶以正軍，已故就於本營餘丁頂補者而言，無非所以省勾攝而免騷擾。今有等在衛奸頑之徒，本不缺伍，故意調躲，賄求官吏行文原籍清勾，及解戶丁到衛，又不容頂補，盡勒所有盤費，依舊放回。夫一勾一解之間，勞費不貲，止以幫貼之故而擾害如此，誠不可不禁也。合無以後如有以在作逃妄行勾攝者，查訪得出，或被告訐，本犯從重問罪，本管官吏一併參治，庶妄勾可省，而里甲不致於騷擾矣。

一、禁苛刻以蘇軍困。夫起解逃軍必須嚴加防束，或量行懲處者，所以正其罪而惡其逃也。今之清勾者，多係遠年正軍逃故，將原籍戶丁勾補，較之逃軍不同，夫何所在？官司但遇清勾，一概刑禁。及至到衛，該管官吏視爲奇貨，拘係逼索，盡罄所有，及得保放而囊橐已空，欲其不逃安可得乎？合無行令各該衛所官員，痛加洗滌，如有仍前需索苦栲、私役縱放等項情弊，臣等查訪得出，指實參奏提問，庶各官知警而軍困少蘇矣。

一、酌邊腹以均補伍。夫薊鎮一帶極爲緊要重地，今之建議者，欲將江北六處俱實薊鎮，誠爲有見。但充發有邊腹之不同，地里有遠近之迥異，若一概改解，不惟事勢難行，而人之樂於就近者，皆將舍極邊而歸薊鎮矣。合無將原係極邊者照舊清解，各邊原係腹裏者清出，盡解薊鎮。以後有充發，俱於該鎮發遣，其改解薊鎮者，總督衙門移文兵部，轉行原衛，即與除豁，以免後日重勾之擾。如此，既得先重後輕之宜，亦無顧此失彼之患矣。

總督侍郎劉應節申明支糧事例以便查盤疏畧　隆慶五年

據永平兵備副使孫應元等呈，查議過薊、密、昌、永四處主客官軍馬匹支糧則例，因革增減，緣由到臣。除遼、保二鎮聽各該撫鎮官徑自查議具奏外，該臣會同巡撫都御史楊兆、監察御史余希周議照薊鎮每年常戍與春秋兩防，主客兵馬不下十數餘萬錢穀收支，每歲京運與民屯二稅，本折糧餉亦不下百十萬，名項煩多，事體猥瑣，使事例詳明，自免混淆冒濫。且該鎮節年以來，經該內外諸臣建議，戶部題覆，與夫自來舊例，一向付之高閣，司餉者無所適從，查理者無所執據，中間依形傍影，私竊比附，冗濫之弊，誠有不可一二舉者。臣等謹遵明旨，互相考訂，緣事在諸鎮，文卷多湮，凡批駁檢查不厭數四，而草創翻謄何憚再三？多方搜括，去所太浮，存所必用，衰多益寡，酌盈濟虛，以庶幾乎。該部所謂兵馬有實數，而錢糧有實用之意，合就分款開立前件，乞敕戶部會同該科再加詳定明白，覆議上請，刊布通行。庶事例明而支放有據，章程定而邊費可清矣。

總督侍郎劉應節議處南兵糧餉疏畧　隆慶五年

案照先准兵部咨，該臣等督撫官會題，本部覆議，內開議添調南兵一款，合無於東、西二路副將內聽劉應節定委一員，見在南兵內有領回者，押遣回還一名，仍補一名，再於寧、紹、金、台四府選募六千名，浙江巡撫每名給安家銀五兩，沿途不給行糧。到薊之日，備查客兵原分地方，照數更替，南兵添一名則邊兵減一名，即以邊兵糧草作爲南兵工食，新舊三枝，共九千名。合用將領，聽戚繼光查取，開送督撫具題推用。其山東民兵免其赴邊，不論馬兵步兵，每名每歲折銀二十四兩，解送薊鎮，專備南兵支用。合行山東巡撫，或應從宜折銀，或應照舊赴邊，計處回奏。等因。題奉欽依，備咨准此。除差副總兵胡守仁帶領原舊兵前赴浙江，選募新兵，并取練兵官員，及通行薊、昌二鎮總兵官，并薊、永、密、昌四道，即將近題調取南兵九千，內原舊三千抵補，減去延寧、固原、宣大、忠順軍之數，所減兵馬糧餉，果否相當？如其不敷，應否補銀若干？今免山東民兵三千，應解工食并赴鎮行糧料草。臣會同巡撫楊兆議照南兵來自數千里，養之薄則弗堪，養之厚則難繼，反覆酌量，仍日以工食銀五分適中。查得前調南兵九千，應該歲給工食銀一十六萬二千兩，除頂補陝西、宣大等處客兵及奇兵遺下行月糧、料草、犒賞等銀，共六萬七千三百七兩五錢。及議罷山東民兵三千工食與行糧料草銀共八萬一千四百五十兩，欠銀一萬三千二百四十二兩五錢，無從措處。節該鎮道衙門議，要將各路標、逃故主兵額軍月糧、布花舊額銀內量行扣給，似亦相應。臣等方會同查盤，御史多方節省，乃今又以調兵之故議及加餉，亦萬萬不得已也。再照舊調南兵三千，歲該工食銀五萬兩；隆慶二年，動支兵部馬價銀二萬八千四百九十餘兩；隆慶三年，戶部帑銀四萬兩，又發兵部馬價銀三萬四千三百餘兩；隆慶四年，該前任總督譚綸議借太倉銀六萬六千六百餘兩，就將河南、山東、直隸等處拖欠昌、薊二鎮歲例銀兩之數扣還；隆慶五年，該臣等題借支太倉銀兩，該戶部覆議，止給銀三萬三千兩，其餘備行臣等自行催取各省拖欠銀兩。臣等即分投差官，前往各省守催，行准山東巡撫梁夢龍咨開催發拖欠銀一十一萬七千五百二十兩零，河南巡撫栗永祿咨開催發拖欠銀六萬二千餘兩，保定巡撫宋纁咨開催發拖欠銀七百六十六兩零，以上共催到銀一十八萬二百八十餘兩。但原議所催拖欠係隆慶二年以前，而各省解到銀兩盡係隆慶三年以後，在各省則以遠年拖欠難以追併，在戶部則以帑藏空虛，不入會計。其催到銀兩，又以其非其年分不准借支，以致臣等計無所出，將庫貯民兵等銀盡數那借，自本年七月、八月、九月、十月支用已盡，無可搜括。而前項南兵雖回南者二千有零，見在者尚有一千二百餘人，其十月以後並無糧銀可給。合無乞敕該部再加詳議，明白上請，併入歲計，目前舊兵工食，姑容臣等暫於催到各省拖欠銀兩借支，其應罷民兵，行山東巡撫衙門速行議處盡罷，庶兵食俱足，防守有賴。

總督侍郎劉應節舉三武學教授疏畧　隆慶六年

先該本部院題准，巡撫楊兆咨准臣咨前事，內開密、薊、永三鎮事體大率相同，并需似應協一，在教授月糧俱應取之各鎮戶部分司，紙劄取之各處商稅，牢役取之衛所空丁，在師範、武生、幼官輩月廩俱應①取之衛所屯糧，或荒田所積，前項供費②如再③不足，則以武職減俸並文職缺官空月糧銀補之。仍聽各道考選，堪以作養者，方准入學，不得一概混收。至於堪爲教授者，本院會同戚總兵再四詢訪，似無出軍門聽用醫官喬登之右者，其次惟有本院聽用武舉趙佑、薊鎮聽用徽州府學生員汪應鳳，俱堪充武學教授。合無將喬登等疏名題請，各給冠帶，充教授名色，署武學事。查照原題科條，俾前往各鎮，盡心肄業課士，務臻實效，候三年滿日，覈其勤惰賢否，如果有成績者，另行薦陞錄用。等因。備咨准此。又據永平等道副使孫應元等各呈尤爲詳明，各呈報到臣，據此臣再四詢訪無異，似應准從。乞將喬登授署密雲武學，汪應鳳授署遵化武學，趙佑授署永平武學。各教授名色，如果三年作養有功，容臣奏薦實授，仍不次擢用，如其不效，定行參黜。至於各道呈議各項事宜，臣等徑自裁酌施行。

---

① ［校］月廩俱應，底本不清，據民國間抄本補。
② ［校］費，底本不清，據民國間抄本補。
③ ［校］再，底本不清，據民國間抄本補。

總督侍郎劉應節條陳疏畧　隆慶六年

　　准兵部咨該清軍御史馬三樂條議十事：一曰重職①任以責成效，二曰清册籍以釐②奸弊，三曰厚貼裝③以恤軍解，四曰練精壯以裨實用，五曰立程限④以嚴稽考，六曰嚴法例以杜私逃，七曰預修儲⑤以厚存恤，八曰禁妄勾以免騷擾，九曰禁苛刻以蘇軍困，十曰酌邊腹以均補伍，俱經兵部逐款覆議，奉有欽依，備咨前來。准此。該臣會同巡撫楊兆議照清勾之舉發而不行久矣，茲蒙我皇上軫念軍伍空虛，特遣憲臣四出，甚盛舉也。謹詢諸兵備總兵等官多方集議，各陳所見。臣等不揣陋瞽，妄爲酌量列爲十事，以補馬御史原議之所未盡。如蒙查議通行，遵照施行，庶清理之曠典不虛，而重鎮之戎行有賴矣。

　　一、議軍由。爲照國初每軍置有花欄由帖，備載軍人姓名、貫址、地産、戶丁，以便取討幫貼。合無敕令清軍御史，督行府軍道軍衛有司，將清出軍人戶丁、貫址、地産幷軍繼、軍裝、姓名、數目，即剝花欄由帖填寫，於内用印鈐蓋，給付本軍收領，候解邊之日，督撫定衛批⑥發。該道將新定衛分一幷填注由帖，不惟便於取討軍裝，亦可擬爲他日清勾之地，仍乞頒行天下遵照。

　　一、議軍册。爲照國初軍籍不許拆户，邇年奸頑之徒交通里書，竄匿版籍，更改姓名，莫可究詰。今欲議覆軍由，又當剖正軍籍，合行清軍衙門嚴督有司，將應清軍丁或檢查底册，或許令訐首，務究極弊⑦源，通行歸正。每解軍一起，即造爲一册，將本軍戶丁、地産、貫址俱在其内，仍楷書大字，某人原係某衛某所某處戍守，留空一行，待薊鎮總撫批定衛分，另行填入。其充發永遠軍人雖係民匠等籍，亦附造軍籍之後，就付解軍，委官賫送本鎮督撫批定衛所，發該管兵備道，轉發該衛登簿，仍繳回該道收貯。通候解軍完日，類總造册五本，一報兵部，一呈軍門，一呈巡撫，一留本道備照，一發原籍布政司備清勾。其各省軍册，仍每十年隨黄册一造，各軍由帖，亦十年更給，則清理有所據，奸詭莫之容，似亦今日清軍之急務也。

　　一、議軍裝。爲照邊軍有鋒鏑之危，有工作之苦、撫夷買馬、修邊繕械等費，種種

---

① ［校］職，底本及民國間抄本均無法辨認，據本卷上文《清軍御史馬三樂條陳薊鎮事宜疏畧》補。
② ［校］釐，底本不清，據民國間抄本及上文補。
③ ［校］裝，底本不清，據民國間抄本及上文補。
④ ［校］限，底本不清，據民國間抄本補。
⑤ ［校］儲，底本及民國間抄本均無法辨認，據本卷上文《清軍御史馬三樂條陳薊鎮事宜疏畧》補。
⑥ ［校］批，底本不清，據民國間抄本補。
⑦ ［校］弊，底本不清，據民國間抄本補。

多端，不賴幫貼，欲使之不逃得乎？合行清軍御史，備查某州縣該清解軍若丁，某軍實有戶丁田地若干，每丁每地應該幫貼若干，酌爲常數。中間縱有丁倒戶絕者，亦須將佃地之家從輕量議幫貼，其幫軍丁地，有司量免雜差。軍裝既定，填入由帖，或令本戶繼丁供送，或本鎮給帖回籍，類總收打。再照見在戍邊軍士，皆貧苦無依，尺籍靡定，合無敕下該部再加詳議，趁有清軍御史在彼，勞爲一體經理，庶幾重鎮之軍永無逃亡之患矣。

一、議軍伍。爲照天下衛所軍伍，調度悉有章程，而混亂莫可致詰者，惟薊鎮爲甚。於是有一衛之軍灑派於二十六提之間者，甚而路軍之更替，不由於衛官，衛籍之登耗，無預於邊將，即有逃亡，何從稽考？合無今後解到軍士，聽臣督撫衙門依營定衛，如發昌平者，即隸籍八陵等衛；發密雲者，即隸籍密雲中後等衛；發遵化者，即隸籍遵化、東勝右等衛；發三屯營者，即隸籍忠義、中興州前等衛；發永平者，即隸籍永平、盧龍等衛。其發各路者亦如之。仍查係某省某府某州縣解來者，先盡一州縣爲一處，不足則以同府所解益之，再不足，則以本省別府所解益之，儘完一省，再分一省，使其鄉黨相依，互相管保。其所定衛分，即移文原籍知會。仍報兵部轉行原衛除伍，庶尺籍既定，以後再有清勾，如持左券矣。

一、議軍解。先該臣等議題清勾軍士，不必拘妻，不必僉解。續該御史馬三樂兵部覆議，仍舊拘妻僉解，似雖別議。但今日清勾之舉，本爲薊鎮充補額軍，非謂在途無虞，即瞭解軍故事也。合行清軍御史，將應清軍人驗係壯丁，或止就一州縣爲一起，或數州縣爲一起，編成隊伍，五人立一伍長，十人立一隊長，三十人立一旗總，百人立一百總，各將年貌、脚色、疤痣造冊印鈐，仍處給路費，差官統押赴邊。至於既解復逃，并有罪充發者，仍照部議，拘妻僉解施行。

一、議軍繼。爲照軍人之所以易逃，與戶人不以逃軍爲意者，正以聽斷之法未立也。爲今之計，合無於逃軍戶內挑選一精壯者補伍，再審一般實精壯者聽繼。如本軍在逃，即移文勾取聽繼之人，若聽繼人別有逃躲，則罪坐戶頭，聽繼人捕獲，原逃則免其補伍。此法行則不勞有司，而軍之戶人自相管保，擬合併入軍由，造入軍冊，以便施行。

一、議安插。夫新到軍人背違鄉井，若安插失所，勢安能一朝居也？所據營房一節，合無容臣轉行各道及各標路，每處先建營房一二百間，陸續修建營房，期以三年內完報。但夫匠諸役不可全無犒賞。伏乞敕下該部，量發帑銀二萬兩，每瓦房一間給銀一兩，草房一間給銀七錢。軍有妻者每人一間，無妻者三四人共一間。如新軍涌集，修造不前，委官暫查民間房室賃住，每間每月不得過三分之上。至於應給屯種，聽其開墾，永不起科。即不能遍給，或查無供幫之薄者，酌量給之，亦足爲惠。

一、議收補。照得各省解到軍人，惟隸督撫鎮協標兵、各營副、總、參、遊者，頗稱安閑。及今撫鎮協守標兵不足，則取諸各路，名曰調操，而各路無兵矣。各路標兵不足，取諸各提，名曰團操，而各提無兵矣。爲今之計，合行清軍衙門將清出軍士通解軍門，應發馬蘭以西至昌平一帶者，聽軍門就近定衛，應發松棚以東至山海一帶者，軍門驗過，即移咨巡撫衙門就近定衛。至於收補之序，先遵化、三屯、建昌、石匣諸營。查其額數，以解到新軍發練，易出調操尖夜，以還各路。次則各路，查其原無標兵，如遇松棚、古北、墻子嶺、曹家寨、黃花鎮等處，以新軍酌發收練，易出提調之兵，以還各官。又次則三屯、遵化、密雲各輜重營及車營，不足者悉與撥補。如再有餘剩，則每兵備駐劄之地，預委閒將會同守備各管領新軍一枝，聽其操練。俟營伍既成，另議發邊。蓋兵備駐劄地方，即部司同在。今日投文，明日隨准，支糧事體自易，且監司督察，可免科索之擾，又無工作之勞，其於優恤尤便也。

一、議糧餉。夫以內地之民應塞上之役，即給月餉，所得幾何？此外，室家之養無處仰給，若不破格優恤，終難保其安伍。合無以後解到新軍，除支本身月糧一石外，但係有妻小者，准照邊方優恤舊例，每軍月糧之外，加給口糧三斗，期以一年爲止，俟其室家既定，屯牧相安，然後照舊住支施行。其應得布花，亦不必拘泥舊例，但係到邊三月以上者，准令布花全支。夫在籍議有軍裝，在途處有路費，在邊加以口糧布花，給以營房屯地，庶幾軍情相安，逃移可免矣。

一、議督責。爲照昌、薊二鎮逃軍不下三萬，其別處改發薊鎮逃軍抑或不下萬餘，若使清勾有法，即二三萬軍可立得也。但有司意在私民，百姓憚於應軍，乞敕清軍御史嚴督各該有司，但係開去逃軍，務要一一追求下落，仍定擬分數，以行賞罰。如完軍八分以上者，薦；七分以上者，獎；六分以下者，戒飭；五分以下者，參降。無分掌印清軍官，悉照此例。其軍以到伍，管營官不善撫恤，致有逃亡者，亦宜定以分數。如軍逃二分以下者，附過；三分以下者，降級；五分以下者，降二級。無分將領、千把總，悉照此例。每年終，各兵備道查明呈報，督撫衙門以憑具奏，庶勸懲既嚴，人心知警。

總督侍郎劉應節條陳疏畧① 隆慶六年

據總理官戚繼光會行薊州等道兵備副使徐學古等呈稱，蒙臣案驗前事，依蒙會同議照，南兵之調，原以守臺爲主，但各路之臺有多寡，各臺之設有衝緩。爲今之計，合無照依派過兵數爲準，密雲道所轄石、古、墻、曹四路，共計衝臺一百九十五座，每座鳥銃手五名，殺手五名；緩臺一百三十二座，每座鳥銃手五名，共南兵二千六百一十名。舊存留中軍旗牌、千把百總、教師、家丁，并新設副總兵下金鼓、巡視、高招、號銃、大兵、家丁等項雜流，通共官兵三千一百二十二員名，每月大約用銀四千七百五十餘

---

① 該疏與《戚少保年譜耆編》卷九"呈閱示兵餉條議"條，《續修四庫全書》第553冊，第321~322頁內容大體一致。

兩。永平道所轄燕、臺、石、山四路，共計衝臺一百五十座，每座鳥銃手五名，殺手五名；緩臺一百座，每座鳥銃手五名，共南兵二千名。舊存留中軍、千把百總，并新設副總兵新留等項，通共二千三百五十四員名，每月大約用銀三千六百餘兩。薊州道所轄馬、松、太三路，共計衝臺二百四十二座，每座鳥銃手五名，殺手五名；緩臺一百一十二座，每座鳥銃手五名，共南兵二千九百八十名。舊存留守臺千把百總，并新設遊擊下雜流，通共三千五百二員名，每月大約用銀五千四百九十餘兩。又三屯標下練兵、教師等官兵九百一十五員名，每月大約用銀一千五百餘兩。共該銀六千九百九十餘兩，三路通共每月約銀一萬五千三百餘兩，每年約該銀一十八萬四千餘兩。又稱督臺千把總每一人而兼管臺丁。等因。各呈到臣。據此，臣會同巡撫楊兆議照，密雲鎮南兵三千一百二十二員名，每年該銀五萬七千兩，內除山東應解民兵銀八千兩，尚該部發銀四萬九千兩，應領昌平、密雲二鎮各均攤銀二萬四千五百兩。薊州鎮南兵三千五百員名，每年該工食銀六萬五千八百八十兩，內除山東應解民兵銀一萬兩，尚該部發銀五萬五千八百八十兩。永平鎮南兵二千三百五十四員名，每年該工食銀四萬三千二百餘兩，內除山東應解民兵銀六千兩，尚該部發銀三萬七千二百餘兩。合行各管糧郎中另項收貯，專備南兵支用。其管臺千把、百總、千總人數頗少，相應量給一丁一馬，以便奔馳，把總量給一丁差用，百總不必加給。再照新舊南兵原止議以九千爲率，故舊兵三千遣回，二千照名選補。又新募六千，連存留南兵，共合九千之數。及查舊有南兵，連中軍、千把、百總、旗牌、教師等項，實共三千七百餘員名。及南兵去後，本鎮又徑召一百餘名，故今見有九千之外又多出九百餘人，而戚總兵議加工食，遂至一十八萬四千餘兩。但今財用匱乏，合將舊兵并新兵內挑去不堪者九百名，量給路費，責令回籍，以省軍餉。復念其素練之兵，准加工食一體留用，再加查覆議奏，遵照施行。

總督侍郎劉應節改河通漕疏畧　隆慶六年

據密雲兵備副使王一鶚呈，准管糧郎中侯國治手本，蒙臣案驗前事，准王副使會稿議照塞備以儲餉爲急，乃密雲一城環控潮、白二河，若天開以便漕者，向以二水分流，至牛攔山而上始合，故剝船自通州而上者，至牛攔山而止。若至龍慶倉，則顧覓車驢，從陸輪輓，軍民艱苦之狀，水次露積之虞，難以悉狀。蒙前軍門少傅楊　題爲改河資運，直抵密雲，備陳四利，預防一害，已有成議，因循至今。今兩水之流已爲一派，水益深則漕益便。所謂四利者可望畢舉，而一害已爲永除矣。

然又有十利焉。密雲召商買米，每石常至一兩，今漕糧足歲支之數，免厚價以召商，一利也；往昔主客之糧歲買不下十萬，客兵則盡賴召買，今加復原額，即客兵悉有賴焉，二利也；發漕米一石於密雲，則扣折色價一石於部，若止照七錢扣留存庫，而以五錢折色放軍，在密雲每石商價已省三錢，在部扣則折色支放，每石又餘二錢，發一石之米存五錢之價，三利也；主客之兵欲折則折，欲米則米，隨時應之，不爲所窘，四利也；荒歉不能爲之灾，烽警不能爲之紲，五利也；軍儲所在，民用資之，耕農雖少，米價不騰，六利也；舟運抵城，直輸入倉，則陸運脚價可省，每歲計之，亦得萬餘，而民間車馿更免拘集，七利也；又查得通倉粟米每至腐積，各軍領者每爲蹙額，今移通倉應貯之粟，以漕於密雲，而以密雲扣存之折色給通倉，應領粟米之軍則通給無浥腐之粟，京軍有實受之惠，八利也；漕米既足，歲計已充，民間召商買米之苦可以蘇息，九利也；漕艘鱗集，則商舶踵至，市廛日充，民生日阜，十利也。

今據前因，該臣會同都御史楊兆議照，密雲城外潮、白二河皆巨流也，頃緣二水未合，舟楫難通。今近城東西之堤岸已成，楊家莊之河流已改，臣等親自放舟，自鎮城由牛欄山至順義一帶通行無礙，各處官船亦漸集密雲城下，則前任總督楊博所謂四利兼得，一害不生，而密雲道復議十利亦漸次可舉矣。合無敕下户部，再加詳議，如果可行，將先年減撥米四萬七百餘石，再益以九千二百餘石，共足米五萬石撥發本鎮，專備客兵之餉，就於歲計客兵年例銀内每石扣銀七錢，共銀三萬五千兩存留。太倉銀庫補給京軍折支，以抵加覆漕糧之數，其不敷米石，隨時糴買，或聽兵便折銀，計足支用，不必再行召商以滋煩擾。仍容臣等量動漕運，扣省脚價銀一半，民兵銀一半，共造船百隻，以便輸輓，每歲量撥給軍夫。查有淤淺可浚、枝流可塞者，就便如法興工數目，臣等徑自議處施行。

巡撫都御史楊兆校覈鎮兵以稍裕軍儲疏畧　隆慶六年

據密雲等道兵備等官王一鶚等呈，蒙臣案驗前事，蒙此，依蒙查得薊、昌二鎮所屬共原額主兵官軍一十一萬五千九百二十員名，遠年逃故一萬三千八百六十二名，隆慶四年、五年至六年四月止除召補外，開過逃故二萬一千二百一十五名，新收四百三十八名，實在官軍八萬一千二百八十一員名，此據食糧之數，並無有收無除十虛五六情弊。等因。題奉欽依，備咨准此，俱經通行去後。今據前因，臣會同總督劉應節議照，國家置兵以防邊政，有是軍則有是糧，方今財用詘乏之時，未宜以兵而耗食，顧邊方多事之日，亦未可因食以耗兵。頃蒙俞御史清理錢糧，臣等與之協心共事，計諸路澄汰老弱、裁革冗濫、開除逃故等項，薊、昌二鎮共二萬一千餘人。又早議撤邊不輕遣調，歲省邊計幾三十萬金。乃今復有虛冒之議，減兵之説，事關兵馬錢糧，臣等安可緘默？查得昌鎮原額官軍二萬四千七百九十五員名，逃故六百八十七名，隆慶六年五月止，開除逃故四千五百八十四名，新收軍四百三十八名，實在官軍一萬九千九百六十二員名。薊鎮原額官軍九萬一千一百二十五員名，逃故一萬三千一百七十五名，隆慶六年四月止，又開過逃故一萬六千六百三十一名，實在官軍六萬一千三百一十九員名。是二鎮主軍原額共一十一萬五千九百二十員名，除遠近逃故，開除三萬五千有餘外，共有官軍八萬一千二百餘員名，俱有按月食糧，底册可據，臣等清勾疏内所謂逃故軍士不下三萬者即此數也。其云別省改撥不下萬餘，蓋自各省衛分逃軍，奉例改發薊鎮者言之，非謂薊鎮又逃軍萬餘也。隆慶四年秋防，分布官軍八萬五千餘名，則有寧山、河間、天津、通州等衛班軍在内，以班軍得食主餉，因列主兵，而本鎮主兵固不出此八萬之數也。隆慶六年會計開稱九萬四千有餘，則連直隸班軍并衛所官旗城操在内，而本鎮標路之兵得與分布者亦不出此八萬之數也。此昌、薊二鎮主兵之大較也。以客兵言之，其初山、陜、宣、遼入衛邊兵十五枝，各省民兵五枝，共二十枝，連調到班軍，每防二萬九千九十六員名，共得兵幾九萬。節經減去邊兵八枝，民兵三枝，今邊兵内又各減去五百，民兵内又減去山東一千，共減過客兵三萬七千五百餘名。除新收南兵九千，召補過奇兵二千五百，以抵減去客兵之數，實減去未補客兵二萬六千餘名。班軍數仍照舊。此二鎮客兵之大較也。夫主兵十一萬五千有餘，遠年開除者止一萬七千六百餘名，今三年之内，開除二萬一千餘名，則非所謂有收無除矣。客兵除班軍充數外，邊兵、民兵二十枝已減去一十一枝，則非所謂有增無減矣。計今昌、薊二鎮實在主客官軍，共不過一十三萬有餘，分置十區者便責成耳，增將未增兵也。調爲標兵、調爲遊兵者便東應耳，增標未增兵也。或計其募兵，或召爲家丁，亦求補其原軍之額非溢於原額之外也。此二鎮主客官軍節年處置增減之大較也。夫主兵已除矣，而責除不已，客兵已減矣，而責減不已，復收召補之令，不願清勾之遣，得無近於銷兵之計耶？諦自往事觀之，國初設立大寧，實與宣、遼并爲外藩，薊州猶稱内地。既而大寧内徙，復設朶顔三衛藉爲捍蔽，當時止遣兩關御史董其事，不設軍門，不設鎮，守蓋緩之也。自正統己巳之變，虜漸生心，馴至嘉靖庚戌而後，屬夷反復，甘心附虜，每犯内地，輒爲鄉導，於是屬夷即大虜矣。薊門烽火直達京師，一切防禦之計，居然與宣大相埒，始而防秋，既而防春，馴至四時戒嚴，無復解甲，於是薊鎮即邊鎮矣。當其時，原額之兵不滿三萬，邊臣倉皇無可措手，於是外徵各鎮之兵以爲聲援，内主抽募之議以實行伍。其初出一時權宜之計，而乘障畫守，各有信地，於是客兵即額兵矣。數年以來，入衛之兵疲於奔命，又半皆孱弱，在各鎮則徒勞無益，在薊鎮則有名無實，於是議者漸有撤減之説。然客兵固所當惜而薊鎮不可無守，於是議者又有募練土著以減客兵之説。夫懸重賞以購，今數年矣，止募得奇兵三千，旋復逃去五百，今見在者悉各路串營遊食之徒也。取盈於此，致虛於彼，故此奇兵三千徒抵退客兵三千，而實未嘗得一人也，於是乃有清勾逃軍之議，然而勾獲之多寡，實效之有無，尚難逆睹。據今所解到即老弱者過半矣，況老弱者亦未必安伍哉！今欲足薊鎮之兵以定主兵之額，則非臣愚所及知，不知將以國初主兵三萬兼三衛之一屬夷爲額耶？將如庚戌後主客二十萬爲額耶？抑止將今日減留主客十七萬以爲額耶？

臣按：本鎮西自鎮邊東抵山海，延袤二千里，計極衝之處新建敵臺一千二百零六座，每座置兵五十，共用兵六萬三百人，邊墻每丈一垛，每垛一人，計垛十餘萬，共用兵十餘萬人。其次衝之處，邊墻亦一丈一垛，每二垛一人，計垛十二萬有餘，則用兵六萬有餘。中間出哨、擺撥、傳烽等項可用二萬餘人，各標并各營路策應轉戰之兵，可用五萬餘人，是本鎮因地制兵，似非三十萬不可也。若比照宣、大等鎮，宣府六百餘里，額兵一十五萬一千四百餘人；大同一千餘里，額兵一十三萬五千七百餘人。今昌、薊二鎮之地，兼宣、大二鎮而有餘，乃昌、薊二鎮之兵較宣、大一鎮而不足，即援彼例，此亦非二十八萬餘人不可也。乃今不能矣，萬不得已之計，或姑將清勾新軍補足主兵舊額一十一萬，再有餘，則查見在不堪及召募不實者汰而補之。入衛客兵近議分番休息，又加給賞犒，軍不告勞，事體稍定，未宜再爲紛更。但得各鎮同心，仍以精銳來戍，則尚可徼倖一守，猶愈於束手坐視而付之，未如之何者也。至於練土著、減客兵之說，尤未易言。夫本鎮之兵雖疲於工作，困於征辦，然乘暇調練，今亦稍有次第矣。但二鎮主兵不過八萬，除昌鎮少緩，在薊鎮不過六萬有餘，即練成六萬之衆，顧可減去客兵六萬，而能守此二千里之邊乎？故今非有兵而不練，蓋欲練而無兵，必欲練此以減彼，則姑俟補完主兵一十七萬之額而後客兵可議罷也。臣等智術短淺，不知大計，又迹涉當局未足深托。伏望敕下該部議，差精敏憲臣一員，將該鎮兵馬錢糧嚴加查覈，是否有收無除，十虛五六，以正邊臣欺罔之罪。再乞下兵部議①薊鎮額兵，應以何數爲準，必如何而後額兵可，是以定軍國經久之計，仍乞將臣等先行罷斥，以爲人臣任事不能致富強者之戒。

巡撫都御史楊兆議處撫夷買馬錢糧疏畧　隆慶六年

據密雲等道兵備王一鶚等各呈，蒙臣案驗，内開事理，再行會議停當會呈。蒙此，依蒙行，准各該營路將領等官，將撫夷買馬、各應用銀數開會到道，該職等議照，今督撫嚴禁科斂區畫已周，惟有撫賞買馬之費，則科斂之最大者，論全鎮則無處不扣，論經年則無日不扣，論諸軍則無人不扣，屬夷撫賞不可已，而原額日加，皆派軍採柴易價以供之。每軍派柴一挑，每日納銀三分，一月應納九錢，而月糧一石，不足五六錢。故月糧盡已扣官，而柴價尚注拖欠，賞額外籲節省，而諸軍日受科求，欲主兵之不逃且亡，不可得也。薊、昌二鎮若總加官銀二萬五千四百餘兩，連舊額一萬二千六百兩，酌量分發給賞，盡革採辦，無取於軍，非少費而大省。即戰馬買補不可已，而椿朋之例相襲已久。今若歲加馬價四萬八千兩，以十二兩買馬一匹，足買補馬四千，每營應補之馬，如至五十以上，即准委官請價總買，估驗印發，倒死者照例追椿，重者不過二兩，其朋銀之公攤，月糧之扣減，可永爲蠲除。理合呈奪施行。

又據總理總兵官戚繼光揭稱，石塘嶺北路所屬應該撫夷一十九關口，每年約用銀三

---

①　［校］議，底本不清，據文意補。

萬八千餘兩，每年户、兵二部年例發銀一萬二千六百兩外，欠少銀二萬五千四百餘兩。又所屬各營路見在騎操馬約倒損馬三千六百餘匹，每匹價銀一十二兩，共該銀四萬三千二百餘兩，俱應請發。

又據鎮守昌平總兵官楊四畏揭稱，黃花鎮路渤海所慕田峪關一處，原舊討賞夷人每年額用銀一百五十兩不敷，查有居庸關商稅可補。又所屬營路見在騎操馬約死傷五百四十餘匹，每匹價銀十二兩，共該銀六千四百八十餘兩。乞爲題請給發，等因。到臣。據此案照，先爲前事已經通行各鎮道衙門查議去後，今據前因，臣會同總督劉應節議照，始以撫夷一事言之。查得薊鎮在嘉靖三十一年督撫何棟等因撫賞不足，題請户部銀二萬五千三百一十七兩，有案可查。近緣邊境稍寧，每年止發銀一萬二千六百餘兩，中間喜峯口每年兩貢額賞已用銀六千二百餘兩，止餘銀六千四百兩，以供十路撫賞，尚不足十分之二三，其餘非加取月糧，將何充其費也？今據鎮道所開，各路通共該銀三萬八千餘兩，必須於歲額外再加銀二萬五千四百餘兩，方可免科扣之弊。以朋馬一事言之，查得延綏、寧夏、固原等鎮入衛兵馬，在途倒死者，彼鎮給以官銀，在薊鎮倒死者，兵部給以官馬，惟獨本鎮倒死者皆出自椿朋，而芻豆每年又止給春冬二季，非扣取月糧，則安從買補也？今據開昌、薊二鎮主兵倒死馬匹，每年約用銀四萬九千六百八十餘兩，蓋自常年倒損之數言之，若遇警追賊，又不止此。但前銀數多，固不能取辦於軍力，亦難盡仰給於内帑，相應酌處。伏乞敕下户兵二部從長計議，容將撫賞銀除舊額之外，每歲加發二萬五千四百兩，其倒死應補馬匹，合行太僕寺每歲寄養馬内兑給二千五百匹，不然，則將各處應俵馬内照數改折，每匹解銀二十四兩，以十二兩給軍買馬，十二兩存寺貯庫，其餘不敷，馬價一千六百餘兩，容臣等查議，臨時量行採辦。此雖不免勞軍之力，猶未至傷軍之財，且採辦無多，人力易就其於操練防守，無大相妨。夫加撫銀則撫賞之科斂可革，加馬價則買補之科斂可革，明詔所謂練主兵以增扞禦，固要塞以嚴戰守者，可並舉而兼濟矣。再照撫夷買馬，均爲邊軍之害，而撫夷之害尤甚。中間有二弊焉，一則錢糧所在，人易染指，故諸路撫賞軍士既苦於科斂，屬夷亦未得乎實惠，則自守提以下及左右廝役多所侵漁故也。查得各道所屬，俱有管餉通判一員，合就令本官兼領撫賞之事，一應買辦支銷，呈請查報，皆責成焉，而後錢糧可清也。一則屬夷抵關，恣肆多索，少不遂意，輒撲人以要賞，邊官畏懼重罪，亦往往科削軍人，賄虜贖人以自免。合行臣等督撫按關衙門，以後遇有屬夷撲人、放火等項事發，要見彼夷日在關門，係我撫屬，原與大虜不通往來者不同，止宜照常發落，不得輒引守備不設之例。但將作歹夷人輕則革賞，重則剿治，毋堅邊官事虜之心，而墮賊夷挾賞之計，是又今日制禦虜情之急務也。

巡撫都御史楊兆議輜重車騾疏畧　隆慶六年

據密雲等道兵備王一鶚等呈，蒙臣案驗，准户部咨前事，蒙此，卷查先該總督曹邦輔等題開議用車戰。該部覆議，備行督撫查造車二百二十輛，駕車馬八百八十匹，太僕寺於寄養馬內調發應用。等因。隨該督撫兩標下各領馬四百四十匹，在軍門則給發標將董一元、李如價，令軍領養，應該草料隨營常支，候車成之日，另議駕運。在巡撫標下，則車已造完，用馬馱載，各常支草料，等因在卷。後因軍門標下議用步車，遂用步兵推輓，前項馬匹漸至倒損，每遇秋防之期，拘集民間馬騾五百餘匹頭，聽載輜重，今則例內已經裁革。合行另造輜重大車八十輛，每車用騾八頭，共用騾六百四十頭，每車一輛，用銀十三兩，共用銀一千零四兩，騾每頭用銀十兩，共用銀六千四百兩。先領車營馬匹倒損者不必買補，見在者亦皆不堪，相應變賣。另查，官銀通買騾頭，其應支草料，就項補原馬四百四十匹，尚餘騾二百頭，草科無從處補。合另請給撫院標下，亦改爲輕車，每車止用馬二匹，尚餘馬三百餘匹。今議添造輜重車八十輛，已造完四十輛，前馬漸多倒損，今易買騾三百二十頭，尚欠車四十輛，騾三百二十頭。照依軍門車騾價值計算，共該造車銀五百二十兩，買騾銀三千二百兩，相應查動官銀置買。除先買騾三百二十頭已經頂補，原馬常支料草外，今應買騾三百二十頭，料草亦無從處補，合另請給。至於三屯總兵標下輜重營，共車八十輛，已有撫院發去，舊車加車騾頭自有保河營見騾，俱已足用，難以別議。等因。到臣。會同總督劉應節議照，密雲、遵化、三屯各議設輜重一營，附以火器，領以官軍，師出則可隨營而負載，糧盡則可就近而運取。所據各道議稱，三屯車騾俱已完備，且係舊支料草，無容再議外，軍門標下應造輜重車八十輛，應買騾六百四十頭，二項共用銀七千四百四兩，車騾料草除頂補原馬四百四十匹，尚餘騾二百頭，草料另行請給。巡撫標下已完車四十輛，騾三百二十頭，尚欠車四十輛，騾三百二十頭，二項共該銀三千七百二十兩，除已買騾頭支有料草外，尚該續買騾三百二十頭，草料另應請給，各一節相應俯從。但查本鎮庫貯不敷支用，合無容臣等查，動民兵及修城餘剩銀兩，分發各道，自行打造輜重車一百二十輛，其買騾銀九千六百兩，姑准於太僕寺馬價銀內給發。車騾合用草料除頂補原馬八百八十匹之外，餘騾五百二十頭，亦容臣等於密雲振武營、遵化遊兵營各照數減去馬匹，易買騾頭，養騾草料，俱准一體常支，是以馬而易騾，服載既稱便利，移其養馬者以養騾，錢糧又不加增。其輜重營軍士在三屯已有保河一營，共足三千。在密雲已有奇兵一千，新軍二千，亦足三千。在遵化止有募兵五百，尚欠二千五百，合於解到新軍內補足。至於管營將領，尤須得人，臣等另行咨訪堪用人員，咨部推用，伏乞敕下該部再加詳議施行。

總督侍郎劉應節校覈鎮兵以裕軍儲疏畧　萬曆元年

　　准兵部咨，該本部題，總督劉應節題案照，先准戶部咨，該閱視侍郎汪道昆題，前事一議額班，本部議覆，内開合行督撫官劉應節等，備查二①部司所統二班官軍，每班實若干，應否添設都司幾員，每員各領三千，是否相應其班次，有一年一班、一年兩班及倒三班之異，應該作何調停。逐一查議停妥，及應添相應官員，一併坐名具奏前來，以憑議覆施行。等因。備咨前來。該臣會同巡撫楊兆查得，節年分布大寧都司春班軍士共九千一十三名，秋班軍士共一萬三千九十一名。前項二班軍士每防分布諸路，不下千里，而統領都司不過四員，實係軍多將少，委非事體。合將春班軍士應添都司二員，其秋班軍士添設都司一員，俱作秋班赴戍，其都司劉良魁，原領寧山秋班軍士三千三百名，改作春班，與河間遊擊更番對代，等因俱題。該兵部議將原任都司褚東山、陳文治添作春班，原任備禦祝琦添將秋班，其秋班都司劉良魁改作春班，仍與河間遊擊更番對代，題奉聖旨"是"，欽此。備咨到臣，通行欽遵施行外，續據總理總兵官戚繼光呈前事，内稱節據褚東山等各呈稱到職，看得添設都司，似當併各衛而專設一官，併兩戍而專責一防，如軍力稍弱者定爲春班，稍強者定爲秋班，每一衛爲一班，屬都司一人，一衛不足者，再發一衛以補之，如此則事有責成。再照班軍更定教練有地，更番有期，不但有益邊塞，且於諸省内地尤獲保障之益。今計下班之時，班軍散回休息，每雙月拘齊操練一次，以十日②爲止，其彼處州縣境内但有盜賊生發，俱責本官緝禦。等因，備呈到臣。據此，該臣會同巡撫楊兆議照前項春秋兩防班軍，該總理都督戚繼光議呈，又該臣等復加參訂，事頗相宜，相應題請。伏乞敕下該部再加查議，各該都司比照京營領班給與敕書，軍數更正，統領仍行本處巡撫通行各道處給駐劄，衙門供役軍伴并一應應付等項，俾與地方有司共其利害。每遇上班之日，巡撫與該道衙門稽查兵馬，催督起程，俾令整隊肅行，秋毫無犯，一如出征事例。下班之日，亦要各將親在軍中申嚴紀律，一如在邊行營事規。地方無事，聽各將領調取班軍，雙月一操，撫道衙門亦乘暇命日閱視一次。遇有奸盜竊發，聽本處撫院調度征剿，各該將官，悉從本處巡撫節制，兵備道監督，而所屬守備衛所，又聽各將領管轄。凡選用頭目、更補官軍，俱許便宜行事，不許抗違阻撓。如此則邊腹合爲一體，將士均有責成矣。

總督侍郎劉應節比例畫一以便盡職兼濟邊腹戰守實效疏畧　萬曆三年

臣據總理戚繼光呈，據山東河南領班都司劉需等呈前事，又據河南領班都司盧述呈，爲校③覈鎮兵以稍裕軍儲事。看得二省班軍之赴薊鎮，委以陸續抽取，先後撥班，故有以百數人而分隸四都司者，有四都司轄一衛所者。今欲比照直隸衛所合併通融，總

---

① [校] 二，底本不清，民國間抄本作"工"，然班軍事宜與工部職掌較遠，具體事務由兵、户二部所直接管理，故改。
② [校] 日，底本不清，據民國間抄本補。
③ [校] 校，底本不清，據民國間抄本補。

歸盡一，不爲無見。該臣會同巡撫楊兆議照軍政最患其無統將，權最患其不專，今之都司亦班軍之將領也，班軍亦國家爪牙之士也，既經戚都督議呈前來，其計處皆當，相應依擬。伏乞敕下兵部再加查酌，如果相應，覆議上請定奪，備行各該衙門一體遵照。庶官有責成，軍有紀律，從此邊腹之地均獲安攘之效矣。

薊鎭制疏

題奏二

總督侍郎劉應節議清逃軍補二鎭疏畧　萬曆元年

　　臣會同巡撫楊兆議，清軍之設乃祖宗詰戎保邦重務，故諸省方面有司、軍衛等衙門悉有額設清軍專官，而都察院歲遣御史專敕行事，載諸令甲。至於正户應繼之軍永不分籍，遇有缺伍，即儒生不得規免，二十年來姑息廢格，尺藉抽滅殆盡。隆慶五年，蒙先皇帝分遣憲臣各詣諸省清理軍額，悉發薊門，即今解到之軍甫及五千，中間老弱不滿三百人，其餘悉精壯，解到復逃。據各道開報不過二百二十餘人。原議無論何省、何衛軍人，盡數發薊，未幾而係各邊者奏留矣，此猶以邊方言也。又未幾而係保定諸衛者奏留矣，此猶以重鎭言也。今各省府未知何故，徑解京衛，悉認辦回。至於佃户、女户委難盡及，然亦有承受軍産、規免糧差者，婿户亦難承役。然有國初三户垜軍，姓籍各異而非真女户者，無干之擾，例有明禁，然亦有改名竄籍、避重投輕者矣。况薊鎭新開逃册幾三萬餘人，別衛應改逃軍不下二三萬人，中間即有故絶，必有生育，縱不能盡數清解，或亦減半可得，乃今止以兵部先發老單勾軍五六千人而止邪？大抵有司憑信里書累害無辜者有之，則以禁有司之弊可也。解户指稱使用恣行科派，則以去解户之弊可也。軍丁憚於戍邊，私多頂替，將官不善撫恤，逼令逃軍亦有之，則以革官軍之弊可也。若因噎廢食，遂罷清勾，使國家所恃以爲經久之計者，又成畫餅矣。乞敕該部再加詳議，將本鎭原逃額軍三萬，及別衛應改軍人，仍責成各該清軍御史，查照原册逐名清勾。至於解户，擇取殷實者編爲頭目，令其以軍解軍，似爲尤善。更乞叮嚀任事諸臣，持法期在必行，不使前功盡隳。如各御史差滿之日，都察院照舊題差接管，候清勾分數完日，另議停止。庶在伍之軍絶懷土之念，而方來之軍免規避之奸，重鎭之額兵可克矣。

閲視侍郎汪道昆請增空心敵臺疏畧① 萬曆元年

　　近該先今總督撫鎭諸臣，沿邊築空心臺一千二百餘座，宿兵貯器，戍守有常，頃點

---

① 該疏與《明經世文編》卷三百三十八《汪道昆·汪司馬太函集二·邊務疏》，第3625~3626頁及汪道昆《太函集》卷九十二《邊務疏》，《續修四庫全書》第1348册，上海古籍出版社2002年，第128~129頁内容大體一致。

虜睥睨石門，再至，皆敗遁去，此其明驗較著者也。獨灤河以東，居庸以西，若松棚諸路中稍有間缺，大約增臺貳百座，始爲完工。臣請申命當事諸臣增臺二百座，祇以一防爲期，往者分工，取數寡而責效衆，乃今分數倍昔，以衆舉輕，往者給價有差，每座多則百兩，今亦倍給，使之採辦有資，此以佚道，使之勞不怨矣。即如臺二百座計，直不下二十萬緡，今雖有加，不四萬而足願。行山東、河南二省取解，節次薊鎮民運折銀各二萬兩，辦此有餘。如或未徵，聽彼借解追補，事可立集，不假旁求。儻以春防已深，秋防伊邇，今歲但以班軍分應諸役，勿及其餘，期以來春一舉畢事。

閱視侍郎汪道昆定議昌薊兵馬錢糧額疏① 萬曆元年

臣會同總督劉應節巡撫楊兆議得，薊、昌二鎮自庚戌秋徵客兵，合主兵二十萬有奇，軍餉稱是。查得二鎮主兵原額不過三萬，近年抽垛召募，歲漸增加，實在八萬九千八百四十四員名，內解到新軍六千五百名，閱後發操及續解新軍三千二百八十九名，仍清出未解二萬二百餘名，大約可當該鎮所稱十一萬之數。查據該鎮隆慶四年分布，內開主兵八萬五千有奇，而六年會計驟至九萬四千之外，據所奏報，不免參錯不齊。然會計則舉其全，分布則有所擇，即今逃軍未解者什之七，其稱逃故三萬，數正相當。已經該鎮具題申明，無庸再議。由今論之，該鎮疏稱主兵十一萬五千有餘，遠年開除者正一萬四千六百，今三年內開除二萬一千餘名，則非所謂有收無除矣。客兵二十枝，已減去一十一枝，則非所謂有增無減矣，此則據兵以爲言者也。該部疏查，主兵既逃三萬有餘，年例之請發不減。客兵雖有增減，而本部之客餉則有增無減矣，此則據餉以爲言者也。查得該鎮軍餉，在戶部則以重地爲急，故額在京運常及時，在各省多逋負。通查隆慶二年起至六年止，山東、河南、直隸共拖欠民運近至百萬，其勢不能不仰給於度支。要之，京運雖不減於前，而民運之所減者多矣。

已往姑置勿論，請自今而議額兵。近該臣等查，訪得遵化左營舊有灤、薊民兵三千，每名每班私討工食銀十二兩。民間復有養地幫丁，標下歲支行糧，顧此市猾訓練無成。近該撫臣每名減定銀十八兩，私收如故。今議盡削其籍，止行各道每名減額徵銀十二兩，共計徵一萬八千兩，解供軍儲於內。舊有家丁頂民壯者四百六十七名，則俱改支主兵月米，兼食行糧，使與民間不復相涉。又山東民兵一枝，內馬兵一千，步兵二千，訪得彼申僉定大戶徵收，每馬兵一名，疋歲收銀四十兩，步兵二十四兩，此中照例，仍給行糧。各兵近該督臣題准，減馬兵步兵各五百，徵解工食銀二萬四千兩，軍府間閻，陰受其益。今議盡徹三千，各工食銀稍減，每馬兵一名疋二十四兩，步兵一名十六兩，

---

① 該疏與《太函集》卷九十一《邊儲疏》，《續修四庫全書》第1348冊，第113~125頁內容大體一致。

通共歲徵解銀五萬六千兩，以供軍儲，俟解額已足，訓練已成，然後通徹南兵工食以養主兵，此銀停止。遼東入衛官軍三千，發守臺頭路。近該督臣議，以五百留駐寧前。以上共減主客兵四千，於內收回募丁，原額民壯今改主兵四百七十名，續收解到新軍三千二百九千名，共計主客官軍十六萬五千六百四十員名，而各城操各驛廠之數不計，此又見議之實數也。臣愚請，但以今數為額，本年會計後，遇有新軍解到，暫於本鎮扣除項下支給月糧布花，年終通計，續解若干，仿宣府例照數減免。班軍止行原衛取解本名月糧，加以本鎮應給口糧，大畧二班通併一名，可當主兵一名，歲終月糧布花之數，併班相抵，不啻三萬七千，餉不外求，它日悉皆易客為主矣。

利守莫如臺，人皆信之。乃若車之利戰，使之身有所庇，而後士氣作，故均為士之甲胄。薊鎮仍以山海附石門為十路，每路各立一車營，昌平三路共立一車營。近該督撫題准，密雲、遵化、三屯各立一輜重營，前各路車營內每營駐騎兵一枝，步兵一枝，各輜重營內駐步兵一枝，騎兵一枝，就近可以聯絡，互張犄角，衝擊自由，此戰之首務也。薊、昌舊額共馬三萬九千一百匹，見在三萬七千一百六匹，節年倒死未補者一千九百九十四匹，聽督撫買補足之。薊鎮各標兵有馬者六枝，已足標下六車營之數，乃今更集馬兵四枝，每枝各二千，入各路四車營。昌鎮集三千為一枝，入本鎮車營，昌鎮已將各路馬改併永安營，薊、昌除補外，仍應加馬一千六百一十四匹，請自太僕寺寄養兌之。除密雲、遵化各輜重營騾頭料草已經題奉欽依，三屯營輜重營即以保、河民兵馬匹改買騾，頭頂支料草外，本營應補騾一百四十四頭，仍標下六車營，每營定車一百二十八輛。近該督撫計議，每輛加拽車騾二頭，各營內通計元戎車、鼓車、火器車，每營合用騾二百八十八頭。除在路伍營調發不遠，不用買騾，又除載減，本鎮各營馬改買騾頭頂支料草俱不許外，仍應請發馬價加買騾一千五百五十五頭。以上馬騾各行料草，皆自額餉支給。

及查定州、保河各營、大水谷營、白羊營及京營各班軍俱係步兵，各營多帶馬匹，徒費料草，除各營量留騎坐駄載外，共裁革馬一千八百三十五匹，聽彼處存留別用。又前革山東民兵馬五百，減遼東入衛兵馬五百，共一千匹。各遣下應支料草改給主兵馬騾，此額馬也。夫標兵、客兵營伍定矣，主兵分布各路，必為之分營，以壯者皆為戰兵，次為守兵，又次者為雜兵，令營為團隨，路皆有車、有騎、有步，此額營也。額營既定，次之以額班。該鎮班軍先年在令甲參將以上，所部不過三千，乃今或以一都司而領九千，或以一參將而領一千五百，此領班所當議者也。在令甲，班軍春秋各赴一班，乃今同地而有一年兩班者，有一班者，有倒三班者，此分班之所當議也。臣等查得山東、河南二省各有領班，獨都司黃孝敢、賀慎各部下兩班，共軍一萬五千餘名，除三千仍聽原官管領，餘軍九千之數似應添設領班都司三員，合候兵部題覆俞允，聽督撫另議，咨部推補以專責成。其班軍每年各定一班，擇其稍強者為秋班，次者為春班，此額班也。夫有兵、有馬、有營、有班，然後戰守足賴，可定額餉。近該戶部支糧則例未定額數，臣等竊師其意，斟酌調停，除仍舊例者不敢具陳外，諸將廩給例隨驛支，或支軍餉，誠恐需求滋起，邊驛不堪。且昌鎮橫嶺路副總兵獨支居庸關稅，今議薊鎮總兵官及員下椽史仍舊驛支，昌鎮總兵官及員下椽史頂支關稅，以別體統，其餘副總兵以下一體改支軍餉。主兵將官，自總兵官以至領班都司俱支粳米，各路守備如之。提調應支粟米，間有額設或加守備銜，就支本路扣餘銀兩，照守備例加給。昌平渤海所長峪城提調二員，獨支粳米，今亦照例改支，但二路樵汲為難，量加支糧家丁各二名。諸將官每員例有正馱馬各四匹，料草應准全支，各路將視標將有差，應准支馱馬二匹，入衛將官每員正馱馬六匹，領班四匹，今照則例加給如數，似視彼為多。顧邊軍、班軍各營另有馱馬足用，數不止此，故則例原定標將、路將各正馱馬八匹，誠不為多。昌鎮各營將官、兵備道歲各給關稅銀十八兩，視薊鎮稍優，各路設居內邊徵調亦少，不必一概加給。例有將官家丁名額大半缺人，乃今止據在營即為定額，自後諸將不無更代，家丁亦有乘除大較，惟就額餉內通融，毋或踰額，此將領額也。

舊例，春秋兩防共七個月，今議兩防俱四個月，守臺及塘撥官總軍馬俱以此例之，昌鎮設居內邊，仍舊以七月計。舊例，薊、昌守臺千把百總，俱係各衛所官舍，給行糧不同。乃今南兵專派守臺，不便管攝，在薊鎮俱改南兵，千把百總管臺，其千把總不加行糧，惟百總今議兩防八個月，每日加工食銀一分，撤防仍舊。昌鎮原無南兵守臺，管臺官亦應照例，但各臺貯有軍火器械，原係經收，各官應歲支行糧，以便典守。入衛官軍，延綏二枝，寧夏一枝，例當終歲乃代，支餉則每年以十個月為期。其餘八衛，官軍四枝，保定標兵一枝，及各班軍各兩防，共八個月。各路傳烽守臺軍士及標營分路防守官軍，必俟有聲息，然後赴防，兩防共計四個月，此戍守額也。

月糧各照倉口遠近，各支本折不同，已有成議。例開：密雲鎮上半年各標仍支本色，石塘嶺、古北口、曹家寨俱支本色四個月、折色二個月，墻子嶺及鎮虜營各支本色二個月、折色四個月。近議四路及各標上年一體支本色四個月、折色二個月，似為均齊昌鎮。近賴撥發漕糧，原無本色，戶部屢題，應照薊鎮上半年兼支本折。但橫嶺路地里險僻，黃花鎮防護山陵，仍支本色，願折者聽。昌平地近京師，居庸路通商賈，上半年應改本折間支，內下半年折色，舊例分折。今議除應支四錢五分照例外，橫嶺城照鎮邊城例每石折銀六錢，長谷城照黃花路例每石折銀伍錢。凡各路尖哨月支雙糧，夜不收月支一石，幫支三斗。今定各路邊長，而地衝者尖哨一百五名，夜不收四百名，稍緩者尖哨一百名，夜不收三百名，多者革去，幫糧仍入主兵，月支一石。昌鎮去各路邊稍遠，名數雖少，亦不必加。惟黃花鎮尖夜二十四名，舊例月支一石六斗，今亦照例通支二石。凡行糧除照例外，密雲新奇兵營、永平建昌營各募兵俱半支行糧。臺頭路永平遊兵兩防行糧，原議俱在隆慶五年終止，冊額應除，本年分應給行糧，暫於隆慶六年分見在節存銀內支給，不入額數。薊州、松棚路、長城嶺等處守臺十七座，共官總軍兵三百八十一員名，先該該鎮查題守臺百總數，止開八十，已經覆議。今該臣親閱其地，其人具在該鎮，原題遺落名數應准同支，此月糧行糧額也。

　　兵利於有馬，而主兵率以養馬病兵，蓋各馬夏秋牧青，惟冬春量支料。草料每石在密、昌折銀四錢，在薊、永僅折二錢五分，是雖以一石爲名，當價騰貴，曾不能易五斗。臣等查得，客兵馬料每石俱折四錢，戶部近准民間改納本色料豆，密雲每石扣銀五錢五分，薊州、永平各扣四錢。夫以給客兵則如此，給主兵則如彼，扣部價則如此，給兵價則如彼，最稱不平。合無密、昌照舊四錢，薊、永每石加給一錢，共三錢五分，行草每束大乾折銀一分七厘，小乾折銀一分三厘。薊州鎮則支小乾四十五日，密雲六十日，永平七十五日，昌平一百二十日，最爲參差。且八月、九月正該秋防，似不容減。臣查得，牧青三月，月分定以五月、六月、七月三個月，坐支折色小乾，似爲歸一。昌平草每束例有折銀一分二釐者，有折銀八釐三毫者，除隸雜餉中照例不議外，四營馬騾歲折八釐三毫，似爲太薄。今議不分大小乾月分，每束俱折銀一分二釐，其或應支本色改支折色，一例一分七釐，不得議減。夫主兵馬給月料草，客兵馬騾給行料草，例也。各標兵專備徵調，本應與客兵同，除昌平四營例照舊歲支外，薊鎮總督、撫鎮各標營馬匹原支月料草者，俱准支行料草，蓋遇警則各標兵馬當先截殺，宜與各路不同。除各營料草、行料草不計外，乃今議加者不過六千，應加者居歲之半，計費僅及三萬。庶幾士飽馬騰，此料草額也。

　　近查得，支糧雖有則例，而各營路間亦仍襲舊規，其間數目不齊。臣等請得而縷指，如中軍、千把總例支粟米，而密雲左右營、奇兵營則粳粟間支；中軍日支行糧三升，而各標營或五升，薊、永、昌三鎮各路千把總俱不支給；各營百總日支行糧三升，而遵化右營、三屯左右二營俱不支給；守關寨官月支行糧四斗五升，而薊、永、昌三鎮俱不支給；傳烽守墩軍每月支口糧三斗，薊、永則二斗，昌平無支。密雲兩防七個月內，石塘嶺每石折銀四錢五分，古北口、曹家寨俱七錢，薊、永則給四個月，俱折四錢五分。又或應支月糧而折價誤作行糧，應支行糧而折價誤作月糧，有應支月料草而誤支行料草，有應支行料草而誤支月料草，有應支本色而誤支折色，有應支折色而誤支本色。乃今俱經綜覈均齊，可爲定額矣。

　　臣等又查得薊、密、永三鎮，近該戶部撥發漕糧，及准民間納草最爲不便，相應照數改納料豆，聽督撫查明另題。獨昌平境內原無起運錢糧，以故通無本色，近蒙漕糧幾及四萬以給主兵，續又准發漕糧二十四萬，舟運鞏華城上倉，以給各衛。查得漕糧隨收隨放，不必存耗，每石尖耗共米一斗，可充腳價。近該密雲管糧郎中侯國治議，糴運軍餘米，已經戶部通行。漕糧運鞏華城共二十八萬石，每石例該餘米一斗有零，照例餘米每石帶耗三升，給價五錢，應行昌平管糧員外郎，就糴運鞏華城倉收貯。除昌平各營行令就支外，今議昌平各路馬徹回四百餘匹，入永安營征操，內將二百匹改買騾頭，支料草。日後置造車輛，鞏華城乞運至白羊口，行令橫嶺路一帶赴彼就支。仍約束數舟運至順義縣上倉，照例乞運至懷柔縣、渤海所、墓田谷等處，行令黃花鎮一帶赴彼就支。居庸一路，一體乞運，駕車軍有月糧，騾有料草，乞運一石，量給犒賞，冊中每石計銀七錢，除官糴用銀五錢，仍餘二錢，足充犒賞有餘矣。料價原挾而商稅復騰，亦照密雲例，聽昌平道委官戶部支銀，責令赴張家灣等處糴買，運至鞏華城順義倉。照前乞運，蓋必得本色而後可免召商，必免召商而後可以定餉額也。

　　昌平馬草折價視三鎮最輕，甚者每束八釐三毫耳。訪得該鎮召買，每束不啻三分，此尤難召商，故舊例亦多折乾。今議俱支折色月分，每束照例給銀一分七釐，本色不可無備。近據密雲兵備王一鶚建議，奸商通同將官侵冒尅減，如原發銀買草十萬束，則止買萬餘以為影射。凡支草即與將官兌支原草，一束計商價二分五釐，於內草價一分五釐，腳價一分，彼則以三釐賂將官，一分二釐給軍，而奸商乾沒腳價一分入己，估計萬束不下有百金，將官亦此得計，樂於兌支，比出實收皆作本色。又加客兵經過，利在輕齎，奸商通同官攢，故意強支本色，客兵苦難負荷，固求折銀。直至折銀，每束不及分數，又作本色冒侵官銀。為今之計，合於沿邊各營路酌量緩急，即以隆慶六年密雲節省銀兩分發各鎮，每處預備馬草，可給萬眾二月之需，時積不支以備急用。尋常月分俱支折色，例應支本色者，每束俱給銀一分七釐，每歲酌量久近，隨宜放支，出陳易新，仍足原數。三年通計各鎮扣除銀兩，查照全留之數扣補太倉。凡經過客兵，行糧料草俱支折色，出給告示，明開折銀數目，此議似於各鎮咸宜，而於昌平尤便。應備米豆，亦可以類通之。

　　四鎮管糧分司，所屬各有管糧通判，獨昌平通判近議改令管居庸關。臣等竊謂，通判管糧乃其職守，相應照舊，以便責成。通候督撫查議，題請各鎮管糧通判俸糧不支軍餉，而昌平通判獨支，應改於關稅支給。各鎮額餉未計閏月，原係滿笄滿除，過月小盡，照數扣存，大約三年五年可當一閏，再閏之後，各鎮舊有本色發運腳價。今議見有河船及各輜重營內騾車，各支扣餘銀，量給犒賞，其餘腳價，不必預計，仍候主兵調遣，客兵經過，及總督撫鎮巡邊調操用。錢糧歲應約數預備，今議每年坐銀三萬一千兩分發各鎮，內薊、密二鎮各一萬兩，永平八千兩，昌平三千兩，聽候動支，有餘則扣存戶部分司，不足則於各鎮扣餘項下補。查得薊、密、永、昌四鎮近年請發，節年派徵，雖其間遞有扣除，拖欠不同，然舉成數開坐冊中。夫兵曰額兵，則部伍既定，即兵制有更易，額外毋得復增。餉曰額餉，則出納惟明，即歲用有贏餘，另有處分，額內毋得輒減。所謂兵食俱足，經久可行者，殆不出此。

　　如將着為定額，臣等請以四議申之：一議徵發，一議扣除，一議通融，一議節省。夫民運拖欠，臣前已概言之，除直隸、各府州縣、原隸總督衙門聽令照舊催解外，河南、山東民運約共銀四十二萬兩，又山東先後改徵民兵工食五萬六千兩。臣請敕戶部，通將前銀俱聽改行徵解太倉，在省則屬該部監司官督催，在部則就各省部糧司官查併，解到銀兩照數發邊，此徵發之議也。比者年豐虜息，今所議餉，率據其常，倘歲凶而賦多逋，虜急而兵四集，歲用不給，何以應之？臣請戶部每年發銀一如額數，年終通行督撫及各管糧分司，備查各鎮扣餘若干，開數還部，以備稽核。次年仍照額發，姑緩扣除，比及三年，通查扣餘之數，即以三分之一酌量分給四鎮各預備本色以待不虞。自後三年又復如是，乃通計六年、九年，可當戶部一年京運之數。然後如數免發，自後仍復更始，歲以為常，即有重大兵荒，不復請乞，夫是之謂定額也。邇來報中乞運，部文未至，先已作數扣除，部中彼皆僅投空文，多延歲月。自後請俟報中乞運數足取，有實收到部，然後扣除，亦未為晚，此扣除之議也。主兵客兵錢糧，各有分屬，不容混淆。先年費出無經，為之條分縷析，正將以革弊也。然而那移借補，殊為不便。乃今主客兵額既以通融，則主客錢糧似亦可以權宜支用，如主兵不足則借用客兵，查係額內應支，即於客兵項下作數銷算，如客兵錢糧不足，借支主兵項下亦如之。大約歲用不出額中，即可作數，中間毋復那補，此通融之議也。邇來督撫司道經管錢糧，歲終查比，節省多寡以為殿最，先年未有定額，則能節省多者為賢。乃今計定額兵計口授食，則例具在，諸將士莫不照例關支，使徒虧實惠，以騰虛名，務尅減以為節省，則所省者不過什百千計耳。而歲費巨萬之數，因而罔功，既失士心，且妨邊計。臣請通行各管糧郎中、員外郎，務乘時平價備餉，以省公需，依期足數，給軍以作士氣，他日戰勝守固，司餉者皆得論功。如果兵額既明，餉額不減，不得以此為殿。歲終聽督臣分別具奏，該部紀錄以責其成，此節省之議也。如蒙俯從末議，斟酌以為永圖，庶幾兵食相須較若畫一，惠而不費，節而不傷，在邊臣既不患於力詘舉雇贏，在計臣亦可以量入為出矣。

巡撫都御史楊兆校覈鎮兵疏署　萬曆元年

　　准戶部咨，該閱視侍郎汪道昆題，前事內開議額班一款，題奉欽依，備咨准此。該臣會同總督劉應節查得，薊、昌二鎮各路分布兵馬，除延、寧、宣大、遼、保等營并河南、山東兩防班軍，俱有分番定規。白羊營大水谷遊擊，保、河、定州忠順營都司雖班次參差，但分布已定，道路不遠，難以歸併，俱應照舊。定州遊擊與河間遊擊每年春班軍士各一千五百，秋防各三千赴戍，近議歸併秋班各三千，與新添春班都司，并近議將秋班都司劉良魁原領寧山弱軍改為春班，各更番休息，無容別議外。卷查節年分布，大寧都司春班軍士共九千一十三名，秋班軍士共一萬三千九十一名，前項二班軍士，每防分布諸路，不下千里，而統領都司不過四員，寔係軍多將少，漫無統紀，雖一時暫委別官分領，而朝更暮改，委非事體。今該閱視侍郎汪道昆具題前事，合將春班軍士內，除三千聽都司邊泰統領，其餘六千餘名應添都司二員均分統領。其秋班軍士內，除都司黃孝敢、尹湘各統軍士三千三百餘名，再將三千一百名添設都司一員統領，俱作秋班赴戍，其都司劉良魁原領寧山秋班軍士三千三百名改作春班，與河間遊擊更番對代，事頗相宜。

巡撫都御史楊兆賊夷犯關官軍奮勇斬獲疏畧①　萬曆元年

據薊州道帶管永平道兵備徐學古呈，據協守東路副總兵史綱等稟報，賊夷董狐狸、甎難等結連東虜插漢兒等，暗犯薊鎮等情，續准總理都督戚繼光手本，前事隨該本道會同戚總理督令遊擊王軫分道發兵，領兵迎敵，各賊力不能支，奔逃去訖。當陣斬獲賊夷首級一十五顆，奪獲見在夷馬五十三匹，夷騾二頭，夷器夷物三百六十九件。緣由具申。間隨據冷口等關夜不收李通等報，稱做賊夷人認係花大伯彥兀等夷部落，緣由亦申到道。既經查驗明白，所據有功、有罪人員，合行分別照例優恤陞級。等因，通呈到臣。據此，該臣會同總督劉應節議照，屬夷反覆，爲中國患久矣，而董狐狸、甎難等酋尤稱桀驁，小則撲人挾賞，重則攻城殺人，名爲我夷，實我賊也。連姻大虜，聲勢相倚，構煽爲患，歲無虛日，名爲屬夷，實巨虜也。我兵内困於任法，外劫於積威，每遇屬夷爲虐，非通賄以規免，則望風而逃避，是故虜志愈橫而中國之威益褻。今桃林、界嶺二口相繼捷聞，是役也，可以見大將練兵之功，偏裨同心之助，亦可以見南兵破敵之勇，北軍改弦之效。雖斬獲無多，酋首脱走，然狼狽逃遁，亦足以寒氈裘之膽，而少舒華夏之氣也。所據獲功效勞員役，既經該道親勘明實相應，分別優叙，以示激勸。伏乞敕下兵部再加查議，將戚繼光、徐學古陞録，王軫等陞賞，王經仍查臣原參亟行革任，史綱等、李蓁等併加優叙，張爵等並加量賞，馬承勳等、陳登雲等併行叙録，入營通事賀加兒、嚮導尖哨劉生奴等分別犒賞，斬獲首級王忠等、劉都赤等，并入巢被害尖哨楊的山、被賊射殺趙見等，通行巡按御史一併覈實，具奏照例陞賞優恤。管糧郎中宋豸、通判趙蘭一體賞賚，庶諸臣益勵圖報之忠，而邊方可漸收寧靜之效矣。再照屬夷不恭，敢肆侵犯，如董狐狸等合先革去撫賞，以示懲創。仍設法擒剿以正法典，如果悔罪向化，或執獻罪人，或傳報虜警，有功可録，另行具奏請復。其餘無罪屬夷，通行各路加意撫賞。仍多方宣諭，俾各安業，以昭王者無外之仁，以安狼子反側之念。庶恩威並著，帝王制禦夷狄之道或在是矣。

---

① 該疏與《戚少保年譜耆編》卷十一"五月界嶺口捷"條，《續修四庫全書》第553册，第320~321頁內容大體一致。

巡撫都御史楊兆申明薊昌秋防事宜疏畧①　萬曆元年

　　據密雲兵備王一鶚呈，蒙閱視汪侍郎牌，仰會同本部郎中左熙前去通州，公同參將金璋查閱，得該營原額軍士見在數目，具由呈報到臣。臣會同閱視侍郎汪道昆、總督侍郎劉應節議照，通州一城之內五衛之兵在焉，乃今則爲二千有奇，兵至寡矣。無事則分部巡緝，與京營之步兵同，有事則調遣應援，與邊營之戰兵同，亦至勞矣。語其將，則署銜爲分守，迄今未有專營。語其兵，則各衛以邊戍爲急，諸軍以京操爲利，其剩者爲城操，迄今未有定伍。往年兵部侍郎石茂華駐守，親見其狀，始議及之。次年，侍郎汪道昆閱視，首次通州，各軍皆小杖短衣，若有飢色。且各衛城操皆隸守備，而通州特設參將，官制自殊，有參將必有兵營，有兵營必有兵額，乃今營以通州爲名，額以二千四百爲準，營額既定，何敢踰而增爲？即有清解新軍畢入城操之數，營操則如例月支一石，城操則如例月支八斗，又何敢援例而增餉？此皆明白易見也。近以近京多盜，責在通州，而追捕巡邏非馬不可，況防禦調遣，尤必資馬。兵部議，例京營誠爲一體，以後止給料草二月，臣等誠不知其所由來。臣等請平其議以備折衷，亦必以例主兵爲當。馬有倒死，即照備禦例盡免朋銀，止追椿銀，仍聽兌給。頃兵額昌平已立車營，通州必得車營而後可出城劄守。薊鎮故戰車遲重者，或病難行通州，則非趨利遠援，即得車營，附以火器，足以威敵，雖有勁虜，又何敢薄近郊？比汪侍郎議，保定車營亦將爲入衛計，如果調赴通州，則二車營可爲掎角，其利居多。本營額兵二千四百名，則以一千八百爲車兵，五百爲騎，餘爲中軍雜流，亦兵制也。見有不足之數候清勾選補，不堪營操者另籍以充城操，無事則騎者分番巡邏，步者專習推輓擊刺，有事則步騎合營以備戰，城操分陣以布守，守城者亦聽參將合練，不以出征。如此，則兵雖不及三千，皆得效力，餉雖加給二升，皆得實用。抑亦可以爲一旅矣。

閱視侍郎汪道昆條陳薊鎮善後事宜疏畧②　萬曆元年

　　一、準功罪。臣惟薊設督臣自庚戌始，比年分布春秋二防，各分信地。在兵備，居常則職整飭，遇警則職監督。在副總兵、參將、遊擊分區則職防禦，遇調則職應援，亦既上告天子，下告本兵有成命矣。夫守備不設，策應失機，律有明條，其罪無赦。夷考

---

① 該疏與《明經世文編》卷三百三十八《汪道昆·汪司馬太函集二·申飭通州兵馬疏》，第3626~3627頁及《太函集》卷九十二《申飭通州兵馬疏》，《續修四庫全書》第1348册，第129~133頁內容大體一致。
② 該疏與《明經世文編》卷三百三十七《汪道昆·汪司馬太函集一·薊鎮善後事宜疏》，第3608~3614頁及《太函集》卷八十八《薊鎮善後事宜疏》，《續修四庫全書》第1348册，第76~88頁內容大體一致。

往事，督臣弃市者二人，撫臣論死者一人，謫戍者一人，鎮臣戰死者一人，弃市者一人，其他以罪去官十居七八。而監司部將意氣自如，雖或以罪行，旋即嚮用，甚則楊選殛而中軍拜官，孫臏亡而黜者代之將矣。監司部將既非文綱所該，由是而玩愒陵夷，尾大不掉，監司自挾刀筆，關白所部，足以持境内長刀，若殿最戎功我之自出，其誰敢當我。睊睊然芥視諸將，而蔑視督撫二臣，上則撫膺，下則解體，彼方以爲得志，部將往往附聲勢，干督撫主將之權，其或不從，輒布蜚語蜚轂下，務爲恫喝以相阻撓。方虜未入，置驛畢樹私人，微虜者稍有聞，私①人輒號都市中：某日大虜從某路，某子甲提兵往禦之，明日又云某日某子甲獨當匈奴，戰不旋踵，斬首若干級矣。聞者弗察，未卯而晨，此其故智也。及虜且急，當事者檄部將赴之，反唇語曰：乃公負鉞行間，檻車且至行矣，我安能戰？乃公其奈我何？比失事，當事者當詣京師，而此輩率斂錢軍中，將爲之貸高門以求逭死，當事者業已抵罪，庶幾籍若而人萬一得生，即罪有所由，隱忍不復發一語。及論罪既定，而此輩猶復在軍代者，至率以姑息收人心，或有力爲之先談，而此輩進矣。以監司則如此，以部將則如彼，彼二三臣者陷於上下，日傴僂以幸瓦全，雖有殊才莫措其手，此罪罰不平之說也。虜騎卷甲長驅，且深入數千里，即踰垣而入，其衆必信宿而後齊，乘其未集而擊之，一利也。既集矣，宜必散掠田野間，散則可掩其群，又一利也。既入而出凡三五日，夜不少休，滿載而行，輜重爲累，乘其出隘而追襲之，無不利者。若郭琥之截潮河川，張臣之尾棒槌崖，是已石州之寇歸，失道而死者相籍於塗，内無追兵，業已跟蹤出境去則驗也。先朝一聞虜入，輒逮當事者先行，即有可乘，莫爲決策籍第令，將士有奮者，誰其冒不測而嘗之。及代者有人宜未即至，至則取辦倉卒，宜未即知便宜，遂使匈奴橫行，而中國之兵卒於不振，此變置太函之說也。臣請遵照律例，申飭總督、撫鎮、兵備及各領兵官，功罪所由，各坐信地。援兵、客兵將領，已承分布調遣，與信地同，務在修飭邊防，主於固守，萬一不戒，致虜入邊，該道兵備及該路主客援兵各將官坐罪如律。果能乘其未集，襲其惰歸，奮立奇功，斬獲過當，則以功準罪，或浮於罪，仍量論功，罪浮於功，仍復論罪，如或掇拾畸零以爲掩飾，務以其罪罪之。凡諸附近策應，非奉專遣者立有戰功，並以功論，比虜退而該路無功，罪在必罰，即他路有大捷，亦不得藉口爲辭。乃若總督、撫鎮諸臣莫非信地，虜既入境，罪已無辭，姑容其相機出奇，親帥將士，決一死戰，能大創虜，斬首數千百計，仍論首功。次則功過相當，次則削賞而薄罰，其或無功足贖，輒付士師，然而天威不啻雷霆，莫不摧折，業已奪心裭魄，復何能爲？臣愚欲定其科條，寬其文法，虜入勿輒按其罪狀，使得寧志作氣，庶幾可出一奇。俟虜出邊，然後通論功罪，爲之一一覈實，取自上裁。儻然罪在必行，則該道兵備、該路主客援兵、各將官一體依律論罪。如此則罪

---

① ［校］私，底本不清，據民國間抄本補。

罰惟均，威悉加於杸棧，事機不失，功可收於桑榆矣。

一、分責成。臣惟分布調度，理餉程功，總督事也。繕邊防、固城守、實行伍、輯士民，巡撫事也。明間諜、謹烽堠、精教練、嚴約束、勒部曲、審機宜、桴鼓臨戎、料敵制勝，總兵事也。慎出納、給餉以時，戶部分司事也。足食利兵，巡工訓士，慎聽間伍之訟，毋失其和，兵備事也。治一旅之師，當一面之守，守必固，戰必勝，諸將事也。凡此則皆功能相濟，體統相維。臣嘗歷部諸省，視各邊，廉廩不踰，所不者，惟將權輕耳，即如發大衆興大役，而總督、撫鎮未始與聞，有事調遣，師行糧從，而總督、撫鎮不獲自遂，督撫移文分別，或寢閣不行，以私語人，我則不暇，偏裨日伺，主將直欲其以身推轂之，一失其心，大者侵官，小者衡命，輕者凌節，重者操戈，漸不可長矣。故臣請自督撫而下各分責成，調度失宜，功罪失實，罪在總督。完繕不豫，罪在總兵。努餉不給，致失事機，罪在戶部分司。信地不嚴，專責不舉，罪在監司。部將其間或有擁閫凌蔑誣罔者，即干非分，均爲不臣，聽總督、撫鎮據實奏聞，雖有他長，在所必斥。自後課功按罪，悉遵責成而行，如此則守道、守官不相凌奪，同心同德，無或差池，此其選也。

一、一事權。臣竊見各鎮邊防事畢，則督撫歲課文武將吏功罪以聞，邇者督臣僅課薊、昌而不及遼東、保定。蓋自隆慶元年始，夫督臣置身文武將吏之上，總攬於四千里之間，惟是操柄在耳。請自今始，凡三鎮兩防功罪，照舊歲終俱聽督撫會題，庶人心一而權不移，於事便矣。及查浙、福故有總督，而福建巡撫特給旗牌。兩廣見有總督，而廣西巡撫特給旗牌，蓋節制雖受於督臣，而便宜亦可從事。今薊、遼、保定巡撫未請旗牌，說者又謂在薊則督撫同境，在保定則久不稱兵，惟遼東日在戒嚴，尤不可不給。夫遼東則誠然矣，薊事近以東防爲急，就近調督撫臣職之保定，上衛京師，內防竊發，外備深入，不無事矣。合無比照福建、廣西巡撫事例，均給旗牌，使諸臣皆得奉將天威，制勝閫外，尤便事也。

一、明賞罰。臣惟論功行賞，宜必察其所由，功由發縱指示，則邊臣居最，自此而下賞有差。功由衝鋒決戰，則將士居最，自此而上賞有差法也。頃時虜警猝至，主者遠不及聞，功或出於材官，而賞必先於在事。假令他日失備，罰亦如之。臣嚮所言往事是已。臣請自今論功罪狀，弗取具官，功必覈其本謀，罪必按其專責，如此則賞必當功，罰必當罪，夫非兵之至要也。與哉！

一、寬中制。臣惟政有經權，兵有奇正，九邊二防，章程具備。本部先期申飭，該科因事指陳，明命森嚴，罔不欽若，無庸贊一辭矣。然此則政之經也。籍令有事，則虜形未可逆睹，軍事未可預謀，邊臣以身親之，猶懼不給。先朝每聞薊警，發言盈庭，顧邊情必信宿而後達廟，議亦必信宿而後行，比檄下邊臣，業已去虜數千里矣。頃臣出入薊門，虜數東伺，臣方與諸臣會議，亦時時屬目灤東。比見傳烽則報警，與報捷俱至，四月有警，撫鎮就近兼程赴之，總督方議遣兵，虜業已遁去，兵難遥度，固非虛言。臣請自今而後，如或薊以警聞朝廷，一以鎮靜制之，務在以全取勝，使邊臣各得專心致志，因時制宜。凡諸發慮出謀，尚胥閑暇，毋復牽制，致失事機，通候事寧，然後計其失，固未晚也。

一、止流言。臣惟三輔四會之區，訛言易煽，邊將錮於積襲，憚於更張，噞訛成風，黨同伐異，甚者高距長喙，僻倪總督、撫鎮之閑，怙勢借資，干進務入，或不得逞，輒以流言中之，雖其言止於智者，脱或喜新聞而過，聽之則在事者懼矣。即有虜警，顧復植私黨，駕虛聲，君門九重，朝發夕至如嚮，癸亥所爲是也。臣請通行申儆境内，諸將務在共濟時艱，如復誣上行，私造言生事，在内聽本部該科五城御史，在外聽總督、撫按、鎮守、兵備等衙門，體察前項奸徒，據有實迹，即行論劾罪，坐主使，比依匿名告言人罪科。庶幾正人心，息邪説，是非不紊，上下相安，邊事之利也。

一、治標兵。臣聞薊鎮始設總督，分別薊西，於時主客精兵悉在西部，而密雲標兵强矣。巡撫分中部治遵化，其標兵强者半之。總兵專備灤東，標兵具數而已。先年尚無定額，密雲獨優，遵化次之，灤東僅僅不給。乃若諸路有失，罪在各營，而督撫標兵不受罰。臺工並興，大衆畢發，而督撫標兵不受功，寬假至矣。比臣會閱湯泉，則密雲標兵有未成伍，及乘便閱密雲，則聞金鼓有未知坐作進止者。督臣親簡其衆，汰老弱數十百人。遵化標兵守灤東，虜薄窟窿臺且退矣。諸軍乘勝追襲，而標兵獨留，虜犯桃林，南北兵斬獲三級，諸援兵皆未至，而標兵獨欲攘一級爲功。及界嶺之禦屬夷，標兵失律，致虜遁去。夫練兵者總理之責，標兵者諸部之倡。近議客兵入踐更，則總督驗視，分別具奏，而班軍選練亦在此時。雖節制出自軍門，而責成宜先主將。臣請令每年二月、七月，總兵預赴密雲，駐劄教場，先閱上班兵馬，分別等第，即送軍門過堂。乘此時比練密雲標兵，簡不勝任者爲之變置，不用命者，悉照軍法。事畢，過遵化，會同巡撫比練標兵，亦如之。巡撫就近過三屯營，照例會比本標兵馬，完日，撫鎮通將殿最及行過實迹咨呈總督，另疏隨上班兵數次第奏聞。如此，則法行自近，一視爲公，諸部無間言而各標有實效矣。

一、固封守。臣惟薊增邊臺經制已備，邊墻磚垸畢起，亦足周防，特其中每堵衞①置櫊水二三層，則甃石者爲速成計耳。第恐曠日持久，木朽石頹，不出十年中潰殆半。乃今欲爲更始，工力不支，議者欲就陴下墻基，循墻加築三合，土墻高三尺，下修上削，附墻相依，久之土石一家，風雨斧鑿不壞，利賴居多，異時即有傾頹，旋可完繕，其基固無慮也。且附墻而削其上，無能置足其間，彼雖或有乘堭壞垣之謀，一無所逞，計莫便於此矣。臣請俟臺工畢，然後議行畫地分區，各繕其境，以日計力，以人計工，

---

① ［校］衞，底本不清，據民國間抄本補。

五年、七年可告成事。

一、開邊利。臣出閱塞外，多沃土可耕，且臺垣睥睨相臨，穮事易舉，邊人坐兩不便，弃而不耕。蓋以出關之禁甚嚴，即失一人，當守者罪，於是諸夷重挾守者，非百縉不購一人，幸厭其貪，彼且伺邊人如射準，屬禁未弛，安敢自履危機，一也。昔在邊地不入中國版圖，異日或以開墾報官司，官司且籍記之矣。其後或科屯課，將爲厲階，二也。夫南兵宿臺列戍，歲以爲常，其人皆起田間，習耕稼。臣請下其事，總督、撫鎮相度近邊可耕之地，分給力耕之兵，定其程期，分其比耦，使之通力合作，計地均分，每遇農事之期，依期結伍而出，荷戈則戰，荷耒則農。仍先諭坐口夷人，毋爲虜耳目。俟畢穡事，各以所獲易賞賞之。他若一二畸零，不許違期私出。萬一有失人畜，先諭諸夷責限歸復，否則削其撫賞，如事不由守者，量情論罪，令得立功自贖，弗復苛求。雖或歲入有常，悉聽耕者取給，不復起課。樵蘇亦用此法，但不許各官掊尅科分，此亦富强之資，中國之大利也。

一、重嚴關。臣往議額兵，直以山海關路舊額兵少，稍稍增益之。比閱遼東，入其地則負山阻海，獨立嚴關，保薊扼遼，最爲要塞，地重兵薄，旋議增兵。即會同督撫諸臣議，俟新軍從便，撥月糧布花，就額餉內通融支給，不必更增，應候類題允行，以便遵守。及照各關莫重於山海，故特遣部臣守之。迄今注選主事一員，職專譏察。臣遇管關主事任天祚詢問便宜，則云先年遼東稍饒逋，逃者少。比歲兵荒相繼，遂多越關。即當關窮詰，得情具文，遞解彼中，巡撫輒以公文無印，遂致持疑，往返殊爲不便。臣稽令甲部屬出守關者，比照差出巡按御史事例，特給精微批事重故也。及查居庸、紫荆、倒馬各管關同知通判，近已各請關防，而部屬駐守重關尤爲喫緊，亦應比照各關事例一體請給。本官又言，先年關稅例該薊、遼，各巡撫分上下半年，委官管收，近議併歸，本關未免有妨正務。臣惟關稅止於四千，支解屬於巡撫，此一有司事耳。祖宗舊制，屬譏而不征，邇者紛更，既非成法，且使之顧彼失此，抑或關務有妨，撫今視昔，似於仍舊爲宜。臣請併行本部斟酌沿革，以重當關，此東署萬世之防，非小補也。

一、移近衛。臣惟總兵治三屯營城內，惟近設守備一員，原無軍衛，總兵標下各營支領文移，率出境借用遵化各衛印信，非惟經制有關，抑恐增減稽程，且本營駐劄各兵，原非土著，兩防各發信地，新舊二城俱空，主將鎮城何可無備？至此，查得忠義中衛設在遵化，該衛三百戶所屯地則在三屯營本營，由此得名。遵化城附以三衛一所，不爲不多。臣請即以忠義中衛移置三屯營，止令軍政掌印，佐二巡捕、指揮各一員，各所掌印千戶各一員，經歷司經歷一員，俱賫印赴任。遵化原衛聽政公宇，撫鎮從便措處工料，就於三屯營城內空地蓋造衛門、廨舍居之。其餘不係軍政官員，仍住遵化，不必遷徙。該衛旗軍春秋分班，一班赴三屯營防守城池，一班仍在遵化休息，如遇虜警，就近俱赴三屯營守城。如此則上濟公事，下順群情，兩得之矣。

一、據險要。臣聞曹家寨舊邊則自黑谷關外，山高壓城，雖有邊臺，猶難固守，且三十里孤懸如帶，深入胡地，中顧惟諸寨營城在焉。原無民社土地，內自將臺南山起至吉家莊北上止，相去僅七百丈，兩山對峙，衡爲城七百雉，徑接邊城，即築七臺，足以扼其吭而塞之。臣請舊邊爲外險，防守如常，新築爲內險，兩存不廢。即以本路額兵分布，不必增兵，但本路遊擊止統提調一員，今增內險，應於吉家莊增一提調，應給廩糧料草，併入額餉數中，若信地額兵，聽統督分定。又查得太平寨、擦崖子提調一員，計分邊七十里，其間人力單薄，備廣難周。西則燕河提調二員，舊稱沿邊百二十里，其後分割臺頭路，而燕河一路已有提調二員，重之以將官，臨之以協守，計所轄邊，不過六十九里，相沿至今。臣請擦崖子界內，自白道子起至羊谷止，共十二里割付燕河，則官不增而事易集矣。

一、濟衝煩。臣惟國初疆理①大寧諸司，由元故道西則古北口，東則喜峯口，皆爲通衢，以故古北口則有石匣，喜峯口則有古城，皆爲軍驛。迄今則石匣不通驛使，惟邊臣歲一至焉。至則惟取辦輿夫八名，餘無所與，而諸豪軍影射於此者多矣。古城僅通屬夷入貢，亦無他端，自昔相沿，不遑損益。該鎮近該總督駐劄密雲，由密雲而東五十里爲太僕莊，又五十里爲熊兒谷，由此而外則入邊，內則入薊，恒必由之。熊兒谷即係邊營，原無應付夫馬行者，憑藉聲勢，將官不得已而勉應之。本營隸牆子嶺地方，外切西虜屬夷，久絕撫賞，間諜不通，萬一疏虞，去郊關僅百餘里耳。乃若損軍折馬，負累比鄰，即流禍不可勝原，姑不職論。查得石匣去太僕莊僅七十里，應以該驛移置太僕莊。蓋自此而西則密雲，東則將軍營，南則平谷縣，皆爲適中。該驛原有驛夫，聽總督衙門量撥馬匹，可爲腰站，止令應付夫馬。若廩糧、鋪陳、中火仍舊，一無與焉。該驛遞年影射軍丁，聽總兵官清查，照例抽選操練。又三屯營舊有灤陽驛，原額夫馬數少，應付不敷，行者又或橫索於本營，各將官亦非事體，應以古城驛併歸灤陽驛，協濟煩難。灤陽去喜峯口九十里，如遇貢夷出入，仍令照舊赴彼應之，亦非難事。

一、止追呼。臣聞足食足兵，國之大計，故漕運官軍有罪即專敕理刑者，必俟事畢而後追問之，凡以爲足食計也。薊鎮官軍戍邊守在畿甸，較其輕重，視漕運有加焉。諸文吏凡遇軍民詞訟，輒自捕之，其或遇召商之令下，所報率皆軍餘。臣愚，願請明旨申飭，督撫嚴行各兵備有司，凡遇兩防及官軍有事戍守，如犯事情重大，即申呈總督批行該管將官解發問理，如非人命強盜，罪在不原，有司雖奉批詞案，候撤防方行該管將官拘問，如或占悋，聽有司申呈總督，罪在將官。若當防守，徑自勾攝行問，亦許各將官具呈總督，罪在有司。各主軍例有幫丁二名，聽巡撫會行總兵官清查造冊，行各該道出

---

① 疆理，釐定疆界。見《毛詩正義》卷十三《小雅·信南山》，《十三經注疏》本，第825頁，"我理我疆，南東其畝"；《毛傳》："疆，畫經界也；理，分地理也。"

給印信勘合爲照。如係幫丁人數，有司毋以他役苦之，如非幫丁正名，亦不得因而影射，違者並以違制論。

一、杜影射。臣惟遵化鐵冶特設工部郎中，乃若廠軍、民、匠、囚徒皆食薊餉。國初則以山深地僻，慮有盜區，故必以部司莅治之，其爲畿甸，慮至遠矣。乃今邊事修舉，重兵在焉，宜無却慮，且歲計所入不過七千緡，顧廠軍往往避重就輕，詐冒扶同，此爲淵藪。甚則一軍而幫七八丁者，有數十丁者，非朝夕之故矣。近惟兵備徐學古立法清查，見任郎中葉朝陽有志釐革。臣請行遵化巡撫督行薊州道會行管廠郎中，通查廠軍原額若干，見在若干，照例一軍定二幫丁，造册呈送，巡撫印給勘合執照。其餘不分曾否影射，弗論往愆，每三丁抽一軍，其一即入邊操，其二即任幫貼。庶幾軍政不廢，軍伍漸充，非直摘發之末務也。

總督侍郎劉應節請改昌密漕運疏畧　萬曆元年

　　據密雲道兵備王一鶚呈，又據昌平道兵備張廷弼呈，會行管糧郎中申嘉瑞、員外郎王好學，各將二鎮每年起剝新舊漕糧事宜從長酌處，照款登答各緣由，呈報到臣。據此案照前事，該臣案開，密雲鎮每歲新議加撥并舊額漕糧共一十五萬四千八百一十石八斗，昌平鎮每歲新議該撥并舊額漕糧共一十八萬九千二百七十二石五斗，專備各鎮主客兵馬本色支用，就經備行會同計處去後。今據前因，臣會同巡撫楊兆議，昌平漕糧舊止陸運四萬石，今增糧十四萬九千餘石，由通州水次直抵奠靖倉，則自萬曆元年始。密雲漕糧舊改撥一十萬石，水運至牛欄山止，今增糧五萬，徑抵鎮城，亦自萬曆元年始。兩鎮運事今已報竣，臣竊見昌平之運事有三利，密雲之運事有三便，而脚價節省不與焉。何謂三利？諸陵額軍不啻二萬，今實在不及一萬，而各衛所造糧開除不及數千，是每月冒糧無慮三五千石，今運糧在邊，造糧在營，按兵計餉，冒濫自少，歲可省太倉數萬之儲，一利也。往時防邊軍士藉口赴京關糧，動曠旬日①，邊境一空，今分番文領，勒限往還，防守有賴，二利也。軍士領糧到手，路遠則難運，輕齎則價賤，今就近關支米，皆足數，三利也。何謂三便？漕糧至山，舊皆露積，緩運之則有患，急運之則多費，今順義建倉足便收貯，一便也。歲加米五萬，可省召商之難與價騰之費，二便也。潮、白二河既交舟楫之利，直達鎮城，三便也。但事貴謀始，尤期善後，所據議處漕運未盡事宜，既經各該管糧兵備衙門會呈前來，臣等又復行參酌，似屬穩妥，足垂經久。

　　一、議轉輸。據密雲道兵備參政王一鶚呈，准管糧郎中申嘉瑞手本議稱，密雲歲額新舊漕糧數多，船止百隻，接運不繼，相應添造福清式船百隻，駕船水手先係招徠無藉，隨顧隨逃，似應議設把總專理其事。剝船二百隻，每船水手伍名，共該一千名。看

---

① ［校］旬日，原作"旬口"，民國間抄本作"旬口"，據文意改。

得通州衛班軍五百名頗識水性，似可盡數留充，不足再於新軍內選五百名撥發。每次運米四十石，不拘到鎮遲速，各除本等行月糧外，每船共給米一石五斗，即如一日到鎮不減，十日到鎮不加，船有大小，亦不增減，運完額糧，通計該米五千八百餘石。又鎮城河下背米進倉，每石給腳米一升五合，共米二千三百二十餘石。但新議造船百隻，卒難通完，應於四五月分天未炎熟，仍用輜重車驟兼運，照原議加給車夫工食驟料，就以前計水手腳米內支給，不必另計。自牛欄山至鎮，通共該用米八千一百二十餘石，俱於後項尖耗內動支。再照漕糧一十五萬石，舊以驢運，每石七分，計該腳價銀一萬五百兩。今以米計八千一百二十石，該值銀五千六百八十兩，亦可省費一半。等因。准此。該本道卷查，先造淺船一百隻，每隻該銀二十六兩，議動民兵銀一千二百兩，漕運扣省腳價銀一千三百兩，委通州打造已完。今議比照福建清流等船再造一百隻，似應照例發銀打造。又查得卷內，先為議處工食以便召募事，剝船百隻，每隻合用水手二名，軍夫三名。蒙本院部計批計運米之數，籌給工食，如一次運米四十石，水手每名給工食米七斗五升，軍夫每名給米一斗伍升，通共該用米一石九斗五升。來歲之運增船至二百隻，議以通州班軍五百，新軍五百駕之，每船計軍五名，惟攔頭掌舵必得慣習操舟者二名，共計水手當用四百名，餘軍以供牽挽之用。若通州班軍未必盡善操舟，每船尚須召募一名，部司議定工食，每船每次止米一石五斗，蓋視今年之數，又減去四斗五升矣。合無以七斗五升雇召募水手，以三斗給水手，以四斗五升給挽舟之軍，似亦足用。若以車運，則照舟中米石之數計給軍夫，其驟之加料，每頭遇運計日三升，與夫負米入倉，應給腳價，通計運米一十五萬石。自牛欄山至鎮城，舊額用腳價銀一萬五百兩，今止用米八千一百二十餘石，則所省者果以過半，無復再議。等因。據此，臣等看得，該司道所議前項轉運事宜，似屬停妥，合無依其所擬，除見造淺船百隻，再添造福清式船百隻，議動民兵并漕運扣省腳價銀各一千三百兩，委官打造。其駕船水手，通州衛選留班軍五百名，再於新軍內選留三百名，另雇慣識水性水手二百名撥發。管運把總，每次運米四十石，各除本等月糧外，每船無論增減名數，共給米一石五斗。船有大小，止以米計，亦不增減。如新造船隻，卒難通完，應於四五月分仍用輜重車驟兼運。照原議加給車夫工食驛料，就以前計水手腳米內支給，不必另計。自牛欄山至鎮，通共該用米八千一百二十餘石，俱於後項尖耗內動支。

一、議寄囤。據密雲道兵備王一鶚呈，准郎中申嘉瑞手本議，稱本鎮石、古、曹、牆各路邊倉，衝緩不同，而糧餉通應多積。查先年漕糧官旗徑運各邊交納，後蒙本部議題，止運鎮城轉乞，續因糧積牛欄山馱運不前，且防秋深警，報議建順義新倉寄囤。但相隔水次數里，頗費腳價，今既議造剝船二百隻，見有輜重車驟六百頭，水陸並運，似不須多積順義倉。但今造船難以卒完，轉運未免不繼。合無明年姑照依今歲，量撥米四萬餘石在彼，以後年分船完車備，務趁夏月挨幫盡運，如遇陰雨警報，隨便撥運順義。

等因。該本道議照，順義建倉，原以避牛欄山水次夫雨淋漓之患，運船早到者，如在三四月內則運或可及，若在四月末五月中，則雨患當防，似當寄囤於順義倉，此當量運船之早晚，臨時酌請。其入倉之費，漕船軍任之，其出倉之力，剝船軍任之，惟順義去牛欄山尚有二十里，運船卸順義倉者則當扣其腳價，發之本鎮以補車舟遠運之費。不然，則先所計之工食俱自牛欄山起運者，若運自順義倉遠出二十里，將何以給之。等因。據此，臣等查得，先年漕糧改撥密鎮者止一十萬石，往往運未及半，輒遇夏秋雨水，并警報相妨，遂聽其浥爛，或不得已而出，一切免發就支之計，費既多增，軍鮮實惠，蓋歲歲然矣。故於順義縣建倉，正以防牛欄山轉運不及之故也。又議增糧五萬石，正以有順義倉積貯之故也。今若定以四萬石收貯順義，是將十一萬石盡運之密雲矣。稽諸往事，勢恐不能。合無准如該道所議，酌量漕船報到早晚，如三四月可到，則少撥順義多發密雲，若漕糧到遲，雨水早作，即寄囤五七萬石不爲多。但漕船卸自順義，視到牛欄山減程二十里，相應扣其腳價，剝船起自順義，視從牛欄山多程二十里，相應增給食米。庶轉運之費不加，而腐爛之患亦免。

一、議糧船。據昌平道兵備張廷彌呈稱，遵依會同員外郎王好學議得，昌鎮漕糧歲撥一十八萬九千二百七十二石五斗，奉到部檄，造船二百隻委爲不多，但前項船隻卒難盡完，來歲仍當暫拘民船接濟，候造船完日，止可拘拿民船二百隻，共成四百隻。每隻約裝糧四十石，共裝糧一萬六千石，大約每十日可完一運，每月三運，四個月可以竣事。等因。據此，臣等看得，該司道議呈，昌鎮運船要比密雲船隻，每船計銀二十六兩，共該銀五千二百兩，就於戶部當年節省陸運腳價內動支。及稱前項船隻卒難造完，來歲仍當拘集民船接濟，候造完日，止拘民船二百隻，亦自足用各一節，事頗相應。合無敕下戶部照數給銀，打造完日，將造過船隻、用過銀數，造冊送部查考。

一、議河道。據昌平道兵備張廷彌呈稱，遵依會議，得安濟橋迤東地名三岔口等處，有淤沙二十餘里，及查奠靖所城操軍六百名，先經呈允，分爲兩班，下班者守城看倉，上班者浚河拽船，似已可行。其雇募民船水手，各置有扒沙器具，亦願自行。但每糧一石，原給腳價五分，若量加一分，聽其隨到隨扒，一船行則餘船皆行。如遇天旱水涸，淤沙阻塞，水手力難自扒，則仍令奠靖軍人六百併力協修，此今歲已試之，明效也。再照今年河道創開，船隻未備，僅以四月而運完，似不爲遲。等因。到臣。竊謂河道之議，期於通運而已，今歲改撥漕糧幾二十萬，止以民船數百隻，運夫數百名，不踰數月糧運盡完，創始若此，則永終可知，一切築壩建閘之說，似不必行。合無准如司道所議，將雇覓民船水手每糧一石，量加腳價一分，共銀六分，聽其隨淤隨浚，隨浚隨行。若天旱水涸，督令奠靖軍人併力協修，工自不多，且春時微有阻滯，而夏秋大雨時行之日，河道自通，無庸人力爲矣。

一、議船戶。據昌平道兵備張廷彌呈稱，遵依會議得，合用官民船四百隻，除民船已有撐駕人夫外，其應造官船二百隻，每隻必用駕運五人，若通用軍夫，則撐駕不慣，責成尤難。似當於通灣等處召募慣熟水手，每五人每石亦照民船給與腳價，止量減一分，如其召募不足，量與長陵等衛雜差軍內撥補，相兼應用，此又隨宜通變之術。等因。據此，臣等看得該道所議撐駕人夫一節，似亦相應，但前項腳價給之，拘拿民船，不得已領受。若以此給之召募之人，則應召者寡矣。每船雇覓水手二名，事或可就，若取盈於千人之數則難矣。合無將官船二百隻，每船容令雇募水手二人，就將奠靖所軍人六百名每船撥發三人，如每石腳價銀五分，即以三分令水手二人均領之，其餘二分令軍士三人均分之，其賃船之值，不必扣減，就令自備器具以備扒沙之用。原議各軍浚河，行糧亦不必給，則水手慕利，不令自從，軍士沾惠，雖勞不怨矣。

一、議邊軍。據密雲道兵備王一鶚呈稱，會同郎中申嘉瑞查得，漕運議單內開，每兌運一石，原兌耗米二斗五升，改兌一石耗米一斗七升，兌運每石加耗七升，改兌每石加耗四升，一尖一平上倉。等因。在卷。本鎮舊額漕糧，俱兌運之數，每石尖耗加納。如今歲新撥漕糧五萬石，悉皆改兌，又係通倉改撥之數，不係坐定邊糧，俱不加耗，兩平收納船運工食，內無所處，致動額糧。合無自萬曆二年為始，本鎮新舊漕糧一十五萬四千八百一十石八斗，俱乞題撥兌運，粟米赴鎮交納。內除存留鎮城及順義并徑運大水谷倉糧米，計有搬運工食外，大約自鎮城分運石匣倉米三萬四千餘石，古北口倉米二萬七千餘石，曹家寨倉米三千餘石，墻子嶺倉米四千餘石，石塘嶺、白馬關二倉各米一千石，豬圈頭、熊兒谷二倉共米一千石。石匣倉每石腳價銀六分，古北口倉一錢，墻子嶺、白馬關、豬圈頭、熊兒谷各銀九分，曹家寨倉一錢四分，石塘嶺倉五分，分運前糧，計腳價銀五千七百餘兩，新納漕糧俱皆兌運之，幾共該尖耗米一萬三千九百餘石。內除前項水手車腳騾頭用米外，僅剩米五千八百餘石。若米貴價高，每石計銀七錢，止值銀四千餘兩，尚欠銀一千六百餘兩。如年豐米賤，愈加不敷。合無每年將輜重車騾乘其邊境寧謐，將近倉如石匣等處米數，責令駄運，照依原擬加給夫騾糧料。及照自鎮城轉乞邊倉糧米，船既不便，車亦難行，止用騾頭駄運，就行輜重營軍役跟送，每日應給行糧料草，俱於客兵項下支給，已奉本部院咨，部允行。計日算糧，每騾一頭，往返二百餘里，每二日止可運米一石，以六百頭計之，每月止可運九千石，應乞運者計七萬石，則有非六百騾之所能盡運者，必須雇用驢腳，乃可以濟緩急。似應即於前項尖耗米內籌價雇之，倘有不足，則以支剩餉銀內通融支用。惟不復請發腳價，則所省者多矣。又據昌平道兵備張延弼呈稱，遵依行准戶部員外郎王好學手本開稱，查得萬曆二年合用客兵糧草，已蒙部堂發銀二萬兩，照依上年事規，本部計派共該買米一萬四千石，豆九千七百石，草一十萬六千束，見行給商召買外，其主兵計該用米五萬六千餘石。查得居庸、奠靖等倉見有漕糧并事例加納，及置買漕糧餘米等項，共五萬七千餘石，已足支用。但轉運各倉多費脚價，各照舊例於官軍下邊無事之月，以軍就食，調①赴附近倉口支給，餘月雖該轉運，但鎮邊、橫嶺、黃花、渤海等倉俱山路崎嶇，雖有輜重車騾，亦恐難行，各倉自有商人，合量給脚價行令乞運，事體亦便。及查奠靖倉貯有漕糧尖耗米，共八千五百九十七石九斗四升，仍加意調停，似足脚價支用，各等因。據此，案照先爲前事，該臣等通行查議去後。今據前因，看得密雲轉運邊倉，脚價無從措處，要將新撥漕糧五萬石改坐兌運，收其尖耗以便轉輸，如仍不敷，就於額糧支剩內處給。昌平主客兵糧俱以足用，但將無事月分以軍就食，其鎮邊等倉召商乞運，此與舊行事規並閱視衙門新議相合。但一轉移通變之間，即可免窘束窒礙之患，既經司道衙門會議，前來相應依擬。

一、議領運。據密雲道兵備王一鶚呈稱，會同郎中申嘉瑞議照密雲兩鎮，漕粟三十餘萬石，水手車夫數千餘名，水陸督運及浚河防範事體頗重，應設專官管理。但本鎮相隔昌平路遠，運道兩分，一官難兼二鎮，合候題設欽依把總各一員。如本鎮，河道則春初堵塞枝流以備淺澀②，入夏慎擇停泊以防衝泛。船隻則炎凍益加守護，無見侵於冰日，器具時加查理，無受敵於風波。糧則就船交兌入倉，上納皆務足數。運軍則關防無使侵漁，催督無使稽滯，皆務得法。春月則駐劄牛欄山，仍往還通州、密雲等處巡視查督，事完回劄鎮城，料理來年運事。至於修船之費，亦當預定，合無查其操舟，不如法以致傷損，守護不以時以致滲漏者，修補無多，各軍任之。若三年小修，五年大修，尚宜官爲召集匠役，處給工食，不然，軍皆樂於荷戈而不願鼓舵矣。又據昌平道兵備張廷弼呈，會議得昌鎮漕糧數多挽運，事宜頗爲繁重，若止坐委把總一員，委屬難行。相應查照漕運事例，添設欽依把總一員，駐劄鞏華城，帶管奠靖所印務，統領官民船隻，及奠靖所軍士一應起剥、牽挽、挑浚、防護，并修倉守城等項事宜，皆其專責。但事在創始，必須得人。查得長陵衛千户顧尚義才識通敏，堪充兹任。及照督運既有專官，則部司可以免委，如仍用部官，尤須慎選熟知地理及久在邊任者。查得本道所屬順義縣知縣曹維新操守既端，才猷亦敏，建倉修河各已底績，水勢地利，皆爲熟知，且本官歷俸已深，屢經薦舉，似宜量陞户部主事，專責密、昌漕運，庶人存政舉，而兩鎮之邊餉有賴矣。

巡按御史王湘條陳疏畧　萬曆二年

臣巡按順天兼管兩關一年已滿，嘗躬詣各該管路關塞，目擊臺墻、營陣、火器、兵馬之屬，皆迥異昔時。然中間尚有未盡事宜，與夫名有而實無者，誠不可恃夫目前之安，而

---

① ［校］調，底本不清，據民國間抄本補。
② 淺澀，謂水淺不通暢。語見酈道元著、陳橋驛校證《水經注校證》卷二十五《泗水》，中華書局2007年，第602頁引《晉太康地記》，"泗水，冬春淺澀，常排沙通道，是以行者多從此溪"。

遂忽久遠之圖。職任所關，誼不容默。謹據一得之愚，條具五事，敬為我皇上陳之。

一、重稽覈以實行伍。查得接管卷內，原奉敕書內一款兼理清軍，仍將邊軍逃故并解補多寡，各責成該管將領及衛所等官，俱候復命之日分別具奏外，今照臣欽奉敕內，未蒙開載此款。臣惟薊鎮之兵原額幾至十萬，向因役占私門，頂替不明，將領利其亡而侵扣月糧，軍士畏其苦而逃避他方，以故邊備日弛而行伍日空也。幸邇年諸臣痛改故輒，又該閱視大臣題准，將節年逃故開除以閱過作為額數，止存軍士七萬七千有零，較原額僅二分矣。然據營路呈報之數，將各省解到新軍即抵近日逃缺，而今之逃者未見勾補。乞敕兵部通行沿邊將領，清查閱視額定軍數，加意撫恤，如有逃故，即行勾補，不許將新軍抵缺其新解之軍，似當以額逃查記。每年仍聽巡按御史復命之日，照舊分別功罪上請，併乞載入敕書，遵奉施行，則人皆知所勸懲矣。

一、節軍力以專訓練。近來建議敵臺，邊工浩大，殊無休歇，士卒疲憊，益不可支，逃亡安得不多，行伍安得不虛哉！且各項工役，縱皆出自欽依，亦當酌以次第，量軍之力，稍待陸續完報。合無備行督撫等官，通將應建臺牆與夫修倉等項，當審其事勢緩急，少蘇疲軍。仍行各該將領多方操演，嚴禁役使，務致軍力寬舒，隨時訓練。

一、嚴擺守以防窺伺。臣閱薊鎮諸邊，崇山疊障，險固可恃，而守尤當慎也。然邊塞延袤二千餘里，而軍僅止七萬有奇，列之主兵不足，繼以客兵分布，復兼以南兵，住臺瞭望，則於防守亦庶乎其可矣。但近因邊境寧謐，將卒因循，徒有擺守之名，而無擺守之實。蓋土著之軍，精壯者利得雙糧，而詭充家丁尖手，富足者避乎修守而樂從影射納班，僅存老弱擺列支吾。各邊雖有南兵守臺，然多驕逸放縱，離守靡常，而該管將官漫無稽察，如青山口百總被殺牆外，而同戍之兵寂然罔聞，且猶挶稱聲息以誑主將。況設臺分守，本藉以瞭望防奸，若關口殺人全不知覺，則擺守官軍亦將奚賴也。合無備行督撫鎮巡，嚴禁役占，并奸軍投充家丁等項，務備關口臺牆，諸軍皆選精壯之夫。仍令將領督率常川擺守，罔分南北主客，時加查點，毋得仍前虛應故事。

一、申關禁以杜釁端。惟薊鎮一牆之外，即為夷穴，故關隘之禁已載令典，若防範少疏，奸細竊入，為患非淺鮮也。然明例昭著，猶私自開關而與夷貨易，遂以小忿而招釁啟亂者。近如石塘路开連口，南兵擅出邊外，私與夷人換肉，輒糾眾擅殺，幾成隱憂。雖已經參奏處分，若不申明嚴禁，俾知遵守，則後之貪利而陷覆輒，邀虛功而貽實禍者，難保其必無也。乞敕兵部備行督撫，轉行將領，凡應撫賞夷人，要整兵彈壓，如遇屬夷傳報虜情，務要審其真偽，毋即開關延納，以中奸謀。仍嚴禁各官，不許擅開邊關採木，軍士不許私自貨換，違者即照條例施行。

一、更將領以鎮衝關。臣惟薊鎮以屬夷為藩籬，貢賞以喜峯口為要道，設守備一員稽查譯諭，專司撫處驗放出入，而轄之太平寨將領。然近日屬夷陽順陰逆，外有所恃，內無所忌，凡遇扣關，每欲與守備抗禮，甚至桀驁不遜，上年屬夷董狐狸之變可為明鑒。且該路將領所轄四提調，計一百七十一里，而住劄太平寨，去喜峯口九十餘里，夷人進貢雖有定期，續賞叩關則無時日，將官自有邊工操練之責，必不能飽繫該關也。合無將太平寨分爲兩路，喜峯口既爲提調，專管一切戰守軍務，特於喜峯口大關專設參將一員，管轄喜峯口、董家口二提調，其朵顏三衞貢夷撫賞等項，悉責於本將親自彈壓撫處。其原設太平寨參將，則以擦崖子、榆木嶺二提調分轄，庶於衝關堡寨永保寧謐矣。

總督侍郎楊兆條陳疏畧　萬曆二年

竊惟薊鎭邊事，仰仗廟謨，軫念邦本，重地主張於上，群工協心於下，數年以來，戰守之具，頗有章程。但隨事責，實在今日爲當務之急，必須嚴賞罰於作事之始，行黜陟於考成之日，務使心一志同，言從行踐，語戰足收全功，語守足保鞏固，方爲計之得也。臣雖愚蒙，在事已久，聞見頗眞，謹陳數事用補缺遺。伏乞敕下該部再加詳議，覆請施行。

一、兼理糧餉以明職掌。照得薊鎭主客兵糧，自閱視大臣考覈之後，筭之盡錙銖，析之入毫芒，並無遺漏。額兵額餉，懿規具在，無容別議。第兵家事，調遣無一定之形，勞逸有不一之勢，其中有應暫增暫減者，有應永增永減者，自難齊一，司餉者不得而知，必須臣隨時斟酌，因兵給餉，一轉移間不惟所省甚鉅。而且於邊事有濟，若膠守故套，不許通融，非惟無濟於事，而所費更多，又事事題請，時時咨部，必候裁定而後行，則事機已失，緩急何賴？合無自今以後，凡遇調遣兵馬、住守策應、應用糧料芻豆，悉聽臣斟酌劑量，務求至當，徑行各管糧郎中查照支給，不得推誤違阻。但總計一年所費，斷不許出額餉之外，則臣之職掌明，而始於邊備有濟矣。每年終，通將用過錢糧數目咨送户部查考。

一、訓練班軍以期實用。照得薊自庚戌之後，議調山東、河南、北直隷班軍更番戍守，第各班軍從來未有盔甲器械，向亦未曾議及訓練。今邊工俱有次第，訓練之事烏可緩圖。近該前任劉總督議題，每年春防，行令總理都督戚繼光將班軍三萬先摘出一萬餘名，挑選訓練，期成節制之師，但宜總其考成之事，自難兼乎分練。且各該管都司久不得人，非得曉暢戎機者，必難有成。臣查訪得興都留守陳文治，先任通州領班都司，召集逃移，教演疲弱，能得人心。合無將陳文治陞爲練兵參將，或即補通州參將，責成訓練。各班軍都司悉聽本官節制，臣仍督同戚總理指授方畧，將兩防班軍每防挑選一萬，專一統領操練，務使營制一新，技藝精熟，足爲可時之兵。若果教練有成，破格優賚，如或蹈習故轍，教練無效，即總理亦難辭責矧本官乎。

一、番休南兵以便戍守。爲照薊鎭邊長兵寡，先今添募南兵，蓋因此兵東南屢建奇捷，驅之陷陣先登，必能成功克敵。況自抵鎭以來，固守臺墻，節有成效。竊念各兵頻年戍守，豈無鄉井之念？臣查得，浙省如臨山、定海、溫、台等處，及軍門標下見有南兵不止萬餘，若得分番代戍，即並有倭虜之變，南北均爲足恃。今若於每年責成浙省軍門，將見在南兵揀選一萬餘名，行令把總約束而來，押至密雲赴臣處，過堂查點，發邊與戍兵見面交代，方將在薊南兵一萬餘名發回，迨抵江南，俱聽浙省軍門點查，照舊分布於沿海地方防守，次年就令此兵如前迭相更換。如此則在沿海不誤防汛之期，在薊鎮不乏戍守之兵，戰守足賴矣。

一、修築城垣以嚴保障。照得臣巡撫時仰奉明詔，將所屬地方應修城堡緣由具題，兵部議覆題奉欽依，查照修邊事例，發銀一萬兩到鎮，督行各兵備道將腹裏州縣城池及鎮店堡城修理，皆有次第。獨有密雲鎮城雖稱堅固可恃，而郭外軍民反多，新軍營房四五千間，若無城池隄防，何以保障？合無容臣委官踏勘，估計於明年春防無事，修築北、東、南三面城垣，與舊城接連，將新軍營房并居住軍民俱包羅在內。其犒賞軍夫鹽菜，即於支剩修城銀內動支，事完聽臣查覈，同修完關營城垣用過銀兩數目一併類奏。緣此城原題未曾議及，今動支修城官銀，非具題，不敢擅專。

一、請敕諭旗牌以重事權。臣惟兵家之事，臨陣退縮抗違軍令者，即時擎捧旗牌，以軍法從事，所以尊王命而假威權也。臣查得各營路主客參遊，俱有欽賜敕諭旗牌，惟統領南兵參將丁茂、吳良知、楊瑄未蒙欽降，矧南兵雖稱善戰，中間違令退縮者難保必無。伏望皇上軫念軍機爲重，將南兵參將丁茂、吳良知、楊瑄等各賜敕諭一道，一體給與令旗令牌，庶便欽遵行事。如有陞遷事故，候官交代明白，方許離任。如此則威令振肅，而可收戰勝守固之效矣。

一、次第修工以蘇軍困。臣聞節年薊鎮修建空心敵臺，軍力已竭，今歲秋防分修臺座，俱當報完，但臺座相近者固多，而臺空稍疏者尚有，若俱建臺似爲太密，若置而不處終屬可虞。當議俱量補數墩，次當修刷偏坡，又次則近邊堡寨城垣也。以上雖俱係緊要工程，亦須次第修築，以省軍力。合無容臣督撫，每歲於春秋兩防通行鎮道，備查各路塌損工程數目，酌量地方緩急，從長定擬，首墩空，次偏坡，次堡寨，循序興作，其餘一切無益之工、不急之務，俱宜停格。若諸將沿習舊套，私動軍力興修別工者，即以違誤軍令從重參究。如此，庶軍有息肩之期，而可專事夫操練矣。

一、改設將領以重責成。照得太平寨參將所轄擦崖子、榆木嶺、董家口、喜峯口四處，俱係緊要關隘，惟喜峯口爲三衛貢路，每年秋冬二貢及尋常討賞夷人絡繹不絕，止靠守備官綜理，官微權輕，點虜箟視。去年董狐狸之變，可爲明鑒。且喜峯去太平百里，凡遇夷人到關，守備官呈稟，參將方敢行事，往回數日，多致夷人守候坐食，糜費不貲。臣於去年亦曾議及以太平參將移駐喜峯，又恐擦崖子、榆木嶺一帶防禦空虛。臣等查得，山海、居庸先年俱設守備，後改參將，矧喜峯口十一路夷情向背，皆賴本關宣諭，而後定視山海、居庸關係尤重。合無比照將守備改爲參將，令其常川駐劄該關，仍轄董家口一提調地方，其太平寨參將照舊駐劄該營，分管榆木嶺、擦崖子二提調地方。

仍乞將敕書改撰，俾各有責成。

總督侍郎楊兆爲賊夷近邊撲殺哨役官軍分路出口擒斬疏畧①　萬曆三年

　　據總理戚繼光呈，行據喜峯口參將李世臣報，據屬夷伯彦主喇等稟稱，長昂已至會州，因懼裏邊兵馬不敢近邊，至三月初一日同伯彦主喇、董狐狸等至關下聽候處分。該職於初三日督同副總兵史宸等親臨喜峯口關，面撫諸夷，各相率羅拜，隨進番文一紙，送還原捉尖哨許勝等七名，綁獻生事夷人二名哈歹帖、乜赤，漢人一名兀可赤，并馬七匹，乞贖節次擅殺官軍之罪。但稱歲時用度，全望撫賞，初四日喚入關內，分別撫賞，至初七日始完，其綁獻逆夷二名、漢人一名、進送馬七匹作何處分。等因，具呈到臣。又據薊州兵備王之弼呈報相同。據此案照先准兵部咨，前兵科都給事中察汝賢等題稱，賊夷長昂常貢，不修節行縱撲，務要悉心謀禦，如或悔禍補貢乞哀，即當照前撫處，等因。備行鎮巡兵備等官查處去後，今據前因，該臣會同巡撫王一鶚議照，三衛屬夷數年以來，未有跳梁放恣如長昂之甚者，仰仗天威，一鼓擒執，群酋落膽。臣等便宜宣諭，果能悔禍回心，叩關伏罪，綁獻歹夷二名、進馬七匹，據其情詞哀懇，隨將長禿疏放出關，將一切撫賞逐起更定，群夷悦服。所據在事，各官操縱得體，效有勤勞，容臣等分別獎賞外，其長昂補貢，另候到關之日照例具題。合無乞敕兵部再加酌議，將縛獻歹夷二名哈歹帖、乜赤梟示本關，明正其罪，漢人一名兀可赤押發回籍，原進夷馬七匹給軍領養騎操，惟復別蒙定奪。

總督侍郎楊兆爲臺車工完討軍火器具疏畧　萬曆三年

　　據永平兵備參政宋守約等呈稱，薊、昌兩鎮議建空心敵臺、戰車輜重等，車已完，惟佛郎機、子銃等項竝什物缺少數多，等因。又據總理戚繼光、昌平總兵楊四畏議，呈相同到臣。據此，卷查先該總督劉應節准户部咨，該閱視侍郎汪道昆題議車營，該户、兵二部議覆，題稱以山海附②石門爲十路，每路各立一車營，昌平三路共立一車營。每營駐騎、步兵各一枝，密雲、遵化、三屯設三輜重營，每營內亦騎、步兵各一枝，作速估計具奏，等因。隨准兵部咨，該閱視侍郎汪道昆題，本部議覆行太僕寺先借銀四萬兩，解送薊鎮支用，一面將二鎮增建敵臺二百座，仍從長計議，期於來春一舉畢事，各等因。俱經題奉，欽依節咨前來，通行遵照修舉。間隨該總督劉應節題，將各鎮修建臺車、合用神火器械備開具題。該工部議覆，動支鐵佛郎機二千架、鳥銃四百門、夾靶槍二千桿，并各隨用子銃、鉛彈、火藥、藥綫等項，移咨總督通融均發應用，尚不足十分

---

① 該疏與《戚少保年譜耆編》卷十一"（萬曆三年）秋七月以長昂款塞功得旨紀錄賞銀幣"條，《續修四庫全書》第553册，第328~329頁內容大體一致。

② ［校］附，底本不清，據民國間抄本補。

之三。又於萬曆二年該臣等會題，昌鎮又立一車營，前項器具無從措處。該臣會同巡撫王一鶚議照，薊、昌兩鎮查得先年完過敵臺止一千一百餘座，戰車立六標營，今經閱視大臣增置之後，敵臺則通共完過一千三百三十七座，戰車輜重車則通共一十六營。合用神火器具，自隆慶二年請發過帑銀，改造過器械，並去年請發本色火器，薊、昌兩鎮尚不足舊臺、舊車之用，其閱視新臺、新車器具全無。臣等查得，原議每臺一座，應該設備佛郎機十架，共該佛郎機一萬三千三百七十架，每車一輛，該備佛郎機二架，共該佛郎機三千三百二十八架臺車，除見在尚欠佛郎機六千九百八十一架。每臺該火箭一千枝，共該火箭一百三十三萬七千枝，各戰車并馬步，各營火箭各不等，共該火箭四十七萬四千七百八十枝，臺車除見在尚少火箭九十九萬七千九百一十三枝。及大將軍神、快夾靶等槍，與隨機、隨槍各該子銃、鐵門、錘錐、剪匙、送子鉛子、火藥、炸藥、火繩及馬步援兵内應用，虎蹲大砲、鳥銃、快槍、鉛藥、臂手、腰刀、弓箭、銃鈀等項，共計本色器械數百萬餘件，通計工料價銀九萬二千二百八十餘兩。合無通將前項器械，或全給本色，或量發帑銀，容本鎮選匠製造，相應具題。乞敕兵、工二部查議照依册開估計數目，給發銀兩前來，容臣分發買辦物料，督匠依式打造。事完之日，備造文册覈實奏報。

總督左侍郎楊兆爲益節制聯分勢以固邊防疏畧① 萬曆三年

總理總兵左都督戚繼光呈前事，據此，臣會同巡撫都御史王一鶚看得，薊鎮總兵所控地方，西自石塘嶺，東自山海關，延袤二千餘里，分區列守，各有專責。先年因練兵不便，置二協守分練，總兵官居中調度，往來總練。數年以來，頗收節制之效，似亦無容再議矣。但中間山川阻隔，道路迂遠，居常摘練不便，遇警馳援難及。況薊州一道所屬營路，分統於東西兩協之間，兵馬、錢穀諸務蝟瑣，事體不一，滯礙難行。所據總理戚繼光酌議，意要改添中路協守，併乞請給關防，以便責成。臣等詢謀咨衆，反覆思惟深有裨益。況以見官改協守，不必添官，一便也；以見兵隸中協，不必增兵，二便也；以供億不必别派，三便也；以操練就近，不必遠出，四便也；以卒然之警臨之，即可朝發而夕成功，五便也；三協各守信地，替出大將督兵，六便也；三道會同三協，事無掣肘，七便也。一轉移之間，兵政邊紀焕然改觀，提綱挈領，諸務立就，此益節制通臂指便考成之第一上計也。但事關興革，相應題請，伏乞敕下兵部再議。如果有益邊方，將三屯右營加銜副總兵，羅端改充中路協守，分理馬、松、喜、太四路練兵事務，就將見管右營標兵照舊統領，原配河南車營一枝亦聽，合營并總兵標下左營，與保河營輜重營悉聽節制。西路協守副總兵張臣分理石、古、曹、墻四路練兵事務，將石匣車營一枝退

---

① 該疏與《戚少保年譜耆編》卷十一"（萬曆三年）題請增中路協守疏"條，《續修四庫全書》第553册，第329頁內容大體一致。

出，交與密雲左營參將陶世臣統領，陶世臣馬兵一枝，即退與張臣統領，合營俱赴石匣營駐劄操練。仍有密雲右營一枝、鎮武營一枝、輜重營奇兵營一枝專統。臣總督標兵，亦照舊仍聽張臣節制。東路協守副總兵史宸，分理燕、臺、石、山四路練兵事務，仍舊駐劄建昌，兼管遵化標兵。一應客兵分布，各協地方者一體遵，無事操練，聽節制兵馬，修理邊垣①，營繕器械，撫處警悉聽属②夷遇等調度節制。仍乞改撰敕書三道，并請給三協關防。俾各官欽遵行事，庶總練分練各有責成，薊東、薊西免於顧此失彼矣。

總督侍郎楊兆修復軍政以固根本疏畧　萬曆三年

　　臣會同巡撫都御史王一鶚、巡按御史賀一桂議照，衛所之設在左輔者奕布星羅，邇年有事於障塞，各衛材官健卒盡以選入行間，其所以備於外者急也。今營官缺，尚取於衛，隊卒缺，尚取於衛，而衛所頹敝日甚，何以佐邊計。則所以修於內者不容已矣。屬當考選軍政之時，臣等乃謬陳治本之議，伏望敕下兵部再爲詳議，見之施行，起衛所之痿痹，即因以培保塞之榮衛也。

　　一、專責成。惟直隸衛所與各省屬都司者不同，其約束而督課之者責在守備，猶郡首之轄諸邑也。乃各衛錢糧軍伍，參降罰治，止於衛所官，而守備皆不與焉。因循推諉，以致廢弛。乃委於有司者治之，有司重苦於勾銷之難，而衛官庸懦不振，俯首蒲伏以求自免，其體統掃地矣。合無查照兵部查催柴炭例，通行各守備，各將所屬衛所應徵屯糧、馬草等項錢糧，及清理軍伍、查銷府部勘合單冊一應公務，俱聽經理稽查。其各衛有不屬守備者，如山海衛屬山海路參將者，改併屬永平守備；密雲後衛屬古北口路參將者，改併屬密雲守備；延慶衛屬居庸關參將者，改併屬昌平守備；通州左等四衛屬通州參將者，改併屬張家灣備禦，一體責成。其張家灣備禦職銜，似應改爲守備，以成畫一。凡遇年終奏報，各項錢糧完欠，清補軍伍多寡，則各守備總計所屬分數，爲之查叙，有功一體紀錄，有罪一體參究。凡各衛所公事有應催督者，行各守備官催督，公罪有應提問者，行各提問。即私罪批行有司問明者，除重刑遣戍外，凡應追贓贖者，轉行各守備追完，轉解有司，無得而追罰之。其各衛所守備原屬各將官者，照舊仍聽各將官統束，各守備劄付內明開責任，以永遵守，則責成專而政務舉，體統正而官常振矣。

　　一、復公署。惟張官必有定署，視事各有定所。衛所衙門，初創規制，視郡縣更宏廠焉，崇官體，重武備也。乃今武職不振，率皆敝而莫葺，有僅從頹宇者，有盡廢爲荒基者，廉階堂地爲之蕩然，反百工居肆者之不若矣。合無容臣等將各衛所衙門通行查勘，凡應修、應建者逐一查估，堪動贓罰或各項歲支餘剩以佐之，務俾各衛之堂宇、庫

---

① ［校］垣，底本原無，據民國間抄本補。
② ［校］属，底本不清，據民國間抄本補。

廨盡爲修復。掌印指揮常住，以便督率僚屬辦理公務。典守、庫獄、各吏典缺人者，查呈撥補，亦俱常住公廨。一應錢糧應徵收者，委官先給印簿，印票收納貯庫，掌印官司封識、鎮撫司鎖鑰，首領官稽查出納庫簿，則掌印官、鎮撫首領各執其一，互相覺察，侵欺那移者罪坐，典守之人有收貯私家者，以侵欺論。一應案卷通行清查，盡以收架各房，明立文簿，備開卷宗起數，官有更代者，文卷與庫藏一體交代。每遇查盤，一體查盤，吏有起送者，經手卷宗交割明白，方准起送。如有遺失抽匿，盡法究其官吏，庶常職可舉，而積弊可釐矣。

一、實城操。惟衛所與州縣共城者，平時鎖鑰之寄於捫之役，皆在衛中。如有虜警，則堅壁以守，橫戈以戰，皆衛官之責也。今衛官皆爲備員，軍丁盡從邊戍，城操之軍有一城不及二三十名，而役占賣放者半之，僅存者又皆疲癃殘疾，即以備城門之啓閉尚恐不支，何以備緩急？且火器爲守城長技，必衛中軍丁與州縣快壯分習，既熟教演有素，乃足以資衝擊。今各城火器雖通行置備，而分執者無人。合無容臣等將各所屬城池通行查議，但係州縣設有軍衛者，或衛所自爲一城者，每城以列垛，而守者爲守兵，以居民壯丁充之其列隊，而衝擊者爲戰兵，以衛中城操、州縣快壯充之。備查每某城原額設有城操軍士若干，合用守城戰兵若干，合見在壯快軍丁計之，役占、賣放者盡法追究，以之編伍。仍該添補若干，或清勾舊軍補數，或將邊操老弱沙汰發回，或將各省勾解新軍及問發軍犯，酌量城池大小，隨宜撥發。有守備處聽守備統領，無守備者聽各衛掌印及管操捕官管束教練。各衛官管操者加以把總名色，即有司之快壯亦併屬之，無以軍民自分彼此。平時以城爲營，以垛爲伍，編立旗隊，申嚴紀律，教習武藝，演放火器，有事即照部伍以之布守。臣等巡歷之時，憑城操試之，如在邊操臺之法，其教練如法者，文職武職同爲論功，其玩弛草率者一體論罪。

一、明功罪。惟各衛所官，凡犯公私罪名，必參而後問議其功，亦以作其氣也。其犯私罪者，自作之孽無論矣。其犯公罪者，每官應納罪贖，每年不下二三次。緣衛所之官諳事者，十無一二，非遲則錯，動則罹於罪矣。二罪俱發，從重論，各等者從一科斷，至於公罪，得以遞減法也。官軍遣戍有功，准贖例也，乃公罪則無得減且贖焉。前罪未完，後罰復繼，貧寠者扣俸抵納，縱恣者科派代輸，常職日廢而官守盡喪矣。合無通行各該有司衙門，今後凡奉各衙門批問，各衛所指揮等官除犯私罪者聽各散拘外，其有因公致罪應罰追贖者，各道通候年終類查。某衛所某官名下，原奉何衙門，爲何事問罰贖若干，各開事由通爲議擬，或原係一事應當從一歸併，或二罪應當從一科罪，或吏已究罰，官應遞減，或情有可原，應與准免，總爲類，參通呈臣等及原奉批罰衙門定奪。應追贖者行守備追納，若各官有能振刷衛事、清理錢糧、查覈軍伍、招撫流移、開墾荒田、整挪操捕有功可紀者，除照例叙薦外，其因公致罪者明白開叙，得爲準贖。庶磨礪之中寓培植之意。

巡撫都御史王一鶚申嚴弭盜事宜疏畧　萬曆三年

臣惟四方之朝貢，仕旅轉輸，販易以至京師者，自陸路則涿州、良鄉、固安、漷縣其會途也，自水路則河西務以至潞河其通津也。都門之外，舟車輻輳，必居者有所譏察，行者有所防衛，奸宄屏息，道路無梗，斯所以肅上國而觀萬方也。屬以四方之人雜居近地，奸良難辯，而諸司之人不相統轄，又約法難行，故禦人於郊關，掠貨於河滸者，時忽有之。臣自受事以來，日惟此懼。乃行該道兵備副使錢藻先行查編保甲，細將巡緝事宜多方咨議，近據條陳備盜三事具報到臣。臣乃覆爲酌議，通計水陸之巡緝者，總爲六事，敢爲皇上陳之。

一、專保甲之責成。合無備行該管兵備道，即將所屬州縣境内村落人户查編保甲，如係本處編民及附近衛所，聽各有司徑自約束。其在京各衙門各衛所者，該管官司造册，轉送本管衙門知會管束，務要嚴加曉諭，毋容窩盜爲盜，匿盜不報，遇盜不救。若有機密難露者，許有司一面擒捕，一面移文知會。自約束捕盜之外，有司不得干擾他事。中有聚結人衆，失事重大，怠玩不行巡緝，責在有司。抗違不遵約束，責在本管，如違參究。

一、分邏徼之亭堠。看得涿州、良鄉、固安、武清、漷縣等處，俱係通京大路，合無比照真、保地方添設墩鋪，分隸守備管攝。即將前項地方五里爲一鋪，以十人守之，兩鋪增騎兵四人，五鋪設一百總，十鋪設一把總。在涿州、良鄉，則以涿州守備用所部官兵更番爲守，在固安則以霸州守備，在武清、漷縣則以崔黃口守備。其守鋪用附近鄉夫，許其輪班，騎兵各用所部兵快，晝夜巡邏，用心瞭望。如有盜賊生發，互相擒捕，少或失事，查各鋪界坐罪。

一、重捕盜之賞格。將一應捕盜人役，果能斬獲如數，應給冠帶者，即與冠帶，應與百把者，授以百把，有能用計緝捕六名，准擒斬一名，叙其首功，餘者給賞，如不願冠帶及願賞者，照格施行。其居民不係在官者，一體叙論。賞與應給冠帶，俱聽巡按御史詳覈，務審真正的實，不許妄加平民以冒功賞。年終類奏施行，内果才力出衆，膽畧過人，薦用邊方，以責後效。若窩主與强盜除盡本法之外，本身家產盡從官變賣充賞。

一、定守備之信地。看得漕河一帶，南起丁字沽北至王家擺渡，河東屬崔黃口守備，河西屬霸州守備，崔黃口距河二十五里，霸州守備相去幾二百里，北有紅門、海子草橋諸路，逼近郊關，最爲要害。每至河上，動經時日，不免顧此失彼。且艛船失盜，起自舟中，有船泊東岸抽西岸而失事者，有船泊西岸抽東岸而失事者，有泊中流内而失事者，皆因兩岸俱爲信地，得以推諉，事難責成。合將漕河東西一帶，并楊村、河西，務盡屬崔黃口守備管轄。近京要路，嚴督霸州守備專緝。仍將交界地方分畫明白，一體遵守施行。

一、增巡河之哨船。看得漕河寬濶，追呼之聲兩岸不能相聞。盜每抽幫，崖上驚覺則順流而下，無從擒捕。應置八槳船六隻以便迅馳，平鋪以板以便擊刺。合無務要如法堅固，仍給旗鑼、器械、弓箭、火銃，以便緩急應用。兵夫即以河西、楊村二巡司弓兵取用，不必編撥。如開凍之時，即分布巡哨，往來中流，遇有盜賊，一面追捕，一面鳴鑼放銃，使左岸巡緝兵役、近河保甲鄉兵得以應援，如號召不至，策應不前者，責有攸歸。仍聽營州、武清二衛護糧官、管河把總、主簿及本管巡檢率領巡緝，總之則在守備官約束，而該道尤須嚴行稽查，毋令怠緩誤事。

一、明管河之職掌。看得漕河自丁字沽而下，原設有管河把總、管河主簿。西有武清衛，東有營州前屯衛。凡以護漕艘重國計，因法制寖循，職守湮廢，高坐河西膏腴之地，防範護衛絕不於攝，而武清、營州二衛又以秦越相視①。今將武清、營州二衛各特設管河護糧官一員，選驍健有才幹者充爲總領。前議巡船以糧盡爲止，其把總主簿經年修河巡河，皆其職業。仍護官商船隻，不得似前高坐，敢有失事，通與守備并各巡檢官一體參究。

效祖曰："中丞是疏，蓋爲內地弭盜之法，詳且善矣。雖於外虜不相涉，然內順治而外威嚴，弭盜之與防虜，何嘗有二致哉！"

總督侍郎楊兆分布兵馬以飭春防疏署　萬曆三年

案照先准兵部咨，該本部院具題，本部議覆，合候命下，將河南、山東凡係領班赴薊都司，合照京營新題事例，俱去以職量，陞署都指揮僉事，與各該省見任僉書都司二員內，以一員與京班，一員與邊班，輪番領兵，赴邊防守、供億。亦照本都司僉書事理，至如中軍、千把總，比照運糧官，與各省掌印、指揮、千百戶一體更番。其餘天津、德州、通津、寧山、瀋陽領班都司，俱改遊擊職銜。本部查擬責任，仍各請換不坐名敕書，賚付各官便宜行事。

總督侍郎楊兆議修沿邊墻垣永固金湯以保萬世治安事　萬曆四年

據總理都督戚繼光呈，蒙臣案驗前事，依蒙查議，續據薊州等道兵備副使等官辛應乾等呈報相同，各緣由到臣。據此，該臣會同巡撫都御史王一鶚議照，先年修邊委係召募民夫，所費不貲，每墻一丈所費帑銀豈止一十八兩。今議每丈止請給銀五兩，去歲議修敵臺，每座用銀二百兩，今議增修敵臺，照舊二百兩。其增修附墻墩，則每座止請銀六十兩，惟客兵之不足者，則仰給河南、山東、南直隸，如數撥發京班，庶重輕易舉矣。但查先年邊將施工多在干正關水口，而衝僻不到之處，每爲虜覘知潰入。今必先自極衝次及稍緩，且原建空心敵臺比時踏議，地基不盡得其地勢者，通應移易。自東而

---

① 秦越相視，又作"視同秦越"，先秦時秦越兩國，一在西北，一在東南，相去極遠。後因稱疏遠隔膜、互不相關爲"視同秦越"。語見陳汝元《金蓮記》第二十八齣《賜環·高陽臺》，參毛晉編《六十種曲》，中華書局1958年，第86頁，"謝蒼穹天祿未絕，激切，忠懷一片憑誰説，怎忍得視同秦越"。

西,創始於石門等路,即當以三屯鎮守總兵、東路協守并永平兵備監督,如石門一路,通完即修臺頭、燕河二路。如修太平寨迤西四路,即以撫臣并中路協守、薊州兵備監督。如修墻子嶺迤西四路,即以督臣并西路協守、密雲兵備監督。如修黃花迤西三路,即以昌平鎮守總兵并昌平兵備監督。臣等仍不時往來巡閱,工完題請兵部差官并巡按御史查覈,分別賞罰。再照修邊大役,必須委官催理,方克濟事。臣等查得,薊鎮各路標營及聽用人員內,有武生、舍人等項,堪用者頗多,又有名色把總,原無實職,近例不得與薦,久淹行伍,永無出身之階。合無容臣等通行查出,量材驅使,每年查覈一次。如果勞績綽著,操守無疵,疏名上請,授以冠帶小旗。再俟三年復考,如果勞績更多,授以冠帶總旗,或署所鎮撫流職,委管中軍、千把總事務,不許造支俸給。間有奇材異能、謀勇特出、建有奇績者,特疏薦揚循資擢用。如素行不檢,怠玩廢事,歲久無功,嚴行驅逐。伏望敕下兵部再加詳議,特賜破格撥發班軍,給發帑金,專責臣等覈求實效,庶衝邊無隙可乘,而疆圉萬年永固矣。

總督右都御史梁夢龍酌議修守機宜疏①　萬曆六年

　　臣祇承明命待罪邊疆,數月以來,按閱薊、昌各路,其於修守,粗識機宜,有當酌議、期圖長便者,臣謹披瀝具陳。照得薊、昌邊山西起居庸,東抵山海二千里間,重山峻嶺,連絡不斷,界限華夷,足稱地險,是兩鎮之形勝與各鎮不同也。沿山地方,昌平、密雲、遵化三屯等處,或二三十里,或五六十里即抵邊山,其實此山吾與屬夷中分之,今屬夷爲虜用而不爲吾用。若夷虜構謀,晨興疾馳,未午便及腹裏,豈止摽掠郡邑,如咫尺陵京何?是兩鎮之利害與各鎮不同也。所以自來經署薊昌者多主於守,而守之之策所最先者,一爲修臺,一爲修墻。查得先年有墻無臺,賊每犯,皆於墻外登占高阜,俯而窺墻,萬弩齊發,官軍無所遮蔽,既不能仰支賊勢,又不能俯制賊攻,所以往往失守。至隆慶初年始有建臺之議,臺皆據高騎墻,與墻外高阜相望,並峙火器易及,賊不能登占高阜,則不便於攻墻,此總督譚綸、巡撫劉應節、總理戚繼光之策也。當是時,墻猶夫舊也。至我皇上御極四年,始有拆舊墻修新墻之議。新墻高廣,加於舊墻,皆以三合土築心表裏,磚包表裏,垜口純用灰漿,足與邊腹磚城比堅並久。內應增臺者即增之,應鏟削偏坡者即鏟削之。此總督楊兆、巡撫王一鶚、總理戚繼光、總兵楊四畏之策也。臺墻皆在衝要山口及山梁之處,與各鎮臺墻在大漠荒磧,易於傾圮沙埋者大不相同。如能兼完二千里間,屹然長城,真得設險守國之義。其利有四:驕恣屬夷不能窺伺竊發,勢將款服,所謂不戰而屈人之兵,即北虜大舉,環攻爲難,援兵可待,一也;

---

① 該疏與《戚少保年譜耆編》卷十一"(萬曆六年七月)總督梁(夢龍)酌議修守機宜疏"條,《續修四庫全書》第553冊,第336~337頁內容大體一致。

墙以内尺地皆可耕牧，漸變蕭條而爲樂土，二也；可以專意練兵養馬，威示夷虜，久之當議減調，三也；陵寢不驚，京師常尊常安，可以培養元氣，四也。但當時議覆先後不同，後來興工又與原議原覆稍異。原議闔鎮併修，今各路分修矣。原議併修，每歲兩防該墙五十里，內兼增臺鏟坡，今分修有修墙兼增臺鏟坡，有祇增臺不及修墙鏟坡者矣。原議八年、十三年工完，今據衆議，非再假二十年不能矣。工程浩大，端緒繁多，其害亦有四：步兵勞於版築，馬兵勞於防護，十五路中無一路得休息者，有防練兵養馬忘戰可憂，一也；客兵皆不勝役，死亡逃竄，月無虛日，勾攝捕捉，官吏盡法，將領盡力，無益於事，二也；主兵馬皆不得養，每歲倒失無筭，緩急有警，馳逐難恃，請發買補，恒苦不足，追併椿朋，鬻賣可悲，三也；二千里間，十餘萬衆勞役頻仍，恐干和氣，或召水旱飢荒之災，四也。故薊、昌之計，臺墙兼設，方可言守，此臣之所親歷而屢試也，昔疑而今信者也，偏廢其一不可也。然兩鎮主客兵馬，自有建臺建墙大工以來，迄今十年，其力日竭，漫無完期，其心日苦，不但兩鎮不支，抑且累損。各鎮此在古稀有之役，亦善守者之所忌也。若不量爲節度，臣亦不知其所終也。節該兵科建議，兵部題覆，要將邊墙敵臺急所當急，節奉明旨，今後都著酌量緩急，務求保障實用，淵哉宸斷，可謂明照萬里矣。臣與巡撫陳道基、總理戚繼光、總兵楊四畏、兵備徐節、辛應乾、陳萬言、岳汴皆曾面議，薊鎮十二路，古北口爲要，各路次之。昌平三路，黃花鎮爲要，各路次之。擬於三年內將古北、黃花兩鎮修墙增臺鏟坡及各路增臺，凡極衝大壞緊要工程先行修完，足堪保障。至萬曆九年或春防後或秋防後，將完過工程、用過銀兩造册奏繳停工。主客官軍，通歇三年，再摘兩鎮應修工程，題請興修。三年工完，又歇三年，再摘兩鎮應修工程，題請興修，一勞一逸，循環不已，揆之張弛之機，變通之理，似爲長策。此工程之所當議也。

再照修邊軍工，處窮山深谷之中，炎天烈日之下，風來猛，暴雨過，蒸濕升高則穿雲，就下如入井負石運水，鳥道參差，一轉眄一失步，肢體不保，力盡筋出，枯槁憔悴，草食露宿，疾病易生，安得不死不逃，即厚恤之猶不能堪。顧臺工每座銀二百兩，墙工每丈銀五兩，較之嘉靖年間工勝什佰，銀減倍蓰。臣遍歷工作，細加訪問，此銀置器具、雇匠役所剩不多，安能足買鹽菜？將領防其逃竄，日有點閘，安敢遠出尋買鹽菜？白晝惟啖粗飯，夜宿山下，束蒿爲藉，片席爲蓋，夜寒甚苦，風雨尤難。及回之日，衣鞋敝壞，不能蔽體，盤纏罄盡，乞丐非爲。臣竊思之工成之利，享之者後人也，見苦者若輩也。各該將領，督責完工，志存保障，是誠忠矣。心知其苦力，不能一有所恤，如斂怨何？若輩皆朝廷赤子，出力報效，以博保障無疆之利，乃獨苦若此！臣誠不敢爲朝廷愛惜毫釐，坐視其死亡逃竄而不爲之所也。節該兵科建議，兵部題覆，要將修工軍人寬其期限，恤其飢寒，合用鹽菜、口糧、工價俱從優厚，節奉明旨，着督撫官悉心措畫，身親閱視，多方鼓舞，使人忘勞。大哉！皇仁誠天地之無不覆哉矣。臣於今年春工署加調理，以勞逸飲食，風雨陸字，爲各道諸將約勞逸者，畚作必待日出，免以桴腹，觸受山瘴。晚休必於日夕，以節其力。飲食者多設鍋瓮，常煮豆麥滾湯，聽做工軍士往來飲用，不得掬飲温泥山水。間散烘炒鹽酒充其胃氣，及濟以藥湯，預防傳染風雨者。值有風雨，即許趨避不致感冒，一時軍士咸有生氣，願爲效力。迨工完，死者逃者皆少，此各道將領之所共覩而稱快者也。

　　蓋久役大工，與暫役微工不同，調理無方則損傷必衆。臣之所行皆師古之法，非違道干譽姑息浪費之比也。雇錢糧不敷，應恤之類尚未有備，亦僅行於二三處，未能遍及。今欲請增鹽菜口糧工價，則恐涉開端，欲措處則無可搜括。查得密、薊、保、昌四處主客兵馬錢糧，議有成規，每歲户部以全數解發，合無容臣等於撤放支散之間加意撙節，將積餘銀兩，遇修工之年，一切犒恤鼓舞，俱准於内動支。其動支之法，必俟該道據事議擬呈請，臣及巡撫衙門批允，方許移文動支。其稽攷之法，管糧郎中主事據事據批，歲終報部，務要明確，聽與軍餉一體查盤。其犒恤鼓舞之法，臣會同巡撫衙門，行該道會同該鎮公同主客將領查，照臣今春有行及未備事理，將各軍士應得臺墻工價銀兩先儘置器具、雇匠役之費，以其所剩與呈允犒恤銀兩通融計算，多方犒恤，或五日一次，或十日一次，務令做工之軍日沾實惠。歲終，該道將各營路修過臺墻偏坡工程、用過工價犒恤二項銀兩總撒數目，覈實造册報臣，及巡撫衙門覆覈，咨部查考。以本鎮軍餉撙節之數，充本鎮大工犒恤之資，在朝廷爲不費之惠，在官軍寔受其福，此錢糧之所當議也。

　　及照兩鎮自國初大將軍徐達經畧以來，二百餘年方有於今大工，當昔席百戰餘威，夷虜遠遁。今軍威視當時何如？而夷虜日窺伺於肘腋之間，且修且備，難何如也？當時經畧只在古北、喜峯、居庸、山海總會之區，今則二千里間處二設險，工力之鉅，殆漢、唐以來未有者，其難何如也？當時此地雖係藩封，猶邊徼也。今建都在焉，陵寝在焉，一隙可入，便是疏虞，其難何如也？故兩鎮大工完後，其功應與宣大貢市，遼東撻伐，均從優叙，庶服人心。所據修工效勞文武各官，一年一叙固不可，終於不叙亦不可。合無明歲暫停欽遣閲視，待三年工完之後，容臣等將十年以來創議修工蹟勞顯著，及誤事有罪各官，分別具題。候欽遣大臣或特差風力科道前來按視明實，如堪保障，查照原覆將各官酌議，題請陞蔭賞賚罰治。至如總理①戚繼光、總兵楊四畏鎮守十年，備極勞瘁，創議修工，兼難其事，更乞天恩優加陞蔭用酬其功。以後每三年工完一次，叙論一次，其功罪大小，臨時酌量議擬。庶幾賞罰昭明，此勸懲之所當議也。

　　天下之事謀始誠難，結局亦不易，事無結局，則良謀化爲厲階，是又存乎善斷耳。臣以菲材，濫蒙簡命，恩深任重，不敢推避緘默，夙夜籌畫，詢謀僉同，必如前三議而後天時地利人和之義，備薊、昌之事定。不然臣不知所以爲兩鎮計也。伏望敕下户、兵

---

① ［校］理，原作"里"，據民國間抄本改。

二部覆議，如果臣言不謬，上請施行，邊方幸甚，臣愚幸甚。

效祖曰："門庭之寇利用於禦，然非兵食莫之有藉也。薊鎮比年以來增兵益餉，言議且紛紛矣。然其經久可式，而封疆恃爲保障者，則自有往牒在，至言之弗行，行之復止，盈庭築舍者，亦安可謂無焉？"

昌鎮制疏

題奏

巡按御史張欽①重宗廟固國本疏畧　正德十二年

臣風聞人言紛紛，陛下已駕乘輿欲過居庸關，往宣、大等處遊幸，臣以爲不然。陛下爲此舉者，豈爲遊幸以適一己之樂，蓋深憤虜賊之爲患也。但此虜賊譎詐凶狠，惟可命將以禦之，不可自與之角也，何也？以漢高祖經百戰之餘，而所統者皆奇才良將，且圍於白登七日乃出，我英宗以不聽大臣之言自行親征，未幾而有己巳之變。由此言之，則北虜不可輕與之角也，信矣！且陛下兩宮在內，當日在膝下而不可遠遊也。且又宗廟社稷之大，百官萬民之衆，皆係於陛下之一身，安則皆安也。今事勢倉皇，中外洶洶，既無親王以監國，又無太子以臨朝，而輕出遠遊，萬一有不虞，其若之何？今天下甘肅嬰土蕃之患，江右迫畚賊之擾，淮南有漕運之難，巴蜀有採辦之苦，天下事言之寒心。而又京畿之大，春麥少收，秋潦無望，不是之思，而欲長驅居庸，觀兵上谷，計非上策。不謀之朝廷，而獨謀之宮中，不議之衆人，而獨斷之一己，恐非保國之至計也。伏望皇上爲宗廟計，爲生靈計，收其鑾輿，決不可往。如有報到聲息，則有股肱元老、本兵大臣，命將出師，禦之出境，此制戎之要道也。如其不然，亦望聚百官公議可否，萬一果行，亦宜有備衛之從，扈從之隨，警蹕而行，不宜自爲之往也。臣冒昧上陳，不勝戰慄之至。

巡按御史張欽念生民安邊境疏畧　正德十二年

前日上自卿輔，下至耳目之官，皆不避死亡，苦諫陛下不往居庸關者，但風聞人言之紛紛，夫真見人心之驚疑也。臣於七月十九日往本關，親見沿途一帶軍民皆言陛下欲出城過關，一切錢糧如何措辦，東西奔走，大小不寧。臣恐地方不安，即令該管官員嚴加禁約。未幾又言，或欲往天壽山打圍，或欲由西湖順往居庸關，人心愈加驚疑，地方愈加擾攘。臣通行禁約，亦不能止。切思邊關地方，淫雨連旬，山水泛漲，民舍多有倒塌，田禾多有渰沒，錢糧浩繁，軍民困苦，爲天之子當安以撫之，以固國本，而顧以不

---

① 張欽，字敬之，通州人，正德六年進士。授行人，擢御史，巡視居庸關。歷漢中知府、太僕寺卿、右副都御史巡撫四川，累官至工部左侍郎。參張廷玉《明史》卷一百八十八《張欽傳》，第4998~5000頁。

急之務，使之動搖，此於安民之道有不可往也。且聖王以孝治天下，天壽山乃祖宗陵寢所在，鬼神呵護，當至謹至敬而不可忽也。今欲來打圍，是以可樂之事，而冒瀆嚴敬之地，恐非仁人孝子之至，此於格祖之誠有不可往也。居庸兩山夾峙，一水傍流，其隘如綿，其側如傾，艱折萬狀，車馬難行。陛下宜安居深宮，以耀前星，而乃以萬乘之尊，遠涉險惡之地，山嵐觸冒，瘴氣薰蒸，陛下固不自愛，兩宮能不掛慮乎？此於孝親之道，有不可往也。且北虜耐其飢渴，習於弓矢，利則進，不利則退，以漢高祖且有白登之圍①，唐太宗且有白馬之盟②，我英祖③且有土木之變，孝宗亦有魚臺嶺之失④，觀之往代視之，當今無有不受虧於此賊也。陛下雖聖神文武，而財賦不富，兵力不強，邊備之事廢弛殆盡，謹以守之尚不能保，而往與之角，輕身挺出，恐非萬全，此於禦夷狄之道有不可往也。且江山，祖宗所傳之江山也，社稷，祖宗所傳之社稷也，陛下不念祖宗江山社稷之重，而輕與夷狄欲爭一日之長，勝之不武，不勝爲憂，此於繼統之重有不可往也。夫凡事慎於始則易，悔於終則難，陛下但知其往而不知其止，但以出關爲可樂而不以遇賊爲可憂，非⑤策之上也。臣以御史，職在言路，奉敕巡關，若不早言之，恐異日或有意外之虞。臣雖闔門寸斬，亦不補於萬一也。是以不避忌諱，冒昧上陳，伏望皇上念皇天眷顧之隆，祖宗開創之難，兩宮付托之重，四海仰顒之至，慎之於始，無悔於終，俯念生民，寢此行幸，則天下幸甚，社稷幸甚。

巡按御史張欽防不虞以保社稷疏畧　正德十二年

　　臣巡視居庸等關，八月初一日酉時，忽有人報聖上帶領人馬已到昌平州，即時來居庸關，過往宣、大等處。臣聞天子一動，所係不小，或欲往征虜賊，必先有詔下廷臣會議，某日出師，有百官之扈從，有錦衣衛之隨侍，擇日而行。今不聞朝廷之旨，不見廷臣之會議，又無百官之扈從，又無錦衣衛之隨侍，此必有人借陛下之名，欲過邊關勾引胡賊，圖危社稷，此天下安危所係。臣當萬死不敢放，如果欲過關，除有兩宮、有寶敕

---

① 白登之圍，即漢高祖七年（公元前 200），漢高祖劉邦被匈奴圍困於白登山的事件。
② 白馬之盟，一般指爲漢高祖時所定，盟約內容爲確保祇有劉姓者可爲王，即"非劉氏而王，天下共擊之"，參《史記》卷九《呂太后本紀》，第 400 頁。此處的"白馬之盟"指"渭水之盟"，唐高祖武德九年八月，太宗即位，該月，突厥頡利可汗部入侵，太宗在渭水的便橋"與頡利刑白馬而設盟"，故此處謂"白馬之盟"不誤。參《舊唐書》卷二《太宗上》，第 30 頁及卷一百四十四上《突厥上》，第 5159~5160 頁。張欽所奏又見於其他志書，如乾隆《通州志》卷十《藝文志·疏議·閉關三疏》，乾隆四十八年刻本，葉 4a~6b，作"白馬之誓"。
③ 英祖，明英宗朱祁鎮。
④ 魚臺嶺之失，指弘治十八年，北虜入寇宣府，總兵官張俊、副總兵白玉、遊擊將軍張雄、參將李稽及大同副總兵黃鎮、遊擊將軍穆榮敗績一事。參嘉靖《宣府鎮志》卷二十六《征戰考》，成文出版社 1970 年影印明嘉靖四十年刊本，第 289 頁。
⑤ ［校］非，底本不清，據民國間抄本改。

旨。不然，臣雖萬死不敢放過，臣冒瀆天威，罪當萬死。

巡按御史張欽寢遊幸以保天下疏畧　　正德十二年

　　臣出巡到白羊口堡，未時分忽有人報，皇上人馬已到居庸關南口，欲過關遊幸。臣思前皇上到昌平州，意欲過關，聞門禁嚴密，遂自回宮，亦不見臣等萬世之罪，此蓋皇上聖明，雖虞舜之明目達聰，光武之明見萬里，不是過也。今日又領人馬到關，未知真偽，如果皇上欲出關遊幸，臣思北虜達賊多有按伏山後，皇上一過，擁衆而來，戰之不勝，退之不能，必有意外之患，以致山陵之驚，此蓋朝廷安危之機，非特一時利害之小也。伏望皇上回其鑾輿，寢此遊幸，庶人心安，天下可保。臣冒瀆天威，罪當萬死。

巡按御史張欽陳言邊務疏畧　　正德十三年

　　據守備紫荊關劉淳呈，據舍餘管堂等連名告稱，乞照備冬操守二月下班，等因。具呈到臣。查得接管卷內，奉都察院勘劄爲前事，准兵部咨，該巡按御史屠僑①奏前事，一處舍餘以實備禦事。該部覆題奉聖旨："是。這舍餘操守事宜，着巡按并巡關官會同議處停當來說。"欽此。欽遵，移咨到院備劄。本官已經會議巡撫衙門去後，今據前因，臣會同巡撫都御史李瓚②議得，紫荊等關舍餘舊規，備冬操守十月初一日上班，至次年二月初一日下班，不妨農種，至於有警，則通行調取。後御史丁楷更以三班，以正、二月爲頭班，三、四月爲二班，五、六月爲三班，至於七、八、九、十、十一、十二月亦然，兩月一輪。臣等斟酌折衷，欲將前項舍餘定爲三班，每一班四月以正、二、三、四月爲第一班，五、六、七、八月爲第二班，九、十、十一、十二月爲第三班，每人每一年內輪以四月，四時有備，固不失之疏，一年一輪，亦不失之繁限。該月初一日着役，如不到者以十分爲率，一分不到者罪及管隊人役，二分不到者參提領班官，四五分不到者參提該衛掌印官。伏望聖明敕下該部議處，如果可行，合無將前項舍餘每班分爲四月，每一年分爲三班，惟復照舊備冬操守，有警通行調遣。

巡按御史楊谷錄遺功以慰人心疏畧　　嘉靖元年

　　臣近者按歷居庸，見城內西畔山巔有祠堂一所，土人奉祀甚嚴，詢之土人，乃正統間右副都御史羅通③奉命專守本關，適當己巳之變，英皇北狩，各邊將領所在潰師時，

---

① 屠僑，字安卿，鄞縣人。正德進士，授御史，歷官刑部尚書、左都御史，贈少保，諡簡肅，端潔持正始終一節，世稱名臣。參淩迪知《萬姓統譜》卷十三，《景印文淵閣四庫全書》第956冊，臺灣商務印書館1986年，第270頁。
② 李瓚，按《成化九年進士登科錄》，《明代進士登科錄彙編》四，第1872頁，"李瓚，貫錦衣衛，籍山東濮州人"。
③ 羅通，詳見本書卷九。

都指揮楊俊①弃獨石領敗兵南走，通按劍叱曰："汝若南歸，吾先斬爾。"俊乃不敢。虜從紫荆關入攻城南門，七晝夜不尅，土人至今猶能歷歷道之。臣會同巡撫都御史孟春②議得，正統己巳之年，事變出於倉卒，羅通以一書生乃能提羸弱之兵，抗猖狂之虜，竭力堅守，卒杜關門。於時京師奠安，雖不出於通，而通障遏之功亦不可誣也。如蒙陛下追錄遺功，俯從人願，乞敕禮部查照事例，奏請明以廟額，頒降祭文，令本處衛官春秋祀享。如此，則不獨慰居民之心，隆酬報之典，亦可以激勸於將來矣。

巡按御史胡效才③查處重鎮武備疏畧　嘉靖七年

臣伏見昌平州天壽山一帶地方，乃祖宗陵寢所在，而畿輔要害最先，比之他鎮，爲尤不可不嚴，而其將領之選，比之他鎮，爲尤不可不精也。累朝增置長陵等七，南官軍每衛無慮數千員名，而又專設内外守備各一員，以居守之。臣頃巡關，先入其境，時方四月，尚未開操，查見在官軍不及三分之一，軍士見在者止守門巡捕數十名而已，其餘營操旗軍更無一人應命。守備而下，展轉支吾，或曰在京打卯，或曰出差未回，或曰巡山不在。臣等推究其廢弛之故，大抵糾察不專，而人心怠玩，奸弊日滋，而法守不立之所致也。爲今之計，莫若專官以肅其觀，聽委任而考其成功。如蒙敕下該部查訪，合無今後天壽山一帶武備事宜，於巡視東西兩關御史定擬一員，常川往來，專一督察。及推選練達知兵實心幹事將官一員，前去接管守備，更望天語叮嚀戒飭。太監劉岑自今伊始，務要恪遵敕旨及見行事例，留心戎政，痛改前非。其撞道、紅門等口，逼近四海冶，虜賊出沒去處，邊墻林木，尤宜加謹防備，多方保護。事干地方軍馬，應行應革重務，俱與外守備官從長計議而行。如再偏私執拗，懈惰不職，聽臣等撫按官指實奏聞。

巡按御史鄭芸④議處隘口以重屏蔽疏畧　嘉靖二十一年

竊惟關隘之設，大則關城，小則堡口，守以官軍，聯以墩臺，遇有警報，各守其險，遠近内外，勢實相倚。臣奉命前往該關巡視，自八達嶺出岔道堡，經由懷來地方，至火石嶺而入，閱視橫嶺等口。由外以觀内，歷覽其要害，則見八達、岔道勢相連屬，八達則軍人全備，營房城垣無不可守。岔道則城坍軍少，全不足恃。至於火石嶺等口，

---

① 楊俊，開平衛人。其傳見本書卷八。
② 孟春，其傳見本書卷九。
③ 胡效才，直隸沭陽人。其傳見本書卷八。
④ 鄭芸，字士馨，福建人。嘉靖十四年進士，官松陽縣，精敏有聲。部使者疏其才，移上虞，倡築上虞城。嘉靖十五年由上虞察廉遷監察御史。持節居庸，疏修外堡，上三邊圖序。後被嚴嵩陷害而死。参《國朝獻徵錄》卷六十五《道御史·鄭御史芸傳》，《四庫全書存目叢書》史部第103冊，第103~614頁。

軍止三四名，器械無一件。隨據居庸關分守官稱，關外堡口不但岔道、火石嶺等處坍壞如是，白羊口山外懷來衛地方，原有端雲觀、棒椎峪、東棒椎峪、西羊兒嶺、大山、小山及火石嶺凡七口，居庸關東路山外永寧衛地方，原有大紅門、小紅門、柳溝、塔兒峪、西灰嶺、東灰嶺、火燒嶺、井泉、韓家莊、諕炮浦、張家口凡十一口，俱各大壞盡坍，先年白羊等處失事，根因實在於彼。臣不勝驚駭，但地方非臣該管，廢弛又經年久，難便查究。爲今之計，宜照巡視居庸等關事例，專給敕一道，付彼處巡按御史或暫另差一員，嚴督各該衙門，將關外各隘口通行修理，撥軍守把。及照懷寧地方以南，紫荆、倒馬關之西一帶，直至故關等處，關外各隘口不係臣巡視地方者，俱各查處，專敕彼處巡按御史兼管巡視，庶責成專而綜理周密，外隘固而内關足恒矣。

巡按御史王士翹①固藩籬疏畧　嘉靖二十六年

臣同兵備副使艾希淳②遍詣居庸關隘，閱視八達嶺城，四望郊外，人烟稀少。半里内有地名岔道堡，係隸隆慶州，民居輳集，大約千有餘家，路通宣大，往年雖建有土城，而卑矮可踰，傾圮過半，雖設有巡檢而弓兵不過二十餘名，雖協守以壯夫，而往來不常，緩急莫倚。臣愚以爲，居庸，京師之門户；岔道，居庸之藩籬，委岔道而不守，是弃藩籬，然欲守此，非城不可，非兵不能。又查得永寧縣城相去岔道四十餘里，往年因其近邊，特於本城建立兩衛。又於居庸關内隆慶衛所輪撥指揮一員、千百户五員，統率軍士二百五十名，備禦永寧。夫永寧既有兩衛官軍，又有參將、守備等官駐劄，而猶必藉於居庸區區數卒耶！蓋因先年黑峪有警，權調防守，其後年久遂以爲常。夫永寧、岔道均重，今若掣改備禦永寧官軍備禦岔道，亦豈待加兵而後足乎？在岔道免荼蘼之害，在居庸護藩籬之固，在京師有盤石之安，財不甚費，兵不加增，一舉而三利存矣。

巡按御史曾佩③請築堡以固關隘疏畧　嘉靖二十八年

臣巡視居庸等關，頃以宣大傳報聲息，臣會同巡撫都御史孫應奎④駐劄居庸關，以便調度策應。臣復自該關出八達嶺外，前去巡訪虜騎由來之路。第見八達嶺外不一里

---

① 王士翹，字民瞻，江西安福人，嘉靖十七年進士，任御史。三十七年陞太僕寺少卿，三十九年陞大理寺右少卿，四十二年陞總理糧儲右副都御史，四十三年閑住。參雷禮《國朝列卿紀》卷九十四《大理寺左右少卿年表》，《四庫全書存目叢書》史部第94册，齊魯書社1996年，第181頁。
② 艾希淳，陝西米脂人，嘉靖十四年進士，三十五年閑住。參《國朝列卿紀》卷三十六《户部左侍郎年表》，《四庫全書存目叢書》史部第93册，第229頁。
③ 曾佩，字德甫，臨川縣人，嘉靖二十年進士，授行人，擢山東道御史，曾巡視兩關、巡按福建等。參《明分省人物考七》卷六十一《江西撫州府》，第660頁。
④ 孫應奎，字文宿，浙江紹興府餘姚縣人。嘉靖八年進士，嘉靖二十六年以右僉都御史巡撫順天。

許，有岔道堡者，乃該關軍民雜居貿易，久而成聚，大約千有餘家，生聚頗繁，畜產頗盛，四周雖羅以土墻，卑矮可踰，虜若登坡臨下，雖賁育①莫禦，臣切憂之。蓋岔道此堡適當八達嶺之口，居庸關之藩籬，如欲虜之絶意於居庸，必先使之無垂涎於岔道，未有岔道危而八達無事，居庸不震驚者也。居庸震驚，則京師畿輔不卜可知。故臣深計岔道之地不可少忽。

巡撫都御史王汝孝②條陳疏畧　嘉靖二十九年

竊惟撫屬地方，内護陵寢京師，外臨宣、保、遼左，乃中國之要樞，而肇城之重地也，一或處置失宜則變生肘掖。臣之一身何足惜，其如朝廷國事何哉？遂不自揣，度以七事，條上睿覽。如蒙特敕所司施行，匪直邊方有賴，實臣愚之至慶也。

一、擇將領以重地方。照得各關有守備、把總提調以防禦之，有副總兵、參將以分守之，復有遊擊應援之，又有鎮守總兵統轄之。其在天壽山、居庸、黃花、白羊、橫嶺等處，雖有分守、守備等官，然名分不相協屬。近諸臣建議部覆，遂將鞏華城守備改為副總兵，統人馬三千，團駐昌平，兼攝前項地方，原受敕書開載，一應合干邊務，須與鎮巡官計議而行。然與巡撫文移，既不關白事務，又不舉行，終屬未便。合無乞敕兵部從長議擬，將敕書内改擬，並聽巡撫官節制糾舉，庶事體歸一，亦駕馭鼓舞之大機也。

一、嚴查逃軍以實行伍。照得薊鎮額軍原少，逃亡數多。臣近巡歷密雲、居庸等處，詢訪其故，蓋由奸猾軍士在關寨者憚守墩出哨，在營堡者畏調遣征操，或該管官旗科尅凌逼，以致逃竄。又有豪富納賄買閑，躲避守邊。各該衛所又不嚴行清勾挨捉，縱有一二解補，或在中途原解賣放，或到衛所官吏受財假捏虛文，隨解隨逃，何益行伍？除本處已嚴行挨拿外，其逃回原籍者，合無查照旁例，及宣德年間清軍事宜，每省復設御史一員，專管清理。查照原伍清解，如或本户丁絶，就將佃地之人解補，拘僉親房妻小，仍僉殷實之人管解，不許雇覓假充。庶行伍可充，而戍守有賴矣。

一、查給器械以壯兵威。照得薊鎮一帶關營隘口，軍士披執盔甲器械，中間有年久損壞者，有原未關給者，往往告討本鎮，雖有各衛打造軍器，數亦有限。近據黃花鎮守備呈稱，河間等衛備禦官軍一千五百員名，乞要關給盔甲備用。及照各路見今召募新軍，其已召完收操軍士六千餘名，亦無盔甲弓箭。先該題准於工部關領，其各衝要關隘

---

① ［校］賁育，原作"賁肓"，據民國間抄本改。賁育，古代勇士孟賁和夏育，後代指勇士。語見《史記》卷一百一十七《司馬相如列傳》，第3053頁，"臣聞物有同類而殊能者，故力稱烏獲，捷言慶忌，勇期賁育"。正義曰："孟賁，古之勇士也，水行不避蛟龍，陸行不避豺狼，發怒吐氣，聲響動天。夏育，亦猛士也。"

② 王汝孝，字紹甫，東平人，康毅公憲之子也。嘉靖五年進士，以禮部郎中改翰林修撰，歷山西提學副使、陝西參政、河南左右布政使、晉右副都御史。巡撫順天為當途者所忌嫉，竟以謫戍卒。其傳參《明分省人物考十》卷九十五《山東兗州府》，第138~677頁。

數多，火器不敷應用。合無將前新召軍十盔甲等件照數查發，再乞另發盔甲、弓箭、腰刀六千副，神槍、佛郎機、四眼銃、炮火藥、石子、鉛彈等項火器五千副，分給各路新舊軍士領用。庶兵或自壯，虜心自慴，而邊鎮可保無虞矣。

一、議處錢糧以充撫賞。照得朵顏三衛夷人，歲許入貢撫賞之例，自來所有。先年求討者止是數人，撫待不過鹽米。近年以來，醜類生齒漸繁，動以數百叩關，絡繹不絕，始以酒肉卓面，繼增叚匹、牛羊，一切取辦於軍丁，官旗指一科十，中間各軍復有守墩、出哨、做工、防邊之役，是以軍士日見逃斃，行伍甚爲空虛。查得喜峯口一關每年二次驗放進貢撫賞，及時常求討夷人費銀不下六七千兩。雖有各衛備冬舍餘辦納，及房地草場租銀，每年止得三千餘兩，其餘俱係巡撫贓罰輳用。臣查得山海關八里鋪遼東，見今抽取客商店錢；又查得居庸關亦係宣、大通衢，所據二關，往來客貨，出入頗多。合無將山海關抽稅事例再行開通，居庸關亦量行抽分，以備撫夷支用，敢有再科軍士者，指實參劾拿問。如是則商旅不困，而撫賞有資，軍士無科斂之苦，營伍收充實之效矣。

一、議貢馬以便騎征。照得喜峯口關每年二次，例該朵顏三衛夷人進貢馬三百匹，內選上等六十匹解京，其餘二百四十匹存留給軍，其來已久。近年以來夷性變詐，却將老弱馬匹抵搪充數，甫入槽櫪，尋就倒死，復又累及貧軍買補。合無嚴行該關通事官員，今後每遇驗放之期，拘集夷衆，宣布朝廷恩威，務使進送好馬。其各夷赴京，該部再將賞資彩幣、衣服之類量加重。其喜峯口撫待叚匹、牛羊、酒席之類，務要一體豐足齊備，再不許濫收不堪馬匹，或有通事人員交通作弊，聽臣等指實參奏。

巡按御史陳學夔①函賜議處未盡事宜以足防守疏畧　嘉靖三十二年

臣巡視居庸等關，竊見渤海所則正關城、慕田峪、賈兒嶺，黃花鎮則本鎮口鷂子峪、西水峪，居庸關則灰嶺口、門家峪、青龍橋、石硤峪、化木梁、糜子峪，鎮邊橫嶺等城則立石口、窖子項、火石嶺、大石溝、柳樹窪、廟兒梁、堂兒庵，皆稱要害。然鎮邊、橫嶺諸隘則係外口，尤爲極衝者也。臣嘗見其外通懷來，土坡平漫，原無重險爲限。然外口雖多，內惟高崖一口，乃其必由總路，但高崖地形寬廣，雖築城駐兵，亦難堵截。惟其中有三要路，鎮邊城、東北街、馬跑泉是也。蓋虜賊由卧子頭、河子澗，則可抵馬跑泉。出北港口西北街，則可抵東北街，二路有警，則不必犯鎮邊，而已徑達高崖，過此即長驅莫遏矣。今惟鎮邊城添設參將，展城募兵，而東北街止有軍士一十八名，馬跑泉向無議守。合無將召募軍士內撥一千名，分布二路，各選指揮、千戶統領防守，一面容臣會同巡撫委官估合工料，應增官軍，另議題請。

---

① 陳學夔，號宜峯，宜山人，嘉靖二十六年進士，授江夏知縣，擢監察御史，巡按陝西，累官至雲南按察使。參道光《慶遠府志》卷十六《人物志·賢達》，道光九年刻本，葉 8b。

戶科左給事中何光裕①議護衛陵寢疏畧　嘉靖三十年

一、廣召補。臣等議照，八衛逃亡軍士共二萬三千八百八十九名，見今近京地方，民間壯勇願充補軍役者甚多，遠方每解一軍，所費不貲，着伍之後，復不得力。臣等以爲，强役羈旅之人無益於用，孰與多收土著之衆，使自爲守。若募近地之壯丁，照名頂補，復令遠有之軍户貼辦衣裝，是民無行役之憂，軍有優養之利。

一、飭營務。臣等議照，各軍營房，惟永陵衛設在昌平新城内，長陵等七衛間有基址，原未修立，其鞏華城操備舊無教場，又新選出聽參將操備之軍，身無完衣。合無遣官清查營地，或更易民田，求爲便近竪立營房，衛爲一區，軍爲一室，各令妻小隨住。鞏華城外創設教場，以便操演。又多發盔甲兵仗，照名給散神槍火器，皆令演習。庶居得其所而有固志，教得其地而無廢弛。

一、設險隘。臣等議照，陵寢各山口迤北有老軍堂、灰嶺口，山狹林密，易於防守，迤南如東西山口，勢既平漫，亦無林木，謂宜設險。又行據守備馬昂呈稱，丈量得東山口闊一百一十三丈，其山嶺迤西漫坡長三百餘丈，西山口正闊②五十丈。但東山口係溪水經流，夏秋水漲湍急，修築墻垣，難免坍塌。等因。臣等照得東、西山口，合無於西山口修築墻垣，令高厚可守，東山口坡嶺一帶，但設墩臺，遠近連絡，仍壘短墻，雜植榆柳，滋培護養，不過數年，當遂繁盛。遇有外警，副總兵及參將兩營人馬酌量緩急，憑其險阻，而捍禦成功，固可必也。

一、定邊戍。臣等議照，黄花鎮係守邊護陵要地，各隘口傳報聲息，所賴尤切，須使聲勢聯絡，遠近適中，然後職守可專，號令易達也。如黄花鎮相近地方，有撞道口、石湖峪、西水谷、石城谷、棗園寨六處隘口，戍兵俱屬居庸關管轄，在百餘里外。其去黄花近者二三十里，又近者僅十里耳。以居庸視之，則極其孤懸，烽火難接。以黄花視之，則聯絡左右，聲勢可倚。合無將撞道口等六隘口屬黄花鎮守備管轄，其戍守軍士仍取隆慶衛舊數，月糧則於渤海所關支，庶乎備禦爲便。

總督侍郎何棟③請增白羊口遊擊疏畧　嘉靖三十年

該臣巡歷邊隘，見得該區地方通賊隘口數多，緊關鎮邊城横嶺口尤通大舉。准駐守

---

① 何光裕，字思問，梓潼人，嘉靖二十年進士，選庶吉士，歷兵科都給事中。因諫用仇鸞，廷杖卒，贈太常寺卿。參咸豐《重修梓潼縣志》卷三《忠義》，咸豐八年刻本，葉55b~56a。
② ［校］闊，底本不清，據民國間抄本及上文"丈量得東山口闊一百一十三丈"補。
③ 何棟，字伯直，長安人，正德十六年進士，授御史，累官至都御史，總督薊遼。參康熙《長安縣志》卷七《人物》，康熙七年刻本，葉11b。

都御史許宗魯①咨，據霸州兵備副使許天倫②呈，查得居庸關并各守備把總隘口見在軍士共七千六百一十六名。及查先年奏留涿鹿三衛、興州中衛官軍五千八百員名，遞年戍守本區地方，乞要挑選三千名，添設遊擊統領，在白羊口駐劄緣山，轉咨到臣。又據昌平副總兵趙卿呈，稱第九區黃花鎮、第十區居庸關俱係本職地方，緣無節制，掣肘不便，乞要議處，等因。到臣。會同都御史許宗魯議照，前項缺乏遊擊兵馬，相應急處。再照九區、十區地方既屬副總兵，宜聽節制。乞敕該部再加查議，行令許宗魯公同趙卿將前戍守、涿鹿、興州衛官軍員名内挑選三千充爲遊兵，及推用遊擊一員，請敕諭符驗旗牌，責付統領欽遵行事。合用馬匹、盔甲、什物，照數給發糧料草束，行令管糧主事支給。其餘戍兵并守兵，俱聽分布戍守，倘有不敷，就於隆慶、白羊、居庸官舍餘丁内抽選，并召募附近軍民。應有軍裝、衣鞋銀兩及未盡事宜，亦聽另議題請。其九區、十區參將遊擊等官，悉聽昌平副總兵節制。庶兵將得專，而防禦有賴矣。

兵部議處班軍疏畧　嘉靖三十一年

　　本部題，該巡按御史朱瑞登③題，節據霸州、紫荊、井陘、天津兵備副使許天倫等各呈，稱各屬關隘並無原設軍馬、奏留班軍，等因。奉聖旨："兵部看了來說。"欽此。案查，先該咸寧侯仇鸞④題，要將大寧都司所屬外衛班軍六萬七千盡數改戍薊鎮，隨該本部等衙門會議，復題挑選五萬六千分作兩班，設官統領，等因。奉聖旨："這事你每既會議停當，都依擬行。挑選軍丁，務要簡閱精壯，不許苟且畢事。"欽此。續該巡撫都御史艾希淳題，又該本部議擬，通行欽遵去後，今該前因通查案呈到部。看得巡視西關選軍御史朱瑞登題，將各衛所并各關隘遠年改調、近年奏留班軍，分別款目上陳，乞要計處何項應掣，早爲定議，題請一⑤節，相應開立前件，酌議上請定奪。

---

① 許宗魯，字伯誠，正德十二年進士，選翰林院庶吉士，散館授雲南道監察御史，御史蘇州、徽州，後按大同。再歷霸州兵備副使、太僕寺卿等，以都御史巡撫保定、昌平、遼東。參康熙《咸寧縣志》卷五《選舉》、卷六《人物》，康熙七年刻本，葉 3a、25ab。

② 許天倫，字汝明，振武衛人，嘉靖十四年進士，授中書舍人，累官至參議。參李周望輯《國朝歷科題名碑錄初集·明嘉靖十四年進士題名碑錄》，《北京圖書館古籍珍本叢刊》第 116 册，書目文獻出版社 1998 年，第 747 頁及張弘道、張明道輯《皇明三元考》卷十，周駿富輯《明代傳記叢刊·學林類⑯》，第 427 頁。

③ 朱瑞登，字禾仲，海寧人，嘉靖二十年刻本，授桐城知縣，擢監察御史，出按居庸，累官至山西副使，兵備井陘。參乾隆《海寧州志》卷十《名臣》，道光二十八年據乾隆四十年刻本增刻，葉 5a。

④ 仇鸞，字伯翔，鎮原人，襲祖父仇鉞咸寧侯爵，以總兵官，歷鎮兩廣、寧夏、甘肅、大同等。嘉靖二十九年，俺答揮兵南下，仇鸞得世宗寵信，拜平虜大將軍。嘉靖三十一年八月爲陸炳揭發不軌之事，革職，憂懼而死。參《國朝獻徵錄》卷十《伯二·仇鸞本末》，《四庫全書存目叢書》史部第 100 册，第 362~364 頁。

⑤ ［校］一，底本不清，據民國間抄本補。

一、議居庸①關隘。看得居庸迤西,鎮邊、白羊等口,二十九年虜賊由此遁没,所據涿鹿、興州等衛京操官軍户千四百有餘,除選三千員名作爲遊兵,撥付遊擊統領,常在白羊口駐劄防禦,且係十區數内無容别議外,其餘既係奏留防秋擺守人數,合候命下行移選軍御史,會同保定都御史照舊存留操備。

一、議黄花鎮、古北口。看得黄花鎮、古北口俱係薊鎮地方,先該東關選軍御史李承華②題,要將薊鎮邊關先後防守官軍已成土著者不必掣回分班。該本部議題欽遵去後,所據河間、天津等衛,每年輪撥一千員名,赴黄花鎮備禦。武清衛官軍九百八十八員名,先年於古北口駐守,計今年久即係土著,似難掣調分班。合候命下行移選軍御史,會同保定都御史查照,仍令在彼防禦,不必調掣。

一、議宜改東薊防守等軍。看得該鎮所轄衛所班軍,有屬居庸、紫荆、倒馬、龍泉、故關及各處隘口防守者,有屬黄花鎮古北口常守,有屬京操參將劉環③、曹鎮統領者,有屬參將、守備、把總統禦者,照舊存留不動外。其河間等衛班軍共二萬二千九百九十六員名,既係腹裏見赴京操之數,悉聽改發薊鎮,分隸將官統領防禦。其黄花鎮備禦春秋兩班軍人,每年秋班天津左衛摘撥一千名,河間衛摘撥一千名,通赴薊鎮,不必更番輪换。行移選軍御史,會同保定都御史,將前項班軍盡數改掣薊鎮,聽總督鎮巡酌量通融,定作秋班七枝,春班五枝,責官統領防戍,庶薊鎮邊關充實,而紫荆一帶口亦不廢防守矣。

經畧侍郎楊博條陳疏畧④　嘉靖三十二年

一、議設參將。臣查得居庸關原係分守,職在守關,近議分區改爲參將,兼理白羊、鎮邊等城,道里逶迤,遇警不能卒至,必於鎮邊城專設將官,緩急有濟。合無添設參將一員,駐劄鎮邊城,以横嶺、白羊二守備,長峪、鎮邊二把總隸之,名曰分守鎮邊等處參將。合用軍士,除原額五百一十名及巡關衙門近議召募四百九十名外,仍聽副使許天倫公同再召土著民餘,務足三千。各該衣鞋銀五兩,户部給發,兵部於寄養馬内量發五百匹,盔甲、器械工部陸續查給。至於參將公廨、軍士營房并未盡事宜,悉聽王

---

① ［校］居庸,底本不清,據民國間抄本補。
② 李承華,曲沃人,嘉靖二十六年進士,授行人,擢御史,清理軍伍,累官至大理寺卿。參康熙《曲沃縣志》卷十八《人物·李鏞傳附李承華傳》,康熙四十五年刻本,葉15b。
③ 劉環,真定衛人,見本書卷八《職官考·真保鎮職官》。
④ 該疏又見於《明經世文編》卷二百七十三《楊博·楊襄毅公本兵疏議一·極邊添兵修城疏》,第2877~2879頁。

輪①次第區處。其居庸關照舊復爲分守，止管遺下中、南、北三路各關隘地方，東與黃花鎮參將門家峪接界，西於鎮邊城參將白羊口接界。

一、議修山城。臣查得鎮邊既設參將，兵馬衆多，舊城委不能容，必須稍加展拓。行據委官勘稱，欲將鎮邊北自高山頂起，接修正城一百丈，東山修稍城一百二十三丈，西山修稍城一百一十五丈。仍於東山各頂據險各築窟窿敵臺一座，其城中穿流水門改修月形，夾墻連城。合用錢糧人夫，俱於修邊銀內動支施行。該臣參酌無異，合無備行王輪嚴督上緊修築，完日仍將長峪城、東北街口、高崖口各起工程，從宜修舉，鎮邊、橫嶺仍動前銀，先開井泉二三十處。通完之日，備將用過官銀，修過工程造册奏繳。

一、議給月糧。臣查得鎮邊、長峪、橫嶺三城，俱萬山之中，地雜沙石，不堪播種。鎮邊、橫嶺且乏水泉，以此軍不樂居。合無除白羊口官軍月糧如常支給外，其三城官軍月糧，俱許常支本色，馬匹全支料草，著爲定規，不宜輕易變更。庶幾目前人肯應募，事可經久。

一、議調邊兵。臣查得前項設官添兵之議，雖已周悉，誠恐防秋在近，一時不能就緒，未免仍致誤事。合無行令提督時陳，將調到邊兵揀選二枝，駐劄鄰近地方，果有警報，分發鎮邊、長峪、橫嶺三城，與遊擊徐麟兵馬相兼戰守。一面先令領兵官員各詣屯兵山口，逐一相度，要見何處可守，何處可戰，必須方畧，預有定畫，臨時方免錯謬。

經畧侍郎楊博議處昌平地方疏畧　嘉靖三十二年

臣惟昌平州陵寢所在，事體崇重，律同本部，署郎中張重等，首至黃花鎮、渤海所、居庸關、白羊口、橫嶺、長峪、鎮邊諸城，但可通賊出口，無不周歷。大抵自嘉靖二十九年遭虜以來，雖嘗建官添將，設險增兵，審時度勢，尚多可議。如駐守昌平都御史則苦無事權，副總兵則僅擁殘兵。黃花鎮山林險阻，原非虜衝，參將不當坐食於中。渤海所東界開連，切近賊巢，守備豈能獨當？其外，山前之備禦甚疏，山後之藩籬未固。臣兼取衆長，附以一得，條爲七事，但中間事體多屬重大，固非臣愚所敢定擬，伏望俯賜採覽。

一、議置巡撫。臣查得各邊巡撫都御史錢糧、兵馬、詞訟一切邊務，悉屬綜理，惟昌平都御史號爲駐守，所管止昌平一州，順義、懷柔二縣，且原無扞循之責，百凡掣肘，議者病其無益。臣以爲若將順天州縣分以隸之，就令其併理，巡撫則民事既相關涉，軍務自當振舉。合無兵部計議，將昌平、涿州、霸州十七州縣并境內衛所屬之昌平都御史，霸州兵備道專聽管轄，密雲兵備道以有懷柔、順義二縣，亦聽兼管。其薊州、

---

① 王輪，平陽人，嘉靖二十九年進士，累官至右僉都御史，巡撫延綏、順天、甘肅等。參康熙《平陽府志》卷二十三《人物中》，康熙四十七年刻本，葉74a及《明督撫年表》，第35、261、311頁。

通州十州縣并永平一府及各該境內衛所，仍屬之順天都御史，薊州、密雲二兵備道聽其管轄。總督官開府，薊州居中調度，防秋之時，酌量賊勢緩急，順天巡撫專守古北口、石塘嶺迤東地方，昌平巡撫專守慕田峪、渤海所迤西地方，彼此互相聲援，戰守甚爲便利，通將各官敕書查照換給。

一、改設總兵。臣查得操練人馬雖係巡撫職任，至於提兵截殺，自是總兵之事，必須文武重臣一時兼設事體，方能經久。駐守都御史如果兼理巡撫，其副總兵張琮亦宜照依山西鎮守副總兵舊例，改作鎮守名色，與巡撫會同行事，名曰鎮守居庸、昌平等處副總兵，仍聽總督官節制。其天壽山、鞏華城、黃花鎮、居庸關一帶地方參遊、守備等官，并新割順天州縣境內衛所，俱屬統領。平時修理城堡、操練人馬、巡視山場，遇警督率官軍分布戰守。除符驗照舊外，合無兵部計議，換給敕書，增給旗牌關防，其公廨供應等項，俱聽巡撫官次第查處。

一、移置將領。臣查得黃花鎮迤東，渤海所、慕田峪、賈兒嶺、田仙峪一帶，與李家莊之賊巢穴當衝險，見今止設守備一員。至於黃花鎮，外則永寧四海冶爲之限隔，內則本鎮諸口，深林疊障，大舉決不能至，且相去渤海頗遠，中隔駱駝峻嶺，一遇有警，應援無及，反設分守參將一員，似皆未便。合行兵部計議，將黃花鎮參將移渤海所住，渤海所守備照舊移黃花鎮，與內守備同城居住，其黃花鎮邊務仍聽參將往來督理。庶幾衝僻各適其宜，兵馬不爲徒設。然此止是更易駐劄地方，其敕書責任俱不必另換。

一、查處遊兵。臣查得鎮邊、長峪、橫嶺三城，外通懷來，內連畿甸，實第一要害之地。今止設守備一員、把總二員，權輕兵寡，不堪戰守。須設險增兵，大破常格，除另議具題外，至於白羊口境連腹裏，僻在一隅，虜若外自懷來川而來，必須越過鎮邊、長峪方至白羊。虜自古北口而來，徑由高崖口、鎮邊而出，亦絕不到白羊，反設遊擊一員、守備一員，置之無用，殊爲可惜。合行兵部計議，將白羊口遊擊移至鎮邊城駐劄，就將所部兵馬鎮邊、長峪、橫嶺各發一千，以成鼎足之勢，其白羊口照舊，止留守備，亦足防禦。

一、預備山後①。臣查得昌平、居庸以宣府爲藩籬，若使永寧、四海冶、隆慶、懷來一帶邊備整飭，不煩措置，關南自保無虞。臣節行參將王臣將大、小紅門等處委官出關體勘，大率皆有通賊路口，而懷來川直抵鎮邊高崖，川原平漫，一馬可到，尤爲緊

---

① 山後，"山"何指，學界有爭議。明代山後移民是洪武初年北方移民中數量可觀的群體，郭嘉輝認爲"山後人"並非一個固定不變的概念，明初或爲北平一帶的山後之民，至永樂、宣德以後可泛指各類缺乏原籍而新歸附的少數民族軍伍之人。參奇文瑛《明代衛所歸附人研究——以遼東和京畿地區衛所達官爲中心》，中央民族大學出版社2011年，第17~18頁及郭嘉輝《明代"山後人"初探》，《第十五屆明史國際學術研討會暨第五屆戚繼光國際學術研討會論文集》，2013年8月19日至21日，山東蓬萊，第403~419頁。

要。但非臣經畧地方，有礙區處，合行兵部計議，備行總督蘇祐①、巡撫劉璽②逐一親詣相度，要見應該如何修守，作速會奏，務要周悉萬全，庶幾聲勢絡連，氣脉通貫。

一、調停月糧。臣查得永安、鞏華二營軍士月糧，俱在京倉關支，每遇支糧，少者五六日，多者旬日。蓋道里往復，而奸人藉口居常操練，時猶可待，及至防秋更難周全，此事體不便，一也。積年吏書承造糧册，以少爲多，以無爲有，内外既相隔別，侵冒自難稽考，此法守不便，二也。各軍或遇事變，不能親領，有父兄、子侄代支者，情尤可通，至於熒孑之人，妻女守候，未免怨詈，此人情不便，三也。臣與駐守都御史王輪再三籌度，似難拘於常例。合行户部計議，將各軍月糧改行昌平管糧衙門就近關支，不惟可以杜絕奸欺，人情法守均無妨礙。

一、處補馬匹。臣查得永安營原馬九百九十九匹，鞏華營原馬一千五百一匹。二營初立之時，正屬缺馬，權以兑給，聽征官軍交還瘦馬給之。因哨探擺撥，晝夜不息，永安營倒死二百五十五匹，見在七百四十四匹，鞏華營倒死四百九十八匹，見在一千三匹。及查得附近懷柔、密雲、順義三縣寄養馬匹，合行兵部計議，兑給二營，務足三千匹。倘以防秋在近，馬當存留備用，量於太僕寺動支馬價銀三四萬兩，運送都御史王輪處買馬給軍。其該追椿朋銀兩，仍聽嚴限追完，相兼支用。

總督右都御史楊博請增兵備疏畧　嘉靖三十三年

議得昌平、古北口均稱重地，在古北口既有總督軍門駐劄，密雲又有兵備副使與分守副總兵同駐一城，以故一切戰守事宜整飭畧備。在昌平則雖設巡撫都御史，止是在彼防秋，雖設鎮守副總兵及提督大將，勢分主客，彼此不相關涉，以故一切戰守事宜廢缺爲多。霸州兵備副使張敦仁③議呈，改設昌平專設兵備一節，審時度勢，似不容緩。如蒙添設兵備僉事一員，專駐昌平，東自渤海所起，西至鎮邊城止，一切修理邊隘、操練人馬、查處錢糧等項，俱屬管理。遇有虜賊，公同主客副、參、遊擊，督同分守、守

---

① 蘇祐，字允吉，嘉靖五年進士，授吳縣知縣，歷束鹿知縣、廣東道監察御史、山西參政、大理寺少卿。嘉靖二十四年拜僉都御史巡撫保定，二十六年進副都御史巡撫山西，後擢兵部左侍郎總督宣大、山西軍務。累官至兵部尚書。參《明分省人物考十》卷九十六《山東東昌府三》，第683~687頁。本書卷八《真保鎮職官》又作"蘇佑"，中國國家數字圖書館‧數字善本收蘇祐《三巡集稿》，其自作序言則作"蘇祐"。史籍中"蘇祐"、"蘇佑"混用，如《明世宗實錄》卷一百四十四嘉靖十一年一月丁未條，第3349頁一條史料中，同時出現"蘇祐"、"蘇佑"，當係同一人。

② 劉璽，濟州衛官籍，直隸保定府唐縣人，嘉靖十一年進士，累官至山東按察使。參《國朝歷科題名碑錄初集‧明嘉靖十一年進士題名碑錄》，第739頁及康熙《唐縣新志》卷十五《科目志‧進士》，康熙四十二年刻本，葉2a。

③ 張敦仁，麗水人，嘉靖元年舉人，累官至太僕卿。參道光《麗水縣志》卷九《選舉‧舉人》，道光二十六年刻本，葉27a。

備、把總等官相機戰守。附近軍衛有司悉聽節制，本官仍聽總督巡撫官節制。

總督兵部尚書許論議處總兵事宜疏畧　嘉靖四十年

照得昌平先年設有提督武臣，調遣邊兵拱衛陵寢，兼應援各鎮。去歲該閱視郎中王叔果①見入衛邊兵統領有遊擊，派撥又在提督，似爲冗員。該兵部覆議裁革，併將雲冒改充總兵官鎮守居庸地方，仍兼提督，邊兵祝福取回別用。等因。臣看得提督既革，改爲總兵，其總兵自有本等事務，若復令提督邊兵，不惟力難兼濟，又恐各鎮掣肘難行。乞敕兵部查議上請，凡邊兵入衛，容臣軍門調遣分布，總兵止令修舉本等事務，不必兼攝。庶事體歸一，邊方有賴矣。

總督侍郎楊選條陳疏畧　嘉靖四十一年

一、復商稅。本鎮西有居庸關，東有山海關，俱稱厄塞，商稅出入必徵稅，以備邊用。往以宣、遼災傷，間從停寢，今居庸關稅，該巡關黃御史建議復行。查得昌平各營旗幟、火藥與關軍歲供之數多藉此，不爲無益，而山海之稅尚未議覆。查得該關舊例，薊、遼兩鎮委官公同山海關守備驗收商稅，東西出入，四六分收，每年每鎮不下二千餘兩，薊鎮則備撫賞月用，遼東則備馬市之用。今本鎮撫賞錢糧一切全藉內帑，而歲用嘗苦不敷。倘查復前稅，即石門、燕河之間不惟藉以微助，若以遼路少梗，商稅宜輕，合無酌量舊例，量爲裁減，則邊用有需，而商賈亦樂矣。

一、寬會計。夫今歲糧餉臣等已極力節縮，年終計筭，必當有餘，然實以虜未嘗犯也。若來歲遽以爲準，則非所以禦變矣。合無除前趁秋召買主客糧銀八萬兩外，仍於今冬未會計之前，再發銀四五萬兩前來，專備明春客兵糧餉，年終併入會計，不當以上年爲準。萬一內帑不敷，仍照昨年於別部暫借用，苟虜酋不敢侵犯，則臣等用者自是知節，而剩者自足見存也。斯儲蓄充而防守固矣。

巡按御史孫丕揚酌處居庸諸關事宜疏畧　嘉靖四十三年

今沿邊諸官，地方之苦寒者，詭計以圖去扣減之敗著者，先事以逃官，甚至見屬夷而匿於他所，遇告詰而徑歸本衛，視信地如郵舍，以逃匿爲長策。臣愚以爲莫若會推而嚴繩之。每歲終，撫按官會同大計各官，較量才力，酌爲罷留，疏名上請，不必暫委，其有仍舊逃回，悉如文臣罷職不敘例坐之。其或虜自該口入犯，則亦必罪毋貸。此臣之所欲酌處乎將者，一也。

---

① 王叔果，字育德，永嘉人，嘉靖二十九年進士，授兵部職方司主事，歷湖廣右參議、廣東按察司副使。後辭官閉門不出，年七十三而卒。參乾隆《永嘉縣志》卷二十一《人物上‧儒林》，乾隆三十年刻本，葉6ab。

臣歷視營操之兵，多有影射之弊，籍口罷撥則虛名徒寄，指稱公遣則實數不存，以致尺籍徒憑，查點無據。故同一擺撥也，鞏華營則四十七名，昌平營則一百一十二名。同一隊數也，馬水口之李仲良、王彥亨止於三十五、三十四名，紫荊關之何得全、趙來住止於十八與八名。其他關事故者，居庸則一百一十二，白羊則六十九，倒馬則六十四，顧擺撥公差事屬難，已而占名納空弊所當革。莫若行該鎮巡撫，量道里遠近，定傳報之數，酌地方衝僻，立分差之名，或關隊盡用以防移借，或輪流供役以均勞逸，不許逐隊亂抽，以致各伍缺人，果有逃亡者明開月日，以便清查。其有私扣月糧，肆索班價但二十名以上者，撫按官指名參治。此臣之欲酌處乎軍者，二也。

臣閱居庸諸關之兵，多有積疏相懸之弊，是故鎮邊區東，馬步諸箭鳥快諸槍中者十之八九。沿河之西，以放槍論之，沿河口五十名未中者四十一，倒馬關一百名未中者八十三，至故關則五十無一中者，是火器不如東區也。以射藝論之，紫荊關一百名不中者三十九，浮圖峪六十名不中者二十六，而龍泉關二十五名六箭者僅得一董忠耳，是弓矢不如東區也。臣欲照東十區例，缺者補之，各伍務期於充實，疏者練之，藝能必歸於精善。每年春防完日，臣等即如東鎮秋後視閱之法，以箭數為準，定各將之優劣，以火器相兼，稽諸軍之勤怠，藝能果精者，不次優賞，騎射或疏者，痛加懲治。此臣之所欲酌處乎補練者，三也。

巡按御史孫丕揚飭邊備疏畧　嘉靖四十三年

一曰軍士之疾苦不可不惜。蓋今薊鎮之軍，長於智者供掃除之役，富於財者備納班之用，而留以掛名於行伍者，則又賞夷官錢之有派，公差私室之有役。臣欲月餉之支，定為監臨之制。兵備駐劄處所，聽會同參遊官委官監散。通判駐劄處所，聽會同參遊官身親唱名，如黃花、如三屯，諸無理餉官營鎮者，聽於附近州縣協同支散，而逃亡軍士扣除月餉，仍與臣巡關報焉。管軍官敢有扣糧，有不足數者，監臨官參治，監臨官寬縱者，許臣等參治。庶幾軍有不足數者，一唱名而可查，糧有不足數者，一發封而可驗，則月月寓查邊儲之意，營營寓清補軍士之法，即有欲賣軍扣糧者，臣知其難矣。

二曰關營之訓練不可不實。今日薊鎮之將，利月餉之充囊，尺籍既虛，借鄰營以實伍，軍藝亦疏，不有以禁之，則閱兵於東路者，得參以西路之卒，受賞於主兵者，得借於客兵之藝。臣欲照依閱視之制，定為稽考之，則月有所較，令該營參遊閱之。季有所考，令該兵備閱之。事完通查分數，達之巡關，仍通與臣知會，以聽薦拔彈劾。庶幾四時皆閱兵之候，百將皆閱兵之官。行之既久，兵將相識，技藝益熟。又何慮乎軍士之不精、營伍之不強也哉？

三曰邊圍之隄防不可不嚴。今之守邊者，隨山伐石以設天險，沿邊築牆以禦衝途，法非不良也。顧山蹊之水經常泛濫，於秋高而修築之，人力每束手以無計，如石塘，如潮河、密雲之通衢何限，如冷口，如灤河、永平之寇徑亦多，若不早爲議處，誠恐勢必窺伺。臣欲取沿山之石，仿蓄水之制，於河流要害處所作堤，高擬數尺，厚必數丈，曲水小徑，胥不遺焉。始事任督撫修築完事，聽巡關查勘，然臣猶有說焉。邊方之備，運籌在於督撫管理，在於總兵修築，在於參遊分查，在於兵備胥不可諉者。伏乞天語叮嚀督撫大臣，嚴率各邊將領，照兩防分定地方，常爲巡視，要見某路軍士糧餉有無剋扣，教練有無怠弛，隄防有無修築，有功者賞，有罪者懲。仍每季將巡視過緣由題知，通候臣等大閱時總計焉。邊方大計，庶其有補於萬一乎。

巡按御史宋纁①議守要害衛陵寢疏畧　嘉靖四十四年

臣巡歷居庸關，見該關既設有隆慶一衛，又有一參將，復有欽依把總一員兼駐其中。查八達嶺北去居庸關三十餘里，第一緊關門户，而問其守把之官，止百户二員。況嶺東黄花谷、青龍橋、石佛寺，西北化木梁、于家衝、花家窑、石硤谷、糜子谷俱虜酋垂涎之地，皆居庸把總所轄地方也，乃使之内駐居庸計不左乎？及照居庸參將營，見有官軍三千一百四員名，合無於内摘撥一百名，將居庸把總或量加守備職銜，或仍以把總名色移駐八達嶺，使其與岔道守備表裏相應。無事則盤詰奸細，嚴禁樵採，修葺牆垣，其春秋兩防聽其就便往來督率。各該守口官軍嚴加隄備，其把總官廳、軍士營房，就於居庸南口商税銀内聽臣估議，給發修蓋。

總督侍郎劉燾②移分守參將以便應援疏畧　嘉靖四十五年

據昌平兵備張問仁③、鎮邊城參將楊鎧④各呈稱，前因到臣。臣會同巡撫耿隨卿⑤看得，鎮邊城地方專設參將一員駐劄，自嘉靖三十二年水患將城衝決無存，一向因循未修。況此地缺水，人馬俱難存劄，且僻在一路之西，而參將駐劄亦非適中之地，所以屢行總兵劉漢⑥、兵備張問仁查議明妥，方敢施行。今據呈稱，欲將參將移駐橫嶺，守備

---

① 宋纁，字伯敬，商丘人，嘉靖三十八年進士，授永平府推官，歷御史，以右僉都御史巡撫保定等府，累官至南京户部侍郎、户部尚書、吏部尚書等。參張廷玉《明史》卷二百二十四《宋纁傳》，第5888~5890頁。
② 劉燾，天津衛人，嘉靖十七年進士，除濟南府推官，歷陞都察院左都御史兼兵部左侍郎。參康熙《新校天津衛志》卷三《封蔭科甲貢例附耆賢》，民國二十三年鉛印本，葉10b。
③ 張問仁，西寧人。其傳見本書卷八。
④ 楊鎧，大同人。其傳見本書卷八。
⑤ 耿隨卿，號允菴，嘉靖二十六年進士，歷休寧知縣、蘇州副使，嘉靖四十五年以右僉都御史巡撫順天。參康熙《滑縣志》卷八《人物志》，康熙二十五年刻本，葉17ab。其任巡撫時間參《明督撫年表》，第36頁。
⑥ 劉漢，據《明穆宗實錄》卷十二隆慶元年九月壬申條，第339頁，有昌平總兵劉漢西防黄台吉的記載，可知晚至隆慶元年九月，劉漢已任昌平總兵。

改移鎮邊，其鎮邊城水衝舊址，仍行參將楊鏜，仍照原議修築完備，以爲守備存劄之地，而兵馬不必更移。在鎮邊者即付守備管理，在橫嶺者即行參將統束，其鎮邊多餘之數，備查相近橫嶺之軍撥補，將長峪城見任欽依把總周相改爲提調，另給部劄行事，而鎮邊把總孫相裁革別用。庶事不更張，而三軍之心樂從，城池俱備，而一路之防益固矣。

巡撫都御史耿隨卿奏勘邊工疏畧　嘉靖四十五年

據昌平兵備張問仁呈，准居庸等路參將劉喬壽等手本開稱，灰嶺等口榨木、峿馬石、荆囤等項，俱已安設完備。及據委官通判等官、李應乾等各將，犒賞等項、動支過錢糧數目，開報到道，轉報到臣。據此案照，先准兵部咨，該總督劉燾并臣會題覆，看得薊、昌二鎮緊要之工，似亦不多。至於禁山一帶安設榨木，尤爲吃緊，候完日，具實回奏。等因。爲照灰嶺等口安榨木一節，臣即親詣昌平，會同太監張保山、總兵官劉漢并兵備等官張問仁等勘，議得天壽山沙嶺口、黃花路石城峪、居庸路灰嶺、德勝錐石賢莊、門家峪等口通應設備。但禁山草木不敢折伐，合用榨木，須於隔遠渤海所等處口外採辦，其腰梁、大木檩、木杉椽須於張家灣河下收買，搬運各口造設。今據前因，臣會同總兵官劉漢看得，各官安設榨木等項，俱已完備如法。其置造鐵索聯絡榨木一節，除行兵備張問仁照議作速完報外，臣又查得嘉靖十六年二月，恭遇皇上躬視陵寝，事畢駐蹕灰嶺口等處。該大學士李時①等傳奉聖諭：“天壽山東西二處通黃花鎮路，俱用堵塞。”欽此。欽遵。該兵部題議，咨行巡撫都御史党以平②，會同巡按巡關御史督同內外守備等官，相度興工，將灰嶺城樓改建三間，墻垣加增高厚，沙嶺徑路修砌堵塞，不許私開。仍照守口事撥軍防守，委官巡視。等因。題奉聖旨：“這修塞隘口事宜，都依擬行便，選委官員常川巡視，不許人私竊往來。”欽此。欽遵。但三十年來，墻垣水口易至衝漫，前項沙嶺及灰嶺外通白龍潭、謊炮兒，徑路漸通人行。仍應遵照先年題奉欽依，備行太監、總兵等官嚴督巡詰，如門家峪可通黃花，軍民人等不許縱容，私竊出入。至於白龍潭、謊炮兒等處，雖公差哨夜亦不許擅自經由，敢有故違，悉聽臣等查實參究。庶內外之防閑益密，而一山陵之鞏固無虞矣。

---

① 李時，字宗易，任丘人，弘治十五年進士，改庶吉士，授編修，歷侍讀、右諭德等，嘉靖三年擢禮部右侍郎，十年以文淵閣大學士入閣預機務。累官至少傅、太子太師、吏部尚書、華蓋殿大學士。十七年卒，贈太傅，諡文康。參張廷玉《明史》卷一百九十三《李時傳》，第5113~5114頁。

② 党以平，字守衡，號穎東，開封府人，正德九年進士，授户部主事。歷户部陝西司員外郎、浙江司郎中、温州兵備副使、浙江左布政使等。嘉靖十四年擢都察院右副都御史，巡撫順天、永平、薊州等處。十八年致仕。參《明分省人物考九》卷八十七《河南開封府四》，第785~790頁。

巡按御史李惟觀①敷陳預處防秋疏畧　隆慶元年

一、專責成。照得薊鎮邊關，往年醜虜一寇，遽至失守者，蓋賞罰之典未明，官軍之責太懸，加之邊長人少，哨探不預故耳。臣愚以爲，合照題准事例，逐一查議，要見信地如何擺守，衝緩如何酌量應援，如何分置尖哨，如何偵探火堠，如何傳報。其分守信地，與應援官軍務要比照宣、大守城事例，在官有功者如何陞賞，在軍有功者如何犒賚，及在官失事者如何治罪，在軍失事者如何治罪。其哨夜軍人，果能偵探的確，先期飛報，我兵得以隄備者，如何議功，亦或有哨探不的，火堠不明，失誤軍機者，如何議罪。逐款開列，轉行督撫諸臣，暨臣等刊刻榜文，使官軍一體知悉。

一、嚴關防。居庸、紫荊、倒馬三關，所以峻夷夏之界，而嚴出入之防者，則奸細之盤詰，誠不可不爲之慎也。往年古北口、墻子嶺之變，道里熟知，營基預定，皆奸細使之然也。查得三關見有管關通判三員，但居庸住昌平，紫荊住易州，倒馬住曲陽，烏在其以關名哉？臣愚以爲，管關通判合無各給關防一顆，以專其權，令其常川駐劄，各關比照山海關事例，每日止許開關三次，但有經過人員驗實放行。再照紫荊、倒馬二關通判列銜於保定，真定無容議矣，獨居庸關列銜於永平，事體尚屬未安。臣查得，保定府唐縣軍城口地方設立巡檢司，官吏并弓兵二十餘名。照得軍城口既有守口千户一員把守，軍一百名已足防禦，則此巡檢司不過空糜月糧耳，合無裁革。其居庸關通判列銜保定，即將裁革弓兵改編本官皂快，俸糧、柴薪等項聽該府從長議處，則分屬明而統紀一矣。

一、備火器。近年薊、昌、保定三鎮奉有閱視明例，各營士卒演習快槍、佛郎機、連珠炮等項，間有精熟，似爲可恃。然其制不一，尚有所謂將軍虎、尾炮、碗口炮、飛火毒炮，名類甚多，聞營中亦間有知者，獨傳示不廣耳。臣愚以爲，查處無礙官銀多造火藥鉛子，每營按月支給，責令廣延師範，如法演教。每年閱視之期，聽臣等一一驗試，以考勤惰。再照近據易州兵備沈應時②禀稱，宣、大等處差來置買硝黄員役，齎執批文，赴道掛號，中間有奉兵備道印票者，有止執各衛所批文者，內有開稱各員役年貌、硝黄斤數者，有員役無年貌、硝黄無斤數者，臣以爲此等關係非小，真偽何查？臣愚以爲，各邊督撫衙門行令各區營衛所，凡有置買硝黄，俱要赴各該兵備道倒換批文，務要細開員役年貌、硝黄斤數，仍於撫按駐劄處所就近掛號入關。仍赴本處兵備道驗實

---

① 李惟觀，瀘州人，嘉靖四十一年進士，授寧國理刑推官，拜監察御史，擢湖廣僉事，轉陝西參議。致仕歸，著《西臺疏草》。參《明分省人物考十二》卷一百九《四川瀘州》，第194頁及乾隆《直隸瀘州志》卷六《人物》，乾隆二十四年刻本，葉43a。
② 沈應時，河南衛人，嘉靖庚戌進士，隆慶二年以右僉都御史任丁憂。參《國朝列卿紀》卷一百二十九《敕使寧夏侍郎都御史年表》，《四庫全書存目叢書》史部第94册，第561頁。

掛號，方許放買。庶關防嚴密，而詐偽不得行矣。

一、廣間諜。今者薊鎮一墻之外便為胡虜，如俺答、如把都兒、如黃台吉、如兀慎擺腰諸夷，曷嘗一日忘中國？所以不敢逞者，徒以屬夷內附，恐其牽制襲已也。今年春防以來，則聞朵顏影克與辛愛聯姻矣，車兒營諸部因納款不受，竟與大虜通和矣，東夷擦罕兒等亦漸漸望風北向矣。臣因詢之邊人諳夷情者，曰影克諸夷雖稱變詐，然於中國有德無怨，今與大虜雖和，不過畏其威稜耳。嘗與邊人言曰：若車兒營見納，則我諸夷俱願歸附。今春車兒營部落罄其輜重，投邊納款，詞甚悲切。奈始至渤海所而拒，回繼至石塘嶺而不受，又至龍門衛邊，托屬夷把探為之引進，而文武諸臣卒無一人當其事者。臣愚以為，合無敕下督撫諸臣，揀其將領中知兵事而曉夷情者，與之悉心計議。或厚養死士，或廣招豪杰，或懸重陞賞立為定格，有能使某夷與某夷互相攻伐，使某夷叛彼歸我，或能斬某夷名王酋首與其用事之人，或於前項諸夷使之自相猜疑，咸歸撫屬，願賞者與幾千金，願官爵者，軍民各授以世襲指揮文武職官，不次加陞。夫如是，則有重賞以誘其樂，從無拘制以阻其志意，銷虜之勢壯我之猷，宜莫善於此。

一、伐虜謀。先於嘉靖二十九年，虜犯古北口，於潮河川劄營。三十四年犯寬佃峪，於鮎魚口劄營。三十六年犯桃林口，於潵河口劄營。三十八年犯潘家口，於遵化五里橋沙河劄營。四十二年犯墻子嶺，於三河劄營，若鎮邊城一路絕無水泉。先年虜曾由此經回，人馬死者甚眾，自殺其鄉導二人。以此觀之，胡虜不犯則已，犯則未有不資水澤以為營者也。合行薊鎮督撫鎮巡等官，通查該鎮有河之處，預先踏看何處可以設伏夾攻，何處可以設伏截殺，一遇有警，預遣精兵潛伏其地，待彼就水劄營，出其不意，襲其無備，乘夜齊發，或架梁而左右翼攻，或迎敵而並力截殺，彼不遭大創者未之信也。

一、議援兵。查得先該兵部題奉欽依，為預布援兵以重春防事，內一款，保定總兵果有東警，即便統領標兵前進，聽候總督分布。保定巡撫徑趨涿州、良鄉等處，已經節年欽遵無議。但巡撫應援趨良、涿者，其團練官兵及民兵遊擊隨之以往可矣，而其屬易州道兵備馬水口參將、紫荊關參將又各率其精兵五百以隨焉，井陘道兵備官、倒馬關參將、龍固關參將亦各率其精兵五百以隨焉，是保鎮空矣。虜賊狡謀，或窺其虛轉而之西，將安所恃哉？如蒙，合無再加查議，或將保定巡撫免其應援，或查照原題，止巡撫徑趨良、涿，兵備、參將等官不許一概隨行。然自臣愚見，巡撫一儒臣耳，區區團練數卒，安足以為有無？合無止令民兵營遊擊同總兵官，聽候總督軍門分布戰守，其巡撫等官令其各守本土，嚴加防備，亦兩利而俱得者也。

一、復舊制。查得黃花鎮地方，先年起派民夫修完邊墻一道，自小長峪查山頂墩起，至石湖峪桃園墩止，東西對直量長一千三百六十三丈，以墻垣則高厚，以基址則堅固，誠設險之鴻圖也。祇因鎮守太監姚正見得墻外地土平夷，堪以耕種，乃出口北大邊八里外另修邊墙一道，皆隨山就險，鏟削坡崖，壘砌小石墙，不甚高基亦欠固，量長二千一百三十二丈，幾陪於舊墙。況墙雖增長，軍額如故，擺守疏密既以相懸，而遠近調度又難易迥別，因循襲故，日復一日，萬一失守，則山陵重地關係豈細故哉！伏乞天語叮嚀，督撫鎮守諸臣務要查照舊墙，分定信地擺守，敢有以私意阻撓者，聽臣指名參究治罪。庶幾設險之初意不失，而一方萬全之計可保矣。

巡撫都御史耿隨卿改軍餉以便邊防疏畧　隆慶元年

據昌平道兵備張問仁呈，蒙督撫按關衙門批，據昌平營遊擊張禮①呈，又據鞏華營遊擊董孟朋、標兵營遊擊張爵、永安營坐營指揮蕭應祥②連名呈，該本道會同昌平管糧主事崔鏞③看得，四營軍士在京支糧，往返守候，延躱之弊，歷歷詳盡，前後文案可悉相應，亟為議處。再照三路主兵，每年月糧秋三月改，據已為定規，合無仍照舊折支，止將九個月漕糧扣數乞運，脚價之所省者有二千五百餘兩。等因通呈到臣。據此，臣會巡按御史郝杰④、李惟觀議照，四營軍士各有修守應援之責，原為護衛陵寢而設也，但名籍在衛，行伍在營，修守在邊，月糧在京，往還勞費，所獲幾何。且該營、該衛、該倉事體隔越不相照應，中間逃去者，冒支影射，侵盜尅落，既已漫無稽查，而見在者又有守候遷延之弊。每月着伍，僅逾半月而已，稽廢滋奸，殊難振作，平居無事，猶可因循，倘於臨敵，關係匪輕。各該將領有此陳請，既經該道兵備張問仁、主事崔鏞查議前來，委於事體有益，相應題請。合無將前四營軍士月糧除隆慶元年春夏二季已過、秋季三個月支給折色照舊外，其冬季三個月并自隆慶二年以後，每年將秋季三個月仍給折色，春夏冬三季九個月俱於歲派京倉米，內分撥一十萬八千石，改運鞏華城奠靖所倉收貯，以便各軍就近關支。

總督侍郎劉燾議覆部咨預處防秋疏畧　隆慶元年

臣准兵部咨該巡關御史李惟觀題，前事內條陳，欲復舊制，該部覆稱，看得本官所陳復舊制，大率謂欲行督撫鎮守諸臣，查照舊墙分定信地，派兵擺守一節。但新墙應弃，舊墙應守，事在彼中，合咨督撫逐一查勘具奏，備咨到臣。行據總兵劉漢呈稱，查勘得前項地方，將本鎮主客官軍照舊歸於內邊頭道關擺守，聯絡益便，其將外邊本鎮口

---

① 張禮，榆林人。其傳見本書卷八。
② 蕭應祥，大興左衛人。其傳見本書卷八。
③ 崔鏞，綏德人，嘉靖四十一年進士，累官至都察院右僉都御史，巡撫山西。參乾隆《綏德州志》卷五《人事門·選舉》，乾隆四十九年刻本，葉4a。
④ 郝杰，字彥輔，蔚州人，嘉靖三十五年進士，授行人，擢御史。歷陝西副使，山東左布政使，遼東苑馬寺卿兼海道兵備，山東按察使，兵部右侍郎總督薊、遼、保定軍務等。累官至南京兵部尚書。卒，贈太子少保。參張廷玉《明史》卷二百二十一《郝杰傳》，第5822~5823頁。

二道關、鴉子峪二口守把，官軍居住墩敵戰臺，多添軍夜，常川瞭望，仍將坍塌壕崖挑浚完固。等因。到臣。臣會同巡撫耿隨卿看得，舊墙起於嘉靖三十年創修，高堅深厚，頗堪防守，後因鴉子峪與本鎮口二處尚有居民在外，恐屬夷侵擾不便，於四十年該參將申維岳①將主客官軍改移擺守外邊。後於四十三年該臣查得，前項地方既有二堡在外，恐有疏虞備，行防守主客官軍東至小長峪柏查山起，至桃園敵臺止，墙垣壕塹通行修浚，添設墩臺、敵臺、鋪房等項，連年止守外邊。今據巡關御史李惟觀，欲要仍守舊墻，俱應通行議處。合無將舊邊量設鋪房，以爲防守信地，其外邊既有居民在外，亦不可輕棄。況連年修過工程數多，頗堪防守，仍當恃爲重險。今後行令將士，無警仍當防守外邊以護居民，如果聲息重大，力不能支，收斂外堡民人於内，共守舊邊。庶内外有備，緩急悉可保於無虞矣。

巡撫都御史劉應節設灰嶺守備疏畧　隆慶二年

據昌平道兵備宋守約議呈，據天壽山守備呈稱，守備衙門先年暫居昌平城内，巡山往返不便，合無設於本山得勝口駐劄，緣由具呈到道。據此看得，本官駐守昌平城内，其於巡護事宜委屬不便，但查德勝口在陵山西南一隅爲稍衝，灰嶺口極爲吃緊，舊設欽依把總一員，合無將守備移駐灰嶺口，而守口把總移駐得勝口，把總與各官軍仍總聽守備官督查。守備原管軍六百二十餘名、巡捕馬一百匹，於内摘撥三百名、馬二十餘匹帶去該口，與把總原領軍三百名共六百名協同巡視防守。又查得守備原管城池地方門禁鎖鑰，查得永安營坐營官相應議令承管，及將存留城操軍士三百二十餘名并巡捕馬匹各項分屬官員，聽本官調停督理。如遇徵調前項事務，行令長陵衛掌印官代管，其長陵等八衛，仍聽守備節制。再照灰嶺等口原屬居庸路地方，今守備移駐，止照原敕行事，不屬參將節制。其各口修守事宜，仍屬居庸路參將督率，把總照舊承管，有警之時，守備官亦聽居庸關參將調度，不許推諉。等因。具呈前來。臣會同巡按御史郝杰、巡關御史李惟觀議照，灰嶺口既爲陵山鎖鑰之地，欲得設備嚴密，必須添兵增職。今據所議，守備移駐該口，既得設官本意，且便巡護，官不必增而職自專，兵不必添而守自足，劑量之間一舉兼得矣。

總督侍郎譚綸請添設石硤峪守備疏畧②　隆慶二年

據昌平道兵備宋守約呈稱，節蒙督撫巡關衙門批，據居庸關參將傅廷勳③呈，前事

---

① 申維岳，遵化衛人。其傳見本書卷八。
② 該疏與《譚襄敏奏議》卷六《設官保障疏》，《景印文淵閣四庫全書》第 429 册，第 714～715 頁基本相同。
③ 傅廷勳，廣寧人。其傳見本書卷八。

議於本關西路石峽峪口添設守備，撥兵常川駐守及修造石城、官廳、營房分管。西自白羊頓棗頂起，糜子峪花家窑至青石頂止，於本路撥軍一千名，八達嶺守備分管，西接青石頂起，于家衝、化木梁、黑豆谷、黃瓜谷、青龍橋東口石佛寺至川草花頂止。臣會同巡撫劉應節、巡關饒仁議照，居庸西路石峽峪巡口地方，實為衝要之區，所據添設守備常川駐守，既經該道議呈前來相應，題請乞敕該部查議，推選謀勇官員充任石峽營守備，與八達嶺守備各遵照行事，俱聽居庸關參將節制，調度其分撥常守軍士。及造石城門樓營房，應動南口商稅，并原修肅寧城支剩銀兩等項事宜，悉如該道所議施行。

提督昌平都御史粟永禄①議處善後疏畧　隆慶四年
　　一、添築陵垣以慎固防禦。看得山陵之後，密邇邊疆，設險預防，委宜周備，節該薊鎮督撫留心重地，歲有修築，臺墻坡塹足恃，獨於山前一帶獨涉疏虞。臣愚見，各陵內俱設有寶城，高堅數丈，祖宗所以為謀計者深遠，於山前由東山口西抵小紅門一帶，獨不可設外垣以為重險乎？若此墻一成，不惟守禦有資，抑且風氣攸萃。而於蟒山、影山二項更設大墩二座，據險增防，尤為得策。若墻成之後，京營防守陵寢二枝官軍春秋免發，止令昌平總兵將所統三路主客兵軍兵相機調守，二防可省行糧二萬計，度時審勢，劑量國儲，似亦在所當行也。伏乞敕下該部，行欽天監再加相度，果無別礙，即行估計興作，尅期完工，莫奪浮言以妨大計。
　　一、議處提督以用垂經久。看得昌平一鎮，地本至重，臣叨任使，獲以完事還朝，實云幸矣。臣愚見，薊鎮東西若無警報，則巡撫照舊駐劄遵化，調度一鎮兵餉，地里似亦適中。或遇兩防，羽檄交至，不妨移駐昌平，外則專備黃花衝，內則預前山之備。況撫鎮協議事體自安，切近軍門商確亦便，不須更法令而軍紀自彰，不須煩條陳而措置已定。或以東路全藉撫臣，倘一移動，三屯總兵一人力難獨當四路。合無將臣奏領旗牌關防收貯本兵，若無重大聲息，不必輕遣，止犯灤東，猶可緩出。果如今秋所報，東西虜集分道窺邊，即於協理部事侍郎內輪遣一員，前去昌平提督戰守。官由本兵諸將自報，一切事體猶為易行。其軍前犒賞銀二千兩，照舊收貯昌平州庫，火藥一萬斤、鉛子二十萬個，如法收貯永安城樓。俱行令昌平兵備道明立文案，專聽防護陵寢應用，不許別項動支，庶免臨期請發，緩急有濟。
　　一、議處糧餉以責成戰守。昌平總兵標兵二枝，鞏華遊兵一枝，舊係八陵灑掃軍人，原自京營撥出，始嘉靖庚戌之變抽立營伍，仍舊京倉食糧。其昌平遊兵一枝，係三十七年召募創設，此時邊工閒作，春秋兩防，月無虛日，邊工大作，日無暇時，行糧止得七合五勺，本色月糧率令婦女代支，後又議支折色，每石止得四錢五分。查得標兵二

---

① 粟永禄，山西長治人。其傳見本書卷八。

枝缺伍尚少，以隸總兵，有警調邊，稍緩掣回，人得微息，尚可苟安。及查鞏華營止存千五，逃者過半，遊兵營僅餘千三，去者六七，見今營伍不成，逋逃不已。合無每年五六月間漕運到灣，大雨時作，沙河舟楫可通，於內量撥七萬餘石，運至奠靖所倉上，邊軍就近支領，其餘守陵城操雜差等及四營夏冬二季，照舊京倉支糧，或再於內量撥二三萬石，亦運前倉，專聽往來客兵支用。及照百里內半支行糧，以調遣截殺。應援之軍而言也，若在邊常川擺守，如鞏、昌二枝軍士守邊，各計營城已幾百里，若分布邊上，如居庸花家窑、于家衝等口，黃花鎮如擦石口、磨石口等隘，又踰百里之外，顧拘例止得半支，相率逃去，殊非得已。合無全給行糧，厚示恤存鼓養士氣，庶於緩急有賴。再照黃花鎮舊設京操官軍一千員名，春秋兩班更換，人得休息，軍無缺伍。後因臺工興作，軍數不敷，遂改每班九個月，方纔下班，然各軍散居直隸各府，間多山東、河南等處，往返路遠，下班未久又該上班，人情不便。見今查得各班在邊止有五百，逃移四百，不若輪班分息，班得全數之爲愈也。合無乞行該鎮督撫，酌量臺工漸完，照舊分班，以垂恒久。

一、改設守備以預圖城守。爲照昌平城內，舊設天壽山守備一員，與內守備協同行事，督率軍丁防衛陵寢。其所轄八衛俱設本城，清補軍伍、查理逃糧、禁革奸弊、護守城池等項事宜，咸聽提調，二百年餘絕無異議。近日科臣建議，將守備移駐該嶺，將把總改駐德勝西口，昌平城中一應事體，改行總兵官中軍坐營代攝。遇春秋大祀及忌辰，特命迎接香帛之類，守備又應下口恭候陪祀行禮，守備一行軍丁盡散，邊口反致虛空。及照坐管指揮，一遇邊警即隨總兵馳赴各路戰守，乃權將城門鎖鑰暫付長陵掌印指揮收掌，通行查處。看得德勝口把總孫承爵①年資似頗相應，合無爲灰嶺守備，令其專意防邊，留心修守，用保山後以固藩籬。其德勝內口似難稍寬，西出暖洞，以至馬蹄石險阻，兩山逼隘，人馬難行，前口舊屬灰嶺把總調度，且相去不遠，及與賢莊、錐石俱當通歸該嶺守備，責令相機防範，仍聽居庸路參將節制。該口把總似應裁革，將天壽山守備照舊移駐昌城，一應城操守門等項官軍盡令管束，護守城池，灰嶺守備不得干預分用。凡陵中城中應行事體，查照舊規，悉心綜理，庶官不多設，各有成責。

巡撫都御史楊兆議覆善後事宜疏畧　隆慶五年

據昌平兵備宋守約呈，蒙臣案驗前事，依蒙行准總兵官楊四畏②、黃花路副總兵程九思③、居庸路參將孫山④、天壽山守備谷九皋各查議緣由，回報到道，逐一覆加

---

① 孫承爵，也曾任冷口提調。
② 楊四畏，遼東人。其傳見本書卷八。
③ 程九思，延安衛人。其傳見本書卷八。
④ 孫山，金吾右衛人。其傳見本書卷八。

酌議，備呈到臣。據此案照，先准部咨，該都御史栗永祿條陳四事，該部覆議備咨前來，已經行仰會議去後，今據前因，除議處提督以用垂經久，并四營起運漕糧赴邊倉支給各一節，俱經部覆，已明無容再議。及免發春秋兩防京營兵馬，并宣鎮應行事宜另行外，該臣會同總督侍郎劉應節議照前項所陳事宜，合就逐款開列前件，上請定奪施行。

一、添築城垣以慎固防禦。行據兵備宋守約呈稱，築垣設險，防守重地，委爲長策。但查陵山之後，東自黃花鎮西水峪西星口起，西至居庸關石佛寺川草花頂止，東西相距百十餘里，止依林木爲險。其山前一帶係明堂所在，又與山後不同，先年雖建有石墻一道，原係乾石堆垛，並無修砌。況東山口係諸陵山水會出浮石泛沙，先年曾經議築橋柵，勢俱難成。且蟒山巍峻延長，一臺無資防守，影山爲東山口厄塞，干係風水，難以擅議。再照後山林木森嚴，天險可恃，而山前一帶向屬空曠。合無責成本山外守備，嚴督八衛掌印官，東自蟒山頭起，西至西小紅門西場頭止，沿山內外逐一踏看，栽松柏、檉栳、榆柳。等因。臣等看得山陵重地，若興修築六工，未免干動風氣，委難輕議。所據該道議呈①種樹一節，生材既山性所宜，而林木葱蓊，又於風②水有益。數年之後，天險自成，較之丈尺城垣，功相萬矣。若東山一口臨時添兵置柵，據扼險要，亦自無患。合無敕下該部再加酌議，仍行臣等相度地勢，遵照栽植施行。

一、議處糧餉以責成戰守。行據兵備宋守約呈稱，昌平鎮上邊撤防日期，原蒙督撫會議，與薊鎮一體通行事理，各該將領尚有參差，若待臨期分布，勢必誤事，委難輕議。及查黃花鎮班軍原係各省選充京操，中間顧募代當一人頂兩名，食雙糧者頗多。本道訪知查議，間隨准程副總兵手本并黃花鎮守備李世臣③呈，乞要添兵嚴守重地，各緣由前來。查得昌鎮別無空閑軍士可撥，故議將前項班軍春秋兩防併守六個月，兩班見面，具由呈請，督撫按院題行，兵部覆奉欽依遵行間，今該栗都御史議題前因。但前議班軍併守，原爲擺守缺人，非因修臺數少，即今缺額之數，實因重冒難掩，非爲改班致逃。況先時分班，名爲五百，見在者不及四百餘名。近議併守，雖無一千，實不下七百餘人。在邊鎮每防多三百之兵，在糧餉每月省三百之冒，回視分班月費千石而半屬盜支，得失較然。等因。臣等看得該道所議班軍輪番一節，固已洞悉弊源，若必遂各軍之私，委於錢糧，防守俱屬有礙，相應照舊。併守其昌鎮上邊撤防日期，事體已定，亦難紛更。

一、改設守備以預圖城守。行據兵備宋守約呈稱，會同總兵官楊四畏查得，天壽山

---

① ［校］呈，底本不清，據民國間抄本補。
② ［校］風，底本不清，據民國間抄本補。
③ 李世臣，忠義中衛人。其傳見本書卷八。

守備一員，隆慶元年給事中吳時來①題議，移駐灰嶺口，把總移駐德勝口。今該栗都御史題議，要將天壽山守備照舊撤回昌城，德勝口把總改陞守備，移駐灰嶺口，把總員缺裁革各一節。但查昌鎮所屬三路，內橫嶺路有二守備、一提調，黃花路有一守備、一提調，惟居庸關路止有二守備，原無提調，其灰嶺等口，居庸東路俱在山前，舊設欽依把總，原非守備之缺。合無比照黃花橫嶺事例，量陞提調職銜，移駐灰嶺口，總管灰嶺等五口官軍修守。仍聽居庸關參將節制，其於山廠各項事全不干涉，天壽山守備仍回昌平駐劄坐營，照舊專理兵馬。庶職任各有專責，事體亦頗便益矣。

總督侍郎劉應節議昌鎮漕河并請增本色糧餉疏畧　隆慶六年

據兵備張廷弼②呈，據長陵等衛指揮等官張熙等呈稱，長陵等八衛赴京關糧不便，及查得昌平南二十里鞏華城外，原有舊河挑浚，通運無礙。等因。到道。委官踏勘，畫圖前來，本道會同楊總兵③親自乘船，由本河逐一驗。看得自鞏華城安濟橋起，至通州渡口止，長一百四十五里，內水深成漕可以行舟者約一百餘里，支流散漫沙淺難行者二三十里，若幫築堤岸收其散漫沙淺者，量加挑深，即可疏通。合無查照順義開河事例，趁時修浚。及查軍門咨，行戶部准，將秋防三個月折色照舊折支，止將四營九個月并八衛別項官軍全數扣筭，漕糧由通州徑運至鞏華奠靖倉收貯，就近按月關支。等因，備呈到臣。據此，該臣會同巡撫楊兆議照昌平一鎮，頃緣承平無事，行令官軍赴京關糧，久無別議，繼後虜警頻仍，邊備空虛，乃分路置兵，各有信地，是護陵之軍悉爲防邊之士矣。而各該月糧止改撥四萬，其餘仍前赴京關支。夫營分衛所，兩不相照，則有彼此影射之奸，重開冒破之弊，陵路馱載，暑雨淫浸，則有雇倩轉輸之難、浥爛紅腐之患。且邊軍赴京往返數百里，動經旬餘日，未免於邊務相妨，屢經建議，移糧就軍，但因水運之不通，空運之多費，因循至今，竟成廢閣。今據昌平道會同總兵親踏河道，稱爲可行。合無准如所議，將前河稍爲修浚以通糧運，四營軍糧，除秋防三個月折色出自情願，止將九個月并八衛別項官軍本色月糧全數扣筭，并額運漕糧四萬石，俱由通州運至鞏華城奠靖倉收貯，就近按月關支。其挑河夫役，則暫借永、鞏二營并奠靖所軍人之力，應添倉廒、應買椿木并一應犒賞等項，則取給於節省脚價八千兩內當年動支，一半以佐創始之費。以後修河看倉等役，但儘奠靖見在軍人六百餘名，不必再煩各營官軍，

---

① 吳時來，字惟修，仙居人，嘉靖三十二年進士。授松江推官，擢刑科給事中。隆慶二年拜南京右僉都御史，提督操江。歷雲南副使、湖廣副使、左通政、吏部左侍郎等。萬曆十五年拜左都御史。卒，贈太子太保，諡忠恪。尋爲禮部郎中於孔兼所論，奪諡。參張廷玉《明史》卷二百十《吳時來傳》，第5563～5565頁。

② 張廷弼，山西人。其傳見本書卷八。

③ 楊總兵，指楊四畏。其傳見前。

及以後浚河修倉等費，但量留節省銀八分之一，亦自足用，不必再動別項錢糧。至於應設官攢，應造船隻，一切未盡事宜，俱候事定之日另議舉行。

總督右都御史劉應節改河漕以濟邊儲疏畧　萬曆二年

據昌平兵備馬時泰呈，蒙臣批，據户部主事曹維新①議呈，昌鎮漕糧加撥共一十八萬九千二百七十二石，自沙子營陸運至鞏華城有五便。等因。蒙批仰昌平道會同議處，不必拘泥成案報繳，蒙此遵依，會同管糧主事孫佲、督運主事曹維新、總兵官楊四畏各親詣沿河細加看議得，曹主事議，欲比照密鎮漕運至牛欄山倒載事例，於沙子營起旱，似屬可行。但查起旱一節，囤積曠野，不免責人看守。今議楊總兵添撥軍夫二千名，委官於湯山三岔口堵截枝流，收其散漫，管糧衙門查處蘆席，本道添買椿橛。俾令水勢歸漕，頭撥糧船三百五十六隻已到鞏華城，交卸俱回，則起旱之議似宜暫停。今所當亟處者，惟糧多船少，剝運不及，惟後暫照曹主事所議，於沙子營起旱，本部院再加裁酌。等因。備呈到臣。據此案照前事，先據督運曹主事呈前事已經批仰，會勘議報去後。今據前因，臣會同巡撫楊兆議照，運河自通州至沙子營河道疏通，船行無滯，自沙子營至三岔口間多淤沙阻淺，上年春旱水淺，僅四月運糧二十萬石，未嘗後期則人力繁多，又拘集民船千餘隻，足以濟用故也。今年所撥之糧，見在買造官船不滿三百，不敷應用，委難濟事，相應酌處。查得密雲鎮漕運事規，在隆慶六年以前皆自通州水運至牛欄山卸載，復自牛欄山陸運至密雲縣上倉，至萬曆元年緣潮、白二河相交，水路通行無礙，始議牛欄山至密雲皆從水運。據議要自通州至沙子營仍從水運，自沙子營至鞏華城姑從陸運，誠與牛欄山起旱事體相合，而水運居多，陸路無幾，較之牛欄山起旱事體尤便。且不出舊日陸運四萬石之脚價，足以濟今日水陸，並運二十萬石之漕糧，船不必再造，河不必再挑，民間免拿船之擾，營中省浚河之勞，軍沾實惠，邊有常守，誠為便計。至謂水涸則從今議，水盛仍從原議，尤得審時達勢，隨機應變之良法。伏乞敕下該部再加查酌，上請定奪，通行各官，遵照施行。

效祖曰：“余讀《居庸志》至《閉關三疏》，則未嘗不廢書而嘆也。武廟親御六師，舉巡幸之典，當時朝薦紳諫者以百數，莫能挽上之回，乃張御史②獨奮臂以當之，其勁節忠猷不可以薄雲霄而貫日月乎？然聞武廟初已納其言，即中變亦置不較，則豈非聖主恢閎之度哉？”

---

① 曹維新，陝西人。其傳見本書卷八。
② 張御史，指張欽。

真保鎮制疏

題奏

巡按御史丁楷①議處添兵疏畧　正德八年

　　據守備劉淳②呈，奉巡撫都御史林　③劄付，續抄蒙巡關叢都御史④批，馬水口麻黄港嶺添欄馬墻一道。又抄蒙叢都御史批，寧靜安口倘有警報，賊可前進，相應設官軍防守，西峪溝口外通宣、大，内通塔崖⑤，亦係通賊要路，相應撥軍守把，各會議。等因。到臣。案查先爲圖畫邊情事，臣看得大龍門、馬水口一帶，通接宣府地方，浮圖峪、寧靜、安白、石葫荄⑥等口一帶，通接大同地方，俱係平川漫散，就其中較之大龍門、馬水口、浮圖峪官軍頗多，及有守備、管總、指揮等官在彼，惟獨寧靜、安白、石葫荄等口一帶，内通保定、易州通衢，最爲緊要。況係礦洞所在，每將守口官軍兼理巡山，相應添兵重委守把，擬議間隨據州同知謝肅智等奉叢都御史委，來倒馬關查勘隘口事宜，等因。又據知州李貫開送查勘過隘口工程揭帖前來，看得本官不將臣案驗添兵事理議處回報，又經督催去後，又據知州李貫開送工完揭帖前來，臣又看得工程雖完，但議處添兵事理未據回報，仍行批督不報。臣隨會巡撫都御史林　乃知各官，已將各口添兵事情具題，臣聞知惶悚無地。照得臣原奉敕内，亦有巡視邊關之責，竊觀居庸等關，紫荆爲要，紫荆所轄馬水口與白石等口，乃先年經畧之所未及，見今守把軍人數少，而白石口止千户一員，事權太輕，遇警誠難防禦，委的相應添設官軍。而各該官員乃敢故違，參照指揮劉淳、祁州知州李貫，既不會同議處，又不速即呈詳，輕視憲臣，違誤邊事。如蒙伏望俯從諸臣所請，乞敕兵部計議，再於附近衛所摘撥官軍，每口二百員名分班守把，其白石口推選材幹指揮一員守把，斯爲計出萬全，邊關足恃。仍望俯從臣請，乞敕都察院行臣將劉淳、李貫提問如律。庶使庶官知警，邊務不隳。

---

① 丁楷，其傳見本書卷八。
② 劉淳，保定左衛人。其傳見本書卷八。
③ 底本、民國間抄本皆空，當係公文格式。據下文意當爲"林乃"。
④ 叢都御史，指叢蘭。叢蘭，字廷秀，文登人，弘治三年進士。授户科給事中。歷左通政、通政使等。擢户部右侍郎，督理三邊軍餉。正德八年大同有警，巡視居庸、龍泉諸關。尋監督宣、大軍餉，進右都御史，總制宣、大、山西軍務。累官至南京工部尚書。卒，贈太子少保。參張廷玉《明史》卷一百八十五《叢蘭傳》，第 4908 ~ 4910 頁。總制宣、大、山西軍務，張廷玉《明史》作"總制宣、大、山東軍務"，據萬斯同《明史》卷二百五十一《叢蘭傳》及《明實録》等記載改。
⑤ ［校］崖，底本不清，據民國間抄本補。
⑥ ［校］荄，底本不清，據民國間抄本補。

巡按御史丁楷保固邊方疏畧　正德八年

　　近因大虜猖獗，深入腹裹，聞簡命咸寧侯仇鉞①領兵討賊，未見啓行。近該臣詢知，達賊約五萬餘騎擁至應州城二十里外劄營，有閑住都指揮楊金②率其家僕奮勇追射，但因守備官不肯策應，勢孤力寡，伏賊四起，遂被射殺，然亦引弓射死二賊。人皆恨守備官之怯懦，而悼楊金之死，此應州一處事，其餘可知也。臣誠慮守土之官務蒙蔽而不上聞於朝，臣觀廷臣中老誠，如戶部尚書孫交③累疏謝病，吏部尚書楊一清④懇乞退休。以臣觀之，今日國家多事，正大臣戮力之秋，伏望皇上嚴飭邊關，必據事實報，勿事蒙蔽，宣戒廷臣必同心共濟，毋爲推脫。且雲、代之間，空闊數百里，乃懷仁、朔應、渾源、山陰、馬邑之地也，大同、雁門相隔既遠，雖握重兵，各欲自衛，照應不及，所以虜一越邊墻，擁衆數萬，輒肆長驅。臣愚以爲，應朔、渾源之間宜屯重兵爲之屏翰，與大同、宣府、雁門參錯並峙，數州之地方保無虞，紫荆、倒馬二關又添一外護藩籬矣。伏望會議斟酌施行。

巡按御史朱昂⑤調撥官軍疏畧　正德九年

　　本年七月，臣至紫荆關，據本關守備呈稱，七月有神總兵差百戶赴京奏事，說達賊約有二三十萬侵入大同小邊以裹，直至偏頭關一帶搶掠，各有鐵掘攻呑城池。等因。已經行屬嚴加隄備。查得本關并各隘口常守，并輪班原額官軍舍餘，新添調取城操舍餘并民壯，通共六千四百六十三員名。及查得本關所轄隘口共六十三處，地方寬闊平漫，遠者不過二三百里，近者八九十里，俱各聯絡。宣、大二邊，委的人力寡少，不敷防守，

---

① 仇鉞，字廷威，鎮原人。都指揮僉事仇理卒，無嗣，鉞襲職。初爲寧夏前衛指揮同知，以破賊功，進都指揮僉事。正德五年以平安化王寘鐇功進署都督僉事，充寧夏總兵官。進咸寧伯，積功至咸寧侯，掌前府事。年五十七卒，謚武襄。參張廷玉《明史》卷一百七十五《仇鉞傳》，第4660~4663頁。
② 楊金，直隸當塗人。其傳見本書卷八。
③ 孫交，字志同，安陸人，成化十七年進士，授南京兵部主事。弘治初入吏部，歷稽勳員外郎、文選司郎中。再歷太常少卿、光祿卿。累官至戶部尚書，武宗時加太子太保。年八十卒，謚榮僖。參張廷玉《明史》卷一百九十四《孫交傳》，第5134~5136頁。
④ 楊一清，字應寧，成化八年進士，丁父憂，服闋，授中書舍人。歷山西按察司僉事、副使、太常寺少卿、南京太常寺卿。弘治十五年擢左副都御史，督理陝西馬政、巡撫陝西、總制三邊軍務等。累官至吏部尚書、武英殿大學士，加少師。再加特進左柱國、華蓋殿大學士，代費宏爲首輔。卒，贈太保，謚文襄。參張廷玉《明史》卷一百九十八《楊一清傳》，第5225~5231頁。
⑤ 朱昂，直隸松江人。其傳見本書卷八。

會同本關太監張鳳①計議，合無將保定存操官軍調取。等因。到臣。會同巡撫都御史張淳②議得，紫荆、倒馬等關委的隘口數多，俱係緊要。況今虜騎深入，攻掠城堡，勢事難支。合無轉行巡撫張淳，照例將京操下班官軍選撥保定等衞一千名於紫荆關、五百名於浮圖峪，真定等衞五百名於倒馬關、五百名於龍泉關、五百名於插箭嶺，并揀驍勇指揮五員管領操練，一遇有警，聽臣等調遣截殺，則邊關足恃，而臨警無虞矣。

巡按御史屠僑請給關防疏畧　正德十一年

據總理紫荆副使舒晟③呈，照得本職節該欽奉敕，總理三關事宜、閱視邊隘、查點人馬、問理詞訟、禁革奸弊，敕內該載地方廣遠，文移浩繁，爲是添設官員不曾給與關防，甚爲不便。查得各處兵備并管屯僉事等官，亦多有給與關防者，視職總理邊關尤不可缺。等因。具呈到臣。會巡撫都御史臧鳳④議得，國家慎重地方，及時以權宜，而添設官職，貴立之徵信，以嚴防範。況以按察執憲之官受邊關總理之任，無關防爲鈐記，無以杜奸宄於漸萌，誠有如本官所慮者。如蒙乞敕該部查議相應，即以本官見任事，銜定關防名號，奏請鑄造一顆給與行使，庶於奉敕行事之臣爲不輕矣。

巡按御史屠僑緊要邊隘疏畧　正德十一年

據守備紫荆劉淳呈，本口迤西水樹峪，原有攔馬墻一道，被居民躧出徑路一處，隨即督軍設攔外。切見彼處係通人馬處，所接通保安、宣府等處要地，雖有防守軍餘二十名，不能濟事。況離本口窵遠，往來鈐束未便，且本口軍止十名，顧此失彼，誤事匪輕。等因。到臣。看得邊關重地，有路可通，必須垜塞，既設有口，必須有軍。今水樹峪口係該新設，近雖有防守軍餘二十名在彼，乃一時之權宜。況本口迤外，果臨保安，接通宣府邊境，實爲要害，欲添軍常守，誠不可緩。查得本口係是涿州地方，合無於涿鹿等衞所揀選精壯軍人二千名，帶領妻小前去本口，即與修蓋營房，居住防守，地方幸甚。

巡按御史屠僑請改置軍衞疏畧　正德十一年

據總理紫荆副使舒晟呈，紫荆關守禦不過一所官軍，無事調真保、涿鹿等衞軍餘更番防守，有警旋議加添，緩急安倚。查得居庸關先設守禦所，後改設隆慶衞，欲比照革去守禦所，就於保定等五衞中分撥一衞設立。等因到臣。會同巡撫都御史臧鳳議得，居庸、紫荆、倒馬、龍泉諸關，爲京師右臂險阻，若均紫荆一關外衝，宣、大二邊要害爲

---

① 張鳳，延綏人。其傳見本書卷八。
② 張淳，合肥人。其傳見本書卷八。
③ 舒晟，江西人。其傳見本書卷八。
④ 臧鳳，山東人。其傳見本書卷八。

最，今副使舒晟所論改設一衛，果爲相應，如蒙准奏，即於保定等五衛定擬一衛，或就調本關中所原衛，奏乞量加恩賞於遷動官軍，以作人心而就大事，地方幸甚。

巡按御史張欽議留兵備以安要地疏畧　正德十三年

　　臣見兵部查將紫荆兵備副使舒晟欲行吏部裁革改調，奉聖旨："是。紫荆等關兵備官，准裁革調用。"欽此。臣竊惟紫荆等關雖有臣等巡歷，然地方廣闊，人馬數多，一時巡歷不周。所幸兵備官員駐劄易州，相離各關不遠，一應邊隘易以閱視，一應人馬易以查點，一應刑名易以整理，一應奸弊易以禁革，最有益於官府者也。今聞命下欲行裁革，似非所宜。況昔因多事而設，今雖事寧，難保將來晏然無事，一有警急，無人調度，非地方之福也。如蒙皇上軫念邊關，敕下吏、兵二部計議，仍將此官復留兵備，邊關幸甚。

巡按御史楊谷①議復兵備疏畧　嘉靖元年

　　臣會同巡撫都御史周季鳳②議得，紫荆關以西浮圖峪外，最號平曠，正統十四年胡虜薄京師，此出入路也。兼之各關內外，軍民私自樵採墾田，守把人員通同容縱，山西廣昌等處礦徒强賊白晝行劫。臣等查得，正德十年兵部侍郎陳王提督東西二路邊務，奏設按察副使一員、管關通判二員。本部覆准添設，至正德十三年尚書王瓊③奏行革去，彼巡關御史張欽亦曾議留。臣等以爲，修飭藩籬，預防虜患，設此一官不爲大費。近年保定府地方雖屬霸州兵備副使兼管，其於紫荆事宜終不能遥制。乞敕兵部查照前奏，照舊添設副使一員，令其總理居庸、紫荆、倒馬三關事宜，在於紫荆關或易州駐劄，則邊隘有專官，事機無遥度，邊關鞏固，而地方寧謐矣。

巡按御史楊谷請改衛所守紫荆關疏畧　嘉靖元年

　　臣會同巡撫都御史周季鳳議得，舊設千戶所，因防守不添，取真定、神武二衛官軍，春秋輪班操備。臣等查得，居庸關舊亦止設守禦千戶所，後始開設衛分，紫荆比之居庸要害，赤畧相當。乞敕兵部查議，比照居庸事例，即於前項衛分調撥一衛，或抽轄四所，前來常川防守，其有合行事宜，通乞以次查議。

---

① 楊谷，直隸人。其傳見本書卷八。
② 周季鳳，寧州人。其傳見本書卷八。
③ 王瓊，字德華，太原人。成化二十年進士，授工部主事。歷工部、户部郎中，河南右布政使等。正德三年進吏部侍郎，八年進户部尚書。累加少師兼太子少師。嘉靖七年以兵部尚書兼右都御史代王憲總督陝西三邊軍務。嘉靖十一年卒於官，贈太師，諡恭襄。參張廷玉《明史》卷一百九十八《王瓊傳》，第5231~5235頁。

巡按御史胡效才①預防虜患疏畧　嘉靖六年

　　據真、保二府，查得本關馬水口原設官軍五十七員名，數少應添調官軍協守。及查齊仲口、羊港口原無防守官軍，已經備呈穆御史處具題外，卷查守備各舍餘一千八百七十七名，係成化年間調來本關，每年十月赴關，二月下班。及照嘉靖五年七月，內設巡按浦御史題准，調到清苑等州縣民壯來關防守。等因。及據真定守備倒馬關顧聰查得，落路等三十二口先年設有軍人把守，正統十四年奏行真定府阜平、靈壽、贊皇、井陘、平山、元氏等六縣民壯，共一千二百九十七名，分撥前項隘口，遞年八月赴班，二月下班。景泰二年，將真定衛中所官軍調來守禦。正德十一年，將晋州、定州、趙州、無極等州縣城操民壯并下班官軍調取來關防守，其靈壽等六縣民壯係先年奏准防守，難以裁革。及照柳角等四十二口，止有柳角本口穆御史准撥軍一十名，其餘四十一口俱係險阻，不通人馬，處所不用添軍等。各牒到府，會看得紫荊關議要於馬水口添軍三百名，乾澗口、石龍安口、石②羊港口、南齊仲口，欲每口撥軍二十名；又稱要於保定總兵官所領軍內量撥，且保定之兵既定，有事應援，又欲以平時增守，不無可否靡定。且馬水口既有官軍，無事守瞭，而乾澗、石龍安、石羊港、南齊仲四口，既無原設戍守，相應量補，倒馬關議稱柳角等四十二口，止有柳角口撥軍十名守把，其餘四十一口不應添軍，必有可據。但恐柳角口地方散漫，應該增築城垣，其餘四十一口，應該查理修築，其民壯在倒馬關、落路等三十二口者，原係奏准防守，委難裁革。但其既免差徭，又受幫貼，亦宜查處。在兩關新設備冬民壯，無升合官餉，事體頗有不便。等因，具呈到臣。會同巡撫都御史何詔③議照紫荊、倒馬二關，內輔京畿，外鎮邊境，既經知府署僑等會議前來，相應依擬，合候命下。除馬水口官軍不必添設，及落路等三十二口民壯不必裁革外，其新設兩關備冬民壯盡數省放回籍城操。仍行保定總兵、真定守備、大寧都司及各該府州縣衛所，各將軍壯挑選精銳，聽候臣等不時調撥，臨期敢有阻礙遲違，及名數不足、老弱不堪等項，一聽臣等指實指名參奏。

巡按御史徐汝桂④請軍器疏畧　嘉靖十年

　　據守備倒馬關馬雄、守備浮圖峪曾仲良各呈，為爪探聲息事，蒙鎮守大同彭總兵⑤

---

① 胡效才，直隸沭陽人。其傳見本書卷八。
② ［校］石，底本原無，據上下文意及本書卷二《形勝考》補。
③ 何詔，浙江人。其傳見本書卷八。
④ ［校］徐汝桂，原作"徐汝圭"，據《國朝歷科題名碑錄初集·明嘉靖五年進士題名碑錄》，第732頁及順治《淳安縣志》卷二《科貢志》，順治十五年刻本，葉33b改。
⑤ 彭總兵，為時任大同總兵之彭瑛。參《明世宗實錄》卷七十五嘉靖六年四月丙子條，第1686頁，"調延綏總兵署都督僉事彭瑛鎮守大同"。

四鎮三關誌卷之七　制疏考　445

官印信批回，查得本鎮大勢，達賊於九月從大同前等衛大小二邊墩空出邊，北去住牧不遠，呈報等因。又於本月十九日據守備紫荆關茂鎮稟稱，爪探大同聲息，前賊由天城一帶出二邊迤外，大邊迤裏住牧。等因。各報到臣。據此，切照大邊至二邊墻止九十餘里，二邊至鎮城亦九十餘里，今其住牧不遠，爲徘徊窺伺之計耳。今照西關一帶，如倒馬、紫荆等處與大同相爲表裏，在關守城軍士不過各一千餘名，浮圖峪止有軍五百餘名，其餘各口多者不過百名，少者僅二三十名，甚至三五名者亦有之。若不添火器以助之，非一時應變之備也。查得軍器有名佛郎機銃者，欽蒙頒給各邊，近聞緊急備用。今照居庸、紫荆、倒馬等關隘口外援諸邊，內連京輔，其佛郎機尤不可無。再照各關神槍仍少二百把，盞口炮仍少一百個。伏望敕下工部，將佛郎機分給三關各三十把，其神槍、盞口炮，俱乞速賜頒給。庶軍威益震，防守益堅。

巡撫都御史劉隅①經畧關隘疏畧　嘉靖二十年

臣看得，故關城垣窄狹，兩崖平漫，今踏得故關西五七里許，地名甘桃鋪，兩崖壁立，中一窄口，宜於此處疊砌城垣，設關啓閉。又西離故關四十里有平定州柏井驛，居民周圍修築城垣，又娘子關，居民皆平定州所管。先年巡撫李都御史曾買數畝築城立營，今俱頹廢。伏乞敕兵部轉行山西巡撫衙門，與臣會議照依時價買拓地基，移文平定州，委官協修。故關添設守備一員，將平定州守禦千户所京班軍存留二百名，真定、神武右二衛京班軍存留三百名。其娘子關上通忻州川，亦當存留平定所軍五十名，真、神二衛軍一百五十名。其餘以南隘口，各量添軍士，小口五七十名，大口二三百名，悉聽故關守備提調。但易州兵備副使相離千里，合無另設按察副使一員，常在井陘縣駐劄，專管真定府以南直至順德、廣平二府各隘口。其易州兵備道又兼管居庸關、通、涿州幷廣昌、靈丘，地方寫遠，職務繁雜，宜令專管紫荆、倒馬二關及保定府全屬，其真定府，止管倒馬關附近定州、曲陽、行唐、新樂四州縣。其通州、宛平、涿州、良鄉四州縣，宜令霸州兵備道管理。又查得易州茂山衛軍士仍赴京操，一旦有警，反勞禁兵遠來防禦。合無將茂山衛兩班京操軍存留，添守紫荆關一帶隘口，定州衛兩班京操軍存留，添守倒馬關一帶隘口。至於保定軍六千，僅可往來聽調防禦。況離倒馬關太遠，宜將定州漢達軍除添撥倒馬關外，其餘轄補遊兵三千名，專在定州住劄。臣在真定，又倒馬、井陘適中處，一聞警報，即當馳赴，而止有老幼城操一千餘名，豈足成軍？合無將真、神二衛兩班軍存留，整搠操練，專在定州以備山西之警。除守故關一帶關隘之外，臣亦轄補軍民兵共三五千名爲臣麾下部伍，以便親率防禦。庶兩不失誤，實爲萬全之謀。

---

① 劉隅，山東人。其傳見本書卷八。

巡按御史蕭祥曜①乞定專節制疏畧　嘉靖二十年

臣閱視各鎮，除額設常守備禦防守官軍及調到附近府州縣民壯隨宜查處，署有次第外，先該節奉聖旨："這虜衆竟趨南，定犯山西地方。依擬行保定副總兵周徹，前往紫荆、倒馬等關，都御史劉隅徑自處備，不許遲誤。仍將原選京營人馬摘撥三千員名，着參將任鳳②統領，前去會同防禦，俱聽總督官節制。"欽此。續奉聖旨："是。這虜賊長驅深入腹裏地方，大肆猖獗。依擬着趙卿帶領東官廳人馬二千員名，前去北直隸、山西、河南地方，相機截殺防禦。任鳳、周徹人馬，俱聽趙卿至保定地方應留防禦，及帶領截殺等項名分布，但以固守井陘爲主，如賊不至真定，亦要前去山西地方相機戰守。調到陝西、延綏、固原等處人馬，并周徹、任鳳俱聽節制。"欽此。夫初以周徹、任鳳俱聽樊繼祖③節制，以固守紫荆、倒馬爲主，續以周徹、任鳳又聽趙卿④節制，以固守井陘，及應援山西爲主。緣周徹初至紫荆，隨即調往井陘，見領人馬，住劄獲鹿縣地方。任鳳初至紫荆，一日亦即赴井陘之調，至保定則聞賊退而還，至安肅則奉部檄而去，其時進退無據，不得已還。至紫荆未幾，又以趙卿調往真定去訖，計程往來，軍馬已疲。臣以爲各關去宣大尚遠，今雖聽樊繼祖節制，緩急不能卒達。臣請宣大一帶總制之權則專責之繼祖，自居庸以至偏頭、寧武等關，則另設總制大臣一員，或就令翟鵬兼理。至如周徹所領人馬，或專於紫荆住劄，附近有警則調之策應。任鳳所領人馬，或專於倒馬住劄，附近有警則調之策應。又不然，專於紫荆改設參將一員，將保定營內常操七千之數摘撥二千赴關防守，周徹仍還保定住劄操練，聽候調用，俱受總督各關節制。伏乞敕下該部從長議處，早見施行幸甚。

巡撫都御史劉隅請添將官議處隘口疏畧　嘉靖二十年

臣查得先年浮圖峪原聽紫荆關管轄，後因本峪添設守備官，與紫荆關守備位均勢敵，遂相爭構。爲今之計，惟紫荆關設參將一員，浮圖、倒馬守備官通聽提調。又查得易州兵備道原奉敕整飭紫荆關兵備，三關地方官軍俱聽兵備節制，其參將與兵備相處。查照密雲兵備道事體施行，具本奏行，兵部未曾覆題卷查。又該臣查得，易州茂山衛軍

---

① 蕭祥曜，江西泰和縣人。其傳見本書卷八。
② 任鳳，嘉靖六年，由宣府右衛指揮僉事陞都指揮僉事，充左參將，分守萬全右衛等處地方。嘉靖十年爲京營五軍營坐管總兵官。參《明世宗實錄》卷七十三嘉靖六年二月辛酉條，第1645頁及《明世宗實錄》卷一百二十六嘉靖十年六月己未條，第3009頁。
③ 樊繼祖，字孝甫，鄆城人，正德六年進士。授臨潁知縣，歷御史、河南副使。大同兵變，拜右僉都御史，巡撫大同。累進兵部尚書兼左副都御史，總督宣、大軍務。參《明分省人物考十》卷九十五《山東兗州府》，第563~564頁。
④ 趙卿，山東人。其傳見本書卷八。

士乃赴京操，一遇有警，反勞禁兵遠來防禦。議將茂山衛兩班京操軍存留，添守紫荊關一帶隘口。具本奏行兵部看議外，會同巡按御史桂榮①，照得今秋達賊兩犯山西腹裏地方，雖曾將保定副總兵周徹、京營參將任鳳在於紫荊、倒馬關等處防禦，但任鳳隨即掣去，周徹不時調遣。至於各關隘口挑塹鏟坡，選軍整器繕城，皆非客將所能管理。乞敕兵部查議，添設分守參將一員，將茂山衛兩班京操軍士量留添守浮圖峪，其紫荊關守備田震分管附近沿河馬水等口，浮圖峪守備陳明分管附近大龍、白石、黃土嶺等口，其倒馬關一帶隘口，亦俱聽新設參將節制。庶將領嚴責任專，邊關整飭可保無虞矣。

巡撫都御史劉隅請定設把總官疏畧　嘉靖二十一年

臣切見倒馬關所屬龍泉關相去二百餘里外，鄰山西平定州、盂縣、靈丘、樂平等縣，而故關直爲通衢，内附真定府阜平、平山、贊皇、元氏、行唐等縣，而滹沱河散爲漫地，中間下龍泉關口、十八盤、惡石口、娘子關口、鷂子崖、白草溝、乘園溝口共三總五十八口，澗谷盤旋，逋逃盈藪，盗木通商，日捕日犯，雖常委②用把總指揮一員，約束三總五十八口官軍，但未③經題奉欽依，事權頗輕④。該臣會同巡按御史桂榮看得，前項關隘委爲要⑤害，伏望敕下兵部推選指揮一員，前去龍泉關管理把總事務。庶委任稍重，而軍令可行，邊關有賴矣。

巡撫都御史丁汝夔⑥請增兵防守隘口疏畧

議照連年北虜侵犯，所據各兵備道副使郭宗皋⑦等會議，前項暫留班軍添補防守，預調遊兵，給馬騎征，改列保定副總兵職銜、添守故關參將、分發帑銀、糴買糧草等項，似應急處。如蒙乞敕戶、兵二部早賜查議，合無將定州茂山衛京操軍士暫留，以補紫荊不足。真、神二衛并平定州守禦千戶所兩班軍士暫留，以補龍、故不足。再將河間、天津等衛所班軍暫留，分撥兩處，務足前擬數目，預調大同遊兵一枝，於附近紫荊廣昌縣地方駐劄，以爲外援。遼、薊遊兵三千於真、保定等處駐劄，以防内侵。仍令各兵備道將各州縣種馬遇警暫借騎征，并將分守保定副總兵改爲鎮守，及於龍、故添設

---

① 桂榮，江西人。其傳見本書卷八。
② ［校］常委，二字因藏書鈐章，無法辨認，據民國間抄本補。
③ ［校］未，因藏書鈐章，無法辨認，據民國間抄本補。
④ ［校］頗輕，二字因藏書鈐章，無法辨認，據民國間抄本補。
⑤ ［校］隘委爲要，四字因藏書鈐章，無法辨認，據民國間抄本補。
⑥ 丁汝夔，庚戌之變後，爲嚴嵩誣陷，斬首弃市。參張廷玉《明史》卷二百四《丁汝夔傳》，第5389~5393頁。
⑦ 郭宗皋，山東福山千戶所籍，江西萬安人。嘉靖己丑進士，隆慶元年推左未任。參《國朝列卿紀》卷五十九《刑部左右侍郎年表》，《四庫全書存目叢書》史部第93冊，第629頁。

參將專管。龍泉迤南順、廣二府隘口，將近日奏留常守真、神二衛官軍二千員名就令統領。除前巡撫都御史劉隅銀買馬，見在二百一十三匹，再撥馬二百八十七匹，就將真、保定該解備用馬內存留二百八十七匹，以足五百匹之數，給與軍士騎征。乞發帑銀數萬，預先委官糴買米豆，分積倉廒，以備臨時應用。庶幾先事有備而臨警無憂，邊關得以嚴固而畿輔可以妥安矣。

巡撫都御史吳瀚①請增修邊隘添設官軍疏畧　嘉靖二十三年

　　臣會同巡按御史李秀春②，據兵備副使王機勘，謹添設官軍修理城垣似應急處。爲照馬水口外通宣府，內抵蘆溝橋，及紫荆關等處俱係平川寬漫，不可不預爲之所。再照李家嶺等處山勢平漫，有警莫遏，患必遺於紫荆。合無於馬水口添設守備、把總二員，李家嶺添設把總一員，就將馬水口、大龍門口、沿河口三總地方，令馬水口守備專管。其魚灣石、夾子溝、蒸餅石、佛樹兒、馬連山、烏龍溝、炮架溝、煤窑溝、雙陀兒、芒兒溝、長嶺口、長橋兒、天橋兒等口，令李家嶺把總專管。仍於紫荆關防守軍內摘撥一千名發馬水口，五百名李家嶺。各官統領在彼，常川守禦。庶唇齒相依，畿甸亦得以妥安矣。

巡按御史黃洪毗條陳疏畧　嘉靖二十四年

　　據紫荆兵備副使陳愷③、井陘兵備副使王崇④各呈稱，會同大名兵備副使喬瑞、保定副總兵周徹將會議事宜開款具呈。等因。到臣。會同巡撫都御史鄭重⑤議照，犬羊之性，出沒無常，今年之備尤宜加處。所據各官會議，臣等覆行酌議，理合開具條陳於後。

　　一、各衛春秋兩班京操旗軍，河間等三衛、茂山衛、定州衛、真神二衛，該前巡撫都御史丁汝夔題，將真、神二衛班軍給故關參將統領二千名外，及其餘衛分盡數暫留本處操演，分撥關口防禦。該成國公朱希忠⑥題奉欽依，俱赴京操，不許奏留，備咨通行欽遵外。爲照留班軍以防禦隘口，正所以拱護京師也。況警急之際，未免奏發京營人馬與各衛班軍之數，相當事急，然後奏請，則每在事後，不如存留可以朝呼夕至。況各軍

---

① 吳瀚，河南人。其傳見本書卷八。
② 李秀春，四川人。其傳見本書卷八。
③ 陳愷，保定人。其傳見本書卷八。
④ 王崇，浙江人。其傳見本書卷八。
⑤ 鄭重，固始人。其傳見本書卷八。
⑥ 朱希忠，字貞卿，成國公朱能四世孫，嘉靖十五年襲爵成國公，歷掌五軍都督府後、右兩府，總神機營，提督十二團營及五軍營等。萬曆元年卒，贈定襄王，謚恭靖。參《國朝獻徵錄》卷五《公一·成國公追封定襄王謚恭靖朱希忠神道碑》，《四庫全書存目叢書》史部第100冊，第165~167頁。

樂於京操，苦於守口，今違其所樂而就其所苦，誠非緣各官軍慣猾脫班以許其自便也。

一、保定奇正兩營俱以都指揮坐營，不如添設遊擊，各管領本營官軍三千員名，於定州衛及真、神二衛班軍選三千名，領以一遊擊，在於定州駐劄；於河間等班軍選三千名，領以一遊擊，在於河間府駐劄，無事隨宜訓練，有事相機截殺，俱聽臣并副總兵節制。

一、紫荊關至沿河口三百餘里，中間隘口五十餘處，西至吳王口三百餘里，中間隘口六十餘處，以一參將應援，勢有不及。宜於大龍門、倒馬關添設參將一員，大龍門參將以所留茂山等衛班軍二千名，倒馬關參將以所留定州、真、神三衛班軍二千名隨住。而以紫荊關參將移於浮圖峪駐劄，紫荊關以東，大龍門參將主之；紫荊關以西，浮圖峪參將主之；插箭嶺以西，倒馬關參將主之。保定副總兵暫移住易州，又將浮圖峪守備移於白石口駐劄，倒馬關守備移於插箭嶺駐劄。紫荊關添設守備一員，沿河口及吳王口、葫蘆口各添設把總一員。插箭嶺除原守官軍外，應添官軍七百餘名，沿河、吳王、葫蘆等三口各應添軍四百餘名，俱於河間等三衛所班軍調發隨住。

一、我軍之用，以神器為利，盔甲為衛，若添設參將，所用益多。乞敕工部，每參將降佛郎機五百座、神槍三百桿、虎尾炮二百座。每遊擊降佛郎機三百座、神槍二百杆、虎尾炮一百座，與各官收架應用。每參將各降盔甲二千頂副，遊擊下各降盔甲三千頂副，每三年各降胖襖、褲鞋關領應用。

一、大龍門、倒馬關設有參將，乞兌給馬各五百匹，遊擊將軍每員兌給馬一千五百匹。馬水口已設有守備，原議軍一千名，量兌給馬一百匹。白石口、插箭嶺添設守備，各兌給馬一百匹。大龍門舊有陸礬倉，有糧而無草，乞添設一場，糴買草料。沿河口、馬水口、金水口、白石口、吳王口各添設一倉，內馬水口、白石口各儲米豆草束，沿河口、金水口、吳王口各儲米石，分派近口分關領。

一、邊關一帶，虜之突入多不於溝澗而於岡嶺，不於正口而於澗道，故修治之法有二。一曰鏟削偏坡，一曰修築墩臺。鏟削舊規，俱於山腳施功，未幾即就平漫，須於山脊近頂處用工，鑿石高一丈，人馬自不可越。餘如上連岡阜，傍接隘口，下臨溝澗處，皆築稍墻一道，五十步設敵臺一座，稍墻上砌垛口，下鏟平地，使人可住立以發矢石。敵臺上蓋小房三間，使人可依藉以避風雨。各隘口正城低薄者增高加厚，緊要隘口未有周垣者築城一周。乞多發銀數萬兩，量工雇募民匠，起集民夫，與常守、調守軍民相兼興作。仍委各州縣賢能正官，計度督責，務要堅固，用垂久遠。

一、沿途墩臺雖設，而烽火不明，自保安以至馬水口，自蔚州以至浮圖峪，自山西以至故關，原無墩臺。乞咨行宣大、山西巡撫衙門委官相勘，各路建設墩臺，有軍處每墩撥軍五名，無軍處僉居民五名，免其差役，有警時給以口糧，一體傳報。其墩須高廣，其制上蓋平房二間，周以女墻，置以軍器炮藥，真、保等府一體建設，僉撥施行。

一、近山居連千餘里，總萬餘家，中間多有精悍善鬥者，委官親往選取，果武藝精強，氣力雄壯者，籍名在官，編爲隊伍，一隊立一隊頭，數隊立一總管，每州縣以一佐貳首領官領之。浮圖以東以管關通判提調插箭，以西以真定管關通判提調故關，以南以真定巡捕同知提調錦綉堂，以南以順德管山口通判提調，共得五六千人。平時免其雜差以便操練，有事給以行糧以資調遣，居民以城堡爲保障。查得嘉靖二十一年建設墩堡俱各低薄，猶有未全築者，然堡多則力分而難守，堡少則民聚而難容。合無委官查勘地里遠近，七八村擇一大村家多地勝者築一堡城，餘村如隔一二十里只併力一堡，有警時俱入附近城堡內。其應用木石，官爲處置，工匠人夫，各村起發，俱限三月畢工，或有稱勞擾阻撓及築不如法者治罪。

一、責憲臣分地方以保萬全。查得北自沿河口起，南至天井坎十八盤止，延袤千餘里，雖有易州、井陘兵備副使二員一時提調，未免不周。合候有警，易州兵備督管自居庸關起至浮圖峪止，天津兵備暫管自插箭嶺起至吳王口總止，井陘兵備督管自龍泉關起至故關後溝口止，大名兵備暫管錦綉堂口起至天井坎十八盤止，無事之時，各照原奉敕諭事宜施行。

巡按御史袁鳳鳴①請給馬匹疏畧　嘉靖二十四年

據紫荊關參將程棋呈稱，本口添設守備把總等官，原議步軍一千名，並無馬匹，乞爲議處施行。等因。到臣。又據倒馬關參將盧鉞呈准，紫荊關參將程棋手本內稱，本關馬五百匹，撥與浮圖峪馬三十匹，插箭嶺馬二十匹，暫給各軍騎養，今以近秋送回騎征。等因。准此，行據原任倒馬關守備、今移插箭嶺駐劄趙承懋②稟稱，本關中千戶所景泰二年發下太僕寺官馬一百三十匹，至正德年間撥去龍泉關、插箭嶺把總各馬一十匹，嘉靖二十二年蒙將龍泉關議與故關參將所轄、已經陞任守備葉滋，要行掣去前馬，呈蒙撫按衙門批行，照舊給軍騎征，免其掣回。今本職改移插箭嶺駐劄，隨將倒馬關原額前馬一百一十匹，遵照交與添設參將下官軍，并續議添馬三百九十匹，共足五百匹之數，統領騎征訖。本嶺除寄養紫荊關馬二十匹，并倒馬關原發馬一十匹外，亦續蒙議添馬七十匹，共一百匹，則紫荊關又將前馬掣回，尚少二十匹，其原發龍泉關馬一十匹亦應掣回。等因。到臣。會同巡撫都御史蘇祐議照，馬水口李家嶺添設守備把總，俱無騎征馬匹，而紫荊關插箭嶺又復具呈掣取，徒自紛紛。隨查倒馬關守備原額馬一百匹，插箭嶺把總馬三十匹，今馬水口既設守備，則馬數當照倒馬關守備之額給領馬一百匹，李家嶺把總當照插箭嶺把總之額給馬三十匹，其紫荊關欠馬五十匹，龍泉關欠馬二十匹，

---

① 袁鳳鳴，字時瑞，號岐山，辰州衛人，嘉靖十七年進士。授貴溪知縣，擢江西道御史，巡視居庸關。再巡四川。累官至潮州知府、思南知府。祀鄉賢。參康熙《沅陵縣志》卷六《人物志》，康熙四十四年刻本，葉 8ab。

② 趙承懋，保定人。其傳見本書卷八。

通共欠馬二百匹，俱應請給分發，其原借撥馬匹不必告掣，以滋紛擾。

巡撫都御史蘇祐爲周邊防疏畧　嘉靖二十五年

案照先准兵部咨，該巡按御史裴紳①、袁鳳鳴各題稱，添設倒馬關參將，并改設插箭嶺守備，各缺少軍馬錢糧，或發銀召募，或坐派徵運，或照紫荆關浮圖峪事例，於定州、真神二衛軍內照數存留，乞要速爲議處。該本部覆議，隨行真定守備、真定府管關通判開稱各數目，緣由到臣。查得倒馬關原因常守不足，故另編前項操餘，遞年九月上班、十二月終下班，名爲備冬。今已添設參將統領正軍二千名，常川戍守，則備冬操餘似不必設。合無改充正軍撥補統領，其不足之數，仍於採草餘丁內揀轉。倒馬關與舊額旗軍務足一千名，各常川防禦，一體食糧，其舊馬料豆仍於真定府照舊支領，新舊馬匹草束并新馬料豆與各軍月糧、布花、盔甲、什物通爲議處施行。等因。到臣。又經案行易州兵備副使陳俎②覆議相同，臣隨會同巡按御史裴紳、徐祚③議照，倒馬關新設參將，插箭嶺改設守備，各缺統領正軍，議將真定、定州二衛備冬操餘，并真定採草餘丁收充正軍，分撥統領，事體穩便，相應題請。合無將真定衛原編倒馬關備冬操餘五百一十三名，及於採草餘丁內通融揀選六百六十七名，共一千一百八十名俱收充正軍發倒馬關，與舊額旗軍八百二十名共足二千名，聽參將統領。仍於前剩採草餘丁內再選一百九十八名，并定州衛原編倒馬關備冬操餘六百二名，亦收充正軍，改撥插箭嶺，與舊額旗軍二百名共足一千名，聽守備統領。仍行工部各給盔甲什物，常川防禦，其合用糧料草束并冬衣布花一體會計，解納各該倉場，照例支給。

巡撫都御史蘇祐請改挈參將駐劄疏畧　嘉靖二十五年

據井陘兵備副使王崇呈，勘得茨溝添設守備，行府議報另行外，所據故關參將欲改挈真定一節，地勢甚便，及照參將移置府城，前項軍人二千名告要比例每月添糧二斗，今議除一千九百名月糧照舊八斗不加外，惟有軍人閻得等一百名常川居住故關，別無生理，相應加添二斗。等因。到臣。據此案照先准兵部咨，該巡按御史袁鳳鳴題前事，該本部題已經會行該道勘議去後，今據前因，臣隨會同巡按御史傅鎮議照，茨溝地方添設守備、摘撥班軍，另行題覆外。爲照參將之設，本爲守禦故關及策應龍泉等處，但僻居山鄉，官軍栖插不便，馬匹牧養尤難，今議改挈適中之地，人情事體委實相宜。及照真

---

① 裴紳，字子書，蒲州人，嘉靖十七年進士。授行人，歷監察御史、山東按察司副使、河南布政司參政、四川布政司參政、江西按察使、河南右布政使。累官至右僉都御史，巡撫陝西。参《明分省人物考十一》卷一百《山西平陽府》，第 221~224 頁。

② 陳俎，封丘人。其傳見本書卷八。

③ 徐祚，直隸宣城人。其傳見本書卷八。

定原設守備官員提督眞、神、定州三衛官軍，及管理武功、騰驤二衛屯政，操練修理，緝捕關防職掌事宜，敕諭具載。遽欲付之參將兼理，勢所難周。合無將參將改住眞定，兩關原設，照舊存留，專理本務，庶幾內外有顧，彼此無妨。該關常守軍人閻得等一百名，亦照紫荆等關邊軍事例，每月給糧一石，會計加派於眞定府倉庫，一體關支。

巡按御史曾佩①議處兵馬幷地方事宜疏畧

臣查得原添設故關參將，本爲防禦龍泉、故關與順德所屬錦綉堂等隘而設，近復建議改掣駐劄眞定，於二關爲適中甚便。近該臣巡視諸關北至倒馬關，據倒馬關參將胡潭②呈稱，原係故關參將駐劄眞定，統領眞、神二衛官軍二千員名，馬五百匹，策應龍、故二關。近於嘉靖二十八年蒙兵部范侍郎經理議革，將潭改推分守，倒馬關所有原設眞定軍馬未奉議處。等因。及臣。又至龍泉、故關二關，各止有一把總指揮，布置漫無統紀，參將胡潭原領眞神官軍馬匹，臣愚欲乞仍留備二關應援，照舊駐劄眞定，另立把總指揮一員領之，或即以眞定守備管理，以聽二關有警調發。仍乞以倒馬關參將帶轄龍、故二關，前項眞、神二衛原所統軍馬，如無事則把總守備約束操練，有警則參將胡潭仍聽調遣截殺。臣又查得，龍固把總成化二十年添設，原亦屬倒馬關提調，至嘉靖二十二年故關設有參將幷兼制龍泉，二關始不屬倒馬，今以倒馬參將仍統轄二關，此亦舊例可據。再照龍泉關之北、吳王口之外，如地名茨溝村迤南扒背、石銀村、胡家莊、柳樹溝、天橋兒、蓮子崖等處，山內俱各產有礦砂，招聚山西四外流民，時常盜乞礦洞，鬥毆殺傷，告訐日至，把總官位既卑，宜以倒馬參將少加聯束管轄之。伏乞敕下兵部從長計議，一一准行，邊關幸甚。

巡撫都御史艾希淳條陳疏畧　嘉靖三十二年

一、設立遊兵。據副使畢竟容③等呈稱，參將劉環④、曹鎮近改授本鎮遊擊，原額保定奇、正二營官軍既令退還原營，二官兵馬即應計處。合將一員統領定州衛班軍，一員統領河間、瀋陽二衛秋班軍，應各就彼駐劄，每年六月初旬移住易州、涞水，聽調截殺。等因。據此，臣等覆議得，劉環、曹鎮原係京營參將，今改本鎮遊擊，欲令仍住保定，多官同城，教場分操未便，委應改議。及照定州衛班軍原隨易州營，幷防守紫荆、白石等口，河間、瀋陽二衛秋班軍原隨保定奇正營，遇秋掣回，將領緣此賣放，今議改

---

① 曾佩，字德甫，臨川人，嘉靖二十年進士。授行人，選山東道監察御史，巡視兩關、巡按福建。後忤旨詔獄，遣戍廣東。隆慶元年詔復職，致仕。參《明分省人物考七》卷六十一《江西撫州府補遺》，第660頁。
② 胡潭，定州衛人。其傳見本書卷八。
③ 畢竟容，江西人。其傳見本書卷八。
④ 劉環，眞定衛人。其傳見本書卷八。

回本衛，各以遊擊一員，就彼分住訓練，尤爲便宜。合無容臣等着落各該兵備等官，將前定州、河間等衛班軍逐一嚴加挑選，補足原數，令曹鎮於定州、劉環於河間各駐劄管領，居常就彼操演，聽候遣調，每年六月初旬，在定州者則移住易州，在河間者移住淶水，以便應援。

一、充實關隘。據副使畢竟容等呈稱，紫荆關參將原管本關千户所官軍、保定衛班軍、真定、神、武右二衛班軍，分爲兩班，定州代補茂山衛官軍各不等，共三千九十一員名合成一營，赴班多不依期，相應酌處。查得茂山衛班軍一千三百六十一名，合盡數留於本關，聽參將統領，其真、神二衛輪班官軍改於防秋之時，併班代補白石口防守。等因。據此，臣等覆議，除定州衛班軍六百名另議聽選遊兵外，合無將防守白石等口茂山衛班軍一千三百六十一名盡留紫荆關，與本千户所并保定五衛班軍共三千四百五十二員名，平時合營，聽參將統領防秋，通融分撥，其真、神二衛班軍數内酌量協守紫荆關，既離茂山衛不遠，而白石等口又在紫荆迤南，去真、神二衛頗近，委於人情甚便。

一、移置將領。據副使畢竟容等呈稱，倒馬關所屬狼牙口、大嶺、鐵馬崖等處俱平漫要害，查得倒馬關與軍城總見在新軍二百餘名，合於大嶺并鐵馬崖各增蓋營房，發彼駐守。及照倒馬關改置參將，原設把總改於狼牙口，而以原守狼牙口千户移於大嶺。等因。據此。臣等覆會議得，狼牙一帶隘口接連大同、靈丘地方，合無將該關把總官改於狼牙口，以本口大嶺起至夾耳安等一帶隘口，俱聽管領，其大嶺、鐵馬崖二處常守官軍不敷，合將本關與軍城總見在充發新軍二百餘名，盡數駐彼防守。應合增建把總廳并軍士營房等事，容臣等勘議，修建施行。

巡撫都御史艾希淳議處要害疏畧① 嘉靖三十三年

臣會同總督侍郎楊博議得，四關之險，龍泉爲上，倒馬次之，紫荆、故關又次之。通論四關之勢，紫荆爲急，倒馬次之，故關、龍泉又次之。獨論紫荆、倒馬之勢，紫荆雖負山臨河，不足以據一關之樞，西則白石口極爲平漫，東則馬水口内無完城，且相去紫荆三四百里，倉卒有警，參將應援不及，倒馬關則落路、吳王二口均當要害，又切近茨溝等村。臣等所憂者，不在紫荆正關而在馬水、白石，不在倒馬正關而在落路、吳王。以故參酌副使畢竟容之議，於馬水口則議添參將，白石、茨溝則議添守備，至於修築之工、召募之役，又皆決不容已。如蒙敕下户兵二部會同計議，速發銀五萬兩專備募軍等項支用，再容臣等於薊州管房銀内借支三萬兩，或發通倉米三萬石，專備修邊等項支用。其餘款内事宜，仍乞聖明早賜裁允，地方幸甚，計開：

---

① 該疏又見於《明經世文編》卷二百七十三《楊博·楊襄毅公奏疏一·議修要害嚴防守以固邊疆疏》，第 2886~2887 頁。

一、議馬水參將。臣等議得，紫荊關沿河口地極孤懸，而馬水、金水等接連保安、懷來、蔚州大川，尤爲衝斥。合無於馬水口添設參將一員，東起沿河口總，西抵金水口總一帶，邊隘屬之管轄。烏龍溝總起至白石口總止，仍屬紫荊關參將管轄，馬水口既設參將，該口守備官移至沿河，名曰沿河口守備，把總官移至金水口，名曰金水口把總，俱聽馬水參將節制，參將仍聽總督鎮巡官節制。各另定議責任，參將請給敕書旗牌，守備把總換給部劄，以便行事。

一、議白石守備。臣等議得，浮圖峪與白石口俱爲紫荊要害，白石東南至黃土嶺四十里即易州大川，南至周家堡三十五里即完、唐二縣地方，以故二十三年虜賊越過白石，搶掠完、唐，去年攻衝獨力，欲犯畿內，專擾白石。先年於黃土嶺戍兵築城，後復遷置外口，然兩山雄峙，適在溝澗之中，出口則爲廣昌，平川無所屏蔽，守亦難於制勝。見設把總名位似輕，合無將把總改爲守備，比照浮圖峪守備事例，請給敕書，重其事權，令其操練人馬，修理城垣，遇有虜警，嚴督葫荄等口管總守口等官，併力防禦。其浮圖峪把總下黃土嶺、烟熏崖、常家溝三處，與白石口一路相通，俱改以屬之。聶門關等口，照舊屬浮圖峪把總，白石把總裁革回衛，另行改用。

一、議茨溝守備。臣等議得，倒馬關之吳王、落路二總，接靈丘、繁峙等縣僅百餘里，內抵阜平縣不過百里。又切近茨溝等村產礦處所，加以五臺遊僧往來不絕，奸僞莫辯，均爲要害。合無於茨溝村添設守備一員，將狼牙口把總所轄落路、吳王口一帶，龍窩溝、暖窟兒、羊馬樓、高石堂、艾葉、上下竿嶺、楊洪口，龍泉關把總所轄陡撞兒、炕兒溝、胡家莊、寨溝兒，但可通虜及奸細往來之處，俱聽守把盤詰。又地名銀河、扒背石、大小柳樹溝、黃土梁、黃石堂、天橋兒、蓮子崖，但有礦洞地方，俱聽禁治管理，狼牙、龍泉二把總，俱聽提調，守備仍聽倒馬、故關兩參將節制，定擬責任，給付部劄以便行事。

一、議添置兵馬。臣等議得，馬水口見軍再募一千二百五十九名，共輳二千名，給馬三百匹，付參將統領。沿河口見軍再募九百一十六名，共輳一千名，給馬一百匹，付守備統領。大龍門見軍再募一百二十八名，共輳四百名，并輪班備禦軍，每班一百九名，給馬二十匹，付把總統領。金水口見軍再募二百八十三名，共輳三百名，給馬十匹，付把總統領。白石口見軍再募九百一十，共輳一千名，并輪班備禦軍每班二百一十二名，給馬一百匹，付守備統領。茨溝原無軍，募軍一千名，給馬一百匹付，新設守備統領。并天津關、蔡樹、安神、子安、浮圖峪、寧靜、安薄頭、安峰兒、溝木、積安、北崖溝、弟驢崖、黃草安、葫荄口、鷹鴿峪、羊圈子、白馬安、歪嘴兒、西窯峪、盧子溝、跌馬崖、黑石溝、西峯峪、石城安、中窯峪、官坐嶺，以上各口應募軍士，俱於各口住人選募，共該馬六百三十匹。於寄養馬內兌給，月糧布花、馬匹料草俱行易州監督主事分撥關支，其盔甲、弓箭、腰刀、器械，工部照數給發。每軍該給銀五兩，共該銀二萬八千二百二十兩。每軍營房一間，用銀二兩，共該銀一萬一千三百二十八兩。創造改設各官衙門公廨，大約又該銀千兩之上，乞早爲處給。

一、議增加墻垣。臣議得，先年創築墻垣，大率低薄不堪，如紫荆關所屬沿河口總下，石港口溝山腰上庵口，對敵占天津關口北二十里，得勝城梨園嶺口北二十里，滑車安支鍋石迤北，大川過汾水嶺係車行大路，了子峪正城一道。大龍門總下蔡樹安南將軍、石北將軍、石叚口老蒼溝各正城一道。馬水口總下本口三道城，及兩稍墻、菝溝口稍城，獨石口大道水口、柏連澗各正城一道。浮圖峪總下天橋兒口迤北，石梯子墩起至石尖陀墩止，邊城一道，內間斷一十一處。薄頭安迤南接寧靜安口灰窑止，邊城寧靜安迤北一帶邊城，白石口總下本口西山邊城，東山稍墻一道五枝，石烏龍溝總下本口堡城順水墻一道，煤窑溝口各邊城一道，以上俱應增高五尺，加厚五尺。倒馬關所屬插箭嶺迤東，至東峯峪、窑溝、黑石溝、五枝山、西峯峪、下塲峪、石城安、牛班溝、東窑溝、虎伏溝、中窑峪、西窑峪、跌馬崖、六嶺口、寒壕溝、白道安、周家堡，各邊稍墻一道，狼牙口總下銅錄崖、六嶺兒口各邊城一道，倒馬關下城南面倚山修砌原墻，俱應增高五尺，加厚三尺。通查前項增高加厚墻垣共長一千六百七丈九尺，通共約該用夫匠工食銀一萬一千九百三十三兩九錢九分。至於臨期裁酌，似不必拘定原數，完日造册類繳。

一、議增修墻垣。臣等議得，先年設立邊墻，相應增其未備，如紫荆關所屬大龍門堡城，東西北三面有城，南倚山崖，原未設城，應自東北角起至敎場南山下止，增修正城一道，再築稍墻二十二丈，敵臺二座，南山後龜頭峪再修稍墻一道，燒瓦窑溝再修正城一道，南山嶺增修稍墻一道，將山頭圍入城內，所轄歌樂湖口應於山頂增修，豹狼峪應於井兒港增修，火燒嶺應於山頂增修。馬水口總下，定樂安外通保安、蔚州，內通淶水，應增修小道，水口東北平漫，應增修。沿河口總下毛葫蘆口北面無城，應於龍門溝口增修各正城一道，兩山再築稍墻二道，敵臺二座。浮圖峪西孤山下，臨河川灣曲轉折，應於孤山橫中修一敵樓，傍築夾城一道，再於南山坡修一敵臺。峪北鐵嶺墩迤邐而東，山俱高阜，應於城北角對草場下各修敵臺一座，舊城頭對南山坡各修敵臺一座，自草場敵臺至舊城敵臺止，連絡山頂，修正城一道，以鐵嶺爲大東門，添募軍士，營房俱起蓋於山峪側坡四敵臺中，造大鹿角柞橫截永中圍於城內。寧靜安一帶，應於薄頭安壓梁墩添築夾城一道，寧靜安鎭虜墩添夾城一道，白石口改修敵臺五座，東山坡修敵臺一座，共六座。東山之北，當本口之外，過河高岸，應修大堡一所，中置一墩，量撥官軍瞭望傳炮，其大石溝接連東山，新設草場，應修正城一座。烏龍溝總下虎張石東南黃安嶺，先年議修正城一道，今應速爲修理。倒馬關所屬插箭嶺北門城外，東梁相接大敵墩順梁廠漫，應修邊城一道，西峯峪接棒槌崖墩內缺一空，應修邊墻一道，東窑城溝接紗帽石墩，應修邊城一道。白道安外通靈丘縣地方，應修正城。通查前項增築正城邊墻，共一千一百三十一丈五尺,通共約該夫匠工食銀一萬五千三百一兩五錢二分,至於臨期裁酌,不必拘定原數。完日造册類繳。

一、議增修墩臺。臣等議得,紫荆關所屬沿河口迤北,王柏山應設墩臺一座,其南山墩不便瞭望,相應裁革,而本墩軍士改撥於王柏山。大龍門總下蔡樹安雖增修正城,向北應設敵臺一十座,鵝黃嶺山尖與邊城相連,應修大敵臺一座。馬水口總下獨石口小路黑土安及馬湖口,應各設墩臺一座,寧静安正城迤南,應設墩臺五座。烏龍溝總下鷹窩崖,應於頭道城水口添設墩臺一座,長橋溝口東西兩山夾峙,應築墩臺二座。倒馬關所屬插箭嶺城外,大敵墩應改修敵臺一座,上蓋箭眼樓二間,周圍修月城一道,西峯峪應添敵臺二座,下場峪應添敵臺三座,并將棒捶崖墩改爲敵臺,石城安應添敵臺二座,白道安城外,應添敵臺一座,跌馬崖河口兩岸,應添設敵臺二座外,應修月城二道。本關城外原有西墩一座,今應改建敵臺,如遇聲息緊急,將順城五墩軍人俱調墩臺抵敵,居常則回本墩巡守,東中西三窑峪并寒壕溝六嶺口,俱原有墩臺低小,應改修墩臺各一座。石城溝與石城墩山嶺隔斷,烟火不接,就將本墩軍人五名改於本口西梁大嶺墩住守。虎伏溝大嶺墩臺一座,應於本溝東山鷂子寨修一墩。通查前項墩臺二十六座,每座高連垛口二丈,周圍六丈,共一百五十六丈,通共約該用夫匠工食銀二千一百七十六兩。至於臨期裁酌,不必拘定原數,完日造册類繳。

一、議鏟削偏坡。臣等議得,查勘得紫荆關所屬馬水口總下,定樂安口、小路駱駝嶺、獨石口并小路長峪安黑土安口,俱應鏟削。燒火溝、牽馬湖、小道水口、松林陀、浮圖峪總下,蜂兒溝、天橋兒口神峪溝等處,俱係原鏟削,雨水淤塞,應再挑掘約。烏龍溝總下,煤窑溝口平漫,應添挑壕塹一道。倒馬關所屬插箭嶺城外,大墩迤西平漫,挑品窖三層。下場峪城外西梁廠漫,應挑掘壕塹二道。石城安城外原有舊壕,今皆淤塞。東窑峪城下挑掘品窖三層。中窑峪西窑峪城外、跌馬崖城外壕外,再挑品窖三層。白道大嶺城外、本城迤西,倚山修砌外多平漫,其沿河大龍門、白石口、狼牙口俱於去秋虜後鏟削,俱有次第。惟柏連澗正城二道雨水淤塞,應挑深添乞品窖,通計鏟削一千九百七丈四尺,品窖不能計其多寡。及照前項應該鏟削工程,俱行各該把總嚴督守口千百户率令常守軍士趁時修理。但時值荒歉,米價倍貴,軍多忍飢即工,合無每鏟削挑浚一丈,量給①食米三升,每窖一空,量給食米一升,合用米石於修邊銀內酌量折支,給完日造册類繳。

一、增添器具。臣查得虜賊所素憚者在火器,大要用以守城則碗口炮、子母炮、大佛郎機爲最用,以對敵則虎尾槍、小佛郎機爲尤便,其暗布營外,阻遏衝突,窩弓、伏弩、滚石、釘板、鐵蒺藜之類皆不可少。除紫荆、浮圖、沿河、馬水口等處收貯足用

---

① [校] 給,底本不清,據民國間抄本補。

外，大龍門、蔡樹、安歌、樂湖、欄木溝、豺狼峪、井兒港、松陀、安驢、駒港、深庵兒、火燒嶺、現木港、白石口、葫荄口、鷹鴒峪、羊圈子、白馬、安歪嘴兒、西窑峪、蘆子溝、官座嶺、狼牙口各處墩臺，俱應添銃炮，遇警舉放傳報，若金水口、十字等墩，石塘口、白家峪墩，北齊仲口新添鳳凰墩，俱無火器，每墩應給三虎銃，銀山等三口雖係裏口，每處應添碗口炮。通查子母二百六十位，子炮二千六百個，碗口炮五百二位，石子二萬八千六百個，虎尾槍二千七百八十桿，小鉛子一十一萬二百個，大鉛子四千個，火藥七千五百五十斤，大佛郎機一百位，手把銃三十桿，三虎銃二十八把。以上通共該銀一千一百七十九兩七錢二分二厘零。此外再給銀一千兩，製造窩弓、伏弩、鐵釘板、鐵蒺梨之用，俱於修邊銀內動支。

　　一、議留守兩關。臣等議得，先年將中千戶所正軍隸入紫荊參將營內，餘丁防秋之時亦發守口。去秋賊由寧靜安進入，零騎已至塔崖迤西，若使舉衆扣關，城中空虛，誠爲失計。合無將保定五衛班軍八百五十五員名，茂山衛官軍一千三百六十員名，同該所軍八百名，各挑選精銳，聽參將操練，專備出征之用。一應守城、守門、防護倉場、庫獄接遞等項，俱不干涉。本所餘剩正軍四百三十六名，與取回并在所充發見在新軍二百四十名，及食糧餘丁六百名，共一千二百二十六名，於本所千戶內選委一員管理操練，名爲城操。防秋之月量留五百二十六名守城，餘仍摘撥相近隘口防守。倒馬關、浮圖峪、馬水口等處騎征，俱冬春全給草料，惟紫荊關營止給料豆，草束取之餘採納，餘丁分撥防秋，採納不能如數，支給未敷，馬軍亦每受累，餘丁亦應照依倒馬關事例，戶部一體支給。又倒馬關參將一出，本關空虛，與紫荊關相同，其相近柳角安口并柳角口軍一百二十一名，聞係先年守備內臣役種園圃①，因循未革。合將各軍併入參將營，防秋之時，量留一百名，與同軍城輪操軍入十名，并上陣軍一百三十三名會合守關，上城管總，照舊仍用，指揮重加責成。

侍郎楊博經畧紫荊關隘疏畧

　　惟今之議者，以紫荊關爲要害，而馬水、浮圖峪咸在所畧，馬水等口與鎮邊長峪接境，稍內即爲郊圻，利害緩急似猶在浮圖峪之上，即今浮圖峪守備領有敕諭，各該把總俱奉欽依，事權頗重，而馬水口守備止係部劄，沿河口、大龍門止設管總，事體未妥。其大龍所轄蔡樹安口，城垣難築，官軍未備，既經巡撫艾希淳議報前來，相應通行酌處。如蒙乞敕兵部計議，將見任守備請給敕諭，沿河口、大龍門二管總，照白石口、烏龍溝事例名改爲把總，其蔡樹安口添募官軍一百名，并營房等項事宜，巡撫都御史徑自處給。臣惟此地極當衝險，必須再募常守軍一二千名。合無每年防秋之時，保定鎮巡官

---

　　① ［校］園圃，底本不清，據民國間抄本補。

選撥精兵三枝，於馬水口、沿河口、大龍門各住劄防範，庶邊關固，畿甸安。

侍郎楊博議要害隘口增官兵疏畧　嘉靖三十二年

　　據總理紫荊關兵備副使畢竟容呈，據各委官親詣廣昌、靈兵、蔚州、保安等州縣地方，公同知縣守備等官，自西南直抵東北會勘得，內通外達，有聯窰等口共十三口，俱係沿邊要緊。帶口分磁窰口，內有銀釵驛、馬嶺，石門峪口內有鎗頭嶺，北口內有黑石嶺，四口雖係內口，亦為要害。其黑石嶺止設把總官一員，軍一百三十名，林關等七口各軍八名，永寧三間口各軍五名，唐山大檀口各軍三名，磁窰紅紗口無軍。嘉靖十九等年，虜賊犯靈丘、廣昌，俱因各隘口守把軍士單弱，似應就近添撥。及查得廣昌縣南通紫荊、倒馬二關，北入宣府、大同二鎮，合無於廣昌城革去守備，添設參將一員，轄添兵馬三千，具呈。等因，各到道覆議。前因行准巡撫都御史艾希淳咨稱，若守廣昌則紫荊、倒馬二關有所障蔽，門戶堂室，緩急甚明。所據該道議處，前因俱已周悉。等因。到臣。臣惟廣昌南直紫荊、倒馬二關，北接大同、宣府二鎮，誠為咽喉重地，所據添設參將，實不容緩。御史楊選謂，在宣大則以大邊為重，不及屯兵，此地以為畿內之外藩。在直隸則以本關為重，不能越境行師以增畿內之勞費。兵備副使畢竟容謂，因守備而為參將，不煩於添官，聚鄉夫而置戍卒，無費於召募。雖錢糧、兵馬、器械等項少有增置，計兩鎮逃亡卒伍之糧移以處之，自當裕如所論，俱已詳盡。但御史楊選原議，雖該兵部題奉欽依備行各鎮會勘，彼此利害不同，甲乙可否自異，文移往返決無可成之期。臣近由紫荊出浮圖峪，親歷廣昌地方，周爰咨詢，始能盡得其詳，用是條為六事。如蒙乞敕兵部計議，如果臣言，與楊選所言事體相應，將廣昌參將早為改設，款內事宜，一併議擬，以次從長區處，務期經久可行。

　　一、改設參將。臣議得，廣昌原設守備，事權本輕，每當秋深，又調防邊，委於地方無益。合無改設分守參將一員，照例請給敕書、旗牌等項。其廣昌守備裁革回衛，聽候別用。靈丘、廣昌、蔚州二守備、黑石嶺把總并蔚州衛、廣昌所，俱聽參將節制，參將仍聽總督軍門及宣大鎮巡官節制，以後不許輕易徵調。

　　一、選補營伍。臣議得廣昌守備見在軍止三百名，今既改參將，必須轄足三千名方成營伍。合無將廣昌所義勇官于大賢等下鄉夫一千名內選六百名，廣昌縣義勇官周廷秀等下鄉夫五百名內選四百名，靈丘縣義勇官王世宗等下鄉夫一千五百名內選七百名，蔚州義勇官劉憲等下鄉夫三千名內選一千名，共選二千七百名，與廣昌所見在軍合成一營，專聽參將統領。

　　一、分據險要。臣議得林關口、直峪口、大檀口、石門峪、北口、銀釵嶺、驛馬嶺、鎗頭嶺諸處，委屬通賊要路。又查得磁窰口、唐山口、紅紗坡、柳河口、永寧口、九宮口、松子口、三澗口、內磁窰口隸渾源州地方，驛馬嶺隸廣昌縣地方，與銀釵、鎗頭二嶺接連，表裏靈丘。合將靈丘城土兵四百名內摘二百名，撥磁窰口八十名，銀釵嶺、驛馬嶺、槍頭嶺各四十名。林關口、唐山口、直峪口、紅紗坡隸廣靈縣地方，合將廣靈城土兵四百內摘二百名，撥林關口、唐山口各三十名，直峪口六十名，紅紗坡八十名。石門峪、大檀口、北口、柳河口、九宮、永寧口、松子口、三澗口隸蔚州地方，合將蔚州步軍八百名內摘四百名，撥石門峪、大檀口、北口、九宮口各六十名，柳河口、松子口各五十名，永寧口、三澗口各三十名。就令三城守備照地方提調，仍聽新設參將至日隨宜處置，不致徒爲勞費。

一、設官守口。臣議得，磁窰等口雖係要緊，其中蹊徑尚多，內伏盜賊，外通奸細，必須擇其緊關者各設一官，令其專管守把，兼事盤詰。合無將磁窰口一員止管磁窰口，直峪口一員兼管林關，紅紗口三口，共一員兼管石門、大檀、柳河三口，松子口一員兼管九宮、永寧、三澗三口，銀釵嶺一員兼管驛馬、槍頭二嶺，共該官五員，俱聽新設參將，於蔚州衛、廣昌所千百戶或總旗內選用。

一、查處錢糧。臣議得，蔚州守口軍四百名，廣昌所見在軍三百名，月糧布花照舊各在本鎮關領，且原有盔甲器械應用外，今議靈丘、廣昌土兵四百名，蔚州、廣昌、靈丘鄉夫二千七百名，俱係新設，每名月該支米一石，并冬衣布花。合無聽戶部議處，或就近於易州監督主事衙門支給，其鄉夫二千七百名，仍該盔甲器械二千七百副，工部照數查給。但傳報哨探馬不可少，廣昌見有馬二百二十匹，兵部再於寄養馬內查給二百八十匹，共五百匹，夏秋牧青，春冬給芻草料。

一、建置統領。臣議得，廣昌既設參將，行伍必須嚴整，若無中軍坐隊等項官員，事體未免紛擾。合聽新設參將於義勇官于大賢等十一名就選作坐隊，令其彼此相安，便於鈐束。其中軍、千總、把總、旗牌等官，仍於蔚州衛、廣昌所選用。

經畧侍郎楊博改徵民糧疏畧

巡撫都御史艾希淳咨，據總理紫荆關副使畢竟容呈，蒙臣紙票，據戶部主事屈諫①揭帖內一件《徵本色》。又蒙臣紙票爲《通鹽法以濟邊儲事》，亦據主事屈諫揭帖內一件《通鹽引》，等因，到部，酌議開款上請。

一、改徵本色。臣議得折色糧草改徵本色，誠如主事屈諫所論，但各該州縣相去關隘遠近不等，各將易州、淶水縣定赴陸礬倉，定興、安肅二縣赴馬水口倉，完縣、唐縣、滿城縣、容城四縣赴浮圖峪倉，安州、新城、清苑、高陽四州縣赴新城倉，定州、曲陽、行唐三州縣赴軍儲倉，新樂、慶都二縣赴易州倉，博野、蠡縣、束鹿、深澤四縣赴廣盈倉，阜平、平山、靈壽三縣赴龍泉倉，獲鹿、井陘二縣赴故關倉。各上納大

---

① 屈諫，長治人。其傳見本書卷八。

約保定一府州縣除本色米六千石外，稅糧豆草各折價不等，共該銀六萬九千四百三十一兩九錢零。真定府、定州、曲陽等九州縣稅糧豆草各折價不等，共該銀四萬四千一百二十六兩一錢零，通計銀一十一萬三千五百五十八兩一錢零。戶部若以應發本鎮客兵銀兩扣數解補邊鎮，彼此俱爲省便。此外倘有不敷，聽監督主事會計呈請本部量行召買。其綜理事宜，仍聽主事徑自施行。

一、開中鹽引。臣議得，開中鹽引謂之飛挽，惟九邊有之，紫荆等關稍爲腹裏，向無開中事例，即今虜所垂涎，專在畿內，開鹽之議，似非得已。合無聽戶部從長斟酌，應將何運司鹽引開於此處，每年該開若干引，鹽價比何邊該多、比何邊該少，買窩賣窩之弊應該作何禁革，就行易州監督主事管務計處周悉，不致草畧，重滋奸弊。

經畧侍郎楊博足兵食疏畧

准巡撫順天都御史吳嘉會①咨行，據密雲兵備副使李蓁②呈稱，依蒙查得，密雲管糧主事先年分管龍慶、石匣、古北等倉，主兵糧料本色不過二十餘萬，一年交代。後因嘉靖二十九年客兵數多，加增錢糧數倍，一年交代，事體未便。宜照薊州、易州管糧衙門注選三年爲限，看得所議密雲管糧主事注選三年，誠爲有益。及照昌平管糧責任與密雲相同，似應一體議處。等因。到臣。臣惟密雲直古北之衝，昌平繫陵寢之重，客兵調發百倍往昔，審時度勢，委當通變。所據巡撫都御史吳嘉會咨稱，前因既查有薊州、易州管糧衙門事例，相應題請，如蒙乞敕戶部計議，果無別礙，將密雲、昌平管糧主事俱注選三年，滿日方許交代，以後定爲成規，不許輕變。

巡撫都御史張師載③爲專設將領疏畧　嘉靖四十四年

據井陘道兵備副使孫一正呈稱，蒙臣案驗查，議得本鎮民兵，先年保定等六府共召募六千名，列爲二營，分屬四道，易州、天津二道共三千名爲一營，井陘、大名二道共三千名爲一營。平時各道操練，每歲六月初，屬易州、天津二道者付河間守備，井陘、大名二道者付之真定守備，各統領聽候防禦入援。待掣兵回日，仍歸各道操練，不妨本

---

① 吳嘉會，字惟禮，代州人，其先楚人，明初從北征，遂家代州。嘉會舉嘉靖十四年進士，授行人，歷刑部主事、山東僉事、陝西參政。嘉靖二十六年擢右僉都御史，巡撫順天，大修邊墻。累官至兵部侍郎。參《明分省人物考十一》卷九十九《山西太原府一》，第68~72頁及光緒《代州志》卷九《集傳·吳嘉會》，光緒八年刻本，葉20a~23a。
② 李蓁，嘉靖十四年進士，官布政使。參乾隆《祥符縣志》卷十二《選舉志·進士》，乾隆七年刻本，葉7b。
③ 張師載，字巨坤，潛江人，嘉靖二十六年進士。授知縣，歷南京吏科給事中、萊州知府、淮陽兵備副使。擢都御史，巡撫真定、陝西等。年六十卒。參康熙《潛江縣志》卷十五《人物志》，康熙三十三年刻本，葉8b~9a。

務。前任都御史艾希淳等會題部覆，備咨前來欽遵訖。嘉靖四十年間，該總督尚書許議將河間守備留守城池，其所領民兵專設遊擊一員統領，而井、大二道民兵至今仍屬真定府守備。合無將前項兩道民兵三千專設遊擊一員統領，平時駐劄鎮城，加意訓練，防秋移赴塔崖駐劄，有警入衛。各營摘選兵馬亦付本官統領，原領將官俱以偏將聽其約束，守備仍管本等城池事務。等因。到臣。爲照該道所呈，委與易州、天津民兵事體相同，先該總督尚書許將河間題設遊擊管領。伏望敕下該部查議上請，將前項遊兵專設智謀有勇遊擊一員統領，頒給敕書符驗旗牌前來任事，平時則駐劄鎮城加意操練，防秋則移赴原擬信地駐劄聽調，倘有警入援，專責本官統領總統。各該領兵將官，俱以偏裨聽其約束調度，其真定守備，專在本處守禦城池、督捕盜賊，以安地方。將前兼領民兵敕書繳進。

巡撫都御史宋纁條陳防秋疏畧

一、免改解以實曠伍。據易州兵備道高文薦呈稱，查得保定三衛各原籍將清出戶丁，遵照新例俱改解薊鎮。等因。卷查，先准兵部咨內開，除新充軍士俱發薊鎮先已奉有欽依外，查得甘肅、固原、寧夏、延綏、大同、宣府、遼東及山西偏老、寧、雁等處，均係極邊重鎮。合無將前項軍士清出，仍解該鎮，腹裏并南方各省者盡數俱改解薊鎮。等因。在卷。惟紫荊等關與薊鎮俱係畿輔重地，比因邊長兵少，分布不敷，節經兵部題奉欽依，動發官銀召募，宛、大、良、涿、保安、廣昌等處住人，每銀七兩應軍一名。若復將各衛逃故軍士清出，戶丁概改發薊鎮，是割右臂之肉以補左臂之缺，恐非一體之義。合無將前項各衛編發抽垜祖軍，若有逃故清勾者，通行原籍，仍解本鎮以補缺伍，其腹裏、南方各省，俱照新例遵行。

一、重將權以便調度。查得本鎮每歲防秋，因主兵數少，不敷分布，馬水口副總兵宋蘭①下，則有保定、定州忠順營都司官軍一千五百員名，分守大龍門等處。在紫荊關張玘②下，則有保定左右二營都司官軍二千三員名，分守浮圖峪等處。在倒馬關參將曹世德③下，則有真定守備統領真、神二衛官軍二千二百七十七員名，分守跌馬崖等處。俱前項地方雖係主將所轄，而分布官軍素非諸將所統，往歲分庭抗禮，矛盾特甚，倘遇有警，貽害匪輕。況都司之於副總，守備之於參將，上下自有體統。合無每歲秋防，將忠順營都司聽馬水口副總兵，保定營都司聽紫荊關副總兵，真定守備聽倒馬關參將各調度，其中軍、千把總官員俱聽各主將節制，敢有仍前抗違掣肘者，容臣從重參究。

一、寬併責以便督修。臣所屬關隘延袤一千三百餘里，墙臺多碎石堆砌，不堪拒守。查得紫荊關副總兵張玘下隘口應修工程五十七處，馬水口總兵宋蘭下隘口應修工程

---

① 宋蘭，保定中衛人。其傳見本書卷八。
② 張玘，興和所人。其傳見本書卷八。
③ 曹世德，興州左屯人。其傳見本書卷八。

二十四處，倒馬關參將曹世德下隘口應修工程二處，龍固關副總兵胡宗舜①下隘口應修工程二處，臣已分工，責令俱用鑿大石修築高堅，以爲一勞永免之計。但各將領因閱視屆期，恐軍士疏於操練，再三哀鳴，暫停前工。合無趁此外夷款塞之時，爲內戶綢繆之計，令諸將督率軍士前項工程，銳意修築，候閱視之期，容臣將修工軍士并修過工程另造一册，送閱視大臣驗。其果有高堅可恃之功，姑免究其武藝生疏之罪，待今歲工完以待閱視，照常一體責備。

閱視侍郎汪道昆②創築空心敵臺疏署　萬曆元年

准兵部咨，該本部題前事，合咨閱視侍郎汪道昆、總督侍郎劉應節、巡撫都御史孫丕揚、督行鎮守參將兵備等官，將紫荊、倒馬、浮圖峪、馬水口、插箭嶺等處一帶邊關，於諸口通虜去處，酌量衝緩，各議增設空心敵臺各若干座，即委將官躬至昌平鎮邊城，將彼臺位置規模逐仿分投，將各邊關相度基址，要見某處爲極衝，應建若干，某處爲次衝、稍衝，應建若干，某處爲稍緩，應建若干，合用錢糧工料若干，應作幾年報完，先年所修邊銀一萬兩見今有無，在庫不足之數應該作何措處，徑自具奏施行。等因。題奉聖旨："築臺守險，係防邊要務，都依擬行。"欽此。欽遵，備咨到各部院，俱各轉行各道欽遵施行。蒙此，案照先蒙閱視部院案驗前事，各道依蒙會同郎中左熙副使楊樞③、王一鶚呈，委原任通判王建、保定同知張燭④、真定府同知魏學思⑤并參將王撫民⑥、劉世恩⑦等前去沿邊，會同密雲輜重營遊擊陳伯懌⑧、原任遊擊高廷相⑨親視臺工規制，隨蒙分行易州副使高文薦⑩督同同知張燭等，東自沿河口起西至白石口止，踏

---

① 胡宗舜，神武右衛人。其傳見本書卷八。
② 汪道昆，字伯玉，歙縣人，嘉靖二十六年進士。授義烏知縣，歷戶部主事、兵部武選司郎中、襄陽知府、福建副使、右僉都御史巡撫鄖陽等。進副都御史，再進兵部右侍郎，閱視薊遼。累官至兵部左侍郎。參張岱《石匱書》卷一百二《文苑列傳·汪道昆》，《續修四庫全書》第320册，第108~109頁。
③ 楊樞，嘉靖三十八年進士，歷官河南參政、按察使等。參康熙《陽城縣志》卷五《選舉志·進士》、卷六《人物志·宦業》，康熙二十六年刻本，葉5a、11b。
④ 張燭，安寧人。其傳見本書卷八。
⑤ 魏學思，涇陽人，號約庵，嘉靖三十一年舉於鄉（據康熙《涇陽縣志》、道光《紫陽知縣》作"嘉靖元年"。按任真定同知時間，嘉靖三十一年舉於鄉較可信），授靈寶知縣，隆慶五年任真定同知。參康熙《涇陽縣志》卷六《選舉志·舉人》，康熙九年刻本，葉13a；道光《紫陽縣志》卷五《選舉志·舉人》，光緒八年據道光二十三年刻本增刻，葉1b及乾隆《正定府志》卷二十三《職官一》，乾隆二十七年刻本，葉29b。
⑥ 王撫民，真定人。其傳見本書卷八。
⑦ 劉世恩，河南人。其傳見本書卷八。
⑧ 陳伯懌，福建人。其傳見本書卷八。
⑨ 高廷相，永平人。其傳見本書卷八。
⑩ 高文薦，四川人。其傳見本書卷八。

勘馬水口、紫荊關二參將所轄各邊，并陞副使劉世昌①督同同知魏學思東至黑石口起西至茨溝營止，踏勘倒馬關參將所轄各邊臺工，重複較勘。今定馬水口下應建臺五十五座，紫荊關下二百一十座，倒馬關下九十一座，於內極衝者一百八十座，次衝一百五座，稍衝七十一座，每座定銀二百三十兩，共計銀八萬一千八百八十兩。見在地方空乏，難以措處，抑且本鎮兵少，客兵歲止一防，乞寬程限，并圖具册通詳到臣。該臣會同總督劉應節、巡撫孫丕揚看議得，築臺守險爲防邊要務，每臺必如部議給銀二百三十兩，固不爲多，但地有險夷，功有差等，大約爲之衷益，每座應以二百二十兩爲規，計共該銀七萬八千三百二十兩，固難取辦地方，亦難仰給京師。臣等查得，先年奏留馬價修邊，見在真定府、易州二庫共銀四千九百二十六兩零，又巡撫衙門舊有民壯扣留工食銀九千兩，見在議留本年應解贓罰內，巡撫年例四千兩，真定巡按七千兩，順天巡按四千兩，河間府每年解易州道代雇鄉夫工食銀二千一十六兩，如計三年，共該六千四十八兩，通計馬價、民壯、贓罰、鄉夫等銀共三萬五千一十四兩零。計其奇零，聽該鎮補足以三萬五千二十兩計筭，仍欠銀四萬三千三百兩合，請發修邊銀足之。如或以程期尚遠，大約工以四年爲期，奏留贓罰亦以四年爲止，除臣另題巡撫每年應留五百兩外，共展三年，增銀四萬三千五百兩，亦已有餘。該鎮主客官軍五萬以上，除兩班戍薊及撫鎮各標量留外，其餘不分各營各路，亦照薊鎮新例，每防計軍五百分築一臺，在主兵則終歲住邊，兩防共築臺二座，在客兵則仍舊貫秋防止築一臺，大約四年可告成事。但今未奉成命，已迫秋防，事方經始，通候來歲歲終計算，在主兵五百名，共計三防，務完三座，客兵務計兩防，務完兩座，於此通計殿最。以後則各年課功，其工程必先極衝，次次衝，稍衝爲後一照後開程，限於萬曆四年完工。沿河口接鎮邊城則以渾河爲界，渾河六路自王平口通京師，最近水路則通蘆溝橋，今河西築臺一座，原隸該鎮地方，河東舊城坡下，亦應增築一臺，則隸昌鎮。臣猶肆說焉，夫墻非臺則無庇，臺非墻則無依，京西邊新修類多堅固，在馬水口則什居五六，在紫荊關則什居二三，凡此則皆輻輳之區，閱視之所易及者，其在偏僻深險又多斷續傾頹。勘得馬水口應拆修邊三百九十八丈，應增修一百九十七丈；紫荊關應拆修一千一百八十八丈七尺，應增修一百丈；倒馬關應拆修九百二丈五尺，應增修一千三百二十三丈七尺。俟畢臺工，聽巡撫另議修築。馬水口沿邊林木深入內邊修者百里，次者數十里，紫荊關虎張石、倒馬關茨溝營等處亦不下數十里，此皆先朝禁木，足爲藩籬。及今修邊，應照部議，申明厲禁盜砍者，比律重科，仍行山西巡撫衙門一體禁緝。且保定邊外即係山西廣昌、靈丘等縣地方，先年以密邇重關，俱聽保定巡撫及巡關衙門兼攝，遞年起倩鄉夫，其在廣昌不異屬縣，鄉夫不至。保定則自今年始，蓋彼中巡撫徑自議撤，各該縣亦未關白，保定巡撫非計之得也。應聽本

---

① 劉世昌，陝西人。其傳見本書卷八。

部覆議，廣昌、靈丘等縣原隸保定巡撫兼攝者，悉照舊行。原倩鄉夫未給行糧丁食，本難爲例，不必議覆。警至，聽該縣居民入邊協守，依臺而居，外則清野，內則堅壁，殊爲兩利。然必先籍其丁夫，明其保甲，然後可以杜奸細，俱聽巡撫預先酌行。又訪得薊鎮邊臺率多有軍火器械，該臣近留保定軍器銀兩，合行仿照彼中事例一一備之。夫繕治完，藩籬固，器用具，人力齊，由是而據險守之，臺之利用章章矣。合候敕下本部，會户部覆議，轉行督撫欽遵施行。庶幾財用既充，工樂從事，章程既定，人爭效能，外伐虜謀，內遵國勢，實宗社無疆之休也。

閱視侍郎汪道昆條陳善後事宜疏畧

一、議駐守。夫易州秋防，巡撫自真定移兵駐此，而總兵自保定移兵駐紫荊關，諸部糧餉，專設户部司屬部署易州。近該先任巡撫建議，撫鎮照舊防秋，各標兵悉留真、保本營，遇警調發，歲省行糧料草計銀二萬三十有奇。顧在癸亥①、庚午②之間，巡撫李遷③、李尚智④在事，一聞薊警，輒檄兵於往返八百里之外，即風馬牛其不相及也，明矣。今巡撫孫丕揚首慮及此，臣請自後秋防，撫鎮仍以部出守行，糧草仍遵舊額數關支。但紫荊尤爲內險，設有參將部兵，而浮圖最當虜衝，是爲紫荊門户，扼虜於險，其必以總兵當之。況標兵既給行糧，在浮圖峪猶在紫荊關耳。萬一預偵虜有東意，則總兵仍守關待援，移參將軍於浮圖，此軍原支行糧不必另議。總兵東發，則巡撫自易州移兵代守紫荊，比及撤防，各兵乃罷，皆舊貫也。及照巡撫既任臺工，兼以邊備，其必以身程督，自後兩防聽舉室以行移鎮易州。況距倒馬關僅三百里，亦爲適中，倘過撤防停工去留，各任其便，是或一道也。臣又據井陘兵備副使劉世昌呈，本道所轄倒馬關迤西百里爲茨溝營，外通宣大，亦當虜衝，內產礦砂，群聚亡命。先年裁革巡檢改設守備一員，召募土軍一千名常川住守，邇來礦徒三千餘家，動輒張打旗號，懸帶弓刀，原募土軍實彼黨類，爲患叵測。合無請以原設守備改爲備禦都司。等因。據此，該臣會同巡撫孫丕揚看議得，茨溝非直虜患，患在礦徒。查得真定城內設有民兵遊擊一員，奇兵營坐營一員，守備一員，官亦備矣。龍固關參將顧亦同駐真定，何爲者也？且二關俱在腹裏，視紫荊、倒馬緩急相懸，臣請以茨溝營原設守備所領地方，割屬龍、固二關參將，

---

① 癸亥，世宗嘉靖四十二年，即公元1563年。
② 庚午，穆宗隆慶四年，即公元1570年。
③ 李遷，字子安，新建人，嘉靖二十年進士。授南京兵部車駕司主事，歷湖廣右參政、廣西按察使、四川布政使、工部右侍郎等。嘉靖四十一年擢右副都御史，巡撫保定。累官至南京刑部尚書。年七十二卒，謚恭介。參萬斯同《明史》卷三百一十五《李遷傳》，第6冊，第463頁。
④ 李尚智，字子愚，屯留人，嘉靖二十三年進士，由清苑知縣徵拜御史，歷青州知府、密雲兵備副使，累官副都御史巡撫延綏。參雍正《屯留縣志》卷二《人物志·名賢》，雍正八年刻本，葉41ab及光緒《屯留縣志》卷五《人物志·名賢》，光緒十一年刻本，葉8a。

裁革守備，送部別用。即以參將移劄茨溝，本參仍量帶部兵赴彼彈壓，凡事悉與該道計議，務在操縱合宜，土軍應留應汰，聽巡撫酌議另行。庶幾邊守不疏，官事亦攝。

一、議應援。夫行軍有車、有騎、有輜重、有步，兵法也。在薊則講此久矣，遼方經始，保定猶或未遑，責在應援，何可無備夷？考①庚戌之後，保定軍城西，虜一二騎當營殺人，雖有嚴命，終不敢發一矢，無車營也。癸亥之後，保定軍赴薊西，副使劉應節、嚴清②同乘一車，前驅越宿，皆不得食，諸軍徒跣後至，其餒可知。當是時，我兵劫虜潮河川，虜敗矣。宣大大兵數萬率以乏食，仆山上坐視虜北，無能奮臂一呼，無輜重也。無車營、無輜重，步騎何爲？往事可鑒也。臣請行撫鎮真保標下，仿薊車式，各立一車營。即選標下士馬精壯者充之，每營步騎各三千，即稍減，必各足二千五百騎，或不足則求足於該鎮各營，蓋各營率以騎雜步兵，非有行列，自非騎操，哨撥則供將領私役居多，就各營而足之易易耳。有不習者，聽總督就薊選習者訓之，彼此相傳，可以歲月責效。保定兵少，難議輜重營，每營遇警，將行預先雇募民間騾車各二十四輛，運載烘炒糧料，隨營以行，計日受資。及查真定舊有馱騾備載軍火器械，散在民間牧養，今巡撫議給各驛應付公差，可省芻秣，遇警則預先調集，照舊以行草料飼之，或有倒死，則就各驛量追樁銀以備買補，以屬便益。但保定標下尚未議及，亦應聽巡撫照例併議舉行，則外而捍禦，內而應援，事事有備。

一、議犒賞。臣查得保定舊例，巡撫歲備宴賞銀七八百兩，每遇防邊，先期徵會，凡諸將士宴賞有差。舊任巡撫吳嶽③、李遷最爲節省，獨於此尤惓惓焉，識大體矣。邇者以尅削爲名，裁減惟恐其不盡，所省曾無幾何，而歲餉不啻數千萬緡，皆不惠矣。查得巡撫贓罰甚少，年例解部四千，率皆搜括諸司取盈，無復餘積，即今邊臺經始秋防屆期，巡撫孫丕揚銳意作興，第無以資鼓舞。本年應解贓罰，又該臣等會議留助臺工，查得近革巡關衙門尚遺紙贖銀六百兩在境，合無於此取給，亦足以供。日前自萬曆二年以後，乞於解部贓罰數內每年量留五百兩，以給犒賞之需。仍以三千五百兩照舊解部，是在太倉則視若稊米④，在保定則視若泰山矣。

---

① ［校］考，底本不清，據民國間抄本補。
② 嚴清，雲南人。其傳見本書卷八。
③ 吳嶽，字汝喬，汶上人，嘉靖十一年進士。授户部主事，歷郎中、山西副使、浙江參政、湖廣按察使、山西右布政使。遷右僉都御史，巡撫保定六府。累官至兵部尚書。病卒，贈太子太保，謚介肅。參張廷玉《明史》卷二百一《吳嶽傳》，第5320~5321頁。
④ ［校］稊，原作"梯"，改。稊米，形容很少。語見《莊子集釋》卷六下《秋水第十七》，第563~564頁，"計中國之在海內，不似稊米之在太倉乎"。該奏疏即爲《太函集》卷九十《保定善後事宜疏》，《續修四庫全書》第1348册，第101~106頁，劉效祖刪去該奏議的前後部分。

巡撫都御史孫丕揚分布防秋兵馬疏畧　萬曆元年

　　准兵部咨，行據易州、井陘、大名三道兵備，各將防秋分布緣由呈報到臣。臣會同總兵官傅津①議得，本鎮關隘衝緩，紫荆關參將下浮圖峪最爲極衝。近移總兵官以當其衝，所有真定標營、遊擊營、保定左營，紫荆、馬水、倒馬、龍固四參將營，及真定、神武右、茂山等衛班軍，定州、河間等衛，忠順營并選剩忠順軍，實在軍數二萬三千四百五十六員名。查照歷年防秋事規，及先年虜曾衝犯去處，酌量緩急，分布兵馬。總兵官傅津本營以浮圖峪一帶爲信地，東馬水口西白石口有警，則當兼責策應。遊擊李彥勛②以塔崖驛爲信地，馬水口、浮圖峪有警，則亦專責策應。若東鎮有警，傅津、李彥勛即赴良、涿聽援，浮圖峪守備下寧靜安，先年虜曾入犯，合令保定左營都司楊榜③統領所部漢軍駐劄本峪專防禦。寧靜安、北崖溝、黃草安、歪嘴兒、長嶺兒、天橋兒等處，白石口及本總下各誌隘口，亦係厄塞正衝，合令紫荆關參將王撫民統領所部軍駐劄本關團練，如有警報，星夜赴白石口防禦本口并策應。浮圖峪、寧靜安一帶，若總兵東援，王撫民移駐浮圖代總兵防守，仍量撥兵馬防禦白石口地方。烏龍溝并所屬隘口亦係要害，合令指揮劉光代領茂山衛班軍守之。仍聽王撫民調遣策應。浮圖峪、寧靜安一帶，其馬水口參將下大龍門內雖險阻，外實坦平，且逼近保安、宣府，素稱衝要，合令本口參將滿朝相統領所部軍駐守本口團練，兼防禦所屬東西一帶隘口。忠順都司安廷燦④駐劄馬水口團練，防禦本口并大龍門、沿河口一帶隘口，百戶溫守友統領保定左營漢軍，專守大龍門總下蔡樹安口。以上係易州道兵備高文薦應整飭地方，調度巡察。

　　倒馬關參將劉世恩統領所部軍，駐守本關團練，有警應援插箭嶺下場峪、石城安、狼牙口、跌馬崖、茨溝營等處。真定守備于慶原領真、神二衛班軍駐守跌馬崖，兼防禦插箭嶺所屬西峯峪、窰溝城、紗帽石、下場峪、石城、安虎、伏溝東中西三窰峪、獨山城等處。定州衛忠順指揮、原仕守備楊國卿⑤統領定州河間選剩忠順軍，防禦倒馬關所屬插箭嶺、龍鬚石湖二臺、落路口、鐵嶺、銅録崖、香爐石、艾葉下、竿兒嶺、狼牙大嶺、吳王口、黃石堂、鄆鄌嶺等處。龍固關參將趙應時⑥統領，茨溝官軍駐守本口及策應狼牙。插箭嶺一帶本關參將下坐營官趙繼光統領所部軍，防禦龍、固二關，兼應援吳王等口錦綉堂一帶。今議趙繼光駐劄真定府，不時差人遠出哨探，但聞有警，即趨娘子關、新城口、吳王茨溝、馬嶺口等處，隨賊向往堵截，仍聽趙應時提調。其行糧間日一

---

① 傅津，榆林人。其傳見本書卷八。
② 李彥勛，宣府右衛人。其傳見本書卷八。
③ 楊榜，歸德衛人。其傳見本書卷八。
④ 安廷燦，定州衛人。其傳見本書卷八。
⑤ 楊國卿，定州衛人。其傳見本書卷八。
⑥ 趙應時，榆林衛人。其傳見本書卷八。

支。以上係井陘道兵備辛應乾整飭地方，巡察調度。

其井陘迤南，順德沿邊地方，係大名道兵備毛汝賢整飭，雖近腹裏，虜曾窺伺，沿口民壯，查考本官當身任之臣，駐劄易州，往來提督其臣，標下坐營參將胡懋功統領馬步奇兵，隨臣駐劄易州團練，聽臣提調應援。若總兵東援，臣照近例移駐紫荊，及照前項將領軍兵見在修臺處所做工，萬一犬羊叵測，容臣調發，暫停前工，各赴擺守堵截，誤軍機者聽臣指實參究。然臣尤有說焉。西關邊界論，延袤一千三百餘里，中間最當加意者，紫荊關諸處而已。臣近眼同易州兵備高文薦親歷邊山，逐處面詢，續臣牌行酌議，有舍要害而守遠邊者，如馬水下天橋關之壁立、天門關之嚴匝、洪水口之緊切、新龍潭之捷徑，併力以守，正城得之矣。乃舍此而守散漫之乾澗口、夾耳安、纝里口、惡峪澗，以為天橋關計，守漿水河、西窰峪以為天門關之計，守銀母溝以為洪水口之計，又守石塘口以為新龍潭之計，是舍肩背而顧一指也。梨園嶺以外口土胡同、滑車安為門户，西小龍門以支鍋石為門户，老蒼溝以牛心山梁為門户，莊窠澗以芍藥溝為門户，小道水以野猪安為門户，獨石口以惡港城為門户，舍此不守，是自棄藩籬也。且山梁雖若參差，脉絡逐處貫通，似當齊一邊界，定一條邊以便修守。守口之主兵，有一官而管數十里者，有一官而管二三里者。如紫荊關所屬烏龍潭總下，有王平口，設置宛平縣地方，相距紫荊關三百餘里，奸軍勒抽商稅，私採禁林，居常法所不維矣。口距沿河守備八十里，盡若改而屬之，不尤愈於遠屬紫荊耶。又出紫荊關七里許，為地名幸南，乃馬水口界也，馬水至此已二百里。先年曾伏巨凶，道路為梗，馬水參將坐於不知，紫荊參將謂非所屬其間地土，直至檢昌寺，俱係紫荊草場。令自檢昌寺駱駝嶺起，至紫荊比門止，俱屬紫荊，公私俱便，防守非難。各口棋布，庶官如紫荊下歪嘴兒口接連盧子溝共邊一道，止長三百八十丈，一官管理足矣，歪嘴兒官應革。長嶺兒長橋兒邊城八百三十丈，舊以一官兼之，蚩狐口城止八丈，去浮圖峪僅一里，又立一官，僚屬不均。應以該峪巡捕官管蚩狐口，長嶺兒另添一官可也。又煤窰、雙陀邊城，視長嶺、長橋更倍，委非一官能兼，應增官一員。馬水口下有深安兒、松陀安、北將軍石，相距一二里之內，名雖三口，城俱不多，舊設官二員，今應裁一員。滑車安舊屬梨園嶺帶管，本官駐劄天橋關，去滑車安四十里，照顧甚難，及查滑車安去天門關止十五里，與漿水河、西窰峪接鄰，合將滑車安改屬天門關兼管，庶便防守。前項事體，邊官小吏守為舊規，不知有以訛傳訛者，似當斟酌以定分守之信地。臣冒昧之見，偶有一得如此，伏乞敕下兵部并酌議焉。

巡撫都御史孫丕揚條陳善後事宜疏畧

行據易州道兵備參政高文薦呈，議得保定設車營，該用軍二千五百名，止有該鎮右營都司王進賢①下軍一千四百六十名，原係分布西關之數，更班東防，係近日調停勞逸，改作車營，似爲安妥。又查得保定五衛班軍三百三十五名，在將軍石一帶備禦，亦可改入車營，總計兩項軍數止一千七百九十五名。及查車營原係總兵標下，事該營軍士三千二百有奇，於内摘撥七百五名補足二千五百之數，合爲戰車一營。將右營都司裁革，另推遊擊一員訓練車卒，專備防守應援。又據井陘道兵備副使辛應乾呈，議得真定鎮城近設車營，該用軍二千五百名，本鎮守備於慶下真神二衛班軍，實在軍一千七百員名，可改車營，仍不足數。近日龍固參將改駐茨溝營遺下本營軍二千名，新設坐營官趙繼光統領，合無於内摘撥八百名，共補二千五百爲真定車營，居常駐劄真定，防秋隨駐易州，行糧照支。將坐營官裁革，赴部別用，所部官軍一千二百名，行令真定守備管理，仍兼管龍固參將坐營事務，聽本關節制調遣。其新立車營，另推遊擊一員管理訓練。等因。各呈報到。臣會同總督侍郎劉應節議照，撫鎮車營在保定則取辦於右營之全軍，保定班軍總兵標營摘以足數，在真定則取辦於守備之全營，龍固營軍摘之以足數，兵不加增而兩車營之軍士已備，其統領車營將官，在保定則裁一都司而補之以遊擊，在真定則裁一坐營官而補之以遊擊，官不冗設而兩車營之將領已具。再照車營列於馬營之外，藉馬以迅其追逐，馬營列於車營之内，藉車以防其衝突，故此兩營兵將者其重均焉。保定標營見足二千五百，與原題相合，真定標營兵止二千二百，及查遊兵營實在民兵三千員名，合於内摘馬兵三百補標營之數，尚餘二千七百，可爲一營。惟馬數不多，計無所處，容臣於鎮兵陸續查補。其撫鎮標下設有坐營參將，及坐營官若不優其事權，竊恐無濟軍機。及查東鎮標下有坐營官，又有標下遊擊車營，既照東鎮事例，設有遊擊二員，標下馬營似亦當照東鎮事例，改設遊擊二員，兼管坐營事務。伏乞敕下兵部，將所議車營事宜，并兩標馬營改設遊擊兼坐營官事。緣由查照題覆，增西塞之國威者，豈淺鮮哉。

巡撫都御史孫丕揚臺工創始設坐營官疏畧　萬曆元年

　　查得臣標下選陸郡良家子弟之有膂力騎射者二千二百人名，曰奇兵。舊例，春防團練真定，秋防移駐易州，並無設有將領，止委官暫管，名曰坐營官。查得順天巡撫設有欽依坐營官，以參遊職銜充之，深於軍政有裨。況近議建臺，臣院標兵亦係修工之數，伏乞敕下兵部再加酌議，容照順天巡撫坐營官事體，即於真定附近曾經薦揚閑住參將、遊擊中推補一員，專理奇兵營事務。庶幾官有專職，事有責成，其於戎務未必無小補云。

　　效祖曰："《書》有之'汝有嘉謀嘉猷，則入告爾后'②，此人臣自獻之懿矩也。真保内鎮之務興革恫擾，損益齟差，非得敷奏詳明，其何以達上下之情哉！誠得所請而宣

---

① 王進賢，太原右衛人。其傳見本書卷八。
② 語出《書·君陳》，原句爲"爾有嘉謀嘉猷，則入告爾后於内，爾乃順之於外"。意思是人臣有好的建議就告訴你的國君，在外面要誇贊君主。

之治理，則斯謀斯猷，孰非我後之德乎？若從便宜之權，或在境外者可也。天威咫尺，何敢聞斯行諸！"

遼鎮制疏

題奏

巡按御史李善①奏復遼東邊事疏畧②

切見遼東邊事，宣德年間本鎮初無邊墻，海運直通遼陽、鐵嶺，以達開原，西有老米灣者，又舊行陸路，自廣寧直抵開原三百餘里。先年燒荒，東、西兵馬會合棊盤山，東北至開原平頂山，中有顯州廢城，饒地不下萬頃。自畢恭③立邊後置境外，邇來三衛夷人肆意南侵，漸入猪兒山、老虎林、遼河套等處為害，且沿邊地多平漫，土脉鹹鹵，遞年徵夫給餉，無益邊防，所恃者遼水為險也。夏旱水淺，虜騎易涉，冬寒冰凍，如履坦途，遂致田野荒蕪，邊儲虛耗。見今道路隔阻遼河，又兼盤山牛莊低窪，雨水泛溢，行旅阻隔，萬一開原有警，錦義、廣寧之兵何以應援？計今開復舊路墩空、城堡，瞭守官軍往來道里，可減三之二，其山澤之利，舟楫之便，肥饒之田，豈勝言哉！又以形勢大畧言，則錦義為西路，廣寧為中路，遼陽為東路，開原為北路，酌量遠近，彼此相援，邊疆可擬磐石矣。其原設各城沿邊墩臺，自廣寧起至開原平頂山止，延袤八百餘里，若以新展墻算，不過三百餘里，省約數多，事半功倍。

禮科給事中傅鑰④發明律例以便征戰疏畧

切照各邊將帥領兵遇賊不肯交戰，皆以近例損傷數十人，即問擬充軍。伏覩《大明律》內，"主將不固守"條下注意極明，至於交鋒損傷多寡，俱不盡載。夫虜賊入境，將士領兵出迎，不可謂之不備不設。如蒙乞敕該部，會同法司重為議擬，今後守備將帥失誤軍機，除律有正條外，若擁眾入境，彼此眾寡相當，堪以交鋒，其將官推故閉門，

---

① 李善，字宗元，隴州人，成化十四年進士。授行人，擢監察御史，按遼東。歷河南僉事、山東副使、山西按察使、右副都御史、南京刑部右侍郎等。累官至工部尚書。卒，入祀鄉賢。參康熙《隴州志》卷六《人物志·名達》，雍正三年據康熙五十二年刻版增刻，葉4b~5a。
② 該疏據嘉靖《遼東志》卷七《藝文志·奏議》，《續修四庫全書》第646冊，第655頁刪改。
③ 畢恭，字以謙，其先濟寧人，遼東前屯衛百戶，累陞指揮僉事。任上修邊墻、繕邊堡、置烽堠。擢署都指揮僉事，守備寧前地方。再擢掌都司事，撫士卒、革奸弊、廣屯田、興學校，多有治績。著有《遼城吟稿》，主持修纂《遼東志》。以疾卒，上遣官諭祭。參嘉靖《遼東志》卷六《人物志》，《續修四庫全書》第646冊，第639頁。
④ 傅鑰，字希準，廣寧人，正德六年進士。授禮科給事中，歷工科右給事中、太平府知府、山西按察使、河南左布政使等。累官至都御史，巡撫河南。參《明分省人物考十》卷九十八《遼東附山東後》，第880~884頁。

以致搶擄人畜，而軍士雖無傷損，將官仍要重治。賊雖勢重，將官奮勇鏖戰，退戰首級數少而損傷數多，以退賊成功爲重，量行陞賞。縱使全無首級，查其果係勇敢向前，戰有顯迹，即係武猛之士，亦當從寬議處。

巡撫潘珍①、巡按朱孔陽②會奏裁革内官疏畧③

切見遼東鎮守内臣，永樂年間始於王彦，彦父薩④理蠻，率衆内附，從征所向有功，因責王彦以撫東夷。監槍内臣始於宣德三年，太監楊宣管收神槍。開原分守内臣始於正統二年，改楊宣充任，以後遂成故事。本鎮僻在東隅，軍民饋餉全仰挽運，而内臣三員，其何以堪？且監槍所司止於一事，又與鎮守同居一城，原領槍銃多給城堡，自有主者。開原雖稱要害，而逋逃困於徵求，精銳銷於削剥，行伍凋憊，屯堡空虛。且又監臣、參將朝夕共處，嫌隙易生，見有異同，動失機會。況夫承平既久，國勢日張，鎮守之設，無補地方之安危，徒費歲月之供億。以上各官所當裁革。兵部議覆。是年，革去監槍及開原分守。

修撰龔用卿⑤、給事中吳希孟⑥使朝鮮回奏疏畧⑦

一、增築邊城以備虜患。訪得遼東地方自廣寧至開原，舊有陸路不過三百餘里，洪武、永樂年間，海運邊儲船隻直抵開原，今開原城西有地名老米灣是也。正德年間始立邊墻，故沿河迤裏築壘設墩，延長八百餘里，致將河套之利，委弃城外爲寇賊之資，達虜肆意南侵，諸墩臺瞻顧不支。竊謂自廣寧至開原舊路宜時修築，以八百里之兵力爲三百里之守，則用力專以八百里之城垣，守三百里之地，則地形簡，專則不分，簡則易

---

① 潘珍，字玉卿，授諸暨知縣，歷山東僉事、副使、湖廣布政使等，擢副都御史，巡撫遼東。參康熙《婺源縣志》卷九《人物·經濟》，康熙八年刻本，葉11a。
② 朱孔陽，直隸河間人，嘉靖進士。參嘉靖《遼東志》卷六《人物志》，《續修四庫全書》第646册，第579頁。
③ 該疏據嘉靖《遼東志》卷七《藝文志·奏議》，《續修四庫全書》第646册，第655頁删改。
④ ［校］薩，底本不清，據民國間抄本補。
⑤ 龔用卿，字鳴治，閩縣人，嘉靖五年進士。授翰林院修撰，歷左春坊右諭德、翰林學士，參撰《大明會典》等。累官至南京國子監祭酒。參《明分省人物考八》卷七十《福建福州府一》，第533~534頁。
⑥ 吳希孟，字子醇，武進人，嘉靖十一年進士。歷東陽知縣、户科給事中、兵科給事中等。後奉命出使朝鮮。累官至廣信知府。著有《釣臺集》等。參康熙《常州府志》卷十七《選舉二·甲科》，《中國地方志集成》（江蘇府縣志）輯36，上海書店出版社1991年，第359頁；光緒《武進陽湖縣志》卷十九《選舉·進士》，光緒五年刻本，葉12b；道光《東陽縣志》卷六《政治志二·名宦》，民國三年石印本，葉16ab。
⑦ 該疏又見於嘉靖《遼東志》卷七《藝文志·奏議》，《續修四庫全書》第646册，第655~656頁，本書有節畧。

見，地有餘利，人有餘財，兵有餘勇，算之上者也。

一、疏通水利以奠民居。竊見遼東一鎮，頗稱沃壤，惟平原易地，疆界未明，平岡深谷，地形莫辨，旱則赤地千里，潦則漫爲江湖，至如盤山、高平、沙嶺三處，地形尤高，居人三五成群，坐守一壑，待哺涓流時若亢陽作暵，將取水於數十里之遠。看得鎮城及屯堡等處見有低窪去處，水流成迹可以疏浚，遠近相接，大小相同，流入大河，不致阻塞，如或河流隔遠，難以導引，俱令疏導歸之下流，則旱有所瀦，潦有所洩矣。

一、議復海運以貽遠謀。訪得遼東地方綿花、布匹取給於山東登萊，海船遇風帆順便，一日夜可達東遼旅順口，由是每年給散布花頗得實用。近因正德初該府具奏暫解折色，原題爲風波損壞船隻，亦或不保不知風波之患，不獨海運爲然，漕河時①亦有之，豈可懲羹吹虀？況今遼東金、復、海、蓋四衛，山氓各有船往來登遼貿易，就令撐駕官船，轉運花布，給與脚價，編爲號數，則彼無私通之罪，吾有公輸之償，可以壯軍氣實邊儲矣。

一、查處軍民以實行伍。訪得遼東軍士守城十二屯田僉補，在衛故絶，原籍僉解。近年以來，名雖在册，軍已逃亡，其間故絶者已經開釋，乃借馬軍之餘丁以補久逃者，不敢開糧捏爲見在。蓋由清勾之法廢，而處補之無策故也。伏乞敕下撫按選官清查逃故者，明報在册，則清勾有據，糧餉不虛。又訪得四方無賴之徒，投報寄籍入自在、安樂二州都司各衛經歷司，一姓報名數姓影射，一丁在册數丁安閑。乞敕下撫按查考年力家產，省令告補逃故軍役，如不願解發還鄉，則軍無缺伍，民無遊食矣。

一、清理馬政以便人情事。訪得遼東椿朋馬價銀兩，本爲貧寒軍士，一時死馬難以買補，不知納銀之數有定限，倒死之馬無定期，馬死已買而銀未得實領者有之，調操官軍更替回衛者有之。況法久弊生，侵漁射獵，邊軍困苦如此，馬既已死，價未得領，又焉用此追銀爲哉。乞止其徵追，馬死令自買補，如果貧難，連馬死三次，將進貢夷馬或苑馬寺孳生馬匹給與，則軍不苦於追徵，馬匹不限於拖欠矣。

苑馬寺卿馮時雍條陳馬政疏畧②

查得永樂四年始設遼東苑馬寺，管轄六監、二十四苑，不知何年一併裁革，今止存永寧一監，清河、深河二苑，其恩軍并種馬因無額數，故絶逃亡者無清勾補伍之益，倒死種馬者無補還原額之文，遂使殷實者反無追陪之虞，貧難者多負科駒之累。至於前項裁革，監苑牧地册籍不存，界至無考。查得弘治十三年差主事黄清將草場通丈量，共計

---

① ［校］時，底本不清，據嘉靖《遼東志》卷七《藝文志·奏議》，《續修四庫全書》第646册，第656頁補。
② 該疏又見於嘉靖《遼東志》卷七《藝文志·奏議》，《續修四庫全書》第646册，第656~658頁。

三千七百八十二頃一十七畝二分，派撥軍餘領收，立碑存照。奈何被蓋、復中種軍餘於前項清出之數陸續侵占千餘畝，連日互相告爭，今若不查，成法蕩盡。臣謹條爲十事，伏乞裁議施行。

一、查侵占以復牧地。臣將主事黃清查過之數履畝丈量，就令伐石立碑，高築封堆，永爲遵守。

一、定種額以責成效。查得本寺先年清出牧地見牧①種馬并駒騾合三千九百二十七匹頭，總兩苑所牧，不及一苑之數。合無於清河苑定擬二千一百匹，深河苑定擬一千九百匹，倒失者買補，齒老者變易，不許拖欠以虧額數。

一、酌時宜以定軍牧。臣查得兩苑各戶上中人等，每五人爲伍，共攢一槽，領養騾四頭，搭配兒馬一匹，撥與餘丁伍名貼養。遇本槽種馬倒死，及虧欠駒子，十人均派陪補，一則杜其抵換盜賣之弊，一則省其陪補價值之難。

一、沙汰駑馬以易良種。臣查將兩苑種馬，齒老瞎瘸，及損瘦飄沙駒子，及短促縮小者，估計時值，令本軍變賣，價銀納官。其種馬照依今擬定數目，缺少者動支相應銀兩，轄前馬價定買，四尺以上兒騾馬匹，務定額數，驗印給發，永爲種本。

一、除均徭寬陪補以免逋逃。查得本寺及監苑歲用銀兩通共五百二兩三錢，但各軍餘丁多係養馬身役，每年轉當力差小甲，倒死虧欠買補馬匹，是以一人當重併之役，故逋逃日衆。合於倒死馬匹，查係老年及有膘患急症者，係兒馬令其五十人均派銀七兩，騾馬五兩，各納官轄銀買補，係別項倒失者，仍追補還官，騾馬寬爲二年一駒，虧欠者追銀三兩，連生兩駒者將一駒准後虧欠數。

一、置馬廠時聚散以保蕃育。查得二苑軍餘率皆依山近水，任意住牧，至於秋冬水冷草枯，往往生病倒死。合無將近苑軍餘多照本伍夥蓋廠房，以遠就近，以多就寡，俱令四月以後日出撒放日入收回，自十月以至三月俱令各伍攢槽喂養，逐日點閘，如有損瘦，比較罰治。

一、定儲蓄以便秣飼，擬力差以免重併。臣查得二苑軍餘九千九百二十名，前定擬種馬四千匹，每千匹正養貼養法當用軍餘二千名，通共八千名，監苑應當力差人役，歲用二百三名，餘剩九百二十名應當力差。

一、清查逃絕以補缺伍。臣查得，自永樂四年開設監苑，充發恩軍四百六十餘名，今該監止實在恩軍三百一名，尚缺一百五十九名。卷案既已不存，清册又無填注，以致軍伍空缺，領牧乏人。乞敕下該部，將永樂年間原充發恩軍、草場地畝、種馬各額數清册發下本寺，仍限一年一造，永爲定規。

一、張設官吏以便點視承行。欲照陝西事例，量設寺丞一員，駐劄永寧監督，令監

---

① ［校］牧，底本不清，據民國間抄本補。

苑寺官點閘馬匹，主簿廳典史乞撥一名承行。

一、時俵給以存種額。臣切以朝廷設立監苑，正爲邊方緊急聲息，俵給騎操之用。但騍本常存，則孳生有地，齒歲不及，則騎操易損，三者皆爲馬政之蠧也。查得嘉靖九年義州報到聲息，一時缺馬騎操，遂將該監種騍兒馬一概俵給，後雖買補頂補，終難齊一。合無今後自定擬種額之後，駒騍必待四歲以上方許俵給騎操，不得將種馬一概俵給。

總督侍郎楊博議處秋防疏畧

據總兵官趙國忠呈，會同巡撫江東①查得，本鎮有馬官軍伍萬餘員名，防守邊營一千五百餘里，軍士逃亡，衛所僉補，行伍漸可充盈。至於馬匹倒失，皆係軍士自買，甚爲苦累。雖常設有苑馬、太僕二寺，頻歲凶荒，苑馬孳牧未繁，太僕銀兩未發，不能取給。等因。到臣。臣惟自二十九年虜患動調遼兵，每歲不下萬餘正、餘，馱馬多至萬五千匹。彼處馬匹皆係各軍自行置買，往年餘丁富庶，量爲補助猶可支持，乃今徵調頻仍，倒死繁多，兼之屢遭虜患，閭里蕭然，餘丁自顧不暇，奚暇幫軍？所據總兵官趙國忠呈乞官價一節，既與巡撫都御史江東會議允合，似當急爲議處。如蒙乞敕下兵部再加計議，量於太僕寺馬價銀內動支數萬兩，運送遼東，巡撫衙門定擬數目，專一貼補軍士買馬，不許別項支用。

總督侍郎楊博請賑濟遼鎮疏畧

准遼東巡撫侯汝諒咨，據僉事陳燦等呈，切照本鎮自嘉靖三十五、六年以來屢次被虜，連年旱潦，三十七年人牛缺乏，不能種植，一冬無雪，至三十八年四月初一日大雨，到今五十餘日，陸地如海，五穀渰没殆盡。今斗米七錢，父食死子，母弃生兒，緣出具呈到臣。看得遼東屢歲灾傷，自來所無。荷蒙皇上遣官發粟，又差官山東督催銀兩，地方感荷天澤，真如再造。臣查得，前年大同地方右衛同極，蒙皇上特遣大臣督運糧餉。嘉靖十八年南河灾傷，特遣侍郎王杲賑濟，地方遂寧。今極邊全鎮急危如北，如蒙特敕該部查議題覆，請命在京大臣一員，仍發銀二三十萬兩，就令隨帶前來，多方計處，或招商過海，過山東登、萊等處糴買，由海轉運前來，或就將銀兩查審貧丁賑濟。凡可從權濟處以救民生，聽其從宜與臣等計處。又訪得天津倉米若發數萬石，由海運可到廣寧右屯衛，則尤爲有濟。但海運艱險，且山海關內沿海一帶，非臣所管地方，中間利害不能盡知。如蒙允俞特遣大臣行令，併行計處，就令兼制直隸、山東地方，庶便於

---

① 江東在遼東任職事，"陞山西左布政使江東爲都察院右副都御史，巡撫遼東，兼贊理軍務"，參《明世宗實錄》卷三百九十嘉靖三十一年十月癸酉條，第6861頁。

施行，緩急不致誤事。

總督侍郎王忬議停樁朋馬價疏畧　嘉靖三十六年

　　准巡撫遼東蘇志皋①咨，據行太僕寺少卿楊金、分守右參議趙介夫②會呈議得，遼東一鎮樁朋馬價。等因，到臣。爲照遼鎮徵收樁朋馬價銀兩，初意爲軍倒死馬匹領給買補，法固善也。但歲久弊生，且官屢更易，軍多逃故，歷年拖欠未徵，間有已追，在官者十未及一，又被頑猾未出朋銀之軍朦朧冒領，幫買馬匹，事欠均平，誰肯輸納。及查該鎮近年倒死馬匹，或責之户丁，或貼別項官銀買補，或於孳牧等馬內侭給，何曾賴樁朋之濟？都御史蘇志皋、巡按御史周斯盛③會議，欲將前欠朋銀暫且停追，委俱便利，伏乞敕下兵部再加查議。合無將本鎮嘉靖十九年起至三十五年止，節年拖欠樁朋馬價銀兩暫且停徵，候豐稔之年陸續查追貯庫。其以後年分，但有官軍倒死馬匹，有力者照常放限，令彼闔户朋買騎操，無力者或給苑馬寺孳牧，或給開原、撫順貢夷馬匹，姑免追樁朋銀兩。如有原係有馬官軍倒死馬匹，延捱不行買補者，仍照例追徵，如已買馬騎操，即將樁朋銀兩截日住追，嚴令各營管軍官置立循環簿籍，明白登記，按季送該寺查考倒換。如此，則官軍騎操馬匹不缺，追併之苦又免，雖於例欠合，而於事有濟。

總督侍郎王忬議處入衛遼兵疏畧　嘉靖三十七年

　　卷查嘉靖三十四年四月內，准户部咨，爲預計虜情、廣集兵糧、以遵京師、以安畿甸重地事。嘉靖三十六年四月內，准兵部咨，爲虜勢重大懇乞天恩添調兵馬以固畿甸事。本年七月內，又准兵部咨，爲分布防秋兵馬事，本年十月內，又准户部咨，爲重大虜情圍困城堡、肆行殺掠、地方失事、異常事。等因。俱經題奉欽依，備咨到臣。爲照薊鎮邊長兵寡，全賴客兵防禦，自庚戌④之後添設臣總督，遼鎮亦聽節制，連年調入遼兵分布薊邊，顧此失彼，誠非得已。至於總兵入援一節，先任總督楊博奏請寧前駐劄，遇警馳赴入援。三十四年，本官陞任兵部尚書，又復題申前議行，臣調總兵殷尚質⑤進關，該巡按御史陳瓉⑥參論，及臣次年留總兵在鎮，旋遭虜禍，至三十六年三月，虜衆

---

① 蘇志皋，字德明，固安人，嘉靖十一年進士。授瀏陽知縣，歷進賢知縣、刑部主事、員外郎、郎中、陝西左參政、山西按察使等。嘉靖三十三年會推陞都察院右僉都御史，巡撫遼東。累官至右副都御史。參《明分省人物考一》卷二《北直隸順天府》，第251~252頁。
② 趙介夫，又稱尹介夫。其傳見本書卷八。
③ 周斯盛，其傳見本書卷八。
④ 庚戌，指庚戌之變，嘉靖二十九年（1550）六月。
⑤ 殷尚質，其傳見本書卷八。
⑥ 陳瓉，字敬夫，獻縣人，嘉靖二十六年進士。授陽曲知縣，擢監察御史。終官都察院左都御史。卒，贈太子太保，諡簡肅。參康熙《獻縣志》卷六《人物志》，康熙十二年刻本，葉1b、20b。

突犯冷口，時遼兵放回數多。臣不敢再避嫌怨，仍請調總兵官羅文豸①駐劄寧前，後見虜衆南向，催取進關，駐劄臺頭營，奈點虜知不可犯，倏忽東馳，而羅文豸還師已誤事矣。近睹邸報，該御史周斯盛劾羅文豸貪懦欺隱之罪，內稱虜欲犯遼，自分寡弱難支，乃以千金營求入援。夫遼鎮歷年調遣，俱經臣衙門奏請，本兵覆奉欽依，非臣一人擅主，亦非將官營求可避，此所以不得不冒陳於君父之前也。查得薊鎮原留遊擊李尚文②馬軍一枝，因傳報屬夷影充部，賊欲搶寧前賑濟糧米，星夜發回該鎮，會合各兵，務期剿逐出境。即今防秋漸近，彼中災荒異常，人馬相繼餓死，散回之後，極難再聚，酌量事勢，不得不委曲調停。合無將該鎮總副人馬今秋暫免調遣，除見留步兵二枝、標兵一千外，其先回遊擊劉鳳梧③、李尚文、王瀿④馬軍內量調一枝，以備灤東策應。另調步兵一枝，以備衝邊擺守。比照上年原調正奇營馬軍六千，遊擊馬軍一萬一千，步兵六千，今已減去其半，以示休恤。鎮兵如防秋聲息重大，兵馬分布不敷，容臣另行議請，於就近地方添調。伏乞敕下兵部再加議，擬上請施行，兩鎮地方幸甚。

總督侍郎王忬乞寬海禁救遼生命疏畧　嘉靖三十七年

據遼東遊擊李尚文呈稱到臣，爲照遼鎮貨物止靠山海一路轉輸，去年災傷尤異，粒米不收，兼以虜患頻仍，運道艱阻，以故萬口嗷嗷，餓死大半。臣待罪行間，反覆籌慮，惟有暫通海運一節，乃目前救急之策。即今登萊海防雖經嚴禁，其漁船竊販往來不絕，官司亦難盡革，莫若酌量利害緩急，暫寬前禁，聽登萊、遼東沿海居民多造船隻，官爲編號，任其裝運雜糧，私相貿易。仍責成金州守備、登萊知府查驗文引，禁革充軍爲民調衛之徒。凡係粗細糧食，通不抽稅，待後遼地豐收，徑自議停。伏乞敕下該部作速議請，即行山東、遼東撫按衙門，轉行各該海道守巡等官從宜寬禁。

巡按御史溫景葵保障疏畧

切見今年兵部衙門題准，軍職立功者許納銀納馬贖罪，千百户、鎮撫、指揮各納有差，係邊鎮者就於撫按衙門告納，然獨不及於邊事充軍爲民死罪者，以其所犯刑辟重大，不敢輕貸故耳。邇因國家多事，將材乏人，往往將死罪如戴綸⑤等咸赦除之，擢爲將領，其充軍以下用之不可勝數。近該兵部又題奉欽依，亦欲拔取罪廢之人。臣欲自今以後，凡失機定該死罪，充軍爲民，查有真正年力未衰、向經戰陣堪爲衝鋒破敵者，亦

---

① 羅文豸，其傳見本書卷八。
② 李尚文，其傳見本書卷八。
③ 劉鳳梧，其傳見本書卷八。
④ 王瀿，其傳見本書卷八。
⑤ 戴綸，榆林衛人。其事見本書卷八。

要比附立功納贖事例，銀數從重定擬，撫按先將原犯緣由、擬贖銀數及堪用情狀奏請待報，然後得而起用之。雖未盡法以戮其身，尤能重罰以示其罪，是不謂一舉而兩得乎？

巡撫王之誥議處極邊要害添設兵將控扼虜衝以永安重鎮疏畧

議照本鎮河東地方，自遼陽而北抵開原，經制已備，無容別議。惟此東南一隔幅隕千里，居民散處，孳畜繁盛，全鎮命脉實寄於此，年來充斥，莫能捍禦。遼陽副將勢相阻遠，賊入馳救不及，此東虜之患如此，然臣猶有隱憂焉。由江沿而西抵遼陽，朝鮮入貢之路，江沿與朝鮮止隔鴨綠一江，聞其城中精兵數千而法禁甚嚴，雖云防外患，其實兼備我也。宜於適中處添分守參將，募兵三千，以扼虜之咽喉，以彈壓海邦。然臣所慮者不難於設將，而難於募兵。如往設議寧前、鎮武二遊擊，各募兵三千，懸募日久，竟無一人，將各營見在軍士零碎抽撥，湊成營伍。臣故分設委官召募，就近編入軍伍，一月間已得二千五百餘，中間自備鞍馬情願報效者一二百名，其餘三四百名陸續可完。及照先年募軍俱有衣裝之資，或十兩、五兩，臣今就近召募量給銀一兩。又照各營軍士馬步相兼，共該給馬一千五百匹，內除二百名情願自備鞍馬不給外，仍該給一千三百匹，每匹該馬價銀一十二兩，二項總該銀二萬四千六百兩。查得先議募寧前遊兵三千名，銀一萬五千兩，每軍止給銀二兩，其餘銀兩見貯寧遠庫中，欲將此銀給與新軍，每名三兩。至於馬匹，該臣題請共發到銀四萬四千兩，照數分發各營，買馬印驗騎操外，中間樽節頗有餘剩，可得馬一千匹。臣會同總兵官佟登督同委官於廣寧馬市收買將完，其餘三百匹容臣等從容區處，亦不敢仰給帑銀也。以上兵馬俱有次第，但新設之營百事草創，必得材勇老成參將一員，令其充領前項募軍，駐劄險山，分守靉陽地方，就撥靉陽守備所轄一十二城堡，新修媳婦山寧東堡俱令統屬。請給勑書符驗旗牌，令其欽遵行事，仍聽臣等節制，與遼陽副總兵，亦照近題事理，得以隨宜調度。如此則新立之營、新募之卒，均有攸賴矣。

巡撫都御史王之誥填實遼東軍伍疏畧

照得本鎮各營軍伍十分空缺，不得已將各官下舍丁，各軍下應差餘丁與寄籍人戶盡數搜括編補，軍伍尚不足三分之一。又先年因廣寧鎮靜堡缺軍，議允召募五百名，前屯按馬堡召募二百五十名，遼陽清河堡召募五百名，每名給與銀五兩，召募二年，至今不滿百人。故今日空缺軍伍，舍清勾之外，更無別策。乞勑該部酌議，將各省撫按官特加璽書，責令將本鎮逃絕軍人照冊逐名清出，拘妻勒限，差人解發前來。每年終各造冊奏繳，清軍官以十分爲率，不及八分者聽指名參治。若姑息不行參治，聽該部徑自參奏施行，三年之內清解完足，方許繳勑。如此則責成既專，奉行自謹，勾解當有實效，而營伍不患其不充矣。

總督侍郎劉燾申明軍令疏畧①

竊惟訓練邊卒，固禦虜之上策，而申嚴號令亦軍中之急務，遼鎮選將練兵已逾十年餘矣，蓋能教者藝而不能教者人之心，能制者器而不能制者人之膽，往往債事率由於此。茲欲心之齊而膽之大，非教之以藝而申之以令不可也。除教藝以作其膽者，行令各營將領着實舉行外，而申令以齊其心者，非請自宸斷，人心終屬玩愒。況各該將領忠勇者固多，而因循不振者未必盡無，教練之時，營伍不定，不惟軍將不相識，抑且彼此不相顧。敢勇當先者多殞于鋒鏑之下，而退縮落後者偷生於危迫之時，及至敗北，則罰不可以及衆。在領兵者則隱而不敢言，在論功者則紊亂而不可考，皆由其軍制不定於平時，而號令難申於臨事故也。今欲申號令以齊人心，必先申軍令以為遵守。查得各將之兵，每三千為一營，營有將，每五十名為一隊，分為六十隊，隊有長，十二隊為一哨，分為左、右、中、前、後五哨，哨有官，隊長得以管衆軍，哨官得以管隊長。該營將官其總領調度者也，各給帖下為執照，此平時教練之兵制也。凡遇臨敵之時，將領統各哨，各哨統各隊，並驅而往，其合營以守也，則各哨統各隊，各隊守各方分地，而列其戰而勝也，則係某營當先，某營係某哨當先，某哨係某隊當先，則擇其首功者蒙上賞。其戰而不勝也，則查其哨隊之先退者受重罰。如損失二將領，則不救之罪坐於該營之哨官，查其為首先退者申以軍法。如損折一哨官，則不救之罪坐於該哨之隊長，查其為首先退者申以軍法。若損折一隊長，則不救之罪坐於該隊之衆軍，查其為首先退者申以軍法。至於分布防禦，各有信地，如有失守，亦照前例，各照營操隊伍一體重究。軍有陣亡者，照例從厚優恤。使三軍畏將而不畏敵，自不敢後矣。至於將領臨陣退縮，及調遣後期，或行伍不整、軍數不實者，聽臣等應參劾拿問。有能效忠宣力出奇致勝者，聽臣特薦獎勸。庶賞罰之令既明，而軍士之心自齊，則在我有堅陣而在虜無勁敵矣。

總督侍郎劉燾邊官死忠疏畧

准遼東巡撫魏學曾咨，嘉靖四十五年四月内，據振武堡遊擊陳廉呈，據守西平堡指揮王承祖報，稱夜不收劉元瞭見境外東北來的達賊約萬騎有餘，從西興、西平二堡兩界岔墻入境，突至腹裏，大路各臺豎扯雙旗舉放炮火。前賊分為三枝，一枝徑奔清泉鋪，一枝四十五騎徑奔橋攻臺，多半在於臺北坑內掩伏。時有備禦苟麒設伏開原，把總張祿聞報，各領兵馬共四百員名，馳至高橋救護，墩臺被掩伏達賊一擁突出，四圍不通，苟麒等督兵鏖戰。苟麒、張祿各手刃數賊。戰至申時，致將苟麒、張祿并把總鄧元勛殺

---

① 該疏為《楊襄毅公本兵疏議》卷十二《覆薊遼總督都御史劉燾申嚴軍令疏》，《續修四庫全書》第477冊，第404~405頁之節選。

死，前賊回退到邊，柳河等空出境，就彼下營未散。等因。到職。會同鎮守總兵官佟登議照北虜五路台周、速把亥等，每當夏初草青之時，聚兵十萬，頃三月終，千總王世禄等從鎮夷堡牆下，將五路台周哨賊擊斬一陣，虜乃北遁。今廣寧西北一帶幸賴寧謐，獨速把亥委中等盤據鎮武、西平等堡塞外，窺犯廣寧東南。賊衆計狡，先於本月初六日攻克鎮武、西平墩臺，賴官兵湊至截殺，賊頗遭創，輒移營遠定。已乃半渡河東，於長勝等處露形，意欲紿我東備，乘虛西犯。幸賴屬夷苦斯捐報知，所以職等分布頗密。今醜虜果從西平堡擁衆突入，勢將南下，故零賊攻臺，而以大兵掩伏，本爲誘兵之計。備禦苟麒、把總張禄報即出，奮力相持，雖恃勇輕敵，爲賊所詐，然以數百孤軍抗萬餘方張之虜，奮勇血戰，至死不靡，卒使犬羊狂逞之謀少沮而退，此其忠勇大節，極宜優録。本堡把總鄧元勛督士馬以敵愾，冒鋒鏑而殞身，與其餘陣亡軍士俱應照例録叙，以恤其死事之忠者也。相應題請，如蒙軫念官軍死戰之忠，將備禦苟麒、把總張禄俯賜恤典，以爲勇敢者之勸。

巡按御史李輔①條陳遼東八事疏畧

一、修邊牆。切照遼東地方形勢，較之各邊迥異，非有岡巒以爲之阻塞，非有關隘以爲之控扼，所以峻出入之防，惟恃尋仞之牆耳。頃因雨潦頻年，盡皆坍塌，致使沿邊居民耕稼盡廢，而猾虜每每攻劫屯堡，搶掠道塗，甚至患及貢夷，而巡守官軍亦諉以事出不測，莫敢誰何。節該前巡撫侯汝諒、吉澄具題，特遣兵部大臣經畧此事，故時不曰修邊而曰修邊臺。夫千百里曠蕩之地隨處可投，而界以彈丸黑子之臺，何裨防守？往事之謬，噬臍無及。查得先撫按官估計修邊銀兩，初一百餘萬，後議五十七萬，近臣訪得制功頗易成，不係於牆之高厚也。近巡撫王之誥督修者令稍減舊，若皆照此而行，則修邊之費可省十分之三。況舊牆尚有一二見存，而加以近年陸續督修數處，通全鎮而計之，復可省十分之一。又查得本鎮額編修邊夫丁銀兩歲計數萬，節因兵荒寬免，目今年歲少稔，查照追徵歲亦可得萬金，蓋不過費，發內帑三十餘萬金而全遼之事完矣。且前項工程又非一時併興也，臣竊調停議處，大約分爲四段，而總限以四年完工爲便。如今年修河西之寧前、錦義，明年則修河東之海州、遼陽，又次之而河西廣寧一帶，又次之而河東開原一帶，循序漸進。其戶部錢糧亦逐年解發，則朝廷措處，歲止數萬金而不病於轉輸之難。百姓工作，歲止數百里而不傷於力役之急。至如就防工之兵以供版築，而增其鹽米，則不病於無夫，積營田之穀以資供億，而省其市糴，則不病於無食，此又變通不窮之利也。再照賺坑之制，穴地數尺，中置鐵刃籤椿，復以土而隱其形，每大虜入犯，一遇蹈没則人馬俱斃。臣查得參將趙伯勛之守耀州堡、遊擊楊惟藩之備禦長營堡，

---

① 李輔，其傳見本書卷八。

皆用此計，若以築墻取土之際兼行此法，虜又焉能長馳直入如疇昔者哉！

一、併遊兵。切照遼東舊額，止有廣寧遊兵一枝，近因添設數處，將雖增員，兵不加衆，若不擇其可併者而併之，誠恐將來難繼，事體不便。除振武、瀋陽二處必不可省者，無容再議外，查得先年兵部題奉欽依，入衛遊擊兵馬一枝，平時將官駐劄遼陽，一臨之期則徵召旁午，近者三四百里，遠者一千餘里。每年正月半行，四月中抵家，六月初行，十二月中抵家，奔走煩勞，形神俱敝，每一班回，士馬物故，與夫扶傷負病者以數百計。查得寧前新設遊擊兵馬半係河西軍士，關僅百餘里，合無將此兵馬選其精勇，原籍河西與南四衛者併入此枝，或換出各衛之兵，或頂補空缺之伍，務足三千以抵入衛之數，而舊設入衛遊兵將歸別任，兵散各城。議者："虜或抄掠道塗，不可無備。"臣查得中左所、前屯衛俱設有守備官員，責令督兵防護，可保無事。況遊兵下班之時在家防禦，將近半歲，又首修寧前邊墻，則數百里之保障固矣。議者："卒有大寇乘虛入犯，中後所則無可恃賴。"此又不然，臣訪之虜寇山海關，必由三山營等處而入，寇中後所，必由三道溝等處而入，兩路隔遠，限以數河，寇山海關者不能復寇中後所，寇中後所者不能復寇山海關，如中後所有警，飛報入衛，遊擊一面申報總督，一面提兵出剿，不終朝夕而已還故處矣。且一方有急，舊例鎮守參遊在數百里之外者，尚皆刻期策應，而況止一關之隔百里之遠？又何慮其顧此失彼哉！是雖有併兵之利而實無偏廢之害也。

一、實要地。昔人曰：遼東者，畿輔之左臂；寧前者，遼東之咽喉。棄遼東則畿輔孤，扼寧前則遼東危，最爲要害。查得各省新發充軍人犯，每解至，不過賄官任其意便。臣愚以爲當行巡撫及臣衙門備查勘，除永遠軍照舊外，其歷年解到新軍與以後解至者，不俱原定衛所，盡數轉發寧前填實，仍驗其精力，第爲三等，分別著役。其精力強壯者爲一等，即令頂補逃故操軍，照例給以糧餉。精力稍次者爲二等，即令頂補絕故屯軍，照依撥以屯田。其精力不堪者爲三等，或令充作幫丁，或令之貼臺輪哨。仍乞敕下該部，行順天、河南、陝西、山東、山西，凡附近遼東撫按衙門，見今問充發邊軍多半定撥寧前二衛，照前處置，其在本鎮充發者，查照一體施行。則不出一二年之間，人丁繁盛，戶口增加，城堡無兵而有兵矣。

一、飭器具。查得遼東軍士身甲冑而手弓矛，將領部下猶或有十之六七，如守備以下，則皆徒手袒裼具數行伍而已。查得本鎮頗設局造之官，每歲工匠料價皆有定規，置造俵散，皆有定數。節因荒歉停徵而庫藏之所積者，曾無片甲束矢之備，即令盡行追併，民力不堪，苟寬其已往而止責其後數，則又必待五七年間，而後給散始足也。合無敕下工部，將見貯軍器量發數千以濟目前急用。又據各將領稱說，本鎮先年禁民私販弓面，故鬻弓者甚少。臣愚以謂宜少寬前禁，則匈奴之長技吾與之兵，而屯民農隙講武之時亦得緣此習肄，以助官兵之不及矣。至如火器先爲緊要，然而其制不一，有佛郎機、有神槍、有鳥嘴銃等數名。佛郎機體質重大，邊方不能多設，鳥嘴銃機括邃奧，邊民不能盡知，其神槍又必專委一軍，難兼衆技。其他如將軍連珠等類，制非不善，然皆利於防守而不利於戰陣者也。臣往家居時，有所謂千里銃者，往往獲勝，其制大叚若棍之狀，實藥其中，係於帶下，卒然遇賊，舉手可放。若如法置造，給散各軍，則彼不惟短兵不能即，我雖長弓大矢亦莫能施矣。

　　一、恤軍士。照得遼東軍士每月食糧支本色則米一石，支折色銀二錢五分，相兼關領。其本色斛小價輕，姑置弗論，其折色視之各邊不及少半，然所賴以供贍不乏者，以有餘丁幫助，是以仰事俯育，皆無所慮。自近年兵荒之後，昔時戶口十去四五，而軍士幫丁無復昔日之人矣。然在河東，開原四衛僻在一隅，金、復四衛號爲腹裏，遼陽六衛人丁原少，尚足查處。其在河西，廣寧一鎮都會，貿易可資，錦、義土脉膏腴，穀石饒足，姑可緩議。惟寧遠前屯一帶地土促狹，人物鮮少，在昔無事之時幫丁數少，軍士已不堪矣。近因軍伍空虛，每每盡促餘丁頂補，計其所得月糧，曾不足以贍其饔飧者。設法查議，衛所非不給以幫丁，無丁之可給也。查得先該巡撫都御史吉澄建議，加全鎮軍士月糧，該部覆議止添三萬，加寧前二衛，不過歲費數千金足矣。合無敕下該部，酌議增加令穀一丁幫貼之數，依時給領，則軍士可無匱乏之虞，而遠近聞風逃脫者樂於還役，頂補者安於着伍，庶幾軍伍以漸充實矣。

　　一、給糧餉。臣聞之，遼東邊堡之兵終歲防禦，而計其月糧十缺四五，甚至役過數年而糧尚在戶部者。推究其弊有三：統領之官延緩不關，及至差人守領，動經月餘，往返道途，公私浮費亦已不少。而奸猾軍士以一報十，分散之際，又有監放委官需索常例，未給之，先俱行加陪除扣。其中又有短少折耗之數，大率十分中去其三四矣，所得幾何？合無今後每月十五以後，各將領官取所屬軍數冊報該道，覈實無弊，即用手本連冊發與將官，委官總領。其守備備禦差人於將官處支領，其守堡官又差人於守備備禦處支領。若有逃故軍士作爲實在者，查出連坐，如堡官有犯者併守備備禦，守備備禦有犯者併將領，將領有犯該道亦與有罪焉，則侵冒之弊不清而自革矣。至於役過未領月糧，舊例相沿，前官經手之事，一切不發。伏乞敕下戶部行管糧衙門，將前項未給月糧按月以次搭放，此實強兵之務也。

　　臣又查卷，先巡按御史陳瓚以軍士月糧不足，題請制錢湊給，且順天等八府俱行制錢，遼東止一關之隔，豈可行於彼而不行於此乎？查得遼每年遼陽、廣寧、開原等處，日收門課約該二三千餘兩，撫按、寺道等衙門紙贖進解外，約該二千餘兩，各衛均徭該七八千餘兩，此皆零收散用，不必盡需之銀兩者。合無敕下該部，將屢年收積南京、雲南制錢查發數百萬，解至管糧衙門，轉給鬻賣，而官收買錢之銀以作軍餉，以補昔日未給之數，則又不需內帑之金，而糧餉無不足矣。

　　一、廣儲蓄。臣聞之，遼東較之他省尤爲最要，蓋本鎮三面距夷，一面阻海，地形孤絕，糴販不通。如嘉靖三十六、七等年，斗米至值銀一兩，餓殍盈野，戶口消耗，今若不加意積蓄，臣恐一遇旱潦其禍不止於前。但查本鎮臓罰不及各省十分之一二，兼每年該進一千六百兩，若留以爲蓄積之資，可得穀一萬六千餘石，而又益以各衙紙贖折穀，通計一歲可得穀二萬餘石，行之二、三年，則有終歲之計，行之四、五年，則有二年之計，此保民之長道也。伏乞敕下該部，將臣衙門臓罰暫准五、六年或三、四年免進，使留本鎮積穀，以後年分照前進解，則在國家不過捐毫厘之羡餘，而在生靈受無窮之惠澤矣。

一、明賞罰。臣待罪邊方，功罪賞罰，頗得與聞。蓋蔑法縱奸，莫甚於今日。夫將領、守備等官貪濫失事，既經參勘提問，則罪狀輕重進退去就，皆當聽旨發落者，而奸僞之徒貪緣鑽刺，賂遺請托，蓋有朝償事於東陲未就勘問，而暮投刺於西鄙已獲登進矣。及至行文提結廢閣不報，致使勘合數年不完，至於論功陞賞，國之大事，而積習之弊，欺冒萬端。或有衛所驛遞等軍買功陞録而因之開伍，以躱避差徭。或有立功充軍人犯買功贖罪而因之還職，以漏脱法網，其他①宦族子弟、司衛吏承、將士弟子、職官奴僕貪緣冒報，不可勝算。陞賞者不必有功，有功者不必陞賞②。臣請敕下兵部、都察院移咨各邊軍門，凡將領先任緣事未結，俱即發回原問衙門聽理，中間或有建功勞者，咨行都察院劄行巡按衙門一併叙入，其功罪相當者，容令准贖，功少罪多者，容令降調，具奏請施行。如有不聽提結及占悋③不發者，一併查參。其每年賞功銀兩，該部量加裁酌，預解巡撫衙門收貯，俟報功之日除願陞者聽該部議校外，願賞者赴巡按衙門查驗首級，真正即行。該道一併造册奏繳，則軍獲實利，而敢鬥之氣自生。功必已力，而冒認之弊盡消矣。

巡按御史李輔補議經畧未盡事宜以安邊境疏畧

照得險山迤東一帶，離遼陽鎮城堡二百餘里，逼近諸胡地方，山澗錯互，賊易潛藏，樹木交加，兵難哨望。故往年大舉入犯，歲有數番，竊寇之侵，月無空日。自巡按御史張鐸建添設五堡之議，而邊民之禍十去二三。昨歲，巡撫都御史王之誥復建添設兵將之議，而邊民之害十去六七矣。然一時草創之初，法制容有一二未備者。該臣於今年八月間出巡彼地，相應通處，以成全策。謹開列條款上請：

一、併兵力以扼要害。查得節年東虜入犯，道路止有二處，一自十岔口踰山而入，則犯新安、鳳凰西南等堡，而險山其要也；一自短錯江沿流而入，則犯九連城、江沿臺東南等堡，而康家哨其要也。今險山設立大兵，西南諸堡無復慮矣。惟有康家哨一處乃在江沿臺之左，而爲邊陲之末，今年兩次進犯，皆由此處出入，江沿兵馬單弱，既不敢

---

① ［校］他，底本不清，據民國間抄本補。
② ［校］必陞賞，底本不清，據民國間抄本補。
③ 占悋，占據，多指非分據有。

迎鋒堵截，及待險山參將統兵應至，已追之不及矣。臣查得近康家哨見有舊江沿臺地方，土地肥美，堪以建立城堡。又查得湯站堡原係邊堡，分額設官軍五百員名，爲腹裏地方，兵馬可以裁減。合無將江沿臺改建於舊江沿臺處所，而以湯站一半官軍併入江沿臺，共七百餘人。添設備禦或提調一員，單以防備康家哨①賊，來必由衝口，則十岔口與短錯江沿兩途俱塞，虜必不能梯山而來矣。及照險山參將之右，既有靉陽守備，而左臂添設備禦，而以湯站、鳳凰、鎮東、鎮夷等堡屬之管理，不必添設兵馬，惟多增一官，委於事體便益。

一、墾荒田以裕軍食。照得險山地方萬山叢合，其高阜之處岡嶺相連，卑下之區沙石相半，求其可耕之土百無一二。今添兵二千有餘，各帶幫丁人口約不止一萬餘口，生者寡而食者衆。該臣東巡至彼，衆軍告稱東三十里外有大佃子，土膏肥沃，乞要分軍屯種。該臣批行該道會同參將踏勘，相應隨行委官，一面開墾田土，就將本處樹木斫伐，并用前瓦起蓋廳房，俱將告成。合無將險山參將標下無馬軍士內查撥七百餘名，令一把總統領到彼屯種，所墾田土亦不至起科徵稅，則一人之耕可供八口之家，通計七百人之耕，可供五千餘人之食矣。

一、改衛治以便統馭。照得東南一帶，南至海，北至靉陽，東至邊，西至鎮夷、草河等堡，周圍約四五百里。原雖派東寧衛管轄，但地方曠蕩，山谷綿連，各衛避差人丁軍徒重犯，盡皆逃躲此處。且地產銀礦，劫奪成習，且近者添設險山軍士多係無藉之民，若不令其有定衛所，將來逃移，作何勾補？看得鳳凰城堡土脉融和，物產殷厚，合無將此改立衛倉，凡附近屯堡居民，除鹽、鐵、驛遞屯軍外，其餘逃差人等見在此地耕種者，不論官舍軍餘及險山新募軍士幫丁等人口，盡行收入此衛。及查得遼陽一城，額設六衛似爲過多，而定遼左、右二衛人丁稀少，似屬虛名，合無將右衛兩所官員軍馬、田糧等項并入左衛，而以右衛改建於鳳凰城堡，添左、右、中三所。該管官員就於左等六衛中查審，願去者分撥，及見有功陞指揮、千百戶等官在彼地居住者，一併收入。其城池見今已有，不必建官衙，就近各山取木，蓋造頗易。原設鳳凰倉改爲定遼右倉，多餘本倉印信繳還。該部所屬儒庫等官相應添設。又查得黃骨島雖舊屬金州衛統管，而去衛七百餘里，合無將此堡割屬右衛併管，庶爲便益。

巡撫都御史魏學曾創車營添將領團練疏畧　嘉靖四十五年

臣與總兵官王治道計議，醜虜糾犯，動稱數萬。連年編集民間牛車爲營，至邊，虜皆望塵遠遁，似爲可用，但不過一時權宜。莫若仿古偏廂車製造，設車營，更足爲弘遠之計。已行分守道并險山參將，隨山取木，打造偏廂戰車。及行分巡道查議去後，今看

---

① ［校］哨，底本不清，據民國間抄本補。

得車營俱已完備，止不敷兵一千五百名。即今金、復、定、遼等衛，見少正遊兵營逃故軍一千餘名，係該解補之數，宜姑將標兵借用，候補完日更替。營田軍雖占在田間，然車營大戰，每年亦自有時，若以營田軍改入車營，並與見在之軍不妨戎務兼耕營田，即令該營將官督之更爲長便。都司勾拿逃軍，務令照數解補，如或違誤，從重參究。臣會同總督侍郎譚　①議照，設立車營，遇大犯即可長驅，彼即數萬亦足相抗。但創設之初，士未練習，非專官領之不可。所據該道查舉，原任遊擊馬文龍、徐國輔、見任參將郭承恩三人委的謀勇可用。伏乞敕下兵部從長酌議，將所建車營添設遊擊一員，即於前項各官內推用，若恐將官日增，或姑從暫設，待其圍練精熟，再議裁革。

巡撫都御史魏學曾補議安邊疏畧

　　議照東南一帶僻近海隅，地曠山深，多有四方亡命之徒藏聚其中，委屬獷悍難制。兼以朝鮮入貢，道必出此，不宜見我虛疏。先該前任都御史王之誥議題，准於險山添設參將一員，就於東南山居逃移人户選兵三千，給以幫丁，分駐防守，已爲得策。但鳳凰城等處距險山一百三十餘里，猶爲曠遠，而險山新集之兵若不收入衛所，將來勾補誠難。今改設右衛，則建置聯絡，控馭嚴密，且以右衛原轄二所併入左衛，則原辦差糧照舊徵辦。在遼陽城內既無有於虧損，以險山新軍收入右衛，併以黄骨島割屬，則衛分雖移，官軍自足。在鳳凰城堡又無煩於增加，事體穩妥，人情稱便。中間銷鑄印信，原不煩費，祇有增設儒學、倉庫、官吏，數亦不多。既經各道寺會議，詳悉衆論，僉同相應，題請謹列款開坐，冒昧上陳，如蒙乞敕該部再加詳議，蚤爲題覆施行。

　　一、歸併。查得定遼右衛原設右、後二所，額管城垣、驛遞、安插官軍、馬匹、人丁、屯種、糧草等項，俱歸併定遼左衛管轄徵辦，但該衛見有左、中、後三所，合將右衛、右後二所改作左衛、右前二所，原有千百户印信繳銷，各另改鑄定遼左衛右所、前所字樣，發給掌行。

　　一、改設。查得險山參將營新募軍士三千名，每軍幫丁四名，通共正軍及幫丁一萬五千名，合照該營左、右、中三哨編爲定遼右衛左、右、中三所，以正軍爲户頭，幫丁爲餘丁，定立版籍，立三千户、三十百户領之，其官旗於本衛及左等五衛多餘千百户及見今陞授在彼住居者查撥充補。原衛額設指揮等官照舊隨衛辦事，其印信除右所千百户原有者行使外，其原領後所千百户印信應繳該部銷毀。仍該添定邊右衛左所千户印一顆、百户印十顆，中所千户印一顆、百户印十顆，俱行該部鑄造給發。

　　一、衛治。查得鳳凰城堡原有城池，今立衛治，應該建造者，衛所鎮撫、經歷、儒學、庫獄等衙門。原議就近各山採木蓋造，未估錢糧，誠恐工大費多，難令徒辦。合無

---

①　[校] 譚　，即譚綸，底本空一格，以尊其位高。

將遼陽城原設衛治并倉獄房舍地基，官估變賣價銀，以充工食之費。

一、學校。倉庫應設官吏師生，查得遼陽都司儒學，見在文武生員四百餘名，其優等尤溢額數。合無聽巡按御史比照腹裏縣學名額，量行考撥該學肄業，吏部銓除教授一員，訓導一員，本衛庫官一員，禮部鑄造儒學并庫印各一顆，除本衛原設倉官移住外，其鳳凰城倉官改移險山堡。原有印信繳部，另行鑄給。以上應設吏典，俱於本處考撥。

一、均徭。看得右衛舊管人丁既併入左衛，而右衛歲辦銀力差徭無從處辦。今查該衛每年打造局匠、黑白窯工、倉庫斗役，儒學併衛官經歷合用牢舍、門皂等項，約用人三百名，表袱、祭祀、軍器、炮火、迎春、鄉飲、曆日、文冊、紙張并經歷學官柴薪、馬夫、齋夫等項，約用銀三百兩。合無將人役於險山參將所管各城堡及黃骨島等處，除驛遞、鹽鐵、恩軍外，但在地方住居無差之人，逐一清查，分編三所，輪年差辦。銀兩於該營軍人幫丁一萬二千數內，每名歲代銀三分，徵收在庫，陸續支取，以充前項之用。如有餘剩，作正支銷。

一、割屬。查得黃骨島堡原屬金州衛，相去窵遠，管攝不便，守堡官吏，恣肆貪殘，上司多不與聞。且彼中各處逃避差役之人居多，相應盡將該島及附近原屬本堡屯排，逐一審查，除驛遞、鹽鐵、恩軍各照舊辦當本等差役外，其餘寄住無籍躲差人丁，分編右衛三所當差。一切戶婚、田土詞訟，俱聽右衛准理，守堡官一切公文，關行右衛轉達，金州衛不必干預，又行紛擾。

經畧侍郎汪道昆條陳遼東善後事宜疏畧①　隆慶元年

臣惟薊、遼表裏相依，不啻唇齒，語提封則薊居其重，語設備則遼當其難，故遼安與安，不然則否，近年專設總督兼攝薊、遼得之矣。顧自聖祖開疆拓地，併治九邊，邇來力詘舉贏，不遑辦給，由是薊先遼後，從事愈難。臣嘗從行役熟計之，稍得其概，謹條六議，伏候採擇施行，遼之利亦薊之利也。

一、減入衛。臣方議薊額兵，適寧前告急，尋與督臣計，則以遼東遊擊李惟一兵量減五百，留守中前所。已蒙允行。既而躬閱彼中情狀，寧前最當虜衝，中前所孤危尤甚。查得在薊入衛邊兵七營，每營俱各二千二百，獨李惟一所部仍有二千五百，視各營多三百名。又邊兵一千，在密雲標下量撤二百，共為五百。連前留守中前所者，計足一千，其前五百直以把總領之，漫無統紀。彼有中前所遊擊，合無行遼東鎮撫再議去留，留兵一千，悉聽遊擊約束，勒習戰守，勿徒分貼守堡。及查灤東地接寧前，曲折相望，通為一區，虜至則彼此患之。比者薊、遼援兵之議，言人人殊。臣惟夷酋累挫灤東，必

---

① 該疏又見於《太函集》卷八十九《遼東善後事宜疏》，《續修四庫全書》第1348冊，第89~100頁及《明經世文編》卷三百三十七《汪道昆·汪司馬太函集一·遼東善後事宜疏》，第3614~3620頁。本書收錄時刪去"增折糧"、"便給發"、"濟清勾"、"表忠節"等內容。

求反噬，閃倏聚散，將令兩地老師。臣欲行薊、遼主將，若虜大舉犯灤東，則撫鎮例當自遼舉衆入援，非直千人已也。如但屬夷窺伺，則灤東之力足以應之，無千人往矣。況李惟一既分信地，且當重防，不宜牽制往來，徒令士馬道敝。乞敕本部，自今爲之定議，以絕觀望持疑，乃於事便。

一、習戰車。比者遼仿薊法，廣寧、遼陽各置車營，其制則用單輪，取其輕狹易舉，每軍六名，運車一輛，每營用車二百輛，二營必得二千四百名足矣。各委專官管練，大較一年爲期，每名日給行糧二分，一年共該銀一萬七千二百八十兩。就於户部客兵銀内支給，一年之後，練有成功，有警預調，仍給行糧，無警放歸，行糧止支。

一、補操馬。臣查得，遼東例無椿朋，亦無官價，馬死則令軍買補以爲常。各軍餉薄產空，必鬻妻子，如馬死，軍必與俱。又查得該鎮近置火器，未買馱驘①，苦無軍需措處。臣請發太僕寺馬價銀一萬七千兩，則以一萬兩分貯兩河，以充馬價，如遇各軍臨陣倒失馬匹，即支銀委官赴市買馬給領，不必軍償，如再倒失，照年例追納椿銀，聽候買補。仍以七千兩聽該鎮買驘七百頭，分發總副二營各一百頭，参遊十營各五十頭，以備馱載。

一、開障塞。臣閱遼陽迤東，據總兵官李成梁揭，議移建六堡，其一爲孤山堡，其五皆屬險山。夫孤山去靉陽堡百里，且與洒馬吉堡、醶場堡尤近。先年建堡於此，添設提調戍之，土瘠軍逃，僅存四百，其後易以守堡，不知去堡東三十里有沃土一區，地名張其哈剌佃子。今悉爲墟，當虜四衝，扼虜溫洞之口，則靉陽、洒馬吉、醶場皆爲内地。請以孤山堡軍移建於彼，則南赴靉陽僅五十里，北赴醶場僅三十里，非惟聲援易及，重以肥衍可耕，則皆戍守之利也。險山最爲極邊，東南接寧東堡、江沿臺，東接大佃子堡，東北接新安堡、靉陽、洒馬吉。先任巡撫王議設参將駐守險山，誠爲得策。顧五堡亦皆内地，地多不毛，軍無可耕，難與持久。出險山一百八十里亦得沃地五區，曰寬佃子、曰長佃子、曰雙墩兒、曰長嶺、曰散等，皆爲邊衝。塞外地曰松子嶺、曰乾灘②子、曰短錯江、曰十岔口、曰青崖子、曰文大人營、曰鍋兒聽，皆虜衝也。巡撫王先議築寬佃子堡以駐参將，緣力詘時艱，姑拓故堡以安，新集漸次圖之，積有歲時，及今乃可從事。請仍以險山参將部軍移建寬佃子，以扼松子嶺、乾灘子二衝，江沿備禦部軍移建長佃子，以扼短錯江，仍以守堡官領軍百名應接朝鮮貢道。寧東堡軍移建雙墩兒，以扼十岔口、青崖子、文大人營三衝。新安堡軍移建長嶺，以扼鍋兒聽人。佃子堡軍移建散等，接應長佃子，各互相聯絡，遠止七八十里，視舊五堡，尤爲得所依焉，加以孤山則六堡矣。各計工一百八十日，每名每日量給粟米一升、鹽醬銀三厘，共該米一萬八千

---

① ［校］驘，古通"騾"，底本、民國間抄本均不清，據字形和上下文判斷。
② ［校］灘，底本不清，據民國間抄本補。

九百石，銀五千六百七十兩，報到臣。比臣閱視，當場面詰險山各部官軍，一聞遷移，莫不稱便。竊以地利之肥磽，地形之夷險，業已相懸，工料之易辦，人心之樂從，又復相副。且主將力任其事，撫臣謀亦僉同。況用錢糧不多，衹緣本鎮無措。合無照數請發修邊銀兩，行管糧郎中就近支給，如或用度不足，聽巡撫臨期酌處，題請施行。

一、固邊疆。頃臣覆覈遼東邊工，亦既次其功賞以請。又以寧前與薊邊接，山形大畧相同，薊之守邊有明驗矣。今虜伺寧前日急，寧前邊事日危。據寧前兵備僉事李松呈，先據寧遠衛舍餘梁棟等告前事，隨該本道親勘所轄沿邊地方，西自鐵場堡臨關起，東至椵①木堡沿河止，計邊地四百六十六里，於內堡二十一口，六十五當虜極衝，內除大險山二十一里不通馬步，不用臺墻，仍中險山一百四十三里應鏟偏坡，每里約給犒軍夫銀三十兩，平川漫坡一百二十二里，俱應築墻。每里約銀八十兩，依墻造大敵臺八十六座、大水關臺二十八座，每座約銀二十兩，通共計銀一萬六千三百三十兩。大約照前修工舊例，已足完工，呈報前來。臣惟僉事李松之議，有見於薊之得守，而因以圖全。據其所區畫指陳，亦既周悉。乞敕下本部咨行督撫，聽選委將官一員前去遼東，會同總兵及各道兵備陳兵，親歷邊境，相度地宜。要見寧前大邊應否依山修築臺墻，該道原議工程應否增減，原定臺基應否遷易，原估工費應否量加，該鎮原無官銀，應否請發，併勘錦州迤東抵三岔河一帶，應否照例議修。合用工費，作何措置。或以欠修舉，或一併興工，通候督撫會議詳明，咨部覆議，奏請定奪。

一、處逋逃。臣聞自昔遼東年飢役重，軍民竄伏山東海島，皆背重就輕，往而不返。山東近議收為寄籍，既得依歸，無復顧忌，撫臣之議如此。臣誦《會典》："凡各處招撫外郡居民，在境居住，許令寄籍，將戶丁事產編入圖甲納糧當差，仍於②戶下注寫原籍貫址、軍民匠灶等戶，及收籍緣由，不許止作寄籍名色，如違所在官司解京，發口外充軍。"③欽此。今竊為遼東、山東計之議，起發則力不行，兩舍之則法益廢，且衆不可激，故不得已而以寄籍收之，是所以為山東者則善矣，至若遼東受害。及今不圖，何以善後。查得遼陽城內設有都司三員，請以一員移住山東登州府專管島民，與備倭都司協同行事。凡遼人赴取軍裝，先赴各道告給明文，徑赴都司掛號，方許入島，島民如或輘轢聽告，各都司會同施行，如無明文者，即係續逃，聽各都司協同捕獲解回原籍。島民但以見獲續逃出首者，聽各都司預定賞格，聽遼東、山東巡撫歲終通將捕獲及首出續逃人數類報。各都司俱聽遼東、山東撫按舉劾，仍受各撫鎮節制。其管捕都司必

---

① ［校］椵，原作"假"，據《明經世文編》卷三百三十七《汪道昆·汪司馬太函集一·遼東善後事宜疏》，第3618頁改。
② ［校］於，原作"千"，句意不通，當作"于"，現統一用"於"。
③ 該引文見萬曆《大明會典》卷二十《戶部七·戶口二·黃册》，《續修四庫全書》第789册，第338頁。

自遼東境內推用，然後督責易及休戚相關，駐彼衙門，聽巡撫會議建造。合用書識、軍伴及巡邏軍役，俱自本都司撥用，量給幫丁貼辦衣糧，然猶必倚辦於巡察海道，就近督察之，亦聽遼東撫按舉劾，乃爲有濟。

巡撫都御史李秋定進貢人數疏畧　隆慶二年

　　准禮部咨，查得四川番僧每三年來貢一次，每次該一百名以上者起送四員名，三百名以上者起送六員名到京，五百名以上者起送八員名到京，餘俱存留聽賞。惟女直夷人一千五百名盡令赴京，又況一年一次，人數既衆，難保延途無擾，貽患將來。議題轉行遼東撫按衙門從長計議。等因，題奉聖旨："進貢夷人起送存留名數，着該鎮撫按官酌議停當具奏。"欽此。欽遵備咨到臣。遵依行據開原兵備僉事等官王之弼等呈，卷查節蒙巡按衙門案驗，先准兵部咨開，朝貢夷人，開原額該驗放海西等衛一千名，撫順額該驗放建州等衛五百名。每年十月初一日到邊掛號，十二月終止，正月以裏到京，如該邊官員驗放過多，聽本部驗其過多之數參贓問革。等因。又准禮部咨，該本部議擬，今後入貢人數多者，即便省諭回還，逾期者不許開關放入。節經題奉欽依備咨前來，俱經通行去後，各道遵依。每年驗放之期，責令通事宣諭，各夷堅執不從，尚要加添名數。今該禮部題議前因，各官會差通事宣諭，海西、建州等衛女直夷人王台等各執不從。合無准令照舊緣由，回報各道，轉呈到臣。會同巡按御史向程①議照女直夷人與四川番僧不同，緣撫賞厚則輸誠納款，爲中國之藩籬，羈縻疏則生事擾邊，爲門庭之寇盜。即如日者王台，祇以關西驛卒，故遂騰怨，輒肆侵掠之害。及臣等量加撫諭，即願照舊朝京，此夷性之大都已該御史向程陳之矣。近據番文一道，王台等②殺死賊夷十名，及生擒土剌亥一名，解送臣等，仍告加添入貢名數，固萬萬無可從之理。而各夷忠順之意方新，似有不可盡拂者，若欲量送赴京，其餘存留聽賞，切恐宣諭而不從，則損中國之威，閉關而不納，則啓寇邊之禍。伏乞敕下該部再加議處，准令各夷查照原額赴京進貢，仍嚴禁伴送人員，不許教唆生事擾害，違者聽臣等拿問發遣。庶夷人順服，而驛遞少蘇矣。

巡撫都御史張學顏議調本鎮援兵以防虜患疏畧　隆慶五年

　　據寧前兵備僉事任彬呈，節准寧前參將杜鏜、遊擊楊瑩手本，據守臺堡百戶戴賓稟稱，夷人董狐狸等到邊討賞，不與，定要圍剿城堡，至四月初五日，賊果由小圍山東進圍曹莊。查得界嶺口駐劄遼東遊擊李惟一、山海關參將管英二營兵馬，行令聞報，就近馳援寧前。惟復將李惟一兵馬以候春秋兩防，在前屯駐劄，候薊鎮有警，過關亦不遲，

---

①　向程，其傳見本書卷八。
②　[校] 等，底本不清，據民國間抄本補。

或將本營原選寧前兩衛官兵四百留住地方。等因。到臣。臣會同鎮守總兵官李成梁議照，遼東，薊鎮之藩垣，寧前，遼鎮之咽喉也。南至海，北至虜穴，不過數百里，近日牧放，如轉南，委正諸邦落，逼鄰邊堡，皆蓄數萬之精兵，高臺、小圍山等處，平沙水口，皆通大舉之要路。今聲言圍剿寧前城堡，臣等料其必然。查得寧遠參將杜鏜、前屯遊擊楊燮兩部下官軍，總計纔一千五百之數。所據該道議，調前項援兵，委非得已。再查先准兵部咨，該右給事中光懋題，該部覆議，備行各鎮督撫酌議，要見延、固①、遼左之兵，即今應否罷徵？又該給事中陸樹德②題，要減免入衛之兵，如何克期放還。備咨前來。臣查得，本鎮有標兵一千，與入衛兵馬共四千員名，皆係本鎮之精銳，標兵固難放還，衛兵亦難議罷。莫若春秋兩防，將遊兵一營駐劄寧前地方，探薊鎮有警，即星馳入衛，固可朝發而夕至也。伏乞敕下兵部亟加酌議，行令遊擊李惟一就彼哨探，如界嶺等口邊外虜有結聚消息，則防守信地，不得擅離。如犯寧前，則提兵入援，或由黃土嶺出，或由山海關出，相機截剿。仍聽遼東鎮守節制，不許推諉誤事。其參將官亦應出關駐劄中前所等處，遙探軍聲，有功聽軍門及臣一體薦錄。候今秋防，將李惟一統領兵馬留在寧前近關住劄，是以遼鎮之兵禦遼鎮之虜，軍機事體以爲兩便。

巡撫都御史張學顏亟處善後事宜疏畧　隆慶五年

臣惟禦虜之策，先期全在哨備，臨時全在戰守，若城堡完固，士馬精強，器具一一堪用，將卒人人齊心，偵探既明，收斂又預，虜雖深入，亦難大逞。遼鎮一無邊墻可守，一無山險可依，一無封賞可行，兵抽於入衛之多，人苦於災傷之繼，撫臣一年三易，一陣兩將俱亡，法今玩愒不行，事體因循漸廢。臣至地方，正圖開具奏請，即有小團山之失，則由哨之不明，備之不密，戰不力，守不支。今虜衆鄰邊窺伺，方深剝膚之灾，內地到處空疏，當爲蓄艾③之計。臣詢諸文武諸臣，考諸先後舊牘，謹擇其要緊者條爲五款，如蒙敕下該部再加酌議上請，容臣遵奉施行，庶地方將來可保無虞。

一、嚴哨報。看得節年邊堡失守，皆係傳報遲錯，蓋將官全靠堡官，堡官全靠軍夜，小心者猶潛伏草莽，慣猾者高卧私家。比見堡官捏成套語，不曰瞭無烟火，則曰爪無賊縱，堡官憑之以呈報，將領憑之以調遣，一言之訛擾及一鎮，一人之錯害及萬人。

---

① 此指延綏、固原的邊兵調入京畿地區入區，即本書常講的"入衛兵"。嘉靖庚戌之變後，北邊諸鎮軍兵調往薊鎮一帶戍守，各鎮以本地防禦壓力大爲由，多次請求撤回，終未得批准。參彭勇《明代北邊防禦體制研究——以邊操班軍的演變爲綫索》，中央民族大學出版社2009年。
② 陸樹德，字阜南，華亭人，嘉靖三十四年進士。授嚴州司理，歷刑部主事、禮科給事中、尚寶卿、應天府丞、太常少卿，累官至右僉都御史，巡撫山東。參《明人物分省考三》卷二十六《南直隸松江府二》，第439~442頁。
③ 蓄艾，儲備人才之意。語見《孟子注疏》卷七《離婁章句上》，《十三經注疏》本，第234頁，"今之欲王者，猶七年之病，求三年之艾也，苟爲不畜，終身不得"。

如今虜犯曹莊，參將杜鏗見賊方覺，其他可知。合無各將官今後哨報，不必全責備於堡官，參遊、備禦、提調各分番，差本部的當軍夜遠出偵探，每五日回報一次，仍預處烘炒①乾糧以資食用。如果報得實，照依斬獲首功，重賞將官，雖有失事，亦量加原宥。如傳報不實，以失於飛報論罪。

　　一、造火器。軍中守城，惟火器可以拒虜，本鎮惟正兵營有快槍等項四百件，其餘各城堡多不過三五十件，各墩臺或有一二件及全無者。且多口子不侔，生熟相兼，非無力則炸損，不堪應用，緣官局置造不多，貧軍力不能辦，故火器本鎮獨少。容臣將廣寧庫銀每寺道發三百兩，令其收買好鐵，與本衛所年例荒鐵及不堪火器相兼，打造快槍，每大城二百件，中城一百五十件，邊堡一百件，墩臺五六件。其士民軍丁，有願自置造者，聽從其便，如造不如法，費而無益，委官匠役責令陪補，事完造册備查。

　　一、置陣車。看得賊圍城堡，在内軍人以身無倚靠，不敢伸首一視；在外官兵以身無遮蔽，不敢挺身直前。合無行廣寧道，照依薊鎮造完車式而小其制，置造二百輛，一半發前屯遊擊，一半發寧遠參將。賊將入，纔赴衝口堵截，賊圍城聯絡移營解圍。各城堡四面，照宣大懸樓式樣，女墻多者置十座，少者三五座，大約車一輛約用銀三兩，二百輛共用銀六百兩，懸樓一座約用銀三錢，多寡大小，難以定擬。其銀在臣贓罰及無礙銀内動支，如造不如法，即令委官陪補。完日造册備查，其餘寺道地方，亦行照前置造。

　　一、弛近例。往歲虜衆鄰邊，官軍時出搗巢趕馬，在軍皆得厚利，在虜猶有畏心。去年以北虜通貢，暫議禁止，諸將借此逡巡，多被撲捉，虜敢入而我不敢出，宜其居則自如，來則無忌也。合無暫弛前禁，除入市之期開市之地不許掩殺外，其趁草住牧鄰邊諸夷，聽將領偵探，真的偶出搗巢趕馬有功，照例一體陞賞，但不許輕動寡謀，墮賊計中，以致損威傷衆。

　　一、議撫賞。自去年春夏董狐狸轉南等，每在高臺堡求賞，恐起釁端，迄今尚無定擬，賞之則其欲無厭，絶之則其患甚速。如今開原、廣寧之賊，有時入市，有時入犯，安能識其面貌、辨其真偽？至今百年不行，議罷者藉其傳報之稍有足憑，互市之交相為利耳。今賊雖入犯，所得甚少，不久當來求市。合無行寧前參將，照廣寧見賞舊例，查總兵楊照舊規，遇夷人到邊討賞，不必拒絶，如傳得實，量加撫賞，以羈其心。若詭言互市，聚衆入搶，即整兵固守，不復與通。其兵馬防範，譏察出入，悉依廣寧事體施行。

巡撫張學顔為虜衆内附邊患稍寧以永圖治安疏畧　隆慶五年

　　准兵部咨，議修險隘、開屯田、理鹽法、收胡馬、散逆黨、申駐守事宜，除兵部開

---

　　① ［校］烘炒，底本不清，據民國間抄本補。

咨條件與本鎮不相關涉者難以概議外，議照本鎮自嘉靖三十八年灾虜之後，地方困憊已極，節經前撫臣殫心整飭，雖暫就底寧，尚未復昔年全盛之半。今若不量事機，謬言改易，不惟無裨戰守，亦且貽害將來。臣等謹遵照敕諭，及部咨事理，將切於本鎮應行逐一議處登答，乞敕下兵部再加酌議，行臣等遵奉舉行。庶邊政久而漸修，邊防久而漸固矣。

一、修險隘。看得高平、西平之間相去七十餘里，往往虜騎突入撲搶人畜，中間因無城堡，高平兵馬不敢東，沙嶺兵馬不敢西。今夏已於適中平洋橋築堡一座，周圍二百餘丈，高連垛口二丈八尺，四面敵臺七座，外挑圍壕、品窖三層，於十月終已完。但本堡係咽喉之地，須得兵三百名、馬一百匹方能防守。合無容臣在鄰近步兵選一百名，各衛寄籍餘丁抽一百名，充發軍內發一百名。每名原係食糧者給安家銀伍錢，無糧者給一兩，其馬一百匹，約該銀八百兩，俱在關市銀內動支。

一、開屯田。本鎮自灾虜之後，千①里鞠爲茂草，負郭稍近者間有耕種，率一人納三人糧，一畝出三二畝稅，但有告種閑者，衛官即照名而派糧，不管地之種否。若不議爲一定之法，明年誰肯復耕？查得本鎮屯糧舊數三十八萬三千八百餘石，至隆慶四年止該實徵糧二十三萬三千三百五十餘石，因本年灾荒，止完糧一十八萬一千八百七十九石零。今年稔事頗稔，臣與管糧郎中嚴限追併，務要完足前數。至隆慶六年以後，俱以此數爲準，舊額姑勿取盈。其邊、腹閑田，容臣通示全鎮，但有願耕者，照例永不起科。掌印管屯官敢有裁派遺糧、逼要私租者，各治以罪。但得地無遺利，即粟不入官而藏富於下，倘遇飢饉，價亦少平矣。

一、理鹽法。查得本鎮兩淮、山東、長蘆鹽引共一十二萬四千三百二引三十斤，各道召商審送管糧郎中定擬，時價斗頭中納過正尖米豆八萬七千七百一十七石八斗二升零，派定倉分，俱已完納。今歲開到，隆慶六年分兩淮、山東鹽共八萬三千三百一十二引三十斤，比上年少鹽四萬一千引。但今歲糧米頗賤，臣行各道會同管糧郎中將時估斗頭稍爲加益，計得糧米亦近八萬鹽引，雖比上年爲少，糧米猶不堪減於上年之數。合無以後年分，將鹽引照四年之數給發，或再量給一二萬引，庶鹽法疏通，邊儲少裕。

一、收胡馬。查得本鎮馬市，一年易馬不下四五千匹，俱係關西商販用叚布等物易換興販，價增一倍，以致歸利於商人，而各營缺馬甚多，欲行題請給發馬價買補。查有近例，不敢具陳，欲令軍士自買，但月糧既少，幫丁又無。查得開原、撫順年例貢夷馬一千五百匹，堪騎者不及三分之一。苑馬寺原額種馬四千，今止有二千，若再俵給，併種馬一空矣。卷查嘉靖四十五年准兵部咨，發馬價銀一萬兩餘，剩五千三百餘兩見貯定遼前庫聽支。又前屯庫貯募軍餘剩銀八百二兩，合無准令動支。再於廣寧庫查將關稅、

---

① ［校］千，原作"十"，據民國間抄本及文意改。

營田、柴價、店錢等銀內湊支三千八百九十八兩，共足一萬兩，聽臣行兵備委官前往出產去處，易買叚布，前來於馬市易換夷馬。姑將關西商販嚴禁不許易馬，但買完之日，聽臣會行總兵官連前入貢夷馬相兼答配，酌量分發，先儘寧前，次儘錦義、高平各營，俱以一千二百匹爲率。其河西備守每營以六百匹爲率，每堡衝者三十匹，緩者十匹爲率，不足之數，行各營選軍士，稍有家業者，勒限自買。但馬價有多寡，叚布有貴賤，難以預定，通候事完造冊，送部仍候大臣盤查點視。

一、散逆黨。開原、廣寧入市夷人，半係被虜人口，往往問其父母戚屬，無不垂泣思歸，或因已有妻子不能遽弃，或恐一時歸後又派差徭，遲疑不決。且守堡官恐酋首追尋啓釁，不敢容留，撫夷官避賂虜之嫌，又不分外多賞。臣自任事以來，即分發木牌，暗給市夷，令其轉相傳告，又將歸者給以衣糧，免其差役，取其慧點者令戎裝乘馬入市，以艷夷心。故自春至秋，招回頗多，中間如孟班、潘士道、周尚祿等皆舍其妻子數人、牛羊數百來歸。合無以後行撫夷官於互市時審，果漢語華人供有衛所者，懇諭以繫其念，厚賞以結其心。如係虜酋信任、壯健機警、能爲我用者，即賞至百金亦所不惜，或招之使來離虜之腹心，或縱之使去爲我之耳目。如有領衆歸正，或計誘酋首至邊，默令我軍剿殺，或在彼中默斬酋首來獻者，即查照近例重加陞賞。若委官無故濫賞真夷，糜財取侮，聽臣拿治參究。

一、申駐守。看得鎮靜六堡雖設有守備一員，但逼近關市，每遇虜入，止是防護本堡，拒守關門，若提兵遠出，恐賊乘虛攻堡，回緩不及。中安等屯墻臺疏薄，每遇有警，發鎮城兵馬分投設伏，往往兵到賊回，兵回賊到。馬市防夷，亦係鎮城發兵，往返亦爲不便。所據該道前議，委屬相應，合無將鎮城車營遊擊馬文龍給賜敕書一道，行本營官軍二千員名移駐適中正安堡，其鎮靜六堡悉聽節制。正安等屯堡俱屬管轄，有警分兵貼守，收斂人畜，相機截剿。無警操練兵馬，演習車營，修理堡寨。夷人入市，即領兵防撫。別處有警，仍隨總兵官應援。合堡閑田，任軍盡力耕種，永不起科。庶鎮城有藩籬之固，官軍無奔走之勞。

一、諭屬夷。自今年八月以後，土蠻部落如莽漢、黑石炭等，雖鄰邊出沒，常謀搶掠，亦遣人陰同三衛夷人至市，佯以互市封貢爲言。臣等每令通事宣諭夷人，"極忠順好的，纔准他入市"等語，各夷往往首肯而去。若准其入市以有無相易，既適其欲，又將何求？況本鎮馬市關防規制已定，嚴防出入，可保無虞。合無容令開原、廣寧馬市，各官如遇土蠻部落近關答話，不必追究，不必拒絕，與三衛一體買賣給賞，蓋准入市以應其求，尤愈於任入搶以飽其欲。況收其市稅之利，足爲撫賞之資，因其去來之使，可得向往之實，是亦羈縻之術。至於通貢事，不敢輕議。

吏科給事中裴應章條陳遼東善後事宜疏畧　隆慶六年

竊惟方今匪如跳梁，數爲左臂之患者，尚有東虜爲我虞，而審時度勢以昭中國之威者，亦於遼東爲最急。蓋東虜反覆變詐，獨稱強悍，無叩關款塞之誠，既非西北諸酋之可比。而遼東坦夷平曠，逼近虜巢，無險阻阨塞之限，又非西北諸鎮所可同。兼以水旱頻仍，而公私告乏，流亡展轉，而軍伍空虛，器械未精而長技莫展，工役交作而士卒疲勞。設今不爲預處之計，將來何有善後之圖？臣昔以先任行人，奉差彼處，感激時事，深懷杞憂，敢效愚衷，願輸管見，謹以六事爲皇上陳之。

一曰防要害。我國家以遼東爲左臂，而山海關則肩背也。然全遼地形譬之葫蘆，自前屯一帶由山抵海僅二十餘里，乃遼之咽喉也。自三岔河東西諸堡密邇邊墻，不滿數里，乃遼之腰胯也。臣常訪此二處，止前屯西平僅有額兵一千，而分布錫揚、平川、西寧、東昌諸堡者竟不滿數百，其中逃亡故絕又不下十之三四。夫當此要害之區，而以寡弱之兵處之，非計也。萬一有不測之變，則咽喉阻塞，而山海之勢孤，腰胯兩分，而遼陽之援絕。臣謂此二處當添設重兵，或急行召募，或量撥廣寧兵使之分據要害。仍於附近城堡預爲策應之防。至於山海一關兵卒單弱，調度無人，亦宜酌處或添設兵備一員，或即於管關主事擇其有經署者加敕一道，使之募兵訓練，以爲捍衛之備。若薊鎮有警則內護，寧前有警則外援。仍久任責成，俾諳曉邊務，以待後日薊遼兵備督撫之用。不惟督率有人，而且形勢在我，《兵法》所謂"守其所，必攻者"①，此也。

二曰嚴海禁。夫遼在疆境，南接山東，自金州旅順口達登州水關，岸雖隔滄溟，實連島嶼，苟遇風迅，達旦可通。我國家於登萊設立海道副使、備倭都司，及登州、文登、即墨三營官軍分地守禦者，誠慮海防也。頃因嘉靖三十七年遼民告飢，題奉欽依，暫釋海禁，不過一時權宜之計耳。夫何此道一通，遂成捷徑，乃富商猾賈假爲射利之途，而亡命逃軍得遂脫走之計。臣恐將來釁端，深有可慮。況今海運既行，則隄防禁緝，比之往時尤宜加謹。伏乞敕下該部，移咨都察院，轉行彼處撫按，嚴加禁治，仍行兵備海道、備倭都司督率沿海官軍往來巡視，遇有商賈、逃軍犯禁潛通者，盡法處治。不惟海防肅清可杜意外之患，而遼東軍卒亦免脫逃之虞矣。

三曰勤撫恤。古之善用兵者，居瞻庾廩，行有糧糒，蓋使之外無內顧、內無外憂，是以士卒用命，戰勝攻取，以其體恤保愛者至也。今遼之軍士每月止給折色二錢五分，幸遇豐年猶可支撐，一值凶歉，雖有加折之例，所增無幾，而一月之給，數日不充。兼以鋒鏑、哨望、繕修、護送更勞迭苦，殆無寧日。今內帑空虛，邊儲匱乏，除豐年無容議加外，如遇凶歉，必須預爲儲蓄給以本色，使軍士無臨時貴糴之苦。仍將濟邊各項羨餘不必扣存，盡數發買，以爲增給之資。稍歉則量爲增加，俾增一分，受一分之賜。斯則食足兵強，而忠義之氣益，鼓舞而知奮矣。

---

① 守其所，必攻者，語見《孫子》，《十一家注孫子校理》卷中《虛實第六》，第111~112頁，"攻而必取者，攻其所不守也；守而必固者，守其所不攻也。故善攻者，敵不知其所守；善守者，敵不知其所攻"。

四曰預積貯。夫遼東之地，僻在一隅，一遇凶荒，坐以待斃。臣頃經彼中，見河西一路田野蕭條，閭閻寂寞，及問其故，皆曰嘉靖三十七年災傷所致也。既過河東，則見粒米狼戾市之糶賣者，皆委積街衢，暮夜不收。夫凶歲則老稚轉乎溝壑，豐年則粟米弃之街衢，然則積貯之法何憚而不爲也？臣謂：及此豐熟之年，宜於各處城堡設立義倉，俾各出粟以積貯，至於斂散隨民間之便，無拘於官吏之文法。至於公家亦以其贓罰紙贖，隨時買積以爲賑濟之備。臣前所謂凶年給以本色者，取足於此。先年展轉流離之苦可免矣。

五曰教火器。臣常訪遼東將領，以捍禦虜酋之技，皆云惟恃弓矢，至於火器，若南方鳥銃、火箭之屬，咸有不知。雖有原降佛郎機等件，然皆體質重大，不便挾持。先該巡按遼東御史李輔建議置造千里銃，誠爲便利，但教習無人，終不慣用，止恃一器，其技易窮。臣聞薊鎮近因南兵教練，頗知火器。查得薊鎮於春秋二防，嘗調遼兵三千以爲入衛之備，合無即將此兵就於薊鎮，習練火器，務使精通機括，候其下班之日，歸教遼兵，則不出一二年間，而全遼皆知所用矣。

六曰議設官。夫遼東地方，率係軍衛，無有司官可以差委。凡勘覈功罪、問理詞訟、查放錢糧，撫按行之各道，各道遂轉委經歷官，此輩皆入粟者流。惟視賄賂爲低昂，以故功罪不實，獄情顛倒，錢糧侵欺，且作氣勢以凌轢將官，將官因而解體，此邊方所以無善政者坐此故也。今除有通判、知州處無容再議外，其寧遠、瀋陽、海、蓋等處，合無添設或通判或知州一員，擇科目有才幹者爲之，如遇勘覈功罪等項公務，悉聽該道分委。臣非不知官多則民擾，況今正議裁革之時，顧敢爲此增加之説哉？但邊方事體與腹裏不同，必官有專職，斯事有責成，邊方庶幾其有賴矣。

巡撫張學顏奏處虜患疏畧

臣惟九邊虜患，惟本鎮爲甚，戰守事宜，惟本鎮爲難。兵馬疲於入衛之抽選，錢糧減於民運之拖延，士氣懈於相持之日久，稽事廢於收斂之不休，工程因浩繁而修築甚急，調遣以邊遠而應策不周，災傷以重大而優恤不遍。遼人憔悴之狀，地方時勢之難，非但臣目擊心憂，常恐憤事，即兵部於防秋疏內已言之詳，慮之切矣。除職當自盡事可徑行者，臣殫力悉心備預外，目下秋近，節據虜報，臣等遵奉施行。庶邊備可以振飭，地方不致疏虞矣。

一、預發賞銀。查得買功賣功之禁甚嚴，而各邊必不能免者，蓋兵刃接於咫尺，死生決於須臾，軍士幸獲一級，欲陞則冠服未即加身，欲賞則銀兩未即到手，故有功者利於速，而願賣冒功者利於陞，而願買自未離戰地。而貿易已畢，雖將領亦有不得而知者，況撫按該道乎？臣以爲，賞費於一時有限，陞費於後日無窮，欲塞此源，在賞多陞少，亦在賞銀即給。近該兵部覆奉，欽依各鎮有功借庫銀給賞，另候帑銀補還。但本鎮户部军饷常少十万有余，关①市税银不足一岁抚赏，此外再无可借之数。合无将赏功银两预发一万，行巡按衙门另项收贮，候有功级，一面验实，一面给赏。除将领、千把总官照部下斩获拟陞，此外不得多拟陞级。仍将原陞踪迹可拟者严查裁革，以赏移为从之人。庶获功者难以藉口生怨，无功者难以假手冒陞。

一、安插降人。查得回乡人口及投降真夷，除有家者发回原卫，其失迷乡贯愿留操备及真夷精壮者，多在镇城投充家丁，此辈骁悍猛鸷，每出有功，若无住房安家，不散居以分其势，久则生衅。该臣行分巡道议，将总兵衙门东隅易空地一处，以居家丁之亲密者。又于寺前官地建受降所，以处真夷之稍弱有家口者。又于城外关厢之内易空园一所，建房二百余间，以处新来之稍未信者。选立队长，编成次序，责千总管领操练，设委官监其出入。庶繋其顾恋之心，而寝其飞扬之念。其地基等费，前后共享银四百余两，容臣行分巡道在马市税银内动支。以后降人续来者，俱分别照前安抚。

一、责成将领。本镇河东副参游五员，河西参游六员，各画地分守。近来规避成风，玩愒日甚，往往借言镇守之调遣，坐待镇兵之远来，忽零寇怠于哨防，畏大虏安于退缩。及至失事，堡官多以守备不设议遣，而参游止拟不应。臣参详守备不设之律，似非独指守堡、守备备御而言。今虏至，将官不肯向前，虏退，卑官概拟重罪，不惟人心不服，亦且行法失平。合无以后地方失事，如抢杀人口几名口，为堡官之罪；加至几十名口，为本管守备备御之罪；加至几百名口，为参游之罪；又加至几百名口，为副总之罪。定拟的数，议坐何罪，明示多寡，使各晓然遵守。如有犯者，臣据此参奏，即将革去管事，不得全罪堡官，故令漏网。庶将知畏法，兵知畏将，战守不致怠弛。

一、申饬监司。本镇道寺六员，各领敕书，俱兼兵备，边长二千余里，臣不能以一身一日驰至其地。诸凡修守整饬等项事宜，皆寺道亲自管理。如前日辽阳屡成捷功，近日宁前堵回大举，皆佥事王之弼、李松之力。但地方有功不甚叙录，则地方失事自难议参，功罪既不相关，则计议未必协裹，幹理未免观望，以致将官口语纷纷，动即归咎。合无以后地方有功，道寺与将领酌量同叙②，如无警稽查不密，修理不实，完报不速，器械不备，有警收敛不尽，贴守不严，以致多掠人畜，袭陷城堡，亦应即时查参，以塞将官委罪之口。

巡抚张学颜条陈善后事宜疏畧　万历元年

兵部咨准工部咨，该本部题，查得广西、四川巡抚原请旗牌八面副，看得兵部咨开，阅视侍郎汪道昆请给蓟辽、保定各巡抚旗牌一节，即经兵部比照川、广巡抚给有旗

---

① ［校］关，底本、民国间抄本均不清，据本书卷四《粮饷考·辽东镇》补。
② ［校］叙，底本不清，据民国间抄本补。

牌事例，覆奉欽依前來，相應准給，恭候命下本部，於收有旗牌數內動支二十四面副，咨送兵部，差人分送。薊遼、保定巡撫各八面副，各官收候，督軍應用，務要慎重。仍將收到旗牌字號，各另徑自奏報查考。等因。隨據公差千户尚倫齋到前項旗牌八面副前來，臣於本日率領官屬祇迎，查照字號收候，督軍應用。

巡撫都御史張學顏乞恩賜賑救飢困以安邊鎮疏畧　萬曆元年

　　據寧前兵備僉事李松呈，又據廣寧兵備僉事賀溱呈，又據遼東行太僕寺少卿朱應時①呈，蒙臣憲牌前事，各呈報到臣。會同巡按御史郭思極②議照自今年夏秋旱荒之後，糧料日益騰貴，軍士日漸飢疲，馬匹日多倒損。所據各道寺呈，要加給糧料，再行賑濟，委係目覩官軍苦楚至急，萬不得已。伏望皇上念軍士困瘁，敕下户部速行議覆。將寧前道所屬城堡官軍一萬五百六十四員名，每名月加糧銀二錢五分，計四個月，共加銀一萬一千七百五十八兩一錢。馬騾五千二十三匹頭，每匹月加料銀一錢八分，計三個月，共加銀二千七百十二兩四錢二分。分巡道所屬廣寧、錦義右屯、鎮武等城堡官軍二萬八千一百六十一員名，每名月加糧銀二錢伍分，計五個月，共加銀三萬五千二百一兩二錢伍分。馬一萬四千八百一十二匹，每匹月加料銀一錢八分，計二個月，共加銀五千三百三十二兩三錢二分。太僕寺所屬海州等城堡官軍五千三百二十一員名，每名月加糧銀一錢，計四個月，共加銀二千一百二十八兩四錢。馬三千四百五十三匹，每匹月加料銀七分，計二個月，共加銀四百八十三兩四錢二分。以上三道所屬，通共該加銀五萬七千六百一十五兩九錢一分，照數請給帑銀，運解管糧郎中分發收貯，以備明春急缺之需。此外，又議加賑寧前、廣寧、錦義、海州等處，每軍再給銀二錢伍分，通共該銀一萬一千一十一兩五錢。今內帑告匱，臣等不敢妄議併給。再照山東布、運二司應解本鎮軍餉年例，該管糧郎中王念揭開，布政司，隆慶六年拖欠銀四萬七千九百五兩五錢零，萬曆元年全未解銀一十三萬三千四百九十兩四錢零。運司自隆慶元年起至萬曆元年止，共拖欠銀五萬三千二百八十七兩二錢零。前該臣具題，户部覆奉欽依，除官軍歷過閏月糧銀二萬五千一百四十餘兩，已不准補給，議差償運糧儲主事劉鳳朝，代催本鎮節年拖欠。又行山東布政司先借別項銀兩，作本鎮萬曆元年正糧。及今奉旨半年，冬月垂盡，不惟本年額數一分未解，其往年積欠仍舊拖延，轉盼明春，何以措處？再乞敕下該部，嚴催山東布、運二司前項拖欠③，及今年先借見徵銀兩作速運解。庶增一分，邊人霑一分之惠，早一日，邊人得一日之食。

---

①　朱應時，其傳見本書卷八。
②　郭思極，其傳見本書卷八。
③　[校] 欠，底本不清，據民國間抄本補。

巡撫都御史張學顏乞預圖戰守以保萬全疏畧　萬曆二年

本鎮密邇虜穴，謀犯乃其常態。臣等相機調守，併力設防，雖屢經入犯，幸保無失。今王台既已許婚，土蠻絶無後慮，分犯、併犯情形已的，而本鎮兵馬止於七萬，且散居一百二十城堡之間，奔走東西二千里之遠，分貼則出戰無人，合營則擺守不足，力已疲於久戍，氣更餒於缺食。故今年秋冬，地方危急委十倍於往時。近奉明旨，切責之森嚴，部科申飭之諄懇，即虜患少緩，邊境稍寧，猶當慎戶牖之防，備門庭之寇。況天象示警，虜情異常，臣等日夜憂思，敢不殫力預備，以仰舒皇上東顧之懷？除嚴行各道寺將領等官，將城堡、墻臺、火器、戰車、兵馬、甲仗逐一修整，務令足堪戰守，及宣布王台俾益堅忠順，勿助北虜自取剿殺外，仍有目前防禦一二要務，謹列款上請。伏乞敕下兵部酌議，題覆行臣等遵奉施行。

一、專練車營。本鎮通共造完戰車四千四百四十輛，及應用火器等項安置完備，頻年恃以防禦，我軍倚如木城，虜騎不敢衝突剗營，拒戰甚得其力。除分發各營城堡者，責令千總官專管，將領提督難以概議設官外，查得廣寧原設有車營遊擊一員，見在正安堡駐劄，惟遼陽新集車營止委千總官管理，事權輕微，更委不一。查得局捕都司事務頗簡，似應不妨原務，兼領此營，其見任僉書都司蘇國賦亦堪任使。合無將已完戰車二百輛，並隨車火器一千六百件及火藥、火箭、挨牌等件，俱付本官專管。其原挽戰車軍士，已有練成步兵一千二百名，再於都司跟伴及副總兵營內量摘撥三百名，共足一千五百員名，合爲一營，容臣等處給馬匹三百爲前鋒，哨探之用。有警則隨賊向往，扼衝拒守，無事則操練車營，管理局捕，專聽副總兵節制調遣。一官兩用，別無煩費，似爲便宜。其合用敕書、旗牌，亦應照例請給。若量加遊擊職銜，兼管司務，其於責任尤爲專一。

一、移駐備禦。臣等看得義州大清堡相去五十里，係虜入必由之路。海州東昌堡相去四十里，係南犯踏冰之衝。各堡雖有兵馬，數不滿百，每遇虜警，必撥別處兵馬防守，往返疲勞，勢難濟急。查得寧遠衛參將、瀋陽衛遊擊與備禦同駐一城，後移寧遠備禦於中左所，瀋陽備禦於平虜堡，各犄角防禦，數年以來虜患稍稀。今海州城一衛、義州城兩衛既以掌印管屯，管捕指揮專管城池。又有參將駐守，而各備禦復同城居住，緩處官冗，衝處無官，有警方出，常至後期，無警即回，徒煩奔命。合無將義州備禦移駐大清堡，海州備禦移駐東昌堡，各帶原領兵馬，常川駐守，舊管邊堡，仍屬節制，零寇徑自驅逐，大舉就近收保。各參將照舊應援截殺，不得因此推諉。其衙舍營房，容臣等隨便處置。

一、申飭將領。臣等周旋共事，戮力以扞封疆者，惟恃將領。若平日愛養士卒，亟圖修守，雖小有失事，情尚可原。若無事曠職營私，臨事推諉退縮，雖僥幸苟安，尤當懲處。本鎮將領皆素以忠義自許，與臣相臨四年，亦頗相信。但見今畫地分守者，皆係遼人，雖夷情緩急，道里險夷素所洞諳，中間私親昵友之投屬，不免屈法以徇情，恩怨顧忌之持疑，不免拂軍以媚衆。前項驕怠之心，安能保其盡無？而臣等提撕警覺之言，不得不預。合無以後將參、遊等官，除始終一節戰守有功者，不時特薦外，如營伍廢弛，修理延緩，火器戰車、甲仗馬匹不行着實整備，止以空文回報，遇警收斂不盡，貼守不嚴，聞賊哨探不眞，以寫遠藉口，見賊逗遛不進，以退保脫身及隱匿失事、輕率失機者，容臣查實，一面取赴欽降旗牌之下，會同總兵以軍法責治監候，一面先取要緊招由參奏，輕則提問，重則拿解法司，盡法重處。

一、遠遣哨探。照得本鎮各路輪差丁夜出邊哨探，名爲黏踪伏路、聽静坐山，突遇零寇，即被撲殺。其市夷傳報者多以謠言給我，回鄉供報者，又疑似不明。欲令丁夜隨市夷遠出哨探，緣舊無此事，諸將以通夷爲慮，不敢擅差。今年虜勢重大，入犯之先，必遍遣精騎於邊隘，以絶我耳目。若照常哨探，虜情不得預知，我兵分布無據。查得薊鎮各路差尖夜，徑到屬夷營內住探，有月報，有季報，故虜中動静，知之甚的，報之甚早，本鎮事體似亦相同。合無容臣等行開原、廣寧管關參將，如遇市夷到邊，留質數名，再令數名伴乖覺丁夜，量帶日用之資，潜入北虜鄰近營內住探，緩則數十日，急則一二日，輪流更報，則虜情可以先知，調兵便於進止。

巡撫都御史張學顏乞處額餉以濟時急疏畧　萬曆二年

爲照山東布、運二司額派本鎮軍餉一十四萬九千七百七十四兩八錢，若一年即完，一年軍士安得乏食？若隔年能完，一年、隔二年能完，一年亦不至窘迫若此之甚。又或本鎮警報稍稀，軍士少逸，即使三四月無糧，數十營堡不給，臣猶能以温言安諭。今月糧常欠半年，而荷戈再無寧日。況火災示兆，酋首連和，秋冬之交，虜必大舉入犯。於時東西調遣，日夜疲勞，雖應得二錢五分月糧，亦不得糊口，安能責其出死力，以禦强胡？查得前率欽依，准臣發簿該司，將節年已未完數登簿，每半年送臣一查。又屢奉欽依，令臣查參，臣仰遵明旨，豈敢避怨徇私，不行查催參究？但該司編派郡縣糧額、管糧官職名、已未完分數，通不關白。其原發印簿亦未送查。雖欲參究，委無憑據。蓋山東解銀，如富翁施舍，遲速任意而常形德色。本鎮得銀，如乞兒求食，多寡聽人而不敢少争。今若止以文移行催而不爲一處，奏請雖繁，拖欠如故。及查遼鎮遠於薊鎮，而虜情尤急，今薊、永、密、昌四鎮，山東、河南民運既在太倉轉發，則遼鎮似亦相同。伏乞敕下户部再加查議，比照薊、永、密、昌四鎮民運事例，將山東布、運二司萬曆元年以前拖欠本鎮軍餉銀兩，先於太倉那借，解運前來，補歷過未支立，預備閏月應支之數，候催該司銀兩到部，照數扣還太倉。其萬曆二年以後年分，或通候太倉轉解，或仍令山東徑解，一併酌議題，覆行臣等遵奉施行。

巡撫都御史張學顏逋民歸順海島悉平疏畧①　萬曆二年

　　看得島民盤據三十餘處，負固三十餘年，時久難於羈縻，勢衆難於驅逐。惟設官兩處協同緝捕，使居者不增，來者漸止。如侍郎汪道昆所議，庶爲得策。但海水無涯，島嶼分峙，半夜扁舟，瞬夕千里，在内不能周防，在彼豈肯待斃？如壅水必决，養癰必潰，雖幸目前之稍安，終貽日後之巨禍。臣每與總兵官李成梁、巡按御史郭思極計議，殺之則偉功，留之則遺患，宜佯示剿捕以寢逆心，曲爲招撫以②擊歸念，必使島無一人，庶可患絕兩省。因選乖覺③丁夜數人，同都司蘇承勛執票駕舟遍赴島中，懇④宣諭。一則謂爾等雖有舊犯罪惡，今兩奉詔書，通應赦免。一則謂爾等祖宗田墓俱在遼地，安忍久弃？一則謂爾等已往糧差亦不追陪；一則謂以後幫軍幫馬，通不許攀扯，此正爾等生還故土，保全身家之時，失此不從。今造樓船百隻，會發鎮城家丁選鋒前來，蕩平巢穴，於時爾等進退無路，雖悔無及。每島俱逐一宣布，島民感泣，極口稱願回衛，其中間杰黠者，恐係誘回擒拿治罪，議令島首羅景桐等八名隨蘇承勛至廣寧見臣，以探進止，皆許以復業免罪，又量賞米布，各首感悅而去。比至二月，未見回岸消息，再差人往諭各島，聞知先有張輔等八十二名口上岸，臣即行分別壯丁老幼酌給銀糧，由是歡呼傳布，纔及半年，共四千四百有餘盡數回還。臣仍恐未的，又重覆差官查勘，取安插地方鄰佑，及蕩平居巢，甘結并花名衛所領認册狀前來。又行該寺及蘇承勛等逐一再行安慰，務令得所去後。今據前因，爲照天下之患養成者，甚於激成，平患之方，既亂者難於未亂。今島民潛住已非一日，節年爲害，尤非一端，起發不可，夾剿不可，故揣時度勢，必使盡數招回，方得永無後患。但其往撫也，宣諭失機則褻威而辱命，風帆不隱則覆衆而喪生。因選差都司蘇承勛入島招諭，及行苑馬寺卿朱奎、今代事僉事賀溙、巡察海道副使楊家相、備倭都司姚天與協力催督，今不出數月，盡數招回。凡房屋井竃及碾磨居食所需之物，俱蕩平無存。不加一刀，消數千里根據之憂，不戮一人，平數十年癰腫之患。查今復業者已踰四十，若後日生息者何止數萬？計遼鎮各衛在籍之軍，未有見在如此之衆。查各邊招降之例，未有歸正如此之多，擬各省獻捷擒斬之功，亦未有生全如此之甚者。效勞人員，相應查叙，以昭激勸。伏乞敕下兵部再加查議，將各官分別陞賞，以勸有功。再照患每積小成大，謀當謹始慮終。登萊沿海諸島，舊有州縣奸民，始利遼人交易，繼留遼人潛居，一人勾引數人，一島蔓延數島。兩地官司容隱

---

① 該疏於《明經世文編》卷三百六十三《張學顏·張心齋奏議·逋民盡數歸順疏》，第3909～3911頁更詳細。
② ［校］撫以，底本不清，據民國間抄本補。
③ ［校］乖覺，底本不清，據民國間抄本補。
④ ［校］懇，底本此字前缺一字，民國間抄本爲"懇懇"，其一應是衍文，徑改。

推諉，坐視因循，養成厲階，幾致大亂。今雖蕩平，若責成不專，禁緝不密，恐日復一日，又蹈前轍。臣等反覆思善後之計，其議有四。

一曰專責成。查得登州都司，今改都司金州守備，原爲備倭防海而設，近倭寇絶迹而島民初平，似應不妨原務，悉令管轄諸島。每當三月、六月、九月，約至登州，量帶兵卒，遍詣各島搜捕一次，每月委官搜捕一次。如有一人一家在島潛住，即擒拿到官，照謀叛未行，擬以重罪，如敢拒捕，許官兵登時殺死勿論。如登萊人先在島勾引，罪坐登州都司，遼東人逃至島潛住，罪坐金州都司。仍將此項增入敕書，以便遵守。其遼東苑馬寺卿、山東巡察海道副使，亦要時時稽考各島有無居人，分別功罪，歲終呈報兩鎮，撫按以憑舉劾。庶各官不敢推諉，而島民不敢逃匿。

一曰嚴防守。金、復兩衛，地皆瀕海，如石城、廣鹿、長山諸島，皆衛所額地，去岸遠者二十里，近者不十里，見有軍餘住種，納辦糧差，衛所官亦不時赴島催徵，與登萊遠島不受官法者不同。除將島民安插各衛城堡外，内有男婦不及一千。原係前項島内舊有田產親族者，若一概勒令登岸，恐居食俱無，相將就斃。合無將前三島各建公館一所，移本衛官一員在内專住，如守堡官之例，編島内舊軍爲保首，以新來者附之。凡徵糧納差，俱屬本官鈐束，本官俱聽金州都司節制。但有罪犯及謀逃別島者，拿送苑馬寺擬罪，以絶再逃之望。

一曰加存恤。島民初歸，携老扶幼，家口衆多，貧病相仍，極可憐憫。臣已行於金州倉庫，照人口多寡、大小，量給銀糧。又將原遺房田，許其取贖。近雖相安，但各衛補軍、幫軍、買馬、養馬之費，但照所派丁出銀，此輩初到，居產且無，安能辦納。又畏衛官追究已往罪過，疑畏靡定。合無先給印帖，准免以後雜差十年。其已往罪犯，不分輕重，遵奉隆慶六年詔書，悉與宥免，以廣朝廷浩蕩之恩，以慰各丁生還之願。

一曰編船隻。查得國初山東俱以本色餉遼，故通舟楫，今山東本色既不可卒復，海運之説必不可行。若兩處私船不禁，是仍開遞送之途也。合無將海岸民船規制不過盈丈、每口不過三隻，令其搬運米薪，捕採魚蝦，仍編立字號，籍名在官，旦夕聽島官查點。見今私船大者給與官銀，改爲官船，別爲印記，聯繫海岸專官看守，以備公差巡島之用。小者照前留數隻，其餘悉行劈毀，如有不行告官、私造船隻者，賣者、買者枷示本地，原船入官，其餘歸併渡口。申嚴譏察，設立保甲，禁革科斂，撥給荒田，修復墩堠，及未盡事宜。臣等見今應行者行，應禁者禁，不敢縷縷條陳，以上瀆①天聽。至於建都司衙門於登州，見奉欽依，議有次第，但今島民已歸，似應停止，以省勞費。併乞敕下兵部通行酌議，題覆行臣等遵奉施行。

---

① ［校］瀆，底本不清，據民國間抄本補。

巡撫兵部右侍郎張學顏條陳遼東善後事宜疏畧　萬曆二年

　　一、議修工口糧。照得新築寬佃子、長嶺、孤山、雙堆、兒長、佃子散等六堡做工軍夫，原議每名日給口糧一升，鹽醬銀三釐，塞外荒凉，裹糧不便，前項銀糧，委屬甚少。除寬佃子、長嶺二堡軍夫做過工六十日，孤山新堡軍夫做過工一百二十日，俱不必加給外，寬佃子、長嶺二堡仍計包城堡工一百二十日，該加米二千七百石、銀一千八十兩。孤山新堡未做工六十日，該加米四百五十石、銀一百八十兩，雙堆、兒長、佃子散等三堡夫四千五百名，計工一百八十日，該加米四千五十石、銀一千六百二十兩。六堡軍夫通共該加米七千二百石、銀二千八百八十兩。但前項銀米支用未盡，合無查照前數，俱准加支，候用盡之日，容臣等在本鎮議處。如再不足，另行題請給發。

　　一、議安家銀兩。照得寬佃子、長嶺、孤山三堡，土堡衙舍營房俱已築完，部軍已移住於內，但官軍捨其舊業，遠戍邊陲，家口相隨，食用無措，應量給安家銀兩，少示優恤。除寬佃子、長嶺二堡官軍共三千一百一十一員名，已行該道將參將給銀十兩，中軍千總三員，每員給銀一兩，把總四員，每員給銀五錢，軍士有妻室給銀三錢，無妻室給銀二錢，共給過商稅銀五百二十二兩六錢。其孤山、雙堆、兒長、佃子散等四堡官軍，該安家銀九百四十九兩二錢，內孤山堡官軍已移新堡，亦應先行給與，雙堆等三堡候完日查給。但銀數頗多，別無措處，查得廣寧庫貯部發犒賞臺工餘剩銀一千七百一十九兩零，相應於內照數動支九百四十九兩二錢，轉發該道查照給散。通候事完，將用過銀兩數目造冊，咨部查考。

　　一、議贍軍田地。照得寬佃子等堡山林叢秀，土地膏腴，堡成之日，河東軍民爭告占地納糧。臣已出示，禁勢豪不許霸占，先盡撥給本營軍士。然非題奉欽依，恐久而侵占告擾，迄無定規。合無於各堡周圍山場地土，先盡移住軍士，酌量遠近多寡，每軍分地五十畝，定立四至，挨次撥給，永不起科。其將官堡①、官養廉及菜園地畝，亦量行撥給，不許多占。此外剩有餘地，方許餘丁及附近居人告明給帖領種，候三年之外，照屯田數納糧上倉，為軍士月糧之數。其雙堆等三堡候工完，移軍填守之日，亦照前撥給。通候事完，該道會同將官，每堡造魚鱗冊一樣六本，一送巡撫，一送巡按，一送該道，一送都司，一發該衛，一留將官，備後日清查。仍造總冊送部備照。

　　一、議原屬衛分。除孤山堡原屬遼陽衛不議外，查得舊險山等堡，原屬定遼右衛，今創修寬佃五堡，係邊外地方，不在腹裏，若割屬別衛，不惟路遠不相維繫，且軍士應差不便。合無仍屬定遼右衛，凡一應審戶編差，捉捕逃軍，催徵屯糧等項，俱聽衛官查照遵行。其該衛官吏，照舊屬參將節制，不許抗違。

----

① ［校］堡，底本不清，據民國間抄本補。

一、議責成將領。前項堡工，拓數百里之封疆，貽數百年之永利，而寬佃控五堡之中，爲將領駐劄之所，尤爲要地。今本堡已完，將領與營軍又携家安住，大勢已成，餘工可計期告竣。但參將傅廷勛節經保薦，資望已深，若旦夕遷易，恐新徙之軍失所依倚，未就之工不免遲延。似應量加副總兵職銜管參將事，責令五堡包築，通完或加府銜，或陞大將以酬勞績。其分委官原任遊擊寧子周、鍾氣完，原任備禦戴朝弁、華本實，指揮高雲章，原任守備、今問充軍李尚、元守新，長嶺堡指揮呂瑜，險山中軍許繼聞，千總劉承恩、金繼儒，靉陽守備郎官、江沿備禦劉胤昌，定遼右衛掌印指揮陳一忠，夙夜在邊，風雨不避，前工已漸就緒，後工正在效勞，似應先行賞賫。候工完之日，原係將領備守者，照原官催用，係指揮者一體推陞，係充軍者准與開伍。其分守副使翟綉裳經營調度，亟盡心力，但新陞未久，亦宜久任，令其悉心監督，候工完日，不次擢用。

總督侍郎楊兆仰仗天威擒獲逆酋疏畧　萬曆三年

准巡撫遼東侍郎張學顏會稿開稱，萬曆三年七月內，據開原兵備副使賀溱呈稱，節蒙本院牌票緝訪王杲，宣諭王台語夷務，要相機默圖擒獲，以除禍本，等因。會同參將唐朴等，默差通事寧振等，訪得王杲暫投王台寨內，本月初四日本道親同唐朴出關宣諭，王台同其子虎兒哈往石等將王杲擒獲進邊，王台乞要比西邊求封，再將伊二子陞爲都督，外加貢夷五百人。本道省令恭候朝廷處分，先厚加撫賞去訖，除將王杲另行解報。等因。又據分守道副使翟綉裳，亦將副總兵曹簠等開敘揭報，又據副總兵曹簠、參將唐朴、遊擊張志遜、備禦丁倣將擒獲緣由，各揭報前來。據此，案照萬曆二年內准兵部咨，該臣等題蕩平建夷，殺官王杲巢穴，斬首一千一百四顆，王杲逃出未獲，等因。又該巡按郭御史題，王杲幸免，當設法擒剿，等因。又該兵科都給事中蔡汝賢①等題，王台結婚西虜，王杲亡命復讐，此同心謀禦在遼東，不可不加之意者。該本部俱覆，奉欽依備咨前來，又節准軍門咨同前事，臣欽遵明旨。又屢行催該道，授以便宜，務將杲酋計擒去後。今據前因，除將質夷犒賞及縛獲幼小三名即日釋放，杲酋監候外。等因，會稿到臣。該臣會同巡撫張學顏議照，王杲自嘉靖三十年來背負國恩，敢行稱亂，荷蒙皇上容臣等相機處置，又責成兵備賀溱使之，專任其事，復授以宣布機宜，王台叩關則單騎往見，部夷入市則百計開陳，復令墩軍通事佯說要絕貢士，廣寧兵馬將來搗巢，台

---

① 蔡汝賢，字用卿，號龍陽，隆慶二年進士。授大名府司理，歷禮科給事中、兵科都給事中、四川參政、廣東布政使等，遷右副都御史，巡撫廣西。累官至南京兵部右侍郎。年七十二卒。參乾隆《青浦縣志》卷二十七《人物三》，乾隆五十三年刻本，葉27ab。史籍中有謂蔡汝賢爲南直隸華亭人，按乾隆《青浦縣志》卷一《沿革》，葉4a，嘉靖二十一年割華亭縣西北二鄉立青浦縣治，故謂蔡汝賢爲華亭人不誤。順治、乾隆《華亭縣志》等志書不載蔡汝賢亦不誤。

始畏懼，於七月初四日同伊子虎兒哈往石、三馬頭等將杲執至邊，引官兵縛獲入境。該道隨重加犒賞，王台等叩頭回寨，將王杲械送巡按劉御史審畢，於十七日解到廣寧。竊惟王台雄長諸夷，今傾心而歸命，王杲流毒全鎮，竟繫頸以成擒。臣等備員地方，幸免將來養癰之罪。及查各邊擒獲虜首，先廟皆有獻俘事例，似應遵照舊例械送闕庭，明正其罪，以昭天討之難逃。仍梟示通貢邊關，使虜酋咸知天威之難犯。伏乞敕下兵部議擬，查例奏請定奪，行臣等欽遵，查照施行。

總督侍郎楊兆為北虜大舉入犯仰仗天威恭報主將奮剿大捷疏畧 萬曆三年

該臣會同巡撫侍郎張學顏議照，遼鎮三面環虜，而土蠻諸部素稱衆強。邇來醜類日繁，贍養日匱，羨西虜封貢之利，忿恥之念愈深，畏薊鎮墻臺之嚴，窺伺之心已寢，故年年犯遼，如水赴壑，少則百千，多則數萬，所幸哨探預明，分布已定。十五日賊方由平虜堡入邊，而各路官兵一時畢至，總兵麾兵擊賊，相顧駭愕，潰亂逃奔，追二十里，賊扶傷拖死，大敗而去，雖首止二百有餘，而斬其驍酋七人，被火器、弓矢、兵刃射打死傷，及滿崖填壓河水衝沒凍結，一時不能割取者無筭。又奪獲馬馱盔甲千餘，帳房夷服、夷器等件數萬餘。且城堡無失，人畜奪回，備查數十年舊牒，未有如是戰之甚勇者。計陣亡若多，而平原白日大戰交鋒，與乘夜擣巢淹襲，不知撲死老幼者相去遠甚，雖有傷損，勢所不免，一日成兩捷之功，一舉奪諸胡之氣。查得《大明會典》開載：獲功之例，大敵在前，卒然相遇，勝負死生，呼吸之頃，當時不暇斬首，其斬獲首級，多在賊勢稍緩及追奔搜斬之際，但軍功以首級為據，而當先者身已先死，多無首級，故陞賞雖論首級，必行當先斬首為奇功。今平虜堡殺賊人員雖均有功於時，如主將不至，親兵不前，虜衆反戈，我軍敗績。各官方以失律論罪，安望敘功？故此捷當以主將為首，官丁尤當倍加恤錄。據報，陣亡雖二百六十二員名，情均可憫，內把總百戶喻春、盧世道、孫世爵三員，家丁金欒等一百八十二名，大半皆鐵嶺舍丁。主將親族不敢貪取首級，惟知奮死直前，及賊陣方破，身已塗地，繼進者所獲之功，皆死者所殺之賊，別營軍丁雖同日死事，不如此一百八十五人之尤轟烈也。除照常各給棺木銀兩外，又將喻春等三員各加給銀二十兩，家丁一百八十二名各加銀五兩，以示優恤訖。合候行勘之時，將各營陣亡者照例擬陞，將喻春等三員超陞三級，家丁金欒等一百八十二名加陞二級，以慰忠魂。及查得獲功之例，每賊首一顆陞一級，酋首一顆亦有陞三級者。今虜營喪敗，實因斬獲酋首七人，亦應照前當先斬首奇功之例，超陞世級。伏乞敕下兵部再加查議，分別陞賞，仍行巡按御史覆勘徑自具奏。

效祖曰："遼鎮僻處海宇，其切近虜患者，不差於宣、大。諸邊獨以關隘之險，朝廷視為外舍，即司土者數數言利害而傾耳相信者，蓋尠矣！嗟嗟！肅慎氏之興，誰謂東夷可辟倪哉？"

薊鎮制疏

集議

禮部主事許論薊鎮論①

薊，京師左輔也。我太祖既逐②元君，乃即古會州地，設大寧都司營州等衛，而封寧王與遼東，宣府東西並建，以爲外邊。又命徐達起古北口至山海關，增修關隘，以爲內邊。太宗文皇帝靖難後，兀良哈部落內附，乃改封寧王於江西③，徙大寧都司於保定，散置營州等衛於順天之壤，而以大寧全地與之，授官置衛，令其每年朝貢二次，每次衛各百人，往來互市，即朵顏、泰寧、福餘三衛是也。遼東、宣府自此隔沙漠，聲援絕矣。正統以前，夷心畏服，地方寧謐，但令都指揮或都督於喜峯口、密雲等處鎮守驗放，別無多官。土木之變，頗聞三衛爲也先嚮導④，乃命都御史鄒來學經畧之。此後因而添設太監、參將等官，而夷情亦變詐不同，然尚未敢顯言爲寇也。弘治中，守臣楊友、張瓊因燒荒掩殺無辜，邊釁遂起。正德以來，部落既蕃，朵顏獨盛，陽順陰逆，累肆狂噬，花當則脅求添貢，把兒孫深入虜掠，動稱結親迤北，恐嚇中國。參將陳乾、魏祥俱以重兵，前後陷沒，故三衛夷情難與往日例論。黃花鎮擁護陵寢，今本兵逃亡止餘二百，河間等衛之戍，空名無實，此其單弱極矣！議者謂更當增戍，而關外閑田可募爲兵，此亦一策也。古北口、潮河川俱稱要害，而潮河川殘元避暑故道，尤爲虜衝，作橋則浮沙難立，爲塹則漲水易淤。都御史洪鐘⑤雖曾⑥設有關城，勢孤難守，今須塞川大建石墩數十，令其錯綜宛轉，不礙水路，庶幾可以久乎！喜峯口，三衛入貢之路，撫賞諸費，久累軍丁，近聞取諸馬場子粒似矣。建昌營自裁革內臣之後，以其兵多於燕河營，乃復添設遊擊，甚爲誤繆。夫遊擊之名，謂居中乘便，四面馳擊也。今偏在東隅，其謂之何？矧東去燕河營參將止五十里，去太平寨參將止六十里，不爲贅疣，且掣肘

---

① 該疏又見於《明經世文編》卷二百三十二《許論‧許恭毅公邊鎮論‧薊州鎮》，第2433~2434頁，字詞稍有差異。
② ［校］逐，底本不清，據民國間抄本補。
③ ［校］江西，底本不清，據民國間抄本補。
④ ［校］導，原作"道"，據《明經世文編》卷二百三十二《許論‧許恭毅公邊鎮論‧薊州鎮》，第3433頁改。
⑤ 洪鐘，字宣之，錢塘人，成化十一年進士。授刑部主事，歷刑部郎中，四川按察使，江西、福建左右布政使。弘治十一年進右副都御史，巡撫順天。累官至刑部尚書。正德四年加太子少保兼左都御史，掌都察院事。嘉靖三年卒，謚襄惠。參張廷玉《明史》卷一百八十七《洪鍾傳》，第4957~4960頁，當是一人。
⑥ ［校］曾，原作"會"，據《明經世文編》卷二百三十二《許論‧許恭毅公邊鎮論‧薊州鎮》，第3434頁改。

乎？嘗謂薊鎮在今當重其事權，總兵須與掛印同，燕河、馬蘭、密雲三參將仍舊，而以太平寨併入建昌爲一參將，則庶乎體統正而緩急有濟矣！且設關於外所以防守，立營於內所以應援。今關營提①調既分爲二，則關獨當其害，營但肆爲觀望耳。假②令營之提調，即司所直之關，責有攸歸，其復將誰諉？又本鎮額兵原少，隘口甚多，除分戍之外、消耗之餘，所在單弱，言之寒心。是故存留京操之士，益募土著之兵，設險修關、嚴烽遠諜、選將練兵、足食明法、曲突徙薪之計，不可一日不講也。

户部郎中詹榮③《山海關志》論④

朵顏散處大寧地，即山海諸邊之北，國朝以爲近藩，立酋長統攝，歲計入貢，賫以繒幣。又自居庸抵山海，依山險阻，設關塞、墩煌、營壘數十百所，遏厥出沒，可謂盡羈縻之術，極備禦之策矣。近者鳥舉豕奔，邊氓日遭荼棘⑤，石塘之役至厪王師者，何哉？法弊之繇也！今觀沿邊，險可以列騎聯伍而下者亡幾，餘皆攀緣鳥道，司關寄者，苟嚴翼共服篩，厥烽燧入必知，知則并力，據險遏之。若遇警報至，即率所部爲聲援掎角之勢，虜雖黠悍何能爲。乃今不然，武弁黷貨，軍士買閑，墩煌半曠，行伍孱弱，虜輒肆撲掠，莫敢誰何？返以牛酒、鹽布賄之，苟圖免罪。夫啖之利者，則啓其無厭之心。挑之怨者，以速其必逞之勢，是何異自決其堤？又從搏激之水，不溢且洪乎？爲今日計，在於懲創求放免之弊，實伍以自固，則庶乎其可已。

主事孫佐山海關議

夫山海乃迤東一大門戶，所以藩蔽永平、薊州之堂奧也。萬一疏虞，則直躁堂奧，賊反居內，而迤西北諸塞，置之外地。況邇來北虜屯據遼東口外寧前等處，數被其害。而奸細往來，頗偵知山海單弱。故昨者直抵關下，全無畏憚。即今被虜者衆，安知不有告之情，實而導之入者？虎狼之欲無厭，而抗稜之守不嚴，良切寒心。

---

① ［校］提，底本不清，據民國間抄本補。
② ［校］假，底本不清，據民國間抄本補。
③ 詹榮，字仁甫，山海衛人，嘉靖五年進士。授户部廣東司主事，擢户部郎中，督餉大同。歷光禄寺少卿、太常寺少卿。嘉靖二十二年以右僉都御史巡撫甘肅，二十三年巡撫大同。累官至兵部左侍郎。嘉靖三十年卒，萬曆間贈工部尚書。參《明分省人物考一》卷三《北直隸永平府》，第343~347頁及張廷玉《明史》卷二百《詹榮傳》，第5288~5289頁。
④ 該文又可參嘉靖《山海關志》卷二《關隘二》，第35~36頁及章潢《圖書編》卷四十四《遼東總論·山海關說》，《景印文淵閣四庫全書》第970冊，第9~10頁。
⑤ ［校］棘，底本不清，據民國間抄本補。

楊恪愍公守謙《大寧考》①

大寧者，本奚部②，唐初其地屬營州，貞觀中奚酋可度內附，乃置饒樂郡。遼為中京大定府。金因之。元初，為北京路總管府，領興中府及義、瑞、興、高、錦、利、惠、川、建、和十州。中統三年，割興州及松山③，屬上都路。至元五年，併和州入利州為永和鄉。七年興州府降為州，仍隸北京，為大寧。二十五年，改為武平路，後復為大寧，戶四萬六千六百、口四十八萬八千一百九十三，領司一、縣七、州九。國初，割錦、義、建、利諸州屬遼東，設大寧都司於會州之地，領營州左屯、右屯、中屯、前屯、後屯、興州左屯、右屯、前屯、後屯、大寧前、大寧中、會州、盧龍、東勝等二十餘衛，封建寧府於潢水之北處，置朵顏、泰寧、福餘三衛。成祖皇帝征伐，三衛從戰甚力，因與其地，徙大寧都司於保定，營州左、右衛於薊州，中衛於平谷，前衛於香河，後衛於三河，興州左衛於玉田，右衛於遷安，前衛於豐潤，後衛於三河，中衛於良鄉，大寧前、中衛、會州衛於京師，盧龍衛於永平，東勝衛於河間，而寧府移封江西。

謙按：大寧之棄，非我成祖皇帝之初意也。永樂八年，北伐至鳴鑾戍，語大學士金幼孜④曰：今滅此殘虜，惟守開平、興和、大寧、遼東、寧夏、甘肅，則邊境可永無事矣。夫守大寧、遼東而曰永無事，是知棄大寧非成祖之初意也。自是遼東折右臂，宣府折左臂，松關、潢水之險顧在虜矣。嗚呼，開平之棄，喪地三百里，豈亦以無大寧故邪？謙於是重有慨焉！

東虜者，本兀良哈之地，春秋為山戎，漢為奚部，東漢征敗之，走匿松漠，後魏之先復居於此，號庫莫奚，貞觀中奚酋可度內附，後服屬契丹，元併之為大寧路北境。國朝洪武二十三年征敗北朝，來降者眾，詔於潢水北兀良哈之地，置朵顏、泰寧、福餘三衛以處之，使為東北外藩，命其酋長為都督、指揮等官，各領所部。成祖皇帝征伐，每簡其驍健為前鋒，得其死力。成祖因徙大寧於內郡，而以其地與之。自古北口至山海關為朵顏，自遼東廣寧前屯衛至廣寧白雲山為泰寧，自白雲山至開元為福餘，歲計衛百人，入貢者二，錫賚殊厚。謙按：三衛之置，非成祖之初意也。夫非我族類，其心必

---

① 楊守謙《大寧考》收入《名臣寧攘要編》，《北京圖書館古籍珍本叢刊》第 11 冊，第 543～548 頁。另張萱《西園聞見錄》卷五十二《兵部一·邊防前上》，《續修四庫全書》第 1169 冊，上海古籍出版社 2002 年，第 332 頁有節錄。
② [校] 部，底本不清，據《名臣寧攘要編》，《北京圖書館古籍珍本叢刊》第 11 冊，第 544 頁補。
③ [校] 松山，原作"松上"，據《名臣寧攘要編》，《北京圖書館古籍珍本叢刊》第 11 冊，第 544 頁改。
④ 金幼孜，名善，以字行，新淦縣人，建文二年進士。授戶科給事中，歷永樂翰林院檢討、侍講等。仁宗即位，拜戶部右侍郎兼文淵閣大學士。累官至禮部尚書，兼大學士、學士。宣德六年卒，贈少保，諡文靖。參張廷玉《明史》卷一百四十七《金幼孜》，第 4126～4127 頁。

異。他時狡焉，以逞豕心，則子孫之憂。爾雖然自立三衛，至今殆百五六十年，吾平灤諸州未嘗一遭北虜之禍者，則三衛屏捍之力也。《語》稱守在四夷，非此類邪，使吾食足兵強，信乎守固。三衛者，永吾之藩焉，爾此固我，成祖之貽謀也。成祖靖難師起，議取大寧，諸將咸難松亭關險，乃能劉①家口徑趨大寧，口亦險，單人馬乃可度。謙按：成祖由燕取大寧之難，則知大寧難乎取燕矣！此遼、金、元必由居庸、紫荊也。我成祖之輕弃大寧也，固以此哉。夫大寧之難取也，取卒以襲者，掩其不備之謂也。是故，古北在今亦防其襲云爾。宋王曾上契丹事曰，出燕京北門，望京館，五十里至順州。七十里至檀州，漸出山。五十里至金溝館，將至館，川原平曠，謂之金溝淀，自此入山，詰曲登徙，無復里堠。但以馬行記日，約其里數。九十至古北口，兩防峻崖，僅容車軌，又度德勝嶺，盤道數層，俗名思鄉嶺。八十里至新館，過雕窠嶺、偏搶嶺。四十里至如來館，過烏灤河，東有灤州，又過黑斗嶺、度雲嶺、芹菜嶺。七十里至柳溝館，松亭嶺甚險峻②。七十里至打造部落，東南行五十里至牛山館。八十里至塵兒峽館，過蝦蟆嶺。九十里至富谷館。八十里至通天館。二十里至中京大定府。城垣卑小，方圓纔四里許，門但重屋，無築闍之制。南門曰朱夏門，內通步廊，多坊門，又有市樓四，曰天方、大衢、通闠、望闕。次之大同館，其門正北曰陽德、閶闔，城內西南隅岡上有寺，城南有園圃、宴射之所。自過古北口，居人草庵板屋，耕種，但無桑柘。所種皆從隴上，虞吹沙所壅，山中長松鬱然，深谷中時見畜牧牛馬橐駝，多青鹽黃豕。謙按：此古北至大寧路也，順順義、檀、密雲松亭嶺，即松亭關。嘗聞宣府人馮寶曰，寶常遊四海冶，東十五里有大川，寬處可一二里，前人斫大樹，倒着川中，狹處僅二三丈，以巨木爲柞，蓋即潮河川。川東北有山曰萬塔，黃崖山嶺有塔黃色，相傳金爲之，餘塔不可數，皆元人遺迹。東虜每過塔下，賽駝致敬。寶又曰，獨石東南有李家莊，即龍門所，莊北有萬松溝，溝有朵顏花當部落寨，萬松森鬱不可進。溝東南有葫蘆峪，峪有二口，狹僅二十餘丈，中則寬衍，形如葫蘆。近峪口曰黃崖峪，東南通古北口，花當巢穴也。謙按：寶所望萬塔、黃崖者，蓋與葫蘆峪、黃崖口爲近口，蓋因山得名。謙所考開平東四驛涼亭、沈河、賽峯、黃崖，接古北者，即此黃崖口，口正在獨石東，紀載之言，豈欺我哉？西驛環州、威虜、明安、隰寧，皆在獨石北，然則東驛涼亭、沈河、賽峯宜與東驛封，亦在獨石東北也，益明矣！葫蘆、萬松險矣，東虜易守矣，此北虜不能至其地也，此其能抗北虜也。謙常謂朵顏於北虜爲最近，獨不被兵，必其地險。及聞寶言，脫然無疑矣。

余嘗聞宣府人岳倫曰，古北口西北通平元君避暑故道也，中有葫蘆峪最險，朵顏都

---

① ［校］劉，底本不清，據《名臣寧攘要編》，《北京圖書館古籍珍本叢刊》第11冊，第549頁補。

② ［校］峻，底本不清，民國間抄本似"峻"，據改。

督花當部落居之。總兵馬永曰，朵顏夷人每入北虜，盜馬往返，必經密雲邊下，邊人往往見之。總兵雲冒曰，獨石李家莊東有朵顏寨，寨在山間，險不可攻，每盜馬北虜，恒經獨石邊下，墩軍欲舉火，則以牛羊爲賂。去皆步行，有乘牛者，返則驅馬而歸，北虜追入其地，地皆大林，朵顏伏於林中射之，北虜不敢進。守備陳明曰，古北口開平路皆山石，蒼苔冬夏常生，滑不可騎。

　　謙按：倫之言猶寶之言也，雲冒所謂大林者，即萬松溝也。夫朵顏竊馬，必由密雲獨石，是自南始折而北，必其西北地險不可驅馬，或藉我邊障蔽，使北虜不覺耳。

　　效祖曰：余讀許司馬及楊恪愍二公薊鎮論、大寧考，誠有味其言之也。彼時北虜尚未知徑道，以肆內訌之謀，而二公雍容即署間，亦未歷邊陲當壁壘之責也，乃憂深慮遠。其言一一中肯欵，使非其有經畧之抱，即受事猶貿貿爲已惡，能逆睹於未形，如燭照數計，能無錙銖爽哉！

鄭端簡公曉①薊鎮論②

　　國初，即古會州大寧地設北平行都司、興營諸屯衛，封建寧藩，與遼東、宣府聯絡東西，爲外邊。已而，魏國公③經畧，自古北口至山海關增修關隘，爲內邊，以故薊州西接居庸，北折而東，南抵海上，盡漁陽、盧龍皆其管內，船④泛登萊，陸走趙魏，肩肘奚達，襟帶原澤，馮翊京師，號稱雄鎮。又地壤深厚，樹畜魚鹽黍稷之利，甲於圻內。文皇靖難，兀良哈內附，乃徙北平行都司於保定，爲大寧都司，而散布興營諸衛京府之境，大寧地盡界兀良哈，通貢互市，爲我藩籬，朵顏、大寧、福餘三衛是也。自是紅螺、白雲之北，弃與戎寇，遼東、宣府聲援隔絕。諸夷裂我險阻，闖我門庭，要我官賞，殘我吏民。喜峯、三屯、密雲、白羊僅僅收縮，譬之左臂癱腫，則上谷孤子，後背傴僂，則盧龍單薄，哽其喉吭，則遼海坐隔，扼其胃腹，則陵寢警逼，失計甚矣！正統

---

① 鄭曉，字窒甫，海鹽人，嘉靖二年進士。授兵部職方司主事，歷吏部考功司郎中、和州同知、太僕寺丞、南京太常寺卿、兵部右侍郎、右都御史協理戎政等。累官至刑部尚書。隆慶初，贈太子少保，謚端簡。參張廷玉《明史》卷一百九十九《鄭曉傳》，第 5271~5274 頁。

② 該文又收入鄭曉《吾學編・地理述下》，《北京圖書館古籍珍本叢刊》第 12 冊，書目文獻出版社 1998 年，第 591~592 頁及《國朝典彙》卷一百五十九《兵部二十三・九邊說・薊州》，《四庫全書存目叢書》史部第 266 冊，第 390 頁。

③ 魏國公，指徐達。達，字天德，濠州人。從朱元璋起兵，屢建功勳，封魏國公。洪武十八年卒，追封中山王，謚寧武，配享太廟。參張廷玉《明史》卷一百二十五《徐達傳》，第 3723~3730 頁。

④ ［校］船，底本不清，據《國朝典彙》卷一百五十九《兵部二十三・九邊說・薊州》，《四庫全書存目叢書》史部第 266 冊，第 390 頁補。《吾學編・地理述下・薊州》，《北京圖書館古籍珍本叢刊》第 12 冊，第 591 頁作"艘"。

以前，夷心畏服，方隅①寧謐。土木之變，三衛爲也先嚮導，始命都御史鄒來學經畧，已而總兵參將、内臣增設日多，三衛亦矯詐反復，然尚未敢顯言爲寇也。弘治中，守臣楊友、楊瓊燒荒，掩殺無辜，邊釁遂起。正德以來，部落既蕃，朵顔獨盛，陽順陰逆，累肆侵噬，花當脅求添貢，把兒孫深入擄掠，動稱結親，迤北恫疑中國，而參將陳乾、魏祥先後陷沒，以故三衛日驕。嘉靖中葉，蘭臺輒要官賞，請益貢數，禍機所伏，不待智者而知也。天壽山七靈在焉，北望烽堠不數里，已巳之變，祠官不能至昌平。昌平陵衛吏卒如僑寓，增兵繕障於斯爲急。古北口、潮河川俱要害，而潮河川本殘元避暑故道，尤爲虜衝，作橋則浮沙難立，爲塹則漲水易淤。都御史洪鍾雖嘗設有關城，勢孤難守。議者欲塞川流，建石墩數十，令其錯綜宛轉，下通流水，上傳烽火，亦一策也。喜峯口三衛貢道稍深峻，燕河營、太平寨、馬蘭峪、密雲四營聲勢相援，虜即至中，兩營當其衝，燕河、密雲相掎角。遵化、三屯、建昌固其内防，虜當大挫。永平、梁城間無虜患，亦無海寇，若乃山麓林莽，伐供柴炭，日就疏薄。嘉靖中，胡守中又出塞盡斬遼、金以來松林百萬，自撤藩蔽矣！

效祖曰："胡守中嘉靖中以都御史奉璽書行邊，於喜峯口創建來遠樓，採木者以是也。守中恃寵驕恣，凌轢邊臣，尋以贓敗，樓後爲水衝没，今基址猶存。"

方瑜日紀曰

文皇帝靖難，捐大寧城與三衛降胡，移都司於保定，是當夷狄積衰之餘，而吾中國之力足以制之不難也。正統土木兵潰之後，三衛陰導北狄，東夷入寇，然其迹未顯。弘治以來，生齒日蕃，而朵顔花當要我加貢，其子把兒孫入我肆掠，其迹亦屢見也。丘文莊嘗曰：京師東北藩籬單薄之甚，異時卒有外患，未必不出於此，誠有見也。

兵部防邊集議

一、定責任。總督、總兵、巡撫等官設置已久，責任均重。但近年總督、巡撫每以地方失事，身受重辟，總兵官反得脫網幸生，夤緣復用。以故論者遂欲專責總兵官，殺賊有功之賞，失事之罰，凡總督、巡撫皆不得預，蓋有所激耳。夫人之常情，必利害切己，而後肯竭力以有爲；與人共事，必功罪相同，而後肯一心以求濟。且諸邊巡撫各有軍務職銜，其所奉敕書，各有訓練調遣等語。如令專管糧餉，而臨機調度，悉以責諸總督爲近，其聽命誠便。若山西、遼東、甘肅、寧夏、保定諸將，不令取裁於在近之巡撫，而遙制於在遠之總督，其能及乎？合無今後總督鎮撫仍令各遵照敕書行事，遇有功罪，自總督以至副、參、遊、守、兵備有司，凡有兵馬城池之責者，查照職任，一體酌量論賞行罰，著爲定例，以杜推諉之私，以彰公平之義。

---

① ［校］隅，底本墨丁，據《吾學編·地理述下·薊州》，《北京圖書館古籍珍本叢刊》第 12 册，第 591 頁補。

一、明戰守。凡用兵者，必審地利。薊鎮、山西形勢各別，則戰守不可以不辨也。蓋薊鎮層巒叠嶂，天險可固，當以守爲主，修邊之功決不可廢。然虜狡計百出，率數歲一入，又不可專恃守而不習戰，能戰之時，又未可輒先弃守。除薊鎮入衛官兵未敢輕議減撤外，但該鎮以各邊勁卒經年驅之修邊，人困馬飢，坐耗銳氣。而本鎮衛所官又因有客兵修邊，通同將官，將主兵賣閑役占，侵冒軍糧，致使兵疲於非所當用，財匱於無所稽考，均爲失策。合無行令總督，將諸鎮入衛官兵專責以戰守，無事則同各標兵嚴加訓練，遇警則令分有信地者登墻拒守，原擬策應者隨賊同往截殺。及將本鎮主兵專責以修邊之事，庶戰守有資，而工程克就。至若宣府之當守，南山、保定之當謹哨探，大同之搗巢，遼東之積貯，吏部所論已明，合令查照施行。

一、申軍令。夫將所以能制軍之命者，以能賞之、官之、治之、戮之也；大將之所以能制偏裨之命者，亦以能賞之、官之、治之、戮之也。今各邊自總兵而下，即臨陣鮮有能戮一部卒者，其部卒既知退而必生，孰肯進而犯死戰之？所以不能取勝也。至於副、參、遊、守等官，本受總兵節制，今與總兵各領兵馬三千，無異僚寀。總兵之令，僅能行於所部，而莫克行於偏裨，如是而失事，獨罪總兵，此其心所以不服也。合無立爲定例，凡係領兵官，不分副總、參、遊、守，臨陣之時，但有部卒退縮者，許各即時斬首。其領兵官臨陣退縮者，把總以下許總兵及副總、參遊即時斬首，呈總督奏聞。參、遊、副總，許總兵官取具死罪招由，呈總督奏請。中間如有懷挾私仇，臨陣報復者，聽督撫、巡按御史指實參究，從重治罪。

一、重將帥。將官之與文臣，其職原各有專掌，其文移原各有體式，其相見禮儀原各有定規。但近來文臣凌辱將官，侵奪所職，而將官又或曲求容庇，甘自屈於文臣，此事權體貌所以日卑也。合無今後加慎總兵之選，務在得人，各營中軍、千把總、管隊等官，悉許自行舉用，而督撫、巡按、巡關御史俱不得干預。惟所用不公及通同壞法者，仍聽照常舉劾，參遊、守備等官，有不稱職及與地方不相宜者，許總兵開具實迹，送督撫、巡按參治更調。總兵、副、參、遊擊遇有遣諜用間等項公用，督撫處給支費，歲終造册奏報。至於糧草、器械、馬匹等項，或有缺少，及或給發而不堪食用、騎坐，城堡等項或有坍塌，及或修理而不堪守禦，並許大小將官申稱，督撫查究處置。總兵見總督，副總、參遊見撫按，自稱則呼名稱，總督則曰軍門，撫按曰本院，督撫、巡按如有仍受各官非分之稱，不亟令改正者，督撫聽巡按御史參劾，巡按御史聽科道糾劾。其兵備、守巡等官，責望奉承，搜求過失，尤爲可惡。今後各宜痛革，如仍故違，許將官申呈吏、兵二部，訪實參究。督撫、兵備巡歷所至，各將官不許餽送下程，張設筵宴。督撫、兵備亦要嚴行拒絕，毋令借此剝害軍士，盜破錢糧。違者，巡按御史通行參治。

一、練軍兵。今之邊臣，在薊鎮既專役軍士修邊，而終歲之間操練，曾不數行。合無行令總督、鎮撫等官，自隆慶二年爲始，各將軍士選立教師，倍給糧餉，俾教以火器、弓箭、槍棍、挨牌等藝，之中尤以火器爲要。除祈寒盛暑外，其餘月分，不論在邊在鎮，務要時嘗操演。先分練以較其能否、優劣之實，次合練以使知隊伍行陣之制，必以等第加賞行罰。凡犒賞及製辨器械之費，督撫悉爲處給，歲終造册奏報。而又申嚴號令，使聞鼓必巡歷所至，或於各兵調到之日，親自閱視，併各將官分別賞罰，其最無績效者參奏處治，則庶幾兵可以精，虜可以制矣。

一、團民兵。燕、趙、三晋，古稱用武多材之地。乃今二虜入犯，豈獨懷忠負義者有敵愾之心，即在庸人亦必思報前仇而防後患。惟無人以團聚之故，情暌勢散，不能獨奮耳。合無通行督撫、兵備，令督率有司，將各鄉各里各戶揀選壯丁，編成什伍，仍就其中，推一素有身家信義爲衆所服者，立爲堡長、副名色，給與冠帶，俾統領之。無事則共習騎射，有警則同爲拒守。仍伺便利出剿零賊，若有生擒斬級，照依軍人每功陞一級，世襲，不願陞者，賞銀五十兩。堡民得功，其堡長副亦照軍職部下擒斬例陞賞。前項民兵，上司、有司止許閱視賞罰，不得拘喚、送迎及調赴他處別用，違者及奉行無實者，並聽總督、撫按究治。

一、廣招納。今之虜中蓋多華人，彼皆生長中國，雖身被搶擄，陷身異域，然豈能無父母墳墓之思，鄉土妻子之念乎？但因前此將官利其馬匹首級，殺以報功，故不敢自歸，而其幸獲生還者，有司又不加撫恤，使反視沙漠爲樂土。近年兵部題有招降事例，前項妄殺之弊既已稍革，今年又奉詔書多方招徠，未歸之民亦已願歸矣。但賞格未立，猶未競勸，相應查酌，群議舉行。合無通行各邊總督、鎮巡，一面於邊關城堡大張板榜，一面多置木牌，開寫招降俗語，插於邊外賊行道路曉諭。

一、儲人才。天之生才，自足供一世之用，固未嘗借於異代也。矧今聖明在上，豈患無人？特儲之不素，故臨事有乏才之嘆耳。合無令九卿科道，於凡內外官員之有才畧過人、忠誠任事者，各舉所知，疏名具奏下部，再訪查照資俸議請，添注於兵部堂司及各卿寺，以備任使。如或狥私妄舉，日後僨事，即查舉主，重加罪罰。至於薦舉將官，往時指揮預薦者多，千百戶、鎮撫預薦者少，殊爲未廣。今合通行督撫、巡按併各差御史，令將千百戶、鎮撫一體查訪奏薦，但不許以巧承迎餙詞説誇誕無實之人充數。其所屬軍民人等，訪有精通火器、弓矢、槍刀等項藝能，及力舉千斤、勇當萬夫者，誠果是實，即資給路費，差人伴送，兵部覆試，酌量奏請錄用。軍門贊畫人員，巡按御史盡數查處，嚴加考試，甄別去留。庶進用之途廣，而奸欺之門亦塞矣。

效祖曰："人材之所當儲，誠如司馬議。第先年有武舉贊畫，皆自司馬部，檄之出後，以吹竽者濫，遂革罷。乃今督撫職下材官如林，皆四方擔簦躡屩之人，安知其無東郭生在乎？要之，招徠之道貴廣，任使之法貴公，不問其類，不泥其方，即取十一於千百，於邊計未必無補云。不則，孟嘗之客雞鳴狗盜，既以脱人於險，而囊錐自薦者，又何得於所不知①之毛遂乎？則惡可執一以廢一也。"

效祖曰："余竊見廟堂之上，每遇烽火達甘泉，則大司馬輒集諸臣議防邊，此與臨渴掘井奚以異乎？比幸而警息，即有金石之畫，衿襘所當遵者，不束之閣則覆瓿耳矣！《詩》曰：彼求我則，如不我得，執我仇仇，亦不我力②。"

昌鎮制疏

集議

淮安侯華雲龍③論塞上要害

署曰：塞上諸關，東自永平、薊州、密雲，西至五灰嶺，凡二千二百餘里，外通隘道一百二十有奇，其官坐嶺王平、紫荆口、蘆花塞，尤爲要害，須設險置兵爲守。

都御史汪倫屏蔽京師論

署曰：黄花鎮，正爲京師北門，東則山海，西則居庸。居庸之外，雖有永寧，而兵力單弱。山以西，越賈兒嶺，即爲胡馬之場矣。

丘文莊公濬論大都形勢④

署曰：漢、唐都關中，被山帶河，四塞爲固，所以搤天下之吭而拊其背也。今京都勢大，被太行諸山，襟帶大海，非漢、唐都關中比。然漢、唐去邊幾千餘里，今京都北抵居庸，東北抵古北口，西南抵紫荆關，近者百里，遠者不過三百里。所謂居庸，則吾之背也，紫荆，則吾之吭也。據關中者，將以搤中國之吭而拊其背，都幽燕者，切近於北狄，則又將使其反搤我之吭而拊我之背焉。所以防蔽之者尤加意可也。

巡關御史王士翹居庸論

居庸兩山壁立，巖險聞於今古，蓋指關而言。愚謂居庸之險不在關城，而在八達嶺，是嶺關山最高者，憑高者以拒下，其險在我。失此不能守，是無關矣。踰嶺數百

---

① ［校］知，底本不清，據民國間抄本補。
② 語出《詩經》，見《毛詩正義》卷十二《小雅·節南山之什·正月》，《十三經注疏》本，第713頁。
③ 華雲龍，定遠人。從太祖起兵，歷大都督府僉事、北平行省參知政事、都督同知兼燕王左相等。洪武三年封淮安侯。二十三年追論李文忠、胡惟庸黨，除爵。參張廷玉《明史》卷一百三十《華雲龍傳》，第3824~3825頁。
④ 該文又見於邱濬著、林冠群、周濟夫校點《大學衍義補》卷六十八《治國平天下之要·備規制·都邑之建下》，京華出版社1999年，第729頁。

步,即岔道堡,實關北藩籬,守岔道所以守八達嶺,守八達嶺所以守關也。由八達嶺南下關城,真所謂降若趨井者。關北門外,即閱武場,登場而望,舉城中無遁情況。往來通衢,道路日闢,雖並車可馳,故曰險不在關城也。關東灰嶺等諸隘口,外接黃花鎮,内環陵寢,更爲重地,經畫猶或未詳。關西白羊口號稱要害,城西門外,去山不十丈,而山高於城數倍,岡坡城漫,可容萬騎。虜若據山,則我師不敢登城,拓城以跨山,今之急務也。長峪、横嶺通近懷來,均之可慮,而横嶺尤孤懸外界,山高泉涸,軍士苦之。鎮邊城雖云腹亦喉舌地,川原平曠,無險阻之固,雨霽溪漲,淹沒頻仍,越此而南,即長驅莫遏矣。是故鎮邊之當守,其形難察也。此固一關險夷,然去京師咸僅百餘里耳。門户之險,甚於潼、劍。設大將,屯重兵,未雨徹桑之謀①,其可一日不講哉?

按察副使郡人崔學履②防守黃花鎮論

　　陵寢之重,以黃花鎮爲之緊要,而黃花之重,以四海冶爲門户,乃唇齒相須之地。是故四海冶內撫屬夷,外禦强虜,凡遇警報,黃花爲山南,欲行隄備鎮。後與四海冶潜通一小徑,爲傳便路,然往來者亦由之地。恐歲久不禁,以成通衢,在經畧之所不及,巡察之所未周,變出不測。雖亟爲之禁不可得矣!若塞此道,則四海冶警報必由居庸以達黃花,關間二百餘里,不能便捷。爲今之計,絕其往來,不失警報便捷,斯圖萬全。愚意,當以邊墻通道適中之處建一敵臺,臺之上置屋以便直宿。臺分内外,黃花撥軍三十名,四海撥軍三十名,分爲三班,每日黃花軍十名,四海軍十名,在臺直宿。凡傳報文移到,即刻隨自外而入者至臺下,黃花軍傳遞,自内而出者,四海軍傳遞。每傳以二人,至於臺軍輪流挨次,如有失誤者,定以軍法從事。如此則傍徑雖塞,而傳報亦不違矣。

楊恪愍公守謙大寧考

　　宋宣和四年,金主阿骨打攻遼燕京,遼主延禧走雲中,留守李處温以耶律淳稱帝,遥廢延禧爲庶人。耶律淳尋死,其妻蕭氏稱太后,主國事。金兵至居庸關,厓石自崩,戍卒多壓死,遼兵不戰而潰。阿骨打至燕京,自南門入,蕭氏自古北口趨天德。

　　謙按:此遼人走古北事也,宣府西有天德山,《遼史》又以天德爲中受降之地,然中受降在大同境外直西五百餘里,勢不相及,以宣府爲是。夫金人之攻遼也,先取上京,今廣寧也;次中京,今大寧也;次西京,今大同也。然後由居庸取燕京,大寧既爲

---

① 未雨徹桑之謀,未雨前就剥下桑樹皮捆紮門窗,比喻事先做好準備。語見《毛詩正義》卷八《豳風·鴟鴞》,《十三經注疏》本,第515頁,"迨天之未陰雨,徹彼桑土,綢繆牖户"。鄭玄箋:"綢繆猶纏綿也,此鴟鴞自説作巢至苦如是,比喻諸臣之先臣,亦及文、武未定天下,以此固定官位與土地。"
② 崔學履,昌平人,嘉靖二十九進士,累官至尚寶司少卿,隆慶間修《昌平志》八卷,佚。參光緒《昌平州志》卷七《選舉志·進士》、卷十六《藝文録》,光緒十二年刻本,葉1b。

金有矣。蕭氏乃能走古北，大寧西鄙，北出之捷路也。此亦可證哉。金人起遼東，取大寧矣，不由大寧取燕京，乃西取大同，由居庸入，豈惟金哉？遼人起遼左，立中京矣，不由大寧取燕京，乃西取宣大，亦由居庸入。元人起和林，於開平密邇也，不由古北取燕京，乃南取宣大由紫荊入，豈以古北諸口皆狹路微徑，非大兵出入地邪？我成祖皇帝舉大寧與人，若不甚惜，而於宣大、紫荊諸關經營獨詳，豈非有見於此哉？雖然鄧艾①入蜀不由劍閣，尚讓②入陝不由潼關，兵亦何常之有。此蘇洵氏③所謂奇與伏也，亦惡可忽諸？

效祖曰："今議者多謂黃花鎮擁護陵寢，稱要害。余親抵其處，楊總帥四畏為余言。此外，近四海冶有索振、阿羅、豆兒諸夷住牧，頻年思釁，不與北虜交構，信是則議備黃花者，非哲門也，盡信言不如無言云。"

真保鎮制疏

集議

大學士商輅④固險議

謂紫荊、白羊、倒馬諸關口，宜用旁近官軍守之。京營兵無固志，不可用。其時，肅愍公⑤覆奏曰：紫荊、白羊、倒馬近因虜賊入寇往還，俱由各關口進入，且連年砍伐柴薪，附近山場為之一空。又山坡平漫，可通人馬，難於修守，以此京營發兵協助，或一萬或四千五千，此蓋權時之宜。即今修守已及三年，頗有次第。今賊情難測，正在緊關隄防之際，宜暫存留，候邊務寧息，另行定奪。

效祖曰："文毅公謂，京營兵無固志，不可用，良是！然國家費太倉數百萬，歲養

---

① 鄧艾，字士載，義陽棘陽人，三國魏國名將。初任都尉學士，歷尚書郎、南安太守等，累官至征虜將軍假節都督江南諸軍，景元二年卒，追贈衛將軍。參《三國志》卷二十八《魏書·鄧艾傳》，第775頁。

② 尚讓，黃巢起義將領之一。參寧可《尚讓的結局》，載《北京師範學院學報》1979年第1期。

③ 蘇洵氏所謂奇與伏也，即蘇洵《嘉祐集》中所謂，"攻正道而不知奇與伏道焉者，其將木偶人是也。守正道而不知奇與伏道焉者，其將亦木偶人是也"。參蘇洵著，曾棗莊、金成禮箋注《嘉祐集箋注》卷二《權書·攻守》，上海古籍出版社1993年，第44頁。蘇洵，字明允，號老泉，眉州人，參《宋史》卷四百四十三《蘇洵傳》，第13093~13097頁。

④ 該文又見於商輅撰、孫福軒編校《商輅集》卷四《奏疏一·邊務疏》，浙江古籍出版社2012年，第43頁，"臣又訪得永平等關口，官軍精壯，人民安業。而紫荊、倒馬一帶關口，官軍怯弱"一段。輅，字弘載，淳安人，正統十年進士。授翰林修撰，歷左春坊大學士、太常卿、兵部右侍郎等。累官至吏部尚書、太子少保、謹身殿大學士。年七十三卒，贈太傅，諡文毅。參張廷玉《明史》卷一百七十六《商輅傳》，第4687~4691頁。

⑤ 肅愍公，即于謙，字廷益，錢塘人。永樂十九年進士，累官至兵部尚書。英宗奪門之變中以謀逆罪被殺。弘治二年諡肅愍，萬曆時改諡忠肅。參張廷玉《明史》卷一百七十《于謙傳》，第4543~4551頁。

鼯鼠，將安用之？愚以爲，以漸驅役，俾之習知戰鬥事，稍稍當有鋒捍者出。譬人家有盜至，其健夫且逡巡退避，寇再來數來，則三尺童子皆欲執挺格之，無畏心矣！誰謂京兵終不可用乎。"

大學士丘濬險要論①

嘗觀元人《進金史表》曰：勁卒搗居庸關，北扴其背，大軍出紫荊口，南扼其吭，此古今都燕者，防患之明鑑也。然搗居庸而謂之扴背，出紫荊而謂之扼吭，其立言之間，輕重緩急，不問可知。

總制嚴蘭經畧議

昔孝宗皇帝②遣蘭經畧東西諸關，召至平臺，賜白金中錠，聖諭若曰："各關密邇京畿，關係至重，爾去用心整理。"大哉，王言！宗社之至計也。夫是時去己巳之變殷鑒孔邇，人懷懼心。今承平既久，忽玩之心生焉。萬一酋中有如也先者，長驅而入，不知將何以待之？爲今之計，宜舉祖宗故事，公遣大臣往經畧之。一自黃花鎮而東，歷密雲、馬蘭、太平、燕河至山海關止。一自黃花鎮而西，歷居庸、白羊、紫荊、倒馬至龍泉關止。凡戍卒之消耗、兵甲之凋敝、墻塹墩堡之圯壞，與夫召募土著、儲峙芻糧，諸凡固圉强邊之事，令其親閱修舉之。聖天子臨軒面諭，付之便益，責其成效，不效則治之罪。如此數年，邊關不固者未之有也。

都御史蘇祐屯兵要地論

紫荊關北，自沿河口起，至倒馬關吳王口止，最爲緊要。蓋二關山雖險絕，河流中斷，外恃宣大，犄角在人，故必有兵屯保定、蔚州，或蔚州之桃花村，方爲有濟。且保安、桃花去馬水口、白羊口爲近，有兵於此，蓋不特南封紫荊之浮圖、倒馬、插箭，而亦可爲馬水、白羊地矣。若夫龍泉之外有平刑、故關之邊，新補築則勢稍緩矣。

楊恪愍公守謙紫荊考畧

嘉靖辛丑③，虜酋俺答大舉寇山西至平定，議者皆謂宜備真定，扼井陘。壬寅④，復大舉寇山西，至澤、潞，議者復謂宜備河南，扼太行，未有以紫荊爲慮者。謙嘗深稽

---

① 該文於《大學衍義補》卷一百五十《治國平天下之要‧馭夷狄‧守邊固圉之畧上》，第1305頁更詳。
② 孝宗皇帝，朱祐樘，明朝第十位皇帝，年號弘治，葬泰陵。
③ 嘉靖辛丑，嘉靖二十年，即公元1541年。
④ 壬寅，嘉靖二十一年，即公元1542年。

往牒，唯此關所係爲至重，於是有隱憂焉！夫虜入大同，越雁門、寧武至平定、澤、潞，往返已二三千里，若又越井陘、太行，寇真定、河南，往返有千餘里。兵法未有越重險往返三四千里趨利者，即有之，亦不過遊騎耳。若其由大同越紫荆直五百里，雖神京亦不過七八百里，以此較彼其利害，豈不相萬萬哉！且虜寇山西，譬則盜入別墅離館也，入紫荆，則升堂入室矣，主人得安乎？今幸盜過其門而不入，乃曰：盜不窺吾家，遂外户不閉，可乎？且虜越大同寇山西者，非愛大同，固以大同無所掠也。山西人畜已稀，堡砦漸空，是亦大同矣。虜必將息慮於彼，改圖於此，紫荆之備不可一日緩也。

一、虜再入山西，然於國勢未有大損。若越紫荆薄都城，則京師戒嚴震警，九廟號召勤王，駭聞寰宇，其患有不可勝言者。以此較彼，其利害豈不相萬萬哉！

一、紫荆自易州設山場，關之山木斬伐殆空，非復昔之險隘。關内即唐、完二縣，人每載米由諸口於蔚州、廣昌賣之，諸口日益夷漫寬衍矣。

一、京營四都司班軍，固累年操執錕畚者，宜於紫荆關歲發一萬人，白羊、倒馬各六千人，分爲二班，以防守爲名，因而修築險隘，以經畧大臣節制之。一舉而兩益，計無便於此者。

一、嘉靖十二年，大同軍變，虜復大舉入寇。兵部尚書王憲①恐虜深入邊關，奏遣東官廳總兵官張輗②率東廳兵守東關，西官廳總兵官江桓率西廳兵守西關③。按，遣二將守諸關，是矣。但險未設於平時，而倉卒遣將，事何由濟？幸虜不知入耳。

巡關御史王士翹紫荆圖論畧

昔虜騎犯順内，猾畿輔，往往經此，厥有明徵，而其故安在？當閱視關厄，遍歷山谷，因以知之。紫荆負山臨河，勢非不險，而近在内地，不足以據一關之樞，所恃爲固者，群隘耳！統而言之，紫荆居中，群隘居外，自爲掎角，尚藉聲援。重紫荆，屯兵馬，爾已守群隘以却敵，杞人之憂，尤有不能忘者。

巡關御史王士翹故關圖論畧

一、龍泉之險有四。林木蓊欝也，道路阻艱也。五臺峙其西，滹沱逸其南，據墻而守，虜必不能越重險以肆其憑陵。所可慮者，五臺多寺，遊僧往來，奸細莫辨，譏察之令，不可不嚴，此其爲害者一也。未築邊墻之先，四望山林，悉屬關隘，砍伐有禁。今則墻以内官軍守之，墻以外僧商合黨，且旦而伐之，無所畏憚，是以若彼濯濯，此其爲

---

① 王憲，其傳見本書卷八。
② 張輗，其傳見本書卷八。
③ 《明世宗實錄》卷二百十四嘉靖十七年七月壬午條，第4393頁，"命西官廳都督僉事江桓掛印充總兵官，分守宣府地方"。

害者二也。去此二害，以據我四險，何虜之足畏哉！

一、通論四關之險，則龍泉為上，倒馬次之，居庸又次之，紫荊又次之，新城口斯為下矣。至論四關之勢，則紫荊為急，居庸次之，倒馬又次之，新城又次之，龍泉斯為緩矣。

巡撫都御史孫丕揚徵朋銀補馬議畧

據紫荊兵備副使高文薦呈前事，行據管關同知張燭呈稱，查得保定標兵營故事，如倒死馬一匹，該先任尹總兵議，今本軍出銀三兩，合營攤銀九兩，隨倒隨買。此後法久弊滋，軍以久而益困，馬以久而益耗。今欲照九邊事規，每遇倒死馬匹，應追椿銀，都指揮三兩，指揮二兩五錢，千百戶鎮撫二兩，旗軍一兩五錢，走失被盜各加五錢。其朋銀，每半年都指揮、指揮出銀六錢，千百戶、鎮撫出銀四錢二分，旗軍出銀三錢。其騎操馬匹，已越十五年之外老病倒死者，免追椿銀。如有一二年倒死者，或借貸并盜失者，俱於各軍名下追補。等因。委應依擬。但查各軍每月食糧一石者，大月折銀六錢五分，小月折銀四錢五分；八斗者大月折銀五錢二分，小月折銀三錢六分，如每半年出銀三錢，則每月扣朋銀五分矣。合無畧示寬減，除前議官軍椿銀每都指揮、指揮每月各出朋銀一錢，千百戶、鎮撫各七分外，應令軍士每月出朋銀四分。等因。呈詳到道，案照本年五月，蒙巡撫都御史孫批，准總兵傳手本，前事蒙批，仰易州道議報繳，蒙此，已經備行保定管關同知張燭會查議詳去後。今據前因，合無候詳允示備行鎮守衙門。將本營倒死馬匹，悉照九邊事例，每匹都指揮追椿銀三兩，指揮二兩五錢，千百戶、鎮撫二兩，旗軍一兩五錢，走失被盜各加五錢。其朋銀，每月都指揮、指揮各扣銀一錢，千百戶、鎮撫各七分，軍士四分。遇領俸糧之期，該營開行監放，委官知會，就於官軍月糧銀內按月照數扣除，俱發斷事司貯庫。每半年請委司衛首領官一員，同該營千把總官一員，識馬旗甲十名，於產馬地方收買，解赴本鎮驗烙，給發缺馬官軍領騎。馬價不必拘定九兩以上十兩以下，止量其馬口齒膘息兩平，收買大約不出十二兩之外，用剩銀兩照舊還庫。仍令該營置立循環文簿二扇，送本道印發，該營中軍官收掌。將每季扣過椿朋、買過馬匹，并用剩銀兩各數目，及委官旗甲姓名，一一登填明白，每半年倒換一次往前。馬匹如在十五年外老病倒死者，查明免追椿銀，若一二年內倒死，或借貸并被盜，俱於各軍名下追補。庶事有定規，各知遵守，上下無議，營伍有裨矣。等因。照詳蒙批，銀兩依照九邊例，於官軍按月扣貯，委官買馬，其立簿稽銀諸議，聽該道行買過馬數報完知會繳。

易州兵備按察使高文薦本鎮關隘議

保定府議曰：兵衛稱雄，品式咸具，內瞻而外藉，屹為畿西之巨藩，籌者謂東西之交也，戎馬之會也。諸當擐兵以待焉，噫盡之矣！

易州議曰：易維右輔，經制斯備，守在四郊，庶幾其易易也！

滿城縣議曰：邑小而法易，維民信而令不格，以言乎守望，則戒矣！修我戈矛，君子知所以率之哉！

唐縣議曰：邊壤孔邇，民計益瘠，居則安之集之，警必先謀焉。斯其有唐乎！

完縣議曰：昔稱壯哉，今或殊矣。三農九穀，荒成胥恃焉，通之惠之，存乎關市云耳。

淶水縣議曰：地逼宛、涿，薄龍、馬，邊戶之樂戍也，久矣。復其身不拂其情，奉故而履常，是爲司牧。

紫荊關議曰：紫荊關界浮圖、保定之中，阻山不險，帶河不深，所恃浮圖、烏龍、寧靜三總爲之外戶。如正統己巳之役，聞有倒取紫荊者，其夷險蓋可知已。守在外戶，則紫荊固，一潰其防，何取於紫荊哉？

浮圖峪議曰：浮圖峪西，平原大道，直鄰廣昌。嘉靖年間大舉數入，將卒蓋連蹶矣。秋防集戍甚多，利在以守爲戰。故兩山夾擊，則孤山以東難。五墩齊發，則拒馬河、帽兒山難。嚴備蛩狐，則夾河、神峪難。若長嶺、長橋、天橋三口，外山重疊，復道紆岐，虜欲得志尤難矣。

白石口議曰：白石口西連插箭嶺，北指廣昌縣，南通完縣，地方衝等浮圖峪，虜經德勝墩下，數挑我師，恃有叢木擁城，方池橫道，卒不可入。故其守亦易於浮圖峪也。若羊圈子，若鶯鴿峪，其勢愈高，其效愈速。

寧靜安議曰：寧靜安與所轄蜂兒溝、薄頭安幾二十里，爲一邊之極衝，虜已兩度。使當時稍遲退志，徑趨五虎嶺口，斯長驅保定之郊，浮圖、紫荊將安用哉？緣山城之下，即連廣昌大川，一揮可及，萬騎可屯，欲通保定，蓋無捷於此者。所恃新城堪守，高阜堪憑，其用力較之浮圖，似易易也。他口抑緩。

烏龍溝議曰：烏龍溝轄衝緩之口四，自廣昌團堡以達本口僅懸鳥道，茂林巘石亂之，忙兒溝一帶雖接神樹界嶺，橫連陡渠亂截，斯亦足恃也。

馬水口議曰：馬水口亦稱極衝，同康家溝、狼兒溝、定樂安，俱北通宣府舊保安地方，各岩徑一百八十里許。又獨石、大峪口、道水口、柏連潤、石羊港，俱西通大同、蔚州地方，各峯嶺一百七八十里。惟馬水口、康家溝內險外平，城下可屯戍馬。第虜衆到此，不勝厄塞，據險而守，勢皆在我。嘉靖年間建官設守，一如紫荊，要以外逼宣府，內逼涿、宛，不得不然耳。

沿河口議曰：沿河口外通懷來城，百餘里中有渾河，足稱天塹。西三十里，有衝口天津關。去宣府僅一百五十里，宛平五十里，關下稍通戎馬，所恃城建山瘠頗費，攀躋以上制下，亦稱得地。他口特通徒行，皆自來虜迹所罕及者，謂非險阻之故耶。

大龍門議曰：崇壁倚天，亂流布地，虜之欲闖門戶，蓋難矣。所轄松陀、蔡樹二口，下山有川，登山有徑，俱得衝名。蔡樹之守尤急，虜或入此，則宛、涿震矣。然虜必越宣鎮，度麻黃嶺，甫落保豐川，去宛、涿雖近，圖歸實難，伏要害而邀擊之，未有不得其利者。

金水口議曰：金水口在馬水之西，去蔚州一百八十里，層巒插雲，稠林蔽日，不患虜之外窺疆界，所患馬水、烏龍之必由者，故無警。若有警，必據其所轄諸口，皆天險無足慮者。

效祖曰："余嘗轉餉至易水，詢里中故老，無不以紫荊爲要害者，乃今日諸家僉同之議，先後若不謀焉。《詩》有之：'國雖靡止，或聖或否。民雖靡膴，或哲或謀。'① 其謂是乎！"

遼鎮制疏

集議

巡按御史胡文舉東南疆場議②

遼東湯站堡東，地名九連城及夾江等處，地土雖廣闊膏腴，實朝鮮接界。先年邊民私墾盜耕，隨禁隨弛。嘉靖年來，奸民周偉等將前田強占，又越開馬耳山等島，共田一百九十餘頃。朝鮮國因華夷之民住種混雜，交通行竊，地方受害，咨行都司，轉呈巡按衙門，委官勘明查革，分立石碑三座，俱刻"遼東軍民不許在此住種，朝鮮軍民不許在此採取"。至嘉靖十六等年，周偉等將碑內"不"字改鑿爲"本"字，仍糾同積惡達官，并小民何重信等群奸集計占種，陸續盜賣，并指稱打點詐收過住户陳通、徐釧等八十餘名，得銀一千二百餘兩。累歲朦告，承種起科，弊害多端，復將勘阻官員，捏本奏稱，盜賣疆土。准行巡按衙門踏勘查議，國初以鴨綠江爲界，東屬朝鮮，西屬遼東，且湯站堡所轄馬耳山、蝦泥溝等處，又係虜夷出没要路，頻行争訟騷擾，邊釁不息。具疏，奏將誆害官民照例問遣，改立石碑刻扁，禁諭所屬軍民，不許在此住種。仍行都司備咨朝鮮，嚴禁夷民再不許越江採取。永爲定規。

知州郡人張鉞區處北虜議③

一、守邊更備之策。大抵虜得志於中國者，不越乎勁馬奔衝，設伏於險，令餌誘之是也。夫中國之所能者步戰也，所不能者馬戰也。北虜之所能者，馬戰也，所不能者步戰也。今中國弃其所長而專用所短，彼得我失，此北虜之所以屢入而得志也。自宣德之

---

① 語見《毛詩正義》卷十二《小雅·小旻》，《十三經注疏》本，第740頁。
② 該疏又見於嘉靖《遼東志》卷七《藝文志·經畧》，《續修四庫全書》第646册，第654頁。胡文舉，字道卿，閩縣人，嘉靖四年舉於鄉，官御史。參乾隆《閩縣志》卷四十《選舉五·明·舉人》，乾隆二十一年刻本，葉51b。
③ 該文又見於嘉靖《全遼志》卷五《藝文上·經畧》，《遼海叢書》第1册，第657頁，文字有差異。鉞，義州衛人，景泰七年舉人，歷順天府通判、解州知州等，參嘉靖《遼東志》卷六《人物志·學術》，《續修四庫全書》第646册，第642頁。

世，匈奴來，多不過百十餘，少或至二十騎。我惟利於用馬，而步卒之追逐者，往往不及。今其來犯少者不下數千，多者或至數萬，蹄踏塵突，倏爾陰霾晝晦，弦鳴矢注，迅於風雨雷電。今欲破敵，術亦不難，以軍士論之，馬軍四分，步軍須六分。以兵器論之，長兵以制遠，短兵以制近。夫槍雖短矣，古人用之以制近，遠則捨之，專用弓箭。弓箭雖長，人怯而發射無的準，與無何異？故虜人敢馳入吾陣，由無槍制之於近也。弩雖遲矣，古人用之以制遠，今則捨之而專用神銃。神銃雖長，三發而火藥不能施，與無何殊？故虜人敢踐吾行伍，由無弩射之於遠也。又今之團牌，即盾之別名，制形與盾異，而甚利於拒馬。今則忽之，僅有名存。愚以爲三物皆不可廢。如大堡五十人，皆操弓箭。步軍三十人，以十人操長槍，五人操團牌，十人操木弩，五人操神銃。行營則馬軍二十人，臨陣馬軍十人，間置於步軍二十人中，使之外以拒敵，餘十人使之內守，有間則與前人番休爲外敵。賊衝而遠，則用弓箭神銃三長兵擊射之，賊衝而近，則用團牌長槍三短兵拒刺之，所謂長短互用是也。且牌舞，虜馬必驚而難前，槍刺，賊刃必短而不及。馬步相參，長短互用，破之必矣。

　　一、嚴戰弭兵之策。戰守雖二事，實不可偏廢。是古之爲國者，可戰則責之戰，不敢拘於守也。可守則責之守，不敢輕於戰也。自正統己巳①至弘治庚戌②，戰事寥寥無聞，雖間有一二小捷，皆非堂堂之陣。愚所謂戰，謂因其犯我疆場，勵吾將士與之殊死以戰，使之痛切懲創，必不敢輕犯，惟所患者，無如是之將耳。夫將者，國之輔也。沿邊之將，專城而擁衆者，在在有之。然不知用人，以至弱其國者，類非才之不足也，類非任之不重也，由賞與罰之廢以至此耳。蓋賞罰者，決勝之機也，故賞金，則廉者動心而致命，貪者其有不然乎？罰金，則怯者畏威而致死，勇者其有不然者乎？廉、貪、怯、勇，四者用命致之，亦無難爲矣！今之用兵或全軍敗沒，止行降級之罰。或立毫芒之小功，或傳斬首之虛報，皆冒上賞。刑賞不中，人無勸畏，孰肯致命而立大功哉！邊患不息，武功不兢，此之故也。

兵備僉事劉九容海運議③

　　看得遼東三面阻夷，如物墜囊中，出入無路，幸有旅順口一帶天造地設，陰爲遼東之門户也。自唐以來，久爲經行之路，數十年閉而不開，向古今通塞之不相侔與。況山東與遼名爲一省，如人一身，當使元氣周流而無滯，茲者關隔於中，使兩地秦越千里，

---

① 正統己巳，正統十四年，即公元1449年，此代指"土木之變"。
② 弘治庚戌，弘治三年，即公元1490年。但弘治庚戌疑爲嘉靖庚戌，該年俺答汗包圍北京，史稱"庚戌之變"。
③ 該文又見於嘉靖《全遼志》卷五《藝文上·經畧·海運議》，《遼海叢書》第1册，第659頁，文字有差異。

若不相屬，不圖轉運之利，反置之無用之地矣。又況軍民人等，偶聞欲開海運，不啻重見天日，遠邇勸騰不止。金州一隅而已，人情如此，地里可知。爲今之計，隨民間有力者各置船隻，從先年故道自相貿易，往過來續，如陸路然。登、金兩岸，官司設法稽查，其歲月布花，仍依原議徵收，折色照舊，從關起解。如此，庶事不假歲月而可舉，官不憚煩勞而允齊矣。

苑馬寺卿陳天資海運議①

　　切惟遼東之於山東原爲一省，遼海自金州抵登州僅一宿程。國初，布花由海運抵旅順，糧米由海運經登州，趨旅順，抵開原。開原城西有老米灣，即其卸泊處也。正德初年，登州守臣具奏，布花暫解折色，蓋一時紓省民力之意，年復一年，至循爲海防之禁，不知何所見而云爾也。方今天下一統，雖異方異國，猶得懋有無以阜財，衰多寡以利用，矧此同封之區，豈宜分彼此，而閉關絕謝也。或有以患風波爲說者，然江、浙、閩、廣、蘇、松海舟往來不絕，未始以風波故遽絕沽，豈特遼海之中能溺人哉？或又有以慮倭患爲說者，然自劉江望海堝之捷，至今不敢窺遼，且其國距遼遠甚，而遼又居登萊海島之內，東南山一帶險壖隔海千餘里，倭豈能飛度至遼也？或又有以慮逃軍爲說者，然考海商之出自遼者，引給於察院，掛號於苑馬寺，驗引有金州之守備，驗放有旅順之委官，抵登則又有該府通判之驗，有備倭都司之驗，法亦嚴密甚矣，逃軍豈能越度？況遼餘穀粟而乏絲枲，一切撫夷賞軍及民間日用之物，皆惟內地是賴。寧前一綫官道，虜阻不通，商貨罕至，且金、復海島之民，往往有盜駕輪者，奚若明開此禁，使遼粟日輸於南，而南貨亦日集於遼。貨集則稅增，稅增則用裕，足國安邊，莫大於此。

參議張邦土條議畧②

　　一、加糧銀以免逃移。照得遼東軍人節年荒歉，貧已到骨，今雖稍蘇，如病初起，厚加培養，始克自立，使其衣食不足，誰肯仡足以待斃耶。今每軍月支銀二錢五分，止糴米斗餘，僅足十日之用，十日之外，又將何資？況數月不得支，即此既不足使隨營以出，得支行糧，猶可以少濟也。而每軍日支米一升五合，簸出糠粃，僅足一飯之用，一飯之外，又將何資？況數日不得支耶。軍士逃避，士馬殘缺，營伍空虛，率以此故。合無特爲題請，將年例主客銀兩依時查發，而二錢五分之外，或再爲增添，庶衣食可充，而逃移可止矣。

　　一、厚哨望以便進止。照得冒險深入偵探賊情者，責在夜不收，孤立登高瞭望風火

---

① 該文又見於嘉靖《全遼志》卷五《藝文上·經畧·海道奏》，《遼海叢書》第1冊，第666頁。陳天資，其傳見本書卷八。
② 該文又見於嘉靖《全遼志》卷五《藝文上·經畧·條議》，《遼海叢書》第1冊，第666頁。

者,責在臺軍。二項軍人趨避不及,則傷於達賊鋒鏑之下,傳報不同,而糧賞須比諸軍加厚,乃可以責其出死力,以濟吾用也。今月糧亦止二錢五分,分毫無加,飢餓切身,安望其不避艱危、盡心探瞭?所以偵探多不實,烽火多不明,地方失事多由此。合無將夜不收、臺軍月糧加倍關支,庶恩結於苦戍,而哨探可得其力也。

一、嚴清勾以實行伍。照得洪武年間,因遼東二十五衛主軍不敷,故於天下十三省編發填實,間有逃者,各衛遞年造册送部,轉行清勾。但人畏遠戍,營求買免,里老、吏書因而隱匿更改其名。該清軍衙門又利害不切於身,視爲末務,是以累經清勾,未見解報。夫本鎮既已無人,各省又不解補,此行伍日見其空也。合無行各省清軍衙門,嚴立法制,定以限期,將發去逃絶文册逐名清出,抽選精壯,拘連妻小,處給盤費,解衛補役,各取收管繳照。若有仍前怠忽,以十分爲率,勾補不及八分者,聽該省及本鎮撫按查參究治。庶清勾不遺,而充實可待矣。

一、處馬騾之價。訪得各驛軍士貧者居多,供應公差之費已爲不貲,而又責之買馬,何以堪命?查得開原、撫順二關,每年貢馬一千五百匹,舊例給軍騎操,率皆瘦小,不堪實用。合無於內撥五百匹,每匹估銀二兩,着落開原馬市官及撫順備禦官召人易買,一年可得銀一千兩。酌量驛站衝緩,人力厚薄,分發高平、小凌河、沙嶺三驛各九十兩,連山、盤山、東關三驛各八十兩,高嶺河、沙曹莊、牛莊、十三山五驛各六十兩,杏山、閭陽、鞍山、沙河、撫順驛各三十五兩,虎皮營、懿路二驛各二十五兩。每軍領銀五兩,收買膘壯騾一頭。各赴該道衙門驗印走差,則價出自官,而貧軍免買馬之費矣。

一、議處賞宴以蘇困苦。爲照先年刊定繇册,各衛有公宴、貢夷酒席銀兩,及副總兵燒荒撫夷鹽米,每年用費固雖不多,當此凋殘,勢不易辦。及撫順關撫夷布鍋等項,原以蓋州等衛葦炭銀兩解用,此因彼處連遭搶虜,追徵不前,往往呈討,以庫貯別項那借,終屬不便。查得撫順關夷人進貢馬匹,原議給發無馬軍士騎操。今照各夷貢馬,皆老病不堪,虛充數目,中間雖有一二稍可者,操軍領去,甫及旬月,亦便倒死。其不堪者無處發落,祇得責令堡軍自出草料喂養,及至倒死,官馬追皮髒銀六錢,軍既受累,官無實用。若使夷人都貢好馬纔收,似與犬羊爭較小利,以阻向化之心。合無將前貢馬驗收之後,除果膘壯高大堪用者,照舊呈發與軍騎操,其老瘦病損者,解至遼陽,赴太僕寺或分守道,定估價值,召人買用,屯民貪其價廉買去,用心喂養,猶可騎坐。以一年驗馬五百匹計之,貴賤相兼,可得銀一千餘兩。是昔者委之壑①而今則貯之庫也,以供宴待,以充撫賞,則貧人可免追納,官庫可免那借,爲益亦不小也。

參議張邦土經署邊備議

一、分任地方以便責成。查得遼陽副總兵敕內,有與總兵官分地畫守之語,蓋指三

---

① [校]壑,底本不清,據民國間抄本補。

岔河以爲界也。中間又將河西高平遊擊聽其節制，夫高平去副總兵駐劄之地二百七十餘里，去鎮守駐劄之地八十餘里。高平一帶有警，副總兵應援不能即到，其心必曰："此我遙制之地，雖失事勘事者，必能體亮。"未免有自諉之心。鎮守雖無坐視之理，應援必速，其心未必不曰："此副總兵所分之地，責各有歸。"亦未免有自諉之心。如上年沙嶺失事，佟鎮守被參，乃行奏辨是也。彼此俱諉，地方安賴？合無遵照分地，以河爲界，則事體專一，責成有效，彼此無所推諉矣！此亦應於敕書內改易。

一、分屬衛治以重事權。查得本鎮寺道衙門，分管地方事務，各有統屬，衛分多者八九，衛少者二三衛，上下相承，以便行事。近年將太僕寺加以憲職，請有敕書，無理、西平等堡兵備，止管盤山、高平、西興、西平、西寧、東昌六堡，獨無衛所。竊以爲事權頗輕，職務不稱也。再照西平等堡操備軍士，海州居多，沙嶺、馹遞又係海州衛屬所，若不將該衛專聽管轄，則營伍缺乏，勾補不便，驛遞廢弛，整搠難行。合無將本道所屬海州一衛割屬該寺，即於本城駐劄，并將該衛原管東勝堡亦隨統理，不惟體統明，而事使相承，又且事權重，於制敕相稱矣。此亦應於敕書內更易。

一、修設險阻以資保障。查得本①鎮一十五衛，惟蓋、復、金三衛地方廣闊，生齒繁庶，種養蕃多，物產富厚，各營軍伍賴以充實，各處驛遞資其幫助，誠全遼命脉所係之地。近年連遭大虜，蕭②條已極，其修山城嚴趨避，撥官兵貼守禦，非不曲爲之防，然猶未得要也。訪得蓋州城北二十餘里，有青石嶺一派之山，實稱天險。其西有海山寨一路可以通，則二處乃三衛咽喉所出入。合無調三衛之夫，將青石嶺修築一關，以便經行。遇冬多發兵馬火器以守之，其山平漫可到之處，通行劈鑿，務令陡峻，難以攀緣。又於海山寨之路採伐樹木，栽立虎牢三層，東盡山邊，西極海畔，然亦不過十五里之闊也。虎牢之外挑品坑，虎牢之內密設火器，虎牢三層，彼此相去各止二里。每遇冬防，隱列火器，如蕩犯炮之類，不用人執，暗施機關，使賊來一觸，衆炮齊擊，傷人馬，自生疑畏。如此三次，勢不能前。且地多品坑，不能馳驟，賊必退遁，三衛可安，三衛安則生養，遂則全遼之命脉，庶乎延長而無慮矣。

一、改屬遼堡以便統制。查得瀋陽高架子臺地方，及蘇鬍子等屯，常被竊賊侵掠，問其來路，則自遼陽副總兵該管長營堡臺空進入。瀋陽官兵追剿至界，以不係所屬而止，故賊入得利，往往易脫。夫長營堡相去瀋陽止四十里，其去遼陽則一百二十里，近者易制，遠者難及，此事理之必然者也。若將長營堡割屬瀋陽遊擊，管堡官聽其調度節制，則號令易行，事機可乘，上下一心，竊賊可以剪除。其視副總兵官遙制者，功效萬萬不同。此係該於敕書內改易。

---

① ［校］本，原作"木"，據民國間抄本改。
② ［校］蕭，原作"瀟"，據文意改。

一、許開舊市以示羈縻。查得長安堡地方，乃虜賊入犯必由之路。先年開設馬市與彼交易，虜人稱爲金路。彼既借此可以得漢財物，我亦藉此可以得夷賄利。後來因彼叛服不常，間行誘殺，遂爾斷絶。近日夷人往往寫遞番文，復求開市，揆之事理，似亦可從。蓋遼陽官軍馬匹最爲難買，長安地方又爲虜衝，若一與之市，則官軍得買馬之便，商賈獲交易之利，官府收稅課之益，虜賊雖不能保其不犯，而長安一帶彼必有所顧惜，而不敢肆行出入矣。一處之安，一處之利也。

参議張邦土經畧邊備議

一曰復舊邊。查訪得國初之時，廣寧至開原東西直路止有三百餘里，不知何時乃將顯州故地、遼陽故城及猪耳山、老虎林等處高腴之地委之於虜。乃隨遼河東西設立邊堡，回屈迂繞，延長八百餘里，使虜處我腹心，左右睥睨，時常竊掠。至冬月冰堅，聲東擊西，疲我奔命，彼處其逸，我當其勞。且夾河設二十餘堡、四將官、十備禦，將多兵分，備多力寡，此所以廣寧以東無寧謐之日也。若以八百里之兵力守三百里之邊境，則將有剩員，兵有餘力，地有餘利。計其修築邊牆、改建公署之用，所費不過帑藏二十萬之財，所勞不過地方三四年之力耳。則邊鎮可以久安長治，而畿輔之左臂壯矣。

一曰①減徵調以衛地方。照得遼東兵馬節遭灾荒殺擄，遺留無幾，每年應調過關者，胡堯勳②馬軍三千、徐鳳翔③馬軍一千、倪宗堯④步軍四千，皆極全遼之選敢戰之士也。其選剩疲卒，每秋總兵官率領，抵關策應，以致本鎮城堡空虛，戰守無人，達賊乘虛而入，往往得利。如今歲，云總兵方至寧遠，而達賊已犯錦州。胡堯勳方回廣寧，而達賊已犯盖州，皆明驗也。况薊鎮猶多可調之兵，遼東曾無外援之望，舍己之田而耘人之田，既已不便。况選調之弊不止一端，官吏肆賞放之貪，部伍起行求之費，常選一人而百十人受害。合無將應調入衛兵馬，或留馬軍，或留步軍，以爲本鎮戰守之資。庶彼此不失，而緩急有濟矣。

一曰分駐劄以便戰守。查得原題遊擊駐劄之地，倪宗堯者則曰鎮武堡固有定所，楊四畏者則曰寧前未擬某處。夫城堡大者不過數百家，小者亦止數十家，今以二三千兵馬住於一處，故叢居共火，男女混雜，勢衆人強，薪米侵用，居人受害不可勝言。合無將楊四畏駐劄中後所，隨住馬軍一千員名，其餘馬步分於沙河、東關二驛，錦州、新興、墨莊窠三堡。倪宗堯駐劄鎮武堡，隨住馬步官軍一千員名，其餘分於沙嶺、西興、西寧、盤山等四處。所在備禦提調管堡等官，俱屬統攝。如此則遇有警報，地里相鄰，調

---

① ［校］曰，底本原無，據上下文格式補。
② 胡堯勳，其傳見本書卷八。
③ 徐鳳翔，其傳見本書卷八。
④ 倪宗堯，其傳見本書卷八。

集甚易，聲勢相倚，戰守俱宜。既免侵擾居民之害，又得兵家犄角之形，亦經久之一計也。

一、立撫治以靖奸宄。夫審勢者，貴察其徵。弭變者，必防其漸。訪得海、蓋東南一帶，山谷甚大，土產頗豐，資生既易，流移爭趨，且地無定屬，人皆結黨勾攝，不敢入其境。官府無以施其法，實奸盜之窟，逋逃之藪也。若不早為之處，恐醞釀既大，致生他變。合無添設撫治通判一員，在於黃谷島、連邦峪適中處所、綉崖地方，建設府衙駐劄。凡東南山雜住軍民，不分衛分，俱屬管攝。若係逃軍逃囚，即行解遞，地方詞訟錢糧，聽其受理催徵。如此則法紀昭彰，豪猾警服，奸盜可弭，而地方無患矣。

僉事黃九成防東夷議①

看得開原地方為邊極北，南至瀋陽二百里，去遼陽三百二十五里，去廣寧六百八十里，道路既遠，緩急應援實難。開原參將舊額人馬五千員名，近年疊遭兵荒，馬步止有三千餘員名，疲弱居半，是地方之危險莫過於開原，兵馬之消耗亦莫甚於開原也。說者曰：鐵嶺添設精兵二千，備禦改為守備，仍聽開原參將節制。南可以接瀋陽，北可以應開原彈壓外夷之心，壯我華夷之威，似亦有見，而竟莫之行者，豈非以事大難，時憚興作乎？臣以為二千兵馬，一時難募，且招募一千名，安家銀兩照例，初年五兩，次年二兩，再次年一兩，照數題請給發。應有糧賞，該道會行管糧郎中議處，就於各衛哨扣除還官銀內支給。馬匹動支官銀易買，料草行移管糧衙門查給。備禦名銜改為守備，令其時加訓練，以為南北聲援。如是，則兵勢日強，緩急有濟矣。

僉事黃九成撫西夷議②

看得開原慶雲堡離城四十里，舊設守堡官一員，官軍二百九十員名，每遇福餘衛夷人入市，參將同馬市備禦官帶領人馬前去撫賞。然開原南市猶有海西交易，顧此失彼，或生意外之虞。且慶雲堡兵馬自災荒之後逃亡過半，難以一堡單弱之卒抗三衛鴟張之虜。合無於慶雲堡內添設備禦一員，古城、鎮夷、永寧俱屬管理，專一駐劄慶雲堡，撫賞西夷。招募軍五百名，馬五百匹。其軍士當年給安家銀五兩，次年二兩，三年一兩，照數題請給發。蓋立營房安插家小，近堡開田，任其耕種，五年之後量為起科。其月糧、馬料、賞賜，就於近年清出逃故倒死軍馬銀內支給。其軍士馬匹，就於進貢夷馬內俵給，如有不敷，動支官銀易買，期以半年，事當就緒。然慶雲一堡地方窄狹，前項人

---

① 該文又見於嘉靖《全遼志》卷五《藝文上·經畧·添設兵馬以備東夷議》，《遼海叢書》第1冊，第667頁。但《全遼志》作者貫以"前人"。
② 該文又見於嘉靖《全遼志》卷五《藝文上·經畧·設立備御以撫西夷議》，《遼海叢書》第1冊，第667頁。

馬必須分駐，慶雲堡一百名匹，古城、鎮夷、永寧各一百名匹，通舊四堡人馬共有一千餘名匹。責令慶雲備禦，時加撫恤訓練，平居則修理戎務，遇警則往來截殺。如夷人入市衆多，參將馬市官前去慶雲，同本堡備禦撫賞，留開原備禦，帶領左哨人馬駐劄開原，以防互市，遥爲聲援，亦保邊禦虜之策也。

禮部主事許論遼鎮論　嘉靖十三年①

　　遼東，《禹貢》青、冀二州之域，舜分冀東北爲幽州，即今廣寧以西之地；青東北爲營州，即廣寧以東之地。三面瀕夷，一面阻海，特山海關一綫之路可以内通，亦形勢之區也。歷代以來，地皆郡縣，我朝盡改置衛，而獨於遼陽、開原設安樂、自在二州，以處内附夷人。其外附者，東北則建州、毛憐、女直等衛，西北則朵顔、福餘、泰寧三衛，分地世官。互市通貢，事雖羈縻，勢成藩蔽，是以疆場無迤北之患。顧東北諸夷，屋居耕食，不專射獵，警備差緩，而西北則俗仍迤北，竊發頗多，若大舉入寇，則亦鮮矣。故遼東夷情與諸鎮異，要在隨勢安輯，處置得宜，先事申嚴，防守不墮，俾恩威竝立，足制其心，斯計之上，而俘斬論功則第二也。開原、廣寧竝據襟吭，金、復、海、蓋，頗稱沃野，海上自劉江之捷②，倭賊絶迹。弘治中，曾一見之，未及岸而逝。三岔河南北亘數百里，遼陽舊城在焉，草木豐茂，更饒魚鮮。自國家委以與虜，乃遂進據心腹，限隔東西，守望勞費，道路迂遠，遼人每憤憤焉。成化以來，論者率欲截取而屢作屢輟，竟不可行。他如革馬市之奸欺，糾驗放之抑勒，塞請開之貢路，禁驛傳之騷繹，增臺軍之月給，教百姓之儲蓄，專制一方者，不得不任其責矣。

鄭端簡公曉邊鎮論③

　　遼東寔有遼東西地，東、北、西皆民地，南阻海，惟山海關內通畿甸，蓋渤碣之外一都會也。西南起山海，歷醫無閭、長白諸山，包絡北面，南走海上，海、復、蓋、金以西接盧龍，可渡登、萊，泛吳、浙地，饒魚鹽穀，爲國初馬雲④、葉旺⑤經畧，置衛所，不復如古設郡縣，獨遼陽、開原有安樂、自在二州處降夷。其保塞奚夷，東北則建

---

① 該疏又見於《明經世文編》卷二百三十二《許論・許恭襄公邊鎮論・遼東總論》，第 2436~2437 頁。
② 劉江之捷，指永樂十九年望海堝大捷。參谷應泰《明史紀事本末》卷五十五《沿海倭亂》，中華書局 1977 年，第 842~843 頁。劉江，其傳見本書卷九。
③ 該文又可參《吾學編・地理述下》，《北京圖書館古籍珍本叢刊》第 12 册，第 590~591 頁及《國朝典彙》卷一百五十九《兵部二十三・邊備・九邊說》，《四庫全書存目叢書》史部第 266 册，第 389~390 頁。内容稍有出入。
④ 馬雲，其傳見本書卷八。
⑤ 葉旺，其傳見本書卷八。

州、毛憐、女直諸衛，西北則兀良哈朶顏、福餘、太①寧三衛，分地置官，互市通貢，恩威羈縻，爲我藩蔽，而奸闌出入亦不能盡禁。東北諸夷，屋居耕食，不專射獵，警備差緩，西北倍仍。北虜時時抄掠，故遼東備與諸鎮異，要在隨勢安輯，先事防守，俾信義相懷，足制其心，斯爲上計。俘斬論功，第二義也。寧遠東西兩屯頗安給，錦義地瘠寡生理，廣寧無屯營之利，率仰給轉粟。與遼陽隔河河且數百里，遼陽舊城在焉，草木豐茂，更饒魚解，國家委與諸夷，彼進據腹心，限隔東西，守望勞費，道埋迂遠。成化以來，屢議收復，屢作屢輟，竟不可行。遼陽以此益聚多兵，多食益窘。開原三城，三面受敵，六②堡難復，二虜輒巢清陽鎮，夷間聚謀我，我失漁樵之利。又翟我男女易畜產二江外，否即繫之耕織，日夜無休，時西馬市廢，蒲河懿路殘破不可言。撫順通夷貢市，內外皆山，多伏竄虜，我難於斥望。瀋陽雖有關虜馳牧，外險內夷不能援。鳳凰璧戟，東垂雅鶻，鎖鑰西境並海，四州恃得勝之捷，無海寇。弘治中，嘗一至未及岸而去。然遼水南注，海益不能洩，患沮洳矣。

巡撫都御史張學顏遼鎮議

遼鎮邊長二千餘里，邊堡一百二十餘處，外鄰三面强虜，內通一綫危途，總計食糧官軍止七萬二千，分散於各城堡各營衛之中，調聚則顧此失彼，分防則勢寡力微。每軍月支米一石折銀二錢五分，馬支料冬春六個月，每月折銀一錢八分，即歲稔，不足數日支用。自嘉靖戊午③大饑，士馬逃死三分之二，前撫院如王公、魏公皆殫力經理，雖地方稍就底寧，尚未復全盛之半。至隆慶庚午年④九月，大將戰亡，自參將而下，一時死事又數十人，士氣愈懦，虜勢益驕。繼以荒旱相仍，餓莩枕籍，外患內憂，勢如厝火。辛未⑤二月，顏承乏至境，先請帑銀賑恤，次清實行伍，招撫逃移，整理甲仗，處備火器，補買馬匹，加築臺圍⑥，葺理城堡，申嚴哨探，明信賞罰，黜貪懦將。領數員創修平洋堡，以通兩河咽喉；修正安堡、移遊擊，以厚鎮城藩蘺。凡保固疆宇、輯和將士之事，不敢不究心焉。故三年間，地方幸無疏虞，且有微功。閱視汪公謂，撫臣以收保爲完策，以輕率爲寡謀，繕修城堡臺垣爲內治計，即虜至亦無大失，虜去備之如初，真灼見。鄙人撫捫之心矣，但今議修邊墻未可旦夕取效，而薊北諸虜日⑦伺本鎮，不遑不

---

① ［校］太，底本及民國間抄本皆作"大"，據《吾學編·地理述下》，《北京圖書館古籍珍本叢刊》第 12 册，第 590 頁改。
② ［校］六，底本不清，據民國間抄本補。
③ 嘉靖戊午，嘉靖三十七年，即公元 1558 年。
④ 隆慶庚午年，隆慶四年，即公元 1570 年。
⑤ 辛未，隆慶五年，即公元 1571 年。
⑥ ［校］圍，底本不清，據民國間抄本補。
⑦ ［校］日，原作"伯"，據民國間抄本改。

止，精兵抽於入衛，部卒苦於奔防，請益月糧，催完逋賦，使芻粟稍充，士馬半飽，以戰爲守，以人爲墻，是調理元氣，對病藥石，而廟堂數輕視之。竊以薊强則京畿安，遼强則薊安，輔車唇齒，一體相依，似不可少有輕重。或謂九邊宴如遼，雖不靖，一指之傷耳，何能爲害？嗚呼！金起女直，據中原，今虎視遼東者，不一女直也。謹微慮遠，可忽未然之防哉。

　　效祖曰："士君子抱用世之憂，閉戶據桯，指山畫谷於邊務，有概於衷者往往發之，言議豈無合機宜、中縈窾者乎？然不必盡出諸登陴仗鉞者之口也，要在當事者廣詢兼聽之耳。如必曰杞人、愚公，築舍盈庭，何用此啾啾者爲也？則孔明所謂集衆思、廣忠益者，又安得有涓埃之助乎？"

四鎮三關誌卷之七，終

四鎮三關誌卷之八

職官考

四鎮職官總論

效祖曰："人君代天理治，其勢不能自致之民，故設官分職，弭節縱橫，而拊髀推轂者，尤於被邊文武重焉。然文以護軍督餉，武以仗鉞敵愾，均之於疆場，宣猷而永奠金湯之業者也。然其階秩有崇卑，設置有先後，職任有繁簡，要之因地量材，而銓品非漫施。文自督撫以及部使憲司，武自總、副以及分區禦守，索耦①序位以詳著之，作《職官考》。"

薊鎮職官

部署

總督府嘉靖二十九年建薊州，防秋暫移密雲。三十一年，巡按御史蔡揚金②請駐密雲縣。

巡撫都察院正統十四年設，初建遵化縣治東，正德六年遷於城西北隅。

巡按察院嘉靖三十一年③建於都城。

密雲糧儲户部分司洪武十一年建於密雲縣城。

---

① ［校］耦，底本不清，據民國間抄本補。
② 蔡揚金，字子礪，衛輝人。舉嘉靖甲辰進士，授溧陽知縣，擢察御史巡茶陝西，再巡按順天。歷陞浙江左布政使，以入覲卒於京邸。多有惠政。傳見《明分省人物考》卷八十九《河南衛輝府》，第84~85頁。
③ ［校］原有兩個"年"字，其一爲衍文，據民國間抄本改。

薊州糧儲户部分司成化元年建於薊州城。

永平糧儲户部分司嘉靖四十三年建於永平府城。

密昌漕運户部分司萬曆二年建於通州城。

山海關守關兵部分司宣德九年建於山海關城。

密雲兵備按察分司弘治十一年建於密雲縣城。

薊州兵備按察分司嘉靖二十九年建於薊州城。

永平兵備按察分司嘉靖三十九年建於永平府城。

天津兵備按察分司弘治四年建於天津衛城。

密雲管糧通判公署嘉靖二十九年建於密雲縣治南。

薊州管糧通判公署隆慶三年建於遵化縣城。

永平管糧通判公署嘉靖三十年建於本城。

密雲武學隆慶六年建於密雲縣城。

薊州武學隆慶六年建於遵化縣城。

永平武學隆慶六年建於永平府城。

總兵府永樂二年建於寺子谷，景泰四年改建於三屯營城。

東路協守副總兵公署正統元年建於建昌營城。

中路協守副總兵公署萬曆四年請改三屯標下右營舊署建。

西路協守副總兵公署弘治十三年建於石匣營城。

東路南兵副總兵公署隆慶六年建於燕河營城。

中路南兵副總兵公署隆慶六年建於漢兒莊城。

西路南兵副總兵公署隆慶二年建於石匣營城。

密雲

督府中軍公署嘉靖二十九年建於督府轅門西。

左遊擊公署嘉靖三十七年建於密雲縣城。

右遊擊公署嘉靖四十二年①建於密雲縣城。

振武遊擊公署天順六年建於②密雲縣治城東南，初爲鎮守都指揮公署。

輜重遊擊公署萬曆元年建於密雲縣城。

永勝坐營公署隆慶四年建於密雲新城。

鎮虜遊擊公署建於鎮虜營城。

---

① 嘉靖四十二年，雍正《密雲縣志》卷三《兵制》，雍正元年刻本，葉 1b 作"嘉靖四十三年"。《四鎮三關誌》同卷前後載時間，時間差爲一年，且《薊鎮職官·部署》所載時間早於《薊鎮職官·武階》的，通常設置職官的時間，要晚於實際建設公署的時間。

② ［校］於，底本、民國間抄本均無，據上下文意補。

遵化

撫院中軍公署嘉靖四十三年建於撫院門西。

左遊擊公署嘉靖四十三年建於遵化縣城。

右遊擊公署隆慶二年建於遵化縣城。

輜重遊擊公署隆慶二年建於遵化縣城。

三屯

鎮府中軍公署隆慶五年建於三屯營城。

左遊擊公署隆慶三年建於三屯營城。

右遊擊公署隆慶三年建於三屯營城。

輜重遊擊公署隆慶五年建於三屯營城。

保河車營遊擊公署隆慶六年建於三屯營城。

建昌坐營都司公署萬曆元年建於建昌營城。

山海路分守參將公署嘉靖三十九年設，建於山海關，初爲遊擊公署。

石門路分守參將公署嘉靖三十六年設，建於石門寨，初爲遊擊公署。

臺頭路分守遊擊公署隆慶三年設，建於臺頭營。

燕河路分守參將公署正統元年設，建於燕河營。

太平路分守參將公署正德十年設，建於太平寨。

喜峯口分守參將公署萬曆二年建於本口。

松棚路分守遊擊公署隆慶三年設，建於龍井兒關。

馬蘭路分守參將公署永樂二年設，建於馬蘭峪。

墻子路分守參將公署嘉靖三十年建於墻子嶺。

曹家路分守遊擊公署嘉靖四十年建於曹家寨。

古北路分守參將公署嘉靖三十年建於古北口。

石塘路分守參將公署嘉靖三十三年建於石塘嶺。

密雲守備公署嘉靖四十五年建於密雲縣城。

三河守備公署弘治年建於三河縣城。

薊州守備公署嘉靖三十一年，改營州右屯衛舊址，建於薊州城。

遵化守備公署天順年建於遵化縣城。

崔黃口守備公署嘉靖年建於崔黃口城。

永平守備公署弘治十一年建於永平府城。

三屯守備公署隆慶三年建於三屯營城。

一片石提調公署嘉靖四十年建於本口城。

大毛山提調公署嘉靖四十年建於本城。

義院口提調公署嘉靖四十年建於本口城。已上三處屬石門路。

界嶺口提調公署嘉靖四十年建於本口城。

冷口提調公署嘉靖十九年建於本口城。已上二處屬燕河路。

擦崖子提調公署弘治五年建於本口城。

青山口提調公署嘉靖十九年建於本口城。已上二處屬臺頭路。

桃林口提調公署弘治八年建於本口城。

李家口提調公署萬曆四年建於本口城。

榆木嶺提調公署嘉靖十八年建於本嶺城。已上二處屬太平路。

董家口提調公署嘉靖十八年建於本口城，屬喜峯路。

龍井兒提調公署洪武年建於本城。

洪山口提調公署洪武年建於本口城。

羅文谷提調公署洪武年建於本谷城。已上三處屬松棚路。

大安口提調公署。

寬仙口提調公署。

黄崖口提調公署。

將軍營提調公署已上四處俱永樂年建於本城，屬馬蘭路。

鎮虜營提調公署嘉靖十九年建於本營城。

墻子嶺提調公署嘉靖十九年建於本嶺城。

古家庄提調公署萬曆元年建於本城。已上三處屬墻子路。

曹家寨提調公署嘉靖三十五年建於本營城，屬曹家路。

古北口提調公署。

湖河川提調公署已上二處俱弘治七年建於本城，屬古北路。

白馬關提調公署嘉靖十六年建於本關城，後移於大水峪城。

石塘嶺提調公署嘉靖十六年建於本嶺城。已上二處屬石塘路。

通州衛左、右、中、前、後五千户所，鎮撫司，經歷司。

通州左衛左、右、中三千户所，鎮撫司，經歷司。

通州右衛左、右、中、前、後五千户所，鎮撫司，經歷司。

神武中衛左、右、中、前、後五千户所，鎮撫司，經歷司。

定邊衛左、右、中、前、後五千户所，鎮撫司，經歷司。以上五衛俱在通州城。

武清衛左、右、中、前、後五千户所，鎮撫司，經歷司，在縣治東。

密雲中衛左、右、中、前、後五千户所，鎮撫司，經歷司，在密雲縣城。

密雲後衛左、右、中、前、後五千户所，鎮撫司，經歷司，在古北口城。

薊州衛左、右、中、前、後五千户所，鎮撫司，經歷司，在薊州城。

鎮朔衛左、右、中、前、後五千戶所，鎮撫司，經歷司，在薊州城。

遵化衛左、右、中、前、後五千戶所，鎮撫司，經歷司，在遵化縣城。

興州左屯衛左、右、中、前、後五千戶所，鎮撫司，經歷司，在玉①田縣城。

興州前屯衛左、右、中、前、後五千戶所，鎮撫司，經歷司，在豐潤縣城。

興州後屯衛左、右、中、前、後五千戶所，鎮撫司，經歷司，在三河縣城。

興州右屯衛左、右、中、前、後五千戶所，鎮撫司，經歷司，在遷安縣城。

營州右屯衛左、右、中、前、後五千戶所，鎮撫司，經歷司，在薊州城。

營州中屯衛左、右、中、前、後五千戶所，中中千戶所，鎮撫司，經歷司，在平谷縣城。

營州前屯衛左、右、中、前、後五千戶所，鎮撫司，經歷司，在香河縣城。

營州後屯衛左、右、中、前、後五千戶所，鎮撫司，經歷司，在香河縣城。

東勝右衛左、右、中、前、後五千戶所，鎮撫司，經歷司，在遵化縣城。

忠義中衛左、右、中、前、後五千戶所，後右千戶所，鎮撫司，經歷司，在三屯營城。

東勝左衛左、右、中、前、後五千戶所，鎮撫司，經歷司，在永平府城。

永平衛中、前、後三千戶所，中左、中右、中前、中後、左前五千戶所，鎮撫司，經歷司，在永平府城。

盧龍衛左、右、中、前、後五千戶所，鎮撫司，經歷司，在永平府城。

開平中屯衛左、右、中、前、後五千戶所，鎮撫司，經歷司，在灤州境內。

撫寧衛左、右、中、前、後五千戶所，鎮撫司，經歷司，在撫寧縣城。

山海衛左、右、中、前、後五千戶所，鎮撫司，經歷司，在撫寧山海關口。

梁城所在寶坻縣東南一百四十里。

寬河所在遵化縣城。以上衛所建置年分見《沿革》。

倉附

龍慶倉在密雲縣。

石匣倉在石匣營。

豬圈頭倉在鎮虜營。

熊兒谷倉在平谷縣城外。

順義倉在順義縣。

將軍營倉在本城。

黃崖口倉在本城。

馬蘭谷倉在本城。

大安口倉在堡城。

---

① ［校］玉，原作"王"，據民國間抄本改。

羅文谷倉在堡城。

永盈倉在遵化縣。

洪山口倉在堡城。

漢兒莊倉在堡城。

喜峯口倉在堡城。

青山營倉在營城。

三屯營倉在鎮城。

古北口倉在古北口。

廣盈倉在墻子嶺。

廣豐倉在石塘嶺。

廣儲倉在白馬關。

廣有倉在曹家寨。

廣積倉在大水峪。

太平寨倉在堡城。

五重安倉在堡城。

豐盈倉在豐潤縣。

薊州倉在薊城。

薊州預備倉在薊州。

建昌營倉在營城。

劉家口倉在堡城。

燕河營倉在營城。

臺頭營倉在堡城。

界嶺口倉在營城。

石門寨倉在營城。

山海倉在山海關。

黃土嶺倉在營城。

效祖曰："薊鎮部署，頻年除牒紛輪，即論行間鞬鍪①，其委事受權者雜出，莫知所因，緣即有識者，不敢誰何之。顧使撫封應令者率多厮流伍之末，至擯不敢與頡頏。國家總摯之典，豈其辟易若是？"

① 鞬鍪，即鞬鏊。參《漢書》卷七十六《韓延壽傳》，第3214頁，"被甲鞬鍪居馬上"。顏師古注："鞬鍪即兜鍪也。"此處，鞬鍪代指士兵。

昌鎮職官

部署

總督府見薊鎮。

巡撫都察院見薊鎮。

糧儲户部分司弘治十二年建昌平州治西南。

昌平兵備按察分司嘉靖三十三年設，駐裕陵衛，隆慶六年建昌平州城。

霸州兵備按察分司正德二年①建於霸州城都察院西。

督糧通判公署嘉靖三十八年建於昌平州治東。

總兵府嘉靖三十八年設，長陵衛駐劄。

居庸分守參將公署洪武三十二年建於居庸關城。

黃花分守參將公署嘉靖三十年建於渤海所城。

橫嶺分守參將公署嘉靖三十二年建於橫嶺城。

永安坐營公署嘉靖二十九年建於昌平州城。

標兵遊擊公署嘉靖四十二年建於昌平州城。

昌平遊擊公署嘉靖三十七年設，萬曆元年改建昌平州新城。

鞏華遊擊公署嘉靖二十九年建於鞏華城。

昌平守備公署天順三年建於昌平州城。

懷柔守備公署□□②年建於懷柔縣城。

黃花鎮守備公署嘉靖四十年建於本鎮城。

灰嶺口守備公署隆慶四年建於本鎮城。

石峽峪守備公署隆慶二年建於本峪城。

八達嶺守備公署嘉靖四十三年建於本嶺城。

白羊城守備公署弘治十八年建於本城。

鎮邊城守備公署嘉靖四十五年建於本城。

---

① 康熙《霸州志》卷三《建置志·公署》，康熙十三年刻本，葉1b謂"兵備道，明正德辛未建"，即正德六年，公元1511年。嘉靖《霸州志》卷二《宮室志·公署》，嘉靖二十七年刻本，葉2b謂"兵備道，在都察院西，嘉靖戊申，副使周公復俊以舊道西偏廨舍撤而建之"，是記嘉靖二十七年（1548）重建的時間。

② □□，底本、民國間抄本均空缺二字。萬曆《大明會典》卷一百二十六《兵部九·鎮戍一·將領上》，《續修四庫全書》第791冊，第275頁謂懷柔守備，隆慶二年設；康熙《懷柔縣新志》卷三《官師》未記時間，但所記第一任守備為張紹忠，隆慶二年任，待考。

涿州守備公署□□①年建於涿州城。

渤海所提調公署嘉靖四十一年建於本城。

長峪城提調公署嘉靖初年建於本城。

長陵衛經歷司，鎮撫司，左、右、中、前、後五所。

獻陵衛經歷司，鎮撫司，左、右、中、前、後五所。

景陵衛經歷司，鎮撫司，左、右、中、前、後五所。已上三衛在昌平州舊城。

裕陵衛經歷司，鎮撫司，左、右、中、前、後五所。

茂陵衛經歷司，鎮撫司，左、右、中、前、後五所。

康陵衛經歷司，鎮撫司，左、右、中、前、後五所。

泰陵衛經歷司，鎮撫司，左、右、中、前、後五所。

永陵衛經歷司，鎮撫司，左、右、中、前、後五所。

昭陵衛經歷司，鎮撫司，左、右、中、前、後五所。已上六衛俱在昌平州新城。

延慶衛經歷司，鎮撫司，左、右、中、前、後五所，在居庸關。

涿鹿衛經歷司，鎮撫司，左、右、中、前、後五所，在涿州城。

涿鹿左衛經歷司，鎮撫司，左、右、中、前、後五所，在涿州城。

涿鹿中衛經歷司，鎮撫司，左、右、中、前、後五所，在涿州城。

興州中屯衛經歷司，鎮撫司②，左、右、中、前、後、中中六所，在良鄉縣城。

營州左屯衛經歷司，鎮撫司，左、右、中、前、後五所，在順義縣城。

涿鹿中衛後所在白羊口城。

鎮邊所在鎮邊城。

奠靖所在鞏華城。

渤海所在渤海所城。

倉附

居庸倉在昌平州城。

橫嶺倉在橫嶺城。

延慶倉在居庸關城。

奠靖倉在鞏華城。

黃花倉在黃花鎮城。

廣濟倉在懷柔縣城。

渤海倉在渤海所城。

---

① □□，底本、民國間抄本均空缺二字。

② ［校］原有"一"字，爲衍文，據民國間抄本改。

白羊口倉在白羊口城。

鎮邊倉在鎮邊城。

效祖曰："昌鎮封圻不廣，故掄才①程事，無羊頭貂尾之謠。獨謂諸陵衛多世及之冑，間不免有呰窳僕遫②者介其間，而督課提衡，要在上之人預爲之地耳！何至當膠轕之際，而僕僕借才於遐方哉？"

真保鎮職官

部署

總督府見薊鎮。

巡撫都察院正統十四年建於真定府城。

巡按察院建於真定、保定二府城。

戶部分司弘治十一年設，駐涿州，嘉靖十六年移建易州城。

易州兵備按察分司正德九年建於易州城。

井陘兵備按察分司嘉靖二十四年建於獲鹿縣城。

大名兵備按察分司建於大名府城。

真定管關通判公署嘉靖七年建於易州城。

保定管關通判公署嘉靖二十年改建保定府城。

總兵府嘉靖二十年改建於保定府城。

紫荊關參將公署嘉靖二十一年建於本關。

馬水口參將公署嘉靖三十三年建於本口。

倒馬關參將公署嘉靖二十四年建於本關。

龍固關參將公署嘉靖二十二年設於井陘縣，二十五年改建真定府城。

真定奇兵坐營參將公署萬曆元年建於真定府城。

真定民兵營遊擊公署嘉靖四十五年建於真定府城。

真定車營遊擊公署萬曆二年建於真定府城。

保定標兵遊擊公署嘉靖三十二年建於真定府城。

---

① 掄才，選拔人才。參《舊唐書》卷一百五十三《劉迺傳》，第4084頁，"今夫文部，既始之以掄材，終之以授位"。

② 呰窳僕遫，呰窳，苟且偷懶。參《史記》卷一百二十九《貨殖列傳》，第3270頁，"楚越之地……地埶饒食，無饑饉之患，以故呰窳偷生，無積聚而多貧"。僕遫，比喻才能平庸。參《漢書》卷四十五《息夫躬傳》，第2181頁，"左將軍公孫祿、司隸鮑宣皆外有直項之名，內實軟不曉政事。諸曹以下僕遫不足數。卒有強弩圍城，長戟指闕，陛下誰與備之？"顏師古注："僕遫，凡短之貌也。"

保定左營遊擊公署正德元年建於保定府城。

保定車營遊擊公署正德二年建於保定府城，萬曆二年改爲車營遊擊府。

定州遊兵營遊擊公署嘉靖三十二年建於本營。

保定忠順營都司公署嘉靖八年建於保定府城。

定州忠順營都司公署嘉靖八年建於本州城。

真定守備公署景泰二年建於本府城。

浮圖峪守備公署成化二十三年建於本峪。

白石口守備公署嘉靖三十三年建於本口。

沿河口守備公署嘉靖三十二年建於本口。

插箭嶺守備公署嘉靖二十四年建於本嶺城。

茨溝營守備公署嘉靖三十三年建於本營，萬曆元年改爲參將府。

大龍口把總公署景泰二年建於本口。

金水口把總公署景泰二年建於本口。

烏龍溝口把總公署景泰二年建於本口。

寧靜安把總公署嘉靖三十九年建於本城。

狼牙口把總公署嘉靖十九年建於本口。

龍泉關把總公署成化十二年建於本關城。

固關新城口把總公署嘉靖二十一年建於本城。

大寧都司經歷司，斷事司，司獄司，國初置北平行都司於古北口邊外大寧城，永樂初年移置保定府城。

保定左衛經歷司，鎮撫司，左、右、中、前、後五所，在保定府城。

保定右衛經歷司，鎮撫司，左、右、中、前、後五所，在保定府城。

保定中衛經歷司，鎮撫司，左、右、中、前。後五所，在保定府城。

保定前衛經歷司，鎮撫司，左、右、中、前、後五所，在保定府城。

保定後衛經歷司，鎮撫司，左、右、中、前、後五所，在保定府城。

茂山衛經歷司，鎮撫司，左、右、中、前、後五所，在易州城。

真定衛經歷司，鎮撫司，左、右、前三所，在真定府城。

神武右衛經歷司，鎮撫司，左、右、中、前、後五所，在真定府城。

定州衛經歷司，鎮撫司，左、右、中、前、後、中左六所，在定州城。

紫荊關守禦所在紫荊關。

倒馬關守禦所在倒馬關。已上建置衛所年分見《沿革》。

倉附

紫荊關新城倉在新城西。

惡石口倉在城內。
大龍門陸礬倉在城西南隅平原。
馬水口倉在城內北山巔園城。
金水口倉在本口東平原。
烏龍溝倉在城內。
白石口倉在城內南隅。
葫荻口倉在城內。
倒馬關下城新興倉在城。
十八盤口倉在城內西山坡。
孟良臼倉在城內西。
軍城倉在城內西山坡。
狼牙口倉在城內北。
插箭嶺倉在城內西山上。
吳王口倉在城內西。
故關新城倉在城內迤東山坡。
橫河槽倉在城內東。
娘子關倉在城內南。
龍泉關倉在城內南山坡。
白草溝口倉在城內南。

效祖曰："真、保固內鎮也，其建官位事宜，若預有規摹，俾餘艎文梓，足以備川梁之用。乃今亦廑廑不離匱，而駪馬擁高貲者，豈盡皆魏霍之選乎？"

遼鎮職官

部署

總督府見薊鎮。
巡撫都察院永樂十四年建於廣寧城西南隅拱鎮門北。
巡按察院永樂十四年建於遼陽城都司治西。
糧儲戶部分司成化十三年建於廣寧城泰安門北。
分守遼海東寧道布政分司正統三年建於遼陽城都司治西。
分巡遼海東寧道按察分司正統三年建於廣寧城四牌樓東。
開原兵備按察分司嘉靖十九年建於金州城，二十二年改建開原城西北隅。
寧前兵備按察分司嘉靖四十二年建於寧遠城永和街北。

苑馬寺永樂四年設在遼陽城，嘉靖三十七年改建於盖州城。

行太僕寺洪武五年設於遼陽城都司治西南，嘉靖二十九年改建於西平堡。

遼陽管糧通判公署弘治初年建於遼陽城都司治西。

廣寧管糧通判公署弘治初年建於廣寧城內鼓樓東北。

海盖管糧通判公署嘉靖四十三年建於岫巖堡。

安樂州治永樂七年建於遼陽北城東寧衛治西。

自在州治永樂七年建於開原城察院東。

永寧監治永樂七年建於永寧城。

總兵府洪武七年建於廣寧城永安門內大街北。

協守副總兵公署天順六年建於遼陽城都司治東北。

分守開原參將公署永樂年建於開原城。

分守海州參將公署嘉靖二十八年建於海州城。

險山參將公署嘉靖四十二年建於險山堡，萬曆二年改建寬奠堡。

分守錦義參將公署成化初年建於義州城。

分守寧遠參將公署嘉靖二十六年建於寧遠城。

鎮城坐營公署在廣寧城。

標兵左遊擊公署成化初年建於廣寧城。

標兵右遊擊公署萬曆元年建於廣寧城舊倉址。

瀋陽遊擊公署嘉靖二十年建於瀋陽中衛。

鎮武遊擊公署嘉靖四十一年建於鎮武堡。

正安遊擊公署隆慶五年建於正安堡。

前屯遊擊公署嘉靖四十一年建於中後所城。

遼東都指揮使司洪武八年建於遼陽城。

提督馬市守備公署永樂間建於開原城。

靉陽守備公署嘉靖初年建於靉陽城。

清河守備公署嘉靖四十二年建於清河堡。

鎮靜守備公署嘉靖三十九年建於鎮靜堡。

錦州守備公署嘉靖二十八年建於錦州城。

金州守備公署嘉靖三十年建於金州城。

開原備禦公署建於三萬衛。

中固備禦公署弘治年建於中固驛城。

鐵嶺備禦公署洪武年建於鐵嶺衛城。

汎河備禦公署嘉靖八年建於汎河所城。

懿路備禦公署正統年建於懿路所城。

蒲河備禦公署建於蒲河所。

瀋陽備禦公署嘉靖四十四年建於平虜堡。

撫順備禦公署嘉靖年建於撫順所。

海州備禦公署宣德年原設海州衛，萬曆二年改建於東昌堡。

長安備禦公署嘉靖四十一年建於長安堡。

長勇備禦公署嘉靖四十一年建於長勇堡。

江沿臺備禦公署嘉靖四十四年建於江沿臺堡。

西平備禦公署嘉靖三十九年建於西平堡。

廣寧備禦公署嘉靖六年建於廣寧城。

義州備禦公署原設義州衛，萬曆二年改建於大清堡。

右屯備禦公署嘉靖四十四年建於廣寧右屯衛。

寧遠備禦公署嘉靖年建於寧遠衛塔山所。

前屯備禦公署嘉靖年建於前屯衛。

大凌河所提調公署建於①本所城。

松山所提調公署建於②本所城。

中右所提調公署建於③本所城。

中後所提調公署建於本所城。

中前所提調公署建於本所城。

定遼中衛左、右、前、後四千戶所，鎮撫司，經歷司。

定遼左衛左、右、中三千戶所，鎮撫司，經歷司。

定遼前衛左、右、前、後四千戶所，鎮撫司，經歷司。

定遼後衛左、右、中、前四千戶所，鎮撫司，經歷司。

東寧衛左、右、中、前、後五千戶所，中左千戶所，鎮撫司，經歷司。以上五衛俱在遼陽城。

定遼右衛右、後二千戶所，武學，鎮撫司，經歷司，原在遼陽城，今改在鳳凰城。

海州衛左、右、中、前、後五千戶所，武學，鎮撫司，經歷司，在海州城。

盖州衛左、右、中、前四千戶所，鎮撫司，經歷司，在盖州城。

復州衛左、右、中、前、後五千戶所，武學，鎮撫司，經歷司，在復州城。

金州衛左、右、中、前、後五千戶所，武學，鎮撫司，經歷司，在金州城，中左所在旅順口。

廣寧衛左、右、中、前、後五千戶所，鎮撫司，經歷司，在廣寧城。

---

① ［校］於，底本、民國間抄本均無，據上下文意補。
② ［校］於，底本、民國間抄本均無，據上下文意補。
③ ［校］於，底本、民國間抄本均無，據上下文意補。

廣寧左衛左、右、中、前、後五千戶所，武學，鎮撫司，經歷司，在廣寧城。

廣寧右衛中、前、後三千戶所，鎮撫，經歷司，在廣寧城。

廣寧中衛左、中、前三千戶所，中左千戶所，鎮撫司，經歷司，在廣寧城。

義州衛左、右、前、後四千戶所，武學，鎮撫司，經歷司，在義州城。

廣寧左屯衛左、右、中、前、後五千戶所，武學，鎮撫司，經歷司，在錦州城，中左所在大凌河。

廣寧右屯衛左、右、中、前、後五千戶所，武學，鎮撫司，經歷司，在本城。

廣寧中屯衛左、右、中、前、後五千戶所，鎮撫司，經歷司，在錦州城，中左所在松山所。

廣寧前屯衛左、右、中、前、後五千戶所，武學，鎮撫司，經歷司，在本城，中前所在急水河，中後所在杏林堡。

廣寧後屯衛左、右、中、前、後五千戶所，鎮撫司，經歷司，在義州城。

寧遠衛左、右、中、前、後五千戶所，武學，鎮撫司，經歷司，在本城，中左所在塔山，中右所在小沙河。

瀋陽中衛左、右、中、前、後五千戶所，武學，鎮撫司，經歷司，在瀋陽城，撫順所在衛城，蒲河所在衛城。

鐵嶺衛左、右、前、後四千戶所，武學，鎮撫司，經歷司，在本城，左右所在懿路城，中左所在汎河。

三萬衛左、右、中、前、後五千戶所，武學，鎮撫司，經歷司，中中所，前前所，後後所，在本城。

遼海衛左、右、中、前、後五千戶所，右右、中中、前前、後後四所，鎮撫司，經歷司，在開原城。

倉附

遼陽倉在本城。

定遼左倉在遼陽城。

定遼右倉在鳳凰城。

定遼中倉在遼陽城。

定遼前倉在遼陽城。

定遼後倉在遼陽城。

東寧倉在遼陽城。

虎皮營城倉在本驛城。

奉集堡倉在本堡。

武靖營倉在本堡。

湯站堡倉在本堡。

靉陽倉在本堡。

鞍山驛倉在本驛城。

清河堡倉在本堡。
東州堡倉在本堡。
蒲河倉在本所城。
瀋陽中倉在本衛城。
撫順倉在所城內。
海州倉在本衛城。
西平堡倉在本堡。
東勝堡倉在本堡。
蓋州倉在本衛城。
復州倉在本衛城。
金州倉在本衛城。
廣寧倉在本城。
廣寧左倉在廣寧城。
廣寧右倉在廣寧城。
廣寧中倉在廣寧城。
廣寧右屯倉在本衛城。
十三山驛倉在本驛城。
廣寧中屯倉在錦州城。
錦州倉在本城。
廣寧左屯倉在錦州城。
大凌河倉在本所城。
義州倉在本城。
廣寧後屯倉在本衛城。
松山所倉在本所城。
小凌河倉在本驛城。
鎮武堡倉在本堡。
杏山驛倉在本驛城。
寧前倉在本城。
寧遠中左所倉在本所城。
東關驛倉在本驛城。
寧遠中右所倉在本所城。
寧遠倉在本衛城。
前屯中前所倉在本所城。

杏林倉在本驛城。

塔山倉在本所城。

廣寧前屯倉在本衛城。

前屯中後所倉在本所城。

三萬倉在開原城。

中固倉在本城。

遼海倉在開原城。

汎河倉在本所城。

開原倉在本城。

懿路倉在本所城。

鐵嶺倉在本城。

效祖曰："遼左僻在海隅，先朝罷文資而藉武秩，惟是統攝者，督撫諸部使不數人耳，乃材官騎士，多不出肅慎之提封，脣齒所關，固欲同舟共濟，而犬牙相制，不宜阿柄倒持也。萬一久假不歸，卒聞强藩鼙鼓聲，彼里旅習狎者，固吠堯之犬①耳，是可無瞰眄之防乎？"

薊鎮職官

文秩

總督嘉靖二十九年設，初爲提督薊鎮軍務。三十年，通州督糧都御史王忬請改爲總督薊、遼、保定軍務，駐劄密雲縣，分薊、昌爲二鎮。

孫檜字以誠，錦衣衛人，嘉靖二十九年任。何棟字伯直，陝西長安人，二十九年任。

楊博字惟約，山西蒲州人，三十二年任。

王忬字民應，直隸太倉人，三十四年任。效祖曰："余嘗督儲天津，以歲計當走檀州謁督府。督府者，太倉王先生也。先生與余論邊事，恒欲節冗費，汰奭卒。斯其違衆獨得，言猶在耳。乃潘家口東隅之失耳，且捕首虜以數百聞矣，奈何竟不免於法乎？及讀李于鱗②所爲先生傳，乃知梧丘之斷，

---

① 吠堯之犬，即桀犬吠堯，比喻奴才一心爲其主子效勞。語見《晉書》卷七《康帝紀》，第187頁，"桀犬吠堯，封狐嗣亂，方諸后羿，曷若斯之甚也"。

② 李于鱗，即李攀龍。李攀龍，字于鱗，歷城人，嘉靖三十二年進士，歷官刑部主事、員外郎、郎中、順德知府、浙江副使等。明代著名文學家，與王世貞、謝榛等人並稱爲"後七子"。參張廷玉《明史》卷二百八十七《李攀龍傳》，第7377~7378頁。

貿首爲讐①,此有足傷心者。"

楊博三十八年復任。許論字廷議,河南靈寶人,三十九年任。

楊選字以功,山東章丘人,四十年任。效祖曰:"公爲名御史,擢監司,兵備紫荊。居無何,鎮撫②雲中,所至輒有聲。比督薊門,益習薊門事。即世廟時推轂才賢,誰出公右者?獨奈何以稔寇而徇沒身之恥乎,傷哉!公與余莫逆,先是,公寓余書曰:'封疆重寄,稅駕③無期,惟君傍觀,何以屬我當事者,殊貿貿焉也?'嗟乎!此非其兆之先見者歟④。"

劉燾字仁甫,天津衛人,四十二年任。曹邦輔字以忠,山東人,隆慶元年任。

譚綸字以詔,江西宜黄人,二年任。劉應節字子和,山東濰縣人,四年任。

楊兆字夢鏡,陝西膚施人,萬曆元年任。梁夢龍字乾吉,直隸真定人,萬曆六年任。

巡撫國初,間命大臣一員,撫視地方,或尚書,或侍郎,或列卿,事畢還京。正統十四年,始專設,或副,或僉都御史一員,初爲提督軍務,兼巡撫順、永二府地方。成化二年,改爲贊理邊務,仍兼巡撫。十二年,始改爲整飭邊備,兼巡撫,駐劄遵化縣。

鄒來學⑤湖廣人。李賓⑥順義人。閻本陝西人。⑦

---

① 梧丘之魏,貿首爲讐,梧丘,即梧丘之魂,比喻無辜的冤魂。語見吳則虞《晏子春秋集釋》卷六《内篇雜下第六·景公晝五丈夫稱無辜晏子知其冤第三》,中華書局 1982 年,第 373 頁,"景公畋於梧丘,夜猶早,公姑坐睡,而晝有五丈夫北面韋廬,稱無罪焉。公覺,召晏子而告其所晝。公曰:'我其嘗殺不辜,誅無罪邪?'晏子對曰:'昔者先君靈公畋,五丈夫罟而駭獸,故殺之,斷其頭而葬。命曰"五丈夫之丘",此其地邪?'"貿首爲讐,形容仇恨極深。語見劉向集録、范祥雍箋證、范邦瑾協校《戰國策箋證》卷十五《楚二·魏相翟强死》,上海古籍出版社 2006 年,第 821 頁,"甘茂與樗里疾,貿首之讐也"。王忬因積怨嚴嵩,嘉靖三十八年被冤殺於西市,故劉效祖用此二典故,比喻王忬身死之冤。
② [校]鎮撫,底本、民國間抄本皆作"填撫",當爲"鎮撫"。
③ 稅駕,解駕,停車,謂休息或歸宿。語見《史記》卷八十七《李斯列傳》,第 2547 頁,"物極則衰,吾未知所稅駕也"。司馬貞索隱:"稅駕,猶解駕,言休息也。"
④ [校]歟,底本不清,據民國間抄本補。
⑤ 鄒來學,字時敏,湖廣麻城人,宣德八年進士,歷任户部主事,又督餉陝西,陞户部員外郎,正統十四年陞右僉都御史,提督永平、山海軍務,兼巡撫順天、永平二府,參《明分省人物考九》卷七十八《湖廣黄州府》,第 233~236 頁。
⑥ 李賓,字廷用,號敬齊,順天府順義人,正統十年進士,正統初授御史,景泰元年遷太僕寺卿,陞右都御史,掌都察院事。拜南京兵部尚書。致仕。卒,贈太子太保,謚襄敏。參康熙《順義縣志》卷三《人物·襄縣》,康熙五十九年刻本,葉 11b。
⑦ [校]陝西,原作"山西",據《大明嘉議大夫户部尚右侍郎閻公墓志銘》,楊忠敏《明閻本家族墓志銘》,載《文博》1992 年第 2 期及《國朝列卿紀》卷一百一十七《整飭薊州邊備兼巡撫順天等府左右副僉都御史年表》,《四庫全書存目叢書》史部第 94 册,第 410、412 頁改。閻本,字宗元,登景泰五年進士,歷官户部郎中,成化元年總督薊州。

楊璿①無錫人。張綱②長清人。汪霖六安州人。③

李田④湖廣人。楊繼宗⑤山西人。彭韶⑥福建人。

閔珪烏程人。⑦徐懷⑧建德人。秦民悅⑨舒城人。

唐珣⑩華亭人。魏富⑪龍溪人。屠勳⑫浙江人。

---

① 楊璿，字叔璣，正統四年進士，歷官户部主事、户部郎中、山西參政等，以都察院右副都御史巡撫荊湘及北直隸、河南等處，任上均徭役、賑飢餒。參嘉慶《無錫金匱縣志》卷十九《宦望》，嘉慶十八年刻本，葉10b~11a。

② 張綱，字大振，景泰元年進士，歷官御史、僉都御史等，禦寇奏捷。參康熙《長清縣志》卷九《人物志·賢哲》，雍正五年據康熙十一年刻版增刻，葉54ab。

③ [校] 汪霖六安州人，原作"任霖合肥人"，民國間抄本同。據《國朝列卿紀》卷一百一十七《整飭薊州邊備兼巡撫順天等府左右副僉都御史年表》，《四庫全書存目叢書》史部第94冊，第410、413頁改。汪霖，字潤夫，景泰五年進士，授監察御史。成化十三年擢都御史整飭邊備。

④ 李田，字舜耕，景泰元年進士，任户部主事，出監臨清糧餉，兵民得利，陞郎中，後補山西司郎中。參乾隆《嘉魚縣志》卷四《人物志》，乾隆五十五年刻本，葉5ab。

⑤ 楊繼宗，字承芳，天順元年進士，歷刑部主事、嘉興知府、浙江按察使等。參張廷玉《明史》卷一百五十九《楊繼宗傳》，第4350~4352頁及康熙《陽城縣志》卷五《選舉志·進士》、卷六《人物志·宦業》，康熙二十六年刻本，葉4a、4b~5b。

⑥ 彭韶，字鳳儀，莆田人，天順元年進士，歷官刑部主事、刑部員外郎等。成化間以都察院右副都御史巡撫順天、永平二府。參張廷玉《明史》卷一百八十三《彭韶傳》，第4855~4858頁。

⑦ [校] 烏程，原作"烏城"，民國間抄本同。據《國朝列卿紀》卷一百一十七《整飭薊州邊備兼巡撫順天等府左右副僉都御史年表》，《四庫全書存目叢書》史部第94冊，第410、414頁改。閔珪，字朝瑛，天順八年進士，授山東道監察御史。成化二十三年以右副都御史巡撫順天，後至刑部尚書。

⑧ 徐懷，字明德，天順四年進士。歷官刑部主事、廣東按察副使等，弘治元年整飭幽、薊邊備，兼巡撫地方，任上廣蓄積、嚴邊備、修營房。參《明分省人物考六》卷五十五《浙江嚴州府》，第718~726頁。

⑨ 秦民悅，字崇化，天順元年進士，歷官行人、工部員外郎。弘治四年以右副都御史巡撫順天，奏減莊田租課。參萬斯同《明史》卷二百四十二《秦民悅傳》，第5冊，第288頁及雍正《舒城縣志》卷十六《人物·名宦》，雍正九年刻本，葉12ab。

⑩ 唐珣，天順元年進士，歷合州知州、福州知府，累陞右副都御史巡撫薊州等處。參《國朝獻徵錄》卷六十《都察院七·巡撫兩廣都御史唐珣傳》，《四庫全書存目叢書》史部第103冊，第299頁。

⑪ 魏富，字仲禮，成化二年進士，歷任廣東道監察御史等。嘉靖三十一年以都察院右僉都御史整飭薊門等處邊備兼巡撫順天等府。參嘉靖《龍溪縣志》卷八《人物》，《天一閣藏明代方志選刊》第32冊，上海古籍书店1965年影印，葉23a~24a。

⑫ 屠勳，成化五年進士，歷任工部主事、刑部員外郎等官，弘治七年擢右副都御史整飭薊州邊備，巡撫順天、永平，疏裁重役。參《明分省人物考五》卷四十四《浙江嘉興府一》，第301~305頁。

張淮河南人。① 洪鍾②浙江人。周季麟③寧州人。

陳璧太原左衛人。④ 柳應辰⑤湖廣人。劉聰⑥中部人。

李貢⑦蕪湖人。王倬⑧太倉人。李瓚錦衣衛人。⑨

臧鳳⑩山東人。劉達⑪京衛人。張潤⑫山西人。

---

① ［校］河南，原作"湖廣"，民國間抄本同。據《成化五年進士登科錄》，《明代進士登科錄彙編》二，第882頁改，"張淮，貫河南開封府許州襄城縣，軍籍，國子生"。張淮，字邦鎮，成化五年進士，弘治九年陞陝西左布政使，該年以右副都御史整飭薊州邊備兼巡撫順天等府。參《國朝列卿紀》卷一百一十七《整飭薊州邊備兼巡撫順天等府左右副僉都御史年表》，《四庫全書存目叢書》史部第94冊，第414~415頁。

② 洪鍾，字宣之，成化十一年進士，歷刑部主事、四川按察使等。弘治十一年擢右副都御史巡撫順天，整飭薊州兵備。參張廷玉《明史》卷一百八十七《洪鍾傳》，第4957~4960頁。

③ 周季麟，成化八年進士，歷官兵部主事、兵部郎中，後以右副都御史巡撫甘肅、陝西、順天等地。參《國朝獻徵錄》卷六十一《都察院八都察院右副都御史周季麟傳》，《四庫全書存目叢書》史部第103冊，第318頁。

④ ［校］太原左衛，原作"左原衛"，據《國朝歷科題名碑錄初集·明弘治八年進士題名碑錄》，第654頁及《國朝獻徵錄》卷六十一《都察院八·巡撫·都察院右副都御史陳公璧傳》，《四庫全書存目叢書》史部第103冊，第328頁改。陳璧，字瑞卿，成化八年進士，授嘉興知縣，成化十八年陞右副都御史，整飭薊州邊備兼巡撫順天、永平二府。

⑤ 柳應辰，字拱之，成化五年進士，歷刑部郎中、四川兵備副使、山西按察使等，參《明分省人物考九》卷八十《湖廣岳州府》，第378頁。

⑥ 劉聰，字達夫，成化二十三年進士，歷太平府推官、彰德知府，後以右僉都御史巡撫順天。參嘉慶《中部縣志》卷三《人物志·人才》，嘉慶十二年刻本，葉21ab。

⑦ 李貢，字惟正，成化二十年進士，歷官戶部主事、刑部郎中等，後巡撫遼東、順天等地。參嘉慶《蕪湖縣志》卷八《選舉志·進士》、卷十二《人物志·宦績》，民國二年活字本，葉3b、5ab。

⑧ 王倬，字用儉，成化十四年進士，歷官山陰知縣、四川左布政使等官，後以右副都御史整飭薊州邊備兼巡撫順天等。參嘉靖《太倉州志》卷七《人物》，《天一閣藏明代方志選刊續編》第20冊，上海書店出版社1989年影印本，第510~514頁。

⑨ 李瓚，字宗器，弘治九年進士，歷通政司參議、江西按察司僉事、大理寺右少卿等。累官至都御史，巡撫順天。參《明分省人物考十》卷九十六《山東東昌府三》，第663~664頁及《成化九年進士登科錄》，《明代進士登科錄彙編》四，第1872頁。下文《真保鎮·職官》記李瓚爲濮人。按《成化九年進士登科錄》載，"李瓚，貫錦衣衛，籍山東濮州人"。籍、貫的含義並不相同，故《四鎮三關誌》的兩處記載皆不誤，却不準確。下文除特殊情況外，不再逐一區分。

⑩ 臧鳳，又名孟鳳，字瑞周，弘治三年進士，歷嵊縣知縣、福建道監察御史，後陞巡撫保定右副都御史，巡撫順天等府。參《明分省人物考十》卷四十四《山東兗州府》，第544~548頁。

⑪ 劉達，貫山東濱州，武驤左衛軍籍。參《國朝歷科題名碑錄初集·明弘治十二年進士題名碑錄》及第690頁。

⑫ 張潤，字汝霖，弘治十一年舉鄉試，十五年成進士，歷官宜陽縣令、刑科給事中，奉詔覈甘肅邊儲。正德十三年擢右僉都御史，巡撫順天。十六年，巡撫寧夏。參《明分省人物考十一》卷一百《山西平陽府》，第184~188頁。

李昆高密人。① 孟春②山西人。劉澤濟寧州人。③

張仲賢④陽曲人。汪玉⑤浙江人。周期雍⑥寧州人。

王大用⑦興化衞人。戴時宗長泰人。⑧ 張嵩⑨四川人。

張景華⑩郯城人。党以平⑪河南人。戴金⑫湖廣人。

---

① ［校］高密，原作"高容"，民國間抄本同。據《國朝歷科題名碑録初集·明弘治三年進士題名碑録》，第677頁及《國朝列卿紀》卷一百一十七《整飭薊州邊備兼巡撫順天等府左右副僉都御史年表》，《四庫全書存目叢書》史部第94册，第410頁改。李昆，字承裕，弘治三年進士，正德十年陞巡撫甘肅右副都御史，十六年以右副都御史巡撫順天等府。

② 孟春，字時元，弘治八年進士，歷嚴州知府，正德八年以右僉都御史巡撫宣府，十六年以右副都御史巡撫順天等府。參《國朝列卿紀》卷一百一十七《整飭薊州邊備兼巡撫順天等府左右副僉都御史年表》，《四庫全書存目叢書》史部第94册，第417~418頁及雍正《澤州府志》卷三十六《人物·節行》，雍正十三年刻本，葉16b~17a。

③ ［校］濟寧州，原作"寧州"，據《國朝歷科題名碑録初集·明弘治十二年進士題名碑録》，第691頁及《國朝列卿紀》卷一百一十七《整飭薊州邊備兼巡撫順天等府左右副僉都御史年表》，《四庫全書存目叢書》史部第94册，第418頁改。劉澤，字濟民，弘治十二年進士，嘉靖三年陞都察院右副都御史，整飭薊州兵備，兼巡撫順天等府。

④ 張仲賢，弘治十八年進士，嘉靖六年陞右僉都御史巡撫順天等府。參《國朝列卿紀》卷一百一十七《整飭薊州邊備兼巡撫順天等府左右副僉都御史年表》，《四庫全書存目叢書》史部第94册，第418頁。

⑤ 汪玉，字汝成，成化十五年進士，歷官刑部江西司主事、雲南司員外郎，嘉靖六年擢山東按察使，八個月後擢右僉都御史，巡撫順天、永平，整飭薊州邊備。參《明分省人物考五》卷四十八《浙江杭州府二》，第726~730頁。

⑥ 周期雍，字汝和，正德三年進士，歷官南京御史，嘉靖九年擢右僉都御史，巡撫順天。參張廷玉《明史》卷二百二《周期雍傳》，第5326~5327頁。

⑦ 王大用，字時行，正德三年進士，歷官工部主事，世宗初年爲順天府尹，尋擢右副都御史巡撫順天。參《明分省人物考五》卷三十一《南直隸揚州府二》，第822~825頁。

⑧ ［校］長泰，原作"郯城"，據《國朝歷科題名碑録初集·明正德九年進士題名碑録》，第712頁改。時宗，字宗道，正德九年進士，歷官刑部主事、吏部考功司主事，嘉靖十一年以右僉都御史提督薊州軍務。參《國朝列卿紀》卷一百一十七《整飭薊州邊備兼巡撫順天等府左右副僉都御史年表》，《四庫全書存目叢書》史部第94册，第411頁及乾隆《長泰縣志》卷九《人物》，民國二十一年鉛印本，葉4a（原書頁碼出現兩個三，第二個實爲四）~5b。

⑨ 張嵩，成都前衞人，正德十二年進士，嘉靖十二年陞右僉都御史，巡撫順天、永平。參《國朝列卿紀》卷一百一十七《整飭薊州邊備兼巡撫順天等府行實》，《四庫全書存目叢書》史部第94册，第420頁。

⑩ 張景華，字時美，正德九年進士，嘉靖十三年陞右僉都御史，巡撫順天等府。參《國朝列卿紀》卷一百一十七《整飭薊州邊備兼巡撫順天等府行實》，《四庫全書存目叢書》史部第94册，第420頁及康熙《郯城縣志》卷七《人物志》，康熙十二年刻本，葉5b~6a。

⑪ 党以平，字守衡，正德九年進士，嘉靖十四年以右副都御史巡撫順天。參《國朝列卿紀》卷一百一十七《整飭薊州邊備兼巡撫順天等府行實》，《四庫全書存目叢書》史部第94册，第420頁及《明分省人物考九》卷八十七《河南開封府四》，第785~790頁。

⑫ 戴金，字純夫，正德九年進士，嘉靖十四年以右僉都御史巡撫順天。參《國朝列卿紀》卷一百一十七《整飭薊州邊備兼巡撫順天等府行實》，《四庫全書存目叢書》史部第94册，第420頁及《明分省人物考九》卷七十六《湖廣漢陽府》，第135~138頁。

張漢①湖廣人。徐錦②浙江人。徐嵩泰州人。③

侯綸④太原衛人。許論⑤河南人。朱芳⑥平定州人。

郭宗皋⑦山東人。孫應奎浙江人。⑧ 王汝孝⑨東平州人。效祖曰："古北口⑩要害之區，密邇陵寢，震不於躬。庚戌春，王中丞汝孝請兵請餉，非無先事之防，獨以壘伍罄懸⑪，所謂無米之粥，雖巧婦不能爲。虜於秋高，遂長驅直⑫入，而五陵三輔⑬俱爲之震驚矣。説者謂'典守之責，中丞何

---

① 張漢，字濯之，正德九年進士，嘉靖十八年以左僉都御史巡撫順天。參《國朝列卿紀》卷一百一十七《整飭薊州邊備兼巡撫順天等府行實》，《四庫全書存目叢書》史部第94册，第420頁及乾隆《鍾祥縣志》卷十一《人物》，乾隆六十年刻本，葉10ab。

② 徐錦，字章甫，正德十二年進士。歷官甌寧知縣、南京大理寺右丞等。嘉靖十九年以右僉都御史巡撫順天等府。參《國朝列卿紀》卷一百一十七《整飭薊州邊備兼巡撫順天等府行實》，《四庫全書存目叢書》史部第94册，第420頁及雍正《慈谿縣志》卷八《人物·經濟》，雍正八年刻本，葉18a。

③ [校]泰州，原作"太州"，民國間抄本同。據本書卷八；《國朝歷科題名碑録初集·明正德十六年進士題名碑録》，第654頁；《國朝列卿紀》卷一百一十七《整飭薊州邊備兼巡撫順天等府左右副僉都御史年表》，《四庫全書存目叢書》史部第94册，第411頁改。徐嵩，字中望，正德十六年進士，歷任山西左布政使等，嘉靖二十年以右副都御史巡撫順天。

④ 侯綸，山西太原左衛官籍，直隸滑縣人，正德六年進士，歷官户部主事、禮部郎中等，嘉靖二十一年以右副都御史巡撫順天。參《國朝列卿紀》卷一百一十七《整飭薊州邊備兼巡撫順天等府行實》，《四庫全書存目叢書》史部第94册，第421頁；乾隆《太原府志》卷三十六《人物》，乾隆四十八年刻本，葉18b及《國朝歷科題名碑録初集·明正德六年進士題名碑録》，第706頁。故下文侯綸籍貫有山西人、直隸滑縣人等不同記載。

⑤ 許論，其傳見本書卷七。

⑥ 朱芳，字子大，平定州守禦千户所軍籍，直隸鳳陽府泗州人，嘉靖五年進士。歷金華府推官、四川道監察御史等，嘉靖二十三年以右僉都御史巡撫順天。參《國朝列卿紀》卷一百一十七《整飭薊州邊備兼巡撫順天等府行實》，《四庫全書存目叢書》史部第94册，第421頁。

⑦ 郭宗皋，字君弼，嘉靖八年進士，歷刑部主事、陝西參政等。嘉靖二十三年以右僉都御史巡撫順天。參張廷玉《明史》卷二百《郭宗皋傳》，第5298~5299頁。

⑧ [校]浙江，原作"河南"。《國朝歷科題名碑録初集·明嘉靖八年進士題名碑録》，第735頁謂孫應奎"浙江紹興府餘姚縣，民籍"，《國朝列卿紀》卷一百一十七《整飭薊州邊備兼巡撫順天等府行實》，《四庫全書存目叢書》史部第94册，第421頁謂孫應奎直隸蘇州府常州縣人。孫應奎，字文宿，嘉靖八年進士，嘉靖二十六年以右僉都御史巡撫順天。

⑨ 王汝孝，字紹甫，嘉靖五年進士，歷禮部郎中、山西提學副使、陝西參政，嘉靖二十八年擢右僉都御史巡撫順天。參《國朝列卿紀》卷一百一十七《整飭薊州邊備兼巡撫順天等府行實》，《四庫全書存目叢書》史部第94册，第421頁及《明分省人物考十》卷九十五《山東兗州府》，第577頁。

⑩ [校]北口，底本不清，據民國間抄本補。

⑪ [校]罄懸，原作"罄縣"，空無所有之意。罄，通"罄"。唐甄著、吳澤民編校《潛書》下篇下《厚本》，中華書局1963年，第200頁，"又遇凶歲，米麥不登，家室罄懸，民無所顧賴"，據此改。

⑫ [校]長驅直，底本不清，據民國間抄本補。

⑬ 五陵三輔，這裏代指京師北京。五陵指漢高祖長陵、惠帝安陵、景帝陽陵、武帝茂陵、昭帝平陵，三輔指京兆尹、左馮翊和右扶風。

辭'爲解。乃後當寧者知其非稔寇,且虜未敢盜皇陵一抔土,遂回霜收電,使中丞不至隕越者,其毋乃謂是也乎?"

吳嘉會①山西人。張祉②河南人。馬佩③山東人。

王輪④山西人。張玭⑤山西人。徐紳⑥建德人。

溫景葵大同人。⑦ 耿隨卿⑧滑縣人。劉應節⑨山東人。

楊兆⑩陝西人。王一鶚⑪曲周人。陳道基⑫福建同安人。

巡按洪武二十一年設御史一員,歲遣,代巡天下。正統元年,改專巡順天、保定、河間、永平四府。嘉靖三十一年,請建署都城。隆慶二年,始奉敕兼巡關察院事務。

---

① 吳嘉會,其傳見本書卷七。
② 張祉,嘉靖十七年進士,歷官户部主事,後以右僉都御史巡撫陝西。參《明分省人物考十》卷九十三《河南汝寧府二》,第376~377頁。
③ 馬佩,字服玉,嘉靖二十年進士,歷咸寧知縣、山西按察副使,嘉靖三十六年九月以右僉都御史巡撫順天。參乾隆《西安府志》卷二十四《職官志》,乾隆四十四年刻本,葉13ab及《明世宗實錄》卷四百五十一嘉靖三十六年九月丙辰條,第7659頁。
④ 王輪,其傳見本書卷七。
⑤ 張玭,嘉靖十四年進士,歷任清豐知縣、兵部主事、河南按察使等,嘉靖三十八年以右僉都御史巡撫順天。參《國朝獻徵錄》卷五十一《工部二·工部右侍郎張玭傳》,《四庫全書存目叢書》史部第102册,第655頁及《明督撫年表》,第35頁。
⑥ 徐紳,號五臺,嘉靖二十年進士,歷官蘭谿知縣、御史等,後巡撫順天。參《明分省人物考四》卷三十九《南直隸池州府》,第587~588頁及康熙《建德縣志》卷八《人物志》,康熙元年刻本,葉10a~11b。
⑦ [校] 大同,原作"太同",據民國間抄本及《明分省人物考》改。溫景葵,字汝陽,嘉靖十一年進士,嘉靖四十二年以右僉都御史巡撫順天。參《明分省人物考十一》卷一百一《山西》,第281~291頁及《明督撫年表》,第35頁。
⑧ 耿隨卿,其傳見本書卷七。
⑨ 劉應節,字子和,嘉靖二十六年進士,歷户部主事、井陘兵備副使,隆慶元年以右僉都御史巡撫順天。參張廷玉《明史》卷二百二十《劉應節傳》,第5787~5789頁。
⑩ 楊兆,字夢鏡,嘉靖三十五年進士,歷官行人、青州知府,隆慶四年以右僉都御史巡撫順天。參嘉慶《延安府志》卷五十五《傳錄二·名人·膚施縣》,嘉慶七年刻本,葉8b~9a及《明督撫年表》,第37頁。
⑪ 王一鶚,其傳見本書卷七。
⑫ 陳道基,字以中,嘉靖二十九年進士,歷官雲南道監察御史、浙江按察使等,萬曆五年以右僉都御史巡撫順天。參康熙《同安縣志》卷八《人物志三》,抄本,年代不詳,葉26b~28b。

張朝盧州人。① 張泰②順德人。 鄒魯③四川人。

王璟④山東人。 謝瑩⑤祁門人。 趙瑛⑥四川人。

劉偉⑦浙江人。 吳璉⑧廣東人。 馬碁⑨山東人。

劉紳⑩山東人。 金獻民⑪四川人。 張綸⑫宣城人。

黃珂⑬四川人。 胡華⑭武進人。 張烜福建⑮人。

---

① 張朝盧州人。朱保炯、謝沛霖《明清進士題名碑錄索引》，上海古籍出版社 1980 年及康熙《盧州府志》、嘉慶《盧州府志》中的《選舉志》並無盧州人張朝，查得有瀘州人張朝用。嘉慶《直隸瀘州志》卷八《選舉》，道光年間刻本，葉 3b，"張朝用，歷僉事，《修城記》作張大用，官刑科都給事中。朝用歷雲南參政，見《姚州志》……以上俱成化甲辰（二十年）科"。翻檢光緒《姚州志》光緒十一年刻本，並無此信息，但康熙《雲南通志》卷十五《秩官》，康熙三十年刻本，葉 22a 確有張朝用弘治間任右參政的記載。故此處"張朝盧州人"應爲"張朝用瀘州人"，但未有確切證據，未敢遽改。

② 張泰，字叔亨，成化二年進士，授沙縣知縣，後以浙江道試御史巡視通州。參康熙《順德縣志》卷五《選舉》、卷七《人物》，康熙十三年刻本，葉 11b、12a~13b。

③ 鄒魯，四川江津縣人，弘治九年進士，官至參議。參乾隆《江津縣志》卷十《選舉志》，乾隆三十三年刻本，葉 3b。

④ 王璟，字廷采，成化八年進士，授登封知縣，歷監察御史，弘治十七年以右僉都御史巡撫保定。參張廷玉《明史》卷一百八十六《王璟傳》，第 4943~4944 頁。

⑤ 謝瑩，字廷獻，成化十七年進士，歷行人、御史。參同治《祁門縣志》卷二十五《人物志·宦績》，同治十二年刻本，葉 45a~46a。

⑥ 趙瑛，成化十四年進士，神武右衛軍籍，直隸江都人。參《國朝歷科題名碑錄初集·明成化十四年進士題名碑錄》，第 662 頁。

⑦ 劉偉，或作"劉瑋"，字公奇，成化二十年進士，授行人，選御史，後出督兩淮鹽政。據天啓《海鹽縣圖經》卷十三《人物篇第六之四》，成文出版社 1983 年影印天啓四年刻本，第 1013~1014 頁。

⑧ 吳璉，字美中，南海人，成化二十年進士，授含山知縣，後歷進賢知縣。參康熙《南海縣志》卷十二《人物》，康熙三十年刻本，葉 8b~9a。

⑨ 馬碁，直隸德州衛軍籍，青州府益都縣人，成化二十年進士，官御史。參《國朝歷科題名碑錄初集·明正德六年進士題名碑錄》，第 671 頁。

⑩ 劉紳，掖縣人，成化二十年進士，擢監察御史，後出按陝西刑獄。參《明分省人物考十》卷九十八《山東萊州府》，第 843 頁。

⑪ 金獻民，字舜耕，綿州人，成化二十年進士，授行人，後爲御史按雲南、順天，出爲天津副使等。參張廷玉《明史》卷一百九十四《金獻民傳》，第 5141~5142 頁。

⑫ 張綸，字大經，成化二十年進士，歷鹽山知縣、監察御史、右都御史等。參光緒《宣城縣志》卷十五《人物·名臣》，光緒十四年刻本，葉 10a~11a。

⑬ 黃珂，字鳴玉，遂寧人，成化二十年進士，授龍陽知縣，擢御史，出按貴州。正德四年擢右僉都御史巡撫延綏。參張廷玉《明史》卷一百八十五《黃珂傳》，第 4907 頁。

⑭ 胡華，字惟峻，成化二十三年進士，授御史，累官至廣東布政使。參乾隆《江南通志》卷一百四十二《人物志·宦績·常州府》，乾隆元年刻本，葉 19b；乾隆《福州府志》卷四十六《名宦一》，乾隆二十一年刻本，葉 33a；乾隆《武進縣志》卷七《選舉》，乾隆三十年刻本，葉 31b。

⑮ ［校］福建，原作"山西"，據康熙《福清縣志》卷五《選舉類·進士》，康熙十一年刻本，葉 21b 改。

喬恕①寧陵人。陳格②浙江人。姚壽③舒城人。
李璽④陝西人。楊武⑤岐山人。楊義⑥永壽人。
周霖⑦乾州人。蔣瑤⑧浙江人。平世周⑨四川人。
陳祥⑩高安人。吳璋⑪歙縣人。董建中⑫山東人。
牛天麟聊城縣人。⑬ 王九峯⑭鄠縣人。劉士元⑮四川人。

---

① 喬恕，字希仁，弘治三年進士，授平陸知縣，陞監察御史。參康熙《寧陵縣志》卷九《人物》，康熙三十二年刻本，葉 10ab。
② 陳格，或作"陳恪"，據光緒《歸安縣志》卷三十四《人物傳二‧名臣二》，光緒八年刻本，葉 3b~4b 記載，陳恪，字克謹，歸安人，成化二十年進士，授宿松知縣，拜監察御史，後以右都御史巡撫南贛。
③ 姚壽，字維祺，成化二十年進士，初任行人，後擢御史。參雍正《舒城縣志》卷十四《選舉》、卷十六《人物‧名宦》，雍正九年刻本，葉 6b、13a。
④ 李璽，字朝信，鳳翔府人，弘治九年進士，授荊州府推官，後爲御史出按河南、山東、直隸等地。參《明分省人物考十一》卷一百五《陝西鳳翔府》，第 621~623 頁。
⑤ 楊武，字宗文，弘治九年進士，授淄川知縣，擢監察御史。正德初巡按順天，後擢大理寺左寺丞，勘視大同邊務。參乾隆《岐山縣志》卷七《人物》，道光間據乾隆四十四年刻版增刻，葉 6ab 及《明分省人物考十一》卷一百五《陝西鳳翔府》，第 623~627 頁。
⑥ 楊義，或作"楊儀"，按乾隆《永壽縣新志》卷六《選舉》、卷七《人物類‧名臣》，乾隆五十六年刻本，葉 10a、2b~3a。楊儀，字鴻羽，弘治六年進士，歷官山東參政。
⑦ 周霖，弘治九年進士，官至鎮江知府。參光緒《乾州志稿》卷四《選舉表》，光緒十年刻本，葉 5b。
⑧ 蔣瑤，字粹卿，歸安人，弘治十二年進士，授行人。正德時，歷兩京御史，後爲陝西參政等。參張廷玉《明史》卷一百九十四《蔣瑤傳》，第 5153~5154 頁。
⑨ 平世周，字德元，官御史，參同治《內江縣志》卷三《選舉‧進士》，同治十年刻本，葉 8b。
⑩ 陳祥，字應和，弘治十五年進士，授上虞知縣，後官山東道監察御史。參康熙《高安縣志》卷七《選舉‧進士》、卷八《先型‧名臣》，康熙十年刻本，葉 17b、16ab。
⑪ 吳璋，或作"吳漳"，按乾隆《歙縣志》卷八《選舉志上‧科第》，乾隆三十六年刻本，葉 24a 及乾隆《江南通志》卷一百四十七《人物志‧宦績》，乾隆元年刻本，葉 19ab。吳漳，字清甫，弘治十二年進士，授胙城知縣，後爲御史。
⑫ 董建中，字湯民，壽張人，弘治十八年進士，授行人，晉御史，正德九年按順天。參康熙《壽張縣志》卷七《人物志‧鄉賢》，康熙五十六年刻本，葉 11a~12a。
⑬ [校] 聊城縣，原作"聊縣"，據宣統《聊城縣志》卷八《人物志》，宣統二年刻本，葉 9b 改。牛天麟，正德三年進士，任武陟知縣，擢御史。
⑭ 王九峯，字壽夫，正德三年進士，授御史，巡視居庸關。嘉靖三年擢山西按察副使，備兵偏頭關。參康熙《鄠縣志》卷七《人物‧鄉賢》，康熙二十一年刻本，葉 8b。
⑮ 劉士元，字伯儒，彭縣人，正德六年進士，授監察御史。參《明分省人物考十一》卷一百七《四川成都府一》，第 875 頁。

汪淵①江西人。孫璋②浙江人。趙永亨③河南人。
王琳④安丘人。郭楠⑤福建人。盧瓊⑥江西人。
任洛⑦河南人。楊秉中⑧武功人。楊珩山西人。
許翔鳳洪洞人。⑨ 張恂⑩山東人。吳愷⑪山東人。
譚纘⑫四川人。朱廷立⑬通山人。孫錦⑭宿州人。

---

① 汪淵，字景顏，正德六年進士，後任大理丞。參乾隆《上饒縣志》卷九《選舉》，乾隆九年刻本，葉 11b。
② 孫璋，或作"孫漳"，民國間抄本作"孫樟"。孫璋，字士英，正德六年進士，授南昌知縣，擢湖廣道監察御史，奉敕清戎陝西。參《國朝歷科題名碑錄初集‧明正德六年進士題名碑錄》，第 710 頁及同治《鄞縣志》卷三十四《人物傳九》，光緒三年刻本，葉 34b~35a。
③ 趙永亨，字世雍，正德九年進士，監察御史，陞陝西按察僉事。參乾隆《杞縣志》卷十《選舉志》，乾隆五十三年刻本，葉 4a。
④ 王琳，字彥佩，弘治十一年舉人，歷武昌知縣、聞喜知縣，陞監察御史。萬曆《安丘縣志》卷十五《歷代貢舉表第四》、卷十九《事功傳第三》，《四庫全書存目叢書》史部第 200 冊，齊魯書社 1996 年，第 282、300 頁。
⑤ 郭楠，字世重，晉江人，正德九年進士，授浦江知縣，選貴州道御史，嘉靖元年巡按順天。參《明分省人物考八》卷七十一《福建泉州府二》，第 599 頁。
⑥ 盧瓊，字獻卿，浮梁人，正德六年進士，授固始知縣，擢御史。參康熙《浮梁縣志》卷六《選舉志》、卷七《人物志》，康熙二十一刻本，葉 14a、27ab。
⑦ 任洛，字仲伊，禹州人，正德六年進士，授桐鄉知縣，擢監察御史，陞霸州兵備副使，歷陝西參政、按察使、左右布政使等。參乾隆《禹州志》卷七《人物‧宦蹟》，乾隆十二年刻本，葉 45b~46a。
⑧ 楊秉中，字用之，正德六年進士，授行人，選監察御史，陞山西按察副使。參正德《武功縣志》卷三《選舉志第七》，雍正十二年刻本，葉 26a；康熙《武功縣續志》卷二《人物》，雍正十二年刻本，葉 8b。
⑨ [校] 洪洞，原作"紅絧"，據《明分省人物考十一》卷一百《山西平陽府》，第 202 頁改。許翔鳳，正德六年進士，任上蔡知縣，陞監察御史，按兩淮，又按畿內。
⑩ 張恂，字淳夫，正德十六年進士，擢四川道監察御史，巡按畿內、山西。參康熙《陽穀縣志》卷三《人物》，康熙五十五年抄本，無頁碼；光緒《陽穀縣志》卷五《學校附科貢選舉》，民國三十一年鉛印本，葉 4a。
⑪ 吳愷，或作"吳鎧"，按何出光、陳登雲等撰《蘭臺法鑒錄》卷十四《正德朝》，《北京圖書館古籍珍本叢刊》第 16 冊，第 353 頁及康熙《陽穀縣志》卷三《人物》，康熙五十五年抄本，無頁碼。吳愷，字文濟，正德六年進士，授行人，擢河南道監察御史。累官至右僉都御史，巡撫寧夏。
⑫ 譚纘，蓬溪人，正德十二年進士，授行人，擢江西道監察御史，累官至信陽兵備副使。參《國朝歷科題名碑錄初集‧明正德十二年進士題名碑錄》，第 719 頁及道光《蓬溪縣志》卷十二《人物》，道光二十五年刻本，葉 6b~7a。
⑬ 朱廷立，字子禮，嘉靖二年進士，授諸暨知縣，嘉靖十年巡按順天。參《明分省人物考九》卷七十六《湖廣武昌府》，第 112~114 頁。
⑭ 孫錦，字元朴，嘉靖五年進士，任大理評事，擢山西道監察御史，轉直隸順德知府。參嘉靖《宿州志》卷五《人物志‧選舉》，《天一閣藏明代方志選刊》第 23 冊，上海古籍書店 1963 年影印本。

聞人銓①浙江人。錢學孔②浙江人。鄭坤③河南人。
姜潤身④山東人。景溱⑤山西人。楊紹芳⑥湖廣人。
胡守中⑦河南人。金清⑧上元人。李鳳⑨四川人。
叚承恩⑩雲南人。閻麟⑪東平人。李延康⑫山西人。

---

① 聞人銓，或作"聞人詮"，萬曆《紹興府志》卷三十三《選舉志四·進士》，成文出版社1983年影印明萬曆十五年刊本，第2319頁作"聞人銓"。《國朝歷科題名碑録初集·明嘉靖五年進士題名碑録》，第732頁作"聞人詮"。聞人銓，字邦正，嘉靖五年進士，從學王陽明，選御史，巡視山海關，後爲湖廣副使。參乾隆《餘姚志》卷二十五《列傳六》，乾隆四十六年刻本，葉10b~11b。
② 錢學孔，字以時，嘉靖二年進士，授大名府推官，爲御史，巡視皇城，後按順天。參道光《金華縣志》卷八《志人物第五》，道光三年刻本，葉28b~29a。
③ 鄭坤，按《國朝歷科題名碑録初集·明嘉靖五年進士題名碑録》，第733頁，有河南光州民籍進士鄭坤；按康熙《汝寧府志》卷九《選舉》，康熙元年刻本，葉13b，累官至都察院僉都御史，巡撫南贛。
④ 姜潤身，膠州人，嘉靖五年進士，任鹽城知縣，順天府丞等，以御史巡按山西、畿輔等處。參康熙《膠州志》卷五《人物》及卷五《科目武科附》，康熙十二年刻本，葉26ab、44b。
⑤ 景溱，字濟之，平陽府人，正德十六年進士，授南京監察御史，後巡按畿内。參《明分省人物考十一》卷一百《山西平陽府》，第197~200頁。
⑥ [校] 楊紹芳，原作"楊照芳"。按《明清進士題名碑録索引》，第1674頁無"楊照芳"而有"楊紹芳"。又按雍正《應城縣志》卷九《人物志上》，雍正四年刻本，葉7b，楊紹芳，字伯傳，嘉靖二年進士，授上虞知縣，後擢御史，清軍兩廣，"乞病歸。起按北畿"。《國朝歷科題名碑録初集·明嘉靖二年進士題名碑録》，第728頁亦作"楊紹芳"。對比《明世宗實録》卷九十嘉靖七年七月乙酉條及卷一百十三嘉靖九年五月乙卯條等所記，"楊紹芳"履歷與雍正《應城縣志》記同，此人應爲楊紹芳。
⑦ 胡守中，嘉靖十一年進士，選翰林院庶吉士，陞刑部主事，尋改監察御史。參康熙《寧陵縣志》卷八《選舉志·甲科》，康熙三十二年刻本，葉6b。
⑧ 金清，字廉夫，嘉靖八年進士，官御史、參政。參乾隆《上元縣志》卷十《選舉》，乾隆十六年刻本，葉28b。
⑨ 李鳳，富順人，嘉靖八年進士，授行人，選御史，巡按北畿，終陝西副使。參道光《富順縣志》卷二十《鄉賢志上》，道光七年刻本，葉11a。
⑩ 叚承恩，字德夫，嘉靖十一年進士，授工部主事。十二年選湖廣道監察御史，巡按遼東、四川等。終辰州知府。參《蘭臺法鑒録》卷十五《嘉靖朝》，第397頁及乾隆《晉寧州志》卷十九《選舉》，乾隆二十七年刻本，葉32b。
⑪ 閻麟，嘉靖八年進士，歷任監察御史、大理寺少卿等。參康熙《東平州志》卷三《選舉》，康熙十九年刻本，葉43b~44a。
⑫ 李延康，字允吉，長治人，嘉靖十一年進士，授御史，按秦、隴、順天，後歷任陝西參議、湖廣副使。參乾隆《長治縣志》卷十三《選舉》及卷十四《人物》，乾隆二十八年刻本，葉7b、13b~14a。

楊本深①陝西人。胡植②江西人。趙炳然③四川人。
陳宗夔④通山人。馮璋⑤浙江人。張洽⑥浙江人。
王應元福建人。張登高⑦山東人。阮鶚⑧桐城人。
王忬⑨太倉人。邢尚簡⑩山東人。鄢懋卿⑪江西人。
蔡揚金⑫河南人。劉崙⑬無爲州人。黃國用⑭江西人。

① 楊本深，延安人，貢士，官御史，兵部尚書楊兆之父。參嘉慶《延安府志》卷五十五《傳錄二·名人·膚施縣》，嘉慶七年刻本，葉8b~9a及道光《濟南府志》卷二十五《秩官三·巡按》，道光二十年刻本，葉11a。
② 胡植，字立之，南昌府南昌人，嘉靖四十年進士，官御史，累官至右僉都御史，巡撫延綏。參乾隆《南昌縣志》卷二十二《選舉·科甲中》，乾隆十六年刻本，葉16b、17b及萬斯同《明史》卷二百九十三《魏謙吉傳附胡植傳》，第6冊，第196頁。
③ 趙炳然，字子晦，劍州人，嘉靖十四年進士，授監察御史，按浙江。參《明分省人物考十二》卷一百八《四川保寧府》，第20~21頁。
④ 陳宗夔，字惟一，嘉靖十七年進士，累官至浙江兵備副使。參康熙《通山縣志》卷五《人物》，康熙四年刻本，葉32a。
⑤ 馮璋，字如之，嘉靖十七年進士，授南京御史，後至福建巡海御史。參雍正《慈谿縣志》卷八《人物·經濟》，雍正八年刻本，葉19a~20a。
⑥ 張洽，仁和人，嘉靖二十年進士，歷官南京兵部武選司郎中。參康熙《仁和縣志》卷十《選舉一》，康熙二十六年刻本，葉14b。
⑦ 張登高，字子升，濮州人，嘉靖二十年進士，授蘇州府推官，擢廣西道監察御史，巡按順天。參《明分省人物考十》卷九十六《山東東昌府二》，第696~697頁。
⑧ 阮鶚，號函峯，嘉靖二十三年進士，授南京刑部主事，後改監察御史巡按順天。參《明分省人物考四》卷三十五《南直隸安慶府》，第204~207頁。
⑨ 王忬，字民應，嘉靖二十年進士，授行人，選監察御史，累官至右副都御史，巡撫大同。參《明分省人物考三》卷二十三《南直隸蘇州府六》，第127~132頁。
⑩ 邢尚簡，昌邑人，嘉靖二十年進士，授新安知縣，改真定知縣，擢御史，後擢僉都御史。參乾隆《昌邑縣志》卷六《人物·政績》，乾隆七年刻本，葉179b。
⑪ 鄢懋卿，字景修，豐城人，嘉靖二十年進士，授行人，擢御史，嘉靖三十五轉左僉都御史。參張廷玉《明史》卷三百八《鄢懋卿傳》，第7924~7925頁及乾隆《豐城縣志》卷六《選舉·文武科第》，乾隆十七年刻本，葉38b。
⑫ 蔡揚金，字子礦，衛輝人，嘉靖二十三年進士，授溧陽知縣，擢監察御史，巡茶陝西，後巡按順天。參《明分省人物考十》卷八十九《河南衛輝府》，第84~85頁。
⑬ 劉崙，字山甫，嘉靖二十二年舉於鄉，二十三年成進士，授刑部主事，改御史，出巡視陝西。參嘉慶《無爲州志》卷十八《人物志·仕績》，嘉慶八年刻本，葉20a~21a。
⑭ 黃國用，字良弼，豐城人，嘉靖十年舉人，授惠安知縣，擢御史，按兩淮鹽政，後巡按京畿。參乾隆《豐城縣志》卷十二《人物四·明》，乾隆十七年刻本，葉24ab。

李邦珍①山東人。王用康②山東人。于業③金壇人。

方輅④江西人。馬斯臧⑤河南人。鄭存仁⑥山東人。

彭繼業⑦山東人。温如璋⑧河南人。董堯封⑨河南人。

孫丕揚⑩富平人。鮑承蔭⑪山西人。郝杰⑫山西人。

劉翾⑬内江人。房楠⑭河南人。傅孟春⑮江西人。

---

① 李邦珍，字同川，肥城人，嘉靖二十九年進士，巡按順天任上，擒巨惡，累官河南巡撫兼提督操江。參光緒《肥城縣志》卷八《登進志》、卷九《人物上》，光緒十七年刻本，葉5a、2a。
② 王用康，汶上人，嘉靖二十九年進士，累官布政司參議。參萬曆《汶上縣志》卷四《政紀志·選舉》，康熙五十六年刻本，葉22b。
③ 于業，字建公，嘉靖二十六年進士，授嘉善知縣，擢監察御史，巡視邊關，提督北畿學政。參光緒《金壇縣志》卷八《選舉志·進士》，光緒十一年刻本，葉6b。
④ 方輅，字朝錫，江西樂平人，嘉靖十九年舉人，官潁上教諭，擢太平知縣，嘉靖三十五年擢廣西道監察御史，巡按順天。參同治《樂平縣志》卷七《選舉志·鄉舉》、卷八《人物志·宦業》，同治九年刻本，葉69b、65b。
⑤ 馬斯臧，字達謀，嘉靖二十九年進士，授三原知縣，陞御史，巡按南直隸，陞順天府丞，出爲山西布政司參議。參乾隆《禹州志》卷七《人物·宦蹟》，乾隆十二年刻本，葉49a。
⑥ 鄭存仁，臨清人，嘉靖二十九年進士，官御史。參康熙《臨清州志》卷二《選舉》，康熙十二年刻本，葉49a。
⑦ 彭繼業，膠州人，嘉靖二十九年進士，授中書舍人，擢御史。參康熙《膠州志》卷五《人物》，康熙十二年刻本，葉27ab。
⑧ 温如璋，字純甫，號函野，河南洛陽中護衛官籍，山東青州府益都縣人，嘉靖三十五年進士，授行人。三十八年選福建道監察御史，巡按順天、蘇松、京畿等地。四十五年陞大理寺丞。隆慶元年陞大理寺少卿。累官至右僉都御史，巡撫保定。參《嘉靖丙辰同年世講錄》，《明代進士登科錄彙編》十三，第6660頁及《蘭臺法鑒錄》卷十七《嘉靖朝》，第444頁。
⑨ 董堯封，字淑化，洛陽人，嘉靖三十二年進士，擢御史，按四川，後按順天，累官户部侍郎。參雍正《河南通志》卷五十九《人物三》，光緒二十八年刻本，葉47b~48a。
⑩ 孫丕揚，其傳見本書卷七。
⑪ 鮑承蔭，字子傅，嘉靖三十五年進士，授中書舍人，改御史，陞河南副使、山東參政等。參乾隆《長治縣志》卷十三《選舉》、卷十四《人物》，乾隆二十八年刻本，葉8b、16a。
⑫ 郝杰，字彦輔，蔚州人，嘉靖三十五年進士，授行人。選御史，巡按貴州。再歷河南道監察御史，巡按京畿。歷江西參政、山東參政，擢右僉都御史，巡撫遼東。累官至兵部尚書，參贊機務。參張廷玉《明史》卷二百二十一《郝杰傳》，第5822~5823頁及《明分省人物考十一》卷一百一《山西大同府》，第306~309頁。
⑬ 劉翾，字元翰，嘉靖四十一年進士，授渭南知縣，擢御史，條陳鹽法等事。參同治《内江縣志》卷十六《人文》，同治十年刻本，葉32b。
⑭ 房楠，字茂材，汝陽人，嘉靖三十八年進士，歷任湖廣承天府推官、浙江湖廣道監察御史，巡按甘肅、順天等。參康熙《汝陽縣志》卷八《選舉志》，康熙二十九年刻本，葉11b~12a。
⑮ 傅孟春，號仁泉，高安人，嘉靖四十四年進士，授晉陵知縣，擢浙江道監察御史，巡視長蘆鹽場，後巡按順天，累官至刑部侍郎。參乾隆《高安縣志》卷十《人物·宦績》，乾隆十九年刻本，33b~34a。

蘇士潤①福建人。盧明章②浙江人。王湘③山東人。
張憲翔④山東人。賀一桂⑤江西人。劉良弼⑥江西人。

巡關御史嘉靖四年設，歲差御史一員巡山海等邊關軍務。隆慶二年裁革。
趙兌⑦四川人。丘養浩⑧福建人。張祿⑨山東人。
劉乾亨⑩河南人。王道⑪涿州人。周易⑫浙江人。
聞人銓⑬浙江人。張澍⑭河間人。朱方⑮山西人。

① 蘇士潤，字惟德，晉江人，嘉靖四十四年進士，授吉水知縣，擢江西道監察御史，疏請勤工講學，後巡按順天、巡視京營。參《明分省人物考八》卷七十一《福建泉州府二》，第589~592頁。
② 盧明章，號瑞川，仙居人，嘉靖四十四年進士，授行人，擢監察御史。參康熙《仙居縣志》卷九《名賢列傳》，康熙十九年刻本，葉23ab。
③ 王湘，字大清，濟寧人，嘉靖四十四年進士，選庶吉士，散館授山西道御史，歷任陝西按察副使、湖廣右布政使等。參《明分省人物考十》卷九十五《山東兗州府》，第607~610頁。
④ 張憲翔，山東益都人，嘉靖三十七年舉於鄉，隆慶四年由戶部主事改雲南道監察御史，萬曆二年巡按順天。參《蘭臺法鑒錄》卷十八《隆慶朝》，第467頁。
⑤ 賀一桂，其傳見本書卷七。
⑥ 劉良弼，字賓卿，南昌人，嘉靖四十四年進士，授金壇知縣，擢御史。參乾隆《南昌縣志》卷二十九《人物·賢良二》，乾隆十六年刻本，葉45b。
⑦ 趙兌，字麗卿，内江人，正德十五年進士，累官浙江布政司參政。參同治《内江縣志》卷三《選舉志·進士》，同治十年刻本，葉9b。
⑧ 丘養浩，字以義，晉江人，正德十六年進士，授餘姚知縣，擢浙江道監察御史，累官以右僉都御史巡撫四川、江西。參《明分省人物考八》卷七十一《福建泉州府》，第600頁。
⑨ ［校］張祿，原作"張輅"，字宗制，山東城武人，正德六年進士，授太常博士，選貴州道監察御史，出按大同、山西等地。據康熙《城武縣志》卷四下《人物志·鄉賢》，康熙四十一年刻本，葉15b~16b；《蘭臺法鑒錄》卷十四《正德朝》，第353頁改。
⑩ 劉乾亨，洛陽人，正德十二年進士，累官至僉事。參乾隆《重修洛陽縣志》卷七《選舉》，民國十三年石印本，葉31b。
⑪ 王道，正德十六年進士，歷官御史、按察司僉事。參乾隆《涿州志》卷九《選舉志·科目》，乾隆三十年刻本，葉6a。
⑫ 按嘉慶《蕪湖縣志》卷十二《人物·宦績》，民國二年活字本，葉7a~8b及《蘭臺法鑒錄》卷十五《嘉靖朝》，第381頁記有直隸蕪湖人周易，字時伯，嘉靖二年進士，授兵部武選司主事，改監察御史，提督北畿學政，累官至浙江參議。
⑬ 聞人銓，其傳見前。
⑭ 張澍，直隸獻縣人，嘉靖三年貢士。嘉靖十年除廣西道監察御史，巡視兩關。因建言，降曹州判官。陞輝縣知縣，致仕。參《蘭臺法鑒錄》卷十五《嘉靖朝》，第396頁。
⑮ 朱方，平定州人，嘉靖五年進士，授金華府推官，擢監察御史，累官都御史，巡撫順天。參乾隆《平定州志》卷七《選舉志》，乾隆五十五年刻本，葉49b。

張敕①保定人。金燦②浙江人。石永③直隸人。
謝九儀④山東人。張光祖⑤河南人。樊得仁⑥陝西人。
黃鐘⑦徽州人。翁伍倫⑧浙江人。葉經⑨浙江人。
郝銘⑩山西人。蔡大用⑪廣東人。張雨⑫江西人。
劉瑤⑬河南人。吳相⑭直隸人。張登高⑮山東人。

---

① 張敕，字汝欽，完縣人，嘉靖八年進士，十二年由咸寧知縣選四川道御史，巡視兩關，累官至太常卿。參《蘭臺法鑒錄》卷十五《嘉靖朝》，第397頁。
② 金燦，嘉興府嘉興縣人，嘉靖五年進士，官至副使。參康熙《嘉興縣志》卷六《選舉志》，康熙二十四年刻本，葉16a。
③ 石永，字壽卿，直隸威縣人，嘉靖十一年進士，歷中書舍人，雲南、山西道監察御史，平陽知府等。累官至戶部左侍郎。參《蘭臺法鑒錄》卷十六《嘉靖朝》，第401頁。
④ 謝九儀，字汝膺，章丘人，嘉靖八年進士，十五年由德清知縣選廣東道監察御史，巡視兩關。累官至戶部左侍郎。參《蘭臺法鑒錄》卷十五《嘉靖朝》，第405頁。
⑤ 張光祖，字德徵，河南潁川衛軍籍，嘉靖十一年進士，陝西道監察御史，巡視關隘。參康熙《潁州志》卷十一《選舉》、卷十四《人物》，康熙五十五年刻本，葉2b、15b及《國朝歷科題名碑錄初集·明嘉靖十一年進士題名碑》，第741頁。
⑥ 樊得仁，字恕夫，朝邑人，嘉靖十一年進士，十六年由河津知縣選福建道監察御史，十八年巡視兩關，十九年巡視北直，二十年陞四川參議，致仕。參《蘭臺法鑒錄》卷十六《嘉靖朝》，第406頁。
⑦ 黃鐘，字德鳴，歙縣人，正德十四年舉於鄉，授蘭谿知縣，擢監察御史，累官大理寺丞。參康熙《徽州府志》卷十三《人物志二·風節》，康熙三十八年刻本，葉36b。
⑧ 翁伍倫，或作"翁五倫"，字大經，蕭山人，嘉靖十四年進士，授饒平知縣，擢河南道監察御史，巡視山海關，巡按真定。累官至福州知府。參康熙《蕭山縣志》卷十八《人物志》，康熙十一年刻本，葉31b~32a及《蘭臺法鑒錄》卷十六《嘉靖朝》，第410頁。
⑨ 葉經，上虞人，嘉靖十一年進士，官御史。參康熙《上虞縣志》卷十三《選舉志二·進士》，康熙十年刻本，葉10b。
⑩ 郝銘，蔚州人，嘉靖四年舉於鄉，官御史。參光緒《蔚州志》卷八《選舉志》、卷十四《史傳下》、卷十六《傳三·列傳》，光緒三年刻本，葉2b、18a、2b~3a。
⑪ 蔡大用，廣東海陽人，嘉靖十四年進士，官雲南道監察御史。參《蘭臺法鑒錄》卷十六《嘉靖朝》，第409頁。
⑫ 張雨，字惟時，萬安人，嘉靖十七年進士，授清豐知縣，擢雲南道監察御史，累官至僉都御史，有《邊政考》傳世。參康熙《萬安縣志》卷八《人物志·忠諫》，康熙二十八年刻本，葉17b。
⑬ 劉瑤，字潤夫，河南胙城人，嘉靖二十年進士，授行人。二十三年選福建道監察御史，巡視兩關。二十五年巡按真定。參《蘭臺法鑒錄》卷十六《嘉靖朝》，第421頁。
⑭ 吳相，字汝立，內丘人，嘉靖十七年進士，授東昌府推官。嘉靖二十三年選浙江道監察御史。累官至山東副使。參《蘭臺法鑒錄》卷十六《嘉靖朝》，第419頁及康熙《內丘縣志》卷二《人紀·甲榜》，康熙間刻本，葉30a。
⑮ 張登高，其傳見前。

姚一元①浙江人。趙世奎②直隸人。李承華③山西人。
張雲路④山西人。陳瓚⑤直隸人。龐俊⑥陝西人。
何廷鈺⑦福建人。楊惟平⑧直隸人。萬民英⑨直隸人。
王漸⑩山東人。彭繼業⑪山東人。張科⑫江西人。
申佐⑬直隸人。黃泮⑭福建人。陳省⑮福建人。

① 姚一元，字惟貞，長興人，嘉靖二十三年進士，授行人，擢御史，出按陝西，累官順天府尹。參乾隆《長興縣志》卷八《人物·名臣列傳》，乾隆十四年刻本，葉14b～15a。
② 趙世奎，字啟文，神武右衛右所軍籍，江都縣人，嘉靖二十三年進士，官御史。見《國朝歷科題名碑錄初集·明嘉靖二十三年進士題名碑》，第757頁及《萬姓統譜》卷八十三，《景印文淵閣四庫全書》第957冊，第228頁。
③ 李承華，其傳見本書卷七。
④ 張雲路，字伯登，高平人，嘉靖二十六年進士，授行人，擢御史，巡關，去貪弊。參同治《高平縣志》卷六《人物上》、卷七《選舉》，同治六年刻本，葉12a、4a。
⑤ 陳瓚，字敬夫，獻縣人，嘉靖二十六年進士，授陽曲知縣，擢監察御史，終官都察院左都御史。卒，贈太子太保，諡簡肅。參康熙《獻縣志》卷六《人物志》，康熙十二年刻本，葉1b、20b。
⑥ 龐俊，涇陽人，嘉靖二十六年進士，官至御史。參康熙《涇陽縣志》卷六《選舉志·進士》，康熙九年刻本，葉3b。
⑦ 何廷鈺，字寶夫，邵武人，嘉靖二十九年進士，授行人，擢御史，奉敕巡視運河。參咸豐《邵武縣志》卷十四《人物傳·孝友》，民國十八年抄本，葉3ab。
⑧ 楊惟平，字君正，南宮人，嘉靖二十九年進士，授太常博士，擢監察御史，巡東關。參康熙《南宮縣志》卷十《人物傳》，雍正年間刻本，葉4a。
⑨ 萬民英，易州人，嘉靖二十六年進士，累官至福建興泉兵備參議。參乾隆《直隸易州志》卷十四《科目附貢生等》，乾隆十二年刻本，葉3b。
⑩ 王漸，濰縣人，嘉靖三十二年進士，授確山知縣，選御史，終陝西按察副使。參乾隆《濰縣志》卷三《選舉志·科目》、卷四《人物志·宦績》，乾隆二十五年刻本，葉48a、10a。
⑪ 彭繼業，膠州人，嘉靖二十九年進士，授中書舍人，擢御史，出爲南陽知府，終官苑馬寺卿。參康熙《膠州志》卷五《人物》，康熙十二年刻本，葉27a。
⑫ 張科，字進卿，湖口人，嘉靖三十五年進士，授中書舍人，擢陝西道監察御史，有政聲。參嘉慶《湖口縣志》卷八《列傳·鄉賢》，嘉慶二十三年刻本，葉16ab。
⑬ 申佐，字懋良，永年人，嘉靖三十五年進士，授岳州府推官，選浙江道監察御史，累官右僉都御史，巡撫大同。參康熙《永年縣志》卷十五《選舉·進士》、卷十六《人物·經濟》，乾隆十年據康熙十一年刻版增刻本，葉4b、8b～9a。
⑭ 黃泮，字宗魯，福建龍溪人，嘉靖三十二年進士，三十五年由行人選貴州道監察御史，四十一年除山東道監察御史，巡視兩關。累官至太平知府。參《蘭臺法鑒錄》卷十六《嘉靖朝》，第439頁。
⑮ 陳省，字孔震，長樂人，嘉靖三十八年進士，四十一年由金華府推官選山西道監察御史，四十三年巡視兩關。累官至兵部右侍郎。參《蘭臺法鑒錄》卷十六《嘉靖朝》，第449頁。

梅惟和①陝西人。吳逢春②廣東人。王友賢③山西人。

孫代④陝西人。周以敬⑤江西人。

密雲户部分司洪武十一年設，初歲委主事一員。嘉靖三十六年，言官議改郎中，後以三年一代。

胡汝礪⑥。邊億⑦任丘人。黃閱古⑧。

莊澤⑨。何士麟⑩。孫沔⑪。

楊士魁⑫。王俸⑬。曹琥⑭。

---

① 梅惟和，貴州普定衛籍，陝西三原人，嘉靖三十八年進士，四十二年由行人選廣東道監察御史，四十四年巡視兩關。官至南京户部主事。參《蘭臺法鑒錄》卷十六《嘉靖朝》，第450頁。

② 吳逢春，海陽人，嘉靖三十八年進士，官河南道監察御史。參光緒《海陽縣志》卷十四《選舉表三》，光緒二十六年刻本，葉25b。

③ 王友賢，汾州府寧鄉人，嘉靖三十八年進士，歷長安、曲周知縣，擢湖廣道監察御史，累官至南京户部尚書。參乾隆《汾州府志》卷十五《人物》，乾隆三十六年刻本，葉18a。

④ 孫代，字紹甫，扶風人，嘉靖三十八年進士，授行人，擢監察御史。參乾隆《扶風縣志》卷十六《傳記第十三》，乾隆四十六年刻本，葉9b~10a。

⑤ 周以敬，上饒人，嘉靖四十一年進士，官御史。參乾隆《上饒縣志》卷九《選舉》，乾隆九年刻本，葉13a。

⑥ [校] 胡汝礪，原作"胡汝勵"，字良弼，寧夏中屯衛人，成化二十三年進士，歷官户部主事、大同知府等，累官至兵部尚書。參《國朝獻徵錄》卷三十八《兵部尚書胡汝礪傳》，《四庫全書存目叢書》史部第102冊，第67頁。

⑦ 邊億，字本一，弘治十二年進士，歷户部主事、兵部主事、陝西按察司僉事，累官至湖廣左參政。參《明分省人物考一》卷一《北直隸河間府》，第626~627頁。

⑧ 黃閱古，東莞人，弘治十五年進士，累官福建鹽運使。參嘉慶《東莞縣志》卷二十三《選舉二》，嘉慶三年刻本，葉2b。

⑨ 莊澤，字誠之，武進人，弘治九年進士，歷寶坻知縣、擢户部主事，因觸怒劉瑾，遷河間知府，後歷山東參政、順慶知府。參乾隆《武進縣志》卷九《人物·宦績》，乾隆三十年刻本，葉45ab。

⑩ 何士麟，蒼梧人，弘治十五年進士，官郎中。參同治《蒼梧縣志》卷四《選舉表》，同治十三年刻本，葉14a。

⑪ 孫沔，魚臺人，弘治十五年進士，歷工部郎中，出為臨洮知府。參康熙《魚臺縣志》卷十七《人物》，康熙三十年刻本，葉43a。

⑫ 楊士魁，查有河南蘭陽人楊士魁，登正德三年進士，官至鄭府長史，該是此人。參康熙《蘭陽縣志》卷六《選舉志》，民國二十四年鉛印本，葉2a。

⑬ 王俸，查有直隸三河人王俸，弘治十五年進士，歷户部郎中、山西運司，該是此人。參乾隆《三河縣志》卷九《選舉志》，乾隆二十五年刻本，葉3a。

⑭ 曹琥，字瑞卿，巢縣人，弘治十八年進士，歷南京刑部主事、户部主事，以忤錢寧，左遷河南府通判，改雲南尋甸知府。參《明分省人物考四》卷三十二《南直隸淮安府》，第34~35頁。

秦偉①。李暢。李獻可②。

王濟③。周崇義④。陳桓⑤。

韓璒⑥。李淮⑦。郁深⑧。

賈繼之⑨。劉燁然⑩遵化人。莊惟春⑪福建人。

鄭漳⑫福建人。李蘭⑬陕西人。李禄⑭山東人。

---

① 秦偉，字世觀，三原人，弘治十八年進士，授户部主事，督宣大邊餉，監軍張永欲賞私人，爲所阻。出爲保定知府，歷山西參政。參乾隆《三原縣志》卷九《人物三·賢能》，乾隆四十八年刻本，葉6ab。

② 李獻可，字公從，直隷故城人，正德六年進士，授户部主事，歷户部員外郎、青州知府、陝西按察司副使等。參雍正《故城縣志》卷二《人物》，雍正五年刻本，葉46b~47a。

③ 王濟，查有湖廣黃岡人王濟，字體民，弘治十五年進士，歷吏部驗封司郎中、四川布政司參政等，該是此人。參乾隆《黃岡縣志》卷十《人物志》，乾隆二十四年刻本，葉19b~20a。

④ 周崇義，查有四川灌縣千户所軍籍，山西聞喜人周崇義，正德三年進士，該是此人。參乾隆《灌縣志》卷九《選舉》，乾隆五十一年刻本，葉17b。但該方志未提供其任職信息。

⑤ 陳桓，查有錦衣衛籍，福建政和人陳桓，號盤溪，正德六年進士，授户部主事，歷員外郎、郎中、廬州知府、九江兵部副使，該是此人。參道光《政和縣志》卷九《人物志》，道光十三年刻本，葉17b~18a及《國朝歷科題名碑錄初集·明正德六年題名碑錄》，第706頁。

⑥ 韓璒，字廷佩，直隷高陽人，正德九年進士，授户部主事，屢督運餉。歷陞山東按察僉事，分巡遼東。歷陝西按察副使，整飭洮、岷兵備。參雍正《高陽縣志》卷四《人物志·名賢》，雍正八年刻本，葉4b~5a。下文遼鎮分巡遼海東寧道有韓璒，直隷高陽人。兩處應是一人。

⑦ 李淮，查有聞喜人李淮，字巨川，正德九年進士，授刑部主事（疑爲户部主事），督餉太倉、密雲，後督餉江南及遼東等地。歷四川參議，累官至都御史巡撫延綏。參乾隆《聞喜縣志》卷七《人物》，乾隆三十一年刻本，葉12b~13a。

⑧ 郁深，查有保定左衛舉人郁深，仕至長史。參嘉靖《清苑縣志》卷五《人物》，《天一閣藏明代方志選刊續編》第1册，上海書店出版社2014年。

⑨ 賈繼之，汾州人，正德九年進士，授户部主事，歷户部員外郎、郎中等。參《明分省人物考十一》卷一百二《山西汾州府》，第391~392頁。

⑩ 劉燁然，正德十二年進士，官郎中。參乾隆《直隷遵化州志》卷九《選舉志》，乾隆五十九年刻本，葉3b。

⑪ 莊惟春，《國朝歷科題名碑錄初集·明正德十二年題名碑錄》，第717頁同。但崇禎、乾隆《長樂縣志》等書作"莊維春"。按乾隆《長樂縣志》卷七《選舉志》，乾隆二十八年刻本，葉32b，莊維春，字元卿，長樂人，正德十二年進士，官户部主事、户部員外郎、南昌知府等。

⑫ 鄭漳，字世續，閩縣人，正德十二年進士，歷户部主事、户部員外郎、肇慶知府、登州知府等。參乾隆《福州府志》卷四十九《人物一》，乾隆二十一年刻本，葉54b~55a。

⑬ 李蘭，字秀夫，華州人，正德十二年進士，授户部主事，賞宣大軍，有惠政。出督古北口、永平、山海等地糧儲。歷重慶知府，以馬湖知府致仕。參隆慶《華州志》卷二十二《人物列傳·郡賢傳·明華州馬湖知府李公》，《中國地方志集成·陝西府縣志輯》第23册，鳳凰出版社2007年，第105頁。

⑭ 李禄，《國朝歷科題名碑錄初集·明正德十六年題名碑錄》，第721頁及同治《臨邑縣志》卷八《選舉志》，同治十三年刻本，葉3a作"李錄"。按縣志，李錄爲正德十六年進士，歷户部郎中、臨洮知府。

於敖①陝西人。尹嗣忠②真定人。吳檄③桐城人。

倪組④福建人。毛秉鐸⑤福建人。朱旒⑥信陽人。

李涵⑦遷安人。紀資⑧任丘人。劉汝松⑨山東人。

劉欽順⑩湖廣人。鄭觀⑪河南人。莊任春⑫福建人。

劉儒⑬汝陽人。劉鏆⑭遼東人。劉素⑮保定人。

---

① 於敖，字叠州，正德十六年進士，授戶部浙江司主事，歷大同知府、霸州兵備副使等，以副都御史巡撫遼東，有固邊防之功。參康熙《岷州志》卷十五《選舉》、卷十六《人物·宦望》，康熙四十一年刻本，葉4a、6ab。

② 尹嗣忠，深州人，正德十二年進士，授崑山知縣，陞戶部主事（引者注：原作"主政"），督餉密雲。後歷戶部員外郎、郎中，累官至右副都御史巡撫延綏。卒，贈兵部尚書。參雍正《直隸深州志》卷六《仕宦附閣宦》，雍正十年刻本，葉5ab。

③ 吳檄，字宣正，正德十六年進士，授襄陽府推官，歷官戶部，轉兵部武選司郎等。參康熙《桐城縣志》卷三《選舉志》、卷四《人物·仕績》，據康熙二十二年增刻本抄，年代不詳，葉3a、24ab。

④ 倪組，字惟才，福州人，嘉靖五年進士，歷監察御史、夔州知府等。參乾隆《福州府志》卷三十九《選舉四》，乾隆二十一年刻本，葉16b。

⑤ 毛秉鐸，字道鳴，福清人，嘉靖五年進士，授戶部主事，歷戶部員外郎、戶部郎中、四川按察使等。參康熙《福清縣志》卷六《人物類·循良》，康熙十一年刻本，葉48a。

⑥ 朱旒，嘉靖五年進士，歷戶部主事、戶部員外郎、山西副使、陝西副使等。參乾隆《信陽州志》卷七《選舉志》，乾隆十四年刻本，葉37a。

⑦ 李涵，父李金，官副使。涵，嘉靖二年進士，歷湖州府推官，以戶部郎督漕糧，出延安知府、肅州兵備道等，肅州兵備道任上修嘉峪關。參同治《遷安縣志》卷十六《列傳四·鄉型下》，同治十二年刻本，葉4b~5a。

⑧ 紀資，字廷言，嘉靖二年進士，授句容知縣，擢戶部主事，陞郎中，歷青州知府、陝西副使，累官至太僕寺卿。參乾隆《任邱縣志》卷九《人物志·政事》，乾隆二十七年刻本，葉55b。

⑨ 劉汝松，歷城人，嘉靖二年進士，授戶部督餉郎中，歷漢中知府。參道光《濟南府志》卷四十《選舉二·進士》，道光二十年刻本，葉11a。

⑩ 劉欽順，字毅菴，石首人，嘉靖二年進士，授舒城知縣，歷華亭、江陰知縣，陞戶部主事。參乾隆《石首縣志》卷七《人物志》，乾隆六十年刻本，葉13a。

⑪ 鄭觀，光州人，嘉靖五年進士，官郎中。參光緒《光州志》卷三《選舉志》，光緒十三年刻本，葉2a。

⑫ 莊任春，《國朝歷科題名碑錄初集·明嘉靖八年題名碑錄》，第736頁及乾隆《晉江縣志》卷八《選舉志》，乾隆三十年刻本，葉33b作"莊壬春"。按縣志，莊壬春，嘉靖八年進士，歷戶部官，嚴州知府。

⑬ 劉儒，字子純，嘉靖十一年進士，歷戶部郎中、四川按察司僉事、四川布政使參議、陝西按察副使。參康熙《汝陽縣志》卷八《選舉志》，康熙二十九年刻本，葉10b。

⑭ 劉鏆，嘉靖間歲貢，歷深澤知縣、戶部主事等。參嘉靖《遼東志》卷六《人物志》，《續修四庫全書》第646冊，第620頁。

⑮ 劉素，字文之，深澤人，嘉靖十一年進士，授歙縣知縣，歷戶部山東司主事、山西按察司副使。參雍正《深澤縣志》卷八《人物志》，乾隆年間據雍正十三年刻版增刻，葉6b~7a。

林性之①福建人。劉輔②雲南人。侯佩③山東人。
牛恒④陝西人。劉訓⑤河南人。周至德⑥山東人。
郭學書⑦河南人。張習⑧南直人。丘瓚⑨京衛人。
李臨陽雲南人。⑩ 任惟均⑪四川人。王霽⑫湖廣人。
馬烏⑬山西人。胡致和⑭山東人。劉魯生⑮山東人。

---

① 林性之，字師吾，晉江人，嘉靖八年進士，授麗水知縣，轉南京户部山西司主事，改户部浙江司主事，監隆慶、古北口倉，年五十二卒。參《明分省人物考八》卷七十二《福建泉州府二》，第 577~581 頁。
② 劉輔，昆明人，嘉靖十四年進士，終户部郎中。參道光《昆明縣志》卷五《選舉志·列朝進士》，光緒二十七年刻本，葉 3a。
③ 侯佩，字大和，范縣人，嘉靖十一年進士，授廣平府推官，歷户部郎等，累官太僕寺少卿。參康熙《范縣志》卷中《人物》，康熙十一年刻本，葉 51b~52a。
④ 牛恒，字子和，武功人，嘉靖十年進士，授壺關知縣，擢户部員外郎，監督密雲糧草，歷河間府通判、南京户部員外郎等。參康熙《武功縣續志》卷二《人物》、《選舉》，雍正十二年刻本，葉 13a、32b。
⑤ 劉訓，字子伊，汝陽人，嘉靖十一年進士，授西安府推官，歷溫州知州、户部主事等。參《明分省人物考十》卷九十三《河南汝寧府二》，第 366~367 頁。
⑥ 周至德，查有荏平人周至德，嘉靖元年舉於鄉，官至户部員外郎，該是此人。康熙《荏平縣志》卷二《人物·科目》，康熙四十九年刻本，葉 25a。
⑦ 郭學書，查有禹州人郭學書，嘉靖七年舉於鄉，官至太僕寺少卿，該是此人。參乾隆《禹州志》卷六《選舉·舉人》，乾隆十二年刻本，葉 9b。
⑧ 張習，字子翀，寶應縣人，嘉靖二十年進士，官至户部郎中、調解州知州。參康熙《寶應縣志》卷九《選舉表》，康熙二十九年刻本，葉 11a。
⑨ 丘瓚，按《國朝歷科題名碑録初集·明嘉靖二十六年題名碑録》，第 761 頁，丘瓚爲留守中衛軍籍，福建惠安縣人。
⑩ 李臨陽，下文薊鎮户部分司亦記有李臨陽，四川人。按《國朝歷科題名碑録初集·明嘉靖二十三年題名碑録》第 757、758 頁，該科有二甲九十名進士李臨陽和三甲六十八名進士李臨陽，二人都是四川重慶府江津縣軍籍，但乾隆《江津縣志》、光緒《江津縣志》只記一人，方志恐誤。光緒《江津縣志》卷十《選舉志》，光緒元年刻本，葉 2b 記李臨陽任陝西按察使。查康熙《雲南通志》卷十七《選舉貢院附》，康熙三十年刻本，進士和舉人皆無李臨陽，此處記李臨陽爲"雲南人"恐誤。
⑪ 任惟均，巴縣人，嘉靖二十六年進士，官至山東參政。參同治《巴縣志》卷三《人物志·選舉》，同治六年刻本，葉 8a。
⑫ 王霽，黄陂人，嘉靖二十年進士，授户部主事，理密雲糧餉，歷保寧知府等。參同治《黄陂縣志》卷八《人物志·鄉賢》，同治十年刻本，葉 7ab。
⑬ 馬烏，安邑人，嘉靖十六年舉人，官至貴州參政。參乾隆《解州安邑縣志》卷六《選舉》，乾隆二十九年刻本，葉 18b。
⑭ 胡致和，平原人，嘉靖二十六年進士，官户部主事。參乾隆《平原縣志》卷七《選舉志》，乾隆十四年刻本，葉 7a。
⑮ 劉魯生，恩縣人，嘉靖二十六年進士，授曲沃知縣，陞户部主事、員外郎、郎中，累官至開封府知府。參宣統《恩縣志》卷七《選舉志·進士》、卷八《人物志·宦業》，宣統元年刻本，葉 7b、22a。

馬濂①南直人。劉廓②山東人。楊君璽③京衛人。

閻光潛④山東人。丁希孔⑤山東人。李應元⑥河南人。

楊進道⑦曲周人。廖逢節⑧河南人。張大業⑨山東人。

梁綱⑩山西人。任汝亮⑪山西人。王以繟⑫文安人。

侯國治⑬廣東人。申嘉瑞⑭河南人。王三錫⑮四川人。戴耀⑯福建人。

---

① 馬濂，字濬卿，無錫人，嘉靖二十九年進士，授仙居知縣，累官至浙江運使。參乾隆《江南通志》卷一百五十一《人物志·武功一》，乾隆元年刻本，葉14a 及嘉慶《無錫金匱縣志》卷十五《選舉》，嘉慶十八年刻本，葉8a。
② 劉廓，壽光人，劉承學之子，嘉靖三十二年進士，官戶部郎中。參嘉慶《壽光縣志》卷十一《貢舉志·進士》，嘉慶五年刻本，葉3ab。
③ 楊君璽，查有彭城衛籍人楊君璽，嘉靖三十年進士，官至運使，該是此人。參雍正《畿輔通志》卷六十二《選舉》，雍正十三年刻本，葉23a。
④ 閻光潛，東平州人，字子章，嘉靖二十九年進士，歷戶部郎中、永平知府、西寧兵備副使等。參乾隆《東平州志》卷十三《人物志一》，乾隆三十六年刻本，葉38a。
⑤ 丁希孔，招遠人，嘉靖二十五年進士，歷戶部郎中。參順治《招遠縣志》卷八《科貢·進士》，順治十七年刻本，葉1b。
⑥ 李應元，祥符人，嘉靖三十二年進士，官至山西大同知府。參光緒《祥符縣志》卷四《選舉表》，光緒二十四年刻本，葉7b。
⑦ 楊進道，嘉靖三十五年進士，官至陝西按察司僉事。參乾隆《曲周縣志》卷十三《選舉》，乾隆十二年刻本，葉2a。
⑧ 廖逢節，字應時，固始人，嘉靖三十五年進士，授戶部主事。嘉靖四十二年陞戶部郎中，督儲永平。累官至都察院右僉都御史，巡撫甘肅。參《明分省人物考十》卷九十三《河南汝寧府二》，第397~398頁。
⑨ 張大業，德州人，嘉靖三十五年進士，官至參政。參康熙《德州志》卷九《選舉志》，康熙十二年刻本，葉2b。
⑩ 梁綱，字立夫，稷山人，嘉靖四十一年進士，授戶部主事，督理雲餉，搜括積年侵没等銀三千兩。歷河南副使、湖廣參政。參乾隆《稷山縣志》卷五《人物》，乾隆三十年刻本，葉28b~29a。
⑪ 任汝亮，字伯寅，猗氏人，嘉靖四十一年進士，授戶部曹，督餉。歷兵部曹、泉州知府等。參雍正《猗氏縣志》卷五《人物》，雍正七年刻本，葉11a。
⑫ 王以繟，字伯聘，嘉靖四十一年進士，授戶部主事，歷戶部員外郎、順慶知府、登州知府等，累官至山西布政使右參政。參康熙《文安縣志》卷五《選舉志》，康熙四十二年刻本，葉2b。
⑬ 侯國治，字平裕，南海人，嘉靖十三年舉人，歷江浦知縣、寧波府同知、戶部郎中，隆慶四年督密雲糧儲。累官至廣西副使、參政。參《明分省人物考十二》卷一百一十一《廣東廣州府二》，第386~388頁。
⑭ 申嘉瑞，葉縣人，嘉靖二十五年解元，歷儀徵知縣、戶部主事、戶部郎中，因督餉有功，陞馬湖府。參同治《葉縣志》卷八《人物志上》，同治十一年刻本，葉29a。
⑮ 王三錫，字用懷，內江人，累官至運使。參同治《內江縣志》卷三《選舉》，同治十年刻本，葉11a。
⑯ 戴耀，字德輝，長泰人，隆慶二年進士，授新建知縣，歷豫章知府、四川副使，累官至右都御史，巡撫廣西、總督兩廣等。參康熙《長泰縣志》卷八《人物志》，康熙二十六年刻本，葉54a~56a。

薊州戶部分司 成化元年設，初歲委郎中一員，嘉靖中始以三年一代。①

閻本②山西人。楊禮和③四川人。施紳④。

南釗⑤陝西人。吳潤⑥山東人。李寬⑦陝西人。

馮續⑧山東人。方守⑨福建人。官廉⑩山東人。

王揖⑪虹縣人。劉廷昌⑫四川人。王鉞⑬陝西人。

王勤⑭四川人。何文縉⑮廣東人。張鷺⑯山東人。

---

① "薊州戶部分司"以下諸官的人名、籍貫、功名，可參康熙《薊州志》卷四《秩官志·道司》，康熙四十三年刻本，葉 28a~30b。
② 閻本，其傳見前。
③ 楊禮和，江津人，正統十年進士，累官至雲南鶴慶府知府。參乾隆《江津縣志》卷十《選舉志》，乾隆三十三年刻本，葉 3a。
④ 施紳，查有東安人施紳，宣德十年舉於鄉，官至通政司參議，該是此人。參乾隆《東安縣志》卷十一《選舉志》，乾隆十四年刻本，葉 5b。
⑤ 南釗，字希吉，渭南人，天順四年進士，歷戶部主事、員外郎、郎中，陞河南布政司參政。參雍正《渭南縣志》卷九《人物志》，雍正十年刻本，葉 21b~22a。
⑥ 吳潤，字公澤，德平人，成化二年進士，官戶部雲南司員外郎。參嘉慶《德平縣志》卷七《人物志》，嘉慶元年刻本，葉 9b~10a。
⑦ 李寬，臨洮府蘭縣人，成化三年進士，官刑部主事。參康熙《臨洮府志》卷十二《選舉表》，康熙二十六年刻本，葉 3b。
⑧ 馮續，字乘宗，昌邑人，天順八年進士，授兵部主事，劾山海關巡撫不職。改戶部主事，監通州、徐州二州稅，總管薊東邊儲。累官至甘肅巡撫。參乾隆《昌邑縣志》卷六《人物》，乾隆七年刻本，葉 178b~179a。
⑨ 方守，字宜約，莆田人，成化五年進士，授戶部主事，陞戶部郎中，督薊、永及延、寧邊餉。累官至湖廣右布政。參康熙《興化府莆田縣志》卷二十《人物志·清修傳》，乾隆二十六年據康熙四十四年刻本重刻，葉 7ab。
⑩ 官廉，字汝清，平度人，正統八年進士，授工部虞衡司主事，改戶部福建司主事，累官至戶部郎中，督餉薊東。參道光《平度州志》卷十八《列傳四》，道光二十九年刻本，葉 5b~7a。
⑪ 王揖，成化十四年進士，官至左參政。康熙《虹縣志》卷上《選舉》，據康熙十七年增刻本抄，葉 82a。
⑫ 劉廷昌，或作"劉定昌"，號君邦，綦江人，成化十一年進士，官戶部雲南清吏司主事。參道光《綦江縣志》卷七《選舉》、《人物》，同治二年據道光六年刻本增刻，葉 3b、36b~37a。
⑬ 王鉞，字廷威，同州人，成化二十年進士，授戶部郎中，陞郎中，總督薊州糧儲。參天啟《同州志》卷十一《人物·名賢》，天啟五年刻本，葉 16a。王鉞，有作"王越"者，如乾隆《同州府志》卷二十八《選舉志一·進士》，乾隆四十六年刻本，葉 9a。
⑭ 王勤，遂寧人，成化五年進士，弘治年間任薊州戶部分司。參康熙《薊州志》卷五《名宦志》，康熙四十三年刻本，葉 4a 及乾隆《遂寧縣志》卷六《人民部·選舉表》，乾隆五十二年刻本，葉 24b。
⑮ 何文縉，南海人，成化十四年進士，累官至知府。參康熙《南海縣志》卷五《選舉志》，康熙三十年刻本，葉 6b。
⑯ 張鷺，字應治，安丘人，弘治三年進士，授戶部主事，陞員外郎、郎中，歷陝西徽州知州、河南僉事。參萬曆《安丘縣志》卷十五《歷代貢舉表》，《四庫全書存目叢書》史部第 200 冊，第 281 頁。

李傑①陝西人。趙鶴②江都人。劉乾③靖江人。
莊襗④武進人。劉悅⑤江陵人。葉天爵⑥婺源人。
萬斛⑦四川人。于範⑧山東人。陳惟藩⑨山西人。
李緋⑩河南人。姚鳳⑪直隸人。顧天祐⑫武進人。
李蘭⑬陝西人。王廷梅⑭湖廣人。康河⑮陝西人。

---

① 李傑，韓城人，弘治三年進士，歷戶部主事、戶部員外郎，累官至知府。參乾隆《韓城縣志》卷五《選舉表》，乾隆四十九年刻本，葉 9a。
② 趙鶴，字叔鳴，弘治九年進士，授戶部主事，陞戶部郎中，督永平、山海、薊州糧草，兼視屯田，上邊場時務十六條。累官至山東提學副使。參乾隆《江都縣志》卷十五《鄉賢》，乾隆八年刻本，葉 20b~21a。
③ 劉乾，弘治十二年進士，授戶部主事，累官至光祿寺卿，祀鄉賢。參光緒《靖江縣志》卷十一《選舉志·進士》，光緒五年刻本，葉 10a。
④ 莊襗，其傳見前。
⑤ 劉悅，弘治十五年進士，歷蘇州知府。參乾隆《江陵縣志》卷二十七《人物》、卷三十九《選舉》，乾隆五十九年刻本，葉 34a、4a 及《國朝歷科題名碑錄初集·明弘治十五年進士題名碑錄》，第 694 頁。
⑥ 葉天爵，字良貴，弘治九年進士，授江西崇仁知縣，歷戶部郎中，督餉。累官至饒州知府。參道光《婺源縣志》卷五《選舉志·進士》、卷十六《人物志·經濟》，道光六年刻本，葉 22b、12a。
⑦ 萬斛，成都府崇慶州人，民籍，弘治十五年進士。參《國朝歷科題名碑錄初集·明弘治十五年進士題名碑錄》，第 696 頁。
⑧ 于範，字覺甫，鄆城人，弘治十八年進士，授輝縣知縣。歷嘉興知縣、戶部主事、戶部員外郎。累官至潯州知府。參康熙《鄆城縣志》卷五《人物志·鄉賢》，康熙五十五年刻本，葉 5a。
⑨ 陳惟藩，吉州人，正德三年進士，官戶部郎中。參光緒《吉縣志》卷五《選舉》，民國間鉛印本，葉 1a。
⑩ 李緋，字廷章，固始人，任戶部主事，歷山東左布政、副都御史總理河道。參康熙《固始縣志》卷六《選舉》，康熙三十二年刻本，葉 10ab。
⑪ 姚鳳，字明瑞，河南彰德府安陽縣民籍，直隸懷遠縣人。正德二年中河南鄉試，九年中進士。授戶部主事，陞郎中。參雍正《懷遠縣志》卷六《人物志·名賢》，雍正二年刻本，葉 5a 及《國朝歷科題名碑錄初集·明正德九年進士題名碑錄》，第 696 頁。
⑫ 顧天祐，正德三年進士，官戶部郎中。參光緒《武進陽湖縣志》卷十九《選舉》，光緒五年刻本，葉 12a。
⑬ 李蘭，其傳見前。
⑭ 王廷梅，黃岡人，嘉靖二年進士，歷戶部郎中、成都府知府等。道光《黃岡縣志》卷六《選舉志》，道光二十八年刻本，葉 4b。
⑮ 康河，武功人，嘉靖二年進士，累官兗州、贛州知府。參康熙《武功縣續志》卷二《選舉志》，雍正十二年刻本，葉 32a。

丁守中①陝西人。袁淮②直隸人。李易永興人。③
賈士元④陝西人。邊沆⑤直隸人。李允升⑥涿州人。
王繼芳⑦直隸人。殿紹説湖廣人⑧。張松⑨河南人。
叚鍊⑩直隸人。董策⑪長沙衛人。宋守志⑫河南人。
高光⑬四川人。曹麟⑭湖廣人。王彙征⑮陝西人。

---

① 丁守中，慶陽衛人，正德二年舉於鄉，官至郎中。參乾隆《新修慶陽府志》卷二十三《科第》，乾隆二十六年刻本，葉10a。
② 袁淮，任丘人，正德十二年進士，官至苑馬寺少卿。參乾隆《任邱縣志》卷八《選舉志》，乾隆二十七年刻本，葉16b。
③ [校] 永興，原作"湖廣"，參康熙《薊州志》卷四《秩官志·道司》，康熙四十三年刻本，葉29b作"江西永興"。按乾隆《永興縣志》卷九《選舉志》、卷十八《人物志》，乾隆十四年刻本，葉3a、5a，李易，字仲占，嘉靖八年進士，歷户部主事、太僕寺卿。
④ 賈士元，鳳翔人，順天籍，嘉靖十一年進士，累官至彰德知府。參乾隆《鳳翔縣志》卷八《科舉》，乾隆三十二年刻本，葉14a。
⑤ 邊沆，字文灝，任丘人，嘉靖十一年進士，授行人，歷户部郎中、青州知府。參乾隆《任邱縣志》卷九《人物志·政事》，乾隆二十七年刻本，葉57b。
⑥ 李允升，嘉靖三十五年進士，累官至布政司參議。參乾隆《涿州志》卷九《選舉志·科目》，乾隆三十年刻本，葉6a。
⑦ 王繼芳，按《國朝歷科題名碑錄初集·明嘉靖十一年進士題名碑錄》，第742頁，王繼芳爲順天府固安縣民籍。《嘉靖十年順天府鄉試錄》，參屈萬里《明代史籍彙刊》，臺灣學生書局1969年，第3679頁，王繼芳，固安縣學生，治《詩經》。康熙《順天府志》卷七《人物·進士》，閻崇年校注本，中華書局2009年，第379頁在嘉靖十一年下記爲"王繼芳"。
⑧ [校] 湖廣人，康熙《薊州志》卷四《秩官志·道司》，康熙四十三年刻本，葉29b記爲"廣西桂陽人，舉人"，實際上，桂陽屬湖廣，《四鎮三關誌》正確。據同治《桂陽縣志》卷十三《選舉志·舉人》，同治六年刻本，葉13a，殿紹説正德五年舉於鄉，歷霍山知縣、郎中。
⑨ 張松，洛陽人，嘉靖十七年進士，官至左都御史。參嘉慶《洛陽縣志》卷三十《選舉表下》，嘉慶十八年刻本，葉7a。
⑩ 段鍊，字文純，順天府固安人，嘉靖二十年進士，授工部主事。歷户部員外郎、大同知府。參康熙《固安縣志》卷五《選舉志》，康熙五十三年刻本，葉4b。
⑪ 董策，嘉靖二十年進士，歷常州知府等，終官江西布政使。參乾隆《長沙府志》卷二十五《選舉志》，乾隆十二年刻本，葉16b；《國朝歷科題名碑錄初集·明嘉靖二十年進士題名碑錄》，第753頁。
⑫ 宋守志，延津人，嘉靖二十六年進士，官至陝西按察司副使。參乾隆《衛輝府志》卷二十三《選舉一·進士》，乾隆五十三年刻本，葉9a。
⑬ 高光，字子護，峨眉人，嘉靖二十三年進士，累官至雲南按察司僉事。參乾隆《峨眉縣志》卷六《甲第·進士》，乾隆五年刻本，葉10a。
⑭ 曹麟，字汝祥，黃梅人，嘉靖二十九年進士，授許州知州。嘉靖三十二年陞户部雲南司員外郎，轉山西司，再轉陝西司。嘉靖三十五年提督永平、山海、薊鎮等處邊餉。後歷天津兵備道。參光緒《黃梅縣志》卷二十四《人物志·宦績》，光緒二年刻本，葉4b~6a。
⑮ 王彙征，西安人，嘉靖十三年舉人，累官至參議。參乾隆《西安府志》卷四十三《選舉志中》，乾隆四十四年刻本，葉15b。

羅廷紳①陝西人。劉勃②直隸人。雷上儒③湖廣人。
張諧④六安衛人。李遷梧⑤山東人。崔鏞⑥陝西人。
王汝梅⑦直隸人。蘇松四川人。李承選⑧河南人。
魏任⑨河南人。鮑文縉⑩山東人。高世雨⑪河南人。

永平户部分司 嘉靖四十三年設郎中一員，三年一代。
吕藿⑫湖廣人。程鳴伊⑬山東人。辛應乾⑭山東人。
許守謙⑮直隸人。宋豸⑯直隸人。羅良禎⑰四川人。

---

① 羅廷紳，字公書，淳化人，嘉靖三十二年進士，歷主事、保寧知府。參乾隆《淳化縣志》卷二十《士女志第十五》，乾隆四十九年刻本，葉5a。
② 劉勃，任丘人，嘉靖二十年進士，官至河南僉事。參乾隆《任邱縣志》卷八《選舉志》，乾隆二十七年刻本，葉21b。
③ 雷上儒，嘉魚人，嘉靖三十二年進士，累官至贛州府知府。參乾隆《嘉魚縣志》卷三《選舉志》，乾隆五十五年刻本，葉6a。
④ 張諧，直隸六安衛官籍，湖廣黃州府蘄州廣濟縣人，嘉靖三十五年進士。參《國朝歷科題名碑録初集·明嘉靖三十五年進士題名碑録》，第775頁。
⑤ 李遷梧，安丘人，嘉靖三十八進士，歷吴江知縣、大同知府等。萬曆《安丘縣志》卷十五《選舉表》、卷二十二《高士傳》，《四庫全書存目叢書》史部第200册，第285、306頁。
⑥ 崔鏞，其傳見本書卷七。
⑦ 王汝梅，字德和，安肅人，嘉靖四十一年進士，授户部主事，督三關糧餉，歷山西按察僉事、副都御史巡撫延綏。參乾隆《安肅縣志》卷六《選舉》、卷九《人物上》，嘉慶十三年補刻本，葉3a、18ab。
⑧ 李承選，延津人，嘉靖三十八年進士，官至太僕寺少卿。參乾隆《衛輝府志》卷二十三《選舉一》，乾隆五十三年刻本，葉9b。
⑨ 魏任，葉縣人，嘉靖三十年舉於鄉，歷户部郎中，累官至真定知府。參同治《葉縣志》卷八《人物志》，同治十一年刻本，葉29b。
⑩ 鮑文縉，字子卿，臨清人，嘉靖三十一年舉人，授井陘知縣，入爲户部官，陞平凉知府。參《明分省人物考十》卷九十六《山東東昌府二》，第697~698頁。
⑪ 高世雨，其傳見本書卷七。
⑫ 吕藿，字忱卿，零陵人，嘉靖四十一年進士，授户部山西司主事，歷吏部、兵部郎中，陞南京都察院右僉都御史提督操江。參康熙《零陵縣志》卷八《選舉考》、卷九《人物考上》，康熙二十三年刻本，葉13a、27b~28a。
⑬ 程鳴伊，樂安人，嘉靖三十八年進士，累官至太僕寺卿。參雍正《樂安縣志》卷十《選舉志》，雍正十一年刻本，葉2a。
⑭ 辛應乾，其傳見本書卷七。
⑮ 許守謙，藁城人，嘉靖四十四年進士，累官至兵部尚書。參康熙《藁城縣志》卷十《選舉志》，康熙三十七年刻本，葉2b。
⑯ 宋豸，容城人，嘉靖四十四年進士，授行人，擢户部主事，陞郎中，歷汝寧知府、鄖陽知府，累官至山東鹽運使。參乾隆《容城縣志》卷六《人物志·甲科》，乾隆二十六年刻本，葉8a。
⑰ 羅良禎，字雲衢，内江人，隆慶二年進士，授鰲屋知縣，遷户部曹，歷雲南僉事、湖廣參議。參同治《内江縣志》卷六《人文志》，同治十年刻本，葉35ab。

傅寵①四川人。

密、昌漕運戶部分司 萬曆二年設主事一員，駐劄通州，督運密、昌二鎮漕糧。
曹維新 陝西人。

山海守關兵部分司 宣德九年設主事一員，駐守本關，三年一代。
羅恪②江西人。劉鍾③江夏人。劉華④隨州人。
張瓛⑤山西人。蕭餘慶⑥直隸人。劉璣⑦鄆城人。
王俊⑧清苑人。郭瑾⑨山西人。裴翶⑩河南人。
章瑄⑪浙江人。楊琚⑫江西人。祁順⑬廣東人。

---

① 傅寵，其傳見本書卷七。
② 羅恪，分宜人，永樂九年舉人，歷兵部主事、山西參議。參同治《分宜縣志》卷七《選舉志》，同治十年刻本，葉 11a。
③ 劉鍾，永樂十五年舉人，正統二年任。參乾隆《江夏縣志》卷七《選舉》，乾隆五十九年刻本，葉 12a 及嘉靖《山海關志》卷四《官師四》，第 48 頁。
④ 劉華，兵部主事，由貢士，正統四年任。參嘉靖《山海關志》卷四《官師四》，第 48 頁。
⑤ 張瓛，崞縣人，兵部主事，由貢士，正統七年任。參嘉靖《山海關志》卷四《官師四》，第 48 頁。
⑥ 蕭餘慶，華亭人，由進士，正統十年任。參嘉靖《山海關志》卷四《官師四》，第 48 頁。
⑦ 劉璣，字孟璇，宣德二年進士，歷戶、兵、工三部主事、郎中，福建鹽運使。參嘉靖《鄆城縣志》卷三《選舉》，《天一閣藏明代方志選刊續編》第 59 冊，上海古籍書店 1990 年。
⑧ 王俊，兵部郎中，由貢士，景泰元年任，歷官知府。參嘉靖《山海關志》卷四《官師四》，第 48 頁及同治《清苑縣志》卷五《選舉》，同治十二年刻本，葉 27a。
⑨ 郭瑾，高平人，兵部郎中，由貢士，景泰二年任。參嘉靖《山海關志》卷四《官師四》，第 48 頁。按順治《高平縣志》卷六《選舉志》，順治十五年刻本，葉 9b，郭瑾爲永樂十五年舉人，兵部職方司郎中。
⑩ 裴翶，洛陽人，由監生，景泰五年任。參嘉靖《山海關志》卷四《官師四》，第 48 頁。按乾隆《重修洛陽縣志》卷七《選舉》（民國十三年石印本，葉 30b）、乾隆《河南府志》卷三十一《選舉志二》（同治六年刻本，葉 7a）等書，裴翶爲宣德二年馬愉榜進士，官戶部主事。康熙《河南通志》卷十七《選舉·宣德二年馬愉榜》（康熙九年刻本，葉 44b）、《國朝歷科題名碑錄初集·明宣德二年進士題名碑錄》第 613~614 頁並無裴翶。且乾隆《重修洛陽縣志》卷七《選舉》，民國十三年石印本，葉 37b 又記裴翶爲宣德八年舉人，戶部主事，存疑。
⑪ 章瑄，字用輝，會稽人，景泰五年進士，授兵部職方司主事，守山海關。歷兵部車駕司郎中、遼東行太僕寺少卿。參康熙《會稽縣志》卷二十《選舉志中》、卷二十三《人物志二》，康熙二十二年刻本，葉 27b、9b~10b。
⑫ 楊琚，字朝用，泰和人，景泰五年進士，授兵部武選司主事，改職方司主事，出鎮山海關。還陞武選司郎中、湖廣參議、四川參政。參乾隆《泰和縣志》卷二十《人物志五》，乾隆十八年刻本，葉 13ab。
⑬ 祁順，字致和，東莞人，天順四年進士，授兵部主事，巡視山海關，轉戶部主事，督餉臨清。歷戶部員外郎、江西右參政，累官至福建右布政使、江西左布政使。參宣統《東莞縣志》卷五十六《人物署三》，民國十六年鉛印本，葉 8b~10b。

馮續①山東人。梅愈②江西人。尚綱③河南人。

胡瓚④浙江人。吳志⑤江西人。蘇章⑥江西人。

熊禄⑦江西人。尚緒⑧河南人。朱繼祖⑨江西人。

張愷⑩無錫人。黃繡⑪江西人。陳欽⑫浙江人。

張玠⑬直隸人。徐朴⑭上虞人。張時叙⑮直隸人。

曾得禄⑯湖廣人。顧正⑰浙江人。汪瑛⑱浙江人。

----

① 馮續，其傳見前。
② 梅愈，字宗韓，湖口人，成化二年進士，授工部主事，主居庸關，累官至湖廣常德知府。參嘉慶《湖口縣志》卷八《列傳·鄉賢》，嘉慶二十三年刻本，葉 13b。
③ 尚綱，字美中，睢州人，成化五年進士，累官至山東參議。參光緒《續修睢州志》卷六《人物志》，光緒十八年刻本，葉 12a。
④ 胡瓚，餘姚人，成化五年進士，成化九年任，累官至建昌知府。參嘉靖《山海關志》卷四《官師四》，第 48 頁及乾隆《餘姚志》卷十七《選舉表一》，乾隆四十六年刻本，葉 31b。
⑤ 吳志，遂昌人，工部屯田員外郎吳紹生子，成化二年進士，累官至惠州知州。參光緒《遂昌縣志》卷七《選舉》，光緒二十二年刻本，葉 3b。
⑥ 蘇章，字文簡，餘干人，成化十一年進士，授兵部職方司主事，出鎮山海關。歷兵部武選司主事、延平知府、浙江參政等。參道光《餘干縣志》卷十二《人物志·名臣》，道光三年刻本，葉 16a~17b。
⑦ 熊禄，字日貴，進賢人，成化十四年進士，授兵部主事，歷員外郎、郎中、福建參政，累官至南京光禄寺卿。參康熙《進賢縣志》卷十一《選舉志》，康熙十二年刻本，葉 10b。
⑧ 尚緒，字美儀，睢州人，尚綱弟，弘治十七年進士，授兵部主事，累官至臨江知府。參光緒《續修睢州志》卷五《選舉志》，光緒十八年刻本，葉 28a。
⑨ 朱繼祖，字孝思，高安人，成化二十年進士，授兵部職方司主事，出鎮山海關，陞兵部武庫司員外郎，歷廣西知府等。參乾隆《高安縣志》卷十《人物》，乾隆十九年刻本，葉 24ab。
⑩ 張愷，成化二十年進士，官至福建運使。參嘉慶《無錫金匱縣志》卷十五《選舉》，嘉慶十八年刻本，葉 5b。
⑪ 黃繡，字文卿，清江人，弘治三年進士，授兵部主事，駐剳山海關。歷兵部員外郎、山東僉事、副使、參議等。參乾隆《清江縣志》卷十七《人物三》，乾隆四十五年刻本，葉 13b。
⑫ 陳欽，字亮之，浙江紹興府會稽縣人，南京欽天監籍，成化二十三年進士。參《國朝歷科題名碑錄初集·明成化二十三年進士題名碑錄》，第 673 頁及嘉靖《山海關志》卷四《人物六》，第 58 頁。
⑬ 張玠，其傳見本書卷七。
⑭ 徐朴，弘治十二年進士，授兵部主事，累官至知府。參嘉靖《山海關志》卷四《官師四》，第 48 頁及《國朝歷科題名碑錄初集·明弘治十二年進士題名碑錄》，第 689 頁。
⑮ 張時叙，滄州人，弘治九年進士，授兵部主事。參乾隆《滄州志》卷八《選舉·進士》，乾隆八年刻本，葉 3a。
⑯ 曾得禄，鄖陽人，授兵部職方司主事，出鎮山海關。參嘉慶《鄖陽志》卷六《人物》、卷七《選舉》，嘉慶二年刻本，葉 2a、1b。
⑰ 顧正，海鹽人，弘治十五年進士，累官至布政司參議。參嘉靖《山海關志》卷四《官師四》，第 48 頁及《國朝歷科題名碑錄初集·明弘治十五年進士題名碑錄》，第 697 頁。
⑱ 汪瑛，字子修，麗水人，正德三年進士，授兵部主事，守山海關。歷兵部武選司、福建副使。參雍正《處州府志》卷十一《人物志》，雍正十一年刻本，葉 36b。

丁貴①山東人。李際元②陽穀人。黃綬③浙江人。
黃景夔④四川人。劉序⑤長安人。王冕⑥河南人。
徐子貞⑦浙江人。馬敭⑧河南人。鄔閱⑨江西人。
楚書⑩陝西人。葛守禮⑪山東人。呂調羹⑫湖廣人。
諸燮⑬浙江人。徐緯⑭浙江人。張敦仁⑮浙江人。

---

① 丁貴，濱州人，正德三年進士，官至知府。參咸豐《濱州志》卷九《選舉志》，咸豐十年刻本，葉4a及嘉靖《山海關志》卷四《官師四》，第48頁。
② 李際元，字通甫，正德六年進士，授懷慶府推官，陞兵部職方司主事，收山海關，歷兵部武庫司郎中、陝西按察司僉事等。參康熙《陽穀縣志》卷三《學校附科貢選舉》、《人物》，康熙五十五年抄本，無頁碼。
③ 黃綬，字汝文，鄞縣人，正德九年進士，授兵部職方司主事，歷兵部武選司主事、山東僉事等。參同治《鄞縣志》卷三十五《人物傳十》，光緒三年刻本，葉26ab。
④ 黃景夔，鄞都人，正德九年進士，授戶部主事，陞兵部員外郎，著有《白水集》。參同治《重修鄞都縣志》卷二《選舉志》、卷三《人物志·文學》，同治八年刻本，葉1a、17a。
⑤ 劉序，陝西長安人，正德十六年進士，累官至太僕寺少卿。參康熙《長安縣志》卷五《選舉》，康熙七年刻本，葉2a。
⑥ 王冕，字服周，洛陽人，正德十二年進士，授萬安知縣。擢兵部主事，巡視山海關。參張廷玉《明史》卷二百九十《王冕傳》，第7435~7436頁。
⑦ 徐子貞，餘姚人，正德十六年進士，累官至福建僉事。參乾隆《餘姚志》卷十七《選舉表一》，乾隆四十六年刻本，葉44b。
⑧ 馬敭，字了仰，上蔡人，馬昇子，正德十六年進士，授兵部主事，歷南京都察院御史、蘇州知府等。參康熙《上蔡縣志》卷八《選舉志》、卷十《人物志中·明馬驤傳子昇孫□嘉謨附（楊廷望）》，康熙二十九年刻本，葉4b、71a~73b。
鄔閱，字尚詳，新昌人，正德二年舉人，授浙江湯溪知縣，以賑濟灾民功擢兵部主事，巡視山海關。歷兵部車駕司員外郎、湖廣按察司僉事等。參乾隆《新昌縣志》卷十一《人物志·選舉二·舉人》，乾隆五十七年刻本，葉12b~13a。
⑩ 楚書，正德二年進士，授兵部主事，大同之變平賊有功。累官至右副都御史。參萬曆《朔方新志》卷三《文學·科貢》、《文學·鄉獻》，中國社會科學出版社2015年，第173、199~200頁。
⑪ 葛守禮，字興立，德平人，嘉靖八年進士，授彰德推官，歷兵部、禮部主事、河南提學副使、右副都御史巡撫河南，累官至戶部尚書等。卒，贈太子太保，諡端肅。參張廷玉《明史》卷二百十四《葛守禮傳》，第5666~5668頁。
⑫ 呂調羹，字夢卿，濮州所軍籍，嘉魚人，嘉靖八年進士，歷太和、曲周知縣。擢兵部主事，出守山海關。參康熙《濮州志》卷三《鄉賢記》，康熙十二年刻本，葉78b~79a；乾隆《嘉魚縣志》卷三《選舉志·科第》，乾隆五十五年刻本，葉5b；《國朝歷科題名碑録初集·明嘉靖八年進士題名碑録》，第736頁。
⑬ 諸燮，字子相，餘姚人，嘉靖十四年進士，授兵部主事，守山海關。歷潮州通判、邵武同知。參光緒《餘姚縣志》卷二十三《列傳十一》，光緒二十五年刻本，葉10ab。
⑭ 徐緯，餘姚人，嘉靖十七年進士，累官僉事。參康熙《山陰縣志》卷二十一《選舉志三》，康熙十年刻本，葉13a。
⑮ 張敦仁，其傳見本書卷七。

王應期①山西人。張鶚翼②上海人。方九叙③浙江人。
谷中虛④山東人。吳中禮⑤貴池人。王獻圖寧陵人。⑥
呂蔭⑦山東人。陳縉⑧浙江人。孟重⑨陝西人。
商詰⑩山東人。孫應元⑪湖廣人。熊秉元⑫江西人。
王繼祖⑬陝西人。任天祚⑭天津人。

密雲兵備正統十四年設，初爲巡撫，分理訟獄，尋議罷。弘治九年復設整飭黃花至山海等地方

---

① 王應期，蒲州人，嘉靖十四年進士，官兵部主事。參乾隆《蒲州府志》卷八《選舉上》，乾隆十九年刻本，葉 8b。
② 張鶚翼，嘉靖二十年進士，累官至右僉都御史，巡撫貴州。參嘉慶《上海縣志》卷十《選舉志》，嘉慶十九年刻本，葉 20b。
③ 方九叙，字禹績，錢塘人，嘉靖二十三年進士，授兵部主事，守山海關。累官至承天知府。參康熙《錢塘縣志》卷十《選舉·進士》、卷二十二《人物·文苑》，康熙五十七年刻本，葉 42a、9a。
④ 谷中虛，海豐人，嘉靖二十三年進士，授高陽知縣，陞戶部主事。歷戶部員外郎、郎中、山西副使等。累官至兵部左右侍郎，署尚書事。參康熙《海豐縣志》卷七《選舉表》，康熙九年刻本，葉 5b。
⑤ 吳中禮，號東瀾，嘉靖二十六年進士，累官至雲南參議。參康熙《貴池縣志畧》卷五《選舉畧》、卷六《人物畧》，乾隆九年刻本，據順治十四年刻本補刻，葉 5a、11b。但《選舉畧》謂官參政，《人物畧》謂雲南參議。
⑥ [校] 寧陵，原作"寧零"，據康熙《寧陵縣志》卷八《選舉志》，康熙三十二年刻本，葉 6b 及《國朝歷科題名碑録初集·明嘉靖二十九年進士題名碑録》，第 765 頁改。按縣志，王獻圖，嘉靖二十九年進士，授刑部主事，改兵部主事，陞陝西按察司僉事。
⑦ 呂蔭，字承之，陽信人，嘉靖二十六年進士，授工部主事，起復改兵部主事，轉員外郎，歷四川按察司僉事。參康熙《陽信縣志》卷九《人物志》，康熙二十一年刻本，葉 11b。
⑧ 陳縉，字用章，上虞人，嘉靖三十二年進士，授兵部主事，出鎮山海關，累官至刑部郎中。參光緒《上虞縣志》卷十《人物》，光緒十七年進士，葉 6a。
⑨ 孟重，字汝器，渭南人，嘉靖三十二年進士，授固始知縣，歷懷慶知府、山東按察司僉事、霸州兵備等，累官至兵部右侍郎。參雍正《渭南縣志》卷八《選舉志》、卷九《人物志》，雍正十年刻本，葉 4b、13b~14a。
⑩ 商詰，字右川，平原人，嘉靖三十五年進士，授肥城知縣，陞兵部職方司主事，奉命守山海關，後陞薊州兵備。參乾隆《平原縣志》卷七《選舉志》、卷八《人物志》，乾隆十四年刻本，葉 7b、23b。
⑪ 孫應元，嘉靖四十一年進士，累官至巡撫山西都御史。參乾隆《鍾祥縣志》卷九《制科》，乾隆六十年刻本，葉 9b。另《國朝歷科題名碑録初集·明嘉靖四十一年進士題名碑録》，第 783 頁載，孫應元爲湖廣承天衛軍籍。
⑫ 熊秉元，字仁卿，豐城人，嘉靖三十八年進士，授棗强知縣，陞刑部主事，後改兵部主事，守山海關，上邊防五事。參康熙《豐城縣志》卷十《人物傳》，康熙三年刻本，葉 89b~90a。
⑬ 王繼祖，咸寧人，隆慶二年進士，累官至山東副使。參康熙《咸寧縣志》卷五《選舉》，康熙七年刻本，葉 3b。
⑭ 任天祚，隆慶五年進士，軍生，授兵部主事，陞山東右參政。參康熙《新校天津衛志》卷三《科甲》，民國二十三年鉛印本，葉 11a。

按察司副使一員，山東列銜，駐劄薊州。十一年，移駐密雲。嘉靖二十九年，增設薊州道，止隸密雲一道地方。

姜永①。張璉②彭城衛人。錢承德③常熟人。

何琛④四川人。朱塗⑤廣西人。王玹⑥山西人。

羅狗⑦江西人。熊相⑧江西人。葉珩⑨福建人。

劉淑相⑩湖廣人。陳大綱⑪慶陽衛人。陳嘉言西安人。⑫

---

① 姜永，商丘人，永樂十二年舉人，任御史，遷山東按察司副使。參康熙《商丘縣志》卷六《選舉》，康熙四十四年刻本，葉10b。
② 張璉，按《國朝歷科題名碑錄初集·明成化十四年進士題名碑錄》，第663頁載，其爲成化十四年進士，彭城衛軍籍，河南鞏縣人。
③ 錢承德，字世恒，常熟人，成化十一年進士，授阜平知縣，擢廣東道監察御史，遷山東按察司副使，整飭密雲兵備。參康熙《常熟縣志》卷十一《選舉表》、卷十七《邑人》，康熙二十六年刻本，葉37a、17b~19a。
④ 何琛，成都後衛軍籍，成化二十年進士，授蠡縣知縣，擢御史，陞山東按察司副使。參《明分省人物考十一》卷一百七《四川成都府一》，第763頁及《國朝歷科題名碑錄初集·明成化二十年進士題名碑錄》，第670頁。
⑤ 朱塗，其名史載不一，《國朝歷科題名碑錄初集·明弘治六年進士題名碑錄》，第684頁作"朱塗"；康熙《畿輔通志》卷十六《職官》，康熙二十二年刻本，葉31b作"朱壂"。朱塗，陽朔人，弘治六年進士。
⑥ 王玹，字邦器，陽城人，弘治十二年進士，授主事，擢陝西按察僉事，陞薊州兵備。參康熙《陽城縣志》卷五《選舉志·進士》、卷六《人物志·宦業》，康熙二十六年刻本，葉4b、7b~8a。
⑦ 羅狗，名字史載不一，有"羅狗"、"羅循"、"羅洵"等寫法。民國間抄本作"羅狗"；雍正《密雲縣志》卷三《兵制·兵備道》，雍正元年刻本，葉14a作"羅洵"；道光《吉水縣志》卷二十《選舉志·進士·明》，道光五年刻本，葉21b作"羅循"；《明分省人物考八》卷六十七《江西吉安府五》，第267~278頁作"羅循"。羅狗，字遵善，弘治十二年進士，歷密雲兵備等。
⑧ 熊相，字尚弼，高安人，正德三年進士，官御史。參康熙《高安縣志》卷七《選舉·進士》，康熙十年刻本。
⑨ 葉珩，莆田人，正德十二年進士，累官貴州布政使。參康熙《興化府莆田縣志》卷十三《選舉·進士》，乾隆二十六年據康熙四十四年刻本重刻，葉59a。
⑩ 劉淑相，字養忠，麻城人，正德九年進士，授南京兵部主事，轉北兵部郎中，陞順天府尹。參《明分省人物考九》卷七十八《湖廣黃州府》，第254~255頁。
⑪ 陳大綱，字廷憲，正德十二年進士，授大理寺評事，擢山西按察僉事，陞密雲兵備副使。參嘉靖《慶陽府志》卷十四《鄉賢》，《稀見中國地方志匯刊》第9册，中國書店出版社2012年。
⑫ ［校］西安人，原作"六安人"，據《國朝歷科題名碑錄初集·明正德九年進士題名碑錄》，第715頁改。陳嘉言爲陝西西安右護衛官籍，浙江西安縣人。

裴騫①山西人。谷高②陝西人。高金③山西人。
叚續④山西人。喻智當塗人。⑤ 沈師賢⑥浙江人。
徐汝桂⑦浙江人。王誥⑧河南人。孫國⑨直隸人。
王輪⑩山西人。李蓁⑪祥符人。汪淶⑫天津衛人。
張子順⑬山東人。李尚智⑭山西人。盧鎰⑮咸寧人。

---

① 裴騫，澤州人，正德十六年進士，終山東副使。參康熙《澤州志》卷十五《選舉》、十七《人物》，康熙四十五年刻本，葉 18a、5b。
② 谷高，咸陽人，正德九年進士，累官山東按察司副使。參乾隆《咸陽縣志》卷十五《選舉·甲科》，道光十六年刻本，葉 3a。
③ 高金，永寧州人，嘉靖五年進士，累官至副使。參光緒《永寧州志》卷十八《科目》，光緒七年刻本，葉 2a。
④ 叚續，按康熙《陽曲縣志》卷十一《選舉志》，康熙二十一年刻本，葉 6b，叚續，嘉靖二年進士，"入蘭州籍"。康熙《蘭州志》卷三《人物志》，康熙二十五年刻本，葉 2a，"叚續，嘉靖癸未科（二年），歷兵備副使"。
⑤ [校] 當塗，原作"富塗"。喻智，字子貞，正德九年進士，歷南京工部主事、兗州知府等，陞密雲道湖廣監察御史，累官右副都御史。參康熙《當塗縣志》卷十五《選舉》、卷二十《人物》，康熙四十六年刻本，葉 30a、25ab。
⑥ [校] 沈師賢，原作"沈師"，據《國朝歷科題名碑錄初集·明嘉靖八年進士題名碑錄》，第 738 頁及康熙《德清縣志》卷七《人物傳·宦歷》，康熙十二年刻本，葉 29b 改。按兩書，沈師賢，字德秀，德清人，嘉靖八年進士，歷工部郎中，擢福建按察副使，改密雲兵備。
⑦ 徐汝桂，或作"徐汝圭"。參《國朝歷科題名碑錄初集·明嘉靖五年進士題名碑錄》，第 732 頁及順治《新修淳安縣志》卷二《科貢志》，順治十五年刻本，葉 33b。
⑧ 王誥，字公遇，西平人，嘉靖二年進士，授行人，遷戶部員外郎，歷山東按察司副使、僉都御史巡撫甘肅等。參民國《西平縣志》卷二十三《文獻志·人物篇二》，民國二十三年刻本，葉 4b~5b。
⑨ 孫國，開州人，嘉靖十四年進士，累官山西副使。參嘉慶《開州志》卷五《選舉志·進士》，嘉慶十一年刻本，葉 3a。
⑩ 王輪，蒲人，嘉靖十七年進士，累官都御史。參乾隆《蒲州府志》卷八《選舉上》，乾隆十九年刻本，葉 8b。
⑪ 李蓁，其傳見本書卷七。
⑫ 汪淶，嘉靖二十年進士，除刑部主事，歷陞山西兵備副使。參康熙《新校天津衛志》卷三《封蔭科甲貢例附愚賢》，民國二十三年鉛印本，葉 10b，但衛志作"汪來"。
⑬ 張子順，字聚甫，德州左衛千戶，嘉靖二十三年進士，累官至密雲兵備副使。參乾隆《德州志》卷九《人物》，乾隆五十三年刻本，葉 13b~14a。
⑭ 李尚智，其傳見本書卷七。
⑮ 盧鎰，嘉靖二十九年進士，累官至四川參政。康熙《咸寧縣志》卷五《選舉》，康熙七年刻本，葉 3b。

張守中①山西人。張學顏②肥鄉人。王一鶚③曲周人。

凌雲翼④太倉人。王惟寧⑤興平人。王一鶚復任。

隨府⑥山東人。王之弼⑦陝西人。錢藻⑧直隸如皋人。

徐節⑨山西臨汾人。

薊州兵備弘治九年設密雲等處兵備一員，通轄薊、永地方。十一年移駐密雲。嘉靖二十九年，始設按察司副使一員，列銜山東或山西，剳薊州⑩，隸薊州一道地方。

劉燾⑪天津衛人。王輪⑫山西人。趙文燿⑬山東人。

陸坤⑭陝西人。趙忻⑮陝西人。伊介夫⑯直隸人。

---

① 張守中，字大石，嘉靖二十八年舉人，授保定通判，遷通州知州，擢密雲兵備副使，累官僉都御史，巡撫延綏。參乾隆《聞喜縣志》卷四《選舉》、卷七《人物》，乾隆三十一年刻本，葉24b、14b~15a。
② 張學顏，字子愚，嘉靖三十二年進士，由曲沃知縣入爲工科給事中，陞山西參議，遷永平兵備副使，累官戶部尚書，有署名《會計錄》傳世。參張廷玉《明史》卷二百二十二《張學顏傳》，第5853~5857頁。
③ 王一鶚，其傳見前。
④ 凌雲翼，字洋山，嘉靖二十六年進士，授南京工部主事，累官兵部尚書兼右副都御史，總督漕運。參張廷玉《明史》卷二百二十二《凌雲翼傳》，第5861~5862頁。
⑤ 王惟寧，嘉靖三十二年進士，累官山西布政司參議。參乾隆《興平縣志》卷五《選舉》，光緒二年刻本，葉1a。
⑥ 隨府，魚臺人，嘉靖四十四年進士，累官山西副使。參康熙《魚臺縣志》卷十六《選舉志》，康熙三十年刻本，葉4b。
⑦ 王之弼，其傳見前。
⑧ 錢藻，字自文，嘉靖三十八年進士，授南京禮部主事，後擢山東副使，兵備霸州，轉密雲兵備。參乾隆《如皋縣志》卷二十六《人物傳一》，乾隆十五年刻本，葉14a~15b。
⑨ 徐節，嘉靖三十二年進士，歷官陝西右布政使。參乾隆《臨汾縣志》卷七《選舉·進士》，乾隆四十四年刻本，葉4a。
⑩ [校] 薊州，原作"薊財"，據民國間抄本改。
⑪ 劉燾，其傳見本書卷七。
⑫ 王輪，其傳見前。
⑬ 趙文燿，萊陽人，嘉靖二十年進士，授戶部主事，歷陞陝西副使。參康熙《萊陽縣志》卷六《貢舉志·進士》，康熙十七年刻本，葉4b。
⑭ 陸坤，字子厚，蘭州人，嘉靖十四年進士，歷刑部主事、青州知府，陞薊州副使。參道光《蘭州府志》卷九《人物志上》，道光十三年刻本，葉34a。
⑮ 趙忻，字子樂，盩厔人，嘉靖二十年進士，授長洲知縣，歷刑部主事、員外郎、保定知府，後爲冀州兵備等。參乾隆《盩厔縣志》卷八《人物·名臣》，乾隆五十年刻本，葉4b~5a。
⑯ 伊介夫，字貞甫，阜城人，嘉靖二十年進士，授章丘知縣，後陞山東按察司僉事，分巡遼東東寧道。陞山東布政司右參議，分守遼東東寧道。再陞山西按察司副使，整飭薊州兵備。參雍正《阜城縣志》卷十九《人物·事功》，光緒三十四年刻本，葉7a~9a。

商誥①山東人。紀公巡②山東人。羅瑶③湖廣人。

楊錦④山東人。張學顔⑤直隸人。徐學古⑥河南人。

王之弼⑦陝西人。辛應乾⑧山東人。

永平兵備嘉靖三十九年設按察司副使一員，列銜山東或山西，駐劄永平府，隸永平一道地方。

温景葵⑨山西人。王惟寧⑩陝西人。沈應乾⑪五河人。

張學顔⑫肥鄉人。王之弼⑬陝西人。楊兆⑭陝西人。

孫應元⑮湖廣人。宋守約⑯山西人。陳萬言⑰廣東人。

天津兵備⑱弘治四年，設按察司副使一員，列銜山東或山西，駐劄天津衛，隸天津等處地方。

---

① 商誥，其傳見前。
② 紀公巡，字行道，恩縣人，嘉靖二十九年進士，歷薊州兵備、陝西按察使等。參宣統《恩縣志》卷三《人物志·宦業》，宣統元年刻本，葉23b~24a。
③ 羅瑶，巴陵人，嘉靖二十九年進士，累官至都御史。參嘉慶《巴陵縣志》卷十八《選舉表》，嘉慶九年刻本，葉5a。
④ 楊錦，字尚綱，益都人，嘉靖三十五年進士，累官右僉都御史，巡撫甘肅。參康熙《益都縣志》卷六《選舉》，康熙十一年刻本，葉25b。
⑤ 張學顔，其傳見前。上文言肥鄉縣，屬北直隸廣平府。
⑥ 徐學古，洛陽人，嘉靖四十一年進士，累官山西按察副使。參嘉慶《洛陽縣志》卷三十《選舉表二》，嘉慶十八年刻本，葉8b。
⑦ 王之弼，其傳見前。
⑧ 辛應乾，其傳見本書卷七。
⑨ 温景葵，其傳見前。
⑩ 王惟寧，興平人，嘉靖三十二年進士，累官山西布政司參政。參乾隆《興平縣志》卷五《選舉》，光緒二年刻本，葉1a。
⑪ 沈應乾，嘉靖二十九年進士，授南海知縣，轉戶部主事，累陞山東按察副使。參嘉慶《五河縣志》卷四《經制志·選舉》，嘉慶八年刻本，葉19a。
⑫ 張學顔，其傳見前。
⑬ 王之弼，其傳見前。
⑭ 楊兆，其傳見前。
⑮ 孫應元，湖廣承天衛官籍，嘉靖四十一年進士，累官都御史，巡撫山西。參《國朝歷科題名碑錄初集·明嘉靖四十一年進士題名碑錄》，第783頁及萬曆《承天府志》卷十《制科·明》，《日本藏中國罕見地方志叢刊》，書目文獻出版社1990年，第186頁。
⑯ 宋守約，其傳見本書卷七。
⑰ 陳萬言，其傳見本書卷七。
⑱ 下列各人名（名、字）、籍、貫、功名、任職時間等記載，可參乾隆《天津府志》卷二十一《職官·整飭天津道》，乾隆四年刻本，葉19b~23a。在此不一一舉出。

劉福①巴縣人。陳嘉謨②四川人。金獻民③四川人。

施槃④浙江人。柳尚義⑤湖廣人。陳天祥⑥吳江人。

蔣曙⑦全州人。杭淮⑧宜興人。胡文璧湖廣人。⑨

韓廉⑩浙江人。呂盛⑪建平人。錢如京⑫桐城人。

高嶼錦衣衛人。⑬ 王朝⑭武功中衛人。王騰⑮河南人。

---

① 劉福，成化五年進士，歷官貴州按察使，歿於盤江賊亂。參乾隆《巴縣志》卷九《人物志·忠義》，嘉慶二十五年刻本，葉 18ab。

② 陳嘉謨，富順人，成化十四年進士，歷天津兵備副使。參道光《富順縣志》卷十七《科甲》，道光七年刻本，葉 5a。

③ 金獻民，其傳見前。

④ 施槃，字彥器，黃巖人，成化二十年進士，歷刑部主事、刑部員外郎，擢河間知府，陞山東按察副使兵備天津。參康熙《黃巖縣志》卷六《人物·宦業十六》，康熙三十八年刻本，葉 16ab。

⑤ 柳尚義，字宗正，巴陵人，弘治十二年進士，授知縣，徵拜監察御史，仕至參政。參同治《巴陵縣志》卷十七《人物》引明廖道南《楚紀》，同治十一年刻本，葉 9a。

⑥ 陳天祥，字元吉，吳縣人，弘治九年進士，授青州府推官，歷監察御史、西安知府、山東按察副使等。官至天津道副使。參《明分省人物考二》卷二十一《南直隸蘇州府四》，第 858~859 頁。

⑦ 蔣曙，弘治六年進士，官至工部右侍郎。參康熙《全州志》卷六《選舉志》，康熙二十八年刻本，葉 4a。

⑧ 杭淮，字東卿，弘治十二年進士，授刑部主事，歷山東、雲南僉事、副使，陞右副都御史。參康熙《宜興縣志》卷七《選舉志》、卷八《人物志》，康熙二十五年刻，乾隆二年增刻本，葉 11b、17b。

⑨ [校] 胡文璧湖廣人，原作"胡文璧山東人"，據康熙《耒陽縣志》卷五《選舉·進士》、卷六《人物·風節》，康熙五十五年刻本，葉 4b、9b 改。據縣志，胡文璧，字汝重，成化十二年進士，初授户部主事，歷員外郎、太常少卿、鳳陽知府等，後陞天津兵備副使。

⑩ 韓廉，餘姚人，弘治九年進士，累官山東副使。參乾隆《餘姚志》卷十七《選舉表一》，乾隆四十六年刻本，葉 38a。

⑪ 呂盛，字文郁，弘治十二年進士，授義烏知縣，歷南京户部主事、湖州知府，後擢山東按察副使，兵備天津。參雍正《建平縣志》卷十八《人物上·名賢》，雍正九年刻本，葉 4ab。

⑫ 錢如京，字公溥，弘治十五年進士，選監察御史，陞副使，兵備天津，擢右副都御史，巡撫保定等府，累官至南京户部尚書、刑部尚書、太子少保。參道光《桐城續修縣志》卷七《選舉表》、卷十二《人物志·宦績》，道光七年刻本，葉 6a、6b~7b。

⑬ [校] 錦衣衛人，原作"錦衣人"，民國間抄本同。據《國朝歷科題名碑錄初集·明弘治十五年進士題名碑錄》，第 696 頁改。高嶼，錦衣衛籍，直隸崑山人。又據康熙《崑山縣志》卷八《科舉表一》，康熙二十二年修，抄本，年代不詳，無頁碼。高嶼，字子洲，弘治十五年進士，官按察司副使。

⑭ 王朝，或作"王潮"，據《國朝歷科題名碑錄初集·明正德三年進士題名碑錄》，第 705 頁及嘉慶《丹徒縣志》卷十四《選舉二·科目·進士》，嘉慶十年刻本，葉 14b。王潮，武功中衛籍，直隸丹徒人，累官至户部侍郎。

⑮ 王騰，洛陽人，正德九年進士，累官山東按察司副使。參嘉慶《洛陽縣志》卷三十《選舉表下》，嘉慶十八年刻本，葉 5a。

姚文清①陽曲人。葛木②浙江人。華金③無錫人。

敖英④清江人。茹鳴金⑤無錫人。孫錦⑥綏德衛人。

張承祚⑦河南人。王琇⑧宣武衛人。陳仲錄⑨常德人。

王璣浙江人。⑩ 朱鴻漸⑪吳縣人。吳嘉會⑫振武衛人。

劉廷臣⑬洪洞人。張鐸⑭常熟人。毛愷⑮江山人。

---

① 姚文清，正德六年進士，累官至河南左布政使。參康熙《陽曲縣志》卷十一《選舉志》，康熙二十一年刻本，葉6a。

② 葛木，字仁甫，上虞人，正德十二年進士，歷刑部郎中，累官山東副使、山西參政。參光緒《上虞縣志》卷九《人物·葛浩傳附葛木傳》，光緒十七年刻本，葉12a~13a。

③ 華金，字子宣，正德十六年進士，授戶部主事，累官天津兵備副使。參嘉慶《無錫金匱縣志》卷十九《宦望》，嘉慶十八年刻本，葉20b。

④ 敖英，字子發，正德十六年進士，授南京工部主事，歷禮部郎中、陝西提督學政等，累官至四川右布政使致仕。參乾隆《清江縣志》卷十七《人物三》，乾隆四十五年刻本，葉15b~16a。

⑤ 茹鳴金，嘉靖二年進士，官承天知府。嘉慶《無錫金匱縣志》卷十五《選舉》，嘉慶十八年刻本，葉7a。

⑥ 孫錦，字元樸，綏德衛軍籍，直隸宿州人，嘉靖五年進士，歷大理寺評事、監察御史、順德知府等。參光緒《宿州志》卷十五《選舉志·進士》，光緒十五年刻本，葉4b及《國朝歷科題名碑錄初集·明嘉靖五年進士題名碑錄》，第731頁。

⑦ 張承祚，光山人，嘉靖五年進士，累官副使。參乾隆《光山縣志》卷六《表四·選舉上》，乾隆五十一年刻本，葉18a。

⑧ 王琇，字元玉，河南宣城衛人，嘉靖二年進士，十八年任天津副使。乾隆《天津府志》卷二十一《職官·整飭天津道》，乾隆四年刻本，葉19b~23a及《國朝歷科題名碑錄初集·明嘉靖二年進士題名碑錄》，第726頁。

⑨ 陳仲錄，字子載，武陵人，嘉靖二年進士，授新城知縣，累官山東按察副使。參嘉慶《常德府志》卷三十七《列傳·明》，嘉慶十八年刻本，葉12a。

⑩ [校] 浙江人，原作"陝西人"，據《國朝歷科題名碑錄初集·明嘉靖八年進士題名碑錄》，第737頁及康熙《西安縣志》改。王璣，字在叔，衢州府西安縣人，嘉靖八年進士，授兵科給事中，陞天津兵備副使，累官至都御史。參康熙《西安縣志》卷十《人物志·選舉》及《人物志·人物》，康熙三十八年刻本，葉18b、29ab。

⑪ 朱鴻漸，字于磐，正德十六年進士，授鉛山知縣，歷刑部主事、刑部郎中，擢按察副使，累官福建右布政使。參康熙《吳縣志》卷五《進士年表》、卷四十五《人物四·名臣》，康熙三十年刻本，葉32a、20b~21a。

⑫ 吳嘉會，其傳見前。

⑬ 劉廷臣，嘉靖十六年進士，歷裕州知州、刑部員外郎等，後爲天津兵備副使，累官都御史巡撫宣府。參雍正《洪洞縣志》卷四《人文·科貢》及《人文·仕宦》，雍正八年刻本，葉16b、74ab。

⑭ 張鐸，字世鳴，嘉靖二十年進士，南京留守後衛旗籍，常熟人。參《國朝歷科題名碑錄初集·明嘉靖二十年進士題名碑錄》，第755頁及康熙《常熟縣志》卷十一《選舉表》，康熙二十六年刻本，葉62ab。

⑮ 毛愷，字達和，浙江江山人，授行人，陞御史，累官至刑部尚書，贈太子少保，諡端簡。參康熙《江山縣志》卷六《科名志·甲科》、卷八《人物志·名臣》，康熙四十年刻本，葉12a、9ab。

馬珮①山東人。曾于拱②江西人。李凌雲③河南人。

雷夢麟④江西人。曹麟⑤湖廣人。黃中⑥遂昌人。

曹科⑦寧鄉人。周希哲⑧威遠人。吳一本⑨沔陽衛人。

楊樞⑩陽城人。安嘉善⑪山西人。

密雲管糧通判嘉靖二十九年設，列銜河間府。

田甸山東人。汪湘⑫婺源人。陳其愚⑬山東人。

劉岸。史篆⑭解州人。盧經湖廣人。

---

① ［校］馬珮，原作"馬佩"，民國間抄本同。據《國朝歷科題名碑錄初集·明嘉靖二十年進士題名碑錄》，第756頁及康熙《德州志》卷九《選舉志》，康熙十二年刻本，葉2a改。馬珮，嘉靖二十年進士，累官至巡撫都御史。

② 曾于拱，字宇思，泰和人，嘉靖二十年進士，授工部主事，歷工部郎中、副使、參政等，累官副都御史總督南京糧儲。參乾隆《泰和縣志》卷二十二《人物志七》，乾隆十八年刻本，葉5a。

③ 李凌雲，字子鵬，禹州人，嘉靖十七年進士，歷兵部主事、員外郎、重慶知府等，陞天津兵備副使，終官山西右參政。參乾隆《禹州志》卷七《人物·宦蹟》，乾隆十二年刻本，葉48b。

④ 雷夢麟，字伯仁，進賢人，嘉靖二十三進士，授無爲知州，遷工部員外郎，後爲天津兵備副使，累官陝西布政司左參政。參康熙《進賢縣志》卷十四《人物志二·良臣二》，康熙十二年刻本，葉35ab。

⑤ 曹麟，字汝祥，黃梅人，嘉靖二十九年進士，授許州知州，三十二年陞戶部雲南司員外郎，三十五年提督永平、山海糧餉，遷天津兵備副使。參光緒《黃梅縣志》卷二十四《人物志·宦績》，光緒二年刻本，葉4b~6a。

⑥ 黃中，字文卿，嘉靖十年舉人，除鉛山知縣，歷貴州、河南二道監察御史，累官至天津兵備副使。參康熙《遂昌縣志》卷七《選舉》，康熙五十一年刻本，葉4a、27a。

⑦ 曹科，嘉靖三十二年進士，累官順天府尹。參康熙《寧鄉縣志》卷八《選舉志》，康熙四十一年刻本，葉1b。

⑧ 周希哲，字迪齋，嘉靖二十九年進士，歷兵部主事。參《國朝歷科題名碑錄初集·明嘉靖二十九年進士題名碑錄》，第765頁及乾隆《威遠縣志》卷七《人物志·仕宦》，光緒三年據乾隆四十年刻版重印，葉10b。

⑨ 吳一本，字仲立，沔陽衛軍籍，嘉靖四十一年進士，授吳江知縣，累官山西參議，兵備天津。參光緒《沔陽州志》卷九《人物志·宦績》，光緒二十年刻本，葉4a。

⑩ 楊樞，其傳見本書卷七。

⑪ 安嘉善，其傳見本書卷七。

⑫ 汪湘，字可湘，嘉靖十年舉人，河間府通判。參康熙《婺源縣志》卷三《選舉·科第》，康熙三十三年刻本，葉28b。

⑬ 查有登州衛籍人陳其愚，嘉靖十年舉於鄉，官至同知。參康熙《山東通志》二十六《選舉一》，康熙四十一年刻本，葉69a。

⑭ 史篆，嘉靖二十八年舉人，河間府通判。參乾隆《解州志》卷六《選舉上》，乾隆二十九年刻本，葉9b。

衛重鑑①山西人。

薊州管糧通判隆慶三年設，列銜河間府。四年，通判建，呈蒙總督劉應節、巡撫楊兆會題准，改列銜永平府，次給關防一顆。

李元陝西人。王建河南人。楊舜臣②陝西人。

秦可大③陝西人。

永平管糧通判嘉靖三十年設。

韋文英④。洪溉⑤。孫志仁。

楊幅。陳大爲⑥。馬徐⑦。

陳可言⑧。李應朝⑨。蕭以成⑩。

---

① 衛重鑑，雍正《密雲縣志》卷三《分司》，雍正元年刻本，葉19b記作"衛中鑑，山西陽城人"；康熙《陽城縣志》卷五《選舉志·掾吏》，康熙二十六年刻本，葉51b記作"衛重鑑，萬曆年任，歷任長蘆鹽運司同知"。
② 楊舜臣，商州人，嘉靖四十年舉人，官通判。參乾隆《直隸商州志》卷十《選舉》，乾隆九年刻本，葉4b。
③ 秦可大，咸寧人，嘉靖三十二年進士，累官至山西行太僕寺卿兼僉事。參康熙《咸寧縣志》卷五《選舉》，康熙七年刻本，葉3b。
④ 韋文英，涇陽人，嘉靖七年舉人，管糧通判，累官至山西陽城知縣。參康熙《涇陽縣志》卷六《選舉志·舉人》，康熙九年刻本，葉12a及乾隆《永平府志》卷九《官師一》，乾隆三十九年刻本，葉24a。
⑤ 洪溉，湖廣通城人，嘉靖間貢士，任北直隸永平府通判，調溫州府通判。參康熙《通城縣志》卷七《志人才》，康熙十一年刻本，葉9b及乾隆《永平府志》卷九《官師一》，乾隆三十九年刻本，葉24a。
⑥ 陳大爲，巴陵人，岳州衛籍，嘉靖十九年舉人。參嘉慶《巴陵縣志》卷十八《選舉表》，嘉慶九年刻本，葉14b。
⑦ 馬徐，澄城人，貢生，大同斷事馬躍如子，由經歷陞東昌府通判。參咸豐《澄城縣志》卷十一《選舉·明貢生》，咸豐元年刻本，葉13b。
⑧ 陳可言，河南確山人，參乾隆《確山縣志》卷三《選舉》，乾隆十一年刻本，葉26a，但題名碑殘損，不可考其功名。
⑨ 李應朝，山西靜樂人，直隸河間府通判，陞遼東安樂州知州。參康熙《靜樂縣志》卷七《選舉·貢士恩拔歲副》，民國間抄本，葉8b。
⑩ 蕭以成，山東滋陽人，嘉靖十六年舉人，永平府通判。參光緒《滋陽縣志》卷五《選舉志》，光緒十四年刻本，葉7b及乾隆《永平府志》卷九《官師一》，乾隆三十九年刻本，葉24b。

孟國詔①。陳萬卷②。張文襄③。

趙蘭④。石朝選⑤。

密雲武學隆慶六年設教授一員，科正二員。萬曆三年改教授爲提調職銜。

提調

喬登內丘人，教授任。

劉遠圖保定人，武舉，都指揮僉事，以提調任。

科正

吳道行江都人。郝鷟京都人。齊擢保定中衛人。

遵化武學隆慶六年設教授一員，科正二員，萬曆三年改教授爲提調職銜。

提調

汪應鳳歙縣人。邵曾和由科正陞。

科正

邵曾和杭州人，武舉。江應憲玉田人。毛績卿浙江人。

永平武學隆慶六年設教授一員，科正二員，萬曆三年改教授爲提調。

提調

趙佑永平人。米萬春錦衣人，武舉。

科正

戴時勳。

效祖曰："薊、遼故不置總督，置總督自庚戌始。蓋古北、潮河爲通虜要區，而西接紫荆，東聯遼海，蓋輔車之勢，相爲因依者也，故不得以大僚控制之爾。然或者謂既有總督而復遣經畧者，豈謂總督之經畧，猶未盡舉乎。抑者廟堂之上以邊徼爲重，不得不時時申飭之邪。楊恪愍公《紫荆考》謂：'總督專禦虜，經畧專修築。'以近日視之，

---

① 孟國詔，富平人，掾吏，永平通判。參乾隆《富平縣志》卷六《選舉》，乾隆四十三年刻本，葉36b。乾隆《永平府志》卷九《官師一》，乾隆三十九年刻本，葉25a 謂孟國詔爲舉人，與《富平縣志》異。
② 陳萬卷，黃岡人，例選吏員，授安平尉，擢永平通判。參乾隆《黃岡縣志》卷六《科貢上》、卷九《人物·宦績》，乾隆二十四年刻本，葉35b、13b。
③ 張文襄，南直隸常熟人。參乾隆《永平府志》卷九《官師一》，乾隆三十九年刻本，葉25a。
④ 趙蘭，西寧衛人，貢生。參乾隆《永平府志》卷九《官師一》，乾隆三十九年刻本，葉25a。
⑤ 石朝選，同州人，嘉靖三十四舉人。參乾隆《同州府志》卷六《選舉》，乾隆六年刻本，葉12b。

或不其然。"

昌鎮職官

文秩

總督見薊鎮。

巡撫見薊鎮。

巡關天順七年設，歲差御史一員巡紫荊、倒馬、龍固、居庸等關。隆慶二年裁革，兼屬巡按。

柳華①。李儼②直隸高陽人。尹禮③。

井宣。何琛④四川人。王晉。

張瀾⑤。姚福。鄧逵。

沈性⑥浙江人。彭信⑦。董廷珪⑧。

王儀⑨順天人。毛鉞。白凱。

---

① 柳華，字彥輝，直隸吳縣人，宣德五年進士，歷官御史、副使等。參康熙《吳縣志》卷五《進士》，康熙三十年刻本，葉26a。
② 李儼，字仲威，成化十四年進士，授南京户部主事，歷員外郎、郎中，累官山西右參議。參雍正《高陽縣志》卷四《人物志·名賢》，雍正八年刻本，葉4ab。
③ 尹禮，字内則，江西永新人，正統七年進士，授監察御史，巡按山東，累官河南按察副使。參同治《永新縣志》卷十一《選舉志》、卷十六《人物志·列傳》，同治十三年刻本，葉14b、22b~23a。
④ 何琛，其傳見前。
⑤ 張瀾，按《明清進士題名碑録索引》，第469頁，明代有五位進士張瀾，分別是四川瀘州人，正統七年進士；河南新安人，成化二十三年進士；廣東德慶州人，成化二十三年進士；河南洛陽人，弘治十五年進士；山東冠縣人，嘉靖四十四年進士。按嘉靖《西關志·居庸關》卷三《官司》，北京古籍出版社1990年，第54頁，張瀾成化五年巡關，故此處的張瀾應爲瀘州人張瀾。
⑥ 沈性，會稽人，正統六年舉人。康熙《會稽縣志》卷二十《選舉志中》，康熙二十二年刻本，葉4b。
⑦ 彭信，字中孚，浙江仁和人，景泰二年進士，官山東道監察御史，巡歷紫荊諸關。歷廣東巡按、貴州道監察御史、順天府丞等。參康熙《仁和縣志》卷十六《人物》，康熙二十六年刻本，葉7ab。
⑧ 董廷珪，或作"董廷圭"。據嘉靖《西關志·居庸關》卷三《官司》，第54頁及乾隆《華容縣志》卷七《人物志上·賢哲》，乾隆二十五年刻本，葉8b~9a，董廷珪，字國器，景泰二年進士，授山東道監察御史，奉命守白羊口，成化十年巡關，後陞山東道監察御史，分巡遼東。
⑨ 王儀，字克敬，文安人，嘉靖二年進士，歷靈璧知縣、嘉定知縣，擢御史，累官至僉都御史，巡撫甘肅，著陝西、河南、上谷奏議若干卷。參康熙《文安縣志》卷三《人物·中丞肅菴王公傳》，康熙十二年刻本，葉37a~40a。

侯英①。張海②。毛冀。

魏景釗③直隸東安人。瞿俊④直隸常熟人。蔣昺⑤。

王浹。張文⑥。奚銘⑦。

唐相⑧。李鑑山東人。⑨ 曹璘⑩湖廣人。

宋鑑⑪山西人。蔣勛⑫廣平人。張鶯⑬陝西人。

---

① 侯英，開州人，天順四年進士，累官副都御史。參嘉慶《開州志》卷五《選舉志·進士》，嘉慶十一年刻本，葉2b。
② 張海，字文淵，德州人，成化二年進士，授吏科都給事中，歷順天府丞，累官至兵部侍郎。參康熙《德州志》卷八《人物志》，康熙十二年刻本，葉10b~11a。
③ 魏景釗，成化二年進士，參《國朝歷科題名碑錄初集·明成化二年進士題名碑錄》，第654頁。按《明孝宗實錄》卷一百五十二成化十二年四月庚子條，第2784~2785頁，成化十二年時魏景釗已在巡關御史任上。
④ 瞿俊，字世用，成化五年進士，授崇仁知縣，擢監察御史，累官廣東按察副使。參康熙《常熟縣志》卷十七《邑人》，康熙二十六年刻本，葉12ab。
⑤ 蔣昺，字克明，山東東昌府丘縣人，成化二年進士，授行人，擢貴州道監察御史，敕巡雁門等關，累官山西河東道按察僉事。參乾隆《東昌府志》卷三十九《列傳四》，乾隆四十二年刻本，葉14b~15b。
⑥ 張文，字存簡，泰州人，成化二年進士，累官至浙江按察司副使。參道光《泰州志》卷二十三《人物·仕績》，道光七年刻本，葉8ab。
⑦ 奚銘，宛平人，成化八年進士，授福建大寧知縣，歷巡關御史，累官都御史，巡撫甘肅。參康熙《宛平縣志》卷五《人物上·進士》、卷五《人物下·人才》，民國間抄本，無頁碼。
⑧ 唐相，字希愷，歙縣人，成化十一年進士，授唐邑知縣，擢御史，終官桐廬知縣。參乾隆《歙縣志》卷十一《人物志一·節概》，乾隆三十六年刻本，葉67b。
⑨ [校] 山東人，原作"山西人"，民國間抄本同。據嘉靖《西關志·居庸關》卷三《官司》，第55頁及康熙《濟寧州志》卷五《學校志·科貢》，康熙十二年刻本，葉17a改。李鑑，濟寧州人，成化二十三年進士，官御史。
⑩ [校] 曹璘，原作"曹麟"，據《國朝歷科題名碑錄初集·明成化十四年進士題名碑錄》，第662頁及張廷玉《明史》卷一百八十《曹璘傳》，第4792~4793頁改。曹璘，字廷暉，襄陽人，成化十四年進士，授行人，擢御史。弘治元年因地震等災請罷大學士劉吉等，爲孝宗不喜，出按廣東。
⑪ 宋鑑，字克明，陽城人，成化十四年進士，授舞陽知縣，歷山東道監察御史、廬州知州。參乾隆《陽城縣志》卷九《人物》，乾隆二十年刻本，葉7b~8a。
⑫ 蔣勛，肥鄉人，成化十七年進士，授濟源知縣，歷山西道御史、河南僉事。參雍正《肥鄉縣志》卷三《薦辟》，雍正十年刻本，葉20b。
⑬ 張鶯，字應祥，咸寧人，成化十七年進士，授大名知縣，陞山西道監察御史，巡視山海關，歷浙江按察司副使等，累官至刑部左侍郎。參《明分省人物考十一》卷一百三《陝西西安府一》，第440~441頁。

陳霖①浙江人。程文②河南人。張綸③直隸宣城人。

潘楷順天人。④ 王用⑤山東人。張智。

李良順天人。陳琳山西人。羅玹⑥河南人。

常賜山西人。胡暘⑦直隸任丘人。陳璘山西人。⑧

何天衢⑨湖廣人。周綸⑩直隸崑山人。林茂達⑪福建人。

王如金福建人。王九峯⑫陝西人。許鳳⑬山東人。

---

① 陳霖，字時雨，常興人，弘治六年進士，授行人，擢監察御史。因忤逆劉瑾，遷南康知府。參乾隆《長興縣志》卷八《人物·名臣列傳》，乾隆十四年刻本，葉11a。
② 程文，字載道，碻山人，成化十七年進士，授舒城知縣，擢南京都察院監察御史，歷太僕寺卿、南京右通政使。參民國《碻山縣志》卷十八《人物上》，民國二十四年鉛印本，葉11a。
③ 張綸，其傳見前。
④ 按《國朝歷科題名碑錄初集·明成化二十三年進士題名碑錄》，第677頁，潘楷爲應天府溧陽縣人，錦衣衛官籍，三甲二百一十名進士。乾隆《溧陽縣志》卷五《選舉·徙籍進士附》，乾隆八年刻本，葉9b記楷"以庶吉士改御史官至副使"。
⑤ 王用，字士賢，安丘人，成化二十三年進士，初授行人，擢監察御史，累官至夔州知府。參萬曆《安丘縣志》卷十九《事功傳第三》，《四庫全書存目叢書》史部第200冊，第300頁。
⑥ 羅玹，字孟玉，扶溝人，弘治十二年進士，授兗州府推官，擢固原兵備副使。參道光《扶溝縣志》卷十《人物志》，道光十三年刻本，葉2b~3a。
⑦ 胡暘，字景和，弘治六年進士，授廬江知縣，擢御史，累官至山東僉事。參乾隆《任邱縣志》卷九《人物志·政事》，乾隆二十七年刻本，葉52b。
⑧ ［校］山西人，原作"浙江人"，據《蘭臺法鑒錄》卷十三《弘治朝》，《北京圖書館古籍珍本叢刊》第16冊，第314頁及康熙《陽曲縣志》卷十二《人物》，康熙二十一年刻本，葉20ab改。陳璘，字邦瑞，陽曲人，弘治六年進士，授太常博士。選浙江道監察御史，巡視居庸諸關。擢都御史巡撫湖廣、延綏。累官至兵部侍郎。
⑨ 何天衢，字道亨，道州人，弘治九年進士，授嘉興知縣，擢監察御史，歷河南知府、陝西按察副使等，累官至工部侍郎。參嘉慶《道州志》卷九《人物》，嘉慶二十五年刻本，葉10ab。
⑩ 周綸，或作"周倫"。據乾隆《崑山新陽合志》卷二十《人物傳二》，乾隆十六年刻本，葉14ab及《蘭臺法鑒錄》卷十三《弘治朝》，第324頁載，周倫，字伯明，直隸崑山人，弘治十二年進士，授新安知縣。十六年擢江西道監察御史，巡視龍泉、居庸等關。累官至刑部尚書。
⑪ 林茂達，字孚可，莆田人，弘治十五年進士，授行人。十七年授湖廣道監察御史，巡按順天。後復起南京大理寺卿。致仕。參《蘭臺法鑒錄》卷十三《弘治朝》，第328頁。
⑫ 王九峯，其傳見前。
⑬ 許鳳，章丘人，弘治十五年進士，官御史。參康熙《章丘縣志》卷五《選舉志》，康熙三十年刻本，葉2b。

李伸①陝西人。丁楷②直隸懷寧人。朱昻③直隸松江人。

屠僑④浙江人。林有孚⑤福建人。張欽⑥順天人。

陳則廣東人。沈俊廬州人。孫元湖廣人。

楊谷直隸人。李儼江西人。楊樞陝西人。

張鍏陝西人。浦鋐⑦山東人。穆相陝西人。

胡效才⑧直隸沐陽人。趙堂順天人。倪組⑨福建人。

余鎬⑩江西人。徐汝圭浙江人。方一桂福建人。

---

① 李伸，字道甫，三原人，弘治十五年進士，授臨汾知縣。十八年擢山東道監察御史，巡視兩關。累官至四川提學副使。參《蘭臺法鑒錄》卷十三《弘治朝》，第330頁。

② [校]丁楷，原作"丁楷"，據《國朝歷科題名碑錄初集·明弘治十二年進士題名碑錄》，第690頁及道光《懷寧縣志》卷十九《宦業》，道光五年刻本，葉3b改。據縣志，丁楷，字汝正，弘治十二年進士，授金谿知縣，擢湖廣道監察御史。

③ [校]朱昻，原作"朱昻"，據《國朝歷科題名碑錄初集·明弘治十五年進士題名碑錄》，第699頁及正德《松江府志》卷二十六《科貢下》，成文出版社1983年影印正德七年刻本，第1216頁改。按府志，朱昻，字文宿，弘治十五年進士，授行人，擢御史。

④ 屠僑，字安卿，鄞縣人，正德六年進士，授監察御史，按居庸關。歷山西參政、山東按察使、福建布政使等，累官至刑部尚書、左都御史、太子太保。參萬斯同《明史》卷二百八十九《屠僑傳》，第6冊，第149~150頁及康熙《鄞縣志》卷十五《品行考四》，康熙二十五年刻本，葉46b~47b。

⑤ 林有孚，字以吉，莆田人，正德六年進士，授山東道監察御史，歷大理寺丞等，累官至僉都御史，總督糧儲。參《明分省人物考八》卷七十四《福建興化府》，第854頁，但其中將林有孚中進士的時間誤記爲正德五年。據《國朝歷科題名碑錄初集·明正德六年進士題名碑錄》，第797頁改。

⑥ 張欽，又作"李欽"，通州人，世襲武清衛百户，祖入贅張氏，從其姓，後顯達，復姓李。正德六年進士，授行人，擢御史，巡視居庸諸關。歷漢中知府、太僕寺卿。拜右副都御史，巡撫四川。累官至工部左侍郎。參乾隆《通州志》卷八《人物志》，乾隆四十八年刻本，葉22a~23b及張廷玉《明史》卷一百八十八《張欽傳》，第4998~5000頁。

⑦ 浦鋐，字汝器，山東登州府軍籍，直隸嘉定縣人，正德十二年進士，授洪洞知縣。擢監察御史，出巡居庸關、陝西等地。贈光祿寺少卿。參《明分省人物考十》卷九十八《山東登州府》，第812頁；《國朝歷科題名碑錄初集·明正德十二年進士題名碑錄》，第720頁及《蘭臺法鑒錄》卷十四《正德朝》、卷十五《嘉靖朝》，第372、377頁。

⑧ 胡效才，正德十二年進士，授雄縣知縣。十六年選雲南道監察御史，歷山東副使，累官浙江參政。參《蘭臺法鑒錄》卷十四《正德朝》，第372頁。

⑨ 倪組，閩縣人，嘉靖五年進士，授户部主事。九年選浙江道監察御史。累官至夔州知府。參萬曆《福州府志》卷十七《選舉》，《日本藏中國罕見地方志叢刊》，書目文獻出版社1990年，第170頁及《蘭臺法鑒錄》卷十五《嘉靖朝》，第391頁。

⑩ 余鎬，字子振，德興人，嘉靖五年進士，授嘉興府推官，拜山西道監察御史，巡居庸關。累官至衢州知府。參民國《德興縣志》卷八《人物志》，民國八年刻本，葉26b~27a及《蘭臺法鑒錄》卷十五《嘉靖朝》，第390頁。

趙元夫①山東人。徐宗魯②直隸華亭人。曹逵③直隸太倉人。
何其高④四川人。王應⑤山東人。彭時濟⑥江西人。
陳豪⑦福建人。錢嶪⑧直隸揚州人。蕭祥曜⑨江西人。
桂榮⑩江西人。鄭芸⑪福建人。李秀春⑫四川人。

---

① 趙元夫，字大之，東平州人，授刑部主事，擢河南道監察御史，巡視兩關。累官至太僕寺少卿。參乾隆《東平州志》卷十一《選舉志》，乾隆三十六年刻本，葉5a及《蘭臺法鑒錄》卷十五《嘉靖朝》，第398頁。
② 徐宗魯，字希曾，華亭人，嘉靖八年進士，授夾江知縣。十二年擢浙江道監察御史，巡按真定。參《蘭臺法鑒錄》卷十五《嘉靖朝》，第397頁。
③ 曹逵，字履中，太倉人，嘉靖八年進士。歷隨州判官、南京工部主事、廣州知府等。累官至雲南按察副使。參嘉慶《直隸太倉州志》卷二十六《人物》，嘉慶七年刻本，葉36a~37a。
④ 何其高，字仰之，閬中人，嘉靖十一年進士，授刑部主事。十三年改廣西道監察御史。歷太倉州判、寧國府通判。累官至陝西左布政使。參《蘭臺法鑒錄》卷十六《嘉靖朝》，第400頁。
⑤ 王應，字德鄰，朝城人，嘉靖元年舉人，薦任杞縣知縣。十六年擢山西道監察御史，出巡三關等地。十八年巡按真定。參康熙《朝城縣志》卷八《科目》，康熙十二年刻本，葉11b及《蘭臺法鑒錄》卷十六《嘉靖朝》，第407頁。
⑥ 彭時濟，字道亨，廬陵人，嘉靖元年舉人。五年授從化縣教諭。擢廣西道監察御史，巡視兩關。累官至永州知府。參《蘭臺法鑒錄》卷十六《嘉靖朝》，第403頁及雍正《從化縣新志》卷二《職官》、卷三《治行下》，雍正八年刻本，葉59a、26ab。
⑦ 陳豪，字志興，長樂人，嘉靖十一年進士，授新會知縣。十六年選浙江道監察御史，巡視兩關。累官至四川副使。參《蘭臺法鑒錄》卷十六《嘉靖朝》，第409頁。
⑧ 錢嶪，字君望，揚州府通州人，嘉靖十一年進士，授撫州推官。補永平推官，擢浙江道監察御史，巡視紫荊、倒馬、龍固等。累官至浙江參政。參萬曆《通州志》卷七《傳二·名臣》，《四庫全書存目叢書》史部第203冊，第206~207頁。
⑨ 蕭祥曜，泰和人，嘉靖十四年進士，歷御史，歷山西巡察。參乾隆《泰和縣志》卷十三《科目下》、卷二十一《人物志六》，乾隆十八年刻本，葉28a、16ab。
⑩ 桂榮，字君用，上饒人，嘉靖元年舉人，授福州府推官。十四年選福建監察御史，巡視兩關。累官至福建僉事。參《蘭臺法鑒錄》卷十六《嘉靖朝》，第403頁。
⑪ 鄭芸，字士馨，莆田人，嘉靖十四年進士，授上虞知縣。十九年選廣東道監察御史，巡按直隸、山東等地。參《蘭臺法鑒錄》卷十六《嘉靖朝》，第414頁。
⑫ 李秀春，重慶府長壽人，嘉靖四年舉人，官山西道監察御史，巡視三關，巡按河南。累官至陝西按察司副使。參道光《重慶府志》卷七《選舉志》、卷八《人物志》，道光二十三年刻本，葉50b、23a。

黄洪毗①福建人。袁鳳鳴②湖廣人。徐祚③直隸宣城人。
王士魁④江西人。鄧巍⑤湖廣人。曾佩⑥江西人。
趙紳⑦直隸武清人。朱瑞登⑧浙江人。黃季瑞⑨福建人。
陳學夔⑩廣西人。李應時⑪山西人。于葉⑫直隸金壇人。

---

① 黃洪毗，字協恭，莆田人，嘉靖十一年進士，授松江府推官。十七年選廣西道監察御史，巡視兩關。累官至江西副使。參《蘭臺法鑒錄》卷十六《嘉靖朝》，第411頁。
② 袁鳳鳴，字時瑞，辰州衛人，嘉靖十七年進士，授貴溪知縣。擢江西道監察御史，巡視居庸關。累官至潮州知府。參乾隆《辰州府志》卷三十六《人物傳四》，乾隆三十年刻本，葉19b~20a及《蘭臺法鑒錄》卷十六《嘉靖朝》，第416頁。
③ 徐祚，忠義後衛官籍，直隸宣城人，嘉靖十四年進士，官至御史。參《國朝歷科題名碑錄初集·明嘉靖十四年進士題名碑錄》，第746頁及嘉慶《宣城縣志》卷十三《選舉·進士附外籍》，嘉慶十三年刻本，葉11b。
④ 王士魁，字民瞻，號吾嵦，安福人，嘉靖十七年進士，授溧陽知縣。丁外艱去，服闋，補瑞安知府。選河南道監察御史，出巡三關。累官至右副都御史，總督南京糧草。參萬曆《吉安府志》卷二十《列傳三》，《日本藏中國罕見地方志叢刊》，書目文獻出版社1991年，第304~305頁及《蘭臺法鑒錄》卷十六《嘉靖朝》，第415頁。
⑤ 鄧巍，瀏陽人，嘉靖二十年進士，授溧水知縣。擢蘇松道監察御史，出巡直隸。出為保定知府，補鳳陽知府。參嘉慶《瀏陽縣志》卷二十五《選舉》、卷二十七《人物》，嘉慶二十四年刻本，葉2b、5a。
⑥ 曾佩，字德甫，臨川人，嘉靖二十年進士，授行人。擢山東道監察御史，巡視居庸關，上九邊糧餉、馬市等疏，切中時政。參道光《臨川縣志》卷二十二之二上《人物·宦業》，道光三年刻本，葉36a及《蘭臺法鑒錄》卷十六《嘉靖朝》，第419頁。
⑦ 趙紳，嘉靖十六年進士，授知縣，擢御史，累官至山東副使。參乾隆《武清縣志》卷六《選舉》，乾隆七年刻本，葉2a。
⑧ 朱瑞登，字禾仲，海寧人，嘉靖二十年進士，授桐城知縣。丁內艱，服闋，補合肥知縣。擢監察御史，出按居庸關等。累官至山西副使，兵備井陘。參乾隆《海寧縣志》卷九《列傳·名臣》，乾隆三十年刻本，葉6ab。
⑨ 黃季瑞，字宗和，閩縣人，嘉靖二十六年進士，授南海知縣。二十九年選山西道監察御史。三十年出巡兩關。累官至大理寺少卿。參乾隆《福州府志》卷四十九《人物一》，乾隆二十一年刻本，葉63b及《蘭臺法鑒錄》卷十七《嘉靖朝》，第431頁。
⑩ [校] 陳學夔，原作"陳友夔"，據本書卷七《制疏考·昌鎮制疏·巡按御史陳學夔函賜議處未盡事宜以足防守疏畧（嘉靖三十二年）》及道光《慶遠府志》卷十六《人物志·賢達》，道光二十年刻本，葉8b改。按府志，陳學夔，號宜峯，慶遠府宜山人，嘉靖二十六年進士，授江夏知縣。擢御史，巡按陝西、居庸關、紫荊關等。累官至常鎮兵備副使。《蘭臺法鑒錄》卷十六《嘉靖朝》，第422頁亦有小傳，記陳學夔嘉靖二十年進士，二十六年由江夏知縣選福建道監察御史，時間有誤。
⑪ 李應時，平定州人，嘉靖二十六年進士，官監察御史。參乾隆《平定州志》卷七《選舉志·科目》，乾隆五十五年刻本，葉20b。
⑫ [校] 于葉，原作"于業"，據《蘭臺法鑒錄》卷十七《嘉靖朝》，第437頁及光緒《金壇縣志》卷八《選舉志·進士》，光緒十一年刻本，葉6b改。于葉，字建公，授嘉善知縣，擢監察御史，巡視邊關。以連江縣丞致仕。

楊世鳳①山東人。蕭九峯②順天人。孫用③福建人。
黃紀④江西人。郝杰⑤山西人。孫丕揚⑥陝西人。
宋纁⑦河南人。顏應賢江西人。⑧ 杜從易⑨四川人。
李惟觀⑩四川人。饒仁侃⑪湖廣人。崔廷試⑫河南人。

　　户部分司⑬弘治十二年設主事一員，或員外，或郎中。初差一歲一更，或一歲兩更，或三更，亦無定議。至正德十一年，言官⑭論非便，遂分司坐駐，歲周一代。嘉靖二十九年復議三歲一代。三

---

① 楊世鳳，字應詔，山東臨清衛軍籍，山西绛州人，嘉靖三十二年進士。觀政大理寺，授河内知縣，選監察御史。參《嘉靖癸丑科進士同年便覽錄》，《明代進士登科錄彙編》十二，第6525頁及康熙《臨清州志》卷三《人物四》，康熙十二年刻本，葉8b。
② 蕭九峯，字壽夫，直隸後屯衛籍，江西廬陵人，嘉靖三十二年進士。觀政大理寺，授臨晉知縣，選廣東道監察御史，巡視兩關、淮陽等地。參《嘉靖癸丑科進士同年便覽錄》，《明代進士登科錄彙編》十二，第6377頁及《蘭臺法鑒錄》卷十七《嘉靖朝》，第439頁。
③ 孫用，字行可，連江人，嘉靖三十二年進士，授行人。擢監察御史，出巡居庸關、雲南等。累官至荆州知府。參乾隆《連江縣志》卷七《人物志》，乾隆五年刻本，葉45b。
④ 黃紀，字子陳，嘉靖三十二年進士，授長垣知縣。擢御史，巡視居庸關。累官至河南僉事，疏陳伊藩不法事。參道光《臨川縣志》卷二十二之二上《人物・宦業》，道光三年刻本，葉36b~37a。
⑤ 郝杰，其傳見前。
⑥ 孫丕揚，其傳見前。
⑦ [校]宋纁，原作"宋謐"，據本書卷八《職官考・真保鎮職官》及張廷玉《明史》卷二百二十四《宋纁傳》，第5888~5890頁改。宋纁，字伯敬，嘉靖三十八年進士，授永平府推官，歷御史，以右僉都御史巡撫保定等府，累官至南京户部侍郎、户部尚書、吏部尚書等。
⑧ [校]江西，原作"廣西"，據康熙《安福縣志》卷二《選舉志・明鄉舉》，康熙五十二年刻本，葉51b及同治《安福縣志》卷八《選舉志・科目》，同治十一年刻本，葉23a改。顏應賢爲江西安福人，在廣西中嘉靖三十一年舉人，官御史。
⑨ 杜從易，字可久，合江人，嘉靖二十八年舉人。四十四年由助教選陝西道監察御史，巡視兩關。累官至陝西苑馬寺少卿。參《蘭臺法鑒錄》卷十七《嘉靖朝》，第452頁。
⑩ 李惟觀，字動可，瀘州人，嘉靖四十一年進士，授寧國府推官。四十四年選廣東道監察御史。歷湖廣僉事，累官至陝西右參議。有《西臺疏草》。參嘉慶《直隸瀘州志》卷九《人物》，道光年間刻本，葉22a及《蘭臺法鑒錄》卷十七《嘉靖朝》，第453頁。
⑪ 饒仁侃，字近剛，崇陽人，嘉靖四十一年進士，授饒州府推官，入爲刑部主事。改監察御史，歷大理寺少卿。擢右僉都御史，巡撫滇南。參同治《崇陽縣志》卷七《選舉志》，同治五年刻本，葉26a~27a及《蘭臺法鑒錄》卷十八《隆慶朝》，第462頁。
⑫ 崔廷試，字文卿，陳留人，嘉靖四十四年進士，授渭南知縣。隆慶二年選江西道監察御史，巡視兩關。累官至大理寺少卿。參宣統《陳留縣志》卷二十七《人物二・名臣傳》，宣統二年石印本，葉26b及《蘭臺法鑒錄》卷十八《隆慶朝》，第461頁。
⑬ 此"户部分司"內容，在康熙《昌平州志》卷九《官師》、卷二十一《藝文志三・昌平户部分司題名記（林文俊）》，康熙十二年刻本，葉3b、6a~7a及光緒《昌平州志》卷七《職官表第六》，光緒十二年刻本，葉2a~3b記載更詳盡。
⑭ 按光緒《昌平州志》卷七《職官表第六》，光緒十二年刻本，葉2b，言官爲御史屠建。

十五年①,言官論革,皆入密雲分司。四十四年復設,仍三年一代。

宋毓②山東人。張鑰③順天人。李夢陽④慶陽人。

王玹山西人。⑤ 方璘⑥福建人。胡濂⑦安定人。

劉思賢湖廣人。⑧ 張諾⑨山東人。張文錦⑩遼東人。

---

① [校]三十五年,原作"三十八年",據康熙《昌平州志》卷九《官師》,康熙十二年刻本,葉 3b 及光緒《昌平州志》卷七《職官表第六》,光緒十二年刻本,葉 3a,"嘉靖三十五年,刑科給事中魏查議,密雲既設主事,昌平爲贅,請歸併郎中一員,欽給關防,凡主客軍糧,皆其調度"改。萬曆《重修居庸關志》卷五《官司》,第 148 頁等同。
② 宋毓,德州人,弘治九年進士,累官至知府。參乾隆《德州志》卷九《貢舉》,乾隆五十三年刻本,葉 2b。
③ 張鑰,字汝誠,平谷人,弘治十二年進士,授刑部郎中。改盤查御史,陞太僕寺卿,再陞僉都御史,巡撫大同。累官僉都御史,巡撫遼東。參雍正《平谷縣志》中卷《人物志》,雍正六年刻本,葉 24ab。
④ [校]李夢陽,原作"李夢暘",據張廷玉《明史》卷二百八十六《李夢陽傳》,第 7346~7348 頁改。按此,李夢陽,字獻吉,慶陽衛人,河南扶溝人,弘治六年進士,授户部主事。歷山西布政司經歷、江西提學副使。但《明史》記"弘治六年舉陝西鄉試第一,明年成進士",誤,實爲弘治五年中舉,六年進士。據萬斯同《明史》卷三百八十八《李夢陽傳》,第 8 册,第 164 頁及《國朝歷科題名碑録初集·明弘治六年進士題名碑録》,第 681 頁改。
⑤ [校]山西,原作"東海",據本書卷八《職官考·薊鎮職官·密雲兵備》及康熙《陽城縣志》卷五《選舉志·進士》、卷六《人物志·宦業》,康熙二十六年刻本,葉 4b、7b~8a 改。王玹,其傳見前。康熙《昌平州志》卷九《官師》,康熙十二年刻本,葉 4a 及光緒《昌平州志》卷七《職官表第六》,光緒十二年刻本,葉 4a 作"廣東海豐人",恐誤。
⑥ 方璘,弘治六年進士,莆田人,官至雲南左布政使。參康熙《興化府莆田縣志》卷十三《選舉志》,乾隆二十六年據康熙四十四年刻本重刻,葉 56a。
⑦ [校]胡濂,原作"吳濂",據萬曆《瓊州府志》卷十《人物志·甲科》,《日本藏中國罕見地方志叢刊》,第 439 頁及康熙《昌平州志》卷九《官師》,康熙十二年刻本,葉 4a 改。下文記有"胡濂安定人",按康熙《昌平州志》記是正德五年復任。按道光《瓊州府志》卷三十三《人物志一》,光緒十六年據道光二十一年刻本重修,葉 37a~38a,胡濂,字宗周,廣東瓊州府安定人,弘治六年進士,授户部主事,遷户部郎中。歷貴州參政、江西右布政使。
⑧ [校]湖廣人,原作"山西人",據乾隆《石首縣志》卷七《人物志》,乾隆六十年刻本,葉 10b 及康熙《昌平州志》卷九《官師》,康熙十二年刻本,葉 4a 改。按乾隆《石首縣志》,劉思賢,字用賓,弘治九年進士,歷户部郎中、重慶知府、山東布政使、陝西左右布政使。累官至工部左侍郎。
⑨ 張諾,字承之,濱州人,弘治九年進士,歷河南道監察御史、廣平府判、四川副使。參咸豐《濱州志》卷十《人物志·鄉賢》,咸豐十年刻本,葉 4b。
⑩ 張文錦,遼東廣寧左屯衛軍籍,山東安丘人,字闇夫,弘治十二年進士,授户部主事。歷安慶知府、太僕寺卿。嘉靖元年,拜右副都御史,巡撫大同。嘉靖三年,大同兵亂,郭鑑等殺之。萬曆中贈都御史。參張廷玉《明史》卷二百《張文錦傳》及《國朝歷科題名碑録初集·明弘治十二年進士題名碑録》,第 690 頁。

叚敏①金壇人。楊欽②直隸合肥人。毛思義③山東人。

孫修④錦衣衛人。劉安⑤大同人。董琦⑥山東人。

楊鏓⑦錦衣衛人。胡濂⑧安定人。宋卿⑨福建人。

林紹⑩潮陽人。侯綸⑪直隸滑縣人。劉佐⑫中部人。

區越⑬新會人。李緋⑭固始人。丁致祥⑮武進人。

---

① 叚敏，字惟勤，弘治三年進士，授江西新城知縣、歷廬陵知縣、户部郎中、浙江參議。參光緒《金壇縣志》卷九《人物志一》，光緒十一年刻本，葉10a。

② 楊欽，字敬之，弘治十五年進士，授户部主事，歷兵部車駕司郎中，累官至南京太僕寺少卿。參雍正《合肥縣志》卷十四《人物·鄉賢》，雍正八年刻本，葉17b~18a。

③ 毛思義，字繼賢，陽信人，弘治十五年進士，授户部主事。歷工部都水司郎中、永平知府、安寧知州、陝西副使等。累官至副都御史，總督漕運。參康熙《陽信縣志》卷九《人物志》，康熙二十一年刻本，葉6ab。

④ 孫修，字用吉，錦衣衛旗籍，直隸廣平府邯鄲縣人，弘治十八年進士，授户部主事，陞僉事，兵備延綏，歷山西按察、浙江左布政，累官至右副都御史，提督操江。參乾隆《邯鄲縣志》卷九《人物志》，乾隆二十一年刻本，葉10ab及《國朝歷科題名碑録初集·明弘治十八年進士題名碑録》，第698頁。

⑤ 劉安，弘治十五年進士，授户部主事，擢户部郎中，累官至陝西右參政。參正德《大同府志》卷十一《人物·國朝進士》，《四庫全書存目叢書》史部第186册，第327頁及康熙《陝西通志》卷十七《職官》，康熙六年刻本，葉52a。

⑥ 董琦，字天粹，陽信人，弘治十八年進士，授高平知縣。擢户部主事，督餉居庸關。歷户部員外郎、陝西按察僉事、蘇松海防道等。參康熙《陽信縣志》卷九《人物志》，康熙二十一年刻本，葉6b~7a。

⑦ 楊鏓，錦衣衛籍，順天府涿州房山縣人，弘治十八年進士，官至府丞。參乾隆《涿州志》卷九《選舉志·科目》，乾隆三十年刻本，葉5b及《弘治十八年進士登科録》，《明代進士登科録彙編》五，第2439頁。

⑧ 按康熙《昌平州志》卷九《官師》，康熙十二年刻本，葉4a，胡濂正德五年復任。

⑨ [校] 宋卿，原作"宋欽"，據康熙《昌平州志》卷九《官師》，康熙十二年刻本，葉4a及康熙《興化府莆田縣志》卷十三《選舉志》，乾隆二十六年據康熙四十四年刻本重刻，葉58a改。按康熙《興化府莆田縣志》，宋卿，正德三年進士，官至長沙知府。

⑩ 林紹，字伯箕，潮陽人，正德三年進士，授户部主事，奉詔犒軍遼東。以惡劉瑾，歸鄉。參康熙《潮陽縣志》卷十四《人物》，康熙二十六年刻本，葉26b。

⑪ 侯綸，其傳見前。

⑫ 劉佐，字以道，正德六年進士，授户部主事，卒於官。參嘉慶《中部縣志》卷三《人物志》，嘉慶十二年刻本，葉22a及《國朝歷科題名碑録初集·明正德六年進士題名碑録》，第707頁。

⑬ 區越，字文廣，弘治十八年進士，授嘉興知縣。陞户部主事，歷户部員外、郎中、寧國知府。累官至江西參政。參康熙《新會縣志》卷十二《人物》，康熙二十九年刻本，葉35ab。

⑭ 李緋，其傳見前。

⑮ 丁致祥，字原德，正德三年進士，授户部主事，督居庸關軍餉。歷湖廣布政司參議、陝西按察副使，累官至河南參政。參道光《武進陽湖縣合志》卷二十四《人物志三·宦蹟傳》，道光二十三年刻本，葉40b~41a。

師皋①長安人。丁沂②。陸傑③吳縣人。

葉天球④婺源人。方楷⑤宿松人。胡大全⑥歙縣人。

王一麟⑦青神人。林應驄⑧福建人。林春澤⑨侯官人。

何岩⑩扶溝人。郭日休⑪福建人。牟泰⑫巴縣人。

徐嵩⑬泰州人。陸載⑭孟津人。陳儒⑮錦衣衛人。

---

① 師皋，弘治十八年進士，官至知府。參康熙《長安縣志》卷五《選舉》，康熙七年刻本，葉1b。

② 丁沂，萬曆《重修居庸關志》卷五《官司》，第144頁；康熙《昌平州志》卷九《官師》，康熙十二年刻本，葉4b及光緒《昌平州志》卷七《職官表第六》，光緒十二年刻本，葉5b記爲"于沂"，正德十年任。查光緒《溧水縣志》卷十一《人物上》，光緒二十二年刻本，葉9b有《丁沂傳》，丁沂，字宗魯，弘治十五年進士，歷南京刑部主事、員外郎、湖廣按察司僉事等，累官至右副都御史巡撫四川。但傳記中未明載該人是否督餉昌平，暫時無法確定是否該人。

③ 陸傑，康熙《昌平州志》卷九《官師》，康熙十二年刻本，葉4b及光緒《昌平州志》卷七《職官表第六》，光緒十二年刻本，葉5b~6a謂陸傑爲吳縣舉人，正德十一年任。但檢索康熙《吳縣志》卷六《鄉貢年表》，康熙三十年刻本，未載舉人陸傑。

④ 葉天球，字良器，正德九年進士，授戶部主事，督餉太倉、宣府、居庸關等。累陞至四川右參政，未仕而卒。參道光《婺源縣志》卷五《選舉志·進士》、卷十六《人物志·經濟》，道光六年刻本，葉24a、12ab。

⑤ 方楷，正德九年進士，宿松人，授戶部主事，陞郎中。參道光《宿松縣志》卷十八《選舉一》，道光八年刻本，葉2a。

⑥ 胡大全，字惟學，正德三年進士，累官至貴州參政。參乾隆《歙縣志》卷八《選舉志上》，乾隆三十六年刻本，葉23a、24b。

⑦ 王一麟，四川青神人，弘治十八年進士，授歙縣知縣。擢戶部主事，分理邊餉有功陞員外郎，致仕。參光緒《青神縣志》卷三十五《選舉》、卷三十八《人物》，光緒三年刻本，葉2a、19b。

⑧ 林應驄，字汝桓，莆田人，正德十二年進士，授戶部主事，陞戶部員外郎。參康熙《興化府莆田縣志》卷二十《人物志·清修傳》，乾隆二十六年據康熙四十四年刻本重刻，葉9b~10a。

⑨ 林春澤，字德夫，侯官人，正德九年進士，授戶部主事，歷肇慶府同知等，累官至南京刑部郎。參乾隆《福州府志》卷五十《人物二》，乾隆二十一年刻本，葉36b~37a。

⑩ 何岩，字邦鎮，扶溝人，正德十二年進士，授戶部浙江司主事。歷瑞州知府、南康知府、慶陽知府。參乾隆《扶溝縣志》卷十一《鄉賢列傳》，乾隆二十七年刻本，葉29a。

⑪ 郭日休，字德夫，莆田人，正德十六年進士，授戶部主事，歷湖廣參議、浙江參政，累官至貴州按察使。參康熙《興化府莆田縣志》卷十九《人物志·風節傳》，乾隆二十六年據康熙四十四年刻本重刻，葉29a。

⑫ 牟泰，正德十二年進士，官至河東運使。參乾隆《巴縣志》卷七《選舉志》，嘉慶二十五年刻本，葉5a。

⑬ 徐嵩，其傳見前。

⑭ 陸載，孟津人，弘治十七年舉人，正德十三年，授安平知縣，陞戶部主事，累官至大同知府。參嘉慶《孟津縣志》卷六《選舉》，嘉慶二十一年刻本，葉5b及康熙《安平縣志》卷七《人物志·名宦》，康熙三十一年刻本，葉24ab。

⑮ 陳儒，字戀學，嘉靖二年進士，授戶部主事。歷東昌知府、陝西按察使、山東左布政使、南京尚寶司卿、南京戶部右侍郎等。累官至右副都御史，總督漕運。參《明分省人物考一》卷二《北直隸順天府二》，第230~240頁。

陳騰鸑①福建人。華金②無錫人。馮承芳桂林人。③
紀純④磁州人。鄒守愚⑤福建人。楊鋭房山人。⑥
李珥⑦東安人。何俊⑧廣東人。賈璘⑨山東人。
張德政⑩平陰人。張環⑪西安人。賈士元⑫鳳翔人。

---

① [校]陳騰鸑，原作"陳登鸑"，據《正德十六年登科録》，《明代進士登科録》六，第3008頁；康熙《興化府莆田縣志》卷二十二《人物志·文苑傳》，乾隆二十六年據康熙四十四年刻本重刻，葉15a及康熙《昌平州志》卷九《官師》，康熙十二年刻本，葉5a改。按康熙《興化府莆田縣志》，騰鸑，字士遠，正德十六年進士，官至户部郎中，卒於官。

② 華金，字子宣，無錫人，正德十六年進士，授户部主事，累官至天津副使。參嘉慶《無錫金匱縣志》卷十九《宦望》，嘉慶十八年刻本，葉20b。

③ [校]桂林，原作"臨林"，據萬曆《重修居庸關志》卷五《官司》，第146頁；康熙《昌平州志》卷九《官師》，康熙十二年刻本，葉5a；《國朝歷科題名碑録初集·明嘉靖二年進士題名碑録》，第725頁改。按進士題名碑録，馮承芳爲桂林中衛官籍。按同治《蒼梧縣志》卷十五《列傳八》，同治十三年刻本，葉22ab，馮承芳，字世立，其先桂林人，移居蒼梧。登嘉靖二年進士，授户部主事。歷户部員外郎。

④ 紀純，字一之，嘉靖二年進士，授户部主事。歷户部郎中、保寧知府等。陞陝西按察使，兵備西寧。參康熙《磁州志》卷十六《人物·鄉賢》，康熙年間刻本，葉10ab。

⑤ 鄒守愚，字君哲，莆田人，嘉靖五年進士，授户部主事。歷户部員外郎、郎中、江西按察副使、河南左布政使等。累官至户部右侍郎。參康熙《興化府莆田縣志》卷十七《人物志·名臣傳》，乾隆二十六年據康熙四十四年刻本重刻，葉70a~72a。

⑥ [校]房山人，原作"福建人"，據萬曆《重修居庸關志》卷五《官司》，第147頁；康熙《昌平州志》卷九《官師》，康熙十二年刻本，葉5a；《國朝歷科題名碑録初集·明嘉靖二年進士題名碑録》，第728頁改。又參民國《房山縣志》卷六《選舉志》，民國十七年鉛印本，葉1b。楊鋭，嘉靖二年進士，累官至山東參議。

⑦ 李珥，嘉靖五年進士，授户部主事。參乾隆《東安縣志》卷十一《選舉志》，乾隆十四年刻本，葉3b。

⑧ 何俊，南海人，嘉靖二年進士，官户部主事。參康熙《南海縣志》卷五《選舉志》，康熙三十年刻本，葉7b。

⑨ 賈璘，字文璧，陽信人，正德十二年進士，官至户部郎中。參康熙《陽信縣志》卷八《選舉志》，康熙二十一年刻本，葉4b。

⑩ 張德政，嘉靖五年進士，授户部福建司主事，歷湖廣司員外郎。參順治《平陰縣志》卷六《選舉志》，康熙十二年刻本，葉2b。

⑪ 張環，陝西西安右護衛軍籍，嘉靖八年進士，累官至副使。參《國朝歷科題名碑録初集·明嘉靖八年進士題名碑録》，第736頁及乾隆《西安府志》卷四十二《選舉志中》，乾隆四十四年刻本，葉13b。

⑫ 賈士元，嘉靖十一年進士，累官至彰德知府。參乾隆《鳳翔府志》卷八《選舉》，道光元年增刻乾隆三十一年刻本，葉33b。

劉璽①直隸唐縣人。詹文光②江夏人。王室③莘縣人。徐進④順德人。林廷琛⑤侯官人。胡汝翼⑥綿州人。鍾恕南陽人。⑦ 陳魁⑧四川人。陳紹儒⑨廣東人。張松⑩河南人。劉志⑪翼城人。尋志道⑫金鄉人。

---

① 劉璽，其傳見本書卷七。
② 詹文光，字用賓，嘉靖八年進士，授吳江知縣，歷户部主事、户部員外郎，累官至廉州知府。參乾隆《江夏縣志》卷十《行業》，乾隆五十九年刻本，葉 19a。
③ 王室，字君寧，正德十一年舉人，授光山知縣，陞户部主事。參康熙《莘縣志》卷六《選舉志》，康熙五十六年刻本，葉 4a。
④ 徐進，嘉靖十一年進士，累官至副使。參乾隆《順德縣志》卷十《選舉志》，乾隆十五年刻本，葉 4a。
⑤ 林廷琛，字世獻，嘉靖十四年進士，授户部主事。歷户部員外郎、户部郎中、鎮江通判。參乾隆《福州府志》卷五十《人物二》，乾隆二十一年刻本，葉 43ab。
⑥ 胡汝翼，嘉靖十一年進士，任職等信息暫不詳。參同治《直隸綿州志》卷二十六《選舉》，同治十二年刻本，葉 6a。
⑦ [校] 南陽，原作"汝陽"，鍾恕爲河南南陽舉人。其一，康熙《昌平州志》卷九《官師》，康熙十二年刻本，葉 5b 及光緒《昌平州志》卷七《職官表第六》，光緒十二年刻本，葉 8b，"鍾恕，江南汝陽人，由舉人，嘉靖二十年任"。萬曆《重修居庸關志》卷五《官司》，第 148 頁載，"鍾恕，河南汝陽人，嘉靖二十年任"。清代的江南省由明南直隸改，明南直隸、清江南省無汝陽縣，汝陽縣屬河南汝寧府。檢索順治《汝陽縣志》卷八《選舉志》、康熙《汝陽縣志》卷八《選舉志》，並無舉人鍾恕。由此，可知鍾恕爲河南人，却非汝陽人。其二，前引三種方志在鍾恕後皆記陳魁，四川後衛人，"嘉靖二十年任"。又《明世宗實錄》卷二百五十六嘉靖二十年十二月壬子條，第 5139~5140 頁，"户部貴州司主事鍾恕督餉居庸，召商糴買，爲奸商所謾訐，侵牟作弊，巡按御史劾奏，下法司逮問有狀。詔黜爲民"。三種方志和實錄記載的鍾恕爲一人，鍾恕罷職爲民後由陳魁接任。其三，康熙《南陽府志》卷四《官師志·選舉·舉人》，康熙三十三年刻本，葉 7b，"鍾恕，南陽人，弘治甲子科"。其四，康熙《夏縣志》卷二《官師志·知縣》，康熙四十七年刻本，葉 17b~18a，"鍾恕，南陽人，由舉人，嘉靖八年任。政明人和，興學禮士，建敬一亭、啓聖祠、示我周行堂，茸儀門，修復獨樂堂，救荒有術。重修縣志。陞南京工部主事"。據此可推斷鍾恕爲河南南陽人，弘治十七年舉人。
⑧ 陳魁，四川儀衛司校籍，嘉靖十一年進士，歷主事。參《國朝歷科題名碑錄初集·明嘉靖十一年進士題名碑錄》，第 740 頁及雍正《四川通志》卷三十四《選舉中》，乾隆元年刻本，葉 22b。
⑨ 陳紹儒，字師孔，南海人，嘉靖十七年進士，授户部主事。歷户部員外郎、郎中、廣西副使、廣西右布政使等。累官至南京工部尚書。參《明分省人物考十二》卷一百一十一《廣東廣州府二》，第 398~401 頁。
⑩ 張松，其傳見前。
⑪ 劉志，字寧卿，嘉靖十七年進士，授户部主事。歷户部員外郎、陝西按察司僉事等。累官至陝西布政司左參議。參乾隆《翼城縣志》卷十五《人物》，乾隆三十六年刻本，葉 33a。
⑫ 尋志道，山東金鄉人，正德十四年舉人，官户部主事。參嘉慶《金鄉縣志畧》卷八《選舉》，同治元年刻本，葉 3b。

蔣宗魯①普安人。唐時②雄縣人。于錦③濟寧人。

藺子充④汝陽人。汪垍⑤休寧人。李心學⑥臨淮人。

周世遠⑦江津人。李僑⑧長清人。張邦彥⑨臨朐人。

李景萃⑩任縣人。紀璕⑪薊州人。劉崇文⑫高平人。

冀鍊⑬山東人。丘緯⑭武進人。崔鏞⑮綏德人。

---

① 蔣宗魯，字道父，普安衛人，嘉靖十七年進士，授潚縣知縣，擢戶部主事。嘉靖三十六年任井陘兵備副使。累官至都察院右僉都御史，巡撫雲南。參嘉靖《獲鹿縣志》卷八《官師》，《天一閣藏明代方志選刊續編》第1冊，上海書店出版社2014年，第656頁及《明分省人物考十二》卷一百一十五《貴州全省》，第769~771頁。

② 唐時，嘉靖十七年進士，累官至兩淮鹽運使。參民國《雄縣新志》第五冊《歷代選舉表》，民國十八年鉛印本，葉1b。

③ 于錦，字實甫，嘉靖二十三年進士，授戶部主事，歷河南僉事、陝西參政、山西按察使等。累官至副都御史，巡撫山西。遷吏部侍郎。參康熙《濟寧州志》卷五《學校志·科貢》、卷六《人物志上·仕業》，康熙二十年刻本，葉18a、27ab。

④ 藺子充，字君實，嘉靖二十三年進士，官戶部主事。參康熙《汝陽縣志》卷八《選舉志》，康熙二十九年刻本，葉11a。

⑤ 汪垍，字仲弘，嘉靖二十三年進士，授戶部主事。歷戶部員外郎、福建按察僉事等。官至貴州參政。參康熙《休寧縣志》卷三《選舉·進士》、卷六《人物·宦業》，康熙三十二年刻本，葉15a、43b。

⑥ 李心學，字師顏，嘉靖二十六年進士，授戶部主事。歷戶部員外郎、郎中、衛輝知府、雲南布政司右參政等。累官至貴州左布政使。參康熙《臨淮縣志》卷四《選舉武勛附》，康熙十二年刻本，葉1b~2a。

⑦ 周世遠，嘉靖二十三年進士，累官至山西右布政使。參乾隆《江津縣志》卷十一《士女志》，乾隆三十三年刻本，葉11a。

⑧ 李僑，字子高，嘉靖二十三年進士，授平湖知縣，擢戶部主事。歷兵部職方司主事等。累官至山西左布政使。參道光《長清縣志》卷十一《人物志·選舉》，道光十五年刻本，葉9a。

⑨ 張邦彥，字元洲，嘉靖二十六年進士，授工部主事。歷延安知府、易州兵備。擢僉都御史，巡撫甘肅、大同。參光緒《臨朐縣志》卷十四《人物一》，光緒十年刻本，葉26b~27b。

⑩ 李景萃，嘉靖二十六年進士，累官至浙江參政。參康熙《任縣志》卷六《選舉》，康熙年間刻本，葉13b。

⑪ 紀璕，又名"莫璕"，嘉靖二十六年進士，官至遼東參議。參康熙《薊州志》卷六《仕紳志·科甲》、卷七《人物志·鄉賢》，康熙四十三年刻本，葉4b、18b。下文遼東職官分守遼海東寧道即作"莫璕"。

⑫ 劉崇文，嘉靖二十六年進士，官至淮安知府。參同治《高平縣志》卷七《選舉》，同治六年刻本，葉4a。

⑬ 冀鍊，字純夫，益都人，嘉靖二十三年進士，授長安知縣。陞戶部主事，督邊餉。擢都御史，巡撫河南。累官至兵部侍郎。卒，賜祭葬，贈工部尚書，諡端恪。參康熙《益都縣志》卷七《事功》，康熙十一年刻本，葉18a~19b。

⑭ 丘緯，字世章，武進人，嘉靖二十六年進士，授侯官知縣。擢南京主事，服闋補戶部主事，督儲通州、昌平。參乾隆《武進縣志》卷九《人物·宦績》，乾隆三十年刻本，葉49ab。

⑮ 崔鏞，嘉靖四十一年進士，累官至都察院右僉都御史，巡撫山西。參乾隆《綏德州直隸州志》卷五《人事門·選舉》，乾隆四十九年刻本，葉4a。

吴哲定遠人。丁懋儒①山東人。張克家②宣城人。
王好學③樂亭人。孫侸④安化人。賈實⑤祥符人。

昌平兵備本道地方舊屬密雲，嘉靖二十九年改屬霸州。三十三年始設按察司僉事，或副使一員。列銜山東或山西，駐劄昌平，整飭邊備，兼理糧餉。⑥
馬佩⑦山東人。楊胤賢⑧壽張人。栗永祿⑨長治人。

---

① 丁懋儒，聊城人，嘉靖四十四年進士，累官至知府。參宣統《聊城縣志》卷八《人物志·仕績》，宣統二年刻本，葉6b。
② 張克家，字有光，嘉靖四十四年進士，授户部主事。隆慶五年改雲南道監察御史。歷濬縣縣丞、户部主事。累官至雲南副使。參嘉慶《宣城縣志》卷十五《人物·宦業》，嘉慶十三年刻本，葉18b及《蘭臺法鑒錄》卷十八《隆慶朝》，第468頁。
③ 王好學，嘉靖十九年舉人，授陳留知縣。累陞至户部郎中，督餉昌平。參光緒《樂亭縣志》卷九《人物志上·宦望》，光緒三年刻本，葉7b~8a。
④ 孫侸，慶陽府安化縣人，嘉靖三十四年舉人。參乾隆《新修慶陽府志》卷二十三《科第·舉人》，乾隆二十六年刻本，葉12b。
⑤ 賈實，嘉靖二十八年舉人，官員外郎。參光緒《祥符縣志》卷四《選舉表》，光緒二十四年刻本，葉24b。
⑥ 昌平州原屬密雲道，嘉靖三十三年始置昌平兵備一員。康熙《畿輔通志》卷十六《職官》，康熙二十二年刻本，葉32b謂"自嘉靖三十年始設"。康熙《昌平州志》卷九《官師》，康熙十二年刻本，葉8a記其沿革更詳，"昌平舊屬易州道。嘉靖二十九年，改屬霸州道。三十年，設駐守都御史衙門。三十二年，經畧侍郎楊建議裁革。三十三年，總督侍郎楊議設昌平道，管理居庸關、鎮邊、黃花三路。三十九年，總督尚書許議添懷柔道，黃花割屬，照舊管理居庸、鎮邊二路，昌平一州，併延慶等九衛、白羊、鎮邊、奠靖三千户所。厥後，仍將懷柔、黃花照舊歸併管轄。俱以副使、僉事領任。其兼銜或隸山東，或隸山西。至國朝，始專隸山西。而密雲一縣又兼隸焉。若霸屬州縣歸併昌平，則自今上（指康熙）八年始也"。
⑦ 馬佩，其傳見前。
⑧ 楊胤賢，壽張人，嘉靖二十年進士。歷永平府推官、南京户部主事、户部員外郎、山西按察僉事。嘉靖三十六年任昌平兵備副使。參康熙《壽張縣志》卷六《選舉》，康熙五十六年刻本，葉6b及康熙《昌平州志》卷九《官師》，康熙十二年刻本，葉8b。
⑨ 栗永祿，字士學，長治人，嘉靖二十三年進士，授壽州知州。歷蘇州府同知、陝西僉事、陝西副使等。嘉靖三十六年任昌平兵備副使。累官至兵備侍郎。參乾隆《長治縣志》卷十三《選舉》、卷十四《人物》，乾隆二十八年刻本，葉8a、15ab及康熙《昌平州志》卷九《官師》，康熙十二年刻本，葉8b。

張蕙①山東人。張問仁②西寧人。宋守約③長治人。

張廷弼④山西人。馬時泰⑤河南人。任彬⑥蒲州人。

霸州兵備正德六年設兵備僉事，列銜山東或山西。八年裁革。十六年，復設兵備副使一員，駐劄霸州，整飭霸州、文安等九處州縣，武清、營州前屯二衛所兵務，兼理河道。

許承芳⑦山西人。寧溥⑧直隸人。張思齊⑨湖廣人。

馬應龍⑩陝西人。許宗魯⑪陝西人。任洛⑫河南人。

---

① 張蕙，號抑齋，平原人，嘉靖二十九年進士，授刑部主事。歷四川僉事、河南參議等。嘉靖四十三年任昌平兵備副使。累官至都御史，巡撫寧夏。參乾隆《平原縣志》卷七《選舉志》、卷八《人物志》，乾隆十四年刻本，葉7b、23b~24a及康熙《昌平州志》卷九《官師》，康熙十二年刻本，葉8b。

② 張問仁，字以元，陝西西寧人，嘉靖三十五年進士，授陽城知縣。歷工部主事、工部員外郎等。嘉靖四十四年任昌平兵備副使。參乾隆《西寧府新志》卷二十七《獻徵志·人物》，乾隆二十七年刻本，葉16a~17b及康熙《昌平州志》卷九《官師》，康熙十二年刻本，葉8b。

③ 宋守約，嘉靖四十一年進士。歷成都府推官、彰德府同知等，隆慶元年任昌平兵備副使。累官至僉都御史，巡撫延綏。參乾隆《長治縣志》卷十三《選舉》、卷十四《人物》，乾隆二十八年刻本，葉9a、12b~13a及康熙《昌平州志》卷九《官師》，康熙十二年刻本，葉8b。

④ 張廷弼，蒲州人，嘉靖二十五年舉人。隆慶五年任山東僉事，兵備昌平。歷寧夏兵備。參乾隆《蒲州府志》卷八《選舉上》，乾隆十九年刻本，葉30a及康熙《昌平州志》卷九《官師》，康熙十二年刻本，葉8b。

⑤ 馬時泰，陳留人，嘉靖二十五年舉人。萬曆二年由江西按察司僉事改任昌平兵備。累官陝西太僕寺卿。參宣統《陳留縣志》卷二十四《科舉表》，宣統二年石印本，葉44b及康熙《昌平州志》卷九《官師》，康熙十二年刻本，葉8b。

⑥ 任彬，其傳見本書卷七。

⑦ 許承芳，陽曲人，弘治九年進士。正德六年任霸州兵備僉事。參康熙《陽曲縣志》卷十一《選舉志》，康熙二十一年刻本，葉6a及嘉靖《霸州志》卷六《秩官志》，葉2a。

⑧ 寧溥，山陽人，太醫院醫籍，弘治十五年進士。正德七年任霸州兵備僉事。參嘉靖《霸州志》卷六《秩官志》，葉2a及《國朝歷科題名碑録初集·明弘治十五年進士題名碑録》，第696頁。

⑨ 張思齊，字希賢，蘄州人，弘治十八年進士。授四會知縣。歷亳州知州、四川僉事等。正德十六年任霸州兵備僉事。累官至布政使。參咸豐《蘄州志》卷十二《人物志·仕蹟》，咸豐二年刻本，葉6b~7a及嘉靖《霸州志》卷六《秩官志》，葉2b。

⑩ 馬應龍，字公濟，河州人，正德六年進士。歷户部主事、員外郎。嘉靖元年擢整飭霸州兵備。累官至四川按察使。參康熙《河州志》卷三《人物》，康熙四十六年刻本，葉68b~69a及嘉靖《霸州志》卷六《秩官志》，葉2b。

⑪ 許宗魯，字東侯，咸寧人，正德十二年進士，選翰林院庶吉士，授雲南道監察御史，歷霸州兵備副使、太僕寺卿等，以都御史巡撫保定、昌平、遼東。參《明分省人物考十一》卷一百四《陝西西安府二》，第587~591頁。

⑫ 任洛，其傳見前。

陳文沛①福建人。於敖②陝西人。龐浩③山西人。
韓楷④湖廣人。潘鎰⑤直隸婺源人。王鳳靈⑥福建人。
張冕⑦山西人。楊大章⑧浙江人。徐進⑨廣東人。
邵南⑩浙江人。陸坤⑪陝西人。周復俊⑫直隸蘇州府人。

① 陳文沛，字維德，長樂人，正德十二年進士，授工部主事。歷兵部員外郎、撫州知府。嘉靖八年擢霸州兵備副使。累官至陝西行太僕寺卿。參乾隆《長樂縣志》卷八《人物志》，乾隆二十八年刻本，葉 20b~21a 及嘉靖《霸州志》卷六《秩官志》，葉 2b。
② 於敖，其傳見前。
③ 龐浩，澤州人，正德十六年進士，授刑科給事中。嘉靖十二年擢霸州兵備副使。累官至河南按察使。參康熙《澤州志》卷十五《選舉》，康熙四十五年刻本，葉 18a 及嘉靖《霸州志》卷六《秩官志》，葉 2b。
④ 韓楷，字以正，江夏人，正德十六年進士，授刑科給事中。歷禮科給事中、池州知府。嘉靖十五年擢霸州兵備副使。累官至右副都御史，巡撫雲南。參乾隆《江夏縣志》卷十《行業》，乾隆五十九年刻本，葉 11a 及嘉靖《霸州志》卷六《秩官志》，葉 2b。
⑤ 潘鎰，字希平，婺源人，正德十六年進士，授戶部主事。歷戶部員外郎、荊州知府、長沙知府等。嘉靖十六年陞山東按察副使，兵備霸州。累官至河南布政司左參政。參道光《婺源縣志》卷五《選舉志‧進士》、卷十六《人物志‧經濟》，道光六年刻本，葉 24b、11b 及嘉靖《霸州志》卷六《秩官志》，葉 3a。
⑥ 王鳳靈，字應時，莆田人，正德十二年進士，授刑部主事。歷襄陽知府、懷安知府。嘉靖十八年擢霸州兵備副使。官至廣西參政。參康熙《興化府莆田縣志》卷二十二《人物志‧文苑傳》，乾隆二十六年據康熙四十四年刻本重刻，葉 14ab 及嘉靖《霸州志》卷六《秩官志》，葉 3a。
⑦ 張冕，字服周，孝義人，嘉靖十一年進士，授戶部主事。歷戶部員外郎、河南僉事。嘉靖二十年擢霸州兵備副使。參雍正《孝義縣志》卷十四《人物仙釋附》，雍正四年刻本，葉 5a 及嘉靖《霸州志》卷六《秩官志》，葉 2b。
⑧ 楊大章，字章之，餘姚人，嘉靖二年進士，授瀏陽知縣。歷歙縣知縣、刑部主事、兵部郎中等。嘉靖二十一年擢霸州兵備副使。累官至刑部左侍郎。參《明分省人物考六》卷五十一《浙江紹興府三》，第 157~159 頁及嘉靖《霸州志》卷六《秩官志》，葉 3a。
⑨ 徐進，順德人，嘉靖十一年進士，二十四年任霸州兵備副使。參咸豐《順德縣志》卷十《選舉表一》，咸豐三年刻本，葉 30a 及嘉靖《霸州志》卷六《秩官志》，葉 3a。
⑩ 邵南，字文化，烏程人，嘉靖十四年進士，授行人，遷工部郎中。嘉靖二十五年擢山東按察副使，兵備霸州。參乾隆《烏程縣志》卷六《人物‧明》，乾隆十一年刻本，葉 9b 及嘉靖《霸州志》卷六《秩官志》，葉 3a。
⑪ 陸坤，字子厚，蘭州人，嘉靖十四年進士，授刑部主事。嘉靖二十六年擢霸州兵備副使。以忤逆劉瑾謫浪穹典史。後任青州知府、薊州兵備副使。參道光《蘭州府志》卷九《人物志上》，道光十三年刻本，葉 34ab 及嘉靖《霸州志》卷六《秩官志》，葉 3a。
⑫ 周復俊，字子籲，崑山人，嘉靖十一年進士。歷工部主事、員外郎、四川提學副使等。累官至南京太僕寺卿。參乾隆《蘇州府志》卷五十九《人物十三》，乾隆十三年刻本，葉 28ab。

李乘雲①河南人。張敦仁②浙江人。許天倫③山西人。
王之臣④四川人。陳效古⑤河南人。温景葵⑥山西人。
王良貴⑦直隸寧津人。羅瑶⑧湖廣人。宋儀望⑨江西人。
孟重陝西人。宋豫卿四川人。蔡可賢⑩直隸成安人。
吳兑⑪浙江人。宋守約⑫山西人。錢藻⑬直隸如皋人。
曹當勉⑭湖廣人。

管糧通判嘉靖三十八年設管糧通判一員，列銜永平府，分理標下各路營糧餉。

---

① 李乘雲，字子雨，禹州人，嘉靖十一年進士。選山東道監察御史。歷太倉州判、蒲州知州、平陽知府。擢霸州兵備副使。累官至陝西右參政。參乾隆《禹州志》卷七《人物·宦蹟》，乾隆十二年刻本，葉47b~48a。
② 張敦仁，其傳見前。
③ 許天倫，字汝明，振武衛人，嘉靖十四年進士，授中書舍人，累官至參議。參《國朝歷科題名碑錄初集·明嘉靖十四年進士題名碑錄》，第747頁。
④ 王之臣，按《明清進士題名碑錄索引》，第249頁，四川進士王之臣有二：其一，內江人，嘉靖十四年進士；其二，南充人，嘉靖十七年進士。內江王之臣，同治《內江縣志》卷六《人文志》，同治十年刻本，葉22b及《明分省人物考十一》卷一百七《四川成都府》，第875~876頁謂其歷行人、御史、福建參議。南充王之臣，嘉慶《南充縣志》卷五《選舉表》，咸豐七年增刻嘉慶十八年刻本，葉20b謂其官陝西按察副使。難以確定任霸州兵備副使是哪位。
⑤ 陳效古，字武周，息縣人，嘉靖十七年進士，授行人，擢雲貴道監察御史，歷霸州兵備副使、浙江按察使等。累官至山西右布政使。參嘉慶《息縣志》卷四《選舉》、卷五《仕賢列傳》，嘉慶四年刻本，葉2b、7b。
⑥ 温景葵，其傳見前。
⑦ 王良貴，字少思，寧津人，嘉靖二十六年進士，授户部福建司主事，陞山東司郎中。歷平陽知府。累官至霸州兵備。參康熙《寧津縣志稿》卷六《選舉志》、卷七《人物志》，康熙十三年刻本，葉1b、1b~2a。
⑧ 羅瑶，其傳見前。
⑨ 宋儀望，字望之，永豐人，嘉靖二十六年進士，授吳縣知縣。歷御史、霸州兵備僉事、大名兵備副使、四川僉事等。累官至右僉都御史，巡撫順天。參同治《永豐縣志》卷二十一《人物志·名臣》，同治十三年刻本，葉15a~16b。
⑩ 蔡可賢，字仲聞，嘉靖四十一年進士，授户部主事。歷户部郎中，遷太原知府、霸州兵備、岢嵐兵備。參康熙《成安縣志》卷十四《人物·世譜》，康熙年間據康熙十二年刻本後印，葉8b~10a。
⑪ 吳兑，字君澤，山陰人，嘉靖三十八年進士。授兵部主事。歷兵部武選司郎中、湖廣參議。陞山東按察副使，兵備霸州。擢僉都御史，巡撫宣府。累官至右副都御史、兵部左侍郎，總督宣、大。參《明分省人物考六》卷五十一《浙江紹興府三》，第242~251頁。
⑫ 宋守約，其傳見前。
⑬ 錢藻，其傳見前。
⑭ 曹當勉，字可賢，江夏人，嘉靖四十一年進士，授行人。歷刑科給事中、開封知府。擢霸州兵備副使。累官至江西參政。參乾隆《江夏縣志》卷十《行業》，乾隆五十九年刻本，葉21a。

郭郊①山西人。李佩②長治人。王克訪③山西人。

蕭以成山東人。④ 李應朝⑤山西人。程思岱⑥巢縣人。

法曀⑦丹徒人。侯封⑧山西人。

效祖曰："昌鎮總屬順天撫臣，先年有專守都御史羅通，至庚戌又有許宗魯。無何罷不設，以歸之薊、遼總督，遂爲定制。嗟乎！國家承平無事，即議裁冗員，卒邇疆場不寧，乃紛紛增設。如景泰都御史，河間有蕭啓，真定有陸矩，保定有祝暹，居庸有王竑，巡關有侍郎江淵，紫荆諸關有大理卿孔文英、少卿曹泰、寺丞叚信。庚戌時，紫荆有侍郎翁萬達，薊州有吳嘉會，又有侍郎何棟，通州有王忬。不知廟堂之議誰始之，誰成之，又誰罷之邪。"

真保鎮職官

文秩

總督見薊鎮。

巡撫正統十四年設，巡撫順天等八府。成化八年，改副都御史，或僉都御史一員，撫視保定等六府，兼提督紫荆等關邊務，駐劄真定，每歲移駐紫荆，防秋三月。

---

① 郭郊，屯留人，嘉靖十三年舉人，任浙江金華府推官，擢直隸永平府通判。參雍正《屯留縣志》卷二《科貢》，雍正八年進士，葉56b。
② 李佩，康熙《昌平州志》卷九《官師》，康熙十二年刻本，葉10a記"李佩，長治人，由監生"。
③ 王克訪，山西陵川人，嘉靖三十五年貢生，任永平府通判。參乾隆《陵川縣志》卷二十九《選舉》，乾隆四十四年刻本，葉17b；康熙《永平府志》卷十四《官師》，康熙五十年刻本，葉60a。
④ [校] 山東人，原作"山西人"，據康熙《滋陽縣志》卷二《人民部·選舉》，康熙四十一年刻本，葉33b改。按縣志，蕭以成，嘉靖十六年舉人，歷順天府鄉試官、蒲城知縣、直隸永平府判官。
⑤ 李應朝，静樂人，歲貢生，直隸河間府通判，陞安樂州知州。參康熙《静樂縣志》卷七《選舉》，民國間抄本，葉8b及光緒《昌平州志》卷七《職官表第六》，光緒十二年刻本，葉16b。
⑥ 程思岱，吏員出身，歷武昌府知事、霸州判官、永平府通判、保定府通判。參雍正《巢縣志》卷十四《人物》、卷十五《選舉·吏員出身》，雍正二十二年刻本，葉12b、24a。
⑦ 法曀，丹徒人，嘉靖四十年舉人，歷藁城知縣、保定府通判、廣西南寧府同知、周府長史。參嘉慶《丹徒縣志》卷十四《選舉二·科目·舉人》，嘉慶十年刻本，葉29a。
⑧ 侯封，山西盂縣人，嘉靖二十八年舉人，授華陰知縣。擢保定府通判，再遷樂安州知州。參光緒《盂縣志》卷十六《宦蹟》，光緒七年刻本，葉13b。

陳濂①浙江人。葉冕上虞人。② 張岐③興濟人。

張鎣④華亭人。侶鍾⑤鄆城人。李敏⑥襄城人。

張鼎⑦西安人。史琳⑧浙江人。高銓⑨江都人。

張縉⑩陽曲人。王沂⑪武進人。王璟⑫沂州人。

---

① 陳濂，字德清，鄞縣人，正統十年進士，授南京刑部主事，陞廣東按察副使，歷廣東左布政使、巡撫都御史等。參乾隆《鄞縣志》卷十四《人物》，乾隆五十三年刻本，葉28a~29a。
② ［校］上虞人，原作"華亭人"，據《國朝歷科題名碑錄初集·明正統十年進士題名碑錄》，第623頁及康熙《上虞縣志》卷十五《人物志二·名賢列傳》，康熙十年刻本，葉23ab改。按縣志，葉冕，字拱辰，正統十年進士，授南京刑部主事，景泰二年擢松江知府。歷山東參政、山西左布政使，擢右副都御史。
③ 張岐，字來儀，景泰五年進士，任監察御史，陞浙江副使，陞僉都御史巡撫遼東，成化四年得罪彭誼，以右副都御史代撫遼東。參嘉靖《河間府志》卷二十三《人物志·仕籍》，《天一閣藏明代方志選刊》第2冊，上海古籍書店1964年影印本，葉22ab及張廷玉《明史》卷一百五十九《彭誼傳》，第4346頁。
④ 張鎣，其傳見本書卷九。
⑤ 侶鍾，字大器，成化二年進士，授浙江道御史。擢右副都御史巡撫保定及應天。累官至户部尚書。參康熙《鄆城縣志》卷五《人物志·鄉賢》，康熙五十五年刻本，葉4ab。
⑥ 李敏，字公勉，景泰五年進士，授御史，歷浙江按察使、湖廣按察使、四川左右布政使等。擢左副都御史巡撫保定。累官至户部尚書。參張廷玉《明史》卷一百八十五《李敏傳》，第4893~4895頁。
⑦ 張鼎，字大器，咸寧人，成化二年進士，授刑部主事，歷刑部員外郎、太原知府等。弘治改元，以右僉都御史巡撫保定六府。參萬斯同《明史》卷二百四十四《張鼎傳》，第5冊，第301頁。
⑧ 史琳，字天瑞，餘姚人，成化二年進士，授工科給事中，擢陝西布政司右參議，擢右副都御史巡撫保定諸府兼提督紫荊等關。累官至太子少保、左都御史。參《明分省人物考五》卷四十九《浙江紹興府一》，第893~899頁。
⑨ 高銓，字宗選，成化五年進士，授大理寺右評事，歷山東按察司僉事、河南按察使、河南左布政使等。弘治九年擢右副都御史，巡撫保定諸府。累官至南京户部尚書。參《明分省人物考三》卷三十《南直隸揚州府一》，第764~767頁。
⑩ 張縉，字朝用，成化五年進士，授鈞州知州，陞南京工部郎中，歷杭州知府、山東參政等。參《明分省人物考十一》卷九十九《山西太原府一》，第36~41頁。
⑪ 王沂，字希曾，成化十一年進士，授禮部主事，歷禮部員外郎、禮部郎中、山東右參政等。弘治十四年陞右副都御史，巡撫真定等府兼提督紫荊等關。參《明分省人物考三》卷二十七《南直隸常州府》，第523~524頁。
⑫ 王璟，字廷采，成化八年進士，授登封知縣，歷監察御史、光禄寺卿、右僉都御史總理兩淮鹽法，改巡撫保定。累官至左都御史、太子太保。參《明分省人物考十》卷九十五《山東兗州府》，第534~536頁。

韓福①西安人。徐以貞②長山人。蕭翀③四川人。
寧杲海州衛人。④ 林廷玉⑤福建人。張淳⑥合肥人。
臧鳳⑦山東人。李瓚⑧濮州人。張嵿⑨浙江人。
伍符⑩江西人。周季鳳⑪寧州人。劉麟⑫廣洋衛人。

① 韓福，西安前衛人，成化十七年進士，累官至戶部侍郎。參乾隆《西安府志》卷四十二《選舉志中》，乾隆四十四年刻本，葉11a。
② 徐以貞，字本良，成化八年進士，授寧晉知縣，歷福建道監察御史、松溪知縣，累陞右僉都御史，巡撫陝西。以忤逆劉瑾革職，復起巡撫真定。參《明分省人物考十》卷九十五《山東濟南府》，第471~472頁。
③ 蕭翀，字凌漢，內江人，成化十七年進士，弘治十一年陞浙江按察司僉事，歷陝西按察司副使等。參《明分省人物考十一》卷一百七《四川成都府一》，第766頁。
④ ［校］海州衛人，原作"海州人"，據《國朝歷科題名碑錄初集·明弘治九年進士題名碑錄》，第688頁改，"寧杲，遼東海州衛官籍，山東蓬萊縣人"。按嘉靖《遼東志》卷六《人物志》，《續修四庫全書》第646冊，第610頁，寧杲官至都御史。
⑤ 林廷玉，字粹夫，其先福建侯官人，後籍平涼。成化十年進士，授給事中，歷海州判官、茶陵知州、江西屯田僉事等。後陞右僉都御史巡撫保定兼提督紫荊等關。累官至右僉都御史，總督糧儲。參《明分省人物考十一》一百五《陝西平涼府》，第650~653頁。
⑥ 張淳，字宗厚，成化二十三年進士，授瀏陽知縣，歷監察御史、吉安知府、四川按察司副使等，擢右副都御史撫治鄖陽，改巡撫保定。參《明分省人物考四》卷三十四《南直廬州府二》，第140~142頁。
⑦ 臧鳳，即孟鳳，其傳見前。
⑧ 李瓚，其傳見前。
⑨ 張嵿，字時郡，蕭山人，成化二十三年進士，授上饒知縣，歷南京工部主事、刑部郎中、江西布政使、南京光祿寺卿等。後擢右副都御史巡撫保定。累官至南京工部尚書。參康熙《蕭山縣志》卷十七《選舉志》、卷十八《人物志》，康熙十一年刻本，葉20b、29b~30b。
⑩ 伍符，字朝信，安福人，成化二十三年進士，入翰林院，授刑部主事，歷刑部員外郎、浙江左參政、雲南右布政等，武宗時擢巡撫。參《明分省人物考八》卷六十六《江西吉安府四》，第223~226頁。
⑪ 周季鳳，字公儀，弘治六年進士，授刑部主事。累官至右副都御史巡撫保定，任上平王堂、趙延壽等叛亂。參《明分省人物考七》卷五十七《江西南昌府一》，第245~247頁。
⑫ ［校］劉麟，原作"劉麒"，據《明督撫年表》卷一，第85頁及《明分省人物考七》卷五十九《江西饒州府三》，第416~422頁改。按《明分省人物考》，劉麟，字元瑞，安仁人，南京廣洋衛籍，弘治九年進士，歷刑部河南司主事、員外郎、紹興知府、陝西右參政等。嘉靖二年陞右副都御史，巡撫保定等處。累官至工部尚書。傳另可見乾隆《安仁縣志》卷八《人物·鄉賢》，乾隆十六年刻本，葉11b~13a。

何詔①浙江人。林廷㭎②福建人。王應鵬③浙江人。

錢如京④桐城人。林有孚⑤福建人。許宗魯⑥陝西人。

周金⑦武進人。劉夔⑧襄垣人。陸珂⑨浙江人。

劉隅⑩山東人。丁汝夔⑪沾化人。吳瀚⑫河南人。

---

① 何詔，字廷綸，山陰人，弘治九年進士，授南京工部主事，歷工部營繕司主事、永州知府、福建右布政使等。嘉靖四年拜都御史，巡撫保定諸府兼提督紫荊等關。累官至刑部尚書。參《明分省人物考六》卷五十《浙江紹興府二》，第43~46頁。

② 林廷㭎，字利瞻，閩縣人，弘治十二年進士，授兵部主事，歷兵部職方司郎中、蘇州知府、湖廣左右布政使等。擢右副都御史，巡撫保定。累官至工部尚書。參張廷玉《明史》卷一百六十三《林庭㭎傳》，第4429~4430頁及《明分省人物考八》卷七十《福建福州府》，第509~515頁。但《明分省人物考》作"林庭㭎"。實際上張廷玉《明史》記載其姓名亦不一致，卷二百四《曾銑傳》，第5386頁作"林庭㭎"，卷二百九《馮恩傳》，第5519頁又作"林廷㭎"。

③ 王應鵬，字天宇，鄞縣人，正德三年進士，授嘉定知縣，歷監察御史、大理寺少卿等，擢僉都御史巡撫畿甸，整飭邊備。改巡山西，晉右副都御史。參《明分省人物考五》卷四十七《浙江寧波府一》，第674~676頁。

④ 錢如京，字公溥，弘治十五年進士，授青田知縣，歷定海知縣、監察御史巡按畿甸、浙江按察使、山西左布政等。擢都察院右副都御史，巡撫保定等府。累官至南京戶部尚書。參《明分省人物考四》卷三十四《南直隸廬州府二》，第188~191頁及《國朝歷科題名碑録初集·明弘治十五年進士題名碑録》，第695頁。

⑤ 林有孚，字以吉，莆田人，正德五年進士，授山東道監察御史，歷大理寺丞等，累官至僉都御史，總督糧儲。參《明分省人物考八》卷七十四《福建興化府》，第854頁。

⑥ 許宗魯，其傳見前。

⑦ 周金，字子庚，正德三年進士，授給事中，擢太僕寺少卿，歷僉都御史轉副都御史致仕，家居六以薦起副都御史，陞兵部侍郎，歷右都御史、左都御史，陞戶部尚書。參《明分省人物考三》卷二十八《南直隸常州府二》，第574~582頁。

⑧ 劉夔，字舜弼，正德六年進士，授兵科給事中，歷翰林院檢討、南京戶部郎中、山東按察使等。嘉靖十四年擢左僉都御史，巡撫保定。參《明分省人物考十一》卷一百《山西平陽府》，第177~179頁。《明分省人物考》謂劉夔"弘治庚子舉於鄉，明年辛丑成進士"，誤。其一，按《國朝歷科題名碑録初集·明正德六年進士題名碑録》，第708頁，劉夔爲正德六年進士。其二，弘治無庚子、辛丑紀年。

⑨ [校] 陸珂，原作"陸軻"，據《明督撫年表》卷一，第87頁及《明分省人物考五》卷四十七《浙江寧波府一》，第676~678頁改。按《明分省人物考》，陸珂，字容之，鄞縣人，正德九年進士，授南京車駕司主事，歷安慶知府、貴州按察副使等。累陞右副都御史，巡撫保定。

⑩ 劉隅，字叔正，嘉靖二年進士，授福建道監察御史，歷四川按察僉事、永平知府、河南按察使等。拜右僉都御史，巡撫保定。參《明分省人物考十》卷九十五《山東兗州府》，第574~576頁。

⑪ 丁汝夔，字大章，正德十六年進士，授禮部主事，累官至山西左布政使，擢左副都御史，巡撫甘肅，歷巡保定、應天。嘉靖二十八年拜兵部尚書。二十九年因庚戌之變，下獄。隆慶初復官。參張廷玉《明史》卷二百四《丁汝夔傳》，第5389~5393頁。

⑫ 吳瀚，字受夫，洛陽人，正德十六年進士，授南京山西道監察御史，歷江西按察僉事、湖廣布政參議、山西按察使等，擢右副都御史巡撫畿甸兼督三關。參《明分省人物考十》卷九十《河南河南府》，第224~227頁及《國朝歷科題名碑録初集·明正德十六年進士題名碑録》，第721頁。按題名碑，吳瀚爲河南河南衛軍籍，直隸吳縣人。

鄭重①固始人。蘇祐②濮州人。李仁③山東人。

商大節④鍾祥人。楊守謙⑤湖廣人。艾希淳⑥米脂人。

吳嶽⑦山東人。鄭綱⑧福建人。張松⑨河南人。

喻時⑩光州人。葛縉⑪山東人。董威⑫信陽人。

---

① 鄭重，正德六年進士，歷大理寺評事等，累官至僉都御史，巡撫保定。參康熙《固始縣志》卷六《選舉表上·進士》，康熙三十二年刻本，葉12a。

② [校] 蘇祐，原作"蘇佑"，據《明分省人物考》及本書前文改。蘇祐，字允吉，嘉靖五年進士，授吳縣知縣，歷束鹿知縣、廣東道監察御史、山西參政、大理寺少卿。嘉靖二十四年拜僉都御史巡撫保定，二十六年進副都御史巡撫山西，後擢兵部左侍郎總督宣大、山西軍務。累官至兵部尚書。參《明分省人物考十》卷九十六《山東東昌府三》，第683~687頁。

③ 李仁，字元夫，東阿人，嘉靖二年進士，授吏科給事中，歷禮科右給事中、寧夏分守參議、河南按察司副使等。嘉靖二十五年遷太僕寺卿，未幾擢保定巡撫。參康熙《東阿縣志》卷七《人物志下》，康熙五十四年刻本，葉8a~9b。

④ 商大節，字孟堅，嘉靖五年進士，授豐城知縣，歷刑部郎中、廣東按察僉事、山東參議等。擢右僉都御史巡撫保定，贊理軍務兼提督紫荊等關。參《明分省人物考九》卷七十七《湖廣承天府》，第171~174頁。

⑤ 楊守謙，字允亨，嘉靖八年進士，授工部屯田司主事，歷兵部職方司主事、兵部職方司郎中、陝西督學副使等。擢右僉都御史，巡撫山西，改撫延綏。嘉靖二十九年陞副都御史，巡撫保定兼督紫荊諸關。庚戌之變，爲嚴嵩誣死。參張廷玉《明史》卷二百四《楊守謙傳》，第5393~5395頁。楊守謙籍貫，《明史》謂徐州人；《明分省人物考九》卷八十一《湖廣長沙府》，第447~451頁《楊守謙傳》謂長沙人；《國朝歷科題名碑錄初集·明嘉靖八年進士題名碑錄》，第735頁記楊守謙爲彭城衛軍籍，湖廣長沙縣人。《明史》記載恐有誤。

⑥ 艾希淳，光緒《米脂縣志》卷七《鄉賢志》，光緒三十三年鉛印本，葉15a引《艾氏家傳》作"艾希醇"；康熙《米脂縣志》卷七《人物志》，康熙二十年刻本，葉2b及《國朝歷科題名碑錄初集·明嘉靖十四年進士題名碑錄》，第743頁作"艾希淳"。按光緒縣志，艾希淳，字西麓，嘉靖十四年進士，歷戶部廣西主事、員外郎、河南布政使參議、山西按察司副使等。累官至右僉都御史巡撫保定等府兼提督紫荊等關。

⑦ 吳嶽，字汝喬，汶上人，嘉靖十一年進士，授戶部主事，歷戶部郎中、廬州知府、保定知府、山西按察副使、山西左布政使等，陞右僉都御史，晉右副都御史，累官至南京吏部尚書。參《明分省人物考十》卷九十五《山東兗州府》，第581~583頁。

⑧ 鄭綱，莆田人，嘉靖八年進士，累官至兵部右侍郎，總督兩廣。參康熙《興化府莆田縣志》卷十三《選舉志》，康熙二十六年據康熙四十四年刻本重刻，葉60b。

⑨ 張松，其傳見前。

⑩ 喻時，字中甫，嘉靖二年進士，授吳江知縣，歷應天府丞、太僕卿等。進右副都御史，總督漕運。後總督陝西三邊軍務。累官至南京戶部尚書。參《明分省人物考十》卷九十三《河南汝寧府二》，第359~364頁。

⑪ 葛縉，其傳見卷七。

⑫ 董威，字重夫，嘉靖二十年進士，授邯鄲知縣，歷浙江道監察御史等。後巡撫真定、延綏等。參乾隆《信陽州志》卷七《選舉志》、卷八《人物志》，乾隆十四年刻本，葉37a、14b~15a。

霍冀①孝義人。毛愷江山人。② 李遷③新建人。

魏尚純④河南人。張師載⑤潛江人。曹亨⑥新蔡人。

温如璋河南人⑦。朱大器⑧江西人。李尚智⑨屯留人。

宋繻⑩商丘人。孫丕揚⑪富平人。

真定巡按

章珪⑫蘇州人。陳金⑬上虞人。林鶚⑭浙江人。

---

① 霍冀，字堯封，嘉靖二十三年進士，授永平府推官，歷廣西道監察御史、大理寺丞等，遷都察院僉都御史巡撫寧夏，再撫保定。累官至兵部侍郎，總督陝西四鎮。參乾隆《孝義縣志》第六冊《人物事迹卷一》，乾隆三十五年刻本，葉10b~11a。
② [校] 江山，原作"江上"，據《明分省人物考六》卷五十五《浙江衢州府·毛愷》，第762~763頁改。據此，毛愷，字遠和，嘉靖十四年進士，授行人，歷廣西道監察御史、寧國府推官、南京工部主事，累官至刑部尚書。
③ 李遷，字子升，嘉靖二十年進士，授行人，歷南京兵部主事、濟南知府、真定巡撫等，累官至南京刑部尚書。參《明分省人物考七》卷五十八《江西南昌府二》，第306~307頁。子升，張廷玉《明史》卷二百二十二《李遷傳》，第5860頁及道光《新建縣志》卷二十六《選舉·科第》，道光十年刻本，葉29a作"子安"。
④ 魏尚純，字叔誠，禹州人，嘉靖十一年進士，歷行人、員外郎、郎中、參政、布政使等。累官至南京工部尚書。參乾隆《禹州志》卷六《選舉》、卷七《人物》，乾隆十二年刻本，葉3b、49ab。
⑤ 張師載，字巨坤，嘉靖二十六年進士，授南京吏科給事中，歷萊州知府、淮陽兵備副使等，陞都御史，巡撫真定、陝西等。參康熙《潛江縣志》卷十五《人物志》，康熙三十三年刻本，葉8b~9a。
⑥ 曹亨，字伯貞，嘉靖十四年進士，授刑部主事，歷兗州知府、浙江參政等。嘉靖四十五年服闋起復浙江參政，尋陞副都御史，巡撫真定。累官南京工部尚書。參《明分省人物考十》卷九十三《河南汝州府二》，第374~376頁。
⑦ [校] 河南人，原作"汝州人"，辨析見前温如璋傳。
⑧ 朱大器，號東源，南城人，嘉靖二十三年進士，官至刑部侍郎。參乾隆《南城縣志》卷八《人物志》，乾隆十七年刻本，葉31a。
⑨ 李尚智，其傳見前。
⑩ 宋繻，其傳見前。
⑪ 孫丕揚，其傳見前。
⑫ 章珪，字孟端，常熟人，宣德初，應求賢詔，授廣東按察司知事，擢監察御史。正統元年巡按真定等四府。參康熙《常熟縣志》卷十六《邑人》，康熙二十六年刻本，葉25ab及乾隆《正定府志》卷二十三《職官一》，乾隆二十七年刻本，葉19b。府志謂章珪爲進士，誤。
⑬ 陳金，上虞人，宣德八年進士，授刑部郎中。正統十四年以監察御史鎮守真定。參康熙《上虞縣志》卷十三《選舉志》，康熙十年刻本，葉8a及乾隆《正定府志》卷三十《名宦》，乾隆二十七年刻本，葉5a。
⑭ 林鶚，字一鶚，浙江太平人，景泰二年進士，拜監察御史，巡按真定。歷鎮江知府、江西按察使、江西左右布政使等。累官至刑部右侍郎。參張廷玉《明史》卷一百五十七《林鶚傳》，第4304~4305頁。但光緒《黃巖縣志》卷十八《人物·宦業》，光緒三年刻本，葉14a~15b作"黃巖人"。《國朝歷科題名碑錄初集·明景泰二年進士題名碑錄》，第627頁亦作"浙江台州府黃巖縣軍籍"。《明史》恐誤。

朱紳①陝西人。戴珙②河南人。滕昭③河南人。

盧秩④江西人。馮徽⑤陝西人。杜忠⑥河南人。

張賓⑦山東人。陳讓⑧光山人。吳道寧⑨河內人。

宋漢⑩山東人。李澄⑪河南人。張聞⑫陝西人。

馮清⑬宛平人。田淵⑭陝西人。張綸⑮宣城人。

---

① 朱紳，字大用，河州人，景泰五年進士，授江西道監察御史，巡按雲南、山西、直隸等。歷浙江按察司副使，累官至貴州左布政使。參康熙《河州志》卷三《人物》，康熙四十六年刻本，葉67b~68a。

② 戴珙，字廷辟，澠池人，景泰五年進士，授監察御史，天順初巡按真定。歷博野知縣等，累官至山東左布政使。參嘉慶《澠池縣志》卷四《選舉志》、卷五《人物上·政績》，嘉慶十五年刻本，葉2b、4b。

③ 滕昭，字自明，汝州人，正統六年舉人，授監察御史，擢左僉都御史。憲宗時，再擢右副都御史，總督漕運。累官至兵部左侍郎。參道光《直隸汝州全志》卷六《人物志上·鄉賢》、卷八《選舉志·舉人》，道光二十年刻本，葉4b~5a、3b。

④ 盧秩，字崇秩，新淦人，景泰五年進士，授監察御史。六年出巡真定。擢湖廣按察副使。累官至貴州按察使。參同治《新淦縣志》卷八《人物志·宦業》，同治十二年刻本，葉8a 及乾隆《正定府志》卷三十《名宦》，乾隆二十七年刻本，葉6b。

⑤ 馮徽，鳳翔人，正統十二年舉人，官御史。參乾隆《鳳翔府志》卷八《選舉》，道光元年增刻乾隆三十一年刻本，葉19b。

⑥ 杜忠，字世臣，河陰人，成化十四年進士，授山東新城知縣。擢監察御史，有政聲。歷平陽知府、四川右布政使等。累官至右副都御史，巡撫延綏等。民國《河陰縣志》卷十五《人物傳·杜忠》引墓表，民國十三年刻本，葉4b~5a。

⑦ 張賓，字廷賓，單縣人，成化十一年進士，授知縣，歷御史、江西按察使，累官至大理寺卿。參康熙《單縣志》卷七《人物志上·鄉賢》、《人物志上·科貢》，康熙五十六年刻本，葉6b~7a、25b 及民國《單縣志》卷九《人物志·鄉賢》，民國二十八年石印本，葉21a~22a。

⑧ 陳讓，成化十一年進士，歷知縣、御史、松江知府等。參乾隆《光山縣志》卷六《選舉上》，乾隆五十一年刻本，葉12b。

⑨ 吳道寧，成化十四年進士，官至山西副使。並附考語，"《通志》作光山人，戊戌科"。參道光《河內縣志》卷七《選舉表》，道光五年刻本，葉5b。

⑩ 宋漢，字天章，膠州人，成化十四年進士，授慶雲知縣。擢御史，巡按兩浙、畿輔。累官至湖廣按察司副使。參乾隆《膠州志》卷四《人物》，乾隆十七年刻本，葉31a。

⑪ 李澄，字天映，西華人，成化十七年進士，授句容知縣。擢山西道監察御史，弘治二年巡視陝西，四年巡蘇、松，六年巡真定。累官至江西副使。參乾隆《西華縣志》卷七《人物志》，乾隆十九年刻本，葉27ab。

⑫ 張聞，鄜州人，成化二十年進士，授即墨知縣，擢御史，累官至雲南僉事。參康熙《鄜州志》卷五《人物志·甲科》，康熙五年刻本，葉5b。

⑬ 馮清，順天府宛平縣匠籍，浙江餘姚人，弘治五年進士，累官至兵部侍郎。參《國朝歷科題名碑錄初集·明弘治五年進士題名碑錄》，第683頁及乾隆《餘姚志》卷十七《選舉表一》，乾隆四十六年刻本，葉37a。

⑭ 田淵，洛川人，成化十七年進士，歷太平府推官、監察御史、山西按察副使等。參嘉慶《洛川縣志》卷十五《選舉》，民國二十年鉛印本，葉3b。

⑮ 張綸，其傳見前。

劉道立①河南人。李良②山東人。公勉仁③山東人。

王綬④山東人。葉永秀⑤廣東人。劉玉⑥江西人。

楊儀⑦陝西人。杜厷⑧河南人。林茂達⑨福建人。

李嵩⑩山東人。王潤⑪。錢如京⑫桐城人。

張承仁⑬泰州人。謝天錫⑭福建人。王潮⑮丹徒人。

---

① 劉道立，字成己，杞縣人，成化十七年進士，授朝邑知縣。擢監察御史，歷陝西僉事、山西僉事，累官至雲南左布政使。參乾隆《杞縣志》卷十三《人物志一》，乾隆五十三年刻本，葉19b~21a。

② 李良，查有山東齊河縣人，神武左衛官籍李良，成化二十三年進士。參《國朝歷科題名碑錄初集·明成化二十三年進士題名碑錄》，第675頁。

③ ［校］公勉仁，原作"公仁"，據康熙《蒙陰縣志》卷四《人物志》，康熙二十四年刻本，葉3a及乾隆《正定府志》卷二十三《職官》，乾隆二十七年刻本，葉20a改。據康熙《蒙陰縣志》，公勉仁，字西阜，弘治三年進士，授行人。擢江西道監察御史，歷太僕寺卿。累官至都御史，巡撫大同。

④ 王綬，字朝儀，濱州人，弘治六年進士。歷監察御史。累官至按察司副使。參咸豐《濱州志》卷九《選舉志·進士》、卷十《人物志·文學》，咸豐十年刻本，葉3b、28a。

⑤ 葉永秀，字汝實，東莞人，弘治三年進士，授烏程知縣。六年擢湖廣道監察御史。正德元年巡按北直隸。累官至陝西按察司兵備副使。參宣統《東莞縣志》卷五十六《人物畧三》，民國十六年鉛印本，葉25ab。

⑥ 劉玉，字咸栗，萬安人，弘治九年進士，授輝縣知縣。擢御史，正德初出按京畿。歷河南提督學政、福建提學副使、大理寺少卿。累官至刑部左侍郎。隆慶時贈刑部尚書，諡端毅。參張廷玉《明史》卷二百三《劉玉傳》，第5353~5354頁。

⑦ 楊儀，其傳見前。

⑧ 杜厷，"厷"同"宏"。但地方志、進士題名碑錄作"杜宏"。《國朝歷科題名碑錄初集·明弘治三年進士題名碑錄》，第680頁記"杜宏，河南開封府許州臨潁縣民籍"。按順治《臨潁縣志》卷六《人物·科目》、《人物·鄉賢》，順治十七年刻本，葉2a、39a載，杜宏，字淵之，臨潁人，弘治三年進士，授阜城知縣，有政聲。調山陰知縣，擢山東道監察御史。

⑨ ［校］林茂達，原作"林茂逵"，據本書卷八《昌鎮職官》，《蘭臺法鑒錄》卷十三《弘治朝》，第328頁及《國朝歷科題名碑錄初集·明弘治十五年進士題名碑錄》，第694頁改。其傳見前。

⑩ 李嵩，濱州人，弘治十二年進士，授華亭知縣。歷禮部主事、刑部員外郎、郎中。改河南道監察御史。累官常州府知府。參康熙《濱州志》卷六《選舉志》，康熙四十年刻本，葉4a。

⑪ 王潤，查有河南臨潁人王潤，字敷仁，弘治二年舉人，由國子學正選雲南道監察御史，巡鹽兩浙、巡按北直。累官至陝西副使。參《明分省人物考九》卷八十七《河南開封府四》，第832頁。

⑫ 錢如京，其傳見前。

⑬ 張承仁，字元德，弘治十八年進士，歷刑部主事，擢山東道監察御史，巡按浙江、順天等。參《蘭臺法鑒錄》卷十三《弘治朝》，第331頁；雍正《泰州志》卷五《選舉志》，雍正六年刻本，葉4b及《國朝歷科題名碑錄初集·明弘治十八年進士題名碑錄》，第697頁。《蘭臺法鑒錄》誤將中進士時間記爲弘治十五年。

⑭ 謝天錫，又名"陳天錫"，復姓謝，字廷爵，福清人，正德三年進士，授行人。陞監察御史，巡按北直隸。參康熙《福清縣志》卷五《選舉類·進士》、卷六《人物類·風概》，康熙十一年刻本，葉22a、23b。

⑮ 王潮，其傳見前。

陳伯諒①福建人。李節義②山東人。方鳳③崑山人。
李鎮④江西人。宋鉞⑤山東人。葛檜⑥錦衣衛人。
彭占棋⑦山東人。王鈞⑧京衛人。倪宗嶽⑨山東人。
周在⑩太倉人。吉棠丹陽人。⑪ 段汝礪陽曲人。⑫

---

① 陳伯諒，字執之，福清人，正德三年進士，授富陽知縣。擢監察御史。累官至四川提學副使。參康熙《福清縣志》卷六《人物類·風概》，康熙十一年刻本，葉23ab。
② 李節義，字方池，茌平人，正德六年進士，歷御史等。參康熙《茌平縣志》卷二《人物·人才》，康熙四十九年刻本，葉42a。
③ 方鳳，字時鳴，正德三年進士，授行人。擢南京御史。母喪，服除，改北京，出按真定。官至廣東提學僉事。參乾隆《崑山新陽合志》卷二十《列傳二》，乾隆十六年刻本，葉19ab。
④ 李鎮，字安邦，進賢人，正德六年進士，授行人，擢湖廣道監察御史，累官至廣東參議。參康熙《進賢縣志》卷十一《選舉志》，康熙十二年刻本，葉11b及《蘭臺法鑒錄》卷十四《正德朝》，第350頁。
⑤ 宋鉞，武功中衛旗籍，山東武定州人，正德六年進士，官監察御史，出按真定。參《國朝歷科題名碑錄初集·明正德六年進士題名碑錄》，第707頁及乾隆《正定府志》卷二十三《職官》，乾隆二十七年刻本，葉21a。
⑥ 葛檜，錦衣衛匠籍，浙江嘉興縣人，正德九年進士。參《國朝歷科題名碑錄初集·明正德九年進士題名碑錄》，第712頁。
⑦ 彭占棋，或作"彭占祺"，按光緒《費縣志》卷十《人物一》，光緒二十二年刻本，葉70ab，彭占祺，字朝吉，正德九年進士，授永嘉知縣。擢湖廣道監察御史，巡視北畿等地。累官至浙江僉事。
⑧ 王鈞，濟陽衛軍籍，山東青城縣人，正德九年進士，官御史，出按真定。參《國朝歷科題名碑錄初集·明正德九年進士題名碑錄》，第713頁及乾隆《正定府志》卷二十三《職官》，乾隆二十七年刻本，葉21a。
⑨ 倪宗嶽，字鎮卿，濮州人，正德十六年進士。嘉靖元年，擢山西道監察御史。三年以議大禮遭廷杖。後出按真定。參康熙《濮州志》卷三《鄉賢記》，康熙十二年刻本，葉77b~78a。
⑩ 周在，字善卿，直隸太倉人，正德九年進士，授寶坻知縣。十三年選浙江道監察御史。累官至浙江右參政。參《蘭臺法鑒錄》卷十四《正德朝》，第362頁及嘉慶《直隸太倉州志》卷二十六《人物》，嘉慶七年刻本，葉29b~30b。
⑪ [校] 丹陽人，原作"丹徒人"，據《國朝歷科題名碑錄初集·明正德九年進士題名碑錄》，第713頁及光緒《丹陽縣志》卷七《名臣》，光緒十一年刻本，葉24ab改。按縣志，吉棠，字師召，丹陽人，正德九年進士，授桐廬知縣，調金華知縣，擢監察御史，累官至福建按察副使。《蘭臺法鑒錄》卷十四《正德朝》，第364頁作"字思召"。
⑫ [校] 陽曲人，原作"曲陽人"，據《國朝歷科題名碑錄初集·明正德十六年進士題名碑錄》，第723頁改。按雍正《畿輔通志》卷六十二《選舉》，雍正十三年刻本，葉12b，段汝礪官御史。

蔣暘①山東人。傅漢臣②山東人。施山③浙江人。

梁尚德④江西人。李朝綱⑤陝西人。李新芳⑥山西人。

王昺⑦山東人。周道⑧懷慶衛人。王應⑨山東人。

陳修⑩浙江人。樊得仁⑪陝西人。殷學⑫山東人。

---

① 蔣暘，字文輝，樂安人，正德十六年進士，授沭陽知縣。擢江西道監察御史，督鹽河東，再巡畿輔。累官至貴州兵備僉事。參雍正《樂安縣志》卷十二《人物志》，雍正十一年刻本，葉 9b~10a。

② 傅漢臣，平度人，嘉靖五年進士，授鎮江府推官，十八年選湖廣道監察御史。參乾隆《正定府志》卷二十三《職官》，乾隆二十七年刻本，葉 21a 及《蘭臺法鑒錄》卷十五《嘉靖朝》，第 389 頁。

③ 施山，字鎮卿，縉雲人，正德十六年進士，授宣城知縣。擢監察御史，巡按貴州、京畿。累官至廣西按察司僉事。參光緒《縉雲縣志》卷七《選舉》、卷八《宦業》，光緒七年刻本，葉 9a、22b~23a。

④ 梁尚德，《國朝歷科題名碑錄初集·明嘉靖五年進士題名碑錄》，第 731 頁即作"梁尚德"。有作"陶尚德"者，如同治《星子縣志》卷十《人物上》，同治十年刻本，葉 4b~5a 及《蘭臺法鑒錄》卷十五《嘉靖朝》，第 388 頁。陶尚德或有科舉冒籍，或改姓。按同治《星子縣志》，陶尚德，字容祖，嘉靖五年進士，歷雲南道監察御史，累官至刑部尚書、太子太保。

⑤ 李朝綱，字振之，武功人，正德十一年舉人，授聞喜知縣，擢御史，遷岢嵐兵備副使。參康熙《武功縣續志》卷二《人物》，雍正十二年刻本，葉 9b。

⑥ 李新芳，字元德，潞州人，嘉靖二年進士，歷懷安、保定推官，陞户部主事，改監察御史，出按真定。參乾隆《長治縣志》卷十三《選舉》、卷十四《人物》，乾隆二十八年刻本，葉 7a、13ab。

⑦ 王昺，字承晦，章丘人，嘉靖二年進士，授太常博士。歷御史、參議、副使、行太僕、按察、布政、副都御史，累官至南京工部右侍郎。參道光《章邱縣志》卷十一《人物志下》，道光十三年刻本，葉 29~30a。

⑧ 周道，字大經，河南懷慶衛軍籍，直隸和州人，嘉靖五年進士，授蠡縣知縣，改玉田知縣。擢御史，巡按宣府、大同等。參乾隆《懷慶府志》卷二十一《人物志》，乾隆五十四年刻本，葉 5b~6a。

⑨ 王應，其傳見前。

⑩ 陳修，山陰人，嘉靖十一年進士，官至副使。參康熙《山陰縣志》卷二十一《選舉志三·進士》，康熙十年刻本，葉 13a。

⑪ 樊得仁，其傳見前。

⑫ 殷學，字時敏，東阿人，嘉靖十一年進士，授合肥知縣。擢山西道監察御史。二十年出按真定。歷户部主事、陝西僉事、陝西左布政使等。遷右副都御史，巡撫陝西。累官至兵部侍郎。參康熙《東阿縣志》卷七《人物志下》，康熙五十四年刻本，葉 9b~10b 及《蘭臺法鑒錄》卷十六《嘉靖朝》，第 407 頁。

翁五倫①浙江人。胡汝輔②山西人。裴紳③山西人。
傅鎮④同安人。劉瑤⑤河南人。項廷吉⑥江西人。
盛汝謙⑦桐城人。楊選⑧山東人。馬三才⑨仁和人。
陶欽臯⑩江西人。樊獻科⑪浙江人。姜繼曾⑫山東人。
楊儲⑬江西人。丘文學⑭江西人。王漸⑮山東人。

---

① 翁五倫，其傳見前。
② 胡汝輔，字來庭，山西永寧州人，嘉靖四年舉人。十八年由商河知縣擢廣西道監察御史。二十四年巡按真定。累官至江西副使。參《蘭臺法鑒錄》卷十六《嘉靖朝》，第413頁。
③ 裴紳，字子吉，蒲州人，嘉靖十七年進士，授行人。十九年選河南道監察御史，次年出按直隸。累官至副都御史，巡撫陝西。參《蘭臺法鑒錄》卷十六《嘉靖朝》，第414頁。乾隆《蒲州府志》卷十二《人物下》，乾隆十九年刻本，葉32ab作"字子書"，"都察院僉都御史巡撫陝西"。
④ 傅鎮，字國鼎，嘉靖十一年進士，授行人，擢南京御史。補廣東道御史，巡按真定、山東等。累官至南京右副都御史，提督操江。參嘉慶《同安縣志》卷二十《人物·名臣》，光緒十二年刻本，葉11a~12a。
⑤ 劉瑤，其傳見前。
⑥ 項廷吉，字天祐，江西吉州府龍泉人，嘉靖元年舉人，授浙江安吉州學政，擢國子監助教。選貴州道監察御史，巡視北京西城。出巡北直真定、保定、河間等府。歷四川左參議等。累官至苑馬寺卿。參同治《龍泉縣志》卷十一《人物上》，同治十二年刻本，葉5b~6b。
⑦ 盛汝謙，字亨甫，嘉靖二十年進士，授行人。擢御史，巡按關中。歷太僕寺卿。累官至南京户部右侍郎。參康熙《桐城縣志》卷三《選舉武勛附》、卷四《人物上》，據康熙二十二年增刻本抄，年代不詳，葉3a、25b~26b。
⑧ 楊選，字以公，章丘人，嘉靖二十三年進士，授行人。擢御史，遷易州兵備副使。嘉靖四十年擢副都御史，總督薊、遼。參張廷玉《明史》卷二百四《楊選傳》，第5400~5401頁。
⑨ 馬三才，浙江杭州府仁和縣民籍，德清人，嘉靖二十六年進士，選庶吉士。二十八年授山東道御史。累官至南京通政司右通政。參《國朝歷科題名碑錄初集·明嘉靖二十六年進士題名碑錄》，第764頁及《蘭臺法鑒錄》卷十七《嘉靖朝》，第428頁。
⑩ 陶欽臯，字克允，彭澤人，嘉靖二十三年進士，授刑部主事，改御史，出巡真定等。康熙《彭澤縣志》卷九《人物志上》，康熙二十二年刻本，葉5b~6a。
⑪ 樊獻科，字文叔，縉雲人，嘉靖二十六年進士，授行人，擢南京御史。母喪服闋，選御史，出按京畿。累官至廣西參政。參道光《縉雲縣志》卷十《列傳二》，道光二十九年刻本，葉8a~9a。
⑫ 姜繼曾，其傳見本書卷七。
⑬ 楊儲，廬陵人，嘉靖十九年舉於鄉，官至副使。參乾隆《廬陵縣志》卷二十三《選舉志三》，乾隆四十六年刻本，葉12a。
⑭ 丘文學，山東東昌府博平縣民籍，江西永豐人，嘉靖二十九年進士，授行人。三十四年由南京御史丁憂，改補陝西道監察御史。四十年出按真定。累官至四川參議。參《國朝歷科題名碑錄初集·明嘉靖二十九年進士題名碑錄》，第767頁及《蘭臺法鑒錄》卷十七《嘉靖朝》，第436、437頁。《蘭臺法鑒錄》卷十七兩處小傳，一作"字子貴"，一作"字子晉"。
⑮ 王漸，字思進，萊州府濰縣軍籍，嘉靖三十二年進士，授確山知縣。三十八年選山西道監察御史，巡視兩關。四十年巡按真定。官至陝西副使。參《國朝歷科題名碑錄初集·明嘉靖三十二年進士題名碑錄》，第7773頁及《蘭臺法鑒錄》卷十七《嘉靖朝》，第441頁。《蘭臺法鑒錄》將王漸記爲昌邑人，恐有誤。康熙《濰縣志》卷四《薦舉》，康熙十一年刻本，葉2b作"浙江道監察御史"。

王得春山西人①。于鯨②山東人。

巡關見薊鎮。

户部分司弘治十一年設，歲委户部主事一員，駐劄易州，分理紫荆、倒馬、龍故等關，并保定、真、順等府各邊糧餉。嘉靖三十年，始以三年一代。

陸廣③無錫人。劉璣④長安人。王蓋⑤順天人。

林夔⑥福建人。張文佐⑦西平人。李誠⑧黄陂人。

胡文璧湖廣人⑨。朱本端⑩錦衣衞人。鍾秉秀⑪番禺人。

莊襗⑫武進人。劉乾⑬江陰人。劉繹⑭山西人。

---

① ［校］山西，原作"山東"，據《嘉靖丙辰世講錄》，《明代進士登科錄彙編》十三，第120頁及本書卷八《職官考·遼鎮職官》改。據《嘉靖丙辰世講錄》及《蘭臺法鑒錄》卷十七《嘉靖朝》，第444頁，王得春，字一元，山西安邑人，授陝西慶陽府推官。三十八年選福建道監察御史。四十年巡按遼東。四十二年巡按真定。四十五年除河南道監察御史，巡按浙江。隆慶二年卒。

② 于鯨，字子長，山東歷城人，隆慶二年進士，授刑部主事。萬曆二年選河南道監察御史。四年巡按真定。六年巡按順天。十年陞太僕寺卿。參《蘭臺法鑒錄》卷十九《萬曆朝》，第474頁。

③ 陸廣，字士宏，無錫人，弘治三年進士，授户部主事。官至南康知府。參嘉慶《無錫金匱縣志》卷十九《宦望》，嘉慶十八年刻本，葉16b～17a。

④ 劉璣，字用齋，成化十七年進士，授曲沃知縣。歷員外郎、郎中等。累官至瑞州知府。參康熙《咸寧縣志》卷六《人物》，康熙七年刻本，葉23a。

⑤ 王蓋，字惟忠，錦衣衞籍，山東濰縣人，弘治九年進士，授户部主事。累陞至都御史，巡撫河南。累官至工部侍郎。參《國朝歷科題名碑錄初集·明弘治九年進士題名碑錄》，第685頁及康熙《濰縣志》卷五《人物》，康熙十一年刻本，葉13a。

⑥ 林夔，莆田人，弘治三年進士，官户部員外郎。參康熙《興化府莆田縣志》卷十三《選舉志》，乾隆二十六年據康熙四十四年刻本重刻，葉56b。

⑦ 張文佐，字良弼，成化二十年進士，授山西平陽府知府，官至山東布政司左參政。參民國《西平縣志》卷二十三《文獻志·人物篇二》，民國二十三年刻本，葉10a。

⑧ 李誠，弘治九年進士，授户部主事，歷永平府知府，官至廣西右布政使。參同治《黄陂縣志》卷六《選舉志·進士》、卷八《人物志·鄉賢》，同治十年刻本，葉3b、6b。

⑨ ［校］湖廣人，原作"山東人"，對胡文璧之考辨及其傳見前。

⑩ 朱本端，錦衣衞總旗籍，山東陵縣人，弘治十二年進士，累官至僉事。參《國朝歷科題名碑錄初集·明弘治十二年進士題名碑錄》，第690頁及康熙《陵縣志》卷五《人物志·科貢》，康熙十二年刻本，葉5b。

⑪ 鍾秉秀，弘治十二年進士，官户部主事。參乾隆《番禺縣志》卷十三《選舉一》，乾隆三十九年刻本，葉11a。

⑫ 莊襗，其傳見前。

⑬ 劉乾，字克柔，弘治十二年進士，授户部主事。擢郎中，出督薊州等地糧餉。累官至光禄寺卿。道光《江陰縣志》卷十六《人物一·鄉賢》，道光二十年刻本，葉13ab。

⑭ 劉繹，字以成，代州人，弘治九年進士，授御史。歷御史、衞輝知府等。累官至長蘆鹽運司鹽運使。乾隆《直隸代州志》卷四《人物志》，乾隆四十九年刻本，葉36b。

邊億①任丘人。張鳳翀②四川人。董旭③沔陽人。
萬斛④崇慶人。朱智⑤滎澤人。黃翱⑥巫山人。
張錦⑦睢州人。林魁⑧龍溪人。潘旦⑨婺源人。
鄭選河南人⑩。余志⑪京衛人。陳欽⑫福建人。
胡椿⑬武昌人。馬訓⑭山東人。南大吉⑮陝西人。

---

① 邊億，其傳見前。
② 張鳳翀，嘉靖《西關志·紫荊關》卷四《官司》，第314頁作"張鳳䎒，四川浹（當爲夾）江人，正德二年任"。按嘉慶《夾江縣志》卷七《選舉志》，光緒十四年據嘉慶十八年刻版重修，葉3b，確有弘治九年進士張鳳翀，但未提供任職信息。
③ 董旭，嘉靖《西關志·紫荊關》卷四《官司》，第314頁作"董旭"。或作"童旭"，據嘉靖《沔陽志》十七《名賢傳》，《天一閣藏明代方志選刊》第54冊，上海古籍書店1962年影印本，葉9ab，童旭，字賓陽，號東谷，弘治十二年進士，授上高知縣，遷戶部主事，歷員外郎等。累官至兗州知府。
④ 萬斛，民籍，弘治十五年進士。參《國朝歷科題名碑錄初集·明弘治十五年進士題名碑錄》，第696頁。
⑤ 朱智，成化二十三年進士，累官至四川按察司僉事。參乾隆《滎澤縣志》卷五《選舉志》，乾隆十三年刻本，葉11b~12a。
⑥ 黃翱，弘治十二年進士，歷雲南臨安府知府，累官至副使。參光緒《巫山縣志》卷二十四《選舉志》，光緒十九年刻本，葉1b。
⑦ 張錦，弘治十八年進士，官至延安知府。參光緒《續修睢州志》卷五《選舉志》，光緒十八年刻本，葉28b。
⑧ 林魁，字廷元，弘治十五年進士，授戶部主事，遷員外郎、郎中，歷鎮江知府、山西提學副使，累官至廣東參政。參嘉靖《龍溪縣志》卷七《選舉》，《天一閣藏明代方志選刊》第32冊，葉12b~13a及乾隆《龍溪縣志》卷十六《人物》，光緒五年刻本，葉9b~10a。
⑨ 潘旦，字希周，弘治十八年進士，授主事，歷漳州知府、兵部侍郎等。卒，贈工部尚書。參康熙《婺源縣志》卷三《選舉志·科貢》、卷九《人物志·經濟》，康熙八年刻本，葉25a、10ab。
⑩ [校] 河南人，原作"福建人"，據《國朝歷科題名碑錄初集·明弘治十五年進士題名碑錄》，第695頁及順治《光州志》卷九《人物考上》，順治十七年刻本，葉8a改。鄭選，字于衆，弘治十五年進士，授洪洞知縣。擢戶部主事，歷郎中、夔州知州等。後督大同邊餉。
⑪ 余志，湖廣蘄州人，武驤左衛軍籍，正德三年進士，歷主事、郎中、知府。參《國朝歷科題名碑錄初集·明正德三年進士題名碑錄》，第702頁及乾隆《蘄州志》卷八《選舉志》，乾隆二十年刻本，葉8b。
⑫ 陳欽，字思堯，莆田人，嘉靖元年舉人，累官至貴州都勻知府。參康熙《興化府莆田縣志》卷十三《選舉志》，乾隆二十六年據康熙四十四年刻本重刻，葉28b~29a。
⑬ 胡椿，字永齡，正德三年進士，授新昌知縣，陞戶部主事。累官至署外郎。參康熙《武昌縣志》卷六《人物志·鄉賢》、《人物志·甲科》，康熙十三年刻本，葉7b、44b。
⑭ 馬訓，益都人，弘治十八年進士，累官至陝西按察僉事。參光緒《益都縣圖經》卷二十二《選舉志》，光緒三十三年刻本，葉8a。
⑮ 南大吉，字元善，渭南人，正德六年進士，授戶部主事。歷紹興知府。纂有嘉靖《渭南志》。參雍正《渭南縣志》卷八《選舉志·進士》、卷十《人物志·儒林》，雍正十年刻本，葉3b、1b~2a。

康浩①陝西人。陳悃②陝西人。范師魯③河南人。

李蘭④華州人。陳騰鶯⑤福建人。于宗德任丘人。⑥

謝旻⑦任縣人。牟盛⑧江夏人。程旦⑨歙縣人。

徐元祉秦州人。⑩ 袁士奇⑪肥城人。丁守中⑫慶陽人。

---

① ［校］康浩，原作"唐浩"，據正德《武功縣志》卷三《選舉志》，雍正十二年刻本，葉 26b 改。康浩中正德六年進士，官戶部主事。
② 陳悃，陝州人，弘治五年舉人，授廣平府教諭，歷南河知縣、苑馬寺少卿，累官至苑馬寺卿。參乾隆《重修陝州志》卷九《選舉》、卷十《人物》，乾隆二十一年刻本，葉 4b、7a。
③ 范師魯，汲縣人，正德九年進士，官郎中。參乾隆《汲縣志》卷八《選舉志》，乾隆二十年刻本，葉 2b。
④ 李蘭，其傳見前。
⑤ ［校］陳騰鶯，原作"李騰鶯"，據康熙《昌平州志》卷九《官師》，康熙十二年刻本，葉 5a；《正德十六年登科錄》，《明代進士登科錄彙編》六，第 3008 頁及康熙《興化府莆田縣志》卷二十二《人物志・文苑傳》，乾隆二十六年據康熙四十四年刻本重刻，葉 15a 改。按康熙《興化府莆田縣志》，騰鶯，字士遠，正德十六年進士，官至戶部郎中，卒於官。
⑥ ［校］任丘人，原作"福建人"。萬曆《保定府志》卷七《職官表上》，第 177 頁，"于宗德，福建莆田人，舉人，（嘉靖）二年監督"，並記謝旻嘉靖三年任，嘉靖《西關志・紫荊關》卷四《官司》，第 314 頁同。檢索康熙《興化府莆田縣志》卷二十二《選舉志》，乾隆二十六年據康熙四十四年刻本重刻，並無舉人于宗德。于宗德應是任丘人，弘治三年舉人，主要依據有三：其一，嘉靖《河間府志》卷二十三《人物志・仕籍》，《天一閣藏明代方志選刊》第 2 冊，葉 18a 及乾隆《任邱縣志》卷九《人物志・政事》，乾隆二十七年刻本，葉 53a 記有于宗德，字子崇，弘治五年舉人，官至光祿寺少卿。其二，乾隆《大同府志》卷十《職官上・督餉宣大戶部》，葉 39b，"于宗德，直隸任丘人，嘉靖三年任（督餉宣大戶部郎中）"。其三，《明世宗實錄》卷五十五嘉靖四年九月癸亥條，第 1339~1340 頁，"大同巡撫都御史蔡天祐、糧儲郎中于宗德各以該鎮積蓄數少，請太倉折糧等銀二三十萬兩，並兩淮額鹽開中三四十萬引以備緩急"。根據于宗德、謝旻的任職日期，我們可以推定于宗德為任丘人，嘉靖三年陞任督餉宣大戶部郎中，謝旻接任其職。至少，我們可以確定《明世宗實錄》和乾隆《大同府志》所記于宗德為一人。
⑦ 謝旻，字仁夫，正德十二年進士，歷戶曹、長安知縣等，累官至陝西按察副使。參康熙《任縣志》卷六《選舉》、卷七《人物》，康熙年間刻本，葉 13a、4b~5a。
⑧ 牟盛，字汝登，正德十二年進士，授吉水知縣，陞戶部主事，歷郎中，督餉易州。參乾隆《江夏縣志》卷十《行業》，乾隆五十九年刻本，葉 16b。卷七《選舉》葉 4b 又謂"牟盛"，一作"牟登"。
⑨ 程旦，字孟明，嘉靖二年進士，授戶部主事，督理宣府等地糧餉。累官至浙江布政。參乾隆《歙縣志》卷八《科舉志上・科第》、卷十一《人物志一・節概》，乾隆三十六年刻本，葉 25a、71b。
⑩ ［校］秦州人，原作"泰州人"，據萬曆《保定府志》卷七《職官表上》，第 177 頁及乾隆《直隸秦州新志》卷八《選舉・歷代進士》，乾隆二十九年刻本，葉 5b 改。按乾隆州志，徐元祉，正德十六年進士（州志作正德庚辰，十五年。實際上，正德十五年是會試年，但因武宗南巡，會試後未行殿試，次年世宗即位，五月丙寅策貢士張治等人，故此科又稱辛巳科。參陳洪謨《繼世紀聞》卷六，中華書局 1985 年，第 109 頁及《明世宗實錄》卷二正德十六年五月丙寅條，第 95~98 頁，授戶部主事，以督運有方遷郎中。累官至河東鹽運司同知。
⑪ 袁士奇，嘉靖五年進士，由主事歷河南按察僉事。參康熙《肥城縣志書》卷下《選舉志・鄉貢》，康熙十一年刻本，葉 22a。
⑫ 丁守中，正德二年舉人，官至郎中。參乾隆《新修慶陽府志》卷二十三《科第・舉人》，乾隆二十六年刻本，葉 10a。

陳欽①福建人。李坦②任丘人。張九叙③山西人。

紀資④任丘人。陳鑛⑤永平人。陳澍⑥合肥人。

林山⑦長樂人。張志選⑧晉江人。李憲廣東人。

柯喬⑨青陽人。葉國華⑩興國人。饒相⑪廣東人。

李琇錦衣人。賈鶴年⑫平谷人。王堯弼⑬華州人。

---

① 陳欽，其傳見前。
② 李坦，字公循，正德十六年進士，授户部主事。歷工部、刑部主事。陞工部郎中，提督易州山場。累官至太僕寺少卿。參乾隆《任邱縣志》卷九《人物志·政事》，乾隆二十七年刻本，葉 55b。
③ 張九叙，嘉靖五年進士，授户部主事，累官至苑馬寺卿。參光緒《永寧州志》卷二十《仕籍》，光緒七年刻本，葉 1b。按卷三《沿革》葉 2b，永寧州原名石州，隆慶元年蒙古陷城之後，署知州太原府同知李春芳以"石"、"失"二字音同，不吉，請更名爲永寧。故萬曆《保定府志》，第 177 頁記張九叙爲山西石州人。
④ 紀資，其傳見前。
⑤ 陳鑛，嘉靖二十五年舉人，官交城知縣。參乾隆《永年縣志》卷二十二《選舉年表》，乾隆二十二年刻本，葉 9a。
⑥ 陳澍，嘉靖十一年進士，官至衛輝知府。參嘉慶《合肥縣志》卷十七《選舉表上》，民國九年印本，葉 9a。
⑦ 林山，字士仁，嘉靖八年進士，授萬載知縣，擢户部郎，歷徽州知府，官至廣東按察副使。參乾隆《長樂縣志》卷八《人物志·名臣》，乾隆二十八年刻本，葉 23ab。
⑧ 張志選，號行吾，嘉靖八年進士，授諸暨知縣，擢户部主事，官至常州知府。參乾隆《晉江縣志》卷十《人物志四》，乾隆三十年刻本，葉 52b。
⑨ 柯喬，字遷之，嘉靖八年進士，授行人，擢貴州道監察御史，官至湖廣僉事、福建按察副使。參光緒《青陽縣志》卷三《選舉志·進士》、卷五《人物志·臺諫》，光緒十七年刻本，葉 4b、6ab。
⑩ 葉國華，嘉靖十一年進士，授主事，累官至順天府尹。參光緒《興國州志》卷十四《選舉志》，光緒十五年刻本，葉 8a。
⑪ 饒相，字志尹，大埔人，嘉靖十四年進士，授中書舍人，晉户部員外郎，監山東、河南等地漕運。歷兗州判官、饒州兵備。參同治《大埔縣志》卷十七《人物志·宦蹟》，同治十二年修光緒二年刻本，葉 2a~3b。
⑫ 賈鶴年，嘉靖二十年進士，授户部主事，官至山東東昌府通判。參雍正《平谷縣志》卷中《選舉志》，雍正六年刻本，葉 12a 及民國《平谷縣志》卷二《選舉志》，民國十五年鉛印本，葉 29b。
⑬ 王堯弼，字唐臣，嘉靖四年舉人，授孟津知縣，擢户部主事，官至徽府右長史。參隆慶《華州志》卷二十一《人物列傳·郡賢傳·明華州右長史王公》，《中國地方志集成·陝西府縣志輯》第 23 册，第 106~107 頁。

史鸚①滄溪人。魯茂卿②長樂人。陳天佑③山西人。
周冉④灤州人。韓思靖⑤山西人。席上珍⑥遂寧人。
張希賢⑦山東人。張子順⑧山東人。屈諫⑨長治人。
孟官⑩陝西人。李郁⑪安居人。張峯⑫惠安人。
張問行⑬山西人。傅希摯⑭衡水人。黃鶴⑮河南人。

---

① 史鸚，嘉靖二十年進士，官至陝西布政司參議。參乾隆《蒼溪縣志》卷三《選舉》，乾隆四十八年刻本，葉 24a。
② 魯茂卿，字時育，先授仙居教諭，嘉靖二十年進士，授泰興知縣，歷戶部主事、益陽知縣。參乾隆《長樂縣志》卷七《選舉志·進士》，乾隆二十八年刻本，葉 34a。
③ 陳天佑，或作"陳天祐"，本書卷八《職官考·遼鎮職官·行太僕寺》作"陳天祐山西人"，《嘉靖二十三年登科錄》、《明代進士登科錄彙編》十，第 5263 頁亦作"陳天祐，貫山西澤州民籍"。按康熙《澤州志》卷十五《選舉》，康熙四十五年刻本，葉 19a 作"陳天佑"；卷十七《人物》，葉 6b 作"陳天祐"。陳天祐，嘉靖二十年進士，官戶曹，累官至陝西副使。按《嘉靖二十三年登科錄》作"陳天祐"應更準確。
④ 周冉，爲諸生時上巡撫條議。嘉靖二十三年進士，出使遼東。官至漢陽知府。參嘉慶《灤州志》卷六《選舉志》，嘉慶十五年刻本，葉 3b 及《明分省人物考一》卷三《北直隸永平府》，第 361~362 頁。
⑤ [校] 韓思靖，原作"韓思靜"，據康熙《涇陽縣志》卷七《人物志·宦業》、卷八《藝文志·兩淮鹽運同知前戶部郎中韓公墓碑（魏學曾）》，康熙九年刻本，葉 22b、79b~82b 改。韓思靖，字希安，涇陽人，嘉靖七年舉人，授南京兵部司務，調北京工部司務。擢戶部員外郎，督易州餉。再擢戶部郎中。累官至兩浙鹽運司鹽運同知。
⑥ 席上珍，嘉靖二十三年進士，官戶部主事。參光緒《遂寧縣志》卷三《選舉》，光緒五年刻本，葉 16a。
⑦ 張希賢，嘉靖二十六年進士，官戶部主事。參康熙《濟寧州志》卷五《學校志·選舉》，康熙十二年刻本，葉 18a。
⑧ 張子順，其傳見前。
⑨ 屈諫，嘉靖二十六年進士，歷戶部主事、員外郎、郎中。參乾隆《長治縣志》卷十三《選舉》，乾隆二十八年刻本，葉 8a。
⑩ 孟官，嘉靖二十六年進士，累官至山西參議。參康熙《咸寧縣志》卷五《選舉》，康熙七年刻本，葉 3b。
⑪ 李郁，重慶府安居人，嘉靖二十六年進士，授宜興知縣，擢戶部主事，歷郎中，督易州山場，出爲漢中知府，改辰州知府。參萬曆《重慶府志》卷二十九《選舉一》、卷四十八《往哲五》，《上海圖書館藏稀見方志叢刊》第 209~210 册，國家圖書館出版社 2011 年，葉 8b、11a。
⑫ 張峯，字維直，嘉靖二十九年進士，授吉安府推官，轉戶部主事，出督太倉餉、邊餉。累官至四川按察僉事。參嘉慶《惠安縣志》卷二十三《卓績》，民國二十五年鉛印本，葉 94ab。
⑬ 張問行，字惟誠，號蒲川，直隸定邊衛軍籍，山西蒲州人，嘉靖三十二年進士，授戶部主事。參《嘉靖癸丑科進士同年便覽》，《明代進士登科錄彙編》十二，第 6374 頁。
⑭ 傅希摯，字承弼，嘉靖三十五年進士，授安邑知縣。陞戶部主事。歷浙江兵備、浙江參政等。累官至南京兵部尚書，加太子少保。參乾隆《衡水縣志》卷九《人物志·名臣》，乾隆三十二年刻本，葉 5b~6a。
⑮ 黃鶴，字鳴皋，杞縣人，嘉靖三十八年進士，授嘉興府推官，擢戶部主事。歷戶部員外郎、郎中、兵部武庫司郎中、福建副使。累官至陝西按察使。參乾隆《杞縣志》卷十四《人物志二·事功》，乾隆五十三年刻本，葉 13ab。

梁綱①稷山人。吳一琴②成安人。丁誠③安邑人。
劉時秋④寶坻人。楊珂⑤晉江人。周大烈大冶人。⑥
岳鍾英⑦江陵人。孫佩⑧山東人。

易州道兵備正德九年設兵備副使一員，列銜山東或山西，駐劄易州，提督紫荊等關兵務，兼理馬政。
舒晟⑨江西人。田登⑩陝西人。任忠⑪河南人。
徐景嵩⑫遼東人。張惟恕⑬河南人。於敖⑭陝西人。

---

① 梁綱，其傳見前。
② 吳一琴，嘉靖四十一年進士，官工部主事。參康熙《成安縣志》卷九《貢舉》，康熙年間據康熙十二年刻本後印，葉2b。
③ 丁誠，嘉靖四十一年進士，官至陝西副使。參乾隆《解州安邑縣志》卷六《選舉·前代諸科》，乾隆二十九年刻本，葉3b。
④ 劉時秋，嘉靖四十一年進士，授武昌府推官，累官至參議。參乾隆《寶坻縣志》卷九《選舉》，乾隆十年刻本，葉2b。
⑤ 楊珂，晉江人，嘉靖四十四年進士，官戶部主事、潯洲知府。參乾隆《晉江縣志》卷八《選舉志》，乾隆三十年刻本，葉55a。
⑥ [校] 大冶，原作"大治"，並無大治縣，據康熙《大冶縣志》卷八《人物志·名賢·周大烈》，康熙二十二年刻本，葉5b改。據縣志，周大烈，號兩泉，嘉靖四十四年進士，授銅陵知縣，擢南京兵科給事中。累官至太僕寺卿。
⑦ 岳鍾英，嘉靖三十一年舉人，官至副使。參乾隆《江陵縣志》卷三十九《選舉·科第》，乾隆五十九年刻本，葉19a。
⑧ [校] 孫佩，疑爲"孫珮"。本書卷六《制疏考·真保鎮制疏》有敕書《敕易州糧儲戶部主事孫佩》。但《隆慶二年進士登科錄》，《明代進士登科錄彙編》十七，第9025頁作"孫珮"，"孫珮，貫山東青州左衛軍籍，籍青州府諸城縣人，益都縣學附學生"。按康熙《益都縣志》卷六《選舉·進士》，康熙十一年刻本，葉26a，"孫珮，字伯玉，陝西右參政"。
⑨ 舒晟，字孔陽，安仁人，弘治十五年進士，授烏程知縣，歷監察御史、順德知府，擢山西副使，總理紫荊關兼巡視真定地方。累官至福建按察使。參乾隆《安仁縣志》卷八《人物·鄉賢》，乾隆十六年刻本，葉11ab。
⑩ 田登，弘治十七年進士，累官至參政。參康熙《長安縣志》卷五《選舉》，康熙七年刻本，葉1b。
⑪ 任忠，按《國朝歷科題名碑錄初集·明正德六年進士題名碑錄》，第706頁，任忠爲登州衛軍籍，直隸崑山縣人。按順治《登州府志》卷十四《科貢上·進士》，康熙三十三年增刻順治十七年刻本，葉7a，任忠官給事中、都御史。
⑫ 徐景嵩，定遼中衛人，正德九年進士，授咸寧知縣，歷戶科給事中、河間知府，累官至山西按察副使。參嘉靖《遼東志》卷六《人物志·宦績》，《續修四庫全書》第646冊，第639頁。
⑬ 張惟恕，上蔡人，正德十六年進士，歷江西道監察御史、湖廣按察副使等。參康熙《上蔡縣志》卷八《選舉志》，康熙二十九年刻本，葉5a。
⑭ 於敖，其傳見前。

呂顒①陝西人。李文芝②東平人。郭宗臯③山東人。
陳塏④浙江人。陳㺭⑤封丘人。艾希淳⑥陝西人。
趙瀛陝西三原人。⑦　畢竟容⑧江西人。程紳⑨山東人。
楊選⑩山東人。張邦彥⑪臨朐人。張淵⑫浙江人。
嚴清⑬雲南人。沈應時⑭河南人。曹金⑮河南人。

---

① 呂顒，陝西慶陽府寧州人，嘉靖二年進士，官府尹。參乾隆《新修慶陽府志》卷二十三《科第》，乾隆二十六年刻本，葉3b。
② ［校］李文芝，原作"李文艾"，據《國朝歷科題名碑錄初集·明嘉靖二年進士題名碑錄》，第729頁及康熙《東平州志》卷三《選舉·進士》，康熙十九年刻本，葉42b~43a改。按州志，李文芝，字元徵，嘉靖二年進士，授湖廣道監察御史，歷浙江道監察御史、工部郎中等。擢山西按察副使，兵備保定、易州。
③ 郭宗臯，其傳見前。
④ 陳塏，字山甫，嘉靖十一年進士，授行人，歷南京給事中、湖廣參議、廣東提學副使等。參《明分省人物考六》卷五十一《浙江紹興府三》，第159~160頁及光緒《餘姚縣志》卷二十三《列傳十一》，光緒二十五年刻本，葉7b~8b。
⑤ 陳㺭，嘉靖十一年進士，歷廣平知府，累官至山西兵備副使。參順治《封丘縣志》卷六《科貢》，民國二十六年鉛印本，葉7b。
⑥ 艾希淳，其傳見前。
⑦ ［校］陝西三原人，原作"山西人"，據《國朝歷科題名碑錄初集·明嘉靖八年進士題名碑錄》，第738頁記"趙瀛，陝西西安府三原縣軍籍"及康熙《畿輔通志》卷十六《職官》，康熙二十二年刻本，葉35a改。按光緒《三原縣新志》卷六《人物志中》，光緒六年刻本，葉6a，趙瀛，字文海，嘉靖八年進士，授章丘知縣，歷戶部郎中、嘉興知府、易州兵備、山東參政。
⑧ 畢竟容，字仁叔，貴溪人，嘉靖十七年進士，授兵部職方司主事，歷本司員外郎、郎中、滁州知州、嘉興知府等，陞山西按察司副使，總理紫荊等關、保定等府。參道光《貴溪縣志》卷二十二《人物》，道光四年刻本，葉39ab。
⑨ 程紳，樂安人，嘉靖十七年進士，累官至按察副使。參雍正《樂安縣志》卷十《選舉志》，雍正十一年刻本，葉2b。
⑩ 楊選，其傳見前。
⑪ 張邦彥，其傳見前。
⑫ 張淵，字維本，鄞縣人，授興化府推官，歷工部主事、武昌知府等，遷按察副使兵備紫荊（引者注：方志原文作"金"）關。參乾隆《鄞縣志》卷十《選舉表下》、卷十六《人物》，乾隆五十三年刻本，葉11b、4ab。
⑬ 嚴清，字公直，雲南後衛人，嘉靖二十三年進士，授富順知縣，歷邯鄲知縣、工部主事、易州兵備、陝西參政等。累官至刑部尚書、兵部尚書。參張廷玉《明史》卷二百二十四《嚴清傳》，第5887~5888頁。
⑭ 沈應時，河南衛人，嘉靖二十九年進士，累官至工部尚書。參乾隆《河南府志》卷三十一《選舉志二·進士》，同治四年增刻乾隆四十四年刻本，葉11a。
⑮ 曹金，祥符人，嘉靖二十六年進士，累官至侍郎。參乾隆《祥符縣志》卷十二《選舉志·進士》，乾隆四年刻本，葉7b。

何東序①山西人。朱卿②山東人。高文薦③四川人。

井陘道兵備 嘉靖二十年④設兵備副使一員，列銜山西或山東，駐獲鹿縣，整飭倒馬、龍、固三關地方兵務，兼理馬政。

孫錦⑤陝西人。王崇⑥浙江人。王汝楫⑦山東人。

尹綸⑧山東人。朱徵⑨河南人。王廷⑩四川人。

---

① 何東序，字崇教，猗氏人，嘉靖三十二年進士，歷户部主事、户部郎中、徽州知府、易州兵備等，累官至都御史。參雍正《猗氏縣志》卷四《選舉》、卷五《人物》，雍正七年刻本，葉2a、10b~11a。
② 朱卿，查有山西長子人朱卿，字鳳巖，嘉靖三十五年進士，歷户部主事、員外郎、僉事、參議、副使等，該是此人。參乾隆《長子縣志》卷九《選舉》，乾隆四十三年刻本，葉6a。
③ 高文薦，嘉靖三十八年進士。參雍正《四川通志》卷三十四《選舉中》，乾隆元年刻本，葉28a。其任職事，散見於《國朝列卿紀》等書中。
④ 前文《真保鎮職官·部署·井陘兵備按察分司》謂公署"嘉靖二十四年建於獲鹿縣城"，按嘉靖《獲鹿縣志》卷三《建置·公署》，第568頁載，"兵憲行臺，在縣治東北，嘉靖二十四年副使王公崇建"。可知，嘉靖二十四年確爲建井陘兵備衙署的時間。井陘兵備道設置時間，嘉靖《獲鹿縣志》卷八《官師》、卷九《藝文·井陘兵備道題名記》，第654、790頁謂嘉靖十九年由都御史劉隅奏設。《明世宗實錄》係此事於嘉靖二十年九月，開篇用"先是"一詞。嘉靖《西關志·故關》卷三《官司》，第542頁謂嘉靖二十年內添設，二十一年二月內裁革，七月內復設。實際當是都御史劉隅嘉靖十九年上奏疏，嘉靖二十年獲批施行。
⑤ 孫錦，字元朴，綏德人，嘉靖五年進士，歷御史，累官至巡撫宣府都御史。參嘉靖《獲鹿縣志》卷八《官師》，第654頁及乾隆《綏德州直隸州志》卷六《人事門》，乾隆四十九年刻本，葉16b~17a。
⑥ 王崇，字仲德，永康人，嘉靖八年進士，授吏科給事中，歷河南僉事、山西副使兵備井陘、山西左右布政使等。擢副都御史，巡撫山西。累官至兵部左侍郎。參嘉靖《獲鹿縣志》卷八《官師》，第655頁及康熙《永康縣志》卷十《人物》，康熙三十七年刻本，葉34b~35b。
⑦ 王汝楫，字利民，德州人，嘉靖八年進士，官監察御史，累官至陝西參政。參嘉靖《獲鹿縣志》卷八《官師》，第655頁及康熙《德州志》卷九《選舉志》，康熙十二年刻本，葉2a。
⑧ 尹綸，字汝愚，齊河人，嘉靖十七年進士，歷山西按察僉事、井陘兵備副使。參嘉靖《獲鹿縣志》卷八《官師》，第655頁及雍正《齊河縣志》卷七《鄉賢志》，乾隆二年刻本，葉2a。
⑨ 朱徵，字晉卿，唐縣人，嘉靖十七年進士，授歷城知縣，歷御史、山西按察僉事、福建參政。參嘉靖《獲鹿縣志》卷八《官師》，第655頁及康熙《唐縣志》卷六《人物志》，康熙三十五年刻本，葉21b。
⑩ 王廷，字子虞，南充人，嘉靖十一年進士，授户部主事，歷御史，嘉靖三十三年任井陘兵備副使。累官至福建參政。參嘉靖《獲鹿縣志》卷八《官師》，第655頁及嘉慶《南充縣志》卷三《人物志》，咸豐七年增刻嘉慶十八年刻本，葉54b。但《獲鹿縣志》謂王廷字子虞，號南岷，《南充縣志》謂王廷字南岷。

俞憲①無錫人。項守禮②浙江人。蔣宗魯③貴州人。
何海晏④山東人。陳栢⑤沔陽人。袁洪愈吴縣人⑥。
李一瀚⑦浙江人。侯東萊⑧山東人。劉應節⑨山東人。
孫一正渭南人。⑩崔近思⑪山東人。紀誠⑫順天人。

---

① 俞憲，字汝成，無錫人，嘉靖十七年進士，歷山東參政、湖廣按察副使等。參嘉靖《獲鹿縣志》卷八《官師》，第655頁。
② 項守禮，字進伯，奉化人，嘉靖二十三年進士，授工部營繕司主事。歷南京刑部員外郎、濟南知府等。嘉靖三十六年陞山東按察副使，整飭井陘、倒馬、龍固三關兵備。參嘉靖《獲鹿縣志》卷八《官師》，第655頁及乾隆《奉化縣志》卷十一《人物志·宦業》，乾隆三十八年刻本，葉20b。
③ 蔣宗魯，其傳見前。
④ 何海晏，字治象，平陰人，嘉靖二十三年進士，授四川順慶府推官。歷禮部主事、吏部文選司郎中、太僕寺少卿、河南左參政等。嘉靖三十八年任井陘兵備副使。參乾隆《獲鹿縣志》卷七《職官志》，乾隆四十六年稿本，葉3a及光緒《平陰縣志》卷四《人物·仕宦》，光緒二十一年刻本，葉10b~11a。
⑤ ［校］陳栢，原作"陳相"，據《國朝歷科題名碑錄初集·明嘉靖二十九年進士題名碑錄》，第766頁及《明分省人物考九》卷七十七《湖廣承天府》，第178~179頁改。陳栢，字憲卿，嘉靖二十九年進士，授兵部職方司主事。擢按察副使，整飭井陘兵備。乾隆《獲鹿縣志》卷七《職官志》，乾隆四十六年稿本，葉3a作"陳柏"。
⑥ 據《國朝歷科題名碑錄初集·明嘉靖二十六年進士題名碑錄》，第762頁，袁洪愈爲直隸蘇州府長洲縣民籍，字抑之，吴縣人，嘉靖二十六年進士，授中書舍人。歷河南參議、山東提學副使等。累官至禮部尚書。參乾隆《蘇州府志》卷五十三《人物七》，乾隆十三年刻本，葉17a~18a。
⑦ 李一瀚，字源甫，仙居人，嘉靖十七年進士，授安福知縣。歷江西道監察御史，巡按山西邊儲。擢井陘兵備。累官至副都御史。參康熙《仙居縣志》卷九《名賢列傳》，康熙十九年刻本，葉17b~18b。
⑧ 侯東萊，字儒完，掖縣人，嘉靖二十九年進士。歷西寧兵備副使等。嘉靖四十一年任井陘兵備副使。累官至大同巡撫、兵部右侍郎。參乾隆《掖縣志》卷四《政治》，乾隆二十三年刻本，葉23b及乾隆《獲鹿縣志》卷七《職官志》，乾隆四十六年稿本，葉3a。
⑨ 劉應節，其傳見前。
⑩ ［校］渭南人，原作"雲南人"，據《國朝歷科題名碑錄初集·明嘉靖三十二年進士題名碑錄》，第773頁改。孫一正，字格卿，渭南人，嘉靖三十二年進士，授户部主事。歷陞衛輝知府。擢山西副使，整飭井陘兵備。累官至河南按察使。參雍正《渭南縣志》卷九《人物志·名臣》，雍正十年刻本，葉13ab。
⑪ 崔近思，濱州人，嘉靖二十九年進士，累官至井陘兵備副使。參咸豐《濱州志》卷九《選舉志》，咸豐十年刻本，葉4a。
⑫ 紀誠，字勉夫，文安人，嘉靖三十八年進士，授南京行人。歷工部虞衡司郎中、懷慶知府等。擢山西按察司副使，整飭井陘兵備。參康熙《文安縣志》卷六《藝文志·記·臬副紀文泉傳（丁士美）》，康熙四十二年刻本，葉5b~54b。乾隆《獲鹿縣志》卷七《職官志》，乾隆四十六年稿本，葉3b作"紀誠"，應誤。

李幼滋①湖廣人。崔鏞綏德人。② 劉世昌③陝西人。
辛應乾④山東人。游季勳⑤江西人。

大名道兵備正德七年⑥，設兵備副使一員，列銜河南按察司，駐劄大名府。整飭大名、順德等處兵務，管理馬政、河道，兼制山東、河南、直隸鄰近州縣衛所。每歲六月中暫移駐順德府。
陳萬言⑦廣東人。姜繼曾⑧山東人。

真定府管關通判正德九年設管關通判一員，十六年裁革，嘉靖六年復設，駐曲陽縣。
王隆陝西人。李壽昌山西人。楊琳⑨寧國人。

---

① 李幼滋，字元樹，應城人，嘉靖二十六年進士，授行人。歷刑科給事中、汝寧府同知、懷安知府、井陘兵備副使等。累官至工部尚書、太子少保。參雍正《應城縣志》卷九《人物志上》，雍正四年刻本，葉8b~9a。
② ［校］綏德人，原作"山西人"，據乾隆《綏德州直隸州志》卷五《人事門·選舉》，乾隆四十九年刻本，葉4a及乾隆《獲鹿縣志》卷七《職官志》，乾隆四十六年稿本，葉3b改。按《綏德州直隸州志》，崔鏞，嘉靖四十一年進士，累官至都察院右僉都御史，巡撫山西。
③ 劉世昌，高陵人，嘉靖三十五年進士，隆慶六年任井陘兵備副使。《國朝歷科題名碑錄初集·明嘉靖三十五年進士題名碑錄》，第777頁及乾隆《獲鹿縣志》卷七《職官志》，乾隆四十六年稿本，葉3b。
④ 辛應乾，其傳見前。
⑤ 游季勳，字懋甫，豐城人，嘉靖四十一年進士，累官至應天府尹。參乾隆《豐城縣志》卷六《選舉》，乾隆十七年刻本，葉42a。
⑥ ［校］大名道兵備副使設置的時間，底本原缺，按咸豐《大名府志》卷十八《藝文·記·兵備道記（張璧）》，咸豐三年刻本，葉13a~14b，應是正德七年防備盜賊而設，"正德間盜賊起霸州、文安，流民響應，動以萬記。而此邦之人，或揭竿挺以從，破城邑，殺長吏，橫行無忌，至動勞王師，莫弭底寧。於是采撫臣之議，設兵備僉事一員，其官稱則列於河南，其廨署則置於大名，而河南、山東於凡畿輔接壤之地咸治之。時武宗正德禦宸之七載也"。康熙《畿輔通志》卷十六《職官》、咸豐《大名府志》卷十則籠統謂之正德年間。大名兵備副使在正德十年裁革，按《明武宗實錄》卷一百三十二正德十年十二月己巳條，第2628頁，"革曹州、武定州、大名府兵備官。兵部議，九江、徐州、曹州、武定州、大名府五處兵備官皆以盜賊添設，今已事寧，惟徐州兵備宜留，餘皆可革。從之。仍留九江兵備"。又據《明世宗實錄》卷二十嘉靖元年十一月己酉條，第578~579頁更定大名道的記載，可知大名兵備副使晚至嘉靖元年十一月又復置。康熙《畿輔通志》卷十六及咸豐《大名府志》卷十記首任大名兵備副使為霸州人劉文寵，實際上，劉文寵為玉田人，弘治三年進士，任河南按察僉事，但時間不詳。參乾隆《玉田縣志》卷七《選舉志》，乾隆二十一年刻本，葉2b。
⑦ 陳萬言，南海人，嘉靖三十五年進士，歷參政。參康熙《南海縣志》卷五《選舉志》，康熙三十年刻本，葉8b。
⑧ 姜繼曾，其傳見前。
⑨ 楊琳，乾隆《正定府志》卷二十三《職官》，乾隆二十七年刻本，葉31b作"楊林"。

田良①陕西人。马云程②山西人。刘绍宗③山东人。

王仪凤④山东人。姜泗⑤陕西人。翁学渊⑥浙江人。

武宣⑦河南人。焦希程⑧河南人。曹洁江西人。

章秉忠⑨浙江人。曹光祖⑩临潼人。仝宠⑪洧川人。

刘朝卿⑫阳毂人。郭志仁⑬山西人。侯服周⑭山东人。

保定府管关通判紫荆关原设管关通判一员，嘉靖七年改驻易州。

程伯祥徽州人。王九成山东人。唐尧臣⑮陕西人。

---

① 田良，兴平人，正德八年举人。参乾隆《兴平县志》卷五《选举》，光绪二年刻本，叶3a及乾隆《正定府志》卷二十三《职官》，乾隆二十七年刻本，叶31b。
② 马云程，弘治十七年举人，官至同知。参乾隆《直隶代州志》卷三《科目志》，乾隆四十九年刻本，叶11a。
③ 刘绍宗，查有山东长山人刘绍宗，嘉靖间岁贡，官河间教谕，该是此人。参康熙《长山县志》卷五《选举志》，康熙五十五年刻本，叶15b。
④ 王仪凤，章丘人，嘉靖元年举人，历真定府通判、顺庆府同知、贵州思州府知府。参康熙《章丘县志》卷五《选举志》，康熙三十年刻本，叶8b。
⑤ 姜泗，蒲城人，正德十四年举人，官至许州知州。参乾隆《蒲城县志》卷八《选举二》，乾隆四十七年刻本，叶4b。
⑥ 翁学渊，遂昌人，嘉靖十一年进士。参康熙《遂昌县志》卷七《选举》，康熙五十一年刻本，叶3a。
⑦ 武宣，信阳人，嘉靖十年举人，历真定府通判、昌平知州。参乾隆《信阳州志》卷七《选举志》，乾隆十四年刻本，叶43b。
⑧ 焦希程，字师正，泌阳人，正德十四年举人，历南京户部郎中、贵州按察副使等。参道光《泌阳县志》卷八《人物传》，道光八年刻本，叶5ab。
⑨ 章秉忠，查有会稽人章秉中，嘉靖十三年举于乡，官知州，该是此人。参康熙《会稽县志》卷二十《选举志中》，康熙二十二年刻本，叶8b。
⑩ 曹光祖，嘉靖十九年举于乡，历丰润知县、昌平知州。参康熙《临潼县志》卷四《选举表》，康熙四十年刻本，叶33b。
⑪ 仝宠，嘉靖三十三年贡生，任真定府通判。参乾隆《洧川县志》卷五《选举志》，乾隆二十年刻本，叶11b。
⑫ 刘朝卿，山东阳毂人，贡生，真定府通判。参康熙《阳毂县志》卷三《学校附科贡选举》，康熙五十五年抄本，无页码。
⑬ 郭志仁，泽州人，嘉靖二十八年举人，官真定通判。参康熙《泽州志》卷十五《选举》，康熙四十五年刻本，叶42a。
⑭ 侯服周，单县人，嘉靖四十年贡生，历东安知县、真定府通判。参康熙《单县志》卷七《人物志》，康熙五十六年刻本，叶33a。
⑮ 唐尧臣，查有长安人唐尧臣，嘉靖元年举人，官至通判。参康熙《长安县志》卷五《选举》，康熙七年刻本，叶5a。

索繼①河南人。張佑②四川人。王質③山東人。

李天賜山西人。劉遷④高陵人。沈梗⑤常熟人。

張國政涻縣人。鄒臣⑥安陽人。杜鶴山西人。張燭⑦安寧人。

效祖曰："紫荊之有提督都御史，蓋景泰初自孫祥始，後罷不置。今屬之真、保巡撫，而總督又駐薊鎮遙制之。易州兵備憲臣，亦自正德中始。然加以提督之名，又欽給旗牌，以佐軍務，豈以畿輔要害，不惜便宜以寵借之耶？然其昔所轄制者亦廣，今倒馬、龍固分之井陘道，涿州、房山分之霸州道，今所屬者，獨保定一郡二十州縣耳。"

遼鎮職官

文秩

總督見薊鎮。

巡撫永樂十四年設，巡撫僉都御史或副都御史一員，贊理軍務。萬曆二年添設中軍官一員，旗牌官二十二員。

---

① 索繼，靈寶人，貢生，官至壽州同知。參康熙《靈寶縣志》卷三《人物志·歲貢》，康熙三十年刻本，葉37b及嘉靖《西關志·紫荊關》卷四《官司》，第316頁。
② 張佑，涻州人，正德十一年舉於鄉。參乾隆《涻州志》卷九《選舉志》，乾隆五十年刻本，葉8b及嘉靖《西關志·紫荊關》卷四《官司》，第316頁。
③ 王質，汶上人，正德十一年舉於鄉，歷常德、保定通判。參萬曆《汶上縣志》卷四《政績志·選舉》，康熙五十六年刻本，葉21a及嘉靖《西關志·紫荊關》卷四《官司》，第316頁。
④ 劉遷，字于喬，嘉靖十五年舉人，授高平縣教諭，陞崇府左長史。參光緒《高陵縣續志》卷五《人物傳上》，光緒十年刻本，葉2a。
⑤ 沈梗，蘇州府常熟縣醫籍，崑山人，字木伯，嘉靖十四年進士，歷嘉興知縣、兵部員外郎等。參《嘉靖十四年進士登科錄》，《明代進士登科錄彙編》八，第4245頁；嘉靖《崑山縣志》卷六《進士》，《天一閣藏明代方志選刊》，葉25a及乾隆《崑山新陽合志》卷十五《選舉表》，乾隆十六年刻本，葉13a。
⑥ 鄒臣，嘉靖十三年舉人，官至徐州知州。參乾隆《安陽縣志》卷七《選舉志》，乾隆三年刻本，葉17b。
⑦ 張燭，嘉靖二十五年舉人，歷直隸保定府同知，陞鹽運司同知，誥封奉政大夫。參雍正《安寧州志》卷十六《選舉志·舉人》，乾隆四年刻本，葉25b。

李濬①山東人。李純②雲南人。王翱直隸河間人。③
寇深④直隸唐縣人。劉廣衡⑤江西人。程信⑥徽州人。
袁愷⑦河南人。胡本惠⑧江西人。滕昭⑨河南人。
張岐⑩直隸興濟人。彭誼⑪廣東人。左鈺⑫直隸阜城人。

---

① 李濬，字伯淵，樂安人，永樂初貢入太學，擢監察御史巡按四川。以告漢王朱高煦叛亂功，授左僉都御史鎮守遼東，擢左副都御史。參乾隆《武定府志》卷二十三《人物·名宦》，乾隆二十四年刻本，葉11b~12a。
② 李純，昆明縣人，永樂十二年舉人，正統間任監察御史，巡按遼東，功陞左副都御史，巡撫遼東，後巡撫延綏。參正德《雲南志》卷二十一《列傳七·鄉獻》，方國瑜主編《雲南史料叢刊》第6卷，雲南大學出版社2000年，第287頁及道光《昆明縣志》卷六《黎獻志》，光緒二十七年刻本，葉1b。
③ [校] 直隸河間人，原作"山東人"，民國間抄本同。據張廷玉《明史》卷一百七十七《王翱傳》，第4699~4702頁改。王翱，字九皋，鹽山人，永樂十三年進士，選庶吉士，授大理寺左寺正，歷巡按四川監察御史、右僉都御史、右副都御史等。卒，贈太保，謚忠肅。
④ 寇深，字文淵，國子生，歷刑部主事、山西按察使等，累官至都察院左都御史，巡撫遼東。參《明分省人物考一》卷四《北直隸保定府一》，第398~492頁。
⑤ [校] 劉廣衡，原作"劉廣"，民國間抄本同。據康熙《萬安縣志》卷八《人物志上·名宦》，康熙二十八年刻本，葉2b~3b及《明督撫年表》，第51頁改。按縣志，劉廣衡，字克平，永樂二十二年進士，授刑部主事，陞右副都御史鎮守陝西，後巡撫遼東，提督軍務，遷刑部尚書，所著有《雲菴集》三十卷。
⑥ 程信，徽州休寧人，正統七年進士，授吏科給事中，歷遼東左參政、巡撫都御史、四川參政等。參嘉靖《遼東志》卷五《官師志·名宦》，《續修四庫全書》第646冊，第602頁。
⑦ 袁愷，字舜臣，魯山人，景泰五年進士，授兵科給事中，歷禮科都給事中、鴻臚卿、南京光祿卿等，陞副都御史。參嘉慶《魯山縣志》卷二十二《集傳·重建袁都憲祠牌坊碑記》，嘉慶元年刻本，葉5b~6a。
⑧ 胡本惠，字益之，銅陵人，永樂十八年舉人，授戶部主事，歷戶部員外郎、南昌知府、陝西參政等，擢右副都御史，巡撫遼東。參乾隆《銅陵縣志》卷九《忠貞》，民國十九年鉛印本，葉3b~4a。
⑨ 滕昭，其傳見前。
⑩ 張岐，字來儀，景泰五年進士，任監察御史，陞浙江副使，陞與僉都御史巡撫遼東，成化四年得罪，彭誼以右副都御史代撫遼東。參嘉靖《河間府志》卷二十三《人物志·仕籍》，《天一閣藏明代方志選刊》第2冊，葉22ab及張廷玉《明史》卷一百五十九《彭誼傳》，第4346頁。
⑪ 彭誼，字景宜，東莞人，宣德十年舉人，正統十年授工部司務，景泰時擢御史，六年擢右僉都御史提督紫荊、倒馬諸關，歷山東左布政使、工部左侍郎。成化四年以右副都御史代張岐巡撫遼東。參張廷玉《明史》卷一百五十九《彭誼傳》，第4345~4346頁及宣統《東莞縣志》卷五十六《人物署三》，民國十六年鉛印本，葉3a~7a。
⑫ 左鈺，字廷珍，景泰四年舉人，成化時拜監察御史，督理兩淮鹽法，歷陝西按察司副使等，陞右僉都御史巡撫遼東，後巡撫山西兼提督雁門等關。參雍正《阜城縣志》卷十九《人物·事功》，光緒三十四年刻本，葉5a。

馬文昇①河南人。劉澤②彰德人。陳鉞③直隸獻縣人。
王宗彝④直隸束鹿人。徐貫⑤浙江人。張岫⑥山西人。
張玉⑦直隸吳橋人。陳瑤⑧廣西人。韓重⑨山西人。
張鼐⑩山東人。馬中錫⑪直隸故城人。鄧璋⑫直隸涿州人。

① 馬文昇，字負圖，鈞州人，景泰二年進士，授御史，歷福建按察使、南京大理寺卿，擢右副都御史，巡撫陝西。成化十九年起爲左副都御史巡撫遼東。再歷陞兵部尚書、吏部尚書。卒，贈特進光祿大夫、太傅，諡端肅。參張廷玉《明史》卷一百八十二《馬文升傳》，第4838~4843頁，當是一人。

② 劉澤，字宗瀾，天順元年進士，授刑部主事，歷浙江參議、陝西參議、四川布政使等，後以都御史巡撫遼東。參乾隆《彰德府志》卷十三下《人物·名臣》，乾隆五十二年刻本，葉2a~3a。

③ 陳鉞，天順元年進士，歷兵科給事中、光祿寺少卿、山東左布政使，後以右副都御史巡撫遼東，陞戶部尚書，轉吏部尚書。參康熙《獻縣志》卷六《人物志》，康熙十二年刻本，葉1b。

④ 王宗彝，字表倫，成化二年進士，授戶部主事，憲宗時擢都察院右僉都御史巡撫遼東，陞戶部尚書，轉兵部尚書。卒，諡安簡。參康熙《束鹿縣志》卷七《人物·王宗伯傳》，民國二十六年鉛印本，葉12a~13a。

⑤ 徐貫，字原一，天順元年進士，授兵部職方司主事，陞郎中，歷福建右參政、山東左布政使，擢右副都御史，巡撫遼東，再陞工部侍郎、工部尚書等。參順治《新修淳安縣志》卷二《旌揚志》，順治十五年刻本，葉92a~93b。

⑥ 張岫，安邑人，成化二年進士，累官遼東巡撫。參乾隆《解州全志·安邑縣運城》卷六《選舉上》、卷八《人物》，乾隆二十九年刻本，葉1a、1ab。

⑦ 張玉，成化二年進士，授監察御史，後爲遼東巡撫。參康熙《吳橋縣志》卷六《人物》，康熙四十九年刻本，葉5a。

⑧ 陳瑤，字仲華，全州人，成化八年進士，歷肅山、萬載知縣，擢監察御史，以通政司右通政轉都察院右僉都御史巡撫遼東，賑濟災民，全活甚衆。參康熙《全州志》卷七《人物志》，康熙二十八年刻本，葉7ab。

⑨ 韓重，字淳夫，絳人，成化十四年進士，授禮科給事中，歷陝西參政、右布政使、順天府尹，以右副都御史巡撫遼東，累官南京工部尚書。參乾隆《直隸絳州志》卷十一《人物下》，乾隆三十年刻本，葉4a~5a。

⑩ 張鼐，字用和，成化十一年進士，授監察御史，歷郴州判官、河南僉事，累陞都御史巡撫遼東，後入掌都察院事。參崇禎《歷城縣志》卷十《人物志·鄉賢》，崇禎十三年刻本，葉12b。

⑪ 馬中錫，字天禄，成化十一年進士，授刑科給事中，歷陝西督學副使、大理寺右少卿，擢右副都御史巡撫宣府，引疾歸，武宗即位，起撫遼東，後歷右都御史、左都御史。參張廷玉《明史》卷一百八十七《馬中錫傳》，第4950~4953頁。"故城"，民國間抄本作"固城"，誤。

⑫ 鄧璋，字禮方，成化二十三年進士，歷推官、御史，以副都御史巡撫宣府、河南，累官戶部尚書。參乾隆《涿州志》卷九《選舉志》、卷十四《人物三》，乾隆三十年刻本，葉5b、20b。

劉瓛①山東人。李貢②太平人。王彦奇③四川人。

王憲④山東人。彭澤⑤陝西人。袁經⑥湖廣人。

張貫⑦直隸蠡縣人。張襘⑧直隸平谷人。李承勳⑨湖廣人。

張璉⑩陝西人。張雲⑪河南人。潘珍⑫直隸婺源人。

---

① 劉瓛，字廷珍，濟南衛人，成化五年進士，歷刑部郎中、大理寺承等。弘治十年六月以都御史巡撫大同，請給大邊、二邊守墩軍行、月二糧有差。參道光《濟南府志》卷四十九《人物五》，道光二十年刻本，葉8ab。

② 李貢，字惟正，直隸太平府蕪湖人，成化二十年進士，授户部主事，歷刑部郎中、山西左右布政使，以都御史巡撫遼東、順天等，累官兵部右侍郎。卒，贈資善大夫、南京工部尚書。參嘉慶《蕪湖縣志》卷十二《人物志·宦績》，民國二年活字本，葉5ab。

③ 王彦奇，雲陽人，弘治三年進士，歷延安知府、陝西參政等，後以都御史巡撫遼東。參咸豐《雲陽縣志》卷七《選舉志·進士》、卷八《人物志·賢良》，咸豐四年刻本，葉2a、4b。

④ 王憲，字維綱，東平州人，弘治三年進士，歷阜平知縣、滑縣知縣，擢監察御史，巡按蘇、松，後以右副都御史巡遼東，積官至南京兵部尚書、左都御史。卒，贈少保，諡康毅。參張廷玉《明史》卷一百九十九《王憲傳》，第5257~5258頁。

⑤ 彭澤，字濟物，蘭州人，弘治三年進士，授工部主事，歷刑部郎中、真定知府、浙江副使、河南按察使等，正德中擢右僉都御史，巡撫遼東，累官兵部尚書、太子太保。卒，諡襄毅。參張廷玉《明史》卷一百九十八《彭澤傳》，第5238~5239頁。

⑥ 袁經，字大倫，寧鄉人，弘治三年進士，授陝西西安府推官，歷河南道監察御史、山東按察司僉事。正德六年冬陞右僉都御史巡撫遼東。參同治《寧鄉縣志》卷三十一《人物六·仕宦》，同治六年刻本，葉4b~5a。

⑦ 張貫，成化十一年進士，授河南知縣，歷山西按察司僉事、四川副使、貴州按察使，擢右副都御史巡撫遼東。參光緒《蠡縣志》卷六《人物志上·名賢》，光緒二年刻本，葉8a。

⑧ 張襘，字汝誠，弘治十二年進士，歷刑部郎中、太僕寺少卿，擢僉都御史巡撫大同。後復爲僉都御史巡撫遼東。參雍正《平谷縣志》卷中《人物志》，雍正六年刻本，葉24ab。

⑨ 李承勳，其傳見本書卷九。

⑩ 張璉，字汝器，耀州人，弘治十五年進士，授行人，選御史，歷四川布政使、順天府尹、遼東巡撫，後至户部左侍郎等。參嘉慶《耀州志》卷七《人物志》，嘉慶七年刻本，葉20b~22a。

⑪ 張雲，字季陞，弘治十五年進士，歷襄陵知縣、給事中，後以都御史提督遼東，累官户部尚書。卒，贈太子太保。參乾隆《信陽州志》卷七《選舉志》、卷八《人物志·忠義》，乾隆十四年刻本，葉36b、7b。

⑫ 潘珍，字玉卿，授諸暨知縣，歷山東僉事、副使、湖廣布政使等，擢副都御史，巡撫遼東。參康熙《婺源縣志》卷九《人物·經濟》，康熙八年刻本，葉11a。

成文①山西人。周叙②湖廣人。王潮③直隷鎮江人。
吕經④陝西人。任洛⑤河南人。劉璋⑥湖廣人。
劉儲秀⑦陝西人。孫檜⑧錦衣人，原姓葛。董珊⑨陝西人。
盧蕙⑩直隷山陽人。於敖⑪陝西人。胡宗明⑫直隷績溪人。
李珏⑬直隷開州人。蔣應奎⑭山西人。許宗魯⑮陝西人。

---

① 成文，山西山陰千户所軍籍，太原府文水縣人，弘治十五年進士，授單縣知縣，再爲武邑知縣，擢監察御史，巡按南畿，後被誣，下詔獄。嘉靖時起爲鳳翔知府，後擢巡撫遼東。參崇禎《山陰縣志》卷四《人物》，《中國地方志集成·山西府縣志輯》第6冊，鳳凰出版社2005年，第27~28頁及《國朝歷科題名碑録初集·明弘治十五年進士題名碑録》，第695頁。
② 周叙，字子原，湖廣九溪衛官籍，河南息縣人，正德六年進士，授大理寺正，以諫武宗南巡謫縣丞。世宗時歷邵州知府、參政，擢副都御史總制宣大，積官至工部尚書。參《國朝歷科題名碑録初集·明正德六年進士題名碑録》，第709頁及嘉慶《息縣志》卷五《仕賢列傳》，嘉慶四年刻本，葉5b~6a。
③ 王潮，武功中衛籍，丹徒人，正德三年進士，積官至户部侍郎。參嘉慶《丹徒縣志》卷十四《選舉二·科目·進士》，嘉慶十年刻本，葉14b。
④ 吕經，字道夫，寧州人，正德三年進士，授禮科給事中，世宗時歷山東參政，十三年累官至右副都御史巡撫遼東。參張廷玉《明史》卷二百三《潘塤傳附吕經傳》，第5367~5369頁。
⑤ 任洛，其傳見前。
⑥ 劉璋，其傳見本書卷九。
⑦ 劉儲秀，字士奇，咸寧人，正德九年進士，授刑部郎中，歷鎮江知府、福建提督學政等，福建提督學政任上因忤時削籍，起爲副都御史，巡撫遼東。參康熙《咸寧縣志》卷五《選舉》、卷六《人物》，康熙七年刻本，葉3a、24b。
⑧ 孫檜，其傳見本書卷九。
⑨ 董珊，膚施人，嘉靖五年進士，積官都御史。參嘉慶《延安府志》卷二十三《吏畧一·進士》，嘉慶七年刻本，葉6a。
⑩ 盧蕙，字子貞，嘉靖二年進士，授刑部主事，以祖母年高陳情，改南京户部主事，陞工部郎中，歷廣東布政司參議、廣東布政使、江西布政使等，拜僉都御史，巡撫薊遼。參乾隆《山陽縣志》卷二十《列傳二·仕績》，乾隆十四年刻本，葉17ab。
⑪ 於敖，字叠州，正德十六年進士，授户部浙江司主事，歷大同知府、霸州兵備副使等，以副都御史巡撫遼東，有固邊防之功。參康熙《岷州志》卷十五《選舉》、卷十六《人物·宦望》，康熙四十一年刻本，葉4a、6ab。
⑫ 胡宗明，字汝誠，正德十二年進士，授户部主事，嘉靖初督餉甘肅，歷四川參議、河南副使、山東布政使，後以副都御史巡撫遼東。參乾隆《績溪縣志》卷八《人物·經濟》，乾隆二十一年刻本，葉6ab。
⑬ 李珏，字廷重，弘治十八年進士，授長洲知縣。後以僉都御史先後巡撫甘肅、遼東等。參嘉慶《開州志》卷六《人物志·名宦》，嘉慶十一年刻本，葉19b~20a。
⑭ 蔣應奎，大同人，嘉靖五年進士，授工部主事，歷工部郎中、太僕寺少卿、順天府尹，擢副都御史巡撫寧遠、開原一帶，積官户部侍郎，轉兵部侍郎兼僉都御史。卒，贈兵部尚書。參乾隆《大同府志》卷二十二《人物中》，乾隆四十七年刻本，葉30ab。
⑮ 許宗魯，其傳見前。

江東①山東人。蘇志皋②直隸固安人。路可由③山東人。

侯汝諒④山西人。吉澄⑤直隸開州人。王之誥⑥湖廣人。

張西銘⑦山東人。魏學曾⑧陝西人。方逢時⑨湖廣人。

李秋⑩直隸薊州人。毛鋼⑪直隸薊州人。張學顏⑫直隸肥鄉人。

周詠⑬河南延津人。

---

① 江東，字伯陽，朝城人，嘉靖八年進士，授工部主事，歷工部員外郎、山西按察司僉事等，陞兵部右侍郎，再歷工部和兵部尚書、宣大總督等。參康熙《朝城縣志》卷八《科目》，康熙十二年刻本，葉 6b~7b。

② 蘇志皋，字德明，嘉靖十一年進士，授湖廣瀏陽知縣，歷進賢知縣、刑部主事、刑部員外郎等，以宣府督餉不利謫河州知州，後歷陝西左參政、山西按察使等，擢右僉都御史巡撫遼東。參康熙《固安縣志》卷五《選舉志》，康熙五十三年刻本，葉 4ab。

③ 路可由，字子正，曹縣人，嘉靖二十年進士進士，授行人，選江西道監察御史，歷保定、安慶知府，陞山西副使，兵備雁門，再陞右副都御史，巡撫遼東。《明分省人物考十》卷九十五《山東兗州府》，第 592~593 頁。

④ 侯汝諒，山西太原左衛官籍，河南滑縣人，嘉靖十七年進士。參《國朝歷科題名碑錄初集·明嘉靖十七年進士題名碑錄》，第 748 頁。

⑤ 吉澄，字靜甫，嘉靖二十三年進士，授雒南知縣，擢御史，累遷都御史，巡撫遼東。參嘉慶《開州志》卷六《人物志·政事》，嘉慶十一年刻本，葉 29ab。

⑥ 王之誥，字告若，石首人，嘉靖二十三年進士，授吉水知縣，歷戶部主事、兵部員外郎、大同兵備副使，以搗板陞功陞山西右參政，擢右僉都御史，巡撫遼東，興屯田。以兵部左侍郎總督宣大、山西軍務。累官刑部尚書。卒，贈太子太保，謚端毅。參張廷玉《明史》卷二百二十《王之誥傳》，第 5784~5785 頁。

⑦ 張西銘，字原仁，濱州人，嘉靖二十六年進士，授刑部主事，歷刑部郎中、長沙知府、陝西副使、浙江參政，陞遼東巡撫，累官南京戶部尚書。參咸豐《濱州志》卷十《人物志·鄉賢》，咸豐十年刻本，葉 5a。

⑧ 魏學曾，字惟貫，涇陽人，嘉靖三十二年進士，授戶部主事，歷戶部郎中、光祿少卿，擢右僉都御史，巡撫遼東。以忤張居正出為南京右都御史，再歷戶部右侍郎、右都御史，以南京戶部尚書致仕。參張廷玉《明史》卷二百二十八《魏學曾傳》，第 5975~5978 頁。

⑨ 方逢時，字行之，嘉魚人，嘉靖二十年進士，任宜興、寧津、曲周知縣，擢戶部主事，歷工部郎中、寧國知府、廣東右參政、分守宣府口北道，擢右僉都御史，巡撫遼東。萬曆時總督宣大、山西軍務，積官至兵部尚書。參張廷玉《明史》卷二百二十二《方逢時傳》，第 5844~5848 頁。

⑩ 李秋，嘉靖二十六年進士，授行人，遷御史，歷宣府、大同、遼東巡撫。參康熙《薊州志》卷六《選舉志·進士》、卷七《人物志·鄉賢》，康熙四十三年刻本，葉 4b、18a。

⑪ 毛鋼，嘉靖三十二年進士，授汝寧推官，歷杭州知府、鄖陽巡撫等，積官至兵部尚書。參康熙《薊州志》卷六《選舉志·進士》、卷七《人物志·鄉賢》，康熙四十三年刻本，葉 5a、19a。

⑫ 張學顏，其傳見前。

⑬ 周詠，嘉靖四十一年進士，授魏縣知縣，歷福建道監察御史、大理寺丞、大理寺右少卿，萬曆五年擢遼東巡撫，積官至兵部侍郎。參康熙《延津縣志》卷五《名賢》，康熙四十一年刻本，葉 17b~18a。

巡按永樂十四年設，歲差御史一員，巡按遼東兼提督學校。

周革①江西人。陸廣平②江西人。辛祐③江西人。

程可久④。顧立⑤。孔諤⑥。

賈節⑦。張志文⑧江西人。李斌⑨。

夏能⑩。劉潔⑪。胡起先⑫江西人。

---

① 周革，臨川人，洪武三十年貢生。參嘉靖《遼東志》卷五《職官志》，《續修四庫全書》第646冊，第578頁。
② 陸廣平，臨川人，洪武三十年貢生，累官至交阯參政。參嘉靖《遼東志》卷五《職官志》，《續修四庫全書》第646冊，第578頁及道光《臨川縣志》卷二十二之三《選舉志三·貢士》，道光三年刻本，葉1ab。另，《明太宗實錄》卷一百八十六永樂十五年三月丁酉條，第1991~1992頁，"丁酉，陞北京刑部員外郎郭溥爲四川布政司左參議，交阯按察司僉事陸廣平爲貴州布政司左參政……"
③ 辛祐，字吉之，鉛山人，永樂四年進士，授監察御史，調陸水知縣。參乾隆《鉛山縣志》卷十《人物志·宦蹟》，乾隆四十九年刻本，葉22ab。
④ 程可久，字季成，婺源人，洪武二十三年貢士，選福建監察御史，巡按遼東。致仕。參《蘭臺法鑒錄》卷二《洪武朝》，第57頁；施沛《南京都察院志》卷六《職官四·永樂以來各道監察御史年表上》，《四庫全書存目叢書補編》第73冊，齊魯書社2001年，第150頁及康熙《婺源縣志》卷三《選舉志》，康熙八年刻本，葉43b。貢士，《南京都察院志》作"監生"。
⑤ 顧立，餘姚人，永樂間監生，十二年選山西道監察御史，累官至廣東僉事。參《南京都察院志》卷六《職官四·永樂以來各道監察御史年表上》，第163頁及乾隆《姚州志》卷十七《選舉表一》，乾隆四十六年刻本，葉21b。
⑥ 孔諤，字貞明，曲阜人，永樂六年舉人，歷左春坊中允、大理寺評事，選監察御史，巡按江西、遼東，累官至河南按察司僉事。參乾隆《曲阜縣志》卷八十七《列傳·經學》，乾隆三十九年刻本，葉6ab。
⑦ 賈節，直隸臨淮人，授河南道監察御史，累官至吉安知府。參《蘭臺法鑒錄》卷二《洪武朝》，第57頁。
⑧ 張志文，上饒人，永樂七年進士，官至布政使。參乾隆《上饒縣志》卷九《選舉志·進士》，乾隆四十九年刻本，葉17b。
⑨ 李斌，《南京都察院志》卷六《職官四·永樂以來各道監察御史年表上》，第163頁記有李彬，山東道監察御史，永樂五年由監生擢任，不知是否一人，待考。
⑩ 夏能，當塗人，以薦舉任監察御史，官至浙江僉事。參《南京都察院志》卷六《職官四·永樂以來各道監察御史年表上》，第171頁；康熙《當塗縣志》卷十五《選舉·薦舉》，康熙四十六年刻本，葉49a及康熙《浙江通志》卷二十二《職官》，康熙二十三年刻本，葉72a。
⑪ 劉潔，參《南京都察院志》卷七《職官四·永樂以來各道監察御史年表下》，第189頁，劉潔，永樂七年任監察御史，不知其任何道。
⑫ [校] 胡起先，或作"胡啟先"，如《明太宗實錄》卷一百八十五永樂十五年二月乙亥條，第1985頁，"陞……翰林院庶吉士胡啟先爲廣西道監察御史"。按康熙《安福縣志》卷二《選舉志·明進士》，康熙五十二年刻本，葉57a，胡啟先，永樂十年進士，翰林院庶吉士，選廣西道監察御史。

盧睿①浙江人。張觀②山西人。包懷德浙江人。③
陳穀④江西人。張政⑤直隸廣德人。張聰⑥廣東人。
郭原⑦。邵嵩⑧江西人。陳詔⑨浙江人。
章果⑩。元亮⑪河南人。羅綺⑫河南人。

---

① 盧睿，字仲思，東陽人，永樂十九年進士。宣德初，拜監察御史。正統中，以右僉都御史巡撫宣大。參道光《東陽縣志》卷十五《人物志二·名臣》，民國三年石印本，葉23b~24a。
② 張觀，代州人，永樂十年進士，選庶吉士，拜監察御史。參乾隆《直隸代州志》卷三《科目志》，乾隆四十九年刻本，葉1b。
③ [校]浙江人，原作"江西人"，據嘉慶《蘭谿縣志》卷十三《人物志·義行》，嘉慶五年刻本，葉39ab改。按縣志，包懷德，名珍純，永樂十五年舉人，授監察御史，陞河南按察使，終刑部右侍郎。
④ 陳穀，字世用，進賢人，永樂十九年進士，授監察御史。累官至四川參政，掌成都府事。參康熙《進賢縣志》卷十一《選舉志》，康熙十二年刻本，葉9a。
⑤ 張政，字平夫，永樂十六年進士，授山西道監察御史，累官至山西按察使。參乾隆《廣德州志》卷十三《人物志·名臣》，乾隆五十九年刻本，葉5b。
⑥ 張聰，肇慶府新興人，永樂十三年進士，官戶部主事。參乾隆《新興縣志》卷二十《選舉》，《中國地方志集成·廣東府縣志輯》第48冊，上海書店出版社2003年，第356頁。
⑦ 郭原，字秉中，河南蘭陽人，永樂十五年舉人，授監察御史，歷四川、江西二道，巡按江西、遼東。累官至陝西按察司副使。參嘉靖《蘭陽縣志》卷七《選舉志》、卷八《人物志》，《天一閣藏明代方志選刊》第52冊，中華書局上海編輯所1965年影印本，葉6b、6ab及康熙《陝西通志》卷十七《職官》，康熙六年刻本，葉70a。
⑧ 邵嵩，字維嶽，都昌人，永樂十九年進士，選福建道監察御史，按遼東、廣東、河南等地。參康熙《都昌縣志》卷七《人物志》，康熙三十三年刻本，葉7ab、1b及《蘭臺法鑒錄》卷六《永樂朝》，第158頁。
⑨ 陳詔，字廷詢，青田人，宣德五年進士。八年授雲南道監察御史。正統元年按遼陽。歷四川按察司副使。累官至僉都御史，巡撫浙江。參光緒《青田縣志》卷十《人物志·宦蹟》，光緒二年刻本，葉19b~20a。
⑩ 章果，青田人，永樂十八年舉人，官御史。參光緒《青田縣志》卷十《選舉志》，光緒二年刻本，葉19a。
⑪ 元亮，湯陰人，宣德五年進士，授監察御史，官至襄陽知府。參崇禎《湯陰縣志》卷九《選舉》，《明代孤本方志選》第1冊，中華全國圖書館文獻縮微複製中心2000年本，第206頁。
⑫ 羅綺，字尚絅，磁州人，宣德五年進士，授監察御史，按直隸、福建等地。正統九年參贊寧夏軍務。歷刑部左侍郎。天順初擢左副都御史。爲石亨所誣，謫廣東參政。參張廷玉《明史》卷一百六十《羅綺傳》，第4365頁。

李盤①山西人。李純②。陸瓛③。

徐璟④河南人。芮釗⑤直隸寶坻人。丁宣⑥。

劉泓⑦。黃綬⑧直隸平谷人。李本道⑨湖廣人。

---

① 李盤，或作"李磐"，宣德二年進士，授陝西道監察御史，巡按遼東，多有政聲。參乾隆《稷山縣志》卷五《人物》，乾隆三十年刻本，葉23b~24a。
② 李純，昆明縣人，其傳見前。
③ [校] 陸瓛，原作"陸瓛，直隸吳縣人"。然此處所載陸瓛並非吳縣人。陸瓛，其籍貫待考。監察御史陸瓛，按《明英宗實錄》卷六十正統四年十月庚寅條，第1147頁，"擢行在兵部等衙門司務李儼、陸瓛，博士陳璞，正字沈寅，知縣陳浩，照磨陳巍為監察御史，俱行在。儼等先以大臣薦舉，理刑考稱，故擢用之"。又見於《弇山堂別集》卷十二《皇明異典述七·用事給事中》，第218~219頁；《明英宗實錄》卷八十一正統六年七月乙未條，第1609頁，"罷監察御史周軏、陸瓛、章圭、成規、方洙為民。時敕各衙門堂上官考其屬，右都御史王文言軏、瓛貪墨無守，圭、規佻薄生事枉人，洙庸劣不任，請皆罷黜。從之"。據有限的記載可知，監察御史陸瓛應是低級功名出身，正統四年由司務擢監察御史，六年以貪墨被罷職。將吳縣人陸瓛誤記於此處，應是源於嘉靖《遼東志》卷五《職官志》，《續修四庫全書》第646冊，第578頁的記載，"陸瓛，吳縣人，甲辰進士"。嘉靖《全遼志》卷三《職官志》，《遼海叢書》第1冊，第579頁沿襲這一錯誤，"陸瓛，吳縣人，進士"。吳縣陸瓛，字世用，順天府大興縣匠籍，蘇州府吳縣人，成化二十年進士，累官至懷慶知府。參《國朝歷科題名碑錄初集·明成化二十年進士題名碑錄》，第671頁及康熙《吳縣志》卷五《進士》，康熙三十年刻本，葉28b。
④ 徐璟，字世良，光山人，宣德五年進士，拜監察御史，巡按山東、遼海、四川等地。累官至左布政使。參乾隆《光山縣志》卷二十六《列傳三·仕賢上》，乾隆五十一年刻本，葉12ab。
⑤ 芮釗，字宗遠，正統七年進士，授河南道監察御史，歷江西副使、陝西布政使，累官至副都御史，巡撫甘肅。參乾隆《寶坻縣志》卷十一《人物上·鄉賢》，民國六年石印本，葉26b及《蘭臺法鑒錄》卷八《正統朝》，第197頁。
⑥ 丁宣，按康熙《通州志》卷六《選舉志》，1962年油印本，葉4b，通州宣德七年有貢生丁宣，官至通許知縣，疑為本書所記丁宣。
⑦ 按《明英宗實錄》卷一百十一正統八年十二月癸未條，第2229~2230頁，"擢學正劉泓、教諭馮靖、訓導潘楷、盛琦為監察御史。泓等先以吏部選送都察院理刑，至是考中，故擢用之"。應是該處所載劉泓。
⑧ 黃綬，正統十年進士，授監察御史。後蔭子鑑為國子生。參雍正《平谷縣志》卷中《人物志》，雍正六年刻本，葉21ab。
⑨ 李本道，善化人，正統十三年進士，授監察御史。參乾隆《善化縣志》卷十《選舉志·進士》，乾隆十二年刻本，葉1b。

陳瓛①山東人。丁泰亨江西人。② 劉孜③江西人。
謝燫④浙江人。邢宥⑤廣東人。張奎⑥河南人。
陸平⑦。桂怡⑧浙江人。田景暘⑨直隸高陽人。
程鑑⑩直隸開州人。裴斐⑪陝西人。楊璀⑫山西人。

---

① 陳瓛，字天錫，東平州人，正統七年進士，選江西道監察御史。參康熙《東平州志》卷三《選舉》，康熙十九年刻本，葉 39a。
② ［校］江西人，原無。丁泰亨，字仕嘉，江西新城人，宣德四年舉人，授宜興縣教諭，改懷安縣教諭，正統八年由懷安縣教諭擢廣西道監察御史，累官至陝西按察使。參嘉靖《遼東志》卷五《職官志》，《續修四庫全書》第 646 冊，第 578 頁；《明英宗實錄》卷一百九正統八年十月庚戌條，第 2213 頁及《明英宗實錄》卷二百九十天順二年四月丙戌條，第 6204~6205 頁。道光《（江西）新城縣志》卷十《選舉志·鄉舉》，道光六年刻本，葉 22a 亦有相關記載，丁泰亨，宣德四年舉人，由宜興縣教諭擢監察御史，累官至陝西按察使。
③ 劉孜，字顯孜，吉安府萬安縣人，正統十年進士，授監察御史。十四年巡按遼東。歷山東按察使、山東左布政使等。累官至南京刑部尚書。參《明分省人物考八》卷六十五《江西吉安府二》，第 139~141 頁。
④ 謝燫，字世彰，臨海人，景泰二年進士，選監察御史，終廣東參政。參康熙《臨海縣志》卷五《選舉志·進士》，清末據康熙二十二年刻本重印，葉 20a。
⑤ 邢宥，字克寬，正統十三年進士，選四川道監察御史，出按遼東等地。歷晉江知縣、蘇州知府等。累官至左僉都御史，巡撫江南。參康熙《文昌縣志》卷七《人物志·鄉賢》，康熙五十七年刻本，葉 28a~29a。
⑥ 張奎，固始人，正統十三年進士，授東光知縣，選監察御史。參康熙《固始縣志》卷六《選舉表上》，康熙三十二年刻本，葉 5b。
⑦ 陸平，有直隸河間府阜城縣人陸平，宣德七年舉人，累官至貴州按察司副使。參雍正《阜城縣志》卷十七《選舉·舉人》，光緒三十四年刻本，葉 4a。應爲此人。
⑧ 桂怡，字廷彥，慈谿人，正統十三年進士，授陝西道監察御史，出按永平、遼東等地。官至湖廣副使。參光緒《慈谿縣志》卷二十六《列傳三·明一》，民國三年刻本，葉 39b~40a。
⑨ 田景暘，字時中，景泰五年進士，授山東道監察御史。歷大理寺左丞、左卿等。累官至禮部尚書。卒，諡文懿。參雍正《高陽縣志》卷四《人物志·名賢》，雍正八年刻本，葉 2b 及《蘭臺法鑒錄》卷九《天順朝》，第 236 頁。
⑩ 程鑑，字孔昭，開州人，景泰五年進士，選雲南道監察御史，官至山西按察使。參《蘭臺法鑒錄》卷九《景泰朝》，第 232 頁及嘉慶《開州志》卷五《選舉志·進士》，嘉慶十一年刻本，葉 2b。
⑪ 裴斐，字成章，渭南人，正統十二年舉人，天順初選福建道監察御史，出按遼東。累官至僉事。參道光《重輯渭南縣志》卷四《選舉表》、卷十五《傳·宦業》，道光九年刻本，葉 5a、5a。
⑫ 楊璀，祁縣人，景泰二年進士，官江西道監察御史。參乾隆《祁縣志》卷六《選舉·科目》，乾隆四十五年刻本，葉 4b。

常振①山西人。朱暟②直隸高郵人。馬震③河南人。
呂雯④直隸安州人。荆倫⑤山西人。魏瀚⑥浙江人。
侯英⑦直隸開州人。崔讓⑧山西人。李大綱⑨。

① 常振，參嘉靖《遼東志》卷五《職官志》，《續修四庫全書》第 646 册，第 578 頁，"常振，山西平定州人，鄉進士"。查乾隆《平定州志》卷七《選舉志》，乾隆五十五年刻本，並無此人。據有限的史料推斷，常振爲山西高平人，正統十二年舉於鄉，後入國子監，天順三年選試御史，天順四年選貴州道監察御史，後官至山東按察司僉事。所據史料：第一，《明英宗實錄》卷三百十天順三年十二月辛酉條，第 6513~6514 頁，"命知縣胡恕，進士吴遠、展毓、韓祺、車振、張祚、李綱、端宏、方佑、顧以山、林榮，監生荆綸、袁愷、唐震、方漢、呂璨、馮徽、賈俊、李傑、梁覲、常振、王諫、羅義於兩京都察院各道理刑，近例御史試職一年，考稱，方實授"。第二，《明英宗實錄》卷三百十六天順四年六月己巳條，第 6603 頁，"己巳，擢進士李綱、張祚、展毓、吴遠、方佑、端宏、韓祺，監生李傑、賈俊、梁覲、袁愷、呂璨、方漢、荆綸、馮徽、唐震、常振爲監察御史。綱、俊山西道，祚、漢山東道，遠、覲廣西道，毓、愷河南道，佑、璨四川道，宏、傑浙江道，祺福建道，綸雲南道，徽江西道，震陝西道，振貴州道"。第三，成化《山西通志》卷十《人物》，《四庫全書存目叢書》史部 174 册，第 362 頁，"常振，高平人，中正統丁卯鄉舉。除貴州道監察御史，陞山東按察司僉事。致仕。弟禄，充成化二年貢"。
② 朱暟，字景文，高郵人，景泰元年舉人，授御史，巡按遼東、山東、雲南等。累官雲南參政，未任卒。參乾隆《高郵州志》卷十《人物志》，乾隆四十八年刻本，葉 21b~22a。
③ 馬震，汲縣人，成化二年進士，授四川道監察御史，累官至參政。參乾隆《汲縣志》卷八《選舉》，乾隆二十年刻本，葉 2a 及《蘭臺法鑒録》卷十一《成化朝》，第 254 頁。
④ 呂雯，字天章，景泰四年舉於鄉，成化四年授監察御史。歷通政司參議、光禄少卿等。由太僕少卿陞右僉都御史巡撫延綏。弘治初累官至兵部左侍郎。參道光《安州志》卷十三《人物·鄉賢》，據道光二十六年刻本抄，無頁碼。
⑤ 荆倫，或作"荆綸"，據乾隆《平定州志》卷七《選舉志·科目》，乾隆五十五年刻本，葉 13a 載，荆綸，山西平定州人，景泰元年舉於鄉，官至陝西按察僉事。
⑥ 魏瀚，或作"魏瀚"，據乾隆《餘姚志》卷十七《選舉志一》，乾隆四十六年刻本，葉 28b，魏瀚景泰五年舉於鄉，官至江西右布政使。
⑦ 侯英，字世傑，天順四年進士，授御史，巡按遼東。官至副都御史。參光緒《開州志》卷六《人物志·卓行》，光緒八年刻本，葉 85a。
⑧ 崔讓，山西石州（永寧州）人，景泰元年舉於鄉，累官至僉都御史，巡撫陝西。參光緒《永寧州志》卷二十《仕籍》，光緒七年刻本，葉 2b。
⑨ 李大綱，史籍中留下的記載有限，按《明憲宗實錄》卷三十七成化二年十二月己巳條，第 725 頁，"授進士俞蓋、郭瑞、龔晟、季琮、羅明、夔謙、江孟綸、劉鏜、鄺文、江泝、劉瑀、戴珊、邵智，行人王哲，知縣梁昉，監生姚明。李大綱爲試監察御史"。《明憲宗實錄》卷四十九成化三年十二月癸卯條，第 1001~1002 頁，"實授試監察御史羅明、姚明、江泝、江孟綸、梁昉、劉瑀、李大綱、季琮、鄺文、王哲、邵智爲監察御史。劉鏜以不諳法律，改外任"。可知李大綱爲監生，但難考其籍貫。

費臻①直隸安州人。徐英直隸永年人。② 王衡③山西人。

潘宣④河南人。張偉⑤直隸景州人。張鏞⑥直隸鹽山人。

王崇之⑦直隸滑縣人。楊徽河南河內人。⑧ 強珍直隸滄州人。⑨

馬隆⑩河南人。唐鼐⑪河南人。劉瓚⑫直隸清苑人。

張西銘⑬雲南人。王嵩⑭河南人。王紳⑮陝西人。

―――――――――

① 費臻，字時和，天順八年進士，授監察御史。歷湖廣副使、浙江參政、山東布政。累官至副都御史，巡撫山東。參道光《安州志》卷十三《人物·鄉賢》，據道光二十六年刻本抄，無頁碼。
② ［校］永年人，原作"永平人"，據《國朝歷科題名碑錄初集·明成化二年進士題名碑錄》，第 647 頁及乾隆《永年縣志》卷二十二《選舉年表》，乾隆二十二年刻本，葉 5b 改。徐英，成化二年進士，授監察御史，官至四川按察副使。
③ 王衡，字宗銓，天順八年進士，授淳安知縣。擢浙江道監察御史，出按遼東等地。官至陝西左布政使。參乾隆《稷山縣志》卷五《人物》，乾隆三十年刻本，葉 24b~25b。
④ 潘宣，或作"潘瑄"，按嘉慶《洛陽縣志》卷三十《選舉表下》、卷五十《良政傳》，嘉慶十八年刻本，葉 3a、45a，潘瑄，字廷璽，洛陽人，天順四年進士，授清豐知縣。擢監察御史，巡按遼東等地。官至山東按察副使。
⑤ 張偉，或作"張瑋"，按康熙《景州志書》卷三《選舉志》，康熙十一年刻本，葉 3b~4a，張瑋，字汝器，成化二年進士，授監察御史。十五年擢陝西副使。累官至右副都御史，總督漕運。
⑥ 張鏞，成化五年進士，官監察御史。參同治《鹽山縣志》卷九《選舉志上》，同治七年刻本，葉 3b。
⑦ ［校］王崇之，原作"王從之"，據嘉靖《遼東志》卷五《官師》，《續修四庫全書》第 646 冊，第 578 頁及康熙《滑縣志》卷八《人物志》，康熙二十五年刻本，葉 14ab 改。據縣志，王崇之，字守節，天順九年進士，授上海知縣。擢監察御史，巡按遼東等。謫延安府推官。
⑧ ［校］河南河內人，原作"直隸鹽山人"。楊徽，成化二年進士，官至山西按察使。參康熙《河內縣志》卷二《科貢》，康熙三十三年刻本，葉 35a 及康熙《山西通志》卷十七《職官上》，康熙二十一年刻本，葉 60b。
⑨ ［校］滄州，原作"倉州"，據乾隆《滄州志》卷九《人物·宦績》，乾隆八年刻本，葉 17b~18a 改。按縣志，強珍，字廷貴，滄州人，成化二年進士，授涇縣知縣。擢御史，巡按甘肅、江北、遼東等地。歷山東按察副使、大理寺少卿等。遷右僉都御史，巡撫宣府。
⑩ 馬隆，字世昌，鞏縣人，成化五年進士，授桐廬知縣。擢御史，巡按直隸、遼東等地。官至山西副使。參乾隆《鞏縣志》卷十三《人物志》，乾隆五十四年刻本，葉 23b。
⑪ 唐鼐，安陽人，成化八年進士，官至湖廣僉事。參乾隆《安陽縣志》卷七《選舉志》，乾隆三年刻本，葉 5b。
⑫ 劉瓚，成化十一年進士，授蒲臺知縣。擢監察御史，至壽州知州。參同治《清苑縣志》卷九《人物》，同治十二年刻本，葉 9ab。
⑬ 張西銘，雲南寧州人，成化十一年進士，官至御史，督學北直。參雍正《臨安府志》卷十四《選舉》，民國間抄本，葉 2b。
⑭ 王嵩，字邦鎮，汲縣人，成化十一年進士，授太湖知縣。擢御史，轉大理寺少卿。拜右副都御史，巡撫延綏。參乾隆《汲縣志》卷九《人物志上·宦望》，乾隆二十年刻本，葉 19a。
⑮ 王紳，陝西慶陽府安化縣人，成化八年進士，官至副使。參乾隆《新修慶陽府志》卷二十三《科第》，乾隆二十六年刻本，葉 2a。

陳寬①直隸新河人。周宗②河南人。賈定③河南人。
宋鑑④山西人。李善⑤陝西人。樊祉⑥河南人。
張天衢⑦高陽人。王和⑧遷安人。郭庸⑨遷安人。
羅賢⑩山西人。張隆⑪山西人。車梁⑫山西人。

---

① 陳寬，字裕夫，成化十四年進士，授陽城知縣，擢御史，累官至陝西行太僕寺卿。參康熙《新河縣志》卷七《選舉志》，康熙十八年刻本，葉1a。
② 周宗，裕州人，成化十一年進士，累官至浙江僉事。參乾隆《裕州志》卷五《人物志·甲科》，乾隆五年刻本，葉36b及康熙《浙江通志》卷二十二《職官》，康熙二十三年刻本，葉74b。
③ 賈定，或作"賈錠"，參嘉靖《遼東志》卷五《官師》，《續修四庫全書》第646冊，第579頁。按乾隆《安陽縣志》卷八《人物志·鄉賢》，乾隆三年刻本，葉46b~47a，賈錠，字良金，安陽人，成化十四年進士，授文水知縣。選監察御史，巡按遼東、兩浙等地。累官至都御史，巡撫陝西。古人名、字有一定關聯，按《安陽縣志》所記"字良金"，其名為"賈錠"更當，《四鎮三關誌》記載應誤。
④ 宋鑑，字克明，山西陽城人，成化十四年進士，授舞陽知縣。擢山東道監察御史。累官至慶陽知府。參康熙《陽城縣志》卷五《選舉志·進士》、卷六《人物志·宦業》，康熙二十六年刻本，葉4b、6ab。
⑤ 李善，字宗元，隴州人，成化十四年進士，授行人。擢御史，巡按遼東。歷河南僉事、湖廣僉事、山東副使等。累官工部尚書。參康熙《隴州志》卷六《人物志·先賢》，雍正三年刻本，葉4b~5a。
⑥ 樊祉，字介福，衛輝府胙城人，成化二十三年進士，除江西道監察御史，弘治六年出按遼東，八年巡按蘇松。參《蘭臺法鑒錄》卷十二《成化朝》，第295頁。
⑦ 張天衢，字叔通，成化二十年進士，授豐邱知縣。弘治五年擢湖廣道監察御史。歷山東道監察御史。陞陝西按察副使。累官至按察使。參雍正《高陽縣志》卷四《人物志·名賢》，雍正八年刻本，葉3a~4a。
⑧ 王和，成化十四年進士，授館陶知縣。陞南京御史，轉北京御史。累官至山東海道副使。參同治《遷安縣志》卷十六《列傳四·鄉賢下》，同治十二年刻本，葉2b。
⑨ [校] 郭庸，或作"郭鏞"。按同治《遷安縣志》卷十六《列傳四·鄉型下》，同治十二年刻本，葉3a，郭鏞，成化二十年進士，授金華府推官，考選御史，巡按宣大、遼東等，官至山西按察副使。
⑩ 羅賢，太原府清源人，弘治三年進士，授監察御史，巡按遼東、河南等。參乾隆《太原府志》卷三十八《選舉一》，乾隆四十八年刻本，葉21b。
⑪ 張隆，夏縣人，成化十七年進士，授虹縣知縣，擢監察御史。參康熙《夏縣志》卷三《人才·進士》，康熙四十七年刻本，葉1b。
⑫ 車梁，石州（永寧州）人，弘治三年進士，授永豐知縣。擢御史，官至漢陽知府。參光緒《永寧州志》卷十九《仕實》，光緒七年刻本，葉3a。

閻潔①陝西人。王獻臣②錦衣衛人。余濂③江西人。
楊滋④直隸定興人。邢昭⑤三河人。沙鵬⑥直隸江都人。
趙應龍⑦直隸衡水人。甯溥⑧直隸山陽人。汪賜⑨浙江人。
劉大謨⑩河南人。常在⑪山西人。劉成德⑫山西人。

---

① 閻潔，涇州人，弘治六年進士，授監察御史，陞山東按察司提學副使。參《國朝歷科題名碑錄初集·明弘治六年進士題名碑錄》，第684頁及乾隆《涇州志》卷下《選舉志·進士》，據乾隆十九年刻本抄，葉1b。

② 王獻臣，字敬止，吳縣人，隸籍錦衣衛，弘治六年舉進士，授行人。擢御史，巡按大同、遼東等。參張廷玉《明史》卷一百八十《王獻臣傳》，第4801~4802頁。

③ 余濂，字宗周，都昌人，弘治六年進士，授浙江道監察御史，巡按遼東等。累官至蘇州知府。參同治《都昌縣志》卷四《選舉表一》、卷九《人物志·名臣》，同治十一年刻本，葉29b、11a。

④ 楊滋，弘治三年進士，官至山東按察僉事。參乾隆《定興縣志》卷七《選舉》，乾隆四十年刻本，葉5b。

⑤ 邢昭，字仲明，弘治九年進士，授洪洞知縣。擢浙江道監察御史，終汝寧知府。參乾隆《三河縣志》卷十二《人物志上·鄉賢》，乾隆二十五年刻本，葉3b。

⑥ 沙鵬，弘治十二年進士，官至福建按察使。參康熙《江都縣志》卷六《選舉表》，康熙五十六年刻本，葉5b。

⑦ 趙應龍，字舜臣，弘治二年舉於鄉，十五年授沁水知縣。正德二年拜浙江道監察御史，巡按遼東。六年歷僉都御史，巡撫甘肅。參乾隆《衡水縣志》卷九《人物志·名臣》，乾隆三十二年刻本，葉4a~5a。

⑧ 甯溥，弘治十五年進士，官至陝西按察副使。參乾隆《山陽縣志》卷三《選舉表》，乾隆十四年刻本，葉22b。

⑨ 汪賜，順天府香河縣官籍，浙江仁和人，正德三年進士，官至副使。參《國朝歷科題名碑錄初集·明正德三年進士題名碑錄》，第702頁及乾隆《杭州府志》卷六十八《選舉二》，乾隆四十九年刻本，葉9b。

⑩ 劉大謨，字遠夫，儀封人，正德三年進士，授戶部主事，督古北口軍餉。改監察御史，按遼東等地。累官至左副都御史。參康熙《儀封縣志》卷二十三《人物二·名臣傳》，康熙三十年刻本，葉31b~32b。

⑪ 常在，榆社人，弘治十八年進士，授山陽知縣。擢廣東道監察御史，巡按遼東。官至河間、保定知府。參乾隆《榆社縣志》卷七《選舉志·甲科》，乾隆八年刻本，葉3a。

⑫ 劉成德，蒲州人，正德六年進士，拜監察御史，巡按遼東。累官至湖廣參議。參康熙《盛京通志》卷二十四《名宦》，康熙二十三年刻本，葉16b~17a及乾隆《蒲州府志》卷八《選舉上》，乾隆十九年刻本，葉7b。

張文明①山西人。賀銳②山西人。王金涿鹿中衛人。③

高越④鳳陽人。葛檜⑤復姓孫，見巡撫。楊白之⑥萬全都司人。

鄭本公⑦山西人。郭登庸⑧山西人。王正宗⑨直隸固安人。

劉訒⑩河南人。張問行⑪直隸内黃人。王重賢⑫直隸交河人。

---

① 張文明，字應奎，陽曲人，正德六年進士。授行人，擢御史，巡按遼東。累官至松江知府。參張廷玉《明史》卷一百八十八《張文明傳》，第4993~4994頁。

② 賀銳，字廷器，臨汾人，弘治二年舉於鄉，授高陽知縣。擢直隸道監察御史。官至江西按察使。參雍正《臨汾縣志》卷四《人物》，雍正八年刻本，葉6a。

③ ［校］中衛，二字底本不清，據《國朝歷科題名碑錄初集·明正德六年進士題名碑錄》，第709頁及嘉靖《遼東志》卷五《官師》，《續修四庫全書》第646冊，第579頁補。民國間抄本作"涿鹿衛"。王金，原作"王上金"，據前引三書改。王金，正德六年進士，官御史。參乾隆《涿州志》卷九《選舉志》，乾隆三十年刻本，葉6a。

④ 高越，弘治十七年舉於鄉，署福山縣教諭。以禦賊功，超拜監察御史。累官至泉州知府。參乾隆《鳳陽縣志》卷十《人物·鄉賢》，光緒二年刻本，葉10a。

⑤ 葛檜，其傳見前。

⑥ 楊百之，字允成，興和所籍，正德九年進士，授行人，擢陝西道監察御史。累官至廣西按察僉事。參嘉靖《宣府鎮志》卷三十二《選舉表》，成文出版社1970年影印明嘉靖四十年刊本，第378頁。

⑦ 鄭本公，朔州人，正德九年進士，授監察御史，累官至大理寺卿。參雍正《朔州志》卷十《人物志》，雍正十三年刻本，葉14b。

⑧ 郭登庸，大同府應州山陰縣軍籍，正德九年進士，授御史。以疾歸，起湖廣提學副使。擢都御史，巡撫宣府、陝西。參《國朝歷科題名碑錄初集·明正德九年進士題名碑錄》，第713頁及崇禎《山陰縣志》卷四《人物》，《中國地方志集成·山西府縣志輯》第6冊，第28頁。

⑨ 王正宗，字嫡夫，正德十二年進士，授浙江臨安知縣。陞福建道監察御史。謫州判。歷介休知縣、汾州知州、寧羌知州。累官至壽府左長史。參咸豐《固安縣志》卷六《選舉志》，咸豐九年刻本，葉3b。

⑩ 劉訒，字思存，鄢陵人，正德十二年進士，授寧國推官。世宗時，擢御史。歷南京通政司參議、南京刑部尚書，終刑部尚書。參張廷玉《明史》卷二百二《劉訒傳》，第5332~5333頁及道光《鄢陵縣志》卷四《選舉表》，道光十三年刻本，葉9a。

⑪ 張問行，字子書，正德十六年進士，授聞喜知縣。擢御史，巡按遼東。累官至副都御史，巡撫延綏。康熙十八年修《明史》特旨取行狀。參乾隆《内黃縣志》卷十三《人物》，乾隆四年刻本，葉32a~33a。

⑫ 王重賢，字子尚，正德十六年進士，授即墨知縣。擢浙江道監察御史。歷壽州判、雲南安寧州同知、徐州知州、濟南府同知。終江西按察司僉事。參康熙《交河縣志》卷五《人物志·列傳》，道光年間增刻康熙十二年刻本，葉28b~29a。

朱孔陽①河間人。謝蘭②山西人。李鏞③山西人。

楊行中④通州人。常時平⑤交河人。曾銑⑥直隸江都人。

王珩⑦交河人。史襃善⑧直隸開州人。喬祐⑨河南人。

段承恩⑩雲南人。胡文舉⑪福建人。胡汝輔⑫山西人。

---

① 朱孔陽，正德十六年進士，授御史，累官至廣西參議。參康熙《河間府志》卷十五《選舉志》，康熙年間刻本，葉 32a 及康熙《河間縣志》卷六《選舉志》，康熙十三年刻本，葉 2a。
② 謝蘭，字興德，代州人，嘉靖五年進士。授真定府推官。擢監察御史，巡按遼東、浙江等。累官至右副都御史，巡撫陝西。參光緒《代州志》卷十《傳三·列傳》，光緒八年刻本，葉 4b~5a。
③ 李鏞，字伯音，曲沃人，嘉靖五年進士。授知縣，擢御史。累官至兩京府丞。參康熙《曲沃縣志》卷十七《貢舉》、卷十八《人物》，康熙四十五年刻本，葉 4b、15ab。
④ 楊行中，字惟慎，嘉靖二年進士，授山陰知縣。擢監察御史，巡撫遼東。歷南京都察院右僉都御史，提督操江。官至南京吏部尚書。乾隆《通州志》卷八《人物志·鄉賢》，乾隆四十八年刻本，葉 24a~25a。
⑤ 常時平，嘉靖八年進士，授刑部主事，擢御史，終陝西按察司僉事。參康熙《交河縣志》卷五《人物志·進士》，道光年間增刻康熙十二年刻本，葉 1b。
⑥ 曾銑，字子重，嘉靖八年進士，授長樂知縣。徵監察御史，巡按遼東。擢大理寺丞，遷右僉都御史，巡撫山東、山西等。再擢兵部侍郎。嘉靖二十五年以右僉都御史，總督三邊軍務。隆慶時詔贈兵部尚書，諡襄愍。參張廷玉《明史》卷二百四《曾銑傳》，第 5386~5389 頁。
⑦ 王珩，嘉靖十一年進士，選翰林院庶吉士，拜御史，終按察司僉事。參康熙《交河縣志》卷五《人物志·進士》，道光年間增刻康熙十二年刻本，葉 1b。
⑧ 史襃善，字文直，嘉靖十一年進士，授行人。十四年擢陝西道監察御史，巡按遼東。降滁州判官，陞南京國子監博士。累陞大理寺卿。參《蘭臺法鑒錄》卷十六《嘉靖朝》，第 404 頁。
⑨ 喬祐，或作"喬佑"，洛陽人，嘉靖八年進士，授行人。十一年選監察御史。丁憂，服闕，補貴州道，巡按遼東。累官至山東參議。參《蘭臺法鑒錄》卷十五《嘉靖朝》，第 392 頁。按《明世宗實錄》卷一百五十一嘉靖十二年六月丙子條，第 3445~3446 頁，喬祐，由行人選湖廣道監察御史是在嘉靖十二年。
⑩ 段承恩，前文作"叚承恩"，其傳見前。
⑪ 胡文舉，字道卿，閩縣人，嘉靖四年舉於鄉，累官至柳城知縣。十五年選江西道監察御史。丁憂，服闕補河南道。二十一年巡按山東，盤查遼東軍器。參《蘭臺法鑒錄》卷十六《嘉靖朝》，第 405 頁。
⑫ 胡汝輔，其傳見前。

賈大亨①浙江人。劉廷儀②京都人。張鐸③南京人。

李廷松④直隸安肅人。史載德⑤直隸任丘人。

徐洛⑥河南人。趙孔昭⑦直隸邢臺人。錢鯨⑧浙江人。

溫景葵⑨山西人。王光祖⑩直隸魏縣人。陳瓚⑪直隸獻縣人。

嚴杰⑫浙江人。周斯盛⑬陝西人。陶應龍⑭直隸棗强人。

---

① 賈大亨，字敬之，上虞人，嘉靖十七年進士，授行人。擢陝西道御史，按遼東、湖廣、鳳陽等地。終大理寺卿。參《蘭臺法鑒錄》卷十六《嘉靖朝》，第 415 頁及康熙《上虞縣志》卷十五《人物志二》，康熙十年刻本，葉 28a。

② 劉廷儀，太醫院籍，浙江慈谿人，嘉靖十七年進士，授陵川知縣。擢湖廣道監察御史，按山東等。歷青州知府、鹽運司同知、思南知府等。參雍正《慈谿縣志》卷八《人物·忠義》，雍正八年刻本，葉 10b~11a；嘉靖《青州府志》卷十三《宦績》，《天一閣藏明代方志選刊》本，葉 47b~48a 及《國朝歷科題名碑録初集·明嘉靖十七年進士題名碑録》，第 749 頁。雍正《慈谿縣志》作"字汝象"，嘉靖《青州府志》作"字汝修"。

③ 張鐸，南京留守後衛人，嘉靖二十年進士，以翰林院庶吉士授監察御史，巡按遼東，多有政績。參嘉靖《全遼志》卷四《宦業志》，《遼海叢書》第 1 冊，第 613 頁。"留守後衛"，《全遼志》原作"留守衛"，據《國朝歷科題名碑録初集·明嘉靖二十年進士題名碑録》，第 755 頁改。

④ 李廷松，字茂貞，嘉靖十七年進士，授御史，巡按遼東。終浙江參議。參乾隆《安肅縣志》卷五《選舉·進士》、卷九《人物上·宦業》，嘉慶十三年補刻本，葉 2b、17ab。

⑤ 史載德，字惟一，嘉靖二十年進士，授聞喜知縣。擢河南道監察御史，巡按遼東。歷萊州知府、陝西按察副使。終山東參政。參乾隆《任邱縣志》卷九《人物志·政事》，乾隆二十七年刻本，葉 57ab。

⑥ 徐洛，許州人，嘉靖二十年進士，官至山東按察副使。參乾隆《許州志》卷五《選舉志·進士》，乾隆十年刻本，葉 3b。

⑦ 趙孔昭，字子潛，嘉靖二十三年進士，授鄢陵知縣。擢御史，按福建、兩浙等地。以平倭功，擢右僉都御史，巡撫宣府。累官至兵部左侍郎。參乾隆《邢臺縣志》卷十二《鄉賢列傳》，乾隆六年刻本，葉 7ab。

⑧ 錢鯨，字叔鳴，嘉靖二十六年進士，授中書舍人。選福建道監察御史，巡按遼東。丁內艱，起按徽寧。天啟《慈谿縣志》卷十一《憲臣久節》，成文出版社 1983 年影印明天啟四年刊本，第 570~571 頁。

⑨ 溫景葵，其傳見前。

⑩ 王光祖，字子孝，嘉靖二十三年進士，授夏津知縣。丁外艱，起補陽信縣。擢河南道監察御史，巡按遼東等地。累官至陝西布政司參政。參康熙《魏縣志》卷三《科貢》，康熙二十二年刻本，葉 3b~4a。

⑪ 陳瓚，其傳見前。

⑫ 嚴杰，字子俊，烏程人，嘉靖二十九年進士，授中書舍人。拜監察御史。爲中貴所嗾，謫臨清判官。參乾隆《烏程縣志》卷六《人物·明》，乾隆十一年刻本，葉 11b~12a。

⑬ 周斯盛，陝西寧州人，嘉靖三十二年進士，授行人。遷四川道監察御史。三十四年出按遼東，於邊儲糧餉事多有政績。參嘉靖《全遼志》卷四《宦業志》，《遼海叢書》第 1 冊，第 613 頁。

⑭ 陶應龍，字文化，直隸棗强人，嘉靖二十九年進士，授儀封知縣。三十六年擢湖廣道監察御史。三十七年巡按遼東。告病，卒。參《蘭臺法鑒錄》卷十七《嘉靖朝》，第 442 頁。

史官①河南人。王得春②山西人。楊栢③河南人。
黃襄④福建人。李輔⑤江西人。李叔和⑥徽州人。
蔡應陽⑦湖廣人。楊允中⑧遵化人。盛時選順天府人。⑨
向程⑩浙江人。朱文科⑪福建人。趙應元⑫陝西人。

---

① 史官，洛陽人，嘉靖三十二年進士，授館陶知縣。擢御史。歷鳳翔、饒州知府。參嘉慶《洛陽縣志》卷五十《良政傳》，嘉慶十八年刻本，葉48b。
② 王得春，其傳見前。
③ 楊栢，字允節，商丘人，嘉靖三十五年進士，授行人。三十八年選山東道監察御史，巡按遼東、江西及北直等地。陞陝西副使，累陞湖廣左布政。參《蘭臺法鑒錄》卷十七《嘉靖朝》，第444頁。
④ 黃襄，字國著，泉州府南安縣人，嘉靖三十八年進士，授行人。選貴州道監察御史。歷黃州知府、陝西苑馬寺少卿。參乾隆《泉州府志》卷四十三《列傳·明六》，同治九年據乾隆二十八年刻本重修，葉44a~45a。
⑤ 李輔，字子卿，進賢人，嘉靖三十八年進士，授中書舍人。選御史。累陞都御史，巡撫山東。終南京工部尚書。卒，贈太子少保。參康熙《進賢縣志》卷十一《選舉志》、卷十四《人物志二·良臣二》，康熙十二年刻本，葉14b、40b。
⑥ 李叔和，字介夫，祁門人，嘉靖三十二年進士，授推官。擢監察御史，巡按遼東等地。參道光《祁門縣志》卷二十五《人物志三·宦績》，道光七年刻本，葉31a。
⑦ 蔡應陽，麻城人，嘉靖三十七年舉於鄉，官御史。累官至布政使。參康熙《麻城縣志》卷六《選舉志》，康熙九年刻本，葉10b~11a。
⑧ 楊允中，嘉靖四十四年進士，選庶吉士。隆慶元年授廣東道監察御史。歷巡按遼東，巡按河南。累官至通政司左參議。參《蘭臺法鑒錄》卷十八《隆慶朝》，第458頁。
⑨ 盛時選，字以仁，錦衣衛籍，直隸吳縣人，嘉靖四十一年進士，授鳳翔推官。隆慶二年選山東道監察御史，三年巡按遼東。參《蘭臺法鑒錄》卷十八《隆慶朝》，第460頁。故此處作"順天府人"，不誤。
⑩ 向程，字宗洛，慈谿人，嘉靖四十四年進士，授閩縣知縣。隆慶二年選湖廣道監察御史，巡按遼東。萬曆三年改福建道，三年巡按湖廣，五年陞江西副使。參《蘭臺法鑒錄》卷十八《隆慶朝》，第461頁。
⑪ 朱文科，字以選，莆田人，嘉靖三十四年舉於鄉，官東明知縣。隆慶四年選山東道監察御史。五年出按遼東。萬曆元年巡按應天。累官至雲南按察使。參《蘭臺法鑒錄》卷十八《隆慶朝》，第467頁及乾隆《興化府莆田縣志》卷十三《選舉志》，乾隆二十三年刻本，光緒五年潘文鳳補刻本，葉37a。《蘭臺法鑒錄》誤作"嘉靖四十四年舉人"，該年爲乙丑年，非鄉試年。
⑫ 趙應元，字文宗，涇陽人，嘉靖四十四年進士，授郟縣知縣。隆慶五年選浙江道監察御史。六年巡按遼東。萬曆十二年陞大理寺丞。參《蘭臺法鑒錄》卷十八《隆慶朝》，第468頁。

郭思極①直隸魏縣人。劉臺②江西人。趙允升③山西人。

户部分司成化十三年設，郎中一員，總理遼東糧餉。

王宗彝④直隸束鹿人。毛泰⑤河南人。金迪⑥錦衣衛人。
王敏⑦宣府人。丁紳⑧山西人。趙仲輝⑨山西人。
唐錦舟⑩四川人。王璘⑪湖廣人。王璠⑫陝西人。

---

① 郭思極，隆慶二年進士，授遂平知縣。六年擢福建道監察御史。萬曆元年按遼東。三年按蘇、松。五年按湖廣。累陞僉都御史，巡撫應天。參《蘭臺法鑒錄》卷十八《隆慶朝》，第471頁及康熙《魏縣志》卷三《科貢》，康熙二十二年刻本，葉5b~6a。《魏縣志》作"字致中，號龍渠"，《蘭臺法鑒錄》作"字用甫"。
② 劉臺，字子畏，江西安福人，隆慶五年進士，授刑部主事。萬曆二年選福建道監察御史，巡按遼東。參張廷玉《明史》卷二百二十九《劉臺傳》，第5989~5993頁及《蘭臺法鑒錄》卷十九《萬曆朝》，第474頁。《蘭臺法鑒錄》作"字國基"。
③ 趙允升，代州人，隆慶二年進士，官至參議。參乾隆《直隸代州志》卷三《科目志》，乾隆四十九年刻本，葉4a。
④ 王宗彝，其傳見前。
⑤ 毛泰，字時亨，蘭陽人，成化五年進士，授南京刑部主事，陞北京戶部員外郎，分司居庸關。擢郎中，分理遼東，兼理屯田。官至貴州鎮遠知府。參康熙《蘭陽縣志》卷七《人物志》，民國二十四年鉛印本，葉2ab。
⑥ 金迪，河南開封府扶溝縣人，錦衣衛官籍，天順八年進士（乾隆《扶溝縣志》作癸未科。實際上，天順七年癸未本爲會試年，但該年二月貢院火，改爲八月舉行。殿試至次年三月舉行。故該科又稱爲天順八年甲申科。參《明英宗實錄》卷三百四十九天順七年二月戊辰條，第7019頁及《明憲宗實錄》卷三天順八年三月戊辰條，第81~82頁），官戶部主事。參乾隆《扶溝縣志》卷九《選舉表》，乾隆二十七年刻本，葉12b~13a及《國朝歷科題名碑錄初集·明天順八年進士題名碑錄》，第641頁。
⑦ 王敏，字遜之，宣府前衛籍，成化十一年進士，授戶部主事，陞員外郎、郎中。官至遼東苑馬寺卿。參嘉靖《宣府鎮志》卷三十二《選舉表》，成文出版社1970年影印明嘉靖四十年刊本，第375頁。
⑧ [校]丁紳，原作"于紳"，據正德《大同府志》卷十一《人物·國朝進士》，《四庫全書存目叢書》史部第186冊，第327頁改。按正德《大同府志》及乾隆《新修慶陽府志》卷二十一《職官》，乾隆二十六年刻本，葉14a，丁紳，代州人，成化十四年進士，授戶部主事，擢戶部郎中，累陞陝西慶陽知府。
⑨ 趙仲輝，聞喜人，成化十七年進士，歷官戶部郎中、廣平知府。參乾隆《聞喜縣志》卷七《人物下續傳附》，乾隆三十一年刻本，葉11a。
⑩ 唐錦舟，達縣人，成化二十年進士，官至郎中。參民國《達縣志》卷十四《學校門·選舉》，民國二十七年鉛印本，無頁碼。
⑪ 王璘，字廷玉，黃岡人，成化二十三年進士。累官至廣西右參政。參乾隆《黃岡縣志》卷九《人物志·宦蹟》，乾隆五十四年刻本，葉7ab。
⑫ 王璠，陝西鞏昌府寧遠縣人，成化二十年進士。官至布政司左參議。參康熙《鞏昌府志》卷二十三《選舉表》，康熙二十七年刻本，葉40a。

史學①直隸溧陽人。王㕞②陝西人。王濟③河間人。

王藎④錦衣衛人。劉繹⑤山西人。徐璉⑥直隸武邑人。

畢璽⑦山西人。張偉⑧四川人。王倖⑨直隸三河人。

馬應龍⑩陝西人。張鵬⑪福建人。李培齡⑫金吾衛人。

李淮⑬山西人。羅英⑭湖廣人。劉從學⑮山西人。

① 史學，字文鑑，成化二十三年進士，官户部主事，督儲淮安。陞員外郎，監兑魯、汴。再陞郎中，督餉遼東。累官至山東參政。參乾隆《溧陽縣志》卷五《選舉》、卷八《循良》，乾隆八年刻本，葉 4b、4ab。
② 王㕞，字汝器，朝邑人，弘治三年進士，授户部主事，出掌錢穀。歷員外郎，陞郎中，督餉遼東。累官至蘇州府同知。參乾隆《朝邑縣志》卷四《歷代著問人考》，乾隆四十五年刻本，葉 7b～8a。
③ 王濟，河間衛人，成化二十三年進士，任户部主事，累官至太僕寺卿。參乾隆《河間府新志》卷九《官政志·選舉表》、卷十一《人物志·人物下》，乾隆二十五年刻本，葉 9a、24b～25a。
④ 王藎，其傳見前。
⑤ 劉繹，其傳見前。
⑥ 徐璉，弘治十二年進士，授户部主事，轉郎中，陞嚴州知府。累官至江西左布政使。參康熙《武邑縣志》卷五《選舉志》，康熙三十三年刻本，葉 2a。
⑦ 畢璽，字天節，高平人，成化十六年舉於鄉。弘治九年，授任丘知縣。弘治十六年陞德州知州。正德三年轉揚州府同知，尋擢户部郎中，奉勅督理遼東邊餉。六年累官至兩淮鹽運使。參郭鋆《明亞中大夫兩淮都轉運使石屏畢公墓志銘》，王樹新《高平金石志》，中華書局 2004 年，第 425～426 頁。
⑧ 張偉，號柏軒，內江人，弘治九年進士，授宜興知縣。累官至兩淮鹽運使。參同治《內江縣志》卷六《人文志》，同治十年刻本，葉 16b。
⑨ 王倖，弘治十五年進士，歷户部郎中、山西運司。參乾隆《三河縣志》卷九《選舉志》，乾隆二十五年刻本，葉 3a。
⑩ 馬應龍，其傳見前。
⑪ 張鵬，字搏南，浦城人，正德六年進士，授户部主事，司督餉遼東等事。歷兵部郎中、山東按察副使兵備臨清。參乾隆《浦城縣志》卷九《人物考一》，乾隆八年刻本，葉 61b～62b。
⑫ 李培齡，金吾右衛軍籍，弘治十八年進士，官户部主事。參《國朝歷科題名碑録初集·明弘治十八年進士題名碑録》，第 641 頁及康熙《宛平縣志》卷五《人物上·進士》，民國間抄本，無頁碼。
⑬ 李淮，字巨川，聞喜人，正德九年進士，授刑部主事（疑爲户部主事），督餉太倉、密雲，後督餉江南及遼東等地。歷四川參議。累官至都御史，巡撫延綏。參乾隆《聞喜縣志》卷七《人物》，乾隆三十一年刻本，葉 12b～13a 及嘉靖《全遼志》卷四《宦業志》，《遼海叢書》第 1 册，第 613～614 頁。
⑭ 羅英，或作"羅瑛"，字汝廷，江夏人，正德九年進士，授户部主事，轉員外郎。歷懷慶知府。終官參政。參乾隆《江夏縣志》卷十《行業》，乾隆五十九年刻本，葉 16b～17a。
⑮ 劉從學，山西吉州人，正德二年舉於鄉，官至陝西按察司副使。參光緒《吉州全志》卷五《選舉》，民國間鉛印本，葉 2b。

李騰霄①山西人。寇天與②山西人。張承祚③河南人。
李欽昊④直隸東安人。孫巨鯨⑤陝西人。馬敦⑥河南人。
尹宇⑦直隸南宮人。張天麟⑧直隸深州人。張梯⑨山西人。
陳紹儒廣東人⑩。王尚學廣西人。⑪ 王撫民⑫真定人。
馬慎⑬直隸大城人。李臨陽⑭四川人。王良貴⑮寧津人。
屈諫⑯山西人。何東序⑰山西人。杜鵬翔⑱直隸霸州人。

---

① 李騰霄，字子冲，盂縣人，嘉靖二年進士，由戶曹出守廣平。參光緒《盂縣志》卷十《高行》，光緒七年刻本，葉3b。
② 寇天與，榆次人，嘉靖五年進士，由戶部郎中歷東昌知府。參乾隆《榆次縣志》卷十《選舉》、卷十三《人物下》，乾隆十五年刻本，葉4b、5ab。
③ 張承祚，其傳見前。
④ 李欽昊，嘉靖二年進士，累官至參議。參乾隆《東安縣志》卷十一《選舉志》，乾隆十四年刻本，葉3b。
⑤ 孫巨鯨，鞏昌府徽州人，嘉靖二年進士，官至戶部員外郎。參康熙《鞏昌府志》卷二十三《選舉表》，康熙二十七年刻本，葉19b。
⑥ 馬敦，其傳見前。
⑦ 尹宇，字汝光，嘉靖十一年進士，官至陝西副使。參道光《南宮縣志》卷十《人物志·文翰》，道光十一年刻本，葉29a。
⑧ 張天麟，字允禎，嘉靖十四年進士，授南京工部主事，轉北京戶部主事，累陞至郎中。督餉遼東，多有政績，祀廣寧名宦祠。參雍正《直隸深州志》卷六《仕宦》，雍正十年刻本，葉6a。
⑨ 張梯，陽曲人，嘉靖十一年進士，官戶部郎中，祀鄉賢。參康熙《陽曲縣志》卷十一《選舉志》，康熙二十一年刻本，葉6b。
⑩ [校] 廣東人，原作"廣西人"，據本書前文及前引陳紹儒傳改。
⑪ [校] 廣西人，原作"廣東人"，據乾隆《馬平縣志》卷七《人物·選舉》，光緒二十一年刻本，葉6b及嘉靖《全遼志》卷三《職官志》，《遼海叢書》第1冊，第580頁改。按縣志，王尚學，嘉靖十七年進士，官至兵部職方司郎中。
⑫ 王撫民，字仁甫，嘉靖二十年進士，授戶部主事。歷開封府推官，陞山東按察副使，兵備臨清。參乾隆《正定府志》卷三十五《人物五·仕蹟》，乾隆二十七年刻本，葉24b。
⑬ 馬慎，嘉靖二十年進士，授戶部主事。累官至山西副使。參康熙《大城縣志》卷五《選舉志》、卷六《人物志·鄉賢》，康熙十二年刻本，葉1b。
⑭ 李臨陽，江津人，嘉靖二十三年進士，歷岳州知府、陝西按察司副使。參乾隆《江津縣志》卷十一《士女志》，乾隆三十三年刻本，葉10b~11a。
⑮ 王良貴，其傳見前。
⑯ 屈諫，長治人，嘉靖二十六年進士，授戶部主事，歷員外郎、郎中。參乾隆《長治縣志》卷十三《選舉》，乾隆二十八年刻本，葉8a。
⑰ 何東序，其傳見前。
⑱ 杜鵬翔，嘉靖三十二年進士，授戶部主事。歷員外郎、郎中。累官至山東按察司僉事，督餉遼東道。參康熙《霸州志》卷八《人物志·甲科》，康熙十三年刻本，葉3b。

麻瀛①直隸宣城人。張守道②陝西人。趙賢③河南人。
黃九成④陝西人。董世彥⑤河南人。蔡可賢⑥直隸成安人。
郭石⑦山西人。丁誠⑧山西人。李充實⑨直隸玉田人。
王念⑩陝西人。李充實復任。張崇功⑪直隸大名人。

分守遼海東寧道正統三年設，以山東布政司參政或參議一員，總理糧儲。嘉靖四十二年，撫按請兼理遼陽、瀋陽、蒲河、撫順、清河、寬奠、靉陽、江沿、長安、長勇等處兵務。

---

① 麻瀛，嘉靖二十九年進士，累官至湖廣僉事。參嘉慶《宣城縣志》卷十三《選舉》，嘉慶十三年刻本，葉8b。
② 張守道，涇陽人，嘉靖三十二年進士，官至兵備僉事。參康熙《涇陽縣志》卷六《選舉志·進士》，康熙九年刻本，葉4b。
③ 趙賢，字良弼，汝陽人，嘉靖三十五年進士，授戶部主事，出監臨清倉、遼東餉。隆慶二年進湖廣布政司參政。六年遷右僉都御史，巡撫湖廣。萬曆四年官至南京吏部尚書。參萬斯同《明史》卷三百一十二《趙賢傳》，第6冊，第427頁。
④ 黃九成，城固人，嘉靖三十五年進士，授戶部主事。陞戶部員外郎。累官至臨清兵備副使。參康熙《城固縣志》卷六《人物·進士》、卷七《賢達》，康熙五十六年刻本，葉1a、3b。
⑤ 董世彥，字子才，禹州（鈞州）人，嘉靖三十二年進士，授濬縣知縣。陞戶部主事。歷員外郎、郎中。累陞右副都御史，巡撫陝西。累官至兵部右侍郎，總督三邊軍務。參乾隆《禹州志》卷七《人物·宦蹟》，乾隆十二年刻本，葉49b~50a。
⑥ 蔡可賢，其傳見前。
⑦ 郭石，山陰人，嘉靖十三年舉於鄉。會試八試不第。後選滕縣知縣，陞戶部福建司主事。隆慶元年陞陝西按察司僉事，整飭榆林兵備。神宗踐祚，起為山東按察使。崇禎《山陰縣志》卷四《人物》，《中國地方志集成·山西府縣志輯》第6冊，第31頁。
⑧ 丁誠，山西平陽府安邑縣人，河東鹽運司學生，嘉靖四十一年進士，累官至陝西副使。參《嘉靖四十一年進士登科錄》，《明代進士登科錄彙編》十五，第7801頁及乾隆《解州安邑縣志》卷六《選舉》，乾隆二十九年刻本，葉3b。
⑨ 李充實，字中虛，嘉靖四十四年進士，授戶部主事，出清遼東軍餉。累官至河東鹽運使。參乾隆《玉田縣志》卷七《選舉志》、卷八《人物志》，乾隆二十一年刻本，葉2b、11a。
⑩ 王念，字元亨，盩厔人，嘉靖四十年舉於鄉，累官至戶部郎中，督餉遼東。參乾隆《盩厔縣志》卷七《選舉·舉人》，乾隆五十年刻本，葉8b。萬曆三年王念因侵盜錢糧被遣戍邊。參《明神宗實錄》卷三十七萬曆三年四月戊寅條，第864頁等記載。
⑪ 張崇功，字惟志，大名人，嘉靖四十四年進士，知陽信、館陶二縣。推戶部主事，督餉遼東。陞山東按察僉事。累官至山東按察使。參乾隆《大名縣志》卷三十三《鄉賢傳五》，乾隆五十四年刻本，葉2ab。

劉道①山西人。吳珉②山西人。何鑑③浙江人。
金鍾④順天人。張憲⑤江西人。杜鰲⑥山西人。
林元輔⑦福建人。周絃⑧山西人。繆昌⑨直隸無錫人。
寧舉⑩直隸新城人。冒政⑪直隸泰州人。方矩⑫雲南人。

---

① 劉道，懷仁人，天順八年進士，選翰林院庶吉士。改吏部主事，歷本部員外郎。終河南布政使。參光緒《懷仁縣新志》卷七《人物》，光緒三十一年刻本，葉2a。
② 吳珉，靈石人，成化五年進士，授吏部主事，歷員外郎、郎中。累官至都御史，巡撫甘肅。參嘉慶《靈石縣志》卷九《人物志》，嘉慶二十二年刻本，葉4a。
③ 何鑑，字世光，浙江新昌人，成化四年進士，授宜興知縣。擢山西道監察御史。歷山東參政、四川左布政使。累官至南京兵部尚書。參萬曆《新昌縣志》卷十《科舉志》、卷十一《鄉賢志》，《天一閣藏明代方志選刊》第19冊，上海古籍書店1964年影印本，葉10b、17b～19b。
④ 金鍾，青田人，景泰七年，中順天榜鄉試，由吏部員外郎陞山東右參議。參光緒《青田縣志》卷九《選舉志》，光緒二年刻本，葉20a；嘉靖《山東通志》卷十《職官》，《四庫全書存目叢書》史部第188冊，第45頁及《明憲宗實錄》卷二百八十七成化二十三年二月己丑條，第4885頁。嘉靖《遼東志》卷五《官師》，《續修四庫全書》第646冊，第584頁及嘉靖《全遼志》卷三《職官志》，《遼海叢書》第1冊，第581頁謂金鍾爲大興人，貢士。限於史料，我們暫以光緒《青田縣志》及嘉靖《山東通志》記載爲準。
⑤ 張憲，字廷試，德興人，成化八年進士，授吏部考功司主事。陞山東左參政，轉浙江布政使。累官至南京工部尚書。參同治《德興縣志》卷七《選舉志·進士》、卷八《人物志·名臣》，同治十一年刻本，葉19b、23b～24b。
⑥ 杜鰲，字思齊，平陽人，成化十四年進士，授南京吏部主事。歷山東參政，分守遼東，督理糧餉。累官至山東左布政使。參乾隆《平陽縣志》卷十五《人物·宦業》，民國七年重刻乾隆二十五年刻本，葉13ab。
⑦ 林元輔，或作"林元甫"，字秉仁，莆田人，成化十一年進士，選工科給事中。累陞山東左布政。累官至右副都御史，巡撫四川、雲南。參康熙《興化府莆田縣志》卷二十三《人物志·列卿傳》，乾隆二十六年據康熙四十四年刻本重刻，葉3ab。
⑧ 周絃，或作"周紘"，陽曲人，成化十四年進士，官至山東右布政使。參康熙《陽曲縣志》卷十一《選舉志》，康熙二十一年刻本，葉5a。
⑨ 繆昌，字廷謨，成化十四年進士，授工部主事。陞山西參議。累官至四川布政使。參嘉慶《無錫金匱縣志》卷十九《宦望》，嘉慶十八年刻本，葉14ab。
⑩ 寧舉，字惟臣，弘治三年進士，授戶部給事中。累官至山東參政，分守遼東。參道光《(山東)新城縣志》卷十二《人物·仕進》，道光十八年刻本，葉11b。
⑪ 冒政，字有恒，成化十一年進士，授南京戶部主事。歷員外郎、郎中。累陞山東左參政，分守遼東。正德間陞江西右布政使。後官至右副都御史，巡撫寧夏。參雍正《泰州志》卷六《人物志》，雍正六年刻本，葉28ab。
⑫ 方矩，雲南後衛官籍，直隸定遠縣人，弘治六年進士，累官至參議。參《國朝歷科題名碑錄初集·明弘治六年進士題名碑錄》，第683頁及康熙《雲南通志》卷十七《選舉》，康熙三十年刻本，葉6a。

王懋中江西人。① 賈恪大梁人②。許淳③四川人。
陳琰廬陵人。徐永④河南人。李炫⑤遷安人。
王炫⑥山西人。閔楷⑦任丘人。蔡天祐⑧河南人。
方楷⑨直隸宿松人。劉寓⑩江西人。陸杰⑪浙江人。

---

① ［校］江西人，原作"山西人"。按康熙《安福縣志》卷三《人物志·名臣》，康熙五十二年刻本，葉62a~63a，王懋中，字興時，江西安福人，成化二十年進士，授南樂知縣。歷刑部員外郎、雲南按察僉事、山東按察使等。擢右副都御史，巡撫雲南。累官至南京右都御史。
② 賈恪，字惟恭，開封府通許人，正統十四年進士，授監察御史，出按江浙。轉山東右參議，分守臨清。參乾隆《通許縣志》卷六《人物志·列傳》，乾隆三十六年刻本，葉3b~4a。開封府古稱大梁，故此處謂賈恪爲大梁人。
③ 許淳，成都護衛人，成化十九年進士，歷雲南布政使。參天啓《新修成都府志》卷二十二《人物列傳·國朝》，《中國地方志集成·四川府縣志輯⑪》，巴蜀書社1992年，第335頁。
④ 徐永，字昌齡，禹州（鈞州）人，弘治六年進士，授工部主事，轉兵部員外郎，陞山東左參議，累官至山東副使。參乾隆《禹州志》卷六《選舉》、卷七《人物·宦蹟》，乾隆十二年刻本，葉3a、44b。
⑤ 李炫，弘治十二年進士，授南京兵部主事，歷遼東行太僕少卿、甘肅行太僕寺卿。參同治《遷安縣志》卷十六《列傳四·鄉型下》，同治十二年刻本，葉4a。
⑥ 王炫，字邦器，陽城人，弘治十二年進士，授主事，擢陝西僉事。歷河南分巡汝南道、薊州兵備道。晉山東參政，分守遼東。參乾隆《陽城縣志》卷六《選舉上》、卷九《人物》，乾隆二十年刻本，葉3b、8b~9a。
⑦ 閔楷，字正甫，弘治十八年進士，選翰林院庶吉士，授工科給事中。陞刑科都給事中。補浙江參政，陞河南左布政使。累官至南京禮部尚書，改南京户部尚書。參乾隆《任邱縣志》卷九《人物志上·儒林》，乾隆二十七年刻本，葉15a~16b。
⑧ 蔡天祐，字成之，睢州人，弘治十八年進士，選翰林院庶吉士，授吏科給事中。出爲福建僉事。歷山東副使，分巡遼東。嘉靖三年大同兵亂後，擢右僉都御史，巡撫大同。累官至兵部右侍郎。參張廷玉《明史》卷二百《蔡天祐傳》，第5285~5286頁。
⑨ 方楷，其傳見前。
⑩ 劉寓，字振道，崇仁人，正德九年進士，授祁門知縣。陞南京刑部陝西司主事，歷兵部車駕司員外郎、刑部河南司郎中，累官山東布政司參議，分守遼東。參同治《崇仁縣志》卷七《選舉志·進士》、卷八《人物志·宦業》，同治十二年刻本，葉8a、20b。
⑪ 陸杰，字元望，平湖人，正德九年進士，授兵部主事。歷兵部郎中、陝西副使等。累擢右副都御史，巡撫湖廣。累官至工部右侍郎。卒，贈工部尚書。參乾隆《平湖縣志》卷十一《人物志二·仕績》，乾隆四十五年刻本，葉14a~15b。

查應兆①直隸長洲人。高登②直隸內黃人。趙德祐③直隸盧龍人。

榮愷④順天人。賀府⑤陝西人。喬祐⑥見巡按。

俞憲⑦直隸無錫人。伊介夫⑧直隸阜城人。趙世禄⑨山西人。

莫璘⑩薊州人。張廷槐⑪萬全都司人。王可立⑫直隸滁州人。

① 查應兆，字瑞徵，正德十六年進士，授工部虞衡司主事。累官至廣東布政使。參乾隆《長洲縣志》卷二十四《人物三》，乾隆十八年刻本，葉17a。小傳原作"正德六年進士"，誤，據卷二十《科目》，葉13a及《國朝歷科題名碑錄初集·明正德十六年進士題名碑錄》，第721頁改。
② 高登，正德十六年進士，官至參議。參乾隆《內黃縣志》卷十一《選舉》，乾隆四年刻本，葉3a。
③ [校]趙德祐，或作"趙德佑"，嘉靖二年進士，授陝西道監察御史，巡按應天等地。歷山西兵備、分巡冀南道等。陞山東參議，分巡遼海東寧道。再陞陝西副使，兵備肅州。累官至陝西太僕寺卿。參乾隆《永平府志》卷十六《人物志二》，乾隆三十九年刻本，葉19ab。但卷十三《選舉志一·技術》，葉5a及康熙《永平府志》卷十六《科貢》，康熙五十年刻本，葉7a等作"苑馬寺卿"。"分巡遼海東寧道"條作"趙得祐，見分守"。嘉靖《全遼志》卷三《職官志》，《遼海叢書》第1冊，第581頁分守道作"趙德祐"，第582頁分巡道作"趙得祐"。
④ 榮愷，大興人，嘉靖八年進士，官至陝西按察副使。參康熙《大興縣志》卷五下《人物·科目考·前朝進士》，清抄本，葉13b。
⑤ 賀府，渭南人，嘉靖八年進士，授定遠知縣，陞兵部主事，累陞山東布政司參議。參雍正《渭南縣志》卷八《選舉志》，雍正十年刻本，葉4a。
⑥ 喬祐，其傳見前。
⑦ 俞憲，嘉靖二十年進士，官至湖廣按察使。參嘉慶《無錫金匱縣志》卷十五《選舉》，嘉慶十八年刻本，葉7b。
⑧ 伊介夫，字貞甫，嘉靖二十年進士，授章丘知縣。陞工部虞衡司主事。歷工部營繕司員外郎，管臨清磚廠事。未幾，陞山東按察司僉事，分巡遼海東寧道。再陞山西按察司副使，整飭薊州兵備。再改山東按察司副使，整飭德州兵備。參雍正《阜城縣志》卷十九《人物·事功》，光緒三十四年刻本，葉7a~9a。嘉靖《全遼志》卷三《職官志》，《遼海叢書》第1冊，第582頁作"趙介夫"。
⑨ 趙世禄，汾州人，嘉靖二十三年進士，官至山東參議。參乾隆《汾州府志》卷十八《科目上》，乾隆三十六年刻本，葉8b。
⑩ 莫璘，或作"紀璘"，前文昌鎮職官戶部分司即作"紀璘"。其傳見前。
⑪ 張廷槐，字子徽，興和所籍，萬全都司學生，嘉靖二十三年進士，授行人。擢兵科給事中，陞河南按察僉事。參嘉靖《宣府鎮志》卷三十二《選舉表》，第380頁。
⑫ 王可立，字子中，嘉靖三十二年進士，授刑部主事，歷山東按察僉事，累官至山東右參議。參康熙《滁州志》卷十六《選舉》、卷二十二《人物》，康熙十二年刻本，葉4b、20b。

張邦土①山西人。劉時秋②寶坻人。李鶚③靈壽人。
翟繡裳④山西人。

分巡遼海東寧道正統三年設，山東按察司列銜，副使或僉事一員，專理詞訟。嘉靖三十九年，撫按請兼理廣寧、錦、義、右屯、鎮武、正安、鎮靜等處兵務。⑤
侯恂⑥陝西人。袁端⑦河南人。許進⑧河南人。
廖中⑨福建人。普暉⑩山西人。鈕清⑪浙江人。

---

① 史籍中有作"張邦土"者，如《明穆宗實錄》卷四十三隆慶四年三月己亥條，第1082頁，"以遼東廣寧、高平、海州、遼陽、瀋陽繕修邊牆、墩臺、壕圈功，賞巡撫魏學曾、總兵王治道、分守參政張邦土、分巡僉事劉田各銀兩有差"。本書卷六《制疏考·遼鎮制疏》亦有《參議張邦土經畧邊備議》等。有作"張邦土"者，如乾隆《蒲州府志》卷八《選舉上》，乾隆十九年刻本，葉28b，張邦土，邦教弟，嘉靖十年舉於鄉，官至山東參政。但作"張邦土"更合適。
② 劉時秋，嘉靖四十一年進士，授武昌推官，歷陞參議。參乾隆《寶坻縣志》卷九《選舉》，乾隆十年刻本，葉2b。
③ 李鶚，嘉靖四十一年進士，累官至副使。參乾隆《正定府志》卷二十一《選舉上·進士》，乾隆二十七年刻本，葉10b。
④ 翟繡裳，號左溪，聞喜人，嘉靖四十一年進士，授雄縣知縣，補商丘知縣。入爲兵部主事，擢爲關西分巡道。遷山東參議，轉參政，分守遼海。累官至右僉都御史，巡撫順天。參乾隆《聞喜縣志》卷四《選舉·前代諸科》、卷七《人物下續傳附》，乾隆三十一年刻本，葉18a、15b~16a。
⑤ 嘉靖《全遼志》卷三《職官志》，《遼海叢書》第1冊，第582頁，"嘉靖庚申（三十九年），巡撫侯汝亮題兼兵備。壬戌（四十一年）督視軍情侍郎葛縉奏改兼廣寧、錦、義、河西兵備"。與本書記載稍異。
⑥ 侯恂，字誠之，白水人，成化二年進士，授戶部主事。改山東按察司僉事，督運京畿糧儲。歷湖廣按察僉事、山東按察使。擢右僉都御史巡撫大同。轉副都御史，巡撫山西。參乾隆《白水縣志》卷三《人物志·人物列傳》，乾隆十九年刻本，葉61ab。
⑦ 袁端，蘭陽人，成化二年進士，官至山東按察副使。參康熙《蘭陽縣志》卷六《選舉志》，民國二十四年鉛印本，葉2a。
⑧ 許進，字季陞，靈寶人，成化二年進士，授監察御史。歷山東按察司副使、廣西按察使。陞都察院右僉都御史，巡撫大同。累官至都察院右副都御史，巡撫陝西。參康熙《靈寶縣志》卷三《人物志》，康熙三十年刻本，葉26ab、30b。
⑨ 廖中，字用中，順昌人，成化十一年進士，授刑部主事，轉員外郎。陞山東按察僉事。累官至山東副使。參康熙《順昌縣志》卷五《人物志·名臣》，康熙四十八年刻本，葉5b~6b。
⑩ 普暉，垣曲人，景泰七年舉於鄉，官白河知縣。擢江西道監察御史。累官至山東按察僉事。參光緒《垣曲縣志》卷六《選舉上》，光緒五年刻本，葉6b。
⑪ 鈕清，會稽人，成化十四年進士，官至副使。參康熙《會稽縣志》卷二十《選舉志中》，康熙二十二年刻本，葉28a。

朱瓚①肅寧人。劉翔②直隸獻縣人。陳寬③直隸新河人。
乂瑞④山西人。楊壽⑤涿州人。王中⑥浙江人。
李琮河南人⑦。董廷臣⑧岳陽人。李貢⑨見巡撫。
黃繡⑩江西人。許莊⑪直隸灤州人。楊節合肥人。

① 朱瓚，成化十一年進士，官襄陽知縣，擢監察御史，歷山東按察副使、福建按察使，官至湖廣布政使。參乾隆《肅寧縣志》卷七《人物志·宦蹟》，乾隆二十一年刻本，葉4b~5a。
② 劉翔，成化十四年進士，歷嘉定知縣、監察御史。弘治五年，擢山東按察僉事。參乾隆《獻縣志》卷八《選舉》，乾隆二十六年刻本，葉5a 及《明孝宗實錄》卷六十四弘治五年六月壬寅條，第1229頁，"壬寅，陞監（察）（引者按：察字原缺）御史歐陽旦、劉翔，大理寺右評事黃祥俱爲按察司僉事，旦雲南，翔山東、祥湖廣"。
③ 陳寬，其傳見前。
④ 乂瑞，介休人，成化十一年進士，授行人。擢監察御史，巡按畿甸，再巡山東。陞山東按察副使，兵備遼東。參乾隆《介休縣志》卷九《人物》，乾隆三十年刻本，葉23b。
⑤ 楊壽，弘治六年進士。弘治十八年由山東按察僉事擢河南按察副使。正德四年擢爲河南按察使。參乾隆《涿州志》卷九《選舉志·科目》，乾隆三十年刻本，葉5b；《明孝宗實錄》卷二百二十三弘治十八年四月丙辰條，第4209頁，"山東按察司僉事楊壽爲河南按察司副使"；《明武宗實錄》卷四十六正德四年正月己未條，第1056頁，"陞河南布政司右參政馬炳然爲山東右布政使，河南按察司副使楊壽爲本司按察使"。
⑥ 王中，字時中，寧海人，成化二十三年進士，授南京河南道監察御史，陞山東按察僉事。弘治中，分巡遼東。謫石屏知州，後陞南雄府同知。參康熙《寧海縣志》卷七《人物志·鄉賢》，康熙十七年刻本，葉28ab。
⑦ 查康熙《山東通志》卷二十四《職官一》，康熙四十一年刻本，葉59b、60b，僉事下記"李琮，沁州人，由舉人，景泰間任"。宣德七年舉於鄉，由濬縣訓導陞江西道監察御史，巡按山東、四川、陝西等。景泰五年陞山東按察僉事。天順五年陞山東按察副使。參乾隆《沁州志》卷五《選舉》、卷六《人物》，乾隆三十六年刻本，葉10b、22b 及《明英宗實錄》卷一百二十一正統九年九月庚寅條，第2438頁等。
⑧ 董廷臣，嘉靖《遼東志》卷五《官師》，《續修四庫全書》第646冊，第585頁及嘉靖《全遼志》卷三《職官志》，《遼海叢書》第1冊，第582頁記載董廷臣，岳陽人，進士，僉事。查雍正《岳陽縣志》卷七《人物志》，雍正十二年刻本，葉16a~24b 所記進士、舉人、貢生、例監四類功名中皆無董廷臣。嘉靖《山東通志》卷十《職官》，《四庫全書存目叢書》史部第188冊，第48~49頁及康熙《山東通志》卷二十四《職官一》，康熙四十一年刻本，葉58b~67a 亦無僉事董廷臣。此處此人疑爲誤入，限於史料，此人暫不得考。
⑨ 李貢，其傳見前。
⑩ 黃繡，其傳見前。
⑪ 許莊，字德徵，弘治六年進士，歷臨汾、寶雞知縣，陞平陽府同知。擢山東僉事，分巡遼海。參光緒《灤州志》卷十五《人物列傳上·仕蹟》，光緒二十四年刻本，葉14b~15a。

呂和①浙江人。蔡芝②直隸崑山人。盛儀③直隸江都人。

潘珍④見巡撫。許逵⑤河南人。魯鐸⑥直隸撫寧人。

楊輔⑦直隸邳州人。王億⑧陝西人。韓璔⑨直隸高陽人。

王舜漁⑩直隸常熟人。趙得祐⑪見分守。景仲光⑫河南人。

---

① 呂和，字克中，鄞縣人，弘治十二年進士，授臨淮知縣。丁父憂，服闋，補建平知縣。歷刑部主事、員外郎。擢山東按察僉事。累官至四川按察使。參乾隆《鄞縣志》卷十五《人物·明》，乾隆五十三年刻本，葉25b~26a。
② 蔡芝，字時馨，正德三年進士，官至山東副使。參乾隆《崑山新陽合志》卷十五《選舉表》，乾隆十六年刻本，葉11b。
③ 盛儀，字德璋，弘治十八年進士，授禮部主事，改監察御史。陞山東僉事。累官至廣東按察使。參乾隆《江都縣志》卷十五《鄉賢》，乾隆八年刻本，葉20ab。
④ 潘珍，其傳見前。
⑤ 許逵，字汝登，固始人，正德三年進士，授樂陵知縣。累官至山東按察僉事，分巡僉事。累官至江西按察副使。贈禮部尚書。參嘉靖《全遼志》卷四《宦業志》，《遼海叢書》第1冊，第614頁及康熙《固始縣志》卷六《選舉表上》、卷七《人物志》，康熙三十二年刻本，葉11ab、4ab。
⑥ 魯鐸，字文振，弘治十五年進士，授岳州府推官。歷大理寺評事、刑部主事、員外郎。累官至山東按察僉事。參康熙《撫寧縣志》卷七《人物·鄉賢》，康熙二十一年刻本，葉20ab。
⑦ 楊輔，弘治十八年進士，官山東按察司僉事，累官至山西按察副使。參康熙《邳州志》卷四《學校志·科舉》，康熙三十二年刻本，葉9b；萬曆《山西通志》卷十二《職官》，國家圖書館藏縮微膠片，葉34a及康熙《山東通志》卷二十四《職官一》，康熙四十一年刻本，葉61b。另有武陵人楊輔，監生，景泰四年由廣東按察副使改山東按察副使，七年以老致仕。參康熙《山東通志》卷二十四《職官一》，康熙四十一年刻本，葉47b及《明英宗實錄》卷二百三十四景泰四年十月壬辰條，第5107頁；《明英宗實錄》卷二百六十八景泰七年七月丙申條，第5689頁。
⑧ 王億，字本一，鳳翔人，弘治十八年進士，授閿鄉知縣。丁憂，服闋，補濬縣知縣。擢山東僉事，分巡遼東。參乾隆《鳳翔縣志》卷六《人物·宦績》，乾隆三十二年刻本，葉11a。
⑨ 韓璔，字廷佩，直隸高陽人，正德九年進士，授戶部主事，屢督運餉。歷陞山東按察僉事，分巡遼東。歷陝西按察副使，整飭洮、岷兵備。參雍正《高陽縣志》卷四《人物志·名賢》，雍正八年刻本，葉4b~5a。下文昌鎮密雲分司有韓璔，未記籍貫信息。推斷兩處應是一人。
⑩ 王舜漁，字于澤，正德十二年進士，授工部主事。歷刑部廣東司主事、員外郎。遷山東按察僉事，分巡遼海東寧道。擢副使，整飭臨清兵備。參康熙《常熟縣志》卷十七《邑人》，康熙二十六年刻本，葉44a~46b。
⑪ 趙得祐，上文作"趙德祐"。
⑫ 景仲光，偃師人，正德十六年進士，歷巡按福建監察御史、山東按察僉事。參乾隆《偃師縣志》卷十二《選舉表》，乾隆五十四年刻本，葉7b~8a。

熊爵①河南人。沈松②浙江人。張九叙③山西人。

胡諧④山西人。陳王道⑤直隸滑縣人。劉尚義⑥山西人。

伊介夫⑦見分守。桑蓁⑧陝西人。陳燦⑨湖廣人。

杜鵬翔⑩見户部郎中。張邦土⑪見分守。董世彥⑫見户部郎中。

何榮⑬涿州人。劉田⑭河南人。賀溱⑮山西人。

張子仁⑯直隸無錫人。蔡可教⑰直隸成安人。

① 熊爵，祥符人，正德十六年進士，歷御史，官至山東按察僉事。參乾隆《祥符縣志》卷十二《選舉志·進士》，乾隆四年刻本，葉 7a 及康熙《山東通志》卷二十四《職官一》，康熙四十一年刻本，葉 62a。
② 沈松，號南匡，德清人，正德十二年進士，授晉江知縣。擢御史，巡鹽河東。歷遼東兵備、山東參議。參康熙《德清縣志》卷七《人物傳·名業》，康熙十二年刻本，葉 17b~18a。
③ 張九叙，其傳見前。
④ 胡諧，安邑人，正德五年舉於鄉，官至雲南參議。參乾隆《解州安邑縣志》卷八《人物上》，乾隆二十九年刻本，葉 9ab。
⑤ 陳王道，嘉靖二十年進士，官至山東僉事，分巡遼東（志作"遼東僉事"）。參康熙《滑縣志》卷七《選舉志》，康熙二十五年刻本，葉 3b。
⑥ 劉尚義，汾州人，嘉靖十四年進士，授行人，擢御史。歷秦州判官、朝邑知縣、松江府同知、四川按察僉事等。累官至河南副使。參乾隆《汾州府志》卷十五《人物三》，乾隆三十六年刻本，葉 8a。
⑦ 伊介夫，其傳見前。
⑧ 桑蓁，字德美，長安人，嘉靖十年舉於鄉，官杭州府通判。擢太原府同知。累遷山東僉事，分巡遼東。參康熙《長安縣志》卷五《選舉》、卷七《人物》，康熙七年刻本，葉 5a、13b。康熙《山東通志》卷二十四《職官一》，康熙四十一年刻本，葉 63a 謂桑蓁爲貢士。
⑨ 陳燦，巴陵人，嘉靖二十三年進士，官山東僉事，累官至參議。參嘉慶《巴陵縣志》卷十八《選舉表》，嘉慶九年刻本，葉 5a 及康熙《山東通志》卷二十四《職官一》，康熙四十一年刻本，葉 64a。
⑩ 杜鵬翔，其傳見前。
⑪ 張邦土，其傳見前。
⑫ 董世彥，其傳見前。
⑬ 何榮，嘉靖三十二年進士，授推官。歷山東按察司兵備副使。遷四川按察副使。參乾隆《涿州志》卷九《選舉志》、卷十四《人物三·名臣下》，乾隆三十年刻本，葉 6b、21ab。
⑭ 劉田，南陽人，嘉靖四十一年進士。
⑮ 賀溱，字汝鋭，臨汾人，嘉靖二十五年舉於鄉，歷永平府同知、御史等。累官至山東參政。參雍正《臨汾縣志》卷四《人物》，雍正八年刻本，葉 6a。
⑯ 張子仁，字安甫，嘉靖三十八年進士，除南京兵部主事。歷四川參議，終貴州參政。參嘉慶《無錫金匱縣志》卷十九《宦望》，嘉慶十八年刻本，葉 27b。
⑰ 蔡可教，字孟受，嘉靖三十八年進士，累官至陝西僉事，兵備臨潼。謫山東僉事，兵備遼海。參康熙《成安縣志》卷九《貢舉》、卷十四《人物·世譜》，康熙年間據康熙十二年刻本後印，葉 2a、7b~8b。

開原兵備嘉靖十九年設於金州城，山東按察司列銜，僉事一員充任。二十二年，改整飭開原①、中固、鐵嶺、汎河、懿路等處兵務。

黃雲②陝西人。賀府③見分守。李全④四川人。

王顯忠⑤保定人。朱天俸⑥直隸濬縣人。耿隨卿⑦直隸滑縣人。

趙宗軌⑧直隸滄州人。王可立⑨見分守。黃九成⑩見户部郎中。

張光漢⑪河南人。王之弼⑫陝西人。馮覬⑬山西人。

賀溱⑭見分巡。

寧前兵備嘉靖四十二年設，山東按察司列銜，副使或僉事一員，整飭寧遠、前屯、中後所、中左等處兵務。

陳絳⑮浙江人。張學顏⑯直隸肥鄉人。王一鶚⑰直隸曲周人。

---

① ［校］開原，底本不清，據民國間抄本補。
② 黃雲，咸寧人，嘉靖十四年進士。其傳見本書卷九。
③ 賀府，其傳見前。
④ 李全，字伯才，内江人，嘉靖八年進士，授蒲城知縣。歷壽州判、山東僉事等，終陝西參議。參同治《内江縣志》卷六《人文志》，同治十年刻本，葉25ab。
⑤ 王顯忠，字元效，嘉靖二十年進士，授户科給事中。歷臨晉知縣、山東參議、江西副使、山西左參議。參康熙《保定縣志》卷二《選舉志》、《人物志》，康熙十二年刻本，葉79b、97ab及雍正《畿輔通志》卷七十四《人物·政事》，雍正十三年刻本，葉7a。
⑥ 朱天俸，嘉靖二十六年進士，歷山西按察司副使，兵備岢嵐等。參嘉慶《濬縣志》卷四《選舉表》、卷十六《人物記·史傳》，嘉慶七年刻本，葉4ab、6a。
⑦ 耿隨卿，其傳見前。
⑧ 趙宗軌，嘉靖三十二年進士，官山東按察僉事（志謂遼東按察司僉事）。參乾隆《滄州志》卷八《選舉·進士》，乾隆八年刻本，葉3b。
⑨ 王可立，其傳見前。
⑩ 黃九成，其傳見前。
⑪ 張光漢，字維章，武安人，嘉靖三十八年進士，授無爲知州。丁憂，服闋，補深州。行取工部員外郎。陞開原兵備。參乾隆《武安縣志》卷十五《人物·列傳》，乾隆四年刻本，葉14b~15a。
⑫ 王之弼，其傳見前。
⑬ 馮覬，高平人，嘉靖二十五年舉於鄉，知武邑縣。遷南京户部郎中，擢山東僉事，兵備遼東。參同治《高平縣志》卷六《人物》、卷七《選舉》，同治六年刻本，葉12a、6b。
⑭ 賀溱，其傳見前。
⑮ 陳絳，字用揚，上虞人，嘉靖二十三年進士，授工部主事。累官至寧前兵備，繕堡立營，防邊有功。參康熙《上虞縣志》卷十五《人物志二·名賢列傳》，康熙十年刻本，葉38a~39a。
⑯ 張學顏，其傳見前。
⑰ 王一鶚，其傳見前。

任彬①山西人。李松②直隸大城人。

苑馬寺永樂四年設，卿一員，專理孳牧，駐遼陽。嘉靖三十一年，撫按請移駐蓋州，帶管金、復、盖三衛詞訟、錢糧。四十二年，奉敕兼兵備僉事，兼理金、復、盖、岫巖等處兵務。

周驥③順天府人。侯聚④。王翱⑤見巡撫。

劉連燕山人⑥。樊英⑦陝西人。李溫⑧直隸漷縣人。

曹岡⑨錦衣衛人。黃會⑩江西人。黃伯垓⑪湖廣人。

劉濟⑫河南人。王恩⑬浙江人。梁澤⑭陝西人。

---

① 任彬，其傳見前。
② 李松，號小峰，嘉靖四十一年進士，授歸安知縣。歷州判、滕縣知縣、兵部主事。陞山東僉事，兵備遼東寧前道。累官至都御史，巡撫遼東。參康熙《大城縣志》卷五《選舉志·甲科》、卷六《人物志·少司馬李公傳》，康熙十二年刻本，葉 1b~2a、10b~11b。
③ 周驥，順天府大興縣富戶籍，直隸華亭人，正統十三年進士，官至光禄寺少卿。參《國朝歷科題名碑錄初集·明正統十三年進士題名碑錄》，第 626 頁及康熙《大興縣志》卷五《人物·科目考》，清抄本，葉 4a。
④ 侯聚，事迹不確。
⑤ 王翱，其傳其前。
⑥ 劉連，事見嘉靖《遼東志》卷五《職官志》，《續修四庫全書》第 646 冊，第 587 頁和嘉靖《全遼志》卷三《職官志》，《遼海叢書》第 1 冊，第 583 頁。康熙《大興縣志》卷五《人物·科目考》，清抄本，葉 4a 則記爲劉璉，正統十年進士，官遼東苑馬寺卿。按康熙《大興縣志》卷四《政事·武備考》，清抄本，葉 22b，燕山右衛在大興，劉璉疑爲此衛人。又，《國朝歷科題名碑錄初集·明正統十年進士題名碑錄》，第 624 頁記劉璉爲順天府大興縣民籍。
⑦ 樊英，臨潼人，景泰五年進士，官太僕寺卿，累官至山西左參政。參康熙《臨潼縣志》卷四《選舉表》，康熙四十年刻本，葉 29b。
⑧ 李溫，字景和，天順四年進士。弘治元年由太僕寺少卿陞正卿，再調苑馬寺。累官至户部左侍郎。參《國朝列卿紀》卷一百五十《太僕寺卿年表》，《四庫全書存目叢書》第 94 冊，第 690 頁及乾隆《通州志》卷八《人物志·鄉賢》，乾隆四十八年刻本，葉 20b。
⑨ 曹岡，事迹不確。
⑩ 黃會，字吉劭，臨川人，景泰五年進士，授行人司左司副。陞南京屯田司郎中。累官至遼東苑馬寺卿。參同治《臨川縣志》卷三十六《選舉志》、卷四十《人物志·宦業一》，同治九年刻本，葉 10a、24b。
⑪ 黃伯垓，字鵬遠，黃岡人，成化二年進士，累官至苑馬寺卿。卒，祀鄉賢。參乾隆《黃岡縣志》卷十一《人物志·篤行》，乾隆二十四年刻本，葉 2b~3a。
⑫ 劉濟，字洪人，郟縣人，景泰七年舉於鄉，授乾州知州，改徽州知州。官至遼東苑馬寺卿。參康熙《郟縣志》卷二《人物志》，乾隆七年據康熙三十三年刻本重刻，葉 19b、33ab。
⑬ 王恩，餘姚人，成化二十三進士，官至布政使。參乾隆《餘姚志》卷十七《選舉表一》，乾隆四十六年刻本，葉 36a。
⑭ 梁澤，三原人，成化五年進士，官遼東苑馬寺卿、浙江參政。參乾隆《三原縣志》卷七《選舉》，乾隆四十八年刻本，葉 3a。

夏暹直隷丹徒人①。劉鍾②。趙玹③福建人。

趙文奎④湖廣人。李天賦⑤山西人。舒晟⑥江西人。

金冕⑦直隷崑山人。凌相⑧。郭震⑨山西人。

侯綸⑩山西人。王崇慶⑪直隷開州人。潘倣⑫河南人。

---

① 夏暹，字景升，雲南左衛人，成化二十年進士，歷湖廣布政司參議、參政，陞遼東苑馬寺卿。累官至廣西布政使。參康熙《雲南通志》卷十七《選舉貢院附》、卷二十一《鄉賢》，康熙三十年刻本，葉 5b、20a 及《國朝歷科題名碑録初集·明成化二十年進士題名碑録》，第 672 頁。《雲南通志》卷二十一謂夏暹弘治甲辰進士，誤。嘉靖《遼東志》卷五《職官志》，《續修四庫全書》第 646 册，第 588 頁亦謂之雲南左衛人。嘉靖《全遼志》卷三《職官志》，《遼海叢書》第 1 册，第 583 頁謂之直隷丹徒人，但檢索萬曆、嘉慶、光緒《丹徒縣志》不得此人，應是籍、貫不一所致。

② 劉鍾，按嘉靖《遼東志》卷五《職官志》，《續修四庫全書》第 646 册，第 588 頁，"劉鍾，順天府大興縣人，監生"。《明孝宗實録》卷三十六弘治三年三月庚申條，第 779 頁，"陞戶部郎中陳倫爲河間長蘆都轉運鹽使司運使，郎中王敏爲陝西苑馬寺少卿，西安府同知劉鍾爲遼東行太僕寺少卿"。下文行太僕寺卿有劉鍾，應是一人。

③ 趙玹，閩縣人，官至遼東苑馬寺卿。參嘉靖《遼東志》卷五《官師》，《續修四庫全書》第 646 册，第 588 頁。

④ 趙文奎，字天章，江陵人，成化二十年進士，授繁昌知縣。歷監察御史、雷州知府、貴州布政使、順天府尹等。參乾隆《江陵縣志》卷二十七《人物一·賢達》，乾隆五十九年刻本，葉 35b。

⑤ 李天賦，交城人，弘治六年進士。歷泌陽知縣、湖廣道監察御史、尚寶司卿、湖廣參政，累陞遼東苑馬寺正卿。參光緒《交城縣志》卷八《人物門·史列傳》，光緒八年刻本，葉 13b。

⑥ 舒晟，其傳其前。

⑦ 金冕，雲南中衛籍，直隷崑山人，弘治三年進士，官至遼東苑馬寺卿。參《國朝歷科題名碑録初集·明弘治三年進士題名碑録》，第 677 頁及嘉靖《遼東志》卷五《官師》，《續修四庫全書》第 646 册，第 587 頁。

⑧ 凌相，字忠甫，南通州人，弘治十二年進士，授沂水知縣。歷南京監察御史、廣東按察僉事、山東按察僉事等。正德十三年遷太僕寺少卿。嘉靖二年遷苑馬寺卿。累官至右副都御史，巡撫湖廣。參《明分省人物考三》卷三十一《南直隷揚州府二》，第 797~799 頁。

⑨ 郭震，蒲州人，正德三年進士，官苑馬寺少卿。參乾隆《蒲州府志》卷八《選舉上》，乾隆十九年刻本，葉 7b。

⑩ 侯綸，其傳其前。

⑪ 王崇慶，字德徵，正德三年進士，授戶部主事。歷沁州判、登州同知、戶部員外郎、戶部郎中、江西按察使等。累官至南京吏部尚書。參嘉慶《開州志》卷六《人物志·名臣》，嘉慶十一年刻本，葉 21ab。

⑫ 潘倣，洛陽人，正德六年進士，歷遼東苑馬寺卿，官至副都御史。參嘉靖《遼東志》卷五《官師》，《續修四庫全書》第 646 册，第 588 頁及乾隆《重修洛陽縣志》卷七《科舉》，民國十三年石印本，葉 31b。

楊最①四川人。馮時雍②直隸開州人。李珣③山東人。
歐陽席④江西人。李涵⑤直隸遷安人。王世爵⑥直隸開州人。
張鰲⑦江西人。吳惺⑧浙江人。張承恩⑨直隸易州人。
任佐⑩山西人。陳洙⑪浙江人。張思⑫直隸任丘人。

① 楊最，字殿之，射洪人，正德十二年進士，授工部主事。歷工部郎中、寧波知府、貴州按察司按察使。入爲太僕寺。參張廷玉《明史》卷二百九《楊最傳》，第5515~5516頁。
② 馮時雍，字子際，交城人，弘治十八年進士。歷監察御史、海道副使、苑馬寺卿、湖廣、福建左右布政使等。參康熙《交城縣志》卷五《人物志》，道光間據康熙十二年刻本增刻，葉26b~27a。
③ 李珣，字五瑞，清平人，正德十二年進士，授户部主事。嘉靖元年丁父憂，服闋，補刑部主事，陞本部員外郎。歷鎮江知府、蘇州知府、陝西按察副使。遷遼東苑馬寺卿。陞陝西按察使。累官河南右布政使。參嘉慶《清平縣志》卷十四《鄉賢列傳》，嘉慶三年刻本，葉30ab。
④ 歐陽席，字崇珍，泰和人，正德三年進士，授南京工部主事。歷夔州同知、知府、雲南副使等。累官至福建布政使。參道光《泰和縣志》卷二十一《人物志三·列傳》，道光六年刻本，葉20b。
⑤ 李涵，嘉靖二年進士，授湖州府推官。歷户部郎中、延安知府、肅州兵備、貴州兵備。累官至貴州左布政使。參同治《遷安縣志》卷十六《列傳四·鄉型下》，同治十二年刻本，葉4b~5a。
⑥ 王世爵，字君列，正德十五年進士，授南京監察御史。歷廣西僉事、山西副使等。累官至留都苑馬寺卿。參嘉慶《開州志》卷六《人物志·名臣》，嘉慶十一年刻本，葉28b~29a。
⑦ 張鰲，嘉靖《全遼志》卷三《職官志》，《遼海叢書》第1冊，第583頁及乾隆《南昌縣志》卷二十九《人物·賢良二》，乾隆十六年刻本，葉25ab作"張鰲"。按縣志，張鰲，字濟甫，嘉靖五年進士，選庶吉士。授禮部主事，遷祠祭司主事。出爲浙江提學副使，轉遼東苑馬寺卿。累官至南京兵部尚書。
⑧ 吳惺，餘姚人，嘉靖五年進士，官至山西布政使。參乾隆《餘姚志》卷十七《選舉表一》，乾隆四十六年刻本，葉46a。
⑨ 張承恩，正德十六年進士，官至遼東苑馬寺卿。參乾隆《直隸易州志》卷十四《科目·進士》，乾隆十二年刻本，葉3a。
⑩ 任佐，字良輔，稷山人，正德十一年舉於鄉，署洛南教諭。累陞至南京户部主事。歷户部員外郎、鎮遠知府、貴州按察副使。累官至遼東苑馬寺卿。參乾隆《稷山縣志》卷五《人物》乾隆三十年刻本，葉28ab。
⑪ 陳洙，字道源，上虞人，嘉靖八年進士，授南京都察院御史，出爲江西按察司僉事。累擢都御史，巡撫應天。累官至南京兵部侍郎。參光緒《上虞縣志》卷九《人物》，光緒十七年刻本，葉35b~36a。
⑫ 張思，字慎父，嘉靖十一年進士，授淮安府推官，行取工科給事中。改翰林院檢討，修《大明會典》。歷山西副使、苑馬寺少卿、陝西參政、貴州按察使。參乾隆《任邱縣志》卷九《人物志·政事》，乾隆二十七年刻本，葉56b。

陳暹①福建人。許應元②浙江人。盧夢陽③廣東人。
劉起宗④四川人。陳天資⑤廣東人。李慎⑥福建人。
游天霆⑦福建鎮海衛人。馬麟⑧四川人。朱奎⑨江西人。
劉世昌⑩陝西人。鄭一龍⑪福建人。

---

① 陳暹，閩縣人，嘉靖二十九年進士。參乾隆《福州府志》卷四十九《人物一》，乾隆二十一年刻本，葉18a。
② 許應元，字子春，錢塘人，嘉靖十一年進士，授泰安知州。歷夔州知府、四川副使、廣西副使。累遷至廣西右布政使。參《明分省人物考五》卷四十三《浙江杭州府二》，第191~193頁。
③ 盧夢陽，字少明，南海人，嘉靖十七年進士，授刑部主事，陞員外郎。三十四年遷遼東苑馬寺卿。累官至福建右布政使。參光緒《廣州府志》卷一百一十六《列傳五》，光緒五年刻本，葉31ab。
④ 劉起宗，或作"劉啟宗"，按乾隆《巴縣志》卷九《人物志·勳業》，嘉慶二十五年刻本，葉8b~9a記載，劉起宗，字宗之，嘉靖十七年進士，授戶科給事中。歷荔浦典史、寧國司理、知府等。遷遼東苑馬寺卿。累官至湖廣提學。
⑤ 陳天資，號石岡，饒平人，嘉靖十四年進士，累官至布政使。參康熙《饒平縣志》卷八《人物》，康熙二十六年刻本，葉8a。
⑥ 李慎，字光念，惠安人，嘉靖二十九年進士，授南京戶部主事。歷郎中、瓊州知州、副使。累官遼東苑馬寺卿。參嘉慶《惠安縣志》卷二十四《循良》，民國二十五年鉛印本，葉108ab。
⑦ [校] 游天霆，或作"游天廷（下引方志、進士題名碑錄）"、"游天庭（下引實錄）"，福建鎮海衛銅山所軍籍，嘉靖二十九年進士，官至山西行太僕卿、廣東按察副使、遼東苑馬寺卿。參《國朝歷科題名碑錄初集·明嘉靖二十九年進士題名碑錄》，第765頁；乾隆《漳州府志》卷十七《選舉二》，嘉慶十一年據乾隆十一年刻版增修本，葉7b及《明穆宗實錄》卷十三隆慶元年十月庚寅條，第355頁。
⑧ 馬麟，據《明穆宗實錄》卷二十隆慶二年五月壬子條，第549頁及《明穆宗實錄》卷三十四隆慶三年閏六月甲子條，第884頁知，隆慶二年五月，馬麟由湖廣漢陽知府陞浙江按察副使，三年閏六月，再陞遼東苑馬寺卿。但康熙《漢陽府志》卷六《秩官志》，康熙八年刻本，葉15ab和乾隆《漢陽府志》卷二十九《人物·秩官卷上》，乾隆十二年刻本，葉21ab記知府中無馬麟。康熙《浙江通志》卷二十二《職官》，康熙二十三年刻本，葉67a謂馬麟爲巴縣人。乾隆《巴縣志》卷七《選舉志》，嘉慶二十五年刻本，葉5a謂馬麟嘉靖十七年進士，官大理知府。這從乾隆《大理府志》卷十三《官師》，乾隆十一年刻本，葉2b的記載中得以印證。大理知府馬麟與遼東苑馬寺卿馬麟應爲一人，康熙、乾隆《漢陽府志》缺載。
⑨ 朱奎，南昌人，嘉靖三十八年進士，累官至福建右布政使。參乾隆《南昌縣志》卷二十九《人物·賢良二》，乾隆十六年刻本，葉39a。按《明穆宗實錄》卷四十九隆慶四年九月丁卯條，第1213頁，隆慶四年九月，朱奎由雲南按察副使陞遼東苑馬寺卿，兼山東按察僉事。
⑩ 劉世昌，號驪峯，高陵人，嘉靖三十五年進士，官至苑馬寺卿。參《國朝歷科題名碑錄初集·明嘉靖三十五年進士題名碑錄》，第777頁及光緒《高陵縣續志》卷六《科貢聞傳》，光緒十年刻本，葉21b。
⑪ 鄭一龍，又作"朱一龍"，字于田。父昭冒姓鄭。登嘉靖二十九年進士，復姓朱。授溧陽知縣，遷南京刑部主事。歷員外郎、廣西僉事等。累官至陝西苑馬寺卿。參嘉慶《惠安縣志》卷二十三《卓續》，民國二十五年鉛印本，葉94b~95a。

行太僕寺洪武五年設，少卿一員，管理遼東馬政，駐遼陽城。嘉靖四十一年①，奉敕改兼兵備僉事，監督海州、西平、東昌等處兵務，移駐西平堡。

解貫②直隸撫寧人。張志③山東人。章宣。

張錫。劉鍾④。周道⑤河南人。

徐逵⑥直隸山陽人。李昶。茆欽⑦直隸永平人。

黃繡⑧見分巡。張文⑨河南人。翟敬⑩山西人。

李炫⑪見分守。凌相⑫直隸通州人。谷高⑬河南人。

---

① ［校］四十一年，原作"四十四年"。其一，嘉靖《全遼志》卷三《職官志》，《遼海叢書》第1冊，第583頁，"嘉靖壬戌（四十一年），奉敕兼管西與興、西寧、西平、振武等堡兵備事務"。其二，《明世宗實錄》卷五百七嘉靖四十一年三月丙申條，第8362~8363頁，"遼東巡撫吉澄條陳地方兵食要務。一言本鎮老鴉莊、湖背及高橋連山之地虜所盤據，舊設備禦、提調勢輕，未足控制，請移行太僕寺於西平堡，即令寺卿兼理兵備事。其寧遠備禦移於中左所，改清河堡提調爲守備，各益兵隸之。……"據此改。

② 解貫，宣德五年進士，官至太僕寺少卿。參康熙《撫寧縣志》卷七《人物》，康熙二十一年刻本，葉8a。

③ 張志，益都人，永樂十六年進士，曾官禮部郎中。參光緒《益都縣圖志》卷二十二《選舉志》，光緒三十三年刻本，葉5a及嘉靖《全遼志》卷三《職官志》，《遼海叢書》第1冊，第583頁。

④ 劉鍾，上文有苑馬寺卿劉鍾，二者應是一人。

⑤ 周道，嘉靖《全遼志》卷三《職官志》，《遼海叢書》第1冊，第583頁謂"鞏縣人，進士"。查乾隆《鞏縣志》卷十二《選舉志》，乾隆五十四年刻本，葉69a，周道爲弘治九年進士，官知縣。按《明孝宗實錄》卷一百九弘治九年二月丙辰條，第1994頁，"陞福建福州府知府陳勉爲河東、陝西都轉運鹽使司運使，兩淮都轉運鹽使司同知畢亨爲本司運使，南京戶部郎中周道爲遼東行太僕寺少卿"。二者如是一人，一年內從正五品戶部郎中，陞至正四品太僕寺少卿，與制不合。故此處的太僕寺少卿周道當不是鞏縣人，其籍貫、功名暫不可考。

⑥ 徐逵，《明孝宗實錄》卷一百六十六弘治十三年九月戊午條，第3018頁，"陞戶部員外郎徐逵爲遼東行太僕寺少卿，監察御史沈元爲江西按察司僉事"。

⑦ 茆欽，盧龍人，成化十四年進士，官御史、江西僉事。參康熙《永平府志》卷十六《科貢》，康熙五十年刻本，葉5b。按《明武宗實錄》卷三十正德二年九月庚午條，第763頁，正德二年，茆欽由遼東行太僕寺卿陞山西行太僕寺卿。

⑧ 黃繡，其傳見前。

⑨ 張文，河南衛右所軍籍，直隸巢縣人，弘治十七年進士。

⑩ 翟敬，字行簡，猗氏人，弘治三年進士，授翰林院檢討。歷河南布政司照磨。累官至遼東行太僕寺少卿。參雍正《猗氏縣志》卷五《人物》，雍正七年刻本，葉8b。

⑪ 李炫，其傳見前。

⑫ 凌相，其傳見前。

⑬ 谷高，祥符人，弘治九年進士。

金穀錦衣衛人。田龍①直隸三河人。蕭海②直隸江都人。
謝顯③江西人。戴繼先④直隸香河人。李翔⑤直隸上海人。
端廷赦⑥直隸當塗人。楊本源⑦陝西人。朱屏⑧四川人。
趙時吉⑨陝西人。楊金⑩直隸當塗人。陳天祐⑪山西人。
李行簡⑫陝西人。劉奈⑬江西人。賈淇⑭河南人。

---

① 田龍,正德三年進士,嘉靖六年由陝西布政司右參議陞遼東行太僕寺少卿。參乾隆《三河縣志》卷九《選舉志》,乾隆二十五年刻本,葉3a;康熙《陝西通志》卷十七《職官》,康熙六年刻本,葉61a及《明世宗實錄》卷八十二嘉靖六月十一月乙亥條,第1829頁。
② 蕭海,錦衣衛官籍,正德三年進士,參《國朝歷科題名碑錄初集·明正德三年進士題名碑錄》,第704頁。
③ 謝顯,安福人,正德十二年進士,歷福建參議、遼東苑馬寺卿、雲南副使等。參康熙《安福縣志》卷四《人物志·宦績二》,康熙五十二年刻本,葉45a。
④ 戴繼先,營州前屯衛軍籍,浙江海鹽縣人,正德十二年進士,累官至太僕寺卿。參《國朝歷科題名碑錄初集·明正德十二年進士題名碑錄》,第718頁及萬曆《順天府志》卷五《人物志·選舉》,《四庫全書存目叢書》史部第208冊,第198頁。
⑤ 李翔,字集卿,正德十五進士,官至太僕寺卿。參嘉慶《上海縣志》卷十《選舉志·表一》,嘉慶十九年刻本,葉17a。
⑥ 端廷赦,字世恩,正德十六年進士,授高安知縣。歷監察御史、大名知府、陝西苑馬寺少卿、遼東行太僕寺少卿等。累官至南京都察院右都御史,掌院事。參《明分省人物考四》卷四十《南直隸太平府》,第663~666頁。
⑦ 楊本源,延安人,正德五年舉於鄉,官至少卿。參嘉慶《延安府志》卷二十三《吏畧一·舉人》,嘉慶七年刻本,葉14b。
⑧ 朱屏,漢州人,嘉靖五年進士,歷知府,官至太僕少卿。參嘉慶《漢州志》卷二十二《選舉志》,嘉慶二十二年刻本,葉3b。
⑨ 趙時吉,鳳翔人,嘉靖間舉於鄉,官行太僕寺少卿。參雍正《鳳翔縣志》卷五《選舉志》,雍正十一年刻本,葉14a。
⑩ 楊金,嘉靖十七年進士,官至福建副使。參康熙《當塗縣志》卷十五《選舉》,康熙四十六年刻本,葉33a。
⑪ 陳天祐,其傳見前。前文《真保鎮職官·戶部分司》作"陳天佑"。
⑫ 李行簡,陝西乾州人,嘉靖十九年舉於鄉,歷寶坻知縣,累官至太僕卿。參光緒《乾州志稿》卷十三《人物傳上》,光緒十年刻本,葉2b。
⑬ 劉奈,吉安府廬陵人,嘉靖十年舉於鄉,官至太僕卿。參乾隆《廬陵縣志》二十三《選舉志三》,乾隆四十六年刻本,葉11b。
⑭ 賈淇,或作"賈琪",字希武,嵩縣人,嘉靖十四年進士。歷涞水知縣、戶部員外郎、保定知府。累官至遼東行太僕寺少卿。參乾隆《嵩縣志》卷二十七《列傳五·治行》,乾隆三十二年刻本,葉4b~5a。

朱應時①順天人。楊愈茂②陝西人。張世胤③湖廣人。

遼陽管糧通判弘治初年設，山東濟南府列銜，後裁復不一。嘉靖三十九年，巡撫侯汝諒奏復。隆慶五年，巡撫張學顏請給遼陽管糧通判關防，分管遼陽、開原倉庫糧餉。

陳應鶚④福建人。陳嘉謨⑤直隸灤州人。雷鍾宣府人。

王學古⑥陝西人。劉煥然⑦直隸香河人。李可愛⑧直隸沙河人。

廣寧管糧通判弘治初年設，山東濟南府列銜，後裁⑨復不一。嘉靖三十九年，巡撫侯汝諒奏復。隆慶五年，巡撫張學顏請給廣寧管糧通判關防，管寧前、錦、義、高平倉庫糧餉。

馬斯蘭⑩順德府人。張南⑪直隸唐山人。周世臣⑫直隸趙州人。

姬相⑬山西榆次人。竇文宣府籍，定遠人。

---

① 朱應時，羽林左衛籍，嘉靖四十一年進士，官至太僕寺卿。參雍正《畿輔通志》卷六十二《選舉》，雍正十三年刻本，葉26a。
② 楊愈茂，慶陽府安化人，嘉靖四十一年進士。萬曆元年，由鄖陽知府陞遼東行太僕寺少卿。累官至副使。參乾隆《新修慶陽府志》卷二十三《科第》，乾隆二十六年刻本，葉3a及《明神宗實錄》卷二十萬曆元年十二月戊申條，第543頁。
③ 張世胤，石首人，貢生，歷鞏昌知府、懷慶知府、甘肅行太僕寺少卿、遼東行太僕寺少卿兼海州兵部僉事等。參乾隆《石首縣志》卷三《科目》，乾隆元年刻本，葉56b；康熙《鞏昌府志》卷十九《官師表·鞏昌府知府》，康熙二十七年刻本，葉24b；《明神宗實錄》卷二十一萬曆二年正月庚子條，第571頁；《明神宗實錄》卷七十二萬曆六年二月壬辰條，第1549頁。
④ 陳應鶚，南平人，嘉靖二十五年舉於鄉，官濟南府通判，督餉遼東。陞萬州知州。參康熙《南平縣志》卷二十《人物志·科目上》，康熙五十八年刻本，葉24a。
⑤ 陳嘉謨，嘉靖三十一年舉於鄉，官至山東濟南府通判。參光緒《灤州志》卷五《選舉表上·文科》，光緒二十四年刻本，葉15a。
⑥ 王學古，朝邑人，嘉靖四十一年進士，歷壽光、廣宗知縣。陞濟南府通判。累官至漢陽知府。參萬曆《續朝邑縣志》卷六《人物志》，康熙五十一年刻本，葉31a。
⑦ 劉煥然，嘉靖三十九年歲貢，官至山東濟南府通判。參康熙《香河縣志》卷八《選舉志》，康熙十七年刻本，葉12a。
⑧ 李可愛，嘉靖二十八年舉於鄉，歷修武、長子知縣，陞濟南府通判，駐遼陽。參乾隆《沙河縣志》卷七《人物志上·宦望》，道光二十五年據乾隆二十四年刻本後印，葉7a。
⑨ ［校］裁，底本原缺，據民國間抄本補。
⑩ 馬斯蘭，威縣人，嘉靖間貢生，任泰安州同知，陞濟南府通判。參康熙《威縣志》卷十二《選舉》，康熙十二年刻本，葉14b。
⑪ 張南，據光緒《唐山縣志》卷九《選舉志》，光緒七年刻本，葉4a可知，張南為舉人，官知縣。
⑫ 周世臣，嘉靖二十八年舉於鄉。參康熙《趙州志》卷六《人物志》，康熙十二年刻本，葉12a。
⑬ 姬相，據乾隆《榆次縣志》卷四《選舉》，乾隆十五年刻本，葉24ab，姬相為嘉靖三十五年貢生，歷順德府推官、懷慶府通判、滄州知州、潘府長史。

海蓋管糧通判 嘉靖四十三年，巡撫王之誥請設海、蓋撫民通判一員，山東濟南府列銜，駐岫巖堡。隆慶五年，巡撫張學顏請給海、蓋管糧通判關防，分管金、復、海、蓋糧餉。

鄭孝 直隸興濟人。 鮑尚伊① 直隸徽州人。 于廷光② 直隸井陘人。

喬梁 山西人。 侯一位③ 陝西人。

安樂州知州 永樂七年設，知州一員、吏目一員，駐開原城，專撫歸服夷人。

劉永成 陝西人。 劉伸 陝西人。 原道 陝西人。

鄭增 山西人。 周伊 山西人。 李承恩 直隸新樂人。

周尚文 順天府人。 梁榆 山西人。 張譽 順天府人④。

孫鴻 陝西人。 倪雲鵰 河南人。 張蘭 宣府人。

王敬 直隸固安人。 張梧 直隸長垣人。

自在州知州 永樂七年設，知州一員、吏目一員，駐遼陽城，專撫歸服夷人。

柴凱⑤ 河南人。 韓綏之⑥ 直隸真定人。 黃堂 直隸鳳陽人⑦。

張雲衢 河南人⑧。 潘雍⑨ 陝西人。 李璋⑩ 直隸大城人。

宋光 直隸巢縣人。 張錦 山東人。 陳炫 直隸靖海人。

---

① 鮑尚伊，歙縣人，嘉靖四十一年進士，歷仁和知縣等。參乾隆《歙縣志》卷八《選舉志上》，乾隆三十六年刻本，葉 29b、30a。

② 于廷光，歲貢，官濟南府通判。參雍正《井陘縣志》卷七《選舉志》，雍正八年刻本，葉 6b。

③ 侯一位，西安府長安人，嘉靖三十七年舉於鄉，任知州。參康熙《長安縣志》卷五《選舉》，康熙七年刻本，葉 5b。

④ 按乾隆《虞城縣志》卷五《選舉》，乾隆八年刻本，葉 4b，張譽，虞城人，嘉靖四年舉於鄉，官安樂州知州，晉山西晉府長史。

⑤ 柴凱，按嘉靖《遼東志》卷五《職官志》，《續修四庫全書》第 646 冊，第 593 頁，"河南懷慶人，監生"。或作"柴愷"，按乾隆《懷慶府志》卷十八《選舉志》，乾隆五十四年刻本，葉 11a，柴愷爲武陟縣貢生，任自在州知州。

⑥ 韓綏之，按嘉靖《遼東志》卷五《職官志》，《續修四庫全書》第 646 冊，第 593 頁，"直隸真定人，貢士"。

⑦ [校] 直隸鳳陽人，原作"直隸鳳山人"，明代直隸無鳳山縣，據嘉靖《遼東志》卷五《職官志》，《續修四庫全書》第 646 冊，第 593 頁改。

⑧ 河南人，嘉靖《遼東志》卷五《職官志》，《續修四庫全書》第 646 冊，第 593 頁作"直隸薊州人，貢士"，存疑。

⑨ 潘雍，按嘉靖《遼東志》卷五《職官志》，《續修四庫全書》第 646 冊，第 593 頁，"陝西榆林衛人，監生"。

⑩ 李璋，按嘉靖《遼東志》卷五《職官志》，《續修四庫全書》第 646 冊，第 593 頁，"直隸大城人，貢士"。

侯九圍直隸任丘人。李光祖陝西人。謝夢顯①河南人。
劉克文直隸完縣人。趙廷伋②山西人。賀國定河南人。

永寧監監正一員，清河苑圍長一員，深河苑圍長一員，永樂七年設。本監儒學訓導一員，嘉靖十八年設。

通事司通事遼東例，有朝鮮通事五員，女直通事九員，送四夷館，以次銓補鴻臚官銜，用東寧等衛人，以其族類相同，語言習也。

效祖曰："遼左自罷郡邑，而生民盡部於戎伍，然懷保之政，未可於介胄者責之也。然上之督、撫直指，下之藩、臬、監司，視內地又稱亟焉。然古之魏尚③、廉范④皆用郡守以樹績邊陲，乃我朝獨罷遼東與上谷，是必有微意。然數百年來，固未聞以無郡邑而不治也，則督、撫、諸司之加意於元元者，豈淺尠哉！"

薊鎮職官

武階

鎮守總兵永樂二年設，總兵或侯或伯充任，今用都督僉事或同知一員鎮守。隆慶二年⑤，改爲總理，練兵事務仍舊。鎮守原設中軍官一員，旗牌官二十二員。

---

① 謝夢顯，儀封人，嘉靖十九年舉於鄉，歷山東武城知縣，陞自在州知州。參康熙《儀封縣志》卷二十《科第表》，康熙三十年刻本，葉9a。
② 趙廷伋，山西平陽府岳陽人，監生，歷岷州監收通判、直隸廣平府通判、遼東自在州知州，累官至德府左長史。參康熙《岷州志》卷十二《職官上》，康熙四十一年刻本，葉10b。
③ 魏尚，西漢時著名的邊地郡守，槐里人，文帝時爲雲中郡守，匈奴不敢近雲中，"趙有廉頗、馬服，彊秦不敢窺兵井陘；近漢有郅都、魏尚，匈奴不敢南鄉沙幕"。參《後漢書》卷二十八《馮衍傳下》，第983~984頁及《漢書》卷七十《陳湯傳》，第3020頁。
④ 廉范，東漢時著名的邊地郡守，字叔度，京兆杜陵人，趙將廉頗之後。歷雲中、武威、武都等郡守。參《後漢書》卷三十一《廉范列傳》，第1101~1104頁。
⑤ [校]隆慶二年，原作"隆慶三年"。萬曆《大明會典》卷一百二十六《兵部九·鎮戍一·將領上》，《續修四庫全書》第791冊，第270頁及張廷玉《明史》卷七十六《職官五》，第1866頁皆謂"隆慶二年"。據《明穆宗實錄》卷二十隆慶二年五月辛亥條，第544~549頁，總督薊遼、保定都御史譚綸疏言制虜之策，建議以戚繼光總理薊遼、保定等處練兵總兵官之職，獲批准。故改總理一事，應在隆慶二年。

陳景先①東勝右衛人。陳敬②京衛人。王彧③京衛人。
孫傑④應城伯。宗勝⑤京衛人。胡鏞⑥永平人。
馬榮⑦遵化衛人。沈煜⑧修武伯。吳得⑨隆慶衛人。
焦壽⑩東寧伯。馮宗⑪京衛人。劉清⑫京衛人。

---

① ［校］陳景先，原在陳敬、王彧之間。按弘治《永平府志》卷五《兵制》，陳景先先任永平衛指揮使，陞都督總兵，鎮守薊州迤東地方。然陳景先未任總兵，而是鎮守官都指揮。永樂十二年八月命鎮守薊州都指揮陳景先督軍修遵化城。參《明太宗實錄》卷一百五十四永樂十二年八月乙卯條，第1777頁。洪熙元年三月監察御史劾鎮守山海、永平等處總兵官遂安伯陳英、鎮守官都指揮陳景先不法。參《明仁宗實錄》卷八下洪熙元年三月乙未條，第268頁。又，王彧是接替陳敬任總兵官，故陳景先應列於陳敬之前。薊鎮總兵官及任職時間，可參魯杰、孟昭永《明薊鎮總兵官考畧》，載《文物春秋》2008年第4期。本書主要依據《明實錄》的記載，列其任職時間。

② 陳敬，按《明宣宗實錄》卷六十六宣德五年五月戊申條，第1554頁，宣德五年五月，命都督僉事陳敬充總兵官，率領官軍於薊州、永平、山海等處備禦。

③ 王彧，按《明英宗實錄》卷七宣德十年七月丁丑條，第132~133頁，宣德十年，大學士楊士奇等言鎮守永平等處總兵官陳敬有疾，命都督同知王彧代之。

④ ［校］孫傑，原作"孫継先"。按張廷玉《明史》卷一百六《功臣世表二》，第3136~3137頁，孫継先爲孫傑子，景泰三年襲爵，弘治十六年薨。而據《明英宗實錄》卷一百二十正統九年八月丁巳條，第2425頁，正統九年八月應城伯孫傑充總兵官，鎮守薊州、永平、山海等處。

⑤ 宗勝，按《明英宗實錄》卷一百八十三正統十四年九月丙午條，第3607~3608頁，正統十四年九月命指揮同知、參將宗勝代孫傑鎮守薊州、永平、山海等處。

⑥ 胡鏞，按《明英宗實錄》卷二百九十九天順三年正月丙戌條，第6347~6348頁，天順三年正月總兵官宗勝中風疾，以胡鏞代之。

⑦ 馬榮，按《明英宗實錄》卷三百二十六天順五年三月丙辰條，第6733頁，天順五年總兵官胡鏞病，命右參將馬榮充總兵官，鎮守薊州、永平、山海等處。

⑧ 沈煜，沈榮子，景泰三年襲爵，天順末鎮薊州，移鎮寧夏。成化二十三年以罪削爵。參張廷玉《明史》卷一百七《功臣世表三》，第3213~3214頁。按《明憲宗實錄》卷三天順八年三月壬申條，第83~84頁，天順八年三月命沈煜充總兵官，鎮薊州、永平、山海。

⑨ ［校］吳得，原列於胡鏞之後，馬榮之前。按《明憲宗實錄》卷二十五成化二年正月庚戌條，第489頁，成化二年正月命參將、都指揮僉事吳得充總兵官，鎮守薊州、永平、山海等處。而胡鏞景泰三年任，馬榮景泰五年任，沈煜天順八年任，焦壽成化二年八月任。故將吳得列於沈煜、焦壽之間，更合適。

⑩ 焦壽，焦亮子，天順七年正月襲爵，十二月領三千營。成化元年八月鎮陝西，八年十一月薨。參張廷玉《明史》卷一百七《功臣世表三》，第3239~3240頁。按《明憲宗實錄》卷三十三成化二年八月甲寅條，第665頁，成化二年八月，勅東寧伯焦壽充總兵官，鎮守薊州、永平地方。

⑪ 馮宗，按《明憲宗實錄》卷一百成化八年正月乙卯條，第1940~1941頁，成化八年正月命右都督馮宗充總兵官，鎮守永平、山海等處。

⑫ 劉清，按《明憲宗實錄》卷一百六十八成化十三年七月丁亥條，第3050頁，成化十三年七月命宣府總兵官劉清鎮守薊州、永平、山海等地。

李銘①山東人。 劉福②寧晉伯。 蔣驥③定西侯。
阮興④京衞人。 王銘⑤京衞人。 温和⑥河間人。
吳玉⑦遵化人。 馬澄⑧京衞人。 陳鏸⑨遂安伯。
戴欽⑩綏德人。 馬永⑪京衞人。 張輗⑫大同人。

① 李銘，按《明憲宗實錄》卷一百九十成化十五年五月癸未條，第3390頁，成化十五年五月陞分守燕河營右參將、都指揮僉事李銘爲署都督僉事，充總兵官，鎮守薊州、永平、山海等地。
② 劉福，劉聚子，成化十一年襲爵，弘治十八年佐後府，十九年十月薨。參張廷玉《明史》卷一百七《功臣世表三》，第3255~3256頁。
③ 蔣驥，蔣琬子，成化二十三年襲爵。弘治十七年領神機營。十八年二月鎮湖廣，移鎮遼東。正德四年六月薨。參張廷玉《明史》卷一百七《功臣世表三》，第3211~3212頁。按《明孝宗實錄》卷一百九弘治九年二月戊寅條，第2005頁，弘治九年二月命蔣驥充總兵官，鎮守薊州。
④ 阮興，按《明孝宗實錄》卷一百六十一弘治十三年四月戊申條，第2896頁，弘治十三年四月命後軍都督府署都督僉事阮興充總兵官，鎮守薊州、永平、山海等地。
⑤ 王銘，按《明孝宗實錄》卷二百十弘治十七年四月癸卯條，第3918頁，弘治十七年四月陞伸威營坐營都指揮使王銘爲後軍都督府署都督僉事，充總兵官，鎮守薊州等處。
⑥ 温和，按《明武宗實錄》卷二十正德元年十二月戊午條，第578頁，正德元年十二月陞都指揮僉事温和爲右軍都督府署都督僉事，充總兵官，鎮守薊州、永平、山海等處地方。
⑦ 吳玉，按《明武宗實錄》卷三十三正德二年十二月庚午條，第803頁，正德二年十二月陞鎮守密雲等處右參將、都指揮僉事吳玉爲署都督僉事，充總兵官，鎮守薊州、永平、山海等處地方。
⑧ 馬澄，按《明武宗實錄》卷五十五正德四年閏九月辛酉條，第1230頁，正德四年閏九月敕前軍都督府署都督同知馬澄充總兵官，鎮守薊州。
⑨ 陳鏸，弘治十七年五月襲爵。嘉靖元年提督操江，十四年五月提督團營，累加太子太保，十八年二月爲留守。參張廷玉《明史》卷一百六《功臣世表二》，第3166~3167頁。按《明武宗實錄》卷一百五正德八年十月乙卯條，第2159頁，命遂安伯陳鏸充總兵官，鎮守薊州等處。
⑩ 戴欽，按《明武宗實錄》卷一百二十六正德十年六月壬午條，第2532頁，正德十六年六月陞陝西都指揮同知戴欽爲署都督僉事，充總兵官，鎮守薊州、永平、山海關地方。
⑪ 馬永，遷安人，世襲金吾左衞指揮使（故本書又謂京衞人）。正德十三年進都督僉事，充總兵官，鎮守薊州。參張廷玉《明史》卷二百十一《馬永傳》，第5575~5577頁。
⑫ 張輗，按《明世宗實錄》卷七十二嘉靖六年正月甲申條，第1628頁，嘉靖六年正月以署都督僉事張輗充總兵官，鎮守薊州。

楊鎮①遼東人。卜雲②榆林人。蕭陞③撫寧人。

劉淵④山海人。祝雄⑤山海人。戴廉⑥薊州人。

周徹⑦撫寧人。羅希韓⑧京衛人。成勳⑨薊州人。

周益昌⑩遼東人。歐陽安⑪宣府人。李廣⑫京衛人。

---

① 楊鎮，前屯衛人，由指揮使歷陞都督同知，鎮守遼東，改三屯營。參嘉靖《遼東志》卷六《人物志》，《續修四庫全書》第646冊，第624頁。按《明世宗實錄》卷一百十四嘉靖九年六月己未條，第2697頁，嘉靖九年六月命團營效勇營坐營署都督同知楊鎮充鎮守薊州、永平、山海等處總兵官。

② 卜雲，按《明世宗實錄》卷一百四十一嘉靖十一年八月甲申條，第3288頁，嘉靖十一年八月改鎮守薊州總兵官署都督僉事李瑾於大同，以甘州左副總兵都督僉事卜雲代。

③ 蕭陞，按《明世宗實錄》卷一百四十六嘉靖十二年正月戊辰條，第3389頁，薦蕭陞爲薊鎮總兵。蕭陞，撫寧衛指揮僉事，歷馬蘭峪參將、協守大同副將，累官至前軍都督府僉事，鎮守薊州等處。嘉靖十九年卒。參康熙《撫寧縣志》卷七《人物·武勛》，康熙二十一年刻本，葉35b。

④ 劉淵，按《明世宗實錄》卷二百二十一嘉靖十八年二月戊申條，第4585頁，嘉靖十八年二月起原任宣府總兵、都督僉事劉淵鎮守薊州、永平、山海等處。

⑤ 祝雄，按《明世宗實錄》卷二百五十八嘉靖二十一年二月戊寅條，第5175頁，嘉靖二十一年二月起原任大同總兵、署都督僉事祝雄鎮守薊州、永平、山海等處。

⑥ 戴廉，按《明世宗實錄》卷二百八十三嘉靖二十三年二月戊子條，第5489頁，嘉靖二十三年二月命大同副總兵戴廉充總兵官，鎮守薊州、永平、山海等處。

⑦ 周徹，按《明世宗實錄》卷二百九十八嘉靖二十四年四月癸巳條，第5673頁，嘉靖二十四年四月命鎮守保定副總兵、署都督同知周徹充總兵官，鎮守薊州。周徹，撫寧衛指揮同知，累陞至保定副總兵。後陞右軍都督府同知，鎮守薊州。參康熙《撫寧縣志》卷七《人物·武勛》，康熙二十一年刻本，葉35b~36a。

⑧ 羅希韓，按《明世宗實錄》卷三百三十三嘉靖二十七年二月己巳條，第6113頁，嘉靖二十七年二月革薊州總兵周徹任，陞密雲副總兵羅希韓爲署都督僉事代之。按《營州中屯衛選簿》，中國第一歷史檔案館、遼寧省檔案館編《中國明朝檔案總匯》第69冊，廣西師範大學出版社2001年，第109頁，羅希韓係營州中屯衛八輩指揮同知，嘉靖二十九年犯守備不設，免死，發邊衛全州守禦千户所充軍。

⑨ 成勳，按《明世宗實錄》卷三百六十八嘉靖二十九年十二月丙寅條，第6582頁，嘉靖二十九年十二月革薊州總兵李鳳鳴，以京營副將成勳代之。按《明世宗實錄》卷三百六十四嘉靖二十九年八月丁亥條，第6507頁所載，嘉靖二十九年八月命西官廳聽徵總兵官李鳳鳴充鎮守薊州、永平、山海等處。本書缺記了李鳳鳴。

⑩ 周益昌，按《明世宗實錄》卷四百五嘉靖三十二年十二月甲申條，第7082~7083頁，嘉靖三十二年十二月陞周益昌署都督僉事，充總兵官，鎮守薊州。

⑪ 歐陽安，按《明世宗實錄》卷四百三十七嘉靖三十五年七月戊寅條，第7515頁，嘉靖三十五年七月調鎮守宣府總兵官、署都督僉事歐陽安守薊州、永平、山海等處。

⑫ 李廣，按《明世宗實錄》卷四百七十嘉靖三十八年三月戊子條，第7901頁，嘉靖三十八年三月命提督京城巡捕署都督僉事李廣充總兵官，鎮守薊州、永平、山海等處。

張承勛①懷安衛人。孫臏②綏德衛人。胡鎮③陽和衛人。

王孟夏④武寧人。李世忠⑤綏德衛人。郭琥⑥永昌衛人。

戚继光⑦山東人，左都督。

東路協守副總兵正統元年設爲鎮守，以中官充之。嘉靖九年，革中官，改遊擊。三十三年，革遊擊，改分守副總兵。四十年，革副總兵，改遊兵參將。隆慶三年，革參將，改協守東路副總兵，駐劄建昌營，防守山海、石門、臺頭、燕河四路地方。萬曆四年，請給關防一顆。

戴廉⑧鎮朔衛人。九聚⑨金吾右衛人。韓承恩遼東人。

王继祖密雲中衛人。毛紹忠⑩密雲後衛人。程棋⑪興州右屯衛人。

張世武興州右屯衛人。吳淶通州人。王住居庸關人。

唐大節山海衛人。李鑾陝西人。龔業大同右衛人。

---

① 張承勛，按《明世宗實錄》卷四百七十六嘉靖三十八年九月壬申條，第7969頁，嘉靖三十八年九月改大同總兵官張承勛鎮守薊州。
② 孫臏，按《明世宗實錄》卷五百一嘉靖四十年九月甲辰條，第8285頁，嘉靖四十年九月命神機營副將、署都督僉事孫臏充總兵官，鎮守薊州、永平、山海等處。
③ 胡鎮，《明世宗實錄》卷五百二十五嘉靖四十二年九月癸卯條，第8568頁，陞薊鎮副總兵胡鎮爲總兵，鎮守山西；《明世宗實錄》卷五百三十九嘉靖四十三年十月丙子條，第8730頁，薊州總兵官、左都督胡鎮奏求父傑祭葬。可知胡鎮出任薊州總兵的時間在嘉靖四十二年九月至四十三年十月間。
④ 王孟夏，按《明世宗實錄》卷五百六十二嘉靖四十五年九月己丑條，第9003頁，嘉靖四十五年九月陞薊鎮副總兵王孟夏爲總兵官，代患病總兵胡鎮。
⑤ 李世忠，按《明穆宗實錄》卷七隆慶元年四月庚戌條，第216頁，隆慶元年四月命神樞營副將、署都督僉事李世忠充總兵官，鎮守薊州、永平、山海等處。
⑥ 郭琥，按《明穆宗實錄》卷十三隆慶元年十月戊戌條，第360頁，隆慶元年命原任鎮守延綏總兵、署都督僉事郭琥鎮守永平、山海等處。
⑦ 戚继光，字元敬，世襲登州衛指揮僉事。隆慶二年五月以都督同知總理薊州、昌平、保定三鎮練兵事，總兵官以下悉聽節制。參張廷玉《明史》卷二百十二《戚繼光傳》，第5610~5617頁。
⑧ 戴廉，嘉靖十二年十一月已爲遊擊將軍。參《明世宗實錄》卷一百五十六嘉靖十二年十一月癸卯條，第3156頁。
⑨ 九聚，據《金吾右衛選簿》，《中國明朝檔案總匯》第50册，第287~288頁爲金吾右衛五輩指揮僉事。
⑩ [校] 毛紹忠，原作"毛忠"。康熙《永平府志》卷十四《武職》，康熙五十年刻本，葉72a記有"毛紹忠，密雲後衛人"，葉78a又記有永平府守備毛紹忠，密雲後衛人；另《明世宗實錄》卷二百二十八嘉靖十八年八月丙寅條，第4727頁，"陞永平守備指揮毛紹忠爲署都指揮僉事，充建昌營遊擊將軍"，據改。查《密雲後衛選簿》，《中國明朝檔案總匯》第67册，第64頁有密雲後衛指揮使毛紹忠，與此處毛紹忠應是一人。乾隆《永平府志》卷九《官師一·明武秩》，乾隆三十九年刻本，葉48a又作"毛紹宗，密雲後衛人"。
⑪ 程棋，《明世宗實錄》卷二百八十二嘉靖二十三年正月己酉條，第5481頁，命建昌營遊擊將軍程棋充紫荊關參將，任薊鎮遊擊將軍在此之前。

王應岐①密雲後衛人。李意薊州人。戴卿保定人。已上俱遊擊。

李賢慶陽衛人。吳佩三萬衛人。蔣承勛義州衛人。

張承勛懷安衛人。馬芳蔚州人②。雷龍③鞏昌人。已上副總兵。

黃演④榆林人。尤月榆林人。董一元⑤萬全人。已上俱參將。

戴綸榆林人。胡守仁⑥浙江人。史綱大同前衛人。

史宸⑦永平衛人。楊文浙江人。

中路協守副總兵萬曆四年設副總兵一員，駐劄三屯營，防守太平、喜峯、松棚、馬蘭四路地方，請給關防一顆。

羅端⑧永平人。效祖曰："斯營原隸三屯標下，以遊擊將軍充之，今改為協守都督，以端為驍將，滯滛最久。至是，乃拜與東、西二營，共成晰足之勢。薊門經畧，蓋日愈詳且善矣。"

史宸⑨永平衛人。

西路協守副總兵弘治十三年設分守參將一員，嘉靖初，改遊擊。隆慶三年，改協守西路副總兵，駐劄石匣營，防守墻子、曹家、古北、石塘四路地方。

李超⑩浙江人。張臣榆林衛人。

---

① 王應岐，查《密雲後衛選簿》，《中國明朝檔案總匯》第 67 冊，第 71~72 頁可知王應岐為密雲衛指揮僉事。

② [校] 蔚州人，原作"寧夏人"，據張廷玉《明史》卷二百十一《馬芳傳》，第 5584~5589 頁改。嘉靖三十六年，馬芳遷薊鎮副總兵，分守建昌。

③ 雷龍，按《明世宗實錄》卷四百七十六嘉靖三十八年九月甲申條，第 7976 頁，嘉靖三十八年九月命宣府左參將雷龍充副總兵官，分守建昌。

④ 下文有"黃演延綏人"、"黃演榆林衛人"，應為同一人。

⑤ 董一元，其傳見本書卷七。

⑥ 胡守仁，字子海，號近塘，觀海衛中所百戶。參嘉靖《觀海衛志》卷三《武功》，杭州出版社 2004 年，第 83~84 頁。按《明神宗實錄》卷十七萬曆元年十月壬辰條，第 502 頁，萬曆元年十月陞薊鎮統領南兵總兵胡守仁為都督僉事，鎮守福建。

⑦ 史宸，按《明神宗實錄》卷一百十萬曆九年三月辛巳條，第 2111 頁，命原任薊鎮副總兵史宸充副總兵，協守薊鎮東路。

⑧ 羅端，按《明神宗實錄》卷四十六萬曆四年正月己酉條，第 1035~1036 頁，"總兵戚繼光言，薊鎮兵馬原分一十二路，勢難合練。向增協守二員，在薊州東者，分練松棚、太平、燕河、臺頭、石門、山海等處，薊州西者，分練喜峯、馬蘭、墻子、曹家、古北、石塘等處，總兵居中調度，頗稱節制。但該鎮邊長二千餘里，山勢繁回，遇警馳援不及。宜於中路改添協守一員，即以加銜副總兵羅端充之。割東之松棚、太平，西之喜峯、馬蘭與之尚管，駐劄三屯城內"。可知，在添設中路協守副總兵的當年，羅端便任此職。

⑨ 史宸，按《明神宗實錄》卷二百三十七萬曆十九年六月庚寅條，第 4398 頁，以協守薊鎮中路副總兵史宸調守西路。

⑩ 李超，隆慶四年時已在副總兵任上。參《明穆宗實錄》卷四十二隆慶四年二月丙寅條，第 1062 頁。

東路南兵營參將①隆慶八年設參將一員，駐劄建昌地方，統領教演南兵，分派擺守山海、石門、臺頭、燕河四路隘口，仍聽調遣。萬曆二年，題請給令旗、令牌。

胡守仁見協守。吳良知浙江人。楊瑄永寧衛人。

中路南兵營副總兵隆慶六年設副總兵一員，駐劄馬松地方，統領教演南兵，分派擺守太平、喜峯、松棚、馬蘭四路隘口，仍聽調遣。萬曆二年，題請給令旗、令牌。

楊文浙江人。吳良知浙江人。胡守仁浙江人。

楊文萬曆三年復任。金福金華所人。

西路南兵營副總兵隆慶二年設副總兵一員，駐劄石匣地方，統領教演南兵，分派擺守墻子、曹家、古北、石塘四路隘口，仍聽調遣。萬曆二年題請給令旗、令牌。

李超浙江人。陳其可浙江人。丁茂浙江人。

督府中軍參將嘉靖二十九年設②。

路正。陳堯。杜薦。

劉通。王秉衡。張勳。

張倫。龔廉。竇淮。

王臣。李康民永平衛人。李勇效祖曰："李勇，李康民故將也。楊督府③錄爲中堅，皆厚遇之。癸亥④歲，督府以虜入，被逮，勇、康民醵貨數千金謁貴，幸爲營解，不能入居。頃之，督府論死，勇、康民遂分橐去。"

趙臣。馮登。暴以平。

張功山東人。張爵遵化人。徐枝山海人。

蔡勛通州人。以見任黃花鎮參將轉任，尋加陞副總兵銜。徐枝以副總兵復任。

密雲左營遊擊嘉靖三十七年設遊擊一員，或加副總兵、參將銜，統領督府標下騎兵，專俟應

---

① 萬曆《大明會典》卷一百二十六《兵部九·鎮戍一·將領上》，《續修四庫全書》第791頁，第272頁記"統領南兵遊擊將軍三員，中路駐劄馬松，東路駐劄建昌，西路駐劄石匣，俱隆慶六年設"。本書則記東路南兵營參將，隆慶六年設；中路南兵營副總兵，隆慶六年設；西路南兵營副總兵，隆慶二年設。
② 辨疑見前《薊鎮職官·部署·密雲·督府中軍公署》。
③ 楊督府，指總督薊遼都御史楊選。嘉靖四十二年十月，辛愛與把都兒入寇牆子嶺等地，給事中李瑜彈劾楊選、巡撫都御史徐紳、副使盧鎰、參將胡詔等，俱逮下詔獄。楊選被戮於市，梟首示邊，妻子流二千里。參張廷玉《明史》卷二百四《楊選傳》，第5400~5401頁。
④ 癸亥，指嘉靖四十二年，即公元1563年。

援古北、墻子二路地方。萬曆四年，改駐石匣營，專練車兵，仍聽調遣本營兵馬，協守統領。

胡鎮陽和衛①。王孟夏山西人。董一元宣府人。

李如樻延慶人。張臣陝西人。陳天福陝西人。

孟杰京衛人。楊文浙江人。陶世臣永平人。

密雲右營遊擊嘉靖四十二年②設遊擊一員，或加副總兵參將銜，統領督府標兵，專俟應援古北、墻子二路地方。

黃演延綏人。李如樻陝西人。王祿茂山衛人。

董一元宣府人。李逢時永平衛人。李如梗綏德衛人。

密雲振武營遊擊天順六年設，初爲鎮守都指揮，成化二十一年改分守參將，正德二年改鎮守參將，十一年改鎮守副總兵，嘉靖元年復改分守參將，十八年又改鎮守副總兵，三十年改協守，三十三年改分守，四十二年改爲遊擊，或加副總兵參將銜，專俟應援墻子路地方。

王榮密雲人。張瓊武清人。已上鎮守都指揮。

王志京衛人。魯廣京衛人。吳釗京衛人。

吳玉忠義中衛人。楊恭京衛人。許太京衛人。

章縉京衛人。葉鳳儀錦衣衛人。李清旗手衛③人。

霍汝恩茂山衛人。詹免大同人。馬愷薊州人。

郝通羽林衛人④。袁繼勳河間人。魏祥宣府人。

周楫忠義中衛人。劉鐸京衛人。王朴金吾右衛人。

韓承恩遼東寧遠人。李蓁大同人。王繼祖密雲中衛人。

梁臣興州前屯衛人。九聚京衛人。茂鎮茂山衛人。

羅希韓興州右屯衛人。程棋興州右屯衛人。盧鉞金吾右衛人。

徐仁榆林人。李朝陽慶陽衛人。韓承慶遼東人。

周益昌遼東錦州人。龔業大同人。羅文豸遼東人。

楊照遼東前屯衛人。袁正山西人。胡鎮見總兵。效祖曰："胡鎮，桀虜⑤人也，又狗財。癸亥

---

① ［校］陽和衛，原作"陽河衛"，據前文鎮守總兵"胡鎮陽和衛人"條改。

② 嘉靖四十二年，雍正《密雲縣志》卷三《兵制》，雍正元年刻本，葉1b作"嘉靖四十三年"。

③ ［校］旗手衛，原作"旗守衛"，《明孝宗實錄》卷一百四十二弘治十一年十月壬辰條，第2467頁，"陞武舉中式旗手衛指揮使李清等十七人各一級，月加米二石"，據此改。再，明朝並無旗守衛，有旗手衛，天子親軍上二十二衛之一，參張廷玉《明史》卷九十《兵二》，第2204~2205頁。

④ 郝通實爲羽林前衛左所帶俸指揮同知，參《明世宗實錄》卷二十六嘉靖二年閏四月己未條，第743頁。

⑤ 桀虜，桀驁不馴。

之變，楊督府①就廷尉矣，鎮用素所事貴人，虛張敵愾聲，且於督府肆下石之謀，至今薊人談者猶切齒云。"

時鑾陝西人。李勇定州衛人。蔡勛通州左衛人。

史綱大同人。張爵遵化人。賈斌山西人。徐從義綏德衛人。

密雲輜重營遊擊隆慶六年設遊擊一員，統領督府輜重、兵馬，轉運軍餉，兼應援曹家路地方。
陳伯懌福建人。許茂杞河南人。

鎮虜營遊擊□□□②年設遊擊一員，駐劄墻子路地方，防守本路，仍聽調遣。
楊文浙江人。高廷相。張斌永平人。
任良相密雲中衛人。王詔鎮朔衛人。

密雲永勝營坐營隆慶四年設坐營一員，以都指揮體統行事，統領督府標兵，專俟應援。
許茂杞河南人。艾應詔陝西人。

撫院中軍嘉靖三十三年設。
毛紹忠③密雲後衛人。吳尚賢。張懋勛。
姚龍燕山衛人。徐致中營州中屯人。徐枝山海人。
張功山東人。李信綏德衛人。錢勝陽和人。
谷九臯密雲後衛人。

遵化左營遊擊嘉靖四十二年設遊擊一員，統領撫院標兵，專俟應援馬蘭路地方。
李康民永平人。趙雲龍遼東人。錢勝陽和人。
尚智大同人。王廷政綏德人。孫朝梁榆林人。
王經榆林人。吳惟忠浙江人。

---

① 楊督府，指總督薊遼都御史楊選，見前。
② [校] 底本為墨丁，原缺。
③ [校] 毛紹忠，原作"毛中"，前文東路協守副總兵有"毛忠，密雲後衛人"，誤。康熙《永平府志》卷十四《武職》，康熙五十年刻本，葉72a記有"毛紹忠，密雲後衛人"，葉78a又記永平府守備毛紹忠，密雲後衛人；另《明世宗實錄》卷二百二十八嘉靖十八年八月丙寅條，第4727頁，"陞永平守備指揮毛紹忠為署都指揮僉事，充建昌營遊擊將軍"，據此改。查《密雲後衛選簿》，《中國明朝檔案總匯》第67冊，第64頁，有密雲後衛指揮使毛紹忠，與此處的毛紹忠應是一人。乾隆《永平府志》卷九《官師一·明武秩》，乾隆三十九年刻本，葉48a有記"毛紹宗，密雲後衛人"。

遵化右營遊擊嘉靖三十八年設遊擊一員，統領撫院標兵，專俟應援馬蘭路地方。
李意營州人。邵勇密雲後衛人。郭琥陝西人。
楊真陝西人。馬承胤永平人。李眷保定人。
孫昂鎮朔衛人。朱紹文興州人。李信陝西人。
閻瑃宣府人。何添爵保定人。張士義山西人。
周冕忠義中衛人。陶世臣永平人。張玠真定右衛人。

遵化輜重營遊擊隆慶六年設遊擊一員，統領撫院輜重兵馬，轉運軍餉，兼應援馬蘭路地方。
姚龍燕山前衛人。謝惟能開平衛人。劉應時德州衛人。

鎮守府中軍嘉靖三十四年設①。
劉九經。馬承胤永平人。徐永貴山海人。
程燮。楊秉中薊州人。謝惟能開平人。
崔經浙江人。黃宗統金華所人。

三屯營左營遊擊嘉靖四十三年設遊擊一員，統三屯遊兵。隆慶三年改爲總鎮標兵，專俟應援喜峯路地方。
董一元宣府人。錢勝山西人。孫朝梁陝西人。
何宗禹遼東人。史宸興州前屯衛人。李信綏德人。

三屯營右營遊擊隆慶三年設遊擊一員，統領總鎮標兵，專俟應援松棚路地方。萬曆四年，改爲協守副總兵，駐劄三屯營。
王通陝西人。谷成功永平人。馬承胤永平人。
吳惟忠浙江人。羅端永平人。

三屯輜重營遊擊隆慶六年設都司一員充任，或用遊擊，統領車兵，轉運軍餉，兼應援松棚路地方。
曹南濱浙江人。李逢時見密雲遊擊。

保河車營遊擊嘉靖二十九年設遊擊一員，統領保、河民兵車營，駐劄三屯，惟兵馬春秋兩班

---

① 萬曆《大明會典》卷一百二十六《兵部九·鎮戍一·將領上》，《續修四庫全書》第791冊，第272頁記"總督中軍官，嘉靖三十三年設"。《武備志》卷二百四《占度載·度十六·鎮戍一》，《四庫禁燬書叢刊》子部第26冊，第251頁亦記"總督中軍官，嘉靖三十三年設"。

入衛，專俟應援松棚、太平二路地方。

宗禮京衛人。張儒。朱蔭。

仇巳。劉乾富峪衛人。劉國賢。

田濟民。曹世德。丁添福興州左屯人。

羅端永平人。周冕。王世卿。

史宸永平衛人。王撫民。徐松。

王通陝西人。張爵遵化人。姚天與廣寧衛人。

建昌坐營都司萬曆元年設坐營都司一員，統領建昌車營兵馬，專俟應援燕河路地方。

葉鱨。劉德溫開平衛人。李蓁。

通州參將國初設鎮守重臣，駐劄通州，後改為分守。嘉靖三十年，復改參將，操練兵馬。萬曆三年，題准總練班軍，仍聽調遣。①

聶大經京衛人。金璋京衛人。陳文治登州衛人。

山海路參將正德八年設守備一員，嘉靖二十八年，增設遊擊一員，三十年改駐石門路，三十九年復設遊擊，隆慶三年革守備，改遊擊為參將，分守山海地方。

莫如德宣府人。管英金吾右衛人。孫朝梁榆林人。

聶大經灞縣人。林岐彭城衛人。沈思學宿州衛人。

王通榆林衛人。王有臣東寧衛人。

石門路參將嘉靖三十五年設參將一員，分守一片石、大毛山、義院口三提調地方。

李章大同人。佟登遼東人。白文智陝西人。

張功山東人。李信陝西人。董一元宣府人。

---

① 通州參將，應設於嘉靖三十四年。萬曆《大明會典》卷一百二十六《兵部九·鎮戍一·將領上》，《續修四庫全書》第791冊，第271頁記"舊係守備，嘉靖三十一年革，添設副總兵。後又革，改設參將。所屬，張家灣守備"。可知，嘉靖三十一年是添設通州副總兵的時間。《明世宗實錄》卷四百二十四嘉靖三十四年七月乙未條，第7344頁有"改通州副總兵為參將。初，咸寧侯仇鸞建議設三都御史於通州、易州、昌平，通州增置副總兵官。鸞敗，俱奉詔裁革。至是，總督王忬復言通州重地，仍宜用副將守之。兵部謂，該州兵止千人，請改參將便。上從部議。遂以署都指揮僉事吳旇充參將分守"。且《明世宗實錄》卷四百七嘉靖三十三年二月甲申條，第7111頁又有"命署都指揮僉事、通州副總兵曹世忠充左副總兵，協守甘州"的記載，可知設通州參將是在嘉靖三十四年。《四鎮三關誌》記載應誤。乾隆《通州志》卷六《官師志·武職額設官制》，乾隆四十八年刻本，葉11b又有籠統記載，"按通州武備，永樂間命勳爵鎮守，後或以都督及都指揮鎮守。成化間，裁鎮守，設分守，以本州五衛指揮陞任"。

李珍榆林人。張拱立甘州左衛人。

臺頭路參將①隆慶二年設參將一員，分守青山、界嶺口二提調地方。

楊騰遼東人。谷承功永平衛人。王輅涿州人。

謝惟能開平人。姚天與遼東人。張爵薊州衛人。

燕河路參將正統年②設參將一員，分守冷口、桃林、青山、界嶺口四提調地方，隆慶二年，革青山、界嶺，止轄冷口、桃林二處。

胡鏞③永平衛人。王福。吳鐸。

趙源。李銘山東人。王瑄。

阮興會州衛人。趙泉。楊勝。

白琮。高瑛武城中衛人。④ 李洪山海衛人。

劉玉金吾右衛人。王欽應天衛人。張安府軍前衛人。

陳勛宣府人。程漢濟陽衛人。夏仁薊州人。

葉鳳儀錦衣衛人。高謙燕山衛人。王孝忠遼東人。

朱卿真定人。楊鼎義勇右衛人。白珩京衛人。

周良臣營州前屯衛人。王鈺大同前衛人。趙卿山東人。

鄧安京衛人。李鎮京衛人。蕭保京衛人。

---

① [校] 臺頭路參將，原作"臺頭路遊擊"。按《明穆宗實錄》卷二十七隆慶二年十二月辛卯條，第725頁，"薊鎮督撫官譚綸等言，燕河營參將所轄地方，綿亘二百餘里，衝要隘口無慮二十餘處，參將往來策應勢不能周。請以永平遊擊將軍楊騰改爲參將，駐臺頭營，分守青山、界嶺二路。燕河營參將分守冷口、桃林口二路。報可"，據改。萬曆《大明會典》卷一百二十六《兵部九·鎮戍一·將領上》，《續修四庫全書》第791册，第271頁記事同，但作"隆慶三年"。下文"遊擊"據此由參將改。

② 按《明英宗實錄》卷一百八十四正統十四年十月己未條，第3632頁，"陞永平衛指揮僉事胡鏞爲都指揮僉事，充左參將，協同總兵官都督僉事宗勝鎮守地方。從巡撫僉都御史鄒來學薦也"。《明英宗實錄》卷二七十五天順元年二月庚子條，第5389頁亦載，"有言燕河營左參將胡鏞嘗受舒良銀，爲中鹽。命錦衣衛械鏞來京"。可知，燕河營參將設於正統十四年十月。

③ [校] 胡鏞，原作"胡庸"。前文鎮守總兵有"胡鏞，永平人"。《明英宗實錄》卷一百八十四正統十四年十月己未條，第3632頁，"陞永平衛指揮僉事胡鏞爲都指揮僉事，充左參將，協同總兵官都督僉事宗勝鎮守地方。從巡撫僉都御史鄒來學薦也"。據此改。

④ [校] 高瑛，原作"高英"。參《明孝宗實錄》卷一百三十四弘治十一年二月戊寅條，第2358頁，"命揚州等處總督備倭武成中衛帶俸署都指揮僉事高瑛充右參將，分守燕河營等處"。武城中衛，或作"武成中衛"。武成中衛屬後軍都督府在京衛所，景泰七年六月改武成中衛爲壽陵衛，參張廷玉《明史》卷九十《兵二》，第2218頁及《明英宗實錄》卷二百六十七景泰七年六月己亥條，第5663頁。作"武城中衛"者，如《明孝宗實錄》卷六十二弘治五年四月庚戌條，第1197頁，"命武城中衛指揮使高瑛守備歸德、武平地方，以都指揮體統行事"。

成勳薊州人。朱楫永平人。葉昂大同人。
何鎮永平人。蔣承勛遼東人。李康民永平人。
王允中遼東人。雷龍陝西人。時鑾榆林人。
李意薊州人。佟登遼東人。傅津榆林人。
王治道遼東人。楊縉大同人。張冬昌平人。
張禮榆林人。史綱大同人。王通榆林人。
馬承胤永平人。張爵遵化人。聶大經涿縣人。

太平路參將正德十年設參將一員，分守轄喜峯一守備，擦崖、榆木、董家口三提調。萬曆二年，裁革喜峯、董家口二處。
張銘。馬永京衛人。李英東勝右衛人。
馬愷。高時。周璿。
周胤。周楫忠義中衛人。① 吳尚賢。
王鏜。陸禎。楊棟。
張元勳薊州人。黑春。李意薊州人。
張承勳懷安衛人。高金。高延齡。
李珍榆林人。郭琥永昌衛人。王孟夏。
馬承胤永平人。時鑾。羅端永平人。
王祿茂山衛人。楊秉忠薊州人。王祿復任。
谷承功永平衛人。盧述贛州衛人。

喜峯口參將原設守備，稽考進貢夷人。萬曆二年改設參將一員，分守喜峯、董家口二提調地方②。
李世臣忠義衛人。陳忠泉州衛人。

松棚路遊擊隆慶二年設遊擊一員，分守龍井兒③、洪山、羅文谷三提調地方。
栗卿遼東人。張蕙大同人。張拱立陝西人。
李沛真定人。薛經鎮朔衛人。谷承功永平衛人。

---

① ［校］忠義中衛，原作"中義中衛"。前文密雲振武營遊擊下記有"周楫忠義中衛人"，據此改。再，明朝並無中義中衛。
② 萬曆《大明會典》卷一百二十六《兵部九·鎮戍一·將領上》，《續修四庫全書》第 791 册，第 271~272 頁記爲"所屬董家口、李家谷二提調"。
③ ［校］龍井兒，原作"龍井"，據萬曆《大明會典》卷一百二十六《兵部九·鎮戍一·將領上》，《續修四庫全書》第 791 册，第 272 頁改。

李尚賢陝西人。

馬蘭路參將①正統十四年設參將一員，分守大安、寬佃、黃崖、將軍營②四提調地方。
宗勝京都人。馬榮遵化衛人。劉福寧晉伯。
王玘。張懷。吳釗京都人。
劉祥東寧衛人。白琮。韓玉。
戴儀。芮錫。張銘錦衣衛人。
陳乩錦衣衛人。李英。芮永義勇右衛人。
劉勤。呂昌。周璿。
王道定遼右衛人。蕭陛撫寧人。夏仁鎮朔衛人。
張翼。戴廉。買鑑。
欒銳。羅希韓京都人。張文懿。
李堂遵化人。馬士廉。郝承恩義州衛人。
趙卿山東人。張世武興州右屯衛人。陳堯。
羅希韓復任。翟文大興左衛人。龔業大同中屯衛③人。
趙傾葵廣寧衛人。武勳定遼後衛人。徐枝山海人。
黃演榆林衛人。袁正山西人。楊四畏遼東人。
孫昂。張爵遵化人。楊鯉。
曰福太原衛人。

墻子路參將嘉靖三十年設參將一員，分守墻子嶺、吉家莊、鎮虜營三提調地方。④
周益昌廣寧左屯衛人。李意營州右屯衛人。歐綱京衛人。
王勳榆林衛人。呂淵延慶衛人。線世祿寧遠衛人。
胡朝大同左衛人。張九思廣寧衛人。徐致中營州中屯衛人。
黃龍太原衛人。馮詔綏德衛人。戴恩鎮番衛人。
程九思延安衛人。吳昂天城衛人。張臣榆林衛人。
李如櫃榆林衛人。孫朝梁榆林衛人。羅端永平人。

---

① 辨疑見前文《薊鎮職官·部署·馬蘭路分守參將公署》。
② 大安、寬佃、黃崖、將軍營，萬曆《大明會典》卷一百二十六《兵部九·鎮戍一·將領上》，《續修四庫全書》第791冊，第272頁作"大安口、寬佃口、黃崖口、將軍關"。
③ [校] 大同中屯衛，原作"大同中屯"。按張廷玉《明史》卷九十《兵二》，第2219頁，後軍都督府在外衛所中有"大同中屯衛"，《四鎮三關誌》脫漏"衛"字。
④ 萬曆《大明會典》卷一百二十六《兵部九·鎮戍一·將領上》，《續修四庫全書》第791冊，第271頁謂墻子路參將嘉靖三十一年設。並記該參將所屬墻子嶺、鎮虜關二提調。

董一元宣府人。

曹家路遊擊嘉靖三十年①設遊擊一員分守，三十一年改遊兵，隆慶二年復，分守曹家寨一提調地方。

方振綏德衛人。程燮興州右屯衛人。茂經茂山衛人。

吳昂天城衛人。曹煥通州右衛人。張延賞寧遠衛人。

王旌保定右衛人。任良相密雲中衛人。李如梗綏德衛人。

李逢時永平人。李汝華陝西人。劉揖延安衛人。

古北路參將永樂初設守備②，正統年改設提督把總③，以都指揮充之。正德初，復設守備④。嘉靖三十年⑤增設參將一員，分守古北口、潮河川二提調地方。

韓承慶。周益昌廣寧左屯衛⑥人。曹世德。

徐麟。楊照遼東人。吳圻。

瞿輝。徐致中營州中屯衛⑦人。魯聰。

郭琥永昌衛人。申維岳遵化衛人。董一奎宣府人。

程九思延安衛人。朱紹文興州後衛人。董一元宣府人。

羅端永平人。谷九皋密雲後衛人。何勳京衛人。

周冕遵化衛人。苑宗儒大同平虜衛人。谷承功永平衛人。

石塘路參將嘉靖三十年⑧設參將一員，分守石塘嶺、白馬關二提調地方。

李朝棟榆林人。叚堂宣府右衛人。吳佩三萬衛人。

劉淮保定衛人。李勇定州衛人。李意薊州人。

---

① 辨疑見前文《薊鎮職官·部署·曹家路分守遊擊公署》。
② 按《明太宗實錄》卷一百四十一永樂十一年七月甲午條，第1694頁，"甲午，改密雲後衛防禦千戶所爲前千戶所，增置後千戶所於古北口守備"，與本書記載相關。
③ 按《明英宗實錄》卷二百八十天順元年七月丁卯條，第5995頁，"敕都指揮僉事陳亮總管提督密雲、古北口等處操備"，與本書的記載相關，但暫未見到古北口提督把總更早的記載。
④ 《明武宗實錄》卷一百二十五正德十年五月己酉條，第2510~2512頁，巡關御史張鰲山陳邊防事，建議"宜仍於古北口添設守備指揮一員，總理潮河、新舊古北口等三營及密雲兩衛操練禦備"，提督侍郎陳玉等人的意見則是"古北口令宜參將防禦"。可知正德十年曾有復設古北口守備之議，未得實施。
⑤ 辨疑見前文《薊鎮職官·部署·古北路分守參見將公署》。
⑥ [校] 廣寧左屯衛，原作"廣寧左屯"，據前文及明代制度改。
⑦ [校] 營州中屯衛，原作"營州中屯"，據前文"墻子路參將"記載改。
⑧ 辨疑見前文《薊鎮職官·部署·石塘路分守參將公署》。

董麒薊州人。劉國宣府人。孫恒陽和①衛人。

陳勛山西人。徐枝山海人。

漕運把總萬曆二年設把總一員，以都指揮體統行事，管運漕糧事務。

陳登瀛涿鹿衛人。范朝恩浙江人。毛希遂浙江人。

密雲守備嘉靖四十一年②設。

丁添福興州左屯衛人。張斌永平衛人。費懋甫江西人。

張鳴鶴河間衛人。管達幹永清左衛人。張玠真定衛人。

張恩保定衛人。孫甫陝西人。

三河守備弘治十八年設③。

趙杲營州後屯衛人。吳昂興州後屯衛人。王玉興州後屯衛人。

崔昇興州後屯衛人。何泰羽林前衛人。魏棠府軍前衛④人。

劉淵山海衛人。秦震隆慶衛人。賈鴻金吾右衛人。

張鈺府軍前衛⑤人。張鳴謙營州中屯衛人。許昇金吾右衛人。

張鎬龍虎衛人。⑥徐天爵興州後屯衛人。孫詔密雲後衛人。

高楫裕陵衛人。張世武興州右屯衛人。張鳴謙忠義中衛人⑦。

施義定州衛人。劉秉忠開平中屯衛人。梁勛留守衛人。

賈桂濟陽衛人。

---

① ［校］和，底本不清，據民國間抄本補。
② 辨疑見前文《薊鎮職官·部署·密雲守備公署》。
③ 按《明武宗實錄》卷二弘治十八年六月庚辰條，第83頁，"改提督三河等城把總指揮使吳昂爲守備，以都指揮體統行事，與通州分守官不相統屬。從都御史周季麟之請也"。可知，弘治十八年六月改提督三河城把總爲守備。
④ ［校］府軍前衛，原作"撫軍前衛"。按張廷玉《明史》卷九十《兵二》，第2204~2205頁，天子親軍上二十二衛有府軍前衛。《四鎮三關誌》疑是同音字誤書。
⑤ ［校］府軍前衛，原作"撫軍前衛"，參上條。
⑥ ［校］龍虎衛，據嘉靖《西關志·居庸關》卷三《官司》，第62頁及萬曆《重修居庸關志》卷五《官司》，第162頁，張鎬由羽林前衛指揮歷陞，嘉靖十九年任居庸關守備；《明世宗實錄》不記衛分，張鎬由三河守備陞居庸關參將一事在嘉靖十八年六月。參《明世宗實錄》卷二百二十五嘉靖十八年六月壬寅條，第4682頁。
⑦ ［校］忠義中衛人，"人"字原缺，補。前有"張鳴謙營州中屯衛人"，查《營州中屯衛選簿》，《中國明朝檔案總匯》第69册，第113頁，有營州中屯衛五輩指揮僉事張鳴謙，該是此人。此處又有"張鳴謙忠義中衛人"，下文亦有"張鳴謙忠義中衛人"，不知與"張鳴謙營州中屯衛人"是否一人。

薊州守備天順己卯①年設。

劉榮營州右屯衛人。馬宣薊州衛人。龐濟薊州衛人。

郭英鎮朔衛人。羅綱永平衛人。馬喜遵化衛人。

楊瑀興州後屯衛人。夏仁鎮朔衛人。崔昂興州後屯衛人。

康雄錦衣衛人。趙明天津衛人。周良臣營州前屯衛人。

詹祥京衛人。楊奎鎮朔衛人。王繼祖密雲中衛人。

張承恩遵化衛人。姜鎧興州後屯衛人。劉煥保定衛人。

盧鉞武功右衛人。楊丹鎮朔衛人。涂永貴山海衛人。

楊爵涿鹿衛人。李意營州左衛人。劉乾左營富峪衛人②。

姚承勛興州前屯衛人。尹秉衡濟南衛人。徐致中營州中屯衛人。

李松康陵衛人。茂涇茂山衛人。高子民遼東人。

劉繼先保定中衛人。李信綏德衛人。朱壽通州右衛人。

王汲金吾左衛人。郭應坤盧龍衛人。馬承勛永平衛人。

韓忠臣定州衛人。

遵化守備成化六年設③。

張璵東勝右衛人。吳玉忠義中衛人。馬章薊州衛人。

李英東勝右衛人。陳乾錦衣衛人。馬永金吾右衛人。

芮永義勇右衛人。郭㵎鎮朔衛人。九聚金吾右衛人。

田登營州右屯衛人。蕭陞撫寧衛人。張輗忠義中衛人。

沈良忠義中衛人。羅希韓營州中衛人。吳尚賢撫寧衛人。

姚承勳興州前屯衛人。李康民永平衛人。張世武興州右屯衛人。

劉道鎮朔衛人。翟文大興左衛人。劉涵撫寧衛人。

姚龍燕山衛人。徐子紹彭城衛人。張仁神武左衛人。

周德撫寧衛人。劉富營州右屯衛人。蕭繼英撫寧衛人。

丁寵武清衛人。馬文龍廣寧左衛人。鄒軻營州左屯衛人。

任良相密雲中衛人。劉闊河間衛人。韓紹勛金吾右衛人。

許卿興州右衛人④。

---

① 天順己卯，天順三年，即公元1459年。
② 前文保河車營遊擊下記有"劉乾富峪衛"，此處"左營"二字疑衍文。
③ 辨疑見《薊鎮職官‧部署‧遵化守備公署》。
④ ［校］興州右衛人，"人"字原缺，據補。

三屯守備隆慶三年設①。
江川。史宸永平衛人。崔經。
陳子鑾。錢夢祥海寧衛人。金福浙江人。

永平守備弘治十一年設②。
羅政。胡朝。羅綱。
郭英。王瑾。郭鋐。
劉瑁。單聚。楊玉。
周喬。康雄。劉寧。
黃瑾京都人。李鐺遵化人。張天民。
陳宗言。毛紹忠密雲後衛人。姚海。
成勳薊州人。吳淶通州人。周孚先鎮朔衛人。
陳淮永平人。祝福。郭秉忠。
孫昂鎮朔衛人。陳堯勳。盧國讓。
陳逢吉。徐勳薊州人。胥進忠。
羅維冕。李沛真定人。葛紹忠永平衛人。
李惟學山東人。王添職綏德衛人。劉應時德州衛人。
陳汝忠錦衣衛人。

崔黃口守備嘉靖四十一年設。
許南金登州衛人。何勳旗手衛人。趙勳金吾右衛人。
宋懋爵金吾右衛人。孫守元延安衛人。詹文舉定遼人。
王秩登州衛人。

一片石提調嘉靖四十年設。
王廷棟。江川。張忠。
李宗召遼東人。李尚賢陝西人。盧盈科東昌衛人。

大毛山提調嘉靖四十年設。

---

① 萬曆《大明會典》卷一百二十六《兵部九·鎮戍一·將領上》，《續修四庫全書》第791冊，第273頁謂三屯守備設於隆慶二年。
② 辨疑見前《薊鎮職官·部署·永平守備公署》。

曹綱。馬雲龍。孫繼武。

張糾。徐從義綏德衛人。吳惟忠。

范朝恩浙江人。景良臣金華所人。

義院口提調嘉靖十九年設。

劉富營州右屯衛人。李蓁大同人。李文。

奚偉。黃孝敢睢陽衛人。陳忠。

劉文瀚永平人。

冷口提調嘉靖十九年設。

張斌永平人。劉恩瀋陽衛①人。夏維藩興州左屯衛人。

鍾鎮。陸禎。陸勇。

張瑞。王濟民永平人。陳淮永平人。

李康民永平衛人。徐鳳儀。伊堂。

陳綱。姚鎮強。李雄遼陽人。

張鳴謙忠義中衛人。丁添福興州左屯衛②人。徐致中營州中屯衛人。

孫承爵。施國藩。劉棟。

馬承胤永平人。楊維藩興州左屯人。張斌永平人。

褚光祖。李文。陳耀。

谷承功永平衛人。劉從武懷安衛人。孫世勳。

葛紹忠。李燧浙江人。

桃林口提調弘治八年設。

高洪。陳輔。尚志。

康臣。李洪。戴海。

羅臣。谷永昌。郭徵。

宗傑。呂昇。谷洪。

李林。李文秀。陳堂。

徐綱。談保。李其。

徐瑾。李方。朱官。

---

① [校] 瀋陽衛，原作"潘陽衛"，明朝並無潘陽衛，改。

② [校] 衛，底本原無，據文意補。

陳燦。周徹撫寧人。唐大節。
劉英。黄道。高耀。
李徵祥永平衛人。徐瓚。劉淦。
李康民永平衛人。姚承勳。龐學書。
郭芝。涂永貴。李遇時。
蕭詔。灤陽。楊舟鎮朔衛人。
王濟民永平人。王廷棟。黄濁、李文永平衛人①。
林洪。盧楠。張斌永平人。
周德。張四維。楊維祺。
李景。文棟。劉坤薊州人。
劉德温開平人。胡天定浙江人。周文錦東寧衛人。

青山口提調嘉靖十九年設。
程棋。康斗南。白素。
施國藩。柴良弼。趙大綱。
伍潮山西人。葉鱨。劉松永安衛人。

界嶺口提調嘉靖十九年②設。
張忠。殷佐。王統。
徐從義綏德衛人。谷承功永平衛人。王軫涿州人。
陶於儒盧龍人。王杰永平衛人。李宗召定遼左衛人。

擦崖子提調弘治五年設。
李文永平衛人。劉經。王杰。
張紹芳。段啓東遵化衛人。尤政觀海衛人。
王英榆林衛人。

榆木嶺提調嘉靖十八年設。
王詔鎮朔衛人。莫矜功鎮朔衛人。

---

① [校] 二人底本爲兩行小字，"永平衛人"爲大字，今據全文格式改。
② 前文《薊鎮職官·部署·界嶺口提調公署》謂公署"嘉靖四十年建於本口城"，時間差距較大。

李家口提調原設把總一員，提督大喜峯口地方，嘉靖二十年改爲守備。萬曆二年，本路添設參將，革守備。萬曆四年設提調，駐李家口。

黃奇興州右屯衛人。

董家口提調弘治三年設。

李秉鈞綏德衛人。

龍井兒提調□□十八年①設。

李維藩。王秋登州衛人。詹文舉定遼衛人。

張鏞寧②海衛人。

洪山口提調洪武年設。

劉應時德州衛人。王添職綏德衛人。

羅文谷提調永樂年設。

金福浙江人。胡天定金華所人。

大安口提調永樂年設。

張繩武撫寧衛人。倪堂密雲中衛人。夏惟藩興州左屯衛人。

張深遵化衛人。史經興州前屯衛人。陸禎東勝左衛人③。

劉雲瀚興州右屯衛人。陳綱永平衛人。張用武清衛人。

徐致中營州中屯衛人。胡來朝薊州衛人。周德撫寧衛人。

陳綱薊州衛人。涂永貴山海衛人。於承芳山海衛人。

張焖東勝右衛人。曹煥通州人。趙洲平山衛人。

羅端永平衛人。孫光祖遵化衛人。周良相營州左屯衛人。

劉應麟密雲中衛人。段啓東遵化衛人。陶世臣永平衛人。

---

① 前文《薊鎮職官·部署·龍井兒提調公署》謂"洪武年建於本城"，《明太祖實錄》卷一百四十八洪武十五年九月丁卯條，第2338~2342頁，北平都司建議所轄關口龍井寨等處，宜以各衛校卒戍守，朱元璋詔從之。結合兩條記載，可推斷龍井兒提調可能設於洪武十五年前後。但"□□十八年"一句，墨丁處二字暫難考。

② 鏞、寧，底本不清，據民國間抄本補。

③ ［校］陸禎東勝左衛人，下文出現兩次"陸禎東勝右衛人"，萬曆《保定府志》卷九《職官表下》，第256頁記陸禎，東勝左衛人，嘉靖二十七年任分守紫荆關參將。不知是否一人，待考。

王之宇密雲後衛人。李鳳池密雲中衛人。張忠興州右屯衛人。

寬佃谷提調永樂年設。
劉漢開平人。毛英遵化人。甘從善遵化人。
張玠山海人。戴鎮薊州人。劉道薊州人。
夏福玉田人。李堂遵化人。趙輔撫寧人。
張元勳薊州人。夏惟藩玉田人。吳瓊遵化人。
王應岐密雲衛人。李意薊州人。賈應奎武清人。
張永祚平谷人。周官遵化人。李恩永平人。
程世爵永平人。程爕遷安人。王旌保定人。
王陽三河人。汪政榆林人。陳祿。

黃崖口提調永樂年設。
陸禎東勝右衛人①。李魏永平衛人。薛陽遵化衛人。
龐學書永平衛人。姚炳鎮朔衛人。馬綱遵化衛人。
何鎮永平衛人。趙太鎮朔衛人。陳堯撫寧衛人。
李賢永平衛人。毛繼宗東勝右衛人。鄭寶興州左屯衛人。
周德撫寧衛人。魏堂山海衛人。徐勳薊州衛人。
亢大章遼東前屯衛人。徐鳳翔遼東人。李世臣忠義中衛人。
康樞涿州人。陳世爵密雲中衛人。陳伯懌福建人。
陶於儒盧龍人。俞景隆永平人。

將軍營提調永樂年設。
董麟營州右屯衛人。周官忠義中衛人。顧璋鎮朔衛人。
崔宗周遵化衛人。李圻營州右屯衛人。侯世勳忠義中衛人。
任鶴年山海衛人。戴翰營州中屯衛人。周孚先薊州衛人。
劉奚官營州前屯衛人。劉承胤盧龍衛人。徐勳薊州衛人。
姚允中鎮朔衛人。涂永貴山海衛人。姜偉興州後屯衛人。
武世忠遼東衛②人。白守廉遵化衛人。宮麒興州左屯衛人。
涂永貴山海衛人。朱壽通州人。謝惟能開平人。
徐槐涿鹿左衛人。李宗召遼東人。馬駿德州左衛人。

---

① 上文有"陸禎東勝左衛人",不知是否一人。
② 並無遼東衛,具體遼東何衛,無法判斷。

鎮虜營提調嘉靖十九年設。

趙通遵化人。徐天爵興州後屯衛人。蘇世恩營州後屯衛人。
趙泰薊州人。趙忠長陵衛人。顧麒營州前屯衛人。
陳大經薊州人。王濟民永平人。李湘遵化人。
高良營州左屯衛人。周孚先薊州人。周惟政遵化人。
劉國棟薊州人。汪洪密雲後衛人。宮麒玉田人。
田貢營州中屯衛人。高長壽金吾右衛人。張應時神武中衛人。
盧棟保定人。冀永昌密雲中衛人。

墻子嶺提調嘉靖十六年設。

牟元知薊州人。伊鏜密雲中衛人。王爵興州左屯衛人。
詹承恩營州中屯衛人。劉洰撫寧衛人。陳淮永平人。
楊體仁營州後屯衛人。孫昂鎮朔衛人。李徵祥永平人。
朱維藩密雲中衛人。胡來朝薊州衛人。劉世武鎮朔衛人。
劉汝弼東寧衛人。楊瀛遵化衛人。劉健定州右衛人。
王祿榆林衛人。袁承芳營州右屯衛人。謝堂綏德衛人。
陳蚕杭①州衛人。

曹家寨提調嘉靖十五年②設。

歐綱金吾衛人。邵勇密雲中衛人。丁添福興州左屯衛人。
張深遵化衛人。張倫營州前屯衛人。姜偉興州衛人。
趙通遵化衛人。吳繼宗興州衛人。史京開平中屯衛人。
伊鏜密雲中衛人。張崑鎮朔衛人。劉漢官營州左屯衛人。
張守爵薊州衛人。沈思學定遠縣人。朱紹文興州後屯衛人。
曹煥通州右衛人。焦世臣定遠衛人。甯潮③宣府右衛人。
李如梗綏德衛人。陳登瀛涿鹿衛人。王繼英開平衛人。

吉家莊提調萬曆元年設。

---

① ［校］杭，底本不清，據民國間抄本補。
② ［校］年，底本原無，據文意補。前文《薊鎮職官·部署·曹家寨提調公署》謂"曹家寨提調公署，嘉靖三十五年建於本營城"。
③ 甯潮，下文古北口提調項下作"寧潮"。兩人非同一衛人，存疑。

郭祥密雲中衛人。

古北口提調弘治七年設。
李意薊州衛人。趙承宗。周官忠義中衛①人。
張鳴謙忠義中衛②人。盧楠。高輅。
楊舟鎮朔衛人。李康民永平衛人。歐綱金吾衛人。
邵勇密雲中衛人。高良。劉豸東寧衛人。
魯煌興州前屯衛人。王平。潘一麟遵化人。
徐從義綏德衛人。薛虎臣密雲人。寧潮③宣府前衛人。

潮河川提調弘治七年設。
奚偉。胡章。宮麒直隸玉田人。
趙應時榆林衛人。劉尚仁。李添爵榆林衛人。

白馬關提調嘉靖十六年④設。
楊舟薊州衛人。張元勳薊州衛人。李康民永平衛人。
劉懷遠撫寧衛人。吳宗堯營州後屯衛人。丁添福興州左屯衛人。
趙雲龍遼東衛⑤人。韓紳營州左屯衛人。鄒軻營州左屯衛人。
戴詔薊州衛人。盧述江西人。郭珍鎮朔衛人。

石塘嶺提調嘉靖十六年設。
周孚先鎮朔衛人。戴漢營州中衛人。趙泰薊州衛人。
丁添福興州左屯衛人。尹淮長陵衛人。潘俊興州後屯衛人。
褚章遵化衛人。李思忠遼東衛⑥人。何延福保定右衛人。
楊承業東昌衛人。章延稟浙江杭州衛人。王鳳鳴興州後屯衛人。
陳文澄金華衛人。

---

① ［校］忠義中衛，原作"中義中衛"，據民國間抄本改。
② ［校］忠義中衛，原作"中義中衛"，據民國間抄本改。
③ ［校］寧潮，上文曹家寨提調項下作"甯潮"。
④ ［校］年，底本原無，據文意補。
⑤ 並無遼東衛，《明世宗實錄》卷五百二十九嘉靖三十四年正月壬辰條，第8628頁記有山海守備趙雲龍陞職一事，康熙《永平府志》卷十四《武職》，康熙五十年刻本，葉79b所載山海關守備鄉下記有趙雲龍，義州衛人，義州衛確爲遼東都司衛所，應是一人。
⑥ 應是"東寧衛"，據下文《遼鎮職官·武階·分守寧遠參將》。

天津□人①。

山海衛附中前、中後等三所。
指揮一十三員。千戶②一十九員。百戶二十三員。鎮撫二員，經歷一員。③

撫寧衛
指揮九員。千戶九員。百戶一十二員。鎮撫二員。經歷一員。

永平衛
指揮八員。千戶一十一員。百戶一十八員。鎮撫一員。經歷一員。知事一員。

東勝左衛
指揮五員。千戶三員。百戶七員。鎮撫一員。經歷一員。知事一員。

盧龍衛
指揮十二員。千戶七員。百戶四員。鎮撫無。經歷一員。知事一員。

開平中屯衛
指揮九員。千戶十三員。百戶一十三員。鎮撫二員。經歷一員。

興州右屯衛
指揮二員。千戶四員。百戶六員。鎮撫一員。經歷一員。知事一員。

遵化衛
指揮十六員。千戶二十一員。百戶二十三員。鎮撫■④。經歷一員。

東勝右衛
指揮十二員。千戶十一員。百戶二十六員。鎮撫■。經歷一員。

---

① ［校］民國間抄本並無此四字。疑衍文，或前缺某官員名。
② ［校］千戶，原作"千戶戶"，改。
③ 衛所武官的數量，是有變動的，這裏不再引注其他史籍中的記載。梁志勝對武官冗積問題有較爲詳盡的論述，參梁志勝《明代衛所武官世襲制度研究》，中國社會科學出版社2012年，第401~419頁。
④ 人員不詳，底本用丁塗黑處用"■"表示，下同。

忠義中衛

指揮十二員。千户三十員。百户二十九員。鎮撫一員。經歷一員。

興州前屯衛

指揮八員。千户十三員。百户十五員。鎮撫一員。經歷一員。

興州左屯衛

指揮五員。千户十二員。百户十八員。鎮撫一員。經歷一員。

薊州衛

指揮十二員。千户二十八員。百户二十八員。鎮撫二員。經歷一員。

鎮朔衛

指揮十五員。千户三十四員。百户三十九員。鎮撫二員。經歷一員。

營州衛

指揮■。千户■。百户■。鎮撫■。經歷一員。

興州中屯衛

指揮■。千户■。百户■。鎮撫■。經歷一員。

營州後屯衛

指揮一員。千户三員。百户五員。鎮撫三員。經歷一員。

營州前屯衛

指揮■。千户■。百户■。鎮撫■。經歷一員。

密雲中衛

指揮十九員。千户二十員。百户四十八員。鎮撫二員。經歷一員。

密雲後衛

指揮十四員。千户八員。百户十一員。鎮撫無。經歷一員。教授一員。

營州左屯衛

指揮一員。千户四員。百户四員。鎮撫無。經歷一員。

通州衛

指揮■。千户■。百户■。鎮撫■。經歷一員。

通州左衛

指揮■。千户■。百户■。鎮撫■。經歷一員。

通州右衛

指揮■。千户■。百户■。鎮撫■。經歷一員。

神武中衛

指揮■。千户■。百户■。鎮撫■。經歷一員。

定邊衛

指揮■。千户■。百户■。鎮撫■。經歷一員。

興州後屯衛

指揮七員。千户二十員。百户十八員。鎮撫一員。經歷一員。

營州右屯衛

指揮六員。千户十員。百户十員。鎮撫■。經歷一員。

潮河所

千户七員。百户十二員。

梁城所

千户八員。百户十二員。

寬河所

千户四員。百户四員。

效祖曰："薊之材官騎士，上自總、副，下至守、提，具官可謂衆矣！然越甲至而左轂鳴①，竟未聞雍門右車之請②，則安用當關者爲也。嗟嗟！怯而畏死，貪而重富貴，習俗之移人，諸邊兜鍪，大都然乎！安可求多於薊？"

昌鎮職官

武階

　　鎮守總兵嘉靖二十九年設，初爲提督入衛邊兵，防守薊鎮、居庸、紫荆等處。三十九年③，改昌鎮鎮守，專護陵寢，分隸黄花、居庸、鎮邊三路地方。

　　時陳綏德人。趙卿④濟寧人。蕭漢榆林人。

　　焦澤大同人。雲冒⑤榆林人。何淮⑥鎮守，鎮番衛人。

　　劉漢⑦大同人。楊四畏⑧遼東人。

---

① 越轂至而左轂鳴，即越甲鳴君之典，忠君之意。詳見劉向撰、向宗魯校證《説苑校證》卷四《立節》，中華書局1987年，第86頁。
② 雍門右車之請，即雍門刎首之典，忠君之意。同上。
③ 三十九年，康熙《昌平州志》卷十四《武備志·兵職》，康熙十二年刻本，葉1b，"提督一員，嘉靖二十九年設。三十九年，改總兵"。萬曆《大明會典》卷一百二十六《兵部九·鎮戍一·將領上》，《續修四庫全書》第791册，第274頁及張廷玉《明史》卷七十六《職官五》，第1876頁謂嘉靖三十八年裁副總兵，改提督爲鎮守總兵，駐昌平城。所載相異。按《明世宗實録》的記載，昌鎮改設總兵，確在嘉靖三十九年。嘉靖三十九年八月兵部職方司郎中王叔果自薊鎮閲視練兵還，奏副總兵祝福與提督雲冒并居一城，事權不一。兵部批復，令祝福回部，改雲冒爲總兵官，鎮守居庸、昌平一帶。參《明世宗實録》卷四百八十七嘉靖三十九年八月癸亥條，第8117頁。本書此處對昌平總兵的演變描述並不清楚，據萬曆《大明會典》卷一百二十六的記載，"鎮守總兵，舊有副總兵，又有武臣提督。嘉靖三十八年，裁副總兵，以提督爲鎮守總兵，駐昌平城，仍聽總督節制"。除裁副總兵的時間稍有差異外，實録和會典的記載正合。首任昌平總兵是雲冒。時陳、趙卿、蕭漢、焦澤爲昌平提督，趙卿還擔任過昌平副總兵。雲冒亦曾任提督。昌平添設副總兵確在嘉靖二十九年，嘉靖二十九年十二月，"詔於昌平、易州各添設御史一員，副總兵一員，如通州例。昌平副總兵即以原駐鞏華城者改補，而别添分守一員於鞏華城，從仇鸞議也"。參《明世宗實録》卷三百六十八嘉靖二十九年十二月癸亥條，第6579頁。
④ 趙卿，按《明世宗實録》卷三百七十二嘉靖三十年四月壬戌條，第6641頁，署都指揮僉事趙卿充副總兵，鎮守昌平；《明世宗實録》卷四百二十六嘉靖三十四年九月甲午條，第7365頁，趙卿由昌平提督掛印充總兵官，鎮守大同。
⑤ 雲冒，下文遼鎮總兵中有"雲冒直隸三河人"，爲一人。按《明世宗實録》卷四百九十五嘉靖四十年四月乙未條，第8208頁，改鎮守居庸總兵官、署都督僉事雲冒鎮守遼東。
⑥ 何淮，按《明世宗實録》卷四百九十五嘉靖四十年四月辛丑條，第8210頁，命五軍營副將署都督僉事何淮充總兵官，鎮守居庸、昌平等處。
⑦ 劉漢，其傳見本書卷七。
⑧ 楊四畏，《皇明誥封特進榮禄大夫右都督知庵楊公（四畏）墓志銘》，參《遼寧碑志》，第419頁，"壬辰，推鎮守昌平總兵"，可知楊四畏任昌平總兵是在隆慶二年。

永安營坐營嘉靖二十九年①建營，副總兵併領。三十九年，革副總兵，併屬鎮守總兵。四十三年，設坐營中軍②，以都指揮體統行事。

孫堂。蕭應祥大興左衛人。畢英大寧人。

毛策東寧衛人。錢國用大同人。

標兵營遊擊嘉靖四十二年，設遊擊一員，統領標兵，每春、秋兩防，額派居庸路防守。

王世英涼州衛人。張爵忠義中衛人。胡進大同前衛人。

馬負圖永寧衛人。谷九皋密雲後衛人。滿朝相固原衛人。

王有臣東寧衛人。毛策東寧衛人。

遊兵營遊擊嘉靖三十七年，設遊擊一員，統領標下車兵，每秋額派黃花路防守。

方振陝西人。崔桂神武人。李官宣府人。

朱滾河間衛人。王國陝西人。胡進大同人。

郭鈞榆林衛人。張禮榆林衛人。張斌永平衛人。

趙應時榆林衛人。李世臣忠義中衛人。盧述贛州人。

史臣南府軍右衛③人。

翠華營遊擊嘉靖二十一年設，或伯爵，或都督，守備翠華城。二十八年，改副總兵。三十年，改分守。④三十九年，改遊擊，統領標下右營騎兵，每春秋額派居庸路防守。

欒檠山東人。曹松豐潤伯，儀真人。許國山東人。

胡潭定州人。劉通薊州人。李意營州中屯衛人。

王尚忠宣府右衛人。黃欽濟州衛人。李勇定州衛人。

谷鸞大寧中衛人。夏宗禹改遊擊，定州人。張洙開平衛人。

---

① 《明世宗實錄》卷三百七十二嘉靖三十年四月庚午條，第6649頁，嘉靖三十年四月，"命永安城所駐官軍曰永安營，翠華城所駐官軍曰翠華營，獲守陵寢"，與《四鎮三關誌》的記載稍有差異。

② 《明世宗實錄》卷五百三十一嘉靖四十三年閏二月己丑條，第8561頁，嘉靖四十三年閏二月，"添設昌平永安營坐營中軍一員"。

③ 南府軍右衛，指南京府軍衛，為南京衛所親軍衛之一，參張廷玉《明史》卷九十《兵二》，第2221頁。

④ 按《明世宗實錄》所載，嘉靖二十九年十二月，"詔於昌平、易州各添設御史一員，副總兵一員，如通州例。昌平副總兵即以原駐翠華城者改補，而別添分守一員於翠華城，從仇鸞議也"。參《明世宗實錄》卷三百六十八嘉靖二十九年十二月癸亥條，第6579頁。次年四月命翠華城，所駐官軍曰翠華營，參《明世宗實錄》卷三百七十二嘉靖三十年四月庚午條，第6649頁。與本書的記載稍有差異。

董孟明宣府人。高仲安榆林人。李時鎮朔衛人。

閻萬石懷安衛人。陳天福延安人。

居庸路參將洪武三十二年設，初爲鎮守。弘治元年①改分守。正德四年改鎮守。越一載，仍爲分守。嘉靖四十四年②，改參將一員，轄八達、石嶺、灰嶺③三守備地方。

吳玉延慶衛人。沈清。袁訥陝西人。

高敵。李景延慶衛人。張鎮通州衛人。

楊俊開平衛人。趙政開平衛人。夏忠開平衛人。

魯宣開平衛人。仲福京衛人。李奇。

宋瑛京衛人。柳春京衛人。朱瑾京衛人。

楊能④京衛人。王璽⑤京衛人。王瑾⑥京衛人。

吳琦京衛人。⑦ 羅傑京衛人。張栢延慶衛人。

孫璽延慶衛人。申大節遵化衛人。楊昇金吾右衛人。

---

① 弘治元年，按嘉靖《西關志・居庸關》卷三《官司》，第62頁及萬曆《重修居庸關志》卷五《官司》，第160~161頁，楊能初任鎮守，後改分守，弘治元年任。而《明孝宗實錄》則記成化二十三年十月，命神武後衛署指揮同知楊能分守居庸關，參《明孝宗實錄》卷五成化二十三年十月壬午條，第83頁。

② 嘉靖四十四年，萬曆《大明會典》卷一百二十六《兵部九・鎮戍一・將領上》，《續修四庫全書》第791冊，第274頁及萬曆《重修居庸關志》卷五《官司》，第158頁謂嘉靖四十三年。萬曆《重修居庸關志》還記載嘉靖二十年改參將、三十二年復改分守。

③ 萬曆《大明會典》卷一百二十六《兵部九・鎮戍一・將領上》，《續修四庫全書》第791冊，第274頁謂居庸關參將所屬石峽峪、灰嶺口、八達營三守備，《四鎮三關誌》所謂"石嶺"，與"石峽峪"爲一。

④ 楊能，見前文對弘治元年改分守的辨析。

⑤ 王璽，參嘉靖《西關志・居庸關》卷三《官司》，第62頁及萬曆《重修居庸關志》卷五《官司》，第161頁，王璽由京衛指揮使歷陞，弘治十一年任。《明孝宗實錄》則謂弘治十二年二月罷分守居庸關署都指揮僉事楊能，以忠義前衛指揮僉事王璽代之，參《明孝宗實錄》卷一百四十七弘治十二年二月乙巳條，第2585頁。實際上，《四鎮三關誌》脱漏了吳琦。嘉靖《西關志・居庸關》卷三《官司》，第62頁及萬曆《重修居庸關志》卷五《官司》，第161頁謂吳琦由京衛指揮歷陞，未到任，改黃花鎮。而《明孝宗實錄》則記弘治十七年七月命錦衣衛帶俸指揮使吳琦分守居庸關，十月分守居庸關都指揮僉事吳琦與分守太監梁嵩爭坐不協，調琦分守黃花鎮，以守備黃花鎮署都指揮僉事羅傑代之。參《明孝宗實錄》卷二百十四弘治十七年七月丁酉條，第4028頁；卷二一七弘治十七年十月壬戌條，第4080頁。

⑥ 王瑾，參嘉靖《西關志・居庸關》卷三《官司》，第62頁及萬曆《重修居庸關志》卷五《官司》，第161頁，王瑾由京衛指揮歷陞，弘治十五年任。《明孝宗實錄》記載同。參《明孝宗實錄》卷一百八十六弘治十五年四月己酉條，第3423~3424頁。

⑦ ［校］"吳琦"條本書未記，今補。參上文王璽、王瑾二人注。

盧璽營州中屯衛人。郭泉鎮朔衛人。李堂①京衛人。
徐珏涿鹿衛人。羅希韓營州中屯衛人。張鎬京衛人。
錢濟民永寧衛人。張潤開平中屯衛人。李沫保定左衛人。
毛紹忠密雲後衛人。張元勳薊州衛人。秦鎮大同左衛人。
史勳大同右衛人。王臣萬全都司人。劉欽大同右衛人。
吳守直真定衛人。王臣廣寧衛人。福時濟陽人。
宋蘭保定中衛人。林爵山西人。宋希郊保定左衛人。
劉喬壽保定左衛人。傅廷勳遼東人。孫山金吾右衛人。
劉戡②大同朔州衛人。賈斌振武衛人。沈思學宿州衛人。

黃花路參將原設守備，嘉靖三十年改設參將一員，駐劄黃花鎮。三十二年改駐渤海所城，分守黃花、渤海二守提地方。
田琦蔚州衛③人。杜煇宣府右衛人。羅文豸廣寧衛人。
張紹祖河間人。瞿煇榆林衛人。李洲河間人。
申維岳遵化衛人。高卿宣府右衛人。朱紹文興州後屯衛人。
程九思延安衛人。靳付密雲中衛人。蔡勛通州右衛人。
李三極平陽衛人。王撫民延安衛人。

橫嶺路參將原設總管官一員，嘉靖二十六年改欽依把總。三十年改為守備。三十二年設參將一員，分守鎮邊、白羊、長峪三守提地方，駐鎮邊城。四十五年，革守備，移參將駐橫嶺城。
王臣宣府前衛人。張堅榆林人。施霖固原衛人。
董國忠宣府前衛人。周一元宣府右衛人。陳周懷安衛人。
張欽大同人。仇已武驤右衛人。謝廷相保定後衛人。
楊鏜大同人。李時鎮朔衛人。

漕運把總萬曆二年設把總一員，以都指揮體統行事，管運漕糧事務。

---

① 李堂，嘉靖《西關志‧居庸關》卷三《官司》，第62頁及萬曆《重修居庸關志》卷五《官司》，第162頁作"李鐘"，由羽林前衛指揮歷陞，嘉靖十四年任。《明世宗實錄》亦作"李鐘"，嘉靖十三年八月，陞守備永平署指揮使李鐘為署都指揮僉事，充參將，分守居庸關。參《明世宗實錄》卷一百六十六嘉靖十三年八月乙未條，第3463頁。
② [校] 劉戡，原作"劉勘"。萬曆《重修居庸關志》卷五《官司》，第165頁作"劉戡"，朔州衛指揮，嘉靖三十五年武進士，隆慶六年任。《明穆宗實錄》卷六十六隆慶六年二月丙申條，第1587~1588頁亦記，"命管白羊口遊擊將軍事參將劉戡分守居庸關等處"，據改。
③ [校] 蔚州衛，原作"尉州衛"，改。《蔚州衛選簿》，《中國明朝檔案總匯》第70冊，第245頁有五輩蔚州衛指揮同知，該是此人。

顧尚義長陵衛人。

昌平守備天順三年設守備一員，屬城操把總三員，守護諸陵，兼督衛所，操練官軍及本城地方。

廖鏞長陵衛人。吳得。張英。

杜山。解瑞。王瑾京衛人。

王璽京衛人。句璽。王輔。

王壽。陳增。關廉。

申錫。戴晉武功衛人。時中立旗手衛人。

秦震延慶衛人。周麟錦衣衛人。范山義勇左衛人。

張迪義勇右衛人。石美中山海衛人。龔廉德州衛人。

馬昂燕山左衛人。岳巖懷安衛人。申有爵保定後衛人。

李承恩保定後衛人。王臣廣寧衛人。吳銓河間人。

管儒營州中屯衛人。李著保定前衛人。孫獻策廣昌守禦所人。

馬負圖永寧衛人。薛經薊州衛人。谷九皋密雲後衛人。

祝琦密雲後衛人。朱承勳永平衛人。葛紹忠永平衛人。

懷柔守備嘉靖四十二年設把總一員，修守懷柔地方。隆慶二年革，設守備。

周臣忠義中衛人。李太初延安衛人。史金浙江臨海衛人。

黃花鎮守備原設內守備太監一員，外守備一員。嘉靖四十年革太監①，止存外守備防守。

張國卿真定衛人。邵良保定中衛人。韓榮獻陵衛人。

朱紹文營州後屯衛人。李世臣忠義中衛人。劉確論興州右屯衛人。

劉勳忠義中衛人。

灰嶺口守備隆慶五年②設。

張秉忠神武右衛人。雷以誠天津衛人。

---

① 據《明世宗實錄》卷五百二嘉靖四十年十月丙戌條，第 8309~8310 頁，直隸巡按御史黃紀劾奏黃花鎮守備太監紀陽貪殘不法，大壞邊防，因裁黃花鎮守備太監。

② [校] 五年，原作"四年"，灰嶺口守備設於隆慶五年。據萬曆《大明會典》卷一百二十六《兵部九·鎮戍一·將領上》，《續修四庫全書》第 791 冊，第 275 頁；《明穆宗實錄》卷五十四隆慶五年二月戊戌條，第 1331 頁及萬曆《重修居庸關志》卷五《官司》，第 176 頁改。按《明穆宗實錄》所載，灰嶺口曾設把總，隆慶五年二月罷，設該守備，仍聽居庸關參將節制。

石峽峪守備隆慶二年設。①
白守廉遵化衛人。孫鏜景陵衛人。高含青州左衛人。
鄧江榆林衛人。

八達嶺守備嘉靖四十三年設。②
韓榮獻陵衛人。王世卿宣府右衛人。王陽興州右屯衛人。
高蘭天城衛人。劉源深宣府前衛人。雷以誠天津衛人。

白羊口守備弘治十八年，設守備一員，統攝鎮口③、橫嶺、長峪三處。嘉靖二十九年各設守、提，分守止轄本口地方。
楊勇隆慶衛人。單聚京衛人。謝素京衛人。
丘太寬河衛人。王駐武功左衛人。欒銳營州右屯衛人。
張漢④昌平衛人。盧泰義勇中衛人。薛昂保定左衛人。
胡纓忠義後衛人。雷澤東勝左衛人。周綬錦衣衛人。
張堯佐神武中衛人。梁臣興州前屯衛人。王尚忠宣府右衛人。
劉宧茂山衛人。程爕興州右屯衛人。王雲京都人。
張爵忠義中衛人。張淫延慶衛人。王平定邊衛人。
魯煌興州前屯衛人。劉允慶保定後衛人。劉世桂興州右屯衛人。

鎮邊城守備原設守禦千戶所⑤，欽依把總一員統領。嘉靖四十五年，革把總，移橫嶺守備駐守。
李澄清定邊左衛人。胡忠泰陵衛人。李世隆太原左衛人。張恒河間衛人。

---

① 石峽峪守備，又作"石峽路守備"，按《明穆宗實錄》卷二十四隆慶二年九月乙丑條，第657頁，隆慶二年九月，"增設居庸關石峽路等口守備一員"。
② 按萬曆《大明會典》卷一百二十六《兵部九·鎮戍一·將領上》，《續修四庫全書》第791冊，第275頁，八達嶺守備舊係把總，駐居庸關。嘉靖四十三年改設守備，移駐八達嶺。
③ 嘉靖《西關志·居庸關》卷三《官司》，第63頁及萬曆《重修居庸關志》卷五《官司》，第168頁作"鎮邊"。
④ 張漢，按嘉靖《西關志·居庸關》卷三《官司》，第63頁及萬曆《重修居庸關志》卷五《官司》，第169頁，張漢任昌平州衛指揮僉事，時在嘉靖三年任。但明朝無昌平衛，昌平州有長陵衛、獻陵衛、德陵衛等十二陵衛，此處應是泛指。參康熙《昌平州志》卷十五《館署志》，康熙十二年刻本，葉3b。
⑤ 守禦千戶所，即鎮邊城千戶所，為後軍都督府在外衛所。參張廷玉《明史》卷九十《兵二》，第2219頁。

涿州守備①

李泰初②延平衛人。周臣忠義衛人。

渤海所提調正德六年，設提調一員。嘉靖四十一年，改渤海所新營駐守。
錢洪長陵衛人。朱勳通州衛人。周良相營州左衛人。
管儒營州中屯衛人。劉自立延慶衛人。張冬獻陵衛人。
吳增貴定州衛人。姚允中鎮朔衛人。谷九皋密雲後衛人。
程照興州右屯衛人。陶於儒盧龍衛人。賈應隆東勝衛人。

長峪城提調嘉靖初年③設，欽依把總一員。四十五年，改爲提調駐守。
周相景陵衛人。谷九皋密雲後衛人。陳九德康陵衛人。
魯煌興州前屯衛人。周相復任。劉世桂永平衛人。
季時長陵衛人。

長陵衛

指揮一十四員。千戶二十員。百戶三十九員。鎮撫四員。經歷一員。

獻陵衛

指揮七④員。千戶一十四員。百戶二十三員。鎮撫一員。經歷一員。

景陵衛

指揮十員。千戶一十二員。百戶二十三員。鎮撫三員。經歷一員。

裕陵衛

指揮十一員。千戶二十四員。百戶三十一員。鎮撫二員。經歷一員。

---

① 守備設置時間，萬曆《大明會典》卷一百二十六《兵部九・鎮戍一・將領上》，《續修四庫全書》第791册，第275頁祗謂"舊置"。較早的時間是成化六年，該年十月命都指揮僉事康鋭守備涿州。參《明憲宗實錄》卷八十四成化六年十月戊午條，第1639頁。
② [校] 泰初，二字底本不清，據民國間抄本補。
③ 按嘉靖《西關志・居庸關》卷三《官司》，第64頁及萬曆《重修居庸關志》卷五《官司》，第172頁，嘉靖二年添設長峪城把總指揮一員。
④ [校] 七，底本不清，據民國間抄本補。

茂陵衛

指揮五員。千戶十五員。百戶二十五員。鎮撫一員。經歷一員。

泰陵衛

指揮五員。千戶十三員。百戶二十五員。鎮撫一員。經歷一員。

康陵衛

指揮六員。千戶一十八員。百戶三十員。鎮撫一員。經歷一員。

永陵衛

指揮十四員。千戶一十九員。百戶二十七員。鎮撫一員。經歷一員。

昭陵衛

指揮一十一員。千戶二十員。百戶四十八員。鎮撫二十二員。經歷一員。

延慶衛

指揮一十五員。千戶一十九員。百戶三十六員。鎮撫衛二員所五員。經歷一員。

營州中屯衛

指揮七員。千戶七員。百戶八員。鎮撫一員。經歷一員。

興州中屯衛

指揮九員。千戶十九員。百戶三十四員。鎮撫一員。經歷一員。

涿鹿衛

指揮七員。千戶十五員。百戶十九員。鎮撫一員。經歷一員。知事一員。

涿鹿左衛

指揮四員。千戶十三員。百戶十七員。鎮撫一員。經歷一員。知事一員。

涿鹿中衛

指揮六員。千戶九員。百戶十六員。鎮撫二員。經歷一員。知事一員。

鎮邊守禦所

千户■①員。百户■員。

涿鹿中衛後所

千户四員。百户八員。

奠靖所

千户二員。百户十員。吏目一員。

渤海所

千户■員。百户■員。

效祖曰："國初，惟設天壽山内外守備，不聞置將領也。于肅愍②防己巳之變，亦於居庸不遣一官。其後虜報日殷，邊政日棘，於是昌鎮設總兵，居庸、黄花設參將，各口設守備，而增置之令日紛紛矣。陵寢重地，此一時也，可以天下儉之哉！"

真保鎮職官

武階

鎮守總兵弘治十六年，設守備一員，專管保定五衛③官軍，防禦紫荆等關。正德元年④推都督充分守副總兵。四年，改分守參將。⑤ 九年，復改爲副總兵，於三關猶無統屬。嘉靖二十年，撫、按會題，紫荆、倒馬、故關各添設參將一員，議將保定分守副總兵改陞鎮守副總兵，統攝三關，參將及

---

① ［校］■，底本原缺，下同。
② 于肅愍，指于謙。
③ 保定五衛，指保定左、右、中、前、後五衛。
④ 保定初設分守副總兵的時間，有不同的記載。萬曆《大明會典》卷一百二十六《兵部九·鎮戍一·將領上》，《續修四庫全書》第 791 册，第 277 頁及張廷玉《明史》卷七十六《職官五》，第 1876 頁謂在弘治十八年。《明武宗實録》卷三弘治十八年七月乙酉條，第 89 頁，"陞分守薊州馬蘭谷右參將都指揮使韓玉爲署都督僉事，充副總兵，分守保定地方"。保定初設副總兵當在弘治十八年。
⑤ 副總兵改參將的時間，萬曆《大明會典》和張廷玉《明史》不載。嘉靖《西關志·紫荆關》卷四《官司》，第 317 頁及萬曆《保定府志》卷九《職官表下》，第 255 頁謂在正德三年。按《明武宗實録》，正德五年九月王欽充副總兵，分守保定地方。正德六年三月丁巳初七日分守保定副總兵王欽尚與河間守備袁彪、天津兵備陳天祥等人剿霸州賊，乙丑十五日王欽等人因剿賊不利被責，乙亥二十五日命參將戴儀兼分守保定。參《明武宗實録》卷六十七正德五年九月己未條，第 1473 頁；卷七十三正德六年三月丁巳條，第 1605~1606 頁；三月乙丑條，第 1611~1612 頁；三月乙亥條，第 1610~1621 頁。改分守副總兵爲參將，當在正德六年三月乙亥二十五日。

大寧都司附近衛所，俱聽節制。三十年①，改鎮守總兵官，自徐珏②始。

戴儀③京衛人。韓玉④京衛人。王欽⑤京衛人。

戴儀⑥復任。莊鑑⑦京衛人。王忠⑧蔚州人。

桂勇⑨京衛人。張勇⑩京衛人。盧英⑪京衛人。

---

① [校] 三十年，原作"三十二年"。萬曆《大明會典》卷一百二十六《兵部九·鎮戍一·將領上》，《續修四庫全書》第791册，第277頁及張廷玉《明史》卷七十六《職官五》，第1876頁謂嘉靖三十年。《明世宗實錄》卷三百七十八嘉靖三十年十月甲戌條，第6717頁載，"經畧紫荆等關都御史於敖言，'故事，總兵官稱鎮守副，總兵稱分守。今保定一鎮耳，而總兵官徐珏、副總兵朱楫俱以鎮守稱，各不相下，非體也。宜以珏駐保定，鎮守紫荆等關，統全鎮兵馬，而改楫爲分守，駐易州，聽鎮守及巡撫節制'。報可"。嘉靖二十九年十二月初七日，時任大同總兵的徐珏，以咸寧侯仇鸞奏，被革職，以密雲副總兵徐仁代徐珏。參《明世宗實錄》卷三百六十八嘉靖二十九年十二月丙寅條，第6852頁。萬曆《保定府志》卷九《職官表下》，第255頁則記"二十九年，胡虜犯京師，改副總兵爲鎮守總兵官，自徐珏始"。據以上史料，可知保定總兵之設，最早不過嘉靖二十九年十二月初七日，當以嘉靖三十年爲保定置總兵之始爲宜。

② [校] 徐珏，原作"徐旺"，據本書下文及前引《明世宗實錄》、萬曆《保定府志》改。

③ 戴儀，按《明孝宗實錄》卷一百九十五弘治十六年正月癸巳條，第3597頁，陞羽林前衛署都指揮使戴儀爲署都指揮僉事，守備保定。

④ 韓玉，弘治十八年七月充副總兵，分守保定地方。參上文。

⑤ 王欽，正德四年十月應天衛（中軍都督府在京衛）都指揮僉事王欽充右參將，分守燕河營地方。五年九月充副總兵，分守保定地方。參《明武宗實錄》卷五十六正德四年十月癸巳條，第1249頁及卷六七正德五年九月己未條，第1473頁。

⑥ 戴儀以參將分守保定，是在正德六年三月二十五日。參上文。

⑦ 莊鑑，據《明武宗實錄》卷七十六正德六年六月戊戌條，第1674頁，罷分守參將戴儀，以神武後衛都指揮莊鑑代之。

⑧ 王忠，據《明武宗實錄》卷八十七正德七年五月丁卯條，第1867頁，"停分守保定參將王忠、兵備僉事寧溥、都指揮高瑛、陳璽等俸，令戴罪殺賊"，王忠出任保定分守參將的時間，不晚於正德七年五月。

⑨ 桂勇，正德七年十一月充分守保定參將，八年十月領兵赴江西剿賊，九年九月充右參將、振威營坐營管操。萬曆《保定府志》謂正德九年任分守保定參將，陞副總兵。實際上，桂勇未任保定總兵。參《明武宗實錄》卷九十四正德七年十一月丁亥條，第1997頁；卷一百五正德八年十月丁未條，第2156~2157頁；卷一百十六正德九年九月壬申條，第2439頁。

⑩ 張勇，據《明武宗實錄》卷一百十四正德九年七月戊子條，第2321~2322頁，"以金吾右衛帶俸都指揮僉事張勇充副總兵，分守保定地方。初保定以副總兵一人分守，後改參將代之。時北虜侵犯，兵部請稍重其權，以節制都司、守備，控禦邊關。如京師有警，即赴召，三關有警，分兵截殺。且薦勇可用。遂命之"。可知張勇正德九年七月被任命爲保定副總兵。又，據盧英、申錫、楊鋭三人資料，正德九年後又改副總兵爲參將，嘉靖元年復設。《四鎮三關誌》、萬曆《大明會典》、張廷玉《明史》等書缺載。

⑪ 盧英，據《明武宗實錄》卷一百二十五正德十年五月辛丑條，第2507頁，命金吾右衛署都指揮僉事盧英充參將，分守保定地方。

四鎮三關誌卷之八 職官考 695

申錫①京衛人。楊銳②南京人。麻循③大同人。
陳謹④京衛人。竇寶遼東人。申錫⑤復任。
趙鎮⑥大同人。李鳳鳴⑦京衛人。趙卿⑧山海人。
九聚⑨京衛人。周徹⑩撫寧人。成勳⑪薊州人。
徐珏⑫涿州人。歐陽安⑬宣府人。李賢⑭陝西人。
龔業⑮安東中屯人。李廣⑯羽林衛人。孫勇⑰河南人。

---

① 申錫，據《明世宗實錄》卷三正德十六年六月壬寅條，第143頁，以大寧都司都指揮僉事申錫充參將，分守保定地方。
② 楊銳，據《明世宗實錄》卷十四嘉靖元年五月庚申條，第481頁，復設保定分守副總兵，以楊銳往之。
③ 麻循，據《明世宗實錄》卷五十六嘉靖四年十月乙未條，第1360頁，分守懷東都指揮同知麻循充副總兵官，分守保定。
④ 陳謹，據《明世宗實錄》卷七十五嘉靖六年四月乙卯條，第1677頁，命宣府右參將、署都指揮陳謹充副總兵，分守保定地方。
⑤ 申錫，據《明世宗實錄》卷九十八嘉靖八年二月庚寅條，第2318頁，命五軍左掖坐營都指揮僉事申錫充副總兵，分守保定地方。
⑥ 趙鎮，據《明世宗實錄》卷一百十八嘉靖九年十月庚辰條，第2825頁，以大同前衛署都指揮僉事趙鎮爲副總兵官，分守保定地方。
⑦ [校] 李鳳鳴，原作"李鳳來"，萬曆《保定府志》卷九《職官表下》，第255頁亦作"李鳳來"。按《明世宗實錄》卷一百四十嘉靖十一年七月丁巳條，第3270頁，命五軍營坐營署都指揮僉事李鳳鳴充副總兵，分守保定地方。據此改。
⑧ 趙卿，據《明世宗實錄》卷二百三十六嘉靖十九年四月丁卯條，第4817頁，陞保定分守都指揮僉事趙卿爲左軍都督府署都督僉事，充東官廳聽徵總兵官。其任保定分守副總兵當在之前。
⑨ 九聚，據《明世宗實錄》卷二百三十七嘉靖十九年五月丙申條，第4828頁，命提督京城參將、都指揮僉事九聚充副總兵，分守保定地方。
⑩ 周徹，據《明世宗實錄》卷二百五十嘉靖二十年六月己未條，第5017頁，命分守太平寨右參將周徹充副總兵官，守保定地方。
⑪ 成勳，據《明世宗實錄》卷二百九十八嘉靖二十四年四月丁酉條，第5676頁，命分守燕河營右參將署都指揮僉事成勳充副總兵，鎮守保定。
⑫ 徐珏，嘉靖三十年任總兵，參前。
⑬ 歐陽安，實錄未查得任職時間，萬曆《保定府志》卷九《職官表下》，第255頁謂嘉靖三十三年任。
⑭ 李賢，據《明世宗實錄》卷四百四十八嘉靖三十四年正月丁巳條，第7255頁，陞分守建昌副總兵、署都指揮僉事李賢爲署都督僉事，充總兵官，鎮守保定。
⑮ 龔業，實錄未查得任職時間，萬曆《保定府志》卷九《職官表下》，第255頁謂嘉靖三十四年任。
⑯ 李廣，據《明世宗實錄》卷四百四十七嘉靖三十六年五月戊寅條，第7621頁，命神機營副將、署都督僉事李廣充總兵官，鎮守保定。
⑰ 孫勇，據《明世宗實錄》卷四百六十六嘉靖三十七年十一月丙戌條，第7857頁，嘉靖三十七年十一月，命五軍營副將、都督僉事孫勇充總兵，鎮守保定等處。

祝福①遼東人。尹秉衡②山東人。李勇③定州人。

傅津④綏德衛人。

分守紫荆關參將正統十四年，原設守備一員。嘉靖二十一年⑤，改設參將一員，分守浮圖峪、白石口、烏龍溝、寧靜安、盤石等處隘口。

梁臣興州前屯衛⑥人。程棋興州右屯人。陸禎東勝右衛人⑦。

張勳涿鹿右衛人。祝福山海衛人。⑧ 劉岳保定衛人。

嚴宣羽林前衛人。王尚忠宣府右衛人。仇巳武驤右衛人。

張功山東人。王繼祖懷慶人。許南金山東人。

楊爾千綏德人。胡懋功定州人。張玘興和所人。

王撫民延安人。李彥勳宣府左衛人。

分守馬水口參將成化十七年原設把總一員。嘉靖二十三年，改守備。三十三年，設參將，分守馬水、沿河、大龍、金水等處隘口地方。

胡宗舜神武右衛人。福時濟陽人。周孚先薊州人。

胡宗舜復任。滿朝相陝西人。

分守倒馬關參將景泰元年，設太監為內守備，以指揮為外守備，駐劄本關。嘉靖二十四年，本關設參將一員，分守插箭、狼牙、大嶺等處隘口，改守備駐插箭嶺。

盧鉞武功右衛人。王玉金吾左衛人。胡潭定州衛人。

---

① 祝福，據《明世宗實錄》卷四百九十五嘉靖四十年四月乙未條，第8208頁，命神樞營副將署都督僉事祝福充總兵官，鎮守保定。
② 尹秉衡，據《明世宗實錄》卷五百二十七嘉靖四十二年十一月甲申條，第8598頁，以京營副將尹秉衡代祝福為保定總兵。
③ 李勇，據《明穆宗實錄》卷十九隆慶二年四月己亥條，第553~554頁，陞薊鎮振武營副總兵、署都指揮僉事李勇為署都指揮僉事，充保定總兵。
④ 傅津，據《明神宗實錄》卷四隆慶六年八月癸未條，第182頁，以神樞營右副將傅津充總兵官，鎮守保定等處地方。
⑤ 嘉靖二十一年，萬曆《保定府志》卷九《職官表下》，第256頁及萬曆《大明會典》卷一百二十六《兵部九‧鎮戍一‧將領上》，《續修四庫全書》第791冊，第277頁同。按《明世宗實錄》卷二百五十六嘉靖二十年十二月戊午條，第5135頁，陞守備白羊口指揮僉事梁臣為署都指揮僉事，充紫荆關（實錄原作"荆紫關"）參將，時在嘉靖二十年。
⑥ [校] 興州前屯衛，原作"東勝右衛"，據前文《昌鎮職官‧武階‧白羊口守備》及注釋所引史料改。
⑦ 上文有"陸禎東勝左衛人"，不知是否一人，待考。
⑧ 上文鎮守總兵下作"祝福遼東人"。

馬陽輝大寧中衛人。馮登保定中衛人。高金義勇後衛人。

高遷天津左衛人。齊維禎保定中衛人。徐天爵興州後屯衛人。

林爵太原右衛人。薛邦奇大同左衛人。時雨金吾左衛人。

賈世德定州衛人。劉世恩河南人。李沛真定衛人。

分守龍固關參將嘉靖二十二年①，設故關參將一員，駐井陘縣，兼制龍泉關，轄真、神二衛官軍。二十五年，移駐真定，仍制龍、固等關。

錢濟民延慶人。胡潭定州衛人。王衡保定衛人。

唐桂盧龍衛人。高棠錦衣衛人。劉錦錦衣衛人。

劉松壽保定左衛人。陳國清陳州衛人。申紹祖潞州衛人。

張藎臣潼關衛人。張玘興和所人。張斌永平衛人。

胡宗舜神武右衛人。趙應時綏德衛人。何勳旗手②衛人。

真定奇兵坐營參將萬曆元年③設坐營一員，以遊擊或參將充任，統領撫院標兵。

胡懋功定州衛人。

真定民兵營遊擊嘉靖四十四年④設遊擊一員，統領真定屬下州縣民兵操練、防禦。

牛相。管英。滿朝相榆林衛人。

吳守直真定衛人。李彥勳宣府左衛人。崔經海門衛人。

---

① ［校］二十二年，原作"二十年"。分守龍、固關參將設置的時間，萬曆《大明會典》卷一百二十六《兵部九·鎮戍一·將領上》，《續修四庫全書》第791冊，第277頁謂，"龍、固二關參將，嘉靖三十年添設，駐劄茨溝地方，所屬龍泉關把總"。嘉靖《西關志·故關》卷三《官司》，第544頁則載，"故關原無參將。嘉靖二十二年，因太原邊患逼近故關，始添設參將。統領真、神二衛官軍一千九十餘員名，於井陘縣駐劄。嘉靖二十五年，御史袁鳴鳳建議改於府定阜城駐劄"。《明世宗實錄》卷二百七十一嘉靖二十二年二月壬寅條，第5334頁亦記增設龍泉、故關參將一員。故分守龍、固關參將置於嘉靖二十二年，據此改。

② ［校］手，原作"守"，明朝無旗守衛名。

③ 按《明神宗實錄》卷二隆慶六年六月戊寅條，第54~56頁，保定撫臣宋纁奏分布秋防兵馬，龍固關副總兵胡宗舜統所部防二關，其軍門標下馬步奇兵二千一百五十名，量帶三百名駐劄易州，往來提督。餘令帶管坐營官胡懋功統領，於真定鎮城團練，聽調策應。可知真定奇兵營及坐營參將之設，早在隆慶六年已有。

④ ［校］四十四年，原作"四十五年"，《明世宗實錄》卷五百五十嘉靖四十四年九月丁巳條，第8865頁，添設真定遊擊將軍，統領井、大二道民兵，聽候調遣。萬曆《大明會典》卷一百二十六《兵部九·鎮戍一·將領上》，《續修四庫全書》第791冊，第277頁亦記，"井、大二道民兵（遊擊），嘉靖四十四年添設"。可知，真定民兵營遊擊之設，當在嘉靖四十四年，據此改。

真定車營遊擊萬曆二年①設遊擊一員，專練撫院標下車兵，習演火器。

李沛真定衛人。王治興州後屯衛人。

保定標兵營遊擊嘉靖三十二年設坐營一員，以遊擊或參將充任，統領鎮府標兵。

李桐大寧都司人。

保定左營都司②正德元年設都司一員，統領鎮府標兵，每春，赴薊鎮曹家路防守。

田琮保定中衛人。王京保定右衛人。時立中真定衛人。

後福英京衛人。王汝卿。于瓚京衛人。

劉璋京衛人。陳奇保定中衛人。栢昂京衛人。

袁傑大同衛人。陳機真定衛人。劉春保定左衛人。

劉守良鄉衛③人。馮坦茂山衛人。崔相真定衛人。

周淮昌平衛④人。劉喬壽保定左衛人。朱時熙真定衛人。

李寶忠義衛人。楊榜歸德衛人。汪政陝西綏德衛人。

王科山東登州衛人。

保定車營⑤遊擊正德二年設都司一員，統領鎮撫標兵。萬曆二年改爲遊擊，專練車兵。

陳璽保定中衛人。吳璽保定左衛人。徐濟。

麗仲庸金吾右衛人。宓宣羽林前衛人。田錡蔚州衛人。

王詔保定右衛人。朱時亨真定衛人。杜承勛神武衛人。

曹世德定州衛人。王祿茂山衛人。胡宗舜神武衛人。

高銘保定中衛人。時光羙真定衛人。宋希郊保定左衛人。

馮光祖永清右衛人。石恒保定後衛人。徐松保定中衛人。

李迎恩萬全左衛人。

---

① 《明神宗實錄》卷二十七萬曆二年七月戊寅條，第 666 頁亦記此事。
② 萬曆《保定府志》卷九《職官表下》，第 260 頁作"奇兵營"。本條下各人衛分、職銜可參此書。
③ 萬曆《保定府志》卷九《職官表下》，第 260 頁亦作良鄉衛，明代並無此衛，良鄉縣設有興州中屯衛，此處應是代指。參康熙《良鄉縣志》卷四《武備志·官署》，康熙三十九年刻本，葉 1b。
④ 萬曆《保定府志》卷九《職官表下》，第 260 頁亦作"昌平衛"，明代並無此衛，昌平設有長陵衛、獻陵衛、德陵衛等十二陵衛，此處應是泛指。參康熙《昌平州志》卷十五《館署志》，康熙十二年刻本，葉 3b。
⑤ 萬曆《保定府志》卷九《職官表下》，第 260 頁作"正兵營"。本條下各人衛分、職銜可參此書。

定州遊兵營遊擊嘉靖三十二年①設遊擊一員，駐本營，統領操練定州等衛官軍。每秋，赴薊鎮太平路防守。

劉環。胡宗舜真定衛人。劉松壽保定左衛人。

張璣真定衛人。張時春京衛人。高汝太。

趙伯勳。吳自東。劉喬壽保定左衛人。

周淮。劉繼先保定人。胡懋功定州衛人。

王登保定人。徐行。王祿茂山衛人。

丁天福。張秉忠神武右衛人。

保定忠順營②都司國初，卜荅失里歸順。永樂七年敕嘉忠順，附各衛所存恤。嘉靖八年設都司一員，統領操練保定左等七衛所官軍。每歲春，額派昌鎮、黃花鎮。秋，赴關西、大龍門防守。

許英。王良。張英。

劉瑄。陳通。王端保定右衛人。

常珍保定中衛人。尹愷保定前衛人。李洪。

田珍。田耕。田琮保定中衛人。

陳璽。王京保定右衛人。黃銳保定右衛人。

平公保定中衛人。王祥保定衛衛人③。汪大川。

趙吉保定後衛人。盧芝保定後衛人。劉淮保定右衛人。

何天爵通州衛人。吳芝保定前衛人。盧徹保定後衛人。

定州忠順營都司嘉靖八年設都司一員，駐本城，統領操練定州等處衛所忠順官軍。每歲春、秋，額派薊鎮馬、松地方防守。

吳玘定州人。吳信。吳英。

張勇。馬俊。安欽。

李麒。薛鎮。王越。

米綬。柴經。楊璋。

---

① 《明世宗實錄》卷三百九十二嘉靖三十一年十二月辛未條，第6887~6888頁，兵部覆巡撫保定都御史艾希淳等條陳地方事宜，其一謂之"保定調聚班軍數多，宜令遊擊劉環領□州班軍，曹慎領河間班軍，就本處練習。每歲六月，則定州軍移易州，河間軍移淶水，以待征發"。定州遊兵營之設，當在嘉靖三十一年十二月。

② 忠順營之名始自隆慶二年，其前身是達官營。參彭勇《論明代忠順營官軍的命運變遷》，載《中州學刊》2009年第6期。

③ 保定衛衛人，疑第一"衛"字誤刻。

吳舜臣定州人。柴芝。吳舜臣定州人。

楊國卿定州衛人。吳增貴定州人。土登保定人。

吳增貴定州人。安廷燦定州衛人。楊國卿定州衛人。

馬邦瑞定州衛人。

大寧都司①國初，置北平行都司於古北口邊外大寧城。永樂初，改移保定府。掌印一員、管屯一員、巡捕一員、領班一員，属下經歷司、斷事司、儒學各一。

掌印都指揮

張忠保定前衛人。譚廣保定後衛人。潘禮。

張鋭保定前衛人。賀智。趙瑄。

歐信。王昇保定後衛人。王振保定前衛人。

常廣保定中衛人。何應麟。張溥保定後衛人。

康淵。袁忠。丁傑六安衛人。

李實保定後衛人。佀通。朱卿真定衛人。

陳希夔保定後衛人。劉淳保定左衛人。蔡敖京衛人。

戚景通登州衛人。黃東天津衛人。范錦義勇後衛人。

戚勳定州衛人。易璋河間衛人。詹祥京衛人。

業繼文京衛人。王三錫陳州衛人。景紹宗懷慶衛人。

孫承宗鳳陽衛人。張騰大同衛人。呂大章大同衛人。

高鴻儒青州衛人。高金京都人。殷禮龍驤衛人。

楊璋定州衛達官。張時春京衛人。陳國清陳州衛人。

李暹京衛人。李洲潘②陽衛人。申紹祖潞③安人。

張籌保定中衛人。王綏保定中衛人。俞承光太原前衛人。

韓榮獻陵衛人。蔣易元。周一鳳振武衛人。

王進賢太原右衛人。

---

① 洪武二十年九月置大寧都指揮使司及大寧中、左、右三衛。洪武二十一年七月置北平行都指揮使司於大寧。永樂元年三月改北平行都指揮使司爲大寧都指揮使司，遷至保定。參《明太祖實錄》卷一百八十五洪武二十年九月癸未條，第2777頁；卷一百九十二洪武二十一年七月甲申條，第2888頁；《明太宗實錄》卷十八永樂元年三月壬午條，第320~321頁；張廷玉《明史》卷六《成祖二》，第79頁。大寧都司及設官情況，還可參萬曆《保定府志》卷九《職官表下》，第257~263頁。
② ［校］潘，底本不清，據民國間抄本及萬曆《保定府志》卷九《職官表下》，第257頁補。
③ ［校］潞，原作"路"，民國間抄本及萬曆《保定府志》卷九《職官表下》，第257頁同，當爲"潞州衛"，據改。

管屯都指揮

李曰高。左能保定後衛人。劉順①。

蔡英。李英。龐通。

劉泉。劉信保定左衛人。禹寧。

周堂保定左衛人。蕭瑾京衛人。周綏京衛人。

馬時輝京衛人。葉繼文京衛人。高金京衛人。

高堂京衛人。王芝保定前衛人。姚承勳興州前衛人。

趙欽南京人。金輅陝西人。倪雲鵬天津衛人。

尹斌金臨清衛人。戚惟忠定州衛人。徐棟保定左衛人。

施朝卿定州衛人。周鎮大同後衛人。楊榜歸德衛人。

巡捕都指揮

薛賓。陳瑄。王茂。

張雄保定後衛②人。何祥。劉安保定中衛人。

何榮。杜雄。吳昇。

張傑保定後衛人。高英。唐英。

劉淳保定左衛人。王駐京衛人。楊霈京衛人。

王玉京衛人。張懋勳京衛人。張儒京衛人。

芮元勳京衛人。徐文奎京衛人。杜漸保定人。

宗理京衛人。潘縉大同衛人。何鎮東勝衛人。

張兆先武驤衛人。劉淮保定右衛人。華富通州衛人。

申惟岳遵化衛人。劉守良鄉衛人。賀正天津衛人。

薛進忠河南衛人。王繼宗京衛人。施沛宿州衛人。

杜繼忠潞州衛人。劉光先保定後衛人。趙勳金吾右衛人。

王進賢太原右衛人。張世臣宣府前衛③人。

---

① 萬曆《保定府志》卷九《職官表下》，第 258 頁在"劉順"之前記有"白祥，保定中衛指揮"。

② [校] 保定後衛，原作"保定衛"，萬曆《保定府志》卷九《職官表下》，第 259 頁作"保定後衛"。明有保定左、右、中、前、後五衛，無保定衛。參張廷玉《明史》卷九十《兵二》，第 2219 頁。今從萬曆《保定府志》改。

③ [校] 宣府前衛，原作"鎮安衛"，萬曆《保定府志》卷九《職官表下》，第 259 頁作"張世臣，宣府前衛指揮"。明無鎮安衛，今從萬曆《保定府志》改。《宣府前衛選簿》，《中國明朝檔案總匯》第 69 冊，第 167~168 頁有宣府前衛指揮使張世臣選簿。

真定守備景泰二年設守備一員，以都指揮體統行事，專守真定等處地方。每秋，移駐插箭嶺，防守跌馬崖等隘口。

時立中。周良。趙卿山東人。

鄧安。易璋。周承葉。

謝宸保定人。于世相。閆銳。

崔官保定人。龔廉。單輔。

王綏保定人。劉松壽保定左衛人。張璣。

謝琚。徐惠。宣詔京都人。

陳珂。張功山東人。施相山東人。

王官。黃元忠。于慶濟南衛人。

陳汝德保定衛①人。

沿河口守備景泰元年②，設調衛所官員守把。嘉靖三十二年，添把總一員③。三十三年，改守備，防禦沿河等處隘口地方。

孫汶德州衛人。羅惟冕廣寧衛人。謝廷相保定後衛人。

閆武金吾右衛人。張籌保定人。邵良保定人。

李師孟保定人。張冬獻陵衛人。王旌保定人。

劉光先保定人。李時義勇衛④人。侯之福保定人。

楊壽甫山東人。曹師彬真定人。

---

① 明有保定左、右、中、前、後五衛，無保定衛。參張廷玉《明史》卷九十《兵二》，第2219頁。限於史料，無法確定陳汝德的衛分。下文另有"保定衛"的記載，不再出注。
② ［校］元年，原作"二年"。按《明英宗實錄》卷一百九十二景泰元年五月乙巳條，第3985~3986頁，"設紫荊關、倒馬關、白羊口三守禦千戶所。敕都指揮僉事魏忠，充左參將，守沿河口迤西，實授署都指揮僉事顏彪為都指揮僉事，充右參將，守十八盤迤北，陞蔚州左衛指揮使叚昇為都指揮僉事、隆慶衛指揮僉事吳得署都指揮僉事，守備白羊口。俱從內官武艮言也"。沿河口調衛所官員守把，應在景泰元年。
③ 設沿河口把總在嘉靖三十二年六月。參《明世宗實錄》卷三百九十九嘉靖三十二六月辛卯條，第7004~7005頁。
④ 明只有義勇中、前、後、左、右五衛，參張廷玉《明史》卷九十《兵二》，第2218頁。無義勇衛，此處應是代指。另，前文有鞏華營遊擊、橫嶺路參將李時，鎮朔衛人，與此處李時不知是否一人。

浮圖峪守備景泰元年，設千戶一員守把。成化二十三年，改設守備①，轄烏龍溝、寧靜安等處隘口地方。

左方。李鋭。温和。

杜雄。王京。關廉。

王受。劉憲。趙綱。

胡璽保定後衛人。蔡敖。郭舉。

楊驛。曾仲良京衛人。徐珏涿鹿衛人。

唐儒保定人。周承業河間人。陳明大興衛人。

李淶保定人。高輅茂山②人。唐大綱保定人。

孫獻策廣昌人。朱孔陽保定人。施相真定人。

吳守直真定人。張國勳大嵩衛人。蔣譚保定人。

朱輅真定人。丁光祖真定人。劉松保定人。

劉木獻陵衛人。王謨榆林衛人。黃經懷安人。

牛相保定人。楊守承保定人。徐行綏遠衛人。

鄭勳定州人。李紹先保定人。高尚志寧山衛人。

白石口守備景泰二年設千戶一員守把。嘉靖二十五年，改把總指揮。三十三年，革把總，設守備，防禦白石等處隘口。

劉坤保定人。張瑤保定人。張希愈。

王禄茂山衛人。馬承胤。朱時熙真定人。

孫鎮卿。李希周真定人。王世儒。

莊守安保定人。朱家將真定人。閻崇。

顧聰。馬雄。李泰。

倪思立天津衛人。朱家將復任。

孫錦騰驤右衛人。

---

① 萬曆《大明會典》卷一百二十六《兵部九·鎮戍一·將領上》，《續修四庫全書》第791冊，第278頁，"浮圖峪（守備），舊係把總，嘉靖三十三年裁革，設守備"，並記嘉靖二十七年設浮圖峪把總。另見於《明世宗實錄》卷三百三十六嘉靖二十七年五月壬辰條，第6147頁。嘉靖《西關志·紫荆關》卷四《官師》，第329頁則謂成化二十年設，左方成化二十年任。又在景泰三年三月敕操守通州都指揮僉事汪禮守備浮圖峪。參《明英宗實錄》卷二百十四景泰三年三月辛丑條，第4605頁。浮圖峪設置守備官時間存疑。
② 茂山，應是對茂山衛的簡稱，明朝府州縣並無茂山，後文出現同。

插箭嶺守備正德二年設總管官一員①。嘉靖元年，添把總②。二十四年，改守備，防禦插箭嶺等隘口地方。

趙承懋保定人。董光祚。夏時。

蕭繼英。王衡。朱振。

王禄茂山人。胡宗舜真定人。夏宗禹定州人。

崔高。牛福。劉經。

劉健。李培。李著。

張應期保定人。丁光祖真定人。胡懋功定州人。

周都。尹志辛保定人。王立極。

李道賢。霍貢茂山衛人。

河間守備③

孫錦騰驤④右衛人。倪思立天津衛人。

大龍門把總⑤景泰二年設總管官一員守把，嘉靖三十二年改把總，防禦大龍等處一十四隘口地方。

宋蘭保定人。徐棟保定人。李著保定人。

楊守承保定人。劉繼光保定人。賀慎保定人。

尹志莘保定人。張文明神武右衛人。楊乾保定衛人。

金水口把總景泰二年設總管官一員。嘉靖三十二年⑥，革總管，設把總，防禦金水等隘口。

劉松保定人。宋希郊保定人。朱希周真定人。

---

① 按《明武宗實錄》卷十一正德元年三月丁未條，第360頁載，移紫荆關把總指揮於大龍門口，移倒馬關把總指揮於插箭嶺口。於本書所言正德二年設總管官一員一事，時間相去不遠。

② 插箭嶺添設把總是在嘉靖元年四月。參《明世宗實錄》卷十三嘉靖元年四月丁亥條，第457～459頁。

③ 河間守備建置沿革，嘉靖《河間府志》卷十一《武備志·兵制》，《天一閣藏明代方志選刊》第1冊，葉8a載，"河間守備司，原設守備德州代管河間地方。因弯遠，自弘治十七年七月十五日添設河間守備衙門"。又，萬曆《河間府志》卷六《武備志·守備》，《稀見中國地方志匯刊》第3冊，中國書店2007年所載時間相同，記其所轄官員，中軍官一員管操，把總官三員統轄軍士。並記其兵員配置。

④ ［校］騰驤，二字底本不清，據民國間抄本補。

⑤ ［校］大龍門把總，原作"大龍口把總"，萬曆《大明會典》卷一百二十六《兵部九·鎮戍一·將領上》，《續修四庫全書》第791冊，第278頁作"大龍門"。《明世宗實錄》卷三百九十九嘉靖三十二年六月辛卯條，第7004～7005頁則記載了改大龍門總管官爲把總一事。

⑥ 萬曆《大明會典》卷一百二十六《兵部九·鎮戍一·將領上》，《續修四庫全書》第791冊，第278頁載，"金水口（把總），舊爲沿河把總，嘉靖三十三年改設"。

王胤。胡鳳儀保定人。吴光裕保定人。

易喬京都人。李師孟保定人。劉允慶保定人。

王昆保定衛人。陳直忠神武右衛人。

烏龍溝把總①景泰二年設衛所官員守把。嘉靖二十三年，改設把總一員，防禦烏龍溝等處隘口地方。

劉渙。董光祚。曹世德定州人。

朱孔陽保定人。劉松壽保定左衛人。李承恩。

傅璋。劉金保定人。胡懋功定州人。

倪養正保定人。陳愷保定人。胡鳳儀保定人。

陳經保定衛人。

寧靜安把總景泰二年設衛所官員守把浮圖峪。嘉靖三十九年，改設把總一員，防禦寧靜安等處隘口。

王佶。石恒保定人。陳諫真定人。

尹志莘保定人。賀慎保定人。陳直神武右衛人。

王昆保定前衛人。

狼牙口把總嘉靖十九年設守口官一員。三十二年，改把總指揮一員，防禦狼牙等二十七隘口地方。

朱孔陽保定人。龍世祿保定人。陳直神武衛②人。

倪養正保定人。孫鎮卿。曹萬春定州人。

李希周真定人。李居。王汝魁。

張思明神武衛人。丁章真定衛人。

---

① 今存有萬曆二十八年四月李尚質撰《欽依烏龍溝把總題名記》碑，收入河北省文物局長城資源調查隊編《河北省明代長城碑刻輯録》，科學出版社2009年，第569~570頁（録文）、第571頁（原碑照片）。碑文多有損泐，但記載了烏龍溝把總設置於嘉靖甲辰年，即二十三年，公元1544年。載有劉渙、董光祚、曹世德、李承恩、傅璋、劉金、陳愷、胡鳳儀、陳□□、周之士、陳子成、仝□、張啓元、王國禎、李尚質、邊維藩、張世顯、晏廷□等十八人。

② 神武衛，按上文，寧靜安把總項下"陳直神武右衛人"，此處當作"神武右衛"。

龍泉關把總成化十二年①設把總一員，原屬紫荊關轄。嘉靖二十一年，始設欽依把總。二十二年，屬故關參將節制，專防龍泉等二十七隘口地方。

戴隆。施義。胡宗舜。

吳淵。楊立中保定衛人。

固關新城口把總嘉靖二十一年，設把總指揮一員，防禦故關等一十八隘口地方。

丁時。汪大川。陳機定州衛人。

徐思神武衛人。丁光祖真定衛人。

保定左衛
漢官
指揮十二員。千戶二十六員。百戶三十五員。鎮撫二員。經歷一員。知事一員。
忠順官
指揮三員。千戶三員。百戶七員。

保定右衛
漢官
指揮十四員。千戶四十員。百戶三十六員。鎮撫一員。經歷一員。知事一員。
忠順官
指揮三員。千戶六員。百戶八員。

保定中衛
漢官
指揮十八員。千戶四十四員。百戶五十員。鎮撫二員。經歷一員。知事一員。
忠順官
指揮二員。千戶。百戶五員。

---

① 成化十二年，嘉靖《西關志·故關》卷三《官司》，第544～545頁則謂成化二十年，又記"按龍泉關把總，自成化年間添設以來，俱係撫按衙門五年一次考選軍政，於各衛指揮員內定委。正德十六年，巡撫御史孫元題請添設把總官員，以重邊隘，未行。至嘉靖二十一年，巡關御史桂榮會同巡撫衙門復題爲緊要關口，乞欽定把總官員以重防守事，兵部議覆，始設欽依把總。自戴隆始，原屬倒馬關守備提調。嘉靖二十一年，紫荊關設參將，寔兼統之。嘉靖二十二年，故關亦設參將，節制龍泉，始部署紫荊、倒馬矣"。欽依把總，嘉靖以後，守備、備禦、提調、把總官人選都由兵部推用，以都指揮體統行事，故曰"欽依"。參曹循《明代武官制度研究》，南開大學2011年博士學位論文，第46頁。

保定前衛

漢官

指揮九員。千户三十四員。百户三十一員。鎮撫二員。經歷一員。知事一員。

忠順官

指揮三員。千户三員。百户四員。

保定後衛

漢官

指揮十八員。千户三十七員。百户五十九員。鎮撫四員。經歷一員。知事一員。

忠順官

指揮三員。千户一員。百户八員。

茂山衛

漢官

指揮九員。千户二十員。百户四十員。鎮撫一員。經歷一員。知事一員。

真定衛

漢官

指揮十七員。千户三十員。百户四十員。鎮撫二員。經歷一員。

神武右衛

漢官

指揮十四員。千户二十一員。百户十一員。鎮撫二員。經歷一員。

定州衛

漢官

指揮十六員。千户三十三員。百户六十員。鎮撫二員。經歷一員。

紫荊關守禦所

漢官

千户十一員。百户十一員。鎮撫一員。

倒馬關守禦所

漢官

千戶十員。百戶十一員。鎮撫一員。

效祖曰："真、保皆畿內郡也，即有衛所以錯置其間，而承平之季，不右武功。自己巳後稍稍備紫荆，置總、參、遊、守等官，權任漸與諸邊埒矣。然鎧鏞日衆，而庚癸①日呼，爲國家棘楚計者，寧無劑量於其間乎？"

遼鎮職官②

武階

鎮守總兵洪武七年設總兵③，或侯或伯一員充任。今用都督僉事或同知鎮守，原設旗鼓官一員，旗牌官一十二員。

葉旺④六安人。馬雲⑤廬州合肥人。劉江⑥直隸宿遷人。

---

① 庚癸之呼，古代軍中隱語，謂告貸糧食。語見《春秋左傳正義》卷五十九《哀公十三年》，《十三經注疏》本，第1926頁，"吳申叔儀乞糧於公孫有山氏……對曰：'粱則無矣，麤則有之。若登首山以呼曰"庚癸乎"，則諾。'"杜預注曰："軍中不得出糧，故爲私隱。"
② 遼鎮職官，可參嘉靖《遼東志》卷五《官師》，《續修四庫全書》第646冊，第582~593頁及嘉靖《全遼志》卷三《職官志》，《遼海叢書》第1冊，第581、582~583、584~594頁相關記載。
③ 學界對遼東總兵設置的時間，有洪武七年、建文四年、永樂十二年等說法。肖立軍認爲遼東總兵設置於建文四年，以明成祖任命都督劉貞鎮守遼東爲標志；趙現海認爲永樂十二年鎮守將領劉江正式稱爲總兵官，並且明確賦予相機剿捕賊寇的權力，重申自主行動之權，總兵鎮守制度從而確立。參肖立軍《明代中後期九邊兵制研究》，吉林人民出版社2001年，第20頁；趙現海《明代九邊軍鎮體制研究》，東北師範大學2005年博士學位論文，第99頁；張景波《明代遼東總兵研究》，黑龍江大學2006年碩士學位論文，第34頁。
④ 實際上，葉旺與馬雲非總兵，朱元璋設遼東都指揮使司，二人同爲都指揮使，鎮守遼東。參張廷玉《明史》卷一百三十四《葉旺傳附馬雲傳》，第3899~3901頁。
⑤ 參同上。
⑥ 劉江，《明太宗實錄》卷一百五十五永樂十二年九月甲午條，第1791頁記，劉江充總兵官，鎮守遼東。

焦禮①顯州人。巫凱②金陵句容人。曹義③直隸儀真人。

董興④海寧伯。王宗⑤成山伯。鄭宏武安侯⑥。

衛穎⑦宣城伯。趙勝⑧。歐信⑨。

緱謙⑩山後龍山人。李果⑪榆林衛人。蔣驥⑫定西侯。

---

① 焦禮，顯州人，按張廷玉《明史》卷一百五十六《焦禮傳》，第 4278~4279 頁，焦禮爲蒙古人，父把思台，洪武中歸附。焦禮是以都指揮同知備禦遼東，未曾任遼東總兵。英宗復辟後，封東寧伯。
② [校] 巫凱原置於曹義後，按《明宣宗實錄》卷六洪熙元年閏七月壬戌條，第 170 頁，陞遼東都指揮使巫凱爲左軍都督府都督僉事，命佩征虜前將軍印，充總兵官，鎮守遼東。參張廷玉《明史》卷一百七十四《巫凱傳附曹義傳施聚傳》，第 4633~4634 頁。
③ [校] 曹義原置於巫凱前，《明英宗實錄》卷四十九正統三年十二月丙子條，第 953 頁，命遼東副總兵中軍都督僉事曹義佩征虜前將軍印，充總兵官，鎮守遼東。時總兵官巫凱卒，命義代之。參張廷玉《明史》卷一百七十四《巫凱傳附曹義傳施聚傳》，第 4634 頁。
④ 董興，《明英宗實錄》卷二百七十五天順元年二月甲辰條，第 5843 頁，以海寧伯董興代曹義鎮守遼東。參張廷玉《明史》卷一百七十五《董興傳》，第 4657~4658 頁。
⑤ 王宗，嘉靖《遼東志》卷五《官師》，《續修四庫全書》第 646 冊，第 582 頁及嘉靖《全遼志》卷三《職官志》，《遼海叢書》第 1 冊，第 581 頁作"王宗"，《明英宗實錄》、張廷玉《明史》作"王琮"。據《明英宗實錄》卷三百三十天順五年七月庚戌條，第 6791 頁，敕成山伯王琮佩征虜前將軍印，充總兵官，鎮守遼東。
⑥ [校] 武安侯，原作"武安伯"。《明英宗實錄》卷三天順八年三月壬申條，第 83 頁，命武安侯鄭宏佩征虜前將軍印，充總兵官，鎮守遼東。
⑦ 衛穎，《明憲宗實錄》卷四十一成化三年四月丁未條，第 838 頁，命宣城伯衛穎佩征虜前將軍印，充總兵官，鎮守遼東。參《國朝獻徵錄》卷九《伯一‧宣城伯贈宣城侯諡莊勇衛公穎墓誌銘》，《四庫全書存目叢書》史部第 100 冊，第 306~307 頁。
⑧ 趙勝，《明憲宗實錄》卷五十四成化四年五月壬申條，第 1099 頁，命都督同知趙勝佩征虜前將軍印，充總兵官，鎮守遼東。參張廷玉《明史》卷一百七十三《趙勝傳》，第 4628 頁。
⑨ 歐信，《明憲宗實錄》卷八十八成化七年二月乙巳條，第 1707 頁，都督同知歐信佩征虜前將軍印，充總兵官，代趙勝鎮守遼東。參張廷玉《明史》卷一百七十八《歐信傳》，第 4640~4641 頁。
⑩ 緱謙，《明憲宗實錄》卷一百八十四成化十四年十一月丙子條，第 3312 頁，命寧夏副總兵都督僉事緱謙佩征虜前將軍印，充總兵官，鎮守遼東。傳參嘉靖《全遼志》卷四《宦業志》，《遼海叢書》第 1 冊，第 617 頁。
⑪ 李果，由《明孝宗實錄》卷七十一弘治六年正月辛卯條，第 1339 頁記載可知，晚至弘治六年正月，李果已在遼東總兵任上。
⑫ 蔣驥，《明孝宗實錄》卷一百六十一弘治十三年四月己亥條，第 2887 頁，命定西侯蔣驥掛征虜前將軍印，充總兵官，鎮守遼東。

楊玉①京衛人。韓輔②寧遠衛人。毛倫③京衛人。

李璵④。韓璽⑤。邵永⑥宣府龍門人。

楊鎮⑦廣寧前屯衛人。楊銳⑧南直隸人。劉淮⑨宣府人。

馬永⑩直隸遷安人。李鳳鳴⑪京衛人。趙國忠⑫錦州人。

---

① 楊玉，《明孝宗實錄》卷一百八十三弘治十五年正月庚辰條，第3373頁，命京營領軍左參將都督僉事楊玉掛征虜將軍印，充總兵官，鎮守遼東。

② 韓輔，《明孝宗實錄》卷二百十四弘治十七年七月甲午條，第4024頁，陞分守錦義等處都指揮僉事韓輔爲署都督僉事，掛征虜前將軍印，充總兵官，鎮守遼東。傳參嘉靖《全遼志》卷四《人物志·將才》，《遼海叢書》第1冊，第626~627頁。

③ 毛倫，《明武宗實錄》卷三十一正德二年十月甲午條，第779頁，命後軍都督府右都督毛倫充總兵官，鎮守遼東地方。

④ 李璵，《明武宗實錄》卷五十二正德四年七月辛卯條，第1183頁，命前軍都督府署都督僉事李璵充副總兵分守遼陽。正德五年四月時，李璵已爲遼東總兵。參《明武宗實錄》卷六十二正德五年四月丙午條，第1366頁。

⑤ 韓璽，《明武宗實錄》卷六十三正德五年五月壬戌條，第1382頁，陞遼東署都指揮僉事韓璽爲署都督僉事，掛印，充總兵官，鎮守遼東地方。傳參嘉靖《全遼志》卷四《人物志·將才》，《遼海叢書》第1冊，第627頁。

⑥ 邵永，參《國朝獻徵錄》卷一百七《都督府二·後軍都督府都督同知謚隱懷邵公永墓志銘》，《四庫全書存目叢書》史部第106冊，第237~239頁。

⑦ 楊鎮，《明世宗實錄》卷六十二嘉靖五年三月癸巳條，第1441頁，鎮守遼東總兵邵永有疾，罷，陞副總兵楊鎮爲都督僉事代之。

⑧ 楊銳，《明世宗實錄》卷九十六嘉靖七年十二月庚辰條，第2239頁，以都督僉事楊銳充總兵官，鎮守遼東。傳參《國朝獻徵錄》卷一百八《都督府三·驃騎將軍南京右軍都督府都督僉事楊公銳墓志銘》，《四庫全書存目叢書》史部第106冊，第285~287頁。楊鎮與楊銳之間，還有一任總兵麻循，嘉靖六年十一月任，參《明世宗實錄》卷八十二嘉靖六年十一月庚寅條，第1840頁。

⑨ 劉淮，參《國朝獻徵錄》卷一百八《都督府三·征虜前將軍左軍都督府都督僉事西溪劉公淮墓志銘》，《四庫全書存目叢書》史部第106冊，第284~285頁，按墓志銘，嘉靖九年，劉淮由坐揚威營，提督巡捕京城任上注左軍都督府僉事，鎮守遼東，在任六年。《明世宗實錄》卷一百十三嘉靖九年五月辛亥條，第2691頁，"以坐營都指揮僉事劉寬充鎮守遼東總兵官"，劉寬應是劉淮之誤。

⑩ 馬永，《明世宗實錄》卷一百七十八嘉靖十四年八月丙申條，第3830頁，命南京後軍都督府右都督馬永充總兵官，鎮守遼東。參張廷玉《明史》卷二百十一《馬永傳》，第5575~5577頁。

⑪ [校] 李鳳鳴，原在劉淮後、馬永前，《明世宗實錄》卷二百三十五嘉靖十九年三月辛酉條，第4812頁，命中軍都督府都督僉事李鳳鳴掛印，充總兵官，鎮守遼東地方。

⑫ 趙國忠，《明世宗實錄》卷二百七十一嘉靖二十二年二月丙申條，第5342頁，陞指揮僉事趙國忠署都督僉事，充總兵官，鎮守遼東。參張廷玉《明史》卷二百十一《趙國忠》，第5583~5584頁。按傳，嘉靖三十一年，趙國忠再鎮遼東，《四鎮三關誌》缺載。

張鳳①延綏人。戴廉②鎮朔衛人。李琦③陝西人。

殷尚質④天津衛人。羅文豸⑤廣寧右衛人。雲冒⑥直隸三河人。

吳英⑦靖虜衛人。楊照⑧前屯衛人。佟登⑨遼陽人。

王治道⑩左屯衛人。李成梁⑪鐵嶺人，左都督。

---

① 張鳳，《明世宗實錄》卷三百五嘉靖二十四年十一月丙戌條，第5772頁，命提督西官廳總兵、右都督張鳳充鎮守遼東總兵官。

② 戴廉，《明世宗實錄》卷三百十九嘉靖二十六年正月己巳條，第5395頁，命坐營署都督僉事戴廉掛印充總兵官，鎮守遼東。

③ 李琦，《明世宗實錄》卷三百三十三嘉靖二十七年二月乙亥條，第6114頁，陞延綏副總兵李琦爲署都督僉事，充總兵官，鎮守遼東。

④ 殷尚質，《明分省人物考一》卷六《直隸河間府》，第631~534頁及《國朝獻徵錄》卷一百六《都督府一·都督殷公尚賢墓志銘》，《四庫全書存目叢書》史部第106冊，第195~196頁作"殷尚賢"。兩書記甲寅年（嘉靖三十三年，即公元1554年）充分守遼陽副總兵，尋陞總兵。《明世宗實錄》則係充副總兵一事於嘉靖三十二年十二月，參《明世宗實錄》卷四百五嘉靖三十二年十二月庚寅條，第7084頁。

⑤ 羅文豸，《明世宗實錄》卷四百四十一嘉靖三十五年十一月庚申條，第7550頁，陞分守密雲副總兵、署都指揮僉事羅文豸爲署都督僉事，充總兵官，鎮守遼東。

⑥ 《明世宗實錄》卷四百九十五嘉靖四十年四月乙未條，第8208頁，改鎮守居庸總兵官署都督僉事雲冒鎮守遼東。

⑦ 吳英，或作"吳瑛"，《明世宗實錄》卷五百四嘉靖四十年十二月辛未條，第8323頁，陞南京提督振武營指揮僉事吳瑛爲署都督僉事，充總兵官，鎮守遼東。

⑧ 楊照，《明世宗實錄》卷五百二十一嘉靖四十二年五月甲午條，第8536頁，命遼陽副總兵、都督同知楊照充總兵官，鎮守遼東。

⑨ 佟登，《明世宗實錄》卷五百二十五嘉靖四十二年九月乙未條，第8566頁，改鎮守山西總兵官、署都督僉事佟登於遼東。傳參錢謙益《明故山東登萊監軍道按察司僉事佟墓志銘》，民國《奉天通志》卷二百三十九《藝文十七·文徵十一》，民國二十三年鉛印本，葉40b~45b。

⑩ 王治道，《明世宗實錄》卷五百五十九嘉靖四十五年六月丙子條，第8992~8993頁，陞協守遼陽副總兵、署都指揮僉事王治道爲署都督僉事，充鎮守遼東總兵官。

⑪ 李成梁，隆慶四年充鎮守遼東總兵官。參張廷玉《明史》卷二百三十八《李成梁傳》，第6183~6199頁。

协守副总兵天顺六年设参将①，分守辽阳。成化初年，改为分守副总兵②，嘉靖四十四年③加协守开原、险山、海州三参将，及瀋阳游击兵马，并听调度。

刘端。杨璵京卫人。施英辽海卫人。

裴显三万卫人。韩斌宁远卫人。吴瓒④京卫人。

罗雄⑤辽海卫人。张澄⑥宣府人。孙文毅⑦瀋阳中卫人。

刘祥⑧东宁卫人。郭振⑨辽海卫人。孙成⑩宣府人。

---

① 嘉靖《全辽志》卷三《职官志》，《辽海丛书》第1册，第584页亦谓天顺六年。嘉靖《辽东志》卷五《官师》，《续修四库全书》第646册，第588页不载时间。但《全辽志》、《辽东志》和本书所列刘端充右参将，协助总兵官曹义镇守辽东，是在正统七年。参《明英宗实录》卷九六正统七年九月丁卯条，第1927页。
② 按《明宪宗实录》卷三十五成化二年十月庚子条，第690页，守备义州都指挥使施英为署都督佥事，充副总兵，协同辽东总兵官理事。可知改分守副总兵是在成化二年。其后，裴显于成化三年二月充副总兵，分守辽阳。四年二月都指挥佥事韩斌充副总兵分守开原，兼提督辽阳等处军马。十二月辽东副总兵都指挥佥事韩斌分守辽阳等处。参《明宪宗实录》卷三十九成化三年二月丁未条，第785~786页；卷五十一成化四年二月壬寅条，第1035~1036页；卷六十一成化四年十二月甲午条，第1237页。左参将仍存续一段时间，成化四年五月命京营都指挥使杨璵充左参将，分守辽阳等处地方。四年十二月左参将杨璵分守宁远。参《明宪宗实录》卷五十四成化四年五月丁丑条，第1102页；《明宪宗实录》卷六十一成化四年十二月甲午条，第1237~1238页。
③ 四十四年，万历《大明会典》卷一百二十六《兵部九·镇戍一·将领上》，《续修四库全书》第791册，第275页谓"辽阳副总兵，旧系分守，嘉靖四十五年改为协守，节制开原、海州、险山、瀋阳等处"。张廷玉《明史》卷七十六《职官五》，第1876页同。按《明世宗实录》卷五百五十九嘉靖四十五年六月丙子条，第8992~8993页，陞协守辽阳副总兵、署都指挥佥事王治道为署都督佥事，充镇守辽东总兵官。蓟镇副总兵加协守当在嘉靖四十五年。
④ ［校］吴瓒原置于韩斌前，按《明宪宗实录》卷一百八十四成化十四年十一月丙子条，第3312页，命宣府游击将军署都指挥使吴瓒充副总兵，分守辽阳等处。据前，韩斌在成化四年十二月为分守辽阳等处副总兵。
⑤ 罗雄，《明孝宗实录》卷三十五弘治三年二月癸巳条，第758页，命辽东都司带俸都指挥同知罗雄充副总兵，分守辽阳。
⑥ 张澄，《明孝宗实录》卷一百四十弘治十一年八月辛卯条，第2435页，命万全都司指挥佥事张澄充副总兵，分守辽阳等处。
⑦ 孙文毅，弘治十四年时已在任，参《明孝宗实录》卷一百七十六弘治十四年七月丁未条，第3207页。
⑧ 刘祥，《明孝宗实录》卷一百七十七弘治十四年八月辛巳条，第3243页，命协守密云副总兵刘祥分守辽阳。
⑨ 郭振，《明孝宗实录》卷二百九十九弘治十七年二月庚辰条，第4135页，命分守锦、义二城右参将、都指挥佥事郭振充副总兵，分守辽阳。
⑩ 孙成，《明武宗实录》卷三十三正德二年十二月庚午条，第803页，以分守万全右卫左参将、都指挥使孙成充副总兵，分守辽阳等处地方。

劉暉①東寧衛人。崔賢②定遼右衛人。孫文③海州衛人。
張銘④錦衣衛人。楊鎮⑤見總兵。李鑑⑥東寧衛人。
李景良⑦。劉大章⑧遼陽人。九聚⑨京衛人。
郝承恩⑩義州衛人。種繼⑪陝西人。羅文豸⑫見總兵。
李淶⑬保定人。岳懋⑭陝西人。殷尚質⑮見總兵。

---

① 劉暉，《明武宗實錄》卷六十三正德五年五月辛未條，第1387頁，命分守開原署都指揮僉事劉暉充副總兵，分守遼陽。
② 崔賢，《明武宗實錄》卷九十九正德八年四月辛丑條，第2060頁，命遼東都司署都指揮僉事崔賢充副總兵，分守遼陽地方。
③ 孫文，《明武宗實錄》卷一百二十九正德十年九月壬寅條，第2573頁，命署都指揮使孫文充副總兵，分守遼陽地方。
④ 張銘，《明武宗實錄》卷一百六十八正德十三年十一月癸亥條，第3257頁，錦衣衛都指揮僉事張銘充副總兵，分守遼陽。
⑤ 楊鎮，《明世宗實錄》卷二十六嘉靖二年閏四月壬子條，第740頁，命廣寧前屯衛都指揮同知楊鎮充分守遼陽副總兵。
⑥ 李鑑，《明世宗實錄》卷一百十一嘉靖九年三月癸丑條，第2368頁，以右參將李鑑充分守遼陽副總兵官。
⑦ 李景良，《明世宗實錄》卷一百七十六嘉靖十四年六月辛亥條，第3807頁，命西官廳右哨參將、署都指揮僉事李景良充副總兵官，分守遼陽。
⑧ 劉大章，嘉靖二十一年十一月時已在任。參《明世宗實錄》卷二百八十六嘉靖二十一年十一月辛亥條，第5293頁。
⑨ 九聚，《明世宗實錄》卷二百七十三嘉靖二十二年四月庚寅條，第5365~5366頁，以金吾右衛署都指揮僉事九聚充副總兵官，協守遼陽地方。
⑩ ［校］郝承恩，原作"郝成恩"，據嘉靖《全遼志》卷三《職官志》，《遼海叢書》第1冊，第548頁及《明世宗實錄》改。按《明世宗實錄》卷二百八十五嘉靖二十三年四月丙申條，第5526頁，命分守馬蘭谷右參將郝承恩充副總兵官，分守遼陽地方。
⑪ ［校］種繼，原作"种繼"。《明世宗實錄》卷三百四嘉靖二十四年壬辰條，第5375頁，命原任副總兵種繼分守遼陽，據改。
⑫ 羅文豸，《明世宗實錄》卷三百二十三嘉靖二十六年五月戊午條，第5992頁，西官廳右哨參將署都指揮僉事羅文豸充副總兵官，分守遼東。
⑬ 李淶，《明世宗實錄》卷三百四十嘉靖二十七年九月庚子條，第6198~6199頁，命岢嵐參將、署都指揮僉事李淶充副總兵，分守遼陽。
⑭ 岳懋，《明世宗實錄》卷三百六十七嘉靖二十九年十一月戊戌條，第6566頁，以大同西路參將岳懋充分守遼陽副總兵官。
⑮ 殷尚質，《明世宗實錄》卷四百五嘉靖三十二年十二月庚寅條，第7084頁，大同左參將殷尚質充遼陽副總兵官。

王重禄①海州衛人。劉岳②保定人。黑春③廣寧人。
楊照見總兵。馮登④大寧都司人。郭江⑤榆林衛人。
韓承慶⑥。王治道⑦廣寧右屯衛人。楊四畏⑧遼陽人。
李成梁⑨見總兵。趙完⑩錦州人。楊騰⑪錦州人。
曹簠⑫三萬衛人。

分守開原參將永樂年間設參將一員，分守開原、中固、鐵嶺、汛河、懿路地方。
胡源。孫璟。周俊定遼前衛人。
佟昱開原人。崔勝定遼右衛人。焦元。
胡忠遼陽衛人。耿賢定遼前衛人。崔鑑勝之子⑬。
馬深義州衛人。高欽東寧衛人。張廷錫前屯衛人。
孫棠定遼中衛人。高雲自在州人。王道定遼右衛人。

---

① 王重禄，嘉靖三十四年已在任。参《明世宗實録》卷四百二十九嘉靖三十四年閏十一月丙戌條，第7421~7422頁。
② 劉岳，《明世宗實録》卷四百五十九嘉靖三十七年五月丁卯條，第7766頁，命署都指揮僉事、紫荆關參將劉岳充副總兵，分守遼陽。
③ 黑春，嘉靖四十一年已在任。参《明世宗實録》卷五百九嘉靖四十一年五月庚寅條，第8381頁。
④ 馮登，《明世宗實録》卷五百二十一嘉靖四十二年五月甲辰條，第8537頁，命京城巡捕右參將、都指揮同知馮登充副總兵，分守遼陽。
⑤ 郭江，《明世宗實録》卷五百二十八嘉靖四十二年十二月甲戌條，第8623頁，命遼東開原參將、署都指揮僉事郭江充副總兵，分守遼陽。
⑥ 韓承慶，《明世宗實録》卷五百三十九嘉靖四十三年十月丙子條，第8730頁，命神機營副將韓承慶充副總兵，分守遼陽。
⑦ 王治道，嘉靖四十四年十一月充副總兵，分守遼陽。四十五年六月陞協守遼陽副總兵、署都指揮僉事王治道爲署都督僉事，充鎮守遼東總兵官。参《明世宗實録》卷五百五十二嘉靖四十四年十一月辛酉條，第8897頁及卷五百五十九嘉靖四十五年六月丙子條，第8992~8993頁。
⑧ 楊四畏，《明世宗實録》卷五百五十九嘉靖四十五年六月辛巳條，第8984頁，命分守薊鎮馬蘭谷參將楊四畏充協守遼陽副總兵。
⑨ 李成梁，按張廷玉《明史》卷二百三十八《李成梁傳》，第6183頁，李成梁於隆慶元年充副總兵官，尋協守遼陽。
⑩ 趙完，《明穆宗實録》卷五十隆慶四年十月癸卯條，第1253頁，以分守遼東開原右參將趙完充副總兵，協守遼陽等處。
⑪ 楊騰，《明神宗實録》卷十萬曆元年二月壬戌條，第346頁，以分守遼東寧遠左參將楊騰充副總兵，協守遼陽地方。
⑫ 曹簠，萬曆三年十二月已在任。参《明神宗實録》卷四十五萬曆三年十二月庚午條，第1007~1008頁。
⑬ [校] 勝之子，原作"勝子人"，據嘉靖《遼東志》卷五《官師》，《續修四庫全書》第646册，第588頁及嘉靖《全遼志》卷三《職官志》，《遼海叢書》第1册，第584頁改。

叚錦。閻振定遼左衞人。蕭澤東寧衞人。

周琮三萬衞人。孫繼祖定遼右衞人。史俊三萬衞人。

趙傾葵廣寧衞人。李欽大同後衞人。楊應奇定遼左衞人。

葛景嵩寧遠衞人。許策東寧衞人。郭江見副總兵。

楊四畏。李成梁鐵嶺衞人。趙應昌東寧衞人。

趙完錦州人。劉澐寧遠人。郭夢徵廣寧中衞人。

唐朴廣寧中衞人。

分守海州參將①嘉靖二十八年，設參將一員，分守海州等城堡地方。

武勛定遼後衞人。曹世忠陝西人。王堂平虜衞人。

萬國榆林衞人。謝廷相保定府人。趙伯勛大同人。

趙斌京衞人。宿仰辰鐵嶺衞人。馬負圖永寧衞人。

王永祐廣寧右衞人。郭夢徵廣寧人。張志遜廣寧人。

姚大節廣寧左衞人。

險山參將②嘉靖四十三年③，設參將一員，專守寬奠等城堡地方，今加副總兵銜。

徐九齡海州衞人。李成梁見總兵。郭承恩瀋陽人。

馬負圖永寧衞人。傅廷勛廣寧人。

---

① 分守海州參將，萬曆《大明會典》卷一百二十六《兵部九·鎮戍一·將領上》，《續修四庫全書》第 791 册，第 275 頁和張廷玉《明史》卷七十六《職官五》，第 1876 頁等作"海蓋右參將"。《明世宗實錄》作"海州"，參《明世宗實錄》卷三百四十五嘉靖二十八年二月辛丑條，第 6239 頁，"增設海州參將一員，轄海、蓋二衞，并東昌等堡"。
② 萬曆《大明會典》和張廷玉《明史》作"寬甸堡參將"。
③ [校] 四十三年，原作"四十二年"。嘉靖《全遼志》卷三《職官志》，《遼海叢書》第 1 册，第 585 頁及萬曆《大明會典》卷一百二十六《兵部九·鎮戍一·將領上》，《續修四庫全書》第 791 册，第 276 頁作"四十三年"（甲子年）。險山參將之設，在嘉靖四十三年九月，巡撫遼東都御史王之誥言"遼陽險山之間亭障希，士馬弱，虜出沒其內，又朝鮮入貢之路也。雖有副總兵，相去遠。請特設參將一人，募士馬三千予之。原任遊擊徐九齡端謹果毅，可充是任"，並其他遼東邊防事皆詔允行。據改。參《明世宗實錄》卷五百三十八嘉靖四十三年九月戊申條，第 8723~8724 頁。

分守錦義參將①國初設守備一員，成化初改參將，分守錦、義二城堡地方。

夏通。施聚金吾右衛人。韓斌見副總兵。

施英開原人。林宏。王鍇定遼後衛人。

崔勝見開原參將。魯廣京衛人。李英廣寧中衛人。

羅雄見副總兵。王銘京衛人。史賚京衛人。

韓輔見總兵。郭振見副總兵。胡忠見開原參將。

回鵬遼陽人。崔賢見副總兵。孫文見副總兵。

高雲。蕭淬見開原參將。寧寶東寧衛人。

張銘見副總兵。王京保定人。李鑑見副總兵。

李景良見副總兵。趙國忠見總兵。于瓚錦衣衛人。

陳越②義州人。王朴東寧衛人。周益昌廣寧左屯衛人。

劉大章見副總兵。朱翰大同人。郭都廣寧中衛人。

王重祿見副總兵。張濟東寧衛人。趙承懋保定人。

張元禎山東奇山所人。劉印廣寧左衛人。杜鏜③廣寧右衛人。

趙完。郎得功廣寧衛人。畢朝用定遼前衛人。

郭承恩瀋陽中衛人。唐朴廣寧中屯衛人。馬文龍廣寧人。

分守寧遠參將④國初設守備一員，嘉靖二十六年改爲參將，分守寧遠城堡地方。

徐府海州衛人。楊應奇見開原參將。李廣京衛人。

郭世勛定遼右衛人。羅九皋遼海衛人。王潛定遼左衛人。

---

① 嘉靖《全遼志》卷一《沿革》，《遼海叢書》第1冊，第532頁謂"義州衛……國初以都司一員備禦，永樂十二年改爲守備，成化三年始置參將"。《明憲宗實錄》謂增設錦義參將在成化十二年，《明憲宗實錄》卷一百六十成化十二年十二月己丑條，第2933頁，"增設遼東錦、義二城參將一員"；《明憲宗實錄》卷一百七十二成化十三年十一月辛卯條，第3116頁，"陞武成後衛署指揮使魯廣爲署都指揮僉事，充右參將，守遼東錦、義二城"。錦義參將之設，應在成化十二年，魯廣爲首任。

② 陳越，嘉靖《遼東志》卷五《官師》，《續修四庫全書》第646冊，第589頁及嘉靖《全遼志》卷三《職官志》，《遼海叢書》第1冊，第585頁又作"陳鉞"。

③ [校] 杜鏜，原作"杜堂"，下文分守寧遠參將有"杜堂廣寧右衛人"，入衛遊擊有"杜鏜見錦義參將"，爲一人。嘉靖《全遼志》卷三《職官志》，《遼海叢書》第1冊，第585頁作"杜鏜"，《明穆宗實錄》卷十一隆慶元年八月乙巳條，第316頁亦作"杜鏜"，"命瀋陽遊擊王沂充寧前參將，而以原任參將杜鏜代沂"。

④ 分守寧遠參將，嘉靖《全遼志》卷三《職官志》，《遼海叢書》第1冊，第585頁作"分守寧前參將"。且，該書在李思忠後記有一任參將"裴永勳，寧遠衛人"。《明神宗實錄》卷一百二十一萬曆十年二月丁未條，第2263~2264頁記萬曆十年時有參將裴永勳，因修小團山等地堡寨受賞。裴永勳存疑。

李尚文定遼右衛人。張九思廣寧人。王治道廣寧左屯人。
綫補袞寧遠衛人。李思忠東寧衛人。王沂東寧衛人。
萬國榆林衛人。杜鏜①廣寧右衛人。楊騰廣寧中屯人。
胡堯勳廣寧中衛人。黑雲龍廣寧衛人。劉澐寧遠人。
李汝謙鐵嶺人。

鎮城坐營中軍②
楊五典東寧衛人。王大璋廣寧衛人。黃都廣寧人。

標下左營遊擊③成化間設中路協守參將，萬曆元年改爲左營遊擊，專管標兵，以聽調度。
曹廣京衛人。盛銘寧遠衛人。馬驃④右屯衛人。
金輔定遼右衛人。林濬定遼後衛人。佟昱見開原參將。
薛澄廣寧衛人。傅瀚⑤鐵嶺衛人。高大恩。
武瀅東寧衛人。史俊見開原參將。李溱廣寧衛人。
劉大章東寧衛人。王重祿。王言東寧衛人。
許棠開原人。閻懋官定遼左衛人。黑春見副總兵。
賈冕廣寧左衛人。王濬見寧前參將。徐九齡見險山參將。
綫補袞寧遠衛人。趙應昌見開原參將。王有臣東寧衛人。
郭承恩見義州參將。高延齡定遼左衛人。朱良臣義州衛人。
傅廷勳見險山參將。趙應昌⑥東寧衛人。徐國輔義州人。

---

① 杜鏜，見前文分守錦義參將"杜鏜"注釋。
② 鎮城坐營中軍，嘉靖二十年添設。萬曆《大明會典》卷一百二十六《兵部九·鎮戍一·將領上》，《續修四庫全書》第791冊，第276頁，"坐營中軍官一員，嘉靖四十二年添設"。嘉靖《全遼志》卷三《職官志》，《遼海叢書》第1冊，第588頁同。
③ 萬曆《大明會典》卷一百二十六《兵部九·鎮戍一·將領上》，《續修四庫全書》第791冊，第276頁，"廣寧左營，嘉靖十六年設廣寧遊擊，令駐廣寧，管遼河以西，直抵山海關。萬曆元年添右營，此改爲左營"。
④ 馬驃，嘉靖《全遼志》卷三《職官志》，《遼海叢書》第1冊，第585頁同。本書廣寧備禦項下及嘉靖《遼東志》卷五《官師》，《續修四庫全書》第646冊，第589頁作"馬標"。按《明孝宗實錄》卷二百二十弘治十八年正月乙巳條，第4147頁，"命遼東都指揮僉事馬驃充本鎮遊擊將軍"，作"馬驃"爲宜。
⑤ 傅瀚，嘉靖《全遼志》卷三《職官志》，《遼海叢書》第1冊，第585頁同。嘉靖《遼東志》卷五《官師》，《續修四庫全書》第646冊，第589頁作"傅翰"。
⑥ 兩處"趙應昌"，"趙應昌見開原參將"，"趙應昌東寧衛人"，多處記載是一人，標下左營遊擊下兩次出現"趙應昌"，或是復任。

標下右營遊擊萬曆元年設遊擊一員①，專管標兵，以聽調度。
楊五典東寧衛人。楊謙廣寧人。王大璋廣寧衛人。

瀋陽遊擊嘉靖二十年②設遊擊一員，分管瀋陽、奉集等城堡地方。
周益昌見義州參將。武滢見廣寧參將。王言東寧衛人。
武勛見海盖參將。曹世忠見海盖參將。線世祿寧遠衛人。
馮登見副總兵。張濟見錦義參將。龐琦宣府人。
蔣承勳義州衛人。胡堯勳廣寧中衛人。高廷齡定遼左衛人。
李尚文見寧前參將。張元禎見錦義參將。劉國。
徐維忠廣寧中衛人。宿仰辰鐵嶺衛人。李成梁見總兵。
李思忠見寧前參將。鍾氣完定遼前衛人。王沂見寧遠參將。
杜鎧見寧遠參將。劉承武定遼前衛人。郝重光廣寧後屯人。
張延賞東寧衛人。曹簹三萬衛人。張志遜廣寧人。
徐惟忠廣寧人。

鎮武遊擊嘉靖四十一年設，分管西興等堡地方。
倪宗堯定遼中衛人。楊維藩。陳濂萬全都司人。
郎得功見義州參將。畢朝用見義州參將。寧子周東寧衛人。
唐朴廣寧中屯人。姚大節廣寧人。蘇國賦廣寧人。

正安車營遊擊隆慶五年③設，分管正安、鎮靜等六堡地方，專練車兵。

---

① 萬曆《大明會典》卷一百二十六《兵部九·鎮戍一·將領上》，《續修四庫全書》第791冊，第276頁，"廣寧左營，嘉靖十六年設廣寧遊擊，令駐廣寧，管遼河以西，直抵山海關。萬曆元年添右營，此改爲左營"。
② 嘉靖二十年，《明世宗實錄》記載同。《明世宗實錄》卷二百五十六嘉靖二十年十二月乙亥條，第5138頁，"詔增設遼東瀋陽遊擊一員，選五路官軍三千人付之，專備策應開原、遼陽等處，從巡撫都御史劉儲秀議也"。嘉靖《全遼志》卷三《職官志》，《遼海叢書》第1冊，第585頁則謂嘉靖癸卯（嘉靖二十二年）添設。
③ 萬曆《大明會典》卷一百二十六《兵部九·鎮戍一·將領上》，《續修四庫全書》第791冊，第276頁，"車營，隆慶三年添設，兼管營田事，駐劄三安堡"。《明穆宗實錄》卷三十六隆慶三年八月庚申條，第922頁載，"巡撫遼東都御史魏學曾請於廣寧設置車營，以原任遊擊將軍馬文龍統之。報可"。可知廣寧戰車營設於隆慶三年。本書卷六《制疏考》有隆慶五年巡撫張學顏《爲虜衆內附邊患稍寧以永圖治安疏畧》"合無將鎮城車營遊擊馬文龍給賜敕書一道，行本營官軍二千員名移駐適中正安堡，其鎮靜六堡悉聽節制"。《明穆宗實錄》卷六十四隆慶五年十二月辛丑條，第1537頁亦載，"請以鎮城車營遊擊馬文龍移駐正安堡，節制鎮靜諸堡，兼防馬市"。隆慶五年當是車營移往正安堡的時間。

馬文龍廣寧左衛人。趙應昌東寧人。

前屯遊擊嘉靖四十一年設，駐劄中後所，分管前屯、中前、中後所等處地方。
楊照見總兵。楊四畏見開原參將。萬國見海州參將。
馬文龍廣寧左衛人。王世禄三萬衛人。楊燮前屯衛人。
劉澐寧遠衛人。王國瑞寧遠人。

入衛遊擊嘉靖三十年①，提督軍門何棟徵取遼兵，設遊擊一員統領，每歲春秋，入薊防禦。
劉大章見副總兵。王允中定遼前衛人。倪宗堯定遼中衛人。
杜鏜見錦義參將。畢朝用定遼前衛人。王咨禹。
王思孔東寧衛人。何垚遼陽人。王有臣東寧人。
周冕遵化縣人。劉澐寧遠人。李惟一定遼前衛人。
裴承勳寧遠衛人。

都司洪武八年，設都指揮使司，都指揮使或同知或僉事，掌印一員，管屯一員，局捕一員，經歷司、斷事司、司獄司、儒學各一員。

掌印②
文安。潘敬。李信山西朔州人。
劉斌。王真。周興直隸宜興人。
夏霖。夏通直隸桐城人。劉英。
畢恭。傅海定遼中衛人。王祥。
白欽義州人。李端。張斌前屯衛人。
鄧鈺定遼前衛人。李寧寧遠人。崔賢。
耿賢見開原參將。劉宗武東寧人。孫堂。
王道見開原參將。寧寶見錦義參將。薛澄。

---

① 嘉靖三十年，嘉靖《全遼志》卷三《職官志》，《遼海叢書》第1册，第586頁則謂嘉靖三十一年（嘉靖壬子）。
② 嘉靖《遼東志》卷五《官師》，《續修四庫全書》第646册，第589~590頁及嘉靖《全遼志》卷三《職官志》，《遼海叢書》第1册，第586頁人名排列順序與本書不同。嘉靖《全遼志》在蘇承勳後，記載了馮文弼、徐永昌、蕭汝之等十六人。嘉靖《遼東志》則將各類都司列在一起，未分類。請參考《遼東志》和《全遼志》的記載，這裏不一一列出。

管昇①錦州人。崔世武定遼右衛人。郭繼宗定遼右衛人。

陸繼宗。劉大章。陳善京衛人。

王松茂山人。劉通薊州人。任俊京衛人。

郭世勛。王子承臨清衛②人。郝九皐宣府前衛人。

賈瀚歸德衛人。張楫太原人。昌壽河南衛人。

趙欽建陽衛人。謝廷相保定人。曹勳羽林前衛人。

王朴。張子鯨大同人。趙斌京衛人。

王承祐河南人。洪國忠宣府人。陳言廣寧人。

蘇承勛定遼人。

管屯

李質定遼中衛人。林勝定遼後衛人。李杲定遼後衛人。

馬驃見遊擊。張璽東寧人。魯勳瀋陽人。

王孝忠定遼人。李景良見副總兵。高大恩見遊擊。

韓承恩定遼中衛人。俞雄③遼海人。朱瀾金吾右衛人。

王朝用定遼左衛人。周益昌見錦義參將。芮元勳羽林衛人。

許策見開原參將。魯仲仁。徐枝山海人。

秦世臣萬全右衛人。鞠鍇。佟珮東寧人。

申有爵保定人。趙斌京衛人。史簡三萬人。

郭夢徵廣寧中衛人。陳言廣寧人。蘇承勛見前。

---

① [校] 管昇，原作"管梁"。嘉靖《遼東志》卷五《官師》，《續修四庫全書》第 646 冊，第 590 頁記載"管昇，錦州人，都指揮僉事，掌司事"。嘉靖《全遼志》卷三《職官志》，《遼海叢書》第 1 冊，第 586 頁祇記"管昇，錦州人"。《明世宗實錄》卷四十九嘉靖四年三月辛巳條，第 1244 頁記"命遼東都指揮僉事管昇都司掌印"。《遼東志》、《全遼志》與實錄記載合，據改。

② [校] 臨清衛，原作"臨青衛"，據嘉靖《全遼志》卷三《職官志》，《遼海叢書》第 1 冊，第 586 頁改。

③ [校] 俞雄，原作"愈雄"。嘉靖《遼東志》卷五《官師》，《續修四庫全書》第 646 冊，第 590 頁記載"俞雄，遼海衛人，都指揮僉事、僉書"；嘉靖《全遼志》卷三《職官志》，《遼海叢書》第 1 冊，第 587 頁只記"俞雄，遼海人"；《明武宗實錄》卷一百六十七正德十三年十月庚寅條，第 3241 頁載，"先任遼海衛都指揮俞雄坐守備不設，當謫戍邊衛，援例奏辯，詔降一級"。《遼東志》、《全遼志》與實錄記載合，據改。

劉恩潘陽人。孔思魯海州衛①人。徐永昌定遼衛人。

局捕原設管局兼捕盜。萬曆二年遼陽創建車營，督、撫議請給敕，以局捕都司兼遊擊，整理車營兵馬，仍聽調遣。

何亮前屯衛人。葉廣前屯衛人。郭洪潘陽中衛人。

王宗定遼左衛人。李繼宗廣寧人。李溱見遊擊。

魯道潘陽中衛人。顧忠海州人。徐府見遊擊。

李仁山東威海衛人。王經京衛人。楊棟大同右衛人。

韓彬宣府前衛人。李廣見參將。王重祿。

王允中見遊擊。劉國賓河間人。李暹武驤右衛人。

崔經綏德衛人。劉印見參將。管儒營州後屯衛人。

王元京衛人。田永騰驤右衛②人。蘇國賦鐵嶺人，始兼遊擊③。

孔東儒遼海衛人。

開原馬市守備④永樂間設，先用鴻臚寺司賓序班一員管理互市，後改陞指揮一員專管，以都指揮體統行事，三年一更。

王朝用遼陽人。完仁遼陽人。劉國賓京衛人。

薛良弼廣寧人。李鉞遼陽人。馮國柱京衛人。

劉承慶遼陽人。史簡開原人。馬次乾遼陽人。

裴承祖開原人。戴朝弁遼陽人。孔思魯海州人。

---

① ［校］海州衛，原作"馬州衛"，並無該衛，嘉靖《全遼志》卷三《職官志》，《遼海叢書》第1冊，第587頁作"海州衛"，下文開原馬市守備中有"孔思魯，海州人"，據改。《全遼志》在馬思魯之後不記徐永昌，並記有孔東儒、劉思、馮文弼、蕭汝芝、楊四德、張世勳、劉秉節等十六人。

② ［校］騰驤右衛，底本及民國間抄本無，據嘉靖《全遼志》卷三《職官志》，《遼海叢書》第1冊，第587頁補。《全遼志》在王元、田永中間有"田□□，□□□衛人"（前四個"□"底本如此，第五個"□"，其字難辨識）、"□□□，號西泉，鐵嶺衛都指揮使"、"□永昌，號近城，定遼中衛都指揮僉事"三人。蘇國賦後無孔東儒，記徐永昌、王守道、張大緹等十一人。

③ 事在萬曆二年八月，《明神宗實錄》卷二十八萬曆二年八月甲寅條，第686頁，"兵部覆薊遼督撫劉應節等條陳防禦四事，一、專練車營，遼陽新集車營，向委千總，更換不一，合將都司蘇國賦量加遊擊職銜，令其專管……"。

④ 開原馬市設置時間，《明太宗實錄》卷五十二永樂四年三月甲午條，第776頁，"設遼東開原、廣寧馬市二所。初外夷以馬鬻於邊，命有司善價易之，至是來者眾，故設二市，命千戶苔納失里等主之"，謂在永樂四年。明代馬市問題，可參田靜《明代遼東的馬市貿易》，載《史學月刊》1960年第6期；林延清《論明代遼東馬市從官市到民市的轉變》，載《民族研究》1983年第4期；余同元《明代馬市市場考》，載《民族研究》1998年第1期等。

徐永昌遼陽人。賀九臯鐵嶺衛人。

靉陽守備嘉靖初年設，分管靉陽、洒馬吉、甜水站等城堡地方。
李溱廣寧人。馬士廉義州人。趙國忠錦州人。
孫繼祖遼陽人。劉大章遼陽人。李春美鐵嶺人。
劉澄。許濬。徐珊。
劉澄重任。楊維大前屯人。李漢復州人。
黃堂。張文瀚遼陽人。韓承慶遼陽人。
薛良弼廣寧人。線世祿寧遠人。張濟遼陽人。
蘇承勳遼陽人。胡堯勳廣寧人。宋國忠遼陽人。
閻懋官①遼陽人。羅九臯開原人。李尚文遼陽人。
趙堂廣寧人。申有爵保定人。周之召錦州人。
劉普錦州人。徐國輔義州人。于汝延盖州人。
栗卿錦州人。陳夔義州人。王有臣遼陽人。
馮文瀚義州人。姚大節廣寧人。郎官②廣寧人。
戴良棟廣寧衛人。

清河守備嘉靖四十二年③設，分管清河、馬根單等城堡地方。
王惟屏遼陽人。王沂遼陽人。郎得功廣寧人。
王世祿開原人。劉澐寧遠人。曹簹開原人。
王惟屏再任。凌雲定遼人。

鎮靜守備嘉靖三十九年設，分管鎮靜等堡地方。

---

① 閻懋官，前文標下左營遊擊有"閻懋官定遼左衛人"，《明世宗實錄》卷四百四十一嘉靖三十五年十一月戊午條，第7549頁有"北虜打來孫等率衆十餘萬騎深入遼東廣寧等處，總兵官殷尚質率遊擊閻懋官等禦之，虜衆不敵，尚質等死之"的記載，本書卷十《夷部考・遼鎮夷部・入犯》亦記此事，但抄配的文字作"閆懋官"。

② 郎官，本書卷七《制疏考・遼鎮奏疏・題奏・巡撫兵部右侍郎張學顏條陳遼東善後事宜疏畧（萬曆二年）》亦作"郎官"；《明神宗實錄》卷四十八萬曆四年三月戊申條，第1102頁，"罷撫順備禦丁做及靉陽守備郎官相"，作"郎官相"。

③ 嘉靖四十二年，萬曆《大明會典》卷一百二十六《兵部九・鎮戍一・將領上》，《續修四庫全書》第791冊，第276頁謂"清河堡，舊系提調，嘉靖四十一年改設"。嘉靖《全遼志》卷三《職官志》，《遼海叢書》第1冊，第588頁謂"清河守備，嘉靖辛酉（四十年）新設"。此外，按《創築孤山新堡記》，劉彥紅《本溪境內明代六大邊堡之一——孤山新堡創築始末》，《遼寧省博物館館刊》2010年00期，王惟屏萬曆元年時已在任，並非首任。

杜鏜①廣寧左衛人。潘鳳翼蓋州人。陳言廣寧左衛人。

林權定遼右衛人。唐朴廣寧中屯人。葛景嶽寧遠人。

王大璋廣寧左衛人。潘壽廣寧人。李承恩瀋陽中衛人。

錦州守備嘉靖二十八年②設，分管錦州城、松山等所、杏山等驛、大茂等堡地方。

楊應奇遼陽人。王朝武東寧人。吳珮開原人。

李尚文遼陽人。張九思廣寧人。陳善蓋州人。

李尚忠寧遠人。田大有遼陽人。陳可行義州人。

趙完廣寧中屯人。劉克孝義州人。王政嚴廣寧中屯人。

張大武遼陽人。張良臣寧遠人。何宗禹義州人。

呂儒定遼前衛人。徐國輔義州人。熊朝相鐵嶺人。

金州守備嘉靖三十年改設，分管金、復二城，大塲、羊官、黃骨島等城堡、驛地方。

閆懋官③遼陽人。員道蓋州人。王濬遼陽人。

劉登遼陽人。劉印廣寧人。劉承恩遼陽人。

曹世德定州人。孟杰京都人。吳自武開原人。

鍾氣完遼陽人。林權遼陽人。楊爕前屯人。

李尚元遼陽人。張良臣寧遠人。蘇承勛遼陽人。

何文紹遼陽人。姚大節廣寧人。李汝謙鐵嶺人。

王盛宗廣寧人。

開原備禦設立無考④，分管開原、慶雲等城堡地方。

趙國忠錦州人。李景良遼陽人。李鉞遼陽人。

薛良弼廣寧人。武勳遼陽人。李振武廣寧人。

倪寶廣寧人。賈冕廣寧人。姚鉞廣寧人。

---

① ［校］杜鏜，原作"杜堂"，據前文分守錦義參將"杜鏜"注釋改。

② 嘉靖二十八年，《明世宗實錄》卷三百四十五嘉靖二十八年二月壬寅條，第6329頁，改遼東錦州備禦爲守備，轄左、中屯二衛幷大興等堡；嘉靖《全遼志》卷三《職官志》，《遼海叢書》第1冊，第588頁則謂"錦州守備，舊設備禦，嘉靖丁未（二十六年）改守備"，時間不一。

③ ［校］閆懋官，或作"閻懋官"，見前文鹽陽守備下注釋。

④ 開原備禦設置時間，據馮永謙《東北亞研究——東北考古研究（一）》所收《明鎮國將軍崔公（世武）墓志銘》，中州古籍出版社1994年，第454～455頁有"（正德）十五年……調開原備禦，改中固備禦"的記載，開原備禦設置的時間不晚於正德十五年。據此，下文中固備禦、撫順備禦皆缺載崔世武。

鄒孟臣遼陽人。高第遼陽人。王承祖遼陽人。
姚天與廣寧人。蘇國賦鐵嶺人。高良弼廣寧人。

中固備禦弘治年間設，分管中固、柴河等城堡地方。
林茂。周益昌錦州人。王言。
薛良弼廣寧人。許棠。徐枝。
黑春廣寧人。秦繼先。徐國輔義州人。
戴朝弁遼陽人。何宗禹義州人。王政言廣寧中屯人。
華本實遼陽人。楊謙寧遠人。楊四德定遼人。

鐵嶺備禦洪武年間設，分管鐵嶺、撫安等城堡地方。
郭都廣寧人。王孝武錦州人。王世勳廣寧人。
王有臣遼陽人。吳自武遼陽人。戴朝弁遼陽人。
何宗禹義州人。裴承祖開原人。賈汝翼前屯人。
郭衛民廣寧人。黃都右屯衛人。蔣位廣寧右屯衛人。

汎河備禦嘉靖八年設，分管汎河、白家衝等城堡地方。
王朝用遼陽人。邊瀚遼陽人。唐鎮京都人。
李相京都人。葉璽前屯人。康鉞遼陽人。
李廣京都人。姜洗鐵嶺人。雍爵錦州人。
羅九臯開原人。倪宗堯遼陽人。曹世德京都人。
蘇珍金吾衛人。李成梁鐵嶺人。何卿遼陽人。
郎得功廣寧人。孫可登蓋州人。李蕚鐵嶺人。
王永祐廣寧人。馮文弼左屯人。

懿路備禦正統年設，分管懿路、丁字泊等城堡地方。
王鉞遼海人。王綱遼陽人。郭銳廣寧人。
惠綺廣寧人。郭繼宗遼陽人。柯璽遼陽人。
史崇德義州人。胡承恩遼陽人。閻繼宗遼陽人。
李景良遼陽人。朱俸廣寧人。袁鎧[①]金吾衛人。

[①] 袁鎧，嘉靖《全遼志》卷三《職官志》，《遼海叢書》第 1 冊，第 589 頁載"袁鎧，京衛人，勇敢有力，身披重鎧追虜，對敵，死於陣。虜恨，解其尸"。不知是否一人，待考。

劉漢遼陽人。劉拱極東寧人。楊應奇遼陽人。
佟賢安樂州人。徐世臣廣寧人。陳夔義州人。
王允中遼陽人。張九思廣寧人。張元禎見參將。
王朴東寧人。李思忠東寧人。郭鈞陝西人。
楊五典東寧人。宋承恩海州人。福百順金州人。
張承武義州人。劉允恭廣寧人。丁傲盖州人。
孔東儒開原人。常春廣寧右衛人。

蒲河備禦設年無考，分管蒲河城、十方寺①等堡地方。
史俊開原人。佟珮遼陽人。李質廣寧人。
郭振廣寧人。瞿宗仁義州人。徐維忠廣寧人。
劉承武廣寧人。郭夢徵廣寧人。佟承祖遼陽人。
張志遜錦州人。蔣國泰義州人。

平虜備禦原設瀋陽中衛，嘉靖四十四年移駐平虜堡，分管瀋陽、平虜等城堡地方。
張國卿保定人。李景良遼陽人。蔣承勳義州人。
郭都廣寧人。殷尚質天津人。徐九齡海州人。
王思孔遼陽人。高雲衢遼陽人。李備瀋陽人。
郭承恩瀋陽人。張世武義州人。李惟一遼陽人。
安慜廣寧人。王國瑞寧遠人。孫一本定遼中衛人。
塗廣鐵嶺衛人。

撫順備禦嘉靖年設，分管撫順所、東州等城堡地方。
袁林廣寧人。徐隆廣寧人。瓢守清遼陽人。
栗卿錦州人。寧子周遼陽人。劉坦義州人。
齊可廣寧人。賈汝翼前屯人。裴承祖開原人。
丁傲盖州人。陳一鶚。

海州備禦宣德年設，分管海州、牛莊、東勝等驛、城、堡地方。
寧榮海州人。韓承慶遼陽人。線鎮寧遠人。

---

① ［校］十方寺，原作"城十方寺"，本書卷二《形勝考·遼鎮形勝·乘障》有"十方寺堡"，此處"城"字應是衍文，改。

陳克明義州人。魯鐸廣寧人。葉廷璽前屯人。
顧忠海州人。王印遼陽人。綫世禄寧遠人。
唐柱義州人。王重禄海州人。閔國廣寧人。
高擢遼陽人。高延齡遼陽人。王應兆廣寧人。
韓懋功遼陽人。陳夔義州人。錢忠義州人。
潘鳳翼盖州人。黑雲龍廣寧人。劉經山東人。
劉恩瀋陽人。楊然前屯人。孔思魯海州人。
孫一本定遼中衛人。陳朝陞寧遠衛人。

長安備禦嘉靖四十一年①設，分管長安、長定等堡地方。
林權遼陽人。田施普盖州人。劉澐寧遠人。
王承德遼陽人。唐朴錦州人。高雲衢遼陽人。
馬衛都義州人。

長勇備禦嘉靖四十一年②設，分管長勇、長靜等堡地方。
趙應昌遼陽人。楊維藩前屯人。劉坦義州人。
申明開原人。徐永昌遼陽人。戴冠遼陽人。
范芝瀋陽人。陳大魁義州人。王守道廣寧人。

江沿臺備禦嘉靖四十四年③設，分管江沿臺等堡地方。
李惟一遼陽人。張承武錦州人。朱良臣義州人。
羅四聰廣寧人④。周之望錦州人。劉胤昌鐵嶺人。

---

① 嘉靖四十一年，嘉靖《全遼志》卷三《職官志》，《遼海叢書》第1冊，第589頁同，"嘉靖壬戌（四十一年）新設"。萬曆《大明會典》卷一百二十六《兵部九·鎮戍一·將領上》，《續修四庫全書》第791冊，第277頁則謂嘉靖三十九年新設，"舊爲提調，嘉靖三十九年以地當虜衝，提調權輕，改設"。
② 嘉靖四十一年，嘉靖《全遼志》同，萬曆《大明會典》謂在三十九年。参上條。
③ ［校］四十四年，原作"四十一年"。原因有二：其一，萬曆《大明會典》卷一百二十六《兵部九·鎮戍一·將領上》，《續修四庫全書》第791冊，第277頁作"嘉靖四十四年"。其二，《明世宗實錄》卷五百五十三嘉靖四十四年十二月癸酉條，第8900~8911頁載巡按遼東御史李輔條上經畧險山三事，其一便是添設江沿臺備禦一員。嘉靖《全遼志》卷三《職官志》，《遼海叢書》第1冊，第589頁則記"嘉靖己丑，巡按御史李輔題建"，按前引實錄及《蘭臺法鑒錄》卷十七《嘉靖朝》，第451頁載，李輔嘉靖四十三年由中書舍人選浙江道御史，巡按遼東，可知《全遼志》所載"己丑"當是"乙丑"，即嘉靖四十四年。
④ ［校］羅四聰廣寧人，底本不清，據民國間抄本補。

西平備禦嘉靖三十九年①設，分管西平、西興等堡地方。

鍾氣完遼陽人。苟麒廣寧人。高守仁遼陽人。

楊燮前屯人。楊然。裴承勳寧遠人。

廣寧備禦嘉靖六年②設，分管廣寧城、閭陽等驛地方。

夏俊海州人。裴欽開原人。林宏遼陽人。

焦貴廣寧人。王遠定遼左衛人。胡忠遼陽人。

白欽義州人。馬標③右屯衛人。李恕廣寧人。

王琮遼陽人。馬深義州衛人。李雄遼陽人。

張瓚廣寧人。金輔遼陽人。孫堂遼陽人。

殷玘廣寧人。周鉞遼陽人。魯祥廣寧人。

陳克明義州人。張普廣寧人。孫鎮遼陽人。

李溱廣寧人。勾勇廣寧人。管昇錦州人。

魯道瀋陽人。李景良遼陽人。高大恩遼陽人。

陳標遼陽人。張雲廣寧人。韓承恩遼陽人。

高擢遼陽人。楊宗廣寧人。王延鶴京都人。

陳燦永平府人。張繩武撫寧人。李鉞定遼左衛人。

姜璽鐵嶺人。李廣羽林前衛人。王寵定遼前衛人。

張桓羽林前衛人。李春芳陝西綏德衛人。李澍盖州衛人。

馬次乾定遼人。王永祐廣寧右衛人。李蕚鐵嶺衛人。

陳言廣寧衛人。王惟屏定遼左衛人。楊大烈定遠人。

義州備禦設年無考④，分管義州城并大青等堡、牽馬嶺驛等城、堡地方。

劉溥寧遠人。董鎧廣寧人。曹勳遼陽人。

梁臣廣寧中屯人。線鎮寧遠人。郭經直隸豐潤人。

張震寧遠人。李漢復州人。徐瓚山海人。

---

① 嘉靖三十九年，萬曆《大明會典》記載同。嘉靖《全遼志》卷三《職官志》，《遼海叢書》第1冊，第589頁則謂"嘉靖辛酉"，即嘉靖四十年。

② 廣寧備禦設置時間應更早。《明太宗實錄》卷二百四永樂十六年甲子條，第2104頁有"廣寧備禦都指揮僉事宋旺卒"的記載。白欽在弘治七年被任命爲廣寧備禦，《明孝宗實錄》卷八十六弘治七年三月甲辰條，第1603頁，"命遼東義州衛帶俸都指揮使白欽備禦廣寧"。

③ 馬標，或作"馬驃"，見標下左營遊擊"馬驃"辨析。

④ 義州備禦晚至宣德元已出現，《明宣宗實錄》卷十四宣德元年二月己丑條，第388~389頁有"遼東都司義州備禦、都指揮同知李信挾私杖殺義州衛指揮馬迅"的記載。

吳佩開原人。蘇承勳遼陽人。張尚武廣寧右衛人。
張朝遼陽人。何良臣遼陽人。方浩茂山衛人。
傅廷勳廣寧人。孔朝用開原人。羅四聰廣寧右衛人。
朱良臣義州人。王承祖遼陽人。祝應乾海州人。
胡樂瀋陽人。

右屯備禦嘉靖四十四年①設，分管本衛十三山驛等處地方。
祝琦密雲人。徐恩廣寧中屯人。張繩嗣廣寧左衛人。
徐國輔義州人。呂儒定遼人。陳衛國義州人。

寧遠備禦嘉靖年②設，分管寧遠城、椵木衝等堡、中左所、連山驛等城、堡地方。
袁東暘。王沛遼陽人。惠鑑京衛人。
張策錦州人。魯仲仁廣寧人。趙傾葵廣寧人。
劉芳京衛人。孫世勛遼陽人。張景福錦州人。
鄢春。陳言廣寧人。畢朝遼陽人。
栗卿錦州人。張延賞東寧人。陳可定遼左衛人。
李汝謙鐵嶺人。吳疆前屯人。

前屯備禦嘉靖年間設，分管前屯衛、鐵場堡、中前所、東關驛等城堡地方。
張文瀚遼陽人。吳珮開原人。吳哲遼陽人。
田俊京衛人。蘇承勳遼陽人。王相遼陽人。
王佶京衛人。楊照前屯人。佟登遼陽人。
郭承恩瀋陽人。杜鎧廣寧人。蔣祿錦州人。
線補袞寧遠人。柯萬遼陽人。劉豸東寧人。
楊騰廣寧中屯人。郝重光義州後屯人。王大璋。
葛景嶽寧遠人。楊紹勳廣寧人。

大凌河所提調專備大茂一堡。

---

① 嘉靖四十四年，《明世宗實錄》卷五百四十六嘉靖四十四年五月戊午條，第 8820 頁，"復設遼東廣寧右屯衛備禦官"，是復設廣寧備禦的時間。萬曆《大明會典》卷一百二十六《兵部九·鎮戍一·將領上》，《續修四庫全書》第 791 冊，第 277 頁作 "嘉靖三十九年設，爲提調"。
② 寧遠備禦設置時間當更早，《明英宗實錄》卷三百四十三天順六年八月庚辰條，第 6949 頁已有 "命遼東寧遠備禦都指揮僉事韓斌分守義州地方" 的記載。

松山所提調專備大興一堡。

中右所提調防備小團山、仙靈寺二堡。

中後所提調防備三道溝、新興營、錦州營、黑庄窠四堡。

中前所提調防備鐵場、永安二堡。已上提調五員，係本鎮指揮、千、百戶內選用，原不奉欽陞。

定遼中衛領所四，經歷、鎮撫司各一。

指揮四十六員。千戶一十五員。百戶四十員。鎮撫一十一員。經歷一員。

定遼左衛領所二經歷、鎮撫司各一。

指揮四十四員。千戶一十六員。百戶四十五員。鎮撫一十二員。經歷一員。

定遼前衛領所四經歷、鎮撫司各一。

指揮三十一員。千戶一十九員。百戶二十九員。鎮撫七員。經歷一員。

定遼後衛領所四經歷、鎮撫司各一。

指揮三十員。千戶十三員。百戶三十七員。鎮撫七員。經歷一員。

東寧衛領所六經歷、鎮撫司各一。

指揮一百二十員。千戶七十六員。百戶一百八十八員。鎮撫六員。經歷一員。

定遼右衛領中三所，經歷、鎮撫司，儒學各一。

指揮十員。千戶二員。百戶二十四員。鎮撫二員。經歷一員。教授一員。訓導一員。

三萬衛領所八，經歷、鎮撫司，儒學各一。

指揮三十一員。千戶一十三員。百戶三十八員。鎮撫四員。經歷一員。教授一員。訓導一員。

遼海衛領所九經歷、鎮撫司各一。

指揮二十員。千戶十九員。百戶五十五員。鎮撫二員。經歷一員。

鐵嶺衛領所七經歷、鎮撫司，儒學各一。

指揮二十八員。千戶二十六員。百戶六十四員。鎮撫□①員。經歷一員。教授一員。訓導一員。

---

① ［校］□，底本、民國間抄本均空一格。

瀋陽中衛領所七經歷、鎮撫司，儒學各一。

指揮三十二員。千户二十一員。百户五十七員。鎮撫一員。經歷一員。教授一員。訓導一員。

廣寧衛領所五，經歷、鎮撫司，儒學各一。

指揮三十七員。千户二十二員。百户四十五員。鎮撫四員。經歷一員。教授一員。訓導一員。

廣寧左衛領所四，經歷、鎮撫司各一。

指揮三十五員。千户二十員。百户五十一①員。鎮撫五員。經歷一員。

廣寧右衛領所三，經歷、鎮撫司各一。

指揮二十三員。千户十五員。百户三十六員。鎮撫一員。經歷一員。

廣寧中衛領所四，經歷、鎮撫司各一。

指揮二十七員。千户十四員。百户三十一員。鎮撫二員。經歷一員。

義州衛領所四，經歷、鎮撫司，儒學各一。

指揮二十七員。千户十五員。百户六十二員。鎮撫五員。經歷□②員。教授一員。訓導一員。

廣寧後屯衛領所五，經歷、鎮撫司各一。

指揮一十六員。千户一十六員。百户一十六員。鎮撫一員。經歷一員。

廣寧左屯衛領所六，經歷、鎮撫司，儒學各一。

指揮二十三員。千户一十二員。百户二十八員。鎮撫四員。經歷一員。教授、訓導各一員。

廣寧中屯衛領所六，經歷、鎮撫司各一。

指揮一十四員。千户一十七員。百户六十員。鎮撫三員。經歷一員。

---

① ［校］一，底本不清，據民國間抄本補。
② ［校］□，底本、民國間抄本均空一格。

廣寧右屯衛領所五，經歷、鎮撫司各一。
指揮九員。千户一十四員。百户一十八員。鎮撫一員。經歷一員。

廣寧前屯衛領所七，經歷、鎮撫司，儒學各一。
指揮一十九員。千户二十七員。百户五十員。鎮撫三員。經歷一員。教授、訓導各一員。

寧遠衛領所七，經歷、鎮撫司，儒學各一。
指揮二十四員。千户二十五員。百户五十七員。鎮撫七員。經歷一員。教授一員。訓導一員。

金州衛領所五，經歷、鎮撫司，儒學各一。
指揮二十三員。千户一十七員。百户五十三員。鎮撫二員。經歷一員。教授一員。訓導一員。

復州衛領所四，經歷、鎮撫司，儒學各一。
指揮一十九員。千户。百户三十七員。鎮撫二員。經歷一員。教授一員。訓導一員。

盖州衛領所四，經歷、鎮撫司，儒學各一。
指揮二十八員。千户二十二員。百户七十四員。鎮撫四員。經歷一員。教授一員。訓導一員。

海州衛領所五，經歷、鎮撫司，儒學各一。
指揮二十七員。千户二十四員。百户四十員。鎮撫二員。經歷一員。教授一員。訓導一員。

效祖曰："我朝自正統遂罷郡邑，悉列衛所，以都司總之，猶夫置大寧意也。然聞鎮帥多常閭人①，面郊接閈，儼然與部使相頡頏，非便也。然則易地設官，可行於文，而獨不可行於武哉？或又曰：'必用常閭人，乃習地險，諳人情。如今李都護②累建鼎彝之勳，何論其與部使便不便也？'余曰：'必如李都護，則於朝廷便，於部使亦便。'"

四鎮三關誌卷之八，終

---

① 常閭，意爲舊居，故里。常閭人，指當地人。語見《晉書》卷五十一《摯虞傳》，第1422頁，"路遂遒兮情欣欣，奄忽歸兮反常閭"。
② 李都護，指李成梁，參張廷玉《明史》卷二百三十八《李成梁傳》，第6183~6191頁。

四鎮三關誌卷之九

才賢考

四鎮才賢總論

效祖曰："夫天生才賢，將以爲重曠寄也，而國家連屬之治①，尤摠六服②而掩七戎③焉。然官無論崇卑，秩無論文武，要以其往踐之獻，生平究竟何似，乃可得什一於千百爾？矧邊陲之業，設虚尤難，而稔寇殉耻者，肩相摩也，嗟嗟難矣！今取諸事功之大者爲勳勞，其次宜莫如謀勇，而節義又次之，紀始終之變也。作《才賢考》。"

---

① 連屬之治，代指漢族的統治方式。漢族傳統服飾有兩種基本形制，即上衣下裳制和衣裳連屬制。衣裳連屬制，古稱深衣，始創於周代。語見《禮記正義》卷五十八《深衣第三十九》，《十三經注疏》本，第1560頁，鄭玄注："名曰深衣者，謂連衣裳而純之以採也。"
② 六服，周王畿以外的諸侯邦國曰服，其分六等：侯服、甸服、男服、采服、衛服、蠻服。語見鄭玄注、賈公彦疏、趙伯熊整理、王文錦審定《周禮注疏》卷三十七《秋官·大行人》，《十三經注疏》本，北京大學出版社1999年，第1003~1104頁，"邦畿方千里，其外方五百里謂之侯服，歲壹見，其貢祀物。又其外方五百里謂之甸服，二歲壹見，其貢嬪物。又其外方五百里謂之男服，三歲壹見，其貢器物。又其外方五百里謂之采服，四歲壹見，其貢服物。又其外方五百里謂之衛服，五歲壹見，其貢材物。又其外方五百里謂之要服，六歲壹見，其貢貨物"。孔穎達疏："要服，蠻服也者，《職方》云'蠻服'，要、蠻義一也。"
③ 七戎，古代泛稱我國西部的少數民族。語見《爾雅校箋》卷中《釋地第九·野》，第94頁，"九夷、八狄、七戎、六蠻，謂之四海"。

薊鎮才賢

勳勞

中山徐武寧王達鳳陽人，初從太祖舉義旗，平定天下。洪武元年，命爲大將軍，取元都。既收河北諸郡，平深、趙①，出臨清，取德、滄②，至直沽，獲③舟濟師。偏將軍常忠武王遇春、張都督興祖率舟④師并⑤進，步騎遵陸而前。元丞相也速等守海口，望風而⑥潰，遂尅河西務，入通州，元君北遁。八月至元⑦都齊華門，填壕登城，執其監國、宗室并太尉、左丞相等官戮之，封府庫圖籍，立燕山六衛守禦北平，經畧趙伐，入山西，所過擇守要害。謂諸將曰："擴廓帖木兒出太原⑧，道保安，經居庸攻北平，孫都督⑨總六衛，兵足鎮禦。我乘其不備，直傾其巢，彼進不得戰，退無所依，所謂批亢擣虛⑩也，彼夫利必成擒矣！"總兵北征沙漠還師，命鎮燕，經畧邊關，規畫建立居庸內外城池，沿邊輯守，惟密其他。元功炳諸青史，又非所能縷悉，茲其事關本鎮者云。

開平常忠武王遇春懷遠人，初歸太祖，乞前部先鋒自效，所向無不披靡，尅收全功。元年⑪副武寧王定燕，取元都。北伐，經畧居庸沿邊，金柝皆二公之壯猷也。

胡貴遵化衛鎮撫。洪武三十五年遼東兵變，四出爲亂，圍遵化城四十餘日。公方畧周悉，拒守不下，乃去，邑人全活，皆公之功。後歷官都督僉事。

鄆國薛忠武公禄山東膠州人，起行伍，靖難功封陽武侯。永樂十一年，從成祖北伐，與虜戰大松嶺，斬獲功多，上遣鴻臚卿即軍中勞賞，與世券，贈禄五百石。宣德二年，從宣宗巡邊，出會州，敗虜塞下，留鎮薊、永，虜不敢近邊。復掛鎮朔大將軍印，移鎮開平，破虜功，進太保。尋疾作，召還。卒，贈鄆國公，諡忠武。

懷遠伯山襄毅公雲初，以指揮佐都御史王彰繕塞，自居庸至山海修輯周密，胼胝勞績。又從成祖出塞，北伐有功，陞都督僉事。宣德初，又充征蠻將軍，功進都督同知。卒，贈懷遠伯，諡襄毅。

毛勝其先幽薊人。勝以父蔭，本朝宣德中陞都指揮使。正統以來，累平賊寇，歷陞左都督，鎮守邊方，進封南寧伯。卒，賜葬祭。

鄒來學湖廣麻城縣人。正統十四年，以右僉都御史提督薊鎮軍務，巡撫順天、紫荆、倒馬。時

---

① 深、趙，分別指深州、趙州。
② 德、滄，分別指德州、滄州。
③ ［校］獲，底本不清，據民國間抄本補。
④ ［校］舟，底本不清，據民國間抄本補。
⑤ ［校］并，底本不清，據民國間抄本補。
⑥ ［校］口、望、風、而，四字因藏書印遮擋不清，據民國間抄本補。
⑦ ［校］元，底本不清，據民國間抄本補。
⑧ ［校］太原，原作"大原"，據民國間抄本改。
⑨ 孫都督，指孫興祖。
⑩ 批亢擣虛，謂扼其要害而擊其空虛。典出《史記》卷六十五《孫子吳起列傳》，第2163頁。
⑪ ［校］元年，原作"三年"，民國間抄本同。據張廷玉《明史》卷一百二十五《徐達傳》、《常遇春傳》改。

北虜内侵，京師震恐，邊關騷繹。公謹斥堠，嚴烽燧，軍需俱足。屯兵各據要害，虜莫敢犯，民用安堵。繕喜峯、董家、羅文、界嶺、劉家、一片石等關城池，軍民分屯，耕守足食。邊鎮富強，保障之功，一時推重。

李銘山東鄒平縣人，起行間。成化十四年，以都督僉事總兵鎮薊，持身廉謹嚴明，將士喁喁嚮風。嘗短褐輕騎，巡督邊工，崇塞垣，增戰臺，設外險，以限虜馬。率軍民墾荒自賦，農隙令其樵採。用兵多謀，行陣有紀，遇敵不輕動，按機制勝，未嘗有失，一時膺閫外之寄者多推轂之。

馬永永平遷安縣人，世金吾左衛指揮使。公讀《左傳》，習韜鈐，機警，善騎射。正德六年，流賊嘯聚，公勘平有功，陞都指揮同知。時江彬練兵西内，公在部，無何，移疾，彬強之，竟不出，以故彬敗得①無坐，人謂公明哲保身云。十年，守備遵化。明年，虜犯塞，入馬蘭峪，殺參將陳乾，以公代②。又明年，虜犯塞，戰柘③崖，再戰白羊峪，俱捷，中首虜以百計。論功，陞署都督僉事、總兵，守薊，駐三屯營。尋陞署都督同知，揀練士卒老弱，聽其耕市，取庸④給諸健兒，二者各思自效，當時，惟漁陽一鎮稱雄。武廟⑤巡邊，至喜峯口，欲出塞，公扣⑥馬，諫不可。上注視久之，顧内侍曰："此馬永耳！"笑而止。朶顔酋把兒孫結諸虜邀賞不得，輒入塞，公出銳師，迎擊洪山口，敗之，斬獲六十級，論功陞右都督。嘉靖三年，把兒孫入青山口塞，公斬其驍酋，遁去。四年，大同軍亂，殺都御史⑦，朝議安撫。公上疏力言不可，"他日九邊效尤，唐室藩鎮可鑒"。遂命公提兵討賊，俄以流言中止。五年，上疏乞宥諸議大禮獲罪臣工。又言："陸完有平賊功，宜贖罪，錄其子。"上怒，褫總兵任，寄錄留都都督府。十二年，大同軍復亂，殺總兵，久討未平。廷臣薦⑧公，召至，已撫安，命還留都。十四年，遼東軍亂，逐都御史，復召公總遼東兵。十七年，虜入塞，率銳士五千人，擣虜巢，焚其輜重，大⑨捷。十八年，遼軍復亂，捕斬四十餘人始定，陞左都督。尋卒於遼。遼人為之罷市，櫬歸漁陽，漁陽人皆洒泣，兩鎮皆祠祀之。

效祖曰："今之論將者，謂都城多綺紈之習，不能荷戈以向邊，不爲過。然觀馬公永樹勳遼薊，至今人尸祝⑩之，即先後仗鉞者莫敢與爭衡，彼豈非都人士乎？何其迥出品流若是也？余以爲天之生才，不限方隅，不繫世類。京邑翼翼，四方所視，即毋論焉，亦不可謂秦無人⑪。"

李緋河南固始人。由進士，正德間以户部郎中督餉薊鎮。時武廟巡薊，度支浩繁，公悉力經畫，

---

① [校] 得，民國間抄本作"謂"，誤。
② 殺參將……以公代，張廷玉《明史》卷二百十一《馬永傳》，第5575頁謂"參將陳乾被劾，以公代"。
③ 柘，抄本同，張廷玉《明史》卷二百十一《馬永傳》，第5575頁作"柏"。
④ 取庸，抄本同，張廷玉《明史》卷二百十一《馬永傳》，第5575頁作"傭直"。
⑤ 武廟，指明武宗。
⑥ 扣，抄本同，張廷玉《明史》卷二百十一《馬永傳》，第5575頁作"叩"。
⑦ 都御史，指張文錦。據張廷玉《明史》卷二百十一《馬永傳》，第5576頁。
⑧ [校] 薦，底本不清，據民國間抄本補。
⑨ [校] 大，原作"天"，抄本同。據張廷玉《明史》卷二百十一《馬永傳》，第5577頁改。
⑩ 尸祝，有"祭祀"之義。
⑪ 秦無人，典出《春秋左傳正義》卷十九下《文公十三年》，《十三經注疏》本，第627頁，秦大夫繞朝對晉大夫説："子無謂秦無人，吾謀適不用也。"意思是説，不要以為秦國沒有人，只是我的計謀剛好未被采納。

未嘗告乏，民亦無擾。嘗斥其餘俸以資編蓬之士，士多德之。

孟春山西澤州人，任嚴州守，奏績爲天下第一，擢太僕寺少卿。嘉靖元年，陞副都御史，巡撫順天。時礦賊蜂起，軍需告乏，閭巷蕭然。公經畧安撫，未一年，群賊息，再期年，蓄盈十萬，滿賦便民，疆圉完固，轉户部侍郎。行之日，將士揮涕，編氓遮道。

效祖曰：「國初元功之在社稷者，中山武寧王一人耳。他事毋論，即建山海關城，永爲保障之利，至今山海人猶尸祝之。其後文武並建，責諉於多岐，業掩於無事，即有經世之才，亦安所效之？然今以後，稍稍能自致，如城塞詰戎，分屯列戍，爲國家定龕世之盡者，安可謂無人？姑俟論定，余不敢言之也。」

昌鎭才賢

勳勞

中山徐武寧王達見薊鎭。

開平常忠武王遇春見薊鎭。

永順薛武毅伯綏昌平人，襲父爵，累有戰功。永樂中，從上北伐匈奴，奮勇迎敵。戰没，諡武毅。

羅通江西吉水人。永樂十年進士，官御史，有風裁。坐言事，左遷，知交趾①清化州。正統元年，擢户部員外郎，理上谷②餉，陞兵部郎中。三年，命參王尚書驥軍出張掖、酒泉，征阿臺朵兒只怕。十四年，土木之變，邊警日亟，用守居庸關，拜御史大夫。公守關，方畧周悉。十月，也先脱脱不花率三萬衆攻居庸急，公先士卒，犯矢石。獨石參將楊俊欲度關，以護衛言。公按劍讓曰：「關北既失，賴有居庸，無居庸是無都城矣！舍此將安護衛耶？不令有度關而南者，斬！」俊乃留關。西南隅圮，衆危之，公作布帳，虜疑，莫敢窺。又令軍民老幼澆水冰城，數出奇劫虜，虜益疑。越七日，轉寇紫荆。公出鋭師，追獲酋那言帖木兒。又以五千士扼扭羊山狙擊，虜敗至長安嶺，俘馘甚衆，虜遁去。上③嘉其功，召入參贊軍務，掌院事，進宮保，賜詔慰勞曰：「虜賊數攻居庸内外，爾能調度官軍奮勇殺賊，敗賊衆，全關無虞。且見爾運謀制勝，尅盡心力，所致兹持降，敕褒獎，爾尚益懋乃勳，

---

① 交趾，張廷玉《明史》卷一百六十《羅通傳》，第4362頁作"交阯"。
② 上谷，此處指宣府。張廷玉《明史》卷一百六十《羅通傳》，第4362頁有"改户部員外郎，出理宣府軍餉"。
③ 上，指景泰帝。按張廷玉《明史》卷一百六十《羅通傳》，第4363頁記時在景泰元年。

毋或自滿而有怠志。"四年①，陞右都御史②。天順二年③，致仕。弘治十八年，關人疏請立祠。歲時尸祝之。嘉靖元年，御史楊谷請題其祠，賜曰"表忠"。

效祖曰："通，故名臣也。當時肅愍公赤心肩國是，通以細故，竟與不相能。通曰'德勝④之論功若濫'，固爲肅愍公施藥石，獨至山西之命不欲往，顧令肅愍公請代之。其言曰：'當國家多事之秋，非臣子辭勞之日。'彼時通聞之，不知何詞，以爲解二公之得失，章章別矣。"

楊善 大興縣人。永樂初，以守城功歷官鴻臚鳴贊，累陞本寺卿，禮部右侍郎。扈從北征，進陞右都御史。尋使北虜有功，陞左都御史。順天⑤改元，封興濟伯、禮部尚書。善練習朝章，歷官恭勤。卒，加封興濟侯，謚忠敏。

薛貴 昌平人。永樂中，從征有功，累陞都督僉事，進封安順侯。卒，追封濱國公，謚忠壯。

薛斌 昌平人。永樂中，累立戰功，封永順伯。

王竑 湖廣江夏人。正統四年進士，剛毅有經濟才，初官戶科給事中。十四年，土木之變，郕王監國，百官劾王振誤國，讀彈文未竟，錦衣指揮馬順，振黨也，從旁叱言官去。公起捽順首曰："此奸臣，當亟誅！"百官即批順，殺之。冬，虜犯都門，命公監北城軍，當時，獨北城諸將戰勝，虜退。公上言："虜未大挫，去必復來，宜急爲戰守計。"陞僉都御史，命守居庸，練習韜鈐，方畧周悉，臨事以大義感人，無不用命者，北門屹然，一時推重。歷官兵部尚書，謚莊毅。

何喬新 江西廣昌⑥人。景泰甲戌⑦進士，仕至刑部尚書。北虜亂象，三軍到日數至，畿輔震驚，紫荆、居庸尤急。⑧ 公往經畧，裹糧戒壘，聲爲掩撲計，虜聞之，傾巢夜遁去。

張欽 通州人，官御史。正德十二年，巡京西諸關。八月朔，報武廟駕至昌平，欲度關幸宣府，公

---

① 四年，指景泰四年。
② ［校］右都御史，原作"左都御史"，據張廷玉《明史》卷一百六十《羅通傳》，第4364頁；傅維鱗《明書》卷一百二十五《羅通傳》，《四庫全書存目叢書》史部第39册，第673頁；《弇山堂別集》卷五十二《都察院左右都御史表》，第982頁改。
③ 傅維鱗《明書》卷一百二十五《羅通傳》同，萬斯同《明史》卷二百十三《羅通傳》、張廷玉《明史》卷一百六十《羅通傳》作"天順三年"，《弇山堂別集》卷五十二《都察院左右都御史表》則記"天順元年守制"。
④ 德勝，即北京德勝門，此處代指北京保衛戰。
⑤ 抄本亦作"順天"，可理解爲英宗順應天命以改元，年號天順，即"南宮復辟"。封楊善爲興濟伯，"食祿千二百石，俱子孫世襲"。事見《明英宗實錄》卷二百七十四天順元年正月丙午條。
⑥ ［校］廣昌，原作"南城"，據正德《建昌府志》卷十六《人物·明賢》，《天一閣藏明代方志選刊》，上海古籍書店1964年及張廷玉《明史》卷一百八十三《何喬新傳》，第4851頁改。按正德《建昌府志》卷一《沿革》記，明建昌府轄南城、新城、南豐、廣昌四縣。
⑦ 甲戌，景泰五年。
⑧ ［校］畿，底本原無。林俊《見素集》卷十八《墓志銘·明資政大夫刑部尚書贈太子少傅謚文肅椒丘何公神道碑》，《景印文淵閣四庫全書》第1257册，第189頁有"北虜犯邊……又犯邊，殺邊將，畿輔震驚，紫荆、居庸尤急，公往經畧……"一句，可補"畿"字，但"北虜亂象，三軍到日數至"一句難解。

檄外分守都指揮孫璽閉南口門。時内分守中官李嵩①欲趨昌平候駕，公曰："乘輿度關，爾我罪俱無生。如能懇回聖意，死亦幸矣！"少頃，上宣嵩。嵩曰："上有旨，敢弗往！"公復以社稷利害，祖宗法度曉之，嵩乃止。承旨者愬公於上，上怒。或謂上微服至，公恐關鑰屬嵩，是日取以自掌，負敕按剌，閉關秉燭坐門草疏，辭懇甚，疏凡三上。次日，内閣臺省大臣俱至昌平迎駕，武廟遂由東馬房、通州張家灣、南海子遊觀還關，一時謂公朝野倚重。二十八日，公巡白羊、紫荆，武廟於是日駕次羊房，止民舍。二十九日，乘輿度關索公，或權詞對，遂止。公途聞即回，無及，上止關一宿。九月朔，至宣府。次年正月初七日，上回，駕至八達嶺，曰："他昔攔我，今也回來。"雖天語若有憾焉，亦知其忠愛，不較，君仁臣直，曠世一見。後陞太僕寺卿、工部右侍郎。致仕三疏，至今縉紳士大夫傳誦。

葉盛直隸崑山人。第進士，正統、成化間，公授兵科給事中。己巳之變，公率同列劾將臣扈從者失律敗事，請誅夷之，以謝天地，然後選將練兵，以復不共戴天之讐，如此，則大綱以正，大義以明。邊境未寧，大臣有奏留邊將守京師者。公言："今日之事，邊關爲急。往者獨石、馬營不弃，則六師何以陷土木？紫荆、白羊不破，則虜騎何以薄都城？急宜遣固守宣府、居庸爲便。"已而，河南陳州流民扇動，命公往視。公即兼程以進，除貪虐，賑饑寒，民用安輯。

孫璽延慶衛指揮同知，歷陞都指揮僉事，分守居庸關。正德十二年，武廟巡幸宣府。至關，璽閉關，力請回駕，不獲。又叩馬極諍，忠愛剴切，朝野知名。

效祖曰："余觀命服②當關者，其抗疏回天，宜莫如張欽；捍患保民，宜莫如羅通。今二公往矣，而茂庸③款款，令人百世有餘思。古云'人貌榮名，其有既乎'④，二公之謂矣！"

真保鎮才賢

勳勞

張忠洪武中爲大寧都司都指揮使，曉暢兵機，斬牲示士卒，願得受號者以億計，稜威大著。

---

① 李嵩，張廷玉《明史》卷一百八十八《張欽傳》，第4999頁作"劉嵩"。
② 命服，古代官員按其官銜等級所穿着的禮服，《詩經·小雅·采芑》有"服其命服，朱芾斯皇"句，見周振甫《詩經譯注》，中華書局2002年，第266頁。
③ 茂庸，豐功偉績。《文選·褚淵碑文》有"邇無異言，遠無異望，帝嘉茂庸，重申前冊"句，張銑注曰："茂，盛。庸，功也。"參《六臣注文選》卷五十八《哀下·王仲寶·褚淵碑文》，《景印文淵閣四庫全書》第1331册，第514~515頁。
④ 《史記》卷一百二十四《遊俠列傳》，第3189頁，"人貌榮名，豈有既乎！"

趙耀寧晉①人。洪武初以湖廣行省橡進中書省左司②提控③，從大將軍徐達取蘇州，還，授大都督府都事④。及達平山東、河南，克元都，取山西，入關中，耀在幕府綜理，擢湖廣行省參政，改授北平行省參政。諭之曰："聞北口人多來歸附者，汝宜速往，選其驍勇可用者爲兵，月給米贍之。餘處之臨清、東昌之地，毋令失所。"耀因進工部尚書張允所取北平宮室圖進，上覽之，令依元舊皇城以改造王府。

譚廣洪武中保定後衛指揮使，勇畧過人，尋陞都指揮僉事。永樂初，轉大寧都司，嚴整武備，一方寧靜。

孟善洪武中，以都督同知守禦保定府，號令嚴明，軍民畏服。

楊澤定興人，起戎行，有勇畧，以靖難功，累陞山西都指揮僉事。永樂中，從北征有功，陞右軍都督僉事。洪熙初，陞都督同知。

黃子嘉福建莆田人，以明經薦授安城教諭。正統六年，陞束鹿縣知縣。爲人剛明果斷，慷慨有氣節。己巳之變，虜千餘騎薄城下，衆洶洶欲弃城遁去，子嘉毅然率僚佐矢死守之，城賴以全。祀名宦。

薛希璉浙江麗水人。正統十年，以刑部侍郎巡撫保定，懲墨獎廉，諏詢民瘼，乘驛遍歷所治，練士卒，葺城堞，尤招撫逃移，設法賑恤之。是時，官吏奉法，軍民樂業，至今稱頌不衰。

陸矩河間阜城人。正統己巳冬，以僉都御史鎮守真定。時虜寇方退，逃竄未歸，乃盡心招撫復業者，載道舉才，能覈貪暴，官吏畏服。又因倉廩空虛，奏請發臨清倉糧數千石，貯積真定、定州各倉，以備緩急，軍民恃以爲安。後移撫延綏，民多思之。

楊洪陝西漢中人，起鐵馬間，行有機警，數用奇，累樹戰功，氊裘爲之讋慄。尤善於劫營，虜人呼之爲楊王。正統十四年十月，北虜犯紫荊等關。洪帥師禦之，俘獲菡菡，虜得人口以萬計。洪子俊幾被害，露布聞，論功封洪爲昌平侯。

陳金浙江上虞人，初任刑部郎中。正統十四年，北虜寇畿内，金以監察御史鎮守真定，以簡易馭下，選委能幹爲統領，修壁壘，造器械，爲固守之計。有虜酋虎頭者率數千騎寇定州，督指揮陳勝引弓斃之，虜遂北遯，地方賴之。

---

① 寧晉，《明分省人物考》卷七《北直隸真定府·趙耀》，第 659~660 頁同，此爲《四鎮三關誌》趙耀所傳本。《明太祖實錄》卷四十七洪武二年十一月丙申條，第 929 頁作"晉寧"，疑有誤。

② 左、右司，尚書省左丞屬官，始置於隋。宋、遼、金、元、明五朝沿置，見《宋史》卷一百六十一《職官一》，第 3788 頁；《遼史》卷四十七《百官志三》，第 779 頁；《金史》卷五十五《百官一》，第 1217 頁；《元史》卷八十五《百官一》，第 2123 頁。明初左、右司仍爲中書省屬官，其官郎中正五品，員外郎正六品，都事、檢校正七品，照磨、管勾從七品。張廷玉《明史》卷七十二《職官一》，第 1733 頁記洪武十三年中書省廢，該官亦廢。

③ 提控，官吏名，諸衙門設吏員若干，提控爲其中之一，各司人員不等。

④ 都事，官名，明都察院、五軍都督府、留守司、各省都指揮使司、布政司之經歷司下設都事，秩正、從七品，掌出納文移。以都督府下都事言之，大都督府時期，太祖初下集慶後定管制，都事初爲從七品，吳元年更定官制，爲正七品，洪武十三年罷大都督，設中、左、右、前、後五都督府，都事爲從七品。参張廷玉《明史》卷七十六《職官五》，第 1856~1857 頁。

王信陝西南鄭人。正統中襲寬河衛千户，累功陞都督同知。王忠肅公①薦鎮通判，改守倒馬關，首塗修斥堠，虜聞風不敢南牧馬。

陳泰福建邵武人。景泰元年，以僉都御史提督倒馬等關。爲人鯁介執法，官僚悚畏。出入惟一青衫，騶從簡約，聲稱凛然。又經畫關口三十六處，早夜究心，不計其勞，虜知有備，不敢犯。及考察各府衛官吏，去留咸當人心。歷總漕右副都御史。

林鶚浙江黄巖人，任監察御史。景泰二年，巡按真定等府。持身清介，風紀截然，尤以剗剔蠹弊爲急務。時外戚、宦官莊田多占民地，悉奪而還之。歷刑部侍郎，爲時名宦。

張鎣松江華亭人。成化十年，以右副都御史巡撫真定等處，蒞事嚴勵，奏舉郡縣官貪殘者，悉置之法。所在興利除害，豪滑屏迹。尤注意學校，宣明文化，士民歸心。歷官南京兵部尚書。

余瓚京衛人②。成化十四年，擢真定知府，政尚嚴明，洞見吏事，刑政毅然振作。議均徭法，定爲九則，上出庸錢③一兩，中十之四五，下什之一，州縣注諸籍，歲有所用，則稽問取之，民以爲便。吏有夤緣爲奸者輒逮捕，以故無敢撓法。又奏定《馬政條格》，纖悉備具，大約以寬民力，不廢公家爲指。每行州縣，必進諸生於庭，問民間疾苦。或時較藝，獎進人材，士民大感悦，郡中稱治。然性簡亢，不能規規下人，爲人所忌，移知黄州。未至，卒於道。後數年，西北用兵，大司馬馬文升稱其才，可任重托，會計各郡儲粟，惟真定至數萬石，視他郡爲多，復言之朝，特加封爵云。

何喬新事見昌鎮。

叢蘭山東文登人。弘治十七年，以都御史經畧倒馬等關。時烽鼓戒嚴，乃參圖畫策，建上竿嶺、下竿嶺、小蒸餅石、漆林溝、青羊溝各口，正城居者恃以無恐。歷官至尚書，年老乞歸，賜扁曰"優老"。

彭澤陝西蘭州衛人。正德元年來守真定府④。政務寬大，不拘小節，開廣學校，作育人才。公事之餘日，進生徒授《易》道不輟。鄉有奄宦竊政，或當附之，澤即具一棺於堂後曰："吾身豈附人者哉？已準擬附諸棺矣！"卒無患。有將才，所至征討有功，累陞兵部尚書，加太子太保，雖貴顯而清約如寒士。身没之後，家無盈餘，守土者以聞，月給米優其妻孥。

李鴻陝西乾州人。正德六年知深州，適霸上賊起，嘯聚萬衆，縱横河北間，攻劫屠掠無虚日。時城破者不下百餘處，乃修城設備，竭力經畫。每聞賊至，居民輒欲出郊竄伏，鴻從容止之曰："我以死守城爲誰，汝輩反逃耶？"民皆感激流涕，俱以死許。即率衆登城，分僚屬，守四門，躬自提督，往來巡眺，晝夜弗寐，賊知不可尅，輒自引去，一郡生靈賴以全活。七年，經春不雨，乃齋壇處禱，即時大雨，二麥獲。秋以至，興學校，嚴武備，撫流移，化刁惡，卓卓可舉，百姓德之。

李延齡新城人。正德間知博野縣，流賊劫掠州縣，所至殘破。延齡修城堞，繕甲兵，積蒭茭，爲守禦計。賊衆奄至城下，悉力拒之，不能攻，陴倪⑤獲完。

---

① 王忠肅公，指王翱。參張廷玉《明史》卷一百七十七《王翱傳》，第4699~4702頁。
② 據萬斯同《明史》卷二百十一《余瓚傳》，第4册，第622頁，余瓚爲武功中衛人。
③ 庸錢，民國間抄本同，萬斯同《明史》卷二百十一《余瓚傳》，第4册，第622頁作"庸銀"。
④ ［校］府，底本不清，據民國間抄本補。
⑤ ［校］倪，底本不清，據民國間抄本補。陴倪，城上女墻之意。

戚景通登州衛指揮，其先定遠人。嘉靖初，視大寧都司事，居官有廉隅，內子以銅飾簪珥，獨加意成均，以振起菁莪爲殉業。都司學用是發科軔，文武並茂，由景通也。御史中丞汪道昆著《孝廉將軍傳》，稱景通嘗舉孝廉，又遇異人，授以六甲遊都之術。其後，平青州賊、薊賊，所向皆無敵。

效祖曰："真保自設鎮以來，文武先登，車轂亦濟濟矣。然求其綽有建樹，足以載旂常而銘鼎彝者，何寥寥乎？即于肅愍之經署，亦自司馬部①遙制之，非至金城圖方署也。而楊恪愍②結纓行部，勳業亦不究於封疆，言之令人短氣。"

遼鎮才賢

勳勞

葉旺陸安州③人，幼孤，從祖母適姓金氏，名金旺。元末起兵淮甸④，眾推爲長鎗金元帥。龍鳳⑤間，復本姓。洪武元年，授都指揮同知，移鎮青州。辛亥⑥，平章劉益等奉表歸款，以旺同馬雲署龍虎將軍都指揮，鎮守遼東。旺與雲由登、萊渡海，屯兵金州，招降元參政葉廷秀，攻走平章高家奴，完城繕兵，置衛建學，邊具悉舉。癸丑⑦，納哈出⑧犯遼陽，旺與雲領兵擊破之，追，納哈出奔開原。乙卯⑨冬，納哈出由長廣渡水，直趨金州。旺以雲留守，自率兵八千趨蓋州，納哈出還熊岳⑩。旺令千戶徐便青石山伐木爲寨，積土爲壘，絕其歸路，海岸至蓋牟城⑪下，密置釘板於沙中，設陷馬穽於平地。以指揮王才領強弩數百，據截青石山，令老弱捲旗伏兩山間，聞砲即豎旗，束草爲人，衣以甲冑，

---

① 司馬部，指兵部。
② 楊恪愍，指楊守謙，字允亨，徐州人。參張廷玉《明史》卷二百四《楊守謙傳》，第5393~5395頁。
③ 嘉靖《遼東志》卷五《官師》，《續修四庫全書》第646冊，第605頁作"六安州"。
④ 淮甸，指淮河流域。
⑤ 龍鳳，元末韓林兒所建宋政權年號。其始末可參錢謙益《國初群雄事畧》卷一《宋小明王》，中華書局1982年，第3~41頁及張廷玉《明史》卷一百二十二《韓林兒傳》，第3681~3685頁。
⑥ 辛亥，洪武四年，即公元1371年。
⑦ 癸丑，洪武六年，即公元1373年。
⑧ [校] 納哈出，原作"納哈"，據嘉靖《遼東志》卷五《官師》，《續修四庫全書》第646冊，第605頁改，下文亦據此改。其傳見《國初群雄事畧》卷十二《海西侯》，第268~282頁及張廷玉《明史》卷一百二十九《馮勝傳》，第3798~3799頁。小傳下文亦作"納哈出"，見"納哈出幾獲而遁去"一句。
⑨ 乙卯，洪武八年，即公元1375年。
⑩ 熊岳，城名，按《讀史方輿紀要》卷三十七《山東八》，第1712頁，"熊岳城，在蓋州衛南六十里。《遼志》：'渤海杉盧郡也。領縣五：曰山陽、杉盧、漢陽、白巖、霜巖。遼改置盧州、玄德軍。'金州廢，以州治熊岳縣，屬蓋州。元廢。志云：縣西志海五十里。傍海有熊岳山，今爲熊岳堡，下有熊岳河"。
⑪ 蓋牟城，按《讀史方輿紀要》卷三十七《山東八》，第1711~1712頁，"蓋牟城，今蓋州衛治。亦名葛牟城。貞觀十八年伐高麗，取蓋牟城，因置蓋州。志云：遼置建安縣爲州治，元省入州。明洪武五年改築今城，周五里有奇"。

設機運動爲疑兵。分部既定，令指揮周鶚等肅兵以俟，遣步將耿成、陳玉夜劫虜營。虜驚，列軍城南。旺率銳卒衝其中堅，礮聲一起，諸山嚮應。指揮吳立亦出兵擊之，斬獲無筭，虜大敗，悉奔青石山。王才據橋，虜不能過，轉馳而西，阻於冰壘，又聞四山鼓譟，進退倉皇。至海岸，復值釘板，人馬僵仆，納哈出幾獲而遁去，復以兵追三百餘里，殲其衆殆盡，是後鼠伏沙漠，不敢爲邊患。太祖加其勞，召陞後軍府都督，仍鎮守遼東。今祀廣寧名宦祠。

周鶚鳳陽懷遠人，元安豐萬戶。丁酉①歸附，從軍征江淮、兩浙、湖湘、山東、河南、雍、冀、川、隴，以戰功歷陞西安都衛②都指揮③。征沙漠④，守綏德。馬雲、葉旺素聞其勇，致之幕下，凡有攻伐，任之。洪武丙辰⑤，納哈出犯金州，葉旺以鶚率兵逆戰蓋州城南，寇大敗，追至安不剌堂，凡數十戰，斬首數百級。率諸軍往東寧邀擊，斬九百餘級，生擒渠帥數十。復與指揮徐玉招討東寧安撫司⑥等處，獲頭目人民千九百餘口。葉旺招撫春臺等處，總率諸軍征鴨綠江，獲人口牛馬無數。繼往東寧那丹府嘉州⑦，前後招撫出副使劉顯，頭目人民四千五百五十，金銀牌、銅印、誥文。戊辰⑧，領軍鐵嶺，創立衛站。庚午⑨，征進迤北，率兵前鋒。時成祖親統大兵，特賞馬匹以勞其勤。卒年六十七，諭祭於家。

韋富湖廣黃岡人，辛丑⑩歸附，功陞指揮，洪武乙卯⑪，調金州衛。是冬，納哈出數萬圍金州。時城池未完，虜蟻附欲上。富令城中男女以瓶盛沸惡於城上擲之，虜不敢前。嬰城固守，甲兵擊敗之，

---

① 丁酉，元順帝至正十七年，即公元1357年。
② ［校］西安都衛，原作"西安衛"，抄本同。據嘉靖《遼東志》卷五《官師》，《續修四庫全書》第646冊，第606頁改。西安都衛設於洪武三年十二月，《明太祖實錄》卷五十九洪武三年十二月壬午條，"置河南、西安、太原、武昌四都衛指揮使司"，洪武八年改爲陝西都指揮使司，《明太祖實錄》卷一百一洪武八年十月癸丑條，"以在外各處所設都衛改爲都指揮使司……西安都衛改爲陝西都指揮使司"。其他史料作西安衛者，如康熙《盛京通志》卷二十四《名宦》、康熙《遼陽州志》卷二十一《名宦》。
③ ［校］都指揮，嘉靖《遼東志》卷五《官師》，《續修四庫全書》第646冊，第606頁；康熙《盛京通志》卷二十四《名宦》，康熙二十三年刻本，葉19b及康熙《遼陽州志》卷二十一《名宦》，民國二十三年鉛印本，葉7b作"都指揮僉事"。
④ 嘉靖《遼東志》卷五《官師》，《續修四庫全書》第646冊，第606頁"征沙漠"前有"宣武軍"三字，不解。
⑤ 洪武丙辰，洪武九年，即公元1376年。
⑥ 東寧安撫司，即元東寧路，北元時改爲東寧安撫司。按《元史》卷五十九《地理二》，第1398頁記載，東寧路，本高句麗平壤城，亦曰長安城……元至元六年，李延齡、崔坦、玄元烈等以府州縣鎮六十城來歸。八年改西京爲東寧府，十三年陞東寧路總管府，設東寧路總管府。並參薛磊《元代東北統治研究》，社會科學文獻出版社2012年，第172~185頁。
⑦ ［校］東寧那丹府嘉州，原作"東寧那州丹府嘉州"，抄本同。據嘉靖《遼東志》卷五《官師》，《續修四庫全書》第646冊，第606頁改。按，東寧路轄那丹府，那丹府轄嘉州。《元史》卷五十九《地理二》，第1399頁記，東寧府下有嘉州。另參丛佩远分冊主編《中國東北史·第三卷》，吉林文史出版社2006年，第136~139頁。
⑧ 戊辰，洪武二十一年，即公元1388年。
⑨ 庚午，洪武二十三年，即公元1390年。
⑩ 辛丑，元順帝至正二十一年，即公元1361年。
⑪ 洪武乙卯，洪武八年，即公元1375年。

擒其酋長，乃反。完城繕兵，創衛置屯，宣布恩信，撫綏勞來，有大勳焉。

曹鳳鳳陽臨淮人，附太祖於淮甸，為先鋒，所至有功。一日，太祖逐盜大澤中，履為泥淖所漬。鳳脫己靴以進，徒跣追戰八十餘里，勇氣益倍。薄暮回營，上顧左右，深加稱賞。以功歷陞黃州衛指揮，調廣寧中屯衛，築城池，創衛治，撫恤士卒。歷官都指揮同知。

劉江宿遷人，從軍山海衛。永樂初，由總旗功陞至左都督，鎮守遼東。以金州倭寇竊發，相地形要害，於望海堝築立城墩，以防海寇。計寇將至，火起，急整馬步軍赴堝設伏。翌日，倭船二十餘艘泊海雄島，徑奔堝上。江親督指揮徐剛領兵赴堡，復遣百户姜隆以奇兵伏山下，邀其歸路。約賊回堡，舉砲發伏，馬步俱進，賊大敗，奔入櫻桃園，合兵圍之。自辰至酉，生擒八百五十七名，斬首級四百四十二顆。事聞，璽書襃美，徵至京面宴，賚甚厚，封廣寧伯，給鐵券世襲。自後倭寇遂絕。卒，謚忠武。今祀廣寧名宦祠。

曹義揚州儀真人，燕山左衛指揮。文皇知其賢，詔征沙漠，居前鋒，克著奇績，陞湖廣都指揮僉事。平茶陵梅花洞蠻，陞都督僉事，充①副總兵。鎮守遼東，開拓邊境，屢破逆虜，進左都督，封豐潤伯，食禄一千二百石，給鐵券世襲。今祀廣寧名宦祠。

王翱直隸鹽山縣人，以永樂乙未②進士官翰林庶吉士，歷右僉都御史。正統七年提督遼東軍務，總兵以下有不盡職者，命左右拽斬之，三軍聾慄③，陞副都御史。十二年，出塞，俘斬以數百計。尋陞左都御史。在邊數年，食不兼味，衣無重帛，廣儲蓄，增士馬，邊用饒足，軍士樂戰。提兵開原，以羽書移諭海西諸酋，諸酋悚服。景泰三年，加太子太保，總督兩廣軍務。四年，遷吏部尚書。李文達④嘗曰："皋陶言九德，翱有其五，亂而敬，擾而毅，簡而廉，剛而塞，彊而義。"又曰："王公經畧之大，凡處事則無滲漏。"成化乙酉⑤，加太子太保、尚書。卒，八十四，謚忠肅。今祀廣寧名宦祠。

程信徽州休寧人，正統壬戌⑥進士，授吏科給事中。己巳之變，建議軍國機務，陞遼東左參政。景泰間，陞左僉都御史，巡撫遼東。應召便殿，顧問邊事，命信與內外中臣協和，信頓首。乃造戰車，刱義倉，峙芻粟，稽侵漁，察奸細，號令一新。己卯⑦二月，建州酋董山潛結朝鮮，命信察之，信具以聞，且曰："乘其未發，急遣二使，往問之。"英廟命給事中往朝鮮，錦衣譯者往建州。兩酋俱不服，

---

① ［校］充，原作"統"，抄本同。據《吾學編·異姓諸侯王下》，《北京圖書館古籍珍本叢刊》第12册，第204頁改。
② 永樂乙未，永樂十三年，即公元1415年。
③ ［校］聾慄，害怕之意。聾，底本不清，據民國間抄本補。
④ 李文達，指李賢。賢，字原德，今河南鄧州人。宣德八年進士，歷官吏部驗封司主事、兵部右侍郎、户部右侍郎等。英宗復辟後入值文淵閣，預機務。卒於成化三年，贈太師，謚文達。參張廷玉《明史》卷一百七十六《李賢傳》，第4673~4677頁。
⑤ ［校］成化乙酉，成化元年，即公元1465年，原作"天順甲申"（八年，即公元1464年）。《明憲宗實錄》卷十五成化元年三月乙酉條，第331頁，"敕吏部陞太子少保、吏部尚書王翱為太子太保兼吏部尚書"，據改。按《弇山堂別集》卷四十二《東宮三師表上》亦謂王翱景泰三年加太子太保，天順元年辭。成化元年再以太子少保、吏部尚書加太子太保。
⑥ 正統壬戌，正統七年，即公元1442年。
⑦ 己卯，英宗天順三年，即公元1459年。

乃出僞制示之，各上表謝罪。虜孛來聲言入寇，信率衆行邊，增①守禦，修屯堡。陞南京兵部尚書，致仕。卒，贈太子太保，謚襄毅。祀廣寧名宦祠。

焦禮顯州人，英勇善戰。從靖難，陞都指揮使，備禦寧遠。正統壬戌，以左都督充副總兵，鎮守遼東。景泰甲戌②，大破賊衆於小團山，斬獲甚多，鎧仗弓矢稱是。進爵東寧伯，給券，其文曰："衝當一面，勇敵萬人。"召至京，賜蟒衣金帛，在鎮二十餘年。

范廣寧遠衛指揮僉事，先丹徒人，有膽力，善騎射。正統壬戌，虜入境，擒斬酋首脱里禿，陞指揮同知，累立戰功，加至都督僉事，掌管大營，充副總兵，管神機營。己巳，虜至德勝門，廣帥師對敵，所向披靡，不解甲者四日。京師恃以爲固，及命守紫荊關，追至涿州，斬獲功多，陞都督同知。景泰初，領兵宣府，巡哨，賜玉帶、蟒衣，與于忠愍公相爲終始。

馬文升河南鈞州人，景泰辛未③進士，授監察御史，歷陞兵部侍郎。遼東有警，以公往備之。公悉心運籌，上禦邊十五事，虜患遂息，陞左侍郎。戊戌④，建州女直叛，上命再往。凡三往遼東，皆樹偉績，東人至今感慕。壬戌⑤，轉吏部尚書，進少師兼太子太保⑥。正德改元，引年去，前後二十一疏，璽書褒美，賜宴，給寶鏹⑦。立朝五十餘年，以身殉國，年八十有五。卒，贈特進光禄大夫、左柱國、太師，謚端肅。今祀廣寧名宦祠。

施聚通州人，體貌魁梧，金吾右衛指揮使，充義州參將，訓練士卒，增築屯堡。甲子⑧，兀良哈賊衆犯境，率所部兵從大將⑨出境外，間道遮擊，斬獲甚多，陞都督僉事，充右副總兵，鎮守遼東。正統己巳，英廟北狩，聚聞報，痛哭，即日引道。守臣備牛酒迎勞，聚曰："主上安在？我輩尚可安樂？"遂趨京師，累陞左都督。天順改元，進封懷柔伯，給鐵券。今祀廣寧名宦祠。

滕昭河南汝陽人。成化初，巡撫遼東，經畧要害，申飭將卒，完城廓，繕甲兵，謹烽堠，邊人安之。廣詢民瘼，痛革奸貪，以故夷虜畏威，軍民樂業，前所舉薦者，多以勳名顯。還朝之日，士卒攀留遮道，無不洒泣。今祀廣寧名宦祠。

---

① ［校］增，底本不清，據民國間抄本補。
② 景泰甲戌，景泰五年，即公元 1454 年。
③ 景泰辛未，景泰二年，即公元 1451 年。
④ 戊戌，成化十四年，即公元 1478 年。
⑤ 壬戌，弘治十五年，即公元 1502 年。
⑥ 馬文升進少師事，按《明孝宗實録》卷二百弘治十六年八月戊午條；《國榷》卷四十五及《弇山堂別集》卷四十一《公孤表》均記爲弘治十六年。
⑦ 寶鏹，皇家所賜的錢。沈德符《萬曆野獲編》補遺卷三《刑部·戊戌謗書·閨鑑圖説跋》，中華書局 1959 年，第 876 頁，"或曰：'五十寶鏹，四匹彩幣，十目所視，胡爲而來？'曰：'此賢妃敬賢之禮，却之不恭，是當諒其心矣。'"
⑧ 甲子，正統九年，即公元 1445 年。參《吾學編·異姓諸侯王下·施聚》，《北京圖書館古籍珍本叢刊》第 12 册，第 204 頁。
⑨ 大將，按《明憲宗實録》卷一百十二正統九年正月辛未條，此次征兀良哈之將領，有成國公朱勇、興安伯徐亨、都督馬亮、都督陳懷等人。

干宗彝中成化丙戌①羅倫②榜進士，授戶部主事。建議者謂遼東邊儲爲權貴射利所壞，請增郎中總理，銓曹難其人，舉宗彝當之。奉璽書往，除奸革弊，芻粟充裕，官軍得受實惠。朝廷命將征剿建州夷，五路出兵，宗彝設法飛輓，糧運不乏。功成，受知憲廟，擢都察院右僉都御史，巡撫遼東，贊理軍務。忤當道，左遷四川參議。明年，轉河南參政、右布政使。方入閱月，遷都察院右副都御史，巡撫陝西，轉兵部右侍郎。尋轉左，歷九載，陞都察院右都御史，管院事。出鎮遼東，上有益邊防八事。

　　李善陝西隴州人，成化戊戌③進士，以監察御史按遼。總兵官羅雄武備廢弛，太監韋郎侵漁軍餉，聞善來，遂屛息改輒④。尋論劾都督孫貴罷去，奸豪歛迹。廣寧抵開原⑤濱海而北七百餘里，一片石達鎮北閣相去三百里，所省兵食歲計數百萬。善乃計程量工，未畢，厥志去。後官工部尚書。致仕。卒，贈太子太師，祀廣寧名宦祠。

　　韓斌寧遠衛指揮備禦，戰虜小團山，出義州，入塔兒，陞都指揮，充延綏參將。成化丁亥⑥，改遊擊將軍，同都御史李秉東征，以石偏、清河捷進遼陽副總兵。建東州、馬根單、清河、鹻塲、靉陽、鳳凰、湯站、鎮東、鎮夷、草河十堡拒守，相屬千里，會兵西出義州，抵興中，捷，陞都督同知。己亥⑦，從撫寧侯朱永⑧東征至泊珠江，降虜宋管只八部。衆譖，逮詔獄。明年，虜侵東邊，詔釋復任，仍赴撫順關，召責賊首卜花禿等謝罪去，復定斌爲將。三十年大小百戰，俘斬三千五百有奇，賜蟒服、銀幣。致仕。卒，撫按建功立祠，春秋致祭，賜額襃功。子輔，都督；轍，建昌知府。

　　李承勛湖廣嘉魚人，弘治癸丑⑨進士，以副都御史巡撫遼東。時邊垣圮壞，夷虜猖獗，題請修築自遼陽三岔河北抵開原，延袤千五百餘里，設隘固防，虜莫敢犯。崇文振武，聲績赫然。其奏議十數上，皆切機要。仕至兵部尚書，今祀廣寧名宦祠。

　　彭澤陝西蘭州人，弘治庚戌⑩進士，以右僉都御史巡撫遼東，馭將嚴肅，羽檄一馳，副、參而下率星馳聽命，所向成功。正德六年，劇賊劉三等糾衆十萬餘嘯聚河南，劉三等衆亦數萬流劫山東，廖麻子等又各糾衆互擾川、漢。武宗命總制湖廣、陝西、四川軍務，先後剿平之。及掌院事，逆幸錢寧

---

① 成化丙戌，成化二年，即公元1466年。
② 羅倫，字彝正，吉安永豐人，成化二年進士，歷翰林修撰、福建市舶司副提舉等，著名理學家，弘治十四年卒，年四十八，贈左春坊諭德，諡文毅。參張廷玉《明史》卷一百七十九《羅倫傳》，第4747~4750頁。
③ 成化戊戌，成化十四年，即公元1478年。
④ ［校］"改輒"二字疑衍文，參嘉靖《遼東志》卷五《官師志·名宦》，《續修四庫全書》第646冊，第603頁作"遂屛息"。
⑤ ［校］開原，原作"開元"，據下文"李承勛"條改。
⑥ 成化丁亥，成化三年，即公元1467年。
⑦ 己亥，成化十五年，即公元1479年。
⑧ ［校］朱永，原作"朱勇"，抄本同。據張廷玉《明史》卷一百七十三《朱謙傳附朱永傳》改。朱永，夏邑人，襲父朱謙撫寧伯，成化二年以平荊襄流民功進侯，成化十五年以平建州夷功進爵保國公。弘治九年薨。
⑨ 弘治癸丑，弘治六年，即公元1493年。
⑩ 弘治庚戌，弘治三年，即公元1490年。

中之，罷爲民。嘉靖初，復起兵部尚書，加太子太保。致仕，家居數載，卒。

韓輔斌之子，幼從醫閭賀先生①遊。弘治己酉②，改定遼中衛，備禦撫順、海、盖。庚申③，擢右參將，分守錦、義。虜三入，皆計擊之，大敗。九月，大舉入唐帽山，援至，遇賊，張左右翼餌引入，四面伏發，斬獲無筭。癸亥④，修築清河等十一堡，建屯堡百十座，耕守應援，遠近相附。尋陞署都督僉事，鎮守遼東，築邊垣，起自廣寧，至開原，長亘千里，以功賜蟒服。廣寧舊與夷互市，後以生釁廢。時滿蠻雄諸酋，輔遣譚者⑤招滿蠻至，宣諭犒賞，結以恩信。朵顏酋胯當、福餘酋那孩聞風相率入市，不復擾邊，賜璽書褒獎。卒，賜祭葬。

劉璋湖廣黃岡人，正德丁丑⑥進士。嘉靖丙申⑦，巡撫遼東。軍變之後，地方洶洶，璋以至誠臨之，黜貪暴之官，去勾筭之令，與總兵馬永協恭安輯，卒致叛亂削平，人心底定。今祀廣寧名宦祠。

王正宗固安人，正德丁丑進士，以監察御史按遼。先是，遼陽有鎮撫與經歷朋奸納賄，正宗收之正於法，地方宿蠹釐革無遺。有妖人李真謀爲不軌，惑衆搶山海關，殺主事，正宗捕首惡，得私籍，不視焚之，反側悉安，至今人感誦焉。

孫檜始姓葛，復姓孫，京都人。正德甲戌⑧進士，以監察御史按遼，殺虜酋速長家等衛銜共百級。乃諭劾撫鎮，而原情以釋其衆。內鎮守、分守家人倚勢爲奸，皆按以法，貪官豪右爲之屏迹。嘉靖癸卯⑨，任巡撫，諳邊情，持法如舊。巡按御史胡汝輔貪縱事露，逮其用事，王指揮置之法，遠近懷畏。奏修東北一帶邊墻，公費有經，民勞以悅，至今思之。陞兵部侍郎。

劉暉東寧衛人，善騎射，驍勇著名。正德庚午⑩，充副總兵，分守遼陽。壬申⑪春，領兵山東，同許泰、邨永、李鉉剿劉六等賊。暉追賊至嶧縣，斬首九百餘級，收被虜婦女、幼男、馬騾、盔甲、器械無筭。賜敕褒獎，滕縣民立生祠，陞右都督，鎮守山東。癸酉⑫，江西桃源洞及東鄉賊首王重七等猖獗，命掛平蠻將軍印，前往饒信剿賊。甲戌⑬，加提督江西等處軍務，剿平諸寇，生擒新塗賊首張元二等，進左都督，移鎮宣府。己卯⑭，江西宸濠亂，充總兵官，討之。武宗崩，削都督，回衛。

---

① 醫閭賀先生，指賀欽，其傳見後。
② 弘治己酉，弘治二年，即公元1489年。
③ 庚申，弘治十三年，即公元1500年。
④ 癸亥，弘治十六年，即公元1503年。
⑤ 譚者，抄本同，疑爲"譯者"。
⑥ 正德丁丑，正德十二年，即公元1517年。
⑦ 嘉靖丙申，嘉靖十五年，即公元1536年。
⑧ [校] 甲戌，原作"甲辰"，正德無甲辰年，據《國朝列卿紀》卷一百四十四《光祿寺卿年表》，《四庫全書存目叢書》史部第94冊，第665頁改。
⑨ 嘉靖癸卯，嘉靖二十二年，即公元1543年。
⑩ 正德庚午，正德五年，即公元1510年。
⑪ 壬申，正德七年，即公元1512年。嘉靖《山東通志》卷三十九《災祥》作"六年"，語見《四庫全書存目叢書》史部第188冊，第501頁，"六年，流賊劉六等攻掠山東郡縣，都督劉暉等捕斬之"。
⑫ 癸酉，正德八年，即公元1513年。
⑬ 甲戌，正德九年，即公元1514年。
⑭ 己卯，正德十四年，即公元1519年。

嘉靖初，召復原職，鎮守三屯營，卒於官。暉賦性質樸，敬禮文士，講論兵畧，擁旄秉節十餘年。

張鐸南京留守衛人，嘉靖辛丑①進士，以翰林庶吉士授監察御史按遼。銳意經畧，規度要害，於遼陽東邊建江沿臺、險山、孤山、一堵墻、散羊峪五堡，開原建彭家堡、李屯堡。又積粟幾六萬斛貯遼陽預備倉以備兵荒。後十年，遼陽果遭大水瘟疫，人至相食，虜患頻仍，賴此賑濟，其思患預防之功大矣。祀廣寧名宦祠。

魯鈗揚州江都人，嘉靖己丑②進士，以監察御史按遼。乙未③春，巡撫都御史呂經④大興財利，筭及隨馬田畝，至遼陽軍士擁門呼譟。鈗聞，自金州亟回，命官布法示衆，諭以禍福，經乃得去。至廣寧軍又變，撫順軍亦因劫其備禦，鈗各出檄撫安，陰圖方畧。七月甲子晨，鈗召諸生行射禮，官僚畢集，鈗出片紙，分授吏卒。少時，縛八人至。其明日，撫順擒七人，廣寧是日亦擒十二人。不假兵革，三城元惡就擒，地方以寧。奏聞得旨："魯鈗設策弭變，忠藎可嘉，陞大理寺右丞。"遼人建生祠於遼陽城西，即以"忠藎"扁其坊。今祀廣寧名宦祠。

楊最四川射洪人，進士，陞苑馬寺卿。嘉靖乙未，遼陽兵變，最厲言勅法，身衝其險，呂巡撫⑤得免其禍，修建南衛城，晉太僕寺卿。以諫方士，廷杖，罷。今祀廣寧名宦祠。

張鏊江西南昌縣人，進士，先浙江提學副使，陞遼東苑馬寺卿，修復馬政，查清弊端，奏開綫城田數千頃，建永寧學，給諸生經籍，及著舉業文規，全遼諸生趨會於遼陽書院卒業，各有成就。居官清愼，陞遼東參政，分俸金百兩買耕牛，除虛稅，以蘇民困，遼人士感惠。至南京兵部尚書。

黃雲陝西咸寧人。嘉靖乙未進士，以僉事整飭金州邊備，改開原兵備。開原舊無兵備，設自雲始。時開原邊務久弛，守將貪縱，雲緝其用事者⑥不少貸，貪風始息。雲又以虜賊馳突，由邊墻頃圮，堡⑦少兵寡，乃建議撫按題請築邊墻二百餘里，又⑧於開原添設永寧堡，鐵嶺添設鎮西、彭家灣二堡⑨，汎河添設白家衝堡，各募軍五百名，爲戰守計，邊防完固，虜不敢犯者十年。陞山西按察副使。

王撫民直隸真定人，嘉靖辛丑⑩進士，爲人端恪廉平。總理糧儲，不襲故智，禁革冒支尅減。凡官軍見操之數，檢故牒，鎮城准總兵印信，諸路取將領手本，按季推月度支，一時營伍衛所憚其稽察，故犯者盡法，繩之不少貸。乃後兵荒相繼，行伍空虛，以故牒爲乖格，豪胥巨猾因緣爲奸，弊端日滋，

---

① 嘉靖辛丑，嘉靖二十年，即公元1541年。
② 嘉靖己丑，嘉靖八年，即公元1529年。
③ 乙未，嘉靖十四年，即公元1535年。
④ 呂經，字道夫，陝西寧州人。正德三年進士，授禮科給事中。九年乾清宮災，經上疏論義子、番僧、邊帥之害。累遷吏科都給事中。復極論馬昂女弟入宮事，又劾方面最貪暴者四人。群小咸惡，謫爲蒲州同知。世宗時，累官右副都御史，巡撫遼東。嘉靖十四年三月以苛虐激起遼東兵變，謫戍茂州。隆慶初，復官，卒，年六十九。其傳見張廷玉《明史》卷二百三《潘塤傳附呂經傳》，第5368~5369頁。
⑤ 呂巡撫，指呂經。
⑥ ［校］者，底本原無，據民國間抄本補。
⑦ ［校］頃圮堡，底本原無，據民國間抄本補。
⑧ ［校］餘里又，底本原無，據民國間抄本補。
⑨ ［校］灣二堡，底本原無，據民國間抄本補。
⑩ 嘉靖辛丑，嘉靖二十年，即公元1541年。

地方思其賢。

趙國忠錦州人，由開原備禦，中嘉靖己丑①會武第，轉靉陽守備。邵餒金，公市利，邊夷讋服。陞都督僉事，鎮守遼東，駐兵靉陽，追斬賊首七十餘級②，進都督同知。修開原邊垣，擒李撒赤哈③賊首。戊申④，提督京營，鎮守宣府，出居庸，倉卒遇賊，戰，傷左臂，猛氣愈盛。賊後至者識爲遼東趙太師，解去。至鎮，釐宿弊，倡勇敢，罷擺邊之役以息軍費，嚴夷人互市，使不得與鎮民爭，補築一鎮邊垣。庚戌，虜犯畿輔，援至榆林，斬獲功多，再命鎮守遼東。虜大舉入犯前屯，追斬七十餘級。修築沿邊臺，圉民皆賴之。去任，卒。翰林檢討孫世芳爲國忠撰墓碑，論其爲將，歷京鎮近三十年，有威嚴，以所存貲產遺異母弟。今祀錦州鄉賢祠。

張寧浙江海鹽人，景泰甲戌⑤進士，仕禮科給事中。時朝鮮國讋殺毛憐衛郎卜兒哈父子，朝廷將往問罪，而難其人，忽內降⑥差公與都指揮武忠偕往。既行，得遼東奏，兩夷讋殺，敕諭急差追留，取便進止。時次遼東，公拜敕，言：“君仁臣忠，敢自便乎？”即語鎮守等官，調官軍肅陣直前。既至，導揚威德，陳譬禍福，君臣感悅，相視震愕，仰若山斗，益重朝廷。有人識者，謂：“公此行，不減重兵十萬橫行鴨綠。”知言也。

楊瑄江西豊城人，景泰甲戌進士。天順初，英廟復辟，公時爲御史，印馬⑦圻內，民群訴太監吉祥、忠國公石亨奪其田若干頃。公具以聞，併言其怙寵擅權之罪。詔稱公敢言稱職，命吏部記之，蓋將以大任也。既而還京，彗孛⑧連見，祥、亨二凶日益張，公與十三道御史謀劾之。有私泄於亨者，亨乃與祥合謀上譖。暨彈章入，上震怒，召諸御史詣文華殿，俾誦彈章，而歷詰之。公與某道御史周斌且誦且對，歷陳二凶罪狀明甚。上意先入譖，莫能回悉，下錦衣獄，逼公誣引大臣，刑甚慘酷，數瀕死，卒無一語他及。有司文致坐公死，而十三道長皆坐戍，餘多貶。奏上。會京城大風雹，拔木壞屋，走正陽門下馬牌於郊外，於是獄皆從減，公就戍遼東之鐵嶺道，遇赦還。或謂公：“宜詣二凶，謝庶免後禍。”公不可，復謫⑨戍廣西之南丹。居五歲，二凶相繼以逆誅，公被特旨還里居。憲廟嗣位，以言官奏，復公舊官，尋陞浙江按察使副使。

---

① ［校］己丑，嘉靖八年，即公元 1529 年，原作“乙丑”，抄本同。張廷玉《明史》卷二百十一《趙國忠傳》，第 5584 頁，“嘉靖八年，舉武會試”，據改。
② ［校］七十餘級，本書卷十《夷部考》；萬斯同《明史》卷二百九十九《趙國忠傳》，第 6 册，第 275 頁及張廷玉《明史》卷二百十一《趙國忠傳》，第 5584 頁皆作“百七十餘級”。
③ 李撒赤哈，即建州右衛。
④ 戊申，嘉靖二十七年，即公元 1548 年。
⑤ 景泰甲戌，景泰五年，即公元 1454 年。
⑥ 內降，指不按常規經中書省或內閣等機構議定，而由宮內直接發出詔令。參張廷玉《明史》卷二百二十四《陸光祖傳》，第 5892 頁，“時行謝政，特旨用趙志皋、張位，時行所密薦也。光祖言，輔臣當廷推，不當內降。帝命不爲後例”。
⑦ 印馬，指給馬烙上印記，屬於十三道監察御史職責。每年被差派的御史稱作印馬御史。參張廷玉《明史》卷七十三《職官二》，第 1768 頁。
⑧ 彗孛，彗星和孛星，古人視此爲不祥之兆。
⑨ ［校］謫，原作“摘”，疑誤，據文意改。

賀欽遼東廣寧後屯衛人，成化丙戌①准十。正德己巳②，瑾③括民田，東人疑亂義州，以守臣貪懦，遂先發聚衆縱劫，城中大擾，然相戒曰："毋入東街驚賀大人。"人以告，遂請先生往撫再三。遂從敏幹子弟十餘人往，彼拜跪言，衆稍戢。俄而相率至東街巷口，羅跪再請，先生曰："爾等燒屋劫財，皆可抵償，惟殺人不可赦。明後日，鎮城有體勘人來，爾輩須拜跪求生耳，慎無殺人。"已而，撫鎮人果至，須臾，又報發軍來剿，衆復呼譟相聚曰："賀大人不曾說謊，我輩再往問之。"先生曰："城中被爾等擾亂至此，鎮城焉得不發兵？兵雖至，爾等第不殺人，當有原宥。"衆復退，數日，竟如其言，城中不傷一人。效祖曰："賀先生修正君子也，素行孚於閭里，即聚群不逞者，猶爲先生斂輯不忍犯，以是知忠信可行於蠻貊，非謾語也。嗟嗟！彼大夫士居鄉豪奪，爲人所側目者，設有先生之值，其卒如之何？"

　　馬永見薊鎮，今亦祀廣寧名宦祠。

　　劉通薊州人。嘉靖丙午④，爲遼東掌印都司，見遼陽迤東臨邊一帶南北相去八百餘里，其間止設六堡，兵馬三千，一有警報，應援不及，遂請巡按御史張鐸疏建七堡，散羊峪、一堵墻、孤山、險山、江沿臺等堡，聲勢聯絡，便宜戰守。其財用資糧，七堡工役悉出，通曲處周旋，不經帑需，墩臺森列，可謂不拔之謀，邊人多賴之。

　　效祖曰："遼僻在海隅，北鄰㺚㺚⑤，東接梟鑢，故我朝受事宣勞之臣，獨袞然於諸鎮，而望海堝之捷，劉江揭旗鼓焉。其次，馬永之定叛漂鹵於未萌，其皆社稷之功乎！"

薊鎮才賢

謀勇

　　陳景先東勝右衛指揮使，公忠勇剛正，練達老成。永樂初，守備山海關，會中官謀逆，公多方銷沮，歷陞都督僉事、總兵、鎮守，留心邊務，以關遠勢孤，各建營駐操，增墩臺，用戒不虞。在鎮八年，邊關無警。

　　宗勝京師人，正統初爲中路參將。十四年，陞都督僉事總兵，守薊鎮。時虜大寇，人心恐甚。公獨與巡撫鄒公⑥協力經畫，保障北門，關堡塞垣，修戢完固，邊人至今稱之。

　　王榮直隸潁州人，貌奇偉，有膂力，練習韜鈐，將佐中一時稱名。成化初，總兵鎮薊，虜犯塞，

---

① 成化丙戌，成化二年，即公元 1466 年。
② 正德己巳，正德四年，即公元 1509 年。
③ 瑾，指劉瑾。
④ 嘉靖丙午，嘉靖二十五年，即公元 1546 年。
⑤ 㺚㺚，指我國古代北方地區住氈帳衣㺚衣、以畜牧業爲主的民族。
⑥ 鄒公，指鄒來學，字時敏，湖廣麻城人，宣德八年進士。歷户部主事、户部員外郎、薊鎮巡撫等。其傳參《明分省人物考九》卷七十八《湖廣黄州府·鄒來學》，第 233~236 頁。

數獲奇功。用心邊圉，多方修葺要害，增設外險悉力①。虜屢入不勝，由是不敢近塞。公在鎮十四年，邊關無警，將士懷之。

阮興京師人，弘治十三年，以都督僉事總兵鎮薊，驍勇善戰，每遇敵以身先士卒。在鎮四年，虜嘗退遁。卒於官，薊人愛戴。

温和河間衛指揮。正德二年，以都督僉事總兵守薊。公性剛方，立身持重，自處澹泊，士俱饒足。謹烽火，廣間謀，以故常得虜情，先事防禦，虜不得逞。時逆瑾擅威福，公苞苴不行，瑾中之，矯命召還。及見公，退而嘆曰："温總兵，真儒將也。"卒未加害，改都督府僉書。

周益昌廣寧右屯衛指揮，嘉靖乙未②陞備禦都司，習吏事，陞錦義右參將。北虜數萬侵犯，益昌率所部迎敵，自午至暮，虜漸加兵，益昌度虜夜必襲營，乃設空壘，張旗幟，移軍他處以就援。虜果夜至，知其有備而去。辛亥③，轉墻子嶺參將，陞古北口協守副總兵，以功陞都督僉事，充副總兵，鎮守薊州。九月，北虜寇古北口土墻，邊嚴兵拒守，匹馬不能入，加都督同知，蔭一子副千戶。乙卯④，虜又擁衆入犯寬佃峪，斬獲賊首，得夷馬、器械無算，進榮禄大夫，蔭一子副千戶。丙辰⑤，卒，詔賜祭葬，立祠，贈右都督。

李文忠直隸盱眙人。洪武己酉⑥春，上以文忠爲偏將軍，副開平王常遇春征迤北，由遵化度鹿兒嶺，敗江文清於錦川⑦。次全寧，元將也速逆戰，一鼓敗之，追至瀑河，斬其宗王慶生。遂進攻大興，度其必走，乃命兵千餘伏其歸路。虜果夜遁遇伏，大破之，斬其將鼎住，進克上都。三年春正月，授征虜左副將軍總兵伐北。二月，師出野狐嶺，降其守將，進師察罕腦兒，擒其平章祝真⑧。夏五月，克應昌，獲元孫買的里八喇⑨及后妃、宮女、金寶玉册以歸。元太子僅脱身走，追之不及而還。過大興，擒元將江唐國公，進攻紅羅山，其擁兵自固者皆請降。冬十月，朝廷論功行賞，加左都督府左都督、曹國公，賜鐵券，卒年四十六歲，追封岐陽王，諡武靖，配享廟庭。

祝雄遼東前屯衛人。嘉靖二十二年，總兵鎮薊，善養士卒，人樂爲用。虜入塞，親率子男爲士卒倡，子少却，立斬以殉，虜每望公旗幟即遁去。在鎮三年，虜馬不敢南牧，邊關倚賴，朝廷知名，世

---

① 民國間抄本同，"悉力"二字疑衍文。
② 嘉靖乙未，嘉靖十四年，即公元1535年。
③ 辛亥，嘉靖三十年，即公元1551年。
④ 乙卯，嘉靖三十四年，即公元1555年。
⑤ 丙辰，嘉靖三十五年，即公元1556年。
⑥ 洪武己酉，洪武二年，即公元1369年。
⑦ [校] 敗江文清於錦川，江文清亦或汪文清，錦川亦或錦州，史載不一。張廷玉《明史》卷一百二十五《常遇春傳》，第3740頁，"敗敵將江文清於錦州"一句校勘記謂"江文清，原作'汪文清'，據本書卷一百二十六《李文忠傳》、《太祖實録》卷五十六洪武三年九月戊申條、卷一百六十洪武十七年三月戊戌條改"。萬斯同《明史》卷一百六十《常遇春傳》，第4册，第228頁則謂"敗敵將汪文清於錦川"。
⑧ [校] 祝真，王鴻緒《明史稿》傳一二《李文忠傳》同；張廷玉《明史》卷一百二十六《李文忠傳》原作"竹真"，改爲"竹貞"。第3766頁"擒平章竹貞"校勘記謂"據本書卷二《太祖紀》、卷三二七《韃靼傳》、《太祖實録》卷四九洪武三年二月戊子條、《國榷》卷四頁四〇九改"。
⑨ 買的里八喇，張廷玉《明史》卷一百二十六《李文忠傳》，第3744頁作"買的立八剌"。

廟嘗書其名於御屏。公性廉靜，自奉泊如，奉客亦無兼味，每行邊，則布袍氊帽，不異行伍。卒於官，私囊僅足爲歛。薊人德之，立祠歲祀。

效祖曰："古稱扛鼎揭旗之士監督方部①者，其幸而值泰階②平，得以優遊卒歲，何可比數？顧以尺蹳不至，隆炎老膺，庸秖之秩，徒令人默没焉耳？誰爲之抗華旂哉？"

昌鎮才賢

謀勇無

效祖曰："昌平故不置衛所，其自有諸陵，皆以京衛次第改易，所司者，巡護、灑掃事耳。以故官多疲駑之冑，即不儂戈以向敵，其謀勇安從著哉？今以往盡，驅之部伍，間稍稍當有卓躒者出矣，部使者更提挈而獎借之，豈有待文王而弗興者乎？"

真保鎮才賢

謀勇

平安未詳其世家，或云回紇人。洪武末，帥守定州，才力過人，謀勇兼備。初遣時，喻之曰："定武，朕之北門，朕知爾才，特以授爾，爾宜勉之。"安承命至定，拓城池，繕器械，練將士，以身許國，隱然有北門鎖鑰之勢。及靖難兵起，安督兵禦之白溝河，大戰凡數十陣，北兵弗能下。

田禮清苑田蒿人，蔭父欽保定中衛指揮僉事，歷官都督府右都督。禮幼有大志，既長，以名節自期，謀猷審固，御下有恩，帥闑推其練達老成，諳曉兵政。同靖遠伯王驥討雲南孟養，生擒其子思機發，破其鬼哭等山寨。討貴州苗賊，身先士卒，平之後，苗賊復發，領兵追至香爐山寨，七戰七捷，渠首獻俘，諸苗請降，撫綏盡道，所至無不德之。

陳讓高陽人，果敢有謀，革除年③，從保定侯孟公④麾下，多所贊畫。永樂癸未⑤，召賜銀幣，

---

① 方部，借指州郡。沈約《齊故安陸昭王碑》謂"軍麾命服之序，監督方部之數，斯固國史之所詳，今可得畧也"。參《六臣注文選》卷五十九《碑文·齊故安陸昭王碑文一首·沈休文》，《景印文淵閣四庫全書》第1331冊，第531頁。
② 泰階，星宿名，此處借指朝廷。劉禹錫《山南西道節度使廳壁記》謂"去年夏四月，今丞相趙郡公征還泰階，遂命左僕射燉煌公往踐其武"。見劉禹錫著、瞿蛻園箋證《劉禹錫集箋證》卷八《記上》，上海古籍出版社1989年，第207頁。
③ 革除年，指建文年間。
④ 保定侯孟公，指孟善。參張廷玉《明史》卷一百四十六《孟善傳》，第4101頁，"孟善，海豐人，仕元，爲山東樞密院同僉。明初歸附，從大軍北征，授定遠衛百户。從平雲南，進燕山中護衛千户。燕師起，攻松亭關，戰白溝河，皆有功。已，守保定。南軍數萬攻城，城中兵才數千，善固守，城完。累遷右軍都督同知，封保定侯，祿千二百石。永樂元年鎮遼東。七年召還北京，鬚眉皓白。帝憫之，命致仕。十年六月卒。贈滕國公，諡忠勇"。
⑤ 永樂癸未，永樂元年，即公元1403年。

授武職，辭不受。選江陰主簿，陞益都縣丞，任滿考績，授階正八品，尋乞休歸。

章珪蘇州常熟人，任監察御史。正統元年，巡按真定等四府，嚴毅有爲，奸貪警懼。時潼關衛有冤獄二十一人，立辯釋之，人服其明。畿甸蝗災，民饑，有司請以虧欠馬匹折追糧米爲賑濟，珪以賑濟正欲爲民，追折糧米，民何以堪？其疏以聞，真定等府皆獲免。

樊忠安州人，有大力，選充護衛將軍。正統十四年，隨駕北征。土木之變，駕被圍急。虜入營，太監王振方與上奕，忠在傍。知事已去，即以所持瓜筆振死，仍護駕突圍，筆死百餘虜，竟死於陣。後安州人設祠以祀之，墓在板橋村。

呂雯安州人，自幼倜儻，舉止每異人，中景泰癸酉①鄉試。迨成化丙戌②，吏部簡國子生有儀觀能文者受御史，雯與選，數直諫有聲。從征遼，紀功擢南京通政參議，遷兵部左侍郎。

田天澤應州人，正德間知定興，流賊攻城，賴天澤善守獲全，擢光祿寺寺丞，陞知州。

金鏡上元人，正德間知蠡縣，蒞政有爲。時流賊猖獗，修城浚壕，民賴以安。

胡守約四川合州人，正德中知蠡縣。時流賊破城，被執不屈，賊亦全之。

王凱蠡縣人，由進士授南陵知縣。慈祥愷悌，務勤儉，興士風，勵民俗。擢御史，巡紫荆等關，號令嚴明，按關陝，吏畏民懷，陞陝西按察副使，後陞山東左參政。

效祖曰："語稱英雄豪傑，其伏也無盡，豈不然哉！夫錐必處囊而後脫穎，劍必出冶而後奮椎。矧士之踔犖，用世者不乘機覯會，其安能自致，而俾榮聞之休暢哉？故不獨巖穴之下有遺逸，即幸而受事者，亦規規尺寸之間耳。惡能盡哉，惡能盡哉！"

遼鎮才賢

謀勇

徐玉德州德平人，元守禦泗州。丙午年③歸附隨征。洪武二年征進迤北，由金吾千戶歷陞永寧、懷遠、定遼左衛指揮。壬子④，守禦遼陽，率官軍出，敵鼓譟而進，生擒酋長麻的而還。從葉旺征老鴉山寨，攻走高家奴。丙辰⑤正月，納哈出⑥犯金、蓋，玉率部邀擊於三角山，追至鴨綠江，擒達官忽林卜花。丁卯⑦，大軍征納哈出，玉爲前鋒，直抵金山，破營寨，俘斬尤衆。進至一禿河，會納哈出降，遂還。總兵嘉其勇，復令帥遊騎往信州邐迤，遇寇力戰，中飛矢卒。

胡忠遼陽人，以指揮備禦廣寧，累官中路參將，分守錦義。邊患稍息，訓士卒，嚴防守，毀淫

---

① 景泰癸酉，景泰四年，即公元1453年。
② 成化丙戌，成化二年，即公元1466年。
③ 丙午年，元順帝至正二十六年，即公元1366年。
④ 壬子，洪武五年，即公元1372年。
⑤ 丙辰，洪武九年，即公元1376年。
⑥ ［校］納哈出，原作"納哈"，據嘉靖《遼東志》卷五《官師》，《續修四庫全書》第646冊，第605頁改，下同。
⑦ 丁卯，洪武二十年，即公元1387年。

祠，浚城隍，修學校，尊師儒，訓誨武官子弟。城北有凌河，民每病涉，忠乃捐金築橋，往來便之。解任，民爲立碑以祠①。

王祥光州固始人，永樂間由燕山衛指揮使總神機營，陞都指揮僉事，調廣寧、開原操備，修築寧遠、蒲河等城。及推掌遼東都司事，陞都指揮同知。甲子②，虜寇西鄙，祥殲其衆於老河。庚午③，寇東都，又戮其酋長於東山，陞都督僉事。卒於家，特命塋葬。

巫凱金陵句容人，功陞遼東都指揮使，秋冬駐廣寧防胡，春夏駐金州備倭。道經古澤，泥淖難行，奏築長廣道，行者便之。宣德間，陞都督僉事，充總兵官，鎮守遼東，大破兀良哈，展拓廣寧城，於遼西湯池奏設寧遠衛，舉將材，立學校，陞都督同知，賜白金彩幣。卒，祀廣寧名宦祠。

王鍇祥之子，定遼後衛指揮，以戰功陞都指揮。天順辛巳④充參將，分守錦、義二城，會兵興中、麥州，斬賊首六十五級，東長嶺大破賊衆，從撫寧侯朱永⑤東征建州，陞都督同知，展築牆塹七十餘里，增置烽堠四十九座，及改演武場，修理學校。後卒，賜祭葬。

李英廣寧中衛指揮，其先盧龍人，累陞都指揮使，征建州，以功陞都督僉事。成化間充右參將，分守錦、義二城，講武恤士。舊有佃戶輸粟帥府者五百人，英悉罷之。虜燕狗子常糾衆深入，英計擒之，邊患以息。在任七年，百度俱舉。疾卒，事聞，遣官諭祭塋葬。今祀廣寧鄉賢祠。

鄒溶盱眙縣人，由燕山左護衛百戶陞錦衣衛指揮同知，調開原備禦，修理邊城，開通河道，展築關廂，創蓋馬市，安插達官，有才譽，官至都指揮同知。

莊鑑定遼右衛指揮，善騎射，有膽力。成化丁亥⑥，選征建州，衝鋒破敵，雖矢石交下而氣益壯，遊敗賊陣，巡撫李秉以奉集堡直抵鎮遠，一路當賊衝要，俾鑑提調殺賊，東鄙頓安。及撫、總兵韓斌開拓遼東邊境，鑑督兵防護。邊既開，賊犯西徼，追襲境外，斬捕首虜，盡奪所掠而還，敘功累陞都指揮同知。歲乙未⑦，補海、蓋備禦。丁酉⑧，建州賊犯東山，鑑奮迅率兵追至舍人寨，大破之。己亥⑨，復征建州，保國公朱永⑩以鑑領前鋒，直擣虜巢，斬獲甚衆，敕陞都督僉事，賞銀牌。

文寧遼陽前衛指揮使，其先揚州江都人，以父廣陣亡，陞二級襲授都指揮同知。成化丁亥，東征建州，陞都指揮使，調守海、蓋地方。己亥，復征建州，陞都督僉事。寧志氣精悍，法令嚴明，曾在

---

① 祠，民國間抄本作"祀"。
② 甲子，正統九年，即公元1444年。
③ 庚午，景泰元年，即公元1450年。
④ ［校］天順辛巳，天順五年，即公元1461年，原作"天順己巳"，抄本同，天順無己巳年。民國《奉天通志》卷二百六十《金石四·石刻三·明上》收天順六年所立《明首山重興文殊廟碑》，其中考證文字有"王鍇……天順辛巳充參將，分守錦、義"，據此改。按《明武宗實錄》卷十正德元年二月丙辰條，王鍇卒於正德元年，卒年八十一。
⑤ ［校］朱永，原作"朱勇"，抄本同。據張廷玉《明史》卷一百七十三《朱謙傳附朱永傳》，第4622頁改。
⑥ 成化丁亥，成化三年，即公元1467年。
⑦ 乙未，成化十一年，即公元1475年。
⑧ 丁酉，成化十三年，即公元1477年。
⑨ 己亥，成化十五年，即公元1479年。
⑩ ［校］保國公朱永，原作"信國公朱勇"。查信國公，明代有徐達、湯和兩枝。朱永爲保國公，見張廷玉《明史》卷一百七十三《朱謙傳附朱永傳》，第4622頁，據改。

陣見一虜山半獨立，呼騎取來，二騎飛取至營，其威令如此。尋卒，上遣都指揮白欽①諭祭塋葬。

周俊鶚之孫，定遼前衛指揮僉事，備禦寧遠，充開原參將，分守西路。成化丁亥，東鴉鶻關斬俘四百餘名級。己丑②，移守開原，復征建州，擒斬多，功陞都指揮使。朵顏賊邀殺海西貢夷，俊勒兵追至土石門，斬首十一級，奪回方物。開拓柴河堡抵蒲河界六十餘里，增烽堠，疏挑河道，改設鎮北、清陽二堡，邊人稱便。尤精太乙，數占驗風角，分守二十餘年。

郭振遼海衛人，弘治壬戌③任寧遠守備，修砌邊垣，夷人服其威名，負石運木助工，後召入朝。東夷入貢，遇振於承天門內，皆羅拜，縉紳驚異。充參將，出備潮河川，賜飛魚衣，轉義州參將，陞遼陽副總兵。時東夷擄堠卒，振出境召其首，詰之，夷畏，乃還原卒，不敢近邊。

韓璽輔之子，中弘治乙丑④會武第，授署指揮僉事，充遊擊將軍。正德戊辰⑤，義州軍亂，總兵欲以兵平之，璽持議不可，遂以身上其事，單騎入撫，卒能已亂，陞遼東副總兵。虜犯海州，追殺甚衆，陞署都督僉事，充遼東鎮守總兵，賜蟒衣。山僧孟法泰⑥以妖法惑人，璽擒杖之，被惑者不究。癸酉⑦，朵顏千餘寇寧遠，璽率兵追，斬甚衆，盡還所掠。賊犯清河、廣寧、開原，每戰皆捷。戊寅⑧陞都督同知。履任十年，屢辭，疾歸，著有《八陣圖法》。卒，賜祭葬。

韓澄高陽人，弘治間以進士授戶部主事，屢督運餉，出納稱平。歷陞山東僉事，分巡遼東。時妖人李真等作亂，澄捕誅無遺類，擢陝西按察副使、湖廣參政。

馬深雲兩世孫，義州衛指揮使。成化間，歷義州、廣寧備禦，屢著斬獲功。陳十六事，皆有經畧可行。弘治乙丑，北虜入寇，兵部尚書劉大夏薦天下可任大將者十人，而深居其首。見孝宗，宴賜優厚，命協贊顯武營。正德改元，告疾家居，鎮巡仍委督修開原邊工，經營有方，且優恤役夫，多免於死。內外交薦十餘疏，充開原右參將。

蕭淳東寧衛指揮僉事。正德六年，征流賊，以滕縣、平度、狼山功陞指揮使。九年，征江西桃源洞，斬賊首七十五級，陞都指揮使，充領兵參將。嘉靖間，分守義州、開原。陞都督，鎮守山西，提督三關⑨。

周益昌見薊鎮。

---

① 白欽，未見有較完整的小傳，按民國《奉天通志》卷一百三《職官九》；民國《遼陽縣志》卷十八《職官志》；《明孝宗實錄》卷一百三弘治八年八月癸丑條等署其部分事迹。白欽爲義州衛人，都指揮同知，成化五年四月坐守備撫順，不能禦虜，降都指揮使。弘治七年三月備禦廣寧。曾於成化十五年增修廣寧左中屯衛儒學。

② 己丑，成化五年，即公元1469年。

③ 弘治壬戌，弘治十五年，即公元1502年。

④ 弘治乙丑，弘治十八年，即公元1505年。

⑤ 正德戊辰，正德三年，即公元1508年。

⑥ [校] 孟法泰，底本二字"□泰"，一字不清，民國間抄本缺此字。嘉靖《全遼志》卷四《人物志·將才·韓璽》，《遼海叢書》第1冊，第627頁謂"時南山僧孟法泰者，以妖法惑人"，據此補。

⑦ 癸酉，正德八年，即公元1513年。

⑧ 戊寅，正德十三年，即公元1518年。

⑨ 三關，指偏頭關、雁門關、倒馬關。

劉國宣府人，嘉靖辛酉①，充瀋陽遊擊，膂力絕人，射冑重甲。壬戌②，代遼陽副總兵事。時虜擁衆人寇至甜水站，搶掠人畜數萬。國聞報，領兵馳赴，追至四顆松，虜分三營而出，各營一健酋迎敵。國發三矢，連中三賊。虜遂大潰，多斬獲功，奪回所搶人畜無筭。

張元禎山東奇山所千户，好談兵，善騎射，身長八尺，勇力過人。先備禦懿路，本城南關居民雖附城廓，猶居曠野，每虜突入，搶掠一盡。元禎乃請築城，營繕有方，軍民永賴，轉瀋陽遊擊。嘉靖丁巳③秋，東虜萬騎由清河堡突入，禎率所部迎敵在三家嶺、磨石谷地方，獨奮勇當先。俘斬五十三顆，得夷馬二十匹，親斬首二顆，奪衣甲、器械二百餘件。總督王忬、巡撫路可由④薦禎勇往直前，冒鋒力戰，分布要害，效死尅敵，官軍咸仗其威，重地通賴保全，陞錦義參將，世授指揮僉事。

效祖曰："古所爲稱中堅者，豈必其有兼人之力而攔然負軀幹哉？要之，以臨事之懼而好謀，以敵愾之心而鼓衆，爲有利於疆場耳。不則當偃武時不能令止，三軍即倉卒臨戎，其何以收？死綏無却之功哉！《詩》云：'赳赳武夫，公侯干城。赳赳武夫，公侯腹心。'則謀勇其人乎！"

薊鎮才賢

節義

效祖曰："靖難時，北平死事者多，雖其闇於珍榮，大較顧爲社稷死亡，咸不失致身之軌。今以邊務爲急，即殞命胡塵者尚有軼遺，故不得並列諸臣，非畧之云。"

張斌合肥人，洪武中以征伐功陞密雲都指揮僉事。尋虜寇邊，公率兵進擊，失利，虜執，大罵不屈，虜怒，令衆虜交射，至死罵不絕口。

魏祥宣府前衛人，任密雲參將，勇敢多智。虜寇石塘嶺，公率兵前進夾河拒敵，交矢中賊過半。將敗，後賊擁至，會流矢中目，援兵不應，遇害。上嘉其忠，褒贈廟祀。

劉經國初從太祖征伐有功，陞北平都司，命守密雲。上賜劍履銅鈴二十四個、牌二十四面，整飭邊備無虞。成祖靖難兵起，下密雲，公守固，竟不得下。後内奸獻門，城陷，公投井。成祖執其家人，索公於井，出之，請以死。上嘉其忠，賜蟒衣玉帶。成祖登極，召公。時公已死，賜祭，錄其子。

---

① 嘉靖辛酉，嘉靖四十年，即公元1561年。
② 壬戌，嘉靖四十一年，即公元1562年。
③ 嘉靖丁巳，嘉靖三十六年，即公元1557年。
④ 路可由，傳見《明分省人物考十》卷九十五《山東兗州府》，第592~593頁，"路可由，字子正，曹縣人，嘉靖辛丑進士，授行人，選江西道監察御史，巡視京、通二倉，計察天下財賦，利弊甚悉。出按江北，風裁峻整，有監司貪婪，結納權貴，前按臺皆爲彌縫，莫敢誰何。可由疏其罪狀劾之，中外悚懼。九載秩滿，歷知保定、安慶二府，皆有惠政。陞山西副使，備兵雁門，晉秩參政。尋陞右副都御史，巡撫遼東。屬歲大侵，蠲免賑濟軍民，全活者甚衆。虜由馬根堡入犯，檄鎮將血戰，斬首二百一十四級。虜由清河堡入寇，飛檄諸將分道防禦，斬首八百二十四級，捷聞，告廟策勳，將有世賞，而爲分宜所沮，罷歸，朝野莫不嘆息。所著有《遼陽奏議》若干卷"。

王瑄燕河營參將。王欽界嶺口提調。成化年，虜犯界嶺口，瑄、欽俱戰没，朝廷褒贈，後建祠祀之。

　　劉欽密雲後衛指揮使①，任古北提調。弘治十三年，虜犯磚垜子關，公率兵追至古城川，左右曰："賊衆，難與争鋒。"公斥曰："臣死，忠分也。"奮勇大戰，力竭乃死。

　　殷寬千户。谷壽千户。牟玆千户。弘治十三年五月，虜犯古北口磚垜子關，殷寬等俱陣亡。

　　陳乾錦衣衛人，指揮使。正德三年守備遵化，十年，任參將。虜寇鮎魚石關，乾率兵出關。左右曰："虜衆我寡，宜堅壁自守。"乾曰："官爲分守邊防之責，豈忍坐視民患。"率兵迎敵，自卯至酉，大戰力竭，死之。事聞，褒贈，録其後。

　　王冕洛陽人，丁丑②進士，初爲萬安令，討逆濠③有功，遷兵部主事。嘉靖三年，命守山海關。至關甫旬日，值遼東兵變，奪關肆掠，群凶露刃，直趨公署，侍吏請避之民舍。公曰："吾避，民將奈何？"遂俀執脅從，公不屈，死之。事聞，贈光禄寺少卿。

　　劉璽密雲後衛百户，膂力過人，尤嫺④弓馬，當時稱爲驍勇。嘉靖五年，巡龍王谷關，虜寇塞突至，轉掠占北營，無與敵者。璽大呼躍馬，衝鋒格鬥，殺賊甚衆，返覆入陣數四，中流矢被體而死。祀於忠義祠。

　　趙傾葵廣寧衛人，指揮僉事，歷任馬蘭峪參將。嘉靖乙卯，北虜入犯，葵率兵追至鮎魚池迎戰，虜衆兵寡，軍潰而殞。事聞，贈都督同知，賜祭葬，謚忠壯，蔭弟傾芹副千户。

　　張繼祖密雲後衛指揮同知，任潮河川舊把總。嘉靖二十九年，虜大寇，自黄榆溝入塞。公挺身逆戰，斬獲甚衆，虜擁重圍，戰没。事聞，贈指揮使。

　　劉志高密雲後衛千户⑤，任古北口千總。嘉靖二十九年，虜内犯，由古北口擁衆突至。志高逆戰，斬獲甚多，力盡遇害。事聞，贈指揮同知。

　　崔宗周遵化衛指揮僉事。嘉靖二十一年任黄崖口提調，虜入犯，兄弟三人衝鋒格鬥，没於陣。事聞，贈指揮使。

　　李湘東勝右衛指揮，驍勇有聲，爲馬蘭谷千總。嘉靖三十四年，虜入犯，湘奮力拒敵，應援不至，戰没。事聞，贈都指揮使。

---

① 按《密雲後衛選簿》指揮使毛訓選簿，《中國明朝檔案總匯》第 67 册，第 64 頁，密雲後衛指揮使載有毛訓。

② 丁丑，指正德丁丑，正德十二年，即公元 1517 年，據嘉慶《洛陽縣志》卷三十《選舉表下》，嘉慶十八年刻本，葉 5b 有考語"案《明史》冕，成化進士，舊志據其家乘改正"，參張廷玉《明史》卷二百九十《王冕傳》，第 7435 頁。

③ 逆濠，指寧王朱宸濠叛亂。

④ [校] 嫺，原作"閑"，據民國《密雲縣志》卷六之一下《政畧下·劉璽》，民國三年鉛印本，葉 1a 改。

⑤ [校] 按《密雲後衛選簿·副千户劉志高選簿》，《中國明朝檔案總匯》第 67 册，第 85 頁，"劉志高，舊選簿查有，嘉靖二十二年二月。劉志高，新泰縣人。係密雲後衛右所，爲事監故副千户劉節嫡長男，伊父原襲前職，嘉靖十三年爲事問擬立功監故，故本舍照例與襲祖職副千户"。未記劉志高爲千户和戰没贈指揮同知之事。

劉棟遵化衛百户。周官忠義衛指揮。褚文明忠義衛千户。三人俱馬蘭谷同李湘戰没，俱贈官有差。

孫世爵東勝衛千户。嘉靖三十四年提調馬蘭谷，虜卒至，躍馬迎敵，大戰，兵盡死之，贈指揮僉事。

徐來儀遵化縣學生員。嘉靖三十八年①北虜犯塞，旁掠內地，來儀奮勇立殺數賊。賊擁至，執之不屈，罵不絕口。賊剖腹裂腸，其妻盧氏抱哭，虜惜其姿，不忍害，逼之，竟不從。虜怒，將其髮繫馬尾，馳數十里，髮脱，投於河，虜復取以支解。事聞，詔旌其夫婦為節義，仍優恤其家。

張應相遵化縣吏，張冲霄應相弟，張德應相義男。嘉靖三十八年，虜大寇入關內掠，八騎突入應相室。應相一矢立殺一虜，餘遁去，復糾衆環攻，德横槊守門，刺死六賊，冲霄、應相負牆狙擊，格殺六十四人。德、冲霄鬥竭，死之。應相守門，令家人潛逸，賊伺擄其妻，應相追殺二十餘賊。時天暮，應相越牆遁去，偶三賊牆下燒肉，應相復格殺二賊，一賊射中其目。忽衆賊擁至，應相不支，為賊支解。事聞，應相、冲霄、德各贈官千户，錄其後如贈官。

李朝舉、李梅俱遵化縣人。嘉靖三十八年虜內掠，攻馬相營堡。梅與朝舉分城拒守，日晡，虜奪門，梅將門半掩。梅持斧，朝舉持鎗，伺虜入，鎗斧交擊，戮死四十餘賊。後堡竟陷，朝舉、梅俱死。事聞，贈官千户，錄其子，世祿。

麻鑑遵化縣麻家庄人。嘉靖三十八年虜內犯，劄營本地，二虜肆掠。鑑開弓立殺一虜，一虜遁去，糾衆。虜至，焚庄，掠其妻孥，鑑奮力持鐵鞭突入營，虜不備，格殺甚衆。身中二百餘矢，猶脱圍，死於道。事聞，贈官千户，錄子世臣如贈官。

竇汝楫遵化縣人，年七十。嘉靖三十八年，虜內犯，大掠畿甸，擄汝楫家人數口，遂奮勇持刀，立劈殺二賊，傷損亦多，被賊衆莫敵，為賊支解。事聞，憐其老而有壯志，贈官千户，錄其後襲世官。

李鉞大安口提調。楊玉沙坡谷管操指揮，嘉靖八年五月，虜寇蔡家谷，戰没。

蔣承勳遼東義州指揮同知，歷任建昌營副總兵。嘉靖甲寅②，北虜自冷口雞鳴山入犯，勳統兵追至河流口，遇賊，戰死於陣。事聞，贈都督同知，謚忠壯，廕一子副千户，賜祭葬，上祀廣寧表忠祠。

吳秉直密雲中衛副千户。隆慶元年，虜內犯燕河營，秉直率兵進敵，轉戰至李家莊，手殺賊二級，力竭死之。事聞，贈指揮同知，錄其子如贈官。

效祖曰："薊之以節義聞者，自庚戌後稍稍能屈指。顧命服之胄，不忘喪其元者③，

---

① 按康熙《遵化縣志》卷十一《人物志·貞烈·盧氏》，康熙間刻本，葉10a，"盧氏，生員徐來儀妻，嘉靖三十六年有寇亂，來儀立斬數寇。後被寇執，氏罵賊不輟，遂遇慘害。事聞，旌其節烈，仍優恤其家"，記此次虜寇在嘉靖三十六年。下文諸死事者皆死於嘉靖三十八年虜入寇。
② 嘉靖甲寅，嘉靖三十三年，即公元1554年。
③ 顧命服之胄，不忘喪其元者，參《孟子注疏》卷六《滕文公章句下》，《十三經注疏》本，第159頁，"志士不忘在溝壑，勇士不忘喪其元"。注曰："勇士，義勇者也。元，首也。以義則喪首不顧也。"

惟臏與傾葵①耳。而偏裨部伍以逗撓貪生者，先後何可勝數。至若倚杖荷鋤之夫，間有奮臂當車、闔門冒白刃者，此其忠義自天性，非計畫無所復之者也。間存其什一，以愧夫兜鍪之有二心者，不可乎？"

昌鎮才賢

節義無

效祖曰："昌鎮非受敵之所，故將士死鼓綏者落落，尟著聞焉。然聞土木之變，虜自紫荊入，嘗焚長、景、獻②三陵矣，彼時即不聞有格③鬥之旅。而封疆城郭豈無一人在事者，乃未聞以頸血灑燔熠，其謂之何？"

真保鎮才賢

節義

陳復初革除年，以禮部侍郎監曹國公李景隆軍大戰於白溝河。景隆恃位自驕，罔諳兵律，敗績。公見勢不可支，從容具朝服，南向百拜曰："臣力竭矣！臣事去矣！請見先帝於上天，訴景隆也！"遂躍馬入於河，死之。

曹鼐寧晉人。初，以鄉舉歷代州學官，泰和典史。宣德癸丑④，擢進士第一，授翰林院修撰，陞侍講，入內閣，典制日侍講讀，累陞吏部左侍郎兼學士。正統己巳隨征，沒於軍中，贈太傅、吏部尚書兼文淵閣大學士，諡文襄，改諡文忠，官其子孫。鼐學瞻行端，內剛外和，識達政體，才智出人，士林重之。

都御史孫祥、太監阮堯民、都指揮韓清正統十四年冬十月，北虜犯邊，由廣昌縣至關西七里升兒石，占據要地。阮堯民、韓清領兵馬出舊城北門至盤石口截殺，孫祥守城。又分布軍士五百人堵截瓦窯安口。賊至，即擁衆馳上南山，軍被殺死殆盡。堯民見賊勢衆，回取救兵，至三里鋪爲賊所殺。清盡力死戰，至晚，身被數十鎗，亦死於陣。達子頭目喜寧至關城下，曰："我今送駕，何不開門？"祥以虜情狡詐，堅壁拒之。至夕，賊縱火，盡焚大木廠，斬關而入，祥被殺死。事寧之日，建祠於拒馬河北，春秋舉祭，曰"三忠祠"云。

段豸錦衣衛人，由給事中出知棗强。時畿內盜起，剽掠州縣。棗强城舊，且屯民不知兵。豸乃預

---

① 臏與傾葵，臏，當爲時薊州總兵孫臏。傾葵，即趙傾葵，據張廷玉《明史》卷十八《世宗本紀二》，第 243 頁，"三十四年春正月丁酉朔，倭陷崇德，攻德清。二月丙戌，工部侍郎趙文華祭海，兼區處防倭。是月，俺答犯薊鎮，參將趙傾葵等戰死"。
② 長陵，明成祖陵；景陵，明宣宗陵；獻陵，明仁宗陵。
③ ［校］格，原作"榕"，據民國間抄本改。
④ 宣德癸丑，宣德八年，即公元 1433 年。

規畫，爲必守計，築城浚池，修葺樓櫓，選丁壯，除戎器，設邏卒以譏察非常。旬日之間，施措甫定，賊三千餘騎自州涉河而至。七月，薄城下，豸親授桴誓衆曰："爾輩駢首就死，孰愈殺賊以報國乎？矧城可恃，以保身家，雖守城死節，不失爲忠。"於是人人自奮，矢石俱下，一日之中，賊兵三進三却，殺賊八百餘人，并首領一人。賊愈怒，攻圍益急，閱三日，城陷。豸身中數矢一鎗，猶嗔目攘臂，連呼曰："殺賊！"及知不可爲，遂赴水死。三日，典膳官姚圯收其尸，置①晉縣西之去思堂。事聞，贈太僕寺卿，蔭其子崇文爲錦衣衛百户，命有司歲時致祭。

逯②杲安平人，由校尉陞錦衣衛百户。天順初，以效忠邊陲，超陞錦衣衛指揮同知，會曹吉祥謀逆，首遇害，詔以其子襲千户。

李涞保定後衛指揮僉事，充浮圖峪守備，禦虜守城有功，陞都指揮僉事，分守居庸關，歷任寧武關鎮守總兵官。嘉靖庚戌，胡虜犯山西，涞與子松追至八角大蟲嶺，賊兵四起，環圍數十重，因失援，父子俱戰死。事聞，贈太子少保，諡忠愍，諭祭立祠，蔭次子桐都指揮使，梓左衛指揮使。

文雄保定左衛指揮僉事，中嘉靖丙辰③科會武第，陞山東領班都指揮僉事。庚申④，胡虜犯薊州，雄督兵截殺，倉卒遇賊，力寡不能支，遂被害。贈都指揮使，蔭子可觀都指揮僉事。

趙桓保定右衛左所百户，素有膂力，善騎射。嘉靖三十二年，胡賊犯浮圖峪，總兵官徐玨命桓督軍決戰，殺傷甚多，援兵不至，爲賊所執，支解其體，撫按上其事，陞三級，子孫襲正千户。

效祖曰："死生之際大矣，故死有重於泰山者，亦有輕於鴻毛者，可以死，可以毋死，顧在人所自處耳。復初而下，屢屢不數人，雖其死事不同，要之皆可以死也，死無憾矣。賈誼曰：'父兄之臣誠死宗廟，法度之臣誠死社稷，輔翼之臣誠死君上，守禦捍敵⑤之臣誠死城郭封疆。'斯皆死之義也。"

遼鎮才賢

節義

文廣揚州江都人，任定邊前衛指揮，陞署都督僉事，備禦寧遠。正統壬戌⑥，朵顏犯邊，廣率官軍追至瓦廟堡，大戰。天暮，廣勒兵窮追，賊伏起，後援不繼，中流矢而亡。諭祭，贈鎮國將軍。

趙忠廣寧右衛指揮，守鎮靜堡。正統己巳，北虜大舉入寇，攻圍鎮靜甚急。忠登城設禦，亦甚整備。歸，語其妻曰："封疆之臣當死封疆，若城破，則吾與城亡，汝母子自裁。"虜攻甚，流言城陷，

---

① ［校］置，底本不清，據民國間抄本補。
② ［校］逯，底本不清，據民國間抄本補。
③ 嘉靖丙辰，嘉靖三十五年，即公元1556年。
④ 庚申，嘉靖三十九年，即公元1560年，民國間抄本、萬曆《保定府志》卷三十六《人物志·忠烈》同。據《保定左衛選簿》六輩文雄、七輩文可觀，《中國明朝檔案總匯》第68冊，第265頁，"文雄，嘉靖四十二年牆子嶺陣亡"，當從選簿。
⑤ 守禦捍敵，《漢書》卷四十八《賈誼傳》，第2257頁作"守圉扞敵"。
⑥ 正統壬戌，正統七年，即公元1442年。

妻女皆縊死。時困圍兩晝夜，賊知堡堅，遁去。守臣上其事，朝廷嘉忠全城之功，陞都指揮同知，賜金二十兩爲妻女塋葬，詔旌表其門，曰"忠節"。

鄧佐定遼前衛指揮使。提督軍務王公翱①喜其善騎射，有膽力，陞署都指揮。成化三年春，隨副總兵②施英按奉集堡。賊二千餘入寇，佐率五百騎爲前鋒，奮勇身先，斬賊十餘級，賊敗去。急追至樹遮里峻山峭壁中③，復殺數賊，鼓戰而前，賊并力麕戰。久之，有一校④策馬西走，衆遂潰，存軍士五十，與佐死戰。佐悉令士卒下馬拒戰，賊進逼，隨卒死傷殆盡。佐知不可爲，乃嘆曰："天乎！吾力竭矣，豈入賊手？"遂引刀自刎。報未至，遼人見佐乘白馬挾弓，鼓吹前導，自東而回，佐家亦聞鼓吹聲入門，老少驚惶，迎之不見。守臣奏其事，立祠旌表，諭祭，都御史吳禎爲撰碑記。至今撫順夷人凡有疫癘禱之，乃應其忠節，顯著如此。

李漢復州衛指揮，中會武第，守備靉陽。虜犯孤山，漢率兵迎敵，虜走，據險力與之戰。久之，援兵不至，漢死。千總指揮金潮守堡，指揮佟息等九員見漢死，不忍逃去，併與血戰，死之。事聞，勘覆，各陞二級，漢蔭一子，立祠。

張文瀚⑤定遼前衛指揮。嘉靖甲辰⑥守備靉陽，十溝兒⑦遇賊，文瀚忠義當鋒，解官軍之圍，麕戰而死。且歷試軍政，備禦前屯，操持如一，撫按上其事，陞二級。

殷尚質天津衛人，以署都督僉事充遼陽鎮守總兵官。嘉靖三十五年，北虜大舉入犯廣寧，質率本鎮兵馬及遊擊閻懋官等至塔兒山，與賊對敵，力盡俱亡。贈少保、左都督，諡忠愍，懋官贈都督同知，蔭子正千戶。

閻懋官定遼左衛人，事績見前。

楊照前屯衛指揮使，都督鎮⑧之孫，備禦前屯，廉明勇敢。小沙河之戰以少禦衆，無所損失，計斬賊首，獲達馬二百餘匹。嘉靖癸丑⑨陞都指揮僉事，充領兵遊擊，防禦瑞昌堡，擒縛賊酋哮囉等五名。轉古北口參將，拒退北虜，任密雲副總兵，陞都督、鎮守，斬賊一千八百六十三級，獲駝馬一千

---

① [校] 王公翱，即王翱。翱，原作"翔"，民國間抄本同。據嘉靖《遼東志》卷六《人物志》，《續修四庫全書》第 646 冊，第 630 頁改。
② [校] 副總兵，原作"總兵"，民國間抄本同。據本書卷八《職官考》及嘉靖《遼東志》卷六《人物志》，《續修四庫全書》第 646 冊，第 630 頁改。
③ [校] 峻山峭壁中，原作"峻山西壁"，民國間抄本同。《柳邊紀畧》卷三引《四鎮三關誌》作"峻山峭壁中"，據改。《柳邊紀畧》卷三記"奉天多鄧將軍廟"，即爲鄧佐所立。
④ [校] 校，底本不清，據民國間抄本補。
⑤ [校] 張文瀚，原作"張文翰"，民國間抄本作"張文輪"。本書卷八《職官考》"前屯備禦"條下作"張文瀚"；卷十《夷部考》載"（嘉靖）二十三年，虜寇十溝兒，靉陽守備張文瀚率兵禦却之"；嘉靖《遼東志》卷五《職官志》，《續修四庫全書》第 646 冊，第 591 頁作"張文瀚"，據改。
⑥ 嘉靖甲辰，嘉靖二十三年，即公元 1544 年。
⑦ [校] 十溝兒，民國間抄本作"一溝兒"，本書卷十《夷部考》載"（嘉靖）二十三年，虜寇十溝兒，靉陽守備張文瀚率兵禦却之"。抄本疑有誤。
⑧ 楊鎮，前屯衛人，由指揮使歷陞都督同知，鎮守遼東，改三屯營。參嘉靖《遼東志》卷六《人物志》，《續修四庫全書》第 646 冊，第 624 頁。
⑨ 嘉靖癸丑，嘉靖三十二年，即公元 1553 年。

七百八十餘匹，投降真夷三十二名。以阿羅材功進都督同知，以事去任，復充前屯遊擊。尋推遼陽副總兵，於圍佃子、江沿臺、長安堡三捷復前職，仍命鎮守遼東。癸亥①八月，由鎮夷堡出境追剿，斬賊二百餘級，遇賊伏起，陣亡。贈少保、左都督，諡忠壯，蔭一子指揮，賜祭葬，立祠。照沉毅有謀，善用人，得其死力，於胄之前後刺"盡忠報國"各四字。每出戰，輒付家人以後事，故所向無敵。虜中咸以"楊太師"呼之。照既亡，雖深山窮谷，婦女老稚無不悲思者。兵部尚書楊博疏，照驍雄宿望，統馭長材，即其數月之間功成三捷，挽詩二章，勒石楬以示九邊諸將。

　　王治道廣寧右屯衛人②，智勇過人，弱冠有吞胡志。嘉靖辛亥③，襲指揮僉事，己未④，擢守三河，能殲巨盜。陞遼東遊擊將軍，遷寧前參將，再移燕河營參將。多戰功，陞遼陽副總兵、都督僉事，鎮守遼東，戰韭菜園、白雲山、黃佃子、黐⑤場、蓮花山等處，並建功。丁卯⑥，以花桑峪捷進都督同知，錫以金幣。庚午⑦，虜乘聞寇錦州，與參將郎得功逐之。虜佯敗至流水堡，治道自率精騎追之，虜伏兵起。治道令將士各死戰，力不支，死之。事聞，贈少保、左都督，諡忠愍，蔭一子都督同知。諭祭，立祠，翰林院編修申時行志其墓，祀表忠祠。

　　綫補袞寧遠衛指揮，陞前屯備禦，捐貲養士三十餘人，誓與破虜。侍郎葛縉薦陞廣寧遊擊。嘉靖癸亥⑧秋，隨總兵楊照搗虜巢於鎮夷境外，照陣亡，補袞劾在逮中。冬，從擊撫順，率家丁斬虜二十級。甲子春，巡撫王之誥⑨論薦其材，擢寧前參將。即任一日，虜入犯沙河。補袞率兵追及黃州臺，斬酋首塔明、王聲惠等數人。虜伏兵四起，補袞退負圯臺與戰，虜四面攻之，衆寡不敵，面中二矢，一鏃貫中，悶絕復蘇，旬日而死。巡按御史李輔題請出格褒恤，詔贈都督僉事，陞三級，世襲，立祠致祭，仍命給銀四十兩爲棺斂之資。

　　王相東寧衛指揮，備禦前屯。嘉靖壬子⑩，北虜入犯新興營堡⑪，相率兵馬僅四百，攻圍數萬，至沙河驛鏖戰二晝夜，援兵不至，矢盡而死。事聞，贈都督同知，蔭一子正千户，賜祭葬，諡忠烈。

　　耿賢定遼前衛人，功陞都指揮僉事，備禦金、復、鐵嶺，掌都司印。尋守備寧遠，隨轉參將，分

---

① 癸亥，嘉靖四十二年，即公元1563年。
② [校]廣寧右屯衛人，民國間抄本同。萬斯同《明史》卷三百《王治道傳》，第6冊，第287頁載"錦州衛人"。
③ 嘉靖辛亥，嘉靖三十年，即公元1551年。
④ 己未，嘉靖三十八年，即公元1559年。
⑤ [校]黐，底本不清，據民國間抄本補。
⑥ [校]丁卯，隆慶元年，即公元1567年，原作"丁亥"，民國間抄本同。據《明穆宗實錄》卷十五隆慶元年十二月乙巳條，第421頁，原作"己巳"，前後日干支爲甲辰和丁未，故此爲乙巳。《國榷》卷六十五即爲隆慶元年十二月乙巳。據萬斯同《明史》卷三百《王治道傳》，第6冊，第287頁，"隆慶元年……進治道都督同知，明年虜犯太康諸堡……"改。
⑦ 庚午，隆慶四年，即公元1570年。
⑧ 嘉靖癸亥，嘉靖四十二年，即公元1563年。
⑨ 王之誥，參張廷玉《明史》卷二百二十《王之誥傳》，第5784~5785頁。
⑩ 嘉靖壬子，嘉靖三十一年，即公元1552年。
⑪ [校]新興營堡，原作"興營堡"，民國間抄本同。萬斯同《明史》卷三百《王相傳》，第6冊，第282頁載"新興堡"。

守開原。善撫士卒，不妄交際。致仕歸時，所屬餽金二千，不受，軍士感泣，護送至家。時巡撫馬中錫①嘆曰："非獨吾輩不如，雖古人亦難。"卒，葬城東杏林山下。今祀遼陽鄉賢祠。

賈冕廣寧武舉指揮，陞中路遊擊。嘉靖己未②冬，北虜犯遼陽，冕領兵策應，遇賊對敵，前後斬賊十③餘人，力乏而亡。贈都督僉事，謚忠壯，廕一子試百户，賜祭葬，立祠。

黑春廣寧衛指揮，其先建州衛人。以戰功歷陞都指揮，充廣寧遊擊，陞寧遠參將，轉遼陽副總兵，斬虜李董剛五百餘級。嘉靖癸亥④五月，賊犯險山，追至媳婦山，與虜遇，援不至，被執，磔其屍。遼人以春能格虜靖邊，戰没，莫不含哀。巡按御史王得春⑤作黑副帥祠以悲其死。贈都督同知，謚忠勇，祭葬，立祠，廕一子正千户，長子雲龍加陞都指揮使。

郎傑廣寧衛達官指揮，遇賊血戰於花兒營，陣亡。子弟郎賓、郎寶、郎得臣、郎得君、郎得忠、郎山、郎秀、郎三漢、郎景、郎恩、郎用、郎松相繼陣亡，各婦俱守夫節。兵部侍郎葛縉視邊，奏聞旌表。

張斌定遼前衛正千户。嘉靖己亥⑥，廣寧兵變，斌奮勇先登擊叛逆。事聞，陞二級，撫按爲立祠，名曰忠毅。

楊維藩前屯衛人，都督楊鎮次子，隨父屢經戰陣，以功歷陞指揮僉事，擢三河守備。改遼東長勇堡備禦，防禦有畧，虜不敢窺邊。嘉靖甲子⑦，擢廣寧鎮武堡遊擊。乙丑五月九日，虜三千餘騎犯鎮武。維藩兵不滿千，盟戰於蓮子湖臺，手刃數賊。虜憤擊，面中三刀，剜其左目，剝其手指，援至，藩已死矣。贈都督僉事，陞世襲三級，立祠致祭，仍命給銀四十兩。

郭都廣寧衛人，指揮使，歷任宣府協守副總兵。嘉靖癸丑⑧，北虜入犯淘沙堡，都力戰而死。事聞，贈左都督，謚忠愍，廕一子指揮僉事，賜祭葬，立祠。

蔣承勳見薊鎮，祀表忠祠。

趙傾葵見薊鎮，祀表忠祠。

韓懋功定遼中衛指揮，任海州備禦。嘉靖三十八年三月，虜寇西平堡，與賊對敵陣亡，祀表忠祠。

張景福廣寧左屯衛指揮，任寧遠備禦。嘉靖三十年間，遇賊犯屬下臺堡地方，福率兵堵截，首先士率。賊續至甚衆，福親血戰，援兵不至，力竭死之，祀表忠祠。

郎得功廣寧衛人，驍勇善騎射，起自行伍，累立軍功，歷陞都指揮僉事，任清河守備，轉鎮武

---

① 馬中錫，參張廷玉《明史》卷一百八十七《馬中錫傳》，第4950~4953頁。
② 嘉靖己未，嘉靖三十八年，即公元1559年。
③ [校] 十，底本不清，據民國間抄本補。
④ 嘉靖癸亥，嘉靖四十二年，即公元1563年。
⑤ 王得春，嘉靖丙辰進士，官至監察御史。請復王陽明伯爵，拔李寧遠於偏裨，寢織造監以靖地方，增制科數以培浙士，疏凡八事，悉係國體。曹真予先生爲志墓碑，祀鄉賢。參乾隆《解州安邑縣志》卷八《人物》，乾隆二十九年刻本，葉10a。
⑥ 嘉靖己亥，嘉靖十八年，即公元1539年。
⑦ 嘉靖甲子，嘉靖四十三年，即公元1564年。
⑧ 嘉靖癸丑，嘉靖三十二年，即公元1553年。

保遊擊，陞錦義參將。每遇虜輒勝，未嘗敗。隆慶四年九月，隨總兵官王治道追賊至流水堡，虜佯北。得功率驍騎急擊，遇伏兵突起，功躍馬大呼，揮刀斫出虜營，忽不見總兵，又揮刀斫入虜營，手刃數賊，力屈死之。事聞，贈都督同知，謚忠壯，蔭一子正千户，祭葬，與治道同祀表忠祠。

　　效祖曰："兵凶器，戰危事，將死官是節義之在，邊庭爲第一義。故主帥能死偏裨，偏裨能死士卒，猶身之使臂，臂之使指。故士卒欲死，則偏裨與俱，偏裨欲死，則主帥與俱，斯制勝之道也。乃今之死者殊不其然，主帥駢首，而偏裨傍睨，偏裨陷陣，而士卒四奔，甚者結隊聯營，不敢出一矢，而嚴殺弃埜者，間得於都鄙荷耎之獨夫，是可令其坋没無聞已乎？嗟乎，其不幸而無聞者亦衆矣！"

四鎮三關誌卷之九，終

四鎮三關誌卷之十

夷部考

四鎮夷部總論

效祖曰："中國之必有夷狄，與夷狄之必不忘窺中國，振古①已如茲矣。乃昔人謂禦戎無上策②，其然豈其然乎？我國家定鼎燕畿，北鄰沙漠。自以大寧界三衛，而封疆之險，與虜共之。馴至於今，冥火薄天③，司馬門④衡石接羽書，而邊事漸不可支矣。故當事者足兵足食，議戰議守，迄無寧歲，然未聞犁庭掃穴，而勒燕然之石者。即不然，或固我障塞，明我烽燧，使胡馬不馳逐中原地，不可乎？然今皆未之能也。則其謂靈修之世，何嗟乎冒頓之勁，不能當漢謀之強；頡利之雄，不能當唐畫之競。顧圖治者，炯戒何如耳？今以北虜諸部落詳其世系，而屬夷附之，再紀其頻年入犯之自，俾司邊者為鏡觀焉，作《夷部考》。"

① 振古，遠古、往昔之意。語見《詩經譯注》卷八《頌·周頌閔予小子之什·載芟》，第521頁，"匪且有且，匪今斯今，振古如茲"。
② 語見《資治通鑑》卷一百九十三，第6067頁，"壬午，靺鞨遣使入貢，上曰：'靺鞨遠來，蓋突厥已服之故也。昔人謂禦戎無上策，朕今治安中國，而四夷自服，豈非上策乎！'"
③ 冥火薄天，指形勢緊急。參《六臣注文選》卷三十四《七發》，《景印文淵閣四庫全書》1330冊，第799頁，"客見太子有悅色也，遂推而進之曰：'冥火薄天，兵車雷運，旌旗偃蹇，羽毛肅紛，馳騁角逐，慕味爭先，徽墨廣博，觀望有圻，純粹全犧，獻之公門。'"
④ 司馬門，指皇宮的外門。《史記》卷七《項羽本紀》，第308頁，"章邯恐，使長史欣請事。至咸陽，留司馬門三日，趙高不見，有不信之心"，裴駰集解云："凡言司馬門者，宮垣之內，兵衛所在，四面皆有司馬，主武事。"

夷部

屬夷 附入貢

兀良哈

其地東接海西，西連開平，北抵北海，南近薊、遼。其先本北狄之東胡，漢初，爲烏桓地，匈奴冒頓滅其國，餘衆保烏桓山。武帝遣霍去病擊破匈奴左地，因徙烏桓於上谷、漁陽、左北平、遼東五郡①塞外，偵察匈奴，自是種類漸強。靈帝初，上谷有難樓，遼西有丘力居，遼東有蘇僕延，右北平有烏延，皆自稱王。建安中，曹操征烏桓，大破，俘獲二十餘萬衆，餘悉徙中國，其種遂微，後復爲奚攄其地。晉、宋號庫莫奚，與契丹俱爲慕容氏所破，共竄於松漠。契丹分背，經數十年，稍滋蔓，遂有其地。部落嘗交市於和龍今永平西四十里，密雲之間。契丹強盛，庫莫奚莫敢與抗。契丹阿保機建國稱帝，舉臣屬之，以其地爲中京大定府。契丹滅，遂屬元，改大寧路，計户四萬六千，計口四十四萬八千②。

元滅。我國初以錦、義、建、利諸州隸遼東，中設北平行都司於會州③，領營、興、會二十餘衛所。洪武十四年，封親藩寧王於其地。二十二年，以降胡衆，詔兀良哈地置三衛於橫水之北，曰朵顏，曰福餘，曰泰寧，以降胡脱魯忽察兒、海撒男奚④、阿札失里爲三衛頭目，世官指揮同知爲藩。永樂元年，以三衛從征有功，遂徙寧王於南昌，移都司於保定，以其地盡畀兀良哈。朵顏衛東自遼前屯，歷喜峯、石塘嶺，近宣府，俱薊鎮地；福餘衛自黃泥窪逾瀋陽、鐵嶺至開原，俱遼東地；泰寧自錦、義渡遼河至白雲山，俱遼東地，皆逐水草，居處無常，俗與韃靼同。

女直

遼東北海西諸夷曰黑水等部，爲女直。世居混同江，東至京師三千五百里，至遼陽

---

① 事見《後漢書》卷九十《烏桓鮮卑列傳》，第2981頁，"徙烏桓於上谷、漁陽、右北平、遼西、遼東五郡"，本書有誤。

② [校]《元史》卷五十九《地理二》，第1397頁有記："户四萬六千六，口四十四萬八千一百九十三。壬子年數。"壬子年數，即仁宗皇慶元年，公元1312年。劉效祖應是對《元史》數字的不完整抄録。

③ [校] 會州，原作"惠州"。按《明太祖實録》卷一百八十五洪武二十年九月癸未條，第2777頁，"置大寧都指揮使司及大寧中、左、右三衛、會州、木榆、新城等衛悉隸之"。雖《明太祖實録》卷四十三洪武二年六月己卯條，第846頁有常遇春、李文忠等人過"惠州"的記載，據北平行都司建置及會州衛地址，惠州當是會州。

④ [校] 海撒男奚，《明太祖實録》卷一百九十六洪武二十二年五月辛卯條，第2947頁作"海撒男答溪"。據此，脱阿札失里爲泰寧衛指揮使，塔賓帖木兒爲指揮同知，海撒男答溪爲福餘衛指揮同知，魯忽察兒爲朵顏指揮同知。

城一千六百里。東瀕海,南鄰朝鮮,西接兀良哈,北至奴兒干。北海古有生、熟女真二種,今《一統志》①止書女直云。按,女直,古肅慎氏地,後漢曰挹婁,元魏曰勿吉,隋、唐曰黑水靺鞨。唐初,渠長阿固郎始來朝,後乃臣服。開元中,以其地爲燕州,置黑水府。其後粟末靺鞨强盛,號曰渤海,黑水皆役屬之。又其後渤海浸弱,爲契丹所攻,黑水復擅其地。阿保機慮其勢强爲患,遷女直豪右數千家於遼陽南,謂之合蘇館。由是,黑水部在南,繫籍於遼,號熟女真,在北千里外居混同江者,曰生女真,即金鼻祖之部落也。後避遼興宗諱改曰女直,臣屬於遼,部族散居山谷。後阿骨打出自生女真,部始强大,易部建國②曰金,滅遼,設都於渤海上京,至海陵,改爲會寧府。元滅金,以其地廣闊,人民散居,設軍民萬户府五,鎮撫北邊,曰桃温、曰胡里改、曰斡朵憐③、曰脱斡憐④、曰孛苦江,分領混同江南北。水達達及女直之人,有合蘭府水達達等路以統攝之。按地域,此或當爲胡里改也。

　　迨入本朝,悉境歸附,自開原迤北,即其所居地建置奴兒干都司一,又置建州等一百八十二衛,又哈三等二十千户所⑤,封其酋長世爲都督、都指揮、指揮、千百户、鎮撫,俾仍舊各統所屬,每年朝貢。

---

① 《一統志》,即《大明一統志》,天順間,吏部尚書兼翰林院學士李賢等奉敕撰,共九十卷。首京師,次南京,然後以十三布政使司分區,詳述各府州建置沿革、郡名、形勝、風俗、山川等,末兩卷附"外夷",並繪有全國總圖和各布政使司分圖。
② [校] 易部建國,原作"易部國",民國間抄本同。據嚴從簡《殊域周咨録》卷二十四《北直》,中華書局1993年,第733頁補。
③ [校] 斡朵憐,原作"幹朵憐",民國間抄本同。據《元史》卷五十九《地理二》,第1400頁改。
④ [校] 脱斡憐,原作"脱幹憐",民國間抄本同。據《元史》卷五十九《地理二》,第1400頁改。
⑤ [校] 奴兒干都司所轄衛所數量史載不一,如陳循等《寰宇通志》卷一百一十六《外夷·女直》,《玄覽堂叢書續編》第79册,民國三十六年五月國立中央圖書館影印。《大明一統志》卷八十九《外夷·女直》記衛184、所20,第1367頁。《大明會典》卷一百二十五《兵部八·城隍二·屬夷·東北屬夷》記衛382、所24,《續修四庫全書》第791册,第263、268頁。楊暘主編《明代奴兒干都司及其衛所研究》,中州書畫社1982年版考證了188衛的名稱、設置時間及地理位置。譚其驤主編《中國歷史地圖集釋文彙編·東北卷》,中央民族學院出版社1988年版認爲奴兒干都司所屬衛所,包括朵顏三衛在内,有衛384、所24、地面7、站7、寨1,並考證了117衛、8千户所的設置時間、地點。

衛

　　建州①、兀者左②、兀者右③、兀者後④、赤不罕、必里、虎兒文、失里綿、奴兒干⑤、古賁河、兀者、搭（塔）魯木⑥、蘇温河⑦、斡灘河、（兀）無者前、屯河⑧、赤（亦）罕河、納憐河⑨、麥蘭河⑩、兀列河⑪、安河⑫、撒喇兒、亦馬剌⑬、脱水

---

① 建州衛（以下注解皆加"衛"），設立於永樂元年十一月，衛治在今黑龍江省東寧縣大城子古城。見《中國歷史地圖集釋文彙編·東北卷》，第 237 頁。
② 兀者左衛，設立於永樂二年二月，衛治在今黑龍江湯旺河中上遊流域。見《中國歷史地圖集釋文彙編·東北卷》，第 240 頁。
③ 兀者右衛，設立於永樂二年十月，衛治在今呼蘭河西北通肯河流域。見《中國歷史地圖集釋文彙編·東北卷》，第 240 頁。
④ 兀者後衛，設立於永樂二年十月，衛治在今小興安嶺以南地區。見《中國歷史地圖集》釋文彙編，見《中國歷史地圖集釋文彙編·東北卷》，第 241 頁。
⑤ 奴兒干衛，設立於永樂二年二月，衛治在今黑龍江下遊與阿姆貢河合流處對岸特林地方。見《中國歷史地圖集釋文彙編·東北卷》，第 241 頁。
⑥ 搭魯木衛，設立於永樂四年二月，衛治在今遼寧省開原縣小清河（葉赫河）至達奇木魯山一帶。見《中國歷史地圖集釋文彙編·東北卷》，第 245 頁。注：括号内"塔"字，係《大明一統志》所記，下文括号内同此。此外《大明一統志》共記有 184 衛，多出罕答河衛和剌魯衛二衛。
⑦ 蘇温河衛，設立於永樂四年二月，衛治在今黑龍江呼裕兒河南支雙陽河流域。見《中國歷史地圖集釋文彙編·東北卷》，第 245 頁。
⑧ 屯河衛，設立於永樂三年八月，衛治在今黑龍江湯旺河流域。見《中國歷史地圖集釋文彙編·東北卷》，第 241 頁。
⑨ 納憐河衛，衛治在今松花江支流拉林河地方。見《中國歷史地圖集釋文彙編·東北卷》，第 251 頁。
⑩ 麥蘭河衛，《寰宇通志》、《大明一統志》等記麥蘭河衛設於永樂四年，今黑龍江穆棱河流域。見《中國歷史地圖集釋文彙編·東北卷》，第 251 頁。
⑪ 兀列河衛，永樂八年十二月置，衛治在今庫頁島東部納比爾河流域。見《中國歷史地圖集釋文彙編·東北卷》，第 266 頁。
⑫ 安河衛，設立於永樂三年八月，衛治在今黑龍江省牡丹江支流五道河子河流域。見《中國歷史地圖集釋文彙編·東北卷》，第 242 頁。
⑬ 亦馬剌衛，設立於永樂四年閏七月，衛治在今黑龍江巴彦縣西集以北野馬山。見《中國歷史地圖集釋文彙編·東北卷》，第 247 頁。

（木）河①、野兒定河、毛憐②、阿速江③、速平江④、馬英山、阿答赤河、堅河、兀也吾⑤、劄竹哈、哈溫河、阿真同真、撒力⑥、撒兒忽⑦、阿古河、木陽河、亦兒古里⑧、右城、可令河、兀的河⑨、哥吉河⑩、本（木）魯罕山⑪、十（卜）顏⑫、好屯河、考即（郎）兀⑬、亦速里、土魯亭山、雙城⑭、隨滿河、撒禿河、忽蘭山、木答里山、兀蘭、甫里河⑮、答剌河、阿里河、喜樂溫河⑯、密陳⑰、亦文（山）河、木蘭河⑱、甫門河、

---

① 脫水河衛，設立於永樂四年八月，衛治在今俄羅斯境內結雅河支流托姆河流域。見《中國歷史地圖集釋文彙編·東北卷》，第249頁。
② 毛憐衛，衛治在今吉林省嘎呀河以東地區。見《中國歷史地圖集釋文彙編·東北卷》，第242頁。
③ 阿速江衛，設立於永樂四年二月，衛治在今黑龍江省牡丹江中下遊寧安縣一帶。見《中國歷史地圖集釋文彙編·東北卷》，第241頁。
④ 速平江衛，設立於永樂四年二月，衛治在今黑龍江東南綏芬河流域。見《中國歷史地圖集釋文彙編·東北卷》，第246頁。
⑤ 兀也吾衛，設立於永樂四年三月，衛治在今吉林省蛟河縣北額依湖舊站。見《中國歷史地圖集釋文彙編·東北卷》，第247頁。
⑥ 撒力衛，設立於永樂三年正月，衛治在今黑龍江省岔林河屯。見《中國歷史地圖集釋文彙編·東北卷》，第241頁。
⑦ 撒兒忽衛，永樂四年十一月置，衛治在今黑龍江下遊撒兒布湖畔薩爾布屯。見《中國歷史地圖集釋文彙編·東北卷》，第251頁。
⑧ 亦兒古里衛，設立於永樂四年八月，衛治在今黑龍江下遊俄羅斯哈巴羅夫斯克耶拉布加地方。見《中國歷史地圖集釋文彙編·東北卷》，第248頁。
⑨ 兀的河衛，設立於永樂五年正月，衛治在今俄羅斯境內烏第河流域。見《中國歷史地圖集釋文彙編·東北卷》，第253頁。
⑩ 哥吉河衛，永樂五年二月置，衛治在今黑龍江口附近科奇河。見《中國歷史地圖集釋文彙編·東北卷》，第254頁。
⑪ 本魯罕山衛，設立於永樂四年十二月，衛治在今黑龍江中遊北岸（俄羅斯境內）穆哩罕山地區。見《中國歷史地圖集釋文彙編·東北卷》，第251頁。
⑫ 十顏衛，設立於永樂四年閏七月，衛治在今黑龍江省木蘭縣白楊木河口。見《中國歷史地圖集釋文彙編·東北卷》，第248頁。
⑬ 考即兀衛，亦即考郎兀衛，永樂五年三月置，衛治在今黑龍江省同江縣東額圖古城。見《中國歷史地圖集釋文彙編·東北卷》，第256頁。
⑭ 雙城衛，設立於永樂四年閏七月，衛治在今俄羅斯濱海邊區烏蘇里斯克城。見《中國歷史地圖集釋文彙編·東北卷》，第247頁。
⑮ 甫里河衛，設立於永樂五年正月，衛治在今黑龍江下遊奇集湖畔的胡伊里河。見《中國歷史地圖集釋文彙編·東北卷》，第252頁。
⑯ 喜樂溫河衛，設立於永樂五年正月。衛治在今俄羅斯濱海邊區顏楚河和綏芬河下遊地區。見《中國歷史地圖集釋文彙編·東北卷》，第252頁。
⑰ 密陳衛，設立於永樂四年十月，衛治在今黑龍江訥河縣東訥謨爾河下遊流域。見《中國歷史地圖集釋文彙編·東北卷》，第250頁。
⑱ 木蘭河衛，設立於永樂五年正月，衛治在今黑龍江省北木蘭縣白楊木河。見《中國歷史地圖集釋文彙編·東北卷》，第253頁。

納剌吉河①、脱倫②、童寬山③、笞罕山、希灘河、亦里察甲、嘉河④、斡蘭河⑤、阿直（真）河、欽真河、卜魯丹河⑥、塔山⑦、阮里河⑧、列門河、禿都河、喜剌烏河、吉河⑨、薛列河、卜魯兀⑩、禮（札）肥河⑪、古魯渾山⑫、付山⑬、木里吉⑭、忽兒海⑮、伏里其、撒只剌河、肥河⑯、禾屯吉⑰、失里木、吉里河、朵兒必河⑱、

---

① 納剌吉河衛，設立於永樂五年二月，衛治在今黑龍江呼蘭河支流納爾吉河流域。見《中國歷史地圖集釋文彙編·東北卷》，第 255 頁。
② 脱倫衛，設立於永樂四年閏七月，衛治在今黑龍江省樺川縣對岸都魯河流域。見《中國歷史地圖集釋文彙編·東北卷》，第 248 頁。
③ 童寬山衛，設立於永樂六年二月，衛治在今吉林省琿春通肯山。見《中國歷史地圖集釋文彙編·東北卷》，第 259 頁。
④ 嘉河衛，設立於永樂四年二月，衛治在今黑龍江省賓縣東枷板河流域。見《中國歷史地圖集釋文彙編·東北卷》，第 244 頁。
⑤ 斡蘭河衛，永樂六年二月置，衛治在今俄羅斯濱海邊區撒馬爾加河流域。見《中國歷史地圖集釋文彙編·東北卷》，第 258 頁。
⑥ 卜魯丹河衛，永樂五年三月置，衛治在今黑龍江中遊左側俄羅斯境內的波羅穆丹河。見《中國歷史地圖集釋文彙編·東北卷》，第 255 頁。
⑦ 塔山衛，設立於永樂四年二月，衛治在今黑龍江省呼蘭河流域的木彥、巴蘭、肇東、呼蘭等地。見《中國歷史地圖集釋文彙編·東北卷》，第 243 頁。
⑧ 阮里河衛，永樂六年正月置，衛治在今黑龍江嫩江支流雅魯河流域。見《中國歷史地圖集釋文彙編·東北卷》，第 256 頁。
⑨ 吉河衛，設立於永樂四年三月，衛治在今吉林省東豐縣覺河流域。見《中國歷史地圖集釋文彙編·東北卷》，第 246 頁。
⑩ 卜魯兀衛，永樂十年八月置，衛治在今黑龍江下遊右岸博戈羅茨科耶附近。見《中國歷史地圖集釋文彙編·東北卷》，第 267 頁。
⑪ 禮肥河衛，亦即札肥河衛，永樂七年三月置，衛治在今黑龍江省同江縣。見《中國歷史地圖集釋文彙編·東北卷》，第 261 頁。
⑫ 古魯渾山衛，永樂五年二月置，衛治在今波謝特灣、圖們江北烏爾琿山。見《中國歷史地圖集釋文彙編·東北卷》，第 255 頁。
⑬ 付山衛，亦即福山衛，設立於永樂四年八月，衛治在今黑龍江下遊右岸普爾薩西北的斐林屯。見《中國歷史地圖集釋文彙編·東北卷》，第 249 頁。
⑭ 木里吉衛，永樂七年三月置，衛治在今黑龍江省嫩江流域的墨爾根江流域。見《中國歷史地圖集釋文彙編·東北卷》，第 262 頁。
⑮ 忽兒海衛，永樂七年三月置，衛治在今黑龍江省依蘭縣舊城。見《中國歷史地圖集釋文彙編·東北卷》，第 262 頁。
⑯ 肥河衛，設立於永樂四年九月，衛治在今黑龍江省哈爾濱以東蜚克圖河左右。見《中國歷史地圖集釋文彙編·東北卷》，第 249 頁。
⑰ 禾屯吉衛，永樂七年九月置，衛治在今吉林省松花江上遊赫通額河流域。見《中國歷史地圖集釋文彙編·東北卷》，第 264 頁。
⑱ 朵兒必河衛，永樂五年正月置，衛治在今黑龍江下遊左側阿姆貢河支流嘎勒必河流域。見《中國歷史地圖集釋文彙編·東北卷》，第 254 頁。

剳童、木興河①、木剌河、使方（坊）河②、兀魯罕河、木興、亦麻河③、兀應河、法因河④、者帖（列山）死河、友帖⑤、葛稱哥、督罕河⑥、建州左⑦、兀里奚河、牙魯⑧、囊哈兒⑨、哈兒蠻⑩、也孫倫、弗朵禿河⑪、益實⑫、弗思木⑬、斡朵倫⑭、哈兒分⑮、阿者迷河⑯、乞忽、和十（卜）羅、老哈河、乞塔河⑰、木忽剌河、實山、渚冬河⑱、忽

---

① 木興河衛，設立於永樂六年三月，衛治在今黑龍江省螞蟻河流域。見《中國歷史地圖集釋文彙編·東北卷》，第259頁。
② 使方河衛，永樂八年置，衛治在今黑龍江省綏芬河支流舒范河流域。見《中國歷史地圖集釋文彙編·東北卷》，第265頁。
③ 亦麻河衛，永樂八年二月置，衛治在今烏蘇里江東伊曼河流域。見《中國歷史地圖集釋文彙編·東北卷》，第265頁。
④ 法因河衛，永樂八年二月置，衛治在今黑龍江省牡丹江支流費雅河流域。見《中國歷史地圖集釋文彙編·東北卷》，第266頁。
⑤ 友帖衛，永樂六年三月置，衛治在今黑龍江下遊右岸由忒河口。見《中國歷史地圖集釋文彙編·東北卷》，第260頁。
⑥ 督罕河衛，永樂九年二月置，衛治在今俄羅斯顎霍茨克海西岸土古兒河流域。見《中國歷史地圖集釋文彙編·東北卷》，第267頁。
⑦ 建州左衛，從建州衛析置，《大明一統志》與《大明會典》記爲"永樂十年置"。見《中國歷史地圖集釋文彙編·東北卷》，第243頁。
⑧ 牙魯衛，永樂六年三月置，衛治在今俄羅斯濱海邊區塔烏河流域。見《中國歷史地圖集釋文彙編·東北卷》，第260頁。
⑨ 囊哈兒衛，永樂十年八月置，衛治在今庫頁島西岸北部朗格里。見《中國歷史地圖集釋文彙編·東北卷》，第268頁。
⑩ 哈兒蠻衛，永樂十年八月置，衛治在今黑龍江外南波波河口附近。見《中國歷史地圖集釋文彙編·東北卷》，第269頁。
⑪ 弗朵禿河衛，應爲弗朵河衛，設立於永樂六年二月，衛治在今黑龍江下遊左側的弗答哈河流域。見《中國歷史地圖集釋文彙編·東北卷》，第258頁。
⑫ 益實衛，永樂六年三月置，衛治在今吉林東伊什河畔的伊什站。見《中國歷史地圖集釋文彙編·東北卷》，第260頁。
⑬ 弗思木衛，永樂十年八月置，衛治在今黑龍江省樺川縣東北宛里城。見《中國歷史地圖集釋文彙編·東北卷》，第270頁。
⑭ 斡朵倫衛，永樂十一年十一月置，衛治在今黑龍江省依蘭西馬大屯。見《中國歷史地圖集釋文彙編·東北卷》，第270頁。
⑮ 哈兒分衛，永樂十二年八月置，衛治在今黑龍江下遊右側阿紐伊河口。見《中國歷史地圖集釋文彙編·東北卷》，第272頁。
⑯ 阿者迷河衛，永樂六年二月置，衛治在今黑龍江呼蘭河支流額依集密河流域。見《中國歷史地圖集釋文彙編·東北卷》，第259頁。
⑰ 乞塔河衛，永樂六年十一月置，衛治在今貝加爾湖東赤塔河流域。見《中國歷史地圖集釋文彙編·東北卷》，第261頁。
⑱ 渚冬河衛，永樂十三年十月置，衛治在今黑龍江輝發河上遊支流珠敦河流域。見《中國歷史地圖集釋文彙編·東北卷》，第273頁。

魯愛①、吉灘河②、克默爾河③、葛林④、亦迷河⑤、建州右、益實左、察剌禿（山）河、把城、哈蘭城⑥、野木河⑦、阿剌山⑧、忽里吉山、禮（札）嶺⑨、阿資河、依木河、納木河⑩、阿答（塔）赤河、愛（和）河、撒又（乂）河⑪、嘔罕河⑫、莫溫河⑬、阿兒溫河、把河、忽石門⑭、乞勒泥（尼）⑮、塔麻速、連（速）塔兒河⑯、阿倫⑰、甫兒

---

① 忽魯愛衛，永樂十三月十月置，衛治在今黑龍江省牡丹江流域。見《中國歷史地圖集釋文彙編·東北卷》，第272頁。
② 吉灘河衛，永樂十四年八月置，衛治在今黑龍江省蘿北縣集答河流域。見《中國歷史地圖集釋文彙編·東北卷》，第273頁。
③ 克默爾河衛，永樂六年二月置，衛治在今黑龍江下遊奇集湖東南，斯特里卡灣以南的克默爾河。見《中國歷史地圖集釋文彙編·東北卷》，第259頁。
④ 葛林衛，永樂七年三月置，衛治在今黑龍江下遊格林河流域。見《中國歷史地圖集釋文彙編·東北卷》，第261頁。
⑤ 亦迷河衛，永樂十五年二月置，衛治在今吉林省飲馬河流域。見《中國歷史地圖集釋文彙編·東北卷》，第275頁。
⑥ 哈蘭城衛，永樂五年正月置，衛治在今吉林省和龍縣東古城。見《中國歷史地圖集釋文彙編·東北卷》，第253頁。
⑦ 野木河衛，永樂五年二月置，衛治在今俄羅斯境內黑龍江口北側岳米河。見《中國歷史地圖集釋文彙編·東北卷》，第255頁。
⑧ 阿剌山衛，永樂五年二月置，衛治在今黑龍江中遊左側阿剌爾山地區。見《中國歷史地圖集釋文彙編·東北卷》，第255頁。
⑨ 禮嶺衛，亦即札嶺衛，永樂七年三月置，衛治在今黑龍江右岸沙費斯克地方。見《中國歷史地圖集釋文彙編·東北卷》，第262頁。
⑩ 納木衛，永樂五年正月置，衛治在今黑龍江嫩江支流訥謨爾河流域。見《中國歷史地圖集釋文彙編·東北卷》，第254頁。
⑪ 撒又河衛，亦即撒叉河衛，永樂六年二月置，衛治在今吉林省扶余縣西北三岔河。見《中國歷史地圖集釋文彙編·東北卷》，第259頁。
⑫ 嘔罕河衛，永樂六年正月置，衛治在今牡丹江支流倭肯河流域。見《中國歷史地圖集釋文彙編·東北卷》，第257頁。
⑬ 莫溫河衛，永樂六年正月置，衛治在今興凱湖西南的們河流域。見《中國歷史地圖集釋文彙編·東北卷》，第256頁。
⑭ 忽石門衛，永樂七年三月置，衛治在今黑龍江下遊左岸格林河口一帶。見《中國歷史地圖集釋文彙編·東北卷》，第262頁。
⑮ 乞勒泥衛，永樂七年四月置，衛治在今黑龍江省弗遠縣以西喜魯林古城。見《中國歷史地圖集釋文彙編·東北卷》，第264頁。
⑯ 連塔兒衛，或爲塔兒河衛，衛治在今黑龍江省洮兒河流域。見《中國歷史地圖集釋文彙編·東北卷》，第277頁；《羅惟錄》、《文武諸司衙門官制》等。
⑰ 阿倫衛，永樂七年十月置，衛治在今黑龍江省齊齊哈爾市西北阿榮旗阿倫河流域。見《中國歷史地圖集釋文彙編·東北卷》，第265頁。

（河）可①、古木山、只兒蠻②、失兒兀赤③、喜申④、可木河、五屯河⑤、兀剌（忽）河⑥、十（卜）忽禿河、兀剌、亦東河⑦、塔山左⑧、城討溫⑨、兀思哈里、順民、卜（木）剌罕⑩、棠（朵）林山、木束河⑪、亦馬忽山⑫、古魯⑬、滿涇⑭、塔亭⑮、拂（弗）提⑯、玄城⑰、可河、剳真。

---

① 甫兒可衛，亦即甫兒河衛，永樂八年二月置，衛治在今黑龍江省寧安縣東五虎林河流域。見《中國歷史地圖集釋文彙編‧東北卷》，第 265 頁。

② 只兒蠻爾，永樂十年八月置，衛治在今黑龍江海拉爾市東威托海河流域。見《中國歷史地圖集釋文彙編‧東北卷》，第 267 頁。

③ 失兒兀赤衛，永樂十二年十二月置，衛治在今烏蘇里江右側華夫列斯克以南、伊曼河以北區域。見《中國歷史地圖集釋文彙編‧東北卷》，第 272 頁。

④ 喜申衛，永樂八年十一月置，衛治在今俄羅斯烏蘇里江合流處哈巴羅夫斯克一帶。見《中國歷史地圖集釋文彙編‧東北卷》，第 266 頁。

⑤ 五屯河衛，永樂十二年九月置，衛治在今黑龍江鶴崗市東梧桐河流域。見《中國歷史地圖集釋文彙編‧東北卷》，第 271 頁。

⑥ 兀剌河衛，永樂十二年九月置，衛治在今黑龍江省通河縣東大富拉琿河口的富屯鄉。見《中國歷史地圖集釋文彙編‧東北卷》，第 272 頁。

⑦ 亦東河衛，永樂十五年二月置，衛治在今吉林省伊通河流域。見《中國歷史地圖集釋文彙編‧東北卷》，第 274 頁。

⑧ 塔山左衛，英宗正統十一年置，衛治在今吉林省扶餘、前郭、農安縣區。見《中國歷史地圖集釋文彙編‧東北卷》，第 275~276 頁。

⑨ 城討溫衛，英宗正統八年置，衛治在今黑龍江省湯原、鶴崗市一帶。見《中國歷史地圖集釋文彙編‧東北卷》，第 276 頁。

⑩ 卜剌罕衛，永樂四年十月設，衛治在今黑龍江綽爾河流域。見《中國歷史地圖集釋文彙編‧東北卷》，第 250 頁。

⑪ 木束河衛，永樂七年三月置，衛治在今黑龍江省湯旺河支流穆遜河流域。見《中國歷史地圖集釋文彙編‧東北卷》，第 263 頁。

⑫ 亦馬忽山衛，永樂十四年八月置，衛治在今吉林省東遼河東側、伊通山以西的小孤山附近。見《中國歷史地圖集釋文彙編‧東北卷》，第 274 頁。

⑬ 古魯衛，永樂十年八月置，衛治在今黑龍江中游左側支流枯魯河流域。見《中國歷史地圖集釋文彙編‧東北卷》，第 268 頁。

⑭ 滿涇衛，永樂十年八月置。衛治在俄羅斯境內阿姆貢河北岸的莽阿臣噶山。見《中國歷史地圖集釋文彙編‧東北卷》，第 268 頁。

⑮ 塔亭衛，永樂十年八月置，衛治在今黑龍江下遊右岸塔巴赫地區。見《中國歷史地圖集釋文彙編‧東北卷》，第 269 頁。

⑯ 拂提衛，永樂七年六月置，衛治在今黑龍江省富錦縣西古城。見《中國歷史地圖集釋文彙編‧東北卷》，第 263 頁。

⑰ 玄城衛，永樂十一年置，衛治在今黑龍江富錦縣。見《中國歷史地圖集釋文彙編‧東北卷》，第 271 頁。

所

哈三①、海剌兒②、哈剌哈③、古貢河、兀者屯河、五音、哈流溫、兀的罕、敷答河④、哈魯門山、只陳、兀禿河、可里踢、兀者托溫⑤、兀者揆野术⑥、奧河⑦、竦河兒、得的河、兀者穩勉⑧、鎖郎哈真河。

散池、城、站⑨

速溫、諸車河、木倫河、喜樓里、古里罕河、木溫、可木山、崔哈河、阿者（昏地）迷河、忽怱十兒、埇坎、卑讓河、黑龍江、兀兒袞車、卜忽禿河、海西、欽真河、乜今（也令河）河、十（卜）魯丹河、兀魯溫河、蘇分、只因河、那門河、勝和兒河、撒只剌河、失令、古里河、弗孫河、兀思哈里、畢力木江、施伯、卓兒河、兀察河、亦禿渾河、亦馬阿交（咬）束、哈魯、撒哈剌、的里木。以上城。

五速、別里真、古代替、伏答林、里（黑）勒亨右、弗朵（河）、別兒真、忽把希、番（播）兒賓、黑勒里。以上站。

那令、五里河、火名。以上口。

口兒、斡的因、必興、古因溫都魯、鎖失。以上河。

薊鎮

朵顏衛都督曰影克，弟曰猛可，曰猛古得，曰阿毛⑩，曰抹合⑪，曰董狐狸，曰兀

---

① 哈三千户所（以下均爲千户所），永樂四年二月置，所治在今黑龍江省通河縣附近。見《中國歷史地圖集釋文彙編·東北卷》，第 278 頁。
② 海剌兒千户所，永樂三年三月置，所治在今黑龍江省海拉爾河流域。見《中國歷史地圖集釋文彙編·東北卷》，第 277 頁。
③ 哈剌哈千户所，永樂四年二月置，所治在今黑龍江省哈拉哈河流域。見《中國歷史地圖集釋文彙編·東北卷》，第 278 頁。
④ 敷答河千户所，永樂七年四月置，所治在今黑龍江下遊左側伏答哈河流域。見《中國歷史地圖集釋文彙編·東北卷》，第 279 頁。
⑤ 兀者托溫千户所，永樂三年三月置，所治在今黑龍江省湯溫河流域。見《中國歷史地圖集釋文彙編·東北卷》，第 277 頁。
⑥ 兀者揆野术千户所，即兀者揆野木千户所，永樂三年八月置，所治在今黑龍江省撫遠縣。見《中國歷史地圖集釋文彙編·東北卷》，第 278 頁。
⑦ 奧河千户所，亦即奧石河（魚失）千户所，永樂五年正月置，所治在今俄羅斯濱海邊區納塔拉河流域。見《中國歷史地圖集釋文彙編·東北卷》，第 278 頁。
⑧ 兀者穩勉千户所，即兀者穩勉赤千户所，永樂三年三月置，所治在今松花江中下遊某地。見《中國歷史地圖集釋文彙編·東北卷》，第 271 頁。
⑨ 底本"散"、"池"、"城"、"站"四字字號相同，結合實際内容及據民國間抄本改。
⑩ 阿毛，或作"阿毛兔"，如米萬春《薊門考》，見《明代蒙古漢籍史料彙編》第二輯，第 554 頁。
⑪ 抹合，或作"抹可赤"或"抹合赤"，如郭造卿《盧龍塞畧》卷十五《貢酋考》，見薄音湖、于默穎編輯點校《明代蒙古漢籍史料彙編》第六輯，内蒙古大學出版社 2009 年，第 122 頁。《薊門考》，見《明代蒙古漢籍史料彙編》第二輯，第 554 頁。

魯思兀①，曰彰兔，八人②皆故夷革蘭台子③。猛可死，其子曰阿只孛來，曰伯思户繼，領部衆抹合赤犯薊鎮，殺死，猛古得亦故，其妻曰伯彦主刺，子曰罕不户等部落二千餘衆俱喜峯口境外會州、青城、逃軍④、老花前後住牧。

影克寇薊邊，銃死，其子曰專難，一名長昂襲官。都指揮曰伯彦帖忽，曰思哈兒，曰伯彦孛羅，三人并把禿孛羅⑤等四枝部落，約千餘人，俱古北境外一遜川⑥、一馬兔⑦一帶住牧。思哈兒二子，曰兀乃克、曰討孫哱賴。曰把禿孛羅。伯彦帖忽⑧女爲西虜辛愛妾，把禿孛羅爲東虜婿。

近各酋以親俱降，東、西虜結連導引，窺伺爲患，都指揮伯彦打來部落，約七百餘騎，俱石塘嶺、慕田、四海冶境外滿套兒住牧，其妹爲西虜辛愛妾，因親歸降，常與西虜絡繹往還。近妹死，西虜反噬，追窮來歸，投白馬關、西駝骨境外住牧，辛愛復招歸之。

都指揮炒蠻，其父曰哈哈赤，乃花當之子，兄弟七人。哈哈赤⑨死，弟二人曰虎頭罕⑩，曰孛羅又大⑪。炒蠻有兄弟，曰少把都兒⑫、董灰等，部落約千餘人，俱大寧城前後住牧。妹爲東虜悲馬妻，歸降，結連導引。虎頭罕之子曰桃花，一名討兌，比炒蠻強悍尤甚。都指揮吉兒罕、千户孛來罕兄弟五人，部落約百餘人，俱古北境外依伯彦帖忽思部衆住牧。近吉兒罕死，孛來罕部衆因伯彦帖忽思男爲炒蠻殺死，無依，俱投東虜。

---

① 兀魯思兀，或作"兀露絲罕"，如《薊門考》，見《明代蒙古漢籍史料彙編》第二輯，第 554 頁。

② 據《盧龍塞畧》卷十五《貢酋考》，革蘭台九子，"革蘭台三妻妾，子九。嫡阿速累，子四，曰影克，曰猛可，曰猛古歹，曰幹抹禿。妾伯忽，子四，曰抹可赤，曰董忽力，曰兀露絲罕，曰長禿。又妾脱翠，子又哈來"。見《明代蒙古漢籍史料彙編》第六輯，第 122 頁。

③ ［校］子，原作"六子"，"六"字爲衍文。

④ 逃軍，陳仁錫《皇明世法錄》卷五十七《薊門‧哨夜入營及坐門屬夷住牧地方》作"逃軍兔"，《四庫禁燬書叢刊》史部第 15 册，北京出版社 1998 年，第 505 頁。

⑤ ［校］底本出現兩次"三人并把禿孛羅"，其一爲衍文，應刪除。

⑥ ［校］一遜川，原作"以遜"，據本書卷十《夷部考》及《天下郡國利病書》原編第二册《北直隸備錄中》第 171 册，第 104 頁改。

⑦ ［校］一馬兔，原作"以馬"，據上下文意改。

⑧ 把禿孛羅、伯顔帖忽、伯顔孛羅都是思哈兒兄弟，俱革孛來子。

⑨ ［校］哈哈赤，原作"哈哈"，據上文"都指揮炒蠻，其父曰哈哈赤，乃花當之子"改。據《盧龍塞畧》卷十五《貢酋考》，《明代蒙古漢籍史料彙編》第六輯，第 130 頁記花當有妻妾三人，子十一人。其中妾主來生哈哈赤、把兒都、虎禿兔、孛來、把禿來、虎禿孛來、孛羅歹。但《萬曆武功錄》卷十三《東三邊‧大礕只炒蠻列傳》，《四庫禁燬書叢刊》史部第 36 册，第 279 頁記"炒蠻，伯彦帖忽思第二子也"。二炒蠻應不是一人。

⑩ 虎頭罕，《盧龍塞畧》卷十五《貢酋考》，《明代蒙古漢籍史料彙編》第六輯，第 122 頁所記花當十一子中無此人，但第 127 頁又記有"虎頭罕"，虎頭罕與虎禿兔或爲一人。

⑪ 孛羅又大，《盧龍塞畧》卷十五《貢酋考》，《明代蒙古漢籍史料彙編》第六輯，第 122 頁記應是孛羅歹，或是音譯所致。

⑫ 少把都兒，《盧龍塞畧》卷十五《貢酋考》，《明代蒙古漢籍史料彙編》第六輯，第 126 頁所記花當之子中無此人，或是音譯所致。

專難營住大寧城，去邊七百里。董狐狸營住哈落兀素并孛郎打罷，去邊五百里。長禿營住毛挨兔，去邊四百里。兀魯思罕營住兒女親，去邊四百里。哈哈赤營住拖河兔，去邊七百里。獐兔營住哈落兀素，去邊五百里。兀捏孛羅營住會州，去邊四百里。炒蠻營住老河，去邊七百里。虎禿罕、孛羅反、計阿三夷俱住東瓜梭，去邊九百里。脫孫孛來、伯彥孛羅二夷俱住東北虎魯班那林，去邊八百里。幹堆、董灰、伯忽三夷俱住廠房、老河，去邊七百里。撒因頭兒、影克、馬答哈、板卜來、哈喇四夷俱住火郎兀哈喇、兀素捨哈喇，去邊一千里。幹林禿、猛吉歹二夷俱住青城、會州，去邊三百里。伯彥孛來、兀可兒俱住虎義兀忽馬兒，去邊三百里。伯牙兒、可可、黑孛羅三夷俱住大興州，去邊五百里。哈孩、阿只孛來二夷俱住省祭，去邊四百里。伯彥打、阿牙台二夷俱住哈氣兒，去邊八百里。抄大營住不墩，去邊八百里。頭卜賴營住不墩，去邊八百里。吾納大營住以遜，去邊七百里。他不能營住刻力哈當，去邊六百五十里。挨台必、嬖只①營住無礙，去邊三百五十里。

昌鎮

朵顏衛指揮使伯彥打賴并部酋紅花、滿川、燒餅頭目、銀頭目等，住牧四海冶、滴水崖、擦石、慕田、石塘一帶境外，地名滿套兒住牧，自無侵寇之患，猶爲偵察西虜。又夾道野人色振兒、阿羅豆兒等部落約百五十餘人，住牧慕田境外山谷，種類微弱，不爲邊患。

真保鎮屬夷，無

遼東鎮

本鎮東有建州、毛憐、海西等衛所，西有泰寧、福餘二衛，於酋長俱分置都督等官，惟於海西都督賜姓名曰李獻誠②，迄乞從李姓焉。然酋長原無定在，俱以勢強爲名，隨水草爲居，無定址。

建州等衛酋首曰兀堂佟克赤，曰佟老鶯，曰張三郎打歹，曰阿古李奴才，曰草場佟大官兒，曰光頭張三，曰王杲，曰忙子勝，曰革力佟乃哥。泰寧衛酋首曰莽金火勺，曰賴土魯孛兒戶，曰忒木兒，曰扯捎忒木兒，曰莽金卜勞兀，曰把兒度土累，曰勺木

---

① 嬖只，"其種最貴者爲之婿，虜酋歲至祭天以往來其部落。而次則奉女爲嬖只，嬖只者，妾之稱也，有大小，各分部人馬，其父兄反爲所攝而因親以居矣"。參《盧龍塞署》卷十五《貢酋考》，《明代蒙古漢籍史料彙編》第六輯，第130頁。

② [校] 惟於海西都督賜姓名曰李獻誠，原作"惟於海西都督賜阿固郎姓名曰李獻誠"，所據有二：其一，原文語序混亂不通；其二，阿固郎與李獻誠並非一人，按《舊唐書》卷一百九十九《北狄下·靺鞨》，第5359頁，"（開元）十六年，其都督賜姓李氏，名獻誠，授雲麾將軍兼黑水經署使，仍以幽州都督爲其押使，自此朝貢不絕"。《新唐書》卷二百一十九《北狄·黑水靺鞨》，第6178頁亦記此事，同時記"武德五年，渠長阿固郎始來"。武德五年（622）至開元十六年（728）相距106年，所以阿固郎與李獻誠並非一人，被賜姓名曰李獻誠的黑水靺鞨首領姓名，暫不可考。

下，曰哈卜言。毛憐衛酋首曰江達子李碗刀阿古。福餘衛酋首曰把當，曰額兒的泥，曰王四兒。以上建州、毛憐乃女直種類，而泰寧、福餘乃韃靼一枝遺種，比朵顏衛種類少弱。其富者歲時朝貢，不乞討。而部内貧窮者，專務搆結鼠竊，或結連西虜爲導引。而朵顏衛亦在遼東境外住牧，數部酋首曰土魯赤，曰忽禿罕，曰脱脱，曰惡燈伯彥孛羅，曰把禿孛羅，曰莽灰伯户，曰惡燈莽灰伯户，曰額孫孛羅，曰卜言兀，曰伯彥孛羅，曰伯勒孛羅，曰卜兒挨，曰花大孛兒敗，時常遼東境外住牧，頗爲邊患。

把當、額兒的泥營住鵰背山及上遼河地方，去開原二百三十里。王杲等營住土木河①、莽山地方，去撫順關一百八十里。近王杲以逆擒，赴京城正典刑。阿古李奴才營住松樹林及牡丹寨地方，去清河堡二百三十里。兀堂佟克赤營住鍋兒聽緊口，去靉陽二百五十里。

江達子、李碗刀、阿古營住十岔口，去險山三百二十五里。把兒度土累營住中遼河②。莽金卜老兀營住中遼河等處地方，約二百二三十里。扯兒揹忒木兒營住哈喇河地方，去海州不遠。土魯孛兒户③營住寨兒山地方，去西平堡約三百里。莽金火勺營住中遼河地方，去鎮武堡約一百七八十里。花火孛羅④營住太平山烏峯塔地方，去正安堡約一百餘里。額孫孛羅營住大虹螺山地方，去錦、義、廣寧三百四十里。惡燈莽灰伯户⑤營住河州、小虹螺山地方，去寧遠中左所三百餘里。惡燈伯彥孛羅⑥營住黑松林、孤山、老河地方，去寧遠一百二十餘里。土魯赤、忽禿罕、脱脱營住烏牛背、大青山地方，去前屯一百餘里。

效祖曰："國家割大寧以與三衛，豈惟宣、遼聲援阻絶，而京師陵寢切近之灾，尤

---

① ［校］土木河，原作"土木何"，據上下文意改。
② ［校］營住中遼河，原作"營亦住中遼河"，"亦"於此文意不通，上下文行文爲"某虜營住某地"，故删掉。
③ ［校］土魯孛兒户，《登壇必究》卷二十二《譯言附虜語》，《四庫禁燬書叢刊》子部第35册，第124頁同。《盧龍塞畧》卷十五《貢酋考》作"賴土魯孛兒户"，參《明代蒙古漢籍史料彙編》第六輯，第129頁。
④ ［校］花火孛羅，原作"花火孛兒敗"，據《盧龍塞畧》卷十五《貢酋考》改。花火孛兒敗或爲"花大孛兒敗"之誤。《登壇必究》卷二十二《譯言附虜語》，《四庫禁燬書叢刊》子部第35册，第125頁記有"孛兒敗"。本書前文朵顏衛酋首及《盧龍塞畧》卷十五《貢酋考》記有"花大孛兒敗"，又記有"花火孛羅，營住太平山烏峯塔地方，去正安堡約一百餘里"。故作此推測。參《明代蒙古漢籍史料彙編》第六輯，第128頁。
⑤ 惡燈莽灰伯户，按本書前文朵顏衛酋首下記有"曰惡燈莽灰伯户"，《登壇必究》卷二十二《譯言附虜語》，《四庫禁燬書叢刊》子部第35册，第125頁記有"惡登"和"莽惠"。《盧龍塞畧》卷十五《貢酋考》記有"莽灰伯户"，參《明代蒙古漢籍史料彙編》第六輯，第128頁。
⑥ 惡燈伯彥孛羅，按本書前文朵顏衛酋首下記有"曰惡燈伯彥孛羅"，《登壇必究》卷二十二《譯言附虜語》，《四庫禁燬書叢刊》子部第35册，第125頁記有"惡登"。《盧龍塞畧》卷十五《貢酋考》記有"伯彥孛羅"，參《明代蒙古漢籍史料彙編》第六輯，第128頁。

可寒心。今屬夷結虜日親，寇邊有利，患在肘腋，將及腹心矣。當事者以復套爲殷鑒，併大寧置而不講，恐他日不可捄之，禍不在顓臾，而在蕭墻乎。"

入貢附

兀良哈歲以聖旦、長至①爲期，朵顏、泰寧、福餘三衛歲貢二次，每次每衛貢使百人，貢馬百匹，道由喜峯口關入。每次巡撫、總兵臨關驗覈。鴻臚寺序班一員，通事，四夷館序班一員，譯字，本路參將一員，本關守備一員，陳兵護守。貢馬內選上等六十匹解京，餘俱兌給各營軍士。

國初，爲鎮守官驗覈貢夷。正統末，三衛陰逆，嘗爲韃靼間諜，挾細作入關。自是，始有巡撫兼覈貢夷之設，貢馬舊除選解京外，餘俱給軍。近來多以老羸備數給軍，隨死，重累賠補，該總督劉應節、巡撫楊兆始議將餘馬變價，另行買補。

女直歲以十月初一至十二月終，建州左、右、毛憐、海西等衛夷至遼東都司驗覈，陸續起送，共貢馬一千五百匹，其貢馬俱給軍士。

效祖曰："入貢之夷，慕義來賓，朝廷館穀宴賚，恩至渥矣。獨謂其行道之騷繹邊傳，人有不能堪者，而通事因緣爲利，即嗾使亦間有之。犬羊固不與深較，獨不可嚴諭通事，以防其結搆之奸乎！即其過不盡在通事，通事懼法，而先事範圍之，或不至恣睢入無人也。嗟乎！豢龍馴虎，彼異類且然，況夷狄猶得爲人者乎？若曰治之以不治，則在塞外者，可也。"

夷部

外夷附入貢

韃靼

其地東抵兀良哈，西連脫忽麻及撒馬兒罕，北極沙漠，是爲北狄。其種類亦蕃，名號不一，軒轅曰獯鬻，唐虞曰山戎，夏曰淳維，周曰獫狁，秦、漢曰匈奴，曰烏桓，漢末曰鮮卑，後魏曰蠕蠕，唐曰突厥，宋曰契丹，曰女真小部，曰蒙古，曰太赤烏，曰塔塔兒，曰克列。此其尤者，別爲部落，不可勝紀。漢，匈奴最強，匈奴弱，烏桓遂盛。漢末，鮮卑起，滅烏桓。鮮卑既衰，蠕蠕與後魏爲敵，蠕蠕滅，突厥強，爲唐患。突厥滅，宋、契丹盛，女真滅契丹，侵據中國，其小部蒙古併諸部獨強，遂滅女真，代宋有天下，入主中國，是爲元。

按，元之先，蒼色狼與慘白鹿配，渡騰吉思水，至斡難河源不兒罕山，生一子曰巴

---

① 長至，指夏至。語見《禮記正義》卷十六《月令》，《十三經注疏》本，第505頁，"是月（仲夏之月）也，日長至，陰陽爭，死生分"。

塔赤罕，巴塔赤罕生塔馬察，至十二世曰孛端察兒①始大。先是，孛端察兒之母阿蘭果火寡居，夜寢，有明光照腹，後生孛端察兒。孛端察兒傳十二世生也速亥，也速亥生鐵木真，以孛兒赤斤爲姓。也速亥死，鐵木真幼，其部衆多散歸別部泰赤烏。泰赤烏合七部三萬人攻鐵木真，鐵木真與其母月輪率部人爲十三翼，大戰，泰赤烏敗。其下皆曰："鐵木真衣人以衣，乘人以馬，吾當歸之。"赤烏遂微，鐵木真益盛。金塔塔兒叛，鐵木真帥衆從金師討平之，授木真察兀禿魯，即中國招討使。鐵木真破乃蠻太陽罕，降其部落，鐵木真益强。明年②，攻西夏，破力吉里寨，經落思城，大掠而還，大會諸部長於斡灘河，建九游白旗，自稱吉思可汗，是爲元太祖。居沙漠四世五十七年，至忽必烈，遷都燕京，是爲世祖，歷十四帝，共百六十三年。

我太祖興，逐元順帝遁歸朔漠，傳子愛猷識里達臘。愛猷識里達臘死，脱古思帖木兒立爲可汗。我兵出塞，獲其子地保奴，脱古思帖木兒爲也速迭兒所弑，諸大臣立坤帖木兒爲可汗，而猛哥帖木兒爲瓦剌王。建文三年，坤帖木兒死，鬼力赤立爲可汗，阿魯帖木兒、乃兒不花、阿魯台佐之。馬哈木者，居瓦剌，時與阿魯台相讐殺。

自順帝至鬼力赤凡七世，其一世不可考。鬼力赤衰，諸酋立本雅失里爲可汗，殺我使臣給事中郭驥，遂封瓦剌馬哈木爲順寧王、太平賢義王、把禿孛羅安樂王，令伺本雅失里。我兵出塞，本雅失里敗走。阿魯台來降，封爲和寧王。而馬哈木又叛，我兵討馬哈木，敗去。阿魯台又叛，阿魯台弑本雅失里③，自稱可汗。馬哈木屢敗阿魯台，而瓦剌强盛。瓦剌三王，馬哈木獨强。洪熙元年，馬哈木欲自立爲可汗，恐衆不附，仍立元孽脱脱不花爲可汗，居沙漠北，馬哈木居瓦剌。宣德九年，阿魯台死。

正統元年，馬哈木之子脱懽④在沙漠西北與其部酋朵兒只伯相仇殺。脱懽死，其子也先爲太師，驍勇凌脱脱不花。景泰中，也先弑脱脱不花，自稱田盛大可汗，已爲其平章哈剌逐死。天順初，孛來殺哈剌，立小王子。小王子又爲孛來癩王子所弑，孛來衰，而其夷酋毛里孩、阿羅出、孛羅出、猛可少師與孛來癩王子讐殺，而立脱思爲王。脱思

---

① ［校］至十二世曰孛端察兒，原作"至十二世日孛端察兒"，據《元史》卷一《太祖一》，第 1 頁，"（成吉思汗）其十世祖曰孛端叉兒，母曰阿蘭果火，嫁脱奔咩哩犍"。［瑞典］多桑著，馮承鈞譯《多桑蒙古史》，中華書局 1962 年，第 32~33 頁記孛端察兒爲第十世，"孛端察兒，成吉思汗八世祖也"。另《蒙兀兒史記》卷一《世紀第一》，上海古籍出版社 1989 年，第 19 頁作"孛端叉兒"。下文緊接着有三處"日孛端察兒"，都應是"孛端察（叉）兒"。但世系問題待考。
② 明年，據《元史》卷一《世祖一》，第 13 頁記乙丑年爲公元 1205 年。鐵木真於次年（丙寅，即公元 1206 年）即皇帝位。
③ 《吾學編·皇明北虜考》，《北京圖書館古籍珍本叢刊》第 12 册，第 746 頁載"（永樂二十年）十二月，阿魯台弑本雅失里"。另張廷玉《明史》卷六《成祖本紀二》、卷三百二十八《韃靼傳》第 91、8468 頁謂永樂十一年馬哈木殺本雅失里。
④ ［校］脱懽，原作"脱惟"，據張廷玉《明史》卷三百二十八《瓦剌傳》，第 8499 頁改。

者,故小王了從兄也。成化中,阿羅出結乩加思蘭,孛羅出結毛里孩,出入河套。乩加思蘭強殺阿羅出,併其衆,而結滿都魯王入河套。滿都魯稱可汗,而乩加思蘭爲太師,與毛里孩、乜烈忽、孛羅忽出入塞下。

乩加思蘭欲殺滿都魯,而立幹赤來爲可汗,不克,乩加思蘭爲滿都魯所殺。滿都魯衰,而把禿猛可王、太師亦思馬因、知院脫羅干①強盛。弘治初,把禿猛可死,弟伯顏猛可立爲王。當是時,瓦剌與伯顏猛可皆遣人入貢,而火篩數入寇。火篩者,小王子部落,與小王子仇殺,小王子益衰。正德中,瓦剌西徙,與土魯番相仇殺。小王子三子,長阿爾倫台吉②,次阿著、滿官嗔。太師亦不剌弒阿爾倫台吉,走河西。阿爾倫台吉二子,長卜赤,次乜明,皆幼,阿著稱小王子。阿著死,衆立卜赤,稱亦克罕。

卜赤死,不及兒台吉稱小王子,或謂不及兒台吉,即乜明,又謂卜赤之子。阿著二子,曰吉囊,曰俺答,一名安灘。先是,卜赤部下爲營者五,約七萬餘衆,其部酋曰好陳察罕兒③,曰召阿兒,曰把郎阿兒,曰克失旦,曰卜爾報等,居沙漠屯聚。又三部,曰岡留④,曰罕哈,曰爾嗔⑤,居宣、薊間,東連朵顏。又兀良罕一營,乃小王子北部,因隙叛去,居薊、遼間。

又阿魯台敗,兀良哈遂據東塞外。今曰土蠻、曰王文、曰黑石炭者,即其後也,是爲東虜,以其在薊、遼,故爲東虜云。岡留部下爲營者三,其部酋曰滿會王。罕哈部下爲營者三,其部酋曰猛可不郎。爾嗔部下爲營者一,其部酋曰可都留⑥。三部⑦約六萬餘衆。又三部,曰應紹不可,曰爾禿厮,曰滿官嗔。弘治中,竊據河套,是爲西虜。以其在宣、大,故爲西虜云,然東西俱韃靼一種。

---

① [校] 脫羅干,原作"羅于",據張廷玉《明史》卷三百二十七《韃靼傳》,第 8475 頁及《吾學編·皇明北虜考》,《北京圖書館古籍珍本叢刊》第 12 冊,第 756 頁改。另《明孝宗實錄》卷十八弘治元年九月乙丑條,第 430 頁作"脫羅千"。"干"、"千"、"于"字形相近,或是誤刻、誤寫。
② 阿爾倫台吉,《吾學編·皇明北虜考》,《北京圖書館古籍珍本叢刊》第 12 冊,第 758 頁作"阿爾倫"。《明史紀事本末》卷五十八《議復河套》,第 892 頁亦作"阿爾倫"。
③ [校] 好陳察罕兒,原作"察罕兒",《吾學編·皇明北虜考》,《北京圖書館古籍珍本叢刊》第 12 冊,第 758 頁及《明史紀事本末》卷五十八《議復河套》,第 892 頁改。
④ [校] 岡留,原作"留",《吾學編·皇明北虜考》,《北京圖書館古籍珍本叢刊》第 12 冊,第 758 頁作"岡留";《明史紀事本末》卷五十八《議復河套》,第 892 頁作"岡笛",據改。下文亦有"岡留部下爲營者三"。但"岡留"或"岡笛"的問題待考。
⑤ 爾嗔,《明史紀事本末》卷五十八《議復河套》,第 892 頁作"爾塡"。
⑥ 可都留,《明史紀事本末》卷五十八《議復河套》,第 892 頁作"可都笛"。
⑦ [校] 三部,原作"三都",據《吾學編·皇明北虜考》,《北京圖書館古籍珍本叢刊》第 12 冊,第 758 頁及《明史紀事本末》卷五十八《議復河套》,第 892 頁改。

應紹不阿部下舊爲營者十，其部酋曰阿速，曰哈剌嗔，曰舍奴郎，曰孛來，曰當剌兀罕①，曰失保嗔，曰叭爾敖，曰荒花旦，曰奴母嗔，曰塔不乃麻。各部營俱原屬亦不剌，亦不剌亡去，遂各散處，惟哈喇嗔一營獨在。

爾禿厮部下舊爲營者七，原亦屬亦不剌，後歸吉囊，合爲營者四，其部酋曰哼合厮，曰偶甚，曰叭哈思納，曰打郎，約七萬衆。滿官嗔部下爲營者八，原屬火篩，後屬安灘，合爲營者六，其酋曰多羅田，曰土悶畏吾兒，曰兀慎，曰擺腰，曰兀魯，曰土吉剌，約四萬衆，於是吉囊、安灘最強。吉囊死，其子曰板不孩，與部酋曰不及兒台吉，曰狼台吉，曰肯獨，曰都喇兒，曰蒿台吉等，至今盤據河套。

安灘之子曰辛愛，即黃台吉台吉，虜官名。與都把兒一名伯思合，又呼昆吞俚罕。都把之子曰威正憂亥，部酋曰兀慎，曰擺腰，曰我兒都司，曰永邵卜，分據大同右衛境外西北地。

自吉囊、安灘之盛，秦、晉、燕、代、漁陽、遼左歲無息肩，然於靈武、花馬、雲中、上谷尤甚。其俗盛畜養，逐水草以居，以革作帳，遷徙無常處，喜盜好殺，輕生嗜利。刻木封箭爲信，挾弓馬長技上下山谷，往來聚散，倏忽如風雨，饑渴不倦，少火食，狡悍爲中國患，自古然矣。

朝鮮

朝鮮在遼東東南，三面瀕海，北鄰女直，西北鄰鴨綠江。其國東西二千里，南北四千里，至京師三千五百里，至遼陽城二千七百七十里，古爲朝鮮，亦曰高麗。

周封箕子於其地，秦屬遼東外徼，漢初爲燕人衛滿所據，武帝定朝鮮爲眞番、臨屯、樂浪、玄菟四郡，置太守，以高句麗爲縣屬之。昭帝并爲樂浪、玄菟二郡，漢末爲公孫度所據，傳至孫淵，魏滅之。晉永嘉末，陷入高句麗。高句麗本扶餘別種，其王高連居平壤城，即樂浪郡地。唐征高麗，拔平壤，置安東都護府，其國徙在鴨綠江東南千餘里。五代唐時，王建代高氏，闢地益廣，并古三韓、新羅、百濟而爲一，遷都松嶽②，以平壤爲西京。其後子孫遣使朝貢於宋，亦朝貢遼、金，歷四百年，未始易姓。元至元中，西京內屬，置東寧路總管府，畫慈嶺③爲界。

本朝洪武二年，其主王顓表賀即位，賜以金印誥命，封高麗國王。二十五年，其主淫昏迷，衆推門下侍郎李成桂主國事。上以僻居東夷，阻山隔海，令禮部移文，聽其自

---

① ［校］曰當剌兀罕，原作"曰當剌曰兀罕"，據《吾學編·皇明北虜考》，《北京圖書館古籍珍本叢刊》第12冊，第758頁及《明史紀事本末》卷五十八《議復河套》，第892頁改。第二個"曰"字爲衍文，如此，正好是十個部落，符合前文"應紹不阿部下舊爲營者十"的記載。

② ［校］松嶽，原作"松樂"，據《元史》卷二百八《朝鮮傳》，第4607頁及張廷玉《明史》卷三百二十《朝鮮傳》，第8279頁改。

③ ［校］慈嶺，原作"慈悲嶺"，據張廷玉《明史》卷三百二十《朝鮮傳》，第8279頁及嚴從簡《殊域周咨錄》卷一《朝鮮》，中華書局1993年，第8頁改。

爲聲教。成桂更名旦，徙居漢城，遣使請改國號，詔更號朝鮮。旦老，請以子芳遠襲。永樂元年，賜芳遠印，誥冕服，傳四世，至弘暐。弘暐幼弱，其叔瑈請立。七年①，封瑈爲王，後不知幾傳至娎。

弘治七年②，娎卒，子懌立。正德二年遜，其弟懌立，傳三世。至嘉靖三十六年，請封頔清爲世子③。自旦以來，歲時貢獻不絕。其國置八道，猶中國之布政司分統府州郡縣。尊信箕子之學，人鮮爲盜，婦人多貞信。飲食用籩豆，知文字，喜讀書，未婚子弟曹處誦經習射。取士法，亦以二年一試，有鄉會舉，不連舉者，仍爲諸生。

其風俗，每歲秋，王燕耆男於殿，妃燕耆婦於宮，貿易禁金銀以粟帛，五金所產惟銅最多。國尚紅，獨王用之。凡百家築高牆以隔風火。宣德間，許以易買書籍、藥材。天順間，許以綺羅彩段。成化十二年，挾助天兵征剿建州。每歲終，使臣回，許買牛角面一百副，遂爲例。十六年，請改貢道，朝議以爲由遼陽經廣寧，過前屯，而後入山海關，迂回三大鎮，自有微意。若自鴨綠江抵前屯、山海路太徑，恐貽後患，不從。華容劉太保大夏④爲司馬大夫時議也。

日本

遼東南有日本國，航海至遼一萬一千里，在朝鮮東南，去閩、浙地近。漢、唐朝貢，從遼東來，至宋方從浙之寧波以達於⑤京師，即倭奴國也。其地東西南北各數千里，國王以王爲姓，歷代不易，文武僚吏皆世官。共分五畿七道，以州統郡，附庸國凡百餘，最大者有拘邪韓等二十八國，小者百里，大不過五百里，户小者千餘，多不過一二萬。

自漢武帝滅朝鮮，使驛通於漢者三十餘⑥國，皆稱王，其大倭王居邪馬臺國，即邪

---

① 按張廷玉《明史》卷三百二十《朝鮮傳》，第8287頁記應爲景泰七年，即公元1456年。
② ［校］弘治七年，原作"正德元年"，據吳晗《朝鮮李朝實錄中的中國史料》上編卷十一《李朝實錄·成宗大王實錄二》二十五年，明孝宗弘治七年十二月己卯條，中華書局1980年，第746頁及張廷玉《明史》卷三百二十《朝鮮傳》，第8288頁改。
③ 此處"正德二年遜，其弟懌立，傳三世。至嘉靖三十六年，請封頔清爲世子"記載有誤，宜改爲"至成化十五年，請封頔爲世子。正德二年，遜其弟懌立，傳三世"。頔，原作"頔清"，據《朝鮮李朝實錄中的中國史料》上編卷十三《李朝實錄·中宗大王實錄一》，明武宗正德元年九月己卯條，第826頁及張廷玉《明史》卷三百二十《朝鮮傳》，第8288頁改。按張廷玉《明史》記成化十五年封李懌長子頔爲世子，而李懌以國事付其弟李懌則是在正德二年。
④ 劉太保大夏，即劉大夏。參張廷玉《明史》卷一百八十二《劉大夏傳》，第8483~8489頁。
⑤ ［校］於，原作"干"，據民國間抄本改。
⑥ 餘，《後漢書》卷八十五《東夷列傳·倭》，第2820頁作"許"。

摩維①。光武中元二年，始求朝貢，後國亂，國人立其女子曰卑彌呼爲王，其宗女一與②繼。之後復立男王，並請中國命。歷魏、晉、宋、隋，皆來貢，稍習夏音。唐咸亨時，惡倭名，更號日本國，以地近日所出，故名。或云日本乃小國，爲倭所併，故冒其號。開元、貞元中，其使有願留中國授經肄業，久乃請還。宋熙寧後累來朝貢，熙寧③以後，來者皆僧也。元世祖遣使招諭，不至，命范文虎等率兵十萬征之。至五龍山，暴風破舟，敗績，終元之世，使竟不至。

本朝洪武四年，國王良懷遣使臣僧祖來④朝貢，凡國王嗣立，皆受中國册封。永樂十七年，爲遼鎮金州患，後數年一貢。嘉靖初年，復叛，貢遂絕。

薊鎮

西虜部落，住牧宣、大二鎮塞下，由白石東北白廟兒至石塘、古北、曹家三路爲近。東虜住牧薊、遼之間，過灤西至墻子嶺、馬蘭、松棚三路爲近，由大鹹塲至石門、臺頭、燕河三路爲近，由青城至會州至太平一路爲近，喜峯屬夷貢路，故無險阻，入前屯，直逼山海關。

效祖曰："諸夷以西北爲強，其爲患於中國者，盡宣、大、山、陝，皆是也。然庚戌之前，不知犯薊鎮，去薊鎮亦遠，故以宣、大、山、陝爲邊，而薊鎮之防，視遼左尤緩。乃今屬夷結搆，黠虜猖狂，一日不忘窺中國，《易》所謂'門庭之寇，利用於禦'⑤者，今何地不然哉？要以薊鎮律之，則要害爲獨甚矣。"

昌鎮

西虜部落住宣、大二鎮塞下，如寇入宣之獨石、馬營，永寧、延慶、滴水崖、四海冶，方至居庸、黃花一帶地方，長安嶺以西，懷來、保安、土木，方至橫嶺、長峪、鎮邊一帶地方。若黃花鎮以東，渤海之慕田、賈兒、擦石等口，去虜巢稍近。

效祖曰："昌鎮有重關之險，北去上谷，始爲外邊，故連年烽火雖驚，而蹂躪罕及。先年，虜酋入犯，必取道紫荆者，惟所趨之便耳。然黃花鎮、四海冶爲花當部落，去虜甚近，萬一不幸與之結連，其要害豈獨古北然哉？"

真保鎮

西虜部落，住牧宣、大二鎮塞下，如寇入宣鎮之永寧、保安、葛峪、龍門，方至紫

---

① ［校］"邪摩維"後原有"是已"二字，據《殊域周咨錄》卷二《日本國》，第50頁改。
② 一與，其名史載不一，參《三國志》卷三十《魏書三十·東夷傳·倭》，第858頁。《北史》卷九十四《倭》，第3135頁作"壹與"；杜佑《通典》卷一百八十五《邊防一·東夷上·倭》，中華書局1988年，第4994頁作"壹輿"；樂史《太平寰宇記》卷一七四《四夷三·東夷三·倭》，中華書局2007年，第3328頁作"一粵"。
③ ［校］熙寧，原作"興寧"，據前句及《殊域周咨錄》卷二《日本國》，第50頁改。
④ ［校］祖來，原作"祖"，據張廷玉《明史》卷三百二十二《日本傳》，第8342頁改。
⑤ "門庭之寇，利用於禦"，宋人呂本中撰《春秋集解》卷十五《林伐鄭》，《四部叢刊》本有記"門庭之寇利用禦之者也"之句。

荆、馬水、金水、烏龍一帶地方。寇入洪、蔚、廣昌，方至浮圖、白石、插箭一帶地方。寇入大同鎮之渾源、靈丘，亦至浮圖、白石、插箭、倒馬一帶地方。

效祖曰："真、保無外夷也，其有外夷者，自宣、大入也。門戶不閉，則堂奧可虞，故外夷無遠近也。近而能備，則雖近亦遠也，遠而不能備，則雖遠亦近也。然今之近者多備，遠者多不備，此其機不在外夷也。"

遼鎮

東虜部落三枝，一枝曰王台，係海西夷人王忠之姪，收納逞家奴、養家奴①及建夷鵝頭、忙子勝②、王兀堂③、李奴才、王杲、李碗刀等夷，共有萬餘精強之兵爲部落。見住哈塔、台柱、野黑等寨④，土木河、廈底、鍋兒聽等處，離開原、鐵嶺、撫順、瀋陽、清河、靉陽、險山一帶爲近。

一枝曰速把亥，係土蠻枝葉，乃虎剌哈赤之子。兄弟五人，長委正，次速把亥、抄化、歹青、五班也。自嘉靖二十五年，因三衛賊夷勾引，移住遼東邊外，舊遼陽迤北沙塢一帶，收納大寧衛⑤夷人抄木花、大把兒都、紅臉孛羅達賊近萬爲部落，甚精強，離廣寧、海州、遼陽、瀋陽及錦、義一帶爲近。

一枝曰土蠻，係打來孫之子，與安攤一枝葉。嘉靖二十五年，移駐黃河北，收納朵顏衛夷人蟒惠伯戶、鵝毛兔、壯兔等共兵五六萬，甚精強，離寧前、錦、義、廣寧一帶爲近。

效祖曰："國家承平日久，諸將不諳兵機，故數十年未有堂堂之戰。其自以爲功者，不過撲其零騎，遮其惰歸，稍稍中首虜耳。往多爲狡虜所覺，隱柳藏荻，毀軍而納之，即近年殷尚質、楊照、王治道事⑥可鑒也。嗟乎！此九邊同律，不獨遼左爲然，其亦幸而不爲堂堂之戰乎。"

入貢附

朝鮮歲以聖旦、長至爲期，遣使進表，并貢方物、馬匹，道由遼東至都司報名，宴待以官，監護入山海關赴京。回日，宴待同初。

---

① ［校］養家奴，或作"仰家奴"，見《萬曆武功錄》卷十一《東三邊·逞家奴仰家奴傳》，《四庫禁燬書叢刊》史部第36冊，第191~194頁。
② ［校］忙子勝，原作"忙子"，據彭孫貽《山中聞見錄》卷十《東人志·海西》改，潘喆等編《清入關前史料選輯（第三輯）》，中國人民大學出版社1991年，第143頁。
③ ［校］王兀堂，原作"兀堂"，據《萬曆武功錄》卷十一《東三邊·王兀堂傳》，《四庫禁燬書叢刊》史部第36冊，第198~200頁改。
④ ［校］原作"見住哈塔、台柱、野黑等寨上"，"上"字爲衍文，據《萬曆武功錄》卷十一《東三邊·王台傳》，《四庫禁燬書叢刊》史部第36冊，第182頁改。
⑤ ［校］大寧衛，原作"太寧衛"，據文意改。
⑥ 按張廷玉《明史》卷二百三十八《李成梁傳》，第6184頁記，隆慶初年，遼東受外夷入侵，"十年之間，殷尚質、楊照、王治道三大將皆戰死"。

日本貢道向由浙江寧波府入。茲不載。

韃靼貢道由大同鎮。茲不載。

薊鎮夷部

入犯

如賊由水吉、大古路口犯遼東前屯衛及中前所，西行犯一片石，又西行，犯南海口西、山海、旱門等關。由黃土嶺邊外川峪西北，犯無名口、大青山口，俱山海、石門一帶地方。

由大塢塌東南行惡力，稍堯兔南首分路，往東南一股由太平臺山直北衝剏水洞，犯小河口、娃娃谷、小毛山、大毛山。由太平臺山後分路，南過大青山邊外，亦西犯小河口。又過稍堯兔分路，正南犯大毛山。西南犯城子谷，再過大橫嶺，南犯董家口、柳河衝、城子谷、水門寺。又西行大塢塌、紅草溝、歹彥分路，東南過馬蹄嶺，亦犯水門寺。俱大毛山一帶地方。

由惡木林南來，過大塢塌、紅草溝、歹彥，龍王廟分路，東犯大毛山、地子谷、水門寺，南過且河，再南由瓦廟衝、大梯子嶺、中勞嶺犯長谷口、板塌谷、義院口、拿子谷，由牛心山台、道子衝過石婆婆嶺，犯花塌谷，俱義院口一帶地方。

由大塢塌、兀來、且河、雙山兒，南過押步庄、土胡同、石門兒，正南犯界嶺口。羅漢洞臨邊分路，西南過歡虎谷、西長嶺、東長嶺，西犯青山石、黑谷頭，亦東犯羅漢洞、雙山兒分路，西南行，犯青山口，再南至韭菜山、押步庄，西南亦犯青山口、桃林口。俱界嶺口一帶地方。

自雙山兒往南行韭菜山，押步庄分路，東南犯界嶺口，西南犯桃林口，正南由杓子谷犯青山、杓子谷，由張家墳正南行八答嶺，犯東勝寨、乾澗兒口、杓子谷、順河，亦犯桃林，南至野猪口，犯梧桐谷。俱青山口一帶地方。

自大寧南來，由哈喇兀素逃軍兔東南渡了河，過把漢苦列兔、一揹苦列兔、黃崖川犯桃林口，南至白灘兒，犯劉家口、徐流口、佛兒峪，東北過押步庄，分路，西南亦犯桃林口。俱桃林口一帶地方。

自大寧西南有路二，東一股由逃軍兔迤南分路，正南犯桃林口，渡河西由一揹苦列兔都山東頭、由石門兒犯徐流口、河流口、冷口、石門子。俱冷口一帶地方。

青城、會州、東、西二虜結聚之地，南行都山頭，再西南行昌毛太、安他石，東南犯白道子、白羊谷、擦崖子、城子嶺，正南又犯榆木嶺、董家口。俱擦崖子一帶地方。

由會州過課溝，東犯燕河、臺頭，正南過打吉、龍鬚門、背塔嶺、聶門、三岔口，東南行長河臺、觀喜嶺、熊窩頭、孤山兒，西犯董家口，西南犯青山口，正南犯榆木嶺，東南由王家庄窠、橫河兒犯大嶺寨、爛柴溝。俱榆木嶺一帶地方。

由會州南行，過大吉、龍鬚門、聶門、三岔口、長河臺，西犯喜峯口、鐵門關、李家峪，西南犯董家口、青山口、遊香口。俱董家口一帶地方。

如東、西二虜至會州，往西南行寬河至亂塔、黃崖南、喜峯口、鐵門關、李家峪、椵木谷口，又西自古北口正北地，名一馬兔、一遊、大興州、兀魯班、逃軍兔，東南由惱恕、虔婆谷至水窖，亦犯前各關隘并石梯子、小喜峯口。俱大喜峯口一帶地方。

由兀魯班、逃軍兔南行惱恕，再右折行蹐牌①、謝兒嶺、車河川、喬家，南犯龍井兒、潘家口、三臺山。如灤河水淺，由惱恕順河亦犯潘家口，東路至喜峯口、大州渡，由烟子谷亦西犯潘家口、東西常谷、三臺山、龍井兒、張家安、橡扒谷、小蘇郎谷。俱龍井兒一帶地方。

由窄道兒過九道流河至伯彥塘，東南犯洪山石，正南過澈河川入燕子崖，南犯廖家寨，入小石門子，東南犯三道嶺、白棗谷、西安谷，入倒溝谷，東南犯洪山口，俱洪山口一帶地方。

由窄道兒東南過九道流河至澈河川②，入夾石口，犯馬蹄谷，入大羊欄，犯蔡家谷，入小羊欄犯千家谷，入一里馬③、寧車口犯羅文谷、猫兒谷，西通山寨谷，入大緣洞兒犯沙坡谷，入小緣洞兒、龍池犯山寨谷。俱羅文谷一帶地方。

由窄道兒西南至三岔口，再分路行，東南至牛頭馬底，犯鮎魚石、平山寨、大安口、冷嘴頭、石崖嶺，又羅文谷境外澈河川，由東水谷西行臨邊道路，亦犯前各關口。俱大安口一帶地方。

由三岔口東南行至斗頭馬底，過白草窪，秋水林分路，東南一股由石峽口犯鮎魚石，正南犯寬佃谷、馬蘭谷、獨松谷，過沙嶺南犯龍洞谷。俱寬佃一帶地方。

由窄道兒西南過青羊嶺、寨兒嶺，至斗子谷，正南犯將軍關、彰作里，由私鹽嶺至將軍關外，東西分犯彰作里、黃松谷、峨眉山、魚子山、熊兒谷，至舊墻子嶺關外，正南行響水湖、紅石谷，由狗皮嶺犯南水谷，亦犯前黃松、峨眉等關。俱將軍營一帶地方。

由三岔口西南至花崖子，正南犯黃崖口，東至鏵嘴兒、快活林，犯太平安寨，再東犯青山嶺。俱黃崖口一帶地方。

由窄道兒過三岔口、斗子谷，南至暴魚嶺，西犯南水谷，由蒲家谷犯黃門口關、北水谷、灰谷口。俱鎮虜營一帶地方。

由窄道兒南至三岔口、斗子峪分路，西犯南谷寨、墻子嶺、磨刀谷，順邊北下犯小黃

---

① 蹐牌，或作"傍牌"，見《天下郡國利病書》原編第二冊《北直中》。
② 澈河川，"澈"或作"撒"，見《天下郡國利病書》原編第二冊《北直中》。
③ 一里馬，或作"一立馬"，見《天下郡國利病書》原編第二冊《北直中》。

崖關，由三岔口西北至紅門川，正西行過分水嶺，犯大小黃崖關。俱墻子嶺一帶地方。

東虜由兀魯班、斗里庫西行，至土門犯黑谷關，南行至窄道兒犯墻子嶺、馬蘭谷地方。西虜一遊、大興州，南行由卜磕川至土門，黃石崖分路，南犯窄道兒、九道流河，西犯黑谷門，再西犯水谷寨、古道兒、大小豪頂。俱曹家砦路一帶地方。

由插漢根兒東至一馬兔，再南行孛合車、小興州、分水嶺、十八盤、黃榆溝，南犯古北口、師坡峪、潮河一寨、五寨、六寨、七寨、潮河川關，東行濫泥塘、古城川，犯龍王谷、磚垛子、沙嶺兒。俱古北口一帶地方。

由木虎嶺南行，至滿桃兒分路，西南一股，由湯河犯大水峪、河坊口，又由順潮河南分路，一股由忽石哈西南至思克溝，南由搖車嶺犯西駝骨、左二二關、划車嶺、白馬關。俱白馬關一帶地方。

賊至滿桃兒，西南行毛哈氣、湯河川，至鞍子嶺分路，東南犯石塘嶺，正南犯大水峪、河坊口。又自大松林南行干他素水、可察漢口、黑墨嶺，南由豬頭嶺、分水段、伏二嶺、石門山南犯河坊口。大水峪，由天克力南至表廠、椒園兒，東犯神堂峪、开連口、慕田關。俱石塘嶺一帶地方。

洪武二十一年春三月，遣公侯諸將從大將軍玉①，出大寧征虜。

二十三年春三月，成祖率征虜前將軍潁國公友德等，出古北口伐虜。

二十四年春三月，友德兵出東塞討虜，大獲而還。

三十一年夏四月，邊將分道率兵，從成祖、代、遼、寧、谷②王出北平禦虜。

宣德三年秋九月，帝出喜峯口擊兀良哈，大破之。

正統九年秋九月，兀良哈入寇，成國公朱勇率諸將分道出塞擊之。

成化中，東虜犯界嶺口。

弘治四年，東虜犯一片石、大毛山、小毛山，焚掠黃土嶺營糧草。

十三年，東虜犯磚垛子關。

十八年，東虜犯板塌峪關、葦子峪關。

正德元年，東虜犯青山口關。

四年，東虜犯小河口關、娃娃谷堡、小毛山關。

七年，東虜犯花塌堡。

九年，東虜犯城子嶺關、鐵門關。

十年閏四月，兀良哈寇馬蘭谷，參將陳乾戰死。五月，東虜犯鮎魚石。

本年夏六月，提督軍務侍郎陳玉、都督桂勇帥師討兀良哈。

---

① 玉，藍玉。
② 代王朱桂，太祖十三子。遼王朱植，太祖十五子。寧王朱權，太祖十七子。谷王朱橞，太祖十九子。

十二年，東虜犯白羊谷、羅漢洞、董家口關、城子峪。

十三年，東虜犯划車嶺寨。

十四年，東虜犯大嶺寨、榆木嶺關、擦崖子關、桃林口關、東勝寨。

十五年秋九月，東虜犯星星谷堡、洪谷口關、花塲谷關。

嘉靖元年，東虜犯板塲谷、花塲谷二堡，營城嶺關，深入擄掠。

五年，東虜犯馮谷、磚垛子、龍王谷等處。

六年，東虜犯大毛山關，深入大掠。

八年，東虜犯蔡家谷寨、大安口關、沙坡谷營。

九年，東虜犯新開嶺。

十年，東虜犯長峪口堡。

十一年，東虜犯冷口關、營城嶺關。

十二年，東虜犯河坊口關、墻子嶺關，深入擄掠。

十三年，東虜犯五重安、大安口關、乍兒嶺寨。

十七年，東虜犯青山口、李家谷關。

十八年，東虜犯椵木谷寨。

十九年，東虜屬夷犯黃崖口、青山嶺、黃松谷關。

二十一年，東虜犯青山口、乾澗兒關。

二十三年，東虜犯柳河衝堡。

二十四年，東虜犯黃崖口關。

二十五年，東虜犯山海關，官軍禦却之。

二十九年，東西虜屬夷大寇，陷古北口、潮河一寨、潮河川關、師婆谷寨、水石寨、大小窟寨、沙嶺兒寨、龍池谷寨、彰作里關，大掠京東，直犯都城。十三日，分道出境，一枝由居庸關東白羊口，一枝由古北口。效祖曰："是役也，爲北虜入犯之始。京師惴怫，陵寢震惶，主上至按劍以督過邊臣，而丁司馬①、楊中丞②駢首弃市，此其法至嚴矣。獨謂封疆之吏，顧以逡巡，竟得從末減，豈以金錢事貴人能左右之邪？抑亦天威少霽，强弩之末，勢不穿魯縞邪？且丁司馬典在兵局，而展措失機宜，死安足恤？獨楊中丞來自中山，率孤旅以勤王，乃其禍反出當關者之上，斯有足傷心者。嗟嗟！分宜③縱壑矯政，咸寧④藉寵煽威，乃中丞不幸以席藁當之，可奈何。"

---

① 丁司馬，指兵部尚書丁汝夔。庚戌之變後，爲嚴嵩誣陷，斬首於市。參張廷玉《明史》卷二百四《丁汝夔傳》，第 5389~5393 頁。

② 楊中丞，指兵部左侍郎楊守謙。庚戌之變後，爲嚴嵩誣陷，斬首於市。參張廷玉《明史》卷二百四《楊守謙傳》，第 5393~5395 頁。

③ 分宜，指嚴嵩，江西分宜人。參張廷玉《明史》卷三百八《嚴嵩傳》，第 7914~7919 頁。

④ 咸寧，指咸寧侯仇鸞。

三十年,東西虜陷黃崖口關。

三十二年,東虜犯乍兒谷寨,官軍追敗。西虜犯河坊口,官軍禦却之。

三十三年,東虜屬夷犯正水谷寨、寬佃谷關、黑谷關,官軍禦却之。

本年秋九月内,西虜把都兒、東虜打來孫等十餘萬騎犯古北口、龍王峪。總督楊博分布總兵周益昌率兵堵截,用砲矢打傷衆多。復寇磚垜子、沙嶺兒,又攻圍土墻地方,益昌①復督兵鏖戰,中首虜把户等,大敗之。博與益昌俱蒙恩陞蔭,諸將陞、賚各有差。效祖曰:"余至曹家砦,登旱兒嶺關。李遊戎逢時爲余言:'土墻之捷,云初打來孫糾衆聯營,志在斬關突入,視我如無人乎?'玉門之側,乃楊督府②炯戒參圖,諸帥驥垂效命。初攻龍王峪,再攻磚垜子、沙嶺,又攻松嶺土墻,卒不使一騎入。斯其功,宜不在搴旗深鹵下,不則,一隙之潰,流毒遍四坼。庚戌之變,曾幾何時,一之已甚,其可再乎?以是知督府之壯猷,登邊庭,被社稷矣!"

三十五年,東虜犯山海關,復犯冷口,官軍禦却之。

三十六年,東虜屬夷陷徐流口、桃林口、劉家口、冷口、河流口等關。

三十七年,東虜犯羅漢洞、界嶺口,復犯青山口,官軍禦却之。

三十八年,東、西虜屬夷大寇,陷潘家口、大安口,大掠圻甸。效祖曰:"是役也,聞守將詑誘避難,以所必攻地付之河南閫君營。彼烏合之徒,身無犀渠,且生長内地,夙未見氊幕③之衆,安得不望望而潰逸也?喪威稔寇,守將④之罪,奚趐十倍於閫君乎?"

三十九年,東虜犯一片石、山海關,復犯冷嘴頭,西虜犯河坊口、神堂峪,官軍禦却之。

四十年,東虜犯乍兒峪寨,官軍追敗之。

四十二年,東、西虜屬夷陷墻子嶺、磨刀谷,大掠内地,總兵孫臏戰没。效祖曰:"是舉也,聞神將馮詔與監軍者酣飲邊樓,夜分,各酩酊卧,即大虜在外窺伺,無一卒哨望者。遲明,虜拆墻入,詔始跟蹌起。楊督府初聞警,欲提師往,詔堅阻之。比事敗,惟督府逮之法,而詔與監軍皆未⑤减謫戍,吁嗟嗟!監軍謂書生猶可言也,而詔以封疆介胄,乃亦待之以不死乎?吁嗟嗟,難言之矣!"

□□□□□□⑥將郭琥伏兵鵓子洞邀擊之,殺首虜五十級,奪回擄掠男女、牛羊以萬數。效祖曰:"琥,故關西驍將,臏以主師,既殁,若非琥有是捷,使狡獫諸酋必謂中國無一人當其鋒者,而日啓侵凌之志,恐邊境歲無寧時矣。此其功宜與大捷者同日語,而賞若不酬者,何歟?

---

① 益昌,原作"昌",誤,據補。
② 楊督府,指楊博。
③ 氊幕,遊牧民族住的氊帳,這里代指北虜。語見李陵《答蘇武書》"韋韝氊幕,以禦風雨",李善注:"氊幕,氊帳也。"參《六臣注文選》卷四十一《答蘇武書》,《景印文淵閣四庫全書》第1331册,第98頁。
④ [校]將,底本不清,據民國間抄本補。
⑤ [校]未,原作"末",據民國間抄本改。
⑥ 底本、民國間抄本均缺少七個字。

且聞琥撫愛士卒，在鎮有廉謹之聲，代之日，攀轅卧轍者扶攜道路，亦近年邊臣所屢屢有者，不可不特書云。"

四十三年，東虜寇山海關，官軍戒嚴，轉窺南海口。時正月，海水凝結，虜欲馳度，冰忽自解，始遁去。復寇黄土嶺，又寇黄崖口，守備趙雲龍禦却之。

隆慶元年，東、西虜屬夷大寇，陷界嶺口、羅漢洞，大掠内地，官軍分道進擊，轉戰三日。陝西入衛遊擊張臣①追至棒槌崖，斬獲十餘級②，蹂③踐自傷死者，尸横數里。效祖曰："是役也，聞我師④集郊關十餘里⑤，莫敢縱兵向虜者。臣獨違衆挺戟，率丁男六百人，無不一以當十。血戰奏功，彼碌碌因人成事者，復用智攘以爲首功。嗟嗟！往事毋論已，獨謂臣之英威漂鹵，今犹在薊人齒頰間，則安知首功者爲誰何乎？"

萬曆四年夏六月，屬夷炒蠻部落抵古北口關乞賞，乘雨夜越入鴉鶻菴砦搶掠，未明，馳去。參將苑宗儒同謫戍副將湯克寬⑥率五十餘騎追之至十八磐，俱陷没，舁尸還。效祖曰："余嘗邂逅宗儒，眇小丈夫耳。私竊以爲非當關之器，然未敢訟言之人。今曾幾何時，竟有茲變邪？吁嗟嗟！宗儒何足言？獨謂薊門數年經畧，至使朝薦紳，一旦駭顧如墮倪，宗儒之死，奚足抵萬一哉！"

效祖曰："宗儒茲敗，或謂罪在生，不在死，何以故？虜之抵關數日，會天雨，不得去。宗儒閉關高坐不出，漿粒以食飲之，此在内士猶宜有脱巾之呼，奈何使夷狄禽獸肯甘心以待斃乎？此其罪在生也。或又曰生之罪小，死之罪大，何以故？虜乘夜來，復夜去，猶謂穿窬類耳，宗儒能詢謀決策，徐興問罪之師，奚不可者，乃奮螳臂以當車，委羊質而飼虎，其無具甚矣。要之，宗儒生足以償事，生無益也；死不足以濟事，死亦無益也。吁嗟嗟！宗儒地下有知，聞余言，當爲崩首而忍訴。"

又有謂效祖者曰："宗儒死，謂有封疆之責，變起倉卒，其計畫無復之，故雖死而有所不避耳。乃克寬以戍客，即不與宗儒俱，亦無罪罰及之者，何至委不貲之軀，而甘同腐鼠若是？"效祖曰："聞克寬久專南閫，其以失律枯人骨者，無慮千萬人矣，幸脱於彼，而卒不免於此，天奪其魄，自貽之戚，與宗儒等夷交耳，惡足惜，惡足惜！"

效祖曰："諸夷部落，既有定居，乃其堪虞内訌，非結聚糾舉，則區脱之謀，皆可逆睹也。⑦若内之間諜⑧，實睄探明，而沿邊諸將無事交驩，無以鄰境爲壑，即有犯，

---

① 張臣，其傳見本書卷七。
② ［校］級，底本不清，據民國間抄本補。
③ ［校］蹂，底本不清，據民國間抄本補。
④ ［校］我師，二字底本不清，據民國間抄本補。
⑤ ［校］十餘里，三字底本不清，據民國間抄本補。四庫禁燬本在"莫敢縱兵向虜者"一句前有"壁"字。
⑥ 湯克寬，邳州衛（今江蘇邳州）人。以世蔭任都指揮僉事，充浙江參將。嘉靖三十四年（1555）隨張經破倭寇於王江涇（今嘉興），因功陞都督僉事。後從俞大猷入粵，敗倭於海豐，擢廣東總兵官。萬曆初北調薊州。萬曆四年（1576）蒙古部落攻古北口，乃率軍出關追擊，遇伏死。
⑦ ［校］睹也，二字底本不清，據民國間抄本補。
⑧ ［校］間諜，二字底本不清，據民國間抄本補。

豈至倏忽不能備哉？嗟乎！牆嶺之寇，其始由馬蘭，馬蘭幸以賂免，秘不以聞，而此復爰爰不爲之備。籌邊若此，而諉之天數者，豈定論乎？"

昌鎮夷部

入犯

由獨石境外大松林、明沙灘，南至天克力，或察漢川潮兒分路，西犯宣鎮之龍門所滴水崖，入永寧川，犯黃花、居庸二路。自天克力南行，或東自湯河轉西南過表廠，南至三角城分路，又西臭水坑入宣鎮四海冶，犯擦石、磨石二口。自三角城分路，由椒園兒、沙嶺西犯慕田、賈兒嶺，南犯开連口。由四海冶城北入東山峪，東過皂角石，南犯大榛峪、驢鞍嶺，由四海冶、南橫嶺①東南，犯雪山東庵②。俱渤海③所一帶地方。

由永寧州東下四海冶，過西橫嶺東南曲鶯嘴崖，南犯南冶口。正南至三岔口分路，東雪山東庵，西由草寺兒、大長峪④西行，過石垛子犯萬澗口，過南橫嶺由西盤道、杏樹臺東入三道關犯黃花本鎮口。由灰子塘亦犯⑤本鎮口。由周四溝、南山、宋王駝南下，亦犯本鎮口。由鶯查兒犯西三道關，由韓家川、老長城犯鷂子峪。俱黃花鎮一帶地方。

由永寧南山謊砲兒、又石橋口迤東臺子溝，南來至二道河分路，東南由韓家川、老長城犯黃花鎮鷂子峪⑥。正南由白龍潭，東南由鶯窩嶺亦犯黃花鎮。由磚廟兒嶺南來犯門家峪、灰灰嶺、賢莊、錐石。由蓮花石正東過刺梅川通白龍潭，南犯德勝口。由麻地溝西通居庸關南口外雙泉口，由郭家莊寞犯雁門石、錐石，俱山陵後地，爲灰嶺口一帶地方。

由延慶州南山入張家口，西南犯青龍橋、石佛寺、正瓜峪，入大、小紅山口，至柳溝，亦西犯前三口，南犯陳友良、黑豆峪、化木梁、岔道堡，至岔道八達嶺爲急。八達嶺，居庸外户。俱八達嶺一帶地方。

由懷來南山越聰墩土牆入棒槌峪⑦、大川，東南犯花家窑、石峽峪、糜子峪。由東南榛子嶺過响閘口分路，出湯峪、蘇林并居庸南口犯昌平。俱石峽峪一帶地方。

由懷來南山越聰墩土牆入棒槌峪、大川，東南犯軟棗頂、石板衝、西山庵、牛臘溝，南行犯桑木溝、黃鹿院、東西二庵、秋樹窪。俱白羊一帶地方。

---

① ［校］橫嶺，二字底本不清，據民國間抄本補。
② ［校］犯雪山東庵，五字底本不清，據民國間抄本補。
③ ［校］渤海，二字底本不清，據民國間抄本補。
④ ［校］此處原記有"草寺兒"，與前文重複，故删除。
⑤ ［校］犯，底本原無，據文意補。
⑥ 從引處"鷂子峪"以下，至"由懷來南山"前止，底本缺一頁，見《四庫禁燬書叢刊》本史部，第541頁上a，據民國間抄本補。
⑦ 棒槌峪，有作"棒棰峪"者，如《讀史方輿紀要》卷十八《北直九》，第808頁。

由懷來南山越聯墩土墻，東南由羊兒嶺轉正南瑞雲觀犯立石口分路，東南犯沙嶺兒、東西二庵、窟窿山。俱長峪一帶地方。

由懷來南山越聯墩土墻，南過乾庄子，東南犯風胡盧溝，并東、西涼水泉，正南犯火石嶺、寺兒梁，西南犯東、西核桃衝、大石溝、陡嶺口，由小山口、十八家南來犯鶯窩，由大山口東北犯姜家梁、倒翻衝、廟兒梁。俱橫嶺一帶地方。

由懷來南山越聯墩土墻，南入大山口分路，轉東北柳樹窪溝，犯于家衝，翻驢兒溝、雙山頂分道南行犯黑衝谷、車頭溝，由大山口正南行水頭村分路，至後港口犯尖山頂、北唐庵、南唐兒庵、松樹頂、秋樹窪、掛枝庵。俱鎮邊一帶地方。

正統十四年，西虜破紫荊關，犯都城，回畧昌平①，焚長、獻、景三陵。出居庸關，復犯，都御史羅通遣官軍禦却之。

正德十一年，西虜犯長峪村、德勝寺，官軍禦却之。本年冬十月，虜掠白羊口。

嘉靖二十二年，西虜犯慕田關、賈兒嶺地方，官軍禦却之。

二十七年，西虜犯岔道，攻八達嶺，官軍禦却之②，轉犯石佛寺口、青龍橋東口，官軍復禦却之。

二十九年，西虜由古北口入，犯都城，回掠大③石溝出境。

三十四年，西虜犯唐兒庵，官軍禦却之。

四十年，西虜犯岔道，攻八達嶺，官軍禦却之。

效祖曰："昌鎮故無外夷，無外夷其有入犯者何？曰：'西自紫荊，東自古北，內攻之也。'或曰：'金之攻遼，不嘗至居庸乎？何言無入也？'曰：'崖石自崩，天欲亡遼，非金之能攻，亦非遼之不能備也。'"

真保鎮夷部

入犯

紫荊關西北外通大同、宣府。虜犯大同地方，從渾源州、靈丘縣進入，可犯浮圖峪、白石口、插箭嶺、倒馬關地方。虜犯宣府地方有兩路，一路從葛峪堡、龍門、永寧等處進，入保安州，可犯馬水口、大龍門，至本關地方。一路從洪州、蔚州廣昌縣進，入可犯浮圖峪、白石口、插箭嶺地方。

---

① ［校］回畧昌平，四字缺失，據民國間抄本補。
② ［校］之，底本原無，據文意補。
③ ［校］大，原作"太"，據上下文及民國間抄本改。

虜自宣府善房堡①、東西馬營堡、洗馬林堡入掠②，由渡口堡、左右衛、洪州、順聖川、東西城③、蔚州④至廣昌縣⑤，歷四百一十里，東可犯浮圖峪，南可犯插箭嶺⑥，入倒馬關地方。

虜自大同西洋河、洪四堡、鐵裏門入，由陽和天城⑦、長安堡、二嶺、凹磁窑、龍嘴東、河南招伯、石福至廣昌縣，共三百九十里，方犯倒馬地方。

虜自偏頭關、平行關入，由東河南槽里鋪至靈丘縣八百里，可犯本關所屬跌馬崖等處地方。

虜自雁門關、五臺縣入，九百里方至龍泉關地方。

虜自大同入犯寧武關，歷六百里方至故關地方。

虜自大同入犯偏頭關，歷七百里方至故關地方。

虜自大同入犯代州雁門關，過郭縣⑧、忻州、太原府壽陽縣、平定州，歷六百五十里方至故關地方。

虜自大同天城、陽和界入犯蔚州，過靈丘、廣昌、平行關，繁峙縣，歷三百五十里方至龍泉關地方。

虜自朔州馬邑縣入犯雁門，過代州五臺縣，歷三百三十里方至龍泉關地方。效祖曰："紫荆關以浮圖峪爲外户，倒馬關以插箭嶺爲外户，浮圖峪南踰插箭嶺衹六十里，烽堠相望，顧視宣、大外邊，此爲枳棫之區耳。當事者借箸而籌⑨，如投水轉規⑩，易易耳，何至如臨戎受敵者之日拮据乎！"

正統十四年，虜犯燕境，倒取紫荆，乃由蔚州南北⑪口入。

正統十四年，虜酋也先大寇宣府，六師敗於土木⑫。英廟北狩，太監喜寧因降也

---

① 善房堡，有作"膳房堡"者，如《讀史方輿紀要》卷十八《北直九》，第802頁。
② ［校］入掠，二字底本缺，據民國間抄本補。
③ ［校］順聖川、東西城，六字底本不清或殘缺，據民國間抄本補。
④ ［校］蔚州，二字底本不清，據民國間抄本補。
⑤ ［校］廣昌縣，三字底本不清，據民國間抄本補。
⑥ ［校］南可犯插箭嶺，六字底本缺，據民國間抄本補。
⑦ ［校］城，底本不清，據民國間抄本補。
⑧ 郭縣，即"崞縣"。參張廷玉《明史》卷四十一《地理二》，第961頁。
⑨ 借箸而籌，指從旁爲人出主意。語見《史記》卷五十五《留侯世家》，第2040頁，張良語："臣請借前箸爲大王籌之。"裴駰集解引張晏語："求借所食之箸用指畫也。或曰前世湯武箸明之事，以籌度今時之不若也。"
⑩ 投水轉規，語出唐人朱子奢《昭仁寺碑銘並序》"運投水轉規之智，蓄禮樂慈愛之兵"，見董誥等編《全唐文》，中華書局1983年影印本，第1365頁。
⑪ ［校］蔚州南北，四字底本不清，據民國間抄本補。
⑫ ［校］六師敗於土木，六字底本不清或殘缺，據民國間抄本補。

先，告以中國虛實①，遂爲②鄉導，直至紫荆。都御史孫祥時守關，以虜情猝詐③，堅壁拒之。至夕，賊縱火斬關而入，祥被殺死④。效祖⑤曰："土木之禍烈矣！虜酋得喜寧爲指南，惟其所之，如奔兕之觸魯縞⑥，祥之以死報國，無復有遺憾矣⑦。然使斬關之時，我兵結壘者衆，祥即死，猶得以食熊蹯也，何至倏忽之際，駢首蹈白刃哉！"

景泰三年，虜寇倒馬，都御史陳泰修城增兵禦之。

弘治十七年，北虜屬夷入寇，通政司參議熊偉督餉紫荆關禦之。

嘉靖十九年、二十年、二十二年⑧，北虜吉囊大舉入⑨犯保定，由磁窑、石門峪等口入。

三十三年，北虜犯浮圖峪，都御史艾希淳命守備蔣譚率標下奇兵禦之。

效祖曰："宣、大之虜入犯華域，必由紫荆，以浮駼地便故也。然紫荆去宣、大尚遠，假使得報，即爲之備，虜即强即衆多，豈能越蜚狐之險，如我虛無人哉？楊恪愍公《紫荆考》⑩密應深圖，惜不令見於己巳之前。然自庚戌後，稍稍與薊鎮皆知必然之畫矣。其身死，其言行，公何憾哉！"

遼鎮夷部

入犯

本鎮三面控夷入犯，衝隘特甚。惟寧前背山面海，一綫之地，爲遼咽喉。沿邊境外，住牧尤衆，如大青山、夾山、寬邦等處住牧夷人，自鐵場等堡、獅子口、黃白河、大河口、葦子衝等口進入，則犯前屯，并中前所、中後所，北向則及寧遠一帶地方。

開原東北出邊四十里，地名哈塔寨、台柱寨、野黑寨等處，皆海西夷人王台等住

---

① ［校］虛實，二字底本不清，據民國間抄本補。
② ［校］遂爲，二字底本不清，據民國間抄本補。
③ ［校］情猝詐，三字底本不清，據民國間抄本補。
④ ［校］死，底本不清，據民國間抄本補。
⑤ ［校］效祖，二字底本不清，據民國間抄本補。
⑥ 奔兕之觸魯縞，語見陳琳《爲曹洪與魏文書》"而我軍過之，若駭鯨之决細網，奔兕之觸魯縞"，參《六臣注文選》卷四十一《答蘇武書》，《景印文淵閣四庫全書》第1331册，第120頁。此處用指土木之變中也先兵勢之强，明朝難以抵擋。
⑦ ［校］憾矣，二字底本不清，據民國間抄本補。
⑧ 按張廷玉《明史》卷三百二十七《韃靼傳》，第8479頁記嘉靖二十一年秋吉囊死。故二十二年吉囊犯邊之事存疑。
⑨ ［校］大舉人，三字底本不清，據民國間抄本補。
⑩ 楊守謙《紫荆考》、《大寧考》二書收入《名臣寧攘要編》，《北京圖書館古籍珍本叢刊》第11册。

牧。近來羈縻得宜①，貢市如舊，故地方無警。若夷情不測，必從靖安堡②、何岐臺、威遠堡、龍壇衝、會安堡③、北空臺、郎舍衝等④口進入，則犯⑤開原、中固、鐵嶺、汎河、懿路、撫順⑥迤東一⑦帶地方。

鴉骨關、撒良盖、八家兒、架子臺、上土木河、厦底寨、莽山、紅崖子、牡丹寨等處住牧夷人，自清河等堡，我奪峪、賣酒望、板場、大梨樹峪、俺塔皮臺、白龍山、瘸子屯等口進入，則犯清河、撫順、蒲河一帶地方。十岔口、鍋兒聽、鴨兒櫃⑧等處住牧夷人，自洒馬吉等堡，葦子峪、大柞子、化石嶺、矮嶺等口進入，則犯靉陽、江沿臺、險山等城、堡一帶地方。

雕背山、馬鞍山、流星塘、上遼河等處住牧夷人，自十方寺、清陽等堡，平安坡、石家泊、平湖口、後新臺等口進入，則犯開原、中固、鐵嶺、懿路、汎河、蒲河迤西一帶地方。

爛蒲河、中遼河上稍等處住牧夷人，自靜遠等堡，遠虜臺、月牙臺、上上臺等口進入，則犯瀋陽，直達黃山，北及蒲河，南及遼陽一帶地方。

金線塔、東遼河、中遼河等處住牧夷人，自長靜⑨等堡，清河泊、喜鵲窩、打鶯臺、菱角泊、楊家灣、蝦兒泊⑩、靜寧墩等口進入，則犯遼陽、鞍山、虎皮驛、北及瀋⑪陽，南及海州、大逹、延及盖、復、金州一帶地方⑫。

東遼河、老虎林等處住牧夷人，自東勝等堡⑬，王七庄窠等口進入，則犯海州，西及牛庄，抵三岔河、娘娘宮，南向則及耀州，再大逹，深入直抵盖、復、金州一帶地方。

西遼河住牧夷人，自鎮武等堡，禦虜二臺、三臺、邢百户臺、蓮子湖大臺、傅家庄

---

① ［校］近來羈縻得宜，六字底本不清，據民國間抄本補。
② ［校］若夷情不測，必從靖安堡，十字底本不清或殘缺，據民國間抄本補。
③ ［校］龍壇衝、會安堡，"壇"、"會"二字底本不清，據民國間抄本補。
④ ［校］北空臺、郎舍衝等，底本不清，據民國間抄本補。
⑤ ［校］底本無"犯"字，按前文"……葦子衝等口進入，則犯前屯……"，當補"犯"字，於文意合。
⑥ ［校］懿路、撫順，"路"、"撫"二字底本不清，據民國間抄本補。
⑦ ［校］東一，二字底本不清，據民國間抄本補。
⑧ 鴨兒櫃，有作"鴨兒匱"者，如《讀史方輿紀要》卷三十七《山東八》，第1708頁。方孔炤《全邊畧記》卷十《遼東畧山海關在內》，《四庫禁燬書叢刊》史部第11册，北京出版社1997年，第364頁。
⑨ 長靜，有作"長靖"者，如《讀史方輿紀要》卷三十七《山東八》，第1707頁。
⑩ ［校］蝦兒泊，底本不清，據民國間抄本補。
⑪ ［校］山、虎皮驛、北及瀋，七字底本不清或殘缺，據民國間抄本補。
⑫ ［校］延及盖、復、金州一帶地方，此句底本不清，據民國間抄本補。
⑬ ［校］堡，底本不清，據民國間抄本補。

大臺、湖背等口進入，則犯高平、西平、西興、平洋、西寧，西北則及廣寧，東南則及吳家墳，正南直抵三岔河一帶地方。

黃甸子、孤峯塔、白雲山、荊山、大黑山、舊遼陽等處住牧夷人，自鎮靜等堡，乾河口、缸窑、空花兒營、于官兒營、大水口、管河營、劉兵營、野猪湖、蟒獐湖等口進入，則犯廣寧、正安、直驅、龍窩、吳家墳、鹽塲右屯等處，西南則及義州，東向則及高平、盤山一帶地方。

大孤山、老軍寺、蓮花山、廣平山等處住牧夷人，自大安等堡，于泉營、瑣家衝、祝青營、姚花營、石河艾口、中路門、白信臺、蒲安、白土塲等口進入，則犯義州牽馬嶺，南向則及錦州，東北則及廣寧，深暑①、延及右屯一帶地方。

平山、長山、大虹螺山、上石門、毡帽山等處住牧夷②人，自大勝等堡，沙河營、臥佛寺、塔兒山、湯河③兒、鎮④邊山、小河口、亂石山等口進入，則犯錦州松山所、大凌河所、小凌河驛，南向則及寧遠，北向則及義州，迤東延及右屯一帶地方。

黑松林、河州、小虹螺山等處住牧夷人，自椴木衝等堡，土架子、興水縣、大小麻溝、丫角山等口進入，則犯寧遠并中左所、中右所，南向則及前屯，北向則及錦州一帶地方。

洪武四年夏六月，虜納哈出侵遼。

五年，納哈出寇遼。

六年，納哈出犯遼陽等處，總兵官葉旺、馬雲統兵迎敵，大破之。

八年冬，納哈出由長廣渡水寇金州等處，總兵葉旺率周鶚設兵分擊，追三百餘里，斬首九百餘級。

九年春，納哈出犯金、盖等處，守禦指揮徐玉率兵迎擊，追至鴨緑江，擒酋首忽林卜花，俘斬甚衆。

十年冬十一月，都督濮真征高麗，被⑤執不屈，死之。

十九年春二月，納哈出營金山，數寇東塞⑥。

二十年春正月，征虜大將軍宋國公馮勝等率郞⑦討納哈出。五月，納哈出弃金山

---

① ［校］深暑，延，三字底本不清，據民國間抄本補。
② ［校］"……山、上石門、毡帽山等處住牧夷"等字底本不清或殘缺，據民國間抄本補。
③ ［校］湯河，二字底本不清，據民國間抄本補。
④ ［校］鎮，底本不清，據民國間抄本補。
⑤ ［校］被，原作"柀"，據民國間抄本改。
⑥ ［校］塞，底本不清，據民國間抄本補。
⑦ ［校］征虜大將軍宋國公馮勝等率郞，十三字底本不清或殘缺，據民國間抄本補。

營，北走。六月，勝兵①逾金山，納哈出降，乃班師。

二十七年冬，女直寇遼，都督宋晟、劉貞禦却之。

永樂十二年夏六月，都督劉江破虜於康哈里。

十七年，倭船二十餘隻寇金州，總兵劉江於望海堝設計，馬、步俱進，生擒八百五十七名，斬首七百四十二級，迄今不敢窺遼。江論功封廣寧伯。

正統七年，朵顏賊由瓦廟②堡入犯寧遠，都督文廣血戰，中流矢死之，范廣擒賊首脱里禿。

九年，兀良哈寇義州，參將施聚率兵間道遮擊，大敗之。

十四年，北虜寇鎮静等堡，廣寧指揮趙忠率兵禦却之，又寇廣寧，都御史王翺率兵禦却之。

景泰四年，虜寇遼③。

天順三年，建州酋董山④叛降朝鮮。

五年，虜寇錦、義，參將王鍇率兵俘斬六十五級。

成化二年秋九月，建州酋董山叛，寇遼。

三年，虜二千餘騎奉⑤集堡入寇，都指揮鄧佐隨總兵吳英⑥對⑦敵，斬首十餘級，賊伏起重圍，死之。十月，總兵官武靖伯趙輔、都御史李秉帥師討董山，誅之。⑧

四年，虜千餘騎犯孤山堡，守備李漢率兵迎敵，力戰，及指揮佟息、金湖等九員力戰，俱死之。⑨

九年冬十月，虜寇廣寧⑩。

十四年夏四月，建州夷叛，寇遼。秋七月，侍郎馬文升撫定之。

十五年冬十二月，建州夷寇遼。

二十二年春二月，虜寇開原。

---

① ［校］"五月，納哈出弃金山營，北走。六月，勝兵……"等字底本不清或殘缺，據民國間抄本補。
② ［校］廟，底本不清，據民國間抄本補。
③ ［校］遼，底本原缺，據民國間抄本補。
④ ［校］董山，二字底本不清，據民國間抄本補。
⑤ ［校］奉，底本不清，據民國間抄本補。
⑥ ［校］吳英，底本不清，據本書及民國間抄本補。另民國間抄本卷十《夷部考·遼鎮夷部·入犯》雖不缺字，却難辨是何字。
⑦ ［校］對，底本不清，據民國間抄本補。
⑧ ［校］"死之"以後的文字不清或殘缺，據民國間抄本補。
⑨ ［校］該句漫漶不清，據民國間抄本補。
⑩ ［校］寧，底本不清，據民國間抄本補。

弘治十三年秋九月，虜三①寇錦州，參將韓輔咸②計擊敗之。

正德八年，虜千餘騎寇寧遠，總兵韓璽禦却之。

嘉靖十四年，虜數萬寇錦州，參將周益昌率兵禦却之。

十六年，虜聚高平堡外，總兵馬永統兵搗營巢，俘斬二十餘級。

十八年，虜犯鑾陽，總兵趙國忠率兵斬首一百七十級。

二十三年，虜寇十溝兒，鑾陽守備張文瀚率兵禦却之。

二十五年七月，北虜自清河入寇義州。北虜通遼自此始③。

二十七年春正月，北虜寇廣寧，參將閻振死之。冬十二月，北虜寇遼陽，遊擊王言率兵得斬三十五級，虜遁去。④

二十九年，北虜寇開原。

三十一年夏四月，北虜寇寧前，備禦王相鏖戰二晝夜⑤，中矢死之。

三十四年夏五月，虜由河口林⑥入寇陳家墳嶺，都指揮佟登力戰，却之。秋八月，北虜打來孫寇⑦瑞昌堡，復寇虹螺山等處。九月，內寇大康等堡，總兵殷尚質率兵堵截三次，共斬首一百九十九顆，獲馬⑧一百三十⑨六匹，指揮胥繼武⑩、劉世臣，鎮撫彭文泗⑪、劉珣，百戶佟朝臣血戰死之。十月，內寇錦、義地方，總兵殷尚質率官兵斬首一百一十六顆，生擒一名，得馬三百餘匹。

三十五年二月，北虜寇大寧堡，復寇細柳河、大臺，總兵殷尚質分布官兵，斬首八十六顆，獲馬三百餘匹。千戶夏鳳、百戶李得功、軍士閆樂、楊繼宗、王禄血戰，死之。冬十月，北虜寇廣寧塔兒山地方，總兵殷尚質、遊擊閆懋官死之。時官軍陣亡者七千餘人。

三十六年春，北虜寇寧前。五月，寇廣寧。秋九月，復寇蒲河，備禦佟佩率兵斬首三顆，生擒酋首討顆等三名，獲駝馬十三匹。冬十一月，復由安寧空入寇，總兵官羅文豸分布官兵，斬首一百七十二顆，提調徐芳、備禦彭文沫、李志雲、高勳力戰，死之。

---

① ［校］三，底本不清，據民國間抄本補。
② ［校］咸，底本不清，據民國間抄本補。
③ ［校］北虜通遼自此始，底本不清或殘缺，據民國間抄本補。
④ ［校］該句漫漶不清，據民國間抄本補。
⑤ ［校］鏖、二，二字底本不清，據民國間抄本補。
⑥ ［校］河口林，三字底本不清，據民國間抄本補。
⑦ ［校］打來孫寇，四字底本不清，據民國間抄本補。
⑧ ［校］馬，底本不清，據民國間抄本補。
⑨ ［校］三十，二字底本不清，據民國間抄本補。
⑩ ［校］胥，底本不清，據民國間抄本補。《太函集》卷九十四《疏四首·查參軍職官員疏》，《續修四庫全書》第1348冊，第150頁記指揮有"許繼武"，不知是否一人，待考。
⑪ ［校］文泗，二字底本不清，據民國間抄本補。

十二月，復寇遼陽，黑石①炭等寇長勝堡。

三十七年四月，北虜寇遼陽地方，副總兵王重祿分布官兵，斬首二百顆，獲夷馬六十五匹，把總王守廉、提調王三接、守堡官鄒國珍戰死。六月，寇廣寧。秋七月，由五味子衝寇至散年峪，燒毀擄掠，殺死男婦五百七十四名口。又西虜把都兒寇遼陽馬根單等堡，副總兵劉岳、遊擊李尚文率兵斬首二百一十四顆，獲夷馬二百六十五匹。冬十月，北虜速把亥、鬼麻等由賣酒望寇舍人寨等堡險山地方，總兵楊照督率副總兵劉岳、遊擊張元禎②等軍士斬首八百二十四顆，得馬二百二十匹。

三十八年春正月，虜寇遼陽。三月，寇海州，備禦韓懋功、守備高蹈、把總林恩死之。秋九月，寇錦州。冬十一月，寇遼陽，遊擊賈冕、把總李世奇斬首十餘級，力乏死之，虜大掠而歸。

三十九年春三月，虜寇中前所，武舉張祿、千戶吳守爵、百戶黃廷勛、戴詰戰死，官軍死者三百餘人。夏四月，速把亥約三萬騎寇鎮靜，又寇大興堡③，總兵楊照率兵斬首一十四級，獲馬六十一匹。秋九月，北虜土蠻王文打來、黑石炭等七八萬騎寇大安五堡，至右屯大凌河閭陽驛，大掠而歸。

四十年十月，北虜寇蓋州，克熊岳城，直抵金州，大肆殺掠。

四十一年，北虜寇寧遠，克東蘭驛，又寇花兒營，達官指揮郎傑等親子、侄一十二人相繼死之。夏五月，毛憐虜寇險山，副總兵黑春斬首五百餘級，追至媳婦山對敵，被執，死之。

四十二年秋八月，虜寇鎮夷堡，總兵楊照率兵出境追剿，斬賊二百餘級，賊伏四起，照力戰，沒。冬十二月，北虜速把亥數萬寇遼陽，總兵佟登奮勇破陣，斬虜一百一十級，獲駝二十七頭，馬一百四十八匹。二月，內虜犯入沙河，寧前參將線補袞率兵追至黃州臺，斬酋首塔朋、王聲惠等數人。虜伏兵四起圍攻，袞面中二矢，死之。閏二月，虜寇清河，守備王維屏率兵斬首五十二級，獲馬一十四匹，又寇山城寨，副總兵郭江統兵斬虜三十七級。

四十四年秋八月，寇清河堡，守備王泝三次斬虜一十九級，獲馬四匹。九月，速把亥、五路、抄花、塔朋寇洒馬吉堡，靉陽守備徐國輔率兵斬虜十級。本月，虜寇孤山堡，參將李成梁分布王泝、劉登、徐國輔共斬虜六十級，獲馬二十一匹。冬十二月，虜萬騎寇長勝堡，參將李成梁、郎得功追斬虜四級，獲馬一十六匹。

---

① ［校］石，原作"吉"，據本書下文及《萬曆武功錄》卷十三《東三邊·黑石炭列傳》，《四庫禁燬書叢刊》史部第36冊，第241頁改。
② 張元禎，張廷玉《明史》卷一百八十四有傳，此處應非同一人。
③ ［校］大興堡，原作"大興興堡"，民國間抄本同，據本書卷二《形勝考·遼鎮形勝·乘障》改。

四十五年夏四月，虜速把亥、委中寇西平、西興堡，備禦苟麟、把總張禄、鄧元勳力戰死之。虜又寇甜水站，參將李成梁分兵俘斬七十二級。又寇鱗塲地方，副總兵王治道、守備郎得功斬首七十八級。

隆慶元年春正月，虜寇清河、洒馬吉，守備王世禄、栗鄉率兵斬虜四十六級。虜屯白雲山廣寧東北，總兵佟登率參將杜鏜、趙完，遊擊郎得功搗巢，斬首八十九級，獲駝馬、牛羊二百九十七匹隻。秋八月，虜寇一堵牆，守備劉濘三次斬虜三十七級。

二年冬，虜寇孤山堡，守備曹簠斬虜五級。

三年夏，虜寇鱗塲堡，守備曹簠斬虜一百六十級。

四年，虜寇錦州地方，王治道率參將郎得功追擊，虜佯敗，至流水堡，虜伏兵起，治道與得功力戰死之。效祖曰："是役也，聞治道與得功夙有隙，得功嘗語人曰：'治道惡能向虜？治道中情怯耳！'治道聞之，大相詬病。比聞警，分道出師，治道果失律殞身。得功自別部馳至，嘻曰：'吾始以治道為不能向虜，政為是耳，可柰何？'遂撲入虜營，格殺數人，力竭，始自裁。嗟呼！將不協恭，致以睢盱取滅亡，其若朝廷之疆場何？然得功固驍將，其始一言之謷，能以身殉，治道亦可悲已。"

五年夏四月，虜寇連山驛，總兵李成梁領兵斬首一十六級。五月，又寇盤山驛，千總劉垣等領兵斬首八級。冬十一月，虜把其三等寇清河，總兵李成梁率守備曹簠等斬虜五百八十八級。虜又聚鎮邊堡邊外，總兵李成梁領兵出境斬虜二十二級。

六年閏二月，虜速把亥寇長勝堡，總兵李成梁二次斬虜一百六十五級，獲馬一百四十匹。

萬曆元年春三月，虜聚鎮西堡邊外，總兵李成梁統兵出境斬虜五十七級。冬十二月，虜聚鎮寧堡邊外，總兵李成梁領兵出境斬虜三十三級。

二年冬十月，虜犯清河，遊擊王惟屏領兵斬虜五十三級。本月，逆酋王杲誘遊擊裴承祖、指揮劉承奕入寨，殺之。復犯撫順，總兵李成梁領兵討平，入巢斬首一千一百四級，盔甲馬匹無算。十一月，虜賊糾聚鎮夷堡邊外，欲犯廣寧，總兵李成梁率遊擊曹簠出邊襲擊，斬首二十六級，獲馬九十二匹。

三年春正月，北虜七、八萬從長勇堡入犯遼、瀋，遺老營在遼河迤西鎮守，總兵李成梁率饒丁一千從廣寧鎮寧堡出境邀擊，斬首四十三級。

本年冬十一月，虜土蠻等由平虜堡入寇，總兵李成梁率副總兵曹簠麾兵逆擊，追斬二百七級，獲駝馬千餘。衝鋒把總百戶喻春、盧世道、孫世爵、家丁金鑾等官軍二百六十員名俱血戰，歿。四年正月，欽給督、撫、鎮、總有功及陣亡者俱蔭襲，超陞。效祖曰："國家賞功之典，以酬盡敵，至章皇矣。獨謂前驅效死者，身且不保，而收漁人之利者，多握兵左右人。嗟嗟！羽林之孤，死政之老①，誰則恤之？即云利禄必先，死者亦什不敵一，而若敖氏生鮮支②，屬恩且及之誰何？此有足傷心者。"

本年，總督侍郎楊兆、巡撫都御史張學顔、兵備副使賀溱、差通事寧振等，宣諭屬夷王台同子虎兒哈、住石三馬頭等緝擒逆酋王杲，督撫具本獻俘。欽給王台暨虎兒哈等各陞賞有差。

四年春三月，北虜長昂、赤剌大等千餘騎寇背陰障堡，官軍禦却之。復寇大清堡地方，總兵李成梁統兵迎敵，斬首六十一顆，獲夷馬八十二匹，駝三隻，盔甲器械三百餘件，總兵下家丁閻仲賢等三人血戰死之。

效祖曰："遼寇入犯，歲無定處，亦無定時。然投烽亂象，多以寧前爲奇貨矣。夫寇能來，我獨不能備乎？寇日欲與我鬥，我乃日不欲與虜鬥乎！備之來，來則鬥，猶可言也。不備而來，與來而不鬥，其患豈獨在寧前哉？"

四鎮三關誌卷之十，終

---

① 死政之老，指戰死之人的父母。見《周禮注疏》卷十五《地官·司門》，《十三經注疏》本，第383頁，"以其財養死政之老與其孤"，鄭玄注："死政之老，死國事者之父母也。孤，其子。"
② 若敖氏生鮮支，其中之"敖氏"、"鮮支"爲匈奴部落名。《晉書》卷九十七《北狄匈奴傳》，第2549~2550頁，"北狄以部落爲類，其入居塞者有屠各種、鮮支種、寇頭種、烏譚種……凡十九種，皆有部落，不相雜錯"。

校注徵引文獻

正史類

（按史籍朝代先後順序排列）

［漢］司馬遷：《史記》，北京：中華書局，1959年。
［漢］班固：《漢書》，北京：中華書局，1962年。
［南朝宋］范曄：《後漢書》，北京：中華書局，1965年。
［晉］陳壽：《三國志》，北京：中華書局，1959年。
［唐］房玄齡：《晉書》，北京：中華書局，1974年。
［南朝梁］沈約：《宋書》，北京：中華書局，1974年。
［北齊］魏收：《魏書》，北京：中華書局，1974年。
［唐］李百藥：《北齊書》，北京：中華書局，1972年。
［唐］魏徵、令狐德棻：《隋書》，北京：中華書局，1973年。
［後晉］劉昫：《舊唐書》，北京：中華書局，1975年。
［宋］歐陽修、宋祁：《新唐書》，北京：中華書局，1975年。
［宋］薛居正：《舊五代史》，北京：中華書局，1976年。
［宋］歐陽修：《新五代史》，北京：中華書局，1974年。
［元］脫脫：《宋史》，北京：中華書局，1977年。
［元］脫脫：《遼史》，北京：中華書局，1974年。
［元］脫脫：《金史》，北京：中華書局，1975年。
［明］宋濂：《元史》，北京：中華書局，1976年。
［清］張廷玉：《明史》，北京：中華書局，1974年。
［民國］趙爾巽：《清史稿》，北京：中華書局，1977年。

地方志

（年號下按地名首字母排列，直接標注刻本者源於中國數字方志庫·影像版）

弘治《永平府志》，吴傑修，張廷綱、吴祺纂，《天一閣藏明代方志選刊續編》第 3 册，上海：上海書店出版社，1990 年。

正德《大同府志》，張欽纂修，《四庫全書存目叢書》史部第 186 册，濟南：齊魯書社，1996 年。

正德《松江府志》，陳威、喻時修，顧清纂，臺北：成文出版社影印正德七年刻本，1983 年。

正德《武功縣志》，康海纂修，雍正十二年刻本。

正德《雲南志》，周季鳳纂修，方國瑜主編：《雲南史料叢刊》第 6 卷，昆明：雲南大學出版社，2000 年。

嘉靖《霸州志》，唐交修，高濬纂，《天一閣藏明代方志選刊》第 6 册，上海：上海書店，1963 年。

嘉靖《廣東通志初稿》，戴璟修，張嶽纂，《四庫全書存目存書》史部第 189 册，濟南：齊魯書社，1996 年。

嘉靖《觀海衛志》，周栗、張訓纂，杭州：杭州出版社，2004 年。

嘉靖《河間府志》，郜相修，樊深纂，《天一閣藏明代方志選刊》第 1~2 册，上海：上海古籍書店，1964 年。

嘉靖《獲鹿縣志》，趙惟勤纂修，《天一閣藏明代方志選刊續編》第 1 册，上海：上海書店出版社，2014 年。

嘉靖《遼東志》，畢恭等修，任洛等纂，《續修四庫全書》第 646 册，上海：上海古籍出版社，2002 年。

嘉靖《龍溪縣志》，劉天授修，林魁、李愷纂，《天一閣藏明代方志選刊》第 32 册，上海：上海古籍書店，1965 年。

嘉靖《蘭陽縣志》，褚宦修，李希程纂，《天一閣藏明代方志選刊》第 52 册，上海：中華書局上海編輯所，1965 年。

嘉靖《沔陽志》，曾儲修，童承叙纂，《天一閣藏明代方志選刊》第 54 册，上海：上海古籍書店，1962 年。

嘉靖《全遼志》，李輔等纂修，金毓黻主編：《遼海叢書》第 1 册，瀋陽：遼瀋書社，1985 年。

嘉靖《慶陽府志》，梁明翰修，傅學禮纂，《稀見中國地方志匯刊》第 9 册，北京：中國書店出版社，2012 年。

嘉靖《清苑縣志》，李廷寶纂修，《天一閣藏明代方志選刊續編》第1冊，上海：上海書店出版社，2014年。

嘉靖《山東通志》，陸鈋纂修，《四庫全書存目叢書》史部第188冊，濟南：齊魯書社，1996年。

嘉靖《山海關志》，詹榮修，《續修四庫全書》第718冊，上海：上海古籍出版社，2002年。

嘉靖《宿州志》，余鉤纂修，《天一閣藏明代方志選刊》第23冊，上海：上海古籍書店，1963年。

嘉靖《太倉州志》，周士佐修，張寅纂，《天一閣藏明代方志選刊續編》第20冊，上海：上海書店出版社，1989年。

嘉靖《宣府鎮志》，孫世芳修，欒尚約纂，臺北：成文出版社影印明嘉靖四十年刊本，1970年。

嘉靖《西關志》，王士翹修，北京：北京古籍出版社，1990年。

嘉靖《鄆城縣志》，楊邦梁纂修，《天一閣藏明代方志選刊續編》第59冊，上海：上海古籍書店，1990年。

隆慶《華州志》，李可久修，張光孝纂，《中國地方志集成·陝西府縣志輯》第23冊，南京：鳳凰出版社，2007年。

萬曆《安丘縣志》，熊元修，馬文煒纂，《四庫全書存目叢書》史部第200冊，濟南：齊魯書社，1996年。

萬曆《保定府志》，馮惟敏纂，王國楨續修，王政熙續纂，《日本藏中國罕見地方志叢刊》，北京：書目文獻出版社，1992年。

萬曆《重慶府志》，張文燿修，鄒廷彥纂，《上海圖書館藏稀見方志叢刊》第209~213冊，北京：國家圖書館出版社，2011年。

萬曆《承天府志》，孫文龍纂修，《日本藏中國罕見地方志叢刊》，北京：書目文獻出版社，1990年。

萬曆《續朝邑縣志》，郭實修，王學謨纂，康熙五十一年刻本。

萬曆《福州府志》，林燫等纂修，《日本藏中國罕見地方志叢刊》，北京：書目文獻出版社，1990年。

萬曆《吉安府志》，余之禎等纂修，《日本藏中國罕見地方志叢刊》，北京：書目文獻出版社，1991年。

萬曆《重修居庸關志》，張紹魁修纂，臺北：成文出版社影印明萬曆四十年抄本，1968年。

萬曆《錢塘縣志》，聶心湯纂修，光緒十九年刻本。

萬曆《瓊州府志》，戴熺、歐陽燦總裁，蔡光前等纂修，《日本藏中國罕見地方志叢刊》，北京：書目文獻出版社，1990年。

萬曆《朔方新志》，楊應聘、楊壽纂修，胡玉冰校注，北京：中國社會科學出版社，2015年。

萬曆《順天府志》，沈應文、譚希思修，張元芳纂，《四庫全書存目叢書》史部第208冊，濟南：齊魯書社，1996年。

萬曆《紹興府志》，蕭良幹等修，張元忭等纂，臺北：成文出版社影印明萬曆十五年刊本，1983年。

萬曆《通州志》，林雲程修，沈明臣等纂，《四庫全書存目叢書》史部第203冊，濟南：齊魯書社，1996年。

萬曆《汶上縣志》，栗可仕修，王命新纂，康熙五十六年刻本。

萬曆《新昌縣志》，田琯修，呂光洵纂，《天一閣藏明代方志選刊》第19冊，上海：上海古籍書店，1964年。

天啓《慈谿縣志》，姚文宗纂修，臺北：成文出版社影印明天啓四年刊本，1983年。

天啓《海鹽縣圖經》，樊維城、胡震亨纂修，臺北：成文出版社影印天啓四年刻本，1983年。

天啓《同州志》，張一英修，馬樸纂，天啓五年刻本。

崇禎《歷城縣志》，宋祖法修，葉承宗纂，崇禎十三年刻本。

崇禎《山陰縣志》，劉以守纂修，《中國地方志集成·山西府縣志輯》第6冊，南京：鳳凰出版社，2005年。

順治《新修淳安縣志》，張一魁修，謝鼎元等纂，順治十五年刻本。

順治《登州府志》，施閏章修，楊奇烈纂，康熙三十三年增刻順治十七年刻本。

順治《封邱縣志》，余縉修，李嵩陽等纂，民國二十六年鉛印本。

順治《高平縣志》，范繩祖修，龐太樸校輯，順治十五年刻本。

順治《光州志》，莊泰弘修，孟俊纂，順治十七年刻本。

順治《臨潁縣志》，李馥先修，吳中奇纂，順治十七年刻本。

順治《平陰縣志》，陳秉直修，趙貫台等纂，康熙十二年刻本。

順治《招遠縣志》，張作礪修，張鳳羽纂，順治十七年刻本。

康熙《安福縣志》，黃寬、劉學愉修，王謙言等纂，康熙五十二年刻本。

康熙《安平縣志》，陳宗石纂修，康熙三十一年刻本。

康熙《續安丘縣志》，任周鼎修，王訓纂，康熙十五年刻本。

康熙《保定縣志》，成其範修，柴經國纂，康熙十二年刻本。

康熙《寶應縣志》，徐翀修，喬萊纂，康熙二十九年刻本。

康熙《霸州志》，朱廷梅修，孫振宗纂，康熙十三年刻本。

康熙《濱州志》，楊容盛修，杜曛等纂，康熙四十年刻本。

康熙《長安縣志》，梁禹甸纂修，康熙七年刻本。

康熙《朝城縣志》，祖植桐修，趙昶等纂，康熙十二年刻本。

康熙《成安縣志》，王公楷修，張櫟纂，康熙年間據康熙十二年刻本後印。

康熙《城固縣志》，王穆纂修，康熙五十六年刻本。

康熙《昌平州志》，吳都梁修，潘問奇纂，康熙十二年刻本。

康熙《茌平縣志》，王世臣修，孫克緒纂，康熙四十九年刻本。

康熙《長清縣志》，岳之嶺修，徐繼曾纂，雍正五年據康熙十一年刻版增刻。

康熙《常熟縣志》，高士䏁、楊振藻修，錢陸燦纂，康熙二十六年刻本。

康熙《長山縣志》，孫衍纂修，康熙五十五年刻本。

康熙《長泰縣志》，王玨等修，葉先登等纂，康熙二十六年刻本。

康熙《城武縣志》，趙嗣晉纂修，康熙四十一年刻本。

康熙《潮陽縣志》，臧憲祖纂修，康熙二十六年刻本。

康熙《東安縣志》，李大章等修，民國二十四年、二十五年鉛印本。

康熙《大城縣志》，張象燦修，馬恂等纂，康熙十二年刻本。

康熙《都昌縣志》，曾王孫修，徐孟深等纂，康熙三十三年刻本。

康熙《東阿縣志》，劉沛先修，鄭廷瑾續修，蘇日增續纂，康熙五十四年刻本。

康熙《東平州志》，張聰、張承賜修，單民功纂，康熙十九年刻本。

康熙《德清縣志》，侯元棐修，王振孫等纂，康熙十二年刻本。

康熙《當塗縣志》，祝元敏修，彭希周等纂，成文運續修，曹守謙續纂，康熙四十六年刻本。

康熙《大興縣志》，張茂節修，李開泰等纂，清抄本。

康熙《大冶縣志》，陳邦寄修，胡绳祖等纂，康熙二十二年刻本。

康熙《德州志》，金祖彭修，程先貞纂，康熙十二年刻本。

康熙《豐城縣志》，何士錦修，陸履敬等纂，康熙三年刻本。

康熙《肥城縣志書》，尹任修，尹足法等纂，康熙十一年刻本。

康熙《浮梁縣志》，王臨元修，康熙二十一年刻本。

康熙《福清縣志》，李傳甲修，郭文祥纂，康熙十一年刻本。

康熙《范縣志》，霍之琯修，李簡身纂，康熙十一年刻本。

康熙《鄜州志》，顧耿臣修，任于嶠纂，康熙五年刻本。

康熙《高安縣志》，張文旦修，陳九疇等纂，康熙十年刻本。

康熙《固安縣志》，鄭善述修，潘昌纂，康熙五十三年刻本。

康熙《鞏昌府志》，楊恩纂修，紀元續纂修，康熙二十七年刻本。

康熙《藁城縣志》，賴于宣修，張丙宿纂，康熙三十七年刻本。

康熙《貴池縣志畧》，李愈昌修，梁國標重訂，乾隆九年刻本，據順治十四年刻本補刻。

康熙《固始縣志》，楊汝楳修，于有慶、關必通纂，康熙三十二年刻本。

康熙《海豐縣志》，胡公著等修，張克家纂，康熙九年刻本。

康熙《河間縣志》，袁元修，楊九有纂，康熙十三年刻本。

康熙《河間府志》，徐可先等纂修，康熙年間刻本。

康熙《河南通志》，賈漢復修，沈荃纂、徐化成增修，康熙九年刻本。

康熙《河內縣志》，李櫄修，蕭家蕙等纂，康熙三十三年刻本。

康熙《鄠縣志》，康如璉修纂，康熙二十一年刻本。

康熙《滑縣志》，姚德聞修，呂夾鐘纂，康熙二十五年刻本。

康熙《虹縣志》，龔起翬纂修，彭翼宸增補，據康熙十七年增刻本抄。

康熙《黃巖縣志》，劉寬修，平遇等纂，康熙三十八年刻本。

康熙《徽州府志》，丁廷楗等修，趙吉士纂，康熙三十八年刻本。

康熙《河州志》，王全臣纂修，康熙四十六年刻本。

康熙《江都縣志》，李蘇纂修，康熙五十六年刻本。

康熙《建德縣志》，高寅修，檀光熿、柯棟纂，康熙元年刻本。

康熙《畿輔通志》，于成龍修，郭棻纂，康熙二十二年刻本。

康熙《交河縣志》，牆鼎修，黃伉纂，道光年間增刻康熙十二年刻本。

康熙《靜樂縣志》，黃圖昌纂修，民國間抄本。

康熙《濟寧州志》，廖有恒修，楊通睿纂，康熙十二年刻本。

康熙《江山縣志》，朱彩修，朱長吟纂，康熙四十年刻本。

康熙《嘉興縣志》，何鋕修，王庭、徐發纂，康熙二十四年刻本。

康熙《進賢縣志》，聶當世修，章兆瑞、陳時懋纂，康熙十二年刻本。

康熙《郟縣志》，金世純修，仝軌纂，乾隆七年據康熙三十三年刻本重刻。

康熙《涇陽縣志》，王際有纂修，康熙九年刻本。

康熙《景州志書》，張一魁纂修，康熙十一年刻本。

康熙《膠州志》，孫蘊韜等修，康熙十二年刻本。

康熙《薊州志》，張朝琮修，鄔棠纂，康熙四十三年刻本。

康熙《會稽縣志》，王元臣修，董欽德、金炯纂，康熙二十二年刻本。

康熙《崑山縣志》，杭允景纂修，康熙二十二年修，抄本，年代不詳。

康熙《靈寶縣志》，霍濬遠纂修，康熙三十年刻本。

康熙《柳邊紀畧》，楊賓纂，光緒十七年鉛印本。

康熙《臨海縣志》，洪若皋纂修，清末據康熙二十二年刻本重印。

康熙《零陵縣志》，王元弼修，黃佳色等纂，康熙二十三年刻本。

康熙《臨清州志》，于睿明等修，胡悉甯等纂，康熙十二年刻本。

康熙《臨洮府志》，高錫爵修，郭巍纂，康熙二十六年刻本。

康熙《臨潼縣志》，趙于京纂修，康熙四十年刻本。

康熙《良鄉縣志》，楊嗣奇、李維翰修，見聖等纂，康熙三十九年刻本。

康熙《陵縣志》，史颺廷纂修，康熙十二年刻本。

康熙《萊陽縣志》，萬邦維，衛元爵修，張重潤等纂，康熙十七年刻本。

康熙《蘭陽縣志》，高世琦修，王旦等纂，民國二十四年鉛印本。

康熙《耒陽縣志》，張應星纂，康熙五十五年刻本。

康熙《蘭州志》，劉斗修，陳如稷重訂，康熙二十五年刻本。

康熙《隴州志》，羅彰彝纂修，雍正三年據康熙五十二年刻版增刻。

康熙《麻城縣志》，屈振奇修，王汝霖纂，康熙九年刻本。

康熙《蒙陰縣志》，劉德芳纂修，康熙二十四年刻本。

康熙《米脂縣志》，甯養氣纂修，康熙二十年刻本。

康熙《岷州志》，田而穟纂輯，康熙四十一年刻本。

康熙《南宮縣志》，胡胤銓纂修，雍正年間刻本。

康熙《南海縣志》，郭爾戺、胡雲客纂修，康熙三十年刻本。

康熙《寧津縣志稿》，程裕昌纂修，康熙十三年刻本。

康熙《寧陵縣志》，王圖寧修，王肇棟、王肇椿纂，康熙三十二年刻本。

康熙《內丘縣志》，汪匡鼎修，和羹纂，康熙間刻本。

康熙《寧鄉縣志》，呂履恒纂修，康熙四十一年刻本。

康熙《蓬萊縣志》，高崗修，蔡永華等纂，康熙十二年刻本。

康熙《平陽府志》，劉棨修，孔尚任等纂，康熙四十七年刻本。

康熙《濮州志》，李先芳纂修，張實斗續纂修，康熙十二年刻本。

康熙《彭澤縣志》，王廷藩修，潘瀚等纂，康熙二十二年刻本。

康熙《錢塘縣志》，魏峴修，裘璉等纂，康熙五十七年刻本。

康熙《曲沃縣志》，潘錦修，仇翊道等纂，康熙四十五年刻本。

康熙《曲陽縣新志》，劉師峻纂修，康熙間刻本。

康熙《全州志》，黃志璋纂修，康熙二十八年刻本。

康熙《仁和縣志》，趙世安修，顧豹文、邵遠平纂，康熙二十六年刻本。

康熙《汝寧府志》，金鎮纂修，康熙元年刻本。

康熙《饒平縣志》，劉抃等纂修，康熙二十六年刻本。

康熙《任縣志》，謝元震等纂修，康熙年間刻本。

康熙《汝陽縣志》，邱天英纂修，李根茂纂，康熙二十九年刻本。

康熙《上蔡縣志》，楊廷望修，張沐等纂，康熙二十九年刻本。

康熙《順昌縣志》，郭鋏修，黃宣纂，康熙四十八年刻本。

康熙《遂昌縣志》，繆之弼修，程定纂，康熙五十一年刻本。

康熙《順德縣志》，黃培彝修，嚴而舒纂，康熙十三年刻本。

康熙《山東通志》，趙祥星修，錢江等纂，康熙四十一年刻本，據康熙十七年刻本增刻。

康熙《盛京通志》，董秉忠等修，孫成等纂，康熙二十三年刻本。

康熙《束鹿縣志》，劉昆纂修，民國二十六年鉛印本。

康熙《商丘縣志》，劉德昌修，葉澐纂，康熙四十四年刻本。

康熙《順天府志》，張吉午纂修，閻崇年校注，北京：中華書局，2009年。

康熙《莘縣志》，劉蕭纂修，康熙五十六年刻本。

康熙《單縣志》，王鏞修，秦寅纂輯，康熙五十六年刻本。

康熙《陝西通志》，賈漢復修，李楷纂，康熙六年刻本。

康熙《山西通志》，穆爾賽修，劉梅纂，康熙二十一年刻本。

康熙《山陰縣志》，高登先修，沈麟趾等纂，康熙十年刻本。

康熙《上虞縣志》，鄭僑修，唐徵麟等纂，康熙十年刻本。

康熙《順義縣志》，黃成章修，張大酉纂，康熙五十九年刻本。

康熙《壽張縣志》，滕永禎修，馬珩纂，康熙五十六年刻本。

康熙《同安縣志》，朱奇珍修，葉心朝、張金友纂，抄本，年代不詳。

康熙《通城縣志》，盛治纂修，丁克揚續纂修，康熙十一年刻本。

康熙《郯城縣志》，張三俊修，馮可參纂，康熙十二年刻本。

康熙《桐城縣志》，胡必選原本，王凝命增修，據康熙二十二年增刻本抄，年代不詳。

康熙《新校天津衛志》，薛柱斗修，高必大纂，民國二十三年鉛印本。

康熙《通山縣志》，任鐘麟修，余廷志等纂，康熙四年刻本。

康熙《唐縣新志》，王政修，張斑、陳瑞纂，康熙四十二年刻本。

康熙《通州志》，王宜亨修，王儆通、王兆陞纂，1962年油印本。

康熙《文安縣志》，崔啓元修，王胤芳、邵秉忠纂，康熙十二年刻本。

康熙《文安縣志》，楊朝麟修，胡溣等纂，康熙四十二年刻本。

康熙《萬安縣志》，黃圖昌修，劉應舉等纂，康熙二十八年刻本。

康熙《武昌縣志》，熊登纂修，康熙十三年刻本。

康熙《文昌縣志》，馬日炳纂修，康熙五十七年刻本。

康熙《武功縣續志》，張文熙纂修，康呂賜校補，雍正十二年刻本。

康熙《宛平縣志》，王養濂修，李開泰等纂，民國間抄本。

康熙《吳橋縣志》，任先覺修，楊萃纂，陸廷瑄續纂修，康熙四十九年刻本。

康熙《濰縣志》，王珍修，陳調元纂，康熙十一年刻本。

康熙《威縣志》，李之棟纂修，康熙十二年刻本。

康熙《魏縣志》，李尚斌修，王錫命纂，康熙二十二年刻本。

康熙《吳縣志》，湯斌修，孫珮纂，康熙三十年刻本。

康熙《婺源縣志》，劉光宿修，詹養沉纂，康熙八年刻本。

康熙《婺源縣志》，蔣燦纂修，康熙三十三年刻本。

康熙《武邑縣志》，許維梴修，束圖南纂，康熙三十三年刻本。

康熙《西安縣志》，陳鵬年修，徐之凱等纂，康熙三十八年刻本。

康熙《興化府莆田縣志》，金皋謝修，林麟焻、朱元春纂，乾隆二十六年據康熙四十四年刻本重刻。

康熙《香河縣志》，劉深纂修，康熙十七年刻本。

康熙《新河縣志》，王汝翰纂修，康熙十八年刻本。

康熙《新會縣志》，賈雒英修，薛起蛟等纂，康熙二十九年刻本。

康熙《仙居縣志》，鄭錄勳修，張明焜等纂，康熙十九年刻本。

康熙《咸寧縣志》，黃家鼎修，陳大經、楊生芝纂，康熙七年刻本。

康熙《蕭山縣志》，鄒勷、聶世棠纂修，康熙十一年刻本。

康熙《獻縣志》，劉徵廉修，鄭大綱纂，康熙十二年刻本。

康熙《夏縣志》，羅在公重修，蔣起龍續修，康熙四十七年刻本。

康熙《陽城縣志》，項龍章修，田六善纂，康熙二十六年刻本。

康熙《鄆城縣志》，張盛銘修，趙肅等纂，康熙五十五年刻本。

康熙《益都縣志》，陳食花修，鍾鍔等纂，康熙十一年刻本。

康熙《儀封縣志》，鍾定、朱弘士修，康熙三十年刻本。

康熙《陽穀縣志》，王時來修，杭雲龍纂，康熙五十五年抄本。

康熙《延津縣志》，余心孺纂修，康熙四十一年刻本。

康熙《雲南通志》，范承勳、王繼文修，吳自肅、丁煒纂，康熙三十年刻本。

康熙《永年縣志》，侯可大增補，王玲再增補，乾隆十年據康熙十一年刻版增刻本。

康熙《永平府志》，宋琬纂修，張朝琮續纂修，康熙五十年刻本。

康熙《陽曲縣志》，戴夢熊修，李方蓁等纂，康熙二十一年刻本。

康熙《魚臺縣志》，馬得禎纂修，康熙三十年刻本。

康熙《陽信縣志》，周虔森修，張璡等纂，康熙二十一年刻本。

康熙《鄞縣志》，汪源澤修，聞性道纂，康熙二十五年刻本。

康熙《宜興縣志》，李先榮修，徐喈鳳纂，康熙二十五年刻，乾隆二年增刻本。

康熙《浙江通志》，王國安等修，黃宗羲等纂，康熙二十三年刻本。

康熙《章丘縣志》，鍾運泰修，高崇巖纂，康熙三十年刻本。

康熙《滋陽縣志》，李瀠修，仲弘道纂，康熙四十一年刻本。

康熙《趙州志》，祝萬祉修，閻永齡等纂，康熙十二年刻本。

康熙《澤州志》，陶自悅撰，康熙四十五年刻本。

雍正《安東縣志》，余光祖修，孫超宗等纂，清抄本。

雍正《安寧州志》，楊若椿等修，段昕纂，乾隆四年刻本。

雍正《從化縣新志》，郭遇熙纂修，蔡廷鑣續修，張經綸續纂，雍正八年刻本。

雍正《慈谿縣志》，楊正筍修，馮鴻模等纂，雍正八年刻本。

雍正《巢縣志》，鄒琔纂修，雍正二十二年刻本。

雍正《處州府志》，曹掄彬修，朱肇濟等纂，雍正十一年刻本。

雍正《阜城縣志》，陸福宜修，多時珍纂，光緒三十四年刻本。

雍正《肥鄉縣志》，王建中修，宋錦、程囊錦纂，雍正十年刻本。

雍正《鳳翔縣志》，韓鏞纂修，雍正十一年刻本。

雍正《故城縣志》，蔡維義修，秦永清等纂，雍正五年刻本。

雍正《高陽縣志》，嚴宗嘉修，李其旋纂，雍正八年刻本。

雍正《洪洞縣志》，余世堂修，董維等纂，雍正八年刻本。

雍正《合肥縣志》，趙良墅修，田实发等纂，雍正八年刻本。

雍正《河南通志》，田文鏡等修，孫灝等纂，光緒二十八年刻本。

雍正《懷遠縣志》，唐暄纂修，雍正二年刻本。

雍正《畿輔通志》，唐執玉、李衛修，陳儀纂，雍正十三年刻本。

雍正《建平縣志》，衛廷璞纂修，雍正九年刻本。

雍正《樂安縣志》，李方膺纂修，雍正十一年刻本。

雍正《臨安府志》，張無咎修，夏冕纂，民國間抄本。

雍正《臨汾縣志》，徐三俊修，陳獻可等纂，雍正八年刻本。

雍正《密雲縣志》，薛天培修，陳弘謨纂，雍正元年刻本。

雍正《平谷縣志》，任在陛修，李柱明纂，項景倩續纂修，雍正六年刻本。

雍正《齊河縣志》，上官有儀修，許琰纂，乾隆二年刻本。
雍正《四川通志》，黃廷桂、憲德修，張晉生等纂，乾隆元年刻本。
雍正《舒城縣志》，陳守仁修，賈彬、郭維祺纂，雍正九年刻本。
雍正《深澤縣志》，趙憲修，王植纂，乾隆年間據雍正十三年刻版增刻。
雍正《直隸深州志》，徐綬纂修，雍正十年刻本。
雍正《朔州志》，汪嗣聖修，王霨纂，雍正十三年刻本。
雍正《屯留縣志》，甄爾節修，孫肯穧等纂，雍正八年刻本。
雍正《泰州志》，褚世暄修，陳九昌等纂，雍正六年刻本。
雍正《渭南縣志》，岳冠華纂修，雍正十年刻本。
雍正《孝義縣志》，方士譔纂修，雍正四年刻本。
雍正《應城縣志》，李可寀纂修，雍正四年刻本。
雍正《猗氏縣志》，潘鈗修，吳啟元、高紹烈纂，雍正七年刻本。
雍正《澤州府志》，朱樟修，田嘉穀纂，雍正十三年刻本。
乾隆《安仁縣志》，魏鈊修，鄭長瑞、洪獸纂，乾隆十六年刻本。
乾隆《安肅縣志》，張鈍修，史元善、李培纂，嘉慶十三年補刻本。
乾隆《安陽縣志》，陳錫輅修，朱煌、謝震纂，乾隆三年刻本。
乾隆《寶坻縣志》，洪肇楙修，蔡寅斗纂，乾隆十年刻本。
乾隆《寶坻縣志》，洪肇楙修，蔡寅斗纂，民國六年石印本。
乾隆《巴縣志》，王爾鑑修，王世沿等纂，嘉慶二十五年刻本。
乾隆《淳化縣志》，萬廷樹修，洪亮吉纂，乾隆四十九年刻本。
乾隆《長樂縣志》，賀世駿修，沈成國等纂，乾隆二十八年刻本。
乾隆《長沙府志》，呂肅高修，張熊圖等纂，乾隆十二年刻本。
乾隆《白水縣志》，梁善長纂修，乾隆十九年刻本。
乾隆《長泰縣志》，張懋建等修，賴翰顒等纂，民國二十一年鉛印本。
乾隆《長興縣志》，譚肇基修，吳菜纂，乾隆十四年刻本。
乾隆《蒼溪縣志》，丁映奎纂修，乾隆四十八年刻本。
乾隆《昌邑縣志》，周來邰纂修，乾隆七年刻本。
乾隆《朝邑縣志》，金嘉琰、朱廷模修，錢坫纂，乾隆四十五年刻本。
乾隆《辰州府志》，席紹葆等修，謝鳴謙、謝鳴盛纂，乾隆三十年刻本。
乾隆《長洲縣志》，李光祚修，顧詒祿等纂，乾隆十八年刻本。
乾隆《長治縣志》，吳九齡修，蔡履豫纂，乾隆二十八年刻本。
乾隆《滄州志》，徐時作等修，胡淦纂，乾隆八年刻本。
乾隆《東安縣志》，吳德潤修，毛世卿等纂，乾隆十四年刻本。

乾隆《東昌府志》，胡德琳修，周永年纂，乾隆四十二年刻本。

乾隆《大名縣志》，張維祺、李棠纂修，乾隆五十四年刻本。

乾隆《東平州志》，沈維琪修，胡彥昇纂，乾隆三十六年刻本。

乾隆《大同府志》，吳輔宏纂修，文光校訂，乾隆四十七年刻本。

乾隆《直隸代州志》，吳重光纂修，乾隆四十九年刻本。

乾隆《德州志》，王道亨修，張慶源纂，乾隆五十三年刻本。

乾隆《峨眉縣志》，文曙修，張弘映纂，乾隆五年刻本。

乾隆《豐城縣志》，滿岱修，唐光雲纂，乾隆十七年刻本。

乾隆《扶風縣志》，熊家振修，張塤纂，乾隆四十六年刻本。

乾隆《扶溝縣志》，七十一、董豐垣修，郝廷松、薄玫等纂，乾隆二十七年刻本。

乾隆《富平縣志》，喬履信纂修，乾隆五年刻本。

乾隆《富平縣志》，吳六鰲修，胡文銓纂，乾隆四十三年刻本。

乾隆《鳳翔府志》，達靈阿修，周方炯、高登科纂，道光元年增刻乾隆三十一刻本。

乾隆《鳳翔縣志》，羅鰲修，周方炯、劉震纂，乾隆三十二年刻本。

乾隆《鳳陽縣志》，于萬培纂修，光緒二年刻本。

乾隆《福州府志》，徐景熹修，魯曾煜等纂，乾隆二十一年刻本。

乾隆《汾州府志》，孫和相修，戴震纂，乾隆三十六年刻本。

乾隆《涪州志》，多澤厚修，陳于宣纂，乾隆五十年刻本。

乾隆《高安縣志》，聶元善纂修，乾隆十九年刻本。

乾隆《廣德州志》，胡文銓修，周廣業纂，乾隆五十九年刻本。

乾隆《光山縣志》，楊殿梓修，錢時雍纂，乾隆五十一年刻本。

乾隆《灌縣志》，孫天寧纂修，乾隆五十一年刻本。

乾隆《鞏縣志》，李述武纂修，乾隆五十四年刻本。

乾隆《高郵州志》，楊宜崙修，夏之蓉、沈之本纂，乾隆四十八年刻本。

乾隆《韓城縣志》，傅應奎修，錢坫等纂，乾隆四十九年刻本。

乾隆《邯鄲縣志》，王炯纂修，乾隆二十一年刻本。

乾隆《黃岡縣志》，蔡韶清修，胡紹鼎纂，乾隆二十四年刻本。

乾隆《黃岡縣志》，王鳳儀修，胡紹鼎、杜乘時纂，王正常續修，乾隆五十四年刻本。

乾隆《獲鹿縣志》，周榮纂修，乾隆四十六年稿本。

乾隆《河南府志》，施誠修，童鈺等纂，同治四年增刻乾隆四十四年刻本。

乾隆《海寧縣志》，金鼇修，黃簪世續修，王又曾纂，乾隆三十年刻本。

乾隆《華容縣志》，狄蘭標纂修，乾隆二十五年刻本。

乾隆《衡水縣志》，陶淑纂修，乾隆三十二年刻本。

乾隆《杭州府志》，鄭澐修，邵晉涵纂，乾隆四十九年刻本。

乾隆《江都縣志》，五格、黄湘纂修，乾隆八年刻本。

乾隆《江津縣志》，曾受一修，王家駒纂，乾隆三十三年刻本。

乾隆《晉江縣志》，方鼎修，朱升元纂，乾隆三十年刻本。

乾隆《江陵縣志》，崔龍見、魏耀修，黄義尊纂，乾隆五十九年刻本。

乾隆《江南通志》，尹繼善等修，黄之雋等纂，乾隆元年刻本。

乾隆《晉寧州志》，毛敖、朱陽纂修，乾隆二十七年刻本。

乾隆《稷山縣志》，韋之瑷修，郭珮等纂，乾隆三十年刻本。

乾隆《績溪縣志》，較陳錫等修，章瑞鐘等纂，乾隆二十一年刻本。

乾隆《介休縣志》，王謀文纂修，乾隆三十年刻本。

乾隆《江夏縣志》，陳元京修，述之等纂，乾隆五十九年刻本。

乾隆《汲縣志》，徐汝瓚修，杜崑纂，乾隆二十年刻本。

乾隆《嘉魚縣志》，汪雲銘修，方承保、張宗軾纂，乾隆五十五年刻本。

乾隆《膠州志》，周於智修，劉恬纂，乾隆十七年刻本。

乾隆《涇州志》，張延福修，李瑾纂，據乾隆十九年刻本抄。

乾隆《直隸絳州志》，張成德修，李友洙等纂，乾隆三十年刻本。

乾隆《崑山新陽合志》，張予介等修，顧登等纂，乾隆十六年刻本。

乾隆《陵川縣志》，程德炯纂修，乾隆四十四年刻本。

乾隆《臨汾縣志》，高塘、吳士淳修，吕淙、吳克元纂，乾隆四十四年刻本。

乾隆《連江縣志》，戚敆言等修，孫發曾纂，乾隆五年刻本。

乾隆《廬陵縣志》，平觀瀾修，黄有恒、錢時雍纂，乾隆四十六年刻本。

乾隆《龍溪縣志》，吳宜燮修，黄惠、李疇纂，吳聯薰續纂修，光緒五年刻本。

乾隆《溧陽縣志》，吳學濂纂修，乾隆八年刻本。

乾隆《重修洛陽縣志》，龔崧林修，汪堅纂，民國十三年石印本。

乾隆《馬平縣志》，舒啟修，吳光昇纂，光緒二十一年刻本。

乾隆《南昌縣志》，顧錫鬯修，蔡正笏等纂，乾隆十六年刻本。

乾隆《南城縣志》，梅廷對等纂，范安治修，乾隆十七年刻本。

乾隆《内黄縣志》，李湞修，黄之徵等纂，乾隆四年刻本。

乾隆《浦城縣志》，李藩修，林鴻等纂，乾隆八年刻本。

乾隆《蒲城縣志》，張心鏡修，吳泰來纂，乾隆四十七年刻本。

乾隆《平定州志》，金明源纂修，乾隆五十五年刻本。

乾隆《平湖縣志》，張力行修，徐志鼎纂，乾隆四十五年刻本。

乾隆《蓬溪縣志》，張松孫修，謝泰宸纂，乾隆五十一年刻本。

乾隆《平原縣志》，黃懷祖修，黃兆熊纂，乾隆十四年刻本。

乾隆《番禺縣志》，任果等修，檀萃等纂，乾隆三十九年刻本。

乾隆《新修慶陽府志》，趙本植纂修，乾隆二十六年刻本。

乾隆《平陽縣志》，徐恕修，張南英、孫謙纂，民國七年重刻乾隆二十五年刻本。

乾隆《蒲州府志》，周景柱纂修，乾隆十九年刻本。

乾隆《曲阜縣志》，潘相纂修，乾隆三十九年刻本。

乾隆《清江縣志》，鄧廷輯修，熊爲霖纂，乾隆四十五年刻本。

乾隆《確山縣志》，周之瑚修，嚴克嶹纂，乾隆十一年刻本。

乾隆《岐山縣志》，平世增、郭履恒修，蔣兆甲纂，道光間據乾隆四十四年刻版增刻。

乾隆《祁縣志》，陳時纂修，乾隆四十五年刻本。

乾隆《杞縣志》，周璣纂修，乾隆五十三年刻本。

乾隆《泉州府志》，懷蔭布修，黃任、郭賡武纂，同治九年據乾隆二十八年刻本重修。

乾隆《曲周縣志》，勞宗發修，王今遠纂，乾隆十二年刻本。

乾隆《蘄州志》，錢鋆修，周茂建、程大中纂，乾隆二十年刻本。

乾隆《直隸秦州新志》，費廷珍修，胡釴纂，乾隆二十九年刻本。

乾隆《沁州志》，姚學瑛等修，姚學甲纂，乾隆三十六年刻本。

乾隆《容城縣志》，王克淳纂修，乾隆二十六年刻本。

乾隆《如皋縣志》，周植等纂，鄭見龍修，乾隆十五年刻本。

乾隆《任邱縣志》，劉統修，劉炳等纂，乾隆二十七年刻本。

乾隆《順德縣志》，陳志儀修，胡定纂，乾隆十五年刻本。

乾隆《綏德州直隸州志》，吳忠誥、蔣勳修，李繼嶠纂，乾隆四十九年刻本。

乾隆《善化縣志》，魏成漢修，張汝潤等纂，乾隆十二年刻本。

乾隆《三河縣志》，陳杲修，王大信等纂，乾隆二十五年刻本。

乾隆《肅寧縣志》，尹侃等修，談有典纂，乾隆二十一年刻本。

乾隆《遂寧縣志》，張松孫、李培峘修，寇賚言纂，乾隆五十二年刻本。

乾隆《上饒縣志》，汪文麟修，鄭紹淳等纂，乾隆九年刻本。

乾隆《上饒縣志》，程肈豐纂修，乾隆四十九年刻本。

乾隆《石首縣志》，張坦修，成師呂等纂，乾隆元年刻本。另有王維屏修，徐佑彥等纂，乾隆六十年刻本。

乾隆《孝義縣志》，鄧必安修，鄧常纂，乾隆三十五年刻本。
乾隆《嵩縣志》，康基淵纂修，乾隆三十二年刻本。
乾隆《歙縣志》，張佩芳修，劉大櫆纂，乾隆三十六年刻本。
乾隆《山陽縣志》，金秉祚修，丁一燾纂，乾隆十四年刻本。
乾隆《上元縣志》，藍應桂修，何夢篆等纂，乾隆十六年刻本。
乾隆《三原縣志》，劉紹邠纂修，乾隆四十八年刻本。
乾隆《蘇州府志》，雅爾哈善等修，習寯等纂，乾隆十三年刻本。
乾隆《重修陝州志》，龔崧林纂修，張學林續纂修，乾隆二十一年刻本。
乾隆《泰和縣志》，冉棠修，沈瀾纂，乾隆十八年刻本。
乾隆《天津府志》，李梅賓修，吳廷華、汪沆纂，乾隆四年刻本。
乾隆《銅陵縣志》，朱成阿等修，史應貴等纂，民國十九年鉛印本。
乾隆《通許縣志》，阮龍光修，邵自祐纂，乾隆三十六年刻本。
乾隆《太原府志》，沈樹聲等纂修，乾隆四十八年刻本。
乾隆《同州府志》，張奎祥修，李之蘭、張德泰纂，乾隆六年刻本。
乾隆《同州府志》，閔鑒修，吳泰來纂，乾隆四十六年刻本。
乾隆《通州志》，高天鳳修，金梅纂，乾隆四十八年刻本。
乾隆《武安縣志》，蔣光祖修，夏兆豐纂，乾隆四年刻本。
乾隆《烏程縣志》，羅愫修，杭世駿纂，乾隆十一年刻本。
乾隆《洧川縣志》，孫和相等修，何之琪纂，鄧正琮重修，乾隆二十年刻本。
乾隆《武定府志》，赫達色修，莊肇奎等纂，乾隆二十四年刻本。
乾隆《衛輝府志》，畢沅、劉種之修，德昌纂，乾隆五十三年刻本。
乾隆《武進縣志》，潘恂、楊宜崙等修，虞鳴球、董潮纂，乾隆三十年刻本。
乾隆《武清縣志》，吳翀修，曹涵等纂，乾隆七年刻本。
乾隆《聞喜縣志》，李遵唐纂修，乾隆三十一年刻本。
乾隆《濰縣志》，張耀璧、高廷樞修，王誦芬纂，乾隆二十五年刻本。
乾隆《西安府志》，舒其紳修，嚴長明纂，乾隆四十四年刻本。
乾隆《新昌縣志》，楊文峰、徐炎修，萬廷蘭纂，乾隆五十七年刻本。
乾隆《祥符縣志》，魯曾煜修，張淑載纂，乾隆四年刻本。
乾隆《西華縣志》，宋恂修，于大猷纂，乾隆十九年刻本。
乾隆《西寧府新志》，楊應琚纂修，乾隆二十七年刻本。
乾隆《興平縣志》，顧聲雷修，張塤纂，光緒二年刻本。
乾隆《邢臺縣志》，劉蒸雯修，李崧等纂，乾隆六年刻本。
乾隆《新興縣志》，劉芳纂修，《中國地方志集成·廣東府縣志輯》第48册，上海：上海書店出版社，2003 年。

乾隆《獻縣志》，萬廷蘭修，戈濤纂，乾隆二十六年刻本。

乾隆《咸陽縣志》，臧應桐纂修，道光十六年刻本。

乾隆《信陽州志》，張鉞修，萬侯纂，乾隆十四年刻本。

乾隆《滎澤縣志》，崔淇修，王博、李維墧纂，乾隆十三年刻本。

乾隆《解州安邑縣志》，言如泗修，吕瀶等纂，乾隆二十九年刻本。

乾隆《直隸商州志》，王如玖纂修，乾隆九年刻本。

乾隆《許州志》，甄汝舟纂修，乾隆十年刻本。

乾隆《解州志》，言如泗等纂修，乾隆二十九年刻本。

乾隆《榆次縣志》，錢之青修，張天澤等纂，乾隆十五年刻本。

乾隆《陽城縣志》，楊善慶修，田懋纂，乾隆二十年刻本。

乾隆《翼城縣志》，李居頤纂修，乾隆三十六年刻本。

乾隆《永年縣志》，孔廣棣纂修，乾隆二十二年刻本。

乾隆《永平府志》，李奉翰修，王金英纂，乾隆三十九年刻本。

乾隆《榆社縣志》，費映奎修，孟濤纂，乾隆八年刻本。

乾隆《鉛山縣志》，陽浩然纂修，乾隆四十九年刻本。

乾隆《偃師縣志》，湯毓倬修，孫星衍纂，乾隆五十四年刻本。

乾隆《永壽縣新志》，蔣基修，王開沃纂，乾隆五十六年刻本。

乾隆《玉田縣志》，謝客纂修，乾隆二十一年刻本。

乾隆《原武縣志》，吴文炘修，何遠等纂，乾隆二十年刻本。

乾隆《永興縣志》，吕宣曾修，黄立幹纂，乾隆十四年刻本。

乾隆《威遠縣志》，李南暉修，張翼儒纂，光緒三年據乾隆四十年刻版重印。

乾隆《直隸易州志》，張登高纂修，乾隆十二年刻本。

乾隆《餘姚志》，唐若瀛修，邵晉涵纂，乾隆四十六年刻本。

乾隆《掖縣志》，張思勉修，于始瞻纂，乾隆二十三年刻本。

乾隆《裕州志》，董學禮纂修，宋名立續纂修，乾隆五年刻本。

乾隆《禹州志》，邵大業修，孫廣生等纂，乾隆十二年刻本。

乾隆《正定府志》，鄭大進纂修，乾隆二十七年刻本。

乾隆《彰德府志》，盧崧修，江大鍵、程焕纂，乾隆五十二年刻本。

乾隆《直隸遵化州志》，劉靖纂修，傅修續纂修，乾隆五十九年刻本。

乾隆《鍾祥縣志》，張琴等修，杜光德纂，乾隆六十年刻本。

乾隆《長子縣志》，紀在譜修，黄立世纂，乾隆四十三年刻本。

乾隆《盩厔縣志》，楊儀修，王開沃纂，乾隆五十年刻本。

乾隆《涿州志》，吴山鳳纂修，乾隆三十年刻本。
嘉慶《巴陵縣志》，陳玉垣、莊繩武修，唐伊盛等纂，嘉慶九年刻本。
嘉慶《常德府志》，應先烈修，陳楷禮纂，嘉慶十八年刻本。
嘉慶《東莞縣志》，彭人傑等修，黃時沛等纂，嘉慶三年刻本。
嘉慶《德平縣志》，鍾大受纂修，嘉慶元年刻本。
嘉慶《丹徒縣志》，貴中孚、萬承紀修，蔣宗海等纂，嘉慶十年刻本。
嘉慶《道州志》，張元惠修，黃如穀纂，嘉慶二十五年刻本。
嘉慶《惠安縣志》，吳裕仁纂修，民國二十五年鉛印本。
嘉慶《湖口縣志》，宋庚等修，洪宗訓等纂，嘉慶二十三年刻本。
嘉慶《漢州志》，劉長庚修，侯肇元、張懷泗纂，嘉慶二十二年刻本。
嘉慶《海州直隸州志》，唐仲冕修，汪梅鼎等纂，嘉慶十六年刻本。
嘉慶《夾江縣志》，王佐等修，涂崧等纂，光緒十四年據嘉慶十八年刻版重修。
嘉慶《澮縣志》，熊象階修，武穆淳纂，嘉慶七年刻本。
嘉慶《金鄉縣志畧》，李璺纂修，同治元年刻本。
嘉慶《開州志》，李符清修，沈樂善纂，嘉慶十一年刻本。
嘉慶《洛川縣志》，劉毓秀修，賈構等纂，民國二十年鉛印本。
嘉慶《魯山縣志》，董作棟修，武億纂，嘉慶元年刻本。
嘉慶《靈石縣志》，王志瀜修，黃憲臣纂，嘉慶二十二年刻本。
嘉慶《蘭谿縣志》，張許修，陳鳳翠纂，嘉慶五年刻本。
嘉慶《洛陽縣志》，魏襄修，陸繼輅纂，嘉慶十八年刻本。
嘉慶《瀏陽縣志》，謝希閔等修，王顯文纂，嘉慶二十四年刻本。
嘉慶《灤州志》，吳士鴻修，孫學恒纂，嘉慶十五年刻本。
嘉慶《直隸瀘州志》，沈昭興修，余觀和、王元本纂，道光年間刻本。
嘉慶《澠池縣志》，甘揚聲修，劉文運等纂，嘉慶十五年刻本。
嘉慶《孟津縣志》，趙擢彤修，宋緝纂，嘉慶二十一年刻本。
嘉慶《南充縣志》，袁鳳孫修，陳榕等纂，咸豐七年增刻嘉慶十八年刻本。
嘉慶《清平縣志》，萬承紹修，周以勳纂，嘉慶三年刻本。
嘉慶《壽光縣志》，劉翰周纂修，嘉慶五年刻本。
嘉慶《上海縣志》，王大同等修，李林松纂，嘉慶十九年刻本。
嘉慶《同安縣志》，吳堂修，劉光鼎纂，光緒十二年刻本。
嘉慶《直隸太倉州志》，王昶纂修，嘉慶七年刻本。
嘉慶《五河縣志》，王啓聰修，言尚煒、陳瑜纂，嘉慶八年刻本。
嘉慶《蕪湖縣志》，梁啟讓修，陳春華纂，民國二年活字本。

嘉慶《無錫金匱縣志》，秦瀛纂修，嘉慶十八年刻本。

嘉慶《無爲州志》，顧浩等修，吳元慶纂，嘉慶八年刻本。

嘉慶《宣城縣志》，陳受培修，張燾纂，嘉慶十三年刻本。

嘉慶《息縣志》，劉光輝修，任鎮及纂，嘉慶四年刻本。

嘉慶《延安府志》，洪蕙纂修，嘉慶七年刻本。

嘉慶《鄖陽志》，王正常修，謝攀雲纂，嘉慶二年刻本。

嘉慶《耀州志》，陳仕林纂修，嘉慶七年刻本。

嘉慶《中部縣志》，丁翰等修，張永清等纂，嘉慶十二年刻本。

道光《安州志》，彭定澤修，俞湘纂，據道光二十六年刻本抄。

道光《重慶府志》，王夢庚修，寇宗纂，道光二十三年刻本。

道光《東陽縣志》，党金衡修，王恩注纂，民國三年石印本。

道光《扶溝縣志》，王德瑛纂修，道光十三年刻本。

道光《重纂福建通志》，孫爾準等修，陳壽祺纂，程祖洛等續修，魏敬中續纂，同治十年刻本。

道光《富順縣志》，張利貞修，黃靖圖纂，道光七年刻本。

道光《貴溪縣志》，胡宗簡修，張金鎔等纂，道光四年刻本。

道光《黃岡縣志》，俞昌烈修，謝炎等纂，道光二十八年刻本。

道光《懷寧縣志》，王毓芳等纂修，道光五年刻本。

道光《金華縣志》，黃金聲修，李林松纂，道光三年刻本。

道光《濟南府志》，王贈芳等修，成瓘等纂，道光二十年刻本。

道光《江陰縣志》，陳延恩修，李兆洛等纂，道光二十年刻本。

道光《縉雲縣志》，湯成烈修，尹希伊纂，道光二十九年刻本。

道光《膠州志》，張同聲修，李圖等纂，道光二十五年刻本。

道光《昆明縣志》，戴絅孫纂修，光緒二十七年刻本。

道光《河內縣志》，袁通修，方履籛、吳育纂，道光五年刻本。

道光《臨川縣志》，劉繩武等修，紀大奎纂，道光三年刻本。

道光《麗水縣志》，張銑纂修，道光二十六年刻本。

道光《蘭州府志》，陳士楨修，涂鴻儀纂，道光十三年刻本。

道光《泌陽縣志》，倪明進修，栗郼纂，道光八年刻本。

道光《南宮縣志》，周栻修，陳柱纂，道光十一年刻本。

道光《平度州志》，保忠、吳慈修，李圖、王大鏞纂，道光二十九年刻本。

道光《蓬溪縣志》，吳章祁、徐楊文保修，顧士英等纂，道光二十五年刻本。

道光《綦江縣志》，宋灝修，羅星纂，楊銘續修，伍濬祥續纂，同治二年據道光六年刻本增刻。

道光《慶遠府志》，英秀等修，唐仁等纂，道光九年刻本。

道光《瓊州府志》，明誼修，張嶽崧纂，光緒十六年據道光二十一年刻本重修。

道光《直隸汝州全志》，白明義修，趙林成纂，道光二十年刻本。

道光《桐城續修縣志》，廖大聞等修，金鼎壽纂，道光七年刻本。

道光《泰和縣志》，楊訒纂修，道光六年刻本。

道光《泰州志》，王有慶等修，陳世鎔等纂，道光七年刻本。

道光《武進陽湖縣合志》，孫琬、王德茂修，李兆洛、周儀暐纂，道光二十三年刻本。

道光《重輯渭南縣志》，何耿繩修，姚景衡纂，道光九年刻本。

道光《婺源縣志》，黃應昀、朱元理纂修，道光六年刻本。

道光《（江西）新城縣志》，徐江纂修，道光六年刻本。

道光《（山東）新城縣志》，李廷榮修，王振鐘等纂，道光十八年刻本。

道光《新建縣志》，雷學淦修，曹師曾纂，道光十年刻本。

道光《餘干縣志》，李暕修，洪錫光纂，道光三年刻本。

道光《鄢陵縣志》，何鄂聯修，洪符孫纂，道光十三年刻本。

道光《政和縣志》，程鵬里等修，魏敬中纂，道光十三年刻本。

道光《章邱縣志》，吳璋修，曹楙堅纂，道光十三年刻本。

咸豐《澄城縣志》，金玉麟修，韓亞熊纂，咸豐元年刻本。

咸豐《濱州志》，李熙齡纂修，咸豐十年刻本。

咸豐《蘄州志》，潘克溥纂修，咸豐二年刻本。

咸豐《順德縣志》，郭汝誠修，馮奉初纂，咸豐三年刻本。

咸豐《邵武縣志》，李正芳修，張葆森纂，民國十八年抄本。

咸豐《雲陽縣志》，江錫麒修，陳昆纂，咸豐四年刻本。

同治《安福縣志》，姚濬昌修，周立瀛等纂，同治十一年刻本。

同治《巴陵縣志》，嚴鳴琦、潘兆奎修，吳敏樹等纂，同治十一年刻本。

同治《巴縣志》，霍為棻、王宮午修，熊家彥纂，同治六年刻本。

同治《崇仁縣志》，盛銓等修，黃炳奎等纂，同治十二年刻本。

同治《蒼梧縣志》，蒯光煥、李百齡修，羅勳等纂，同治十三年刻本。

同治《崇陽縣志》，高左廷修，傅燮鼎纂，同治五年刻本。

同治《都昌縣志》，狄學耕修，黃昌藩纂，同治十一年刻本。

同治《大埔縣志》，張鴻恩纂修，同治十二年修光緒二年刻本。

同治《德興縣志》，孟慶雲修，楊重雅等纂，同治十一年刻本。

同治《重修鄞都縣志》，田秀栗、徐潛鏞修，徐昌緒纂，同治八年刻本。

同治《分宜縣志》，李寅清、夏琮鼎修，嚴升偉等纂，同治十年刻本。

同治《高平縣志》，龍汝霖纂修，同治六年刻本。

同治《桂陽縣志》，錢紹文、孫光燮修，朱炳元等纂，同治六年刻本。

同治《合江縣志》，秦湘修，楊致道纂，樹蔭等續修，羅增垣等續纂，同治十年刻本。

同治《黃陂縣志》，劉昌緒修，徐瀛纂，同治十年刻本。

同治《即墨縣志》，林溥修，周翕鏌、黃念昀纂，同治十二年刻本。

同治《臨川縣志》，童範儼修，陳慶齡等纂，同治九年刻本。

同治《樂平縣志》，董萼榮、梅毓翰修，汪元祥、陳謨纂，同治九年刻本。

同治《龍泉縣志》，王肇渭等修，郭崇輝纂，同治十二年刻本。

同治《內江縣志》，張搢等纂修，張兆蘭等續修，黃覺等續纂，同治十年刻本。

同治《寧鄉縣志》，郭慶颺修，童秀春纂，同治六年刻本。

同治《遷安縣志》，韓耀光修，史夢蘭纂，同治十二年刻本。

同治《祁門縣志》，周溶修，同治十二年刻本。

同治《清苑縣志》，李逢源修，諸崇儉纂，同治十二年刻本。

同治《新淦縣志》，王肇賜、徐道昌修，陳錫麟纂，同治十二年刻本。

同治《星子縣志》，藍煦、徐鳴皋修，曹徵甲纂，同治十年刻本。

同治《鹽山縣志》，王福謙、江毓秀修，潘震乙纂，同治七年刻本。

同治《永豐縣志》，王建中等修，劉繹纂，同治十三年刻本。

同治《永新縣志》，蕭玉春、陳恩浩修，李煒、段夢龍纂，同治十三年刻本。

同治《鄞縣志》，戴枚修，董沛等纂，光緒三年刻本。

同治《葉縣志》，歐陽霖、杜鶴慈修，倉景恬、胡廷楨纂，同治十一年刻本。

光緒《昌平州志》，吳履福等修，繆荃孫等纂，光緒十二年刻本。

光緒《丹陽縣志》，劉誥、凌焯等修，徐錫麟、姜璘纂，光緒十一年刻本。

光緒《肥城縣志》，凌紱曾修，邵承照纂，光緒十七年刻本。

光緒《費縣志》，李敬修纂修，光緒二十二年刻本。

光緒《歸安縣志》，李昱修，陸心源等纂，光緒八年刻本。

光緒《高陵縣續志》，程維雍修，白遇道纂，光緒十年刻本。

光緒《廣州府志》，戴肇辰等修，史澄等纂，光緒五年刻本。

光緒《光州志》，楊修田修，馬佩玖纂，光緒十三年刻本。

光緒《黃梅縣志》，覃瀚元、袁瓚修，宛名昌等纂，光緒二年刻本。

光緒《黃巖縣志》，王詠霓總纂，光緒三年刻本。

光緒《懷仁縣新志》，姜利仁等纂，汪大浣續修，馬蕃續纂，光緒三十一年刻本。
光緒《海陽縣志》，盧蔚猷修，吳道鎔等纂，光緒二十六年刻本。
光緒《江津縣志》，王煌修，袁方城纂，光緒元年刻本。
光緒《靖江縣志》，葉滋森修，褚翔纂，光緒五年刻本。
光緒《金壇縣志》，丁兆基等修，汪國鳳等纂，光緒十一年刻本。
光緒《吉縣志》，吳葵之總修，裴國苞纂修，民國間鉛印本。
光緒《縉雲縣志》，何乃容修，潘樹棠纂，光緒七年刻本。
光緒《吉州全志》，吳葵之修，裴國苞纂，民國間鉛印本。
光緒《溧水縣志》，傅觀光、施春膏修，丁維誠纂，光緒二十二年刻本。
光緒《樂亭縣志》，蔡志修等修，史夢蘭纂，光緒三年刻本。
光緒《蠡縣志》，韓志超、何雲誥修，張瑢等纂，光緒二年刻本。
光緒《灤州志》，楊文鼎修，王大本纂，光緒二十四年刻本。
光緒《沔陽州志》，葛振元修，楊鉅纂，光緒二十年刻本。
光緒《平陰縣志》，李敬修纂修，光緒二十一年刻本。
光緒《青神縣志》，郭世棻修，文筆超等纂，光緒三年刻本。
光緒《青田縣志》，雷銑修，王棻纂，光緒二年刻本。
光緒《青陽縣志》，華椿等修，周贇纂，光緒十七年刻本。
光緒《乾州志稿》，周銘旂纂修，光緒十年刻本。
光緒《遂昌縣志》，胡壽海修，褚成允纂，光緒二十二年刻本。
光緒《遂寧縣志》，孫海等修，李星根纂，光緒五年刻本。
光緒《三原縣新志》，焦雲龍修，賀瑞麟纂，光緒六年刻本。
光緒《上虞縣志》，唐煦春修，朱士黻纂，光緒十七年刻本。
光緒《宿州志》，何慶釗修，丁遜之等纂，光緒十五年刻本。
光緒《續修睢州志》，王枚纂修，光緒十八年刻本。
光緒《屯留縣志》，劉鐘麟、何金聲修，楊篤、任來樸纂，光緒十一年刻本。
光緒《唐山縣志》，蘇玉修，杜翯、李飛鳴纂，光緒七年刻本。
光緒《武進陽湖縣志》，王其淦、吳康壽修，湯成烈纂，光緒五年刻本。
光緒《巫山縣志》，連山、白曾煦修，李友梁等纂，光緒十九年刻本。
光緒《宣城縣志》，李應泰等修，章綬纂，光緒十四年刻本。
光緒《祥符縣志》，沈傳義等修，黃舒昺纂，光緒二十四年刻本。
光緒《興國州志》，陳亨光纂修，劉鳳綸、王鳳池續纂修，光緒十五年刻本。
光緒《益都縣圖經》，張承燮修，法偉堂纂，光緒三十三年刻本。
光緒《陽穀縣志》，董政華纂修，民國三十一年鉛印本。

光緒《永寧州志》，姚啟瑞修，方淵如、劉子俊纂，光緒七年刻本。
光緒《孟縣志》，張嵐奇、劉鴻逵修，武纘緒等纂，光緒七年刻本。
光緒《餘姚縣志》，周炳麟修，邵友濂等纂，光緒二十五年刻本。
光緒《蔚州志》，慶之金修，楊篤纂，光緒三年刻本。
光緒《姚州志》，陸宗鄭等修，甘雨纂，光緒十一年刻本。
光緒《滋陽縣志》，李兆霖、周衍恩修，黃師誾、蔣繼洙纂，光緒十四年刻本。
宣統《陳留縣志》，武從超修，趙文琳等纂，宣統二年石印本。
宣統《東莞縣志》，陳伯陶等纂修，民國十六年鉛印本。
宣統《恩縣志》，汪鴻孫修，劉儒臣、王金階纂，宣統元年刻本。
宣統《聊城縣志》，陳慶蕃修，葉錫麟、靳維熙纂，宣統二年刻本。
民國《德興縣志》，沈良弼修，董鳳笙纂，民國八年刻本。
民國《達縣志》，藍炳奎等修，吳德准等纂，民國二十七年鉛印本。
民國《房山縣志》，廖飛鵬、馬慶瀾修，高書官等纂，民國十七年鉛印本。
民國《奉天通志》，翟文選、臧式毅修，王樹枬等纂，民國二十三年鉛印本。
民國《河北通志稿》，王樹枬等纂修，民國二十四年鉛印本。
民國《河陰縣志》，高廷璋等修，蔣藩纂，民國十三年刻本。
民國《遼陽縣志》，裴煥星等修，白永貞纂，民國十七年鉛印本。
民國《平谷縣志》，王沛修，王兆元纂，民國十五年鉛印本。
民國《確山縣志》，民國二十四年鉛印本。
民國《單縣志》，項葆楨等修，李經野纂，民國二十八年石印本。
民國《太倉州志》，王祖畬纂修，民國八年刻本。
民國《西平縣志》，陳銘鑑纂修，民國二十三年刻本。

其他史籍

（相同朝代下按作者姓名首字母排列）

［春秋］孫武撰，曹操等注，楊丙安校：《十一家注孫子校理》，北京：中華書局，1999年。

［春秋］左丘明傳，［晉］杜預注，［唐］孔穎達正義，浦衛忠等整理，楊向奎等審定：《春秋左傳正義》，北京：北京大學出版社，1999年。

［漢］孔安國傳，［唐］孔穎達疏，廖名春、陳明整理，呂紹綱審定：《尚書正義》，北京：北京大學出版社，1999年。

［漢］劉向撰，向宗魯校證：《説苑校證》，北京：中華書局，1987年。

［漢］毛亨傳，［漢］鄭玄箋，［唐］孔穎達疏，龔抗云等整理，肖永明等審定：《毛詩正義》，北京：北京大學出版社，2000年。

［漢］許慎撰，［清］段玉裁注：《説文解字注》，鄭州：中州古籍出版社，2006年。

［漢］仲長統：《昌言》，魏徵等撰：《群書治要》卷四十五《仲長子〈昌言〉》，《叢書集成新編》第8册，臺北：臺灣新文豐出版社，1985年。

［漢］趙岐注，［宋］孫奭疏，廖名春、劉佑平整理，錢遜審定：《孟子注疏》，《十三經注疏》本，北京：北京大學出版社，1999年。

［漢］鄭玄注，［唐］賈公彦疏，趙伯雄整理，王文錦審定：《周禮注疏》，《十三經注疏》本，北京：北京大學出版社，1999年。

［漢］鄭玄注，［唐］孔穎達疏，龔抗雲整理，王文錦審定：《禮記正義》，《十三經注疏》本，北京：北京大學出版社，1999年。

［三國魏］王弼注，［唐］孔穎達疏，盧光明、李申整理，吕紹綱審定：《十三經注疏》本，《周易正義》，北京：北京大學出版社，1999年。

［晉］陶潛：《搜神後記》，北京：中華書局，1985年。

［晉］袁宏撰，周天游校注：《後漢紀校注》，天津：天津古籍出版社，1987年。

［南朝梁］昭明太子蕭統編，［唐］李善、吕延濟等注：《六臣注文選》，《景印文淵閣四庫全書》第1330～1331册，臺北：臺灣商務印書館，1986年。

［北魏］酈道元著，陳橋驛校證：《水經注校證》，北京：中華書局，2007年。

［唐］杜佑：《通典》，北京：中華書局，1988年。

［唐］李泰等著，賀次君輯校：《括地志輯校》，北京：中華書局，1980年。

［宋］樂史：《太平寰宇記》，北京：中華書局，2007年。

［宋］司馬光編著，胡三省音注：《資治通鑑》，北京：中華書局，1956年。

［宋］蘇洵著，曾棗莊、金成禮箋注：《嘉祐集箋注》，上海：上海古籍出版社，1993年。

《明實録》，臺北："中研院"史語所校勘影印本，1962年。

［明］陳邦瞻：《宋史紀事本末》，北京：中華書局，1977年。

［明］陳洪謨：《繼世紀聞》，北京：中華書局，1985年。

［明］陳仁錫：《皇明世法録》，《四庫禁燬書叢刊》史部第14～16册，北京：北京出版社，1997年。

［明］陳汝元：《金蓮記》，毛晉編：《六十種曲》，北京：中華書局，1958年。

［明］陳子龍等輯：《明經世文編》，北京：中華書局，1962年。

［明］方孔炤：《全邊畧記》，《四庫禁燬書叢刊》史部第11册，北京：北京出版

社，1997年。

［明］傅維鱗：《明書》，《四庫全書存目叢書》史部第38~40冊，濟南：齊魯書社，1996年。

［明］何出光、陳登雲等撰，喻思恂續：《蘭臺法鑒錄》，《北京圖書館古籍珍本叢刊》第16冊，北京：書目文獻出版社，1998年。

［明］黄淮、楊士奇編：《歷代名臣奏議》，上海：上海古籍出版社，1989年。

［明］黄虞稷撰，瞿鳳起、潘景鄭整理：《千頃堂書目》，上海：上海古籍出版社，1990年。

［明］過庭訓纂集：《明分省人物考》，周駿富輯：《明代傳記叢刊·綜録類㊱》，臺北：明文書局，1991年。

［明］郭造卿：《盧龍塞畧》，薄音湖、于默穎編輯點校：《明代蒙古漢籍史料彙編》第六輯，呼和浩特：内蒙古大學出版社，2009年。

［明］焦竑：《國朝獻徵録》，《四庫全書存目叢書》史部第100~106冊，濟南：齊魯書社，1996年。

［明］廖道南：《楚紀》，《北京圖書館古籍珍本叢刊》第7冊，北京：書目文獻出版社，1990年。

［明］凌迪知：《萬姓統譜》，《景印文淵閣四庫全書》第957冊，臺北：臺灣商務印書館，1986年。

［明］雷禮：《國朝列卿紀》，《四庫全書存目叢書》史部第92~95冊，濟南：齊魯書社，1996年。

［明］李賢等撰：《大明一統志》，西安：三秦出版社，1990年。

［明］米萬春：《薊門考》，薄音湖、王雄編輯點校：《明代蒙古漢籍史料彙編》第二輯，呼和浩特：内蒙古大學出版社，2006年。

［明］茅元儀：《武備志》，《四庫禁燬書叢刊》子部第23~26冊，北京：北京出版社，1997年。

［明］戚繼光：《練兵實紀》，嘉慶張海鵬《墨海金壺》本。

［明］戚繼光著，邱心田校釋：《練兵實紀》，北京：中華書局，2001年。

［明］戚繼光著，王熹校釋：《止止堂集》，北京：中華書局，2001年。

［明］瞿九思：《萬曆武功録》，《四庫禁燬書叢刊》史部第35~36冊，北京：北京出版社，1997年。

［明］邱濬著，林冠群、周濟夫校點：《大學衍義補》，北京：京華出版社，1999年。

［明］戚祚國等撰：《戚少保年譜耆編》，《續修四庫全書》第553冊，上海：上海

古籍出版社，2002年。

［明］商輅撰，孫福軒編校：《商輅集》，浙江：浙江古籍出版社，2012年。

［明］施沛：《南京都察院志》，《四庫全書存目叢書補編》第73册，濟南：齊魯書社，2001年。

［明］申時行等：《大明會典》，《續修四庫全書》第789～792册，上海：上海古籍出版社，2002年。

［明］譚綸：《譚襄敏奏議》，《景印文淵閣四庫全書》第429册，臺北：臺灣商務印書館，1986年。

［明］汪道昆：《太函集》，《續修四庫全書》第1346～1348册，上海：上海古籍出版社，2002年。

［明］王鳴鶴：《登壇必究》，《四庫禁燬書叢刊》子部第34～35册，北京：北京出版社，1997年。

［明］王世貞：《弇山堂别集》，北京：中華書局，1985年。

［明］許仲琳編，［明］鍾惺評，曹曼民點校：《封神演義》，上海：上海古籍出版社，1973年。

［明］楊博：《楊襄毅公本兵疏議》，《續修四庫全書》第477册，上海：上海古籍出版社，2002年。

［明］嚴從簡：《殊域周咨錄》，北京：中華書局，1993年。

［明］佚名：《秘閣元龜政要》，《四庫全書存目叢書》史部第13册，濟南：齊魯書社，1996年。

［明］張居正：《新刻張太岳先生文集》，《續修四庫全書》第1345～1346册，上海：上海古籍出版社2002年。

［明］鄭曉：《吾學編》，《北京圖書館古籍珍本叢刊》第12册，北京：書目文獻出版社，1998年。

［明］張學顔：《萬曆會計錄》，《北京圖書館古籍珍本叢刊》第52～53册，北京：書目文獻出版社，1998年。

［明］張萱：《西園聞見錄》，《續修四庫全書》第1168～1170册，上海：上海古籍出版社，2002年。

［清］董誥等編：《全唐文》，北京：中華書局，1983年。

［清］郭慶藩撰，王孝魚點校：《莊子集釋》，北京：中華書局，1961年。

［清］谷應泰：《明史紀事本末》，北京：中華書局，1977年。

［清］顧炎武：《天下郡國利病書》，《四部叢刊》，上海涵芬樓景印崑山圖書館藏稿本。

［清］顧炎武著，黃汝成集釋，欒保群、吕宗力校點：《日知錄集釋》，上海：上海古籍出版社，2006年。

［清］顧祖禹：《讀史方輿紀要》，北京：中華書局，2005年。

［清］李周望輯：《國朝歷科題名碑錄初集》，《北京圖書館古籍珍本叢刊》第116册，北京：書目文獻出版社，1998年。

［清］彭孫貽：《山中聞見錄》，潘喆等編：《清入關前史料選輯（第三輯）》，北京：中國人民大學出版社，1991年。

［清］孫承澤：《天府廣記》，北京：北京古籍出版社，1984年。

［清］屠寄：《蒙兀兒史記》，上海：上海古籍出版社，1989年。

［清］談遷：《國榷》，北京：中華書局，1958年。

［清］唐甄著，吴澤民編校：《潛書》，北京：中華書局，1963年。

［清］萬斯同：《明史》，上海：上海古籍出版社，2008年。

［清］王先謙撰，沈嘯寰、王星賢點校：《荀子集解》，北京：中華書局，1988年。

［清］王先謙：《漢書補注》，《續修四庫全書》第268~270册，上海：上海古籍出版社，2002年。

［清］葉昌熾著，王欣夫補正，徐鵬輯：《藏書紀事詩》，上海：上海古籍出版社，1989年。

［清］嚴可均：《全上古三代秦漢三國六朝文》，北京：中華書局，1958年。

［清］于敏中等纂：《欽定日下舊聞考》，北京：北京古籍出版社，1985年。

［清］永瑢、紀昀等撰：《四庫全書總目》，《景印文淵閣四庫全書》，臺北：臺灣商務印書館，1986年。

［清］章學誠：《章氏遺書》，北京：文物出版社，1985年。

［瑞典］多桑著，馮承鈞譯：《多桑蒙古史》，北京：中華書局，1962年。

程樹德撰，程俊英、蔣見元點校：《論語集釋》，中華書局，1990年。

高步瀛著，曹道衡、沈玉成點校：《文選李注義疏》，北京：中華書局，1985年。

河北省文物局長城資源調查隊編：《河北省明代長城碑刻輯錄》，北京：科學出版社，2009年。

何寧：《淮南子集釋》，北京：中華書局，1998年。

屈萬里主編：《明代史籍彙刊》第十種《明代進士登科錄彙編》，臺北：臺灣學生書局，1969年。

吴晗：《朝鮮李朝實錄中的中國史料》，北京：中華書局，1980年。

王晶辰主編：《遼寧碑志》，瀋陽：遼寧人民出版社，2000年。

王樹新主編：《高平金石志》，北京：中華書局，2004年。

吴則虞：《晏子春秋集釋》，北京：中華書局，1982 年。

中國第一歷史檔案館、遼寧省檔案館編：《中國明朝檔案總匯》，桂林：廣西師範大學出版社，2001 年。

周振甫譯注：《詩經譯注》，北京：中華書局，2002 年。

周祖謨撰：《爾雅校箋》，南京：江蘇教育出版社，1984 年。

研究論著

（按作者姓名首字母排列）

一、專著部分

陳光貽：《稀見地方志提要》，濟南：齊魯書社，1987 年。

樊鏵：《政治決策與明代海運》，北京：社會科學文獻出版社，2009 年。

馮永謙：《東北亞研究——東北考古研究（一）》，鄭州：中州古籍出版社，1994 年。

顧誠：《隱匿的疆土——衛所制度與明帝國》，北京：光明日報出版社，2012 年。

劉大傑：《中國文學發展史》，北京：古典文學出版社，1958 年。

劉景純：《明代九邊史地研究》，北京：中華書局，2014 年。

李新峰：《紀事録箋證》，北京：中華書局，2015 年。

梁志勝：《明代衛所武官世襲制度研究》，北京：中國社會科學出版社，2012 年。

馬大政、吳錫祺、葉于敏整理：《吳豐培邊事題跋集》，烏魯木齊：新疆人民出版社，1998 年。

彭勇：《明代班軍制度研究——以京操班軍爲中心》，北京：中央民族大學出版社，2006 年。

彭勇：《明代北邊防禦體制研究——以邊操班軍的演變爲綫索》，北京：中央民族大學出版社，2009 年。

奇文瑛：《明代衛所歸附人研究——以遼東和京畿地區衛所達官爲中心》，北京：中央民族大學出版社，2011 年。

譚其驤主編：《中國歷史地圖集釋文彙編·東北卷》，北京：中央民族學院出版社，1988 年。

吳廷燮：《明督撫年表》，北京：中華書局，1982 年。

王庸編：《中國地理圖籍叢考》，上海：商務印書館，1947 年。

吳豔紅：《明代充軍研究》，北京：社會科學文獻出版社，2003 年。

謝伯陽：《全明散曲》，濟南：齊魯書社，1994 年。

肖立軍：《明代中後期九邊兵制研究》，長春：吉林人民出版社，2001 年。

許逸民：《古籍整理釋例》，北京：中華書局，2011 年。

謝忠志：《明代兵備道制度：以文馭武的國策與文人知兵的實踐》，宜蘭：明史研究小組印行，2002 年。

姚覲光輯：《清代禁燬書目四種》，王雲五主編：《萬有文庫》第二集七百種，商務印書館中華民國二十六年三月初版。

楊暘主編：《明代奴兒干都司及其衛所研究》，鄭州：中州書畫社，1982 年。

于志嘉：《明代軍戶制度研究》，臺北：臺灣學生書局，1987 年。

朱保炯、謝沛霖：《明清進士碑刻題名索引》，上海：上海古籍出版社，1980 年。

張金奎：《明代衛所軍戶研究》，北京：綫裝書局，2005 年。

趙義山：《明清散曲史》，北京：中國社會科學出版社，2007 年。

鄭振鐸：《插圖本中國文學史》，北京：人民文學出版社，1957 年。

中國科學院天文臺主編：《中國地方志聯合目錄》，北京：中華書局，1985 年。

《中國古籍善本書目》編纂委員會編：《中國古籍善本書目》，上海：上海古籍出版社，1993 年。

二、論文部分

柏樺：《明代的夜不收軍》，《古代文明》2013 年第 1 期。

陳剛俊：《論明代的戰車與車營》，江西師範大學碩士學位論文，2007 年。

曹循：《明代武官制度研究》，南開大學博士學位論文，2011 年。

馮志華：《明代衛所軍制下的清勾制度》，廈門大學碩士學位論文，2007 年。

郭嘉輝：《明代"山後人"初探》，《第十五屆明史國際學術研討會暨第五屆戚繼光國際學術研討會論文集》，2013 年 8 月 19 日至 21 日，山東蓬萊，第 403~419 頁。

魯杰、孟昭永：《明薊鎮總兵官考署》，《文物春秋》2008 年第 4 期。

劉景純：《宣德至萬曆年間蒙古諸部侵擾九邊的時間分布與地域變遷》，《中國邊疆史地研究》2009 年第 2 期。

盧雪燕：《臺北故宮博物院收藏方志論述》，《故宮博物院院刊》2012 年第 5 期。

劉彥紅：《本溪境内明代六大邊堡之一——孤山新堡創築始末》，《遼寧省博物館館刊》2010 年 00 期。

林延清：《論明代遼東馬市從官市到民市的轉變》，《民族研究》1983 年第 4 期。

寧可：《尚讓的結局》，《北京師範學院學報》1979 年第 1 期。

彭勇：《論明代忠順營官軍的命運變遷》，《中州學刊》2009 年第 6 期。

彭勇：《從"都司"含義的演變看明代衛所制與營兵制的並行與交錯——以從"都司領班"到"領班都司"的轉變爲綫索》，《明史研究論叢》第十三輯，北京：中國廣播電視出版社，2014 年。

齊勇鋒：《中晚唐防秋制度探索》，《青海社會科學》1983年第4期。
孫迎春：《南圖館藏四種稀見明代方志考述》，《圖書館雜志》2004年第10期。
田静：《明代遼東的馬市貿易》，《史學月刊》1960年第6期。
王毓銓：《明代的軍户》，《歷史研究》1958年第9期。
徐傳武：《左思〈齊都賦〉探微》，《文獻》1998年第1期。
辛德勇：《述明代戍衛長城之南兵》，《中國史研究》2004年第4期。
肖立軍：《明代的標兵》，《軍事歷史研究》1994年第2期。
余同元：《明代馬市市場考》，《民族研究》1998年第1期。
朱德軍：《中唐關中防秋諸軍規模考論》，《唐都學刊》2015年第6期。
張景波：《明代遼東總兵研究》，黑龍江大學碩士學位論文，2006年。
周維强：《明代戰車研究》，臺灣清華大學歷史研究所博士學位論文，2008年。
趙現海：《明代九邊軍鎮體制研究》，東北師範大學博士學位論文，2005年。

後　記

　　當書稿幾經推遲交出之後，我的複雜心情是難以言表的。作爲一名史學工作者，自己一直在研讀各類史料，享用前輩、同行學者提供的文獻整理成果。真正促使自己完成這部《四鎮三關誌校注》的，一是它是我關注十多年的一部珍貴典籍，我知道它的重要價值並有心整理出版；二是機緣巧合，幸得中州古籍出版社馬達副總編的極力促成，以及數位得力助手的幫助。

　　十五年前，我在北京師範大學歷史系讀書時，劉效祖的《四鎮三關誌》給我留下了深刻的印象，該書收集的大量詔敕奏疏成爲研究明代軍事制度史最爲鮮活的材料之一。這部書在我的兩部專著中均有較多徵引，它幫我解決了許多的迷惑，比如忠順營、夜不收、敕書和撫賞銀，等等。對這部志書的整理緣於 2007 年，中國長城學會與江蘇鳳凰傳媒合作編纂大型志書《中國長城志》，文獻卷的主編、北京師範大學的向燕南教授給我打電話，力邀我擔任副主編，並負責開列明代長城文獻書目。《四鎮三關誌》作爲最重要的長城文獻之一被列入其中，當時我選輯了三十餘萬字。

　　推動本書出版的，却是我在鄭州大學歷史系的師兄、中州古籍出版社馬達副總編。因爲出版社的業務發展需要，馬師兄到北京出差的機會不少。每次到北京開叙，他都請我吃飯並努力從我這裏"挖寶"，琢磨可能出版的古籍整理項目。當我提及《四鎮三關誌》的重要性，以及已經完成了三分之二的標點，而"長城文獻"僅以節署的方式、簡體印刷時，他極力勸説我申報國家古籍整理出版資助項目。此時已是 2014 年初，我開始論證校注的可行性並徵求學界朋友的意見，中央民族大學歷史系退休教授陳梧桐先生、中國明史學會副會長高壽仙先生、臺灣"中研院"歷史語言研究所研究員邱仲麟先生和中國地方志領導小組的張英聘研究員等都高度評價這部文獻，並給予熱情的鼓勵和切實的支持。馬達師兄和王建新編輯幾次到北京、數次通郵件商議合作方式。

　　2014 年底，我們全面啟動了校注的申報工作，我匯總了此前的文稿，我院 2011 級歷史學基地班已經確定跟隨我免試攻讀研究生的李宜潔（明清歷史文獻學方向）、李夢琴（明清史方向）兩位同學，利用數據庫資源把剩餘的二十萬字錄入，並做了初步的標點工作。2015 年秋，我的博士研究生崔繼來入學，該同學本科階段就讀於山東大學中文系，碩士階段跟隨我的博士師兄、陝西師範大學歷史文化學院梁志勝教授學習三年，其歷史文獻、古典文獻的功底比較扎實，他的研究興趣也在明清軍事史、民族關係史，在後期校注中發揮了很大的作用。隨着校注工作的開展，我的研究生段晉媛、馬明亮、肖晴、李永超和任陽等同學陸續參加進來。陳梧桐先生、高壽仙先生熱情地寫了專家推薦信，中州古籍出版社具體組織申報，保證了本書順利獲得"2016 年度國家古籍整理出版專項經費資助"立項。

最近一年半的時間，我們的校注組全力以赴，團結協作，組建了微信群隨時交流，組建讀書班深入討論。通過這項校注工作，大家剋服了前所未遇的困難，一起學習、探討新知，共同進步，這應該是我們最大的收獲。本書的工作實際分成了四個階段：一是《中國長城志》（文獻卷）的錄入、標點與校對工作，前期四十餘萬字由我以及河南省夏邑縣地方史志編輯室彭朝陽、中央民族大學附中高級教師李鳳霞共同完成。二是全書剩餘二十萬字文稿前期的錄入和標點由李夢琴、李宜潔共同完成。三是全書校注的初稿分工如下：卷一、卷二、卷八由 2015 級博士生崔繼來完成；卷三、卷四由 2013 級碩士生、現供職於北京市懷柔區檔案局的段晉媛負責；卷五、卷六由 2016 級博士生肖晴負責；卷七由 2015 級碩士生李宜潔、李夢琴和馬明亮均分承擔；卷九和卷十分別由 2016 級碩士生李永超和任陽承擔。四是書稿初校完成後，又進行了三次校對，校注成員交叉互審，每次均由彭勇統校和定稿、崔繼來予以協助。

2015 級歷史文獻學研究生丁小燕、薛飛同學在我的中國古代史史料學課堂上參與了卷十的研討，我的碩士生、現南開大學歷史學院博士生蔡亞龍和中國人民大學歷史學院博士生張登璨也積極參與了研討班活動，對校注工作多有貢獻。作爲他們的導師，我爲他們取得的成績和進步高興，書中存在的問題和不足，理應由我負責。

實際完成的篇幅遠遠超過了計劃：一是校注的版本就由萬曆四年刻本、六年增補以及抄配本等構成，且年代久遠，劉效祖輯錄的時間短，且較爲倉促，所以版本存在的問題比較多，而國家圖書館藏民國間抄本的錯誤率更高，我們必須花足夠的時間點校出儘可能可信的文本；二是劉效祖輯錄的內容在其他史籍中也多有收錄，比如卷六、卷七的內容，我們適當給讀者提供進一步閱讀和研究的信息；三是卷八職官考的原篇幅並不大，但在校注時崔繼來發現官員的姓名、籍貫等訛誤不少，遵從校勘的要求和注釋的規範，我們用了二十多萬字的篇幅，儘可能提供了這些官員的基本信息，以利於深入研究四鎮三關官員群體的諸層面。

如今，大量珍貴典籍陸續影印，實現了全文的數字化，像"中國數字方志庫"、"中國基本古籍庫"、"漢籍全文檢索系統"等極大方便了校注工作，要向"它們"和背後的"他們"表示感謝。本書校注期間，得到我院尚衍斌教授、淮北師範大學牛繼清教授和北京大學李新峰先生等專家的幫助。在文獻收集和整理時，得到臺灣暨南大學唐立宗教授、臺北故宮博物院盧雪燕研究員、東北師範大學歷史文化學院齊暢副教授和我院蔣愛花博士分別從我國臺灣和日本、美國等處發來的相關圖書資訊。唐立宗教授還花費數周時間，校對了部分清樣。本書責任編輯賈保倩女史，以極其負責任的態度，保證了書稿的高效、高質量出版。在此感謝各位師友的幫助。當然，最應該感謝的，是中州古籍出版社馬達副總編輯，沒有師兄的極力促成，這本書很可能就無法面世。

　　本書的校注也留下了許多遺憾。隨着工作的展開，儘管做了充分的準備，我還是低估了這項工作的難度。校注工作千頭萬緒，無一處不在考驗着我們的知識、能力、體力和耐心。比如最基礎的斷句却需要過硬的功夫，有時候一個字、一個典故需要花費數小時，文中"欽此欽遵"四字的點斷，與無數朋友討論過；又比如大量北方民族的地名、族群名，以及長城堡塞關隘名稱的校注，限於材料和能力，都無法保證它們完全正確；至於校勘與注釋的內容，如何準確把握也都不是一件容易的事情。面對完稿，內心不免誠恐，我相信閱讀者從書中找到若干錯誤並不是一件難事，我們願虛心聽取大家的批評。

　　回想 2015 年的 10 月，在申請時間截止前必須交出 60%以上的初稿時；想到 2016 年已完成的這百萬字的稿件時，能够夜以繼日、長時期地忍受着身體上的疼痛和精神上的折磨，確實是一份責任和擔當在讓我堅持。我知道，我的學生們也都承受着很大的壓力。這本書對於我，是心願的滿足和一件事情的終結；對於學生們，可能是一次難得的磨練。希望這是他們進步的階梯，而不至於產生對學術的恐懼或厭惡。感謝讀者的傾聽。

彭勇　謹識於中央民族大學文華樓
2016 年 10 月 24 日完稿
2017 年 8 月 10 日三校完